제2판

FINANCIAL ECONOMICS

재무경제학

황수성
신진호

정독
DEEP READING

제2판 머리말

재무경제학 2판은 재무경제학 분야에서 최근 등장한 중요한 이론들과 실무에서 활용되는 방법들을 포함하여 독자들에게 폭넓은 지식을 좀 더 이해하기 쉽도록 제공하는 것을 목표로 하였습니다. 개정판의 방향은 다음과 같이 몇 가지로 정리할 수 있습니다.

첫째는 본 저서에서 다루는 내용을 보다 이해하기 쉽게 서술하고자 하였습니다. 독자들이 내용을 잘 이해할 수 있도록 어렵게 느껴질 만한 내용들을 풀어 쓰고 주석을 더 많이 활용하였습니다. 본문에 부가적인 예를 삽입하여 이해를 도왔고, 각 주제별로 연습문제를 추가하였습니다. 일부 연습문제에 대한 해답은 출판사 홈페이지에서 확인할 수 있습니다.

둘째, 재무경제학에서 가장 기본적인 화폐의 시간가치와 이를 사용한 자산가격결정에 관하여 두 장(제1장과 제19장)을 신설하여 추가하였습니다. 제1장은 미래 현금흐름이 확실한 국채와 같은 자산 가격에 관한 기초이론을 제시하고 있습니다. 이 방법은 미래의 현금흐름이 불확실한 주식의 경우에도 그 개념을 적용할 수 있어 중요하다 하겠습니다. 그리고 제19장에서는 부도가능성으로 인해 현금흐름이 불확실한 채권의 가격결정원리를 이해하기 위해 이자율기간구조와 신용위험분석에 관한 모형을 설명하고 있습니다.

마지막으로 재무경제학 분야에서 중요한 최신 이론과 실무에서 실제로 활용되는 모형들을 반영하였습니다. 예를 들어, 습관형성(habit-formation) 모형이나 롱런 리스크(long-run risk) 모형과 같은 중요한 개념들을 다루었고, 최근에 발견된 이상현상(anomaly)들을 행동재무경제학 부분에 추가했습니다. 자산배분이나 포트폴리오 최적화를 위해 실무에서 광범위하게 활용되는 Black-Litterman 모델이나 복합금융상품의 평가에 활용되는 Black-Derman-Toy 모형, 옵션의 내재확률밀도함수 추정 방법 등을 추가하였습니다.

초판 서문에서 설명한 바와 같이 이 책을 집필한 이유는 저자들이 국내외 여러 금융기관에서 근무하거나 혹은 대학에서 강의를 하면서 금융시장을 주도하는 전문가로서의 역량을 갖추는 데 필요한 재무경제학 이론들을 전문적인 수준으로 정리한 서적이 필요하다는 생각을 했기 때문입니다. 저자들의 경험에 의하면, 글로벌 헤지펀드의 펀드매니저나 Quants 담당자들 중 많은 수가 수학, 통계학, 공학, 컴퓨터, 물리학 등을 전공한 사람들입니다. 이와 같이, 소위 '비전공자'들이 금융시장을 주도하는 전문가가 될 수 있었던 이유 중 한 가지는 투자분석 및 상품개발을 신속히 완료할 수 있는 역량을 갖추고 있기 때문입니다. 이들은 실증분석과 전산개발에 요구되는 Matlab, SAS, R, Visual Basic, C++ 그리고 최근 많이 사용되는 Python 등에도 익숙합니다.

이 책을 집필한 기본적인 목적은 재무관련 모형을 이해하고 개발하는 데 도움이 되는 지식을 전달하는 데 있습니다. 물론, 여기서 설명하고 있는 모형들이 실무에서 필요한 모형 전부를 설명하는 것은 아니고, 더구나 실무에서 이론 모형들을 그대로 사용하지도 않습니다. 실무에서는 여러 가지 제약조건들이 있고, 또 재무이론에서 가정하고 있는 세계와도 상당히 다릅니다. 그럼에도 불구하고, 이 책에서 소개하는 다양한 이론들을 학습한다면, 금융시장에서 자산의 가격이 어떻게 결정되는지에 대한 이해를 높일 수 있고, 경제상황이 바뀜에 따라서 자산의 가격 또한 어떻게 바뀌는지를 이해함으로써, 실무에서 적용가능한 자신들만의 모형을 만드는 데 도움이 될 것이라 생각합니다. 경제학이나 경영학을 전공하지 않은 사람들도 금융시장에서 사용되는 각종 모형을 빠른 시간 내에 이해하고 응용할 수 있도록 집필하였기 때문에 전문가로서의 역량을 갖추는 데 도움이 될 것이라 생각합니다.

이 책에서는 경제학 혹은 경영학을 전공하고 있는 학생들이나 혹은 실무자들에게 도움이 될 수 있도록 여러 가지 모형들을 가능한 한 상세히 설명하고 있습니다. 모형에 대한 간단한 소개나 모형에 대한 직관적 설명보다는 왜, 어떠한 과정을 통해서 모형이 등장하게 되었는지를 상세히 설명함으로써, 기본 설정이 바뀔 경우 모형이 어떻게 변해야 하는지에 대한 이해를 높이려 했습니다. 또한, 각각의 이론들을 단편적으로 소개하기보다는 이론들이 제시된 배경과 시사점을 서로 연결해서 설명하였습니다. 예를 들어, 개별 경제주체의 최적포트폴리오를 구하기 위해서 제시된 기대효용이론과 CAPM을 먼저 소개하고, CAPM의 이론적 및 실증적 한계점을 극복하기 위해 제시된 다요인 모형, 다기간 모형, 소비기반 CAPM, 생산기반/투자기반 CAPM, 하부편적률/고차적률 CAPM, 행동재무경제학 등을 설명하였습니다. 또한, 행렬연산을 이용하여 모형의 유도 과정을 설명함으로써, 수많은 경제주체들이 수많은 자산들을 선택하는 과정을 효율적으로 나타낼 수 있도록 하였습니다. 이러한 특징들 때문에, 이 책의 내용으로부터 어떤 가정하에서 어떤 과정을 통해 모형이 만들어졌는지를 이해할 수 있으며, 결과적으로 모형 자체를 투자환경에 따라 바꾸고 개선할 수 있는 전문성을 갖출 수 있을 것입니다.

한편, 최근에 저자들이 주목하는 점은 대규모 데이터의 활용과 컴퓨터 연산능력의 확대로 인한 인공지능분야의 급속한 발전입니다. 거의 모든 학문 분야와 마찬가지로 재무경제학 분야도 인공지능의 발전에 큰 영향을 받고 있습니다. 이미 금융시장 실무에서는 각종 매매나 투자 전략 수립이 자동으로 수행되고, 투자비중 계산이나 매매시점의 결정 그리고 매매실행까지도 컴퓨터 프로그램을 통해 자동으로 수행되고 있습니다. 또한 대학교에서도 수년 전부터 머신러닝을 이용한 금융시계열분석 등 인공지능 기반의 재무이론들을 정규교과목으로 운영하고 있습니다. 이러한 추세로 인해 멀지 않은 미래에는 과거데이터를 분석해서 구현한 투자알고리즘에 의한 매매가 아니라 인공지능이 새롭게 시장에 유입되는 정보를 바탕으로 자율적으로 모든 투자의사결정과정을 수행하게 해 줄 것이라 생각합니다. 실제로 투자의사결정과 관련된 수많은 인공지능 프로그램들이 Python 라이브러리로 제공되고 있으며, 이를 이용하여 인공지능 기반의 자동화된 투자를 활용하는 개인투자자들도 급증하고 있습니다.

인공지능의 활용이 크게 늘어날 것으로 예상되지만, 이러한 인공지능의 활용이 금융시장의 효율성을 얼마나 높여 줄지는 섣불리 판단할 수 없습니다. 인공지능도 결국 과거의 금융시장 데이터를 활용하는 만큼 이로 인한 한계도 있을 것으로 생각합니다. 즉 과거의 비정상적인 금융시장의 움직임도 훈련 데이터에 포함되어 있기 때문에 이러한 데이터를 활용한 의사결정이 금융시장의 효율성을 반드시 높여줄 것이라고 볼 수 없습니다.

이러한 관점에서 여전히 베이즈 정리(Bayes' theorem)에 의한 합리적인 의사결정을 이해하는 게 중요하다고 하겠습니다. 우리가 이론적인 설명과 다양한 모형을 필요로 하는 이유는 가장 근본적인 질문인 "왜 이러한 일이 발생하는가?"에 대한 근거를 제시해주기 때문입니다. 실제 발생한 금융현상들에 대한 해답을 찾고 이를 이론적인 모형에 근거하여 설명할 수 있다면, 이를 통해 시장의 비효율성을 해결할 수 있는 근본적인 해결책을 제시할 수 있을 것으로 생각합니다.

이러한 측면에서 인공지능의 발전에도 불구하고, 금융시장에 대한 이론적 이해는 여전히 중요합니다. 최근 금융시장의 발전으로 수많은 상품이 매일 새롭게 등장하는 현실에 비추어 볼 때, 본 저서에서 제시하고 있는 이론들을 직접 실무에 바로 적용하기에는 어려움이 있을 것입니다. 그럼에도 기본적인 이론들에 대한 지식을 견고하게 갖추고 있다면, 다양한 상품들을 이해하거나 새로운 상품을 개발할 때 큰 도움이 되리라 생각합니다.

이 개정판이 나오기까지 저희들을 헌신적으로 도와주신 가족들께 이 지면을 빌어 감사를 전합니다. 또한 초판으로 강의를 하면서 여러 가지 개선점과 오류를 지적해준 학생들께도 진심으로 감사드립니다.

2023년 6월

황수성, 신진호

재무경제학(Financial Economics)의 개요

재무경제학(financial economics)이란 개별 경제주체의 재무적 의사결정을 다루는 경제학 학문분야 중 하나이다. 여기서의 “개별 경제주체”는 일반적으로 투자의사결정을 내리는 모든 투자자를 의미한다. 그런데, “재무적 의사결정”이라는 말은 매우 광범위하다. 우리 자신을 기준으로 생각해보면, 우리가 금융기관에 돈을 맡기거나, 자금이 부족해서 대출을 받거나, 재테크를 위해서 금융상품이나 부동산 같은 실물자산에 투자를 하는 것이 모두 재무적 의사결정에 관련된 것이다.

이 책은 이러한 광범위한 재무적 의사결정을 모두 다루는 대신, 범위를 좁혀서 특정한 영역, 특히 자산가격결정에 초점을 맞추고 있다. 이를 위해 효용이론(utility theory), 포트폴리오 이론(portfolio theory), 투자론(investment theory), 자산가격결정론(asset pricing) 및 파생상품의 가격결정을 다루는 금융공학(financial engineering) 등의 주제를 다룬다. 그리고, 경제주체의 합리성에 대한 한계를 지적하는 행동재무경제학(behavioral financial economics)도 중요한 부분으로 다루고 있다.

이 책은 기본적인 경제수학과 통계학에 대한 이해를 필요로 하고 있다. 특히 선형대수학, 최적화, 확률분포 등과 같은 지식이 필요하다. 독자들의 편의를 위해서 별표(★)로 난이도를 구분하였다. 학부수준에서는 별표가 없는 장이나 절을 숙독하기 바라며, 대학원 이상의 수준에 대해서는 ★나 ★★로 난이도가 높아짐을 표하여 두었다.

우선 Part 1에서는 미래 현금흐름이 확실한 자산의 가격결정원리와 기초이론을 살펴본다. 국채 혹은 정부가 지급보증한 채권처럼 미래 현금흐름 지급에 불확실성이 없다면, 각 현금흐름을 무위험수익률로 할인한 현재가치가 자산가격이 된다. 이러한 할인모형에 의한 채권 평가(가격)는 이자율의 기간구조, 즉 기간별 현금흐름에 대한 할인율의 변화를 분석하고 추정하는데 초점을 두고 있다. 또한 이 방법은 주식과 같은 미래현금흐름이 불확실한 자산의 경우에도 가격결정에 관한 기본 개념을 설명하는 데 중요하다.

Part 2의 제2장에서는 불확실성 하에서 합리적인 경제주체의 의사결정 기준을 제시하는 효용함수와 위험에 대한 태도를 설명한다. 이를 이용하면 투자자가 위험을 무릅쓰고 투자를 할 경우 그들이 기대하는 위험프리미엄을 간단하게 계산해 볼 수 있다. 그러나, 효용함수의 구체적 형태가 무엇인지는 알 수 없기 때문에, 효용함수를 사용한 투자의사결정 분석에는 한계가 있다. 이러한 한계를 극복하기 위해 제시된 확률지배이론을 제3장에서 살펴본다.

Part 3에서는 일반적인 재무관리 과목에서도 널리 알려진 포트폴리오 최적화와 자본자산가격결정이론에 대하여 살펴본다. 제4장에서는 기대수익률이 상승하면 효용이 증가하고 분산이 증가하면 효용이 감소하는 기대효용함수를 가진 투자자가 최적포트폴리오를 어떻게 구성하는지를 살펴본다. 또한 평균분산분석의 한계를 설명하고 이를 극복하기 위해 제시된 Black-Litterman방법을 상술한다. 제5장에서는 이를 더욱 발전시켜, 시장이 균형하에 있다면 투자자들이 어떻게 포트폴리오 투자선 상에서 최적포트폴리오를 구성하는지를 설명하고, 이로부터 자산의 기대수익률이 시장포트폴리오의 수익률과의 공분산에 의해서 결정된다는 자본자산가격결정모형(capital asset pricing model, CAPM)을 설명한다. 또한 베타의 추정과 CAPM을 테스트하는 방법에 대하여도 살펴본다. 제6장에서는 자산의 기대수익률이 소비와의 공분산에 의해서 설명되는 소비기반 CAPM과 주식의 기대수익률이 기업의 생산수익률 또는 투자수익률에 의해서 결정된다는 생산기반 가격결정모형과 투자기반 가격결정모형을 설명한다.

전통적인 가격결정모형들은 대부분 위험지표로서 (공)분산이나 표준편차를 사용하지만, 이러한 위험지표들은 가격이 상승하는 경우와 하락하는 경우를 동일하게 위험으로 평가한다는 문제를 갖고 있다. Part 4의 제7장에서는 이에 대한 대안으로 제시된 다양한 위험지표들을 살펴보고, 제8장에서는 이러한 위험지표들을 이용한 시장균형 하에서의 자산가격결정모형으로서, 하부편적률 CAPM과 고차적률 CAPM을 살펴본다.

전통적인 가격결정모형들은 공분산을 이용한 단일요인으로 자산가격을 설명하지만, 실증분석에 의하면 단일요인모형들의 설명력은 높지 않았다. Part 5에서는 이에 대한 대안으로서, 다양한 요인들을 이용하여 자산가격을 설명하는 선형요인모형과 차익거래가격결정이론(arbitrage pricing theory, APT)을 제9장에서 살펴본다.

한편 이러한 가격결정이론들은 금융시장에서 모든 정보가 효율적이고 합리적인 방법으로 처리되어 가격에 반영된다는 효율적 시장을 가정하고 있다. 따라서 Part 6의 제10장에서 이 효율적 시장가설에 대해서 살펴보고, 이를 검증하는 연구방법론인 사건 연구(event study)에 대해 설명한다. 그리고, 실증연구에서 발견된 이상현상들(anomalies)을 살펴본다. 반대로 제11장에서는 전통적인 재무경제학 이론들이 가정하는 '합리성'에 대한 비판과 함께 이를 극복하기 위한 대안으로서 제시된 행동재무경제학을 소개한다. 여기서는

'의사결정의 심리(the psychology of decision making)'를 고려해야 하는 이유를 살펴보고, 과신(overconfidence), 낙관(optimism), 고착화(anchoring), 군집화(herding) 등과 같은 비합리적인 심리요인을 알아본 후, 이러한 개념들이 재무 분야의 중요한 연구 주제들과 어떻게 연결되는지를 살펴볼 것이다.

Part 7 이후에서는 다기간 모형과 파생상품, 펀드 등과 같은 주제를 살펴본다. 이러한 주제들을 다루기 위해서는 연속시간 재무(continuous-time finance)에 대한 기초지식이 필요한데, 이는 책 뒷편에 보충으로 설명해 두었으며, 주로 확률프로세스(stochastic process)에 대한 기본적인 내용과 이토의 보조정리 등을 설명함으로써 이해를 돕고자 하였다. 확률프로세스에 대한 이해를 기반으로 동태적 자산가격결정모형을 설명한다. 일반적으로 투자기회는 시간의 흐름에 따라 변하기 때문에, 투자자는 단일기간 투자에 그치는 것이 아니라 다기간에 걸친 투자의사결정을 하게 된다. 이러한 점을 고려하면, CAPM과 같은 단일기간 모형보다는 다기간 모형이 더 적절하다. 이를 살펴보기 위해 제12장에서는 기간간 CAPM(intertemporal CAPM)을 설명한다.

한편 제13장에서 제16장까지는 파생상품과 그 응용에 관한 것으로 Part 8로 구분하였다. 제13장에서는 파생상품에 대해 간략히 소개하고, 제14장과 제15장에서는 블랙-숄즈 옵션가격모형을 세 가지 방법으로 유도해 본다. 제16장에서는 이를 활용한 위험헤지방법과 실물옵션(real options)을 살펴본다.

제17장과 제18장은 최적자산배분과 성과측정에 관한 것으로 Part 9로 구분하였다. 제17장에서는 포트폴리오의 초과수익률에 대한 기여도가 매우 높은 자산배분전략에 대해 살펴본다. 자산배분을 최적화시키는 방법은 최적포트폴리오 선택과 다르지 않으며, 여기서는 단일기간 자산배분과 다기간 자산배분의 차이에 대해 면밀한 검토를 해본다. 그리고, 뮤추얼펀드, 헤지펀드, 사모펀드에 대해서도 간략히 살펴본다. 앞선 제17장까지의 내용에서 우리가 자산배분과 포트폴리오 선택을 최적화시키는 방법을 알아보았다면, 제18장에서는 그 포트폴리오의 성과를 측정하는 방법을 살펴본다. 이 때, 벤치마크 포트폴리오의 선택에 관한 문제들도 함께 논의할 것이다.

Part 10 제19장에서는 부도가능성으로 인해 현금흐름이 불확실한 채권의 가격결정원리를 이해하기 위해 이자율기간구조와 신용위험분석에 관한 모형을 설명한다. 즉, 현금흐름이 확실한 경우 이자율 기간구조를 어떻게 모형화하는지를 먼저 살펴본 후, 채권발행회사의 신용위험을 모형화하는 방법을 설명한다. 사실, 회사가 발행한 거의 모든 채권에는 부도가능성이 존재하고, 이러한 신용위험은 기업재무(corporate finance)에서 다양한 주제와 관련이 있기 때문에, 신용위험에 관한 이론은 중요한 주제이다.

차 례

PART 01 확실성하의 자산가격

PART 02 기대효용과 확률지배이론

PART 06 시장의 효율성과 행동재무경제학

PART 07 동태적 자산가격모형

PART 08 파생상품과 응용 문제들

PART 09 최적자산배분과 성과측정

PART 10 채권가격과 신용위험

Part 01

확실성하의 자산가격

Asset Pricing under Certainty

현금흐름 할인 모형 Chapter 01

자산가격을 설명하는 가장 기본적이면서도 이해하기 쉬운 모형은 미래의 현금흐름을 할인하는 것이다. 미래의 현금흐름을 알 수만 있다면, 그리고 각 현금흐름에 대한 할인율을 알 수만 있다면 이 모형은 누구나 쉽게 이해할 수 있는 자산가격을 제시한다.

실무적으로 이 할인모형은 국채 혹은 정부가 지급을 보증하는 채권 등과 같이 미래의 현금흐름이 확실한 자산의 평가에 주로 사용된다. 이러한 채권에 대한 평가(가격)는 미래의 현금흐름이 이미 알려져 있기 때문에 이자율의 기간구조, 즉 기간별 현금흐름에 대한 할인율의 변화를 분석하고 추정하는데 초점을 두고 있다.

그러나 현실적으로는 대다수의 자산의 미래 현금흐름은 다양한 불확실성으로 인해 확정적으로 알려져 있지 않으며, 또한 이러한 불확실성으로 인해 할인율 역시 위험이 없는 자산에 적용되는 할인율과는 달라지게 된다. 그럼에도 불구하고 이 할인모형은 주식과 같이 미래현금흐름이 불확실한 경우에도 자산가격에 대한 기본적인 개념을 설명해준다는 점에서 자산가격결정분야의 가장 기본모형이라 하겠다.

Chapter 01

현금흐름 할인 모형 (Discount Cash Flow Valuation)

일반적으로 기업의 재무의사결정은 현재시점에서 이루어지는 반면, 그에 따른 대가(현금흐름)는 미래 여러 기간에 걸쳐 실현된다. 그런데 동일한 금액이라도 발생시점에 따라 그 가치가 달라지므로, 서로 다른 시점에서 발생하는 현금흐름을 비교할 때에는 동일한 시점의 가치로 환산해서 비교하여야 한다. 따라서 화폐의 시간가치는 재무의사결정에서 무엇보다도 중요한 개념이다.

이 장에서는 미래의 현금흐름이 확실한 자산의 경우 그 가격이 어떻게 결정되는지 살펴본다. 이를 위해서 가장 기본이 되는 미래가치와 현재가치, 그리고 미래현금흐름을 할인하는 방법을 살펴보기로 한다. 이를 통하여 채권의 가격 결정 원리를 이해하고, 이자율 기간구조의 중요성에 대하여 살펴본다. 한편, 미래의 현금흐름이 불확실한 채권의 가치는 신용등급, 지급불능(부도), 잔존가치 등 기본적인 개념을 제외하고는 이 장에서는 다루지 않는다. 이에 대한 보다 상세한 설명은 확률적 요소가 내포된 이자율 프로세스와 지급불능확률을 다룰 수 있는 확률미적분(stochastic calculus)을 배운 다음 제19장으로 미루기로 한다.

1.1 미래가치, 현재가치, 이자율

동일한 금액일 경우 사람들은 미래 시점에서 이 금액을 받는 것보다는 현재 시점에서 받는 것을 더 선호한다. 이러한 현재 현금에 대한 선호는 아래와 같이 합리적으로 설명할 수 있다.

- 사람들의 생명이 유한하여 미래에 받게 되는 현금을 사용할 수 없게 될 가능성이 있고, 현재의 소비를 미래로 미룰 경우 겪게 되는 희생(효용의 감소)에 대한 대가이기도 하다.
- 수익성 있는 투자기회가 있다면, 현재의 현금은 이러한 투자기회를 통하여 가치를 증대시킬 수 있기 때문에 미래의 동일한 현금보다 더 선호된다.
- 현실적으로는 물가가 상승하는 경우 미래의 현금은 현재의 현금보다 구매력이 떨어지고, 또한 미래의 현금흐름이 불확실할 경우 미래의 현금은 실현되지 않을 가능성(위험)도 있기 때문이다.

이러한 이유들로 인해, **미래가치(future value, FV)**는 **현재가치(present value, PV)**와 다음과 같은 관계가 있다.

$$PV = d \times FV$$

여기서 d는 미래가치와 현재가치 간의 관계를 설명하는 **할인요소(discount factor)**로, 현재가치가 미래가치보다 더 선호된다면 $0 < d < 1$이 된다. 그리고, 미래의 현금을 현재의 가치로 바꾸는 것을 '할인한다'고 하고, 이때 적용되는 비율을 **할인율(discount rate)**이라고 부른다. 할인요소와 할인율(r) 간의 관계는 $d = \frac{1}{1+r}$로 나타낼 수 있으며, 현재가치를 선호하는 현상이 더 커질수록 할인요소 d는 작아지게 되고 반대로 할인율(r)은 커지게 된다.

할인율이 미래의 관점에서 현재의 가치를 평가할 때 사용된다면, **이자율(interest rate)**은 현재관점에서 미래의 가치를 계산할 때 사용된다. 따라서 할인율과 이자율은 같으며, 보는 관점에 따라 이름이 달라질 뿐이다. 한편 주식이나 채권시장에서는 수익률이라는 용어를 많이 사용하는데, **수익률(rate of return)**도 시간가치의 관점에서는 이자율이나 할인율과 같은 개념이다. 수익률은 어떤 자산에 투자를 할 경우 투자로부터 발생하는 미래의 수익금액을 투자금액에 대한 비율로 표시한 것으로, 위험이 따르는 자산에 투자할 경우 흔히 사용된다.

1.2 미래 현금흐름의 현재가치

미래 $t+1$, $t+2$, $t+3$, $\cdots$ 시점에서 발생하는 현금흐름을 C_{t+1}, C_{t+2}, C_{t+3}, $\cdots$ 이라 하자. 그럼 이들 각각의 t시점에서의 현재가치는 다음과 같이 나타낼 수 있다.

$$P_t = \frac{1}{(1+r)^i} C_{t+i} \tag{1.1}$$

여기서 미래의 각 기간별($t+1,\ t+2,\ t+3,\ \cdots$) 할인율은 동일하다고 가정하였다. 예들 들면, 1기간 동안의 할인율이 5%인 경우, 1기간 후인 미래의 10,000원은 현재가치로는 9,523.8원이고, 2기간 후의 10,000원은 현재가치로 9,070.3원이 된다.

이를 확장하여, 미래 $t+1,\ t+2,\ t+3,\ \cdots$ 시점에서 발생하는 현금흐름이 C_{t+1}, C_{t+3}, C_{t+3}, …이라면, 이 현금흐름의 현재가치는 각각의 현재가치의 합으로 다음과 같이 나타낼 수 있다.

$$P_t = \sum_{i=1}^{\infty} \frac{1}{(1+r)^i} C_{t+i} \tag{1.2}$$

또한 이러한 현금흐름이 미래의 T기간까지만 지속된다면, 현재가치는 $P_t = \sum_{i=1}^{T} \frac{1}{(1+r)^i} C_{t+i}$가 된다. 이 경우, 현금흐름이 매기 일정하면, 즉, $C_{t+i} = C,\ i = 1, 2, \ldots, T$라면, 이들 전체의 현재가치는 $P_t = C\sum_{i=1}^{T} \frac{1}{(1+r)^i}$가 되고, 이를 **연금의 현재가치(present value of annuity, PVA)**라고 한다. 여기서 **연금의 현재가치요소**는 다음과 같다.

$$D(r,T) = \sum_{i=1}^{T} \frac{1}{(1+r)^i} = \left[\frac{1 - \frac{1}{(1+r)^T}}{r}\right] + \frac{1}{(1+r)^T} \tag{1.3}$$

만약 미래현금흐름이 무한정 지속된다면, 위 식 (1.3)에서 $T \to \infty$이므로 $D(r,\infty) = \frac{1}{r}$이 된다.

미래의 현금흐름이 매기 일정한 자산의 예로는 매월 일정금액을 받기로 약속된 연금, 혹은 복권을 들 수 있으며, 이들의 현재가치는 위와 같은 방법으로 계산할 수 있다. 한편 미래의 무한한 기간 동안 현금지급이 계속되는 자산도 있는데, 그 예로는 영국 정부가 발행한 국채인 Consol을 들 수 있다.[1] 이 영구채권은 1751년에 최초로 발행되어 1927년까지 발행되었으며, 2015년에 전부 상환되어 현재는 존재하지 않는다.

1.3 미래가치와 복리효과

미래 현금의 현재가치를 나타내는 식은 반대로 현재 현금의 미래가치를 나타내는 식으로 바꿀 수 있다. 식 (1.1)을 변형하여 τ기간 후의 가치($FV_{t+\tau}$)는 현재가치(PV_t)에 그 기간

1 이 영구채권은 1751년에 최초로 발행되어 1927년까지 연간 이자율은 2.5%~3.5%로 발행되었다. 미국정부도 영구채권을 발행한 바 있다.

동안 발생한 이자를 곱하여 계산된다. 이 기간 동안의 이자율이 r인 경우, 미래가치는 다음과 같다.

$$FV_{t+\tau} = PV_t(1+r)^\tau \tag{1.4}$$

위 식을 보면, 미래가치는 기간(τ)이 커질수록 증가하는 지수함수이다. 이러한 이유로 기간에 따른 미래가치는 오목한 형태로 나타난다. 예를 들면, 1830년에 1파운드를 영국 국채 채권과 주식에 투자한 경우 2000년대 초반까지의 가치는 [그림 1-1]의 첫 번째와 같은 형태로 나타난다.

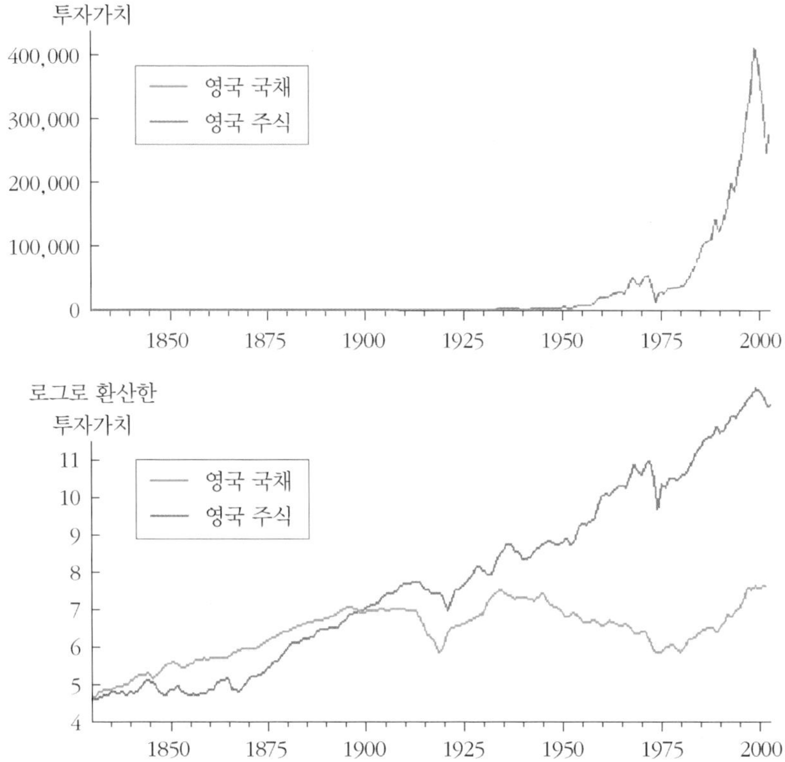

[그림 1-1] 영국 국채와 주식에 투자했을 경우 가치의 증가

첫 번째 그림을 보면, 전체 기간 동안 일정한 이자율(수익률)로 가치가 증가했다 하더라도, 투자 초기의 가치는 상대적으로 작아서 가치가 증가하는 모습을 확인하기 어려운 반면, 최근의 가치 상승 금액은 상대적으로 크게 나타난다. 예를 들면 10파운드가 5% 증가하면 0.5파운드 증가로 나타나는 반면, 100,000파운드의 5% 증가는 5,000파운드의 증가로 나

타나므로, 동일한 수익률로 인한 가치 변화에도 불구하고 그림에서 보는 것과 같이 금액상으로는 차이가 커서 비교하기 힘들다. 이러한 이유로 시계열 자료를 분석할 때는 금액(혹은 지수)을 사용하기보다는 금액에 로그를 취한 값을 사용하게 된다. 즉, 위 식에 로그를 취하면 $\ln FV_{t+\tau} = \ln PV_t + \tau \ln(1+r)$가 되고, 따라서 로그로 환산한 미래가치 $\ln FV_{t+\tau}$는 기간(τ)에 선형으로 나타나게 된다. 또한, **로그증감률(logarithmic growth)**도 기간(τ)에 선형으로 나타나게 된다.

$$\ln \frac{FV_{t+\tau}}{PV_t} = \tau \ln(1+r) \tag{1.5}$$

이러한 이유로 주식가격, 주택가격과 같은 가격에 관련된 시계열 자료나, 경제학의 중요한 분석 대상인 경제 규모나 물가지수와 같은 시계열 자료(x_t)를 분석할 경우, 로그를 취하여 $\ln x_t$의 형태로 변환한 후에 분석하는 것을 많이 볼 수 있다.

위 두 번째 그림은 채권 및 주식에 투자하였을 경우의 가치(첫 번째 그림)를 로그 눈금(scale)으로 보여주고 있다. 첫 번째 그림에 비하여 투자 초기에 금액이 적을 때의 가치 변화를 훨씬 명확하게 보여준다.

한편, 로그함수의 특성에 의해, 기간별 증감률 r이 0에 가까울 정도로 작은 경우에는 $\ln(1+r) \approx r$로 근사할 수 있다. 만약, 위 예에서 r이 기간에 따라 변하지 않는다고 가정하면, $\ln(1+r) \approx r$은 시점에 관계없이 일정하다. 그러나, 증감률이 변하는 경우, 혹은 더 나아가 불확실성이 내포된 현실의 투자로부터 발생하는 가치의 변화를 계산하는 경우에는 각 시점별 로그증감률을 사용하게 된다. 즉

$$\ln \frac{V_t}{V_{t-1}} = \ln(1+r_t) \approx r_t \tag{1.6}$$

또한 이러한 로그증감률을 사용할 경우, 변수(금액 혹은 지수)의 수준과는 상관없이 증감률을 얻을 수 있다. 예를 들어, $\ln \frac{x_t}{x_{t-\tau}} = \ln x_t - \ln x_{t-\tau}$가 0.5라면, $x_{t-\tau}$의 수준과는 상관없이 x_t는 τ 기간 동안 50%의 로그증감률을 보여주었다는 것을 의미한다. 물론 $\ln x_t - \ln x_{t-1}$는 t시점에서 지난 1 기간 동안의 로그증감률이 된다.

1.4 연속복리수익률과 로그수익률

로그증감률 혹은 로그수익률은 연속시간에서의 복리수익률과 동일하다. 예를 들어, 일 년에 단순수익률이 10%인 자산이 있다고 하자. **단순수익률(simple rate of return)**은 최초금액

대비 최종금액의 비율로, 이 자산에 100을 투자하면 1년 후에는 10의 이익을 받게 된다. 그렇다면, 이 자산의 가치가 하루하루 증가하는 크기는 어떻게 구할 수 있을까? 연간 단순수익률 10%의 $\frac{1}{365}$씩 증가할까?

이를 살펴보기 위해, 1년을 n개의 단위기간으로 나누고, 단위기간 동안 발생한 수익을 연간 n회 재투자(복리계산)해서 최종적으로 연간 단순수익률 10%를 얻는 경우를 생각해 보자. 매 단위기간당 수익률을 $\frac{x}{n}$라고 한다면, 단위기간당 $\frac{x}{n}$의 수익률이 매 단위기간 동안 재투자되기 때문에 $(1+\frac{x}{n})^n = 1.1$이 된다. 이 식을 만족시키는 x를 구하면 이것이 '연간 n회 복리계산시의 복리수익률'이 된다. 예를 들어, 매 반년동안 재투자되는 경우라면, $n = 2$, $x = 0.0976$이 된다. 즉 6개월간 4.88%로 두 번 투자를 하게 되면 1년 동안 10%의 수익률이 발생한다. 마찬가지로 3개월간 4번 재투자한다면 $x = 0.0964$가 되고, 분기단위로는 2.41%의 수익률이 된다. 1년을 더 세밀하게 나눌수록 x는 점점 작아지게 되는데, 이는 복리효과(수익에 수익이 발생하는 효과)가 더 커지기 때문이다.

이제 위의 **이산시간(discrete time)**에서의 복리 계산을 **연속시간(continuous time)**에서 계산한다고 가정해 보자. 연속복리는 재투자 횟수(복리계산빈도)가 무수히 많은 경우로, 단순수익률 10%에 해당하는 연속복리 수익률은 $\lim_{n\to\infty}(1+\frac{x}{n})^n = 1.1$를 만족시키는 x가 된다. 그런데, 자연수(e)의 수학적 정의인 $\lim_{n\to\infty}(1+\frac{1}{n})^n = e$, $e = 2.71828\ldots$를 활용하면 $\lim_{n\to\infty}(1+\frac{x}{n})^n = e^x$가 되어, 결국 일년을 무한히 나눈 연속복리이자율은 '$e^x = 1.1$을 만족하는 x'라는 결과가 된다. 즉, 1년 동안 매 순간마다 (예를 들면 매초마다) 재투자할 경우 단순수익률 10%에 해당하는 연간수익률(**연속복리수익률**)은 $x = \ln e^x = \ln 1.1 = 0.0953$이 된다.[2]

여기서 x는 연속시간(continuous time) 하에서의 수익률로서 **연속복리(continuous compounding) 수익률** 혹은 **로그수익률(log rate of return)**이라 한다. 로그수익률이 이해하기 힘들고 계산이 복잡하기 때문에, 실무에서는 거의 모든 경우 단순수익률이 사용되고 있다. 그러나 이론적으로는 투자에 따르는 수익률이 연속적으로 발생한다고 보는 것이 타당하다. 그리고, 이러한 관점에서 자산 가격을 분석하는 분야를 **연속시간재무(continuous time finance)**라 한다. 예를 들어, 무차익거래조건을 이용한 파생상품 가격 결정의 기초가 되는 **기하 브라운 운동(geometric Brownian motion, GBM)**은 연속시간 하에서 자산가격의 움직임을 나타내는 것으로, 이 분석에서 사용되는 수익률은 로그수익률이다.

---

2 만약, 연속복리수익률이 r이고 투자원금이 A 일 때, 1년이 아닌 τ년 후의 원리금을 구하면, 아래와 같이 $Ae^{r\tau}$가 된다.

$$\lim_{n\to\infty} A\left(1+\frac{r}{n}\right)^{n\tau} = \lim_{n\to\infty} A\left(\left(1+\frac{r}{n}\right)^n\right)^\tau = Ae^{r\tau}$$

1.5 단순수익률과 로그수익률

로그수익률(이자율)과 우리가 흔히 알고 있는 단순수익률과의 관계를 두 가지 측면에서 살펴보자. 먼저, 우리가 흔히 접하는 자산의 **단순수익률** 혹은 **산술수익률(arithmatic return)**은 다음과 같다.

$$r_t = \frac{V_t - V_{t-1}}{V_{t-1}} \tag{1.7}$$

즉 자산가치의 증감($V_t - V_{t-1}$)을 투자금액(V_{t-1})에 대한 비율로 표시한 것이다.

1.5.1 다기간 수익률의 계산

단순수익률은 다음과 같은 문제를 안고 있다. 먼저, 투자기간이 다기간인 경우, 전체 기간 동안의 수익률을 제대로 나타내주지 못한다. 예를 들면 5년 동안 매년 10%씩 수익률을 내는 펀드가 있다고 하자. 100을 투자한다면 5년 후의 전체 금액은 161로 61%의 수익률을 얻을 수 있다. 첫해 발생하는 이익 10에 대하여도 두 번째 해에는 10% 수익률이 발생하고, 세 번째 해에는 첫 번째와 두 번째 기간 동안 발생한 이익에 대하여 또 10%의 수익률이 더하여지기 때문이다. 따라서 전체 기간(τ) 동안의 수익률은 지수함수 $(1 + r)^{\tau}$로 나타나게 된다.

그런데, 단순수익률을 사용한다면, 매년 10% 수익률이 발생하니까 5년을 곱하여 50% 수익률이라고 계산할 수 있다. 만약 발생하는 이익을 매년 전부 인출하여 재투자하지 않고 다른데 사용한다면 50% 수익률이 정당화될 수도 있다. 하지만 특정기간 동안의 투자는 재투자가 이루어지는 것이 일반적이므로, 재투자가 없다는 특별한 가정을 하지 않은 경우라면 단순수익률이 전체 기간 동안의 총수익률을 제대로 나타내지 못한다.

단순수익률의 또 다른 문제는 수익률이 일정하지 않고 변할 경우 다기간 동안의 누적 수익률을 제대로 반영하지 못한다는 것이다. 아래 <표 1-1A>의 예를 보자. 세 가지 경우가 예시되어 있는데, 초기투자금액은 100으로 동일하게 가정하였고, 두 기간 동안 가격 상승과 하락의 크기는 각 경우마다 다르다고 가정하였다. 모두 단순수익률을 사용한다면, 두 기간 동안의 전체 수익률은 세 가지 경우 모두 0%로 차이가 없다. 첫 번째 경우는 단순수익률 기준으로 10% 상승 후 10% 하락하는 경우이다. 이 경우 두 기간 동안 실제 누적 수익률은 -1%이다. 즉 100(1+0.1)(1−0.1)=99가 되어 1이라는 손실이 발생하게 된다. 상승과 하락의 순서는 중요하지 않다. 단순수익률을 사용하여 두 기간 동안 수익률을 합산한다면 수익률은 0%가 되나, 실제로는 1% 손실이 발생하였으므로 단순수익률을 합산한 것은 다기간

〈표 1-1A〉 하나의 자산에 대한 단순수익률과 로그수익률

	자산 가격	단순 수익률	로그 수익률	자산 가격	단순 수익률	로그 수익률	자산 가격	단순 수익률	로그 수익률
t=0	100			100			100		
t=1	110	10.0%	9.5%	130	30.0%	26.2%	150	50.0%	40.5%
t=2	99	-10.0%	-10.5%	91	-30.0%	-35.7%	75	-50.0%	-69.3%
수익률 합계		0.0%	-1.0%		0.0%	-9.4%		0.0%	-28.8%
최초가격대비 (최종수익률)	-1 (-1.0%)			-9 (-9.0%)			-25 (-25.0%)		

동안의 전체 수익률을 제대로 반영하지 못한다. 두 번째와 세 번째 경우는 상승률과 하락률의 변동폭이 더 커지는 경우이다. 두 번째는 30% 상승과 하락이 있는 경우로서 두 기간 동안 실제 누적수익률은 -9%가 되고, 세 번째는 50%의 상승과 하락이 있는 경우로서 -25%가 된다. 즉 수익률의 변동폭이 커질수록 단순수익률을 합산한 전체 기간의 수익률은 실제 수익률보다 더 커지는 것으로 나타나는 문제가 발생한다.

반면, 단순수익률로 10%에 해당하는 가격 상승과 하락의 경우에 대해서 로그수익률을 계산하면 각각 9.5%와 -10.5%가 되고, 이를 합산한 두 기간 전체로는 -1%가 되므로, 로그수익률이 실제 가치 변화를 더 적절히 반영한다는 것을 알 수 있다. 30% 그리고 50%의 등락이 있는 경우에도 두 기간 동안 단순수익률의 합계보다는 같은 기간 동안 로그수익률의 합계가 실제가치를 더 적절히 반영한다.

수익률이 낮고 변동폭이 적은 채권이나 은행예금과 같은 투자에서는 이러한 단순수익률의 문제는 무시할 수도 있다. 그러나 연간 수익률 변동이 30%가 넘는 개별주식에 대한 투자 또는 이보다 훨씬 변동성이 큰 암호화폐에 대한 투자에서는 투자기간이 다기간인 경우 매기간 단순수익률을 평균하거나 합산한 수익률이 실제 투자수익률을 심각하게 부풀릴 수 있다.

1.5.2 포트폴리오 수익률의 계산

단순수익률은 이러한 다기간 수익률 계산에 문제가 있음에도 불구하고, 특정 시점에서 포트폴리오를 구성하기 위한 목적으로는 더 적합하다. 아래 <표 1-1B>에서는 가격이 100인 두 개의 자산 A와 B에 같은 비율로 투자하여 포트폴리오를 구성하는 경우, 개별

〈표 1-1B〉 포트폴리오에 대한 단순수익률과 로그수익률

					단순수익률			로그수익률		
	자산 A 가격	자산 B 가격	포트폴리오 가치	실제 포트폴리오 수익률	자산 A 수익률	자산 B 수익률	포트폴리오 수익률	자산 A 수익률	자산 B 수익률	포트폴리오 수익률
t=0	100	100	200							
t=1	110	90	200	0.0%	10.0%	-10.0%	0.0%	9.5%	-10.5%	-0.5%
t=2	99	99	198	-1.0%	-10.0%	10.0%	-1.0%	-10.5%	9.5%	-1.5%
수익률 합계				-1.0%	0.0%	0.0%	-1.0%	-1.0%	-1.0%	-2.0%
최초가격대비			-2	-1.0%						

자산의 가격 변동에 따른 포트폴리오의 수익률을 보여주고 있다.

두 자산의 단순수익률이 1기간 동안에는 10%와 −10%이고, 그 다음기에 반대의 수익률이 발생하는 경우를 살펴보자. 각 자산별 단순수익률을 합산하여 포트폴리오의 수익률을 계산할 경우, 첫 번째 기간의 포트폴리오 수익률은 $\frac{100(1+0.1)+100(1-0.1)}{200}-1=0$이 되고, 두 번째 기간에는 $\frac{110(1-0.1)+90(1+0.1)}{200}-1=-1\%$가 된다. 이는 포트폴리오의 가치가 1기간 후에 200, 그리고 2기간 후에 198로 변하였으므로, 이러한 포트폴리오의 가치 변화로 계산한 수익률 $\frac{200-200}{200}=0\%$ 그리고 $\frac{198-200}{200}=-1\%$와 일치한다.

반면, 포트폴리오 수익률 계산에서는 로그수익률이 오히려 부적절하다. 1기간의 자산별 단순수익률 10%와 -10%는 로그수익률로는 각각 9.5% 와 -10.5%이므로, 이 로그수익률을 자산가치로 가중평균한 수익률은 $0.5\times9.5\%-0.5\times10.5\%=-0.5\%$가 되어 실제 포트폴리오의 수익률(0%)를 제대로 반영하지 못한다. 마찬가지로 두 번째 기간에는 $\frac{110\times(-10.5\%)+90\times9.5\%}{200}=-1.5\%$로 실제 포트폴리오 수익률 −1%와 차이를 보인다. 이러한 이유로, 포트폴리오를 강조하는 투자분석에서는 단순수익률을 사용하는 것이 일반적이다. 물론 장기간의 시계열 분석을 수행하는 경우에는 앞서 본 로그수익률이 더 적절하다.

1.6 현금흐름이 확실한 경우의 채권가격

미래의 현금흐름을 현재가치로 할인한다면, 미래의 특정시점에서 미리 약속한 현금을 지급하는 자산의 가치를 결정할 수 있다. 이런 자산으로는 채권을 들 수 있다. 채권은

미래의 특정시점에서 미리 정해진 **이자(쿠폰(coupon))** 지급을 약속한 증권이라고 볼 수 있다. 채권은 발행주체, 상환기간, 담보여부, 이자지급방법, 표면금리 확정여부 등에 따라 다양하게 구분할 수 있다. 채권에 대한 일반적인 설명은 자본시장론 등에서 다루므로 여기서는 생략하기로 한다.

먼저, 채권에 관한 기본적인 사항들을 간단하게 살펴보자. **채권의 액면가**는 채권만기가 도래하면 지급받게 되는 금액을 의미한다. 액면가가 만원이라면 채권만기에 현금으로 만원을 받게 된다. **채권의 만기**는 채권 발행시 액면가를 상환하기로 약정된 시점으로, 채권만기시에는 채권이 전액 상환되어 소멸한다. **채권 발행이율**은 표면금리, 표시이자율, 쿠폰이자율, 액면이자율 등으로 불리기도 하는데, 채권발행회사가 매기(예, 매년) 지급하기로 약속한 이자지급률이다. 시중 금리가 변하는 것과 상관없이 만기시까지 표시이자율이 고정되어 있는 채권을 **고정금리부채권(straight bond)**이라 하고, 기준금리의 변동에 따라 매기 지급되는 이자금액이 달라지는 채권을 **변동금리부채권(floating rate bond)**이라 한다. **영구채권(perpetual bond)**은 원금상환 없이 이자만 지불하는 채권을 말하고, **수의상환사채(callable bond)**란 발행회사가 만기일 이전에 특정조건으로 매입 상환할 수 있는 회사채를 말한다.[3] 한편 채권발행가는 쿠폰이자율과 시장이자율(만기수익률)과의 차이에 의하여 결정되는데, 쿠폰이자율이 시장이자율보다 낮으면 액면가 이하로 발행되고, 쿠폰이자율이 더 높으면 액면가보다 높은 가격으로 발행된다.

본 절에서는 정부채권 혹은 정부가 지급을 보장하는 채권 등 미래의 현금흐름이 확실한 자산의 가격에 대하여 살펴본다. 회사채와 같이 미래의 현금흐름이 불확실한 경우도 이들의 가치평가에 영향을 미치는 요인들에 관해 간단하게 살펴본다.

1.6.1 채권가격의 기초

앞서 살펴본 바와 같이, 채권의 가격은 미래 현금흐름의 현재가치와 동일하다. 만기가 T이고 매기 지급되는 이자지급(쿠폰금액)이 C, 그리고 만기에 지급되는 액면가가 F인 경우 채권의 가격 P는 다음과 같다.

$$P = \sum_{i=1}^{T} \frac{C}{(1+r)^i} + \frac{F}{(1+r)^T} = C\left[\frac{1 - \frac{1}{(1+r)^T}}{r}\right] + \frac{F}{(1+r)^T} \tag{1.8}$$

여기서 할인율 r은 이 채권에 대한 시장의 이자율과 동일하며, 만기까지 기간에 관계없이

3 수의상환사채의 가치평가에 관한 내용은 제16장 복합상품을 참고하기 바란다.

일정하다고 가정한다. 이 할인율을 만기수익률이라 하는데 다음과 같이 정의된다.

▶ 만기수익률(yield to maturity, YTM)

채권의 **만기수익률(yield to maturity, YTM)**은 채권의 시장 가격과 채권 투자로 발생하는 모든 미래 현금흐름의 현재가치를 일치시켜주는 할인율을 말한다.

만약 만기수익률이 표면이자율과 같으면 $C = F \times r$이 되므로, 위 식은 $P = F$가 되어 채권의 시장가격은 액면가격과 같게 된다. 한편 만기수익률이 표면이자율보다 크면 ($C < F \times r$), $P < F$가 되고 채권가격은 액면가보다 낮아진다. 반면 만기수익률이 표면이자율보다 작으면 채권의 시장가격은 액면가보다 높아진다. 왜냐하면, 채권시장의 이자율보다 더 높은 표면이자를 지급하는 채권은 채권시장에서 액면가보다 더 높게 평가되기 때문이다.

위 식에서 보듯이, 만기수익률(시장이자율)과 채권가격 간의 관계는 역의 관계이므로, [그림 1-2]처럼 시장이자율이 상승하면 채권의 가격은 낮아지고, 반대로 시장이자율이 하락하면 채권의 가격은 높아진다. 사실 이러한 현상은 채권에만 나타나는 것은 아니고, 모든 자산에서 관찰될 수 있다. 왜냐하면, 예컨대 주식의 경우도 주가가 미래의 현금흐름을 할인한 것으로 볼 수 있으므로, 할인율에 해당하는 시장이자율의 움직임과는 반대로 움직이게 된다. 다만 주식의 경우, 미래의 현금흐름이 확실하지 않고 경기변화 등 다양한 요인에 민감하므로, 반드시 시장이자율과 반대로 움직인다고 볼 수는 없을 것이다.

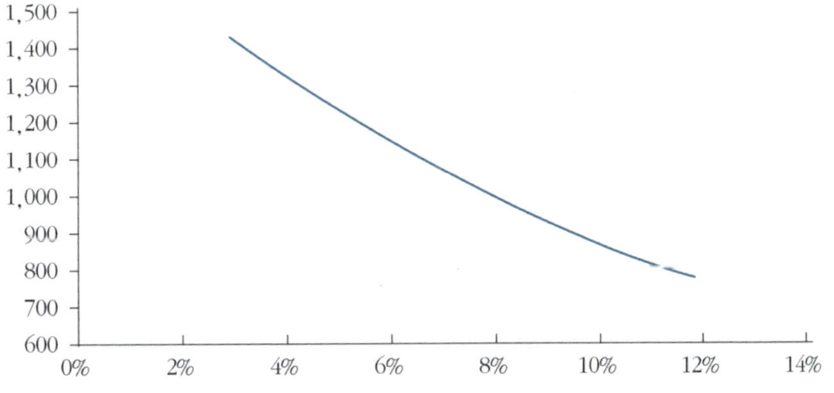

[그림 1-2] 시장이자율 변화에 따른 액면가 1,000 표면금리 8%인 채권의 가치

1.6.2 이자율 변동에 따른 채권가격의 변동(Duration)

채권의 발행기관이 채무불이행에 빠지지 않는 한, 채권으로부터의 현금흐름은 확실하므로 채권의 가격은 미래의 현금흐름을 할인하여 계산할 수 있다. 그러나 미래의 현금흐름이 확실하다 하더라도, 채권투자로부터 발생하는 위험이 없다는 것은 아니다. 위 식 (1.8)에 의하면, 미래의 현금흐름이 확실한 경우라도 시장이자율이 변동할 경우 채권가격이 변동할 수 있기 때문에, 채권투자에는 위험이 존재함을 알 수 있다. 또한 이 경우, 이자지급액을 재투자 함으로써 얻을 수 있는 재투자 수익률도 변화하게 되므로, 채권의 위험이 증가될 수도 있다.

여기서는 이자율 변동에 따른 채권가격의 변동을 **듀레이션(duration)**으로 설명해보자. 우선 채권가격 식 (1.8)의 할인율을 연속복리인 로그수익률로 바꾸어 보자.[4] 그리고, 채권의 미래 현금흐름을 C_t(쿠폰뿐만 아니라 만기시 지급받는 원금까지 포함한 전체 현금흐름)라 하면, 채권 가격(P)은 다음과 같다.

$$P = \sum_{t=1}^{T} \frac{C_t}{(1+r)^t} = \sum_{t=1}^{T} C_t e^{-rt} \quad \left(\because \frac{1}{(1+r)^t} = e^{-rt}\right) \tag{1.9}$$

이자율 변화에 따른 채권가격의 변화를 계산하기 위하여 위 식을 r로 편미분한 후, 이를 듀레이션(D)에 의한 가격의 변동을 의미하는 $-D \times P$와 같다고 두면,

$$\frac{\partial P}{\partial r} = -\sum_{t=1}^{T} tC_t e^{-rt} = -DP \tag{1.10}$$

이 되고, 여기서 D는 듀레이션으로 다음과 같이 정의된다.

▶ 듀레이션(Duration)

맥컬리 듀레이션(Macaulay duration) D는 다음과 같이 정의된다.

$$D = \frac{\sum_{t=1}^{T} tC_t e^{-rt}}{P} \tag{1.11}$$

이 듀레이션의 의미는 현금회수 기간을 '채권가격(P) 대비 미래의 현금흐름의 현재가치의 비율'을 가중치로 하여 가중평균한 것으로 볼 수 있다. 즉, 가중평균만기를 의미한다.

---

4 이렇게 변환하는 이유는 이자율변동에 따른 채권가격의 변동, 즉 편미분을 쉽게 구하기 위함이다.

$$D = \frac{C_1 e^{-r}}{P} + \frac{2C_2 e^{-2r}}{P} + \frac{3C_3 e^{-3r}}{P} + \cdots + \frac{TC_T e^{-Tr}}{P} \tag{1.12}$$

$$= w_1 + 2w_2 + 3w_3 + \cdots + Tw_T$$

여기서 $w_t = \frac{tC_t e^{-tr}}{P}$ 이고, $\sum_{t=1}^{T} w_t = 1$이 된다. 식 (1.12)에서 보듯이, 듀레이션은 채권의 만기를 초과할 수 없으며, **할인채권(쿠폰이 없는 채권, zero coupon bond)**의 경우에는 듀레이션이 그 채권의 만기와 같다. 반면, 이표채의 듀레이션은 만기보다 작으며, 이자지급액의 크기에 따라 달라진다. 이자지급액이 많을수록 만기 이전의 현금흐름이 크기 때문에 듀레이션이 작아진다. 요약하면, 듀레이션이 크다는 것은 현금회수까지 걸리는 기간이 길다는 것을 의미한다.

한편, 식 (1.10)에서 듀레이션을 이자율 변동에 따른 가격 변화로 나타내면 아래와 같으며, 이를 **수정 듀레이션**(modified duration)이라고 부른다.

$$D = -\frac{\partial P}{\partial r} \cdot \frac{1}{P}$$

이 식은 채권 수익률 변화에 대한 채권 가격의 민감도를 나타내므로, 매우 중요하게 활용되는 지표이다.

▶ 듀레이션의 중요성

듀레이션이 중요한 이유는 이자율이 변할 때 채권가격이 얼마나 변하는지를 쉽게 알려주기 때문이다. 식 (1.10)을 아래와 같이 변환해 보자.

$$\frac{\partial P}{P} = -D\partial r \tag{1.13}$$

이 식은 이자율이 ∂r만큼 변할 때 채권가격의 변화(∂P)에 따른 수익률($\frac{\partial P}{P}$)을 손쉽게 계산할 수 있게 해 준다.

따라서 듀레이션이 클수록 채권가격의 변화는 이자율변동에 더 민감하게 반응한다. 예를 들어, 이자율이 0.5% 하락하면 채권의 가격은 상승하게 되는데, 식 (1.13)에 따르면 듀레이션이 5인 채권의 가격은 2.5% 상승한다. 따라서 이자율 상승이 기대된다면, 만기까지의 잔여기간이 짧은 채권에 대한 투자비중을 늘려서 듀레이션을 낮추는 것이 유리하다. 반대로, 이자율이 하락하는 시기에는 듀레이션이 높은 장기채권에 투자하는 것이 유리하다.

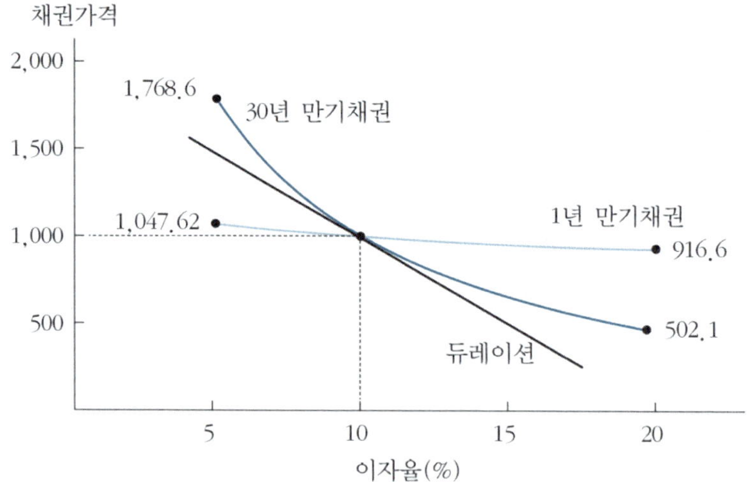

[그림 1-3] 시장이자율 변화에 따른 액면가 1,000 표면금리 10%인 채권의 가치 변화

[그림 1-3]은 액면가가 1,000이고 표면금리가 10%인 채권의 가격이 시장이자율 변화에 따라 어떻게 움직이는지를 보여주고 있다. 만기가 30년인 채권의 가치는 이자율변화에 민감하게 움직이는 반면, 만기가 1년인 채권의 가치는 시장이자율의 변화에 대해 큰 변동을 보이지 않는다. 만기가 1년인 채권은 듀레이션이 1이므로 시장이자율이 1% 상승 혹은 하락하면 그 가치는 1% 하락 혹은 상승하게 된다. 한편 매년 10% 쿠폰을 지급하는 30년 만기채권의 듀레이션은 10.37이며, 이를 이용하면 1% 시장이자율 상승 혹은 하락은 이 30년 만기채권 가치를 10.37% 하락 혹은 상승하도록 만든다.

■ 듀레이션의 한계

듀레이션은 채권의 가치와 시중금리가 선형 관계라고 가정한다. 그러나, 실제로는 비선형 관계이기 때문에, 시중금리가 소폭 상승 또는 하락하는 경우에만 듀레이션이 유용하다.

이러한 비선형성은 채권가격 곡선의 **볼록성(convexity)**으로 나타난다. [그림 1-3]에서 만기 1년 또는 30년 채권의 가격은 원점에 대해 볼록한 모습을 보여주고 있고, 특히 만기가 긴 30년 채권의 경우 볼록한 모습이 더욱 두드러진다.

이렇게 볼록성이 존재하는 경우, 이자율과 채권가치가 선형이라는 가정 하에 사용되는 듀레이션은 이자율 변동에 따른 채권가격 변동을 왜곡하게 된다. **채권가격의 볼록성**을 알아 보기 위해, 식 (1.10)을 이자율 r에 대하여 한번 더 미분해 보자.

$$\frac{\partial^2 P}{\partial r^2} = \sum_{t=1}^{T} t^2 C_t e^{-rt} > 0 \tag{1.14}$$

식 (1.14)는 두 번 미분한 함수가 항상 양이라는 것을 보여주는데, 그 의미는 채권의 가치는 이자율 변화에 볼록한 형태(convex function)를 보인다는 것을 의미한다. 따라서 이자율과 채권가격이 선형관계임을 가정한 듀레이션은 이자율 변동에 따른 채권가격의 변동에 대한 근사치만을 제시한다. 시장이자율이 소폭 변동하는 경우에는 듀레이션만으로도 채권가치의 등락을 비교적 정확하게 예측할 수 있으나, 시장금리가 큰 폭으로 변한다면 듀레이션으로 예측한 채권의 가치는 실제 채권의 가치와 큰 차이가 난다. 따라서 시장이자율 변동으로 인한 채권가격의 변화를 보다 정확하게 계산하기 위해서는 비선형관계(볼록성)를 고려할 필요가 있다.

■ 듀레이션과 볼록성을 모두 고려한 채권가격의 변화

볼록성까지 고려한 채권가격을 구하기 위해, 현재시점의 시장이자율인 r_0를 기준으로 이자율에 대한 **테일러전개(Taylor expansion)**를 적용하면 다음과 같다.[5]

$$P(r) = P(r_0) + \frac{\partial P}{\partial r}\Delta r + \frac{1}{2}\frac{\partial^2 P}{\partial r^2}(\Delta r)^2 + \frac{1}{3!}\frac{\partial^3 \mathrm{P}}{\partial r^3}(\Delta r)^3 + \cdots \tag{1.15}$$

여기서 $\Delta r = r - r_0$ 는 이자율의 변화로, r_0는 현재의 이자율 그리고 r은 우리가 변화될 것으로 예상하는 이자율이다. 또한 $P(r_0)$는 현재 이자율 하에서 채권의 현재가격이고, $P(r)$은 이자율이 r일 경우 채권의 가격이다. 위 식으로부터 듀레이션과 볼록성에 의한 채권가격 근사식을 구하기 위해, 3차 이상의 항들은 무시하기로 하자.[6] 그리고, 듀레이션($D = -\frac{\partial P}{\partial r}\cdot\frac{1}{P}$)과 볼록성($C = \frac{\partial^2 P}{\partial r^2}\cdot\frac{1}{P}$)을 위 식에 대입하면, 채권가격의 변화율은 아래와 같이 듀레이션에 의한 변화와 볼록성에 의한 변화를 합산한 형태가 된다.

$$\begin{aligned} P(r) - P(r_0) &= -PD\,\Delta r + \frac{1}{2}PC(\Delta r)^2 \\ \Leftrightarrow \quad \frac{dP}{p} &= -D\Delta r + \frac{1}{2}C(\Delta r)^2 \end{aligned} \tag{1.16}$$

---

5 테일러 전개는 미분가능한 함수 $f(x)$를 임의의 값 a에서 근사하여 구하는 방법이다.

$$f(x) = \sum_{n=0}^{\infty}\frac{f^{(n)}(a)}{n!}(x-a)^n$$

미지의 함수를 급수의 형태로 변환시켜서 구체적인 형태를 만들 수 있는 중요한 방법으로, 사회과학 연구에서 함수의 특성을 파악하기 위해 자주 활용되므로, 숙지해 둘 필요가 있다.

6 만약, dr이 매우 작은 값이라면, $(dr)^3$ 이상의 항들은 0에 매우 가까우므로 무시할 수 있다.

즉, 채권가치의 변화율은 이자율 변화의 2차 함수로 나타나며, 이자율 변화와 선형($-D$)인 동시에, 비선형($\frac{1}{2}C$)의 관계를 가지고 있다. 따라서, 듀레이션만 사용한다면 비선형 부분이 무시되는 결과를 초래하므로, 이자율 변화에 따른 채권 수익률 예측은 부정확하게 된다. 이 때 채권가격에 대한 곡도(C)가 커질수록 그 오차도 커진다. 앞서 [그림 1-3]에서 만기가 1년인 채권은 곡도가 거의 없으므로 듀레이션만으로도 채권 수익률을 어느 정도 정확하게 계산할 수 있으나, 만기가 긴 30년 채권의 경우에는 듀레이션으로는 채권 수익률을 정확하게 계산할 수 없다.

덧붙여, 듀레이션과 볼록성은 채권 포트폴리오의 위험을 관리하기 위한 중요한 수단으로 활용된다. 이에 관한 내용은 제13장에서 다룰 예정이다.

1.6.3 이자율의 기간구조(Term Structure of Interest Rate)

듀레이션에서 시장이자율은 만기에 관계없이 일괄적으로 상승 혹은 하락한다고 가정하였으나, 실제로는 장기금리와 단기금리가 다를 뿐더러 시장금리의 상승 혹은 하락기에도 이들은 서로 다르게 움직일 수 있다. 따라서 듀레이션만으로 시장이자율 상승 혹은 하락에 따른 채권의 가치 변화를 설명하는데는 한계가 있다. 여기서는 만기에 따라 달라지는 이자율에 대하여 살펴보기로 하자.

먼저 이자율 기간구조(term structure of interest rate)를 정의하고, 채권가격분석에서 가장 중요한 이자율인 현물이자율과 선도이자율에 대하여 알아본다.

▶ 기간구조(term structure of interest rate)와 수익률 곡선(yield curve)

이자율의 기간구조(term structure of interest rate)는 만기를 제외한 다른 모든 조건이 동일한 상황에서, 채권 만기에 따른 채권 이자율(만기수익률)의 변화를 나타낸 것이다. 그리고, 이자율 기간구조를 만기와 이자율의 평면에 그림으로 나타낸 것을 **수익률 곡선(yield curve)**이라고 부른다.

▶ 현물이자율(spot rate)

현물이자율(spot rate)은 현재 시점에서 미래의 특정시점(만기)까지의 순수할인채권(무이표채(zero-coupon bond))의 이자율(만기수익률)을 말한다.

▶ 선도이자율(forward rate)

선도이자율(forward rate)은 현재 시장에서 형성된 미래 특정 기간에 대한 기대이자율이다.

■ 이자율 기간구조에 영향을 미치는 요인

우선 이자율이 왜 투자기간에 따라 달라지는지를 살펴볼 필요가 있다.

첫째 이유는 **이자율 위험프리미엄(interest rate risk premium)** 때문으로, 이자율 변동에 따른 위험이 장기투자일수록 커진다는 점이다. 예를 들어, 채권에 대한 장기투자를 생각해 보자. 장기채권의 듀레이션은 단기채권보다 크다. 이는 이자율 변동에 따른 장기채권의 가격변동성이 단기채권보다는 훨씬 크다는 것을 암시하므로, 투자자 관점에서 본다면 적절한 보상 없이는 장기채권에 대한 투자를 꺼리게 된다. 따라서 장기채권에 대한 수요는 감소하고 가격은 하락하게 되어서, 기대 투자수익률은 이러한 위험을 감안한 수준까지 높아질 것이다. 한편, 채권투자를 만기 이전에 종료하는 경우에 직면하게 되는 위험도 있다. 만기가 장기인 채권에 투자했더라도 만기에 도달하기 전에 현금화를 하여야 할 필요가 있을 수 있다. 이 경우 중도에 투자를 해지한다면 해지시점의 시장이자율에 의하여 투자채권의 가치가 결정되므로, 투자자는 미래의 불확실한 이자율 변동 위험에 노출되게 된다. 따라서, 이러한 이자율 변동 위험에 대한 프리미엄으로 인해, 장기 투자시 요구되는 이자율은 더 높다.

두 번째 이유는 투자기간이 긴 경우 재투자에 대한 위험이 발생하기 때문이다. 예를 들어, 향후 2년 동안 채권에 대한 투자를 고려하고 있는 투자자를 생각해 보자. 첫 번째 투자 방안은 2년짜리 채권에 투자하는 것이고, 다른 방법으로는 1년짜리 채권에 투자를 한 후 1년 후에 다시 만기 1년짜리 채권에 재투자하는 방법이 있다. 두 번째 방법을 사용한다면, 일년 후의 이자율을 알 수 없기 때문에 재투자 시점에서 불확실성 존재한다. 따라서, 첫 번째 방법(2년짜리 채권)에도 이러한 불확실성이 반영되어야 한다. 즉, 이러한 불확실성으로 인해 만기가 긴 채권의 수익률이 단기채권의 수익률보다 높다.

세 번째로, 인플레이션도 중요한 요인 중 하나이다. 물가상승률이 미래의 모든 기간에 동일하게 나타난다면 단기금리와 장기금리 간에 차이가 없겠지만, 미래의 물가상승이 불확실하다면 장기금리가 단기금리에 비해 높게 나타난다.

이자율의 기간구조는 [그림 1-4]에 예시되어 있으며, 투자기간(잔여만기)에 따라 이자율(명목이자율)이 어떻게 변하는지를 **실질이자율(real interest rate)**, 인플레이션, 그리고 이자율 위험프리미엄으로 구분하여 보여주고 있다. 이자율을 구성하는 가장 기본적인 요소는 그림의 가장 아래에 있는 실질이자율로서, 기본적인 화폐의 시간가치를 나타낸다. 이는 투자기간에 상관없이 일정한데, 그 이유는 화폐의 시간가치가 투자기간에 따라 달라지는 것은 아니기 때문이다. 그리고 투자기간이 길어짐에 따라 가격변동성의 증가 및 재투자위험의 증가 등으로 인해 이자율 위험프리미엄도 증가하게 된다. 마지막으로 인플레이션이 이자율에 미치는 영향은 미래의 물가상승 혹은 하락에 따라 달라진다.

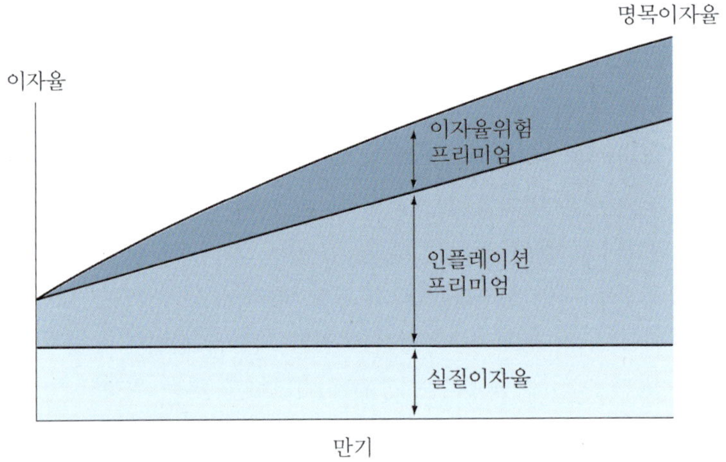

[그림 1-4A] 투자기간에 따른 이자율(상승하는 경우)

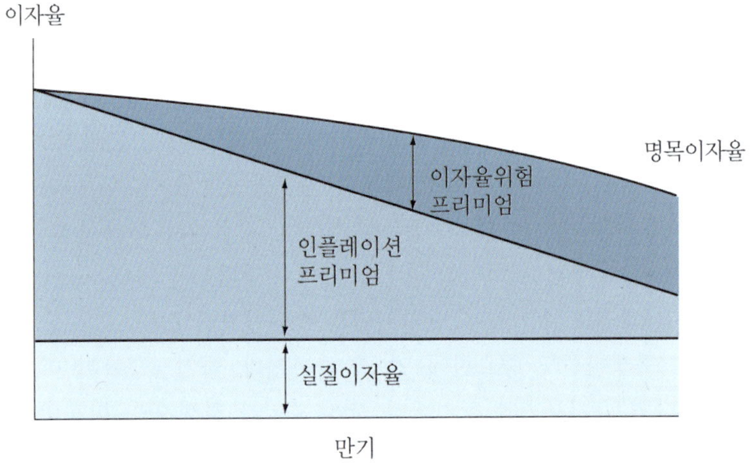

[그림 1-4B] 투자기간에 따른 이자율(하락하는 경우)

가장 일반적인 이자율 기간구조는 [그림 1-4A]와 같은 우상향 형이다. 인플레이션이 일정하다고 가정하면, 단기금리와 장기금리 간의 차이(spread)는 이자율 위험을 반영한다고 할 수 있다. 반면, 경제상황이나 금리정책에 따라서 우하향 형태의 이자율 기간구조가 나타나기도 하는데, 그 예로는 1980년대 초 미국의 경우를 들 수 있다. 1980년 미국의 인플레이션이 15% 수준으로 상승하자 연방준비제도(Fed · 연준)는 기준금리를 20%로 인상하였으며, 그로 인해 1981년에는 1년 만기 정부채권의 금리가 10년 만기 채권의 금리를 상회하기도 하였다.

■ 이자율 기간구조가 중요한 이유

이자율 기간구조가 채권가격 평가에 중요한 이유는 현금흐름이 다양한 채권의 가치를 손쉽게 평가할 수 있기 때문이다. 예를 들어, 표면이자율이 2%, 액면금액이 100원이며 만기가 3년인 이표채의 가치를 구하는 경우, 아래 표와 같은 이자율 기간구조만 파악된다면 손쉽게 채권의 가치를 계산할 수 있다.[7]

$$
\begin{aligned}
\text{채권가격} &= \frac{2}{(1+0.03)} + \frac{2}{(1+0.04)^2} + \frac{2}{(1+0.05)^3} + \frac{100}{(1+0.05)^3} \\
&= 1.94 + 1.85 + 1.73 + 86.38 \\
&= 91.9
\end{aligned}
$$

만기별 이자율

국채	만기(년)	채권가격	현물이자율	
A	1	97.09	3%	$\text{가격} = \dfrac{100}{(1+\text{현물이자율})^{\text{만기}}}$
B	2	93.35	4%	
C	3	86.38	5%	
D	5	71.30	7%	
E	8	54.03	8%	
F	10	42.24	9%	

한편, 현재의 채권가격이 암시하는 이자율, 즉 이 채권의 만기수익률을 구하고자 하는 경우 다음 식을 사용하며, 이 경우 4.94%가 된다.

$$91.9 = \frac{2}{(1+r)} + \frac{2}{(1+r)^2} + \frac{2}{(1+r)^3} + \frac{100}{(1+r)^3}$$

즉, 위 식의 할인율 혹은 이자율은 채권만기까지의 전체 현금흐름의 현재가치를 현재 채권의 시장가격과 일치시켜주는 것으로, **내부수익률(internal rate of return)**로 불리기도 한다. 그러나 이자율 기간구조에서 본 바와 같이, 실제로는 현금흐름의 기간별로 이자율이 다르므로, 이러한 방식으로 계산된 이자율(할인률)은 채권의 평균적인 수익률을 나타낼 뿐이다.

---

7 현물이자율은 순수할인채권의 현재가치를 현재가격과 일치시켜주는 할인율을 의미한다.

1.6.4 이자율 기간구조를 설명하는 이론

이자율 기간구조는 전반적인 이자율의 수준(level), 만기 변화에 따른 이자율 곡선의 기울기(slope), 그리고 이 기울기의 휘어짐(curvature)으로 세분화되는데, 채권수익률의 대부분이 이들 세 요인으로 설명된다. 채권수익률 중 약 72%는 이자율 기간구조의 전반적인 수준(단기금리)의 변화에 의해 설명되며, 약 26%는 기울기(10년과 1년 만기 채권의 이자율 차이), 그리고 약 2%는 휘어짐(5년 만기 채권의 이자율과 1년 만기와 10년 만기의 이자율 평균 간의 차이)으로 설명된다고 한다.[8]

한편 이들 세 요인들은 서로 밀접하게 움직인다. 이에 따라 채권의 이자율은 서로 만기가 다름에도 시간의 흐름에 따라 함께 움직이는 경향이 있으며, 단기 이자율이 낮을(높을) 때 수익률 곡선은 우상향(우하향)할 가능성이 크고, 대부분의 경우 이자율은 우상향한다고 알려져 있다. 따라서 이를 설명하는 이론도 이러한 실무에서 발견된 현상들을 설명할 수 있어야 한다.

이자율의 기간구조를 설명하는 이론으로는 기대이론, 시장분할이론, 유동성 프리미엄 이론(유동성 선호 이론), 선호영역이론이 대표적이다.

첫째는 **기대이론(expectation theory)**이다. 이 이론에서는 투자자들이 위험중립적임을 가정하므로 이자율에 관련된 위험은 고려하지 않으며, 이자율 기간구조는 미래 이자율에 대한 투자자들의 기대를 반영하고 있다고 설명한다. 따라서, 선도이자율은 투자자들의 미래 이자율에 대한 기대에 의해서 결정된다. 이 이론이 성립하면, 선도이자율은 해당 기간의 기대 단기이자율(또는 미래의 기대 현물이자율)과 동일하다. 또한, 우상향하는 이자율 기간구조는 미래 이자율이 상승할 것이라는 기대를 반영하고 있기 때문이라고 설명한다. 그러나, 실제로 이자율이 미래시점에 상승한 경우는 그리 많지 않다.

둘째로, **시장분할이론(market segmentation theory)**에 의하면, 채권시장의 투자자들은 선호하는 특정 만기의 영역이 존재하기 때문에, 다른 만기 영역의 채권들에 대해서는 충분한 프리미엄이 있다고 하더라도 투자하지 않는다. 예를 들어, 채권투자자들이 장기투자자와 단기투자자로 구분된다면, 채권의 만기에 따라 서로 선호대상이 다르기 때문에 장기채권과 단기채권의 수익률은 해당 채권을 선호하는 투자자에 의하여 결정된다는 것이다. 이 시장분할이론에 대한 반론으로는 이 이론이 성립하여 장기채권과 단기채권에 대한 가격이 서

---

8 Litterman과 Scheinkman(1991)은 채권수익률의 약 99%가 이들 세 요인으로 설명된다고 하였다. 기간구조모형(term structure model)은 만기의 경과에 따른 채권 이자율들의 변화뿐만 아니라 수익률 곡선 전체의 움직임을 나타내므로 상당히 복합하다. 구체적인 이자율기간구조모형은 제19장에서 설명하기로 한다.

로 다르게 결정될 경우에는 차익거래기회가 발생하기 때문에 만기별로 다른 수익률 곡선이 형성될 수 없어야 하지만, 실제로는 그렇지 않다는 점을 들 수 있다.

셋째로, **유동성 프리미엄 이론(liquidity premium theory)** 또는 **유동성 선호 이론(liquidity preference theory)**에서는 단기채권에 비해 장기채권에 투자하는 경우 채권보유기간 중 자금을 사용할 수 없어 유동성을 상실하게 되며, 따라서 위험회피형 투자자들은 이에 대한 보상(프리미엄)을 요구한다는 것이다. 이 이론이 성립하면, 장기이자율은 단기이자율에 유동성 프리미엄을 더한 것과 동일해야 한다.

마지막으로, **선호영역이론(preferred habitat theory)**에 의하면, 투자자들은 선호하는 특정 만기 구간이 있지만, 다른 구간의 만기를 가진 채권들에 대해서도 충분한 프리미엄이 존재한다면 투자할 수 있다고 설명한다. 유동성 프리미엄 이론에서는 투자자들이 단기채권을 선호한다고 가정하였으므로, 유동성 프리미엄이 양수임을 가정한 것인데 반하여, 선호영역이론에서는 투자자들의 만기 선호 영역에 따라 유동성 프리미엄이 결정된다. 즉, 만기가 긴 채권을 선호하는 투자자들에게는 유동성 프리미엄이 음수가 될 수도 있다.

1.6.5 이자율 기간구조의 추정

이자율 기간구조는 만기가 서로 다른 순수할인채(이자지급이 없음)의 수익률과 이 할인채의 만기를 사용하여 계산한다. 왜냐하면, 쿠폰을 지급하는 이표채의 만기수익률을 사용할 경우, 쿠폰지급기간별로 이자율(수익률)이 달라지므로, 식 (1.8)을 사용하여 이자율 r을 계산한다면 이 만기수익률은 이표채의 만기까지 지급되는 전체 현금흐름에 대한 평균이자율로서, 특정 만기에 지급되는 현금흐름에 대한 이자율이 되지 못하기 때문이다. 여기서는 이자율 기간구조를 어떻게 추정하는지에 대하여 간단하게 살펴보기로 한다.

우선, 주식과는 달리 채권은 발행 가격, 조건, 만기 등에 따라서 그 종류가 수 없이 많다. 다양한 채권 중에서 이자율 기간구조 추정에 흔히 사용되는 것은 정부채권이다. 과거에 발행한 정부채권들 중에서 아직 만기가 도래하지 않는 모든 채권들을 고려한다면, 미래 현금흐름이 확실한 수많은 정부채권들을 기간구조 추정에 활용할 수 있다. 여기서는 채무불이행 위험이 없는 국채를 사용하여 이자율 기간구조를 추정하는 간단한 방법을 소개하고자 한다.[9] 참고로, 회사채의 경우에는 채무불이행(default) 가능성이 있기 때문에, 이자율 기간구조 추정에 사용되는 경우가 드물다.

우선 채권의 현금흐름을 할인하여 채권가격을 평가하는 식 (1.8)을 사용해 보자. 미래 τ

---

9 일반적으로 Nelson과 Siegel(1987) 모형을 사용한 추정방법이 널리 사용되고 있으며, 여기서는 이자율기간구조에 대한 이해를 돕기 위해 보다 간단한 방법을 설명한다.

시점에서의 현금흐름이 $C_{i\tau}$이고 만기가 T_i인 국채 i의 가격은 다음과 같다.

$$P_i = \frac{C_{i1}}{(1+r_1)} + \frac{C_{i2}}{(1+r_2)^2} +, \dots, + \frac{C_{iT_i}}{\left(1+r_{T_i}\right)^{T_i}} \tag{1.17}$$

이 식 (1.17)이 식 (1.8)과 다른 점은 각 현금흐름이 발생하는 시점별로 다른 할인율 r_τ를 적용한다는 점이다. 즉, 기간구조의 추정을 위해서 만기(지급시점)별로 다른 이자율을 가정하고 있다. 반면, 식 (1.8)은 현금흐름의 기간에 관계없이 동일한 할인율을 사용하고 있으며 이렇게 계산된 할인율을 만기수익률이라 부른다고 하였다. 이제 시점별 할인율을 $\beta_\tau = \frac{1}{(1+r_\tau)^\tau}$로 정의하고 식 (1.17)에 대입하면, 다음과 같은 회귀식을 얻을 수 있다.

$$P_i = \beta_0 + \beta_1 C_{i1} + \beta_2 C_{i2} +, \dots, + \beta_{T_i} C_{iT_i} + \varepsilon_i \tag{1.18}$$

이제, 금융시장에서 거래되는 모든 국채들의 현재가격(P_i)과 현금흐름($C_{i\tau}$) 데이터를 활용하여 이 회귀식을 추정하여 $\hat{\beta}_\tau$를 구한 다음, 시점별 할인율 식을 역산한 $\hat{r}_\tau = \frac{1}{\sqrt[\tau]{\hat{\beta}_\tau}} - 1$을 구함으로써 τ시점에 발생하는 현금흐름에 대한 할인율을 추정할 수 있다.

■ 회귀식을 이용한 기간구조 추정의 문제점

그러나, $\hat{\beta}_\tau$에 대한 추정오류가 $\hat{r}_\tau$에 포함되어, 추정된 이자율 $\hat{r}_\tau$가 기간별로 불규칙적으로 나타나기 쉽다. 이러한 추정에서 발생하는 불규칙적인 수익률 곡선(yield curve)을 완만하게 변환시키기 위해 스플라인(spline) 방법을 사용한다. 이 방법은 전체 만기를 몇 개의 구간으로 나누고 구간별로 비선형 함수를 추정하여 이들을 연속적이 되도록 이어 붙이는 것을 말한다. 예를 들면, $\hat{r}_\tau$를 첫 2년, 2년에서 10년, 10년에서 30년 이렇게 세 구간으로 나눈 다음 각 구간별로 추정된 $\hat{r}_\tau$을 사용하여 완만한 곡선을 추정하게 된다. 이때 사용되는 비선형 함수로는 다항식(polynomial functon) 혹은 지수함수(exponential function)가 널리 사용된다.

또한 각 채권의 미래의 쿠폰지급시점들이 일치되지 않을 경우, 다양한 쿠폰지급시점들에 대한 조정이 필요하다. 그리고, 유동성 부족으로 채권가격이 왜곡되는 경우에는 r_τ의 추정치 또한 왜곡될 수 있다.

이러한 단점에도 불구하고, 이 방법은 아주 명확하게 이자율 기간구조의 의미를 이해할 수 있도록 해준다. 즉 쿠폰을 지급하는 채권의 경우, 각 쿠폰에 대한 이자지급시기가 다르므로, 각 시기마다 다른 이자율이 적용되어야 한다는 것이다.[10]

---

10 이자율 기간구조 추정에 관심있는 독자는 Nelson과 Siegel(1987)이나 이를 확장한 추정방법을 참고하기 바란다.

1.6.6 현물이자율과 선도이자율

지금까지는 현재 시점에서 미래의 특정시점(만기)까지의 순수할인채권의 이자율, 즉, **현물이자율(spot rate)**을 위주로 설명하였는데, 여기서는 이자율 기간구조에서 가장 중요한 **선도이자율(forward rate)**에 대하여 알아보기로 한다. 앞서 간단하게 정의한 바 있듯이, 선도이자율은 현재 시장에서 형성된 미래 특정 기간에 대한 기대이자율이다.

예를 들어, 향후 3년 동안 채권에 대한 투자를 고려하고 있는 투자자를 생각해 보자. 만기가 3년인 채권에 투자할 경우 3년간 이자율이 r_3 이라면, 투자자는 3년 동안 $(1+r_3)^3-1$의 수익률을 얻을 수 있다. 이 이자율 r_3은 이자율 기간구조에서 만기 3년에 대한 현물이자율과 동일하다. 한편 투자자가 2년짜리 채권에 r_2로 투자를 하고 2년 후에 다시 만기 1년짜리 채권에 재투자한다면, 투자자는 $(1+r_2)^2(1+\ {}_2f_3)$을 얻게 된다. 여기서 r_2는 현재시점에서 만기가 2년인 현물이자율이고, ${}_2f_3$은 현재시점에서 결정된 미래 2년과 3년 사이의 1년 간의 이자율로서 이를 선도이자율이라 한다. 이 예에서 이 두 가지 투자대안간의 차이가 없다면 선도이자율은 현물이자율 r_2와 r_3을 사용하여 ${}_2f_3=\frac{(1+r_3)^3}{(1+r_2)^2}-1$로 계산할 수 있다. 일반적으로 현재시점 t에서 미래 $t+(\tau-1)$시점과 $t+\tau$시점 사이의 선도이자율은 아래와 같이 계산한다.

$${}_{\tau-1}f_{\tau}=\frac{(1+r_{\tau})^{\tau}}{(1+r_{\tau-1})^{\tau-1}}-1$$

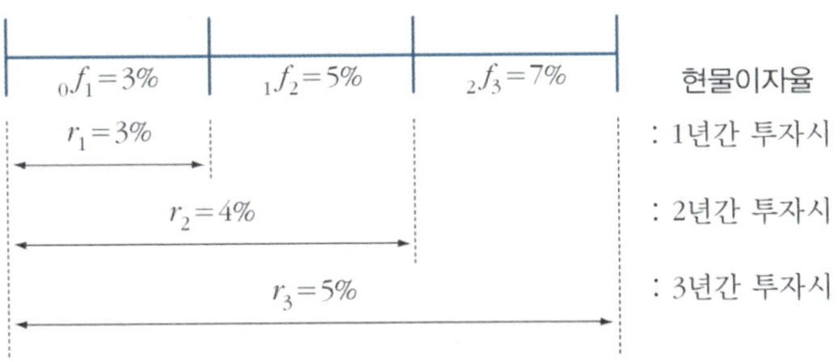

[그림 1-5] 현물이자율과 선도이자율

예를 들어, [그림 1-5]와 같이 현재 시장에서 관측된 만기 1년, 2년, 3년인 순수할인채의 가격으로부터 계산한 만기수익률, 즉, 현물이자율이 3%, 4%, 5%라고 하자. 이 경우 현재 시장에서 기대하고 있는 2년 후부터 1년간의 이자율(선도이자율)은 7%라고 볼 수 있다. 즉 $(1+r_3)^3=(1+r_2)^2(1+\ {}_2f_3)$에서 $r_3=5\%$ 그리고 $r_2=4\%$를 사용해서 ${}_2f_3=7\%$를 구할 수 있다. 마찬가지로 $(1+r_2)^2=(1+r_1)(1+\ {}_1f_2)$에서 ${}_1f_2=5\%$를 얻을 수 있다. 한

편, 현재의 선도이자율은 같은 기간의 현물이자율과 동일하다: $r_1 = {}_0f_1$

위의 예에서 볼 수 있듯이, 현물이자율은 최초 1기간 현물이자율과 그 이후 만기까지의 선도이자율들의 **기하평균이자율(geometric average rate)**이다. 왜냐하면, 만기가 τ인 채권에 1을 투자할 경우, τ기간 동안 현물이자율 r_τ로 매기 재투자될 때 만기시점의 전체 투자금액이 $(1+r_\tau)^\tau$가 되고, 이것은 아래와 같이 해당 기간의 선도이자율들을 곱한 것과 동일하기 때문이다.

$$\begin{aligned}(1+r_\tau)^\tau &= (1+r_1)(1+\ {}_1f_2)(1+\ {}_2f_3)\dots(1+\ {}_{\tau-1}f_\tau)\\ &= (1+\ {}_0f_1)(1+\ {}_1f_2)(1+\ {}_2f_3)\dots(1+\ {}_{\tau-1}f_\tau)\end{aligned}$$

■ 순간선도이자율

한편 선도이자율은 투자기간이 늘어감에 따른 **한계이자율(marginal rate)**로도 볼 수 있다. 위 예에서는 선도이자율을 특정 시점에서 그 이후 1년간의 이자율로 계산하였으나, 미래의 아주 짧은 기간 동안의 이자율(수익률)도 다음과 같은 식을 사용하여 계산할 수 있으며, 이를 **순간선도이자율(instantaneous forward rate)**이라 한다. 현재의 선도이자율이 같은 기간의 현물이자율과 동일하므로 순간선도이자율은 **순간현물이자율(instantaneous interest rate)**과 동일하다.

$$\lim_{\Delta t\to 0}(1+{}_tf_{t+\Delta t}) = \lim_{\Delta t\to 0}\frac{(1+r_{t+\Delta t})^{t+\Delta t}}{(1+r_t)^t}$$

따라서, 선도이자율을 투자기간이 증가함에 따른 이자율 변동으로 해석할 수 있다. 이 식에 의하면, 선도이자율은 현물이자율을 기간으로 편미분한 것이며, 이자율 기간구조가 우상향할 경우에는 현물이자율과 선도이자율은 [그림 1-6]과 같은 관계를 보이게 된다. 즉, 만기가 길어짐에 따라 현물이자율이 상승하는 경우, 현물이자율의 기울기(미분값)에 해당하는 선도이자율은 더 가파르게 상승한다. 그리고, 현물이자율의 상승폭이 줄어들면서 선도이자율은 하락하기 시작해서 현물이자율의 최고점을 통과한다. 즉, 특정 시점에서 선도이자율이 현물이자율보다 높은 경우, 현물이자율은 만기가 길어짐에 따라 계속 상승한다. 반면에 선도이자율이 현물이자율보다 낮은 경우, 현물이자율은 만기가 길어짐에 따라 하락하게 된다.

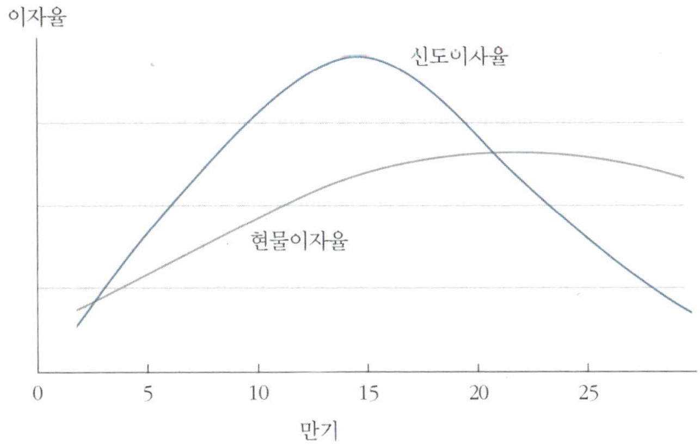

[그림 1-6] 이자율 기간구조의 형태와 선도이자율의 움직임 간의 관계

1.7 현금흐름이 불확실한 경우의 채권가격

금융시장에는 다양한 발행 주체가 있는데, 정부, 지방자치단체, 중앙은행 등 특수금융기관이 발행하는 채권의 경우에는 채무불이행 위험이 거의 없어서 앞절에서 살펴본 미래 현금흐름 할인법으로 가격을 구할 수 있다. 반면, 주식회사가 발행하는 채권(회사채)의 경우, 이자나 원금의 지급불능 가능성이 존재하고, 또한 지급 시기의 지연 등과 같은 불확실성을 내포하고 있다. 이 경우 회사채의 가치 평가는 앞절에서 다룬 지급이 확실한 경우에 비하여 훨씬 복잡하게 되는데, 이에 대한 상세한 설명은 이 책의 제일 마지막 장에서 설명하기로 한다. 이 절에서는 회사채의 신용등급에 따라 채무불이행 가능성이 어떻게 달라지는지, 또 회사가 채무불이행에 빠질 경우 얼마만큼 회수가능한지에 대하여 살펴보기로 한다.

1.7.1 신용등급

신용등급 혹은 신용점수는 신용평가회사가 개인, 기업, 국가 등의 신용도를 평가한 후 이를 계량화한 것이다. 통상적으로는 향후 1년 이내에 채무불이행(default, 예컨대, 지급이 90일 이상 지연되는 경우)에 빠질 가능성(즉, 신용위험)을 예측하여 계량화한다. 개인의 신용도는 흔히 1~1,000점 사이의 점수로 나타내며, 높을수록 신용도가 우량하다. 기업의 신용도는 등급으로 나타내는데, <표 1-2>는 대표적인 국제신용평가사와 국내신용평가사별 신용등급을 비교 표시하고 있다. 신용등급을 정하는 방법이 서로 상이하기 때문에, 같은 기업이라 하더라도 신용평가사간 신용등급의 차이가 크게 벌어지는 경우도 발생한다.

기업의 신용등급을 크게 두 등급으로 분류하면, 국내 신용평가등급 기준으로 BBB 이

상의 **투자등급(투자적격등급)**과 이에 미치지 못하는 **투기등급(투자부적격등급)**으로 나눌 수 있다. 투자등급을 더 자세히 나누어 보면, 높은 투자등급(AAA와 AA)의 기업은 지불 능력이 매우 강력해서 채무불이행에 빠질 위험이 거의 없는 반면, 중간 등급(A와 BBB)에 속하는 회사의 지불능력은 기업환경이나 경제환경에 영향을 받을 수 있다. 투기등급 중에서도 낮은 등급(BB와 B)은 지불 능력이 저하될 가능성이 크다는 것을 의미하고, 매우 낮은 등급인 C 이하는 이미 이자가 지급되지 않는 채권 또는 원금과 이자가 연체되고 있는 채권으로 분류된다. 투기등급에 속하는 회사가 발행한 회사채를 **정크본드(junk bonds)**라 하는데, 특별한 경우가 아니면 대다수의 펀드들은 이러한 회사채에 대한 투자가 허용되지 않는다.

〈표 1-2〉 신용평가사별 신용등급 비교

구분	국제 신용평가			국내 신용평가		
	Moody's	S&P	Fitch	NICE	한신평	한기평
투자 적격	Aaa	AAA	AAA	AAA	AAA	AAA
	Aa1	AA+	AA+	AA+	AA+	AA+
	Aa2	AA	AA	AA	AA	AA
	Aa3	AA-	AA-	AA-	AA-	AA-
	A1	A+	A+	A+	A+	A+
	A2	A	A	A	A	A
	A3	A-	A-	A-	A-	A-
	Baa1	BBB+	BBB+	BBB+	BBB+	BBB+
	Baa2	BBB	BBB	BBB	BBB	BBB
	Baa3	BBB-	BBB-	BBB-	BBB-	BBB-
투자 부적격	Ba1	BB+	BB+	BB+	BB+	BB+
	Ba2	BB	BB	BB	BB	BB
	Ba3	BB-	BB-	BB-	BB-	BB-
	B1	B+	B+	B+	B+	B+
	B2	B	B	B	B	B
	B3	B-	B-	B-	B-	B-
	Caa1	CCC+		CCC+		
	Caa2	CCC	CCC	CCC	CCC	CCC
	Caa3	CCC-		CCC-		
	Ca	CC	CC	CC	CC	CC
	C	C	C	C	C	C
		D	D	D	D	D

1.7.2 신용등급에 따른 채무불이행 확률

신용등급이 채권가격평가에 중요한 이유는 신용등급이 채무불이행(부도)으로 이어질 확률과 밀접한 관계가 있기 때문이다. <표 1-3>은 S&P가 1981년에서 2017년까지의 데이터를 기반으로 작성한 신용등급별 누적채무불이행 확률을 나타내고 있다. AAA등급으로 분류된 회사 중에서는 향후 1년 내에 채무불이행에 빠진 경우는 없으며, AA등급은 평균 0.02%의 확률로 채무불이행이 될 가능성이 있다. 채무불이행 가능성은 신용등급이 떨어질수록 증가하는데, C등급에 속하는 기업의 경우에는 26.8%가 1년 이내에 채무불이행에 빠지는 것으로 나타났다.

〈표 1-3〉 신용등급별 연도별 누적 채무불이행 확률(1981~2017, S&P Global Fixed Income Research)

(%)	기간									
신용등급	1	2	3	4	5	6	7	8	9	10
AAA	0.00	0.03	0.13	0.24	0.35	0.46	0.51	0.60	0.65	0.71
AA+	0.00	0.05	0.05	0.10	0.16	0.21	0.27	0.33	0.39	0.45
AA	0.02	0.03	0.08	0.22	0.36	0.48	0.61	0.72	0.81	0.91
AA-	0.03	0.09	0.18	0.25	0.33	0.45	0.52	0.57	0.63	0.69
A+	0.05	0.09	0.20	0.34	0.45	0.55	0.66	0.79	0.93	1.08
A	0.06	0.15	0.24	0.36	0.49	0.68	0.86	1.03	1.23	1.47
A-	0.07	0.17	0.28	0.40	0.57	0.74	0.98	1.16	1.30	1.42
BBB+	0.11	0.31	0.53	0.77	1.03	1.32	1.54	1.78	2.04	2.30
BBB	0.17	0.43	0.68	1.05	1.42	1.80	2.15	2.49	2.85	3.23
BBB-	0.25	0.77	1.39	2.11	2.84	3.50	4.09	4.65	5.11	5.53
BB+	0.34	1.11	2.02	2.94	3.86	4.74	5.50	6.05	6.70	7.33
BB	0.56	1.71	3.38	4.94	6.52	7.77	8.89	9.86	10.75	11.53
BB-	1.00	3.13	5.37	7.66	9.66	11.62	13.24	14.80	16.04	17.12
B+	2.08	5.71	9.23	12.21	14.53	16.33	17.98	19.43	20.77	21.97
B	3.60	8.29	12.29	15.46	17.89	20.15	21.66	22.76	23.77	24.81
B-	7.15	14.28	19.62	23.37	26.18	28.31	29.99	31.13	31.84	32.40
CCC/C	26.82	36.03	41.03	43.97	46.22	47.13	48.33	49.23	50.08	50.71
투자등급	0.10	0.26	0.45	0.68	0.92	1.17	1.40	1.61	1.82	2.03
투기등급	3.75	7.31	10.39	12.90	14.95	16.64	18.05	19.23	20.27	21.21
모든 등급	1.50	2.95	4.22	5.29	6.18	6.94	7.57	8.12	8.60	9.05

한 가지 재미있는 패턴은 채무불이행 확률이 반드시 기간에 비례하여 선형으로 증가하지는 않는다는 것이다. 예를 들면 BB등급의 경우 향후 1년간 채무불이행에 빠질 확률은 0.56%로 나타나고, 두 번째 해에는 1.15%(=1.71%−0.56%), 셋째 해에는 1.67%, 그리고 연수가 늘어감에 따라 1.56%, 1.58%, 1.25%, 1.12%, 0.96%, 0.9%로 나타나므로, 채무불이행 확률이 처음에는 상승하다 나중에는 점차 낮아진다. 이러한 현상은 다른 등급에서도 나타나고 있다. 이렇게 실제 채무불이행 확률이 증가 후 감소하는 현상은 채무불이행을 모형화하는데 고려하여야 할 중요한 요인이다.[11]

한편 채무불이행 확률은 금융시장환경, 경기변동, 그리고 개별기업이 속한 산업 환경 등에 따라서 변한다. <표 1-4>는 미국 Moody's의 신용등급 산정 후 3년간 평균 채무불이행

〈표 1-4〉 신용등급별 연도별 3년 평균 채무불이행 확률(Campello et al., 2008)

Year	Aaa	Aa1	Aa2	Aa3	A1	A2	A3	Baa1	Baa2	Baa3	Ba1	Ba2	Ba3	B1	B2	B3
1973	0	0	0	0	0	0	0	0.343	0.343	0.343	0.430	0.430	0.430	4.920	4.920	4.920
1974	0	0	0	0	0	0	0	0.343	0.343	0.343	0.430	0.430	0.430	5.937	5.937	5.937
1975	0	0	0	0	0	0	0	0.343	0.343	0.343	0.633	0.633	0.633	5.547	5.547	5.547
1976	0	0	0	0	0	0	0	0.280	0.280	0.280	0.833	0.833	0.833	4.633	4.790	5.093
1977	0	0	0	0	0	0	0	0.280	0.280	0.280	0.867	0.867	0.867	3.427	3.583	3.887
1978	0	0	0	0	0	0	0	0.280	0.280	0.280	0.887	0.887	0.887	3.240	3.397	3.700
1979	0	0	0	0	0	0	0	0.280	0.280	0.280	0.707	0.707	0.707	3.240	3.397	3.700
1980	0	0	0	0	0	0	0	0.280	0.280	0.280	0.673	0.673	0.673	3.833	3.990	4.293
1981	0	0	0	0	0	0	0	0.280	0.280	0.280	0.450	0.450	0.450	3.527	3.683	3.987
1982	0	0	0	0	0.090	0.090	0.090	0.290	0.290	0.290	1.213	1.213	1.213	3.987	3.987	3.987
1983	0	0	0	0	0.090	0.090	0.090	0.290	0.290	0.290	1.213	1.213	1.940	2.643	5.633	8.270
1984	0	0	0	0	0.090	0.090	0.090	0.290	0.290	0.550	1.457	1.607	1.940	3.093	10.287	7.740
1985	0	0	0	0	0	0	0	0.280	0.280	0.540	0.673	1.223	2.270	3.750	12.053	11.557
1986	0	0	0	0	0	0	0	0.280	0.280	0.053	0.823	1.480	2.547	5.943	14.277	10.943
1987	0	0	0	0	0	0	0	0.280	0.280	1.793	1.680	1.260	3.387	5.640	9.460	13.433
1988	0	0	0	0	0	0	0	0.280	0.280	1.793	1.680	0.860	2.993	5.627	9.290	12.053
1989	0	0	0	0.467	0	0	0	0.280	0.453	0.543	1.650	1.067	3.417	5.170	6.493	13.213
1990	0	0	0	0.467	0	0	0	0.280	0.453	0.543	1.297	1.690	3.740	6.390	12.423	19.400
1991	0	0	0	0.467	0	0	0	0.440	0.453	0.543	1.507	1.690	6.173	6.957	14.370	25.633
1992	0	0	0	0	0	0	0	0.440	0.280	0.280	1.387	1.227	4.850	5.220	12.123	27.297
1993	0	0	0	0	0	0	0	0.440	0.280	0.280	0.767	0.430	3.793	3.463	6.413	21.480
1994	0	0	0	0	0	0	0	0.280	0.280	0.280	0.557	0.430	0.693	2.083	.387	14.690
1995	0	0	0	0	0	0	0	0.280	0.280	0.280	0.557	0.430	1.020	3.190	4.993	7.877
1996	0	0	0	0	0	0	0	0.280	0.280	0.280	0.430	0.430	0.913	2.473	3.840	5.170
1997	0	0	0	0	0	0	0	0.280	0.280	0.280	0.430	0.430	0.873	2.183	3.120	4.957
1998	0	0	0	0	0	0	0	0.280	0.293	0.280	0.430	0.490	0.663	1.443	3.523	5.460

11 채무불이행 확률을 추정하는 방법으로는 축약모형(reduced form model) 또는 회계자료 등을 사용하는 구조모형(structural model) 등이 있으며, 이를 위해서는 확률미적분에 대한 상당한 지식이 필요하기 때문에 이에 대한 논의는 확률미적분을 배운 다음 제19장에서 다루기로 한다.

확률을 보여준다. 이 표에서 알 수 있듯이, 채무불이행 확률은 시간에 따라 변하며, 특히 1990년대 초반의 경기 침체를 전후하여 채무불이행에 빠진 회사가 급증하고 있음을 보여준다. 한편 A3등급(우리나라 기준으로 A등급) 이상의 회사들의 경우, 채무불이행 위험은 상대적으로 경기변동에 민감하게 변하지 않는다.

1.7.3 신용등급에 따른 채무불이행 확률의 전이

지금까지는 특정 신용등급에 속하는 회사들의 채무불이행 확률에 대하여 살펴보았다. 그런데, 기업의 신용등급은 주기적으로 평가되며, 평가등급도 달라질 수 있다. 신용등급은 자금을 빌리려는 주체(국가, 지방정부, 회사 등)가 신용평가회사에 의뢰하여 이루어지며, 평가 시에는 해당 주체의 부채상환능력을 예측하게 된다. 따라서 특정 신용등급에 속하는 기업도 그 다음 평가에서는 신용등급이 낮아질 수도 있고 높아질 수도 있다. 이렇게 한 신용등급에 속한 기업이 시간의 흐름에 따라서 다른 등급으로 변화할 확률을 행렬 형태로 만들 수 있다. 이 행렬을 **전이행렬(transition matrix or migration matrix)**이라 한다.

<표 1-5>는 S&P가 1981년에서 2011년까지의 기간 동안 집계한 전이행렬이다. 이 표는 왼편(세로축)의 신용등급에 속하는 회사가 1년 후에 가로축의 다른 등급으로 이전해 가는 비율을 보여주고 있어서, 횡으로 더할 경우 100%가 된다. 예를 들면 BBB에 속한 회사는 1년 후에 그대로 BBB에 잔류될 가능성이 84.87%이며, 최상위인 AAA 등급으로 상승할 확률은 0.01%에 불과하다. 이 신용등급 전이행렬이 유용한 이유는 이 행렬을 $\boldsymbol{M}$이라 정의하면 2년 후의 확률은 $\boldsymbol{M} \times \boldsymbol{M}$으로 계산할 수 있고, 한 신용등급에 속한 회사가 K년 후에 다

〈표 1-5〉 신용등급별 채무불이행확률의 전이(1981~2011, S&P Global Fixed Income Research)

		$t+1$								
		AAA	AA	A	BBB	BB	B	CCC	D	NR
t	AAA	87.19%	8.69%	0.54%	0.05%	0.08%	0.03%	0.05%	0.00%	3.37%
	AA	0.56%	86.32%	8.30%	0.54%	0.06%	0.08%	0.02%	0.02%	4.10%
	A	0.04%	1.91%	87.27%	5.44%	0.38%	0.16%	0.02%	0.08%	4.70%
	BBB	0.01%	0.12%	3.64%	84.87%	3.91%	0.64%	0.15%	0.24%	6.42%
	BB	0.02%	0.04%	0.16%	5.24%	75.87%	7.19%	0.75%	0.90%	9.83%
	B	0.00%	0.04%	0.13%	0.22%	5.57%	73.42%	4.42%	4.48%	11.72%
	CCC	0.00%	0.00%	0.17%	0.26%	0.78%	13.67%	43.93%	26.82%	14.37%
	D	0.00%	0.00%	0.00%	0.00%	0.00%	0.00%	0.00%	100.00%	

른 등급으로 전이될 확률은 $\boldsymbol{M}^K$로 손쉽게 추정할 수 있기 때문이다.

1.7.4 채무불이행시 채권의 잔존가치

채무자가 채무불이행에 빠지더라도 채권금액 전체를 되돌려 받지 못하는 것은 아니다. 채무불이행은 지급약속일로부터 통상적으로 90일 이내에 지급하지 못하는 것을 말하며, 채무불이행으로 처리되었다 하더라도 그 이후에 금액의 일부 또는 심지어 전액을 되돌려 받을 수도 있다. 이처럼 채무불이행 이후에 되돌려 받게 되는 금액을 채권금액으로 나눈 비율을 **회수율**(recovery ratio)이라고 부른다. 전액 되돌려 받게 되면 100%가 되고 되돌려 받을게 없으면 0%가 된다.

기업이 파산절차에 들어가게 되면, 채무 변제 우선순위에 따라 채무지급이 이루어진다. 예를 들어, 채권을 보유하고 있는 투자자는 보통주나 우선주 등의 주식을 보유하고 있는 주주보다는 변제우선순위가 높다. 그리고, 채권에도 변제 순위가 정해져 있는데, 채무 불이행시 선순위(후순위) 부채보다 나중에(먼저) 변제되는 채권을 **후순위채권**(**선순위채권**)이라 한다. 선순위채권을 보유하고 있는 투자자가 먼저 변제를 받게 되고, 후순위채권 보유자는 남은 금액으로 변제받는다.[12] 선순위채권도 담보가 있는 경우와 없는 경우에 따라 변제받는 금액이 달라지고, 담보가 없는 후순위채는 우선순위에서 가장 후순위로 변제받게 된다. 다만 이 경우에도 주주들보다는 변제순위가 높다. 이를 도식화한다면 다음 [그림 1-7]과 같은 순서가 된다.

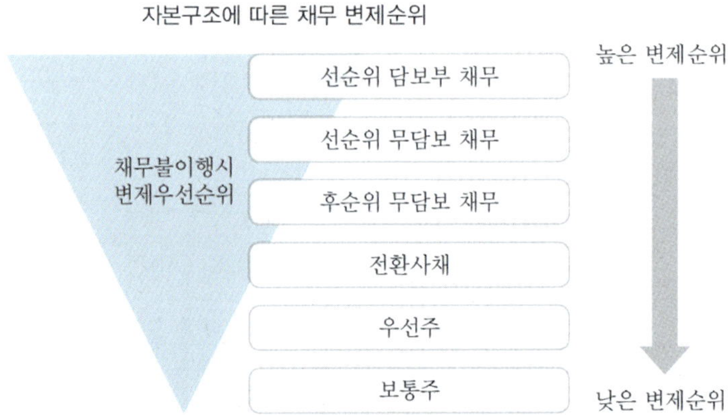

[그림 1-7] 주식과 채권의 변제순위

12 채권의 변제순위는 법으로 정해져 있는 경우가 많고, 여기서는 다루지 않는다.

이렇게 변제순위에 따라 청산이 이루어질 경우, 변제순위에 따른 **채권의 잔존가치 (savation value)**는 얼마나 될까? [그림 1-8]에서는 미국 Moody's가 발표한 변제 우선순위에 따른 회수율(=잔존가치/채권금액)을 보여주고 있다. 이미 예상한 바와 같이, 은행대출(회수율: 80%)과 담보부 선순위채권(회수율: 55%)의 회수율이 상대적으로 높고, 후순위채권의 회수율은 20%에도 못 미친다. 다만 이러한 평균 회수율은 사례별로 변동폭이 상당히 커서 개별 채권자의 회수율을 예측하기 위한 목적으로 사용하기에는 무리가 있다.

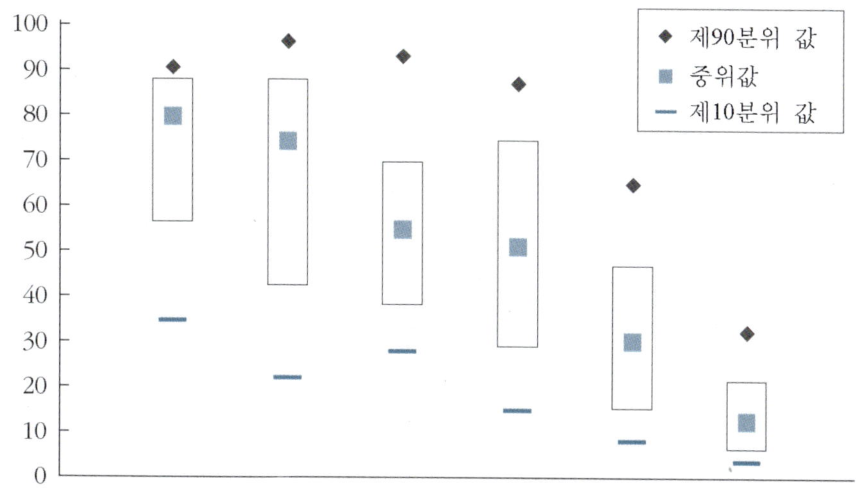

[그림 1-8] 변제순위에 따른 채권의 회수율(Figure 6.1, Duffie와 Singleton, 2003)

1.8 요약 및 논의

이 장에서는 재무경제학을 이해하는데 필요한 기본적인 용어들을 살펴보았다. 특히 우리가 익숙하게 알고 있는 단순이자율과 연속시간재무에서 사용되는 로그수익률과의 차이, 그리고 이들이 포트폴리오의 수익률 계산에 이용될 경우 혹은 다기간수익률 계산에 이용될 경우 어떤 문제점이 있는지 살펴보았다.

지급불능 위험이 없는 경우의 채권 가격은 미래 현금흐름 지급시기별 이자율을 할인율로 사용하여 현재가치를 계산하게 된다. 따라서 만기별(지급시기별) 이자율(이자율기간구조)이 채권가격에 결정적인 요인이 된다. 여기서는 간단하게 이자율기간구조를 추정하는 방법을 살펴보았다. 또한 현물이자율과 선도이자율의 차이도 설명하였다. 한편, 지급불능 가능성이 있는 채권에 대해서도 간단하게 신용등급, 신용등급별 지급불능확률, 경제상황의 변화에 따른 지급불능확률 등을 살펴보았다. 이자율기간구조 모형이나 추정방법에 대한 본격적인 논의는 확률미적분에 대한 지식을 필요로 하므로 제19장으로 미루기로 한다. 지급불능위험을 고려한 모형들도 제19장에서 계속하도록 한다.

이 장에서 다루고 있는 주요 내용은 미래의 현금흐름이 확실한 경우 자산의 가격결정에 관한 것이다. 그러나 현금흐름할인방법은 미래의 현금흐름이 불확실한 자산의 경우에도 그 자산의 가격을 설명하는 기본 모형으로 널리 사용되고 있다. 대표적으로는 고든의 성장모형(Gordon growth model)을 들 수 있다. 이 모형은 기업의 배당이 매년 성장율 g로 일정하게 증가할 때, 주식가격은 어떻게 결정되는지에 관한 모형이다. 자기자본비용이 r이고 현재 배당이 D일 경우, 이 회사의 주가(P)는 미래의 현금흐름을 현재가치로 환산하는 방법을 사용하여 다음과 같이 단순화된다.

$$P = \frac{D}{r - g}$$

물론 이 모형은 현실을 지나치게 단순화하였다는 문제점이 있으나, 그럼에도 자기자본비용이나 성장이 주가에 미치는 영향을 직관적으로 보여준다는 점에서 중요하다. 미래의 현금흐름할인모형을 사용하여 주가를 설명한 연구로는 대표적으로 Chen at el.(1986)을 꼽을 수 있다. 다음 장 부터는 미래의 현금흐름이 불확실한 경우 자산가격의 결정을 설명하기로 한다.

연/습/문/제

1. 투자자 A가 원금 100원을 대출 받으면서 대출이자는 연간 이율 8%의 연속복리로 계산하기로 하고, 이자금액은 분기별로 지급하기로 약정하였다. A가 분기마다 지급할 이자금액은 얼마인가?

2. 액면가격이 100이고 만기 이외에는 다른 조건들이 모두 동일한 무이표채권들에 대하여, 현재 시장에서 관측된 1년 만기 무이표채의 가격은 90, 2년 만기 무이표채의 가격은 85라고 하자. 기간구조에 관한 기대이론(expectation theory)과 유동성 선호 이론(liquidity preference theory)의 관점에서, 1년 후 시점에서 단위기간이 1년인 선도이자율 ${}_1f_2$를 구하라. 단 해당 기간의 유동성 프리미엄(${}_1L_2$)은 1%이다.

3. A회사가 발행한 채권의 만기수익률(yield to maturity)은 5%이고, 수정 듀레이션은 3, 볼록성은 50이라고 하자. 이 채권의 만기수익률이 0.4%만큼 상승할 경우, 채권가격의 변화율은 얼마가 되는지 구하시오.

4. 아래 표는 순수할인채권들의 만기수익률을 보여준다.

만기	만기수익률
1	10%
2	11%
3	12%

1) 1년 후 시점에서 향후 1년 간의 선도이자율을 구하시오.
2) 2년 후 시점에서 향후 1년 간의 선도이자율을 구하시오.

5. 향후에 금리가 인상될 것으로 기대되는 경우에는 수익률 곡선이 우상향할 수 있다. 그러나, 수익률 곡선이 우상향하는 형태라는 이유로 미래의 이자율이 더 높아질 것으로 기대된다고 말할 수는 없다. 그 이유를 설명하시오.

6. 1년 후에 100을 지불하고 2년 후에 90을 지불하는 채권의 현재 시장 가격이 150이라고 가정하자. 만기 1년인 할인채의 이자율(현물이자율)은 15%, 향후 1년에서 2년까지의 선도이자율은 10%라고 하자.

1) 이 현금흐름에 대한 현재가치(PV)와 순현재가치(NPV)를 계산하시오.
2) 현재가치와 시장가격 간의 차이를 이용하여 이익을 얻을 수 있는 방법은 무엇인가?
3) 2번에서 설명한 차익거래이익을 얻기 위한 차익거래테이블을 작성하시오.

7. 다음의 설명이 옳으면 T, 틀리면 F를 빈 칸에 기입하시오.

1) 정크 본드(junk bond)는 신용등급이 BBB- 이상인 채권을 의미한다. ( )
2) 현물 이자율 곡선은 선도 이자율 곡선을 이용해서 산출할 수 있고, 반대로 선도 이자율 곡선을 현물 이자율 곡선으로 산출할 수도 있다. ( )
3) 채권의 액면이자율이 낮을수록, 시장 이자율 변동에 대한 채권 가격 민감도는 커진다. ( )
4) 만기수익률이 높을수록, 시장 이자율 변동에 대한 채권 가격 민감도는 커진다. ( )
5) 채권의 만기가 길수록, 시장 이자율 변동에 대한 채권 가격 민감도는 커진다. ( )
6) 점진적으로 경기가 좋아질 것이라는 전망은 장기채권의 수익률의 변동성을 증가시킨다. ( )
7) 인플레이션이 증가할 것이라는 전망은 장기채권의 수익률 변동성을 증가시킨다. ( )

8. 두 채권 X, Y에 대한 정보가 아래 표와 같고, 채권의 액면이자는 매년 말에 지급된다. 두 채권의 수익률 차이(yield spread)를 구하시오.

	만기	액면이자율	가격
X	2년	5%	101.7
Y	2년	5%	100.5

Part 02

기대효용과 확률지배이론

Expected Utility and Stochastic Dominance

미래의 결과를 예측할 수 없는 상황 하에서 사람들의 의사결정행위를 설명하기 위한 연구가 수세기 동안 이어져 왔다. 이러한 연구 중 가장 중요한 것은 아마도 von Neumann-Morgenstern의 기대효용이론이 아닐까 한다. 이 이론에 따르면, 사람들은 기대부를 극대화시키는 의사결정을 하기보다는 의사결정 결과로부터 발생되는 효용의 기댓값인 기대효용을 극대화시키는 의사결정을 한다는 것이다. 그런데 효용함수의 정확한 형태는 알려진 바가 없고, 다만 사람들의 행동을 관찰한 바에 따르면, 위험을 회피하려는 행동을 한다든지, 혹은 자신들의 부가 증가하면 위험에 대한 태도가 달라지는 경향을 보인다고 한다.

제2장에서 우리는 왜 사람들이 기대효용을 극대화시키는 의사결정을 한다고 가정하는지에 대해 상세하게 살펴볼 것이다. 또한 투자자들의 위험회피에 대한 정도와 위험프리미엄 간의 관계를 살펴보고, 다양한 형태의 효용함수와 효용함수의 특성에 대하여 설명한다. 앞서 언급한 바와 같이 효용함수의 구체적인 형태에 대해서는 알려진 바가 없다. 대신에, 효용함수가 만족해야 하는 최소한의 조건들을 이용해서 투자자산을 분석하는 방법이 제시되었는데, 제3장에서는 이러한 방법으로서 확률지배이론을 설명한다.

Chapter 02

효용함수와 위험회피 (Expected Utility and Risk Aversion)

현대의 재무경제학(financial economics)에서는 불확실성하의 투자의사결정기준으로서 기대효용이론이 사용된다. 즉, 소비와 투자는 기대효용을 극대화하는 방향으로 결정된다는 것인데, 이러한 기대효용이론은 불확실성하에서 합리적 행동을 집약적으로 표현할 수 있어서 이론적으로 널리 사용되고 있다.

이 장에서는 미래의 투자수익률이 불확실한 경우 투자자의 의사결정 기준이 되는 기대효용이론과 그 한계점을 살펴보고, 왜 투자의사결정에서 수익뿐만 아니라 위험도 함께 고려되어야 하는지를 설명하고자 한다. 그리고 투자자의 위험회피성향과 관련된 효용함수의 특성을 살펴보기로 한다. 한편, 특정한 상황에서 기대효용이론이 인간의 행동을 바르게 예측하지 못하는 사례들(Allais의 역설)이 있음을 살펴볼 것이다. 기대효용이론의 문제점에 대한 상세한 사례들은 제11장 행동재무경제학(behavioral financial economics)에서 다룰 예정이다.

우선, 의사결정의 기준으로 기대효용극대화를 사용하는 이유에 대하여 살펴본다. 그리고, 복권(lottery)을 사용하여 투자자의 선호관계(preference relations)에 대한 공리, VNM(von Neumann-Morgenstern)의 기대효용이론, 위험 및 효용함수의 특성에 대하여 알아보기로 한다.

참고로, 본격적인 논의에 앞서, 기대수익(expected return) 혹은 기대수익률(expected rate of return)의 극대화는 기대부(expected wealth)의 극대화와 같은 의미로 사용된다. 이를 이해하기 위해 최초의 부(initial wealth)가 W_0인 투자자가 있다고 하자. 이 투자자가 자신의 부를 전부 투자할 경우, 이 투자로 인해 발생하는 수익(이익 혹은 손실)을 x라 하고, 투자수익률은 r이라고 하자. 그러면, 현재 시점에서 이 투자자의 기대부는 $E(W) = E(W_0 + x) = E(W_0(1 + r))$로 표현할 수 있다. 따라서 기대부의 극대화 문제는 $\max E(W) = W_0 + \max E(x) =$

$W_0 + W_0 \max E(r)$로 표현할 수 있다. 즉, 기대부의 극대화는 기대수익의 극대화 혹은 기대수익률의 극대화와 같은 문제가 된다.

2.1 기대수익에 근거한 의사결정에 대한 문제점

의사결정의 결과를 알 수 없는 상황에서 사람들의 의사결정행위를 설명하는 많은 연구가 있다. 이러한 의사결정행위를 분석하기 위한 수단으로는 '**겜블**에 참여하는 행위'(gambling)를 사용하는데, 그 이유는 복잡한 투자의사결정을 단순화시킬 수 있기 때문이다. 겜블을 이용한 분석의 예로서, '사람들은 기대수익률을 극대화시키는 의사결정을 한다'고 설명하는 기대수익률 극대화에 대한 가정을 살펴보자.

17세기에는 Pascal이나 Fermat 같은 수학자들이 사람들은 기대수익률(또는 기대가치)이 가장 높은 겜블(gamble)을 선택한다고 가정하였다. 이 기대수익률 극대화에 따르면 사람들이 여러 투자안 중 기대수익률이 가장 큰 투자안을 선택하며, 사람들의 다른 선호나 투자에 내재된 위험 등은 고려하지 않는다. 하지만 오랫동안 사람들의 의사결정을 관찰해온 경험에 의하면, 투자자들 또는 좀 더 일반적으로는 의사결정자들은 단순히 기대수익률이 가장 높은 투자대상을 선택하지는 않는다. 이는 18세기 초 Nicholas Bernoulli가 제시한 St. Petersburg의 역설에서 잘 나타난다.

▶ St. Petersburg의 역설

앞면과 뒷면이 나타날 확률이 정확히 반반인 공정한 동전(fair coin)을 앞면이 나올 때까지 던지는 겜블이 있다고 하자. 이 겜블은 동전을 던진 횟수가 k번이면 2^k을 지급한다. 사람들은 이 겜블의 가치를 얼마로 평가할까? 이 겜블의 기댓값은 아래와 같이 무한대가 된다.

$$E = 2\left(\frac{1}{2}\right) + 2^2\left(\frac{1}{2}\right)^2 + 2^3\left(\frac{1}{2}\right)^3 + \cdots = \infty$$

하지만 대부분의 사람들은 이 겜블의 가치를 10이나 20 정도에 불과하다고 판단한다. 이렇듯, St. Petersburg의 역설은 기대수익만이 의사결정의 기준으로 사용되는 것은 아니라는 것을 보여준다.

Daniel Bernoulli(1738)는 St. Petersburg 역설을 설명하기 위하여 사람들은 기대수익이 가장 높은 겜블을 선택하는 것이 아니라, '기대효용이 가장 높은 겜블을 선택한다'고 주장하였다. 즉, Bernoulli는 사람들이 이 겜블의 기대가치인 $\sum_{k=1}^{\infty} 2^k \left(\frac{1}{2}\right)^k$를 사용하는 게 아니라, 부(wealth)에 대한 한계효용체감을 가정하여 앞면이 나올 경우 지급되는 금액에 로그함수를 취한 값 $\sum_{k=1}^{\infty}\left(\frac{1}{2}\right)^k \ln(2^k) < \infty$을 겜블의 가치로 평가한다고 설명하였다. 그러나 이러한 주상도 St. Petersburg 역설에 대한 명쾌한 설명이라고 할 수 없다. 왜냐하면, 동전을 던지는 횟수가 k번이면 e^{2^k}원을 지급하는 문제로 바꾸게 되면, 이 수정된 겜블의 가치는 여전히 $\sum_{k=1}^{\infty} 2^k \left(\frac{1}{2}\right)^k = \infty$가 되기 때문이다. 그리고, 합리적인 사람들이 Bernoulli의 기대효용이론에 따라 행동해야 하는 이유도 설명이 되지 않았다. 이러한 한계점을 해결한 것이 von Neumann과 Morgenstern의 기대효용이론이다.

St. Petersburg 역설 이후 200년이 훨씬 지난 1947년, von Neumann과 Morgenstern(VNM)은 누구나 쉽게 납득할 수 있는 선호(preference)에 관한 네 가지 공리(axiom)를 제시하였고, 이 공리가 만족되는 경우에는 **기수적 효용함수(cardinal utility function)**를 이끌어 낼 수 있음을 보여주었다.[1] 그리고, 이 효용함수를 바탕으로 VNM이 제시한 **기대효용이론(expected utility theory)**에 따르면, 의사결정자는 기대효용을 이용하여 투자안을 선택하게 되는데, 이 과정에서 위험이 함께 고려되어 기대효용에 반영된다.

2.2 복권(lottery)

불확실성하에서의 선택 문제는 복권을 구입할지(또는 겜블에 참여할지) 여부를 결정하는 것과 동일하다고 볼 수 있다. 왜냐하면, 복권은 받기로 한 금액은 정해져 있으나 실현 여부는 불확실하기 때문이다. 금융자산도 일종의 복권(겜블)으로 볼 수 있다. 복권의 구입비용은 초기 가치(initial value)에 다른 투자대안을 선택했다면 얻을 수 있는 수익인 기회비용을 더한 값이다.

■ 확률분포를 이용한 선호의 결정

우선 왜 복권을 이용하여 불확실성하에서의 자산가격을 설명하려 하는지에 대한 이해가 필요하다. 만약, t 시점에서 자산 i의 가격을 s_{it}이라 할 때, 다음 시점 $t+1$에서 이 자산의 가격은 $s_{it+1} = (1 + r_{it+1})s_{it}$로 표시할 수 있다. 이 경우, t 시점에서의 자산가격 s_{it}는 알려져 있으므로, $t+1$에서의 자산가격 s_{it+1}은 r_{it+1}에 의하여 결정된다. 즉, r_{it+1}의 확률분포로 s_{it+1}을 설명할 수 있다. 예를 들어, 수익률 r_{it+1}을 나타내는 전체 공간을 $\boldsymbol{r} = (r_1, r_2, \cdots, r_k)'$

1 기수적 효용(함수)이란 양적(숫자로) 측정이 가능한 효용(함수)을 의미하는 것으로 효용을 수치화할 수 있다. 반면 서수적 효용(ordinal utility)은 효용의 선호관계(순서)만 정할 수 있고 양적인 수치로 나타낼 수 없다.

로 정의하자. 여기서 k를 무한히 늘려서 $r_k = \infty$로 나타내고 $r_1 = -100\%$로 나타낸다면, $\boldsymbol{r}$은 -100% 또는 이보다 큰 전체 실수공간으로 나타나게 된다. 이렇게 되면, $t+1$에서 자산 i의 가격은 $\boldsymbol{r}$의 공간에서 각 수익률들의 발생 확률의 집합인 $\boldsymbol{S}_i = (s_{i1}, s_{i2}, \cdots, s_{ik})'$로 간단하게 나타낼 수 있다. 이를 다른 모든 자산에도 적용한다면, 결국 자산들 간의 비교는 수익률의 확률분포를 비교하는 것과 같다. 즉, 모든 자산의 수익률 공간 $\boldsymbol{r}$은 동일하므로, 자산들 간의 선호는 결국 개별 자산들 간의 수익률의 확률분포에 대한 선호에 달려있다.

예를 들어보자. [그림 2-1]은 $t+1$ 시점의 가격을 확률분포로 나타낸 경우이다. 왼편의 그림은 국채처럼 미래의 수익이 확실한 경우로서 지급금액이 확률 1로 확정된 경우를 나타낸다. 미래의 수익이 불확실한 경우라면 오른편처럼 투자상품의 수익률에 대한 확률분포가 달라질 것이다. 이들 두 자산의 차이는 확률분포의 차이로 요약되며, 이들에 대한 선택도 결국 확률분포에 대한 선택으로 볼 수 있다.

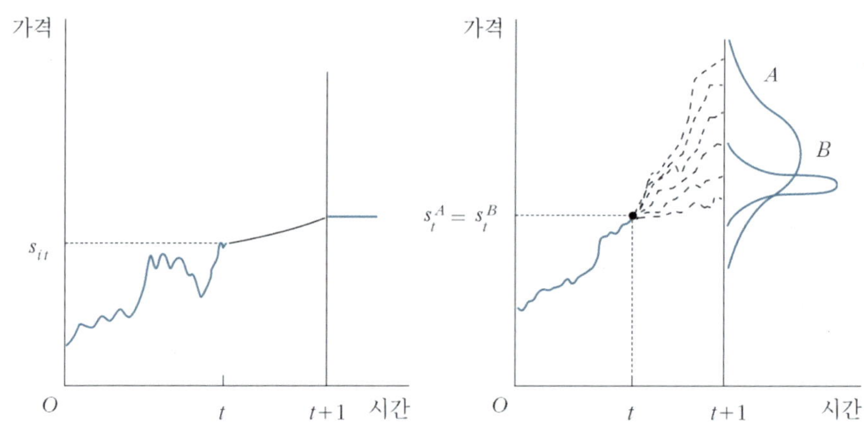

[그림 2-1] 자산에 대한 선호와 투자수익률 분포

여기서 다루고자 하는 복권은 반드시 금전적인 결과만을 수반하는 것은 아니다. 예를 들면, 국가간 축구경기에서의 승패(승, 패, 무승부)도 확률(0.4, 0.4, 0.2)을 가진 복권으로 간주할 수 있다. 다만 경기의 승패는 감독의 전략이나 선수 기용에 따라 달라질 것이므로, 축구경기는 좀 더 복잡한 복권의 형태를 띨 뿐이다. 여기서 알아두어야 할 점은, 각각의 승패에 대하여 의사결정자의 효용을 숫자로 나타낼 수 있어야 한다는 것, 즉 기수적 효용함수가 존재함을 가정한다는 것이다.

■ 단순복권과 복합복권

복권이 중요한 이유는 기대효용을 복권의 집합으로 정의할 수 있고, 복권을 확률변수로 나타낼 수 있기 때문이다. 먼저, 단순복권을 정의해 보자. **단순복권**(simple lottery) L은 N개의 사상(event)으로 구성된 표본공간(sample space) $\boldsymbol{X} = (x_1, x_2, \cdots, x_N)'$에서 정의된 이산확률변수(discrete random variable)이다. 단, 사상이 발생할 확률은 $\boldsymbol{P} = (p_1, p_2, \cdots, p_N)'$이며, $\sum_{j=1}^{N} p_j = 1$이다. 많은 경우에 단순복권 L을 정규분포나 로그정규분포를 따르는 연속확률변수로 사용하기도 한다. 한편, k개의 단순복권으로 구성된 복권을 **복합복권**(compound lottery)이라 한다면, 이는 $L = (L_1, \cdots, L_k)'$인 $(k \times 1)$ 벡터가 되고, 그 발생확률을 $\boldsymbol{\alpha} = (\alpha_1, \cdots, \alpha_k)'$라고 나타낼 수 있다. 단, α_i는 복권 i가 선택될 확률이다.

예를 들어, N=3, k=2인 경우를 생각해보자. $\boldsymbol{\alpha} = \left(\frac{1}{4}, \frac{3}{4}\right)'$, $\boldsymbol{X} = (x_1, x_2, x_3)'$, $\boldsymbol{L}_1 = \left(\frac{1}{4}, \frac{1}{2}, \frac{1}{4}\right)'$, $\boldsymbol{L}_2 = \left(\frac{1}{2}, \frac{1}{2}, 0\right)'$이라고 가정하면, 복합 복권은 아래와 같다.

$$\begin{aligned} \boldsymbol{L} &= \alpha_1 \boldsymbol{L}_1 + \alpha_2 \boldsymbol{L}_2 \\ &= \frac{1}{4}\left(\frac{1}{4}, \frac{1}{2}, \frac{1}{4}\right)' + \frac{3}{4}\left(\frac{1}{2}, \frac{1}{2}, 0\right)' \\ &= \left(\frac{7}{16}, \frac{8}{16}, \frac{1}{16}\right)' \end{aligned}$$

이 복합복권은 먼저 동전을 던져서 L_1과 L_2 중 하나를 선택하고, 그 다음으로 상태 1, 2, 3 중 하나가 확률에 따라 실현되는 것으로 볼 수 있다.

2.3 선호(preference)에 대한 공리

불확실성 하에서 합리적인 의사결정이론을 제시하기 위해서는, 의사결정자의 행위에 대한 여러 가지 가정을 정의하고, 이러한 가정하에서 효용함수가 존재함을 보여주어야 한다. 이러한 가정은 '의사결정자들이 합리적이라면 그들은 Bernoulli의 기대효용에 따라 의사결정을 하게 되는가?'에 대한 답을 줄 것이다.

VNM은 누구나 쉽게 수긍할 수 있는 가정을 네 가지 공리(axiom)로 정리한 다음, 이 공리를 만족한다면 기수적 효용함수(cardinal utility function)가 존재함을 보여 주었다. 여러 가지 다양한 공리들이 제시되었지만, 여기에서는 아래에 설명하는 네 가지 공리를 사용하기로 한다.

임의의 투자대안을 앞에서 설명한 복권으로 간주하고, 복권으로 공리를 설명해보자.

여기서, $L_k \succ L_l$은 복권 L_l보다 복권 L_k가 더 선호됨을 의미하고, $L_k \sim L_l$은 복권 L_k와 복권 L_l이 서로 무차별적임을 의미한다.

공리 1. 비교가능성(comparability) (완전성)

임의의 두 복권 L_k, $L_l \in L$에 대하여, 아래 세 가지 관계 중 한 가지는 반드시 성립해야 한다.

$$L_k \succ L_l,\ L_l \succ L_k,\ \text{또는}\ L_l \sim L_k$$

공리 2. 이행성(transitivity) (일관성)

임의의 복권 L_k, L_l, $L_m \in L$에 대하여, $L_k \succ L_l$이고 $L_l \succ L_m$이면, $L_k \succ L_m$이다. 그리고, $L_k \sim L_l$이고 $L_l \sim L_m$이면, $L_k \sim L_m$이다.

공리 3. 연속성(continuity)

임의의 복권 L_k, L_l, $L_m \in L$에 대하여, $L_k \succ L_l \succ L_m$인 경우 아래의 식을 만족시키는 $\alpha \in [0,1]$가 존재한다.

$$\alpha L_k + (1-\alpha)L_m \sim L_l$$

공리 4. 독립성(strong independence)

임의의 복권 L_k, L_l, $L_m \in L$과 $\alpha \in [0,1]$에 대하여 아래의 관계가 성립한다.

$$L_k \succ L_l \quad \Leftrightarrow \quad \alpha L_k + (1-\alpha)L_m \succ \alpha L_l + (1-\alpha)L_m$$

이제 각 공리들의 의미를 살펴보자. 먼저, 공리 1과 2는 모든 복권에 대한 선호는 비교가능해야 하고, 선호의 서열은 일관성이 있어야 한다는 것을 의미한다. 공리 3인 연속성 공리로부터 L_k, L_l 등에 대한 표준적인 효용함수를 얻을 수 있다. 왜냐하면, $u(.)$를 효용함수라고 하고, 이 효용함수를 선호에 대한 임의의 강증가 변환(strictly increasing transformation)으로 둘 경우, $L_k \succ L_l \Leftrightarrow u(L_k) > u(L_l)$가 성립하기 때문이다. 마지막으로, 강독립성 공리는 임의의 다른 복권(L_m)으로 가중평균한 복권인 $\alpha L_k + (1-\alpha)L_m$과 $\alpha L_l + (1-\alpha)L_m$에 대한 선호 차이가 원래의 복권 L_k과 L_l의 선호 차이에 의해서 결정되고, α나 L_m의 값과는 독립적으로 결정된다는 것을 의미한다. 왜냐하면 $(1-\alpha)L_m$이 양변에 공통적으로 있기 때문이다. 이 공리는 우리가 어떤 복권을 다른 복권보다도 더 선호한다면, 그 선호 관계는 또 다른 제3의 복권에 의하여 영향을 받지 않는다는 것을 의미한다.

2.4 폰노이만-몰겐슈타인(Von Neumann-Morgenstern, VNM) 기대효용이론

우리의 일상생활은 매 순간 무엇을 해야 하는지에 대한 의사결정의 연속이라 볼 수 있다. 이런 의사결정을 앞에서 설명한 복권에 대한 선호로 해석한다면, 우리는 매 순간 특정한 규칙을 사용하여 복권들의 선호관계를 파악하고 이에 따라 행동한다고 볼 수 있다. 그러나 모든 복권들 간의 선호(서수적 효용, ordinal utility) 관계를 파악하는 것은 현실적으로 어렵다.

기수적 효용함수(cardinal utility function)를 활용하여 의사결정자들의 행위를 분석한다면, 이러한 선호 관계를 수치화할 수 있기 때문에 계산이 용이할 뿐만 아니라, 의사결정에 따른 수익과 위험을 이해하는 데도 도움이 된다. 즉, 기수적 효용함수를 활용하여 각 투자대안에 특정 숫자를 부여하되 높은 숫자일수록 높은 선호를 나타내도록 함으로써, 우리는 의사결정을 더욱 단순화시킬 수 있게 된다. 또한 기수적 효용함수는 위험과 수익이 고려된 투자자의 선호를 계량화하여 하나의 숫자로 표시해주기 때문에 투자자의 선택을 보다 쉽게 이해할 수 있도록 해준다.

VNM은 결과(outcome)에 대해 정의된 Bernoulli의 효용함수에서 한걸음 더 나아가서, 복권 또는 겜블에 대한 **기대효용함수**를 정의하였다. VNM의 기대효용이론에 따르면, 의사결정자들의 선호를 복권으로 정의할 경우, 이러한 복권의 선호를 나타내는 효용함수가 존재하게 된다. 여기서, 복권 또는 겜블은 이미 우리가 알고 있는 결과에 대한 확률분포로 해석된다. 물론 여기서 결과란 앞서 축구경기의 예에서 보았듯이, 돈을 포함한 유형, 무형의 모든 것을 포함한다. 이러한 VNM 기대효용함수는 다음과 같이 정의된다.

▶ Von Neumann Morgenstern 기대효용함수

효용함수 U가 모든 임의의 단순복권 L_k에 대하여 아래와 같이 선형형태로 표현된다면, U는 Von Neumann Morgenstern 기대효용함수이다.

$$U(L_k) = \sum_{j=1}^{N} p_j u(x_j) \tag{2.1}$$

여기서, $u(x_j)$는 결과 x_j에 부여된 효용이다.

따라서, 복권 L_k의 기대효용인 $U(L_k)$는 결과인 x_j에 대한 효용 $u(x_j)$를 확률로 가중평균한 기대값과 같다. 따라서 의사결정자들의 선호가 식 (2.1)처럼 기대효용함수로 표현된다면, VNM 기대효용함수는 확률의 선형함수가 된다. 여기서 VNM 기대효용함수 $U(\cdot)$는 N개의 결과가 발생가능한 복권에 대하여 정의되어 있는 반면, Bernoulli 효용함수 $u(\cdot)$는 확실한 결과 x_j에 대한 함수로 볼 수 있다. 참고로, 발생확률이 1인 확실한 결과에 대한 복권을

불확실성이 소멸됐다는 의미로 **퇴화복권(degenerate lottery)**이라고 부르는데, Bernoulli 효용함수는 이 퇴화 복권에 대한 효용함수이다.

▶ 기대효용정리

복권들의 집합 L이 선호관계에 대한 네 가지 공리를 만족한다면, 아래 (2.2)와 (2.3)이 성립하는 함수 $U : L \rightarrow \mathbb{R}$이 존재한다.

$$U(L_k) > U(L_m)\text{과 } L_k \succ L_m\text{는 동치이고,} \quad (2.2)$$
$$U(L_k) = U(L_m)\text{과 } L_k \sim L_m\text{도 동치관계이다.}$$

또한, 임의의 복권 $L_k,\ L_m \in L$ 과 $0 \leq p \leq 1$에 대해, 기대효용함수 U는 다음과 같이 나타낼 수 있다.

$$U(pL_k + (1-p)L_m) = pU(L_k) + (1-p)U(L_m) \quad (2.3)$$

증명 함수 $U : L \rightarrow \mathbb{R}$이 존재함을 증명하기 위해, 모든 경우를 열거한 후 제시된 조건을 충족하는지 살펴보기로 하자. 먼저, $L_k, L_m, L_s, L_t \in L$이고, L_s가 가장 선호되고 L_t가 가장 선호되지 않는다고 가정하고, $U(L_s) = 1$과 $U(L_t) = 0$로 설정한 다음, $U(L_k)$가 다음 각각의 경우를 만족하는지 살펴보자. (참고로, $U(L_s)$와 $U(L_t)$를 다른 어떤 임의의 숫자로 두어도 결과는 마찬가지이다.)

	연속성 공리	$U(L_k)$
$L_k \succ L_s \succ L_t$	$p_1L_k + (1-p_1)L_t \sim L_s$	$p_1U(L_k) + (1-p_1)U(L_t) = U(L_s) \rightarrow U(L_k) = 1/p_1$
$L_k \sim L_s \succ L_t$	$p_2L_k + (1-p_2)L_t \sim L_s$	$p_2U(L_k) + (1-p_2)U(L_t) = U(L_s) \rightarrow U(L_k) = 1/p_2$
$L_s \succ L_k \succ L_t$	$p_3L_s + (1-p_3)L_t \sim L_k$	$p_3U(L_s) + (1-p_3)U(L_t) = U(L_k) \rightarrow U(L_k) = p_3$
$L_s \succ L_t \sim L_k$	$p_4L_s + (1-p_4)L_k \sim L_t$	$p_4U(L_s) + (1-p_4)U(L_k) = U(L_t) \rightarrow U(L_k) = -p_4/(1-p_4)$
$L_s \succ L_t \succ L_k$	$p_5L_s + (1-p_5)L_k \sim L_t$	$p_5U(L_s) + (1-p_5)U(L_k) = U(L_t) \rightarrow U(L_k) = -p_5/(1-p_5)$

모든 경우들이 유사하므로, 세 번째 경우만 살펴보도록 하자. 먼저, 식 (2.2)를 증명해보자. $U(L_k) = p_k$, $U(L_m) = p_m$으로 두면, 연속성 공리에 의해서 아래의 두 식을 얻을 수 있다.

$$p_kL_s + (1-p_k)L_t \sim L_k$$
$$p_mL_s + (1-p_m)L_t \sim L_m$$

만약, $U(L_k) = U(L_m)$, 즉, $p_k = p_m$인 경우, 위 두 식에 의해서 $L_k \sim L_m$이 되므로, 식 (2.2)가 성립한다. 한편, $p_k > p_m$인 경우, 위 식으로부터 $p_k(L_s - L_t) + L_t \succ p_m(L_s - L_t) + L_t$를 얻을 수 있는데, 이는 $U(L_k) = p_k > p_m = U(L_m)$ 이면 $L_k \succ L_m$ 이 된다는 것이므로, 식 (2.2)가 성립하게 된다. $p_k < p_m$인 경우에도 위와 같은 과정에 의하여 식 (2.2)가 성립하게 된다.

다음으로, 식 (2.3)을 증명하기 위해서 독립성 공리를 적용해 보자. 단, $p \in (0,1)$이다.

$$\begin{aligned} pL_k + (1-p)L_m &\sim p[p_k L_s + (1-p_k)L_t] + (1-p)[p_m L_s + (1-p_m)L_t] \\ &\sim [pp_k + (1-p)p_m]L_s + [p(1-p_k) + (1-p)(1-p_m)]L_t \\ &\sim [pU(L_k) + (1-p)U(L_m)]L_s + [1 - pU(L_k) - (1-p)U(L_m)]L_t \end{aligned}$$

앞서, $U(L_s) = 1$, $U(L_t) = 0$으로 정의했기 때문에, 위 식에 기대효용함수를 취하면 VNM의 U 정의에 의해 아래와 같아지므로, 식 (2.3)이 성립하게 된다.

$$U(pL_k + (1-p)L_m) = pU(L_k) + (1-p)U(L_m) \qquad QED.$$

■ 기대효용정리의 의미

VNM의 **기대효용정리**가 의미하는 바는 어떤 복합복권의 효용이 더 크다는 것은 결국 선호되는 단순복권의 비중이 더 크다는 것이다. 이는 퇴화복권(degenerate lottery)을 사용하면 보다 쉽게 이해될 수 있다. 먼저, 복권 L_k와 L_m이 있다 하자. 그럼 이들 각각의 복권은 N개의 퇴화복권을 합한 것으로 생각할 수 있다.

우선, 모든 결과들을 비교가능성 공리를 사용하여 $x_N \succcurlyeq x_{N-1} \succcurlyeq \cdots \succcurlyeq x_2 \succcurlyeq x_1$로 나열한다면, 복권 L_k는 $p_N^k x_N + p_{N-1}^k x_{N-1} + \cdots + p_2^k x_2 + p_1^k x_1$으로 나타낼 수 있다. 마찬가지로 복권 L_m도 $p_N^m x_N + p_{N-1}^m x_{N-1} + \cdots + p_2^m x_2 + p_1^m x_1$으로 나타낼 수 있다. 여기서 연속성 공리에 의하여 각 x_j는 $x_j \sim \alpha_j x_N + (1-\alpha_j)x_1$로 나타낼 수 있다. 단, α_j는 가장 선호되는 퇴화복권 x_N에 대한 비중을 나타내고, $1-\alpha_j$는 가장 선호되지 않는 퇴화복권 x_1에 대한 비중을 나타낸다. 그리고, 가장 선호되는 퇴화복권 x_N을 $x_N \sim \alpha_N x_N + (1-\alpha_N)x_1$로 나타낼 때 $\alpha_N = 1$이 되고, 가장 선호되지 않는 퇴화복권 x_1을 $x_1 \sim \alpha_1 x_N + (1-\alpha_1)x_1$로 나타낼 때 $\alpha_1 = 0$이 되므로, 다른 모든 퇴화복권의 α_j는 [0,1]에 속하게 된다. 따라서, 결국 복권 L_k는 아래와 같이 나타낼 수 있다.

$$\begin{aligned} & p_N^k x_N + \cdots + p_1^k x_1 \\ & \sim p_N^k x_N + p_{N-1}^k(\alpha_{N-1}x_N + (1-\alpha_{N-1})x_1) + \cdots + p_2^k(\alpha_2 x_N + (1-\alpha_2)x_1) + p_1^k x_1 \\ & \sim \left(\textstyle\sum_{j=1}^N p_j^k\, \alpha_j\right)x_N + \left(1 - \textstyle\sum_{j=1}^N p_j^k\, \alpha_j\right)x_1 \\ & \sim\ w^k x_N + (1-w^k)x_1 \end{aligned}$$

비슷한 방법으로 $w^m = \sum_{j=1}^N p_j^m \alpha_j$로 두면, 복권 L_m도 $p_N^m x_N + \cdots + p_1^m x_1 \sim w^m x_N + (1-w^m)x_1$으로 나타낼 수 있다. 여기서 w^k와 w^m은 복권 L_k와 L_m이 가장 좋은 결과인 x_N을 가져다 줄 비중이다. 따라서 복권 L_k와 L_m의 선호는 결국 w^k와 w^m의 크기에 의하

여 결정된다. 즉 퇴화복권 x_N이 가장 선호되므로 합리적인 의사결정자는 이에 대한 비중이 높은 복권을 선호할 것이다. 예를 들어 $U(L_k) > U(L_m)$이라면, 합리적인 의사결정자는 가장 좋은 결과 x_N을 갖게 될 비중이 더 높은 L_k를 L_m보다 선호한다는 것을 의미한다. 즉, $U(L_k) > U(L_m)$이라면 $w^k > w^m$이 되고 따라서 $L_k \succ L_m$이 된다. 그 역 또한 성립한다.

여기서, α_j는 x_j의 함수이므로 $\alpha_j = u(x_j)$로 표시할 수 있다. 본 저서에서는 이 퇴화복권 x_j에 대한 함수 $u(\cdot)$를 Bernoulli 효용함수로 부른다. 앞서 St. Petersburg 역설에서 본 바와 같이 Bernoulli는 동전의 앞면이 나올 경우 지급되는 금액(퇴화복권)에 로그함수를 사용한 바 있다. Bernoulli 효용함수에 대한 보다 상세한 설명은 2.6절에서 하기로 한다.

■ VNM 기대효용함수의 특징

첫째, 임의의 복합복권에 대하여, 효용함수 U가 아래와 같이 선형형태로 표현되는 경우, 그 효용함수는 VNM 기대효용함수이다.

$$U(\sum \alpha_k L_k) = \sum \alpha_k U(L_k) \tag{2.4}$$

이를 설명하기 위해, j라는 사건이 1의 확률로 무조건 발생하게 되는 퇴화복권을 L^j라고 두자. 그러면, 임의의 복권 L_k는 $L_k = \sum_{j=1}^{N} p_j L_k^j$와 같이 표현할 수 있다. 따라서, $u(L_k^j)$를 L_k^j의 효용이라 한다면, $U(L_k) = \sum_{j=1}^{N} p_j u(L_k^j)$가 된다. 이제, 임의의 복합복권 $L = (L_1, \cdots, L_k;\ \alpha_1, \cdots, \alpha_k)$가 있다고 하면, 이 복권은 $L = \sum \alpha_k L_k$이라는 축약된 형태로 표현할 수 있으며, 이 복권의 효용은 다음과 같이 나타낼 수 있다.

$$\begin{aligned} U(\textstyle\sum_{k=1}^{K} \alpha_k L_k) &= U\left(\textstyle\sum_{k=1}^{K} \alpha_k \sum_{j=1}^{N} p_j L_k^j\right) \\ &= \textstyle\sum_{k=1}^{K} \alpha_k \sum_{j=1}^{N} p_j u\left(L_k^j\right) \\ &= \textstyle\sum_{k=1}^{K} \alpha_k\, U(L_k) \end{aligned}$$

둘째, $U(.)$는 양의 선형변환(a strictly positive linear transformation)으로만 변형 가능하다. 이 말은 만약 $\hat{U}(\cdot)$가 식 (2.2)와 (2.3)을 만족하고 $U(L_k)$와 같은 선호관계를 나타내는 VNM 효용함수라고 하면, 이 효용함수는 $\hat{U}(L_k) = cU(L_k) + d$로 나타낼 수 있으며, 이러한 두 상수 $c > 0$와 d가 존재한다는 의미이다.

셋째, VNM 효용함수는 아래와 같이 독립성 공리를 만족한다.

$$\begin{aligned} & L \succsim L' \\ \Leftrightarrow & \textstyle\sum p_j u(x_j) \geq \sum p_j' u(x_j) \end{aligned}$$

$$\Leftrightarrow \alpha \sum p_j'' u(x_j) + (1-\alpha) \sum p_j u(x_j) \geq \alpha \sum p_j'' u(x_j) + (1-\alpha) \sum p_j' u(x_j)$$
$$\Leftrightarrow \alpha L'' + (1-\alpha) L \gtrsim \alpha L'' + (1-\alpha) L'$$

넷째, 선호연산자 $\gtrsim$가 복권들의 공간 위에서 정의되어 있고, 비교가능성, 이행성, 연속성, 독립성 공리들을 만족한다면, 이 선호연산자를 사용하는 효용함수는 VNM 효용함수가 된다.

2.5 VNM 효용함수에 대한 독립성 공리의 역설

선호에 대한 네 가지 공리를 모두 만족하는 경우, 선택의 합리성과 일관성을 유지하는 기수적 효용함수가 존재하며, VNM 기대효용함수가 그러한 효용함수임을 앞에서 확인하였다. 그러나, VNM 기대효용함수를 반박하는 여러 가지 이론적 또는 현실적 의견들이 제시되었다. 특히 독립성 공리에 위배되는 경우가 많은데, Allais(1953)는 사람들의 실제 의사결정이 기대효용이론의 독립성 공리에 위배되는 사례를 이용하여, 기대효용이론이 현실적으로 의사결정을 설명할 수 없다고 주장하였다. 이를 **Allais의 역설**이라고 부른다.

▶ Allais의 역설

아래의 네 가지 복권을 이용하여 실제 선택의 결과가 어떻게 독립성 공리를 위배하는지 살펴보자.

$$L_1 = 100\text{원 (확률 1)}$$

$$L_2 = \begin{pmatrix} 500\text{원 (확률 0.10)} \\ 100\text{원 (확률 0.89)} \\ 0\text{원 (확률 0.01)} \end{pmatrix}$$

$$L_3 = \begin{pmatrix} 500\text{원 (확률 0.10)} \\ 0\text{원 (확률 0.90)} \end{pmatrix}$$

$$L_4 = \begin{pmatrix} 100\text{원 (확률 0.11)} \\ 0\text{원 (확률 0.89)} \end{pmatrix}$$

사람들에게 L_1과 L_2를 비교하고, L_3과 L_4를 비교하라고 했을 때, 대부분의 사람들은 L_1과 L_3을 더 선호하였다. 이 결과가 독립성 공리에 위배됨을 입증해 보자. 먼저, 아래와 같은 복권이 있다고 하자.

$$L_5 = \begin{pmatrix} 500\text{원 (확률 10/11)} \\ 0\text{원 (확률 1/11)} \end{pmatrix}$$

$$L_6 = 0$$

$\alpha = 0.11$이라고 두면, $L_1 \sim L_4$를 아래와 같이 합성된 형태로 표현할 수 있다.

$$L_1 = \alpha L_1 + (1-\alpha)L_1$$
$$L_2 = \alpha L_5 + (1-\alpha)L_1$$
$$L_3 = \alpha L_5 + (1-\alpha)L_6$$
$$L_4 = \alpha L_1 + (1-\alpha)L_6$$

사람들의 실제 선호는 $L_1 > L_2$이므로, 독립성의 공리에 의하여 $L_1 > L_5$가 성립해야 한다. 이 결과를 위 식 L_3과 L_4에 적용하면 $L_4 > L_3$이 되어야 하는데, 이것은 실제 선호와는 상반된 결과이다.

한편, 독립성 공리 위배에 대한 해결책으로서, Machina(1982)는 논쟁이 되는 독립성의 공리를 사용하지 않는 기대효용이론을 제시하였다. 이 모형은 아래와 같이 객관적인 확률 p_j를 주관적인 확률인 $f(p_j)$로 교체했기 때문에, 좀 더 일반화된 모형으로 볼 수 있다.

$$U(L_k) = \sum_{j=1}^{N} f(p_j)u(L_k^j)$$

이 기대효용함수는 주관적인 확률을 이용하여 투자자의 심리나 행태를 모형화할 수 있기 때문에, 행동재무경제학의 **전망이론(prospect theory)**이나 **후회이론(regret theory)**에서 변형된 형태로 사용된다.[2]

2.6 Bernoulli 효용함수와 VNM의 기대효용함수

복권들이 연속적으로 존재하고, 복권의 지급금액은 x, 확률밀도함수는 $pdf(x)$, 누적분포함수는 $F(x)$, 그리고 복권 L_k의 누적분포함수는 $F_k(x)$라고 하자. 지급금액 x의 누적분포함수는 복권 L_k의 누적분포함수를 이용하면 아래와 같이 표현할 수 있다.

$$F(x) = \sum_{k=1}^{K} \alpha_k F_k(x)$$

이 경우, 복합복권 $L = \sum \alpha_k L_k$의 효용함수는 아래와 같이 정의할 수 있다.

$$U(L) = E(u(x)) = \int u(x)dF(x)$$

확률밀도함수를 적분한 것이 누적분포함수이므로, $dF(x) = \sum_{k=1}^{K} \alpha_k dF_k(x)$ 임을 이용하여

2 주관적 확률을 이용한 기대효용함수에 대해서는 제11장 행동재무경제학에서 살펴볼 예정이다.

위 식을 정리하면 다음과 같다.

$$\begin{aligned} U(L) &= \int u(x)dF(x) \\ &= \sum \alpha_k \int u(x)dF_k(x) \\ &= \sum \alpha_k \, U(L_k) \end{aligned}$$

여기서 U는 VNM 효용함수고, $u(\cdot)$는 Bernoulli 효용함수이다. x^*를 지급하는 것이 확률 1로써 확정된 퇴화복권 L^*의 경우에는, $U(L^*) = U(x^*) = u(x^*)$가 된다. 그러므로, 지급금액이 확정된 모든 복권에 대해서 정의된 $U(x^*)$를 안다면, $u(x)$의 형태를 구체적으로 나타낼 수 있으나, 일반적으로는 $u(.)$의 함수형태를 알 수는 없다. 그렇지만, Bernoulli 효용함수는 두 번 미분가능해야 하고, 증가하면서 연속적이어야 하고, 다양한 복권의 유형에 적용될 수 있어야 한다.

Bernoulli가 제시한 기대효용은 퇴화복권에 대한 효용인 $u(x^*)$로서, 결과(outcome)에 관한 효용을 의미한다고 볼 수 있다. 반면 VNM의 기대효용이론에 따르면, 복권에 대한 선호와 이들에 대한 객관적인 확률로부터, 결과에 대한 선호를 파악할 수 있다. 따라서 VNM의 기대효용이론이 불확실성하에서 복권에 대한 선호를 나타내는 것이라면, Bernoulli의 기대효용은 확실한 결과에 대한 선호로 볼 수 있다. 즉, VNM은 불확실성하의 모든 결과를 복권에 대한 선호의 관점에서 설명하므로, VNM 기대효용이론의 핵심은 복권의 확률분포에 대한 선호라고 볼 수 있다.

2.7 효용함수가 지녀야 할 조건

효용함수 $u(.)$를 파악하기 위한 노력이 계속됨에도 불구하고, 구체적으로 어떠한 함수를 사용하여야 하는가에 대한 일치된 의견은 없다. 연구목적에 따라 다르지만, 일반적으로 효용함수는 부(wealth) 혹은 소비(consumption)에 대하여 정의된다. 단, 어느 경우든, 부나 소비는 음수가 아니라고 가정한다.

▶ Arrow의 효용함수의 조건

Arrow(1971)에 따르면 효용함수로 사용되기 위해서는 아래 세 가지 조건이 반드시 충족되어야 한다고 한다.

1) 불포화만족 – 부가 증가할수록 효용도 계속 증가함
2) 위험회피성향
3) 부가 증가함에 따라 위험회피성향(절대위험회피도)은 감소함

■ 불포화만족 조건

우선 불포화만족 조건은 투자자의 부가 증가할수록 효용도 포화상태에 도달함이 없이 지속적으로 증가한다는 것이다. 이 조건은 효용함수가 미분가능할 때 효용함수의 1계 도함수, 즉, 효용함수의 기울기가 양수가 되어야 함을 의미한다. 부에 대한 VNM 효용함수(식 (2.1))를 1차 미분하면, 아래와 같다.

$$U'(W) = \sum_{j=1}^{N} p_j u'(W_j)$$

여기서, $p_j \geq 0$이므로, $u'(W_j) > 0$이면 $U'(W) > 0$가 된다. 이 조건은 다른 조건이 같다면, 투자자는 항상 기대효용이 더 높은, 따라서 기대부(기대수익률)가 더 높은 투자대안을 선호한다는 것을 의미한다. 불포화만족 조건은 투자자가 위험회피형이든, 위험선호형이든, 혹은 위험에 대하여 무관심한 위험중립형이든 상관없이 모든 경우에 항상 요구되며, 투자분석에서 가장 기본이 되는 효용함수의 조건이다. 다른 두 가지 조건은 다음 절에서 자세히 설명하기로 한다.

2.8 위험에 대한 태도(risk attitude)

위험에 대한 투자자들의 태도를 분석해 보자. 먼저 어떤 투자대상이 있다고 하고, 이 투자대상의 수익은 p의 확률로 양수인 x_1이 되고, $1-p$의 확률로 음수인 x_2가 된다고 하자. 이 투자로부터 발생하는 기대수익이 아래와 같이 0이 된다면, 이 투자는 보험계리적으로 공정하다고 한다.

$$px_1 + (1-p)x_2 = 0$$

이 식을 p에 대해 정리하면, $p = \frac{x_2}{x_2 - x_1}$와 $1-p = \frac{-x_1}{x_2 - x_1}$을 구할 수 있다. 만약 최초의 부(initial wealth)가 W_0인 투자자가 이 공정한 투자대상에 투자한다면, 기대 부는 $E(W) = p(W_0 + x_1) + (1-p)(W_0 + x_2) = W_0$가 된다. 따라서, 이 투자로 인해 부의 증감이 기대되지 않으므로, 위험회피적인 사람이라면 이 투자에 굳이 참여하려고 하지 않을 것이다. 왜냐하면, 투자수익이 음수인 x_2가 될 수도 있으므로, 이러한 위험을 감수함에도 불구하고 부의 증가를 기대할 수 없다면, 위험회피적인 투자자는 불필요한 위험을 감수하려고 하지 않을 것이기 때문이다. 공정한 투자에 참여하지 않거나 투자 참여 여부가 무차별하다면, 이 사람은 **약위험회피**적(weakly risk averse)이라고 한다. 공정한 투자에 참여하지 않는다면, **강위험회피**적(strictly risk averse)이라고 한다.

▶ 위험회피

효용함수가 두 번 미분가능할 경우, 그 효용함수를 부에 대하여 2차 미분한 2계 도함수가 0보다 작다면 위험회피적이다. 즉, $u''(W) < 0$이면 위험회피적이다.

증명 효용함수 u의 형태를 알 수 없으므로, 테일러 전개를 이용하여 $u(W)$를 W_0에서 2차항까지 근사하면 아래와 같다.

$$u(W) = u(W_0) + u'(W_0)(W - W_0) + \frac{u''(W_0)}{2!}(W - W_0)^2 + \xi$$

단, ξ 는 3차 이상으로 구성된 항이다. $E[\xi] = 0$임을 가정하면, 이 식의 기댓값은 아래와 같다.

$$\begin{aligned} E[u(W)] &= u(W_0) + u'(W_0)E(W - W_0) + \frac{u''(W_0)}{2!}E[(W - W_0)^2] + E[\xi] \\ &= u(W_0) + \frac{u''(W_0)}{2!}Var(W) \end{aligned} \tag{2.5}$$

여기서는 공정한 투자를 가정하였기 때문에, $E(W) = W_0$이 되고, 따라서 $E[(W - W_0)^2] = E[(W - E(W))^2] = Var(W)$가 된다. 그리고 부의 분산은 항상 양이므로, 즉 $Var(W) > 0$이므로, $u''(W_0)$의 부호에 따라 다음과 같은 세 가지 경우가 발생한다.

$$\begin{aligned} &\text{만약 } u''(W_0) < 0\text{이면}, E[u(W)] < u(W_0) && \text{(위험회피)} && (2.6) \\ &\text{만약 } u''(W_0) = 0\text{이면}, E[u(W)] = u(W_0) && \text{(위험중립)} \\ &\text{만약 } u''(W_0) > 0\text{이면}, E[u(W)] > u(W_0) && \text{(위험선호)} && QED. \end{aligned}$$

식 (2.6)에서 각각의 경우가 왜 위험회피, 위험중립, 위험선호를 의미하는지 살펴보자. 여기서는 투자를 택함으로써 발생하는 기대부에 변화가 없기 때문에, 투자할 경우의 기대효용(식 (2.5)의 좌변)과 투자하지 않을 경우의 현재 효용(식 (2.5)의 우변 첫째항)을 비교함으로써 미래의 불확실성에 대한 투자자의 효용 차이를 파악할 수 있다. 만약 $u''(W_0) < 0$라면, $E[u(W)] < u(W_0)$가 되고, 이는 불확실한 투자를 택할 경우 투자자의 효용은 감소하게 됨을 뜻한다. 이 경우 합리적인 투자자는 이 투자에 참여하지 않을 것이며, 이러한 투자자를 위험회피적이라고 말할 수 있다. 반대로, $u''(W_0) > 0$라면, $E[u(W)] > u(W_0)$가 되는데 이 경우 불확실한 투자에 참여함으로써 투자자의 효용은 증가하게 되므로, 이 투자자는 불확실성을 좋아하는 위험선호적인 경향을 갖고 있다고 할 수 있다. 마지막으로 $u''(W_0) = 0$인 경우, $E[u(W)] = u(W_0)$가 되고 이 투자자는 위험에 무감각하다고 볼 수 있다.

■ 위험성향에 따른 효용함수의 형태

한편, 우리는 위험회피적인 투자자의 경우 $E[u(W)] < u(W_0)$가 된다는 사실로부터, 위

험회피적인 효용함수의 형태는 [그림 2-2]에서처럼 오목하다는 것을 파악할 수 있다. 효용함수가 오목한 이유는 확실한 부로부터 얻는 효용이 기대부로부터 얻는 효용보다 더 크기 때문이다. 한편, 효용함수가 오목한 모양이 되기 위해서는 $u''(W_0) < 0$로 효용함수의 2차미분 값이 0보다 작아야 한다. 이 경우, W가 증가함에 따라 효용함수의 기울기는 점차 감소하게 되므로, 함수의 모양은 오목하게 된다. 반대로, 위험선호형 효용함수의 경우에는 $E[u(W)] > u(W_0)$이므로, 효용함수가 볼록한 형태이고, 효용함수의 2차미분 값은 0보다 크다. 위험중립형 효용함수의 2차미분값은 0이다.

투자자가 강위험회피적일 때, $E[u(W)]$와 $u[E(W)]$의 관계는 오목함수에 대한 **젠센의 부등식(Jensen's inequality)**에 의해서도 모든 W에서 성립한다. 그러므로, 위험회피적이라 함은 효용함수 u가 W에 대해서 오목하다는 말과 동일한 의미이다. 반면, 위험을 선호한다는 것은 u가 W에 대해서 볼록하다는 것을 의미한다. 마지막으로, 위험중립성향의 효용함수는 선형인 $u(W) = a + bW$ $(b > 0)$로 나타나게 된다.

일반적으로 투자이론에서는 투자자가 위험회피적이라고 가정한다. 대표적인 예를 들어보면, 최적 포트폴리오 구성 시, 우리는 주어진 기대수익률 하에서 위험을 최소화시키거나 혹은 주어진 위험하에서 기대수익률을 최대화시킨다고 가정한다. 시장균형하에서 이러한 방법을 사용한 투자이론으로는 유명한 **자본자산가격결정모형(capital asset pricing model, CAPM)**이 있다. 한편, 대부분의 파생상품가격결정모형이나 **차익거래모형(arbitrage pricing model, APM)**들은 위험을 제거하는 방법을 사용하여 거래를 할 경우 자산가격이 어떻게 결정되어야 하는가를 설명하는 것으로, 이 경우에는 위험이 자산가격에 고려되지 않는다. 따라서 투자자는 위험중립적이다. 마지막으로, 투자자들이 위험선호형이라고 알려진 경우로는 **손실회피형 효용함수(loss aversion utility)**를 가진 투자자가 손실이 예상되는 경우를 들 수 있다.[3]

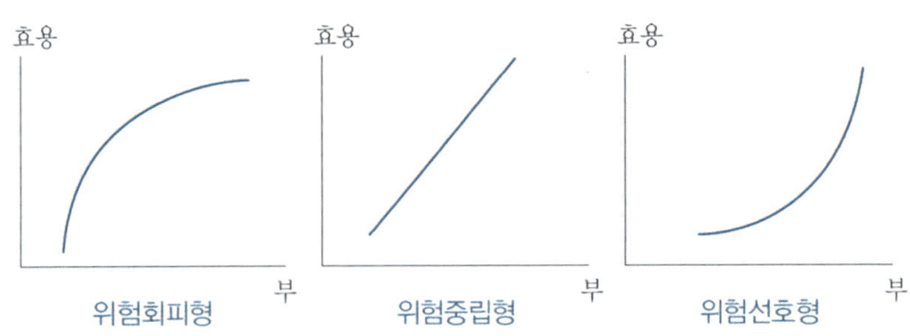

[그림 2-2] 위험에 대한 태도에 따른 효용함수의 모양

3 제11장 행동재무경제학에 있는 Kahneman과 Tversky(1979)의 prospect theory 참고하기 바란다.

2.8.1 확실성등가(certainty equivalence)와 위험프리미엄(risk premium)

위 식 (2.5) $E[u(W)] = u(W_0) + \frac{u''(W_0)}{2!}Var(W)$는, 투자로 인해 부의 증감이 기대되지 않는 경우, 기대효용인 $E[u(W)]$가 현재의 효용인 $u(W_0)$와 기대효용과 현재효용의 차이인 $\frac{u''(W_0)}{2!}Var(W)$로 구성되어 있음을 보여주고 있다. 이 관계를 이용하여 확실성등가(certainty equivalence)와 위험프리미엄(risk premium)에 대하여 살펴보자.

■ 위험성향과 위험의 크기가 기대효용에 미치는 영향

기대효용과 현재효용의 차이인 $\frac{u''(W_0)}{2!}Var(W)$는 결과가 불확실한 투자로부터 발생하는 효용의 차이를 나타내며, 그 차이가 **위험의 회피정도**인 $u''(W_0)$와 **위험의 크기**인 $Var(W)$에 의하여 결정된다는 것을 의미한다. 만약, 위험을 회피하려는 정도가 크다면 $u''(W_0)$는 절댓값이 더 큰 음수가 될 것이고, 이는 효용함수 $u(\cdot)$의 곡도(curvature)가 매우 크다는 것을 의미한다. 한편, 투자로부터 발생하는 불확실성은 분산으로 측정할 수 있으므로, $Var(W)$는 위험의 크기를 나타낸다.

무위험자산에 투자하는 경우에는 $Var(W) = 0$이므로, 투자자의 위험회피성향이 아무리 크더라도 무위험자산에 투자함으로써 발생하는 기대효용과 현재 효용 간에는 차이가 없다.[4] 또한 위험 중립적인 투자자의 경우 $u''(W_0) = 0$이므로, 위험이 아무리 커도 위험자산에 투자함으로써 발생하는 기대효용과 현재 효용 간에는 차이가 없다.

■ 확실성등가(certainty equivalence)와 위험프리미엄(risk premium)

그런데 위험회피로 인한 효용의 감소를 부의 관점에서 나타낸다면 어떻게 될까? 이에 대한 해답을 구하기 위해, 투자로 인한 기대효용의 변화를 부의 관점으로 바꾸어 보면 다음과 같이 나타낼 수 있다.

$$E(W) - x_c = \pi$$

여기서 x_c는 투자를 함으로써 기대되는 효용과 동일한 크기의 효용을 가져다 주는 확실한 부를 나타내고, 이를 **확실성등가**(certainty equivalence)라고 부른다. 그리고, π는 투자로부터 발생하는 위험을 회피하고자 할 때 지불하여야 할 비용, 즉 **위험 프리미엄**(risk premium)을 나타낸다. 따라서, 위험 프리미엄은 불확실성을 제거하기 위해 지불할 의사가 있는 최대금액(최대보험료)의 의미를 갖는다.

---

4 공정한 갬블의 경우에는 무위험자산의 수익이 없다고 가정한다.

▶ 확실성등가(certainty equivalence)

효용함수가 u일 때, '투자로부터 발생하는 기대효용'과 동일한 '확실한 효용을 만들어 주는 부 x_c'를 이 투자의 확실성등가라고 한다. 이는 아래 식을 만족시키는 x_c로 정의할 수 있다.

$$u(x_c) = \int u(x)dF(x)$$
$$= E_F(u(x))$$

단, F는 누적분포함수이고, x는 이 투자로부터 발생하는 수익이다.[5]

▶ 위험프리미엄(risk premium)

투자자가 위험회피적인 경우, 위험한 투자에 참여하는 것을 피하기 위해서 지불할 의사가 있는 금액으로, 아래와 같이 정의한다.

$$\pi = E(W) - x_c$$

위험프리미엄을 설명하는 다른 표현으로, '위험 부담의 대가로 요구하는 보상', '위험을 회피(또는 제거)하기 위해 지불하는 비용', '위험의 가격' 등이 있다.

이제, 확실성등가와 위험프리미엄을 효용함수로 설명해보자. 먼저, 확실성등가의 정의에 의해서 $x_c = u^{-1}(E(u(W))$가 된다. 또한 $u(W_0) = u(W_0)$에서 $W_0 = u^{-1}\big(u(W_0)\big)$를 구할 수 있고, $E(W) = W_0$이므로, $E(W) = u^{-1}\big(u(W_0)\big)$가 성립한다.[6] 이 두 식을 차감하면, 부의 관점에서 투자로 인한 기대효용의 변화는 다음과 같이 나타난다.

$$E(W) - x_c = u^{-1}\big(u(W_0)\big) - u^{-1}(E(u(W))$$

이 식은 위험한 투자로부터 발생하는 효용의 감소를 부로 환산한 것을 의미하므로, 위험 프리미엄을 의미한다.

[그림 2-3]은 이러한 관계를 그림으로 보여준다. 이 그림에서는 투자로 인해 부의 증감이 기대되지 않는 경우 위험회피적인 투자자의 효용함수와 부의 관계를 나타내고 있다. 즉, 가로축은 불확실한 투자로부터 발생하는 부의 변화를, 그리고 세로축은 효용의 변화를 나타낸다. 이 그림에서는 투자수익과 손실이 각각 0.5의 확률로 x와 $-x$로 실현되는 경우를 나타낸다. 최초의 부를 W_0라고 하면, 투자를 하는 경우의 기대효용은

---

5 식 우변의 $\int u(x)dF(x)$는 투자안으로부터 발생가능한 투자수익으로부터 얻게 되는 효용들을 각각의 발생확률로 곱한 후 합산한 것을 의미하므로, 이는 곧 기대효용을 뜻한다.

6 공정한 투자를 가정했으므로 $E(W) = W_0$이다.

$E\big(u(W)\big) = \frac{1}{2}E\big(u(W_0 + x)\big) + \frac{1}{2}E(u(W_0 - x))$이다. 한편, 투자자가 위험회피적인 경우, 위험한 투자에 참여하는 것을 피하기 위해서 위험프리미엄을 지불하여 불확실성이 사라진(확실한) 투자자의 효용은 $u(x_c) = u(W_0 - \pi)$가 된다. 이 경우, 확실성 등가는 $x_c = W_0 - \pi$가 되므로, 아래와 같이 함수 형태로 나타낼 수 있다.

$$x_c = f(u, W_0, x)$$

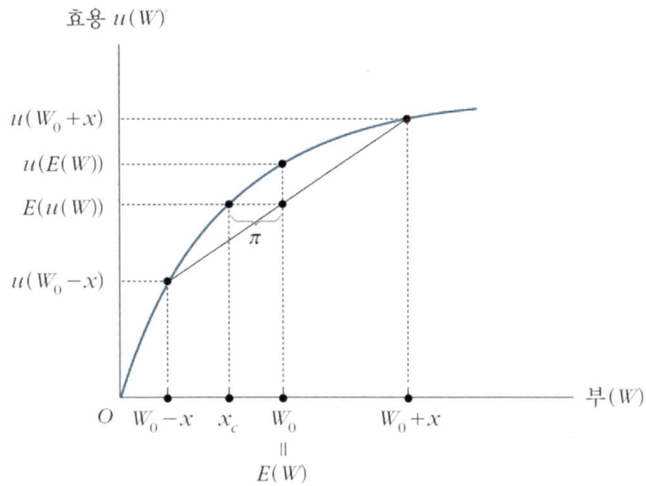

[그림 2-3] 위험회피형 투자자의 위험프리미엄과 확실성등가

이를 좀 더 일반화시켜서, 이 투자로부터 발생하는 기대수익이 0이 아닌 경우에는 (즉, $E(W_0 + x) \neq W_0$) 다음과 같이 쓸 수 있다.

$$\pi^* = E(W_0 + x) - x_c^*$$

이 식은 효용함수의 관점에서는 아래와 같이 쓸 수 있다.

$$E\big(u(W_0 + x)\big) = u(W_0 - \pi^*) = u(x_c^*) \tag{2.7}$$

■ 확실성등가를 이용한 가치평가

자산의 가치를 평가하는 가장 기본적인 방법 중 하나는 자산이 생성하는 미래 현금흐름을 이 현금흐름에 내포된 위험이 반영된 할인율로 할인하는 것이다. 이 때의 할인율은 현금흐름의 위험에 상응하는(요구되는) 위험프리미엄을 무위험수익률에 더한 형태이며, 사전적(*ex-ante*)으로는 **기대수익률(expected return)**과 동일하다. 이런 의미에서 이 할인율을 **위험조정할인율(risk-adjusted rate of return)** 또는 **요구수익률(required rate of return)**이라고 부른다.

반면, 미래의 현금흐름을 확실성등가로 변환하면, 이러한 불확실성이 없는 확실성등가(확실한 현금흐름)에 대한 할인율은 무위험수익률이 되어야 한다. 이와 같이, 현금흐름을 무위험 현금흐름으로 변환시킨 후, 무위험수익률을 할인율로 사용하는 방법을 **위험중립 가치평가(risk-neutral valuation)**라고 부른다.[7]

그런데, 위 두 가지 방법을 사용한 가치평가의 결과는 동일해야 한다. 따라서, 자산의 현재가격(P_0)은 아래와 같이 나타낼 수 있다. 단, 아랫첨자 t는 각 기간을 의미하고, r_{ft}는 무위험수익률, π_t는 위험프리미엄, r_t는 위험조정할인율로서 $r_t = r_{ft} + \pi_t$이다.

$$P_0 = \sum_{t=1}^{T} \frac{Cash\ Flow_t}{(1+r_t)^t} = \sum_{t=1}^{T} \frac{CE_t}{(1+r_{ft})^t}$$

■ 위험회피를 의미하는 표현들

여기까지 살펴본 내용을 요약하면, 다음 세 가지 의미는 동일하다.

- 의사결정자는 위험회피적(risk-averse)이다.
- 효용함수는 오목하다.
- 모든 분포함수에 대해서 $E(W_0 + x) \geq x_c^*$이고, 위험프리미엄은 $\pi^* \geq 0$이다.

2.8.2 절대위험회피와 '부의 증가에 따라 감소하는 절대위험회피' (DARA)

앞에서 우리는 Arrow가 제시한 효용함수의 세 가지 조건 중 불포화만족과 위험회피성향에 관한 조건들을 살펴보았다. 여기서는 **절대위험회피(absolute risk aversion, ARA)**를 정의하고, 효용함수의 세 번째 조건으로 소개했던 **부가 증가할수록 감소하는 절대위험회피(decreasing absolute risk aversion, DARA)**에 대해서 살펴보도록 하자.

Pratt(1964)과 Arrow(1970)에 따르면, 절대위험회피는 현재의 부의 수준에서 계산된다. 앞서 식 (2.7)과 마찬가지로, 투자로부터 발생하는 수익을 x라고 가정하고 그 투자에 대한 위험프리미엄을 π로 표시하면, 아래 식이 성립한다.

$$E(u(W_0 + x)) = u(W_0 - \pi) \tag{2.8}$$

7 위험중립 가치평가는 파생상품 평가에 많이 사용되며, 제14장~제15장에서 자세히 설명한다.

우변에 대해 현재의 부 W_0에서 테일러 전개를 적용하면 아래와 같다.[8]

$$u(W_0 - \pi) = u(W_0) - \pi u'(W_0) + O(\pi^2)$$

단, $O(\pi^2)$는 2차 이상의 항들을 의미하는 것으로, π가 매우 작은 값이므로 $O(\pi^2) = 0$임을 가정한다면,

$$u(W_0 - \pi) = u(W_0) - \pi u'(W_0) \tag{2.9}$$

같은 방법으로 식 (2.8)의 좌변에도 테일러 전개를 2차항까지 적용해 보자. 공정한 투자, 즉, $E(x) = 0$이라 가정하면, $E(x^2) = E(\{x - E(x)\}^2) = Var(x)$가 성립하므로, 아래 식을 얻을 수 있다.

$$\begin{aligned} E(u(W_0 + x)) &= E[u(W_0) + xu'(W_0) + \frac{x^2}{2}u''(W_0)] \\ &= u(W_0) + E(x)u'(W_0) + \frac{E(x^2)}{2}u''(W_0) \\ &= u(W_0) + \frac{Var(x)}{2}u''(W_0) \end{aligned} \tag{2.10}$$

식 (2.9)와 (2.10)을 결합하면, 아래 식을 얻을 수 있다.

$$\pi = \left(-\frac{u''(W_0)}{u'(W_0)}\right)\frac{Var(x)}{2} \tag{2.11}$$

식 (2.11)이 **Arrow-Pratt의 위험프리미엄**이다. 우변의 $Var(x)$는 위험의 크기를 나타내며, 투자대상에 의해서 결정되기 때문에 모든 투자자들에게 동일하다. 한편, 우변의 $-u''(W_0)/u'(W_0)$는 **Arrow-Pratt의 절대위험회피도**(Arrow-Pratt measure of absolute risk aversion, ARA)이다. 이 절대위험회피도는 $u''(W_0)$를 $u'(W_0)$로 나누어 표준화시킨 것으로, 만약 위험회피도가 동일한 경우(즉, $u''(W_0)$가 같은 경우)라도, 불포화만족도가 클수록($u'(W_0)$가 클수록) 절대위험회피도는 작아진다는 것을 의미하고, 그 반대로 만약 불포화만족도가 동일한 경우에는 위험회피도가 클수록($u''(W_0)$가 클수록) 절대위험회피도는 커진다는 것을 의미한다.

▶ Arrow- Pratt의 절대위험회피도

부(W)에 대해서 두 번 미분가능한 효용함수 u가 있을 때, W에서의 Arrow-Pratt의 절대위험회피도는

---

8 이 테일러 전개에서 2차항 이상을 포함하면 π의 다차 함수식이 되어 해를 구하는 것도 쉽지 않고 해석도 복잡해진다.

아래와 같이 정의된다.

$$ARA(W) = -\frac{u''(W)}{u'(W)} \tag{2.12}$$

모든 효용함수는 불포화만족 조건, 즉 $u'(W) > 0$을 충족해야 한다. 따라서, $ARA(W)$의 부호는 $u''(W)$에 의해서 결정된다. 이에 관한 $ARA(W)$의 성질을 아래와 같이 요약할 수 있으며, 이는 식 (2.6)과 동일하고 [그림 2-2]와 일치한다.

- $u(W)$가 선형이면 (위험중립형), $ARA(W) = 0$
- $u(W)$가 오목하면 (위험회피형), $ARA(W) \geq 0$
- $u(W)$가 볼록하면 (위험선호형), $ARA(W) \leq 0$

ARA는 부의 금액 단위로 계산된 위험회피 정도이다. 즉, 앞에서 정의한 W_0, W, x, x_c 그리고 π는 전부 금액단위이므로, ARA도 금액의 크고 작음에 따른 영향을 받는다. 실제 의사결정에서도 부의 수준이나 투자수익금액, 즉 W나 x의 크기가 위험회피 정도에 영향을 미치는 것으로 알려져 있다. 예를 들어, 가장 잘 알려진 특성은 부유한 투자자일수록 특정 금액의 위험투자에 대하여 덜 회피적이라는 것이다.

한편, ARA로부터 효용함수를 알아낼 수도 있다. 좀 더 구체적으로 설명하면, 모든 부의 수준에서의 ARA값을 안다는 것은 효용함수와 그 효용함수의 선형변환을 전부 안다는 것과 동일하다. 이를 증명하기 위해, 식 (2.12)의 양변을 적분한 후 지수를 취하고 다시 적분하면 아래와 같다.[9]

$$\begin{aligned} & -\int ARA(W)dW = \ln(u'(W)) + c_1 \\ \Leftrightarrow\ & exp(-\int ARA(W)dW) = c_2 u'(W) \\ \Leftrightarrow\ & \int exp(-\int ARA(W)dW) = c_2 u(W) + c_3 \end{aligned}$$

여기서 $c_2 = \exp(c_1)$이고, c_i는 임의의 상수이다. 따라서, 모든 W에 대한 $ARA(W)$를 알고 있다면, $ARA(W)$에 대한 적분 과정을 거쳐서 위 식의 마지막 줄에서 구한 효용함수 또는 그 효용함수의 선형변환을 알아낼 수 있다.

---

9 임의의 로그함수 $y = \ln\{f(x)\}$를 미분하면, $y' = f'(x)/f(x)$이다. 따라서, 식 (2.12)의 우변을 W에 대해서 부정적분하면, $\ln(u'(W)) + c_1$가 된다. (단, c_1은 임의의 상수임.)

▶ 부의 증가에 따라 감소하는 절대위험회피도(DARA)

W가 증가함에 따라 $ARA(W)$가 감소한다면, 효용함수 u의 절대위험회피도는 감소한다(decreasing absolute risk aversion, DARA).

이 정의는 어떤 투자에 대하여 부자가 느끼는 효용이 왜 가난한 사람들의 효용과 다른지를 설명해준다. 투자자들은 자신이 가지고 있는 자산 전체를 위험한 투자안에 전부 투자하려고 하지는 않을 것이다. 반면 동일한 위험투자안에 대하여 자신이 보유하고 있는 자산 중 1%만 투자해도 된다면, 투자할 가능성이 훨씬 높을 것이다. 즉, 부가 증가하면 위험이 있는 동일한 투자대상에 대하여 덜 위험회피적이 되고, 따라서 투자할 가능성이 더 높아진다는 것이다.

수식으로 설명하면, 최초의 부가 각각 W_{01}과 W_{02}인 두 투자자가 같은 투자대상을 고려할 때, 이들의 효용함수는 $u_1(x) = u(W_{01} + x)$와 $u_2(x) = u(W_{02} + x)$가 되는데, 이 경우 $W_{01} > W_{02}$라면, DARA에 의해서 모든 x에 대해 $ARA(W_{01} + x) \le ARA(W_{02} + x)$가 되어야 한다는 것을 의미한다.

$ARA(W)$가 W의 감소함수인지 여부는 $\frac{\partial ARA(W)}{\partial W} < 0$ 여부로 판단할 수 있다. 식 (2.12)에서 정의한 $ARA(W)$를 W에 대해 미분한 결과는 $\frac{\partial ARA(W)}{\partial W} = -u'''(u')^{-1} + (u'')^2(u')^{-2} < 0$가 되어야 한다. 그렇다면, 이 식이 성립하기 위한 조건을 생각해 보자. 어떤 효용함수가 불포화만족조건과 위험회피성향을 만족시킨다면 $u' > 0$와 $u'' < 0$가 되므로, 이 효용함수가 DARA를 만족시키기 위해서는 $u''' > 0$가 되어야 한다. 이는 필요충분조건은 아니며, DARA를 위한 최소한의 필요조건이다.

■ 절대위험회피도의 불변성

ARA는 $u''(W_0)$를 $u'(W_0)$로 나눔으로써 표준화시킨 것으로, 효용함수를 양의 선형변환시키더라도 ARA는 변하지 않는다는 특성을 갖는다. 이를 쉽게 이해하기 위해 선형관계인 두 효용함수 $u_1(W)$와 $u_2(W)$를 생각해 보자.

$$u_1(W) = a + bu_2(W)$$

위 식의 양 변을 1차 미분 및 2차 미분한 결과는 아래와 같다.

$$u_1(W)' = bu_2(W)'$$
$$u_1(W)'' = bu_2(W)''$$

따라서, 다음과 같이 이 두 효용함수의 $ARA(W)$는 동일하다.

$$ARA(W) = -\frac{u_1''(W)}{u_1'(W)} = -\frac{bu_2''(W)}{bu_2'(W)} = -\frac{u_2''(W)}{u_2'(W)}$$

2.8.3 상대위험회피와 '부의 증감에 대해 변하지 않는 상대위험회피'(CRRA)

절대위험회피에서는 현재의 부에 가감되는 투자수익금액이 불확실하다고 보고 분석하였다. 즉, 투자한 후의 부를 $W = W_0 + x$로 나타내었고, W, W_0 및 x는 화폐단위로 표시되었다. 이러한 분석 방법은 몇 가지 기술적인 문제를 유발한다. 예를 들면, W가 0보다 크려면 $x > -W_0$라는 조건을 추가해야 하므로, x는 W_0와 독립적일 수 없다.

이 문제를 해결하기 위한 방법으로는, x와 π를 현재 부에 대한 비율로 사용하는 것이다. 이 때, 투자손실은 -100%를 넘을 수 없다고 가정하면 $1 + x$가 양수가 되며, 투자한 후의 부는 아래처럼 곱하는 형태로 나타난다.

$$W = W_0(1 + x) \tag{2.13}$$

부를 위 식처럼 나타낸다면, 위험프리미엄도 수익률 개념으로 아래처럼 정의할 수 있다.

$$E(u(W_0(1 + x))) = u(W_0(1 - \pi)) \tag{2.14}$$

앞서 식 (2.8)과 (2.10)에서 설명한 방법과 동일하게, W_0에서 테일러 전개를 적용하면 다음과 같은 결과를 얻을 수 있다.

$$E(u(W_0(1 + x))) = u(W_0) + \frac{u''(W_0)}{2} Var(x) W_0^2$$
$$u(W_0(1 - \pi)) = u(W_0) - W_0 \pi u'(W_0)$$

따라서, 위 두 식으로부터 구한 위험프리미엄은 다음과 같다.

$$\pi = \frac{Var(x)}{2}\left(-W_0 \frac{u''(W_0)}{u'(W_0)}\right)$$

이와 같이, 위험프리미엄을 구성하는 위험회피성향을 부에 대한 비율로 나타낼 수 있는데, 이것을 Arrow-Pratt의 **상대위험회피도(Arrow-Pratt measure of relative risk-aversion, RRA)**라 부른다.

▶ Arrow-Pratt의 상대위험회피도

부(W)에 대해서 두 번 미분가능한 효용함수 u가 있을 때, W에서의 Arrow-Pratt의 상대위험회피도는 다음과 같다.

$$RRA(W) = -W\frac{u''(W)}{u'(W)} = -W \cdot ARA(W) \tag{2.15}$$

RRA의 특성은 ARA와 유사하다. 그러나, RRA가 증가 또는 감소하는 경우를 직관적으로 이해하기는 어렵다. 다만, RRA가 일정한 경우는 상대적으로 이해하기 쉽다. 부의 수준이 달라지더라도 위험자산에 대한 투자 비율이 변하지 않는다면, 그 효용함수는 일정한 상대위험회피도를 가지게 된다.

▶ 부의 증감에도 변하지 않는 상대위험회피도(CRRA)

W가 증가함에 따라 $RRA(W)$가 변하지 않는다면, 효용함수 u의 상대위험회피도는 일정하다(constant relative risk aversion, CRRA).

CRRA효용함수의 예로서, 재무경제학에서 자주 사용되는 $u(W) = \frac{W^{1-\gamma}}{1-\gamma}$ $(\gamma \neq 1)$인 멱효용함수(power utility function)를 살펴보자.[10] W가 증가할수록 $ARA = \gamma W^{-1}$은 감소하므로, 감소하는 절대위험회피(DARA)의 조건이 충족된다. 또한, $RRA = \gamma$가 되므로, W의 변화와는 관계없이 RRA가 고정되어 있기 때문에 CRRA를 충족한다.

CRRA는 투자자들의 투자행위를 설명하기 위하여 가장 많이 사용되는 효용함수이다. 왜냐하면, 모든 투자자의 효용함수가 CRRA인 경우, 개별 투자자의 부의 수준에 관계없이 모든 투자자는 위험에 대한 태도가 동일하다고 가정할 수 있기 때문이다. 이 가정이 성립하는 이유는 위험프리미엄(π)은 위험회피도(RRA)와 위험의 크기($\frac{Var(x)}{2}$)의 함수이기 때문에, 모든 투자자에게 동일한 크기의 위험이 주어졌다고 한다면, 그들이 기대하는 위험프리미엄은 개별 투자자의 부의 수준과 관계없이 동일하게 된다. 따라서 CRRA를 가정하면, 자산가격을 분석할 때 하나의 대표적인 투자자(a single representative agent)가 존재한다고 가정하는 모형을 만들어서 균형가격을 도출해 낼 수 있다. 이러한 이유로 CRRA는 재무경제학에서 중요한 가정 중의 하나로 여겨진다.

물론 CRRA는 현실을 지나치게 단순화한 것이라고 볼 수 있다. 현실에서는 모든 투자자가 서로 다른 효용함수를 가지고 있고, 불확실성하에서의 투자대안에 대하여 서로 다른 평가를 하게 된다. 이런 점을 고려한 Harsanyi(1955)에 따르면, 만약 개인투자자들과 그 사회 전체가 VNM 공리를 만족하는 선호관계를 가진다면, 그 사회 전체의 선택은 개별 투자자의 기대효용을 적절하게 가중평균한 기대효용에 따라 이루어지게 된다고 한다.

---

10 멱함수(power function)는 거듭제곱의 지수를 고정하고 밑을 변수로 하는 함수로서, 일반적으로 다음과 같은 함수식이다. $f(x) = cx^a$

2.9 위험, 위험회피도와 위험프리미엄

앞에서 우리는 위험프리미엄을 $\pi = \frac{Var(x)}{2}\left(-W\frac{u''(W)}{u'(W)}\right) = \frac{Var(x)}{2}RRA$로 나타낼 수 있음을 살펴보았다. 따라서, Arrow-Pratt의 상대위험회피도(RRA)가 증가하거나 $Var(x)$가 증가할 경우, 위험프리미엄도 증가한다. 이를 보다 상세하게 살펴보자.

첫 번째 경우는 RRA가 주어진 경우, 부의 변동성인 $Var(x)$가 증가함에 따라 위험프리미엄이 증가하는 경우이다. 예를 들어, $Var(x)$가 큰 경우로는 미래의 투자수익률 분포가 $\pm30\%$일 확률이 각각 0.5라고 가정하고, $Var(x)$가 작은 경우로는 미래의 투자수익률 분포가 $\pm15\%$일 확률이 각각 0.5라고 가정하자. 이 두 경우 기대수익률은 동일하게 0이지만 전자의 변동성이 훨씬 크다. 아래 [그림 2-4]에서 보면, 같은 효용함수임에도, 투자수익률이 폭넓게 분포된 경우(즉, 위험이 더 큰 경우) 확실성등가가 작아지고 이에 따라 위험프리미엄이 증가한다. 즉, 아래 그림에서 $\pm15\%$의 수익률에 의해 변화된 부를 W_1^+, W_1^-로 두고, $\pm30\%$ 수익률에 의한 부를 W_2^+, W_2^-로 둔다면, 전자의 경우 기대효용은 W_1^+과 W_1^-에서의 효용을 평균한 $E[u(W_1)]$이 되고, 후자의 기대효용은 같은 방법으로 $E[u(W_2)]$가 된다. 그리고, 각각의 경우에 대해 기대효용과 동일한 효용을 주는 확실한 부인 확실성등가는 CE_1과 CE_2가 되고, 위험 프리미엄은 현재의 부(W_0)와 확실성 등가의 차이이므로 RP_1과 RP_2가 된다.

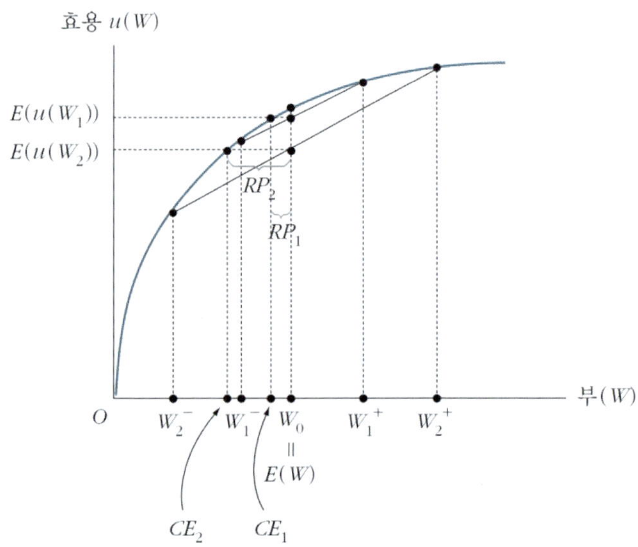

[그림 2-4] 부의 변동성($Var(x)$) 증가가 확실성 등가와 위험프리미엄에 미치는 영향

두 번째 경우는 $Var(x)$가 주어진 경우, 위험회피도가 증가함에 따라 위험프리미엄이 증가하는 경우다. 위 예에서처럼, 효용함수가 $u(W) = \frac{W^{1-\gamma}}{1-\gamma}$ $(\gamma \neq 1)$인 멱함수의 경우를 살펴보자. 위험회피도 γ가 변하면 효용함수가 전반적으로 변하여 비교하기가 곤란하므로, 여기서는 비교목적상 현재 부의 수준에서 서로 다른 위험회피도를 가진 투자자의 효용이 같다고 가정한다. 멱함수의 경우 $RRA = \gamma$이므로 [그림 2-5]에서 나타나듯이 위험회피도γ가 증가할 경우 효용함수의 모양은 u_2처럼 곡도(curvature)가 더 커지게 되며, 이러한 곡도의 증가는 위험프리미엄을 RP_1에서 RP_2로 증가시키고, 확실성 등가는 CE_1에서 CE_2로 감소시킨다.

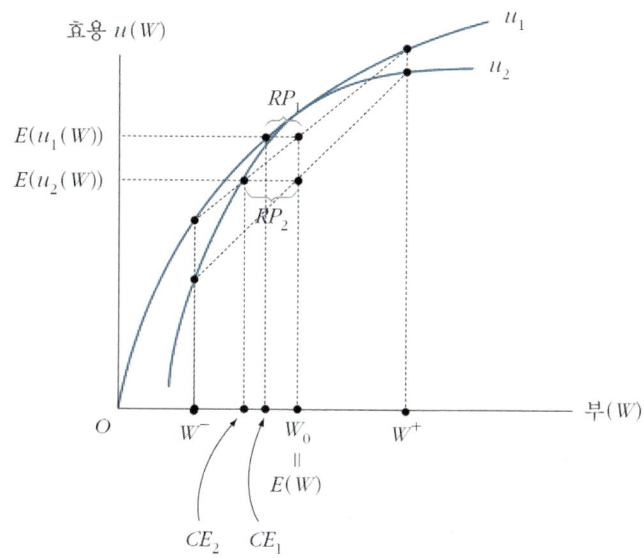

[그림 2-5] RRA의 증가(곡도의 증가)가 확실성 등가와 위험프리미엄에 미치는 영향

마지막으로 주식시장에서의 위험프리미엄을 의미하는 **주식 프리미엄(equity premium)**을 예로 들어 보자. 주식에 투자할 경우 요구되는 위험프리미엄은 어떻게 계산되고, 이는 위험회피도와 구체적으루 어떤 관계가 있을까? 수식시장의 경우 지난 50년간 주가지수의 연간 수익률은 연평균 10%로 추정된다. 따라서, 무위험자산 수익률(단기 정부채 수익률)을 연간 2%로 본다면, 위험을 무릅쓰고 주식에 투자함으로써 얻을 수 있는 초과수익률(위험프리미엄)은 연간 8%가 된다. 한편, 주가지수의 연간 수익률의 표준편차는 16%로 추정된다. 이 경우 투자자의 효용함수가 멱함수라면 개별 투자자의 부의 수준과 관계없이 상대위험회피도는 항상 일정한 $RRA(W) = \gamma$가 되므로, 위험프리미엄에 관한 식으로부터 투자자의 위험회피도를 $\gamma = 6.25$로 추정할 수 있다.

$$\pi = \frac{Var(x)}{2} RRA(W) \ \rightarrow \ 0.08 = \frac{(0.16)^2}{2}\gamma$$

2.10 위험자산에 대한 수요*

이제 투자자의 포트폴리오 선택 문제를 기대효용과 관련지어 생각해 보자. 한 개의 무위험자산과 N개의 위험자산이 있다고 하자. 무위험자산의 수익률은 r_f, 위험자산 $i(i=1, 2, ..., N)$의 수익률과 투자금액은 각각 r_i, a_i라고 하자. 만약, 초기의 부를 W_0라고 하면, 무위험자산에 투자한 금액은 $W_0 - \sum_{i=1}^{N} a_i$가 된다. 그러면, 기말의 부 W는 다음과 같다.

$$\begin{aligned} W &= (W_0 - \textstyle\sum_{i=1}^{N} a_i)(1 + r_f) + \sum_{i=1}^{N} a_i(1 + r_i) \\ &= W_0(1 + r_f) + \textstyle\sum_{i=1}^{N} a_i(r_i - r_f) \end{aligned} \tag{2.16}$$

투자자의 효용함수를 u라고 하면, 각 위험자산에 대한 최적투자금액은 아래의 최적화 문제의 해인 기대효용을 극대화시키는 a_i가 된다.

$$\max_{a_i} E\left(u\left(W_0(1 + r_f) + \textstyle\sum_{i=1}^{N} a_i(r_i - r_f)\right)\right)$$

위험자산이 하나인 경우를 생각해 보면 $(N = 1)$, a_1에 대한 극대화 1계 및 2계 조건은 다음과 같다.

$$\frac{\partial E(u(.))}{\partial a_1} = E\left(u'\left(W_0(1 + r_f) + a_1(r_1 - r_f)\right)(r_1 - r_f)\right) = 0$$

$$\frac{\partial^2 E(u(.))}{(\partial a_1)^2} = E\left(u''\left(W_0(1 + r_f) + a_1(r_1 - r_f)\right)(r_1 - r_f)^2\right) < 0$$

그런데, 위험자산에 대한 투자가 없는 경우에는 $a_1 = 0$이므로, 이 경우 위 1계 및 2계 조건의 부호는 다음과 같아서, 극대화 1계 조건이 충족되지 않는다.

$$\frac{\partial E(u(.))}{\partial a_1}\Big|_{a_1=0} = u'\left(W_0(1 + r_f)\right)E\left(r_1 - r_f\right) > 0$$

$$\frac{\partial^2 E(u(.))}{(\partial a_1)^2}\Big|_{a_1=0} = u''\left(W_0(1 + r_f)\right)E\left((r_1 - r_f)^2\right) < 0$$

극대화 1계조건이 0이 되지 못하고 0보다 큰 이유를 생각해 보자. 먼저, 위험회피적인 효용함수의 오목성으로 인해 $u''\left(W_0(1 + r_f)\right) < 0$이므로, 위험자산에 대한 투자가 없는 경우에는 2계 조건은 만족한다. 그러나, 1계 조건의 경우, 불포화만족 조건에 의해 $u'(W_0(1 +$

$r_f)) > 0$이고, 위험자산의 기대수익률은 무위험자산보다 크므로 $E(r_1 - r_f) > 0$이 되어서, 1계 조건을 만족시키지는 못한다. 그러므로, $a_1 = 0$인 경우는 기대효용 극대화를 위해 취할 수 있는 선택이 아니며, 우리는 위험자산에 투자함으로써 효용을 증가시킬 수 있다. 이것이 포트폴리오를 만들 때 위험자산들이 필요한 근본적인 이유이다. 따라서, 위험자산에 대한 수요에 관하여 다음과 같이 정리할 수 있다.

▶ 위험자산에 대한 수요

위험자산의 기대수익률이 무위험수익률보다 높을 때, 위험회피적인 투자자는 위험자산에 투자함으로써 기대효용을 증가시킬 수 있다.

■ 부의 변화가 위험자산에 대한 수요에 미치는 영향

이제 W_0의 변화가 a_i에 미치는 영향을 생각해 보자. 이에 관하여, Arrow(1970)는 두 가지 유명한 정리를 제시하였다.[11]

정리 1 $N = 1$인 경우, 효용함수 u가 DARA, 즉, $\frac{\partial ARA(W)}{\partial W} < 0$이면, $\frac{\partial a_1}{\partial W_0} > 0$이 된다. 유사하게, $\frac{\partial ARA(W)}{\partial W} > 0$이면 $\frac{\partial a_1}{\partial W_0} < 0$가 되고, $\frac{\partial ARA(W)}{\partial W} = 0$이면 $\frac{\partial a_1}{\partial W_0} = 0$이 된다.

정리 2 만약, $\frac{\partial RRA(W)}{\partial W} > 0$이면, 위험자산의 수요에 대한 부의 탄력성(wealth elasticity of demand for the risky asset)(η)이 1보다 작다. 반대로, $\frac{\partial RRA(W)}{\partial W} < 0$이면, η >1이 되고, $\frac{\partial RRA(W)}{\partial W} = 0$이면 η=1이 된다.

Arrow의 첫 번째 정리는 예컨대 효용함수가 DARA이면, 투자가능한 부(W_0)가 증가할수록 위험자산에 대한 수요가 커진다는 것을 의미한다. 반면, 부가 증가할수록 절대위험회피도가 증가하는 효용함수의 경우, 투자가능한 부가 증가할수록 위험자산에 대한 수요가 감소하게 되므로, 이 경우는 현실과는 맞지 않다.

Arrow의 두 번째 정리는 $RRA(W)$가 변할 때 위험자산에 대한 수요가 어떻게 변하는지에 관한 내용이다. 부가 증가할수록 상대위험회피도가 증가한다면, 위험자산에 대한 투자비중은 줄어들 것이다. 반대로 부가 증가할수록 상대위험회피도가 감소한다면, 위험자산에 대한 투자비중은 늘어날 것이다. 마지막으로 상대위험회피도가 부의 증감에 관계없이 일정하다면(CRRA), 위험자산에 대한 투자비중은 부의 증감과는 관계없이 일정하다.

---

11 이에 대한 증명은 Huang과 Litzenberger(1988)를 참조하기 바란다.

2.11 효용함수의 선택*

Von Neumann Morgenstern 기대효용이나 Arrow(1971)가 제시한 효용함수의 세 가지 조건은 구체적으로 어떤 형태의 Bernoulli 효용함수를 사용하여야 하는지를 제시하지는 못한다. 여기서는 재무경제학에서 가장 많이 사용되고 있는 HARA(hyperbolic absolute risk aversion)에 속하는 효용함수에 대하여 살펴보도록 하자.

먼저, HARA에 속하는 효용함수를 정의해 보자. HARA에 속하는 효용함수는 **절대위험수용성**(absolute risk tolerance)이 부(W)와 선형관계인 함수로 정의된다. 위험수용성이란 위험을 감내하려는 수준이다. 절대위험수용성이 W와 선형관계라는 것은 위험을 감내하려는 정도가 부에 비례하여 증가한다는 것을 의미한다. 따라서 HARA 효용함수는 부의 증가에 따라 위험회피도가 감소하는 절대위험회피도(DARA)와 같은 의미로 볼 수 있다. DARA가 성립한다면, 절대위험수용성은 부가 증가할수록 증가하여야 한다.

효용함수의 절대위험수용성(absolute risk tolerance)을 다음과 같이 절대위험회피도(ARA)의 역수로 정의하여, $RT(W)$로 하여금 부의 증가에 따라 위험을 수용(감내)할 수 있는 정도도 증가하도록 만들어 보자.

$$\begin{aligned} RT(W) &= \frac{1}{ARA(W)} \\ &= -\frac{u'(W)}{u''(W)} \end{aligned}$$

또한 절대위험수용성은 W에 대한 선형관계인 함수이므로, 다음과 같이 $RT(W)$를 나타내보자.

$$RT(W) = \alpha + \beta W \tag{2.17}$$

이 선형관계로 인해 절대위험수용성을 **선형절대위험수용성**(linear absolute risk tolerance)이라고도 부른다. 만약, $\beta > 0$이면, W가 커질수록 위험수용성은 증가하고, $\beta < 0$이면 W가 커질수록 위험수용성은 감소하며, $\beta = 0$이면 위험수용성은 W에 독립적이다.

이제 $RT(W)$를 u에 대해서 풀어서 HARA 효용함수를 유도해 보자. 이 $RT(W)$는 절대위험회피의 역수이므로 이를 위 식에 대입하면,

$$-u'(W) = (\alpha + \beta W)u''(W)$$

이 식은 W에 대한 미분방정식이다. 이 방정식을 풀면, 다음과 같은 해를 구할 수 있다.

$$u(W) = \tfrac{1-c}{c}(\alpha + \beta W)^c \tag{2.18}$$

이 해를 원래의 미분방정식에 대입하면,

$$-(1-c)\beta(\alpha+\beta W)^{c-1}=(c-1)^2\beta^2(\alpha+\beta W)^{c-1}$$

이를 정리하면 아래 식을 얻을 수 있다.

$$c-1=-\frac{1}{\beta}$$

이 식을 식 (2.18)의 효용함수에 대입하면, 결과적으로 절대위험수용성을 만족하는 효용함수의 형태는 아래와 같은 **멱효용함수**로 나타나게 된다.

$$u(W)=\frac{1}{\beta-1}(\alpha+\beta W)^{\frac{\beta-1}{\beta}},\quad \beta\neq 0,\ \beta\neq 1 \tag{2.19}$$

단, $\beta=-1$이면 **2차효용함수**(quadratic utility function)가 되는데, 이 경우 부가 증가할수록 위험수용성이 감소하게 되므로 이 함수는 적절치 않다.

위 효용함수는 HARA로 불리는 효용함수 유형이며, $\lim\beta\to 0$나 $\lim\beta\to 1$인 경우 지수효용함수나 로그효용함수가 된다. 즉, $\lim\beta\to 0$이라면 효용함수는 아래와 같이 **지수효용함수**가 된다(단, α는 상수).

$$u(W)=-\alpha\exp\left(-\frac{W}{\alpha}\right) \tag{2.20}$$

또한 만약 $\lim\beta\to 1$이라면 효용함수는 아래와 같이 **로그효용함수**가 된다.

$$u(W)=\log(\alpha+W) \tag{2.21}$$

따라서 HARA유형의 효용함수는 식 (2.19)에서 (2.21)까지 세 가지 효용함수(멱효용, 지수효용, 로그효용) 모두를 포함하게 되는데, 이 식들은 (2.17)처럼 선형의 위험수용성에 의해 정의된다.

2.12 결론

이 장에서는 불확실성하에서 투자의사결정이 어떻게 이루어지는지를 살펴보았다. 사람들은 기대부를 극대화하는 의사결정을 하는게 아니라 기대효용을 극대화하는 의사결정을 한다. 이러한 내용을 간단한 공리를 사용하여 의사결정기준으로 제시한 von Neumann-Morgenstern의 기대효용이론은 현대 재무경제학에서 의사결정기준이 되고 있다. VNM의 기대효용이론은 투자자들이 기대효용을 극대화시키는 경우 수익률뿐만 아니라 위험도 동시에 고려해야 하는 이론적 근거를 제시하고 있다.

또한 위험을 회피하려는 성향이 있는 투자자를 유인하기 위해서는 위험프리미엄이 제공되어야 하고, 위험프리미엄은 위험(분산) 혹은 위험회피도가 상승할 경우 증가함을 보여주었다. 이러한 결과는 설사 동일한 위험이라 해도 투자자들의 위험회피도가 서로 다르다면, 동일한 자산에 대하여 서로 상이한 가격이 존재함을 의미하고, 따라서 균형가격이 존재하지 않을 수도 있음을 의미한다. 이에 대한 이론적인 대안은 투자자들이 일정한 상대위험회피도(constant relative risk aversion)를 나타내는 효용함수를 가진다고 가정하는 것이다. 그 결과, 투자자가 자신의 부의 일정부분을 투자하는 경우 투자자들의 위험회피도는 부의 수준과는 상관없이 동일하므로, 모든 투자자는 하나의 자산에 대해 동일한 위험프리미엄을 요구하게 된다.

연/습/문/제

1. 아래의 효용함수들이 불포화만족, 위험회피성향, DARA, CRRA 조건을 만족하는가?
   - $u(W) = a + bW - cW^2$
   - $u(W) = -exp(-cW)$ $(c > 0)$
   - $u(W) = \ln(W)$
   - $u(W) = \frac{W^{1-\gamma}}{1-\gamma}$ ($\gamma \neq 0$ 그리고 $\gamma < 1$)
   - $u(W) = \frac{1-\gamma}{\gamma}\left(\frac{pW}{1-\gamma} + q\right)^{\gamma}$ ($q > 0, \gamma \neq 1$ 그리고 $\frac{pW}{1-\gamma} + q > 0$)

2. 효용함수가 $u_A(W) = \frac{W^{1-\gamma_A}}{1-\gamma_A}$와 $u_B(W) = \frac{W^{1-\gamma_B}}{1-\gamma_B}$인 투자자 A와 B가 있고, 이들의 상대위험회피도(RRA)는 $\gamma_A > \gamma_B$라고 하자. 같은 위험자산(수익률의 분산이 영이 아닌 자산)에 대한 위험프리미엄을 비교하라. 어느 투자자가 상대적으로 이 위험자산을 더 선호하는가?

3. 모든 상황이 동일하다면, 빈부의 격차가 심한 경제와 빈부격차가 없는 경제 간의 위험자산에 대한 수요에는 차이가 있는가?

4. 현재 100을 투자하면, 1년 후 50%의 확률로 110 또는 120을 받을 수 있는 겜블이 있다. 투자자의 효용함수가 $u = \sqrt{W}$라면, 이 겜블의 확실성등가(CE)와 위험프리미엄(RP)은 얼마인가?

5. 투자자들의 효용함수는 $u(W) = \sqrt{W}$로 동일하다. 현재 5백만원을 투자하면, 1년 후 수익은 각 50%의 확률로 9백만원 또는 4백만원이 되는 투자안이 있다. 무위험수익률이 10%라면, 이 투자안의 위험조정할인율은 얼마인가?

6. 공정한 동전(fair coin)을 던져서 앞면이 나오면 200을 얻고, 뒷면이 나오면 300을 잃는 겜블이 있다. 그리고, 현재 부는 1,000이고 효용함수는 $u(W) = \sqrt{W}$인 투자자가 있다.

① 투자자가 이 겜블에 참여할 경우, 위험 프리미엄과 겜블의 비용(겜블 참여로 인한 손실)을 구하시오.

② 뒷면이 나왔을 때 200을 지급하는 보험이 있다면, A가 이 보험의 가입을 위해 지불 가능한 최대보험료를 구하시오.

7. 투자로 인한 기대부가 최초부보다 큰 경우, 즉 $E(W) > W_0$인 경우에도 $u''(W_0) < 0$, $u''(W_0) > 0$, 그리고 $u''(W_0) = 0$가 각각 위험회피, 위험선호, 위험중립을 나타내는가?

8. 투자자 K는 아래 표에 정리된 4개의 투자안을 고려하고 있다. K의 효용함수는 $U = E(r) - \frac{\lambda}{2}\sigma^2$이고, λ는 0.04이다. K는 어떤 투자안을 선택하는가?

투자안	기대수익률($E(r)$)	수익률의 표준편차(σ)
1	0.12	0.3
2	0.15	0.3
3	0.21	0.16
4	0.24	0.21

9. 효용함수 $u: [a, b] \subset \mathbb{R} \rightarrow \mathbb{R}$가 오목한(concave) 형태라고 말할 수 있는 경우를 모두 고르시오.

1) 모든 $x_1, x_2 \in [a, b]$과 $\lambda \in [0,1]$에 대해, $\lambda u(x_1) + (1-\lambda)u(x_2) \leq u(\lambda x_1 + (1-\lambda)x_2)$인 경우

2) 모든 $x_1, x_2 \in [a, b]$과 $\lambda \in [0,1]$에 대해, $\lambda u(x_1) + (1-\lambda)u(x_2) \geq u(\lambda x_1 + (1-\lambda)x_2)$인 경우

3) 모든 $x_1, x_2 \in [a, b]$과 $\lambda \in [0,1]$에 대해, $\lambda u(x_1) + (1-\lambda)u(x_2) = u(\lambda x_1 + (1-\lambda)x_2)$인 경우

4) $u'' \leq 0$인 경우

5) $u'' \geq 0$인 경우

10. Allais' Paradox가 의미하는 바를 모두 고르시오.

1) 기대효용이론을 적용하는 것은 합리적이지 않다.

2) 기대효용이론은 사람들의 실제 행동을 충분히 설명하지는 못한다.

3) 사람들의 행동은 독립성 공리에 위배되는 경향이 있다.

Chapter 03

확률지배이론*
(Stochastic Dominance Theory)

앞서 우리는 불확실성하에서 투자자가 기대가치(기대수익)를 극대화하는 것이 아니라 기대효용을 극대화시키는 의사결정을 한다는 것을 살펴보았다. 하지만 구체적으로 어떤 효용함수를 선택하여야 하는지, 또 그 효용함수의 매개변수(위험회피도)는 어떻게 결정되는지에 대해 일치된 의견은 없다. Arrow가 효용함수의 세 가지 조건, 즉, 1) 불포화 만족, 2) 위험회피, 3) 감소하는 절대위험회피(absolute risk aversion, ARA)를 제시하기는 하였지만, 이들 조건을 활용하여 특정 투자대안에 대한 의사결정을 하기는 힘들다.

한편, 평균-분산 분석에 기초를 두고 있는 전통적인 포트폴리오 이론에서는 투자자는 수익률의 평균과 분산에 의해서 투자의사결정을 하며, 그 이론적인 근거로 투자자의 효용함수가 2차함수이거나 혹은 수익률분포가 정규분포나 *t*분포처럼 결합 구면 대칭적(jointly spherically symmetric)임을 가정한다. 그러나, 이 가정은 이론적으로 그리고 실증적으로 여러가지 문제를 안고 있다. 예를 들면, 2차효용함수는 부가 커질수록 절대위험회피가 증가하는 현상을 보이며, 수익률 분포도 실제로는 비대칭적이라는 점이다.[1]

확률지배이론(stochastic dominance theory)은 이러한 한계점들을 극복하기 위한 수단으로 발전되어 왔다. 확률지배이론은 구체적인 효용함수의 형태를 몰라도 수익률의 분포만 알 수 있다면 투자자로 하여금 위험자산을 선택할 수 있도록 해준다는 점에서 유용하다. 그러나, 비록 확률지배이론이 개별 투자자가 불확실성하에서 어떤 선택을 해야 하는지를 설명해

1 제2장에서 투자자의 부가 증가할수록 절대위험회피가 증가하는 효용함수는 적절하지 않다는 것을 살펴본 바가 있다. 보다 자세한 논의는 Jagannathan 과 McGrattan(1995)을 참고하기 바란다.

주기는 하지만, 투자자의 효용함수를 구체적으로 알지 못하기 때문에 위험자산의 가격을 평가하거나 최적포트폴리오를 구성하는 데는 한계가 있다.

본 장에서는 확률지배이론을 자세히 살펴볼 것이다. 또한 특정한 목표수익률에 미달하는 분포만을 고려하여 위험을 측정하는 하부편적률(lower partial moment)과는 어떠한 관계가 있는지 살펴보고자 한다.

3.1 확률지배이론의 개념*

확률지배이론의 개념은 의사결정이론, 통계학 등에서 오래전부터 사용되어 왔으며, 재무경제학에서는 60년대 말부터 본격적으로 논의되기 시작했다.[2] 확률지배이론에서는 어떤 효용함수가 필요한지 또는 더 구체적으로 위험회피계수가 어떻게 되는지에 관계없이, 수익률만 중시하거나 위험만 회피하려는 행동과 같은 투자자의 선호에 부합하려면 어떤 자산이 선택되어야 하는지를 알려준다.

■ 수익률의 확률분포와 자산의 선호관계

확률지배이론에 따르면 투자자의 선호대상 자산은 수익률의 확률분포에 따라 달라진다는 것이다. 예를 들어, 위험회피형 투자자라면, 기대수익률이 동일한 경우에는 분산이 더 낮은 자산을 선택하게 된다. 이와 같이 이 이론은 효용함수에 대한 구체적인 지식이 없더라도 확률분포를 사용하여 투자의사결정을 가능하게 한다.

[그림 3-1]을 보면서 확률지배이론을 개념적으로 살펴보자. 시간의 경과에 따라 가격이 변하는 두 자산 A와 B가 있을 때, t 시점에서의 가격이 $P_t^A = P_t^B$로 동일한 두 자산 중 어떤 자산에 투자할 것인지를 결정해 보자. 그림과 같이 $t+1$ 시점에서 가격의 분포는 자산 A가 B보다 평균과 분산이 모두 더 큰 대칭적인 분포라고 하면, 투자자는 불포화만족 관점에서는 A를 선호하지만 위험회피 관점에서는 B를 더 선호할 것이므로, 이 두 가지 관점을 종합하여 자산 간의 선호를 결정할 것이다. 이는 결국 자산 간의 선호는 확률분포에 대한 비교를 통해서 결정된다는 것을 의미한다.

확률지배이론은 보다 광범위한 투자자들에게 특정 위험자산이 다른 위험자산에 비해 선호될 수 있는 상황을 설명한다. 여기서 광범위하다고 하는 이유는 효용함수의 형태를 구체적으로 적시할 필요가 없으므로, 보다 포괄적인 의미에서 다양한 효용을 함께 묶어서 다룰

---

2 Levy(1992) 참조.

수 있기 때문이다. 그러나 확률지배이론은 모든 위험자산에 대하여 투자자들의 선호관계를 분명하게 보여주지는 못하고, 비교 대상인 위험자산들에 대해서만 선호관계를 보여주므로, 부분적인 해결책을 제시한다는 한계를 가지고 있다.

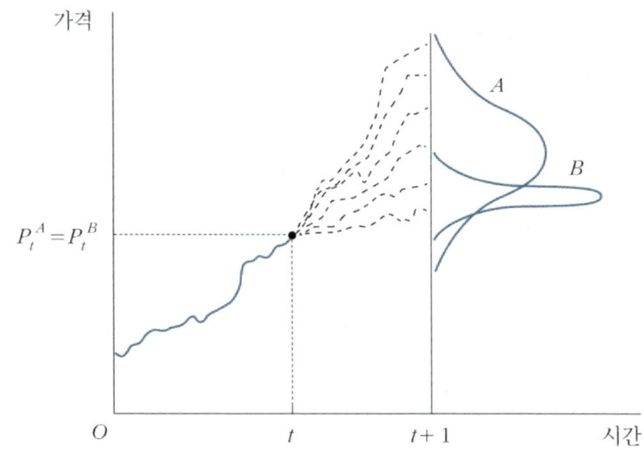

[그림 3-1] 자산 간의 확률분포와 선호관계

■ 적률을 이용한 기대효용의 비교

적률(moment)은 확률분포의 특징(평균, 분산, 왜도, 첨도 등)을 나타내기 때문에, 적률을 이용하면 해당 적률이 나타내는 확률분포의 특징을 비교할 수 있다. 예를 들어, 최초 부가 W_0인 투자자가 자산 F에 투자할 경우 x^F만큼의 투자수익이 발생한다고 가정하자. 편의상 $W_0 = 1$을 가정하면, 투자자의 부는 $W = 1 + x^F$가 된다. 여기서 x^F의 n번째 적률을 μ_n^F라고 표시하자.[3] 그러면, 첫 번째부터 세 번째까지의 적률을 $\mu_1^F = E(x^F)$, $\mu_2^F = E(x^F - \mu_1^F)^2$ 그리고 $\mu_3^F = E[(x^F - \mu_1^F)^3]$으로 나타낼 수 있으며, 이들은 각각 평균, 분산, 그리고 왜도로 불린다. 일반적으로 n번째 적률은 $\mu_n^F = E[(x^F - \mu_1^F)^n]$로 나타낼 수 있다.

이제 기대효용을 비교하는데 적률이 어떻게 사용되는지 살펴보자. 효용함수가 알려져 있지 않은 경우, 앞 장에서 설명한 방법과 동일하게 최초의 부 $W_0 = 1$에서 테일러 전개를 적용하면, 아래와 같이 자산 F에 투자할 경우의 기대효용을 구할 수 있다.

$$E\big(u(1 + x^F)\big) = u(1) + \frac{u'(1)}{1}\mu_1^F + \frac{u''(1)}{2}\mu_2^F + \frac{u'''(1)}{3!}\mu_3^F + \cdots$$

---

3 'n번째 적률'(또는 n차 적률)은 개념적으로는 (확률변수−평균)을 n제곱한 것으로, 확률분포의 특징(모양)을 나타낸다.

같은 방법으로 자산 G에 투자할 경우 투자자의 기대효용은 다음과 같다.

$$E\big(u(1+x^G)\big) = u(1) + \frac{u'(1)}{1}\mu_1^G + \frac{u''(1)}{2}\mu_2^G + \frac{u'''(1)}{3!}\mu_3^G + \cdots$$

여기서 두 자산을 비교한다는 것은 두 자산으로부터 기대되는 효용을 비교하는 것이 된다. 즉, $E\big(u(1+x_F)\big) > E\big(u(1+x_G)\big)$라면 자산 F가 자산 G보다 선호된다. 그런데 이 기대효용은 위의 테일러 전개에서 보듯이 효용함수의 도함수와 적률에 의해 결정된다.

만약 투자자가 불포화만족 조건 만을 고려하는 효용함수를 가지고 있다면, 이 투자자의 의사결정은 오로지 기대부가 큰 투자안에 투자하는 것이므로, 위 식에서 $n \geq 2$ 인 $u^{(n)}(1)$들(즉, 2차 이상 미분된 함수들)은 고려할 필요가 없다. 따라서 이러한 투자자의 경우에는 두 투자안의 기대효용의 차이는 $E\big(u(1+x_F)\big) - E\big(u(1+x_G)\big) = u'(1)(\mu_1^F - \mu_1^G)$가 된다. 그리고, 여기서 불포화만족 조건을 만족시키는 효용함수의 경우에는 $u'(1) > 0$이기 때문에, $\mu_1^F > \mu_1^G$가 된다면 이 투자자는 자산 F를 G보다 선호하게 되고, 반대로 $\mu_1^F < \mu_1^G$이면 G를 F보다 선호하게 된다.

그런데, 만약 이 투자자의 효용함수가 불포화만족 조건을 충족시키고 또한 위험회피적이라면 2차 적률까지 비교해야 하므로, 기대효용의 차이는 $E\big(u(1+x_F)\big) - E\big(u(1+x_G)\big) = u'(1)(\mu_1^F - \mu_1^G) + \frac{u''(1)}{2}(\mu_2^F - \mu_2^G)$가 된다. 그리고, 불포화만족과 위험회피 조건을 충족하는 경우 $u'(1) > 0$이고 $u''(1) < 0$이기 때문에, 이 경우 자산 간의 선호관계를 결정하기 위해서는 첫 번째와 두 번째 적률인 μ_1과 μ_2를 동시에 고려하여야 한다. 이런 방식으로 투자자의 효용함수가 만족해야 하는 조건이 늘어나면, 점점 더 많은 적률에 대한 정보가 필요하게 되고, 결국에는 두 자산 간의 확률분포의 비교로 이어질 것이다.

3.2 효용함수의 집합

앞의 예에서 우리는 확률지배이론을 이용하면 기대효용을 극대화하려는 투자자가 어떤 위험자산을 더 선호하는지를 알아낼 수 있음을 살펴보았다. 확률지배이론을 더 구체적으로 알아보기 위해서, 먼저 Arrow가 제시한 효용함수의 조건을 기준으로 효용함수들을 다음과 같이 구분해보자.

▶ Arrow의 효용함수 조건에 따른 효용함수들의 집합

불포화만족도를 충족하는 Bernoulli 효용함수들의 집합을 u_1으로 정의한다.

$$u_1 = \left\{ u(W);\ s.t.\ \frac{\partial u(W)}{\partial W} > 0 \right\}$$

유사한 방법으로, 불포화만족도와 위험회피를 충족하는 Bernoulli 효용함수들의 집합을 다음과 같이 u_2로 정의한다.

$$u_2 = \left\{ u(W);\ s.t.\ \frac{\partial u(W)}{\partial W} > 0, \quad \frac{\partial^2 u(W)}{\partial W^2} < 0 \right\}$$

마지막으로 불포화만족도, 위험회피, 그리고 감소하는 절대위험회피(DARA)를 충족하는 Bernoulli 효용함수들의 집합을 다음과 같이 u_3으로 정의한다.

$$u_3 = \left\{ u(W);\ s.t.\ \frac{\partial u(W)}{\partial W} > 0, \quad \frac{\partial^2 u(W)}{\partial W^2} < 0, \quad \frac{\partial^3 u(W)}{\partial W^3} > 0 \right\}$$

이 집합들 간의 포함관계는 $u_1 \supseteq u_2 \supseteq u_3$이며, 같은 방법으로 u_n을 정의할 수 있다.

예를 들면, 2차효용함수의 경우에는 매개변수를 적절히 선택한다면 u_2에 속하겠지만, 부의 증가에 따라 ARA가 증가하기 때문에 u_3에 속할 수는 없다. 반면 효용함수가 멱함수인 경우 u_3에 속하게 된다.

3.3 효용함수와 확률지배

확률지배이론은 효용함수에서 고려하고 있는 조건(불포화만족, 위험회피, DARA 등)을 기준으로 자산에 대한 선호를 결정한다. 앞서 Arrow의 효용함수 조건에 따라 이러한 조건을 만족하는 효용함수들의 집합을 u_1, u_2, u_3로 정의하였다.

구체적으로 확률지배이론을 살펴보자. u_1에 속하는 효용함수를 가지고 있는 투자자가 어떤 위험자산을 다른 위험자산보다 더 선호한다면, 우리는 그 첫 번째 자산이 두번째 자산을 **1차확률지배**(first-order stochastic dominance, FSD)한다고 말한다. 여기서 효용함수의 집합 u_1은 불포회민족조건만 충속하는 함수들을 포함하고 있으므로, 투자자가 위험회피적인지 혹은 부가 증가함에 따라 절대위험회피가 감소하는지는 고려하지 않는다. 다시 말해서, '단지 부가 클수록 더 높은 효용을 느끼는 투자자들이라면 어떤 자산을 선택하게 되는지'에 대한 기준을 제시할 뿐이다. 마찬가지로 **단조2차확률지배**(monotone second-order stochastic dominance, MSSD)는 불포화만족도과 위험회피라는 두가지 조건을 만족하는 효용함수 u_2를 가진 투자자의 위험자산에 대한 선택기준을 제시해 준다. 마지막으로, **단조3차확률지배**(monotone third-order stochastic dominance, MTSD)는 불포화만족도, 위험회피, 그리고 감소하는 절대위험회피 이 세 가지 조건을 만족하는 효용함수 u_3를 가진 투자자의 위험자산 선택기준을 제공한다. 또한 우리는 투자자의 효용함수가 위험회피조건만을 만족할 때 위험자산에 대한 선택기준인 **2차확률지배**(second-order stochastic dominance, SSD)와 DARA조건만 만족할 때의 선택기준인 **3차확률지배**(third-order stochastic dominance, TSD)도 함께 살펴보기로 한다. 이 장에서 다룰 확률지배의 유형을 간략히 요약하면 다음 표와 같다.

〈표 3-1〉 확률지배 유형별 효용함수의 조건

확률지배의 유형	효용함수의 조건
1차확률지배	불포화만족만을 고려하는 효용함수
2차확률지배	위험회피만을 만족하는 효용함수
단조2차확률지배	불포화만족과 위험회피를 동시에 만족하는 효용함수
3차확률지배	DARA만 만족하는 효용함수
단조3차확률지배	불포화만족, 위험회피, DARA를 동시에 만족하는 효용함수

이제, 확률지배이론을 설명하기 위해서, 두 개의 위험자산 F와 G가 있다고 가정하고, 이들의 부에 대한 확률밀도함수는 $f(W)$와 $g(W)$, 누적확률분포함수는 $F(W)$와 $G(W)$라고 정의해 보자.

3.3.1 1차확률지배

확률지배의 첫번째 경우인 1차확률지배는 u_1에 속하는 효용함수를 가지고 있는 투자자의 위험자산 간의 선호관계를 설명한다. 이것은 투자자의 효용이 '많을수록 좋다'는 단순한 기준에 의하여 결정되는 경우이다. 이런 효용함수를 가진 투자자가 특정 위험자산을 다른 자산보다 선호할 때, 이를 1차확률지배라고 부르며 다음과 같이 정의된다.

▶ 1차확률지배(first-order stochastic dominance, FSD)의 정의

1 차확률지배의 관점에서 위험자산 F가 위험자산 G를 지배하는 것을 $F \underset{FSD}{\geq} G$로 표기한다. 이 경우, u_1에 속한 효용함수(부에 대하여 증가하면서 연속적인 효용함수)를 가진 모든 투자자들은 위험자산 F를 G보다 선호하거나 혹은 두 자산이 무차별하다.

아래의 세 가지 조건은 동일하다.[4]

4 조건 1이 조건 2를 의미한다는 것은 1차확률지배정리에 대한 증명을 참고하고, 조건 3이 다른 두 조건과 동등함을 증명하는 내용은 Hadar 와 Russell(1969)을 참고하기 바란다.

(1) $F \underset{FSD}{\geq} G$

(2) 모든 W에 대해 $F(W) \leq G(W)$

(3) 임의의 양수인 확률변수 α에 대해, $r_F \overset{d}{=} r_G + \alpha$. (단, r_F와 r_G는 자산 F와 G의 수익률이고, $\overset{d}{=}$는 분포적으로 동일함을 의미함.)

수학적 증명은 다음에 있는 1차확률지배의 증명을 참고하고, 여기서는 [그림 3-2]의 수익률에 대한 확률밀도함수를 사용해 직관적으로 설명해보자. 확률밀도함수는 수익률의 발생확률을 의미한다. $F(W) \leq G(W)$가 의미하는 바는 모든 W 이하의 구간에서 누적확률밀도 값(즉, 확률밀도함수 아랫 부분의 면적)이 G가 F보다 더 크다는 것이다. 따라서, G의 수익률이 낮을 확률이 더 크고, 따라서 G의 기댓값 또한 더 작다. 반대로 생각하면, W 이상의 구간에서는 확률밀도함수의 누적값은 F가 더 크므로, 기댓값은 F가 더 크다. 따라서 자산 F가 1차확률지배의 기준인 '많을수록 좋다'의 관점에서 더 선호되는 자산이 된다.

또한, 이 그림으로부터 위의 조건 (3)도 쉽게 이해할 수 있다. 조건 (3)은 $E[r_F] \geq E[r_G]$를 의미하며, 이는 자산 F의 기대수익률이 자산 G의 기대수익률보다 높다는 뜻이므로, 불포화만족 조건을 충족하는 효용함수를 가진 투자자는 항상 자산 F를 더 선호한다는 것을 의미한다. 즉, 이 투자자는 단순히 더 많은 것을 좋아하므로, 위험과 관계없이 기대수익률이 높은 자산을 선택하게 된다.

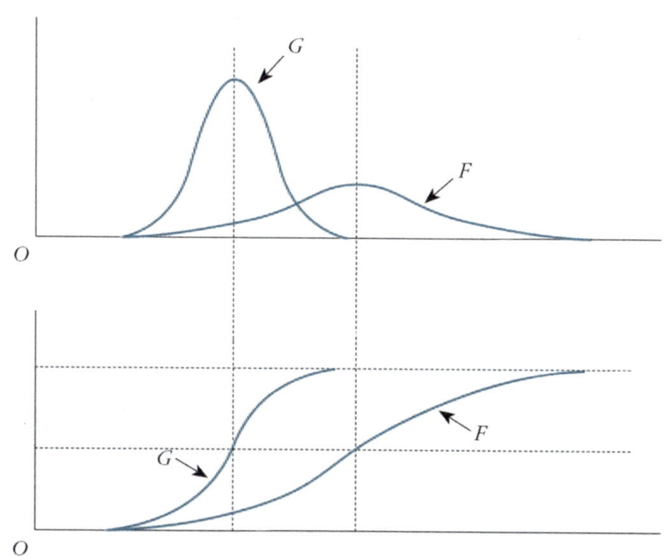

[그림 3-2] 자산 F와 자산 G의 확률밀도함수(위)와 누적분포함수(아래)

▶ 1차확률지배(first-order stochastic dominance, FSD) 정리

효용함수가 u_1에 속할 때, 위험자산 F에 대한 기대효용이 G에 대한 기대효용보다 크다는 것은 $F(W) \leq G(W)$의 필요충분조건이다. 즉, $F(W) \leq G(W)$이면 $E_F[u(W)] \geq E_G[u(W)]$이고, 그 역도 성립한다.

증명 이들 두 자산에 투자하였을 때 기대효용은 다음과 같다.

$$E_F[u(W)] = \int_0^\infty u(W)dF(W) = \int_0^\infty u(W)f(W)dW$$
$$E_G[u(W)] = \int_0^\infty u(W)dG(W) = \int_0^\infty u(W)g(W)dW$$

이들을 사용하여 충분조건인 "$F(W) \leq G(W)$이면 $E_F[u(W)] \geq E_G[u(W)]$이다."부터 증명하자. 두 자산으로부터 발생하는 기대효용의 차이는 부분적분을 이용해서 다음과 같이 구한다.

$$\begin{aligned} E_F[u(W)] - E_G[u(W)] &= \int_0^\infty u(W)[f(W) - g(W)]dW \qquad (3.1) \\ &= [u(W)(F(W) - G(W))]_0^\infty - \int_0^\infty u'(W)[F(W) - G(W)]dW \\ &= u(\infty)[F(\infty) - G(\infty)] - u(0)[F(0) - G(0)] - \int_0^\infty u'(W)[F(W) - G(W)]dW \\ &= -\int_0^\infty u'(W)[F(W) - G(W)]dW \end{aligned}$$

효용함수가 u_1에 속하면 $u'(W) > 0$이 되므로, 만약 모든 W에 대하여 $F(W) \leq G(W)$이라면, 식 (3.1)은 $E_F[u(W)] - E_G[u(W)] \geq 0$이 된다. 따라서, 충분조건은 성립한다.
이제, $F \underset{FSD}{\geq} G$를 위한 필요조건인 아래 식을 증명해 보자.

$$E_F[u(W)] \geq E_G[u(W)] \Rightarrow F(W) \leq G(W) \qquad (3.2)$$

이 식을 증명하기 위해, 대우명제인 "만약 $F(W) \leq G(W)$가 참이 아니면, $E_F[u(W)] \geq E_G[u(W)]$는 항상 참이 아니다"라는 명제를 사용한다. 먼저, 임의의 한 점 W^*를 선택하여, 그 값에 따라 아래 관계식이 성립한다고 가정해 보자.

$$W > W^* \text{이면 } F(W) \geq G(W)$$
$$0 < W < W^* \text{이면 } F(W) < G(W)$$

위 관계식이 성립하는 경우라면, 모든 W에 대해서 $F(W) \leq G(W)$는 더 이상 참이 아니다. 이는 위 대우명제의 가정과 동일하다. 이제, W^*를 기준으로 식 (3.1)을 다음과 같이 두 부분으로 나누어 보자.

$$\begin{aligned} &E_F[u(W)] - E_G[u(W)] \\ &= \int_0^{W^*} u'(W)[G(W) - F(W)]dW + \int_{W^*}^\infty u'(W)[G(W) - F(W)]dW \qquad (3.3) \end{aligned}$$

주어진 조건 $u'(W) > 0$에 의해, 위 식 우변의 첫 번째 항은 양수가 되고, 두 번째 항은 음수가 된다. 그러므로, 이 경우에는 식 (3.3)이 전체적으로 양수가 되는지를 판단할 수가 있다. 즉, 위 대우명제의 결론이 항상 참이라고 할 수 없다. 따라서, 만약 $F(W) \leq G(W)$가 참이 아니면, $E_F[u(W)] \geq E_G[u(W)]$이 항상 참이 되는 것은 아니다. $QED.$

■ 부의 수준과 1차확률지배

1차확률지배에서 흥미로운 점은 초기의 부 W_0가 확률지배에 어떠한 영향도 미치지 못한다는 점이다. 예를 들어, 임의의 z와 $W_0 > 0$에 대하여, 아래의 두 식에서 보는 것과 같이 초기의 부는 부등식에서 아무런 역할을 못한다. 이것은 쉽게 말해서 1차확률지배의 관점에서 어떤 자산을 다른 자산보다 더 선호한다는 것은 부유하든 가난하든 간에 변하지 않는다는 의미이다.

$$prob(1 + r_F \leq z) \leq prob(1 + r_G \leq z)$$
$$prob(W_0(1 + r_F) \leq W_0 z) \leq prob(W_0(1 + r_G) \leq W_0 z)$$

3.3.2 위험회피를 만족하는 효용함수를 가진 투자자의 확률지배

위험회피를 만족하는 효용함수를 가진 투자자의 확률지배는 추가적으로 불포화만족조건을 고려하는 단조2차확률지배(monotone second-order stochastic dominance, MSSD)와 불포화만족조건을 고려하지 않고 위험회피만 고려하는 2차확률지배(second-order stochastic dominance, SSD)로 나누어 설명할 수 있다.

3.3.2.1 단조2차확률지배

이제, u_2에 속하는 효용함수, 즉, $u'(W) \geq 0$과 $u''(W) \leq 0$를 만족하는 효용함수를 생각해보자. 이러한 효용함수는 불포화만족조건과 위험회피조건을 만족시키며, 이 선택 기준을 사용하여 위험자산들 간의 선호를 파악하는 것을 **단조2차확률지배**(monotone second-order stochastic dominance, MSSD)라고 한다.

▶ 단조2차확률지배(monotone second-order stochastic dominance, MSSD)

단조 2차확률지배(monotone second-order stochastic dominance, MSSD)에 의해서 위험자산 F가 G를 지배한다는 것을 $F \underset{MSSD}{\geq} G$로 표기한다. 이것은 u_2에 속한 효용함수를 가진 모든 투자자들이 위험자산 F를 G보다 선호하거나 혹은 두 자산이 무차별하다는 의미이다.

아래의 세 가지 조건은 동일하다.[5]

(1) $F \underset{MSSD}{\geq} G$

(2) 임의의 $W > 0$에 대해, $E[r_F] \geq E[r_G]$이고 $\int_0^W (F(t) - G(t))dt \leq 0$ [6]

(3) $E(\alpha | r_F) \leq 0$인 임의의 확률변수 α에 대해, $r_G \overset{d}{=} r_F + \alpha$

증명 먼저, 충분조건인 '$\int_0^W F(t)dt \leq \int_0^W G(t)dt$인 경우 $E_F[u(W)] \geq E_G[u(W)]$이다'라는 주장을 증명해보자. 1 차확률지배의 증명에 있는 식 (3.1)에 부분적분을 다시 적용해보면,

$$\begin{aligned} E_F[u(W)] - E_G[u(W)] &= -\int_0^\infty u'(W)[F(W) - G(W)]dW \\ &= -\left[u'(\mathrm{W})\int_0^W (F(t) - G(t))dt\right]_0^\infty + \int_0^\infty u''(\mathrm{W})\int_0^W [F(t) - G(t)]dtdW \\ &\geq \int_0^\infty u''(\mathrm{W})\int_0^W [F(t) - G(t)]dtdW \end{aligned} \tag{3.4}$$

위 식에서 마지막 부등식이 성립하는 이유는 $u'(\mathrm{W}) \geq 0$이고 $\left[\int_0^W (F(t) - G(t))dt\right]_0^\infty \leq 0$이므로, $-\left[u'(\mathrm{W})\int_0^W (F(t) - G(t))dt\right]_0^\infty \geq 0$되기 때문이다. 그런데, $u''(W) < 0$이고, 명제에서 모든 W에 대하여 $\int_0^W [F(t) - G(t)]dt \leq 0$이라 했으므로, 마지막 식은 양수가 된다. 따라서, $E_F[u(W)] \geq E_G[u(W)]$이 되므로, 충분조건이 성립한다.

한편, 필요조건도 FSD의 증명에서 사용한 방법을 동일하게 적용하여 증명할 수 있다. 먼저, 임의의 점 W^*를 고려하여, 아래와 같이 가정해 보자.

$$W > W^*\text{이면 } F(W) \geq G(W)$$
$$0 < W < W^*\text{이면 } F(W) < G(W)$$

위 관계식이 성립하는 경우라면, 모든 W에 대해서 $F \underset{MSSD}{\geq} G$는 더 이상 참이 아니다. 이제, W^*를 기준으로 식 (3.4)를 다음과 같이 두 부분으로 나누어 보자.

$$\begin{aligned} E_F[u(W)] - E_G[u(W)] \geq &\int_0^\infty u''(W)\int_0^{W^*} [F(t) - G(t)]dtdW \\ &+ \int_0^\infty u''(W)\int_{W^*}^\infty [F(t) - G(t)]dtdW \end{aligned} \tag{3.5}$$

주어진 조건 $u''(W) < 0$에 의해, 위 식 우변의 첫 번째 항은 양수가 되고, 두 번째 항은 음수가 된다. 그러므로, 이 경우에는 식 (3.5)가 양수가 되는지를 판단할 수 없다. 따라서, 만약, $F \underset{MSSD}{\geq} G$가 참이

5 첫 번째와 두 번째 조건은 위에서 증명하였다. 세 번째 조건이 다른 두 조건과 동등함을 증명하는 내용은 Hadar와 Russell(1969)과 Rothschild와 Stiglitz(1970)에서 확인할 수 있다.

6 누적확률분포함수를 임의의 W까지 누적한 차이인 $\int_0^W F(t)dt \leq \int_0^W G(t)dt$의 의미에 대한 직관적인 설명은 후술한 [그림 3-3]을 참고하기 바란다.

아니면, $E_F[u(w)] \geq E_G[u(W)]$가 항상 참이 되는 것은 아니다. 그러므로, 이에 대한 대우명제로서, $E_F[u(w)] \geq E_G[u(W)]$이면 $F \underset{MSSD}{\geq} G$가 성립한다. $QED.$

■ 수익률의 분산과 단조2차확률지배

한편, 단조2차확률지배의 세 번째 조건에 의해서, $F \underset{MSSD}{\geq} G$라는 것은 $E[r_F] \geq E[r_G]$이고 $Var(r_G) \geq Var(r_F)$ 임을 뜻하게 된다.[7] 따라서, 효용함수가 u_2인 투자자는 기대수익률이 크면서 분산이 작은(최소분산) 투자자산을 선택한다.

그리고, 이 단조2차확률지배에서 누적확률분포함수를 임의의 W 까지 누적한 차이인 $\int_0^W (F(t) - G(t))dt \leq 0$가 의미하는 바는 자산 F와 자산 G의 수익률이 분산된 정도의 차이를 의미하는 것으로서 자산 G의 수익률이 더 넓게 분포되어 있다고 해석할 수 있다. 즉, [그림 3-3]에서 어떤 임의의 W 까지 $\int_0^W F(t)dt$와 $\int_0^W G(t)dt$를 계산하더라도 $\int_0^W G(t)dt$가 $\int_0^W F(t)dt$보다 크다는 것은 그만큼 자산 G의 분포가 더 폭넓게 분포되어 있어 불확실성이 더 크기 때문이다.

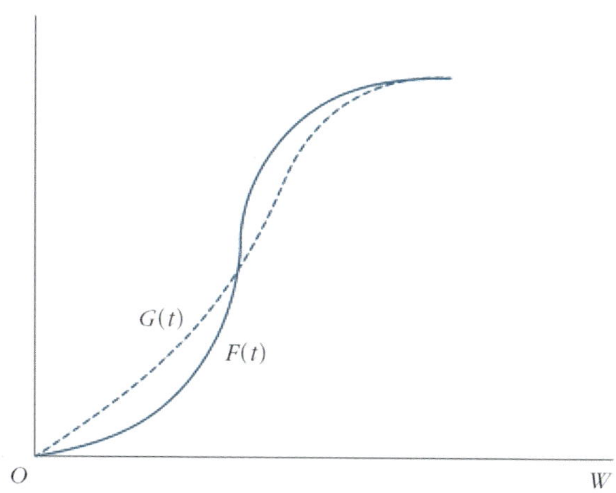

[그림 3-3] 누적확률분포함수의 비교

3.3.2.2 2차확률지배

또 하나의 효용함수의 집합 $u_2^* = \left\{u(W); s.t. \frac{\partial^2 u(W)}{\partial W^2} < 0\right\}$를 생각해보자. 이 집합은 위

---

7 만약, $r_G = r_F + \alpha$ 라 두면, 양변은 분포뿐만 아니라 값이 완전히 일치한다는 의미이다(이는 $r_G \overset{d}{=} r_F + \alpha$의 특수한 경우이다). 이 경우에 양변에 분산을 취하면 $Var(r_G) = Var(r_F + \alpha)$가 되므로, $Var(r_G) \geq Var(r_F)$가 성립함을 쉽게 이해할 수 있다.

험회피 조건만을 고려하는 효용함수의 집합이다. 앞서 정의했던 u_2는 위험회피뿐만 아니라 불포화만족 조건까지 충족하는 효용함수의 집합이므로, u_2는 u_2^*의 부분집합이다. 이 u_2^*에 속하는 효용함수들은 2계 도함수가 0보다 작으므로 오목한 형태이지만, 1계 도함수에 대한 조건이 없으므로 부가 증가함에 따라 반드시 기대효용이 증가하는 것은 아니다. 이것은 투자자가 위험회피적이지만, 반드시 많은 것을 적은 것보다 더 선호한다는 것은 아니라는 의미이기도 하다.

▶ 2차확률지배(second-order stochastic dominance, SSD)

u_2^* 효용함수를 가진 모든 사람들이 F를 G보다 선호한다면, F가 G를 2차확률지배한다고 말하고, $F \underset{SSD}{\geq} G$로 표기한다.

아래의 세 가지 조건은 동일하다.

(1) $F \underset{SSD}{\geq} G$

(2) 임의의 W에 대해, $E[r_F] = E[r_G]$ 이고 $\int_0^W (F(t) - G(t))dt \leq 0$

(3) $E(\alpha|r_F) = 0$인 임의의 확률변수 α에 대해, $r_G \overset{d}{=} r_F + \alpha$

위의 세 번째 조건에 의해서, $F \underset{SSD}{\geq} G$라는 것은 $E[r_F] = E[r_G]$이고 $Var(r_G) \geq Var(r_F)$임을 뜻하게 된다. 따라서, 효용함수가 u_2^*인 투자자는 기대수익률이 동일하면 분산이 가장 작은(최소분산) 투자자산을 선택한다.

3.3.3 감소하는 절대위험회피를 만족하는 효용함수를 가진 투자자의 확률지배★★

감소하는 절대위험회피(DARA)를 만족하는 효용함수를 가진 투자자의 확률지배는 추가적으로 불포화만족조건과 위험회피조건을 고려하는 단조 3차확률지배(monotone third-order stochastic dominance, MTSD)와 이들을 고려하지 않는 3차확률지배(thrid-order stochastic dominance, TSD)로 나누어 설명할 수 있다.

▶ 단조 3차확률지배(monotone third-order stochastic dominance, MTSD)

u_3 효용함수를 가진 모든 투자자들이 F를 G보다 선호한다면, F가 G를 단조 3차확률지배한다고 말하고, $F \underset{MTSD}{\geq} G$로 표기한다.

아래 두 조건은 동등하다.

(1) $F \underset{MTSD}{\geq} G$

(2) 임의의 W에 대해, $E(r_F) \geq E(r_G)$이고 $\int_0^\infty \int_0^W \big(F(t) - G(t)\big)dtdW \leq 0$이다.

증명 먼저, 충분조건 "$\int_0^\infty \int_0^z F(t)dtdz \le \int_0^\infty \int_0^z G(t)dtdz$ 이면 $E_F[u(W)] \ge E_G[u(W)]$이다"라는 주장을 증명해 보자. 식 (3.4)로부터,

$$\begin{aligned} E_F[u(W)] - E_G[u(W)] &\ge \int_0^\infty u''(W) \int_0^W [F(t) - G(t)]dtdW \\ &= \left[u''(\mathrm{W}) \int_0^{\mathrm{W}} \int_0^\infty [F(t) - G(t)]dtdW\right]_0^\infty \\ &\quad - \int_0^\infty u'''(W) \int_0^\infty \int_0^z [F(t) - G(t)]dtdzdW \\ &\ge - \int_0^\infty u'''(W) \int_0^\infty \int_0^z [F(t) - G(t)]dtdzdW \end{aligned} \tag{3.6}$$

위 식에서 마지막 부등식이 성립하는 이유는 $u''(\infty) \le 0$이고 $\int_0^\infty [F(t) - G(t)]dt \le 0$이기 때문이다. 따라서, $u'''(W) > 0$이고, 명제에서 $\int_0^\infty \int_0^z [F(t) - G(t)]dtdz \le 0$라 했으므로, 마지막 식은 양수가 된다. 결국, 효용함수가 u_3인 모든 투자자들은 $E_F[u(W)] \ge E_G[u(W)]$ 가 된다. 필요조건에 관한 증명은 Whitmore (1970)에서 확인할 수 있다. $QED.$

■ 3차확률지배(third-order stochastic dominance, TSD)

앞서 SSD에서 했던 것처럼, DARA조건만 만족하는 효용함수의 집합을 $u_3^* = \left\{u(W);\ s.t.\ \frac{\partial^3 u(W)}{\partial W^3} > 0\right\}$로 나타내고, u_3^*를 이용하여 3차확률지배(third-order stochastic dominance, TSD)를 정의할 수 있다.[8] 참고로, 앞서 정의한 u_3는 u_3^*의 부분집합이다.

한편, Rothschild와 Stiglitz(1971)는 u_3^*의 부분집합인 효용함수를 사용하여 위험자산들을 비교하였다. 먼저, $A \underset{SSD}{\ge} B$이고, 투자자의 상대위험회피도는 증가하고, 1보다 작으며, 절대위험회피도는 감소(DARA)한다고 하자. 무위험자산과 위험자산 A 중에서 하나를 선택하는 것과 무위험자산과 위험자산 B 중에서 하나를 선택하는 것을 비교하는 상황이라면, 이 투자자는 A를 B보다 더 많이 선택하여 보유하게 될 것이다.

3.3.4 N차확률지배★★

마지막으로, N차 확률지배를 정의해 보자. 양의 N계 도함수를 가지는 Bernoulli 효용함수들의 집합을 u_N이라 하면, u_N은 다음을 만족하는 효용함수의 집단이다.

여기서 N이 짝수이면,

$$u_N = \left\{u(w);\ s.t. \frac{\partial u(w)}{\partial w} > 0,\ \frac{\partial^2 u(w)}{\partial w^2} < 0,\ \frac{\partial^3 u(w)}{\partial w^3} > 0, \frac{\partial^4 u(w)}{\partial w^4} > 0, \dots, \frac{\partial^N u(w)}{\partial w^N} > 0\right\},$$

홀수이면,

8 Bawa(1981) 참조.

$$u_N = \left\{ u(w);\ s.t. \frac{\partial u(w)}{\partial w} > 0, \quad \frac{\partial^2 u(w)}{\partial w^2} < 0, \quad \frac{\partial^3 u(w)}{\partial w^3} > 0, \ldots, \frac{\partial^N u(w)}{\partial w^N} < 0 \right\}$$

이 된다.

▶ N차확률지배

u_N 효용함수를 가진 투자자들이 F를 G보다 선호한다면, F가 G를 N차확률지배한다고 말하고, $F \underset{NSD}{\geq} G$로 표기한다. 단, N은 0보다 큰 정수이다.

한편, 효용함수 u_N이 연속적이고 N번 미분가능할 때, N차 확률지배는 다음과 같다.

$$E_F[u(W)] - E_G[u(W)] = \textstyle\sum_{n=2}^{N}(-1)^{n-1}u^{n-1}(\infty)\, H_n(\infty) + (-1)^N \int_0^\infty H_N(W)du^{(N-1)}W$$

단, $H_1(W) = F(W) - G(W)$, 그리고 $H_n(W) = \int_0^W H_{n-1}(z)dz\ (n = 2, \ldots, N)$으로 정의된다.

3.4 하부편적률(lower partial moment) ★★

확률지배이론에 대한 비판 중 하나는 확률지배이론을 많은 자산이 존재하는 현실에 적용하기가 어렵다는 것이다. 확률지배이론과 일관성을 가지면서 최적포트폴리오를 구축할 수 있도록 만들어 주는 이론이 현실적으로는 더 바람직할 것이다. 이런 방법 중 하나가 **하부편적률(lower partial moment, LPM)**이며, 단조 3차확률지배(MTSD)와 동일한 역할을 한다.

Bawa(1975)에 의해 소개된 하부편적률은 특정한 목표수익률에 미달하는 분포만을 고려하여 계산한 적률이다. 따라서, 위험을 측정하는 지표로 자주 사용되며, 최적포트폴리오를 구할 때에는 표준편차 대신 위험지표로 사용되기도 한다. 하부편적률은 VNM 효용함수, 즉 기대효용이론을 포함하고 있을 뿐 아니라, 위험선호, 위험중립, 위험회피 등 투자자의 모든 행동 영역을 설명할 수 있다. 이 하부편적률을 위험의 측정수단으로 사용한 자산가격결정모형에 대하여는 제8장에서 상세히 설명하기로 한다.

먼저, 하부편적률을 정의해 보자. 목표수익률을 r_τ로 가정하면, n차 적률의 하부편적률은 다음과 같이 정의된다.

$$LPM_n(r_\tau) = \int_{-\infty}^{r_\tau} (r_\tau - r_p)^n f(r_p)dr_p$$

여기서, r_p는 포트폴리오 수익률, $f(r_p)$는 확률밀도함수이다. 만약 n=2이고 $r_\tau = E(r_p)$라면,

이 때의 하부편적률은 다음과 같이 평균 이하의 수익률에 대해서만 분산을 계산하는 **반분산**(semi-variance)이 된다.

$$LPM_2(E(r_p)) = \int_{-\infty}^{E(r_p)} (E(r_p) - r_p)^2 f(r_p) dr_p$$

확률지배이론과 연결해서 생각해보면, 하부편적률에서 $0 < n < 1$이면 투자자는 위험선호형이라고 볼 수 있고, n이 클수록 위험회피성향이 더 크다는 것을 의미한다. 또한, n이 1이면 위험중립형, 그리고 1보다 크면 위험회피형이라고 볼 수 있다. 이러한 위험에 대한 세 가지 태도는 포트폴리오 수익률이 목표수익률보다 낮을 때에만 나타나게 되고, 포트폴리오 수익률이 목표수익률보다 높을 때에는 투자자는 위험중립적이 된다. 이에 관한 자세한 내용은 제8장 다양한 위험지표들에서 자세히 설명한다.

■ 하부편적률과 3차확률지배

하부편적률을 기준으로 포트폴리오를 선택한 결과는 TSD(3차확률지배)의 결과와 유사하다. 이를 확인하기 위해서, 두 위험자산 F와 G가 있다고 해 보자. 이들의 확률밀도함수는 각각 $f(r_x)$와 $g(r_x)$이고, 누적확률밀도함수는 $F(r_x)$와 $G(r_x)$라고 하자. 이 두 자산의 하부편적률은 다음과 같다.

$$LPM_2^F(r_\tau) = \int_{-\infty}^{r_\tau} (r_\tau - r_x)^2 dF(r_x)$$

$$LPM_2^G(r_\tau) = \int_{-\infty}^{r_\tau} (r_\tau - r_x)^2 dG(r_x)$$

이 두 하부편적률의 차이를 부분적분으로 계산하면,

$$\begin{aligned} LPM_2^F(r_\tau) - LPM_2^G(r_\tau) &= \int_{-\infty}^{r_\tau} (r_\tau - r_x)^2 d[F(r_x) - G(r_x)] \\ &= (r_\tau - r_x)^2 [F(r_x) - G(r_x)]|_{-\infty}^{r_\tau} + \int_{-\infty}^{r_\tau} 2(r_\tau - r_x)[F(r_x) - G(r_x)] dr_x \\ &= \int_{-\infty}^{r_\tau} 2(r_\tau - r_x)[F(r_x) - G(r_x)] dr_x \end{aligned}$$

이 식에 부분적분을 다시 적용하면,

$$\begin{aligned} LPM_2^F(r_\tau) - LPM_2^G(r_\tau) = &\left[2(r_\tau - r_x) \int_{-\infty}^{r_x} [F(r_y) - G(r_y)] dr_y\right]_{-\infty}^{r_\tau} \\ &+ 2\int_{-\infty}^{r_\tau} \int_{-\infty}^{r_x} [F(r_y) - G(r_y)] dr_y dr_x \end{aligned}$$

$$= 2\int_{-\infty}^{r_\tau}\int_{-\infty}^{r_x}[F(r_y) - G(r_y)]dr_y dr_x \quad (3.7)$$

여기서 만약 $\int_{-\infty}^{r_\tau}\int_{-\infty}^{r_x}\left[F(r_y) - G(r_y)\right]dr_y dr_x < 0$이라면 $LPM_2^F(r_\tau) < LPM_2^G(r_\tau)$이 된다.

그런데 이는 앞서 살펴본 MTSD의 두 번째 조건과 같다. 즉 $F \underset{MTSD}{\geq} G$이라면, 식 (3.7)의 우변이 음수가 되어 하부편적률로 계산하였을 때 F가 G보다 덜 위험하다는 것을 의미하게 되므로, 동일한 결론을 얻을 수 있다. 다만, 하부편적률은 오직 수익률이 목표수익률보다 낮은 경우에 대해서만 확률밀도함수를 고려하는 반면, MTSD는 확률밀도함수 전체를 고려한다. 따라서, 하부편적률에 기반한 포트폴리오 선택 기준은 MTSD에 기반한 포트폴리오 선택 기준의 부분집합이 된다.

3.5 결론

사람들의 효용함수나 효용함수의 매개변수을 파악하는 것을 불가능에 가깝다. 수많은 연구에도 불구하고 여전히 다양한 효용함수가 사용되고 있으며, 같은 효용함수라 해도 매개변수 또한 편차가 크다. 이처럼 효용함수를 구체화하기가 어렵다는 점을 감안하면, 구체적인 효용함수를 가정하고 위험자산에 대한 선호관계를 분석하는 것은 지나치게 강한 가정에 기초한 결과라 하겠다.

확률지배이론은 이러한 어려움을 극복하기 위한 수단으로 제시되었다. 불포화만족 조건을 충족하는 모든 효용함수를 가진 투자자들, 혹은 불포화만족과 위험회피를 충족하는 모든 투자자들 등과 같이 다소 추상적인 효용함수들을 이용하여 위험자산을 서로 비교할 수 있게 해주는 도구를 제공하고 있다는 점에서 의의가 있다. 그러나 이러한 추상적인 효용함수 집합을 사용하기 때문에, 자산들간의 비교가 불가능하는 경우가 많다. 예를 들면 자산 F가 자산 G보다 기대수익률과 분산 둘 다 높은 경우, 확률지배이론은 선호관계를 제시하지 못한다.

이러한 문제점은 결국 구체적인 효용함수를 가정해야 해결될 수 있다는 점에서 확률지배이론은 제한적이라 하겠다. 앞으로 살펴볼 자본자산가격결정모형(capital asset pricing model, CAPM)에서는 이러한 문제점을 펀드-현금분리정리(two fund monetary separation theorem)로 극복하고 있다. 즉 모든 투자자들이 '무위험자산'과 '위험자산으로 구성된 시장포트폴리오'에만 투자를 하게 되고, 시장포트폴리오는 투자자 개인의 선호와 무관하게 결정된다.

연/습/문/제

1. 사건의 집합 $Z = \{a, b, c\}$에 대한 확률분포의 집합을 $P = \{p_a, p_b, p_c\}$라고 하자. 단, a, b, c는 임의의 숫자로서 $a < b < c$이고, p_z는 z의 확률을 의미한다. 다음과 같은 세 가지 확률분포들이 있다고 하자. $f = \left(\frac{1}{3}, \frac{1}{3}, \frac{1}{3}\right)$, $g = \left(\frac{1}{4}, \frac{1}{4}, \frac{1}{2}\right)$, $h = \left(\frac{1}{5}, \frac{1}{5}, \frac{3}{5}\right)$. 이 중 어느 분포가 다른 분포들을 1차 확률지배하는가?

2. 투자 대상으로 채권과 주식이라는 두 개의 자산군을 고려하고 있다. 당신은 내년에 채권이 주식보다 선호된다고 생각한다. 그러나 당신의 매니저는 주식이 채권보다 선호된다고 생각하고 있다. 당신의 매니저를 어떻게 설득하겠는가? 당신의 매니저가 당신과 다르게 생각하는 이유는 무엇인가? 당신과 당신의 매니저는 모두 불포화만족과 위험회피조건을 총족하는 효용함수를 가지고 있다고 가정하자.

3. 투자자 A의 효용함수는 아래와 같이 $W = 3$을 중심으로 오목한(concave) 형태의 위험회피형 효용함수이다.

$$u(W) = \begin{cases} 2W & if\ W \le 3 \\ 3 + W & if\ W > 3 \end{cases}$$

A는 다음과 같이 상황별 지급액과 발생확률의 벡터로 정의된 복권 L^1과 L^2 중 하나를 구매하려고 한다.

$$L^1 = (0, 2, 4, 6; \frac{1}{4}, \frac{1}{4}, \frac{1}{4}, \frac{1}{4})$$
$$L^2 = (0.1, 3, 5.9; \frac{1}{3}, \frac{1}{3}, \frac{1}{3})$$

1) 두 복권의 지급액에 대한 확률분포와 효용함수를 그림으로 나타내시오.
2) 두 복권의 기댓값과 분산을 구하시오.
3) 두 복권에 대한 기대효용을 구하고, 투자자가 어떤 복권을 선택하는지 설명하시오.

4) 앞의 질문에 대한 답을 이용하여, 분산을 이용한 2차단조확률지배의 유효성에 대해서 설명하시오.

5) 분산 대신 편차의 절댓값 $|W - E(W)|$을 고려해 보자. 투자자 A의 효용함수가 아래와 같을 때, 두 복권에 대한 편차의 절댓값의 기댓값인 $E(|W - E(W)|)$와 기대효용을 구하고, 편차의 절댓값이 2차단조확률지배의 기준이 될 수 있는지 평가하시오.

$$u(W) = \begin{cases} 1.5 + 1.5W - 0.5(3 - W) & if\ W \le 3 \\ 1.5 + 1.5W - 0.5(W - 3) & if\ W > 3 \end{cases}$$

Part 03

최적포트폴리오와 자산가격결정모형

Optimal Portfolio and Asset Pricing Models

앞서 제2장에서 투자자가 기대효용을 극대화시키는 의사결정을 하게 될 때, 위험을 고려하여야 함을 살펴보았다. 여기서는 이 위험이 분산으로 측정될 때, 투자자의 최적포트폴리오는 어떻게 구성되며, 기대수익과 위험이 투자비중에 어떠한 영향을 미치는지를 살펴본다. 재무경제학이론에서 가장 유명한 자산가격결정모형 중 하나인 자본자산가격결정모형(capital asset pricing model, CAPM)은 분산(정확하게는 시장수익률과의 공분산)을 위험의 척도로 사용하여 자산가격이 어떻게 결정되어야 하는지를 보여준다.

한편, 이러한 전통적인 평균-분산분석이 실제 자산가격(예들 들면, 주식수익률)을 잘 설명하지 못한다는 문제점이 계속 제기되어 왔다. 이러한 비난에 대처하기 위해 제시된 좀 더 진전되었지만 복잡한 소비기반 가격결정모형(consumption-based asset pricing model, CCAPM)이나 생산기반 또는 투자기반 가격결정모형(production/investment-based asset pricing model, PAPM/IAPM)도 설명한다. 특히, 생산/투자기반 자산가격모형에서는 자산의 기대수익률을 분산이나 공분산에 대한 보상으로만 설명하려는 전통적인 모형과는 달리 기업의 생산이나 투자가 주식 수익률과 어떻게 연결되는지를 보여준다는 점에서 현실적으로 시사하는 바가 크다.

Chapter 04

최적포트폴리오 (Optimal Portfolio)

우리는 제2장에서 투자자는 기대수익을 극대화하기 위하여 투자를 하는 게 아니라 기대효용을 극대화하는 투자를 한다는 것을 살펴보았다. 기대효용을 극대화하는 투자전략은 기대수익 극대화와 위험 최소화를 동시에 추구하는 투자전략으로 나타나게 된다.

이를 이해하기 위해, 효용함수를 구체화시켜서 설명해 보자. 두 번 미분가능한 효용함수 $u(W)$를 가정하고, 이 함수에 대해 기대부 $\mu_W(=E(W))$에서 테일러 전개를 적용하면, 아래와 같은 효용함수를 구할 수 있다.

$$u(W) = u(\mu_W) + u'(\mu_W)(W - \mu_W) + \frac{u''(\mu_W)}{2!}(W - \mu_W)^2 + \xi$$

단, ξ는 3차 이상으로 구성된 항이다. 여기서 $E(W - \mu_W) = 0$이다. 그리고, 자산수익률이 정규분포를 따른다고 가정하면, 3차 이상의 항은 의미가 없으므로 $E[\xi] = 0$이 되어, 아래와 같이 기대효용함수를 구할 수 있다.[1]

$$E[u(W)] = u(\mu_W) + \frac{u''(\mu_W)}{2!}E[(W - \mu_W)^2]$$

1 효용함수에 대해 2차 근사가 아니라 3차 혹은 4차 근사를 하게 되면 기대효용은 왜도나 첨도의 함수로 표현된다. 이 책에서는 달리 정하는 바가 없다면 자산수익률은 정규분포를 따른다고 가정한다. 정규분포는 평균과 분산만으로 분포의 모양이 결정되므로, 테일러 전개를 2차까지 적용하면 1차항은 평균, 2차항은 분산을 나타내기 때문에 원래의 함수와 등식이 성립하고, 이 식에 의해 투자자는 분산(또는 표준편차)을 위험의 측정수단으로 사용하게 된다.

이 식에서 $\lambda = -u''(\mu_W)$와 $Var(W) = E[(W - \mu_W)^2]$로 두면 다음과 같다.

$$E[u(W)] = u(\mu_W) - \frac{\lambda}{2} Var(W) \tag{4.1}$$

위험회피형 투자자의 경우에는 효용함수가 오목한 형태이므로 $u''(\mu_W) < 0$, 즉, $\lambda > 0$이 되고, 투자자의 위험회피 성향이 커질수록 λ는 증가한다. 또한 불포화만족 조건을 고려한다면, 기대부에 대한 효용함수 $u(\mu_W)$는 μ_W에 대하여 단조증가함수가 된다. 따라서, 위 식이 의미하는 바는 기대효용을 극대화하는 투자자는 결국 기대수익(μ_W)을 극대화하는 동시에 그에 따르는 위험($Var(W)$)을 회피하려는 경향을 보이게 된다는 것이다. 이것은 결과적으로 위험자산에 대한 투자는 위험에 상응하는 수익률로 보상되어야 한다는 것을 의미한다.

이 장에서는 식 (4.1)의 부에 대한 기대효용함수를 기반으로 하여 최적포트폴리오가 어떻게 구성되는지 살펴본다. 이를 위하여, r을 투자수익률, μ_r을 기대수익률, W_0를 투자금액이라 두면, 투자총수익은 $W = W_0(1 + r)$로 나타낼 수 있다. 편의상 $W_0 = 1$로 두면,[2] 식 (4.1)은 다음과 같다.

$$\begin{aligned} E[u(1+r)] &= u(1+\mu_r) - \frac{\lambda}{2} Var(r) \\ &\approx \mu_r - \frac{\lambda}{2} Var(r) \end{aligned} \tag{4.2}$$

여기서는 $u(1 + \mu_r) \approx \mu_r$을 가정하여 식을 단순화하였다. 이 식은 기대효용이 기대수익률과 수익률의 분산으로 설명될 수 있음을 보여준다. 이렇게 기대효용을 기대수익률과 분산의 함수로 보고 이들을 사용하여 최적포트폴리오나 자산가격결정 등을 분석하는 것을 **평균-분산분석(mean-variance analyis)**이라 부른다.

평균-분산분석에서는 기대수익률과 수익률의 표준편차와의 관계에 초점을 두고 있다. 포트폴리오의 분산을 위험의 척도로 사용하여 최적포트폴리오를 구하지만, 위험과 수익률을 비교 분석할 때는 분산이 아닌 표준편차를 사용한다. 왜냐하면, 수익률과 수익률의 표준편차는 계산에 사용된 데이터와 같은 변량(단위)이어서 직접 비교 가능한 반면, 분산은 데이터를 제곱한 변량이기 때문이다. 예를 들면, 주가지수의 연간 평균 수익률이 0.1, 표준편차가 0.16인 경우, 분산은 0.0256이 된다. 그런데 데이터를 백분율 단위로 나타내면, 평균 수익률과 표준편차는 10과 16으로 원래 수치와 비교하여 같은 비율로 변하지만, 분산은

2 효용함수가 멱효용함수(power utility)인 경우 상대위험회피도가 일정하므로 최초투자금액은 무시될 수 있다.

256이 되어 평균수익률 10과는 직접적으로 비교할 수 없다. 이 같은 이유로, Sharpe비율 처럼 위험대비 수익률을 계산할 때도 표준편차에 대비한 수익률을 사용하고, 분산에 대비한 수익률을 사용하지는 않는다. 또한 수익률이 정규분포를 따른다면, 평균수익률과 표준편차로 손쉽게 양의 수익률이 되는 확률을 구할 수 있는 반면, 분산을 사용한다면 제곱근을 별도로 구해야 하는 번거로움이 있다.

이 장에서는 N개의 위험자산만으로 포트폴리오를 구성하는 경우와 N개의 위험자산에 무위험자산이 추가되는 경우로 구분하여, 기대효용함수를 극대화시키는 최적포트폴리오(최적투자비중)에 대해 알아보기로 한다. 또한 실제로 평균-분산분석을 이용할 경우 어떤 문제가 있는지 살펴보고 이를 해결하기 위해 제시된 Black-Litterman모형을 살펴본다

4.1 최적포트폴리오와 효율적 투자선

투자자에게 선택가능한 투자대상은 수없이 많다. 이 중 투자대안 하나만 선택하여 투자를 할 수도 있고, 또 다수의 투자대상으로 하나의 포트폴리오를 만들 수도 있다. 이 절에서는 왜 포트폴리오를 만드는 것이 기대효용을 높이는 가장 좋은 방법인지, 또 어떻게 최적포트폴리오를 만들 수 있는지 설명한다. 여기서 최적포트폴리오를 구하는 방법을 평균-분산분석이라 부르는데, 이는 식 (4.2)에서 위험회피성향이 있는(즉, $\lambda > 0$) 투자자라면 만족하여야 하는 간단한 자산선택기준이 기대수익률과 분산에 달려 있기 때문이다.

4.1.1 위험자산의 선택기준

먼저, 두 개의 위험자산이 존재하는 경우, 이들에 대한 투자자의 선택이 어떻게 결정되는지 살펴보자. 이 경우 임의의 두 위험자산 간의 선호는 기대수익률과 분산에 따라 다음과 같이 네 가지 경우로 나타난다.

먼저 기대수익률은 같고 분산이 다른 두 위험자산 F와 G를 고려한다고 가정하자. 즉,

$$E(r_F) = E(r_G) \quad (4.3)$$
$$Var(r_F) \leq Var(r_G)$$

이 경우 위험회피적인 투자자라면, 위험이 적은 자산인 F를 선택할 것이다. 한편, 아래와 같이 두 자산의 분산이 같은 경우라면, 투자자는 기대수익률이 더 높은 자산을 선택할 것이다.

$$E(r_F) \geq E(r_G) \quad (4.4)$$
$$Var(r_F) = Var(r_G)$$

또 다른 경우도 가능하다. 예를 들어, 두 자산이 아래와 같다면, 투자자들은 기대수익률은 더 높고 위험은 더 낮은 자산 G를 선택할 것이다.

$$E(r_F) < E(r_G) \quad (4.5)$$
$$Var(r_F) > Var(r_G)$$

마지막으로 아래의 경우 자산 F가 자산 G보다 기대수익률도 높고 위험도 높다. 이 경우 투자자의 선택은 그들의 구체적인 기대효용을 파악하지 않고는 판단할 수 없으며, 이 경우의 자산 선택에 대하여는 다음 장의 자본자산가격결정모형으로 설명할 수 있다.

$$E(r_F) > E(r_G) \quad (4.6)$$
$$Var(r_F) > Var(r_G)$$

이 장에서는 식 (4.3)에서 보는 것처럼 주어진 기대수익률하에서 위험이 가장 작은 것을 선택하는 기준으로 포트폴리오를 구성하는 방법을 알아보기로 한다. 식 (4.4)에서처럼 주어진 분산 하에서 기대수익률을 극대화하는 방법을 사용해도 같은 결과를 얻을 수 있으나 수식을 유도하는게 더 까다롭기 때문이다. 또한 식 (4.4)를 사용하여 최적포트폴리오를 구성해도 그 결과는 식 (4.3)과도 부합하게 된다.

4.1.2 두 개의 위험자산으로 구성된 포트폴리오

포트폴리오의 기대수익률과 위험을 이해하기 위해서, 먼저 두 개의 위험자산으로 구성된 포트폴리오를 살펴보자. 자산 1과 자산 2의 기대수익률과 표준편차를 μ_1과 σ_1, 그리고 μ_2와 σ_2로 나타내자. 그리고, 자산 1에 투자하는 비중을 w라 하면, 포트폴리오의 수익률과 분산은 다음과 같다.

- 포트폴리오의 수익률(r_p): $r_p = wr_1 + (1-w)r_2$
- 포트폴리오의 기대수익률: $\mu_p = E[wr_1 + (1-w)r_2] = w\mu_1 + (1-w)\mu_2$
- 수익률의 분산: $\sigma_p^2 = \text{Var}[wr_1 + (1-w)r_2] = w^2\sigma_1^2 + (1-w)^2\sigma_2^2 + 2\rho_{1,2}w(1-w)\sigma_1\sigma_2$

여기서 $\rho_{1,2}$는 자산 1과 자산 2의 수익률 간의 상관계수이며, 이 상관계수의 값에 따라 다음과 같은 세 가지 경우로 나누어 포트폴리오의 기대수익률 μ_p와 표준편차 σ_p의 관계를 살펴볼 수 있다.

■ 수익률 간의 상관관계에 따른 포트폴리오의 위험(표준편차)

개별자산의 수익률 간의 상관관계를 세 가지 경우로 구분하여, [그림 4-1]의 기대수익률-표준편차의 평면에서 포트폴리오 기대수익률의 기울기가 어떻게 결정되는지를 알아보자.

첫째는 $\rho_{1,2} = 1$인 경우로, 두 자산의 수익률이 **완벽한 양의 상관관계**를 가지고 있는 경우이다. 이 경우, 포트폴리오의 기대수익률과 표준편차는 각각 $\mu_p = w\mu_1 + (1-w)\mu_2$와 $\sigma_p = w\sigma_1 + (1-w)\sigma_2$가 된다. 따라서, 이 포트폴리오의 표준편차에 대한 기대수익률의 기울기는 $\frac{\partial\mu_p}{\partial\sigma_p} = \frac{\partial\mu_p/\partial w}{\partial\sigma_p/\partial w} = \frac{\mu_1-\mu_2}{\sigma_1-\sigma_2}$가 되므로, 각 자산에 대한 투자비중 w의 변화에도 불구하고 그 기울기는 항상 일정한 직선이 된다.

둘째는 $\rho_{1,2} = -1$인 경우로, 두 자산의 수익률이 **완벽한 음의 상관관계**를 가지고 있는 경우이다. 이 경우 $\sigma_p^2 = [w\sigma_1 - (1-w)\sigma_2]^2$이 되고, 표준편차는 $w\sigma_1 - (1-w)\sigma_2$의 부호에 따라 다음과 같이 세 가지 경우가 가능하게 된다.

$$\sigma_p = \begin{cases} \mathrm{w}\sigma_1 - (1-\mathrm{w})\sigma_2, & \text{단, } \mathrm{w}\sigma_1 > (1-\mathrm{w})\sigma_2 \text{ 인 경우} \\ 0, & \text{단, } \mathrm{w}\sigma_1 = (1-\mathrm{w})\sigma_2 \text{ 인 경우} \\ -(\mathrm{w}\sigma_1 - (1-\mathrm{w})\sigma_2), & \text{단, } \mathrm{w}\sigma_1 < (1-\mathrm{w})\sigma_2 \text{ 인 경우} \end{cases}$$

따라서, 표준편차에 대한 기대수익률의 기울기는 위 세 가지의 경우 별로 각각 $\frac{\partial\mu_p}{\partial\sigma_p} = \frac{\mu_1-\mu_2}{\sigma_1+\sigma_2}$, 0, 그리고 $-\frac{\mu_1-\mu_2}{\sigma_1+\sigma_2}$ 가 된다. 그리고, $w\sigma_1 = (1-w)\sigma_2$일 때(즉, 표준편차가 0인 점)를 기준으로 하여 기울기의 부호는 반대로 바뀐다.

마지막으로 $\rho_{1,2} = 0$인 경우는 두 자산 수익률 간에 **상관관계가 없는 경우**이며, 흔히 '서로 독립적'이라고 표현하기도 한다.[3] 이 경우, $\sigma_p = \sqrt{w^2\sigma_1^2 + (1-w)^2\sigma_2^2}$가 되고, 표준편차에 대한 기대수익률의 기울기는 $\frac{\mu_1-\mu_2}{\frac{1}{\sigma_p}(w\sigma_1^2-(1-w)\sigma_2^2)}$가 되므로, 이 기울기는 w에 따라 변하게 된다. 그리고, $w\sigma_1^2 - (1-w)\sigma_2^2 = 0$이 되는 투자비중 w를 전후하여 기울기의 부호는 서로 반대가 된다. 이를 그림으로 나타내면, [그림 4-1]에서와 같이 포물선을 눕혀놓은 형태가 된다.

구체적인 예를 들어보자. 자산 1은 μ_1=5%, σ_1=8%이고, 자산 2는 μ_2=11%, σ_2=19%라고 하자. 우선, $\rho_{1,2} = 1$로서 두 자산이 완벽한 정의 상관관계를 가지는 경우, 이 포트폴리오의 표준편차에 대한 기대수익률의 기울기는 $\frac{6}{11} = \frac{5-11}{8-19}$인 직선으로 나타나고, w의 변화에

3 변수들이 정규분포인 경우에만 이들 간에 상관관계가 없으면 독립적이 된다.

도 영향을 받지 않는다. 사실 이 경우는 두 자산의 수익률이 정확하게 같이 움직이므로, 포트폴리오를 만들 때에는 동일한 하나의 자산으로 간주된다. 한편 $\rho_{1,2} = -1$가 되어 두 자산이 완벽한 부의 상관관계를 가지는 경우에는, $w = \frac{19}{27}$에서 포트폴리오 수익률의 표준편차는 0이 되고, w가 그보다 큰 경우에는 기울기가 $\frac{6}{27}$, 그리고 그보다 작은 경우에는 $-\frac{6}{27}$이 된다. 마지막으로 $\rho_{1,2} = 0$인 경우에는 $w\sigma_1^2 = (1-w)\sigma_2^2$가 되는 $w = \frac{361}{425}$인 점에서 최소 표준편차($\sigma_p = 7.37$)를 갖는 포물선 형태가 된다.

■ 분산투자의 효과(포트폴리오 효과)

[그림 4-1]은 자산 1과 자산 2의 상관계수 $\rho_{1,2}$의 값에 따라서 두 자산을 선형결합한 포트폴리오의 위험(표준편차)과 기대수익률의 조합을 나타내는 선들의 형태를 보여준다. 특정한 선 상의 점들은 자산 1에 대한 투자비중인 w가 변함에 따라 포트폴리오의 기대수익률과 표준편차가 어떻게 달라지는지를 보여주고 있다.

상관계수가 1인 경우에는 두 자산을 결합한 포트폴리오의 표준편차(위험)는 각 자산의 표준편차를 투자비중으로 가중평균한 값이 되고(즉, $\sigma_p = w\sigma_1 + (1-w)\sigma_2$), 두 자산을 이은 직선 상에 위치한다는 것을 알 수 있다.

한편, 상관계수가 1보다 작은 자산들을 결합한 포토폴리오의 기대수익률과 표준편차는 투자 비중에 따라 두 자산을 연결한 곡선 상에서 움직인다. 따라서, 투자비중으로 가중평균한 경우(즉, 두 자산을 잇는 직선상에 위치하는 경우)에 비하여 포트폴리오의 표준편차는 줄어든다. 이러한 현상은 상관계수가 1보다 작은 자산들을 결합함으로써 주어진 기대수익률하에서 위험을 감소시킬 수 있다는 것을 의미한다. 예를 들면, 기대수익률이 8%인 경우 아래 그림에서 보듯이 상관관계가 1보다 작은 자산들로 포트폴리오를 구성하면 위험(표준편차)을 줄일 수 있다. 또한, 감소되는 위험의 정도는 상관관계가 낮을수록 더 커진다는 것을 확인할 수 있다.

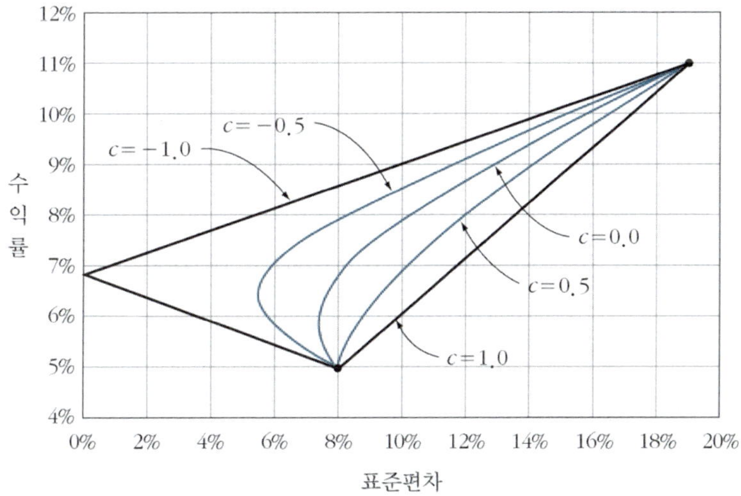

[그림 4-1] 두 자산 간의 상관관계에 따른 포트폴리오의 기대수익률과 표준편차의 변화

이러한 결과는 투자자들이 현재 보유중인 자산과 상관관계가 낮은 자산을 포트폴리오에 포함시킨다면, 기대수익률이 같더라도 위험이 더 낮은 포트폴리오를 만들 수 있다는 것을 의미한다. 즉, 지금 현재 보유하고 있는 포트폴리오와 낮은 상관관계를 가지는 자산이 더해질 경우, 이 자산을 포함하는 새로운 포트폴리오는 $\sigma - \mu$ 공간에서 왼편으로 확장된 위치에 존재하게 된다.

▶ 분산투자의 효과(포트폴리오 효과)
상관관계가 낮은 자산들로 포트폴리오를 만들어 분산투자를 할 경우 위험을 줄일 수 있다.

4.1.3 *N*개의 위험자산으로 구성된 포트폴리오

여기서는 위의 예를 더 일반화시켜서 수많은 위험자산들로 포트폴리오를 구성하는 경우를 살펴보자. 즉, N개의 위험자산으로 구성된 최적포트폴리오를 유도해 보고, 이 최적포트폴리오의 특성을 알아본다. 그리고 다음 절에서는 무위험자산이 추가되는 경우 최적포트폴리오가 어떻게 변하는지 설명한다.

N개의 위험자산으로 구성된 최적포트폴리오를 유도하기 위해서는 아래와 같은 정의와 가정들이 필요하다.

- N개의 위험자산 $i = 1, 2, \ldots, N$이 있다.
- 투자자는 투자자산의 비중을 나타내는 벡터 $\boldsymbol{w} = (w_1, w_2, \ldots, w_N)'$를 선택함으로써 포

트폴리오를 구성한다. 여기서, w_i는 투자자가 자신의 부 중에서 자산 i에 투자한 금액의 비율(가중치)을 의미하며, 따라서 $\sum_{i=1}^{N} w_i = 1$이 된다.[4]

- 확률 벡터 $\boldsymbol{r} = (r_1, r_2, \ldots, r_N)'$은 위험자산의 수익률을 나타낸다. 이 $\boldsymbol{r}$의 기대수익률 벡터와 분산-공분산행렬을 각각 $\boldsymbol{\mu}$와 $\boldsymbol{V}$라고 하면 이들은 다음과 같다.

$$\boldsymbol{\mu} = E(\boldsymbol{r})$$
$$\boldsymbol{V} = E[(\boldsymbol{r} - \boldsymbol{\mu})(\boldsymbol{r} - \boldsymbol{\mu})']$$

여기서, 분산-공분산행렬 $\boldsymbol{V}$는 $N \times N$인 **양정치 행렬(positive definite matrix)**이 된다.[5]

이러한 가정 하에서, 임의의 포트폴리오 p의 수익률은 $r_p = \boldsymbol{w}'\boldsymbol{r}(= \sum_{i=1}^{N} w_i r_i)$로 둘 수 있다. 이 포트폴리오의 기대수익률과 분산은 아래와 같다.

$$E(r_p) = \mu_p = \boldsymbol{w}'E(\boldsymbol{r}) = \boldsymbol{w}'\boldsymbol{\mu}(= \sum_{i=1}^{N} w_i \mu_i) \tag{4.7}$$
$$Var(r_p) = \boldsymbol{w}'\boldsymbol{V}\boldsymbol{w}(= \sum_{i=1}^{N} \sum_{j=1}^{N} w_i w_j \sigma_{ij})$$

4.1.3.1 최적포트폴리오(optimal portfolio) 유도

이제, 투자자가 직면한 포트폴리오 구성 문제를 정의한 후, 수학적으로 최적포트폴리오를 구해보자. 기대효용을 극대화시키려는 투자자라면, 포트폴리오의 기대수익률이 주어진 경우, 분산이 최소가 되는 포트폴리오를 구하려고 할 것이다. 즉, 포트폴리오의 기대수익률이 주어졌다면, 투자자는 포트폴리오 수익률의 분산이 최소화되도록 투자비중 $\boldsymbol{w}$를 결정할 것이다. 이러한 투자자의 문제는 아래의 최적화 문제를 푸는 것으로 표현된다.[6]

$$\min_{\mathbf{w}} \ \frac{1}{2}\boldsymbol{w}'\boldsymbol{V}\boldsymbol{w} \tag{4.8}$$
$$s.t. \ \ \mu_p = \boldsymbol{w}'\boldsymbol{\mu}$$
$$1 = \boldsymbol{w}'\boldsymbol{e}$$

여기서, $\boldsymbol{e} = (1,1,,,1)'$이다. 공매도(short sale)가 허용되는 것으로 가정하며, 따라서 자산 i에 대한 투자비중 w_i는 음수가 될 수 있다. 그리고, 포트폴리오들의 기대수익률의 범위에는

4 참고로, 이 책에서 행렬과 벡터는 굵은 글자로 표시하고, 확률변수는 기울임꼴로 나타낸다.

5 양정치행렬이란 임의의 벡터를 앞뒤로 곱하면 양의 실수가 되는 행렬이다. 즉, 0이 아닌 임의의 실수들로 구성된 벡터 $\boldsymbol{u}$에 대해서 $\boldsymbol{u}'\boldsymbol{B}\boldsymbol{u} > 0$이 성립하는 행렬 $\boldsymbol{B}$를 양정치 행렬이라고 한다.

6 여기서 포트폴리오의 분산 $\boldsymbol{w}'\boldsymbol{V}\boldsymbol{w}$앞에 있는 $\frac{1}{2}$은 별 의미가 없다. 이어지는 유도과정에서 볼 수 있듯이, $\boldsymbol{w}$에 대해 편미분할 경우 발생하는 상수 2를 상쇄시키기 위해서 넣은 숫자일 뿐이다.

제한이 없다.

이 최적화문제를 풀기 위해 라그랑지 승수인 λ와 v를 이용하여 **라그랑지안(lagrangian) 함수** L을 아래와 같이 구성해 보자.

$$\min_{\{\mathbf{w},\lambda,v\}} L = \frac{1}{2}\boldsymbol{w}'\boldsymbol{V}\boldsymbol{w} + \lambda(1 - \boldsymbol{w}'\boldsymbol{e}) + v(\mu_p - \boldsymbol{w}'\boldsymbol{\mu})$$

이 식에 대한 해를 $\mathbf{w}_p$로 표기할 경우, 이 식에 대한 1계 조건은 아래와 같다.

$$\frac{\partial L}{\partial \mathbf{w}} = \boldsymbol{V}\boldsymbol{w}_p - \lambda\boldsymbol{e} - v\boldsymbol{\mu} = \mathbf{0} \tag{4.9}$$

$$\frac{\partial L}{\partial \lambda} = 1 - \boldsymbol{w}_p'\boldsymbol{e} = 0$$

$$\frac{\partial L}{\partial v} = \mu_p - \boldsymbol{w}_p'\boldsymbol{\mu} = 0$$

단, $\mathbf{0} = (0,0,\ldots,0)'$이다. 여기서 $\boldsymbol{V}$는 양정치행렬이므로, 1계 조건은 전역 최적해(global optimum)를 위한 필요충분조건이 된다. 첫번째 1계 조건을 $\boldsymbol{w}_p$에 대해서 풀면 아래와 같다.

$$\boldsymbol{w}_p = \lambda\boldsymbol{V}^{-1}\boldsymbol{e} + v\boldsymbol{V}^{-1}\boldsymbol{\mu} \tag{4.10}$$

이렇게 계산된 $\boldsymbol{w}_p$는 **최적포트폴리오의 투자비중벡터**가 된다. 이제, $\boldsymbol{w}_p$를 (4.9)에 있는 다른 두 식에 대입하면, 아래의 연립방정식을 얻을 수 있다.

$$\mu_p = \lambda\boldsymbol{e}'\boldsymbol{V}^{-1}\boldsymbol{\mu} + v\boldsymbol{\mu}'\boldsymbol{V}^{-1}\boldsymbol{\mu}' \tag{4.11}$$

$$1 = \lambda\boldsymbol{e}'\boldsymbol{V}^{-1}\boldsymbol{e} + v\boldsymbol{e}'\boldsymbol{V}^{-1}\boldsymbol{\mu}$$

이를 라그랑지 승수 λ 와 v에 대해서 풀면, 아래와 같다.

$$v = \frac{A\mu_p - B}{AC - B^2} \tag{4.12}$$

$$\lambda = \frac{C - B\mu_p}{AC - B^2}$$

단,

$$A = \boldsymbol{e}'\boldsymbol{V}^{-1}\boldsymbol{e} \tag{4.13}$$

$$B = \boldsymbol{e}'\boldsymbol{V}^{-1}\boldsymbol{\mu}$$

$$C = \boldsymbol{\mu}'\boldsymbol{V}^{-1}\boldsymbol{\mu}$$

위 식 (4.13)의 정의를 이용하면, 식 (4.11)은 아래와 같다.

$$A\lambda + vB = 1 \tag{4.14}$$
$$B\lambda + vC = \mu_p$$

마지막으로, (4.12)를 (4.10)에 대입하면, 아래와 같이 최적포트폴리오 $\boldsymbol{w}_p$를 구할 수 있다.

$$\begin{aligned}\boldsymbol{w}_p &= \lambda \boldsymbol{V}^{-1}\boldsymbol{e} + v\boldsymbol{V}^{-1}\boldsymbol{\mu} \\ &= \frac{1}{AC - B^2}[C\boldsymbol{V}^{-1}\boldsymbol{e} - B\boldsymbol{V}^{-1}\boldsymbol{\mu}] + \frac{1}{AC - B^2}[A\boldsymbol{V}^{-1}\boldsymbol{\mu} - B\boldsymbol{V}^{-1}\boldsymbol{e}]\mu_p \\ &= \boldsymbol{g} + \boldsymbol{h}\mu_p\end{aligned} \tag{4.15}$$

여기서 $\boldsymbol{g} = \frac{1}{AC-B^2}[C\boldsymbol{V}^{-1}\boldsymbol{e} - B\boldsymbol{V}^{-1}\boldsymbol{\mu}]$이고, $\boldsymbol{h} = \frac{1}{AC-B^2}[A\boldsymbol{V}^{-1}\boldsymbol{\mu} - B\boldsymbol{V}^{-1}\boldsymbol{e}]$이다.

위 식 (4.15)의 $\boldsymbol{w}_p$는 식 (4.8) 최적화 문제의 해이므로, 기대수익률이 μ_p인 포트폴리오들 중에서 최소의 분산을 가지는 포트폴리오를 의미한다. 이를 투자선 상의 포트폴리오라고 부른다.

▶ 투자선 상의 포트폴리오(Frontier Portfolios)와 포트폴리오 투자선(Portfolio Frontier)

기대수익률이 동일한 포트폴리오들 중에서 분산이 가장 작은 포트폴리오인 $\boldsymbol{w}_p$를 **투자선 상의 포트폴리오**(frontier portfolio)라고 부르고, 각각의 기대수익률별로 이러한 포트폴리오들을 구하여 이은 곡선을 **포트폴리오 투자선**(portfolio frontier) 이라고 부른다.

참고로, 식 (4.12)에서 분모 $(AC - B^2)$가 양수임을 확인해 보자. 우선 $C(AC - B^2)$을 다음과 같이 변형할 수 있다.

$$C(AC - B^2) = (B\boldsymbol{\mu} - C\boldsymbol{e})\boldsymbol{V}^{-1}(B\boldsymbol{\mu} - C\boldsymbol{e}) > 0 \tag{4.16}$$

이 식은 항상 0보다 크다. 왜냐하면, $\boldsymbol{V}^{-1}$는 양정치 행렬이고 $(B\boldsymbol{\mu} - C\boldsymbol{e})$는 두 번 곱해지므로, $(B\boldsymbol{\mu} - C\boldsymbol{e})\boldsymbol{V}^{-1}(B\boldsymbol{\mu} - C\boldsymbol{e}) > 0$가 성립하기 때문이다. 따라서, 우변이 양이므로 좌변인 $C(AC - B^2)$도 양이어야 한다. 그런데, 식 (4.13)에서 $\boldsymbol{V}^{-1}$가 양정치 행렬이므로 C는 양수가 된다. 따라서 $AC - B^2$도 양수가 될 수밖에 없다.

4.1.3.2 투자선 상의 포트폴리오의 특징

투자선 상의 포트폴리오 $\boldsymbol{w}_p = \boldsymbol{g} + \boldsymbol{h}\mu_p$는 기대수익률이 0, 즉, $\mu_p = 0$이면 $\boldsymbol{w}_p = \boldsymbol{g}$가

되고, $\mu_p = 1$이면 $\boldsymbol{w}_p = \boldsymbol{g} + \boldsymbol{h}$가 된다. 그런데, 이 두 벡터 $\boldsymbol{g}$와 $\boldsymbol{h}$만을 이용해서 투자선 상의 모든 포트폴리오를 만들 수 있고, 따라서 전체 포트폴리오 투자선을 만들어낼 수 있다. 예컨대, 임의의 투자선 상의 포트폴리오를 q라고 두고, 그 기대수익률이 $E(r_q) = \mu_q$라고 하면, q의 포트폴리오 가중치의 집합인 $\boldsymbol{w}_q$는 $\boldsymbol{w}_q = \boldsymbol{g} + \boldsymbol{h}\mu_q$로 나타낼 수 있기 때문이다. 이에 관해서 자세히 살펴보자.

▶ 포트폴리오 투자선(Portfolio Frontier)의 특징

$\boldsymbol{\mu} \neq \boldsymbol{e}$라고 가정한다면, 투자선 상에 존재하는 임의의 두 포트폴리오를 이용해서 전체 포트폴리오 투자선을 만들 수 있다.

증명 상이한 두 개의 투자선 상의 포트폴리오를 p_1과 p_2로 두자. 또한, q를 임의의 투자선 상의 포트폴리오라고 하고, 이들의 기대수익률을 각각 μ_{p_1}, μ_{p_2}, μ_q라 하자. 이 경우, μ_{p_1}과 μ_{p_2}가 다르므로, 아래 식을 만족하는 유일한 실수 α가 존재한다.

$$\mu_q = \alpha\mu_{p_1} + (1-\alpha)\mu_{p_2}$$

이제, 포트폴리오 p_1, p_2에 대한 투자비율이 각각 α, $(1-\alpha)$인 포트폴리오를 생각해보자. 투자선 상의 포트폴리오를 가정했으므로 식 (4.15)를 사용하면, 이 새로운 포트폴리오의 투자비율은 아래와 같게 된다.

$$\begin{aligned}\alpha\boldsymbol{w}_{p_1} + (1-\alpha)\boldsymbol{w}_{p_2} &= \alpha(\boldsymbol{g} + \boldsymbol{h}\mu_{p_1}) + (1-\alpha)(\boldsymbol{g} + \boldsymbol{h}\mu_{p_2}) \\ &= \boldsymbol{g} + \boldsymbol{h}(\alpha\mu_{p_1} + (1-\alpha)\mu_{p_2}) \\ &= \boldsymbol{g} + \boldsymbol{h}\mu_q \\ &= \boldsymbol{w}_q\end{aligned}$$

이와 같이, 두 포트폴리오 p_1, p_2를 이용하여 임의의 투자선 상의 포트폴리오 $\boldsymbol{w}_q$를 만들 수 있으며, 이것은 결국 포트폴리오 투자선 전체를 만들 수 있음을 의미한다. *QED.*

위 증명은 투자선 상의 포트폴리오들을 임의로 선형결합(affine combination)하여 포트폴리오를 만들 경우, 그 포트폴리오도 여전히 투자선 상에 위치하게 된다는 것을 의미한다.[7]

---

7 affine combination은 가중치의 합이 1이 되는 선형 결합을 말한다. 여기서 가중치는 양수 혹은 음수도 가능하다. 따라서 affine combination은 매수와 공매도 모두가 가능한 경우로 볼 수 있다. 한편, 공매도가 허용이 되지 않는 상황에서는 모든 가중치가 양이 되어야 하는데, 이 경우 가중치의 합이 1이 되는 선형 결합을 볼록결합(convex combination)이라고 부른다.

■ 포트폴리오 투자선의 형태

한편, 투자선 상의 포트폴리오들로 이루어진 포트폴리오 투자선은 포물선 형태를 취한다. 이를 살펴보기 위해, 식 (4.10)을 식 (4.7)의 $\boldsymbol{w}$에 대입하면, 기대수익률이 μ_p로 주어졌을 때의 최소분산을 아래와 같이 구할 수 있다.

$$
\begin{aligned}
Var(r_p) &= \sigma_p^2 \qquad (4.17)\\
&= \boldsymbol{w}_p{}'\boldsymbol{V}\boldsymbol{w}_p \\
&= \boldsymbol{w}_p{}'\boldsymbol{V}(\lambda\boldsymbol{V}^{-1}\boldsymbol{e} + \upsilon\boldsymbol{V}^{-1}\boldsymbol{\mu}) \\
&= \lambda\boldsymbol{w}_p{}'\boldsymbol{e} + \upsilon\boldsymbol{w}_p{}'\boldsymbol{\mu} \\
&= \lambda + \upsilon\mu_p \\
&= \frac{C - B\mu_p}{AC - B^2} + \frac{A\mu_p - B}{AC - B^2}\mu_p \\
&= \frac{1}{AC - B^2}[A\mu_p^2 - 2B\mu_p + C]
\end{aligned}
$$

이 결과로부터, 포트폴리오 수익률의 분산(σ_p^2)은 기대수익률(μ_p)의 2차함수임을 확인할 수 있다. 그리고, 식 (4.16)을 통해 확인하였듯이 $A > 0$이고 $AC - B^2 > 0$이므로, 2차항의 계수는 양수가 된다. 따라서, 포트폴리오 수익률의 표준편차(σ_p)와 기대수익률은 표준편차-기대수익률의 공간에서 [그림 4-2]와 같은 포물선(쌍곡선의 일부) 형태로 나타나게 된다.

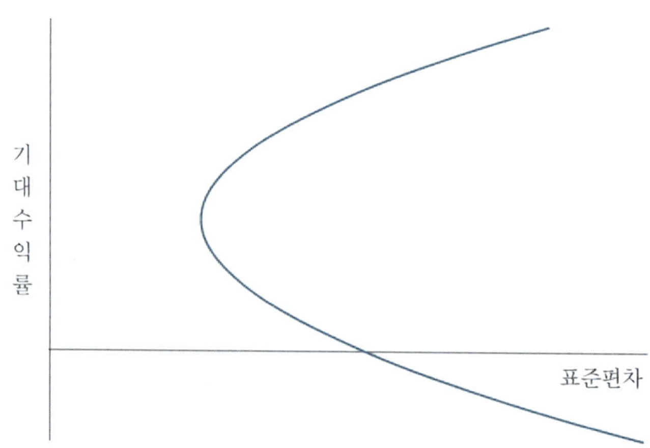

[그림 4-2] $\sigma - \mu$ 공간에서 포트폴리오 투자선의 형태

■ 투자기회집합

식 (4.15)의 최적포트폴리오는 2개 이상의 위험자산이 존재하는 경우 적용가능하다. N개의 위험자산 중 서로 다른 2개 이상의 위험자산들을 사용한다면 무한히 많은 최적포트폴리오들을 구성할 수 있다. 각각의 최적포트폴리오들의 수익률과 표준편차는 포트폴리오를 구성하는 자산들을 연결한 곡선 상에 위치한다. 이러한 최적포트폴리오들을 $\sigma - \mu$ 평면에 표시하면 [그림 4-3]과 같은 수많은 투자대상들을 나타낼 수 있다. 이렇게 투자가능한 모든 자산 및 포트폴리오의 집합을 **투자기회집합**(investment opportunity set)이라고 부른다.

수많은 포트폴리오들 중에서, 특정 기대수익률 하에서 위험(표준편차)이 가장 작은 포트폴리오들로 이루어진 곡선을 **포트폴리오 투자선**(portfolio frontier)이라고 부른다고 했다. 또한 이러한 포트폴리오들은 포트폴리오 투자선을 구성하기 때문에, **투자선 상의 포트폴리오**(frontier portfolio)라고도 부르며, [그림 4-3]에서는 각 기대수익률 별로 가장 좌측에 위치한 포트폴리오를 의미한다.

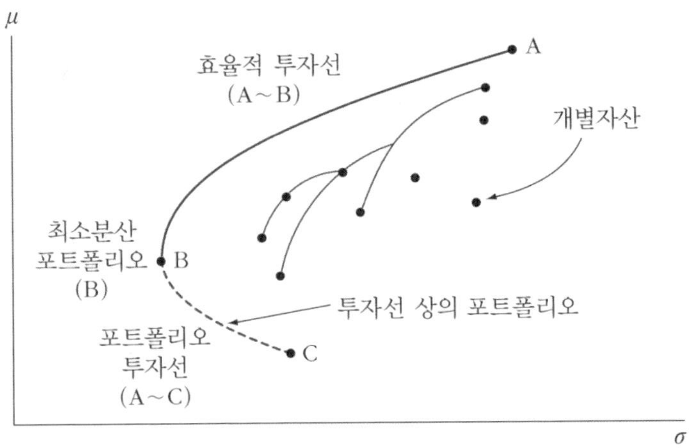

[그림 4-3] 투자기회집합, 포트폴리오 투자선 및 효율적 투자선

4.1.3.3 최소분산(GMV) 포트폴리오

투자선 상의 모든 포트폴리오들 중에서 분산이 가장 작은 포트폴리오를 **최소분산(global minimum variance, GMV) 포트폴리오**라고 부른다. [그림 4-3]에서는 포트폴리오 B가 GMV포트폴리오가 되는데, 여기서는 이 GMV포트폴리오의 특성을 살펴보기로 한다.

먼저 GMV 포트폴리오의 수익률을 $r_{gmv} = \boldsymbol{w}_{gmv}'\boldsymbol{r}$로 나타내기로 하자. 이 포트폴리오는

투자선 상에 있는 포트폴리오들 중에서 수익률의 분산(표준편차)이 가장 작은 포트폴리오이므로, 식 (4.17)의 분산이 최소화되는 조건, 즉, $\frac{d\sigma}{d\mu}=0$가 되는 조건으로 구할 수 있다. 즉,

$$\frac{d\sigma}{d\mu}=\frac{d\left(\sqrt{\frac{1}{AC-B^2}[A\mu_p^2-2B\mu_p+C]}\right)}{d\mu}$$
$$=\sqrt{\frac{1}{AC-B^2}}[A\mu_p^2-2B\mu_p+C]^{-1/2}[A\mu_p-B]=0$$

식 (4.16)에 의해 $A>0$이고 $AC-B^2>0$이기 때문에, μ_p^2에 대한 이차식 $[A\mu_p^2-2B\mu_p+C]$의 판별식은 음수가 되므로, 모든 μ_p에 대하여 $A\mu_p^2-2B\mu_p+C>0$이다. 따라서, 위 식이 성립하려면 $[A\mu_p-B]=0$이 되어야 하므로, 이 식을 만족하는 포트폴리오인 **GMV 포트폴리오의 기대수익률**(μ_{gmv})은 아래와 같다.

$$\mu_{gmv}=\frac{B}{A}$$

▶ 최소분산(GMV) 포트폴리오의 분산

최소분산 포트폴리오의 기대수익률은 $\mu_{gmv}=\frac{B}{A}$ 이므로, 식 (4.17)로부터 GMV 포트폴리오의 분산을 구하면 아래와 같다.

$$\begin{aligned}\boldsymbol{\sigma}_{gmv}^{2}&=\frac{1}{AC-B^2}[A\mu_{gmv}^2-2B\mu_{gmv}+C]\\&=\frac{1}{AC-B^2}[A\left(\frac{B}{A}\right)^2-2B\left(\frac{B}{A}\right)+C]\\&=\frac{1}{A}\end{aligned} \quad (4.18)$$

따라서, GMV 포트폴리오는 표준편차-기대수익률의 공간에서 $\left(\frac{1}{\sqrt{A}}, \frac{B}{A}\right)$에 위치한다.

그리고, $\mu_{gmv}=\frac{B}{A}$를 (4.12)에 대입하면 $\lambda=\frac{1}{A}$, $v=0$이 되므로, 이를 식 (4.15)에 대입하면 **GMV 포트폴리오의 투자비중 벡터**($\boldsymbol{w}_{gmv}$)를 아래와 같이 구할 수 있다.

$$\boldsymbol{w}_{gmv}=\frac{1}{A}\boldsymbol{V}^{-1}\boldsymbol{e}$$

여기서 GMV 포트폴리오의 투자비중 $\boldsymbol{w}_{gmv}$가 의미하는 바를 살펴보자. GMV 포트폴리오

내의 각 자산에 대한 투자비중은 $\boldsymbol{V}^{-1}\mathbf{e}$로서, 분산의 역수가 된다. 간단한 예를 들어, 자산 1과 자산 2가 있고, 이들의 분산과 공분산을 σ_1^2, σ_2^2, σ_{12}라고 하자. 이 두 자산으로 GMV 포트폴리오를 구성하기 위한 투자비중은 아래와 같다.

$$\boldsymbol{w}_{gmv}\left(=\begin{bmatrix} w_1^{gmv} \\ w_2^{gmv} \end{bmatrix}\right)=\frac{1}{A}\boldsymbol{V}^{-1}\mathbf{e}=\begin{bmatrix} \dfrac{\sigma_2^2-\sigma_{12}}{\sigma_1^2+\sigma_2^2-2\sigma_{12}} \\ \dfrac{\sigma_1^2-\sigma_{21}}{\sigma_1^2+\sigma_2^2-2\sigma_{12}} \end{bmatrix}$$

단, 위 식의 $\boldsymbol{V}^{-1}\mathbf{e}$ 와 A(식 (4.13) 참조)는 아래와 같다.

$$\boldsymbol{V}^{-1}\mathbf{e}=\begin{bmatrix} \sigma_1^2 & \sigma_{12} \\ \sigma_{21} & \sigma_2^2 \end{bmatrix}^{-1}\begin{bmatrix} 1 \\ 1 \end{bmatrix}=\frac{1}{\sigma_1^2\sigma_2^2-\sigma_{12}^2}\begin{bmatrix} \sigma_2^2-\sigma_{12} \\ \sigma_1^2-\sigma_{21} \end{bmatrix}$$

$$A=\boldsymbol{e}'\boldsymbol{V}^{-1}\boldsymbol{e}=[1\ 1]\begin{bmatrix} \sigma_1^2 & \sigma_{12} \\ \sigma_{21} & \sigma_2^2 \end{bmatrix}^{-1}\begin{bmatrix} 1 \\ 1 \end{bmatrix}=\frac{\sigma_1^2+\sigma_2^2-2\sigma_{12}}{\sigma_1^2\sigma_2^2-\sigma_{12}^2}$$

편의상 이 두 자산의 수익률 간의 공분산이 0이라고 가정해보자. 이 경우 $\boldsymbol{w}_{gmv}=\begin{bmatrix} \frac{\sigma_2^2}{\sigma_1^2+\sigma_2^2} & \frac{\sigma_1^2}{\sigma_1^2+\sigma_2^2} \end{bmatrix}'$가 되므로, 자산들간의 상대적인 분산의 크기가 커질수록 각 자산에 대한 투자비중은 작아진다는 것을 알 수 있다. 따라서 GMV 포트폴리오를 구성하는 개별 자산에 대한 투자비중은 분산이 작을수록 증가하고 반대로 분산이 커질수록 작아지게 된다. 이렇게 결정된 투자비중은 결국 GMV 포트폴리오의 분산이 투자선 상의 모든 포트폴리오 중에서 가장 작아지도록 만든다.

▶ 최소분산(GMV) 포트폴리오의 공분산

임의의 포트폴리오 p의 수익률 r_p와 GMV 포트폴리오의 수익률 r_{gmv} 간의 공분산은 GMV 포트폴리오의 분산과 동일하다. 즉,

$$Cov(r_{gmv}, r_p)=Var(r_{gmv})$$

증명 이에 대한 증명은 $\boldsymbol{w}_{gmv}=\frac{1}{A}\boldsymbol{V}^{-1}\boldsymbol{e}$ 와 식 (4.18)을 이용하면 간단하게 알 수 있다.

$$\begin{aligned} Cov(r_p, r_{gmv}) &= Cov(\boldsymbol{w}_p{}'\boldsymbol{r}, \boldsymbol{w}_{gmv}{}'\boldsymbol{r}) \\ &= \boldsymbol{w}_p{}'\boldsymbol{V}\boldsymbol{w}_{gmv} \\ &= \boldsymbol{w}_p{}'\boldsymbol{V}(\tfrac{1}{A}\boldsymbol{V}^{-1}\boldsymbol{e}) \\ &= \tfrac{1}{A}\boldsymbol{w}_p{}'\boldsymbol{e} \end{aligned} \qquad (4.19)$$

$$= \frac{1}{A}$$
$$= Var(r_{gmv}) \qquad QED.$$

이 정리에 의해, GMV 포트폴리오와 임의의 투자선 상의 포트폴리오 p에 대하여 각각 가중치 $1-w$와 w로 포트폴리오를 구성한다면, 이 포트폴리오의 분산은 아래와 같다.

$$\begin{aligned} Var(wr_p + (1-w)r_{gmv}) &= w^2\sigma_p^2 + 2w(1-w)Cov(r_p, r_{gmv}) + (1-w)^2\sigma_{gmv}^2 \\ &= w^2\sigma_p^2 + 2w(1-w)\sigma_{gmv}^2 + (1-w)^2\sigma_{gmv}^2 \\ &= w^2\sigma_p^2 + (1-w^2)\sigma_{gmv}^2 \end{aligned}$$

■ 효율적 포트폴리오와 효율적 투자선(efficient portfolios and frontier)

투자선 상의 포트폴리오 중에서 GMV 포트폴리오보다 기대수익률이 낮은 포트폴리오들은 지배이론에 의해서 투자대상이 될 수 없다. [그림 4-3]에서 보듯이 GMV 포트폴리오를 제외하고는 주어진 표준편차에 대해 항상 두 개의 투자선 상의 포트폴리오가 존재한다. 이 중 투자자는 당연히 더 높은 기대수익이 기대되는 포트폴리오를 선택한다. 따라서 투자가능한 자산은 GMV 포트폴리오의 기대수익률인 (B/A)보다 큰 기대수익률을 갖는 투자선 상의 포트폴리오들이며, 이들을 **효율적 포트폴리오(efficient portfolios)**라고 부른다. 그리고, 이러한 효율적 포트폴리오들로 구성된 투자선을 **효율적 투자선(efficient frontier)**이라고 부른다.

4.1.3.4 잘 분산된 포트폴리오(well-diversified portfolio)

최적포트폴리오의 투자비중벡터는 식 (4.10)을 사용하여 다음과 같이 나타낼 수도 있다.

$$\begin{aligned} \boldsymbol{w}_p &= \lambda \boldsymbol{V}^{-1}\boldsymbol{e} + v\boldsymbol{V}^{-1}\boldsymbol{\mu} \\ &= \lambda A(\frac{1}{A}\boldsymbol{V}^{-1}\boldsymbol{e}) + vB(\frac{1}{B}\boldsymbol{V}^{-1}\boldsymbol{\mu}) \\ &= \lambda A\boldsymbol{w}_{gmv} + vB\boldsymbol{w}_d \end{aligned}$$

단, $\boldsymbol{w}_d = \frac{1}{B}\boldsymbol{V}^{-1}\boldsymbol{\mu}$이다. 식 (4.14)에서 $\lambda A + vB = 1$이라 했으므로, λA와 vB를 각각 가중치 α와 $1-\alpha$로 두고 위 식에 대입하면, 최적포트폴리오의 투자비중 벡터는 다음과 같이 투자비중 $\boldsymbol{w}_d$로 구성된 포트폴리오와 GMV 포트폴리오와의 선형결합으로 나타낼 수 있다.

$$\boldsymbol{w}_p = \alpha\boldsymbol{w}_{gmv} + (1-\alpha)\boldsymbol{w}_d$$

여기서, 투자비중 벡터가 $\boldsymbol{w}_d$인 포트폴리오를 '**잘 분산된 포트폴리오(well-diversified portfolio)**'라

고 부르고, 그 기대수익률은 식 (4.13)을 사용해서 다음과 같게 된다.

$$\boldsymbol{\mu_d} = \boldsymbol{w_d}'\boldsymbol{\mu} = \left(\frac{1}{B}\boldsymbol{V}^{-1}\boldsymbol{\mu}\right)'\boldsymbol{\mu} = \left(\frac{\boldsymbol{V}^{-1}\boldsymbol{\mu}}{\mathbf{e}'\boldsymbol{V}^{-1}\boldsymbol{\mu}}\right)'\boldsymbol{\mu} = \frac{C}{B}$$

한편, 잘 분산된 포트폴리오를 구성하는 개별자산에 대한 투자비중인 $\boldsymbol{w}_d$는 $\boldsymbol{V}^{-1}\boldsymbol{\mu}$에 의하여 결정되는데, 여기에는 기대수익률 벡터 $\boldsymbol{\mu}$에 분산의 역행렬($\boldsymbol{V}^{-1}$)이 곱해져 있으므로 결국 잘 분산된 포트폴리오의 개별자산에 대한 투자비중은 각 자산의 기대수익률을 분산으로 나눈 값에 의해 결정된다는 것을 알 수 있다.

GMV 포트폴리오의 경우처럼 간단한 예를 들어, 자산 1과 자산 2가 있고, 이들의 기대수익률을 μ_1과 μ_2, 그리고 분산과 공분산을 σ_1^2, σ_2^2, σ_{12}로 나타내자. 이 경우 잘 분산된 포트폴리오의 투자비중은 아래와 같다.

$$\boldsymbol{w}_d\left(\equiv\begin{bmatrix}w_1^d\\w_2^d\end{bmatrix}\right) = \frac{1}{B}\boldsymbol{V}^{-1}\boldsymbol{\mu} = \begin{bmatrix}\dfrac{\sigma_2^2\mu_1-\sigma_{12}\mu_2}{\sigma_1^2\mu_2+\sigma_2^2\mu_1-\sigma_{12}\mu_2-\sigma_{21}\mu_1}\\ \dfrac{\sigma_1^2\mu_2-\sigma_{21}\mu_1}{\sigma_1^2\mu_2+\sigma_2^2\mu_1-\sigma_{12}\mu_2-\sigma_{21}\mu_1}\end{bmatrix}$$

단, 위 식의 $\boldsymbol{V}^{-1}\boldsymbol{\mu}$ 와 B(식 (4.13) 참조)는 아래와 같다.

$$\boldsymbol{V}^{-1}\boldsymbol{\mu} = \begin{bmatrix}\sigma_1^2 & \sigma_{12}\\ \sigma_{21} & \sigma_2^2\end{bmatrix}^{-1}\begin{bmatrix}\mu_1\\ \mu_2\end{bmatrix} = \frac{1}{\sigma_1^2\sigma_2^2-\sigma_{12}^2}\begin{bmatrix}\sigma_2^2\mu_1-\sigma_{12}\mu_2\\ \sigma_1^2\mu_2-\sigma_{21}\mu_1\end{bmatrix}$$

$$B = \mathbf{e}'\boldsymbol{V}^{-1}\boldsymbol{\mu} = [1\ 1]\frac{1}{\sigma_1^2\sigma_2^2-\sigma_{12}^2}\begin{bmatrix}\sigma_2^2\mu_1-\sigma_{12}\mu_2\\ \sigma_1^2\mu_2-\sigma_{21}\mu_1\end{bmatrix} = \frac{\sigma_1^2\mu_2+\sigma_2^2\mu_1-\sigma_{12}\mu_2-\sigma_{21}\mu_1}{\sigma_1^2\sigma_2^2-\sigma_{12}^2}$$

편의상 이 두 자산의 수익률 간의 공분산이 0이라고 가정해 보자. 이 경우 $\boldsymbol{w}_d = \left[\frac{\sigma_2^2\mu_1}{\sigma_1^2\mu_2+\sigma_2^2\mu_1} \quad \frac{\sigma_1^2\mu_2}{\sigma_1^2\mu_2+\sigma_2^2\mu_1}\right]'$가 되어 자산들 간의 상대적인 분산의 크기가 커질수록 각 자산에 대한 투자비중은 감소하지만, 기대수익률이 커질수록 투자비중은 증가하는 것을 알 수 있다. 따라서, 잘 분산된 포트폴리오를 구성하는 개별자산의 투자비중($\boldsymbol{w}_d$)은 개별자산의 기대수익률과 분산에 의하여 결정되는 반면, GMV 포트폴리오를 구성하는 개별자산에 대한 투자비중은 $\boldsymbol{V}^{-1}\mathbf{e}$로서 개별자산의 분산만 고려된다는 차이가 있다.

이제, 잘 분산된 포트폴리오와 관련된 뮤추얼펀드 정리를 살펴보도록 하자. 증명은 생략한다.

▶ 뮤추얼펀드 정리(mutual fund theorem)
주어진 기대수익률하에서 분산이 가장 작은 포트폴리오는 GMV 포트폴리오와 잘 분산된 포트폴리오(well-diversified portfolio)를 결합하여 만들 수 있다.

이 정리에서 중요한 점은, 이 두 포트폴리오를 구성하는 개별 자산들의 구성비율인 $\boldsymbol{w}_{gmv}$와 $\boldsymbol{w}_d$는 변하지 않는다는 것이다. 즉, 포트폴리오의 기대수익률 μ_p를 투자자가 원하는 수준으로 변경시키고자 하는 경우, GMV 포트폴리오에 대한 투자비중인 α(혹은 잘 분산된 포트폴리오에 대한 투자비중 $1-\alpha$)만 변경하면 되고, GMV나 잘 분산된 포트폴리오를 구성하는 개별 자산들의 구성비중을 수정할 필요는 없다. 따라서, 두 포트폴리오의 벡터 $\boldsymbol{w}_{gmv}$와 $\boldsymbol{w}_d$(혹은 이 두 포트폴리오)가 주어져 있는 경우, 우리는 α를 적절히 선택함으로써 기대수익률이 μ_p인 효율적 투자선 상의 포트폴리오를 만들 수 있다. 즉, 모든 투자자들은 오직 GMV 포트폴리오와 잘 분산된 포트폴리오에만 투자하되, 이 두 포트폴리오에 대한 투자비중은 개별 투자자들의 효용함수에 따라 각각 원하는 기대수익률에 부합하도록 정해진다는 것이다. 이를 **두 펀드 분리 정리(two fund separation theorem)**라고 부른다. 물론 여기서 두 펀드는 GMV 포트폴리오와 잘 분산된 포트폴리오를 의미한다.

4.1.3.5 제로-베타 포트폴리오(zero-beta portfolio)

제로-베타 포트폴리오는 무위험자산이 존재하지 않는 경우의 CAPM을 유도하기 위해서 Black (1972)에 의해 도입되었다. 우선 제로-베타 포트폴리오를 정의해 보자.

▶ 제로-베타 포트폴리오(zero-beta portfolio)의 정의
GMV 포트폴리오가 아닌 효율적 투자선 상의 임의의 포트폴리오 p에 대해, 이 포트폴리오의 수익률과의 공분산이 0이 되는 투자선 상의 포트폴리오 z가 반드시 존재한다. 이 포트폴리오 z를 포트폴리오 p에 대한 **제로-베타 포트폴리오**라고 부른다.

제로-베타 포트폴리오를 구체적으로 살펴보자. 먼저, 효율적 투자선 상의 포트폴리오 p의 수익률을 r_p라 하고, 이 수익률과의 공분산이 0인 투자선 상에 존재하는 포트폴리오 z의 수익률을 r_z라 하자. 이 두 포트폴리오의 수익률 간의 공분산은 아래와 같다.[8]

8 이 식의 유도과정에서, 먼저 임의의 상수인 a, b와 확률변수 X, Y가 있을 때, $Cov(aX, bY) = abCov(X, Y)$가 됨을 이용하였다. 그리고, 투자선 상의 포트폴리오는 우리가 앞서 식 (4.10)에서 구했던 최적포트폴리오이므로, 이들의 투자비중벡터는 식 (4.10)인 $\mathbf{w}_p = \lambda_p \mathbf{V}^{-1}\mathbf{e} + \upsilon_p \mathbf{V}^{-1}\boldsymbol{\mu}$이다.

$$
\begin{aligned}
Cov(r_p, r_z) &= Cov(\mathbf{w}_p{}'\mathbf{r}, \mathbf{w}_z{}'\mathbf{r}) \\
&= \mathbf{w}_p{}'\mathbf{V}\mathbf{w}_z \\
&= \mathbf{w}_p{}'\mathbf{V}(\lambda_z \mathbf{V}^{-1}\mathbf{e} + v_z \mathbf{V}^{-1}\boldsymbol{\mu}) \\
&= \lambda_z \mathbf{w}_p{}'\mathbf{e} + v_z \mathbf{w}_p{}'\boldsymbol{\mu} \\
&= \lambda_z + v_z \mu_p \\
&= \frac{C - B\mu_z}{AC - B^2} + \frac{A\mu_z - B}{AC - B^2}\mu_p \\
&= \frac{A\mu_z\mu_p - B\mu_p - B\mu_z + C}{AC - B^2} = 0
\end{aligned}
$$

여기서, $v_z = \frac{A\mu_z - B}{AC - B^2}$ 그리고 $\lambda_z = \frac{C - B\mu_z}{AC - B^2}$ 이고, A, B, C는 식 (4.13)에서 정의하였다.

■ 제로-베타 포트폴리오의 기대수익률

식 (4.16)에서 본 바와 같이 $AC - B^2 > 0$이므로, 위에서 유도한 공분산을 0으로 만들기 위해서는 $A\mu_z\mu_p - B\mu_p - B\mu_z + C = 0$가 되어야 한다. 이를 풀면, 제로-베타 포트폴리오 z의 기대 수익률은 다음과 같다.

$$
\mu_z = \frac{B\mu_p - C}{A\mu_p - B} \tag{4.20}
$$

이 식에서 $A\mu_p = B$만 아니라면, 효율적 투자선 상의 포트폴리오 p에 상응하는 제로-베타 포트폴리오가 반드시 존재하고, 그 제로-베타 포트폴리오 z의 기대수익률은 식 (4.20)과 같다. 반면, $A\mu_p = B$인 포트폴리오는 앞에서 설명했듯이 GMV 포트폴리오인데, 이 경우에는 위 식의 분모가 0이 되므로 GMV 포트폴리오는 제로-베타 포트폴리오를 갖지 못한다.

■ 제로-베타 포트폴리오의 특징

제로-베타 포트폴리오는 두 가지 흥미로운 특징을 가지고 있다. 첫째는 제로-베타 포트폴리오가 항상 비효율적 포트폴리오라는 점이다.

▶ 제로-베타 포트폴리오는 비효율적인 포트폴리오이다.

증명 식 (4.20)을 아래와 같이 변형해 보자.

$$\mu_z = \frac{B}{A} - \frac{(AC - B^2)/A^2}{\mu_p - B/A} \tag{4.21}$$

이 식에서, $AC - B^2 > 0$ (∵식 (4.16))이고, 포트폴리오 p는 효율적 투자선 상에 있기 때문에 그 수익률은 GMV 포트폴리오의 수익률보다 더 높으므로 $\mu_p - B/A > 0$이 된다. 따라서, $\frac{(AC-B^2)/A^2}{\mu_p - B/A} > 0$이 되므로, 다음과 같이 μ_z가 μ_{gmv}보다 작다는 결과를 얻게 된다.

$$\mu_z < \frac{B}{A} = \mu_{gmv} \qquad QED.$$

▶ **효율적 투자선 상에 있는 임의의 포트폴리오 $\boldsymbol{p}$에 접하는 접선이 $\boldsymbol{\mu}$축과 만나는 절편값이 제로-베타 포트폴리오의 기대수익률 $\boldsymbol{\mu_z}$가 된다.**

증명 먼저 식 (4.17)을 σ_p와 μ_p에 대해서 전미분하면, 아래의 식을 얻을 수 있다.

$$\begin{aligned} d\sigma_p &= \frac{1}{2\sigma_p}\frac{[2A\mu_p - 2B]}{AC - B^2} d\mu_p \\ \Leftrightarrow \quad \frac{d\mu_p}{d\sigma_p} &= \frac{\sigma_p(AC - B^2)}{A\mu_p - B} \end{aligned} \tag{4.22}$$

이 식은 $\sigma - \mu$ 공간에서 포트폴리오 투자선에 대한 접선의 기울기를 의미한다. 이를 이용하여 이 접선의 μ축 절편을 아래와 같이 구할 수 있다.

$$\begin{aligned} \mu_p - \frac{d\mu_p}{d\sigma_p}\sigma_p &= \mu_p - \frac{\sigma_p(AC - B^2)}{A\mu_p - B}\sigma_p \\ &= \frac{\mu_p(A\mu_p - B) - A\mu_p^2 + 2B\mu_p - C}{A\mu_p - B} \\ &= \frac{B\mu_p - C}{A\mu_p - B} \\ &= \mu_z \qquad QED. \end{aligned}$$

■ $\sigma - \mu$ 공간에서 제로-베타 포트폴리오의 위치

제로-베타 포트폴리오의 기대수익률은 포트폴리오 p의 접선의 절편에 해당하는 μ_z임을 확인했으니, 이제 기대수익률이 μ_z인 제로-베타 포트폴리오를 $\sigma - \mu$ 공간에서 찾아보자. 기대수익률이 μ_z인 점에서 출발하여 σ축과 평행하게 그은 직선인 $\overline{\mu_z Z}$의 위에 위치한 투자선 상의 포트폴리오 Z가 제로-베타 포트폴리오이며, 그 기대수익률은 μ_z이다.

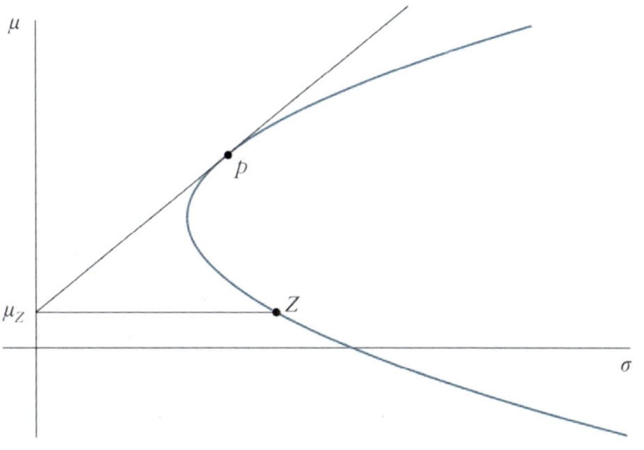

[그림 4-4] $\sigma - \mu$ 공간에서 포트폴리오 p와 이에 상응하는 제로베타포트폴리오 z

■ $\sigma^2 - \mu$ 공간에서의 제로-베타 포트폴리오

$\sigma - \mu$ 공간에서는 포트폴리오 p의 접선의 절편이 제로-베타 포트폴리오의 기대수익률이었으나, $\sigma^2 - \mu$ 공간에서는 포트폴리오 p와 GMV 포트폴리오를 지나는(가중평균해서 만든) 직선의 절편이 제로-베타 포트폴리오의 기대수익률이다. 즉, [그림 4-5]의 $\sigma^2 - \mu$ 공간에서는 투자선 상의 임의의 포트폴리오 p와 GMV 포트폴리오를 지나는 직선의 μ축 절편이 μ_z이다.

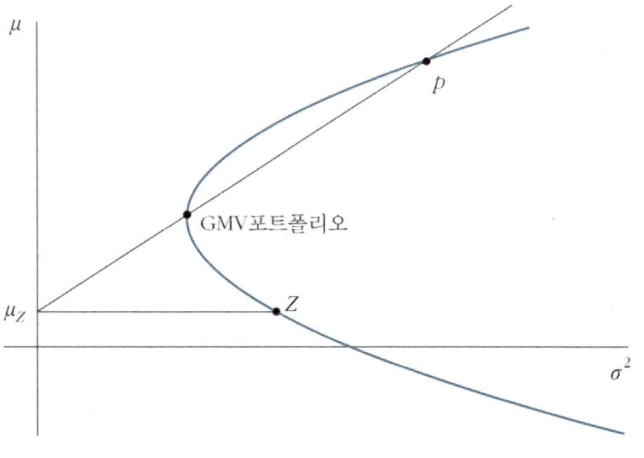

[그림 4-5] $\sigma^2 - \mu$공간에서 포트폴리오 p와 이에 상응하는 제로베타포트폴리오

■ 비효율적 포트폴리오에 대한 제로-베타 포트폴리오

이제, 투자선 상의 포트폴리오가 아닌 임의의 비효율적 포트폴리오 q에 대한 제로-베

타 포트폴리오에 대해서 살펴보자. 이에 대한 결과들을 아래와 같이 정리할 수 있다.[9]

- 포트폴리오 투자선 상에 있지 않는 임의의 포트폴리오를 q라고 하면, q와 GMV 포트폴리오를 지나는 직선이 μ축과 마주치는 절편은 q와의 공분산이 0인 제로-베타 포트폴리오인 q_z의 기대수익률과 같다.
- 제로-베타 포트폴리오 q_z는 포트폴리오 q와 GMV 포트폴리오의 선형결합이다.
- 투자선 상의 포트폴리오 두 개를 선형결합하면 투자선 상에 위치하게 되므로, 포트폴리오 q와 GMV 포트폴리오의 모든 선형결합은 q와 GMV 포트폴리오로부터 만들어진 포트폴리오 투자선 상에 위치한다.
- 임의의 포트폴리오 q의 기대수익률은 투자선 상의 포트폴리오 p의 기대수익률과 그의 제로-베타 포트폴리오 z의 기대수익률을 가중치 β_{qp}와 $1-\beta_{qp}$로 선형결합한 형태로 나타낼 수 있다. 단, $\beta_{qp} = Cov(r_q, r_p)/\sigma_p^2$이다. 즉, $\mu_q = \beta_{qp}\mu_p + (1-\beta_{qp})\mu_z$가 된다.

4.2 위험자산과 무위험자산으로 구성된 최적포트폴리오

여태까지 우리는 무위험자산이 존재하지 않을 때의 최적포트폴리오를 살펴보았다. 여기서는 무위험자산이 존재하는 경우를 살펴본다. 무위험자산이란 미래 현금흐름에 불확실성이 없는 자산을 의미한다. 즉, 현재 시점에서 미래의 수익률을 확실히 알 수 있는 자산이므로, 미래 수익률의 분산이 0이다. 예를 들어, 정부 발행 단기 국채는 원리금 지급이 확실하기 때문에 무위험자산으로 간주한다.

4.2.1 무위험자산이 존재할 때의 최적포트폴리오

N개의 위험자산과 하나의 무위험자산이 존재할 때, 투자자가 직면한 최적포트폴리오 구성 문제를 정의한 후, 행렬식을 이용하여 최적포트폴리오를 구해보자. 기본적인 가정은 앞서 살펴본 무위험자산이 존재하지 않는 경우와 동일하다.

- N개의 위험자산($i = 1,2,\ldots,N$)과 한 개의 무위험자산이 존재한다.
- 투자자는 위험자산 투자비중 벡터 $\boldsymbol{w} = (w_1, w_2, \ldots, w_N)'$를 선택함으로써 포트폴리오를 구성한다. 단, w_i는 위험자산 i에 투자하는 비율을 의미한다. 따라서, $1-\sum_{i=1}^{N} w_i$는 무위험자산에 투자한 비율이다.
- 벡터 $\boldsymbol{r} = (r_1, r_2, \ldots, r_N)'$은 모든 위험자산들의 수익률을 의미하고, r_f는 무위험자산의

---

9 이에 대한 증명은 Roll (1977)을 참조하기 바란다.

수익률을 의미한다.

이제 $N+1$개의 자산으로 구성된 투자선 상의 포트폴리오를 p라고 해 보자. 이 포트폴리오에 포함된 위험자산들에 대한 투자비중은 벡터 $\boldsymbol{w}_p$로 두자. 모든 위험자산들의 수익률 벡터를 $\boldsymbol{r}$, 그리고 기대수익률 벡터와 분산-공분산 행렬은 각각 $\boldsymbol{\mu}$와 $\boldsymbol{V}$로 표시하자. 즉, $\boldsymbol{\mu} = E(\boldsymbol{r})$이고, $\boldsymbol{V} = E[(\boldsymbol{r}-\boldsymbol{\mu})(\boldsymbol{r}-\boldsymbol{\mu})']$로 정의한다.

이 포트폴리오의 수익률을 r_p라고 하면, $r_p = (1-\boldsymbol{w}'\boldsymbol{e})r_f + \boldsymbol{w}'\boldsymbol{r}$로 표시할 수 있다. 그리고, 이 포트폴리오의 분산은 $\boldsymbol{w}'\boldsymbol{V}\boldsymbol{w}$로 나타낼 수 있다. 단, $\boldsymbol{e} = (1,1,\dots,1)'$이다.

■ 최적포트폴리오의 투자비중($\boldsymbol{w}_p$)

이 경우, 최적포트폴리오 투자비중 $\boldsymbol{w}_p$는 아래의 최적화 문제의 해가 된다.

$$\min_{\mathbf{w}} \ \frac{1}{2}\boldsymbol{w}'\boldsymbol{V}\boldsymbol{w} \tag{4.23}$$
$$s.t. \ \ E(r_p) = \mu_p = \boldsymbol{w}'\boldsymbol{\mu} + (1-\boldsymbol{w}'\boldsymbol{e})r_f$$

라그랑지 승수 λ를 이용하여 위 문제에 대한 라그랑지안 함수 L을 아래와 같이 설정한다.

$$\min_{\{\mathbf{w},\lambda\}} \ L = \frac{1}{2}\boldsymbol{w}'\boldsymbol{V}\boldsymbol{w} + \lambda(\mu_p - \boldsymbol{w}'\boldsymbol{\mu} - (1-\boldsymbol{w}'\boldsymbol{e})r_f)$$

위 식에 대한 필요충분조건은 아래와 같다. 단, $\mathbf{0} = (0,0,\dots,0)'$.

$$\frac{\partial L}{\partial \mathbf{w}} = \boldsymbol{V}\boldsymbol{w}_p - \lambda\boldsymbol{\mu} + \lambda r_f\boldsymbol{e} = \mathbf{0} \tag{4.24}$$

$$\begin{aligned}\frac{\partial L}{\partial \lambda} &= \mu_p - \boldsymbol{w}'\boldsymbol{\mu} - (1-\boldsymbol{w}'\boldsymbol{e})r_f \\ &= \mu_p - r_f - \boldsymbol{w}'(\boldsymbol{\mu} - r_f\boldsymbol{e}) = 0\end{aligned} \tag{4.25}$$

식 (4.24)를 $\boldsymbol{w}_p$에 대해서 정리하면,

$$\boldsymbol{w}_p = \lambda\boldsymbol{V}^{-1}(\boldsymbol{\mu} - r_f\boldsymbol{e}) \tag{4.26}$$

이 식을 식 (4.25)에 대입하면 아래의 식을 얻을 수 있다.

$$\begin{aligned}\mu_p - r_f &= \lambda(\boldsymbol{\mu} - r_f\boldsymbol{e})'\boldsymbol{V}^{-1}(\boldsymbol{\mu} - r_f\boldsymbol{e}) \\ &= \lambda(\boldsymbol{\mu}'\boldsymbol{V}^{-1}\boldsymbol{\mu} - r_f\boldsymbol{e}'\boldsymbol{V}^{-1}\boldsymbol{\mu} - r_f\boldsymbol{\mu}'\boldsymbol{V}^{-1}\boldsymbol{e} + r_f^2\boldsymbol{e}'\boldsymbol{V}^{-1}\boldsymbol{e}) \\ &= \lambda\left(C - 2r_f B + r_f^2 A\right)\end{aligned} \tag{4.27}$$

단, 여기서 A, B, C 는 식 (4.13)과 동일하며 다음과 같다.

$$\begin{aligned} A &= \boldsymbol{e}'\boldsymbol{V}^{-1}\boldsymbol{e} \\ B &= \boldsymbol{e}'\boldsymbol{V}^{-1}\boldsymbol{\mu} \\ C &= \boldsymbol{\mu}'\boldsymbol{V}^{-1}\boldsymbol{\mu} \end{aligned} \tag{4.28}$$

식 (4.27)을 λ에 대해 정리하면,

$$\lambda = \frac{\mu_p - r_f}{C - 2r_f B + r_f^2 A}$$

이고, 이를 식 (4.26)에 대입하면,

$$\boldsymbol{w}_p = \boldsymbol{V}^{-1}(\boldsymbol{\mu} - r_f \boldsymbol{e})\frac{\mu_p - r_f}{C - 2r_f B + r_f^2 A} \tag{4.29}$$

여기서, 식 (4.29)의 분모는 $\left(\sqrt{C} - r_f\sqrt{A}\right)^2 + 2r_f\left(\sqrt{AC} - B\right)$로 변형할 수 있는데, $AC > B^2$ (식 (4.16) 참조)이므로 분모는 항상 양수이다. 그리고, 분자의 $\mu_p - r_f$도 항상 양수인데, 그 이유는 투자자가 위험을 회피하려는 경향이 있을 경우 위험 프리미엄으로 인해 위험자산에 대한 기대수익률은 무위험자산의 수익률보다 항상 크기 때문이다.

■ 최적포트폴리오의 분산과 기대수익률

이제, 식 (4.29)의 결과를 이용하여 최적포트폴리오 p의 분산을 계산해 보자.

$$\begin{aligned} Var(r_p) &= \sigma_p^2 \\ &= \boldsymbol{w}_p{}'\boldsymbol{V}\boldsymbol{w}_p \\ &= \left(\frac{\mu_p - r_f}{C - 2r_f B + r_f^2 A}\right)^2 (\boldsymbol{\mu} - r_f\boldsymbol{e})'\boldsymbol{V}^{-1}(\boldsymbol{\mu} - r_f\boldsymbol{e}) \\ &= \left(\frac{\mu_p - r_f}{C - 2r_f B + r_f^2 A}\right)^2 (C - 2r_f B + r_f^2 A) \\ &= \frac{(\mu_p - r_f)^2}{H} \end{aligned} \tag{4.30}$$

단, $H = C - 2r_f B + r_f^2 A > 0$이다. 위 식을 정리하면, 아래와 같은 최적포트폴리오의 기대수익률을 구할 수 있다.

$$\mu_p = \begin{cases} r_f + \sqrt{H}\sigma_p, & \text{if } \mu_p \geq r_f \\ r_f - \sqrt{H}\sigma_p, & \text{if } \mu_p < r_f \end{cases} \tag{4.31}$$

투자자가 위험을 회피하는 경향을 보이는 경우, 위험프리미엄으로 인해 위험자산으로 구성된 포트폴리오의 기대수익률이 무위험자산의 수익률보다 높아야 한다. 따라서 우리는 위 두 가지 경우 중에서 위험회피형 투자자에 대한 기대수익률은 $\mu_p = r_f + \sqrt{H}\sigma_p$가 더 적합한 것으로 볼 수 있다. 다음에 이어지는 포트폴리오 투자선에서 투자자가 위험회피형인 경우를 포함한 다양한 경우를 살펴보기로 한다.

4.2.2 포트폴리오 투자선(portfolio frontier)

위 식 (4.31)을 $\sigma - \mu$ 공간에서 생각해 보면, 위험자산과 무위험자산으로 구성된 포트폴리오 투자선의 형태는 σ_p가 0일 때의 점 (0, r_f)에서 출발하여 σ_p의 증가에 따른 기울기가 $\sqrt{H}$ 또는 $-\sqrt{H}$인 직선이다.

식 (4.30)의 양변을 전미분하면, 우리는 다음 식을 얻을 수 있다.

$$2\sigma_p d\sigma_p = 2\frac{\mu_p - r_f}{H}d\mu_p$$

$$\Leftrightarrow \quad \frac{d\mu_p}{d\sigma_p} = \frac{\sigma_p H}{\mu_p - r_f}$$

위 식의 양변에 $-\sigma_p$를 곱한 후 μ_p를 더하면, 아래의 식을 얻을 수 있다. 이 식으로부터, $\sigma - \mu$ 공간에서 최적포트폴리오 투자선의 접선이 μ축과 만나는 절편은 r_f가 된다는 것을 알 수 있다.

$$\begin{aligned} \mu_p - \frac{d\mu_p}{d\sigma_p}\sigma_p &= \mu_p - \frac{\sigma_p^2 H}{\mu_p - r_f} \\ &= \mu_p - (\mu_p - r_f) \\ &= r_f \end{aligned}$$

■ $r_f < \frac{B}{A}$ 인 경우의 효율적 투자선

이제, r_f를 GMV 포트폴리오의 기대수익률과 비교하여 식 (4.31)의 의미를 살펴보자. 첫째는 $r_f < \frac{B}{A}(= \mu_{gmv})$인 경우로, 일반적으로 가장 많이 설명되는 경우이다. 이 경우 포트폴리오 투자선은 [그림 4-9]와 같이 위쪽과 아래쪽으로 두 개의 반직선(half line)이 된다. 효

율적 투자선의 위쪽의 접점에 해당하는 포트폴리오를 e_u라고 두자. 이 경우 $r_f+\sqrt{H}\sigma_p$(위쪽 반직선) 상에 있는 포트폴리오들은 e_u와 r_f를 선형결합하여 투자한 경우다. 예를 들어, 포트폴리오 e_u보다 더 오른편 위쪽의 반직선은 무위험자산을 공매도한(무위험수익률로 차입한) 후 그 금액을 e_u에 투자한 경우라고 보면 된다. 한편 $r_f-\sqrt{H}\sigma_p$ 상의 포트폴리오들은 무위험자산보다 수익률은 낮으면서도 위험을 내포하고 있기 때문에, $r_f-\sqrt{H}\sigma_p$선 상에서는 무위험자산만이 유일한 효율적 포트폴리오가 된다. 따라서, 투자자들이 필요로 하는 것은 오로지 두 자산, 즉 위험자산으로 구성된 포트폴리오 e_u와 무위험자산뿐이다. 이를 **펀드-현금분리(two fund monetary separation)**라고 하는데, 다음 장에서 보다 상세히 설명하기로 한다. 중요한 것은 포트폴리오 e_u의 자산구성은 모든 투자자에게 동일하며, 이 구성은 투자자의 위험회피도가 변해도 달라지지 않는다는 점이다. 투자자별로 달라지는 것은 e_u와 무위험자산에 대한 투자비율뿐이다.

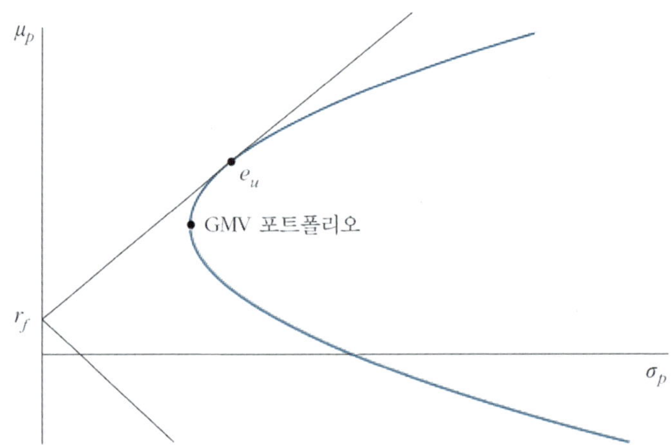

[그림 4-6] $r_f < \frac{B}{A}$ 인 경우의 효율적 투자선

■ $r_f = \frac{B}{A}$ 인 경우의 효율적 투자선

두 번째 경우는 무위험자산 수익률이 GMV 포트폴리오의 기대수익률과 같은 경우이다. 즉, $r_f=\frac{B}{A}$인 경우인데, 이 때는 위험자산에 대한 순투자는 없고, 무위험자산에 100% 투자를 하게 된다. 이를 확인하기 위해 식 (4.29)의 양변에 $\boldsymbol{e}'$를 곱하고 $r_f=\frac{B}{A}$임을 이용하면, 아래와 같이 위험자산에 대한 투자비율은 0이 된다. 이 경우의 효율적 투자선은 [그림 4-10]과 같다.

$$\boldsymbol{e}'\boldsymbol{w}_p = \boldsymbol{e}'\boldsymbol{V}^{-1}(\boldsymbol{\mu} - r_f\boldsymbol{e})\frac{\mu_p - r_f}{C - 2r_fB + r_f^2A}$$
$$= (B - r_fA)\frac{\mu_p - r_f}{C - 2r_fB + r_f^2A} = 0$$

그런데, $\boldsymbol{e}'\boldsymbol{w}_p = 0$인 경우라 해도 개별 위험자산에 대한 투자가 전혀 없다는 것을 의미하지는 않는다. 이 경우에도 투자자는 차익거래 포트폴리오(arbitrage portfolio)에 투자할 수도 있기 때문에, 순투자가 0이라고 해석하는 것이 바람직하다. 이 포트폴리오는 순투자가 없고 위험도 없으므로 그 수익률은 무위험자산의 수익률과 같아야 한다. 이에 대하여는 제 9장 차익거래이론에서 상세히 살펴보기로 한다.

한편, 이 포트폴리오는 제로-베타 포트폴리오를 갖지 못한다. 왜냐하면, 이 무위험 포트폴리오의 기대수익률이 $r_f = \frac{B}{A}$라면 이는 GMV 포트폴리오의 기대수익률과 동일한데, 이미 살펴본 바와 같이 GMV 포트폴리오에 대해서는 제로-베타 포트폴리오가 존재하지 않기 때문이다.

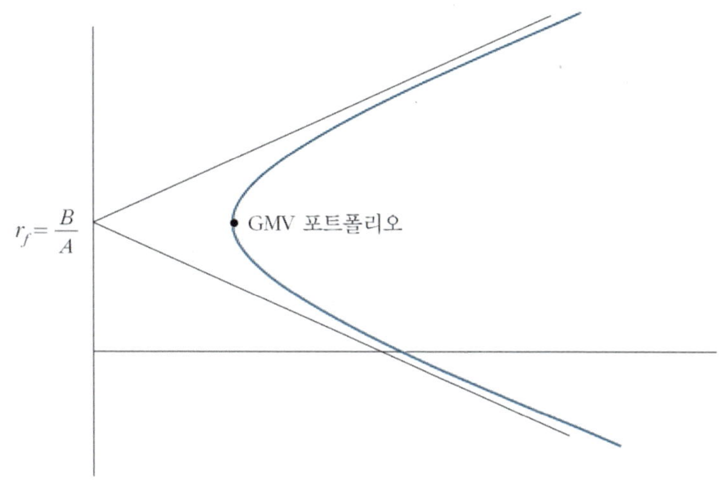

[그림 4-7] $r_f = \frac{B}{A}$ 인 경우의 효율적 투자선

■ $r_f > \frac{B}{A}$인 경우의 효율적 투자선

마지막으로, $r_f > \frac{B}{A}$인 경우를 살펴보자. 먼저, 투자선 상의 아래쪽의 접점에 해당하는 포트폴리오를 e_l이라고 두자. 그러면, $r_f + \sqrt{H}\sigma_p$는 모두 무위험자산에 투자한 경우를 의미한다. 반대로 $r_f - \sqrt{H}\sigma_p$인 경우는 포트폴리오 e_l과 무위험자산에 투자한 경우를 뜻하는데, 이런 투자는 무위험자산보다 위험은 크고 기대수익률은 낮으므로 존재할 수 없다.

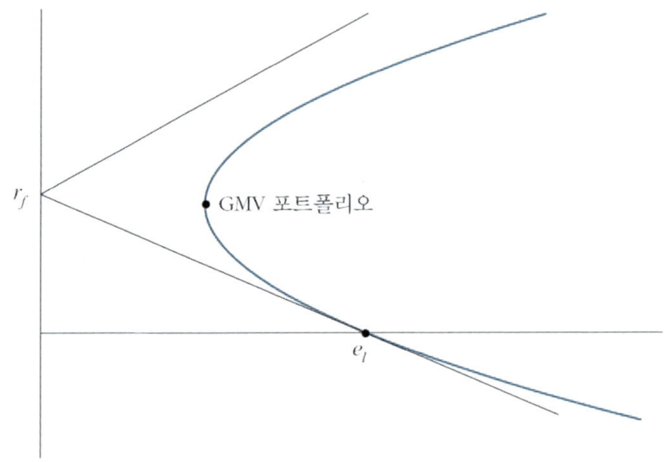

[그림 4-8] $r_f > \frac{B}{A}$ 인 경우의 효율적 투자선

4.3 평균-분산 분석과 효용함수

이 장에서 우리는 수익률의 평균과 분산(표준편차)을 이용하여 최적 포트폴리오를 구성하였다. 평균-분산분석은 효용함수가 2차함수인 경우 혹은 자산수익률이 정규분포를 따르는 경우에 적용할 수 있다. 왜냐하면, 2차효용함수는 수익률의 분포에 상관없이 오직 1차 및 2차 적률, 즉, 기대수익률과 분산만을 고려하기 때문이며, 정규분포는 투자자의 효용함수와 상관없이 평균과 분산만 고려되기 때문이다.

그런데, 일반적으로 다음과 같은 경우에도 평균-분산 분석의 결과가 유효하다.

- 투자자의 효용함수가 임의의 효용함수(u)이고, $u' > 0$, $u'' < 0$이며, $E(u)$는 유한하고 (finite), 수익률들은 다변량 정규분포, 더 일반적으로는 타원분포(elliptical distribution)를 따르는 경우, 평균-분산분석의 결과가 유효하다. 예를 들면 수익률이 t 분포를 따르는 경우이다.[10]
- 효용함수 u가 지수효용함수이고 자산수익률이 정규분포를 따를 경우, 평균-분산분석의 결과가 유효하다. 예를 들면, $u(W) = -exp(-\lambda W)$임을 가정하고, 위험 파라미터 λ는 0보다 크다고 가정해 보자. 만약, W 가 정규분포를 따른다면, $E(u(W)) = -exp(-\lambda E(W) +$

10 타원분포(elliptical distribution)는 다변량정규분포(multivariate normal distribution)를 일반화한 확률분포로서, 중간값 벡터(median vector) (평균이 존재하는 경우에는 평균값 벡터)와 양정치행렬(공분산 행렬이 존재한다면 이에 비례하는 행렬)에 의해 결정된다.

$\frac{\lambda^2}{2} var(W)$) 되므로, $E(u(W))$를 최대화시키는 것은 $E(W) - \frac{\lambda}{2} var(W)$를 최대화시키는 것과 동일하다. 이것은 기대수익률과 분산의 선형결합을 최대화시키는 것과 동일한 결과를 가져다 준다.

- 효용함수 u가 멱함수이고 자산수익률이 로그정규분포를 따를 경우, 평균-분산분석의 결과가 유효하다. 예를 들어, $u(W) = \frac{W^{1-\gamma}}{1-\gamma}$ 임을 가정해 보자. 만약, W가 로그정규분포를 따른다면, 정규분포를 따르는 W^*를 이용하여 $W = \exp(W^*)$로 표현할 수 있다. 따라서, $E(u(W)) = E[\frac{\exp((1-\gamma)W^*)}{1-\gamma}] = \frac{1}{1-\gamma} exp((1-\gamma)E(W^*) + \frac{(1-\gamma)^2}{2} var(W^*))$이므로, $\gamma > 1$인 경우 $E(u(W))$의 최대화는 $E(W^*) + \frac{1-\gamma}{2} var(W^*)$를 최대화시키는 것과 동일하다. 이것 또한 기대수익률과 분산의 선형결합을 최대화시키는 것이다.

4.4 실증 사례

여기서는 위험자산만을 이용하여 평균-분산 분석에 의한 최적포트폴리오를 실제로 구한 결과를 살펴보고, 평균-분산 분석의 특징과 한계점을 논의하고자 한다. 영국 런던국제증권거래소(LSE)에 상장된 시가총액 상위 100개의 우량주식으로 구성된 지수인 FTSE100 지수를 구성하는 주식 중 50개를 무작위로 선택해 보자. 이 경우, 식 (4.15)를 이용하여, 월간 기대수익률이 0.57%(연간 6.8%)인 포트폴리오를 구성하기 위한 최적투자비율을 계산해 보자.

아래 [그림 4-6]은 포트폴리오의 목표 월간 기대수익률이 세 가지(-4.11%, 0.57%, 5.77%)로 주어졌을 때, 목표수익률을 달성하기 위한 50개 주식별 투자비율을 보여준다. 투자비율들은 대부분 큰 양수(long position)이거나 큰 음수(short position)이기 때문에, 펀드규모가 크거나 혹은 유동성이 떨어지는 주식이 있는 경우에는 현실적으로 이런 포트폴리오를 구성하기는 힘들다.

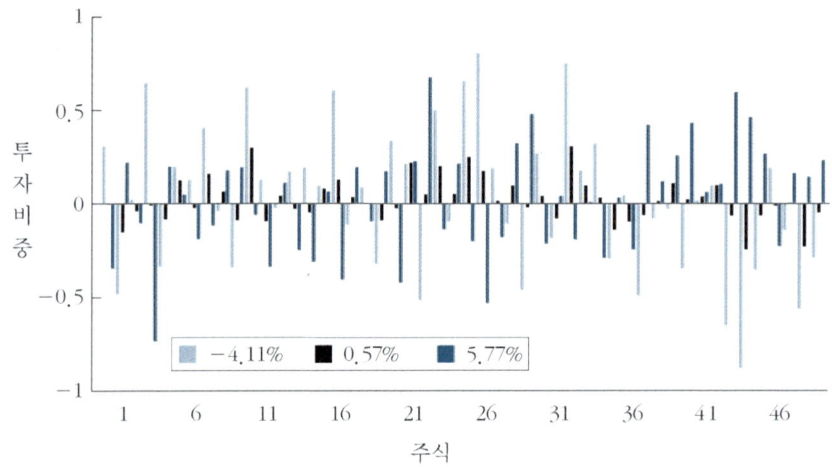

[그림 4-9] 주어진 월별수익률 하에서 계산된 최적포트폴리오 투자비중

한편, 투자비중의 절댓값을 합산함으로써 총 투자금액을 추산할 수 있다. 아래 [그림 4-7]에서는 주식종목별 투자비율이 매우 큰 양수나 음수가 되는 시점들이 나타난다. 심지어, 전체 투자금액이 원래 투자금액의 14배에 달하는 기간도 나타난다. 이 경우, 원래 투자금액을 1로 하였을 때, 7.5배의 long position과 6.5배의 short position이 최적포트폴리오가 되고, 전체 투자금액은 두 포지션의 합인 14배에 달하게 된다.

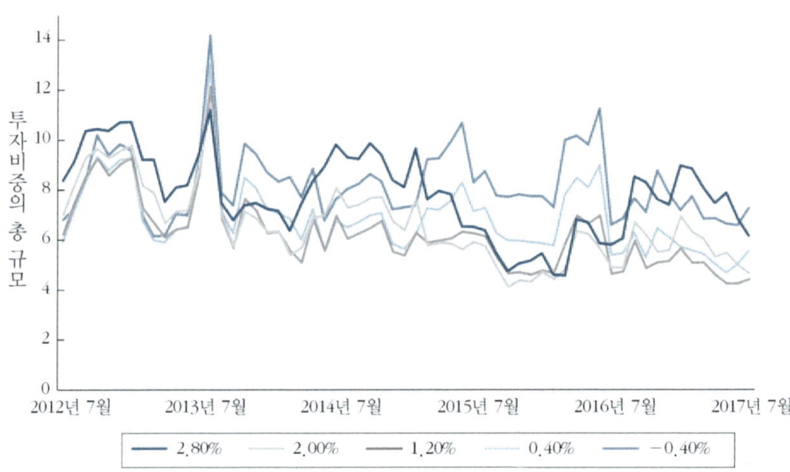

[그림 4-10] 주어진 월별수익률 하에서 계산된 투자비중의 총합

마지막으로 아래 그림은 매 월별로 최적 투자비율을 유지하기 위해 거래하여야 하는 금액을 보여주는데, 단 한달 만에 투자원금의 약 10배를 거래해야 하는 경우도 발생한다는 것을 볼 수 있다. 이러한 결과는 종목별 투자비율을 급격하게 바꾸어야 최적포트폴리오를 유지할 수 있다는 것을 의미한다.

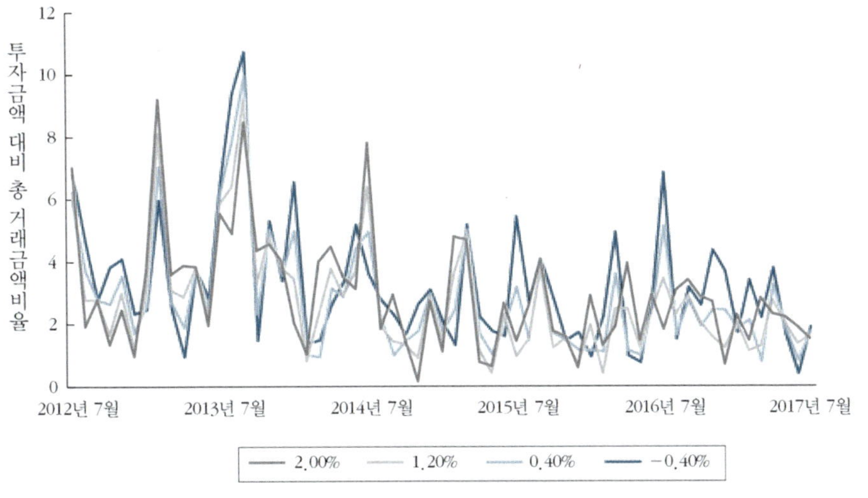

[그림 4-11] 주어진 월별수익률 하에서 계산된 거래금액비율

■ 평균-분산 분석의 한계

위의 실제 사례들은 평균-분산 분석의 결과를 실무에서 적용하기는 어렵다는 것을 보여준다. 이와 같이 평균-분산 분석에 의한 최적포트폴리오를 구성하고 유지하는 것이 비현실적인 이유로는 아래의 몇 가지를 들 수 있다.

(1) 평균-분산 분석은 기대수익률과 기대분산으로 분석하여야 한다. 그러나, 위 예에서처럼 과거 수익률을 사용하게 되면, 시시각각 변하는 시장에 대한 전망을 반영하기 어렵다. (2) 수익률의 평균과 분산은 시간에 따라 변한다. 그런데, 한 주식 종목의 평균과 분산이 갑자기 변하면, 그 종목뿐만 아니라 다른 종목들의 최적투자비율 또한 크게 변하게 된다. (3) 평균-분산 분석에서는 자산의 기대수익률과 공분산행렬을 사전에 알고 있다고 가정하나, 실제로는 이들에 대한 추정치에 추정오류가 포함되어 있어 최적투자비율이 크게 변할 수 있다. (4) 대부분의 자산 수익률은 평균-분산 분석에서 가정하는 정규분포가 아니다. 실제 수익률 분포는 정규분포 보다는 양쪽 꼬리 분포가 더 두꺼운(fat-tail) 모습을 보인다. (5) 기대수익률이 높은 소수의 자산에 최적투자비율이 과도하게 집중되는 결과가 나올 수 있어, 분산투자가 제대로 이루어지기 어렵다. (6) 최적투자비중은 입력데이터의 작은 변화에도

크게 변할 수 있다. 그리고, 수익률의 변동성이 커서 투자 비중 또한 크게 변동하는 것으로 나타난다.

4.5 블랙-리터만(Black-Litterman) 모형

평균-분산 분석은 투자자들의 효용함수가 2차함수를 따르거나 또는 수익률이 정규분포를 따른다는 가정하에 주어진 포트폴리오의 기대수익률에 대하여 분산(위험)이 가장 작은 포트폴리오를 제시한다. 이 방법은 직관적으로 이해하기 쉽고 분석 또한 용이하다는 장점이 있는 반면, 가정이 비현실적이라는 한계가 있을 뿐 아니라, 실무적으로도 활용하기가 어렵다. 이러한 문제점은 앞서 4.4절에서 설명한 것처럼, 지나치게 높은 레버리지, 높은 매매회전율(거래비용), 특정 자산에 치우친 투자비중 등으로 나타난다.

이러한 평균-분산 분석의 실무적 한계점을 보완하기 위한 방법 중 하나가 Black과 Litterman(1992)이 개발한 Black-Litterman모형이다. 이 모형에서는 시장에 내재된 기대수익률과 투자자의 시장전망을 결합하여 포트폴리오의 최적투자비중을 도출한다. 더 구체적으로는 시장의 기대수익률의 사전(prior) 분포를 가정하고, 베이지안 이론을 통해서 자산의 미래수익률에 대한 투자자의 주관적 전망(view)을 반영하여 사후(posterior) 기대수익률과 최적투자비율을 구한다. 이런 장점 때문에, Black-Litterman모형은 현재 실무에서 자산배분이나 포트폴리오 최적화를 위해 가장 보편적으로 사용되는 모형이다.

Black-Litterman모형은 다음과 같은 과정으로 구성된다.

(1) 시장의 모든 자산들로부터 시장에 관한 공통된 전망(consensus view)이 반영된 내재시장균형 기대수익률을 추출함.

(2) 자산의 미래 수익률에 대한 투자자의 주관적 전망을 집계한 시장전망 행렬을 구성함. 이 때, 불확실성 지표를 이용해서 투자자는 자신의 전망에 대한 확신의 정도를 반영함.

(3) 베이지안 이론을 이용하여 내재균형기대수익률에 시장전망 행렬을 반영함으로써 사후(posterior) 기대수익률과 최적투자비율을 결정함.

이제 Black-Litterman모형을 상세하게 살펴보자.

4.5.1 역최적화 방법을 이용한 시장균형 기대수익률 산출

현재 자산들의 시가총액에는 투자자들의 기대수익률이 반영되어 있으므로, Black-Litterman모형에서는 시가총액으로부터 투자자들의 기대수익률을 추출한다. 구체적으로, (1)

시장에서 관측된 자산별 시가총액비율, (2) 분산-공분산행렬, (3) 위험프리미엄을 이용해서 시가총액에 내재된(implied) 기대수익률을 역산하는 것이다. 이 방법을 역최적화 방법(reverse optimization process)이라 부르고, 이렇게 구한 기대수익률을 시장균형 기대수익률이라고 가정한다.

이를 보기 위해, 평균-분산 분석으로 구한 최적포트폴리오(식 (4.26))에 역최적화를 적용하여 내재 시장균형 기대수익률을 구해보자. 식 (4.26)은 아래와 같다.

$$\boldsymbol{w}_p = \lambda \boldsymbol{V}^{-1}(\boldsymbol{\mu} - r_f \boldsymbol{e})$$

여기서, λ는 라그랑지 승수, $\boldsymbol{\mu}$와 $\boldsymbol{V}$는 모든 위험자산들의 기대수익률 벡터와 분산-공분산행렬이고, $\boldsymbol{e} = (1,1,\dots,1)'$이다. Black-Litterman모형에 의하면, 투자자들이 평균-분산 분석에 따라 투자를 할 경우, 시장에서 형성된 자산별 시가총액비율은 최적투자비중($\boldsymbol{w}_p$)과 같다. 결과적으로 식 (4.26)은 자산별 시가총액비율이 시장균형기대수익률($\boldsymbol{\mu}$)을 반영하고 있다고 볼 수 있다. 따라서 위 식을 이용하면, 내재균형기대수익률은 아래와 같이 구할 수 있다.

$$\boldsymbol{\mu} = \lambda^{-1} \boldsymbol{V} \boldsymbol{w}_p + r_f \boldsymbol{e} \tag{4.32}$$

이 식의 $\boldsymbol{w}_p$는 시장에서 관측가능한 모든 위험자산들에 대한 시가총액비중 벡터이고, r_f는 단기국채 수익률이므로 둘다 쉽게 구할 수 있다. 아래에서는 λ^{-1}와 $\boldsymbol{V}$를 구하는 방법에 대하여 살펴보자.

■ λ^{-1} 추정

λ^{-1} 를 구하기 위해, 식 (4.32)의 양변에 $\boldsymbol{w}_p'$ 를 곱하여 시장포트폴리오의 수익률 ($r_M = \boldsymbol{w}_p'\boldsymbol{\mu}$)을 스칼라로 나타내면, 아래와 같이 λ^{-1}를 구할 수 있다.[11]

$$\begin{aligned} &\boldsymbol{w}_p'(\boldsymbol{\mu} - r_f \boldsymbol{e}) = \lambda^{-1} \boldsymbol{w}_p' \boldsymbol{V} \boldsymbol{w}_p \\ \Leftrightarrow \quad & r_M - r_f = \lambda^{-1}\sigma_M^2 \\ \Leftrightarrow \quad & \lambda^{-1} = \frac{r_M - r_f}{\sigma_M^2} \equiv \lambda^* \end{aligned}$$

이렇게 구한 λ^{-1}를 λ^*라고 두자. 이 식에 의하면, λ^*는 시장 전체의 분산에 대한 초과수익률의 비율이므로, 일종의 위험 프리미엄을 나타낸다. 한편, $(r - r_f)/\sigma$를 샤프(Sharpe) 비율

11 균형 하에서 포트폴리오 M은 시장포트폴리오와 동일하다. 이 두 포트폴리오 간의 관계에 대하여는 제5장에서 상세하게 설명할 예정이다. 한편, λ^{-1}를 특정한 값으로 제시한 연구도 있다(Bevan과 Winkelmann(1998), Black과 Litterman(1992)).

이라고 하므로, λ^*는 시장 전체의 샤프비율을 표준편차로 나눈 값이다.

■ shrinkage 방법을 이용한 공분산행렬 추정

공분산행렬 $\boldsymbol{V}$를 구하는 전형적인 방법은 과거 수익률 데이터를 수집하여 샘플 공분산 행렬을 계산하는 것이다. 예를 들어, N개의 자산의 수익률을 과거 T기간 동안 수집한 데이터로 $N(N-1)/2$개의 분산-공분산 값을 계산할 수 있다. 그런데 이 방법은 관측된 데이터로 공분산행렬을 쉽게 구할 수 있다는 장점이 있지만, 샘플 기간(T)이 자산의 숫자(N)보다 작을 경우, (1) 공분산 추정치($\widehat{\boldsymbol{V}}$)는 매우 큰 오차를 포함하고 있을 수 있고, 또한 더 심각한 문제는 (2) 공분산 추정치($\widehat{\boldsymbol{V}}$)의 역행렬은 존재하지 않는다는 것이다. 즉 $\widehat{\boldsymbol{V}}^{-1}$를 구할 수 없다. 예를 들어, 실무에서 과거 10년간의 월별 수익률데이터($T = 120$)로 수천 개의 개별 주식($N > 1{,}000$)의 공분산 행렬을 추정할 경우, 샘플공분산행렬인 $\widehat{\boldsymbol{V}}$을 구할 수는 있지만, 이 행렬의 역행렬을 구하기 위한 행렬식(determinant)이 0이 되므로 수학적으로 최적포트폴리오를 계산하는 것이 불가능하다.[12]

이 문제를 개선하기 위해 흔히 사용되는 방법은 shrinkage 방법이다.[13] 이 방법은 특정 요인(기업규모 등)을 사용하여 구조화시킨 공분산행렬($\boldsymbol{V_X}$)을 구한 후, 아래와 같이 기존의 샘플 공분산($\boldsymbol{V}$)과 가중평균하는 방식으로 shrinkage 공분산행렬($\boldsymbol{\Sigma}$)을 구한다.[14]

$$\boldsymbol{\Sigma} = \delta \boldsymbol{V} + (1-\delta)\boldsymbol{V_X}$$

여기서, δ는 축소상수(shrinkage constant)라고 부르고, shrinkage 공분산행렬($\boldsymbol{\Sigma}$)과 참(true) 공분산행렬 간의 차이를 손실함수(loss function)로 설정한 후 최소화시키는 방법으로 구한다.

■ 균형기대수익률 추정

앞서 구한 shrinkage 공분산행렬($\boldsymbol{\Sigma}$)과 역최적화 방법을 식 (4.32)에 적용하여 구한 내재 균형기대수익률($\boldsymbol{\mu}^*$)과 최적포트폴리오 구성비율($\boldsymbol{w}_p^*$)은 아래와 같다.

$$\begin{aligned} &\boldsymbol{\mu}^* = \lambda^* \boldsymbol{\Sigma} \boldsymbol{w}_p + r_f \boldsymbol{e} \\ \Leftrightarrow\ &\boldsymbol{w}_p^* = (\lambda^* \boldsymbol{\Sigma})^{-1}(\boldsymbol{\mu}^* - r_f \boldsymbol{e}) \end{aligned} \qquad (4.33)$$

12 이 경우 공분산행렬의 rank가 $rank(\widehat{\boldsymbol{V}}) = min(T, N) = T$가 되어 차원이 N인 공분산 행렬의 행렬식(determinant)은 0이 되므로 역행렬은 존재하지 않는다.

13 Ledoit과 Wolf(2003, 2004)를 참조하기 바란다. 이 방법은 블랙-리터만 모형에서 제시한 방법은 아니지만, 실무에서 활용되는 방법이므로 소개한다.

14 $\boldsymbol{V_X}$는 구조화되었으므로 추정할 모수의 갯수가 $\boldsymbol{V}$보다 적기 때문에 추정오차도 작다. 따라서 가중평균 방식으로 샘플공분산행렬 $\boldsymbol{V}$의 추정오차를 구조화된 공분산 행렬의 추정오차에 가까워지도록 축소시킨는 의미에서 축소(shrinkage) 방법이라고 부른다.

한편 Black-Litterman은 균형기대수익률의 분산이 분산-공분산행렬($\boldsymbol{\Sigma}$)에 임의의 비율(scale factor)인 τ를 곱한 것으로 가정하였다.[15] 따라서, 균형기대수익률은 아래와 같이 나타낼 수 있다.

$$\boldsymbol{\mu}^* = \lambda^* \boldsymbol{\Sigma} \boldsymbol{w}_p = \boldsymbol{\mu} + \boldsymbol{\varepsilon}_\Pi \tag{4.34}$$

단, 균형기대수익률의 오차항은 $\boldsymbol{\varepsilon}_\Pi \sim N(0, \tau\boldsymbol{\Sigma})$이고, $\boldsymbol{\mu}$는 우리가 알아내고자 하는 모수인 실제(true) 균형기대수익률이다. 따라서, 내재균형기대수익률의 분포는 $\boldsymbol{\mu}^* \sim N(\boldsymbol{\mu}, \tau\boldsymbol{\Sigma})$이다.

4.5.2 주관적 시장 전망의 집계

Black-Litterman모형은 시장에 형성된 자산의 시가총액비율에 투자자의 시장전망을 결합하여 최적투자비율을 결정하는 모형이다. 이 때, 앞에서 구한 내재균형기대수익률($\boldsymbol{\mu}^*$)의 분포를 사전(prior) 분포로 가정하고, 베이지안 이론을 통해서 투자자의 주관적인 전망을 반영하여 이 사전 분포를 수정한 사후(posterior) 분포를 구한다.

■ 투자자의 전망

이제, 투자자의 주관적인 시장 전망을 반영하기 위해, 시장전망들을 집계하는 행렬의 구성 방법을 살펴보자. 먼저, 시장 전망을 나타내는 방식은 두 자산을 서로 비교하여 수익률의 차이를 예상하는 상대적 전망과 특정한 자산의 수익률을 예상하는 절대적 전망으로 구분된다. 예를 들어, 4개의 자산 A, B, C, D에 대해서, 아래와 같이 미래 수익률에 관한 3개의 전망을 했다고 하자.

- 전망 1: 자산 B의 수익률은 자산 C의 수익률보다 0.5% 높을 것이다.
- 전망 2: 자산 D의 수익률은 1%로 예상된다.
- 전망 3: 자산 C의 수익률은 자산 A보다 3% 높을 것이다.

전망 1과 3은 상대적 전망이고, 전망 2는 절대적 전망이다. 이러한 시장전망을 집계하기 위해서는 아래와 같이 전망수익률 벡터 $\boldsymbol{Q}$(view vector)와 전망지정 행렬 $\boldsymbol{P}$(picking matrix)을 설정한다. 여기서 행은 전망(전망1~3)을 나타내고, 열은 자산(A~D)을 나타낸다. 먼저, $\boldsymbol{Q}$에는 각 전망별 수익률 예상치를 넣는다. 그리고, 행렬 $\boldsymbol{P}$는 전망 내용을 해당 자산에 할당하는 역

---

15 적절한 τ 값에 대한 명확한 기준은 없고, 선행연구에서는 주로 0.025~ 0.05 사이 값으로 제시하거나, $\tau = 1/T$ 또는 $\tau = 1/(T-N)$으로 calibration하기도 한다. 단, T는 샘플기간수, N은 자산의 개수다. 예컨대 5년간의 월별 데이터를 이용한다면, $\tau = 1/60$으로 설정할 수 있다. (He와 Litterman(1999), Walters(2014))

할을 하는데, 전망한 수익률 예상치가 양수이면 1, 음수이면 -1, 예상치가 없다면 0을 입력한다. 이 때, 1행과 3행처럼 상대적 전망을 입력한 행의 원소들의 합은 0이 되어야 한다. 따라서, 위의 3가지 전망을 반영한 $\boldsymbol{Q}$와 $\boldsymbol{P}$는 아래와 같다. 만약, 전망 내용이 확실하면, $\boldsymbol{Q} = \boldsymbol{P\mu}$가 성립하게 된다.

$$\boldsymbol{Q} = \begin{pmatrix} 0.5\% \\ 1\% \\ 3\% \end{pmatrix}, \qquad \boldsymbol{P} = \begin{pmatrix} 0 & 1 & -1 & 0 \\ 0 & 0 & 0 & 1 \\ -1 & 0 & 1 & 0 \end{pmatrix}$$

■ 전망에 대한 신뢰수준(불확실성)의 반영

그런데, 투자자가 생각하는 전망에 대한 신뢰수준(불확실성)은 각 전망별로 다를 수 있다. Black-Litterman은 이러한 전망의 신뢰수준을 반영하기 위해, 각각의 전망에 대한 불확실성을 나타내는 대각행렬인 전망오차행렬($\boldsymbol{\Omega}$)을 도입하였다. 이 행렬의 비대각 원소들이 0인 이유는 전망들이 서로 독립적임을 가정하기 때문이다.

$$\boldsymbol{\Omega} = \begin{pmatrix} \sigma_1^2 & 0 & 0 \\ 0 & \sigma_2^2 & 0 \\ 0 & 0 & \sigma_3^2 \end{pmatrix}$$

이 전망의 불확실성($\boldsymbol{\Omega}$)은 내재균형기대수익률의 변동성을 나타내는 분산-공분산행렬($\tau\boldsymbol{\Sigma}$)과 투자자가 생각하는 전망의 불확실 수준에 의해 결정된다. 만약, 내재균형기대수익률의 변동성이 커지거나 투자자가 전망에 대한 확신이 적으면 시장전망의 오차가 더 커지게 된다.

따라서, 투자자의 전망 수익률은 아래와 같이 전망 내용과 이에 관한 오차의 합으로 나타낼 수 있다.

$$\boldsymbol{Q} = \boldsymbol{P\mu} + \boldsymbol{\varepsilon}_Q \tag{4.35}$$

단, $\boldsymbol{\varepsilon}_Q \sim N(0, \boldsymbol{\Omega})$이고, 이는 전망 수익률의 오차항이다. 따라서, $\boldsymbol{Q} \sim N(\boldsymbol{P\mu}, \boldsymbol{\Omega})$가 된다.

4.5.3 블랙-리터만 기대수익률 산출

이제 시장전망을 이용하여 내재균형기대수익률을 조정하는 방법을 살펴보자. 이는 [그림 4-12]처럼, 균형기대수익률과 전망수익률을 결합하여 새로운 균형기대수익률을 구하는 것이다.

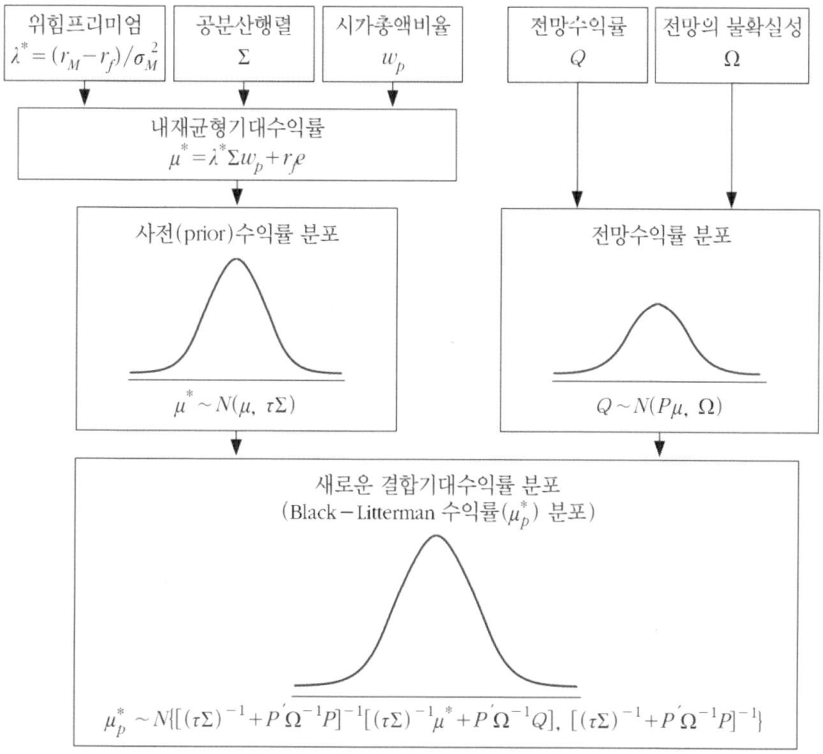

[그림 4-12] 균형기대수익률과 전망수익률의 결합

사전(prior) 균형기대수익률과 전망수익률을 결합하여 사후 균형기대수익률을 구하기 위해, 식 (4.34)와 (4.35)를 결합하여 아래와 같은 하나의 행렬식을 만든다.

$$\begin{pmatrix} \boldsymbol{\mu}^* \\ \boldsymbol{Q} \end{pmatrix} = \begin{pmatrix} \boldsymbol{I} \\ \boldsymbol{P} \end{pmatrix} \boldsymbol{\mu} + \begin{pmatrix} \boldsymbol{\varepsilon}_\Pi \\ \boldsymbol{\varepsilon}_Q \end{pmatrix} \tag{4.36}$$

위 식에서 $\boldsymbol{Y} = \begin{pmatrix} \boldsymbol{\mu}^* \\ \boldsymbol{Q} \end{pmatrix}$, $\boldsymbol{X} = \begin{pmatrix} \boldsymbol{I} \\ \boldsymbol{P} \end{pmatrix}$, $\boldsymbol{\varepsilon} = \begin{pmatrix} \boldsymbol{\varepsilon}_\Pi \\ \boldsymbol{\varepsilon}_Q \end{pmatrix}$라고 해보자. 단, $\boldsymbol{I}$는 항등행렬(Identity matrix)이고, $\boldsymbol{\varepsilon} \sim N(0, \boldsymbol{\Psi})$, $\boldsymbol{\Psi} = \begin{pmatrix} \tau\boldsymbol{\Sigma} & 0 \\ 0 & \boldsymbol{\Omega} \end{pmatrix}$이다. 이 회귀식 $\boldsymbol{Y} = \boldsymbol{X}\boldsymbol{\mu} + \boldsymbol{\varepsilon}$의 추정 오차를 최소화시키는 수익률 추정치($\boldsymbol{\mu}_p^*$)가 바로 Black-Litterman 기대수익률이다. 이는 균형기대수익률과 시장전망수익률에 대한 추정오차를 동시에 최소화시켜주는 기대수익률의 추정치이다. 이 수익률 추정치는 아래와 같이 일반화최소자승법(GLS; generalized least squares)으로 구할 수 있다.[16]

16 식 (4.36)처럼 관측치에 따라 추정오차의 분산이 달라지는 이분산(Heteroskedasticity)의 경우에는 GLS를 사용하여 불편추정량(BLUE)을 구한다. 혹은 $\boldsymbol{\mu}^*$와 $\boldsymbol{Q}$가 정규분포를 따를 경우 조건부분포(conditional distribution)을 구하여 계산할 수도 있다.

▶ Black-Litterman 사후기대수익률($\boldsymbol{\mu}_p^*$)과 사후기대수익률에 대한 분산($\boldsymbol{M}$)은 아래와 같다

$$\begin{aligned}\boldsymbol{\mu}_p^* &= [\,(\tau\boldsymbol{\Sigma})^{-1} + \boldsymbol{P}'\boldsymbol{\Omega}^{-1}\boldsymbol{P}\,]^{-1}\,[\,(\tau\boldsymbol{\Sigma})^{-1}\boldsymbol{\mu}^* + \boldsymbol{P}'\boldsymbol{\Omega}^{-1}\boldsymbol{Q}\,]\\ &= \boldsymbol{\mu}^* + \tau\boldsymbol{\Sigma}\boldsymbol{P}'[\,\boldsymbol{\Omega} + \boldsymbol{P}\tau\boldsymbol{\Sigma}\boldsymbol{P}'\,]^{-1}\,[\,\boldsymbol{Q} - \boldsymbol{P}\boldsymbol{\mu}^*\,]\end{aligned}$$

$$\boldsymbol{M} = [(\tau\boldsymbol{\Sigma})^{-1} + \boldsymbol{P}'\boldsymbol{\Omega}^{-1}\boldsymbol{P}]^{-1}$$

증명 일반화최소자승법으로 구한 $\boldsymbol{\mu}$의 추정치는 $\widehat{\boldsymbol{\mu}} = [\,\boldsymbol{X}'\boldsymbol{\Psi}^{-1}\boldsymbol{X}\,]^{-1}\,\boldsymbol{X}'\boldsymbol{\Psi}^{-1}\boldsymbol{Y}$ 이므로,

$$\begin{aligned}\boldsymbol{\mu}_p^* &= \left[(\boldsymbol{I}\ \ \boldsymbol{P})\begin{pmatrix}(\tau\boldsymbol{\Sigma})^{-1} & 0\\ 0 & \boldsymbol{\Omega}^{-1}\end{pmatrix}\begin{pmatrix}\boldsymbol{I}\\ \boldsymbol{P}\end{pmatrix}\right]^{-1}\left[(\boldsymbol{I}\ \ \boldsymbol{P})\begin{pmatrix}(\tau\boldsymbol{\Sigma})^{-1} & 0\\ 0 & \boldsymbol{\Omega}^{-1}\end{pmatrix}\begin{pmatrix}\boldsymbol{\mu}^*\\ \boldsymbol{Q}\end{pmatrix}\right]\\ &= [\,(\tau\boldsymbol{\Sigma})^{-1} + \boldsymbol{P}'\boldsymbol{\Omega}^{-1}\boldsymbol{P}\,]^{-1}\,[\,(\tau\boldsymbol{\Sigma})^{-1}\boldsymbol{\mu}^* + \boldsymbol{P}'\boldsymbol{\Omega}^{-1}\boldsymbol{Q}\,]\end{aligned}$$

위 식을 아래처럼 $\boldsymbol{\Omega}^{-1}$ 대신 $\boldsymbol{\Omega}$를 포함한 식으로 변형하면, 실무에서 더 쉽게 이용가능하다.[17]

$$\boldsymbol{\mu}_p^* = \boldsymbol{\mu}^* + \tau\boldsymbol{\Sigma}\boldsymbol{P}'[\,\boldsymbol{\Omega} + \boldsymbol{P}\tau\boldsymbol{\Sigma}\boldsymbol{P}'\,]^{-1}\,[\,\boldsymbol{Q} - \boldsymbol{P}\boldsymbol{\mu}^*\,]$$

그리고, GLS 추정치에 대한 분산($\boldsymbol{M}$)은 $\boldsymbol{M} = [\,\boldsymbol{X}'\boldsymbol{\Psi}^{-1}\boldsymbol{X}\,]^{-1}$이므로, 이를 계산하면 아래와 같다.

$$\boldsymbol{M} = [(\tau\boldsymbol{\Sigma})^{-1} + \boldsymbol{P}'\boldsymbol{\Omega}^{-1}\boldsymbol{P}]^{-1} \qquad QED.$$

■ Black-Litterman 최적포트폴리오

이제, Black-Litterman모형의 최적포트폴리오를 구해보자. 우선, 위험자산들의 수익률 벡터($\boldsymbol{\mu}$)의 분포인 $\boldsymbol{\mu} \sim N(\bar{\mu}, \boldsymbol{\Sigma})$는 아래와 같이 Black-Litterman모형에 의해 시장 전망이 반영된 새로운 사후 분포를 따르게 된다.

$$\boldsymbol{\mu}^{post} \sim N\left(\boldsymbol{\mu}_p^*, \boldsymbol{\Sigma}_p\right)$$

이 분포에서 $\boldsymbol{\Sigma}_p$는 주관적 전망이 반영된 균형수익률 벡터의 사후 분산(posterior variance)으로서 $\boldsymbol{\Sigma}_p = \boldsymbol{\Sigma} + \boldsymbol{M}$이다.[18] 이 사후 분산의 의미를 직관적으로 설명하면, 과거 데이터로부터 구한 공분산행렬 $\boldsymbol{\Sigma}$에서 $\boldsymbol{\mu}$의 추정과 관련된 불확실성인 $\boldsymbol{M}$만큼 증가된 것이 새로운 공분산행렬 $\boldsymbol{\Sigma}_p$가 된다는 것이다. 이 결과를 이용하면, Black-Litterman모형의 최적포트폴리오를 위한 투자비율은 식 (4.33)에 의해 아래와 같이 구할 수 있다.

$$\boldsymbol{w}_{BL}^* = \left(\lambda^*\boldsymbol{\Sigma}_p\right)^{-1}(\boldsymbol{\mu}_p^* - r_f\boldsymbol{e})$$

---

17 이에 관한 유도과정은 Walters(2014)의 Appendix D를 참조하기 바란다.

18 베이즈정리를 이용한 사후분산의 유도과정은 He와 Litterman(1999)을 참조하기 바란다.

■ Black-Litterman모형의 장단점

Black-Litterman모형의 장단점을 아래와 같이 정리할 수 있다.

장점	• 베이지안 이론을 이용하여 전망을 반영한 기대수익률을 구할 수 있음. • 신뢰도가 높은 전망일수록 기대수익률 산출에 더 큰 영향을 미침. • 전망을 이용하기 때문에, 포트폴리오 투자비율에 대한 직관적인 해석이 가능. • 최적투자비율의 극단적인 변화가 줄어듦.
단점	• 유일한 최적의 포트폴리오를 제시하는 것은 아님. 단지, 주관적 전망 하에서의 최적 포트폴리오를 제시할 뿐임. • 비현실적인 가정들이 있음. 예를 들어, 전망들은 서로 독립적임을 가정함.

4.6 요약 및 논의

이 장에서는 기대효용이 기대수익률과 수익률의 분산으로 설명될 수 있음을 보았고, 이들을 사용하여 최적포트폴리오 구하는 방법을 살펴보았다. 우선 평균-분산 분석에서는 N개의 위험자산만으로 포트폴리오를 구성하는 경우와 N개의 위험자산에 무위험자산이 추가되는 경우로 구분하여, 기대효용함수를 극대화시키는 최적포트폴리오(최적투자비중)에 대해 알아보았다. 그 결과 위험자산에 대한 투자비중은 그 자산의 기대수익률이 상승할수록 증가하지만 반대로 자산수익률의 분산(위험)이 증가하면 줄어든다는 것을 보여주었다. 그러나 실무에서는 평균-분산분석이 잘 사용되지 않는데, 그 이유는 기대수익률을 구하기 어렵고, 또한 최적투자비중이 매 기간 심하게 달라지고 전반적인 최적포트폴리오의 레버리지도 상당히 크다.

이러한 문제를 보완하기 위해 베이지안 방법을 사용한 Black-Litterman모형을 살펴보았다. 이 모형은 개별자산의 최적포트폴리오뿐만 아니라 후술할 최적자산배분에서 상당히 많이 활용되고 있는 방법이다.

연/습/문/제

1. 주식 X와 Y의 기대수익률은 $\mu_X = 15\%$, $\mu_Y = 10\%$이고, 분산과 공분산은 $\sigma_X^2 = 0.64$, $\sigma_Y^2 = 0.16$, $\sigma_{XY} = 0.1$이다.
   (1) 이 두 주식으로 최소분산 포트폴리오를 구성하기 위한 투자비중을 구하고, 최소분산 포트폴리오의 기대수익률과 분산을 구하시오.
   (2) 주식 X와 Y에 각각 50%의 비율로 투자한 포트폴리오 P가 있다. 이에 대한 제로-베타 포트폴리오 Z를 구성하기 위한 X와 Y의 투자비율을 구하시오.

2. 위험자산으로 구성된 최적 포트폴리오 A의 기대수익률과 변동성은 각각 8%와 10%이고, 무위험 수익률은 2%이다. 가장 바람직한 자본배분선(CAL)의 기울기는 얼마인가?

3. 투자자 A는 아래와 같은 단기국채와 포트폴리오 P에 대한 투자를 고려중이다.
   - 단기국채; 수익률 1%, 잔여만기 3개월
   - 포트폴리오 P; 두 주식 A와 B에 6:4로 투자되었으며, A의 기대수익률과 표준편차는 0.15, 0.5이고, B의 경우는 0.11, 0.3이다. 두 주식 간의 상관계수는 0.2이다.

   당신의 목표 기대수익률이 8%라면, 국채와 P에 대한 자산배분 비율을 어떻게 정해야 하는가?

4. 자본배분선(CAL)이 효율적 투자선에 접하는 점은 무엇인가?
   1) 최적 위험 포트폴리오(optimal risky portfolio)
   2) 최적 투자 포트폴리오(optimal investor portfolio)
   3) 최소분산 포트폴리오(global minimum variance portfolio)

5. 투자자 A의 위험회피도는 B보다 작다. 이 경우 A와 B의 최적포트폴리오 중 어느 것의 기대수익률이 더 높은가? 그 이유는 무엇인가?

6. 주식 A와 채권 B가 있다고 가정하자. 경제상황은 0.5의 확률로 호황 또는 불황의 2가지 상태 중 하나가 된다.

	주식 수익률	채권수익률
호황	8%	2%
불황	-2%	2%

1) 두 자산 수익률의 평균과 표준편차를 구하시오.
2) 투자자의 효용함수가 $U(\mu, \alpha) = \mu - \alpha\sigma^2$일 때, 두 자산이 무차별해지는 α의 값을 구하시오.
3) 이 투자자가 주식과 채권으로 포트폴리오를 구성할 때, 주식에 대한 최적투자비율 w를 구하시오.

7. 시장에는 두 개의 위험자산이 있고, 한 개의 무위험자산이 있다고 가정하자. 위험자산에 대한 공매도는 불가능하고, 두 위험자산의 기대수익률은 $\mu_1 = 5\%$, $\mu_2 = 7.5\%$이고, 공분산행렬은 $\mathrm{V} = \begin{pmatrix} 0.02 & -0.01 \\ -0.01 & 0.04 \end{pmatrix}$이다.

1) 최소분산 포트폴리오를 구하시오.
2) 효율적 투자선이 투자기회집합에 접하는 접점에 해당하는 포트폴리오(e_u)를 구하시오.

Chapter 05

자본자산가격결정모형 (Capital Asset Pricing Model)

앞 장에서 우리는 두 개의 투자선 상의 포트폴리오를 이용하면 전체 포트폴리오 투자선을 만들 수 있다는 것을 알아보았다. 무위험자산이 없는 경우, **뮤추얼펀드(mutual fund) 정리**에 따라 투자자는 단지 GMV 포트폴리오와 잘 분산된 포트폴리오만을 이용하면 투자선 상의 모든 포트폴리오들을 만들 수 있다. 즉, 모든 효율적 포트폴리오가 이들 두 포트폴리오를 결합하여 만들 수 있기 때문에, 투자자들은 이 두 포트폴리오에만 적절한 비율로 투자함으로써 자신이 원하는 포트폴리오를 만들어낼 수 있다. 우리는 이를 **두 펀드 분리**(two fund separation)라고 부른다.

또한 무위험자산이 존재하는 경우에도 두 펀드 분리가 성립하며, 이 경우 두 펀드는 위험자산으로 구성된 포트폴리오와 무위험자산이 된다. 이 경우를 우리는 **펀드-현금 분리 (two fund monetary separation, TFMS)**라고 부른다.[1] 위험자산으로 구성된 포트폴리오는 포트폴리오 M으로 불리는데, 여기서는 이를 좀 더 상세하게 살펴본다. 그리고 모든 투자자가 현금과 포트폴리오 M에만 투자를 하는 경우 개별자산의 가격이 어떻게 결정되는지를 자본자산가격결정모형(capital asset pricing model, CAPM)으로 알아본다.

5.1 펀드-현금 분리와 포트폴리오 M

제4장에서 살펴본 두 펀드 분리정리에 의하면, 모든 효율적 포트폴리오는 두 개의 서

1 여기서 현금(money)이란 무위험자산을 의미한다. 무위험자산은 언제든지 손쉽게 현금화할 수 있으므로, 실무에서 cash라는 표현을 쓰기도 한다.

로 다른 효율적 포트폴리오를 결합하여 만들어 낼 수 있다. 즉, p_1과 p_2가 평균-분산 기준으로 효율적인 포트폴리오라면, 이들을 각각 w와 $1-w$의 비율로 구성한 포트폴리오 $p = wp_1 + (1-w)p_2$도 역시 평균-분산 기준으로 효율적인 포트폴리오가 된다. 무위험자산이 존재하는 경우, 이 두 펀드는 무위험자산과 모든 위험자산의 포트폴리오 M이 된다.

▶ 펀드-현금 분리(two fund monetary separation)

하나의 무위험자산과 N개의 위험자산이 존재하는 경우, 투자자는 무위험자산과 포트폴리오 M만을 선택하여 투자하게 된다. 이 경우를 **펀드-현금 분리**라고 부른다.

이 용어에서 펀드는 포트폴리오 M을, 현금은 무위험자산을 의미한다. 펀드-현금 분리에 따르면, 투자자들의 위험회피도가 서로 다르다 할지라도 우리가 필요로 하는 포트폴리오는 단지 두 개뿐이고, 그중 하나는 흔히 단기국채로 대변되는 무위험자산, 그리고 다른 하나는 마코위츠 포트폴리오(Markowitz portfolio) M이라는 것이다. 참고로, Markowitz(1952)가 이름 붙인 포트폴리오 M은 시장에 존재하는 모든 위험자산을 포함하는 포트폴리오이다.[2]

펀드-현금 분리가 어떤 상황에서 적용가능한 것인지에 관한 많은 정리들이 있다. 예컨대, 평균-분산 분석이 적용가능한 상황에서는 펀드-현금 분리를 적용할 수 있다. 한편, 무위험자산이 존재한다 해도 모든 수익률 분포에 대해서 펀드-현금 분리를 적용하기 위해서는 효용함수에 대한 제약조건이 필요하다. 즉, 모든 투자자의 효용함수가 선형 위험수용성(linear risk tolerance, LRT)을 갖는 경우에 펀드-현금 분리를 적용할 수 있다.[3]

만약 투자자들이 펀드-현금 분리를 실제 투자에 활용한다면, 투자자들은 무위험자산과 포트폴리오 M에만 투자하기 때문에, 실제 금융시장에서 수많은 뮤추얼펀드가 존재할 이유가 없다. 그러나 실제로는 상당수의 서로 다른 펀드가 존재한다. 이러한 펀드의 수를 K개라 하면, 이론적으로는 K개의 펀드가 필요한 이유를 K펀드 분리로 설명할 수 있다. K펀드 분리는 투자자들의 투자대상 펀드가 K개 라는 점에서, 투자대상 펀드가 두 개인 펀드-현금 분리가 확장된 개념이다. 이론적으로 2개를 초과하는 K펀드 분리는 평균-분산 분석에서 다루었던 기대수익률과 위험 이외에도 자산가격에 영향을 미치는 다른 요인이 존재할 때 성립한다.[4]

---

2 여기서 모든 위험자산이란 유무형의 모든 자산을 포함한다. 따라서 주식, 채권, 파생상품, 부동산뿐만 아니라 인적자본(human capital)까지도 포함하는 포괄적 개념이다.

3 Cass와 Stiglitz(1970).

4 K펀드분리를 쉽게 이해하는 방법으로는, 임의의 효용함수를 K번째까지 테일러전개를 하는 경우를 생각해 볼 수 있다. 예를 들면, 기대효용함수를 평균, 분산, 왜도, 첨도 등 4개의 적률로 설명할 수도 있다. 이렇게 될 경우, 이 4개의 적률을 대변하는 4개의 펀드(요인)들이 필요하고, 투자자들은 이 4개의 펀드에 대한 투자비중을 결정하게 된다.

■ 두 펀드 분리(two fund separation)와 펀드-현금 분리(two fund monetary separation)

제4장에서 학습한 두 펀드 분리(two fund separation)와 펀드-현금 분리(two fund monetary separation)는 모든 투자자들이 특정한 두 개의 펀드에만 투자하되, 이들 두 펀드에 대한 최적투자비율은 투자자별 효용함수에 의해 결정된다는 점에서는 동일하다.

그런데 두 펀드 분리에 의한 효율적 투자선은 포트폴리오 M을 제외하고는 항상 펀드-현금 분리에 의한 효율적 투자선에 비해 열등하다. 이를 보기 위해 N개의 위험자산으로 구성된 효율적 투자선과, N개의 위험자산과 하나의 무위험자산으로 구성된 효율적 투자선을 비교해 보자. [그림 5-1]에서 N개의 위험자산으로 구성된 효율적 투자선은 두 개의 포트폴리오(그림에서는 GMV 포트폴리오와 잘 분산된 포트폴리오)을 잇는 포물선으로 나타나고, N개의 위험자산과 하나의 무위험자산으로 구성된 효율적 투자선은 무위험수익률 r_f와 포트폴리오 M을 잇는 직선으로 나타난다. 주어진 기대수익률 하에서 두 개의 효율적 투자선을 비교하면, r_f와 포트폴리오 M을 잇는 효율적 투자선이 항상 더 낮은 표준편차(위험)를 가능하게 해준다. 따라서 무위험자산이 존재한다면, 이를 사용하여 효율적 투자선을 확장하는 것이 바람직하다.

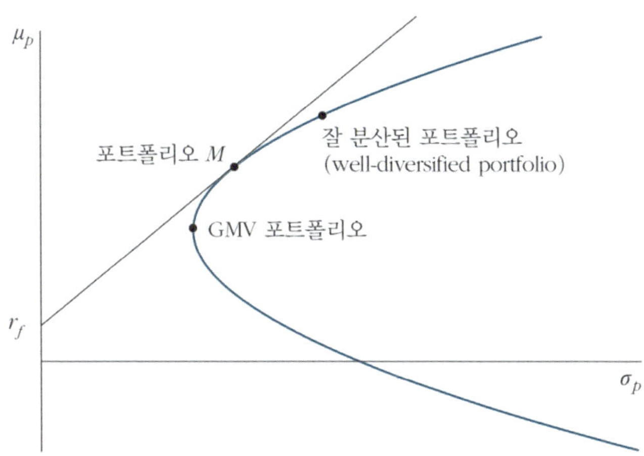

[그림 5-1] 펀드-현금 분리와 두 펀드 분리에 의한 효율적 투자선[5]

■ 포트폴리오 M과 시장포트폴리오

시장에 존재하는 모든 위험자산들로 구성되어 있는 포트폴리오를 시장포트폴리오

5 이 그림에서 잘 분산된 포트폴리오는 N개의 위험자산으로 구성된 효율적 투자선상의 임의의 점으로 표시하였다.

(market portfolio)라고 부르며, 시장포트폴리오는 분산투자를 하더라도 회피할 수 없는 위험을 수반하고 있어서 시장포트폴리오와 관련된 위험을 체계적 위험이라 한다.[6]

시장포트폴리오가 어떻게 구성되어 있는지를 좀 더 자세히 살펴보자. N개의 위험자산이 있을 때, 이들로 구성된 전체 투자자들의 투자비중 벡터를 $\boldsymbol{w}_M$이라 두면, 이 벡터는 각 투자자들이 개별자산에 투자한 투자비중들을 투자자의 부로 가중하여 구성한 N차원 벡터이다. 여기서 주의할 점은 $\boldsymbol{w}_M$이 개별 투자자들의 투자비중과 일치하지는 않는다는 점이다.

좀 더 구체적으로 설명해 보자. 투자자 i의 투자가능한 부를 W_{0i}라고 정의하고(단, $i = 1,..,I$), $\boldsymbol{w}_i$를 N개의 위험자산들에 대한 투자자 i의 최적투자비중이라고 해보자. 만약, 투자자 i가 a_i만큼 무위험자산에 투자한다면, $(1 - a_i)\boldsymbol{w}_i$만큼을 N개의 위험자산들에 투자하게 된다. 따라서, $(1 - a_i)\boldsymbol{w}_i W_{0i}$는 N개의 위험자산에 대한 투자자 i의 투자금액 벡터이다. 투자자 전체를 고려하면, 시장포트폴리오에 대한 투자자들의 투자비중은 다음과 같이 계산된다.

$$\boldsymbol{w}_M = \sum_{i=1}^{I} \frac{\boldsymbol{w}_i(1 - a_i)W_{0i}}{\sum_{i=1}^{I} (1 - a_i)W_{0i}}$$

한편 포트폴리오 M은 투자자들이 시장에 존재하는 모든 위험자산들을 대상으로 최적화하는 과정을 통해 얻어진 포트폴리오이다. 이 포트폴리오는 현실적으로 직접 관찰할 수 없다. 다만 투자자들이 합리적이고, 평균-분산분석에서와 같은 과정을 거쳐 투자를 한다면, 그 결과가 우리가 관찰할 수 있는 시장포트폴리오로 나타난다는 것이다. 즉 직접 관찰이 불가능한 포트폴리오 M이 투자자들의 투자활동으로 드러난 결과가 시장포트폴리오라는 것이다. 이런 가정 하에 시장포트폴리오를 포트폴리오 M의 대용(proxy)으로 사용한다.

'시장포트폴리오가 효율적인가?'에 대하여 많은 연구가 진행되었다. 즉, '시장포트폴리오는 포트폴리오 M인가?'에 관한 연구인데, 많은 연구들이 시장 포트폴리오가 평균-분산 측면에서 효율적이라는 결과를 보여주고 있다(Markowitz, 1952; Cochrane, 2001). 예를 들어, 1926년 이후 장기간의 미국 증권시장 데이터를 분석하였을 때, 대다수의 주식은 무위험자산을 초과하는 수익률을 창출하지 못하였고, S&P500과 같은 시장포트폴리오 수익률에 투자하는 것이 가장 좋은 선택이었다고 한다(Bessembinder, 2018). 따라서 많은 경우에 시장포트폴리오와 포트폴리오 M을 구분없이 사용한다. 이 장에서는 CAPM관련 이론적인 설명에 초점을 맞추고 있으므로 가급적 포트폴리오 M이라 칭한다.

6 체계적 위험에 대해서는 후술한 '5.5 체계적 위험, 비체계적 위험과 분산투자의 효과'를 참조하기 바란다.

■ 대표투자자(representative agent)

대표투자사는 그의 수요가 시장 전체의 총수요와 동일한 가상의 인물로서, 그의 VNM 효용함수는 투자자들 전체의 부에 대한 함수가 된다. 즉, 시장에 존재하는 개별투자자들을 모두 합한 것을 나타내는 가상의 인물이다.

대표투자자의 개념이 왜 필요할까? 먼저, 대표투자자가 없는 자산 시장을 생각해보자. 시장이 균형상태에 있다면, 시장수요를 구성하는 모든 투자자들의 전체 부와 시장공급을 구성하는 전체 자산 가치는 동일하게 된다. 그리고, 시장전체의 자산공급은 고정되어 있으며, 투자자들이 보유한 전체 부와 동일하다. 만약, 투자자들이 최적포트폴리오를 구성하기 위하여 보유 자산을 교체해야 할 필요가 생긴다면, 그들은 보유한 부를 시장가격으로 서로 교환하게 될 것이므로, 하나의 교환경제를 고려할 필요가 있다.

이러한 설명은 시장에 하나의 대표투자자(single representative agent)가 존재한다는 가정을 함으로써 대폭 단순화될 수 있다. 왜냐하면, 전체 투자자들이 가상의 동일 인물이라면, 개별 투자자들 간의 시장을 통한 부의 교환 과정이 불필요하기 때문이다. 또한 대표투자자가 존재한다고 가정하더라도, 자산가격모형의 일반성에는 손실(loss of generality)이 거의 없다.[7]

따라서, 교환경제에서의 대표투자자가 VNM 효용함수를 가지며, 이 효용함수는 포트폴리오 M의 초과수익률(=포트폴리오 M의 수익률－무위험수익률)의 평균과 분산에 의해서 결정된다고 가정함으로써 자산가격모형을 단순화할 수 있다.

5.2 제로-베타 CAPM

5.2.1 제로-베타 CAPM의 개요

CAPM은 무위험자산이 존재하는 경우, 시장균형 하에서 개별자산가격을 결정하는 모형이다. 그런데 무위험자산이 존재하지 않는다면 자산가격을 어떻게 구할 수 있을까?

Black(1972)은 무위험자산이 없는 경우에도 제4장에서 살펴본 제로-베타 포트폴리오를 활용하여 시장균형 하에서의 자산가격을 도출해낼 수 있음을 보여주었다. 모든 효율적 포트폴리오는 이에 대응되는 제로-베타 포트폴리오가 존재하는데, 이 제로-베타 포트폴리오는 효율적 포트폴리오의 관점에서는 무위험자산이 된다. 왜냐하면 효율적 포트폴리오가 어떻게 변하든, 제로-베타 포트폴리오는 이 효율적 포트폴리오와는 상관계수가 0인 포트폴리오이기 때문이다. 따라서 제로-베타 포트폴리오의 수익률을 이 효율적 포트폴리오에 대한

7 보다 자세한 설명은 Magill과 Quinzii(1996) 제16장을 참조하기 바란다.

무위험수익률로 간주하여 자산가격결정모형을 구할 수 있다.[8]

제로-베타 CAPM은 효율적 포트폴리오 p와 그 포트폴리오에 포함된 개별 위험자산 간의 수익률 관계를 나타내는 모형이다. 이 모형에 의하면, 모든 자산의 기대수익률은 제로-베타 포트폴리오의 수익률에서 출발하여 체계적 위험인 β_{pi}가 증가할수록 우상향하는 선형 관계로 나타난다.

▶ 제로-베타 CAPM

제로-베타 CAPM 또는 **제로-베타 증권시장선**(security market line)은 다음과 같다.[9]

$$\mu_i = \mu_z + (\mu_p - \mu_z)\beta_{pi}$$

단, μ_i는 개별자산 i의 기대수익률, μ_z는 제로-베타 포트폴리오의 기대수익률, μ_p는 임의의 효율적 포트폴리오의 기대수익률을 의미하고, $\beta_{pi} = Cov(r_i, r_p)/\sigma_p^2$이다.

5.2.2 제로-베타 CAPM의 유도

제4장의 결과를 이용하여 제로-베타 CAPM을 유도해 보자. 먼저, 임의의 효율적 투자선 상의 포트폴리오를 p라고 하자. 식 (4.17) $AC - B^2 = \frac{1}{\sigma_p^2}[A\mu_p^2 - 2B\mu_p + C]$와 식 (4.20) $\mu_z = \frac{B\mu_p - C}{A\mu_p - B}$ 를 이용하면, 식 (4.10)으로부터 아래의 식을 구할 수 있다.

$$\begin{aligned}
\boldsymbol{V}\boldsymbol{w}_p &= \frac{1}{AC - B^2}\left[(C - B\mu_p)\mathbf{e} - (B - A\mu_p)\boldsymbol{\mu}\right] \\
&= \frac{\sigma_p^2}{A\mu_p^2 - 2B\mu_p + C}(A\mu_p - B)(\boldsymbol{\mu} - \mu_z\mathbf{e}) \\
&= \frac{\sigma_p^2}{\dfrac{A\mu_p^2 - 2B\mu_p + C}{A\mu_p - B}}(\boldsymbol{\mu} - \mu_z\mathbf{e}) \\
&= \frac{\sigma_p^2}{\mu_p - \dfrac{B\mu_p - C}{A\mu_p - B}}(\boldsymbol{\mu} - \mu_z\mathbf{e})
\end{aligned}$$

---

8 예를 들어, 시장포트폴리오에 대한 제로-베타 포트폴리오는 시장수익률과의 공분산 또는 베타가 0이므로, 이런 의미에서 이 제로-베타 포트폴리오의 수익률을 무위험수익률로 간주할 수 있다.

9 증권시장선에 관한 자세한 내용은 후술한 '5.2.2.5 자본시장의 균형 모형–자본시장선(CML)과 증권시장선(SML)'에서 자세히 다룬다.

$$= \frac{\sigma_p^2}{\mu_p - \mu_z}(\boldsymbol{\mu} - \mu_z \mathbf{e})$$

이 식을 정리하면 다음과 같다.

$$\boldsymbol{\mu} = \mu_z \mathbf{e} + (\mu_p - \mu_z)\frac{\mathbf{V}\mathbf{w}_p}{\sigma_p^2} \tag{5.1}$$

위 식은 효율적 포트폴리오 p의 기대수익률(μ_p)과 그 포트폴리오에 포함된 개별 위험자산의 기대수익률(μ_i) 간의 관계를 나타낸다. 위험자산이 N개라고 가정하면, 위 식을 아래처럼 행렬로 나타낼 수 있다.

$$\begin{bmatrix} \mu_1 \\ \mu_2 \\ . \\ \mu_N \end{bmatrix} = \begin{bmatrix} \mu_z \\ \mu_z \\ . \\ \mu_z \end{bmatrix} + (\mu_p - \mu_z)\begin{bmatrix} Cov(r_1, r_p)/\sigma_p^2 \\ Cov(r_2, r_p)/\sigma_p^2 \\ . \\ Cov(r_N, r_p)/\sigma_p^2 \end{bmatrix}$$

참고로, 식 (5.1)의 $\boldsymbol{Vw}_p$는 아래와 같다.

$$\boldsymbol{Vw}_p = \begin{bmatrix} \sigma_1^2 & \sigma_{12} & . & \sigma_{1N} \\ \sigma_{21} & \sigma_1^2 & . & \sigma_{2N} \\ . & . & . & . \\ \sigma_{N1} & \sigma_{N2} & . & \sigma_N^2 \end{bmatrix}\begin{bmatrix} w_1 \\ w_2 \\ . \\ w_N \end{bmatrix} = \begin{bmatrix} \sum w_i\,\sigma_{1i} \\ \sum w_i\,\sigma_{2i} \\ . \\ \sum w_i\,\sigma_{1i} \end{bmatrix} = \begin{bmatrix} Cov(r_1, r_p) \\ Cov(r_2, r_p) \\ . \\ Cov(r_N, r_p) \end{bmatrix} \tag{5.2}$$

따라서, 위 식 (5.1)을 개별자산 i에 대하여 표현하면, 아래와 같이 Black(1972)의 제로-베타 CAPM을 구할 수 있다.

$$\mu_i = \mu_z + (\mu_p - \mu_z)\beta_{pi} \tag{5.3}$$

단, $\beta_{pi} = Cov(r_i, r_p)/\sigma_p^2$이다. 이 식은 포트폴리오 p가 효율적일 때, 개별 자산의 리스크(β_{pi})와 기대수익률(μ_i) 간에는 선형관계가 성립함을 의미한다.

■ 포트폴리오 M의 제로-베타 CAPM

한편, 위 식은 효율적 투자선 상의 모든 포트폴리오에 대하여 성립하므로, 포트폴리오 p가 포트폴리오 M일 수도 있다. 이 경우 포트폴리오 M과 공분산이 영이 되는 제로-베타 포트폴리오 z가 항상 존재하고, 그 수익률(μ_z)이 r_f와 같다면, 결국 위 제로-베타 CAPM은 다음과 같이 5.3.7절에서 살펴볼 CAPM과 동일하다.

$$\mu_i = r_f + (\mu_m - r_f)\beta_{im} \tag{5.4}$$

5.3 자본자산가격결정모형(CAPM)

5.3.1 자본자산가격결정모형(capital asset pricing model, CAPM)의 가정

CAPM은 시장균형 하에서의 가격결정모형으로서, 이를 유도하기 위해서는 아래의 가정들이 필요하다.

- 동질적 기대(homogeneity of expectation): 미래에 대한 기대(예컨대, 자산수익률에 대한 예측)와 투자의 기회는 모든 투자자들에게 동일함.
- 완전자본시장(perfect capital market): 세금이나 거래비용이 없음. 자산은 무한히 분할가능함. 개별 투자자의 매매는 자산가격에 영향을 미치지 않음. 공매도에 제약이 없음. 자금차입과 대여가 무위험이자율로 제한없이 가능함.
- 자산들의 수익률은 다변량 정규분포(multivariate normal distribution)를 따름.
- 투자자들은 기대효용을 극대화시키고자 하며, 효용함수는 불포화만족과 위험회피 조건을 충족함.
- 모든 자산은 시장성(marketability)이 있음.[10]

CAPM을 유도하는 것은 위의 가정 하에서 투자자의 효용극대화 문제의 해를 구하는 것이다. 즉, 2차함수를 효용함수로 가진 이 대표투자자가 기대효용을 극대화함으로써 시장균형상태가 됐을 때의 자산 가격은 CAPM에 의해 결정된다는 것이다. 투자자의 효용함수는 자본시장 전체의 수요를 나타내고 포트폴리오 투자선은 투자대상 자산의 공급을 의미한다고 보면, 수요와 공급이 일치하는 점에서 투자자의 효용이 극대화되는 시장균형이 이루어진다. CAPM은 이러한 상태에서 자산의 가격을 결정하는 모형이기에 시장균형모형이라고 부른다.

이 절에서는 먼저 기대효용극대화 문제를 풀고, 그 해가 시장의 수요인 효용함수의 무차별곡선과 시장의 공급인 포트폴리오 투자선의 접점인 최적포트폴리오임을 살펴본다. 덧붙여, 이러한 균형하에서 개별 자산의 기대수익률과 위험 간의 선형 관계는 증권시장선(security market line, SML)으로 나타나게 된다.

---

10 시장성(marketability)이란 자산의 환금성, 즉, 투자자가 원하는 시점에서 적정한 가격으로 자산을 매수 또는 매도할 수 있음을 의미한다. 만약, 어떤 자산의 거래량이 부족하여 자산을 매도할 때 시장가격에 영향을 미쳐서 가격이 하락한다면 이 자산은 시장성이 낮다.

5.3.2 투자자의 기대효용 극대화 문제

여기서는 먼저 무위험자산이 없는 경우, 투자자가 자신의 기대효용을 극대화시키기 위한 최적 포트폴리오에 대하여 살펴보자.

무위험자산은 없고, 위험자산이 N개 있으며, i번째 위험자산에 대한 수익률, 기대수익률 및 투자비중을 각각 r_i, μ_i, w_i로 두자(i=1, 2, ..., N). 모든 위험자산들의 수익률과 투자비중에 관한 $N \times 1$ 벡터를 각각 $\boldsymbol{r}$, $\boldsymbol{w}$로 표시하고, 투자비중의 합은 1이므로, $\boldsymbol{w}'\boldsymbol{e} = 1$이 된다(단, $\boldsymbol{e} = (1,1,\ldots,1)'$).

만약, 투자자의 최초 투자금액을 1이라 하면, 기말의 부는 $W = \sum_{i=1}^{N} w_i(1 + r_i)$가 된다. 이 투자자가 N개의 위험자산으로 구성한 포트폴리오 p의 수익률은 $r_p = \sum_{i=1}^{N} w_i r_i = \boldsymbol{w}'\boldsymbol{r}$이다. 초기 투자금액을 1로 두었기 때문에, 기말의 부에 대한 적률은 포트폴리오 수익률에 대한 적률과 동일하다. 따라서, 기말의 부에 대한 기대값과 표준편차는 아래와 같다.

$$\mu_w \equiv E(W) = \sum_{i=1}^{N} w_i(1 + \mu_i) \tag{5.5}$$
$$\sigma_w = \sigma_{r_p}$$

▶ 체계적 위험의 정의

포트폴리오 p를 구성하는 자산 i의 체계적 위험 β_{ip}는 다음과 같이 정의한다.[11]

$$\beta_{ip} = \frac{Cov(r_i, r_p)}{Var(r_p)} = \frac{E[\{r_i - E(r_i)\}\{r_p - E(r_p)\}]}{E[\{r_p - E(r_p)\}^2]} \tag{5.6}$$

이 식은 공분산의 정의인 $Cov(r_i, r_p) = \rho\sigma_{r_i}\sigma_{r_p}$를 대입하여 아래와 같이 바꿀 수 있다. 단, ρ는 r_i와 r_p 간의 상관계수(correlation coefficient)이다.

$$\beta_{ip} = \frac{Cov(r_i, r_p)}{Var(r_p)} = \frac{\rho\sigma_{r_i}\sigma_{r_p}}{\sigma_{r_p}^2} = \frac{\rho\sigma_{r_i}}{\sigma_{r_p}}$$

한편, 식 (5.6)의 β_{ip}를 이용하면, 기말의 부에 대한 표준편차는 아래와 같이 쓸 수 있다.

$$\sigma_w = \sum_{i=1}^{N} w_i\beta_{ip}\sigma_{r_p} \tag{5.7}$$

왜냐하면, $\sum_{i=1}^{N} w_i\beta_{ip}$는 아래와 같이 1이 되기 때문이다.

11 체계적 위험에 관한 상세내용은 후술한 '5.4 체계적 위험, 비체계적 위험과 분산투자'에서 다룬다.

$$\sum_{i=1}^{N} w_i\beta_{ip} = \sum_{i=1}^{N} w_i \frac{E[\{r_i - E(r_i)\}\{r_p - E(r_p)\}]}{E[\{r_p - E(r_p)\}^2]} \tag{5.8}$$
$$= \frac{E[\{\sum_{i=1}^{N} w_i r_i - \sum_{i=1}^{N} w_i E(r_i)\}\{r_p - E(r_p)\}]}{E[\{r_p - E(r_p)\}^2]}$$
$$= 1$$

■ 기대효용 극대화 문제의 해

이제 이 투자자가 기대효용을 극대화하는 문제를 설정해보자. 효용함수는 불포화만족조건과 위험회피 조건을 충족한다고 가정하였으므로, 기대효용함수는 기대부(μ_w)와 위험(즉, 부의 표준편차(σ_w))의 함수로 정의되고, 따라서 이 투자자의 문제는 아래와 같이 기말의 부에 대한 기대효용을 극대화하기 위한 최적포트폴리오를 구하는 문제로 나타낼 수 있다.

$$Max \quad E[u(W)] = f(\mu_w, \sigma_w) \tag{5.9}$$
$$s.t. \quad \textstyle\sum_{i=1}^{N} w_i = 1$$

여기서 불포화만족과 위험회피를 고려한다면, 기대효용함수는 μ_w의 증가에 따라 증가하고 σ_w의 증가에 따라 감소한다.

이 최적화문제를 풀기 위해서는 아래와 같은 라그랑지안 함수를 만든 후,

$$L = E[u(W)] + \lambda(\textstyle\sum_{i=1}^{N} w_i - 1) \tag{5.10}$$

이를 w_i와 λ에 대해서 각각 1차 미분하여 0으로 두면, 아래와 같다.

$$\frac{\partial L}{\partial w_i} = \frac{\partial E[u(W)]}{\partial \mu_w}\frac{\partial \mu_w}{\partial w_i} + \frac{\partial E[u(W)]}{\partial \sigma_w}\frac{\partial \sigma_w}{\partial w_i} + \lambda$$
$$= \frac{\partial E[u(W)]}{\partial \mu_w}(1 + \mu_i) + \frac{\partial E[u(W)]}{\partial \sigma_w}\beta_{ip}\sigma_{r_p} + \lambda = 0 \tag{5.11}$$
$$\frac{\partial L}{\partial \lambda} = \sum_{i=1}^{N} w_i - 1 = 0$$

단, 위 식에서는 식 (5.5)와 (5.7)을 w_i에 대해 미분한 $\frac{\partial \mu_w}{\partial w_i} = 1 + \mu_i$, $\frac{\partial \sigma_w}{\partial w_i} = \beta_{ip}\sigma_{r_p}$를 이용하였다. 같은 방법으로 w_k에 대해서 1차 미분하면 다음 식을 얻는다. (λ에 대한 편미분은 생략)

$$\frac{\partial L}{\partial w_k} = \frac{\partial E[u(W)]}{\partial \mu_w}(1 + \mu_k) + \frac{\partial E[u(W)]}{\partial \sigma_w}\beta_{kp}\sigma_{r_p} + \lambda = 0 \tag{5.12}$$

마지막으로, 식 (5.11)에서 (5.12)를 빼고 정리하면,

$$\mu_i - \mu_k = -\frac{\partial E[u(W)]/\ \partial\sigma_w}{\partial E[u(W)]/\ \partial\mu_w}\sigma_{r_p}(\beta_{ip} - \beta_{kp})$$

$$\Leftrightarrow \quad \frac{\mu_i - \mu_k}{\sigma_{r_p}(\beta_{ip} - \beta_{kp})} = -\frac{\partial E[u(W)]/\ \partial\sigma_w}{\partial E[u(W)]/\ \partial\mu_w} \tag{5.13}$$

이 식은 결국 포트폴리오 투자선의 기울기(좌변)와 기대효용의 무차별곡선의 기울기(우변)가 같아지는 접점이 투자자의 기대효용을 최대로 만들어주는 최적포트폴리오라는 것을 의미한다. 이에 대해서 자세히 살펴보도록 하자.

5.3.3 기대효용의 무차별곡선

먼저 식 (5.13) 우변항의 의미를 살펴보자. 우변은 기대효용함수를 σ와 μ에 대해서 미분한 값(즉, 효용함수의 기울기)의 비율이다. 이 비율은 $\sigma - \mu$ 평면에서 동일한 기대효용을 나타내는 무차별곡선의 기울기를 의미하는데, 그 이유를 알아보자.

무차별곡선 상의 점들은 동일한 기대효용으로 구성된 점들이므로, 무차별곡선 상에서는 σ와 μ가 미세하게 변하더라도 기대효용 $E[u(W)]$의 변화는 없다. 따라서, 아래와 같이 $E[u(W)]$의 전미분값을 0으로 둘 수 있다.

$$dE[u(W)] = \frac{\partial E[u(W)]}{\partial\mu_w}d\mu_w + \frac{\partial E[u(W)]}{\partial\sigma_w}d\sigma_w = 0 \tag{5.14}$$

이 식을 정리해서 다음과 같은 식을 얻을 수 있다.

$$-\frac{\partial E[u(W)]/\ \partial\sigma_w}{\partial E[u(W)]/\ \partial\mu_w} = \frac{d\mu_w}{d\sigma_w} \tag{5.15}$$

이 식의 우변은 $\sigma - \mu$ 평면에서 기대효용에 대한 무차별곡선의 기울기이고, 좌변은 σ_w에 대한 μ_w의 **한계대체율(marginal rate of substitution, MRS)**이다. 따라서, 이 식은 무차별곡선의 기울기가 한계대체율과 같다는 것을 의미한다.

■ 무차별곡선의 형태

무차별곡선의 기울기인 $\frac{d\mu_w}{d\sigma_w}$를 구체화해 보면, 기대효용의 무차별곡선이 $\sigma - \mu$ 평면에서 어떤 모양으로 나타나는지를 이해할 수 있다. 이를 구하기 위해서, 기대효용함수가 아래

와 같은 형태로 부(wealth)의 기댓값과 분산에 의해 결정된다는 것을 이용해 보자.[12]

$$E[u(W)] = \mu_w - \frac{\lambda}{2}\sigma_w^2$$

여기서, λ는 위험회피의 정도를 나타내는 계수로서, $\lambda > 0$이다. 이제, 무차별곡선 상에서 $E[u(W)]$의 전미분값을 구하면 아래와 같으며, 앞서 설명한 대로 0으로 둔다.

$$dE[u(W)] = d\mu_w - \lambda\sigma_w d\sigma_w = 0 \quad (5.16)$$

이 식으로부터, $\frac{d\mu_w}{d\sigma_w} = \lambda\sigma_w > 0$, 그리고 $\frac{d^2\mu_w}{d(\sigma_w)^2} = \lambda > 0$가 된다. 즉, 1차미분값과 2차미분값이 모두 양수이므로, $\lambda > 0$인 위험회피적인 투자자의 경우, 무차별곡선은 $\sigma - \mu$ 평면에서 σ_w가 커질수록 이에 대한 보상으로서 기대부가 더욱 크게 증가하고, 오른쪽 아래 방향으로 볼록한 모양이 된다. [그림 5-2]는 이러한 기대효용함수를 $\sigma - \mu$ 평면에 투영한 무차별곡선들을 보여주고 있는데, 특정 무차별곡선 상에서는 우상향 혹은 좌하방으로 움직이더라도 모두 같은 기대효용수준을 나타낸다. 한편, 왼쪽 위에 위치한 무차별곡선일수록 더 높은 기대효용을 나타내므로, $E[u_3]$가 $E[u_2]$나 $E[u_1]$보다 더 큰 기대효용을 의미하는데, 그 이유는 임의의 위험수준 σ_w에서 $E[u_3]$가 항상 더 높은 기대부(μ_w)을 제공하기 때문이다(혹은 임의의 기대수준 μ_w에 대해 항상 더 낮은 σ_w를 제공하기 때문이다).

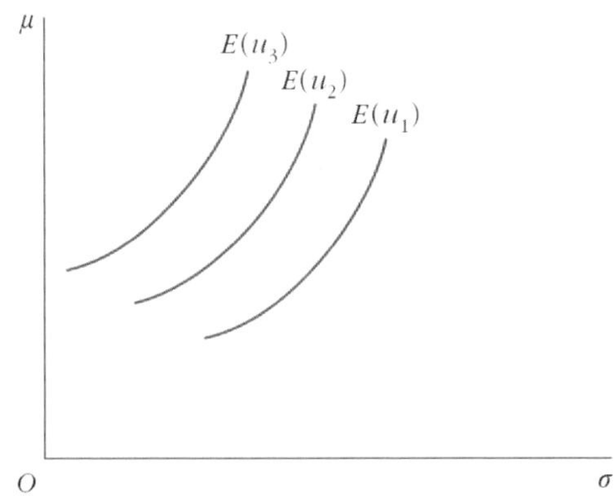

[그림 5-2] $\sigma - \mu$ 평면에서 기대효용의 무차별곡선

12 아래 식에 대한 설명은 제4장 VNM 기대효용에 대한 테일러전개 식 (4.1)을 참고하기 바란다.

5.3.4 포트폴리오 투자선

다음으로, 식 (5.13)의 좌변으로부터 포트폴리오 투자선의 기울기를 유도해 보자. 식 (5.6) $\beta_{ip} = Cov(r_i, r_p)/\sigma_{r_p}^2$을 이용하면 식 (5.13)의 좌변은 아래와 같다.

$$\frac{\mu_i - \mu_k}{\sigma_{r_p}(\beta_{ip} - \beta_{kp})} = \frac{\mu_i - \mu_k}{[Cov(r_i, r_p) - Cov(r_k, r_p)]/\sigma_{r_p}} \tag{5.17}$$

$$= \frac{\partial\mu_p/\,\partial w_i \; - \; \partial\mu_p/\,\partial w_k}{\partial\sigma_{r_p}/\,\partial w_i \; - \; \partial\sigma_{r_p}/\,\partial w_k}$$

단, 위 식에서는 $\mu_p = \sum_{i=1}^{N} w_i\mu_i$를 w_i에 대해 미분한 $\frac{\partial\mu_p}{\partial w_i} = \mu_i$를 분자에 대입하고, 식 (5.2)를 이용한 아래의 식에서 벡터 $\mathbf{w}$, $\boldsymbol{r}$ 중 i와 k를 분모에 대입하였다.

$$\frac{\partial\sigma_{r_p}}{\partial \mathbf{w}} = \frac{\partial(\mathbf{w}'\boldsymbol{V}\boldsymbol{w})^{1/2}}{\partial \boldsymbol{w}}$$

$$= \boldsymbol{V}\boldsymbol{w}(\mathbf{w}'\boldsymbol{V}\boldsymbol{w})^{-1/2}$$

$$= \frac{\boldsymbol{V}\boldsymbol{w}}{\sigma_{r_p}}$$

$$= \frac{Cov(\boldsymbol{r}, r_p)}{\sigma_{r_p}}$$

식 (5.17)은 투자선 상에 위치한 포트폴리오 p에 포함된 자산 k에 대한 비중을 미세하게 줄이고 자산 i에 대한 비중을 미세하게 늘릴 때, σ_{r_p}의 변화에 대한 μ_p의 변화의 비율을 의미한다. 따라서, 이 식은 $\sigma - \mu$ 공간에서 $d\mu_p/d\sigma_{r_p}$를 의미하므로, 포트폴리오 투자선의 기울기를 뜻한다.

5.3.5 투자자의 최적 포트폴리오

따라서 식 (5.13)이 의미하는 바는, 투자자가 불포화만족과 위험회피 조건을 가지는 기대효용을 최대화시키기 위해서는, 그의 무차별 곡선의 기울기와 포트폴리오 투자선의 기울기가 일치하도록 포트폴리오를 구성해야 한다는 것이다. 이 결과의 의미를 그림으로 살펴 보자.

두 곡선의 기울기가 일치해야 한다는 결과는 포트폴리오 투자선과 무차별곡선이 $\sigma - \mu$ 평면에서 [그림 5-3]과 같이 접해야 하고, 그 접점이 최적 포트폴리오가 된다는 것을 의미한다. 그런데, 투자자의 위험회피 정도가 클수록 동일한 위험 증가에 대해 더 많은 기대수익을 요구하므로 무차별곡선은 더 가파른 형태가 된다. 이 그림에서는 $E[u^A]$가 $E[u^B]$

보다 더 가파른 형태이므로, 투자자 A가 B보다 더 위험회피적이다.

또한 [그림 5-2]에서 살펴본 것처럼 무차별곡선이 왼편 위쪽으로 위치할수록 더 큰 기대효용을 의미하므로, 투자자 입장에서는 가능하다면 최대한 왼편 위쪽에 있는 무차별곡선에 접하는 포트폴리오를 추구할 것이다. 이러한 최적 포트폴리오는 투자자별로 단 하나씩 존재하며, 이 그림에서는 P^A와 P^B가 된다. 따라서 A가 더 위험회피적이므로, 결국 A의 최적 포트폴리오(P^A)는 상대적으로 위험이 더 낮고 기대수익률도 더 낮게 된다.

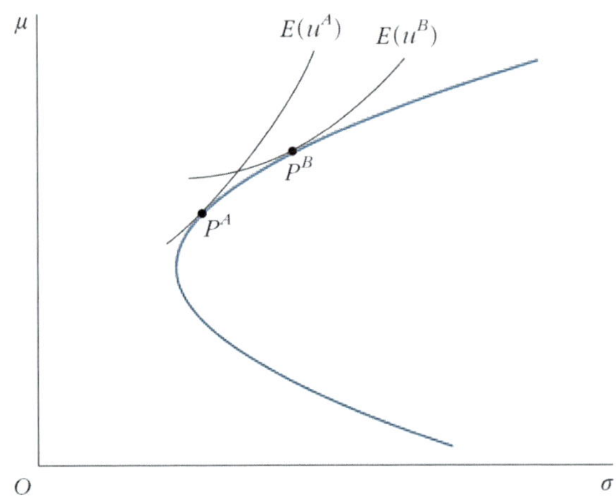

[그림 5-3] 위험자산만으로 구성된 효율적 투자선 하에서의 최적 포트폴리오

5.3.6 동질적 기대(homogeneous expectation)와 펀드-현금 분리 정리

지금까지의 결과는 투자자의 최적포트폴리오는 기대효용함수와 포트폴리오 투자선의 접점이라는 것이다. 이제, 이 결과를 모든 개별 투자자를 대상으로 확장시켜 시장전체로 볼 때 최적 포트폴리오와 자산의 가격결정을 설명해보자.

이를 위해서는 **동질적 기대**(homogeneous expectation)의 가정, 즉, 모든 투자자들이 자산의 수익률과 분산을 동일하게 기대한다는 가정이 필요하다.[13] 이로 인해, 투자선 상의 포트폴리오들의 기대수익률과 위험은 모든 투자자들에게 있어서 동일하다. 그 결과, 효율적 투자선은 모든 투자자들에게 동일하다.

동질적 기대의 가정으로 인하여 효율적 투자선이 모든 투자자들에게 동일하다 하더라도, 투자자들의 효용함수는 모두 다르다. [그림 5-3]에서처럼, 투자자들은 그들의 효용함수

13 이 가정은 한 명의 대표투자자가 있다는 가정과 동일하다.

와 효율적 투자선이 접하는 포트폴리오를 선택하게 되므로, 각자가 선택한 포트폴리오는 제각각 다르다. 더구나, 효율적 투자선은 비선형이므로, 개별 투자자들의 최적 포트폴리오들도 비선형인 투자선 상에 위치하기 때문에, 시장 전체적으로 하나의 최적 포트폴리오를 찾는 것은 쉽지 않은 일이다.

이 문제를 해결하기 위해, 우리는 **무위험자산**(riskless asset)을 도입하고, **펀드-현금 분리 정리**(two fund monetary separation theorem)를 적용한다. 앞서 제4장에서 보았듯이, 무위험자산이 존재하는 경우, 새로운 효율적 투자선은 무위험수익률 r_f에서 출발하여 위험자산만으로 구성된 효율적 투자선에 접하는 접점을 지나는 직선이 되고, 이 접점이 바로 포트폴리오 M이 된다.

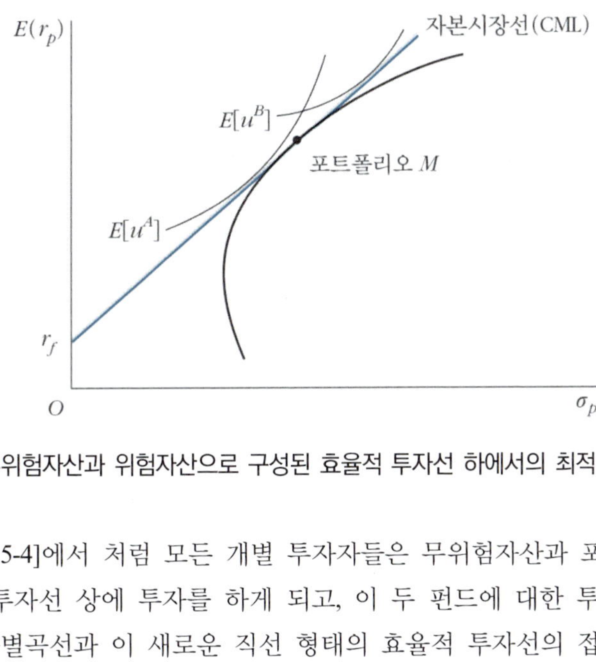

[그림 5-4] 무위험자산과 위험자산으로 구성된 효율적 투자선 하에서의 최적 포트폴리오

그 결과, [그림 5-4]에서 처럼 모든 개별 투자자들은 무위험자산과 포트폴리오 M을 잇는 새로운 효율적 투자선 상에 투자를 하게 되고, 이 두 펀드에 대한 투자비중은 효용 극대화를 위해서 무차별곡선과 이 새로운 직선 형태의 효율적 투자선의 접점의 위치에 의해 결정된다. $\sigma_p - E(r_p)$ 평면 상의 이 직선이 **자본시장선(capital market line, CML)**이며, 이에 대해서는 다음 절에서 상세하게 설명한다. 이론적으로는 펀드-현금 분리 정리가 성립하기 위해서는 모든 투자자들이 동일한 위험수용성을 가져야 하기 때문에,[14] 투자자들의 효용함수는 HARA효용함수(선형의 위험수용성)이어야 한다. 이 경우, 개별 투자자의 위험자산에 대한 최적 포트폴리오는 항상 포트폴리오 M이 된다.

14 Cass와 Stiglitz(1970).

5.3.7 자본시장의 균형 모형 – 자본시장선(CML)과 증권시장선(SML)

지금까지는 위험자산만 투자대상으로 삼는 투자자가 자신의 기대효용을 극대화하는 경우 최적 포트폴리오가 어떻게 결정되는지 살펴보았다. 그러나 투자자마다 효용함수가 다르고 수익률 분포에 대한 기대도 다르므로, 시장전체의 균형 자산가격모형을 찾기 어렵다. 이런 이유로 동질적 기대와 펀드-현금 분리라는 두 가지 가정을 추가적으로 도입하여 이러한 문제를 해결할 수 있었다.

여기서는 투자자가 위험자산뿐만 아니라 무위험자산에도 투자를 하게 되는 경우, 최적 포트폴리오를 구하고, 이로부터 균형하에서 가산가격이 어떻게 결정되는지 살펴보기로 한다. 여기서도 모든 투자자들이 자산의 수익률과 분산을 동일하게 기대한다는 동질적 기대를 가정한다.

5.3.7.1 자본시장선(CML)

우선 제4장의 무위험자산이 있는 경우의 결과를 사용하여, $\sigma_p - E(r_p)$ 평면에서 위험과 기대수익률 간의 관계를 나타내는 **자본시장선(capital market line, CML)**을 구해 보자.

무위험자산이 존재하면 투자자는 무위험자산과 위험자산으로 구성된 프트폴리오 M을 직선으로 이어주는 효율적 투자선상의 한 포트폴리오에 투자를 하게 된다. 이 포트폴리오 p의 수익률은 무위험자산과 포트폴리오 M을 결합한 $r_p = wr_f + (1-w)r_m$으로 나타낼 수 있다(단, w는 무위험자산에 대한 투자비중이고, r_m은 포트폴리오 M의 수익률이다). 따라서, 이 포트폴리오의 기대수익률과 위험은 아래와 같다.

$$E(r_p) = wr_f + (1-w)E(r_m)$$
$$Var(r_p) = Var\left[wr_f + (1-w)E(r_m)\right] = (1-w)^2\sigma_m^2$$
$$\sigma_p = (1-w)\sigma_m$$

이 두 식을 w에 대해 정리하여 결합하면, 아래의 자본시장선(CML)을 얻을 수 있다.

▶ 자본시장선(CML)

자본시장선(CML)은 포트폴리오의 위험(σ_p)과 기대수익률($E(r_p)$) 간의 선형관계를 나타내는 것으로, 기대수익률과 위험을 기준으로 확률지배이론의 관점에서 가장 효율적인 포트폴리오들을 연결한 직선이다.

$$E(r_p) = r_f + \frac{E(r_m) - r_f}{\sigma_m}\sigma_p \qquad (5.18)$$

이 자본시장선은 앞서 제4장에서 무위험자산이 존재할 때의 포트폴리오 투자선인 식 (4.31)에서 $\sqrt{H} = \frac{E(r_m)-r_f}{\sigma_m}$인 경우의 효율적 투자선과 동일하다. 한편, 동질적 기대를 가정하기 때문에, 이 효율적 투자선은 모든 투자자들에게 동일하고, 따라서 개별 투자자의 최적포트폴리오는 [그림 5-4]와 같이 그의 무차별곡선과 CML이 접하는 점점이 된다.

5.3.7.2 증권시장선(SML)

이제, **증권시장선(security market line, SML)**을 유도해 보자. 우리가 CAPM이라고 하는 것은 흔히 증권시장선을 일컫는 말이다.

무위험자산이 존재한다는 것 이외에는 다른 모든 가정은 위험자산만 있는 경우와 동일하다. 투자자는 N개의 위험자산뿐만 아니라 수익률이 r_f인 무위험자산에도 투자할 수 있다. 무위험자산에 대한 투자비중을 w_0로 할 경우 투자비중의 합은 $\sum_{i=1}^{N} w_i + w_0 = 1$이 된다. 투자자의 최초 투자금액을 1이라고 하면, 기말의 부(W), 포트폴리오의 수익률(r_p), 기대 부(μ_w) 및 위험은 아래와 같다.

$$W = \sum_{i=1}^{N} w_i(1 + r_i) + w_0(1 + r_f)$$
$$r_p = \sum_{i=1}^{N} w_i r_i + w_0 r_f$$
$$\mu_w \equiv E(W) = \sum_{i=1}^{N} w_i(1 + E(r_i)) + w_0(1 + r_f)$$
$$\sigma_w = \sigma_{r_p} = \sum_{i=1}^{N} w_i \beta_{ip} \sigma_{r_p}$$

■ 투자자의 기대효용 극대화 문제

이 경우 투자자의 기말의 부에 대한 기대효용을 극대화하는 문제는 다음과 같다.

$$Max\ \ E[u(W)] = f(\mu_w, \sigma_w)$$
$$\text{s.t.}\ \ \sum_{i=1}^{N} w_i + w_0 = 1$$

이 최적화문제를 풀기 위해 다음과 같은 라그랑지안 함수를 만든다.

$$L = E[u(W)] + \lambda(1 - \sum_{i=1}^{N} w_i - w_0)$$

이를 w_i와 w_0에 대해서 1차 미분하여 0으로 두면, 아래와 같다.

$$\frac{\partial L}{\partial w_0} = \frac{\partial E[u(W)]}{\partial \mu_w}(1 + r_f) - \lambda = 0$$
$$\frac{\partial L}{\partial w_i} = \frac{\partial E[u(W)]}{\partial \mu_w}(1 + E(r_i)) + \frac{\partial E[u(W)]}{\partial \sigma_w}\beta_{ip}\sigma_{r_p} - \lambda = 0$$

이제, 식 (5.15) $-\frac{\partial E[u(W)]/\partial \sigma_w}{\partial E[u(W)]/\partial \mu_w} = \frac{d\mu_w}{d\sigma_w}$ 를 이용하여 위 식을 정리하면 아래와 같다.

$$E(r_i) - r_f = \frac{d\mu_w}{d\sigma_w}\beta_{ip}\sigma_{r_p}$$

펀드-현금분리정리가 성립한다면, 모든 투자자들은 N개의 위험자산으로 구성된 포트폴리오와 무위험자산에만 투자를 하고, 이 포트폴리오는 포트폴리오 M이 된다. 따라서, 위 식의 포트폴리오를 M으로 바꾸어주면, 아래 식을 얻을 수 있다.

$$E(r_i) - r_f = \left[\frac{dE(w)}{d\sigma(w)}\right]\beta_{im}\sigma(r_m) \tag{5.19}$$

위 식은 모든 자산에 대해서 성립하므로, 포트폴리오 M에 적용하면 아래와 같다.

$$E(r_m) - r_f = \left[\frac{dE(w)}{d\sigma(w)}\right]\sigma(r_m) \tag{5.20}$$

$$\Leftrightarrow \quad \frac{dE(w)}{d\sigma(w)} = \frac{E(r_m) - r_f}{\sigma(r_m)} \tag{5.21}$$

이 식의 좌변은 기대효용의 무차별곡선의 기울기이고, 우변은 식 (5.18)에서 정의한 자본시장선의 기울기이므로, 식 (5.21)은 무차별곡선의 기울기와 자본시장선의 기울기가 같음을 의미한다. 이제, 식 (5.21)을 (5.19)에 대입하면, 아래와 같이 증권시장선을 구할 수 있다.

▶ 증권시장선(security market line, SML)

증권시장선 또는 CAPM은 자본시장이 균형일 때 개별 자산의 기대수익률 $E(r_i)$와 체계적 위험 β_{im} 간에 성립하는 아래의 선형관계를 의미한다.

$$E(r_i) = r_f + \left[E(r_m) - r_f\right]\beta_{im} \tag{5.22}$$

▶ 균형하의 자산가격 결정모형

모든 위험회피적인 투자자들은 효용함수(위험성향)가 제각각 다름에도 불구하고,

(1) 항상 위험자산으로 구성된 포트폴리오 M과 무위험자산에만 투자를 한다.
(식 (5.18) 자본시장선상의 포트폴리오 p)

(2) 이 경우 포트폴리오 M을 구성하는 위험자산 i의 기대수익률은 β_{im}의 선형관계(식 (5.22) 증권시장선상의 한 점, [그림 5-5])로 나타난다.

이는 단순하면서도 아주 강력한 결과로, 개별자산들 간의 기대수익률의 횡단면상(cross-sectional)의 차이는 오직 β_{im}에 의해 결정되며, 다른 요인은 존재하지 않음을 의미한다.

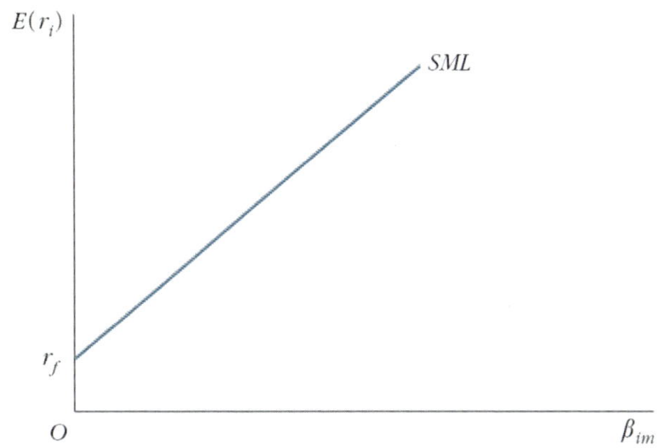

[그림 5-5] 증권시장선(security market line, SML)

▶ 체계적 위험 $\boldsymbol{\beta_{im}}$의 특성

- 베타는 선형이다. 따라서, $r_p = \mathbf{w}'\mathbf{r}$이면, 이 포트폴리오의 베타도 $\beta_p = \mathbf{w}'\boldsymbol{\beta}$가 된다.
- 어떤 자산이 무위험이거나 시장포트폴리오와 상관관계가 없다면, 그 자산은 $\beta = 0$이 된다. 이 경우, 그 자산은 무위험자산이며, 수익률은 무위험수익률(r_f)이 된다.
- 시장포트폴리오의 베타는 1이다. 왜냐하면,

$$\beta_{mm} = \frac{\text{Cov}(r_m, r_m)}{\sigma_m^2} = \frac{\sigma_m^2}{\sigma_m^2} = 1$$

■ 자본시장선, 증권시장선, 제로-베타 증권시장선의 비교

자본시장선과 증권시장선은 자산의 기대수익률을 위험에 대한 선형관계로 설명한다는 공통점을 갖고 있다. 그런데, **자본시장선은 투자자가 선택하는 포트폴리오의 기대수익률과 표준편차 사이의 선형관계**를 나타내는 반면, **증권시장선은 (포트폴리오를 포함한) 개별자산의 기대수익률과 베타와의 선형관계**로서 투자자의 효용극대화를 위한 선택의 결과가 아니라 투자자에게 주어진 관계라는 차이가 있다.

위험의 측정지표의 경우, 자본시장선에서는 표준편차가 사용되고 증권시장선에서는 베타가 사용된다. 따라서, 위험 한 단위당 요구되는 보상, 즉, 위험의 시장가격(프리미엄)을 나타내는 자본시장선과 증권시장선의 기울기도 자본시장선에서는 $\frac{E(r_m)-r_f}{\sigma_m}$가 되고 증권시장선에서는 $E(r_m) - r_f$가 된다.

한편, 앞서 우리는 무위험자산이 존재하지 않더라도 제로-베타 포트폴리오를 이용한다

면 개별자산의 기대수익률을 베타의 선형함수로 나타낼 수 있음을 살펴보았다. 즉, 포트폴리오 M과의 상관계수가 0인 제로-베타 포트폴리오를 이용하여, 다음과 같은 제로-베타 CAPM, 즉, 제로-베타 증권시장선을 도출하였다.[15]

$$E(r_i) = E(r_z) + [E(r_m) - E(r_z)]\beta_{im}$$

단, $E(r_z)$는 무위험자산에 상응하는 제로-베타 포트폴리오 z의 기대수익률이다. 따라서, Black(1972)의 제로-베타 CAPM에서는 제로-베타 포트폴리오를 무위험자산으로 사용한 것이라 볼 수 있다.

5.4 체계적 위험의 추정과 CAPM 검증방법

CAPM에 따르면 자산의 기대수익률을 결정하는 유일한 변수는 베타다. CAPM에 의하면, 투자자들의 효용함수가 이차함수이고, 이 외에 CAPM에서 설정하는 가정들이 만족된다면, 기대수익률은 $E(r_i) = r_f + \left[E(r_m) - r_f\right]\beta_i$로 결정된다. 이 모형은 단순하고 이해하기 쉬워서 실무적으로도 간단하게 사용할 수 있다. 왜냐하면, β_i만 알아낼 수 있다면, 시장의 기대수익률과 무위험자산 수익률 두 가지만으로 특정 자산의 기대수익률을 손쉽게 계산할 수 있기 때문이다. 이러한 편리함 때문에, CAPM은 다양한 분야에서 사용되고 있다. 예를 들어, 자본예산을 수립하거나 자산가치를 평가하려면 기대현금흐름에 내포된 위험을 반영한 **요구수익률(required return)**로 기대현금흐름을 할인해야 하는데, CAPM의 수익률은 위험(β_{im})을 고려한 수익률이라는 점에서 요구수익률로 사용되기도 한다.

■ 베타의 추정방법

CAPM의 가격결정요인인 β_i는 직접 관측이 불가능하며, 대부분의 경우 과거의 시계열 자료를 활용하여 추정하게 된다. 가장 많이 사용되는 방법은 다음과 같은 **샤프(Sharpe)의 시장모형(market model)**, 즉 **단일지수모형(single index model)**을 사용하여 회귀계수를 추정하는 방법이다.[16]

---

15 상관계수가 0이면 공분산도 0이다. 왜냐하면, 공분산은 $Cov(r_i, r_j) = \sigma_i\sigma_j\rho_{ij}$이기 때문이다. 단, σ_i, σ_j는 각각 자산 i와 j의 수익률의 표준편차, ρ_{ij}는 두 자산 수익률 간의 상관계수를 의미한다.

16 식 (5.23)은 Sharpe(1963)가 CAPM의 성립 여부를 실증적으로 증명하기 위해 만든 모형이다. 식 (5.23)의 데이터생성 프로세스를 가정하고, 추가로 $i \neq j$일 때 $Cov(\varepsilon_{it}, \varepsilon_{jt}) = 0$임을 가정한다고 해 보자. 이 모형은 모든 자산의 수익률을 설명하는 공통요인이 $r_{mt} - r_f$ 하나밖에 없다고 가정하므로 흔히 **단일요인모형(one factor model)**이라고 부른다.

$$r_{it} - r_f = \alpha_i + \beta_i(r_{mt} - r_f) + \varepsilon_{it} \tag{5.23}$$

단, $\varepsilon_{it} \sim (0, \sigma_i^2)$, $E(r_{mt}, \varepsilon_{it}) = 0$이고, α_i와 β_i은 추정해야 할 파라미터이다. 베타의 추정에는 월별, 일별 혹은 분단위의 수익률 등이 사용된다.

최근에는 일별 데이터를 사용하여 베타를 구하는 경우가 흔하며, 이 경우 다음과 같은 회귀식을 추정하여, $\hat{\beta}_i = \hat{\beta}_{i0} + \hat{\beta}_{i1} + \hat{\beta}_{i2}$로 β_i의 추정치를 구한다.[17]

$$\begin{aligned} r_{i,t} - r_{f,t} = \alpha_i + \beta_{i0}(r_{m,t} - r_{f,t}) + \beta_{i1}(r_{m,t-1} - r_{f,t-1}) \\ + \beta_{i2}\left[\frac{\{(r_{m,t-2} - r_{f,t-2}) + (r_{m,t-3} - r_{f,t-3}) + (r_{m,t-4} - r_{f,t-4}) + (r_{m,t} - r_{f,t})\}}{3}\right] + \varepsilon_{i,t} \end{aligned} \tag{5.24}$$

이 경우 과거 1년간 일별데이터를 사용하되 최소한 150일 이상의 수익률 데이터가 있는 주식에 대하여 베타를 계산한다. 이렇게 하는 이유는 일별데이터의 경우 거래량이 충분히 많은 주식을 제외하고는 주가가 시장포트폴리오의 가치 변화를 제대로 반영하지 못하는 소위 비동기거래(nonsynchronous trading) 문제가 발생하기 때문이다. 즉, 비유동적인 주식은 거래가 자주 일어나지는 않으므로 정보가 가격에 즉각 반영되지 않을 가능성이 커서 시장포트폴리오의 수익률 변화를 제대로 반영하지 못하기 때문이다.

CAPM에서 베타는 추정기간 동안 변하지 않는 것으로 가정한다. 지금까지의 연구를 살펴보면 베타는 시간의 흐름에 따라 변하기는 하나 그 변화 속도가 느려서 단기간 동안 변하지 않는다고 가정해도 분석에 큰 영향은 없다. 한편 이 가정에 대한 대안으로는 베타가 시간의 경과에 따라 확률적으로 변화하는(time-varying) 모형을 사용하는 경우도 있다.[18]

■ CAPM 검증방법

CAPM이 실제로 유효한 모형인지 여부를 검증하는 첫번째 방법은 모든 자산에 대하여 식 (5.23)을 추정하여 아래 가설이 만족되는지 검증하는 방법이다. 아래 가설은 자산의 기대수익률에 영향을 미치는 요인이 베타 이외에는 없음을 의미한다.

- $\widehat{Cov}(\varepsilon_{it}, \varepsilon_{jt}) = 0$
- $\hat{\alpha}_i = 0$

그러나 CAPM이 특정한 단일 시점에서 여러 자산들의 기대수익률을 설명하는 횡단면 모형

---

17 Lewellen과 Nagel(2006).

18 시간변동베타(time-varying beta)에 대해서는 여러 가지 모형이 있으며, Ferson과 Harvey(1993)나 Ang과 Chen(2007)을 참조하기 바란다.

(cross-sectional model)임에도 불구하고, 식 (5.23)으로 위 가설을 검증하는 것은 시계열데이터로 CAPM을 추정하는 것이므로, 실제로 자산들이 CAPM의 설명대로 베타가 높을수록 그에 상응하는 보상을 받는지를 테스트하지는 못한다.

두 번째 CAPM 검증방법은 유명한 Fama와 MacBeth(1973)의 2단계 CAPM 실증분석으로 다음과 같은 2단계 회귀분석으로 구성된다.

(1단계-시계열분석) 시계열데이터(분석시점 t로부터 과거 월별 혹은 일별수익률)로 다음 식을 회귀분석하여 각 주식별 베타(β_i)를 추정한다.

$$r_{it} - r_f = \alpha + \beta_i(r_{mt} - r_f) + \epsilon_{it}$$

일별데이터로 베타를 추정하는 경우 식 (5.24)를 사용하게 된다.

(2단계-횡단면분석) 1단계에서 추정된 주식별 베타($\hat{\beta}_i$)를 설명변수로 사용하고, $t+1$시점에서의 **횡단면 데이터**로 다음과 같은 **증권시장선**을 회귀분석하여 시장위험프리미엄(γ_2)을 추정한다.

$$r_{it+1} - r_f = \gamma_1 + \gamma_2\hat{\beta}_i + \varepsilon_{it+1} \tag{5.25}$$

위 두 단계를 시점을 옮겨가면서 반복하면 매 시점마다 추정된 γ_1과 γ_2를 얻을 수 있고, 이들의 평균에 대해 $\bar{\hat{\gamma}}_1 = 0$, $\bar{\hat{\gamma}}_2 = \overline{r_{mt} - r_f}$가 성립하는지 테스트하면, CAPM의 성립 여부를 판단할 수 있다. 여기서 한가지 주의하여야 할 것은 2단계 횡단면 회귀식에서는 미래 $(t+1)$시점의 수익률을 종속변수로 하여 $\hat{\beta}_i$가 미래 수익률을 설명할 수 있는지를 검증한다는 점이다. 이는 CAPM이 기대수익률과 베타와의 관계에 관한 모형이기 때문이다.

이 Fama-MacBeth의 2단계 분석에서 처럼 추정치(베타($\hat{\beta}_i$))를 설명변수로 사용할 경우 발생하는 심각한 문제점 중 하나는 설명변수에 내포된 추정오차(estimation error)로 인해 γ_2가 하향추정된다는 점이다. 이러한 문제를 극복하기 위해서 Fama와 MacBeth(1973)는 포트폴리오를 구성함으로써 베타($\hat{\beta}_i$)에 내포된 추정오차를 최소화시키는 방법을 사용하였다. 이 방법을 살펴보기 위하여, 투자비중벡터가 $\boldsymbol{w} = (w_1, \ldots, w_N)'$(단, $\sum_{i=1}^N w_i = 1$)인 임의의 포트폴리오 p의 수익률을 생각해보자.

$$\begin{aligned} r_p - r_f &= \textstyle\sum_{i=1}^N w_i(r_i - r_f) \\ &= \textstyle\sum_{i=1}^N w_i(\alpha_i + \beta_i(r_m - r_f) + \varepsilon_i) \\ &= \textstyle\sum_{i=1}^N w_i\alpha_i + \sum_{i=1}^N w_i\beta_i(r_m - r_f) + \sum_{i=1}^N w_i\varepsilon_i \\ &= \alpha_p + \beta_p(r_m - r_f) + \varepsilon_p \end{aligned}$$

단, $\beta_p = \sum_{i=1}^{N} w_i\beta_i$이다. 만약, β_i의 추정치가 $\hat{\beta}_i$라면, $\hat{\beta}_i = \beta_i + v_i$로 표시할 수 있고, v_i는 추정오차로서 $v_i \sim iid(0, \sigma_i^2)$라고 가정할 수 있다. 만약, w_i들이 잘 분산되어 있다면, 예를 들어 $w_i = \frac{1}{N}$인 **동일가중 포트폴리오**라고 가정한다면, 약한 대수의 법칙(weak law of large numbers, WLLN)에 의하여 아래의 식이 성립하므로, 추정오차를 무시(제거)할 수 있다.

$$\text{plim}\hat{\beta}_p = \text{plim}\left(\sum_{i=1}^{N} w_i\hat{\beta}_i\right) = \text{plim}\left(\sum_{i=1}^{N} w_i\beta_i + \sum_{i=1}^{N} w_i v_i\right) = \beta_p \tag{5.26}$$

따라서, 개별자산의 추정 베타를 크기별로 분류하여 포트폴리오를 구성하고 이 포트폴리오의 베타를 설명변수로 활용한다면 추정오차가 크지 않다고 봐야 한다. 예를 들면, Fama와 MacBeth(1973)는 수천 개의 개별주식 베타를 추정한 후 이를 크기순으로 분류하여 20개의 베타 포트폴리오를 만들고, 이 포트폴리오로 그들의 2단계 회귀식 (5.25)를 추정하였다.

Fama-MacBeth 모형을 검증한 대부분의 연구에서는 $\bar{\hat{\gamma}}_1 > 0$ 그리고 $\bar{\hat{\gamma}}_2 < \overline{r_{mt} - r_f}$라는 결과가 관찰되었다(Fama와 French, 1992). 또한 추정된 시장위험프리미엄($\bar{\hat{\gamma}}_2$)은 0과 다르지 않아($\bar{\hat{\gamma}}_2 \approx 0$), 베타가 증가하더라도 기대수익률에는 전혀 변화가 없다는 것을 보여주었다. 이러한 실증분석 결과는 다른 많은 연구에서도 확인되었고, 이는 Fama와 French(1993)를 비롯한 후속 연구들이 베타 이외의 다른 요인들을 제시하게 된 이유 중의 하나라 하겠다.

5.5 체계적 위험, 비체계적 위험과 분산투자의 효과

자산 가격에 영향을 미치는 위험 요인들은 매우 다양한데, 이를 특정 자산에 국한된 위험과 거시경제적 변동처럼 거의 모든 자산에 영향을 주는 위험으로 나누어 볼 수 있다. 예를 들어, 특정 기업의 대표자에 관한 뉴스나 신기술 개발에 관한 뉴스는 전자에 해당하고, 반면에 오일쇼크나 금융위기 등의 발생이나 금리, 환율 등의 갑작스런 변동 등은 후자에 해당한다.

▶ 체계적 위험과 비체계적 위험

많은 자산들의 가격에 광범위한 영향을 미치는 위험을 **체계적 위험**(systematic risk)이라고 한다. 이는 시장 전반적으로 영향을 미친다는 의미에서 **시장위험**(market risk)이라고도 한다. 반면, 특정 자산 또는 소수의 자산들에만 국한된 영향을 미치는 위험을 **비체계적 위험**(unsystematic risk)이라 한다. 이는 개별 자산이나 기업에 고유한 요인이라는 의미에서 **고유위험**(idiosyncratic risk 혹은 firm specific risk)이라 부르기도 한다.

비체계적 위험은 분산투자로 제거할 수 있다. 예를 들어, 다수의 자산으로 포트폴리오를 구성하면, 포트폴리오에 포함된 개별자산들의 고유한 요인들이 서로 상쇄되어 제거될 수 있다. 실제로 주식시장에서 거래되는 개별 종목의 수익률과 여러 종목으로 구성된 종합주가지수의 수익률을 비교해보면, 종합주가지수의 변동성(수익률의 표준편차)은 연간 16% 정도로 추정되는 반면 개별주식의 변동성은 30% 이상으로 지수 변동성의 두 배 정도 된다.[19]

■ 체계적 위험과 위험프리미엄

우리는 제2장에서 위험프리미엄에 대해서 학습하였다. 즉, 위험회피형 투자자는 위험을 부담할 경우 그에 대한 보상으로 추가적인 수익률, 즉, 위험프리미엄을 요구한다. 그리고, 위험프리미엄이 포함된 수익률을 요구수익률(=무위험수익률+위험프리미엄)이라고 부른다고 하였다. 그런데, 비체계적 위험은 분산투자를 통하여 제거시킬 수 있으므로, 이에 대해서는 수익률에 의한 보상이 필요치 않다. 반면, 체계적 위험은 분산투자로 제거되지 않으므로, 추가적인 수익률(즉, 위험프리미엄)로 보상이 이루어져야 한다. 따라서, 위험자산에 대한 기대수익률은 그 자산의 체계적 위험에 의해서 결정되고, 비체계적 위험과는 관련이 없다.

■ 분산투자의 효과

분산투자의 효과를 확인하기 위해 식 (5.23)을 이용하여 포트폴리오의 분산을 계산해보자. 임의의 투자비율 집합인 $\boldsymbol{w} = (w_1, w_2, \ldots, w_N)'$, $\boldsymbol{e} = (1,1,\ldots,1)'$, $\boldsymbol{e}'\boldsymbol{w} = 1$이 있다면, 식 (5.23)으로부터 포트폴리오의 수익률에 관한 아래의 식을 얻을 수 있다.

$$\begin{aligned} r_p - r_f &= \boldsymbol{w}'(\mathbf{r} - r_f\mathbf{e}) \\ &= \boldsymbol{w}'\boldsymbol{\alpha} + \boldsymbol{w}'\boldsymbol{\beta}(r_m - r_f) + \boldsymbol{w}'\boldsymbol{\varepsilon} \end{aligned} \tag{5.27}$$

단, $\boldsymbol{w}'\boldsymbol{\varepsilon} \sim (0, \boldsymbol{w}'\boldsymbol{V}\boldsymbol{w})$, $\boldsymbol{r} = (r_1, r_2, \ldots, r_N)'$, $\boldsymbol{\varepsilon} = (\varepsilon_1, \varepsilon_2, \ldots, \varepsilon_{\mathrm{N}})'$, 그리고 $\boldsymbol{\beta} = (\beta_1, \beta_2, \ldots, \beta_{\mathrm{N}})'$이다. 따라서 식 (5.27)을 사용하여 포트폴리오의 분산을 계산하면 다음과 같다.

$$\begin{aligned} Var(\sigma_p^2) &= \boldsymbol{w}'\boldsymbol{D}\boldsymbol{w} = \sigma_m^2 \boldsymbol{w}'\boldsymbol{\beta}\boldsymbol{\beta}'\boldsymbol{w} + \boldsymbol{w}'\boldsymbol{V}\boldsymbol{w} \\ &= \sigma_m^2 \textstyle\sum_{\boldsymbol{i=1}}^{\boldsymbol{N}} \sum_{\boldsymbol{j=1}}^{\boldsymbol{N}} w_i w_j \beta_i \beta_j + \sum_{\boldsymbol{i=1}}^{\boldsymbol{N}} \sum_{\boldsymbol{j=1}}^{\boldsymbol{N}} w_i w_j \sigma_{ij} \end{aligned} \tag{5.28}$$

단, $\boldsymbol{D} = E((\boldsymbol{r} - E(\boldsymbol{r}))(\boldsymbol{r} - E(\boldsymbol{r})'))$이다. 이 식은 아래와 같이 해석될 수 있다.

포트폴리오의 분산 = 시장포트폴리오에 의한 분산
+ 개별 자산의 고유의 분산(idiosyncratic variance)

---

19 측정시점이나 국가별로 차이가 있으며, 여기서는 미국시장을 기준으로 설명하였다.

비체계적 위험은 분산투자를 이용하여 제거시킬 수 있음을 보기 위해, $w_i = \frac{1}{N}$(즉, 모든 자산을 균등한 비율로 투자함), $\sigma_i^2 = \sigma^2$(자산들의 분산은 동일함), 그리고 $\sigma_{ij} = 0\ (i \neq j)$(공분산은 0)을 가정해보자. 그러면, $\boldsymbol{w'Vw} = \sum_{i=1}^{N}\sum_{j=1}^{N} w_i w_j \sigma_{ij} = \frac{\sigma^2}{N}$이 된다. 따라서 이 식에 의해서 충분히 많은 주식을 보유할 경우에는 $\lim_{N\to\infty} \boldsymbol{w'Vw} = \lim_{N\to\infty} \frac{\sigma^2}{N} = 0$이 되므로, 개별 자산 고유의 변동으로 인한 분산($\boldsymbol{w'Vw}$)은 포트폴리오에 사용되는 개별자산의 수를 증가시켜서 없앨 수 있다. 반면, 시장포트폴리오에 의한 변동($\sigma_m^2 \boldsymbol{w'\beta\beta'w}$)은 포트폴리오를 구성하더라도 제거할 수 없는 위험으로서, 이는 $\boldsymbol{\beta}$와 $\boldsymbol{w}$에 의해서 결정된다.

이와 같이, 개별자산의 수를 무한히 늘려도 제거되지 않는 분산이 체계적 위험이고, 포트폴리오를 구성하여 제거할 수 있는 개별자산 고유의 분산이 바로 비체계적 위험이다. 만약, 투자자들이 위험회피적이라면, 많은 자산들로 포트폴리오를 구성함으로써 개별자산의 고유 분산을 제거할 것이므로, 결국 개별자산 고유의 분산은 자산의 기대수익률에 영향을 미치지 않게 된다. 따라서, 자산가격에 영향을 미치는 요인은 체계적 위험인 베타뿐이다.

5.6 CAPM과 경기변동

투자자들이 선호하는 자산은 베타가 큰 자산일까? 아니면, 베타가 작은 자산일까? 자산들의 베타가 서로 다를 때, 그 자산들의 기대수익률이 차이가 나는 이유를 이론적인 측면에서 직관적으로 설명해 보자.

■ 경기변동에 따른 소비의 한계효용의 관점

자산가격결정이론에 따르면, 미래의 소비를 증가시키기 위해 현재의 소비를 줄이고 투자를 해야 한다. 이 경우 당장 포기하여야 하는 소비의 감소로부터 발생하는 한계효용의 손실은 그 투자로부터 발생하는 미래소비 증가로 인한 한계효용의 증가와 같아야 한다.[20]

그런데, 동일한 크기의 소비라 하더라도, 소비로 인해 투자자가 느끼는 효용은 경기의 변동에 따라 달라진다. 즉, 소비가 많이 일어나는 호황기에는 추가적인 소비로 인한 한계효용이 크지 않지만, 불황기에는 같은 소비를 하더라도 한계효용이 훨씬 더 크다. 따라서 소비가 늘어나는 호황기에 투자수익률이 높아지는 자산과, 경제가 어려워져서 소비가 절실한 불황기에 수익을 많이 내는 자산을 비교해 본다면, 두 번째 자산이 투자자들에게 훨씬 매력적으로 보일 것이다. 이러한 이유로 투자자들은 불황기에 수익률이 높은 자산을 더 선호

20 보다 상세한 설명은 Intertemporal CAPM을 다루는 12장을 참조하기 바란다.

하기 때문에, 이러한 자산의 현재 가격은 더 높게 결정된다. 현재시점의 자산가격이 더 높다는 것은 기대수익률이 더 낮다는 것을 의미하는 것으로,[21] 이는 투자자들이 불황기에 높은 수익률을 보이는 자산에 대해서는 더 적은 수익률 프리미엄을 요구한다는 것과 같은 의미이다.

이러한 내용을 CAPM에 적용시켜 보자. 베타가 높은 자산은 소비의 한계효용이 낮은 호황기에 높은 수익률을 가져다 주게 된다. 따라서, 베타가 높은 자산은 투자자의 입장에서는 그리 매력적인 자산이 되지 못한다. 이러한 자산은 현재 가격이 떨어져서 기대수익률이 좀 더 높아져야 (또는 현재 가격이 낮아져야) 투자의 대상이 될 수 있다.

■ 소비의 평탄화 관점

또 다른 관점에서 본다면, 투자자들은 경기의 변동에도 불구하고 소비를 일정하게 유지하기를 원한다.[22] 그런데, 베타가 높은 자산의 수익률은 시장 상황에 따라 민감하게 변하므로, 이러한 자산에 투자해서 얻은 수익을 소비에 사용한다면 투자자의 소비도 호황기에 크게 높아지고 불황기에는 크게 낮아지기 때문에, 소비의 불안정성이 높아지게 된다. 이런 이유로 베타가 높은 자산은 선호되지 않는다. 따라서 위험(베타)이 높은 자산의 기대수익률이 위험이 낮은 자산의 기대수익률보다 높지 않으면 투자자들에게 매력적인 투자대상이 될 수 없다.

5.7 CAPM의 한계

CAPM은 정교하면서도 이해하기 쉬워서 실무에서도 많이 사용되지만, 비현실적인 가정과 실증분석에서의 설명력 부족 등에 대한 비판을 받았다. 여기서는 이런 CAPM의 문제점과 이를 극복하기 위한 대안들을 알아보고자 한다.

■ CAPM 가정의 문제

현실에서는 CAPM에서 요구하고 있는 가정들이 성립하지 않는다. 예를 들면, 투자자들은 동질적 기대를 하지도 않고, 완전자본시장도 아니며, 투자자의 효용함수가 이차함수이거나 혹은 자산의 수익률이 정규분포를 따르지도 않는다. 따라서 실무에서 CAPM을 사용

---

21 기대수익률은 다음 기의 가격을 현재의 가격으로 나누어서 계산하므로, 현재가격이 더 낮다면 기대수익률은 더 높게 된다.

22 이에 관해서는 다음 장 소비기반 CAPM에서 설명할 예정이다.

하는 것은 한계가 있으며, 실제 현실의 기대수익률을 설명하는 모형이 무엇인지는 정확히 알려져 있지 않다.

■ CAPM은 단일기간 모형

CAPM은 단일기간 모형이다. 반면, 실제 투자자들은 여러 기간에 걸친 투자의사결정을 한다. 이 문제를 개선하기 위해, Merton(1973)은 CAPM을 다기간으로 확장한 동태적(기간간) CAPM(Intertemporal CAPM)을 제시하였다. ICAPM에서는 전통적인 CAPM에서 고려하는 평균-분산 요인뿐만 아니라 투자기회집합의 동태적 변화에 대응하기 위한 헤지(hedge) 수요를 추가적으로 고려한다.

이 모형에서는 기대수익률의 횡단면 변동을 설명하는 위험요인으로서 다수의 상태 변수들(multiple state variables)이 필요함을 보여주고 있다. 그러나 위험요인에 해당하는 상태변수가 구체적으로 무엇인지는 이 모형으로 알 수는 없다. ICAPM에 대해서는 제12장에서 상세히 설명한다.

■ CAPM은 단일 요인(single factor) 모형

CAPM은 개별 자산의 수익률과 시장수익률 간의 공분산만으로 개별 자산의 기대수익률을 설명하는 단일요인 모형이다. 그런데, 실증분석에서 CAPM의 설명력이 미흡한 것으로 나타났기 때문에, 다요인 모형에 대한 검토가 시작되었다.

대표적인 다요인 가격결정모형은 차익가격결정이론(arbitrage pricing theory, APT)과 동태적 CAPM(ICAPM)이다. APT는 '위험을 부담하지 않고는 수익을 낼 수 없다'는 간단한 조건으로 자산가격을 설명하는 모형인데, 이 모형에 따르면 불특정 다수의 요인들이 자산가격을 설명하기 위해 필요하다. 반면, ICAPM은 투자기회의 변화에 따라 여러가지 요인이 필요할 수 있다는 모형으로, 주로 거시경제요인들을 투자기회의 변화를 나타내는 변수로 사용한다.

한편, 실증분석을 통해서 기대수익률을 설명하는 수많은 요인들이 발견되었다. 대표적으로 Fama와 French(2015)의 다섯 요인 모형에서는 시장수익률 이외에도 기업의 규모, 가치/성장 비율, 투자, 그리고 수익성이라는 요인들이 유의한 것으로 나타났다. 이 외에도, 모멘텀(momentum), 유동성(liquidity) 등의 다양한 요인들이 발견되었다. 이와 같이, 다양한 연구들에 의해서 발견된 요인들의 개수는 수백 개에 달한다.[23] 이런 요인들에 관한 자세한 내용은 제10장에서 살펴볼 예정이다.

---

23 Harvey et al.(2016)

연/습/문/제

1. 자산 A, B와 시장포트폴리에 관한 정보가 아래와 같다.

	1년 후 예상가격	1년 후 예상배당	수익률의 분산	시장수익률과의 상관계수
A	1200	10	20%	0.5
B	800	20	30%	0.7
시장포트폴리오			10%	1.0

시장포트폴리오의 기대수익률은 10%, 무위험 수익률은 2%라고 하자. CAPM이 성립한다고 가정하면, 현재 시점에서 두 자산의 가격은 각각 얼마인가?

2. 주식 A는 매년 말 배당금 100을 지급한다. 주식 A와 시장포트폴리오 간의 수익률이 공분산은 0.8이고, 시장포트폴리오의 기대수익률과 수익률의 분산은 각각 10%와 50%이다. CAPM이 성립한다면, 무위험 수익률은 3%라고 할 때, 1년 말 배당금의 확실성 등가는 얼마인가?

3. 주식 A, B에 관한 정보가 아래 표와 같을 때, 주식 B의 베타를 구하시오. 그리고, 주식 A, B로 구성된 포트폴리오의 베타를 1.5로 만들기 위한 주식 B의 투자비율을 구하시오.

	표준편차	시장수익률과의 상관계수	베타
주식 A	10%	0.5	0.8
주식 B	20%	0.7	?

4. 시장에는 수익률이 0.8%인 무위험 자산이 존재하고, 위험자산은 아래 표와 같이 A, B만이 존재한다. CAPM과 펀드-현금 분리 정리가 성립한다고 가정하자. 투자자의 현재

가용자금은 1억원이다.

(1) 시장포트폴리오의 기대수익률과 표준편차를 구하시오.

(2) 투자자의 올해 목표수익률이 20%라면, 어떻게 포트폴리오를 구성해야 하는가?

(3) 위 (2)의 포트폴리오의 베타와 표준편차는 얼마인가?

(4) 위 (2)의 포트폴리오와 시장수익률 간의 공분산과 상관계수는 얼마인가?

	시장가치	기대수익률	분산	공분산
A	1,200억원	12%	0.25	0.1
B	800억원	8%	0.09	

5. 아래와 같은 과거 5년간의 연간 수익률 자료를 이용하여, 주식 i의 베타를 구하시오.

	2022년	2021년	2020년	2019년	2018년
주식 i 수익률	15%	50%	-20%	-25%	-2%
시장수익률	5%	18%	-8%	-4%	5%

6. 주식 A와 B의 초과수익률에 대한 회귀선(증권특성선, security characteristic line)이 아래와 같다.

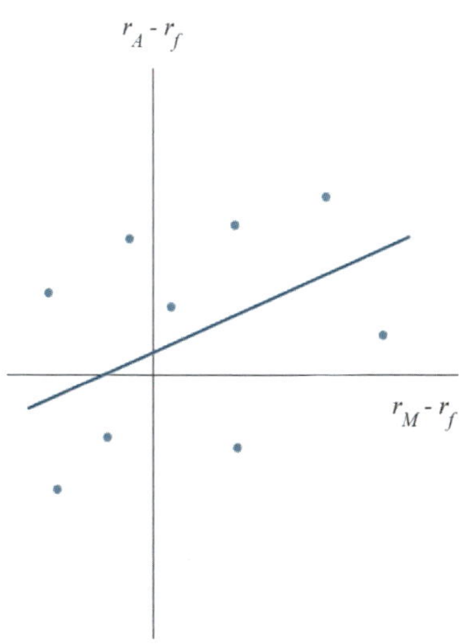

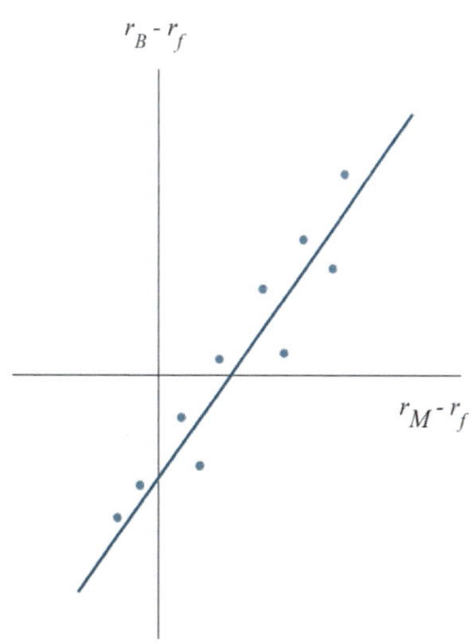

1) 어느 주식의 비체계적 위험(고유위험)이 더 큰가?
2) 어느 주식의 체계적 위험(시장위험)이 더 큰가?
3) 어느 회귀식의 결정계수가 더 큰가?
4) 어느 주식의 '알파'가 더 큰가?
5) 시장과의 상관관계가 더 큰 주식은 무엇인가?

7. 주식 X와 시장지수 및 무위험자산에 대한 정보가 아래와 같다.

	기대수익률	수익률의 표준편차
주식 X	15%	20%
시장지수	12%	15%
무위험자산	5%	0.75

주식 X와 시장지수 간의 상관계수는 0.75이고, CAPM이 성립한다고 가정하자. CAPM 관점에서 주식 X의 가격이 적절한지 평가하시오.

8. 위험지표 산출을 위해 추정해야 할 변수들의 숫자 측면에서, 샤프의 단일지수모형이 마코위츠의 최적 포트폴리오 이론보다 유리한 이유를 설명하시오.

Chapter 06

소비기반, 생산기반, 투자기반 자산가격결정모형*
(Consumption, Production, Investment-based Asset Pricing Models)

자산가격결정모형에서 또 다른 중요한 접근법은 소비로부터 발생하는 효용을 최대화하는 것이다.[1] 전통적인 CAPM에서는 투자자의 기대효용이 부의 기댓값과 분산(또는 수익률의 평균과 분산)의 함수이므로 이를 극대화하는 투자의사결정을 한다고 가정하지만, 소비기반 CAPM(consumption-based CAPM, CCAPM)에서는 투자자는 현재와 미래의 소비로부터 발생하는 효용을 극대화하려는 의사결정을 한다고 가정한다. 소비기반 CPAM은 (1) 현재와 미래 시점을 모두 고려하는 동태적인 포트폴리오 선택 이론이라는 점과 (2) 소비자 효용의 가장 근원인 소비를 이용한다는 점 때문에, 이론적으로는 전통적인 CAPM보다 더 우월한 모형으로 여겨진다. 이 모형은 Lucas(1978)와 Breeden(1979)의 연구를 발전시킨 것으로, 이에 따르면 자산의 기대초과수익률은 소비와 자산수익률 간의 공분산에 비례하며, 자산의 기대수익률을 결정하는 소비베타(consumption beta)는 소비에 대한 자산수익률의 민감도를 나타낸다.

이 장에서는 소비기반 CAPM을 살펴보기 위하여 투자자가 미래의 각 시점에서 투자와 소비 수준을 결정해야 한다고 가정한다. 그리고, 이 모형을 통해 투자자의 소비패턴, 무위험자산 수익률, 그리고 소비의 기간간 대체탄력성 간의 관계를 살펴보고, 자산가격이 소비베타(consumption beta)에 의하여 결정된다는 것을 살펴볼 것이다.

한편, 소비기반 CAPM이 이론적으로 우수한 모형이지만, 실증분석에서는 한계를 보이고 있다. 전통적인 CAPM과 마찬가지로, 소비베타가 자산들 간의 기대수익률 차이를 설명하지 못하는 것으로 나타났다. 또한 이 모형으로는 주식시장의 수익률이 무위험자산 수익률보다

1 소비기반 CAPM에 대한 상세한 설명은 Huang과 Litzenberger(1988) 또는 Cochrane(2005)을 참조하기 바란다.

지나치게 높은 현상을 일컫는 주식프리미엄 퍼즐(equity premium puzzle)을 설명할 수 없다.

이 책에서는 이 현상을 설명하기 위한 대안으로서, Epstein과 Zin(1989)의 효용함수를 사용한 소비기반 CAPM도 살펴볼 것이다. 그리고 기업의 생산이나 투자와 관련된 요인으로 주식수익률을 설명하는 생산기반 자산가격결정모형(production-based asset pricing model)과 투자기반 자산가격결정모형(investment-based asset pricing model)도 간단하게 살펴보기로 한다.

6.1 소비기반 CAPM의 가정, 시간집합자와 위험집합자*

앞서 제5장의 전통적인 CAPM은 단일기간 모형이기 때문에, 기대효용함수는 1기간 후의 기대수익과 위험이라는 두 가지 변수의 함수라고 가정하였다. 하지만, 현실적으로 투자자는 연속되는 다기간 동안 지속적으로 투자와 소비에 관한 의사결정을 하여야 한다. 그런데, 현재 시점에서의 투자의사결정은 미래의 소비와 투자기회에 영향을 미치게 되므로, 다기간의 의사결정분석은 더욱 복잡하게 된다.

소비기반 CAPM은 다기간에 걸친 소비로부터 발생하는 효용을 반영한다. 소비기반 CAPM을 구하기 위해서 필요한 가정을 살펴보자.

- 투자자들의 효용함수는 일생 동안의 소비에 대한 von Neumann-Morgenstern(VNM) 효용함수이며, 이 함수는 시간 가산적(time-additive)이고, 단조 증가하며, 강오목하다.[2]
- 투자자들은 동일한 믿음(identical beliefs)을 가지며, 생명이 유한한 고정된 모집단을 형성한다.
- 하나의 소비재가 존재하며, 자본시장은 소비를 제약이 없는 파레토 최적배분상태로 만들어준다.
- 시간에 대한 선호를 나타내는 주관적 할인율은 모든 투자자에게 있어서 동일하다. 이 가정이 의미하는 바는, 파레토 효율적인 시장균형에서는 소비의 한계효용의 변화율이 모든 투자자에게 있어서 동일하고, 소비의 한계효용을 모두 합한 값의 변화율과도 동일하다는 것이다 (Breeden과 Litzenberger, 1978; Breeden et al., 1989).

■ 시간집합자

시간의 경과에 따라서 달라지는 소비성향은 **시간집합자(time aggregator)** 함수 V를 사용

---

2 "효용함수가 시간 가산적"이라는 의미는 일생 동안의 총 효용이 각 기간별 효용들을 더한 형태로 나타낼 수 있다는 뜻이다.

하여 하나로 나타낼 수 있다. 여기서 시간집합자는 불확실성이 없는 상황 하에서 시간에 대한 선호(time preference)를 반영하여 다양한 시점의 값들을 특성 시점에서의 값으로 나타내는 연산자를 의미한다. 먼저 위험이 없는 경우를 생각해 보자. Koopmans(1960)에 따르면, 현재와 미래의 소비에 대한 선호가 서로 독립적이고 안정적(stationary)이라면, 효용함수를 다음과 같이 나타낼 수 있다고 한다.

$$U_t = V[u(c_t), U_{t+1}] \tag{6.1}$$

여기서 $U_t = U(c_t, c_{t+1}, \dots)$, $U_{t+1} = U(c_{t+1}, c_{t+2}, \dots)$이고, 함수 V는 $u(c_t)$와 U_{t+1}을 묶어주는 시간집합자이다. 가장 많이 사용되는 시간집합자 함수 V의 형태는 다음과 같다.[3]

$$V[u(c_t), U_{t+1}] = u(c_t) + \beta(c_t)U_{t+1} \tag{6.2}$$

여기서 효용함수 $u(c_t)$는 할인함수 $\beta(c_t)$와는 관련이 없다.[4]

한편, 무위험자산을 제외한 모든 자산에는 미래가격의 불확실성으로부터 발생하는 위험이 존재한다. 따라서, 시간집합자를 사용하여 얻어진 효용함수에 위험을 반영시켜야 하는데, 여기에는 두 가지 방법이 있다. 첫째는 미래의 효용 U_{t+1}이 더 이상 확정적이지 않기 때문에, 식 (6.2)의 시간집합자 함수 V에 대해 기댓값을 취하여 분석하는 간편한 방법이다. 이 방법은 다음 절에 설명하고 있는 소비기반 CAPM을 유도하기 위해 사용한다.

■ 위험집합자

두 번째로 보다 더 정교한 방법은 미래의 불확실한 소비로부터 발생하는 기대효용에 상응하는 확실성 등가(certainty equivalence)를 사용하는 것이다. 확실성 등가를 사용하면 효용함수를 소비량으로 표현할 수 있으므로 문제를 단순화시킬 수 있다. 예를 들어, $U(c_{t+1}) = E\big(u(c_{t+1})\big)$인 경우, $\mu(\cdot)$를 확실성 등가함수라고 두면, $E\big(u(c_{t+1})\big)$의 확실성 등가는 $\mu\big(u(c_{t+1})\big) = u^{-1}\big[E\big(u(c_{t+1})\big)\big]$가 된다. 이 확실성 등가($\mu$)는 **위험집합자(risk aggregator)** M을 사용하여 아래 식처럼 정의할 수 있다.[5] 여기서 위험집합자는 겜블에 대한 투자자의 선호를 고려하면서 미래 효용에 관련된 다양한 위험요인들을 통합하여 확실성 등가로 나타내는 연산자 역할을 한다.

$$\mu = \sum_k p\big(c_{t,k}\big) M(c_{t,k}, \mu)$$

---

3 Lucas와 Stokey(1984) 또는 Shi(1994)를 참조하기 바란다.
4 할인율 $\beta(c_t)$는 $t+1$시점의 효용을 t 시점의 효용의 가치가 되도록 할인해주는 역할을 한다.
5 Chew(1983, 1989) 또는 Dekel(1986)을 참조하기 바란다.

■ 순환효용함수

시간집합자에 위험집합자를 더하면, 다음과 같은 순환효용함수를 만들 수 있다.[6]

$$U_t = V[u(c_t), \mu(U_{t+1})] \tag{6.3}$$

이 함수를 순환효용함수라고 부르는 이유는 t시점의 효용이 $t+1$시점 효용의 함수가 되는 관계를 이용해서 미래의 효용을 그 다음 기의 효용으로 계속 바꾸어 나갈 수 있기 때문이다. 예를 들어, 위 함수를 U_{t+2}의 함수로 변환하면 $U_t = V[u(c_t), \mu(V[u(c_{t+1}), \mu(U_{t+2})])]$가 된다. 그리고, 이 과정을 다시 한번 적용하면 우변의 U_{t+2}를 U_{t+3}의 함수로 대체할 수 있다. 이런 과정을 순환적으로 반복하면 t 시점의 효용함수를 아주 먼 미래시점의 효용에 대한 함수로 대체시킬 수 있다. Epstein과 Zin(1989)은 이를 더욱 발전시켜 안정적인 무한기간 효용함수를 제시하였다. Epstein-Zin 효용함수를 활용한 자산가격결정모형은 6.3절에서 살펴보기로 한다.

6.2 소비기반 CAPM(consumption-based CAPM, CCAPM) *

6.2.1 소비기반 CAPM의 기본 개념

제5장에서 살펴본 전통적인 CAPM에서는 투자자의 효용이 부의 기댓값과 분산에 의해서 결정된다고 가정하였다. 하지만, 효용은 결국 소비를 통하여 얻게 되므로, 소비기반 CAPM에서는 투자자의 효용이 현재의 소비와 미래의 소비로부터 발생한다고 가정하고, 투자자는 이 효용을 극대화하기 위한 투자의사결정을 한다고 가정한다.

소비기반 CAPM에서 가정한 것처럼 투자자가 생애주기에 걸친 전체 효용을 극대화시키고자 한다면, 일생 동안의 소비를 어떻게 해야 할까? 합리적인 투자자는 일생 동안의 소비를 안정적으로 유지하기를 원한다. 즉, 소득의 변화와는 상관없이 소비를 안정적이고 지속적으로 유지할 때 효용이 극대화된다는 것이다. 모딜리아니(Modigliani)의 **생애소득가설**(life-cycle income hypothesis)에 의하면, 투자자들은 상속받은 재산과 근로소득을 합산한 일생 동안의 처분가능한 재산을 평생동안 평탄하게 소비하려고 하며, 따라서 근로소득이 높을 때 저축을 하고 은퇴 이후에는 저축을 인출하여 소비를 유지한다. 이를 **소비 평탄화**(consumption smoothing)라고 부른다. 이와 같이, 소비기반 CAPM은 일생에 걸친 소비로 인한 효용을 고려하는 다기간 모형이라는 점에서, 앞 장에서 살펴본 전통적인 단일기간 CAPM

6 Kreps와 Porteus(1978).

을 일반화시킨 모형으로 볼 수 있다.

■ 소비기반 CAPM

이처럼 투자자들이 일생 동안의 효용을 극대화하기 위해서 소비평탄화를 한다면, 자산의 가격(또는 수익률)은 어떻게 결정될까? 소비기반 CAPM에 의하면, 위험자산의 기대수익률은 **소비위험(consumption risk)**, 즉, 자산수익률과 소비변화율 간의 공분산인 $Cov_t(\Delta \ln c_{t+1}, R_{i,t+1})$에 의해서 결정된다. 결국, 소비의 불확실성을 크게 만드는 자산일수록 이러한 위험에 대한 보상으로서 기대수익률이 높아져야 한다는 것이다.

대표적인 소비기반 CAPM의 형태는 아래와 같다.[7]

$$E_t[R_{i,t+1}] = R_f + \gamma Cov_t(\Delta \ln c_{t+1}, R_{i,t+1}) - \frac{\sigma_{it}^2}{2}$$

여기서, 자산수익률은 로그수익률로서 $R_{i,t+1} = \ln(1 + r_{i,t+1})$이고, $\Delta \ln c_{t+1} = \ln\left(\frac{C_{t+1}}{C_t}\right)$, $\sigma_{it}^2 = \mathrm{Var}_t(R_{i,t+1})$, γ는 위험회피계수이다.

■ 소비위험이 자산의 기대수익률에 미치는 영향

우리가 관심 있는 "**소비변화와 자산수익률 간의 공분산**"은 기대수익률에 어떤 영향을 미칠까? 자산수익률과 소비변화 간의 공분산이 커질수록 자산의 기대수익률은 높아진다. 왜냐하면, 이 공분산이 큰 자산은 자산가격이 전반적으로 상승하는 호황기에 소비를 증가시키고 반대로 불황기에는 소비를 감소시키므로, 결과적으로 소비의 변동성을 확대시키기 때문이다. 이런 자산은 소비평탄화 관점에서는 바람직하지 않다. 즉, 이런 자산은 소비위험을 증가시킨다. 따라서, 투자자들은 이 위험에 대한 추가적인 보상을 요구하므로 이 자산에 대한 기대수익률이 높아진다.

반면, 소비변화와 자산수익률 간의 공분산이 낮다면, 소비위험이 낮기 때문에 자산의 기대수익률도 낮아지게 된다. 이런 자산은 불황기에 상대적으로 높은 수익률을 제공하므로, 불황에 대비하는 일종의 보험 역할을 한다. 이런 자산이 소비평탄화 관점에서 바람직한 자산이다. 따라서, 투자자들이 위험에 대한 보상으로 요구하는 수익률 프리미엄은 상대적으로 낮다. 즉, 소비기반 CAPM 관점에서는 위험이 낮은 자산이므로, 기대수익률도 낮다.

---

7 소비기반 CAPM은 ① 효용함수의 형태와 ② 수익률 분포에 대한 가정에 따라 여러가지 형태로 유도된다. 멱효용함수와 '자산수익률과 소비변화가 결합로그정규분포(jointly lognormal distribution)를 따름'을 가정한 모형에 대한 자세한 내용은 후술할 "6.2.5 멱효용함수와 로그정규분포를 가정한 소비기반 CAPM의 유도"에서 논의할 것이다.

6.2.2 소비기반 CAPM

소비기반 CAPM을 유도해보자. 미래의 소비로 인한 효용을 고려하는 소비기반 CAPM을 유도하기 위해서는 미래의 소비를 현재 시점의 가치로 할인하는 과정이 필요하다. 왜냐하면, 투자자의 투자의사결정은 현재시점에서 이루어지므로, 현재시점에서 미래의 효용의 가치를 고려해야 하기 때문이다.

■ 주관적 할인요소를 이용한 순환효용함수

이제, t시점에서의 투자자를 고려해보자. 이 투자자의 미래 소비를 c_{t+1}, c_{t+2}, …로 표시한다고 하면, 그의 기대효용함수 $U(.)$는 다음과 같이 표시할 수 있다.

$$U(c_t, c_{t+1}, \dots) = E_t\left[\, \sum_{h=0}^{\infty} \beta^h u(c_{t+h})\,\right] \tag{6.4}$$

단, β는 $0 < \beta < 1$인 할인율이고, $u(.)$는 베르누이 효용함수이며, $E_t[.]$는 t시점의 모든 가용한 정보를 이용하여 미래를 예측하는 조건부 기대(conditional expectation)를 나타낸다. 위 식의 우변은 매 기간의 기대효용을 β로 할인한 후 시간에 대해 가산적(additive)인 형태로 나타낸 것이다. 여기서, 미래 소비의 기대효용에 대한 할인율인 β를 **주관적 할인요소**(subjective discount factor)라고 부른다. 따라서 만약 $\beta < 1$이라면, t시점의 소비 증가로 인한 기대효용 증가가 $t+1$시점의 소비 증가로 인한 것보다 더 크므로 투자자들은 빨리 소비하려는 경향을 보이게 된다. 이 경우, t시점에서 한 단위의 소비를 희생한다면, $t+1$ 시점에서는 한 단위 이상의 소비를 할 수 있어야 효용이 유지된다.[8]

순환효용함수는 현재의 효용과 미래의 모든 시점의 효용들 사이의 관계(trade-off)에 초점을 두고 있다. 만약 미래에 얻게 되는 효용들이 안정적(stationary)이라면, 다기간의 미래효용들을 하나의 함수로 요약하여, 시간의 변화에 무관한 두 기간의 의사결정문제로 변환시킬 수 있다. 이렇게 할 경우, 위 식 (6.4)의 다기간 기대효용함수를 다음과 같은 두 기간 모형으로 나타낼 수 있다.

$$U(c_t, c_{t+1}) = u(c_t) + \beta E_t[u(c_{t+1})] \tag{6.5}$$

■ 투자자의 소비효용 극대화 문제

투자자는 전체 기간 동안 소비로부터 발생하는 효용을 극대화시키기 위하여 t와 $t+1$ 시점에서의 소비 수준을 결정하게 된다. 즉, 지금 얼마나 많이 소비하고, 다음 기의 소비를

8 일반적으로 실증분석에서 분기 데이터나 월간 데이터를 사용하는 경우 $0.95 < \beta < 1$을 가정한다.

위해 얼마나 남겨둘 것인가를 결정하는 것이다. 모형을 좀 더 일반화시키기 위해, 자산소득 이외에도 투자자는 t와 $t+1$ 시점에서 각각 m_t와 m_{t+1}만큼 소득을 얻는다고 가정하자. 그리고, 투자자산의 가격은 각각 p_t와 p_{t+1}로 나타내고, t시점에서 투자자가 투자하기로 결정한 양은 w로 표시하자. 그러면, t 시점에서는 m_t의 소득 중 wp_t만큼 투자한 후 나머지를 소비하고, $t+1$ 시점에서는 모두 소비한다. 각 시점에서의 소비 수준은 아래와 같다.

$$c_t = m_t - wp_t$$
$$c_{t+1} = m_{t+1} + wp_{t+1}$$

이를 이용하면, 이 투자자의 문제는 아래와 같이 나타낼 수 있다.

$$\max_w \; U(c_t, c_{t+1}) = u(c_t) + \beta E_t[u(c_{t+1})] \tag{6.6}$$
$$s.t. \quad c_t = m_t - wp_t$$
$$c_{t+1} = m_{t+1} + wp_{t+1}$$

제약조건들을 목적함수에 대입한 후, w에 대해 미분하여 0으로 두면, 아래와 같이 효용극대화를 위한 1계 조건을 얻을 수 있다.

$$\frac{\partial U(c_t, c_{t+1})}{\partial w} = -p_t u'(c_t) + \beta E_t[u'(c_{t+1})p_{t+1}] = 0$$

위 식으로부터 아래와 같은 식을 얻을 수 있으며, 이 극대화 조건식을 흔히 오일러 방정식(Euler equation)이라고 부른다.

$$p_t u'(c_t) = \beta E_t[u'(c_{t+1})p_{t+1}] \tag{6.7a}$$
$$\Leftrightarrow \quad p_t = E_t\left[\beta \frac{u'(c_{t+1})}{u'(c_t)} p_{t+1}\right]$$
$$\Leftrightarrow \quad p_t = E_t[d_t p_{t+1}] \tag{6.7b}$$

▶ 확률할인요소(stochastic discount factor)

식 (6.7b)에서 $d_t = \beta \frac{u'(c_{t+1})}{u'(c_t)}$로 정의되는데 이를 **확률할인요소**(stochastic discount factor) 혹은 **가격결정요인**(pricing kernel)이라고도 부른다. 왜냐하면, 확률할인요소는 모든 자산에 대해서 미래의 기대수익(payoffs)을 현재의 가격과 일치하도록 할인시켜주는 역할을 하기 때문이다. 또한, 이 할인요소는 **한계대체율**(marginal rate of substitution, MRS)이라고도 부르는데, 이는 투자자가 미래의 소비를 현재의 소비로 교환하고자 할 때의 교환비율을 의미하기 때문이다.

식 (6.7a)는 효용 극대화를 위한 일반적인 조건을 나타낸다. 즉, 좌변 $p_t u'(c_t)$는 투자자가 현재 시점에서 소비를 희생하고 투자를 했을 때의 한계효용 감소분을 의미하고, 우변 $\beta E_t[u'(c_{t+1})p_{t+1}]$은 다음 시점에서 얻는 투자 수익으로 인한 한계효용 증가분의 현재가치를 의미하며, 투자자는 이 두 개가 같아지는 수준까지 소비를 줄이고 투자를 함으로써 효용을 극대화시키게 된다.

차익거래의 기회가 존재하지 않으려면 d_t는 음이 아니어야(nonnegative) 하지만,[9] 직접 관찰가능하지는 않다. 따라서 이 오일러 방정식을 사용하기 위해서는 한계대체율 d_t를 관찰가능한 대리변수(proxy variables)로 바꾸어 주어야 한다. 다양한 대리변수들이 사용가능한데, 예를 들어 주가수익률과 같은 금융시장에서 직접 관찰가능한 수익률을 사용할 수도 있고, Hansen과 Singleton(1983)이 제시한 것처럼 소비증감률을 사용할 수도 있다. 일반적으로 확률할인요소(한계대체율)는 이러한 대리변수들에 대한 선호나 분포에 대한 가정에 의해 결정된다. 본 장에서는 이 한계대체율에 대해 특별한 가정을 하기보다는, 효용함수가 멱함수이고 소비증감률이 로그정규분포를 따르는 경우를 가정하여 자산가격결정모형을 살펴본다.[10]

식 (6.7b)는 t시점의 자산가격이 미래가격을 할인한 것과 같다는 것을 의미한다. 이 식은 간단하지만 재무경제학이론의 다양한 문제를 설명하는 데 사용되기 때문에 매우 중요하다.[11] 몇 가지 금융자산들을 현재와 미래의 가격 혹은 지급액으로 표시해 보자.

- 주식: p_t, p_{t+1}
- 무위험자산: 1, $1 + r_f$
- 1기간 할인채권: p_t, 1
- 옵션: C_t, $max(S_T - K, 0)$

즉, p_t와 p_{t+1}을 현재와 미래의 가격 혹은 지급액으로 대체한다면, 다양한 자산의 현재 가격을 결정할 수 있다.

■ 확률할인요소와 무위험이자율 간의 관계

예를 들어, 오일러 방정식을 1기간 후에 1을 받는 무위험 할인채권에 적용하면, $p_t = \frac{1}{1+r_f}$ 그리고 $p_{t+1} = 1$이므로, 이 경우 확률할인요소는 무위험이자율(r_f)의 역수와 동일하다.

---

9 Harrison과 Kreps(1979) 참조.

10 제8장에서 가격결정요인의 대리변수로 시장수익률의 이차 혹은 삼차식을 사용한 경우, 고차적률 CAPM을 얻을 수 있음을 보였다.

11 이를 활용한 소비기반 자산가격 결정모형에 대해서는 Cochrane(2005)을 참조하기 바란다.

$$E_t[d_t] = \frac{1}{1 + r_f}$$

6.2.3 무위험이자율, 소비, 소비의 기간간 대체탄력성 간의 관계

소비기반 CAPM을 유도하기 전에, 오일러 방정식(Euler equation)이 소비와 무위험이자율 그리고 소비의 기간간 대체탄력성 간의 관계에 대하여 의미하는 바를 살펴보자.

여기에서는 멱효용함수 $u(c) = \frac{c^{1-\gamma}}{1-\gamma}$를 사용한다. 멱효용함수는 제2장에서 살펴본 바와 같이 효용함수의 세 가지 필수조건(불포화만족, 위험회피, DARA)을 모두 만족하고, 더불어 상대위험회피도(RRA)가 일정하다는 특징 때문에, 가장 널리 사용되는 효용함수 중 하나이다. 즉, 멱효용함수의 경우, $RRA = \gamma$로 상대위험회피도가 소비수준(혹은 부)에 상관없이 일정하므로 개별 투자자들의 효용함수를 합산할 수 있다. 따라서, 우리는 개별투자자의 소비가 아니라 이를 합산한 전체 소비를 사용할 수 있으며, 이에 따라 한 명의 대표투자자(representative investor)가 존재한다고 가정할 수 있다.

투자자가 멱효용함수를 가지는 경우, 앞서 본 무위험이자율은 아래와 같이 나타낼 수 있다.[12]

$$\begin{aligned} 1 + r_f &= \frac{1}{E_t\left[\beta \frac{u'(c_{t+1})}{u'(c_t)}\right]} \\ &= \frac{1}{\beta} \frac{1}{E_t\left[\left(\frac{c_{t+1}}{c_t}\right)^{-\gamma}\right]} \end{aligned} \tag{6.8}$$

■ 로그정규분포를 따르는 소비 증가율의 기댓값

다음으로 $E_t\left[\left(\frac{c_{t+1}}{c_t}\right)^{-\gamma}\right]$를 구해 보자. 이를 위해, 소비의 증가율이 로그정규분포를 따른다고 가정하자. 그러면, 소비 증가율에 로그를 취한 값은 정규분포를 따르게 된다.

$$\begin{aligned} \Delta \ln c_{t+1} = \ln \frac{c_{t+1}}{c_t} &\sim N(E_t(\Delta \ln c_{t+1}), \sigma_t^2(\Delta \ln c_{t+1})) \\ \Leftrightarrow \frac{c_{t+1}}{c_t} &\sim LN(E_t(\Delta \ln c_{t+1}), \sigma_t^2(\Delta \ln c_{t+1})) \end{aligned} \tag{6.9}$$

그런데, 임의의 확률변수 x가 $x \sim LN(\mu, \sigma^2)$, 즉, 로그정규분포를 따른다고 가정하면,

---

12 멱효용함수 $u(c) = \frac{c^{1-\gamma}}{1-\gamma}$를 사용했으므로, 효용함수의 1차미분은 $u'(c) = c^{-\gamma}$이다.

$x^r \sim LN(r\mu, r^2\sigma^2)$이 된다. 이를 이용하면, 아래의 분포를 얻을 수 있다.

$$\left(\frac{c_{t+1}}{c_t}\right)^{-\gamma} \sim LN\left(-\gamma E_t\left(\Delta \ln c_{t+1}\right), \gamma^2\sigma_t^2\left(\Delta \ln c_{t+1}\right)\right)$$

그리고, $ln(x) \sim N(\mu, \sigma^2)$ 일 때, $E(x) = e^{\mu+\sigma^2/2}$, $Var(x) = e^{2\mu+\sigma^2}(e^{\sigma^2} - 1)$ 임을 이용하면, 다음의 식을 얻을 수 있다.

$$E\left[\left(\frac{c_{t+1}}{c_t}\right)^{-\gamma}\right] = e^{-\gamma E_t(\Delta \ln c_{t+1}) + \frac{1}{2}\gamma^2\sigma_t^2(\Delta \ln c_{t+1})} \quad (6.9a)$$

$$Var\left[\left(\frac{c_{t+1}}{c_t}\right)^{-\gamma}\right] = e^{-2\gamma E_t(\Delta \ln c_{t+1}) + \gamma^2\sigma_t^2(\Delta \ln c_{t+1})}\left(e^{\gamma^2\sigma_t^2(\Delta \ln c_{t+1})} - 1\right) \quad (6.9b)$$

■ 소비 증가율에 영향을 미치는 요인 분석

우리는 앞서, 합리적인 투자자는 일생 동안의 소비를 안정적으로 유지하기를 원하므로, 생애소득가설에 의하면 근로소득이 높을 때 저축을 하고 근로소득이 낮을 때는 저축을 인출하여 소비를 평탄화시킨다고 설명하였다. 그렇다면, 오일러 방정식에 따르면 소비에 영향을 미치는 요인들은 무엇일까?

Hansen과 Singleton(1983)은 식 (6.9a)를 (6.8)에 대입하고 양변에 로그를 취하여 아래의 식을 도출하였다.

$$E_t(\Delta \ln c_{t+1}) = \frac{\ln(1 + r_{ft})}{\gamma} + \frac{\ln\beta}{\gamma} + \frac{1}{2}\gamma\sigma_t^2(\Delta \ln c_{t+1}) \quad (6.10)$$

식 (6.10)의 우변의 세 구성요소들이 소비를 변화시킨다. 즉, (1) 이자율 r_{ft}의 상승, (2) 주관적 할인요소 β의 상승, (3) 소비의 불확실성의 증가가 발생하면, 투자자는 현재 소비를 줄이고 미래의 소비를 늘리게 된다. 이는 앞서 설명한 바와 같이 현재 소비 증가보다는 미래 소비가 증가될 때 기대효용의 증가가 더 크기 때문이다.

그런데, 현재의 소비를 미래로 이연시키는 **소비의 이연효과**가 발생하면, 일생 동안의 **소비의 경로**(consumption path)가 상향된다. 이렇게 소비를 시간에 따라 이동시켜서 소비의 경로를 상향 또는 하향시키려는 투자자의 성향을 **소비의 기간간 대체탄력성**(elasticity of intertemporal substitution in consumption, EIS)이라고 부른다. 예를 들어, 멱효용함수의 경우 EIS는 위험회피계수(γ)의 역수인 $1/\gamma$이 되는데, 만약 투자자의 위험회피성향이 커서 EIS가 낮다면, 이 투자자는 현재 소비를 선호하고 왠만해서는 소비를 이연(즉, 소비의 경로를 상향)시키려고 하지 않는다.

식 (6.10)에 의하면, 이자율(r_{ft}) 또는 주관적 할인요소(β)의 상승으로 인한 소비 이연 효과의 크기는 **소비의 기간간 대체탄력성**인 $\frac{1}{\gamma}$의 영향을 받는다. 만약, $\frac{1}{\gamma}$이 크다면(즉, γ가 작다면), 이자율 또는 할인요소가 조금만 높아져도 t시점에서 $t+1$ 시점으로의 소비의 이연은 매우 커지게 된다. 반대로, γ가 크다면, 소비는 이자율 또는 할인요소의 변화에 거의 영향을 받지 않는다.

또한 식 (6.10)의 세 번째 항은 소비의 불확실성의 효과를 나타낸다. 즉, 멱효용함수를 가진 위험회피적인 투자자는 소비의 불확실성이 증가할 때 현재의 소비를 미래로 이연시키게 된다. 이렇게 미래 소비의 불확실성에 대비하기 위하여 현재 저축을 늘리는 것을 **예비적 저축**(precautionary saving)이라고 부른다.

■ 무위험 이자율에 영향을 미치는 요인 분석

한편 식 (6.10)을 이자율에 대해 정리하면 다음과 같다.

$$\ln(1+r_{ft}) = -\ln\beta + \gamma E_t(\Delta \ln c_{t+1}) - \frac{1}{2}\gamma^2\sigma_t^2(\Delta \ln c_{t+1}) \tag{6.11}$$

이 식은 실질 무위험 이자율이 β 및 $\sigma_t^2(\Delta \ln c_{t+1})$과는 음의 관계를 가지고, $E_t(\Delta \ln c_{t+1})$과는 양의 관계를 가진다는 것을 보여준다. 먼저, 할인요소(β)가 작아지거나 소비의 불확실성($\sigma_t^2(\Delta \ln c_{t+1})$)이 작아진다는 것은, 사람들로 하여금 미래 소비의 가치를 더 높게 평가하도록 만들기 때문에, 현재와 미래 시점간 교환비율을 의미하는 이자율은 높아진다.[13]

그리고, 미래 소비가 더 크게 증가될 것으로 예상될 때($E_t(\Delta \ln c_{t+1})$의 증가), 실질이자율은 높다. 왜냐하면, 이자율이 높은 시기에는 투자자들이 현재 소비를 줄이고 투자를 늘려서 미래 소비를 더 많이 하고자 하기 때문이다. 즉, 높은 이자율은 현재 소비를 이연시킨다.

여기서, γ는 이자율에 두 가지 방향으로 영향을 미친다. 즉, γ가 커질수록(즉, 더욱 위험회피적으로 될수록 또는 효용함수의 곡도가 커질수록), 미래의 불확실한 소비보다는 현재의 소비를 더 선호하므로 이자율(할인률)은 높아진다($\because \gamma E_t(\Delta \ln c_{t+1})$). 반면, 미래 소비의 증가율이 불확실해 질수록 미래소비를 더 중요하게 여기므로 이자율(할인률)은 낮아지는데, γ가 커질수록 그 민감도가 더 커지므로 이자율은 더 낮아진다($\because -\frac{1}{2}\gamma^2\sigma_t^2(\Delta \ln c_{t+1})$).

---

13 주관적 할인요소(β)가 크다는 것은 투자자들의 (현재 소비 욕구를 참는) 인내력이 부족함을 의미하므로, 미래 소비보다 현재 소비를 선호한다. Cochrane(2005) 참조.

6.2.4 소비기반 CAPM의 유도

▶ 소비기반 CAPM (consumption-based CAPM, CCAPM)

소비기반 CAPM은 다음과 같다.

$$E_t[r_{i,t+1}] - r_f = \beta_i^c \lambda_d \tag{6.12}$$

단, $\beta_i^c = -\frac{Cov(d_t, r_{i,t+1})}{Var(d_t)}$, $\lambda_d = \frac{Var(d_t)}{E_t[d_t]}$ 이다.

유도 식 (6.7b)를 이용하여 소비기반 CAPM을 유도해 보자. 임의의 자산 i에 대하여 식 (6.7b)를 적용하면 아래의 식을 얻을 수 있다.[14]

$$\begin{aligned} p_{i,t} &= E_t[d_t p_{i,t+1}] \\ &= Cov(d_t, p_{i,t+1}) + E_t[d_t]E_t[p_{i,t+1}] \end{aligned} \tag{6.13}$$

위 식에 $E_t[d_t] = \frac{1}{1+r_f}$와 $\frac{p_{i,t+1}}{p_{i,t}} = 1 + r_{i,t+1}$를 대입하면, 다음 식을 얻을 수 있다.

$$1 = Cov(d_t, 1 + r_{i,t+1}) + \frac{E_t[1 + r_{i,t+1}]}{1 + r_f} \tag{6.14}$$

양변에 $(1 + r_f)$를 곱하여 정리하면,

$$\begin{aligned} 1 + r_f &= (1 + r_f)Cov(d_t, 1 + r_{i,t+1}) + E_t[1 + r_{i,t+1}] \\ \Leftrightarrow \quad E_t[r_{i,t+1}] - r_f &= -(1 + r_f)Cov(d_t, r_{i,t+1}) \\ &= -\frac{Cov(d_t, r_{i,t+1})}{E_t[d_t]} \\ &= -\frac{Cov(d_t, r_{i,t+1})}{Var(d_t)} \frac{Var(d_t)}{E_t[d_t]} \\ &= \beta_i^c \lambda_d \end{aligned}$$

단, $\beta_i^c \equiv -\frac{Cov(d_t, r_{i,t+1})}{Var(d_t)}$, $\lambda_d \equiv \frac{Var(d_t)}{E_t[d_t]}$ 이다. *QED*.

여기서, β_i^c는 확률할인요소(d_t)와 자산 i의 수익률 간의 공분산에 의해 계산되므로, 자산마다 다른 값을 가진다. 반면, λ_d는 자산의 수익률과는 무관하고, 오직 확률할인요소의 1차 적률(평균)과 2차 적률(분산)에 의해 결정되므로, 모든 자산에 대해서 동일한 값을 가지며,

---

14 임의의 두 확률변수 x와 y에 대해서 아래의 관계식이 성립함을 이용한다.

$$Cov(x, y)(\equiv E[(x - E(x))(y - E(y))])$$

β_i^c에 상응하는 위험프리미엄을 의미한다.

식 (6.12)에서 나타나듯이, 투자자는 소비의 변동성에 관심이 있기 때문에, 소비의 한계대체율 d_t와 자산수익률 간의 공분산이 위험의 측정수단이 된다. 즉, 투자자의 궁극적인 목적은 지속가능한 소비이기 때문에, 그가 보유한 자산이나 포트폴리오의 변동성보다는 자산이나 포트폴리오가 소비의 변동에 어떠한 관련이 있는지에 관심이 있다는 것을 의미한다.

■ 소비기반 CAPM의 의미

식 (6.12)는 소비기반 CAPM의 기초가 되는 식이다. 이 식에 의하면, 개별 자산의 기대수익률은 $-Cov(d_t, r_{i,t+1})$에 의해 결정된다. 즉, 자산의 기대수익률은 한계효용의 변화(d_t)와 자산수익률 간의 공분산에 반비례한다. 그렇다면, 우리가 관심 있는 **"소비변화와 자산수익률 간의 공분산"**, 즉 **소비위험**은 기대수익률에 어떤 영향을 미칠까? **한계효용 체감의 법칙**으로 인해 소비의 변화와 한계효용의 변화는 서로 반대로 움직인다.[15] 따라서, 자산의 기대수익률이 '자산수익률과 한계효용변화 간의 공분산'에 반비례한다는 것은 '자산수익률과 소비변화 간의 공분산'에는 비례함을 의미하는 것이다.[16] 결과적으로, 자산수익률과 소비변화 간의 공분산이 높을수록 자산의 기대수익률은 높아지게 된다.

이러한 결과는 소비변화가 증가하거나 감소할 때 수익률도 같이 증가 혹은 감소하는 자산은 소비평탄화 관점에서 매력적이지 않으므로, 투자자들이 이에 대한 추가적인 보상을 요구하기 때문이다. 즉, 경기 불황기처럼 소비가 감소하는 시기에 수익률이 낮아지는 자산은 소비기반 CAPM 관점에서는 위험이 큰 자산이므로, 이에 대한 보상으로서 기대수익률이 더 높아야 한다. 반대로, 소비변화와 자산수익률이 반대로 움직여서 이 둘 간의 공분산이 음수이면, 기대수익률은 낮아진다. 왜냐하면, 이 자산은 불황에 대비하는 일종의 보험 역할을 하므로 소비평탄화 관점에서 유용하기 때문이다. 즉, 소비기반 CAPM 관점에서는 위험이 낮은 자산이므로, 기대수익률도 낮다.

6.2.5 멱효용함수와 로그정규분포를 가정한 소비기반 CAPM의 유도

그런데, 식 (6.12)의 모형을 추정하거나 실무에서 사용하기 위해서는 d_t에 포함된 효용

---

15 예를 들어, t시점보다 $t+1$시점의 소비가 증가했다면($c_t < c_{t+1}$), $t+1$시점의 한계효용은 t시점보다 감소하게 된다$\left(u'(c_t) > u'(c_{t+1})\right)$.

16 효용함수를 구체적으로 정해보면, 한계효용 변화와 소비변화 간의 역관계를 좀 더 명확하게 볼 수 있다. 예를 들어, 효용함수를 멱효용함수$\left(u(c) = \frac{c^{1-\gamma}}{1-\gamma}\right)$로 가정하면, $d_t = \beta \frac{u'(c_{t+1})}{u'(c_t)} = \beta \left(\frac{c_{t+1}}{c_t}\right)^{-\gamma}$이 된다. 결국, d_t는 소비변화와 역의 관계를 갖는다. 따라서, 자산수익률이 소비변화와 양의 관계를 가지는 경우 $Cov\left(d_t, r_{i,t+1}\right) < 0$이 된다.

함수를 구체적인 형태로 만들어야 하는데, 이때 필요한 가정을 어떻게 하느냐에 따라서 다양한 형태의 소비기반 CAPM이 만들어지게 된다. 여기서는 앞서 식 (6.8)과 (6.9)에서 처럼 멱효용함수와 로그정규분포(즉, 소비변화와 자산수익률이 결합로그정규분포를 따름)의 가정 하에서 가장 대표적인 형태의 소비기반 CAPM을 유도하고자 한다.

▶ 멱효용함수와 로그정규분포를 가정한 소비기반 CAPM(consumption-based CAPM, CCAPM)

멱효용함수와 로그정규분포를 가정할 경우 소비기반 CAPM은 다음과 같다.

$$E_t\left[R_{i,t+1}\right] - R_f + \frac{\sigma_{it}^2}{2} = \gamma Cov_t\left(\varDelta \ln c_{t+1}, R_{i,t+1}\right) \tag{6.14a}$$

유도 앞서, 효용극대화 문제에 대한 최적해인 오일러 방정식 (6.7b)에 멱효용함수를 적용하면, 아래의 식이 된다.

$$1 = E_t\left[\beta\left(\frac{c_{t+1}}{c_t}\right)^{-\gamma}\left(1 + r_{i,t+1}\right)\right]$$

그런데, 임의의 확률변수 X_t가 로그정규분포를 따른다면, $\ln(X_t)$의 기댓값은 아래와 같다.

$$\ln \mathrm{E}_t(X_t) = \mathrm{E}_t[\ln(X_t)] + \frac{1}{2}\mathrm{Var}_t[\ln(X_t)]$$

이러한 특성을 이용하기 위해 위 오일러 방정식의 양변에 로그를 취하면, 우변은 로그정규분포를 따른다고 가정하였으므로 위의 특성을 적용하여 아래 식을 얻을 수 있다.

$$\begin{aligned}
0 &= \ln E_t\left[\beta\left(\frac{c_{t+1}}{c_t}\right)^{-\gamma}\left(1 + r_{i,t+1}\right)\right] \\
&= E_t\left[\ln\left[\beta\left(\frac{c_{t+1}}{c_t}\right)^{-\gamma}\left(1 + r_{i,t+1}\right)\right]\right] + \frac{1}{2}\mathrm{Var}_t\left[\ln\left[\beta\left(\frac{c_{t+1}}{c_t}\right)^{-\gamma}\left(1 + r_{i,t+1}\right)\right]\right] \\
&= E_t\left[\ln\beta - \gamma\ln\left(\frac{c_{t+1}}{c_t}\right) + \ln\left(1 + r_{i,t+1}\right)\right] + \frac{1}{2}\mathrm{Var}_t\left[\ln\beta - \gamma\ln\left(\frac{c_{t+1}}{c_t}\right) + \ln\left(1 + r_{i,t+1}\right)\right] \\
&= \ln\beta - \gamma E_t\left[\varDelta \ln c_{t+1}\right] + E_t\left[R_{i,t+1}\right] + \frac{1}{2}\left[\gamma^2\sigma_c^2 + \sigma_{it}^2 - 2\gamma Cov_t\left(\varDelta \ln c_{t+1}, R_{i,t+1}\right)\right] \qquad (6.14b)
\end{aligned}$$

단, 마지막 줄에서, $\varDelta \ln c_{t+1} = \ln\left(\frac{c_{t+1}}{c_t}\right)$, $R_{i,t+1} = \ln\left(1 + r_{i,t+1}\right)$, $\sigma_{it}^2 = \mathrm{Var}_t\left[\ln\left(1 + r_{i,t+1}\right)\right] = \mathrm{Var}_t\left(R_{i,t+1}\right)$, $\sigma_c^2 = \mathrm{Var}_t\left[\varDelta \ln c_{t+1}\right]$ 이다. 로그수익률을 단순수익률(산술수익률)과 구분하기 위해 대문자로 표시하였다. 위 식 (6.14b)는 모든 자산에 대해 적용가능하므로, 무위험자산에 적용하면 아래와 같다.

$$0 = \ln\beta - \gamma E_t\left[\varDelta \ln c_{t+1}\right] + R_f + \frac{1}{2}\gamma^2\sigma_c^2 \tag{6.14c}$$

위 식을 (6.14b)의 $\ln\beta - \gamma E_t[\Delta \ln c_{t+1}]$에 대입한 후 $E_t[R_{i,t+1}]$에 대해 정리하면, 최종적으로 다음과 같은 식 (6.14a)의 소비기반 CAPM을 얻을 수 있다.[17]

$$E_t[R_{i,t+1}] - R_f + \frac{\sigma_{it}^2}{2} = \gamma Cov_t(\Delta \ln c_{t+1}, R_{i,t+1}) \qquad QED.$$

식 (6.14a)이 가장 대표적인 형태의 **소비기반 CAPM**으로, 앞서 '6.2.1 소비기반 CAPM의 기본 개념'에서 살펴본 바 있다. 이 식에 의하면, 위험자산의 기대초과수익률이 **소비위험**, 즉, 자산수익률과 소비증가율 간의 공분산($Cov_t(\Delta \ln c_{t+1}, R_{i,t+1})$)에 의해 결정된다. 즉, 자산수익률과 소비증가율 간의 공분산이 체계적 위험이고, 이 위험에 대한 적절한 보상이 기대수익률에 반영되어야 한다.

앞서 논의한 바와 같이, 소비가 증가할 때 자산수익률도 크게 증가한다면(즉, 공분산이 크다면), 이 자산은 소비평탄화에 도움이 되지 않으므로 위험이 높은 것이다. 즉, 자산수익률과 소비증가율 간의 공분산이 커질수록 그 자산의 소비위험이 높아지기 때문에, 이 위험에 대한 보상을 위해서 기대수익률이 높아지게 된다.

■ 소비기반 CAPM과 전통적인 CAPM의 비교

- CAPM은 시장포트폴리오가 불필요하다. 또한, 자산수익률 데이터는 쉽게 관측가능하므로, 이 모형을 추정하기 위해서는 단지 소비증가율만 추정하면 된다.
- 자산수익률과 소비변화율 간의 공분산에 대한 기대수익률의 민감도가 바로 위험회피도(γ)가 된다(식 (6.14a)). 즉, 소비기반 CAPM은 위험회피도를 실증적으로 추정할 수 있는 중요한 이론모형인 것이다.
- CAPM도 기대수익률에 대한 선형함수이므로, 선형회귀분석으로 쉽게 추정할 수 있다.
- 전통적인 CAPM이 단일기간을 가정하는 정태적 모형인데 반해, 소비기반 CAPM은 다기간 모형으로서 포트폴리오 선택의 동태적 특성을 고려할 수 있다.
- 소비는 경기의 변동을 가장 정확하게 반영하는 지표이다. 왜냐하면, 투자자가 자신의 소득 전망이 나빠질 것으로 생각하거나 미래의 수익률이 하락할 것으로 생각한다면, 그는 소비를 줄일 것이기 때문이다.

이러한 특징과 이론적인 장점 때문에 최근에도 소비기반 CAPM을 이용한 다양한 연구가 이루어지고 있다. 그러나, 실증분석에서는 소비기반 CAPM의 설명력이 부족한 경우가 많았

---

17 이 식은 식 (6.7b) 오일러 방정식(Euler equation)을 로그로 변환한 식으로, $\frac{\sigma_{it}^2}{2}$는 로그수익률 $R_{i,t+1} = \ln(1 + r_{i,t+1})$을 사용함으로써 발생한다.

다. 그 대표적인 사례가 주식 프리미엄 퍼즐이다.

6.2.6 주식 프리미엄 퍼즐과 무위험수익률 퍼즐

퍼즐(puzzle)이란 합리성을 전제로 한 이론으로는 설명되지 않는 현상을 뜻한다. 여기서는 소비기반 CAPM으로는 설명할 수 없는 두 가지 현상인 주식 프리미엄 퍼즐과 무위험수익률 퍼즐에 대해서 알아본다.

6.2.6.1 주식 프리미엄 퍼즐

주식 프리미엄(equity premium)이란 주식의 위험에 대한 보상에 해당하는 수익률 프리미엄(=주식 수익률-무위험 수익률)을 의미한다. 그리고, **주식 프리미엄 퍼즐**(equity premium puzzle)은 주식 수익률 프리미엄이 지나치게 높은 수준으로 장기간 지속된 현상을 의미한다. 구체적으로, 1950년 이후 약 50년간 미국주식시장의 연평균 초과수익률은 약 8% 였는데, 이를 소비기반 CAPM으로 설명하기 위해서는 멱효용함수의 위험회피계수가 적어도 50 보다는 커야 한다. 그러나, 대부분 실증분석에서는 위험회피계수가 10보다 작은 것으로 추정되어 소비기반 CAPM으로는 이렇게 높은 주식 프리미엄을 설명할 수 없다.

여기서는 Hansen-Jagannathan 경계로 주식 프리미엄 퍼즐을 살펴보고, 위험회피계수가 지나치게 높을 때 발생하는 **무위험수익률 퍼즐**(risk-free rate puzzle)도 함께 살펴본다.

■ Hansen-Jagannathan 경계

주식 프리미엄을 구체적으로 살펴보자. 앞서 우리는 식 (6.12)에서 아래와 같은 소비기반 CAPM을 구하였다.

$$E_t\left[r_{i,t+1}\right] = r_f - \frac{Cov(d_t, r_{i,t+1})}{E_t[d_t]} = r_f - \frac{Cov(d_t, r_{i,t+1})}{Var(d_t)}\frac{Var(d_t)}{E_t[d_t]}$$

이 식은 아래와 같이 변형할 수 있다.

$$E_t\left[r_{i,t+1}\right] - r_f = -\frac{Cov(d_t, r_{i,t+1})}{\sigma(r_{i,t+1})\sqrt{Var(d_t)}}\frac{\sigma(r_{i,t+1})\sqrt{Var(d_t)}}{E_t[d_t]}$$

$$= -\rho_{d,r_i}\frac{\sqrt{Var(d_t)}}{E_t[d_t]}\sigma(r_{i,t+1})$$

여기서 $\sigma(r_{i,t+1})$는 자산수익률 $r_{i,t+1}$의 표준편차이다. 그리고, $\rho_{d,r_i} = \frac{Cov(d_t, r_{i,t+1})}{\sigma(r_{i,t+1})\sqrt{Var(d_t)}}$이며, 이

는 할인요소와 자산 i의 수익률 간의 상관계수로서 그 절댓값은 1보다 작거나 같아야 한다. 이를 이용해서 Hansen과 Jagannathan(1991)은 다음과 같은 **Hansen-Jagannathan 경계**를 유도해냈다.[18]

▶ Hansen-Jagannathan 경계

자산의 기대수익률과 무위험수익률 간의 차이(기대초과수익률)을 수익률의 표준편차로 나눈 값인 **샤프비율**(Sharpe ratio)이 나타낼 수 있는 값의 범위(상한선과 하한선)를 Hansen-Jagannathan 경계라 하며, 아래 식 (6.15)의 우변을 말한다.

$$\left|\frac{E_t[r_{i,t+1}]-r_f}{\sigma(r_{i,t+1})}\right| \le \frac{\sqrt{Var(d_t)}}{E_t[d_t]} = \sqrt{Var(d_t)}(1+r_f) \tag{6.15}$$

■ Hansen-Jagannathan 경계의 의미와 주식 프리미엄 퍼즐

Hansen-Jagannathan 경계의 의미를 보기 위해, 효용함수가 멱효용함수 $u(c)=\frac{c^{1-\gamma}}{1-\gamma}$ 이고, 소비증가율은 로그정규분포를 따른다고 가정하자. 그러면 식 (6.9)에서 정리한 로그정규분포의 기댓값과 분산을 이용하여 아래 식을 얻을 수 있다.[19]

$$\begin{aligned}\frac{\sqrt{Var(d_t)}}{E_t[d_t]} &= \frac{\sqrt{e^{-2\gamma E_t(\Delta \ln c_{t+1})+\gamma^2\sigma_t^2(\Delta \ln c_{t+1})}\left(e^{\gamma^2\sigma_t^2(\Delta \ln c_{t+1})}-1\right)}}{e^{-\gamma E_t(\Delta \ln c_{t+1})+\frac{1}{2}\gamma^2\sigma_t^2(\Delta \ln c_{t+1})}} \\ &= \sqrt{e^{\gamma^2\sigma_t^2(\Delta \ln c_{t+1})}-1} \\ &\approx \gamma\sigma_t(\Delta \ln c_{t+1})\end{aligned}$$

따라서, 식 (6.15)는 다음과 같이 정리할 수 있다.

$$\left|\frac{E_t[r_{i,t+1}]-r_f}{\sigma(r_{i,t+1})}\right| \le \frac{\sqrt{Var(d_t)}}{E_t[d_t]} \approx \gamma\sigma_t(\Delta \ln c_{t+1}) \tag{6.16}$$

여기서, $\frac{E_t[r_{i,t+1}]-r_f}{\sigma(r_{i,t+1})}$는 자산 i의 초과수익률을 위험(표준편차)으로 나눈 값인 샤프비율(Sharpe ratio), γ는 멱효용함수의 위험회피계수, $\sigma_t(\Delta \ln c_{t+1})$는 소비증가율의 표준편차이다.

이 식은 간단하지만 자산의 수익률에 대한 매우 중요한 기준을 제시한다. 그 기준은 자산수익률의 샤프비율이 $\gamma\sigma_t(\Delta \ln c_{t+1})$보다 클 수는 없다는 것이다. 그런데, 지난 50년간

18 마지막 식에서는 앞서 구했던 $E_t[d_t]=1/(1+r_f)$임을 적용하였다.

19 마지막 식은 임의의 작은 x에 대해 $\sqrt{e^{x^2}-1}=y \Leftrightarrow x^2=\ln(1+y^2) \Leftrightarrow x\approx y$임을 적용하였다.

미국과 영국을 비롯한 대부분의 선진국 시장에서 실제로 관찰된 샤프비율은 매우 높았다. 예컨대, 1950년 이후 미국시장에서 초과수익률의 연평균은 약 8%, 표준편차는 약 16%로서 샤프비율은 0.5였고, 영국시장에서는 이보다 다소 낮은 0.3이었다. 그리고, 식 (6.16)의 오른쪽 항에 위치한 소비증가율의 표준편차는 연간 0.01 정도였다. 따라서, 이러한 수치들을 소비기반 CAPM에 대입해서 γ를 구하면, γ의 값이 50(미국) 또는 30(영국)보다 커야 한다. 또한, 식 (6.15)에서 확률할인요소와 자산 i의 수익률 간의 상관계수 ρ_{d,r_i}가 1이 아니라 이보다 훨씬 적은 0.2(추정치)에 불과하다는 점을 고려한다면, γ의 값은 250(미국) 또는 150(영국)으로 더욱 커져야 한다. 그러나 대부분의 실증분석연구에서는 γ가 10보다 작을 것으로 추정되고 있는 점에 비추어 볼 때, 소비기반 CAPM으로 구한 γ값은 지나치게 크다.[20]

이처럼, 실증분석에서 추정된 10 이하의 γ값으로는 지난 50년간의 과도한 주식초과수익률을 소비기반 CAPM으로 설명할 수 없으므로, 이를 퍼즐이라고 부른다. 이 연구 이후 주식 프리미엄 퍼즐을 설명하기 위한 수많은 시도가 있었지만, 지난 50년간 연간 8%에 이르는 주식수익률을 합리화시키는 것은 여전히 매우 어려운 일이다.

6.2.6.2 무위험 수익률 퍼즐

이제, **무위험 수익률 퍼즐**(risk free rate puzzle)에 대해서 살펴보자. 이 퍼즐 역시 소비기반 CAPM에서 지나치게 높은 γ값이 산출됨으로써 발생한 문제라는 점에서는 주식 프리미엄 퍼즐과 공통점이 있다.

먼저, γ가 높은 값을 가지는 것이 왜 문제가 되는지를 이자율의 관점에서 생각해 보자. Hansen과 Singleton(1982)의 식 (6.11)에서 2차 적률을 무시하면 다음과 같다.

$$\ln(1+r_{ft}) = -\ln\beta + \gamma E_t(\Delta \ln c_{t+1})$$

이 식에 CCAPM으로 구한 $\gamma = 250$과 $E_t(\Delta \ln c_{t+1}) = 0.01$을 대입하면 다음과 같다.

$$\ln(1+r_{ft}) = -\ln\beta + 250 \times 0.01 = -\ln\beta + 2.5$$

여기서 무위험수익률 r_{ft}를 연간 2%로 두면, 주관적 할인요소인 $-\ln\beta$의 값은 -248%가 되어야 한다! 이것은 우리가 무위험투자를 하면, 이자수익을 받는 게 아니라 248%의 비용을 지불하게 된다는 뜻이다. Weil(1989)은 이 문제를 **무위험수익률 퍼즐**이라고 불렀다. 요약하면, CCAPM으로 구한 매우 큰 γ의 값은 이자율이 음수라는 것을 의미하는 것이므로, 타당하다고 볼 수 없다.

---

20 주식 프리미엄 퍼즐을 연구한 Mehra와 Prescott (1985)를 참조하기 바란다.

더 나아가서, 식 (6.11)에서 2차 적률까지 포함하여 $\gamma = 250$, $E_t(\Delta \ln c_{t+1}) = 0.01$ 그리고 $\sigma_t\left(\Delta \ln c_{t+1}\right) = 0.01$이라고 하면, 다음과 같은 결과를 얻을 수 있다.

$$\ln(1 + r_{ft}) = -\ln\beta + 250 \times 0.01 - \frac{1}{2}(250 \times 0.01)^2$$
$$0.02 = -\ln\beta - 0.625$$

따라서, $\beta = 0.525(\because -\ln\beta = 0.645)$가 된다. 그러나, 일반적으로 β의 값은 0.95보다 높다. 따라서, γ가 지나치게 높다면, 이자율을 설명하기 위해서는 주관적 할인요소 β의 값이 지나치게 낮아져야 한다는 문제가 생긴다.

6.2.6.3 주식 프리미엄 퍼즐에 관한 최근의 연구 동향

주식프리미엄 퍼즐은 Mehra와 Prescott(1985)이 처음으로 제기하였고, 그 이후 많은 학자들에 의하여 연구되었다. 이러한 연구에서는 여러 가지 다른 효용함수(Benartzi와 Thaler, 1995; Campbell과 Cochrane, 1999; Constantinides, 1990; Epstein과 Zin, 1991), 또는 수익률의 확률분포(Rietz 1988; Brown et al., 1995)를 사용하거나, 시장의 불완전성(Constantinides et al., 2002), 또는 생존편향(survival bias of markets) 등을 이용하였으나, 어떠한 방법도 만족스러운 결과를 보여주지 못하였다. 이에 대한 대안으로서, 다음 절에서는 최근 많이 사용되는 Epstein과 Zin(1991)의 효용함수를 사용하여 자산가격을 모형화하는 방법을 설명하고자 한다. 참고로, 심리학을 이용하여 주식프리미엄 퍼즐을 설명하는 모형은 제11장 행동재무경제학에서 설명할 예정이다.

6.3 Epstein-Zin 효용함수를 이용한 자산가격결정모형**

자산가격결정모형에서는 효용함수와 자산수익률 분포에 대한 가정이 필요하다. 먼저, 효용함수의 경우, 다양한 효용함수들이 여러가지 자산가격결정모형에서 사용된다. 전통적인 CAPM은 단일기간 모형으로 기대부와 위험의 함수인 2차 효용함수를 사용하고, 소비기반 CAPM에서는 일생에 걸친 소비로부터 발생하는 기대효용을 사용하되 구체적인 효용함수로는 대부분 멱함수를 사용한다.

멱효용함수는 소비기반 CAPM뿐만 아니라 다른 고급 자산가격모형에서도 가장 빈번하게 사용되는 효용함수다. 멱효용함수가 가장 빈번하게 사용되는 가장 큰 이유는 상대위험회피도가 부의 수준과는 관계없이 일정하기 때문이다. 모든 투자자의 상대위험회피도가 부의 수준과는 관계없이 동일하다면, 위험프리미엄이 동일하고 따라서 같은 자산에 대하여 동일한 가격이 형성될 수 있다. 덧붙여, 앞서 제4장에서 보았듯이 멱효용함수를 사용하더라도 수익률이 로그 정규분포를 따른다면 여전히 평균-분산 분석을 사용할 수 있고, 또한 두 펀드 분리 정리도 모든 HARA효용함수에 적용가능하기 때문에, 멱함수를 효용함수로 사용하는 것에 대한 이론적인 문제는 없다.

■ 멱효용함수에 대한 비판

그런데, 멱효용함수는 식 (6.10)에서 보는 것처럼 위험회피계수(γ)가 소비의 기간간 대체탄력성(EIS)의 역수가 되므로, 두 파라미터를 독립적으로 설정할 수 없다는 문제에 직면하게 된다. 예를 들어, 소비의 기간간 대체탄력성 ($\frac{1}{\gamma}$)이 크면(즉, 위험회피도 γ가 작으면), 현재보다는 미래 소비의 한계효용이 더 크다는 것을 의미하므로, 이자율이 약간만 상승해도 큰 폭의 소비를 t 시점에서 $t+1$ 시점으로 이연시키게 된다. 반면, 위험회피도 γ가 크면, 소비의 기간간 대체탄력성은 매우 작아지므로, 소비는 이자율의 변화에 거의 영향을 받지 않게 된다. 또한 소비기반 CAPM에서 멱효용함수를 사용하게 되면 주식프리미엄 퍼즐(equity premium puzzle)과 같이 현실적인 문제를 설명할 수가 없다.

따라서, 이러한 제약관계를 풀어서 효용을 위험의 변동과 시간의 경과에 따라 독립적으로 달라지도록 설정하여 좀 더 일반화된 소비기반 CAPM을 만들 필요가 있다. 이 절에서는 Epstein-Zin 효용함수를 이용할 경우 이러한 문제가 어떻게 해결되는지를 살펴보고, Epstein-Zin 효용함수를 사용했을 때 소비기반 CAPM이 어떻게 결정되는지 보고자 한다.

6.3.1 Epstein-Zin 효용함수

식 (6.10)의 소비기반모형은 투자자가 이자율(또는 확률할인요소)이 높아질수록 소비를 미래 시점으로 이연하고자 한다는 것을 보여준다. 이러한 성향은 소비의 기간간 대체탄력성(EIS)의 영향 때문이다. 그런데, 식 (6.10)에서와 같이 멱효용함수를 가정한 경우에는 '소비의 기간간 대체탄력성 $= \frac{1}{\text{위험회피도}(\gamma)}$'이라는 상당히 특수한 제약조건을 가정한 것이므로, 이 둘을 분리하여 효용함수를 일반화시킬 필요가 있다.

우선 대표투자자는 소비와 투자를 지속하며 수명이 무한한 것으로 가정한다. 특정 시점 t에서 현재 소비 c_t는 확정적인 반면, 미래소비 c_{t+1}은 불확실하다. 미래의 불확실한 소비효용은 투자자의 위험회피성향을 고려하여 확실성 등가로 바꿀 수 있다. 이 확실성 등가를 현재의 확실한 소비와 결합시키기 위해서 식 (6.3)에서처럼 시간집합자 함수(V)를 사용한다. 이러한 가정하에서 Epstein과 Zin(1989, 1991)은 식 (6.3)을 발전시켜 다음과 같은 효용함수를 제시하였다.

▶ Epstein-Zin 효용함수

현재와 미래의 소비에 대한 Epstein-Zin효용함수는 다음과 같다.

$$U_t = \left[(1-\beta)c_t^{1-\frac{1}{\psi}} + \beta\mu(U_{t+1})^{1-\frac{1}{\psi}}\right]^{\frac{1}{1-\frac{1}{\psi}}} \tag{6.17}$$

단, $\mu(\cdot)$는 불확실한 미래의 효용에 상응하는 확실성등가함수이다. ψ는 소비의 기간간 대체탄력성(EIS)을 나타내고, $0 < \psi \neq 1$이다. 즉 ψ가 증가하면 소비의 기간간 대체탄력성이 증가한다.

Epstein과 Zin(1989)은 여러 가지 확실성등가함수를 고려한 바 있다. 그중 가장 많이 사용되는 CRRA 효용함수를 사용하면 다음과 같은 결과를 얻는다.

▶ CRRA효용함수를 사용한 Epstein-Zin 효용함수

멱효용함수 $\mu(U_{t+1}) = E_t(U_{t+1}^{1-\gamma})^{1/(1-\gamma)}$ $(0 < \gamma \neq 1)$를 Epstein-Zin 효용함수에서 확실성등가함수로 사용하면, 다음과 같은 CRRA효용함수를 사용한 Epstein-Zin 효용함수를 얻을 수 있다.

$$U_t = \left[(1-\beta)c_t^{(1-\gamma)/\theta} + \beta(E_t(U_{t+1}^{1-\gamma}))^{1/\theta}\right]^{\theta/(1-\gamma)} \tag{6.18}$$

단, $\theta = (1-\gamma)/(1-\frac{1}{\psi})$이다.

여기서 γ는 위험회피계수로서 γ가 증가하면 투자자의 위험회피도가 증가하게 된다. 그리고, 중요한 점은 ψ와 γ는 어떠한 관계도 없으며, 따라서 각각 독립적으로 설정할 수 있다는 것이다. 따라서, Epstein-Zin 효용함수를 사용하게 되면 소비의 기간간 대체탄력성과 위험회피도를 별도로 설정할 수 있다.

참고로, $\gamma = \frac{1}{\psi}$임을 가정하면, $\theta = 1$이 되므로, 이를 식 (6.18)에 대입한 후 양변에 $(1-\gamma)$제곱을 하면, $U_t^{1-\gamma} = (1-\beta)c_t^{1-\gamma} + \beta E_t(U_{t+1}^{1-\gamma})$가 되어 멱효용함수가 된다. 이 식은 앞서 소비기반 CAPM에서 살펴본 식 (6.5)와 동일하므로, 식 (6.5)처럼 효용함수 (6.18)은 시간에 대해서 분리가능하고(time separable) 위험회피가 반영된 함수이지만 소비의 기간간 대체탄력성(EIS)은 위험회피계수(γ)의 역수다.

■ Epstein-Zin 효용함수의 특징

Epstein-Zin 효용함수의 특징은 [그림 6-1]로 정리할 수 있다.[21] 세로축은 상대위험회피 γ를 나타내고, 가로축은 소비의 기간간 대체탄력성(EIS)인 ψ를 나타낸다. 두 파라미터의 값

21 자세한 내용은 Cochrane(2005)을 참조하기 바란다.

에 따른 Epstein-Zin 효용함수의 특징을 아래와 같이 정리해 보자.

- 만약, $\gamma = \psi = 1$, 즉 그림에서 세 선이 교차하는 점에서는, Epstein-Zin 효용함수는 로그 효용함수가 된다.
- $\gamma = \frac{1}{\psi}$ 이면 소비의 기간간 대체탄력성이 위험회피도의 역함수라는 관계가 되므로, Epstein-Zin 효용은 멱효용함수가 된다. 따라서, 멱효용함수가 가지는 문제점을 그대로 보이게 된다.
- $\psi = 1$일 때 소비/부의 비율이 항상 일정하다는 것은 소비와 부가 변할 때 서로 동일한 비율로 변한다는 의미인데, 이에 관해서는 후술하는 식 (6.20)으로 설명할 수 있다. 이 식에 의하면, 포트폴리오 수익률이 변동되면 소비는 ψ와 포트폴리오 수익률을 곱한 것 만큼 변한다. 따라서, 만약 $\psi = 1$이면, 포트폴리오 수익률의 변동으로 인한 부의 변화와 소비의 변화가 일치하게 된다.
- $\gamma = 1$일 때는 투자수익으로 인한 소비의 소득효과(income effect)와 대체효과(substitution effect)가 정확히 상쇄되기 때문에, 매 기간의 투자수익만큼 소비가 이루어지므로 미래 소비에 대해서 특별히 고려할 필요가 없다.[22] 즉, 투자자는 미래 소비에 관한 의사결정이 불필요하고, 오직 현재의 소비만 최적화하면 된다. 이를 **근시안적 포트폴리오 선택**이라고 부른다.

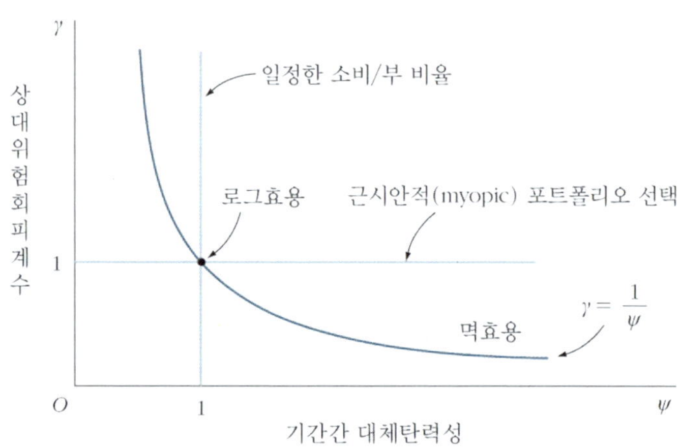

[그림 6-1] Epstein-Zin 효용함수의 특징

22 여기서 소득효과는 투자수익으로 증가한 부로 인해서 소비를 증가시키려는 경향을 의미하고, 대체효과는 증가한 부를 소비하지 않고 이연시켜서 미래의 더 큰 투자수익을 얻고자 하는 경향을 의미한다. $\gamma = 1$일 때, 소득효과와 대체효과를 구해보면 이 둘은 정확히 상쇄된다. 자세한 내용은 Campbell과 Viceira(2002)를 참조하기 바란다.

6.3.2 소비증가율에 영향을 미치는 요인 분석

우리는 앞서 식 (6.10)에서 멱효용함수를 가정했을 때 소비증가율에 영향을 미치는 요인을 분석한 바 있다. 여기서는 Epstein-Zin 효용함수를 가정하여 소비증가율에 영향을 미치는 요인들을 살펴보고자 한다.

Epstein과 Zin(1991)은 투자자가 Epstein-Zin 효용함수를 가지며, 자신의 전체 부에서 일정부분을 소비한 후 나머지를 포트폴리오 p에 투자하는 경우, 즉, $W_{t+1} = (1 + r_{pt+1})(W_t - c_t)$임을 가정하였다. 그리고, 동적 프로그래밍(dynamic programming)을 이용하여 식 (6.18)의 Epstein-Zin 효용함수를 극대화시키는 문제의 최적해인 오일러 방정식을 아래와 같이 구하였다.

$$E_t[m_{t+1}(1 + r_{it+1})] = 1$$

단, r_{it+1}는 자산 i의 산술수익률(arithmetic return)이고, $m_{t+1} = \left\{\beta\left(\frac{C_{t+1}}{C_t}\right)^{-1/\psi}\right\}^{\theta}\left\{\frac{1}{1+r_{pt+1}}\right\}^{1-\theta}$는 확률할인요소(stochastic discount factor)이다. 이 확률할인요소의 양변에 로그를 취하면,

$$\ln m_{t+1} = \theta\ln\beta - \frac{\theta}{\psi}\Delta\ln C_{t+1} + (\theta - 1)R_{pt+1}$$

단, $\Delta\ln C_{t+1} = \ln\left(\frac{C_{t+1}}{C_t}\right)$, $R_{pt+1} = \ln(1 + r_{pt+1})$이다.

이제, 포트폴리오 수익률과 소비증가율이 이변량 로그정규분포(bivariate log-normal)를 따름을 가정하고, 위 오일러 방정식의 양변에 로그를 취하면 아래 식을 얻을 수 있다.[23]

$$\ln E_t[m_{t+1}(1 + r_{it+1})] = E_t[M_{t+1} + R_{it+1}] + \frac{1}{2}\mathrm{Var}_t[M_{t+1} + R_{it+1}] = 0 \qquad (6.19)$$

단, $M_{t+1} = \ln m_{t+1}$, $R_{it+1} = \ln(1 + r_{it+1})$ 이다. 여기서는 소비증가율에 대한 분석을 간단히 하기 위해서 $R_{it+1} = R_{pt+1}$로 두자. 그리고, 앞서 구한 $\ln m_{t+1}(\equiv M_{t+1}) = \theta\ln\beta - \frac{\theta}{\psi}\Delta\ln C_{t+1} + (\theta - 1)R_{pt+1}$을 위 식에 대입한 후 정리하면 아래와 같다.

$$E_t\left[\theta\ln\beta - \frac{\theta}{\psi}\Delta\ln C_{t+1} + \theta R_{pt+1}\right] + \frac{1}{2}\mathrm{Var_t}\left[\theta\ln\beta - \frac{\theta}{\psi}\Delta\ln C_{t+1} + \theta R_{pt+1}\right] = 0 \qquad (6.20)$$

$$\Leftrightarrow \quad E_t[\psi\ln\beta - \Delta\ln C_{t+1} + \psi R_{pt+1}] + \frac{\psi}{2\theta}\mathrm{Var_t}\left[-\frac{\theta}{\psi}(\Delta\ln C_{t+1} - \psi R_{pt+1})\right] = 0$$

---

23 로그정규분포를 따르는 임의의 확률변수 X에 대하여, $lnE_t[X] = E_t[lnX] + \frac{1}{2}Var_t[lnX]$가 성립한다. 그 이유에 대해서는 식 (6.9a)를 참고하기 바란다.

$$\Leftrightarrow \quad E_t[\Delta \ln C_{t+1}] = \psi \ln\beta + \psi E_t[R_{pt+1}] + \frac{\theta}{2\psi}\mathrm{Var_t}[\Delta \ln C_{t+1} - \psi R_{pt+1}]$$

이 식은 소비의 기대변화율이 (1) 시간에 대한 선호(time preference)를 나타내는 할인율(β), (2) 포트폴리오의 기대수익률($E_t(R_{pt+1})$), (3) 포트폴리오 수익률 대비 미래 소비의 불확실성($Var_t(\Delta \ln C_{t+1} - \psi R_{pt+1})$), 이 세 가지 요소에 의해 결정됨을 의미한다. 그리고, 이 세 요소가 소비의 기대변화율에 미치는 영향의 크기(민감도)는 소비의 기간간 대체탄력성(ψ)에 의해서 결정되고, 멱효용함수의 경우와는 달리 위험회피도(γ)와는 무관하다.

그런데, 우변의 세 번째 항인 소비의 불확실성이 증가할 경우에는 θ의 부호에 따라서 소비의 기대변화율에 미치는 영향이 달라진다. 즉, $\theta > 0$인 경우에는 소비의 불확실성이 증가할 때 이를 대비하기 위해 현재 소비를 낮추면서 **예비적 저축**(precautionary saving)을 늘리고, 반대로 $\theta < 0$이면 소비의 불확실성이 증가하더라도 이에 대해 대비하지 않고 현재 소비를 늘린다는 것을 의미한다.

6.3.3 Epstein-Zin 효용함수를 이용한 소비기반 CAPM의 유도

이제, Epstein-Zin 효용함수를 적용한 소비기반 CAPM을 유도해 보자. 종전과 같이, 자산의 수익률과 소비증가율이 이변량 로그정규분포를 따른다고 가정하고, 식 (6.19)를 개별 자산의 수익률에 대해 정리하면, 아래의 식을 얻을 수 있다.[24]

$$E_t(R_{it+1}) = -E_t(M_{t+1}) - \frac{1}{2}\{Var_t(M_{t+1}) + Var_t(R_{it+1}) + 2Cov_t(M_{t+1}, R_{it+1})\}$$

이 식은 무위험자산에 대해서도 성립하므로, 이를 무위험자산에 적용한 결과는 아래와 같다.

$$R_{ft+1} = -E_t(M_{t+1}) - \frac{1}{2}Var_t(M_{t+1})$$

위 두 식을 서로 차감하면, 아래의 식을 얻을 수 있다.

$$E_t(R_{it+1}) - R_{ft+1} + \frac{\sigma_{it}^2}{2} = -Cov_t(M_{t+1}, R_{it+1})$$

단, $\sigma_{it}^2 = Var_t(R_{it+1})$이라고 두자. 앞서 정의한 $M_{t+1} = \ln m_{t+1} = \theta \ln\beta - \frac{\theta}{\psi}\Delta \ln C_{t+1} + (\theta -$

24 확률변수 X, Y, Z와 임의의 상수 a, b가 있을 때, 아래의 식이 성립한다.

$$Var(aX + bY) = a^2Var(X) + b^2Var(Y) + 2abCov(X, Y)$$
$$Cov(aX + Y, bZ) = abCov(X, Z) + bCov(Y, Z)$$

1)R_{pt+1}을 위 식에 대입하고, β는 상수이므로 이와 관련된 공분산은 0임을 이용하면, 최종적으로 아래의 소비기반 CAPM을 얻을 수 있다.

$$E_t(R_{it+1}) - R_{ft+1} + \frac{\sigma_{it}^2}{2} = \theta\frac{Cov_t(R_{it+1}, \Delta \ln C_{t+1})}{\psi} + (1-\theta)Cov_t(R_{it+1}, R_{pt+1}) \quad (6.21)$$

■ Epstein-Zin 효용함수를 이용한 소비기반 CAPM의 의미

이 식에 의하면, 자산 i의 기대초과수익률($E_t(R_{it+1}) - R_{ft+1}$)은 자산 i의 수익률과 소비변화율 간의 공분산(소비기반 CAPM)과 자산 i의 수익률과 포트폴리오 수익률 간의 공분산(전통적인 CAPM)을 θ 와 $1-\theta$의 비율로 가중평균한 것과 같다. 예를 들어, $\theta = 0$ 또는 $\gamma = 1$이 되어 로그효용함수가 되면, 식 (6.21)은 아래와 같이 소비와는 무관한 전통적인 CAPM이 된다.[25]

$$E_t(R_{it+1}) - R_{ft+1} + \frac{\sigma_{it}^2}{2} = Cov_t(R_{it+1}, R_{pt+1}) \quad (6.22)$$

반면, $\theta = 1$이 되어 멱효용함수가 되는 경우, 우리는 앞서 구했던 소비기반 CAPM인 식 (6.14a)를 얻게 된다.[26]

$$E_t(R_{it+1}) - R_{ft+1} + \frac{\sigma_{it}^2}{2} = \frac{Cov_t(R_{it+1}, \Delta \ln C_{t+1})}{\psi} \quad (6.23)$$

■ 근시안적 투자

Epstein-Zin 효용함수를 이용한 소비기반 CAPM모형을 이용하면, 투자자들이 근시안적 투자를 하게 되는 상황을 아래와 같이 두 가지 경우로 설명할 수 있다. **근시안적 투자(myopic investment)**란 연금펀드처럼 목표투자기간이 긴 투자라 할지라도 마치 단기간 투자를 하는 것처럼 투자의사결정을 하게 되는 것을 말한다.[27]

첫째, 자산수익률이 $i.i.d.$(independently and identically distributed, 독립항등분포)인 경우를 생각해보자. 이 경우는 투자기회집합이 매 시점마다 동일함을 의미한다. 그 결과, 자산수익률이 매 시점마다 독립적이고 동일하게 분포되어 있다. 이 경우, 효용극대화를 위한 최적소

25 식 (6.18)에서 $\theta \equiv (1-\gamma)/(1-\frac{1}{\psi})$로 정의했으므로, $\gamma = 1$이면 $\theta = 0$이 된다.

26 멱효용함수는 $\gamma = \frac{1}{\psi}$의 관계가 성립하므로, $\frac{1}{\psi}$을 γ로 바꾸면 식 (6.14a)와 동일하다.

27 Benartzi와 Thaler(1995).

비비율은 투자기간에 상관없이 매 시점마다 동일하다.[28] 따라서, 매 시점의 소비는 부의 일정비율만큼 고정적으로 이루어지게 되고, 따라서, 소비/부의 비율은 항상 일정하다. 이러한 경우, 소비는 결국 부에 관한 함수가 되기 때문에, 개별 자산수익률과 소비변화율 간의 공분산은 개별 자산수익률과 포트폴리오 수익률 간의 공분산과 같게 된다. 즉, $Cov_t(R_{it+1}, \Delta\ln C_{t+1}) = Cov_t(R_{it+1}, R_{pt+1})$이 되며, 이 경우 식 (6.21)의 우변은 $\Delta\ln C_{t+1}$이 없어진 $\left(\frac{\theta}{\psi}+1-\theta\right)Cov_t(R_{it+1}, R_{pt+1})$이 되므로, 최적투자전략은 투자기간을 고려할 필요가 없는 근시안적 포트폴리오 선택 행위와 동일하다. 왜냐하면, 합리적인 투자자는 일생 동안에 걸친 장기간의 소비를 고려하지만, 이 경우에는 $\Delta\ln C_{t+1}$과 관련된 항이 없어졌으므로 미래 소비의 증가율에 대한 고려는 하지 않고, 단지 1기간의 개별자산 수익률과 포트폴리오 수익률 간의 공분산만 고려하기 때문이다.

둘째, 위험회피계수(γ)가 1인 경우 또는 $\theta = 0$인 경우에 근시안적 투자 행위가 발생한다. 이 경우, 식 (6.21)의 우변은 $Cov_t(R_{it+1}, R_{pt+1})$이 되므로, 자산의 기대수익률이 미래의 소비증가율과는 무관하게 된다. 따라서, 미래의 소비를 더 이상 고려할 필요가 없어지므로, 투자전략은 투자기간과 무관하다. 즉, 먼 미래를 고려하는 장기투자자라 할지라도 1기간의 투자를 고려하는 단기투자자와 동일한 근시안적 투자를 하게 된다.[29]

6.3.4 자산수익률에 영향을 미치는 뉴스 요인

이제, 식 (6.20)에 있는 분산항을 분석해서, 미래 현금흐름에 관련된 뉴스와 변동성에 관련된 뉴스가 자산수익률 또는 소비증가율에 영향을 준다는 것을 확인해 보자. 앞서 구했던 $M_{t+1} = \theta\ln\beta - \frac{\theta}{\psi}\Delta\ln C_{t+1} + (\theta-1)R_{pt+1}$ 이용하여 식 (6.20)의 마지막 식의 분산항을 아래와 같이 변형할 수 있다.

$$\begin{aligned}\frac{\theta}{2\psi}\mathrm{Var_t}\left[\Delta\ln C_{t+1} - \psi R_{pt+1}\right] &= \frac{\psi}{2\theta}\mathrm{Var_t}\left[-\frac{\theta}{\psi}\left(\Delta\ln C_{t+1} - \psi R_{pt+1}\right)\right] \\ &= \frac{\psi}{2\theta}\mathrm{Var_t}\left[M_{t+1} + R_{pt+1}\right] \qquad (6.24)\end{aligned}$$

---

28 자산수익률이 $i.i.d.$인 경우에는, K기간의 기대수익률과 분산은 1기간의 기대수익률과 분산에 K를 곱한 것과 동일하다. 따라서, 만약 효용함수가 기대수익과 분산으로 이루어져 있다면, 최적소비를 구하기 위한 효용극대화 1계 조건은 K기간에 무관하게 결정된다. 왜냐하면, 1차 미분한 식에서 K가 약분되기 때문이다. 이는 장기투자자의 의사결정이 단기투자자와 동일함을 의미하므로, 장기투자자가 근시안적 투자를 한다는 것을 의미한다. 근시안적 투자에 관한 상세한 내용은 제12장 동태적 자산가격모형과 제17장 17.1.3 다기간 자산배분과 근시안적 포트폴리오 선택에서 다룬다.

29 보다 자세한 설명은 제16장 최적자산배분 또는 Campbell과 Viceira(2002)를 참고하기 바란다.

이제, $Var_t[M_{t+1} + R_{pt+1}]$에 관한 몇 가지 연구들을 살펴보자. 먼저, 분산이 확률적이지 않고 고정된 경우 또는 $\theta = 0$인 경우에 대한 연구들도 있지만,[30] 우리가 주목할 연구인 Bansal et al.(2014)은 분산이 확률적으로 변동하고 $\theta \neq 0$임을 가정하는 등 몇 가지 가정 하에서 아래의 조건부 변동성에 관한 관계식을 유도하였다.[31]

$$Var_t(M_{t+1} + R_{pt+1}) = \frac{1}{2}Var_t[(1-\gamma)N_{CFt+1} + N_{vt+1}] \tag{6.25}$$

여기서, N_{CFt+1}과 N_{vt+1}은 미래의 현금흐름에 관한 뉴스와 변동성에 관한 뉴스를 각각 의미한다. 따라서, 변동성에 관한 뉴스가 동분산적(homoskedastic)임을 가정할 때, 자산수익률 및 소비증가율의 조건부 변동성 $Var_t(M_{t+1} + R_{pt+1})$은 미래의 현금흐름 및 변동성에 관한 뉴스와 위험회피계수에 의해서 결정된다.

6.3.5 자산수익률에 영향을 미치는 소비충격(consumption shock) 요인

뉴스 요인 이외에도 변동성과 관련하여 자산수익률에 영향을 미치는 소비충격 요인들이 있다. 여기서는 소비충격 요인들의 유형과 그 영향에 대하여 살펴보자.

자산수익률에 대한 소비기반 CAPM의 현실 설명력을 높이기 위해 다양한 시도가 있었다. 그 중 한 가지 방법은 소비에 대한 충격이 발생하면 이에 대한 반응으로서 자산가격이 변동하는 것을 모형에 고려하는 것이다. 이런 위험요인을 추가적으로 고려한다면, 모형에 반영되는 위험회피의 정도가 더 커질 수 있기 때문에, 주식 프리미엄 퍼즐 등을 합리화할 수도 있다. 사실, 어떤 유형의 소비 충격이 자산수익률에 영향을 미치는지를 규명하는 것은 소비로 얻는 효용을 모형의 근간으로 삼는 소비기반 CAPM에 있어서 기본적이고 중요한 문제이기도 하다. 이 질문에 대한 구체적인 대답은 아래 표와 같이 소비기반 CAPM에서 추가적으로 고려한 소비충격요인별로 다르겠지만, 이러한 소비의 충격 요인들이 모두 자산수익률에 영향을 미친다는 점에서는 동일하다.

---

30 Campbell(1993), Campbell과 Vuolteenaho(2004), Lustig와 Van Nieuwerburgh(2008).

31 여기서 $Var_t(M_{t+1} + R_{pt+1})$를 조건부 변동성이라고 부르는 이유는 t 시점의 가용한 정보를 이용하여 $t+1$ 시점의 분산을 구하는 것이기 때문이다.

〈표 6-1〉 자산수익률에 영향을 미치는 소비충격 요인

소비충격요인	소비충격요인이 자산수익률에 미치는 영향
소비습관의 충격 (habit-formation)	• 현재의 소비습관을 변동시킬 만한 충격이 자산수익률에 영향을 줌. • 과거 일정기간 동안의 소비로 인해 형성된 소비습관에 의해 현재 소비수준이 결정됨.
장기 충격 (long-run risk)	• 소비증가율에 영향을 주는 '장기간 지속되는 충격'과 '경제상황에 대한 불확실성'이 자산수익률에 영향을 줌.
희귀재난 발생 확률의 변동 (probability of rare disasters)[32]	• 소비가 큰 폭으로 감소할 확률이 변하면 자산수익률이 변동됨.

■ 습관형성모형과 롱런 리스크 모형

소비충격요인을 고려하여 많은 주목을 받고 있는 두 가지 모형을 간략히 알아보자. **습관형성모형(habit-formation model)**은 과거 소비의 이동평균에 비례해서 소비습관이 형성되고, 실제 소비도 소비습관에 따라 일어난다고 설명한다.[33] 따라서, 소비충격이 발생하더라도 습관형성과정 때문에 실제 소비는 느리게 변동된다. 예를 들어, 주식시장에서 수익(/손실)을 얻게 됐다면, 투자자들은 이로 인해 기대할 수 있는 높아진(/낮아진) 소비수준으로 이동평균만큼씩 천천히 익숙해지게 된다. 즉각적으로 높은(/낮은) 소비수준에 대한 습관형성이 이루어지지는 않기 때문이다. 그리고, 일단 소비습관에 반영된 수익과 손실은 오랜 기간 소비에 영향을 미치게 된다.

롱런 리스크 모형(long-run risk model)은 Epstein-Zin 효용함수를 사용하여, 소비 증가율에 영향을 미치는 '작더라도 오래 지속되는 충격 요인'(a small long-run component)과 '경제상황에 대한 불확실성'(fluctuating economic uncertainty)이 자산수익률에 영향을 준다고 설명한다.[34] 여기서, 작지만 지속되는 충격은 실증분석에서 사용되는 소비데이터에서 직접적으로 포착하기는 쉽지 않다. 그러나, 실증분석 결과 자산 가격에 영향을 미치는 것으로 나타났다. 그리고, 이 모형은 주식 프리미엄(퍼즐)도 정당화할 수 있었으며, 기업규모요인, 장부가 대비 시가총액비율, 모멘텀, 장기 수익률 반전, 채권시장의 위험프리미엄, 실질 환율의 변동 등을 잘 설명한다.

32 Rietz(1988), Barro(2006, 2009), Gabaix(2010), Wachter(2011)를 참고하기 바란다.

33 Campbell과 Cochrane(1999).

34 Bansal과 Yaron(2004).

6.4 생산기반 및 투자기반 자산가격결정모형**

CAPM은 이론적으로 매우 잘 만들어진 모형이지만 실증분석에서는 실망스러운 결과를 보여주었다. 예를 들면, 실제로 투자자들이 어떤 자산에 대한 투자의사결정을 할 때, 그 자산과 시장포트폴리오와의 수익률 공분산을 최우선으로 고려해서 투자하지는 않는다. 많은 경우, 기업의 재무적 특성을 고려하기 위해 재무제표를 살펴보거나 미래의 사업계획 또는 전망 등을 고려하는 경우가 많다. 그렇다면, 이러한 투자 행동을 이론적으로 설명할 수 있는 가격결정모형은 무엇일까? 이에 대한 해답을 **생산기반 가격결정모형**이나 **투자기반 가격결정모형**에서 찾을 수 있다. 이 모형들은 기업의 생산 또는 투자 관점에서의 특성들이 기업가치, 즉 주가에 영향을 미친다고 주장한다. 이에 대해 좀 더 자세히 살펴보자.

시장균형을 가정하는 자산가격결정모형은 대부분 부나 소비로부터 발생하는 기대효용을 극대화할 경우 자산가격이 어떻게 되는지를 설명하고 있다. 예를 들면, 전통적인 CAPM에서는 투자자가 부에 대한 기대효용함수를 극대화시킬 경우 자산가격이 어떻게 결정되는지를 보여준다. 반면, 앞에서 설명한 소비기반 CAPM에서는 의사결정자가 기대효용함수를 극대화시키는 소비와 투자를 할 경우 자산의 가격은 어떻게 결정되는지를 보여준다.

이러한 모형들에 따르면, 자산의 수익률을 설명하는 요인은 **위험요인**이라는 것이다. 합리적인 투자자는 위험에 대한 보상으로서 수익률 프리미엄을 요구하기 마련이며, 이로 인해 자산에 내포된 위험요인이 클수록 기대수익률도 높아지는 관계가 형성되기 때문이다. 예를 들어, Fama와 French(1993, 1996)는 기업의 규모, 장부가격 대비 시장가격 비율 같은 기업특성들이 주식의 수익률을 설명한다는 사실을 발견하였으며, 이들은 이 변수들이 해당 기업의 위험을 나타내는 요인이라고 해석하고 있다. 그러나 위험요인에 기반하는 이러한 전통적인 가격결정모형은 실제 자산가격을 잘 설명하지 못한다. 더구나 지난 수십 년간의 연구결과 수백 가지에 이를 정도로 다양한 요인들이 자산가격에 영향을 미치는 것으로 알려지고 있다.[35]

이와 같이, 수많은 요인들이 자산수익률에 영향을 주고 있다는 실증분석결과들을 이론적으로 뒷받침하기 위해 다양한 가격결정모형들이 제시되었다. 그중 하나인 **생산기반 가격결정모형**(Production-based Asset Pricing Model, PAPM)은 Cochrane(1991)이 소비기반 CAPM과 동일한 틀 속에서 소비자와 소비효용함수 대신 생산자와 생산함수를 이용하여 제시한 가격결정모형이다. 이 모형은 **투자기반 가격결정모형**(Investment-based Asset Pricing Model, IAPM) 등으로 발전되어 왔다.

---

35 Harvey et al.(2016)과 Green et al. (2017)을 참조하기 바란다.

이 책에서는 Cochrane의 생산기반 가격결정모형(PAPM)을 소개하고, 아울러 투자기반 가격결정모형(IAPM)도 간단하게 살펴보기로 한다. 앞서 살펴본 것과 같이 시장은 균형상태임을 가정한다. 시장 균형에서는 경제 주체들이 합리적 기대를 하고, 투자자는 효용을 극대화하고 기업은 이윤을 극대화하며, 수요와 공급은 일치한다.

6.4.1 생산기반 자산가격결정모형

먼저, 완전시장에서 경제상황의 변화를 고려한 자산의 시장가격으로부터 자산수익률을 구할 수 있다. 또한 생산자(기업)의 입장에서, 주어진 자본과 노동을 이용하여 이익을 극대화하려는 기업의 투자수익률을 구할 수 있다. 이 두 가지의 서로 다른 측면에서의 기대수익률은 차익거래기회가 존재하지 않는다면 동일하여야 한다.

■ 자본시장의 자산에 대한 균형수익률 – 자산수익률

먼저, 자본시장에서 자산에 대한 투자자의 소비 최적화 측면에서 자산의 수익률을 모형화 해보자. t시점에서의 불확실성은 상태변수 s_t로 나타내고, s^t는 t시점 이전의 누적된 충격(shock)을 의미한다고 하자. 즉, $s^t = \{s_0, s_1, s_2, \dots s_t\}$이라고 정의하자. 그리고, 매기마다 상태변수(s^t)에 따라 배당 $\{d(s^1), d(s^2), \dots\}$을 지급하는 하나의 자산이 있다고 하자. 이 자산의 가격은 배당의 흐름에 대한 조건부 청구권의 가격(contingent claim price)으로 볼 수 있다. $t+1$ 시점에서 s^{t+1} 상태일 경우, 이 자산의 가격과 배당을 각각 $P^A(s^{t+1})$와 $d(s^{t+1})$로 표시하자. 이 경우, **자산수익률**은 다음 기의 자산가격과 배당을 현재 가격으로 나눈 것으로, 아래와 같이 계산된다.

$$R^A(s^{t+1}) = \frac{P^A(s^{t+1}) + d(s^{t+1})}{P^A(s^t)} \tag{6.26}$$

자산의 현재가격 $P^A(s^t)$는 미래의 자산가치인 $P^A(s^{t+1}) + d(s^{t+1}) = P^A(s^t)R^A(s^{t+1})$에 대한 기댓값을 적절한 할인율 $\rho(s^{t+1})$로 할인한 것과 같으므로, 아래처럼 나타낼 수 있다.

$$P^A(s^t) = E[\rho(s^{t+1})P^A(s^t)R^A(s^{t+1})]$$

이 식의 양변을 $P^A(s^t)$로 나누면, 아래와 같다.

$$1 = E[\rho(s^{t+1})R^A(s^{t+1})] \tag{6.27}$$

이 식은 소비기반 CAPM을 유도할 때 얻은 오일러 방정식 (6.7b)와 같다. 즉, 상태 s^{t+1}에 따른 할인율 $\rho(s^{t+1})$은 소비기반 CAPM에서의 확률할인요소(stochastic discount factor)이며, 소비의 한계대체율(marginal rate of substitution)에 상응하는 것으로 볼 수 있다.

■ 기업의 이익 극대화를 위한 최적생산 결정 문제 – 생산이익률

이제, 기업의 생산 측면에서 살펴보자. 최초의 자본(k_0)과 경제 상황에 따른 자산 가격 $P(s^t)$와 임금 $w(s^t)$가 주어진 상황에서, 기업은 시점 0에서 기업가치를 극대화하기 위해 판매($c(s^t)$), 투자($I(s^t)$), 생산($y(s^t)$), 자본량($k(s^t)$) 그리고 노동투입($l(s^t)$)에 대한 계획을 수립한다. 이 기업의 이익 극대화를 위한 생산량 최적화 문제는 다음과 같이 정의된다.

$$\max \ \sum_{\text{모든 상태}} P(s^\tau)\big(c(s^\tau) - w(s^\tau)l(s^\tau)\big)$$

$$\begin{aligned} \text{s.t.} \quad & y_t = f(k_t, l_t, s^t) \quad && (\text{생산함수: 생산은 상태 } s^t\text{에서 } k_t\text{와 } l_t\text{의 함수}) \\ & y_t = c_t + I_t && (\text{판매하고 남은 생산은 투자됨}) \\ & k_{t+1} = g(k_t, I_t) && (\text{자본축적함수}) \end{aligned}$$

단, $P(s^t)$는 상태변수가 s^t일 때 소비재 $c(s^t)$의 한단위 가격으로, 시점 0에서의 가격이다. 이 기업의 최적화 1계 조건을 구하면 다음과 같다.

$$1 = E[\rho(s^{t+1})R^P(s^{t+1})] \tag{6.28}$$

여기서 $R^P(s^{t+1})$는 상태가 s^{t+1}일 때 기업의 **생산이익률**을 의미한다. 일정기간 동안 자본과 노동은 변하지 않는다고 가정하면 생산비용은 고정되므로, 생산이익률은 소비재의 생산(판매)에 달려 있다. 그리고, 이 기간 동안 신규투자로 인해 발생하는 조정비용(adjustment costs)에도 영향을 받는다.

■ 생산기반 자산가격결정모형의 의미

생산이익률은 생산을 통해 기업이 얻는 이익률로서, 식 (6.26)에서 살펴본 배당에 대한 조건부 청구권의 측면에서 계산되는 **자산수익률**과는 다른 개념이다. 그러나, 시장균형 하에서는 투자를 유치한 후 생산활동을 통해서 이익을 극대화하려는 기업에 투자함으로써 투자자가 얻을 수 있는 기대 투자수익률(즉, 생산이익률)과 시장에서 거래되고 있는 이 기업에 대한 조건부 청구권의 가치로 계산한 자산수익률은 서로 같아야 한다. 그렇지 않을 경우 차익거래기회가 존재하기 때문에, 시장이 효율적이라면 $E(R^A(s^{t+1})) = E(R^P(s^{t+1}))$이 되어야 한다.

이러한 결과는 실물경제와 금융시장의 자산가격 간의 관계를 이해하는 데 도움을 준다. 예를 들면, 상태변수가 양호한 경우로서 경제성장률이 높은 경우에는 생산이익률이 높

고 또한 자산수익률도 높다. 그리고, 미래의 기대생산이익률이 높다면 자산가격은 상승할 것이고, 그 결과 주식시장은 경기변동보다 앞서 움직이게 된다.

실증분석에서 자산수익률은 주식시장의 일별, 혹은 월별 주가를 이용하여 쉽게 구할 수 있다. 하지만 생산이익률은 분기별 혹은 매년 발표되는 기업의 회계자료로 계산해야 하므로, 두 데이터 간에는 관측주기의 차이가 있다. 그럼에도 불구하고, 방대한 회계자료를 이용하는 생산기반 자산가격결정모형에 대한 실증분석은 매우 유용하다. 왜냐하면, 이러한 분석의 결과는 기업의 노동, 자본, 혹은 기술과 같은 변수를 대변하는 회계정보가 주가수익률에 어떤 영향을 미치는지에 대한 이론적인 설명을 제시하기 때문이다.

6.4.2 투자기반 자산가격결정모형

투자기반 자산가격결정모형(IAPM)에 의하면, 자산의 기대수익률은 공분산 같은 위험요인에 대한 함수가 아니라 기업의 투자수익률에 대한 선형함수가 된다. 실제로, 많은 연구에서 기업의 특성들을 전통적인 가격결정모형에서 사용하는 공분산과 함께 실증분석했을 때, 공분산들이 더 이상 유의하지 않은 현상이 종종 발견되고 있다.[36]

■ 자본시장의 주식에 대한 균형수익률 – 주식수익률

투자기반 자산가격결정모형을 보다 구체적으로 살펴보자.[37] 먼저, 앞서 살펴본 소비기반 CAPM에서와 동일한 방법으로 투자자의 소비 최적화 측면에서 자산의 수익률을 모형화해 보자. 즉, t 시점에서 기업 i의 배당락 이후의 주가와 배당을 각각 P_{it}와 D_{it}로 표시하고, 투자자의 기대효용 극대화를 위한 최적화 1계 조건을 구하면, $P_{i0} = E_0\left[d_1\left(P_{i1} + D_{i1}\right)\right]$이 되고, 확률할인요소는 $d_1 = \rho U^{'}\left(C_1\right)/U^{'}\left(C_0\right)$가 된다. 이를 정리하면 아래와 같다.

$$E_0[d_1(1 + r_{i1}^S)] = 1 \tag{6.29}$$

여기서, $r_{i1}^S = (P_{i1} + D_{i1})/P_{i0} - 1$ 이고, **주식수익률**을 의미한다. 이 식은 무위험자산에 대해서도 성립해야 하므로 $E_0\left[d_1\right] = 1/(1 + r_f)$가 성립하고, 이 식을 다시 식 (6.29)에 대입하면, 아래와 같은 결과를 얻을 수 있다.

---

36 이러한 결과로부터 공분산들이 더 이상 자산가격을 제대로 설명하지 못한다고 판단할 수는 없으며, 오히려 공분산의 측정오류(measurement errors)가 문제의 원인일 수도 있다.

37 보다 상세한 설명은 Lin and Zhang(2013)을 참조하기 바란다.

$$1 = E_0[d_1]E_0[1 + r_{i1}^S] + Cov(d_1, r_{i1}^S) = \frac{1}{(1 + r_f)}E_0[1 + r_{i1}^S] + Cov(d_1, r_{i1}^S) \quad (6.30)$$

$$\Leftrightarrow 1 + r_f = 1 + E_0[r_{i1}^S] + (1 + r_f)Cov(d_1, r_{i1}^S)$$

$$\Leftrightarrow E_0[r_{i1}^S] - r_f = -(1 + r_f)Cov(d_1, r_{i1}^S)$$

$$= -\frac{Cov(d_1, r_{i1}^S)}{E_0[d_1]}$$

$$= -\frac{Cov(d_1, r_{i1}^S)}{Var(d_1)}\frac{Var(d_1)}{E_0[d_1]}$$

$$= \beta_i^I \lambda_I \quad (6.31)$$

단, $\beta_i^I \equiv -Cov(d_1, r_{i1}^S)/Var(d_1)$는 d_1에 대한 주식수익률의 민감도, $\lambda_I \equiv Var(d_1)/E_0[d_1]$은 위험의 단위당 가격, 즉, 위험프리미엄을 의미한다. 이 식은 앞서 (6.12)의 소비기반 CAPM과 동일하다.

■ 기업의 생산함수, 자본, 투자에 대한 가정

이제, 기업의 생산측면을 살펴보자. 동일한 하나의 재화를 생산하는 N개의 기업이 존재하며, 생산된 모든 재화는 소비 또는 투자된다고 가정하자. 기업 i의 초기자본은 K_{i0}이고, 0기와 1기에 생산을 하며, 1기 말에는 자본이 100% 감가상각되어서 기업의 청산가치는 0이 된다고 가정한다.

• 자본의 생산성

t 시점에서 기업 i의 자본의 생산성을 Π_{it}라고 두면, 이 기업의 영업이익은 $\Pi_{it}K_{it}$(단, $t = 0$ 또는 1)로 나타낼 수 있다. 더 나아가, 투입된 생산요소의 증가율과 생산량의 증가율이 동일함을 의미하는 수확불변(constant returns to scale)을 가정하면, Π_{it}는 자본의 한계생산이면서 동시에 자본의 평균생산이 된다.

• 투자로 인한 자본의 변동과 투자의 조정비용

1기간 초의 자본 K_{i1}은 초기자본 K_{i0}에 0기간의 투자인 I_{i0}를 합산한 값이다. 즉, $K_{i1} = K_{i0} + I_{i0}$이다. 그리고 2기간 모형이므로, 마지막 기간에는 기업이 투자할 이유가 없다. 즉, $I_{i1} = 0$이다.

한편, 자본투자에는 설치비용을 포함한 **조정비용**(adjustment costs)이 수반되는데, 일반적으로 자본에 대한 **조정비용함수**는 통상 아래처럼 투자-자본비율에 대한 2차함수로 가정한다.

$$C_{i0} = \frac{a}{2}\left(\frac{I_{i0}}{K_{i0}}\right)^2 K_{i0} \tag{6.32}$$

여기서, a는 단순한 스케일 파라미터이며, 양수이다. 따라서, 투자를 한 단위 더 늘릴 때 증가하는 조정비용을 의미하는 **한계조정비용**(C'_{i0})은 $\partial C_{i0}/\partial I_{i0} = a(I_{i0}/K_{i0})$가 된다. 이 식은 한계조정비용이 투자가 클수록 증가하고 자본규모가 클수록 감소함을 의미한다.

- 투자금액의 조달과 배당의 지급

기업 i는 첫 번째 기간에서 발생하는 영업이익으로 투자금액 I_{i0}와 조정비용 C_{i0}를 충당한다고 가정하자. 따라서, **잉여현금흐름**은 $\Pi_{i0}K_{i0} - I_{i0} - C_{i0}$가 되는데, 이것이 0보다 크면 기업은 이를 투자자에게 배당(D_{i0})으로 되돌려주고, 0보다 작으면 추가적인 자본을 조달하게 된다. 두 번째 기간에서는 이 기업은 자본 K_{i1}을 사용하여 영업이익 $\Pi_{i1}K_{i1}$을 얻게 되고, 이를 전액 배당 D_{i1}로 투자자에게 배분한다. 따라서, 배당 이후의 주가인 P_{i1}은 0이 되므로, 아래 식이 성립한다.

$$P_{i1} + D_{i1} = \Pi_{i1}K_{i1} \tag{6.33}$$

■ 기업의 영업이익 극대화를 위한 최적투자 결정 문제 – 투자수익률

이제, 기업의 의사결정문제를 살펴보자. 기업 i는 영업이익이 극대화되도록 투자수준을 결정하고, 시장이 균형이라면 이 투자로 인한 결과는 현재의 주식가격에 반영되어야 한다. 따라서, 앞서 주어진 확률할인요소 d_1을 이용하면, 기업의 의사결정문제는 다음 식처럼 첫째 기간의 잉여현금흐름과 둘째 기간의 배당 및 주가의 현재가치를 극대화하는 것이다.

$$P_{i0} + D_{i0} = Max_{I_{i0}}\left[\Pi_{i0}K_{i0} - I_{i0} - C_{i0} + E_0\left[d_1\Pi_{i1}K_{i1}\right]\right] \tag{6.34}$$

앞서, $K_{i1} = K_{i0} + I_{i0}$임을 가정하였으므로 이를 위 식에 대입하면, 최적 투자를 위한 1계 조건은 위 식을 투자 I_{i0}에 대해서 미분하여 0으로 둔 것이므로, 아래와 같다.

$$1 + C'_{i0} = E_0[d_1\Pi_{i1}] \tag{6.35}$$

이 식의 좌변이 의미하는 바는 기업 i가 자본 1단위를 늘리기 위해서는 자본의 단위가격인 1과 한계조정비용 $C'_{i0} = a(I_{i0}/K_{i0})$을 지불해야 한다는 것이고, 이 식의 우변은 이러한 투자로 인하여 다음 기에 얻게 되는 한계편익은 자본의 한계생산성인 Π_{i1}이 됨을 의미한다. 따라서, 첫 번째 기간의 투자의 한계비용에 대한 두 번째 기간의 한계편익의 비율을 아래와 같이 **투자수익률**(R^I_{i1})이라고 정의할 수 있다.

$$R_{i1}^I = \frac{\Pi_{i1}}{1 + C_{i0}'} \tag{6.36}$$

■ 투자기반 가격결정모형의 의미

한편, 앞서 잉여현금흐름은 전액 배당으로 투자자에게 지급한다고 가정하였으므로, $D_{i0} = \Pi_{i0}K_{i0} - I_{i0} - (a/2)(I_{i0}/K_{i0})^2 K_{i0}$ 이 성립한다. 이를 식 (6.34)에 대입하면 $P_{i0} = E_0[d_1 \Pi_{i1} K_{i1}]$가 되므로, 이 식과 식 (6.33), (6.35)를 이용하면 **주식수익률**(R_{i1}^A)은 아래와 같이 나타낼 수 있으며, 이를 **투자기반 가격결정모형**(Investment APM)이라고 부른다.

$$R_{i1}^A = \frac{P_{i1} + D_{i1}}{P_{i0}} = \frac{\Pi_{i1}K_{i1}}{E_0[d_1\Pi_{i1}K_{i1}]} = \frac{\Pi_{i1}}{E_0[d_1\Pi_{i1}]} = \frac{\Pi_{i1}}{1 + C_{i0}'} = R_{i1}^I \tag{6.37}$$

$$\Leftrightarrow E_0\left[R_{i1}^A\right] = \frac{E_0[\Pi_{i1}]}{1 + a\left(\frac{I_{i0}}{K_{i0}}\right)}$$

앞서 살펴본 생산기반 자산가격결정모형에서와 마찬가지로, 위 식이 성립하지 않으면 차익거래기회가 존재하기 때문에, 시장균형에서는 투자수익률과 주식수익률이 같아야 한다.

이 식은 오직 기업의 특성만으로 구성된 모형으로서, 소비기반 CAPM에 대응되는 시장균형에서의 가격결정모형이다. 식 (6.37)의 기업특성요인 모형과 식 (6.31)의 공분산(위험요인) 기반의 모형은 모두 주식의 기대수익률에 관한 모형으로서 이론적으로는 동일하다. 왜냐하면, 공분산과 기업특성은 모두 일반균형에서의 기대주식수익률을 설명해 주기 때문이다. 단지, 투자자의 소비 최적화를 위한 1계 조건으로부터 유도된 위험요인모형인 $E_0[r_{i1}^S] - r_f = \beta_i^I \lambda_I$ 에서는 위험프리미엄을 공분산에 연결시키는 반면, 기업의 최적투자를 위한 1계 조건으로부터 유도된 기업특성요인모형인 $E_0[R_{i1}^A] = E_0[\Pi_{i1}]/\{1 + a(I_{i0}/K_{i0})\}$ 은 기대주식수익률을 기업의 특성들의 함수로 나타낸다는 차이가 있을 뿐이다.

투자기반 가격결정모형이 중요한 이유는 기업들의 횡단면 기대수익률이 상이한 이유를 설명할 수 있는 이론적 근거가 되기 때문이다. 이 모형에 의하면, 다른 모든 조건이 동일한 기업들에 대해서, 투자를 많이 하는 기업이 투자를 적게 하는 기업보다 기대수익률이 더 낮다. 또한, 수익성이 높은 기업의 기대수익률이 수익성이 낮은 기업보다 더 높다. 그리고, 시장상황의 변화로 인해 기대수익률이 변동된다면, 변동된 기대수익률과 기업특성 간의 관계가 투자기반 가격결정모형에 의한 균형관계를 만족시키도록 현재의 주가가 조정되어야 한다.

6.5 결론

소비기반 CAPM은 소비에 관한 위험요인을 이용해서 주식의 기대수익률의 횡단면 차이를 설명하는 것에 초점을 맞춘다. 그러나, 이 모형으로 설명할 수 없는 주식프리미엄 퍼즐이 제기되면서, 이 모형을 보완하기 위한 다양한 시도가 있었다. 그중 한 가지는 위험회피도와 소비의 기간간 대체탄력성이 역수관계를 가진다는 기존 효용함수(즉, 멱효용함수)의 제약조건을 없애기 위해, 이 둘을 분리한 Epstein-Zin 효용함수를 사용하여 소비기반 CAPM을 유도한 것이다. 그리고, 소비증가율에 영향을 미치는 뉴스 요인 또는 소비충격요인들을 소비기반 CAPM에 추가적으로 반영함으로써 모형의 설명력을 높이기도 하였다.

또 다른 시도로는 주식프리미엄 퍼즐을 포함한 다양한 주식시장의 이상현상들(anomalies)을 설명하기 위해 자산가격을 기업의 생산 또는 투자 측면에서 바라보는 것이다. 많은 실증연구들은 주식의 기대수익률이 위험요인만으로는 설명되지 않는 현상을 발견하였는데, 생산기반 혹은 투자기반 접근법이 이러한 현상을 설명할 수 있는 이론적 근거를 제공함으로써, 기대수익률은 위험요인에 의해서만 결정된다는 전통적인 재무이론의 개념을 바꾸고 있다. 즉, 기업의 특성들로부터 만들어진 요인들이 주식수익률에 영향을 미치는 이유가 반드시 전통적인 위험을 반영하는 것은 아니며, 기업특성요인들이 기업의 투자수익률에 대한 선형근사(linear approximation)이기 때문일 수도 있다는 것이다.

물론 이 장에서 살펴본 여러 가지 모형들이 현실의 자산가격을 완벽하게 설명하지는 못한다. 왜냐하면, 생산기반 모형에서는 위험을 고려하지 않고, 소비기반 모형에서는 기업의 특성을 고려하지 못하기 때문이다. 적절한 자산가격결정모형이라면, 불황기처럼 위험이 높아지는 시기의 자산가격변화도 설명할 수 있어야 하고, 특정한 기업 특성을 가진 주식들의 수익률이 다른 주식들과 다른 이유도 설명할 수 있어야 한다.

연/습/문/제

1. 자산 A는 경기가 좋을 때 높은 수익률을 내고, 자산 B는 경기가 안좋을 때 높은 수익률을 낸다. 이 두 자산의 위험프리미엄과 현재 가격을 소비기반 CAPM의 관점에서 비교하시오.

2. 주식시장이 경기변동보다 선행하는 이유를 생산기반 CAPM의 관점으로 설명하시오.

3. 소비기반 CAPM이 성립한다고 가정하자. 소비기반 CAPM에 의한 자산 i의 기대수익률은 아래와 같다. 투자자의 위험회피계수는 10이고, 무위험자산의 산술수익률은 2%이다.

$$E_t[R_{i,t+1}] = R_f + \gamma Cov_t(\Delta \ln c_{t+1}, R_{i,t+1}) - \frac{\sigma_{it}^2}{2}$$

단, $r_{i,t}$와 C_t는 t 시점에서 자산 i의 수익률과 소비를 나타내고, $R_{i,t+1} = ln(1 + r_{i,t+1})$이고, $\Delta \ln c_{t+1} = \ln\left(\frac{C_{t+1}}{C_t}\right)$, $\sigma_{it}^2 = Var_t(R_{i,t+1})$, γ는 위험회피계수이다.

(1) 자산 A의 로그수익률($R_{A,t+1}$)의 분산이 0.25이고, 로그소비변화율($\Delta \ln c_{t+1}$)의 분산이 0.04, 이 둘 간의 상관계수는 0.3이다. 이 경우, 소비기반 CAPM으로 예측한 자산 A의 기대산술수익률($r_{i,t+1}$)은 얼마인가?

(2) 자산 B의 로그수익률($R_{B,t+1}$)과 로그소비변화율 간의 상관계수는 0.2이고, 그 외 정보는 위 (가)와 동일할 때, 소비기반 CAPM에 의한 자산 B의 기대산술수익률은 얼마인가?

(3) 위 (가), (나)에서 소비와의 상관계수로 인해 자산 A와 B의 기대수익률이 달라지는 이유를 소비위험의 관점에서 설명하시오.

(4) 주식 프리미엄 퍼즐을 이용하여 소비기반 CAPM의 한계점을 설명하시오.

4. 투자기반 CAPM이 성립한다고 가정하자. t시점에서 A기업의 자본량은 K_t이고, 영업이익함수는 $p_t = 0.1K_t$이다. 이 기업의 생산함수는 수확불변이고, 내년 초의 자본규모는 1,000억원으로 예상되며, 잉여현금흐름은 전액 배당한다. t 시점의 투자금액 I_t에 대한 조정비용함수가 $C_t = 0.6I_t$일 때, 투자기반 CAPM에 의한 내년의 주식 기대수익률을 구하시오.

Part 04

다양한 위험지표들과 이를 이용한 자산가격결정모형

Various Risk Measures and Asset Pricing Models with Risk Measures Other Than Variance

전통적인 재무경제학 이론에서는 위험의 측정수단으로 분산을 사용하고 있다. 예를 들면 CAPM에서는 개별자산과 시장포트폴리오의 수익률 공분산만이 시장균형하에서 자산가격을 결정하는 위험(체계적 위험)이 된다고 한다. 왜냐하면, 개별 자산의 고유한 위험(비체계적 위험)은 분산투자를 함으로써 회피할 수 있으므로, 합리적인 투자자라면 회피가능한 위험에 비용을 지불하지 않을 것이기 때문이다. 그러나 실증분석 결과 이러한 체계적 위험은 자산가격을 설명하지 못하는 것으로 나타났기 때문에, 공분산을 위험측정수단으로 한 모형의 실증적 유효성은 낮다.

사실 위험은 직접 관측가능하지는 않다. 수익률의 분산이나 혹은 표준편차는 그 계산이 간편하고 이해가 용이하여 널리 사용되고 있을 뿐이다. 여기서는 위험을 대리할 수 있는 여러 가지 다른 지표들을 살펴보고, 그 특성을 살펴보고자 한다. 특히, 실무에서 많이 사용되고 있는 VaR(value-at-risk)나 추적오차(tracking error), 그리고 극단치이론(extreme value theory) 등을 살펴볼 예정이다. 분산 이외에 반분산(semi-variance)이나 왜도(skewness) 등을 사용한 시장균형하의 자산가격결정모형도 설명한다.

Chapter 07

다양한 위험지표들*
(Various Risk Measures)

위험은 이익이나 손실이 발생할 가능성을 말한다. 한편 불확실성은 예측불가능하고 통제불가능한 결과가 발생할 가능성을 말한다. 만약 불확실성이 없다면 미래의 결과가 확정적으로 나타나기 때문에, 이 확정적 수익보다 높거나 낮은 이익 또는 손실이 발생할 수 없다. 따라서 위험은 불확실한 환경에서 선택된 의사결정의 결과로 해석될 수 있다.

위험은 측정할 수 있는 반면, **불확실성**(Knightian uncertainty)은 측정불가능하고 계산할 수 없다. Knight(1921)에 따르면, 불확실성은 위험과는 근본적으로 다르다. 예를 들어, 구슬이 90개 들어 있는 항아리에서 빨간색 구슬을 꺼내야 한다고 해 보자. 이 항아리에 빨간색 구슬이 30개 들어 있고 나머지 60개는 모두 노란색 혹은 검정색 구슬이라고 하자. 이 항아리에서 구슬을 꺼낼 때 그 구슬이 빨간색일 확률은 1/3이므로, 빨강색 구슬이 아닐 위험은 그 확률인 2/3가 된다. 반면 노란색인지 아니면 검정인지는 불확실하다. 여기서 전자는 측정가능한 불확실성(measurable uncertainty)을 나타내고, 후자는 측정할 수 없는 모호성(ambiguity)을 나타낸다. 일반적으로 측정 가능한 불확실성을 위험이라고 부른다.

이 장에서는 우선 위험측정지표에 대한 다양한 정의를 살펴볼 것이다. 위험을 측정하는 올바른 방법이 무엇인지에 대해서는 오랜 기간 수많은 경제학자들의 연구대상이 되어왔다. 대부분의 경제학 연구에서는 소득 변동을 측정하는 데 초점을 맞추고 있지만, 재무경제학 분야에서는 금융자산으로부터 발생하는 수익과, 수익에 수반되는 위험을 주로 다룬다. 위험과 관련된 격언 중 한 가지는 '측정할 수 없는 것은 관리할 수 없다'라는 것이다. 금융혁신의 불가피한 부산물인 위험을 완벽히 제거한다는 것은 불가능하며, 주어진 기대수익률에 대해서 최소화시켜야 할 대상이다.

우리는 먼저 1950년대에 개발된 금융 분야의 위험측정지표들을 살펴볼 것이다. 분산(또는 표준편차)이 이해하기 쉬워서 위험측정지표로 광범위하게 사용되고 있으나, 이에 대한 비판과 대안도 꾸준히 제기되어 왔다. 예컨대, 현대적 재무이론의 초창기에는 Roy(1952)와 Markowitz(1959)가 위험측정지표로 **반분산**(semi-variance)을 제시하였다. 이 반분산은 **하방위험**(downside risk) 중 하나이며, 이 이외에도 다양한 위험측정지표가 제시되었다.

본 장에서는 경제학이나 재무이론에서 사용되는 다양한 위험측정지표들을 살펴볼 것이다. 또한 실무에서 많이 사용되고 있는 **추적오차**(tracking error)와 **VaR**(value-at-risk)는 별도의 절로 나누어 다룰 예정이다. 이러한 다양한 위험측정지표 중 하나를 선택하는 것은 쉽지 않기 때문에, 위험지표에 대한 선택기준으로 제시된 **논리적 위험측정지표**(coherent risk measure)도 함께 다루고자 한다.

7.1 전통적인 위험측정지표*

7.1.1 로이의 원금보장우선 원칙(Roy's safety of principal first)

우리는 제4장에서 자산의 기대수익률과 분산(공분산)을 이용하여 효율적 투자선을 도출하였다. 그러나, 로이는 투자자들이 원금보호를 최우선적으로 고려하므로, 기대수익률보다는 원금을 유지하기 위한 최소한의 수익률이 설정되어야 한다고 주장하였다. 그는 투자자들이 아래와 같은 변동 대비 보상의 비율(reward-to-variability ratio)을 최대화시키는 포트폴리오를 선택한다고 설명하였다.

$$\frac{R}{V}=\frac{E(r)-d}{s}$$

여기서, $E(r)$은 기대수익률, d는 재난(disaster)의 수준, s는 표준편차이다. 이 식은 분산과 같은 대칭적인 위험측정지표의 문제점을 해결할 수 있는 중요한 첫 걸음이다.

7.1.2 마코위츠의 반분산

하방위험이 중요하다고 생각한 마코위츠는 새로운 두 개의 위험측정지표를 제시하였다. 첫째는 평균값 $E(r)$의 아래 부분만을 고려하는 **반분산**(semi-variance) $SV(E(r))$이고, 둘째는 특정 목표수익률(r_τ)의 아래 부분만을 대상으로 하는 반분산 $SV(r_\tau)$으로서, 각각 아래와 같이 정의된다.

$$SV(E(r)) = \int_{-\infty}^{E(r)} (E(r) - r)^2 f(r)dr = \frac{1}{T}\sum_{t=1}^{T} [Max(0, E(r) - r_t))]^2$$

$$SV(r_\tau) = \int_{-\infty}^{r_\tau} (r_\tau - r)^2 f(r)dr = \frac{1}{T}\sum_{t=1}^{T} [Max(0, r_\tau - r_t))]^2$$

반분산을 구할 때 적분 구간을 $-\infty$에서 목표수익률까지의 구간으로 함으로써, 목표수익률 이하의 수익률만을 대상으로 분산을 계산한다. 참고로, 수익률 분포가 대칭적이라면 분산과 반분산의 값은 동일하다. 한편, $SV(E(r))$보다는 $SV(r_\tau)$가 더 일반적인 하방위험측정방법이며, 제2장에서 살펴본 하부편적률 $LPM_2(E(r))$의 특수한 경우에 해당된다. 그리고, Bawa(1975)와 Fishburn(1977)은 다음 절에서 설명하는 것처럼 하부편적률을 더 일반화시킨 위험측정지표를 제시하였다.

7.1.3 다양한 위험측정지표

앞에서 살펴본 위험지표 이외의 다른 위험측정지표를 살펴보자. 먼저, Stone(1973)이 소개한 위험측정지표는 일반적으로 많이 사용되는 중요한 측정방법이므로, 이를 먼저 살펴보기로 한다. 그는 경제학뿐만 아니라 심리학, 경영과학 등의 분야에서 사용되는 다양한 위험측정지표의 대부분을 하나의 식으로 나타낼 수 있는 방법을 소개하였다. 일관된 표기를 위해, 수익률은 r로, **수익률의 확률밀도함수**와 **누적분포함수**를 각각 $pdf(r)$과 $F(r)$로, 수익률의 기댓값은 μ_r로 표기한다.

■ Stone(1973)의 위험측정지표

Stone (1973)은 재무이론 분야의 위험측정지표를 아래의 식으로 일반화시켰다.

$$R[Y_0, k, A] = \left(\int_{-\infty}^{A} |r - Y_0|^k pdf(r)dr\right)^{\frac{1}{k}} \tag{7.1}$$

단, Y_0, k, A는 모두 실수이고, $k > 0$이다. 참고로, 이 식은 아래와 같이 흔히 사용되는 표준편차나 분산을 포함하고 있다.

- 표준편차; $Y_0 = \mu_r, k = 2, A = \infty$;

$$R[\mu_r, 2, \infty] = (\int (r - \mu_r)^2 pdf(r)dr)^{1/2} \tag{7.2}$$

- 반표준편차; $Y_0 = \mu_r, k = 2, A = \mu_r$;

$$R[\mu_r, 2, \mu_r] = \left(\int_{-\infty}^{\mu_r} (r - \mu_r)^2 pdf(r)dr\right)^{1/2} \tag{7.3}$$

- 평균절대편차(mean absolute deviation); $Y_0 = \mu_r, k = 1, A = \infty$;

$$R[\mu_r, 1, \infty] = \int |r - \mu_r| pdf(r)dr \tag{7.4}$$

- Stone의 위험측정식은 아래와 같이 분산과 반분산을 포함한다.

분산; $$R[\mu_r, 2, \infty]^2 = \int (r - \mu_r)^2 pdf(r)dr \tag{7.5}$$

반분산; $$R[\mu_r, 2, \mu_r]^2 = \int_{-\infty}^{\mu_r} (r - \mu_r)^2 pdf(r)dr \tag{7.6}$$

위에서 제시된 위험 중 일부는 CAPM에 대한 대안으로서 자산가격모형에 활용되기도 한다. 이에 관하여 제8장에서 Bawa와 Lindenberg(1977)가 제시한 하부편적률을 사용한 자산가격모형 또는 왜도나 첨도를 위험측정수단으로 사용한 자산가격모형과 같이 몇가지 중요한 모형을 다룰 예정이다.

■ Fishburn(1977)의 위험측정지표

Stone의 위험측정지표는 불확실성하에서의 경제적 의사결정분야(특히, 재무이론)에서 사용되는 Fishburn의 $\alpha - t$ 위험측정지표와 밀접한 관련이 있다. 이 위험은 다음과 같이 정의된다.

$$R_{\alpha-t} = R_S[t, \alpha, t]^\alpha = \int_{-\infty}^{t} (t - r)^\alpha pdf(r)dr \tag{7.7}$$

따라서, 분산과 반분산(식 (7.5)와 (7.6))은 이 지표의 특별한 경우에 해당된다.

■ 손실발생확률

위험 분석 분야에서 만들어진 위험측정방법들 중 몇 가지는 학술 연구자들뿐만 아니라 실무자들도 널리 사용하고 있다. 이 중 **손실발생확률**은 수익률이 특정 임계값(C) 이하로 하락할 가능성을 의미하는 것으로, 아래와 같이 정의된다.

$$P(C) = \Pr(r < C) \tag{7.8}$$

이 위험측정방법의 예로서, 금융기관과 금융감독기관들이 사용하는 Value-at-Risk를 들 수 있다.[1] 손실발생확률은 Roy(1952)의 원금보장 우선원칙에 반영되어 있고, Bawa(1978)는 이 결과를 자산가격결정이론에 적용한 바 있다.

---

1 Basel Committee on Banking Supervision(1993).

■ 하부편적률

Bawa와 Lindenberg(1977)가 제시한 **일반화된 하부편적률**(generalized lower partial moment)은 수익률의 기댓값(μ_r) 이하로 발생한 수익률만을 대상으로 적률을 구한 것으로, 다음과 같이 정의된다.

$$R_{LPM}(f) = \left(\int_{-\infty}^{\mu_r} (\mu_r - r)^k pdf(r)dr\right)^{\frac{1}{k}} \tag{7.9}$$

이 식의 형태를 보면, 이 위험측정지표가 Fishburn의 $\alpha - t$ 지표(식 (7.7)) 또는 Stone의 위험측정지표 (식 (7.1))와 밀접한 관련이 있음을 쉽게 간파할 수 있다.

■ 확률가중적률

Sinclair et al.(1995)는 확률분포상에서의 위험측정을 정의하기 위해 아래와 같은 **확률가중적률**(probability weighted moments, PWM)을 도입한 바 있다.

$$\beta_{k,s}(r) = E[rF(r)^k(1 - F(r))^s] = \int rF(r)^k(1 - F(r))^s pdf(r)dr \tag{7.10}$$

적률(moments)이란, 평균, 분산, 왜도, 첨도 등과 같은 확률분포의 특징을 나타내는 파라미터들을 의미한다. 확률가중적률은 적률에 확률가중치를 곱한 형태로, 적률을 일반화시킨 것이다. 식 (7.10)에 의하면, 확률가중적률 $\beta_{k,s}(r)$은 '누적확률분포 $F(r)$을 이용하여 만든 확률가중치'인 $F(r)^k(1 - F(r))^s$로 가중하여 구한 적률이라는 것을 알 수 있다.

한편, Greenwood et al. (1979)는 n차 확률가중적률을 나타내는 일반식을 제시하였다.

$$M_{n,k,s}(X) = E[X^n F(X)^k(1 - F(X))^s]$$

이 식을 기준으로 보면, 식 (7.10)은 평균 $E[r]$에 확률가중치를 적용한 것이므로 $n = 1$인 **1차 확률가중적률**이다. 식 (7.10) 또는 바로 위의 확률가중적률에서 누적분포함수에 대한 승수에 해당하는 파라미터 k와 s를 변화시키면, 확률분포의 극단에 위치한 **꼬리분포**를 반영하는 정도가 변하게 된다.[2]

7.2 논리적 위험측정지표(coherent risk measure)*

앞 절에서 우리는 위험을 측정하는 방법이 한 가지만 존재하는 것이 아니라 아주 다양

2 만약, $k = 1$, $s = 0$이면 Gini계수의 절반과 $\frac{\mu_r}{2}$를 합산한 값이 된다. 그리고, $\mu_r = 0$일 때는, $\{\beta_{k,s}(r): k + s = 2\}$는 2차식 유형의 부분집합이고, $\{\beta_{k,s}(r): k + s = 3\}$는 3차식 유형의 부분집합이다.

하다는 것을 살펴보았다. 물론 현실에서는 분산(표준편차)이 가장 많이 사용되는 위험측정방법이기는 하지만, 그렇다고 해서 반드시 이들을 사용하여야 하는 것은 아니다. 그렇다면, 이렇게 다양한 위험측정방법 중 어떤 것을 사용하여야 할까?

만약 위험측정지표를 선택할 수 있는 어떤 기준이 있다면 이 문제는 비교적 손쉽게 해결될 수 있을 것이다. 그런데, 위험측정지표에 대한 선택기준은 결국 기대효용함수로부터 도출되는 것이라서 사용하기에 쉽지 않다.[3] 따라서, 우리는 제2장의 기대효용이론에서 사용했던 것과 유사한 공리적 접근법을 설명하고자 한다. 바람직한 위험측정지표를 구분해 낼 수 있는 공리를 규정하기 위해서는 먼저 우리가 측정하고자 하는 바를 정확히 이해하는 것이 필수적이다.

금융시장에서의 위험측정지표는 주어진 임의의 확률변수 x를 음수가 아닌 실수에 대응시켜 주는 함수이다. 이는 아래의 함수형태로 나타낼 수 있다. 즉, 확률변수 x의 위험을 RM이라는 함수로 측정하면, 그 결과는 0 이상인 실수가 된다는 것이다.

$$RM[x]: \Omega \mapsto \Re^{+} \tag{7.12}$$

이 식은 RM(risk measure)이 표본공간 Ω의 함수이므로 확률변수 x의 값은 Ω가 무엇이냐에 따라서 달라지게 된다는 것을 뜻한다. 예를 들어, Ω가 부(wealth)인 경우라면 x를 양수로 둘 수 있고, 혹은 산술평균으로 계산된 수익률의 경우라면 -1보다 커야 한다는 제약(즉, 유한책임을 의미함)을 둘 수도 있다. 한편 음의 위험은 허용되지 않으며, 함수의 형태는 이항관계(binary relation)도 반영할 수 있어야 한다.

Artzner(1999)는 **논리적 위험측정지표**(coherent risk measure)가 만족시켜야 하는 4가지 공리를 제시했다. 그러나 공리의 타당성에 대한 논란이 없는 것은 아니며, 여기서는 논리적 위험측정지표에 사용되는 중요한 공리를 소개한다는 차원에서 아래와 같이 5가지 공리를 설명한다.

▶ 논리적 위험측정지표(coherent risk measure)

(C1) 단조성 (monotonicity): $r_1 \leq r_2$이면, $RM[r_2] \leq RM[r_1]$

(C2) 동질성 (homogeneity): $\alpha \geq 0$이면, $RM[\alpha r] = \alpha RM[r]$

(C3) 준가산성 (sub-additivity): $RM[r_1 + r_2] \leq RM[r_1] + RM[r_2]$

(C4) 변환불변성(translation-invariance): 모든 상수 α에 대해, $RM[r + \alpha] = RM[r] - \alpha$

(C5) 전이불변성 (shift-invariance): 모든 상수 α에 대해, $RM[r + \alpha] = RM[r]$

---

3 Jia와 Dyer(1996,1997) 참조.

이 공리들의 의미를 포트폴리오의 수익률 관점에서 해석하면 아래와 같다.

(C1) 만약, 포트폴리오 2의 수익률이 거의 모든 상황(almost all)에서 포트폴리오 1의 수익률보다 더 높다면, 포트폴리오 2의 위험이 더 작다. 즉, 수익률이 더 큰 포트폴리오가 덜 위험하다.[4]

(C2) 포트폴리오 수익률의 변동폭이 α배만큼 변하면, 위험의 크기도 α만큼 변한다.

(C3) 개별 자산을 결합한 포트폴리오의 위험은 개별 자산의 위험을 합한 것보다 작거나 같다. 이는 분산투자의 효과를 의미한다.

(C4) 포트폴리오에 무위험자산(α)을 추가하면, 위험은 그만큼 감소한다.

(C5) 포트폴리오에 무위험자산(α)을 추가해도, 위험은 변하지 않는다.

C1과 C3은 위험측정함수 $RM[r]$이 볼록함을 의미하는 것으로, 분산투자를 하면 위험이 낮아짐을 의미한다. 따라서, C1과 C3은 아래와 같은 볼록성 조건으로 대체가능하다.

볼록성(Convexity): $w \in [0,1]$이면, $RM[wr_1 + (1-w)r_2] \leq wRM[r_1] + (1-w)RM[r_2]$

볼록성의 의미를 [그림 7-1]로 설명해 보자. 이 그림은 가로축을 확률변수 r, 세로축을 이에 대한 위험측정지표 RM의 값으로 하는 평면에서, RM함수의 형태는 원점을 향해 볼록한 모양이어야 한다는 것을 보여준다. 우선, $r_1 \leq r_2$이면, $RM(r_1) \geq RM(r_2)$가 되므로, (C1) 단조성을 만족한다. 그리고, r_1, r_2에 w, $(1-w)$의 비율로 가중평균한 확률변수 $wr_1 + (1-w)r_2$에 대한 위험지표의 값은 $RM[wr_1 + (1-w)r_2]$이며, 이는 $RM[r_1]$과 $RM[r_2]$를 같은 가중치로 가중평균한 $wRM[r_1] + (1-w)RM[r_2]$보다 작다. 이러한 관계는 RM함수의 볼록성을 의미한다. 결과적으로, [그림 7-1]이 의미하는 바는, RM함수의 볼록성으로 인해 포트폴리오의 위험($RM[wr_1 + (1-w)r_2]$)이 개별 위험들을 합산한 것($wRM[r_1] + (1-w)RM[r_2]$)보다 더 작아지게 되고, 위험지표가 감소한 그 차이만큼이 분산투자의 효과라는 것이다. C2는 위험측정지표가 확률변수의 스케일의 변화에 비례하도록 함으로써, 포트폴리오 선택시 수익과 위험의 관계가 일정하게 유지되도록 만들어 준다.

4 예컨대, 내가격(in-the-money) 콜옵션 A와 B는 다른 조건은 동일하고 행사가격만 A가 B보다 크다고 하자. 이 경우, 거의 확실하게(almost surely) B의 미래 수익이 더 크므로, 위험은 B가 더 작다.

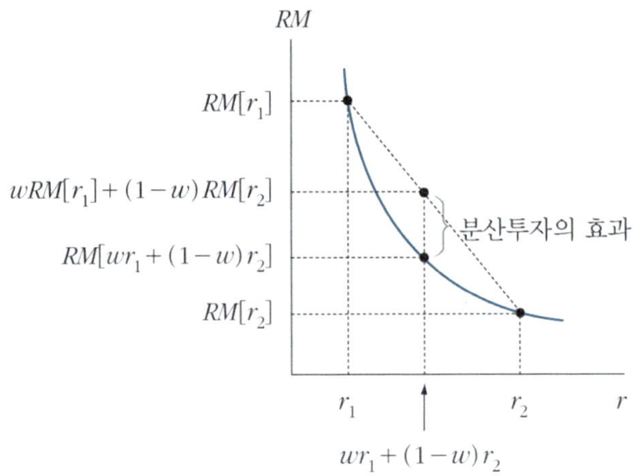

[그림 7-1] RM함수의 형태와 분산투자의 효과

공리 C4와 C5는 서로 양립할 수 없다. C4의 변환불변성은 포트폴리오에 일정수준의 고정된 수익률이 더해지면 포트폴리오의 위험은 그만큼 감소한다는 것인데 반해, C5에 따르면 위험에는 변화가 없다는 것이기 때문이다. C5는 일견 직관에 배치되는 것처럼 보인다. 왜냐하면, 동전을 던져서 앞면이 나오면 -1, 뒷면이 나오면 +1을 지급하는 게임과, 앞면이면 $\alpha - 1$, 뒷면이면 $\alpha + 1$이 나오는 게임이 있을 때, 이 두 게임의 위험이 동일하다는 의미이기 때문이다. 그러나, C5 공리는 위험측정이 오직 산포(dispersion)의 정도에 의해 결정된다는 측면에서 이해될 수 있을 것이다.

논리적 위험지표를 위해 사용되는 공리는 모든 연구나 분석에서 동일하지는 않다. 위에서 설명한 것처럼 C4와 C5 중 하나를 선택하여야 하는 경우도 있고, 또 여기서 설명하지 않은 다른 공리를 사용할 수도 있다.

■ 어떤 위험측정지표들이 논리적인가?

우리에게 익숙한 위험측정지표들 중에는 위 공리들을 만족시키지 못함에도 불구하고 자주 사용되는 것들이 있다. 예를 들면, 통상적인 Fishburn의 $\alpha - t$ 지표(식 (7.7))는 특수한 경우를 제외하고는 C2를 충족시키지 못한다. 그리고, 분산과 반분산은 C2와 C3를 만족시키지 못하지만, 표준편차와 반표준편차는 C4를 제외하고는 전부 만족시킨다. 특히, 세 개의 공리들(C2, C3 그리고 C5)을 충족하지 못함에도 불구하고 재무의사결정 모형에서 흔히 사용되는 유일한 위험측정지표는 손실발생확률(식 (7.8))이다. 이 지표는 실무에서 광범위하게 사용되는 Value-at-Risk와 밀접한 연관성을 갖고 있기 때문에, 실무자들이 가장 많이 사용하는 위험측정지표로 볼 수 있다.

7.3 하방위험*

하방위험(downside risk)은 상당히 중요하기 때문에 이 절에서 상세하게 다루고자 한다. 하방위험이란 어떤 목표치 이하인 경우에만 위험으로 고려하는 위험측정지표다. 이런 유형의 측정방법 중 하나인 반분산(식 (7.6))과 하부편적률(식 (7.9))은 이미 살펴보았다. 사실, 하방 위험에 관한 내용은 설득력이 매우 높다. 평균-분산 의사결정 기준을 소개한 Markowitz (1952)는 비록 분산이 여러 가지 바람직한 측면들을 갖추고 있지만, 평균보다 높은 수익률과 낮은 수익률에 동등한 가중치를 준다는 점은 위험의 일반적인 관념에 배치될 수 있다고 설명하였고, 그 대안으로 반분산(식 (7.6)) 또는 손실발생확률(식 (7.8))의 유용성을 주장하였다. 그리고, Fishburn(1977)은 그의 $\alpha - t$ 지표를 평균-분산 의사결정 기준에 반영할 수 있음을 증명하면서 하방위험을 설명한 바 있다.

7.3.1 하부편적률

하부편적률은 특정 목표 이하의 구간만을 대상으로 계산된 적률이다. 목표수익률을 r_τ라고 두면, n차 적률에 의한 하부편적률(lower partial moment)은 아래와 같이 정의된다.

$$LPM_n(r_\tau) = \int_{-\infty}^{r_\tau} (r_\tau - r_p)^n f(r_p) dr_p$$

단, r_p는 포트폴리오 수익률, $f(r_p)$는 확률밀도함수이다. 만약, n=2이고 $r_\tau = E(r_p)$이면, 하부편적률은 아래와 같이 반분산(semi-variance)이 된다.

$$LPM_2(E(r_p)) = \int_{-\infty}^{E(r_p)} (E(r_p) - r_p)^2 f(r_p) dr_p$$

■ 하부편적률 효용함수와 위험에 대한 태도

Fishburn(1977)은 목표수익률을 기준으로 손실구간과 이익구간을 구분한 하부편적률 기반 효용함수를 정의하였다. 이 때, 하부편적률의 n의 값은 위험성향을 나타낸다. 예를 들어, n이 0이면, 하부편적률은 $LPM_{n=0}(r_\tau) = \int_{-\infty}^{r_\tau} f(r_p) dr_p$가 되므로, 수익률이 목표수익률 이하로 하락할 확률을 의미하고, 이는 불확실성 자체를 선호하는 위험선호형 투자자에게 적합한 지표이다. 만약, $n = 1$이면, 하부편적률은 $LPM_{n=1}(r_\tau) = \int_{-\infty}^{r_\tau} (r_\tau - r_p) f(r_p) dr_p$가 되어 기대손실을 의미하고, 이는 기댓값만을 고려하는(기댓값이 클수록 효용이 증가하는) 위험중립형 투자자에게 적합한 지표이다.

Fishburn(1977)의 하부편적률 효용함수이론에 의하면, n의 값이 0과 1 사이이면 하부편적률은 위험선호성향을 나타내고, $n = 1$이면 위험중립성향을 의미하며, $n > 1$이면 위험회피성향을 의미한다. 그리고, 하부편적률은 n의 값이 커질수록 더욱 오목한 형태가 되므로 더욱 강한 위험회피성향을 나타낸다. 그런데 이러한 위험에 대한 태도는 포트폴리오 수익률이 목표수익률보다 낮을 때에만 나타나고, 포트폴리오 수익률이 목표수익률보다 크면, 투자자는 위험중립이 된다. 왜냐하면, 수익률이 목표수익률을 초과한 경우에는 위험이 아예 존재하지 않는 상황이므로, 위험에 대한 성향 자체를 고려할 수 없기 때문이다.

■ 하방위험을 고려한 실증분석 방법

하방위험을 고려한 자산가격결정모형을 실증분석하기 위해서는 수익률의 분포를 수익구간과 손실구간으로 분할해야 한다.[5] 예를 들면, 수익률 r_t의 확률분포를 분할하여 다음과 같이 정의할 수 있다.[6]

$$r_t = r_t^+ \delta_t + r_t^- (1 - \delta_t) \tag{7.13}$$

여기서, r_t^+, r_t^- 및 δ_t는 각각 목표수익률보다 상승시 수익률, 하락시 수익률 및 상승/하락 조건에 대한 전환 변수(indicator variable)를 의미한다. 전환 변수의 경우, 관측된 수익률이 목표수익률보다 큰 경우에는 $\delta_t = 1$, 반대의 경우에는 $\delta_t = 0$으로 값을 부여할 수 있는데, 이 경우 목표수익률 이상의 수익률들은 r_t^+의 값으로 되고, 반대의 경우에는 r_t^-로 된다. 이 식을 이용하면 하방위험을 모형화할 수 있다. 즉, r_t^-에 대한 구체적인 분포를 가정하면, r_t^-에 대한 기댓값을 이용하여 r_t에 대한 위험, 즉, 하부편적률을 구할 수 있다.

7.3.2 VaR(value-at-risk)

어떤 포트폴리오가 수많은 자산들로 구성되어 있다면, 이 포트폴리오가 내포한 위험을 평가하는 것은 쉽지 않다. 그런데, 금융기관의 최고경영자는 이 포트폴리오의 위험에 관한 복잡한 정보보다는 전체 위험을 요약해 주는 하나의 숫자를 필요로 한다. 이러한 필요에 의해 만들어진 VaR(value-at-risk)는 금융기관뿐만 아니라 회계담당자나 펀드매니저들도

5 Fishburn(1981).

6 Knight et al.(1995).

광범위하게 사용하는 하방위험 측정지표이다.

VaR는 포트폴리오의 손실을 간단하게 측정하는 방법이다. VaR는 특정 신뢰구간 내에서 특정 목표기간 동안 이 신뢰구간을 초과할 가능성이 있는 손실금액을 의미한다. 예를 들어, '95%수준에서 하루 동안의 VaR는 1억원'라는 말은 아래의 의미이다.[7]

"하루 동안에 1억원 이상의 손실을 볼 확률이 5%이다."

"하루 동안에 발생 가능한 최대 손실이 1억원을 넘지 않을 확률이 95%이다."

"보유기간이 하루이고 신뢰수준 95%인 경우의 VaR는 1억원이다.

▶ VaR의 정의

VaR는 목표 투자기간 동안 특정 확률(즉, 유의수준)을 초과할 것으로 예상되는 손실금액이다.[8]

■ VaR의 수학적 설명

VaR를 수학적으로 정의해 보자. 먼저, 다음과 같이 부를 가정하자.

$$W = W_0(1 + r)$$

단, W_0는 기초 시점의 부, r은 수익률, W는 보유기간 최종시점의 부를 의미한다. 추가로, $f(w)$를 W의 확률밀도함수로 두고, c를 신뢰수준으로 두자. 그러면, 아래 식을 만족시키는 W^*를 구할 수 있다.

$$c = \int_{W^*}^{\infty} f(w)dw$$

이 식을 만족시키는 W^*와 현재 부(W_0)의 차이가 VaR이다. 이를 [그림 7-2]에서 살펴보자. 목표투자기간 최종시점의 부(W)의 분포는 현재시점의 부(W_0)를 기준으로 대칭적인 정규분포라고 가정하자. 최대손실의 수준을 결정하는 신뢰수준을 $c = 95\%$로 설정한다면, $95\% = \int_{W^*}^{\infty} f(w)dw$를 만족시키는 W^*가 '최대손실을 입었을 때의 부'가 되고, 최대손실금액인 $(W_0 - W^*)$가 VaR 값이 된다. 참고로, 신뢰수준 95%는 유의수준 5%와 동일한 의미이므로, '손실이 일정수준보다 더 크게 발생할 확률'을 유의수준 5%로 설정한다고 생각하여, $5\% = \int_{-\infty}^{W^*} f(w)dw$의 식으로부터 W^*를 구할 수도 있다.

---

7 참고로, 유의수준(significance level)이 p라는 말은 신뢰도 또는 신뢰수준(confidence level)이 $1-p$라는 말과 동일하다. 따라서, 유의수준 5%는 신뢰수준 95%와 동일하다.

8 Jorion(1996).

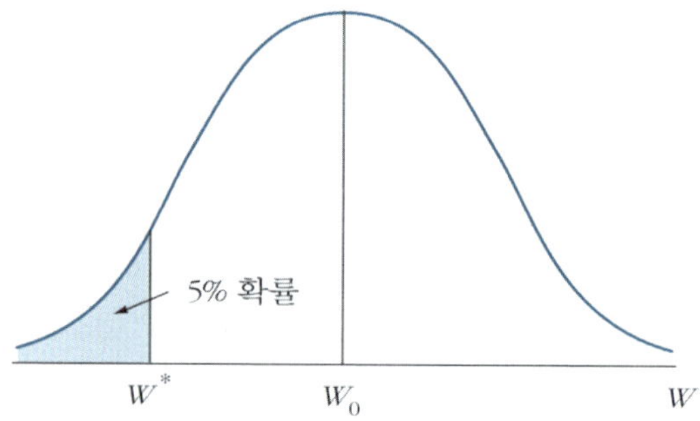

[그림 7-2] 부(wealth)의 분포와 VaR

■ VaR의 계산

VaR 계산 방법을 간단한 예로 살펴보자. 부가 정규분포 $W \sim N(\mu_W, \sigma_W^2)$를 따른다고 가정하고, 신뢰수준은 $c = 95\%$로 두면, 아래 식이 성립한다.

$$0.95 = 1 - \Phi\left(\frac{W^* - \mu_W}{\sigma_W}\right) \iff \Phi\left(\frac{W^* - \mu_W}{\sigma_W}\right) = 0.05$$

단, 여기서 Φ는 누적정규분포이고, $\Phi^{-1}(5\%) = -1.65$이다. 따라서, 양변에 누적정규분포의 역함수(Φ^{-1})를 취한 후, 이 식을 풀면, $W^* = \mu_W - 1.65\sigma_W$가 된다. 이 예에서 보듯이 W가 정규분포를 따를 경우, VaR는 μ_W와 σ_W에 의해 결정된다. 참고로, 흔히 사용하는 유의수준(p) 값인 1%와 2.5%인 경우에는, $\Phi^{-1}(1\%) = -2.33$, $\Phi^{-1}(2.5\%) = -1.96$이다.

■ VaR의 추정 방법

그렇다면, 실무적으로 VaR를 어떻게 구할 수 있을까? 위의 예에서는 부가 정규분포 또는 로그정규분포를 따른다는 가정을 했기 때문에, μ_W와 σ_W를 추정한다면 VaR를 손쉽게 계산할 수 있었다. 그러나, 현실적으로는 자산수익률이 정규분포를 따르지 않기 때문에, 위 식을 그대로 사용하기는 어렵다. 실무에서 VaR를 계산하는 방법은 크게 세 가지로, 모수적 접근법(parametric approach), 역사적 시뮬레이션(historical simulation), 그리고 몬테 카를로 시뮬레이션(Monte Carlo simulation)으로 구분된다.

여기서는 N개의 위험자산으로 구성된 포트폴리오의 VaR를 계산하는 경우를 생각해보자. 포트폴리오 p의 수익률과 기대수익률은 $r_p = \boldsymbol{w}'\boldsymbol{r}$, $\mu_p = \boldsymbol{w}'\boldsymbol{\mu}$이고 분산은 $\sigma_p^2 = \boldsymbol{w}'\boldsymbol{V}\boldsymbol{w}$가 된다. 단, $\boldsymbol{w}$는 포트폴리오를 구성하는 각 자산에 대한 투자비중의 행렬, $\boldsymbol{r}$과 $\boldsymbol{\mu}$는 개별 자산들의 수익률 행렬과 기대수익률 행렬이고, $\boldsymbol{V}$는 수익률의 분산-공분산 행렬이다.

■ 모수적 접근법

VaR가 처음으로 소개되었을 때 광범위하게 사용된 방법은 모수적 접근법이다. 이는 모집단의 확률분포를 먼저 가정한 후, 표본 데이터를 이용하여 확률분포의 모수(평균, 분산 등)를 추정하고 이를 활용하는 방법이다. 이 방법은 계산하기에 용이하고 데이터 분석도 가능하다. 구체적으로, 이 방법은 데이터(수익률, 앞의 예에서는 W)를 사용하여 확률분포의 모수를 추정한 다음 VaR를 추정한다. 확률분포로는 주로 정규분포를 가정한다.

대표적인 **델타-노말(delta-normal) 방법**은 모든 자산수익률이 정규분포를 따른다고 가정한다. 포트폴리오 수익률은 정규분포를 따르는 개별자산들의 수익률의 선형결합이므로, 포트폴리오 수익률 또한 정규분포를 따르게 된다. 따라서, 개별자산들의 수익률 $\boldsymbol{r} \sim N(\boldsymbol{\mu}, \boldsymbol{V})$에서 $\boldsymbol{\mu}$와 $\boldsymbol{V}$를 과거 데이터로부터 구해낸다면, 포트폴리오의 수익률 분포는 $r_p \sim N(\boldsymbol{w}'\boldsymbol{\mu}, \boldsymbol{w}'\boldsymbol{V}\boldsymbol{w})$가 되므로, 이를 사용하여 앞서 설명한 식($\mathrm{VaR} = \mu_p + \Phi^{-1}(c)\sigma_p$)에 대입하면 VaR를 구할 수 있다. 다시 말하면, 이 방법은 과거데이터(예컨대, 지난 5년간)와 정규분포의 가정하에서 모든 위험 요인들에 대한 분산과 상관관계를 계산하는 과정으로 구성된다. 포트폴리오 위험은 이러한 요인들의 선형결합과 공분산 행렬을 이용하여 계산된다.

그런데 대부분의 수익률 데이터는 확률분포의 가운데에 분포하므로, 확률분포 추정시 중심부에 위치한 관측치의 영향을 많이 받는다는 한계를 갖고 있다. 즉, 이 방법은 하방위험지표인 VaR에서 더 중요하게 고려해야 할 확률분포의 왼쪽 꼬리 형태보다는 확률분포의 중심부에 위치한 관측치에 의해 VaR 값이 결정된다는 문제가 있다.

■ 역사적 시뮬레이션

이 방법은 과거의 역사가 미래에도 반복된다는 가정하에서 포트폴리오에 포함되는 개별자산의 과거 수익률을 활용한다. 즉, 과거 데이터, 예컨대, 지난 3년간 실제 자산 수익률에 대해서 현재 계획하고 있는 투자비율($\boldsymbol{w}^*$)을 적용함으로써 가상의 포트폴리오의 수익률 r_p^*를 구할 수 있다. 예를 들면, $r_p^* \sim N(\boldsymbol{w}^{*\prime}\boldsymbol{\mu}, \boldsymbol{w}^{*\prime}\boldsymbol{V}\boldsymbol{w}^*)$.

이 방법의 특징은 과거 실제의 수익률 데이터를 사용하므로 수익률 분포에 대한 가정은 불필요하다는 것이다. 예를 들어, '95%수준에서 하루 동안의 VaR'를 구한다고 하면, 과거 일별 수익률 데이터를 오름차순(낮은 것부터 높은 순서)으로 정렬한 뒤, 5%번째에 해당되는 수익률 값을 찾은 후, 이 값을 투자원금에 곱하면 VaR가 된다. 즉, 'VaR=투자원금×유의수준(5%)에 해당되는 일별수익률'로 계산한다.

만약, 실제 자산수익률들이 모두 정규분포를 따른다면, 역사적 시뮬레이션을 통해 구한 VaR는 델타-노말 방법에 의한 VaR와 동일하다. 이 방법은 특정한 분포에 대한 가정이 필요 없고, 포트폴리오의 VaR를 계산하는 경우 위험요인과 개별자산 간의 상관관계를 고려할 필요가 없다는 장점이 있다. 그러나 과거에 발생한 변화 이외의 새로운 충격이나 변화가 발생하는 경우 이를 예측하기 어렵다는 문제가 있다.

■ 몬테 카를로 시뮬레이션

몬테 카를로 시뮬레이션이란, 확률변수가 포함된 모형을 분석할 때, 분석자가 확률분포(또는 확률프로세스)를 설정하고, 이 분포로부터 확률변수에 대한 수많은 샘플들을 무작위로 추출하여 분석하는 것을 말한다. 몬테 카를로 시뮬레이션을 VaR계산에 적용한다면, 먼저 과거 데이터를 사용하여 수익률의 확률프로세스(stochastic process)를 추정하고, 이로부터 무작위로 샘플을 추출하여 관측치(수익률)를 반복적으로 만들어낸 다음에, 이들 수익률의 분포를 이용하여 VaR를 계산한다. 이 방법에서는 확률분포 또는 확률프로세스를 설정하기 위하여 과거 데이터를 이용하므로, 모수적 접근(확률프로세스에 대한 가정)과 역사적 시뮬레이션 방법을 결합한 것으로 볼 수 있다. 대부분의 몬테 카를로 접근법들은 편의성을 위해 정규분포를 가정한다. 그러나, 앞서 본 것처럼 정규분포는 실제 수익률 데이터의 분포에서 발견되는 두꺼운 꼬리(fat-tail) 분포를 설명할 수 없다는 비판을 받는다.

일반적으로, 몬테 카를로 시뮬레이션보다는 역사적 시뮬레이션을 더 선호한다. 왜냐하면, 역사적 시뮬레이션 접근이 더 간단하고 직관적이기 때문이다. 그러나, 스트레스 테스트를 수행할 때는 파라미터(평균, 분산 등)들을 쉽게 수정할 수 있는 몬테 카를로 시뮬레이션이 더 유용하다. 이 방법은 다양한 확률분포를 활용할 수 있고, 위험요소에 대해 선형이 아닌 비선형인 옵션상품 등의 위험도 측정가능하다는 장점이 있으나, 특정한 분포가 임의로 선택될 가능성이 있고, 계산시간이 더 많이 소요된다는 단점이 있다.

■ VaR 모형의 성과 검증(performance test)

여러 가지 VaR계산 방법 중 어떤 방법이 VaR에서 측정하고자 하는 위험을 보다 더 잘 대변하고 있을까? 의사결정자에게는 현재 사용중인 모형이 VaR값을 과소추정하는지를 검증하는 것만으로는 충분하지 않다. 오히려, 모형이 너무 보수적인지(즉, 모형에 의한 VaR 추정치가 너무 높은지) 여부를 알아내는 것도 중요하다. 왜냐하면, 이 경우에는 수익을 얻을 기회를 제약하는 결과를 초래할 것이기 때문이다.

일반적으로 VaR 모형의 성능을 검증하기 위해서는 **실패율**, **Kupiec 검증**, **VaR값의 차이 검정**, 그리고 **초과 손실** 등과 같은 표본 외(out-of-sample) 성과 검증을 이용한다. 편의상, 과거 3년간 일별 자료를 사용하여 향후 100일 동안 신뢰수준 $1-p$에서 VaR를 추정한다고 해보자(VaR 예측값). 이 경우, 실제 발생한 VaR는 100일간의 수익률들을 가장 낮은 값부터 순서대로 나열하였을 때 $100p$ 번째의 값이 될 것이다(VaR 실제값). 이러한 방법을 특정일로부터 매일 진행하여 T일(번) 반복한다고 가정하자.

- VaR 예측값과 실제값의 평균 차이 검정: T번 동안의 VaR 예측값들의 평균과 VaR 실제값들의 평균을 비교한다. 이 기준을 사용하여 서로 다른 VaR 모형들이 유사한 값을 만들어 내는지도 점검할 수 있다.
- 실패율: 먼저, 좌측 꼬리의 확률(유의수준) p를 기준으로, 포트폴리오의 실현 손실이 VaR 추정치를 초과한 횟수인 f를 구한다. 즉, VaR 추정시 사용했던 유의수준 p에 해당되는 수익률보다 실현 수익률이 더 낮아진 횟수가 f이며, 이는 관측기간 T일 동안 발생한 실패의 횟수이다. 따라서, 실패율은 f/T로 계산한다. 이 실패율과 유의수준 p를 서로 비교한다. 이상적인 경우라면, 실패율이 p와 동일해야 한다. 만약, 실패율이 p보다 작다면(/크다면), 모형이 위험을 과대추정(/과소추정)하는 것이다.
- Kupiec 검증(Kupiec test): Kupiec(1995)이 고안한 우도비 검증(likelihood ratio test)을 사용하면, VaR 모형이 포트폴리오 위험을 과소추정 또는 과대추정하는지를 검증할 수 있다. 이 방법은 실패 횟수 f에 대한 비기각역을 제공하는 양측검정으로서, 표본의 크기와 좌측 꼬리 확률에 의해 영향을 받는다. Kupiec 검증은 '실증분석에 의한 실패확률(즉, 관측된 실패율)이 유의수준 p와 일치한다'는 귀무가설을 사용한다. 모형이 올바르다는 귀무가설하에서, 실패의 횟수 f는 실패 또는 성공의 두 가지 경우만 발생가능한 사건의 횟수이므로 이항분포를 따르게 된다. 따라서, Kupiec 검증을 실행하기 위해 필요한 정보는 관측치의 숫자(T), 실패의 횟수(f) 및 신뢰수준($1-p$)이다. Kupiec의 실패율 검증을 위한 우도비 검정 통계량은 아래와 같다.

$$LR = -2\ln\left[\frac{(1-p)^{(T-f)}p^f}{\left(1-\frac{f}{T}\right)^{(T-f)}\left(\frac{f}{T}\right)^f}\right]$$

모형이 올바르다는 귀무가설하에서, LR(likelihood ratio)는 자유도가 1인 χ^2분포를 따른다.

■ VaR의 한계점

VaR는 전체 포트폴리오에 대한 위험을 하나의 지표로 간략히 제시한다는 편리성 때문에 특히 실무에서 상당히 선호되는 방법이다. 하지만, 다음과 같은 한계점을 내포하고 있다.

(1) VaR는 수익률의 평균과 분산에 의해서 결정되므로, 수익률 분포의 꼬리에 해당하는

시장 붕괴와 같은 극단적 사건에 의한 위험(즉, event risk)을 측정하는 것은 아니다. 이러한 이유 때문에, VaR를 보완하기 위해 포트폴리오에 대한 스트레스 테스트(stress test)를 권고한다.

(2) VaR는 포트폴리오의 전체 위험에 대한 하나의 숫자만을 제공하므로, 포트폴리오를 구성하는 투자자산들 간의 유동성의 차이를 반영하지 못한다.

(3) VaR는 모형위험(model risk)을 식별해내지는 못한다. VaR의 모형위험은 모형 개발 시 올바르지 않게 모형을 디자인했거나, 디자인한 대로 모형을 구현하지 못했거나, 또는 모형의 활용이나 해석에 오류가 있는 경우로 구분할 수 있다.

(4) 확률분포가 대칭적인 형태인 타원형 분포(elliptical distributions)(예컨대, 정규분포 또는 t분포 등)의 경우를 제외하면, VaR는 포트폴리오 집계(portfolio aggregation)나 자본 배분을 위한 목적으로는 사용될 수 없다.[9]

7.4 추적오차(tracking error)*

포트폴리오의 성과는 일반적으로 사전에 정해진 벤치마크 포트폴리오에 대비하여 평가된다. 포트폴리오의 예로서는 **상장지수펀드**(Exchange Traded Fund, ETF)를 들 수 있는데, ETF는 대부분의 경우 특정 기초 자산, 예를 들어, 주식, 원자재, 해외 주식, 채권, 환율 등에 관한 지수(index)와 동일한 수익률을 내는 것을 목적으로 한다. 이러한 상장지수펀드의 경우, 그 지수의 추종 대상인 기초자산과의 수익률 차이가 곧 위험이 된다.

▶ 추적오차(tracking error, TE)

운용중인 펀드의 수익률과 추종대상 기초자산 수익률 간의 차이를 추적오차(tracking error, TE)라 한다.[10]

---

9 타원형 분포는 일반화된 다변량 정규분포에 속하는 분포들을 의미하므로, 분포가 대칭적인 형태라는 특징을 갖는다. 따라서, VaR는 확률분포가 대칭적인 형태일 때에는 포트폴리오 집계 또는 자본 배분의 용도로 사용될 수 있다.

10 추적오차는 연구마다 다른 방법으로 정의된다. 예를 들어, Pope과 Yadav(1994), Lee(1998), 그리고 Rudolf et al.(1999)은 포트폴리오 수익률과 벤치마크 수익률 간의 차이에 대한 분산(표준편차)을 추적오차로 정의하였다. 반면, Clarke et al.(1994)과 Roll(1992)은 포트폴리오 수익률과 벤치마크 수익률 간의 차이를 추적오차로 정의하였다. 비록 실무자들은 전자의 정의를 많이 사용하지만, 이 책에서는 수익률의 차이를 추적오차로 정의한다.

추적오차는 계산하기 쉽고 간단하면서도 펀드를 관리하기 위한 강력한 도구로 사용된다. 추적오차를 유발하는 두 가지 원인은 벤치마크보다 우월한 성과를 내기 위한 시도나, 혹은 적은 수의 주식으로 벤치마크를 수동적으로 복제하려는 시도 때문으로 볼 수 있다. 추적오차에 대한 분석에서는 벤치마크 대비 상대적인 성과 차이와, 추적오차와 관련된 위험(포트폴리오 수익률과 벤치마크의 수익률 차이의 변동성)을 고려해야 한다. 즉, **추적오차의 변동성 최소화**가 투자자를 위한 합리적인 목표가 될 수 있다.

■ 추적오차의 변동성

추적오차의 변동성은 보유한 포트폴리오와 벤치마크의 수익률 차이의 표준편차로 정의한다.[11] 이를 수식화하기 위해서, 포트폴리오의 종목별 수익률들의 벡터를 $\boldsymbol{r}$, 평균수익률들의 벡터는 $\boldsymbol{\mu}$, 수익률 간의 분산-공분산 행렬은 $\boldsymbol{V}$로 두고, 보유한 포트폴리오의 종목별 투자비율을 벡터 $\boldsymbol{w}_a$, 벤치마크의 투자비율을 벡터 $\boldsymbol{w}_b$라 두면, 추적오차의 변동성은 아래와 같이 정의된다.

$$\begin{aligned} SD_{TE} &= \sqrt{var(\boldsymbol{w}_a'\boldsymbol{r} - \boldsymbol{w}_b'\boldsymbol{r})} \\ &= \sqrt{(\boldsymbol{w}_a - \boldsymbol{w}_b)'var(\boldsymbol{r})(\boldsymbol{w}_a - \boldsymbol{w}_b)} \\ &= \sqrt{(\boldsymbol{w}_a - \boldsymbol{w}_b)'\boldsymbol{V}(\boldsymbol{w}_a - \boldsymbol{w}_b)} \end{aligned} \tag{7.14}$$

추적오차에 대한 대부분의 연구는 추적오차의 변동성(SD_{TE})을 어떻게 최소화시키는지 또는 주어진 추적오차의 변동성 하에서 기대 추적오차($E(\boldsymbol{w}_a'\boldsymbol{r} - \boldsymbol{w}_b'\boldsymbol{r})$)를 어떻게 극대화시키는지에 관하여 초점을 맞추고 있다.[12] Roll(1992)은 '기대 추적오차–추적오차의 변동성'의 공간에서 효율적 포트폴리오를 유도하였고, 마코위츠의 효율적 투자선(efficient frontier)이 추적오차로부터 유도된 효율적 투자선을 지배한다는 것을 증명하였다. 즉, 벤치마크가 평균-분산 효율적이지 않으면, 주어진 기대 추적오차 하에서 추적오차의 변동성이 최소인 포트폴리오는 마코위츠의 효율적 투자선보다 오른쪽에 위치하게 된다는 것을 보였다. 따라서, 벤치마크가 비효율적인 포트폴리오라면, 추적오차의 변동성이 최소인 포트폴리오들도 효율적이지 않다.

한편, 추적오차의 변동성에는 편의(bias)가 포함될 수도 있다. 첫 번째 경우로, 추적오차의 시계열에 상관관계가 존재하면, 이 계열상관(자기상관)은 추적오차의 변동성에 편의를 유

---

11 Grinold와 Kahn, Active Portfolio Management, Irwin, 1995, page 41.

12 Larsen과 Resnick(1998), Baierl과 Chen(2000).

발한다.[13] 예를 들어, 계열상관이 존재하면, 추적오차의 일간 변동성을 이용하여 계산한 추적오차의 연간 변동성은 불편 추정량이 아닐 수 있다. 두 번째 경우로, 포트폴리오 가중치가 사후적(*ex post*)으로는 변화하기 때문에(확률적이기 때문에), 특정 조건하에서는 사후적 추적오차의 변동성이 항상 사전적(*ex ante*) 추적오차 변동성보다 크다.[14] 이 결과는 사후적 추적오차의 변동성이 항상 계획한 수준보다 높게 측정된다는 것을 의미한다. 따라서, 이러한 차이를 고려하지 않는 한, 사후적 추적오차의 변동성에 기반한 성과보수는 펀드매니저에게 불리하다.

■ 기대효용이론의 위험지표로 사용 가능한 추적오차

추적오차의 변동성은 일종의 분산이므로, 제2장 효용함수에서 논의한 바와 같이 다음과 같은 세 가지 경우에는 추적오차의 변동성이 현대 재무이론의 기본 모형인 기대효용이론에 적합한 위험측정지표가 된다.

(1) 효용함수가 2차식이고, $\boldsymbol{r}$은 2차 적률이 유한한 임의의 분포를 따를 때,

(2) 효용함수 u가 $u' > 0$, $u'' < 0$를 만족하고, $\boldsymbol{r}$은 다변량 정규분포(보다 일반적으로는 타원형 분포)를 따를 때,

(3) 효용함수 u는 위험 파라미터가 λ인 지수효용, 즉, $u(W) = -exp(-\lambda W)$이고, W가 정규분포를 따르는 경우. 이 경우 $E(u(W)) = -exp(-\lambda E(W) + \lambda^2 var(W))$가 되므로, $E(u(W))$의 극대화 문제는 기대수익률과 분산의 선형결합인 $E(W) - \lambda var(W)$를 극대화시키는 문제와 동일하다.

이와 같이, 추적오차는 기대효용이론의 위험지표로 사용할 수 있다. 이와는 달리, VaR는 일반적으로 기대효용이론과 양립할 수 없다.

■ VaR와 추적오차의 비교

VaR와 추적오차 둘 다 실무에서 많이 사용되는 방법이다. 이들 둘을 비교하여 아래와 같이 정리할 수 있다.

- VaR가 위험의 절대적인 크기를 보여주는 반면, 추적오차는 상대적인 위험측정방법이다. 만약, 위험을 측정하고자 하는 포트폴리오가 벤치마크 포트폴리오와 동일하다고 하면, 투자비중 벡터는 $\boldsymbol{w}_a = \boldsymbol{w}_b$ 이므로 추적오차는 0이 되는 반면, VaR의 값은 $W = W_0(1 + \boldsymbol{w}'_a\boldsymbol{r})$에 의해 계산되기 때문이다. 반대로, 자산이 무위험이라면, VaR = 0

---

13 Pope과 Yadav(1994).

14 Hwang과 Satchell(2001).

이 되지만, 벤치마크가 무위험자산이 아니라면 추적오차는 0이 아닐 수 있다.

- 추적오차는 포트폴리오 구성 또는 포트폴리오 성과평가를 위한 목적으로는 이상적이다. 만약, 포트폴리오 수익률에 영향을 미치는 요인들이 상호간 직교(orthogonal)한다면, 추적오차는 요인별로 분해할 수 있다. 반면, VaR는 포트폴리오 구성이나 성과평가 목적으로는 사용하기 어렵다.
- 수익률이 정규분포가 아니라면 추적오차를 포트폴리오 구성 등에는 적용할 수 없지만, 수익률이 정규분포인 경우 추적오차는 평균과 분산에 의해 쉽게 계산된다. 반면, VaR는 정규분포뿐만 아니라 정규분포가 아닌 수익률에도 쉽게 적용할 수 있다. 분포함수를 알고 있다면 VaR를 쉽게 계산할 수 있다.
- 추적오차는 상이한 기간별로 계산된 값들을 집계하는 시간적 집계(temporal aggregation)가 매우 어렵다. VaR도 시간적 집계시 심각한 문제가 생기지만, 예외적으로 정규분포일 때는 가능하다.
- 일반적으로 파생상품에는 VaR를 적용하는 것이 적절하다. 먼저, 선물의 경우에는 이에 대한 롱 또는 숏 포지션 모두 무한 책임이며, 그 성과(payoffs)는 기초자산과 선형 관계이므로, 추적오차와 VaR가 모두 적절한 위험측정방법이다. 반면, 옵션계약들은 비선형 성과 구조이며, 유한책임(콜옵션을 보유한 경우)이다. 이러한 특징들로 인해, 파생상품의 위험 측정을 위해서는 추적오차보다 VaR가 더 적절하다. 또한, 옵션은 본질적으로 VaR와 밀접한 관련이 있다. 왜냐하면, 유러피언 풋옵션과 콜옵션의 성과 구조는 각각 $max(K-S_T,0)$와 $max(S_T-K,0)$로 나타나는데(K는 행사가격, S_T는 T(만기) 시점의 기초자산 가격), 이러한 구조는 VaR 또는 Expected Shortfall의 형태와 동일하기 때문이다.[15]

7.5 극단치 이론(extreme value theory)★★

대부분의 수익률은 평균값 주변에 몰려있기 때문에, 실제 데이터로부터 확률밀도함수를 추정하는 모수적 접근법은 확률밀도함수의 꼬리부분보다는 중심부분의 관측치에 더 적합한 확률밀도함수를 추정한다. 따라서, 분포의 꼬리부분에 민감할 수밖에 없는 VaR의 추정에는 모수적 접근법이 적절하지 않을 수 있다.

---

15 Expected Shortfall은 VaR를 초과하는 손실들의 평균(즉, 기댓값)을 의미한다. 즉 VaR가 특정 신뢰구간 내에서 특정 목표기간 동안 이 신뢰구간을 초과할 가능성이 있는 손실금액을 말한다면, Expected Shortfall은 이 VaR를 초과한 평균손실금액을 나타낸다.

이러한 문제를 해결하기 위해 꼬리 분포의 형태를 추정하는 극단치(extreme value) 접근법을 사용할 수 있다. 여기서 극단치란 확률분포에서 매우 작거나 매우 큰 관측치를 의미하며, 이런 극단치들은 확률분포의 꼬리 부분에 위치한다. 반면, 비모수적(non-parametric) 접근법(즉, 역사적 시뮬레이션 또는 몬테 카를로 시뮬레이션)은 꼬리 분포에 대한 정보를 주는 극단치 이론을 사용할 수 없기 때문에, 비모수적 접근법을 사용한 VaR는 비효율적이라 할 수 있다. 더구나, 비모수적 접근법을 사용하면 표본 데이터의 범위를 벗어난 경우의 VaR를 계산하기 어렵다.

극단치 이론(extreme value theory)은 분포의 꼬리 부분에 위치한 극단치들의 확률적 행태를 다루는 이론이다. 이 이론은 이전에 관측된 사건들보다 더 극단적이면서(크거나 작으면서) 발생가능성은 희박한 사건들의 발생 확률을 예측하는 것을 목표로 한다. 극단치 이론은 보험계리분야에서는 친숙한 방법이지만, 투자위험관리에 적용되기 시작한 것은 상대적으로 최근의 일이다. 극단치 이론은 실무 담당자들이 해결하기 어려운 문제인 "우리가 가진 데이터가 적을 때, 극단의 사건(분위)들을 어떻게 추적하는지"에 대한 해답을 제공한다. 왜냐하면, 극단치 이론은 표본의 크기가 커짐에 따른 확률밀도함수의 꼬리부분의 형태에 관한 극단치 분포(extreme value distributions)를 제시하기 때문이다. 이 극단치 분포는 샘플 데이터 중에서 극단치(extremes)인 $\max(x_1,..,x_n)$ 또는 $\min(x_1,..,x_n)$에 관한 극한 분포(limiting distributions), 즉, 샘플의 크기가 무한히 커질 때 극단치들의 빈도 분포이다.

이러한 극단치 이론은 기여하는 바가 매우 크다. 예컨대, 우리는 극단치 이론을 이용하여 실증 데이터의 꼬리를 통과하는 매끄러운 곡선을 그릴 수 있다. 또한, 우리가 드물게 발생하는 대형사건(금융위기)을 정량화하고자 한다면, 앞서 언급된 방법들 보다는 극단치 이론에 의한 방법들을 사용하는 것이 더 적절할 수 있다. 왜냐하면, 극단치 이론은 극단적인 사건에 대한 추정치를 제공해 주기 때문이다.

예를 들면, 전체 표본 기간을 T라 하고, f는 수익률의 빈도(관측기간)이고, τ는 단위시간 간격이라고 하자. 예를 들어, T는 1년, f는 1개월, τ는 하루가 될 수 있다. 극단(extreme)은 확률변수인 수익률의 최솟값(또는 최댓값)으로 정의된다. 관측기간(1개월) 동안의 수익률 $r_1, r_2, \dots, r_\tau$에 대한 극단 z_τ는 단위시간 간격인 τ의 수익률 중 최솟값으로 나타낼 수 있다. 즉, $z_\tau = \min(r_1, r_2, \dots, r_\tau)$가 된다. 위험을 관리하여야 하는 관리자는 모든 수익률에 대한 정보 보다는 특정 기간 동안의 최저 수익률의 행태를 더 알고 싶을 것이다.

극단치 이론은 T의 길이 또는 주어진 빈도 f에 대한 τ의 길이가 무한대로 갈 때 극한 분포의 형태를 구체적으로 제시해 준다. 먼저, 위치 모수(location parameter) β_τ와 척도 모수(scale parameter) α_τ를 이용하여 최솟값 z_τ를 $n_\tau = (z_\tau - \beta_\tau)/\alpha_\tau$로 표준화시켜 보자. 그러면,

몇 가지 조건들하에서, 최솟값들의 확률분포(즉, 극단치 분포)는 아래와 같은 분포로 근사된다.[16]

최솟값들의 확률밀도함수	누적확률밀도함수의 형태	분포형태가 유사한 확률밀도함수	꼬리분포의 형태
Fréchet	$\Phi_{\alpha}(z) = \exp(-n^{-\alpha})$	Cauchy, Pareto, Stable, Log-gamma	꼬리가 두꺼운 분포 금융자산의 수익률에 적합함
Weibull	$\Psi_{\alpha}(z) = \exp(-n^{\alpha})$	Uniform, Beta	꼬리분포가 없음 금융분야에 부적합
Gumbel	$\Lambda(z) = \exp(-e^{-n})$	Exponential, Gamma, Normal, Log-normal	꼬리가 얇은 분포

참고로, Fréchet 분포 함수는 꼬리 지수(tail index)라고 부르는 α에 의해 정의된다. 일단, 꼬리 지수를 적절한 추정량(예를 들면, 힐 추정량(Hill estimator))으로 추정하면, 꼬리 확률(즉, 유의수준, p)에 대응되는 분위(quantile)를 구할 수 있다.[17]

7.6 결론

우리는 금융분야에서 사용되는 몇 가지 위험측정지표들을 살펴보았고, 적절한 위험측정지표로서 네 가지 기준(공리)을 충족하는 논리적 위험측정지표가 무엇인지 살펴보았다. 금융의사결정의 분석에 있어서는, 계산의 간단함이나 개인적인 선호 등의 이유로 분산을 많이 선택하는데, 이러한 위험측정지표보다는 공리적으로 도출된 위험측정지표를 고려할 수도 있다는 것을 알아보았다. Fishburn(1977)과 Holthausen(1981)과 같은 연구들은 수익과 위험측정지표의 조합에 기반한 의사결정 기준을 기대효용이론에 기반한 의사결정과 연결시키기도 했다.

기대효용이론에 적합한 위험측정지표에 대한 연구를 한 단계 더 발전시킨 연구들이 있다. Bell(1988)은 위험과 수익률 측정수단을 결합하여 특정 효용함수와 동일한 위험-수익

16 피셔-티펫 정리(Fisher-Tippet Theorem)에 의하면, 손실 데이터 샘플 중에서 손실의 최댓값의 분포는 일반화된 극단치 분포가 된다. 여기서 일반화된 극단치 분포는 꼬리분포의 두께에 따라 꼬리가 두꺼우면 Fréchet, 꼬리가 얇으면 Gumbel, 꼬리가 없으면 Weibull 분포가 된다. 상세한 설명은 Phoa(1999)와 Longin(2000)을 참조하기 바란다. 내용을 간소화하고자, 위치 모수와 척도모수에 대한 논의는 생략한다.

17 이 내용에 대한 자세한 설명은 생략한다. 관심 있는 독자는 van den Goorbergh와 Vlaar(1999), Phoa(1999), Longin(2000) 등을 참조하기 바란다.

모형을 만들었다. Sarin과 Weber(1993)는 위험측정지표를 의사결정모형에 연결하는 방법으로서 위험-가치 모형을 제시하였다.

한편, 특정한 위험측정지표를 사용하여 가격결정모형을 도출하고, 이 모형으로 여러 가지 이상현상들(anomalies)을 설명하기 위한 시도들이 있다. 이러한 모형들은 전통적인 자산가격결정모형인 CAPM이 가지는 문제점을 보완해 준다. 이러한 예로서 다음 장에서는 하부편적률이나 고차적률을 위험지표로 사용하는 자산가격결정모형을 살펴보기로 한다.

연/습/문/제

1. 포트폴리오 A의 가치는 현재 $1,000,000이고, A를 구성하는 두 자산 X와 Y의 구성비율은 20%와 80%이다. 자산 X와 Y의 수익률 표준편차는 4%와 2%이고, 상관계수는 -0.3이다. 자산수익률은 정규분포를 따른다고 가정할 때, 99%신뢰수준 하에서 포트폴리오 A의 Value at Risk를 계산하시오.

2. 주식포트폴리오 A의 가치(S_t)는 현재 $40이고, 단위기간(1년) 동안의 추세와 변동성이 $\mu = 0.16$, $\sigma = 0.2$인 로그정규분포를 따른다고 가정하자. 향후 6개월 이내에 신뢰수준 97.5%에서 발생가능한 Value at Risk가 얼마인지 구하고, 그 의미를 설명하시오.

3. 밀접하게 관련된 위험들을 묶은 것은 어느 것인가?
   1) 모형위험(model risk)과 꼬리위험(tail risk)
   2) 유동성위험(liquidity risk)과 운영위험(operational risk)
   3) 신용위험(credit risk)과 지불능력위험(solvency risk)

4. 매수-매도 호가 차이(bid-ask spread)는 어떤 위험 유형과 가장 관련이 깊은가?
   1) 부도 위험
   2) 인플레이션 위험
   3) 유동성 위험

Chapter 08

분산 이외의 다른 위험지표를 이용한 자산가격결정모형**

(Asset Pricing Models with Risk Measures Other Than Variance)

우리의 투자의사결정은 기대부를 극대화하는 것이 아니라 기대효용을 극대화하는 것이다. 그런데, 이 기대효용은 수익률과 위험의 함수이므로, 위험을 측정하는 것은 투자의사결정을 위해 반드시 필요하다. CAPM 등과 같은 전통적인 자산가격결정모형에서는 포트폴리오 M(시장포트폴리오) 수익률과의 공분산처럼 상대적인 변동성(베타)을 위험측정지표로 사용한다. 그러나, 자산가격(수익률)을 관찰하기 힘든 경우나 유동성이 낮은 경우, 혹은 정치적 사건이나 시장 붕괴로 인해 매우 큰 가격 변동이 발생하는 경우에는 전통적인 모형에서 설정한 가정들은 더 이상 적용되지 못하고, 상대적인 변동성은 위험을 제대로 포착하지 못하게 된다.

우리는 앞 장에서, 다양한 위험측정지표들이 있으며 변동성(표준편차)은 그중 하나라는 것을 살펴보았다. 만약 수익률의 변동성이 아니라 다른 위험측정지표를 사용한다면, 자산가격은 어떻게 결정될까? 또한 이러한 모형은 CAPM과는 어떠한 차이가 있을까? 이러한 질문에 대답하기 위해, 본 장에서는 하부편적률(lower partial moments)이나 고차적률(higher moments)을 위험의 측정수단으로 사용할 경우, 시장균형하에서의 가격결정모형이 어떻게 되는지 살펴보고자 한다. 또한 이러한 모형에 상응하는 데이터 생성 프로세스(data generating process)를 제시함으로써, 실증분석에서 사용할 수 있는 모형을 제시한다. 그리고 마지막으로 이러한 가격결정모형들이 소비기반 CAPM모형에서 확률할인요소(stochastic discount factor)를 적절히 선택한 경우에도 얻을 수 있음을 설명한다.

8.1 하부편적률 가격결정모형(lower partial moment CAPM, LPM-CAPM)★★

하부편적률을 사용한 가격결정모형은 Bawa(1975, 1976), Bawa와 Lindenberg(1977) 등에 의해 연구되었다. 하부편적률(lower partial moment, LPM)이 부각된 이유는 위험지표로서 분산이 가지는 한계점 때문이다. 즉, 전통적인 위험지표인 분산은 단순히 평균으로부터 흩어진 정도를 측정하므로, 수익률이 높아질 확률이 증가할 때에도 분산이 커지기 때문에 위험이 증가한 것으로 잘못된 해석을 할 수 있다는 것이다. 이러한 문제를 극복하기 위하여 Markowitz(1959)는 위험측정지표로서 반분산(semi-variance)을 제시하기도 하였다.

하부편적률은 최적 포트폴리오 선택을 위해 고려해야 하는 확률분포의 차원수(dimensionality)를 줄이기 위한 대안으로 볼 수 있다. 왜냐하면, 앞서 제3장 확률지배이론에서 보았듯이, 하부편적률을 확률지배의 관점에서 본다면 단조3차확률지배와 동일한 역할을 하므로, 임의의 확률분포에 대한 하부편적률을 위험측정지표로 사용할 수 있기 때문이다. 참고로, 대칭적인 분포 하에서는 하부편적률이 분산과 동일하므로, 분산은 하부편적률의 특별한 경우로 볼 수 있다. 따라서, 하부편적률을 사용한 가격결정모형이 CAPM보다 더 일반화된 것으로 볼 수 있다.

이 절에서는 하부편적률(LPM)을 사용하여 자산가격결정모형을 유도해 본다. 먼저, LPM-기대수익률 공간에서 효율적 투자선을 유도한 후, LPM을 위험의 측정수단으로 사용할 경우의 가격결정모형을 도출한다. 그리고, 자산수익률이 정규분포를 따른다면, LPM 자산가격결정모형이 CAPM과 동일하다는 것을 증명할 것이다.[1]

8.1.1 LPM 효율적 투자선(efficient frontier for LPM)

제4장 최적포트폴리오에서는 표준편차를 위험지표로 사용하여 특정 기대수익률 하에서 위험이 가장 작은 포트폴리오들을 투자선 상의 포트폴리오(frontier portfolio)라고 하였고, 이들 중 최소분산(GMV) 포트폴리오보다 기대수익률이 더 높은 포트폴리오들로 이루어진 곡선을 효율적 투자선(efficient frontier)이라고 하였다. 여기서 살펴볼 'LPM 효율적 투자선'은 위험지표로서 표준편차 대신에 LPM을 사용한다. 이 점을 제외하면 앞서 제4장에서 학습한 내용과 동일하다고 보면 된다. 참고로, 모형을 일반화하기 위하여 n차 하부편적률을 사용한다. 다만 우리가 분산 대신 표준편차를 사용했듯이 여기서도 수익률-위험 공간이나 자산가격결정모형 등을 설명할 때는 LPM의 n제곱근, 즉 $(LPM_n)^{1/n}$을 사용한다.

우리는 제4장과 제5장에서 투자자의 기대효용함수를 2차함수로 정의하고, 위험자산만

1 직관적으로 설명하면, 수익률이 정규분포처럼 평균을 기준으로 대칭적이면 2차 하부편적률은 분산과 동일하므로, LPM 자산가격결정모형은 CAPM과 동일하다.

으로 구성된 경우와 무위험자산이 추가로 존재하는 경우, 효용극대화를 위한 최적포트폴리오(최적투자비중)를 구하였다. 기대수익률-위험 공간에서, 무위험자산이 없는 경우에는 효율적 투자선과 무차별곡선의 접점이 최적포트폴리오가 되고, 무위험자산이 존재할 경우에는 무차별곡선과 자본시장선의 접점이 최적포트폴리오(포트폴리오 M)가 됨을 설명하였다.

그렇다면, N개의 위험자산만으로 구성된 경우, LPM을 위험지표로 사용할 때의 효율적 투자선은 어떻게 될까? 이 경우 모든 위험자산들과 이들을 결합하여 만들 수 있는 모든 포트폴리오들을 LPM−기대수익률 평면에 표시한 투자기회집합 중에서, **전역 최소 하부편적률**(the global minimum lower partial moment) 포트폴리오보다 높은 기대수익률을 가지는 포트폴리오들의 집합이 바로 **LPM 효율적 투자선**이 된다. 여기서, 기대수익률(μ_p)에 대한 n차 LPM(즉, $LPM_n(\mu_p)$)은 μ_p에 대해 볼록함수이므로, LPM 효율적 투자선의 모양은 제4장에서 살펴본 효율적 투자선의 모양과 유사한 형태인 기대수익률 축 방향으로 볼록한 모양이다.[2]

이제, 무위험자산도 함께 존재하는 경우를 [그림 8-1]에서 설명해 보자. 무위험자산은 위험이 없으므로 위험지표인 LPM의 값은 0이기 때문에 기대수익률축(세로축) 위에 존재한다. 무위험자산의 수익률을 r_f라 하자. 투자기회집합에 속한 위험자산 중 하나와 무위험자산을 결합하여 새로운 포트폴리오를 만든다면, 기대수익률 측면에서 가장 효율적인 위험자산은 r_f에서 출발한 직선이 '위험자산들만 존재할 때의 효율적 투자선'에 접하는 접점(p_1)에 해당하는 위험자산이다. 이렇게 만들어진 직선, 즉, r_f와 접점에 해당하는 포트폴리오(tangency portfolio)를 지나는 직선이 '**무위험자산이 존재할 때의 LPM 효율적 투자선**'이다.

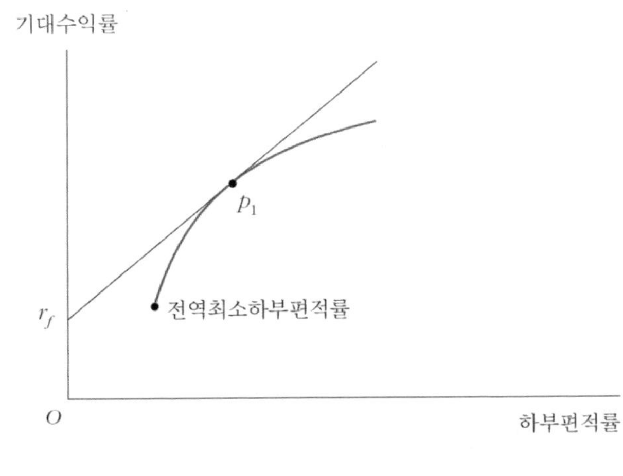

[그림 8-1] $LPM_n(r_f, \mu_{p_1})^{1/n} - \mu$ 공간에서의 효율적 투자선

2 제4장의 식 (4.17)에서 포트폴리오 투자선이 기대수익률 축에 대해 볼록한 형태임을 증명한 바 있다. $LPM_n(\mu_p)$가 기대수익률 μ_p의 볼록함수라는 증명은 Bawa(1976)를 참조하기 바란다.

8.1.2 LPM 효율적 투자선의 유도

LPM을 위험지표로 사용할 때의 효율적 투자선을 유도해 보자. 목표수익률을 r_τ라고 두면, n번째 적률의 하부편적률은 아래와 같이 정의된다.

$$LPM_n(r_\tau, r_p) = \int_{-\infty}^{r_\tau} (r_\tau - r_p)^n pdf(r_p) dr_p \tag{8.1}$$

단, r_p는 포트폴리오 수익률, $pdf(r_p)$는 확률밀도함수이다. 이 식에서 포트폴리오 수익률 r_p는 아래와 같다.

$$r_p = w_0 r_f + (1 - w_0)\mathbf{w}'\mathbf{r} \tag{8.2}$$

단, w_0는 무위험자산에 대한 투자비중을 나타내고, $\mathbf{w}$와 $\mathbf{r}$은 각각 개별 위험자산들에 대한 투자비중과 수익률을 나타내는 $(N \times 1)$ 벡터이고, $\mathbf{w}'\mathbf{e} = 1$, $\mathbf{e} = (1,1,,,1)'$이다. 또한 위험자산들로만 구성된 포트폴리오를 p_1으로 두면, 그 수익률은 $r_{p_1} = \mathbf{w}'\mathbf{r}$이 된다. 따라서, 포트폴리오 p의 수익률은 아래와 같이 p_1과 무위험자산의 수익률로 나타낼 수 있다.

$$r_p = w_0 r_f + (1 - w_0) r_{p_1}$$

■ 무위험자산이 없는 경우

먼저, 무위험자산이 없는 경우, 투자자가 위험지표로 LPM을 고려할 때의 최적투자의사결정 문제를 알아보자. 무위험자산이 없다면, 식 (8.2)의 포트폴리오 수익률은 $r_p = r_{p_1} = \mathbf{w}'\mathbf{r}$ 이 된다. 투자자는 주어진 기대수익률 하에서 위험지표인 $LPM_n(r_\tau, r_{p_1})$을 최소화시키고자 한다. 따라서, 이 투자자의 문제는 아래와 같이 기대수익률이 μ_{p_1}로 주어졌을 때 LPM을 최소화시키는 투자비율인 $\mathbf{w}$를 구하는 것이 된다.

$$\begin{aligned}
\min_{\mathbf{w}} LPM_n(r_f, r_{p_1}) &= \int_{-\infty}^{r_\tau} (r_\tau - r_{p_1})^n pdf(r_{p_1}) dr_{p_1} \\
&= \int_{-\infty}^{r_\tau} (r_\tau - \mathbf{w}'\mathbf{r})^n pdf(\mathbf{r}) d\mathbf{r} \\
s.t.\ \mu_{p_1} &= \mathbf{w}'\mu, \\
1 &= \mathbf{w}'\mathbf{e}
\end{aligned}$$

$LPM_n(\mu_{p_1})$은 μ_{p_1}에 대해 볼록함수이므로, 위 최적화 문제는 일반적인 최적화 방법을 사용하면 쉽게 풀 수 있다. 그 결과, 주어진 기대수익률하에서 하부편적률이 최소인 포트폴리오들의 집합은 [그림 8-1]과 같이 전역최소하부편적률(the global minimum lower partial moment) 포트폴리오보다 더 위쪽으로 그려진 곡선으로 나타난다. 참고로, $LPM_n(\mu_{p_1})$은 μ_{p_1}에 대해 볼

록함수이므로, [그림 8-1]과 같이 $LPM_n(\mu_{p_1}) - \mu_{p_1}$ 공간에서 구한 효율적 투자선은 제4장에서 살펴보았던 평균-분산 분석에 의한 효율적 투자선과 유사하다.

■ 무위험자산이 존재하는 경우

이제 무위험자산 r_f가 존재하는 경우를 살펴보자. 간단하게, 목표수익률 r_τ를 무위험수익률 r_f와 같다고 해 보자. 이 경우, LPM의 n제곱근은 다음과 같다.

$$\begin{aligned}\left(LPM_n(r_f, r_p)\right)^{1/n} &= \left(\int_{-\infty}^{r_f}((1-w_0)r_f - (1-w_0)\mathbf{w}'\mathbf{r})^n pdf(\mathbf{r})d\mathbf{r}\right)^{1/n} \\ &= (1-w_0)\left(\int_{-\infty}^{r_f}(r_f - \mathbf{w}'\mathbf{r})^n pdf(\mathbf{r})d\mathbf{r}\right)^{1/n} \\ &= (1-w_0)\left(LPM_n(r_f, r_{p_1})\right)^{1/n}\end{aligned} \tag{8.3}$$

따라서 N개의 위험자산과 하나의 무위험자산으로 이루어진 포트폴리오 p의 기대수익률(μ_p)과 N개의 위험자산으로만 구성된 포트폴리오 p_1의 기대수익률(μ_{p_1}) 간의 관계는 앞서 설명했듯이 $\mu_p = w_0 r_f + (1-w_0)\mu_{p_1}$의 관계가 성립하고, LPM에 대해서는 $\left(LPM_n(r_f, r_p)\right)^{1/n} = (1-w_0)\left(LPM_n(r_f, r_{p_1})\right)^{1/n}$의 관계가 성립한다. 이 두 식을 결합해 보자. 첫 번째 식을 $\mu_p = r_f + (1-w_0)(\mu_{p_1} - r_f)$로 정리한 후, 이 식의 $(1-w_0)$에 두 번째 식을 대입하면, 아래의 식을 얻을 수 있다.

$$\mu_p = r_f + (\mu_{p_1} - r_f)\frac{LPM_n(r_f, r_p)^{1/n}}{LPM_n(r_f, r_{p_1})^{1/n}} \tag{8.4}$$

이 식은 포트폴리오 p의 기대수익률이 그 포트폴리오의 하부편적률과 포트폴리오 p_1의 하부편적률의 비율에 의해 결정됨을 의미한다. 이 비율이 자산의 기대수익률에 영향을 미치는 위험요인이고, $(\mu_{p_1} - r_f)$가 위험프리미엄이 된다. 이 식이 바로 **무위험자산이 존재하는 경우의 LPM 효율적 투자선**이며, 이는 제4장의 **자본배분선**에 대응되는 개념이다.

■ LPM 효율적 투자선의 의미

LPM 효율적 투자선의 의미를 $\left(LPM_n(\mu_{p_1})\right)^{1/n} - \mu_{p_1}$ 공간에서 생각해보자. 식 (8.4)는 위험자산으로 구성된 포트폴리오 p_1과 무위험자산 간의 선형 결합들이 직선 형태가 된다는 것을 의미한다. $LPM_n(\mu_{p_1})$이 μ_{p_1}에 대해 볼록함수이므로, [그림 8-1]과 같이 점 r_f에서 출발하여 $\left(LPM_n(\mu_{p_1})\right)^{1/n} - \mu_{p_1}$ 공간 상의 효율적 투자선에 접하는 직선(지배이론 관점에서 가장 효율적인 직선)을 그을 수 있고, 그 접점이 되는 포트폴리오 p_1을 찾을 수 있다.

따라서, 투자자들은 무위험자산과 p_1에만 투자하되, 두 자산 간의 투자비율을 조절함으로써 가장 효율적인 포트폴리오를 만들게 되므로, 두 펀드 분리(two fund separation)정리가 여전히 적용될 수 있다. 그러므로, 이 접점에 해당하는 포트폴리오는 위험자산으로 구성된 포트폴리오 M이라고 부를 수 있다. 요약하면, 무위험자산의 존재로 인해 무위험자산과 포트폴리오 p_1을 지나는 직선이 새로운 LPM 효율적 투자선이 되고, 포트폴리오 p_1이 LPM을 위험지표로 사용할 경우의 포트폴리오 M이 된다. 즉, $r_m = \mathbf{w}'\mathbf{r}$, $\mu_m = \mathbf{w}'\mu$가 된다.

8.1.3 LPM 자산가격결정모형(LPM-CAPM)의 개요

CAPM에서 고려하는 위험지표는 포트폴리오의 체계적 위험을 나타내는 베타(β)였다. 베타는 포트폴리오와 시장포트폴리오의 수익률 공분산을 시장포트폴리오의 분산으로 나눈 값으로 측정한다. 그런데, 분산이나 공분산은 평균보다 높은 수익률과 평균보다 낮은 수익률을 동일한 위험으로 본다는 비판을 받았다. 이에 대한 대안으로서 특정한 목표수익률에 미달하는 수익률만을 고려해서 포트폴리오의 위험을 측정해야 한다는 이론이 등장하였다. 이러한 관점으로 측정한 위험을 하방위험이라고 부른다는 것을 제7장에서 학습하였다.

Bawa와 Lindenberg(1977)는 특정 목표수익률을 기준으로 그보다 하락한 수익률들의 편차(deviation)에 의해 정의된 LPM을 고려한 평균-LPM 분석으로 가격결정모형을 유도하였다. 전통적인 CAPM에서는 수익률의 평균-분산(표준편차)을 고려하지만, 이 모형에서는 분산(표준편차) 대신에 LPM을 고려한다. 그 결과, LPM 자산가격결정모형에서는 CAPM의 베타 대신에 하방위험지표인 LPM을 사용함으로써, 위험지표 LPM과 기대수익률 간의 선형관계를 제시한다. 예를 들어, LPM의 차수(order)를 2차로 둘 때, 이 모형을 LPM-기대수익률 공간에 그린 **LPM 증권시장선**은 아래와 같다.

$$E(r_i) = r_f + \left[E(r_m) - r_f\right]\beta_i^{LPM}$$

단, $\beta_i^{LPM} = \dfrac{CLPM(r_\tau, r_f; i, M)}{LPM(M)} = \dfrac{E\left[(r_i - r_f)\min(0, r_m - r_\tau)\right]}{E\left[\min(0, r_m - r_\tau)^2\right]}$

위 식에서 $E(r_i)$와 $E(r_m)$은 각각 자산 i와 포트폴리오 M의 기대수익률을 의미한다. 그리고, $r_m > r_\tau$인 경우에는 $\min(0, r_m - r_\tau) = 0$이므로, $LPM(M)$은 시장수익률이 목표수익률보다 하락한 경우만을 고려한 하부편적률이고, $CLPM(r_\tau, r_f; i, M)$은 시장수익률이 목표수익률보다 하락한 경우에만 계산되는 **공하부편적률**(co-lower partial moment)이다. 따라서, **LPM 베타**는 시장수익률이 목표수익률보다 하락하는 경우에만 위험을 측정한다. **LPM 증권시장선**은 CAPM의 증권시장선에서 β_i가 β_i^{LPM}으로 대체된 것으로 볼 수 있다. 즉, CAPM에서는 체계적 위험을 공분산/분산으로 측정했다면, **LPM-CAPM**에서는 $\frac{CLPM}{LPM}$으로 자산의 체계적 위험을 측정한 것이다.

이제 이에 관한 상세한 설명을 2차 LPM보다 일반화된 n차 LPM을 이용하여 살펴보기로 하자.

8.1.4 자본시장 균형에서의 LPM 자산가격결정모형의 유도

시장 균형하에서 LPM 자산가격결정모형을 유도하기 위해 제5장 시장 균형에서의 CAPM을 유도할 때 사용했던 가정을 그대로 사용한다.

무위험자산이 존재하는 경우, 하부편적률을 위험측정지표로 사용하는 투자자의 의사결정문제는 주어진 기대수익률하에서 하부편적률을 최소화하는 것이므로, 아래와 같이 나타낼 수 있다.

$$\begin{aligned} \min_{\mathbf{w}} \; LPM_n(r_f, r_p) &= \int_{-\infty}^{r_f} (r_f - r_p)^n pdf(r_p) dr_p \\ s.t. \quad \mu_p &= w_0 r_f + (1 - w_0)\mathbf{w}'\mu \\ 1 &= w_0 + (1 - w_0)\mathbf{w}'\mathbf{e} \end{aligned} \tag{8.5}$$

목표수익률을 r_f가 아닌 r_τ라고 가정하자. 그러면, 식 (8.2) $r_p = w_0 r_f + (1 - w_0)\mathbf{w}'\mathbf{r}$에서의 수익률($r_p$)을 r_τ로 둘 수 있다. 그리고, 이 제약식을 $\mathbf{w}'\mathbf{r}$ 에 대해서 정리하면, 아래와 같이 목표수익률이 r_τ일 때의 위험자산으로 구성된 포트폴리오의 기대수익률(이를 $r_L(\equiv \mathbf{w}'\mathbf{r})$로 두자)에 관한 식을 얻을 수 있다.

$$r_L = \frac{r_\tau - w_0 r_f}{1 - w_0} \tag{8.6}$$

그리고, 목표수익률이 r_τ이면, 목적함수 식 (8.5)는 다음과 같이 나타낼 수 있다. 단, 식 (8.2) $r_p = w_0 r_f + (1 - w_0)\mathbf{w}'\mathbf{r}$ 과 앞서 LPM 효율적 투자선에서 설명한 것처럼 포트폴리오 M의 수익률이 $r_m = \mathbf{w}'\mathbf{r}$ 임을 이용하고, 적분은 위험자산에 대한 것으로 변경한다.[3]

$$\begin{aligned} LPM_n(r_\tau, r_p) &= \int_{-\infty}^{r_\tau} (r_\tau - r_p)^n pdf(r_p) dr_p \\ &= \int_{-\infty}^{r_L} (r_\tau - w_0 r_f - (1 - w_0) r_m)^n pdf(r_m) dr_m \end{aligned} \tag{8.7}$$

이 경우, 포트폴리오의 수익률과 기대수익률은 아래와 같다.

3 무위험자산은 확률분포가 없으므로, 확률분포에 대한 적분구간과 적분대상을 위험자산에 대한 것으로 변경한 것이다.

$$r_p = w_0 r_f + (1 - w_0)\mathbf{w}'\mathbf{r} = w_0 r_f + (1 - w_0) r_m \tag{8.8}$$

$$\mu_p = w_0 r_f + (1 - w_0)\mu_m \tag{8.9}$$

■ 포트폴리오 M에 접하는 접선(효율적 투자선)의 기울기

우선, 무위험자산을 포함하고 있는 포트폴리오 p를 이용하여 포트폴리오 M의 기울기를 구해보자. $LPM_n(r_\tau, r_p) - \mu_p$ 공간에서 포트폴리오 M에 대한 접선의 기울기는 아래와 같이 $LPM_n(r_\tau, r_p)$을 μ_p에 대해 일차미분한 값이다. 이 때, 시장 균형에서의 포트폴리오 M은 무위험자산을 포함하지 않으므로, $w_0 = 0$으로 둔다.[4]

$$\begin{aligned}
\frac{\partial LPM_n(r_\tau, r_p)}{\partial \mu_p}\Big|_{w_0=0} &= \frac{\partial LPM_n(r_\tau, r_p)}{\partial w_0}\Big|_{w_0=0} \times \frac{\partial w_0}{\partial \mu_p}\Big|_{w_0=0} \\
&= \left(n\int_{-\infty}^{r_L} (r_\tau - w_0 r_f - (1 - w_0) r_m)^{n-1} (r_m - r_f) pdf(r_m) dr_m \Big|_{w_0=0}\right) \times \left(\frac{1}{r_f - \mu_m}\Big|_{w_0=0}\right) \\
&= \frac{n\int_{-\infty}^{r_L} (r_\tau - r_m)^{n-1} (r_m - r_f) pdf(r_m) dr_m}{r_f - \mu_m}
\end{aligned} \tag{8.10}$$

이제, 위험자산으로만 구성된 포트폴리오 j가 있다고 가정하고, 이 포트폴리오와 포트폴리오 M을 결합하여 포트폴리오 p를 구성한다고 하자. 그럼, 이렇게 만든 포트폴리오 p의 수익률과 기대수익률은 아래와 같다. (단, a는 포트폴리오 j에 대한 투자비중이다.)

$$\begin{aligned}
r_p &= a r_j + (1 - a) r_m \\
\mu_p &= a\mu_j + (1 - a)\mu_m
\end{aligned} \tag{8.11}$$

그리고, 포트폴리오 p에 대한 하부편적률은 아래와 같다.

$$\begin{aligned}
LPM_n(r_\tau, r_p) &= \int_{-\infty}^{r_\tau} (r_\tau - r_p)^n pdf(r_p) dr_p \\
&= \int_{r_m=-\infty}^{r_{L1}} \int_{r_j=-\infty}^{r_{L2}} (r_\tau - a r_j - (1 - a) r_m)^n pdf(r_j, r_m) d(r_j, r_m)
\end{aligned} \tag{8.12}$$

4 $LPM_n(r_\tau, r_p)$을 μ_p에 대해 1차미분한 결과는 투자자의 최적의사결정에 해당하는 포트폴리오에 대한 접선의 기울기를 나타내는 함수이다. 그런데, $w_0 = 0$이면 $\mu_p = \mu_m$이 되고, 이는 포트폴리오가 포트폴리오 M임을 의미하므로, 이 조건에 의해 포트폴리오 M에 대한 접선의 기울기를 구할 수 있다.

단, r_{L_1}과 r_{L_2}는 (8.11)에서 $r_p = r_\tau$일 때, 이를 r_m과 r_j에 대해 정리한 것으로, 아래와 같다.[5]

$$r_{L_1} = \frac{r_\tau - ar_j}{1-a}, \qquad r_{L_2} = \frac{r_\tau - r_m(1-a)}{a}$$

시장 균형에서는 두 펀드 분리 정리에 의해 투자자들이 포트폴리오 M에만 투자하기 때문에 위험포트폴리오 j에 대한 초과수요는 0이므로, 이 위험포트폴리오 j에 대한 투자비중은 $a = 0$이 된다. 따라서 이 경우, $LPM_n(r_\tau, r_p) - \mu$ 공간에서 포트폴리오 M에 대한 접선의 기울기는 아래와 같이 구할 수 있다.

$$\begin{aligned}\frac{\partial LPM_n(r_\tau, r_p)}{\partial \mu_p}\Big|_{a=0} &= \frac{\partial LPM_n(r_\tau, r_p)}{\partial a}\Big|_{a=0} \frac{\partial a}{\partial \mu_p}\Big|_{a=0} \\ &= \left(n\int_{r_m=-\infty}^{r_{L_1}}\int_{r_j=-\infty}^{r_{L_2}}(r_\tau - r_m)^{n-1}(r_m - r_j)pdf(r_j, r_m)d(r_j, r_m)\right) \times \left(\frac{1}{\mu_j - \mu_m}\right) \\ &= \frac{n\int_{r_m=-\infty}^{r_\tau}\int_{r_j=-\infty}^{\infty}(r_\tau - r_m)^{n-1}(r_m - r_j)pdf(r_j, r_m)d(r_j, r_m)}{\mu_j - \mu_m} \qquad (8.13)\end{aligned}$$

위 식에서 $\lim_{a\to 0} r_{L_1} = r_\tau$, $\lim_{a\to 0} r_{L_2} = \infty$ 임을 이용하였다.

마지막 단계로, 식 (8.10)과 (8.13)은 모두 포트폴리오 M에 대한 접선의 기울기를 구한 것이므로, 시장 균형에서는 아래와 같이 이 두 기울기가 서로 같아야 한다.

$$\begin{aligned}&\frac{\int_{-\infty}^{r_L}(r_\tau - r_m)^{n-1}(r_m - r_f)pdf(r_m)dr_m}{r_f - \mu_m} \\ &\qquad = \frac{\int_{r_m=-\infty}^{r_\tau}\int_{r_j=-\infty}^{\infty}(r_\tau - r_m)^{n-1}(r_m - r_j)pdf(r_j, r_m)d(r_j, r_m)}{(\mu_j - r_f) + (r_f - \mu_m)} \qquad (8.14)\end{aligned}$$

위 식을 정리하면 다음과 같다.

$$\begin{aligned}&\frac{(\mu_j - r_f) + (r_f - \mu_m)}{r_f - \mu_m} = \frac{\int_{r_m=-\infty}^{r_\tau}\int_{r_j=-\infty}^{\infty}(r_\tau - r_m)^{n-1}(r_m - r_j)pdf(r_j, r_m)d(r_j, r_m)}{\int_{-\infty}^{r_L}(r_\tau - r_m)^{n-1}(r_m - r_f)pdf(r_m)dr_m} \\ \Leftrightarrow\ &\frac{\mu_j - r_f}{\mu_m - r_f} = 1 - \frac{\int_{r_m=-\infty}^{r_\tau}\int_{r_j=-\infty}^{\infty}(r_\tau - r_m)^{n-1}(r_m - r_j)pdf(r_j, r_m)d(r_j, r_m)}{\int_{-\infty}^{r_L}(r_\tau - r_m)^{n-1}(r_m - r_f)pdf(r_m)dr_m}\end{aligned}$$

---

5 확률분포를 갖는 위험자산은 포트폴리오 j와 포트폴리오 M이므로, 적분구간과 적분대상을 이들에 대한 것으로 변경하기 위해서 r_{L_1}과 r_{L_2}를 구한 것이다.

$$= 1 - \frac{\int_{r_m=-\infty}^{r_\tau} \int_{r_j=-\infty}^{\infty} (r_\tau - r_m)^{n-1}[(r_m - r_f) - (r_j - r_f)] pdf(r_j, r_m) d(r_j, r_m)}{\int_{-\infty}^{r_L} (r_\tau - r_m)^{n-1}(r_m - r_f) pdf(r_m) dr_m}$$

$$= 1 - \frac{\begin{bmatrix} \int_{r_m=-\infty}^{r_\tau} (r_\tau - r_m)^{n-1}(r_m - r_f) pdf(r_m) d(r_m) \\ - \int_{r_m=-\infty}^{r_\tau} \int_{r_j=-\infty}^{\infty} (r_\tau - r_m)^{n-1}(r_j - r_f) pdf(r_j, r_m) d(r_j, r_m) \end{bmatrix}}{\int_{-\infty}^{r_L} (r_\tau - r_m)^{n-1}(r_m - r_f) pdf(r_m) dr_m}$$

$$= \frac{\int_{r_m=-\infty}^{r_\tau} \int_{r_j=-\infty}^{\infty} (r_\tau - r_m)^{n-1}(r_j - r_f) pdf(r_j, r_m) d(r_j, r_m)}{\int_{-\infty}^{r_L} (r_\tau - r_m)^{n-1}(r_m - r_f) pdf(r_m) dr_m}$$

마지막 식이 **일반화된 n차 LPM 베타**이고, 이 식을 개별자산의 기대수익률에 대해 정리하면 **LPM-CAPM**을 얻을 수 있다. 이 식의 의미를 알아보고, LPM-CAPM을 구해보도록 하자.

■ LPM 증권시장선

위 식의 분자는 주어진 수익률 r_τ와 r_f에 대해, 두 포트폴리오 j와 M 간의 **일반화된 n차 공하부편적률**(generalized nth order co-lower partial moment)이라고 하며, $\boldsymbol{GCLPM_n(r_\tau, r_f; j, M)}$으로 표기하고, 아래와 같이 정의한다.[6]

$$GCLPM_n(r_\tau, r_f; j, M) = \int_{r_m=-\infty}^{r_\tau} \int_{r_j=-\infty}^{\infty} (r_\tau - r_m)^{n-1}(r_j - r_f) pdf(r_j, r_m) d(r_j, r_m)$$

$GCLPM_n(r_\tau, r_f; j, M)$의 의미는 $n = 2$인 경우에 보다 명확해지는데, 이 경우, $GCLPM$은 포트폴리오 j와 포트폴리오 M의 수익률 간의 공분산과 유사함을 알 수 있으며, 그 의미상 **반-공분산**(semi-covariance)으로 볼 수 있다.

한편, 위 식의 분모는 수익률 r_τ와 r_f에 대해, 포트폴리오 M의 **일반화된 n차 하부편적률**(generalized nth order lower partial moment)로서, $\boldsymbol{GLPM_n(r_\tau, r_f; M)}$이라 하고, 다음과 같이 정의한다.

$$GLPM_n(r_\tau, r_f; M) = \int_{-\infty}^{r_L} (r_\tau - r_m)^{n-1}(r_m - r_f) pdf(r_m) dr_m$$

$GLPM_n(r_\tau, r_f; M)$의 의미를 $n = 2$인 경우로 생각해 보면, 분산과 유사한 개념으로서 포트폴리오 M의 하방위험을 의미함을 알 수 있으며, 반분산(semi-variance)으로 볼 수 있다. 그리

6 '일반화'라는 용어가 사용된 이유는 차수(order) n이 특정 숫자로 지정되지 않고 n으로 일반화되어 있어서, 어떤 차수의 (공)하부편적률도 이 식에서 고려할 수 있기 때문이다.

고, 포트폴리오 M의 수익률이 목표수익률 r_τ보다 하락할 확률구간에서는 $GLPM_n(r_\tau, r_f; M)$은 항상 양수이다.

식 (8.14)를 정리한 결과로부터, 우리는 최종적으로 아래의 가격결정식, 즉, **LPM-CAPM**을 얻을 수 있다.

$$\mu_j - r_f = (\mu_m - r_f)\beta_j^{LPM_n} \tag{8.15}$$

$$단, \beta_j^{LPM_n} = \frac{GCLPM_n(r_\tau, r_f; j, M)}{GLPM_n(r_\tau, r_f; M)} = \frac{\int_{r_m=-\infty}^{r_\tau}\int_{r_j=-\infty}^{\infty}(r_\tau - r_m)^{n-1}(r_j - r_f)pdf(r_j, r_m)d(r_j, r_m)}{\int_{-\infty}^{r_L}(r_\tau - r_m)^{n-1}(r_m - r_f)pdf(r_m)dr_m}$$

식 (8.15)의 LPM-CAPM은 시장 균형에서 자산의 기대수익률이 $\beta_j^{LPM_n}$의 선형함수임을 의미한다. 따라서, 제4장에서 우리가 $\beta_j - \mu$ 공간에서 CAPM을 그렸던 것처럼, $\beta_j^{LPM_n} - \mu$ 공간에서 LPM-CAPM을 그리면 [그림 8-2]와 같다. 이 선을 **LPM 증권시장선**이라고 부른다.

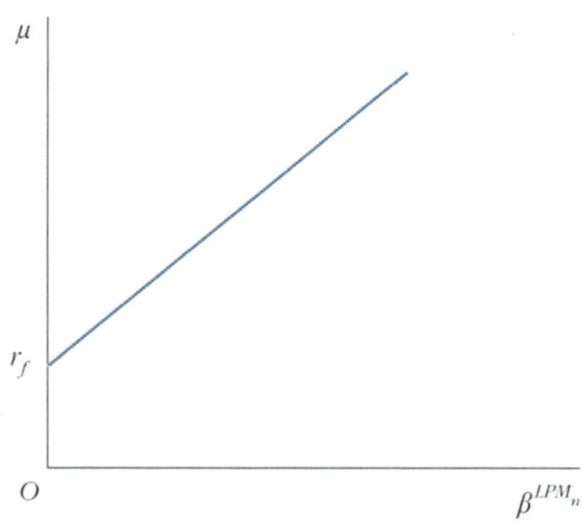

[그림 8-2] $\beta^{LPM_n} - \mu$ 공간에서 LPM 증권시장선

이제, LPM 베타 $\beta_j^{LPM_n}$에 대한 몇 가지 특성들을 살펴보자.[7]

- LPM 베타($\beta_j^{LPM_n}$)는 시장포트폴리오 수익률(r_m)이 목표수익률 r_τ보다 하락할 경우에만 존재한다.[8]
- 어떤 위험자산의 수익률과 시장포트폴리오 수익률이 동시에 목표수익률 r_τ보다 낮아

7 앞서 제5장에서 설명한 것처럼, 시장이 균형상태에 있다면 포트폴리오 M이 시장포트폴리오가 된다.
8 왜냐하면, $GCLPM_n(r_\tau, r_f; j, M)$의 정의에서 r_m의 적분구간이 $-\infty$에서 r_τ까지이기 때문이다.

질 때, 그 위험자산의 $\beta_j^{LPM_n}$은 커질 것이며, 이는 그 자산의 시장위험(market risk), 즉, 체계적 위험(systematic risk)이 크다는 것을 의미한다. 이와 같이, 시장수익률이 목표수익률보다 낮을 때, 자산의 수익률도 동시에 목표수익률 이하로 하락한다면, 그 자산은 시장에서 선호되지 않을 것이다. 따라서, 현재 가격은 낮고, 체계적 위험이 반영된 기대수익률은 높다.

- 만약, $r_j > r_\tau$이면서 $r_m < r_\tau$가 될 확률이 높다면, $\beta_j^{LPM_n}$는 작아질 것이다. 이는 시장수익률이 목표수익률보다 저조할 때 자산의 수익률은 목표수익률보다 상승한다면, 그 자산은 시장위험(체계적 위험)이 낮음을 의미하며, 이러한 자산은 시장에서 선호되므로 현재 가격은 높고 체계적 위험이 반영된 기대수익률은 낮다.
- 자산 수익률들이 다변량 정규분포를 따르면, 평균-분산 분석으로 $\sigma - \mu$ 평면에서 구한 베타인 β_j^{MV}는 $\beta_j^{LPM_n}$와 동일하다. 왜냐하면, 정규분포는 평균을 중심으로 완벽히 대칭적이므로, 이 경우 분산과 2차 하부편적률은 동일하기 때문에, 이를 기반으로 산출된 CAPM 베타와 LPM 베타는 서로 동일하다.

8.1.5 비대칭 반응 모형(asymmetric response model, ARM)

여기서는 LPM-CAPM을 실증분석할 때 사용가능한 모형인 **비대칭 반응 모형**(asymmetric response model, **ARM**)을 살펴보자.[9] LPM-CAPM은 시장균형에서 하부편적률에 의한 자산가격 결정원리를 설명하는 반면, **ARM**은 **데이터생성프로세스**(data generating process)를 이용하기 때문에 별도의 균형 조건은 불필요하다.[10] 그런데, ARM과 LPM-CAPM 모두 하방위험을 반영하고 있으며, 정규분포가 아닌 수익률에 더 적합하다는 공통점을 갖고 있다.

ARM의 핵심은 시장 환경의 변화에 따른 포트폴리오 수익률의 비대칭적 반응을 포착하기 위해서 아래와 같이 시장초과수익률을 양과 음으로 양분하는 것이다.

$$r_{it} - r_f = \beta_{i1} r_{mt}^- + \beta_{i2} r_{mt}^+ + \pi \delta_t + \varepsilon_{it} \tag{8.16}$$

단, $r_{mt} < r_f$ 이면, $r_{mt}^- = r_{mt} - r_f$, $r_{mt}^+ = 0$ 으로 둔다. 반면 $r_{mt} \geq r_f$ 이면, $r_{mt}^+ = r_{mt} - r_f$, $r_{mt}^- = 0$으로 둔다. 그리고, r_{mt}와 r_f는 각각 t 시점에서의 시장수익률과 무위험수익률을 의미하고, δ_t는 인덱스 변수로서 $r_{mt} > r_f$ 이면 1이고, 그 외의 경우는 0이다. 오차항인 ε_{it}는 계열상관이 없다고 가정한다.

---

9 Bawa et al.(1981).

10 LPM CAPM과 ARM의 관계는 CAPM과 Sharpe(1963)의 시장모형과의 관계와 유사하다.

비대칭 반응 모형은 수익률을 모형화할 때 왜 수익률의 비대칭성을 고려해야 하는지를 이해할 수 있도록 해준다. 왜냐하면, 이 모형을 이용하면 CAPM과 LPM-CAPM이 위험과 성과(초과수익률)를 측정하는 모형으로서 의미가 있는지를 통계적으로 검증해 볼 수 있기 때문이다.[11] 이를 알아보기 위해, 식 (8.16)에서 $\pi = \phi(\beta_{i1} - \beta_{i2})$라는 제약조건을 두자. 단, ϕ 는 $r_{mt} > r_f$일 때 r_{mt}의 조건부 기대로서, 아래와 같이 정의한다.

$$\phi = E\left[r_{mt} - r_f \middle| r_{mt} > r_f\right] = \frac{E[r_{mt}^{+}]}{\Pr(r_{mt} > r_f)} \tag{8.17}$$

그리고, 위 식을 식 (8.16)에 대입한 후 최소자승법에 의한 β_{i1}의 추정치를 구하면, 아래 식 (8.18)과 같은 LPM 베타를 구한 것으로, 여기에 기대연산자를 취하면 결국 식 (8.16)은 LPM-CAPM 식으로 축약된다는 것을 보일 수 있다.

$$\beta_{i1} = \beta_{LPM} = \frac{E\left[\left(R_i(t) - r_f\right)\min\left(0, r_{mt} - r_f\right)\right]}{E\left[\min\left(0, r_{mt} - r_f\right)^2\right]} \tag{8.18}$$

■ 비대칭 반응 모형의 의미

이렇게 구한 식 (8.18)의 LPM 베타는 모든 가정들이 CAPM과 동일하되, 다만, 목표수익률이 무위험수익률 r_{ft}인 균형모형으로부터 구한 위험지표이다. 따라서, 이 비대칭 반응 모형에서는 CAPM이 설명하는 기대수익률과 위험프리미엄 간의 선형관계는 여전히 성립한다. 그러나, CAPM 베타는 식 (8.18)의 LPM 베타로 대체되었으므로, 기대수익률에 영향을 미치는 요인은 공분산이 아니라 하방위험이 된다. 또한, 위험 요인으로서 기대수익률에 영향을 미치는 여러가지 비대칭성을 고려했음에도 불구하고, 위험-기대수익률 간의 관계를 나타내는 포트폴리오 투자선은 2차원이므로 분석하기 쉽다.

한편, 앞서 규정한 $\pi = \phi(\beta_{i1} - \beta_{i2})$라는 제약조건 하에서, β_{i2}는 시장 수익률의 상승에 대한 자산수익률의 반응으로 해석할 수 있다. 만약, $\beta_{i1} = \beta_{i2}$ (즉, $\pi = 0$)라는 제약조건을 두면, 시장수익률의 상승과 하락을 구분하지 않는 전통적인 CAPM이 되며, 이 때 추정된 베타는 아래와 같게 된다.

---

11 Harlow와 Rao(1989), Eftekhari와 Satchell(1996)과 Pedersen과 Hwang(2007)은 CAPM이 적절한지 여부를 검증하기 위해서 이 모형을 사용하였다. 또한, 시장의 호황과 불황 시 타이밍의 성과에서 나타나는 비대칭성을 검증하기 위해서도 유사한 모형들이 사용되었는데, 이에 관해서는 Fabozzi와 Francis(1977, 1979), Kim과 Zumwalt(1979), Chen(1982), Henriksson(1984), Henriksson과 Merton(1981), 그리고 Pettengill et al.(1995) 등을 참고하기 바란다.

$$\beta_{i1} = \beta_{CAPM} = \frac{E[(R_i(t) - r_f)(r_{mt} - r_f)]}{E[(r_{mt} - r_f)^2]} \tag{8.19}$$

따라서, LPM-CAPM은 전통적인 CAPM을 포함하고 있으며, ARM도 역시 CAPM을 포함하고 있음을 알 수 있다. 이러한 모형들은 정규분포가 아닌(non-normal)(즉, 비대칭인) 시장수익률과 주가의 움직임을 포착할 수 있으므로, 비대칭 수익률에 내포된 위험을 측정할 수 있다.

그러나, 수익률이 대칭적인 분포이거나, 평균-분산 분석이 유효하거나, 또는 CAPM이 유효한 경우에는, CAPM이 LPM-CAPM(ARM)과 동일하므로, LPM-CAPM이나 ARM은 불필요하게 CAPM을 확장시킨 모형이 된다.

8.2 고차적률 가격결정모형(higher moment asset pricing model)★★

많은 실증분석연구에서 평균-분산 분석이나 CAPM 같은 전통적인 모형들이 자산가격결정을 제대로 설명하지 못하는 것으로 나타났다. 이러한 문제를 해결하기 위한 많은 대안들이 등장했는데, 그중 한 가지로서 이 절에서는 CAPM에서 고려하는 평균(1차 적률), 분산(2차 적률) 이외에도, 왜도(3차 적률) 또는 첨도(4차 적률) 같은 고차적률이 자산가격결정에 중요한 요인으로 작용하는 경우를 살펴보고자 한다. 참고로, 자본시장이 미성숙된 시장에서는 왜도와 첨도가 자산가격에 유의한 영향을 준다고 밝혀진 바 있고,[12] 고차적률을 위험프리미엄으로 추가해야 함을 뒷받침하는 다양한 선행 연구들이 있다.[13] 이를 살펴보기 위해, 여기서는 수익률이 정규분포를 따르는 것이 아니라 고차적률이 중요한 임의의 분포를 따른다고 가정한다. 예컨대, 3차 적률 CAPM의 경우에는 1~3차 적률이 존재한다고 가정하고, 4차 적률 CAPM의 경우에는 1~4차 적률이 존재함을 가정한다.

또한, 우리는 샤프(Sharpe)의 시장모형(market model)처럼 시장에 대한 조건부 데이터 생성 프로세스를 이용하는 대안적인 접근법을 설명할 것이다. 왜냐하면, 공적률(co-moments) 간에는 다중공선성(multi-collinearity)이 높으며, 공왜도(co-skewness)나 공첨도(co-kurtosis)를 추정하는 것은 상당히 어렵기 때문이다. 이러한 어려움을 줄이기 위해 데이터 생성 프로세스를 이용하는 특정한 모형들, 예컨대, 2차 또는 3차 시장모형들을 소개할 것이다. 그리고, 이러한 고차적률 데이터 생성 프로세스는 고차적률 CAPM과 서로 일관됨을 보여줄 것이다.

---

12 예를 들어, Bekaert et al.(1998)를 참고하기 바란다.

13 예를 들어, Arditti(1967), Jean(1971, 1973), Ingersoll(1975), Kraus와 Litzenberger(1976), Friend와 Westerfield(1980), Sears와 Wei(1985, 1988), Homaifar와 Graddy(1988), Lim(1989), 그리고 Siddige와 Harvey(2000)를 참고하기 바란다.

8.2.1 고차적률 CAPM(higher moment CAPM)

고차적률 CAPM을 유도해보자. 모든 수익률은 1기간의 소비 단위로 표시된다고 가정하자. 무위험자산의 수익률은 r_f이고, 위험자산은 N개 존재하며, i번째 위험자산의 수익률은 r_i라고 하자. 무위험자산과 N개의 위험자산들에 대한 투자비율은 각각 w_0와 $w_i(i=1, 2, 3, \cdots, N)$이고, $w_0 + \sum_{i=1}^{N} w_i = 1$이다. 이 투자자의 초기 투자금액은 1이고, 기말의 부는 W로 표시하기로 하자.

$$W = w_0(1 + r_f) + \sum_{i=1}^{N} w_i(1 + r_i) \tag{8.20}$$

그리고, 이 투자자의 포트폴리오 수익률은 $r_p = w_0 r_f + \sum_{i=1}^{N} w_i r_i = W - 1$이다.

■ 베타, 체계적 왜도(공왜도), 체계적 첨도(공첨도)의 정의

우선 기말의 부에 대한 2~4번째 적률과 체계적 위험과의 관계를 나타내는 베타, 체계적 왜도 및 체계적 첨도를 정의해보자. 이들 체계적 위험을 각각 β_{ip}, γ_{ip} 및 θ_{ip}라 할 때 이들은 다음과 같이 정의된다.

$$\beta_{ip} = \frac{E[\{r_i - E(r_i)\}\{r_p - E(r_p)\}]}{E[\{r_p - E(r_p)\}^2]}$$

$$\gamma_{ip} = \frac{E[\{r_i - E(r_i)\}\{r_p - E(r_p)\}^2]}{E[\{r_p - E(r_p)\}^3]}$$

$$\theta_{ip} = \frac{E[\{r_i - E(r_i)\}\{r_p - E(r_p)\}^3]}{E[\{r_p - E(r_p)\}^4]}$$

이들을 각각 베타, 체계적 왜도(systematic skewness) 또는 공왜도(co-skewness), 체계적 첨도(systematic kurtosis) 또는 공첨도(co-kurtosis)라고 부르며, 이들은 포트폴리오 수익률 r_p의 분산, 왜도, 첨도에 대한 자산의 체계적 위험 또는 위험노출(risk exposure)의 정도를 측정한다.[14]

■ 부에 대한 표준편차, 왜도, 첨도의 정의

이제, 임의의 확률변수 z에 대한 표준편차, 왜도 및 첨도를 아래와 같이 정의해보자.[15]

---

14 시장에 한 명의 대표투자자가 존재하고, 그가 투자한 포트폴리오가 p이므로, 이 포트폴리오는 시장포트폴리오가 된다.

15 참고로, 왜도와 첨도는 흔히 $[\{z - E(z)\}^3]/\sigma(z)^3$와 $E[\{z - E(z)\}^4]/\sigma(z)^4$로 정의한다. 이 절에서는 이들을 (8.26) $\gamma(W)$ 및 (8.27) $\theta(W)$와 구분하기 위해서 '표준화된 왜도'와 '표준화된 첨도'라고 부르기로 한다.

$$\sigma(z) = E[\{z - E(z)\}^2]^{1/2} \tag{8.21}$$

$$\gamma(z) = E[\{z - E(z)\}^3]^{1/3} \tag{8.22}$$

$$\theta(z) = E[\{z - E(z)\}^4]^{1/4} \tag{8.23}$$

초기 투자를 1로 두었으므로, 기말의 부에 대한 적률들은 포트폴리오의 수익률에 대한 적률들과 동일하다. 즉, $\sigma(W) = \sigma(r_p)$, $\gamma(W) = \gamma(r_p)$ 및 $\theta(W) = \theta(r_p)$가 된다. 또한, 식 $\sum_{i=1}^N w_i r_i = r_p - w_0 r_f$ 와 $\sum_{i=1}^N w_i E(r_i) = E(r_p) - w_0 r_f$ 임을 이용하면, 아래와 같은 과정을 통해서 $\sum_{i=1}^N w_i \beta_{ip} = 1$임을 증명할 수 있다.

$$\begin{aligned} &\textstyle\sum_{i=1}^N w_i \beta_{ip} \\ &= \sum_{i=1}^N w_i \frac{E[\{r_i - E(r_i)\}\{r_p - E(r_p)\}]}{E[\{r_p - E(r_p)\}^2]} \\ &= \frac{E[\{\sum_{i=1}^N w_i r_i - \sum_{i=1}^N w_i E(r_i)\}\{r_p - E(r_p)\}]}{E[\{r_p - E(r_p)\}^2]} \\ &= 1 \end{aligned} \tag{8.24}$$

같은 방법으로 $\sum_{i=1}^N w_i \gamma_{ip} = 1$과 $\sum_{i=1}^N w_i \theta_{ip} = 1$임을 증명할 수 있으며, 따라서 아래의 식들을 얻을 수 있다.

$$\sigma(W) = \textstyle\sum_{i=1}^N w_i \beta_{ip} \sigma(r_p) \tag{8.25}$$

$$\gamma(W) = \textstyle\sum_{i=1}^N w_i \gamma_{ip} \gamma(r_p) \tag{8.26}$$

$$\theta(W) = \textstyle\sum_{i=1}^N w_i \theta_{ip} \theta(r_p) \tag{8.27}$$

■ 고차적률을 고려한 기대효용극대화

이제 투자의사결정문제를 살펴보자. 투자자는 아래와 같은 제약조건하에서 기말의 부에 대한 기대효용을 극대화한다.[16]

$$\begin{aligned} &Max \quad E[u(W)] = f(E(W), \sigma(W), \gamma(W), \theta(W)) \\ &s.t. \quad 1 = w_0 + \textstyle\sum_{i=1}^N w_i \end{aligned} \tag{8.28}$$

이 극대화 문제를 풀기 위해서 아래와 같이 라그랑지안 함수를 만들어보자.

16 앞서 우리는 기대효용함수가 기대부와 부의 표준편차의 함수인 경우를 가정하여 CAPM을 도출하였다.

$$L = E[u(W)] - \lambda(w_0 + \sum_{i=1}^{N} w_i - 1) \tag{8.29}$$

최적해를 구하기 위해, 이 라그랑지안을 w_0와 w_i에 대해 1차 미분한 값은 아래와 같다.

$$\frac{\partial L}{\partial w_0} = \frac{\partial E[u(W)]}{\partial E(W)}\left(1 + r_f\right) - \lambda = 0 \tag{8.30}$$

$$\frac{\partial L}{\partial w_i} = \frac{\partial E[u(W)]}{\partial E(W)}(1 + E(r_i)) + \frac{\partial E[u(W)]}{\partial \sigma(W)}\beta_{ip}\sigma(r_p) \tag{8.31}$$

$$+\frac{\partial E[u(W)]}{\partial \gamma(W)}\gamma_{ip}\gamma\left(r_p\right) + \frac{\partial E[u(W)]}{\partial \theta(W)}\theta_{ip}\theta\left(r_p\right) - \lambda = 0$$

단, 위 식에서는 식 (8.20), (8.25)~(8.27)로부터, $\frac{\partial E(W)}{\partial w_i} = 1 + E(r_i)$, $\frac{\partial \sigma(W)}{\partial w_i} = \beta_{ip}\sigma(r_p)$, $\frac{\partial \gamma(W)}{\partial w_i} = \gamma_{ip}\gamma(r_p)$, $\frac{\partial \theta(W)}{\partial w_i} = \theta_{ip}\theta(r_p)$ 임을 이용하였다. 식 (8.30)과 (8.31)을 결합하면, 아래의 식을 얻을 수 있다.

$$E(r_i) - r_f = -\frac{\frac{\partial E[u(W)]}{\partial \sigma(W)}}{\frac{\partial E[u(W)]}{\partial E(W)}}\beta_{ip}\sigma\left(r_p\right) - \frac{\frac{\partial E[u(W)]}{\partial \gamma(W)}}{\frac{\partial E[u(W)]}{\partial E(W)}}\gamma_{ip}\gamma\left(r_p\right) - \frac{\frac{\partial E[u(W)]}{\partial \theta(W)}}{\frac{\partial E[u(W)]}{\partial E(W)}}\theta_{ip}\theta\left(r_p\right) \tag{8.32}$$

한편, 투자자의 기대효용곡선의 최대점에서는 곡선의 기울기가 0이기 때문에 변화가 없다. 그러므로, 왜도와 첨도가 특정 값으로 주어졌다면, 기대효용의 최대점에서 기대수익률 및 분산의 변화는 0이다. 따라서, 최대점에서는 $E[u(W)]$의 전미분값을 0으로 둘 수 있기 때문에, 아래의 식 (8.33)을 얻을 수 있다. 동일한 논리로 식 (8.34)와 (8.35)도 구할 수 있다.

$$dE[u(W)] = \frac{\partial E[u(W)]}{\partial E(W)}dE(W) + \frac{\partial E[u(W)]}{\partial \sigma(W)}d\sigma(W) = 0 \tag{8.33}$$

$$dE[u(W)] = \frac{\partial E[u(W)]}{\partial E(W)}dE(W) + \frac{\partial E[u(W)]}{\partial \gamma(W)}d\gamma(W) = 0 \tag{8.34}$$

$$dE[u(W)] = \frac{\partial E[u(W)]}{\partial E(W)}dE(W) + \frac{\partial E[u(W)]}{\partial \theta(W)}d\theta(W) = 0 \tag{8.35}$$

위의 세 방정식으로 식 (8.32)의 한계대체율을 치환할 수 있다. 그 결과는 아래와 같다.

$$E(r_i) - r_f = \left[\frac{dE(W)}{d\sigma(W)}\right]\beta_{ip}\sigma\left(r_p\right) + \left[\frac{dE(W)}{d\gamma(W)}\right]\gamma_{ip}\gamma\left(r_p\right) + \left[\frac{dE(W)}{d\theta(W)}\right]\theta_{ip}\theta\left(r_p\right) \tag{8.36}$$

이 식은 투자자의 기대효용극대화를 위한 의사결정의 결과를 보여주는데, 이로부터 시장 전체의 균형모형을 유도하기 위해서는 제5장에서 살펴본 포트폴리오 분리 정리가 필요하다. 이 정리에 따르면, 모든 개별 투자자들은 두 개의 펀드, 즉, 무위험자산과 포트폴리오 M에만 투자하여 효용을 극대화시킨다. 우리는 이를 펀드-현금분리(two fund monetray separation, TFMS)라고 불렀다. 펀드-현금분리가 성립하기 위해서는 모든 투자자들의 위험수용성이 동일해야 하므로, 투자자들은 쌍곡선 절대위험회피(hyperbolic absolute risk aversion, HARA) 효용함수를 가진다는 가정이 필요하다. 이 가정 하에서는 개별 투자자들의 효용함수를 합할 수 있으므로 대표투자자를 가정할 수도 있고, 그 결과 투자자들의 최적포트폴리오 구성이 포트폴리오 M의 구성과 동일하다. 따라서, 식 (8.36)의 최적포트폴리오 p를 포트폴리오 M으로 바꾸어서 아래와 같이 쓸 수 있다.

$$E(r_i) - r_f = \left[\frac{dE(W)}{d\sigma(W)}\right]\beta_{im}\sigma(r_m) + \left[\frac{dE(W)}{d\gamma(W)}\right]\gamma_{im}\gamma(r_m) + \left[\frac{dE(W)}{d\theta(W)}\right]\theta_{im}\theta(r_m)$$

단, r_m은 포트폴리오 M의 수익률이다. 이러한 결과를 다음과 같이 정리하도록 하자.

■ 고차적률 CAPM

4차 적률 CAPM은 다음과 같이 정의된다.

▶ 4차 적률 CAPM

먼저, Kraus와 Litzenberger(1976)의 **4차 적률 CAPM**(fourth moment CAPM)은 다음과 같다.

$$E(r_i) - r_f = \alpha_1\beta_{im} + \alpha_2\gamma_{im} + \alpha_3\theta_{im} \tag{8.37}$$

여기서, $\alpha_1 = \frac{dE(W)}{d\sigma(W)}\sigma(r_m)$, $\alpha_2 = \frac{dE(W)}{d\gamma(W)}\gamma(r_m)$, $\alpha_3 = \frac{dE(W)}{d\theta(W)}\theta(r_m)$이다.

이제, 고차적률 CAPM의 위험프리미엄인 α_1, α_2 및 α_3의 부호를 살펴보자.

- 통상적인 CAPM에서와 같이, 베타에 대한 위험프리미엄인 α_1은 0보다 커야 한다.
- 공왜도가 양수이면($\gamma(r_m) > 0$), 공왜도의 시장가격(위험프리미엄)인 α_2는 반드시 음수가 되어야 하고, 공왜도가 음수이면 ($\gamma(r_m) < 0$), α_2는 반드시 양수가 되어야 한다. 왜냐하면, α_2를 구성하는 $\frac{dE(W)}{d\gamma(W)} = -\frac{\frac{\partial E[u(W)]}{\partial\gamma(W)}}{\frac{\partial E[u(W)]}{\partial E(W)}}$ (식 (8.34) 참조)의 부호가 음수이기 때문인데, 그 이유는 다른 조건이 동일하다면 부의 왜도가 증가할수록 하방위험은 더욱 제한적이고 수익률의 상승 가능성은 커지므로 기대효용도 증가하기 때문에 $\frac{\partial E[u(W)]}{\partial\gamma(W)} > 0$이고, 효용

함수의 불포화 만족 조건에 의해 $\frac{\partial E[u(W)]}{\partial E(W)} > 0$이기 때문이다.[17] 따라서, α_2의 부호는 $\gamma(r_m)$의 부호와는 반대가 된다.[18]

• 공첨도의 시장가격인 α_3은 양수이다. α_3을 구성하는 $\frac{dE(W)}{d\theta(W)} = -\frac{\partial E[u(W)]/\partial\theta(W)}{\partial E[u(W)]/\partial E(W)}$ (식 (8.35) 참조)의 부호가 음수이기 때문이다. 먼저, 다른 조건이 동일하다면, 첨도가 상승할수록 분포의 꼬리가 두꺼워지므로 위험도 상승하기 때문에 기대효용은 감소한다.[19] 따라서 $\frac{dE(W)}{d\theta(W)} < 0$가 된다. 그리고, 불포화만족 조건에 의해 $\frac{\partial E[u(W)]}{\partial E(W)} > 0$이고, 공첨도는 양수이므로 $\theta(r_m) > 0$이다. 그러므로, α_3은 양수이다. 양수인 α_3은 수익률이 산포된 정도를 측정하는 추가적인 지표가 되므로, α_1과 유사한 내용으로 설명될 수 있다.

이와 같이, 투자자들은 높은 왜도와 낮은 첨도를 선호하며, 이러한 왜도와 첨도를 추가적인 위험지표로 가격결정에 반영한 모형이 4차 적률 CAPM이다.

식 (8.37)의 4차 적률 CAPM에서, 만약 $\alpha_3 = 0$이면, Kraus와 Litzenberger(1976)의 **3차 적률 CAPM**이 된다. 3차 적률 CAPM에 대한 실증분석 결과는 일관성 있게 나타나지는 않는다.[20]

■ Sears-Wei의 4차 적률 CAPM

이제, Sears와 Wei(1985)의 4차 적률 CAPM을 살펴보자. 먼저, 식 (8.37)이 시장포트폴리오에 대해서도 성립한다고 가정하면, 자산 i가 시장포트폴리오일 경우 $\beta_{im} = \gamma_{im} = \theta_{im} = 1$이 되므로, 아래의 식을 얻을 수 있다.

$$E(r_m) - r_f = \left[\frac{dE(W)}{d\sigma(W)}\right]\sigma(r_m) + \left[\frac{dE(W)}{d\gamma(W)}\right]\gamma(r_m) + \left[\frac{dE(W)}{d\theta(W)}\right]\theta(r_m) \qquad (8.38)$$

---

17 투자자가 양의 왜도를 선호하는 이유는, 양의 왜도(positive skewness, right-skewed)가 왼쪽으로 치우쳐져 있고(즉, 분포의 제일 높은 지점이 정규분포보다 왼쪽에 있고) 꼬리가 오른쪽으로 긴 분포 형태이므로, 하방위험은 제한적이면서 수익률이 매우 커질 가능성이 있기 때문이다.

18 Kraus와 Litzenberger (1976).

19 첨도는 분산으로는 설명할 수 없는 양쪽 꼬리 분포의 두꺼운 정도와 수익률의 중앙 집중 정도를 나타내며, 첨도가 높을수록 확률분포의 꼬리가 두꺼워지므로(극단적인 편차 또는 이상치가 많아지므로) 위험은 높아진다. 왜냐하면, 첨도가 3인 정규분포로 예를 들면, 첨도가 3보다 작으면(platykurtic) 정규분포보다 꼬리가 얇고, 첨도가 3보다 크면(leptokurtic) 정규분포보다 꼬리가 두껍기 때문이다. 따라서, 첨도가 3보다 작으면 정규분포보다 극단적인 값들이 상대적으로 작다.

20 Kraus와 Litzenberger(1976)는 베타와 공왜도의 계수들이 유의하다는 결과를 얻었으나, Friend와 Westerfield(1980)에 따르면 그렇지 않았다. Sears와 Wei(1985)는 시장위험 프리미엄의 실증적 가치를 의미하는 $E(r_m) - r_f$가 자산가격결정모형들의 추정치, 즉, 베타와 공왜도의 계수값에 영향을 미칠 수 있다고 주장하였다. 이론적으로는 시장위험 프리미엄은 항상 0보다 커야 한다. 그러나, 현실에서는 시장위험 프리미엄이 음수가 되기도 한다. Sears와 Wei(1985)는 자산가격결정모형에 대한 검증은 시장위험 프리미엄의 부호에 의해 영향을 받는다고 주장하였다.

식 (8.37)을 (8.38)로 나누면, 아래와 같이 Sears와 Wei(1985)의 **4차 적률 CAPM**이 된다.

$$E(r_i) - r_f = (b_1\beta_{im} + b_2\gamma_{im} + b_3\theta_{im})(E(r_m) - r_f) \tag{8.39}$$

단, $b_1 = \frac{\sigma(r_m)}{\sigma(r_m)+k_1\gamma(r_m)+k_2\theta(r_m)}$, $b_2 = \frac{k_1\gamma(r_m)}{\sigma(r_m)+k_1\gamma(r_m)+k_2\theta(r_m)}$, $b_3 = \frac{k_2\theta(r_m)}{\sigma(r_m)+k_1\gamma(r_m)+k_2\theta(r_m)}$, $k_1 = \frac{dE(W)/d\gamma(W)}{dE(W)/d\sigma(W)}$, $k_2 = \frac{dE(W)/d\theta(W)}{dE(W)/d\sigma(W)}$ 이다. 만약, $k_2 = 0$이면, Sears와 Wei(1985)의 3차 적률 CAPM이 된다. 여기서, k_1은 왜도와 위험 간의 한계대체율로 해석되고, k_2는 첨도와 위험 간의 한계대체율로 해석된다. 따라서, Kraus-Litzenberger 모형의 계수는 Sears-Wei 모형의 계수와 다음과 같은 관계를 가진다.

$$\alpha_1 = b_1(E(r_m) - r_f)$$
$$\alpha_2 = b_2(E(r_m) - r_f)$$

■ 고차적률 CAPM의 의미

이제, 식 (8.39)의 Sears-Wei의 4차 적률 CAPM의 한계대체율을 더 자세히 살펴보도록 하자. 투자자의 기말 부에 대한 기대효용은 아래와 같이 $E(W)$에 대한 테일러 전개를 사용하여 근사될 수 있다.

$$E[u(W)] \approx u(E(W)) + \frac{u''(E(W))}{2!}\sigma(W)^2 + \frac{u'''(E(W))}{3!}\gamma(W)^3 + \frac{u''''(E(W))}{4!}\theta(W)^4 \tag{8.40}$$

불포화만족 조건과 한계효용체감 조건의 성립을 위해서는 각각 $u'(E(W)) > 0$와 $u''(E(W)) < 0$가 되어야 한다. 그리고, 절대위험회피가 감소하기 위한 필요조건은 $u'''(E(W)) > 0$이다. 또한, 4차 적률과 관련하여, Scott과 Horvath (1980)는 $u''''(E(W)) < 0$임을 보인 바가 있다. 이러한 조건들을 이용하면 아래와 같이 식 (8.40)의 기대효용함수를 $E(W)$, $\sigma(W)$, $\gamma(W)$, $\theta(W)$에 대해서 미분한 결과들을 얻을 수 있다.

$$\frac{\partial E[u(W)]}{\partial E(W)} \approx u'(E(W)) > 0$$
$$\frac{\partial E[u(W)]}{\partial \sigma(W)} \approx u''(E(W))\sigma(W) < 0$$
$$\frac{\partial E[u(W)]}{\partial \gamma(W)} \approx \frac{u'''(E(W))}{2!}\gamma(W)^2 > 0$$
$$\frac{\partial E[u(W)]}{\partial \theta(W)} \approx \frac{u''''(E(W))}{3!}\theta(W)^3 < 0$$

그리고, 식 (8.39)에서 정의했던 한계대체율 k_1과 k_2는 식 (8.33)~(8.35)를 이용하면 아래와 같이 나타낼 수 있다.

$$k_1 = \frac{\partial E[u(W)]/\ \partial \gamma(W)}{\partial E[u(W)]/\ \partial \sigma(W)}, \qquad k_2 = \frac{\partial E[u(W)]/\ \partial \theta(W)}{\partial E[u(W)]/\ \partial \sigma(W)}$$

따라서, 위의 미분 결과들에 의해서 한계대체율의 부호는 $k_1 < 0$ 이고 $k_2 > 0$이다.

음수인 k_1이 의미하는 바는 합리적인 투자자라면 왜도가 0보다 크고 위험이 적은 것을 더 선호한다는 것이다. 반면, k_2가 양수인 것은 투자자들이 분산과 첨도에 의해 측정되는 산포(dispersion)를 싫어한다는 것을 의미한다. 즉, 기대 부가 특정한 값으로 주어졌다면, 투자자는 부의 산포된 정도가 커지는 것을 싫어하며, 분산 하나로는 설명할 수 없는 상황들에 대해서는 첨도를 추가적인 위험측정지표로 고려하게 된다는 것이다.

■ 로그효용함수를 이용한 고차적률 CAPM

Sears-Wei 4차 적률 CAPM의 경우에는 한계대체율인 k_1과 k_2를 구하는 것이 어려울 수 있다. 한 가지 가능한 방법은 위험회피 매개변수가 없는 효용함수를 사용하는 것이다. 그 대표적인 것이 로그효용함수, $u(W) = ln(W)$ 이다. 로그효용함수를 사용할 때의 4차적률 CAPM을 유도해 보자.

먼저, 로그효용함수인 경우, 기말 부에 대한 투자자의 기대효용을 테일러 근사시키면 아래와 같다.

$$E[u(W)] = \log(E(W)) - \frac{\sigma(W)^2}{2E(W)^2} + \frac{\gamma(W)^3}{3E(W)^3} - \frac{\theta(W)^4}{4E(W)^4}$$

따라서,

$$\frac{\partial E[u(W)]}{\partial E(W)} = \frac{1}{E(W)} + \frac{\sigma(W)^2}{E(W)^3} - \frac{\gamma(W)^3}{E(W)^4} + \frac{\theta(W)^4}{E(W)^5}$$

$$\frac{\partial E[u(W)]}{\partial \sigma(W)} = -\frac{\sigma(W)}{E(W)^2}$$

$$\frac{\partial E[u(W)]}{\partial \gamma(W)} = \frac{\gamma(W)^2}{E(W)^3}$$

$$\frac{\partial E[u(W)]}{\partial \theta(W)} = -\frac{\theta(W)^3}{E(W)^4}$$

위의 결과들을 식 (8.37)에 대입하면, 아래의 식을 얻을 수 있다.

$$E(r_i) - r_f = \frac{\frac{\sigma(W)}{E(W)^2}\beta_{ip}\sigma(r_p) - \frac{\gamma(W)^2}{E(W)^3}\gamma_{ip}\gamma(r_p) + \frac{\theta(W)^3}{E(W)^4}\theta_{ip}\theta(r_p)}{\frac{1}{E(W)} + \frac{\sigma(W)^2}{E(W)^3} - \frac{\gamma(W)^3}{E(W)^4} + \frac{\theta(W)^4}{E(W)^5}}$$

이제, 펀드-현금 분리의 가정을 적용하자. 그러면, 포트폴리오 p는 포트폴리오 M이 된다. 그리고, $W = W_0(1 + r_m)$이므로, $\sigma(W) = W_0\sigma(r_m)$, $\gamma(W) = W_0\gamma(r_m)$, $\theta(W) = W_0\theta(r_m)$임을 위 식에 적용하면, 아래의 식을 얻을 수 있다.

$$E(r_i) - r_f = \frac{E(1 + r_m)^3\sigma(r_m)^2\beta_{im} - E(1 + r_m)^2\gamma(r_m)^3\gamma_{im} + E(1 + r_m)\theta(r_m)^4\theta_{im}}{E(1 + r_m)^4 + E(1 + r_m)^2\sigma(r_m)^2 - E(1 + r_m)\gamma(r_m)^3 + \theta(r_m)^4}$$

위 식을 포트폴리오 M에 적용하면, 아래와 같다.

$$E(r_m) - r_f = \frac{E(1 + r_m)^3\sigma(r_m)^2 - E(1 + r_m)^2\gamma(r_m)^3 + E(1 + r_m)\theta(r_m)^4}{E(1 + r_m)^4 + E(1 + r_m)^2\sigma(r_m)^2 - E(1 + r_m)\gamma(r_m)^3 + \theta(r_m)^4}$$

이 두 식으로부터, 아래의 식을 얻을 수 있다.

$$E(r_i) - r_f = \frac{E(1 + r_m)^2\sigma(r_m)^2\beta_{im} - E(1 + r_m)\gamma(r_m)^3\gamma_{im} + \theta(r_m)^4\theta_{im}}{E(1 + r_m)^2\sigma(r_m)^2 - E(1 + r_m)\gamma(r_m)^3 + \theta(r_m)^4}(E(r_m) - r_f)$$

이제, $D = E(1 + r_m)^2\sigma(r_m)^2 - E(1 + r_m)\gamma(r_m)^3 + \theta(r_m)^4$라고 두면, 로그효용함수를 갖는 투자자에 대한 4차 적률 CAPM을 아래와 같이 구할 수 있다.

$$E(r_i) - r_f = (L_1\beta_{im} + L_2\gamma_{im} + L_3\theta_{im})(E(r_m) - r_f) \tag{8.41}$$

단, $L_1 = \frac{E(1 + r_m)^2\sigma(r_m)^2}{D}$, $L_2 = -\frac{E(1 + r_m)\gamma(r_m)^3}{D}$, $L_3 = \frac{\theta(r_m)^4}{D}$.

8.2.3 고차적률 데이터생성프로세스(higher moment DGP)

고차적률 CAPM에서 위험요인으로 사용하는 여러 적률들은 적률계산 수식들이 유사하기 때문에, 이 모형에 사용되는 위험들이 명확히 식별 또는 측정되지 않을 수 있다는 문제를 내포하고 있다. 이를 해결하는 한 가지 방법으로, 데이터 생성 프로세스(data generating process, DGP)를 사용할 수 있다. 데이터 생성 프로세스는 체계적 위험 지표들 간의 다중공선성을 감소시킬 수 있어야 하고, 그 프로세스에 상응하는 고차적률 CAPM과 일관성을 가져야 한다.

예를 들어, Barone-Adesi(1985)는 데이터 생성 프로세스로서 2차식 시장 모형을 제시하였고, 이 프로세스가 Kraus-Litzenberger의 3차 적률 CAPM의 다중공선성 문제를 감소시킬 수 있다고 주장하였다. 이 절에서는 Barone-Adesi(1985)의 연구를 이용하여 고차적률 CAPM과 동일한 결과를 가져다 주는 데이터 생성 프로세스를 살펴보기로 한다.

■ 시장 모형을 이용한 데이터 생성 프로세스

먼저, 제5장에서 학습했던 시장 모형을 살펴보자. 이 모형은 자산 i의 수익률에 대한 데이터 생성 프로세스로서, 아래와 같이 시장포트폴리오의 초과수익률에 대한 선형함수로 규정한다.

$$r_{i,t} - r_f = \alpha_{0,i} + \alpha_{1,i}(r_{m,t} - r_f) + \varepsilon_{i,t} \tag{8.42}$$

실증분석 등을 이용하여 이 식에서 $\beta_{im} = \alpha_{1,i}$라는 결론을 얻을 수 있다면, 이것은 개별 자산의 초과수익률을 시장포트폴리오의 초과수익률에 대한 선형함수로 나타낼 수 있다는 의미이므로, 고차적률 CAPM보다는 평균(1차적률)-분산(2차적률)에 기초한 CAPM을 사용해야 한다.

• 2차식 시장모형과 3차 적률 CAPM

다음으로, 아래와 같은 2차식 시장 모형을 살펴보자.

$$r_{i,t} - r_f = \alpha_{0,i} + \alpha_{1,i}(r_{m,t} - r_f) + \alpha_{2,i}(r_{m,t} - E(r_m))^2 + \varepsilon_{i,t} \tag{8.43}$$

이 식을 추정해서 다음과 같은 결론을 얻을 수 있다면, 3차 적률 CAPM이 성립하는 것이다.

$$\beta_{im} = \alpha_{1,i} + \alpha_{2,i}\frac{\gamma(r_m)^3}{\sigma(r_m)^2} \tag{8.44}$$

$$\gamma_{im} = \alpha_{1,i} + \alpha_{2,i}\frac{\theta(r_m)^4 - \sigma(r_m)^4}{\gamma(r_m)^3} \tag{8.45}$$

이는 개별 자산의 초과수익률이 베타와 공왜도의 함수임을 의미하는 것이므로, 이 경우에는 3차 적률 CAPM이 성립한다고 판단할 수 있다. 이와 같은 결론은 식 (8.43)의 2차식 시장 모형을 이용해서 두 개의 파라미터인 $\alpha_{1,i}$와 $\alpha_{2,i}$로부터 베타와 공왜도라는 두 체계적 위험 지표들을 유도할 수 있음을 의미한다. 한편, 식 (8.44)와 (8.45)로부터 β_{im}과 γ_{im} 간의 다중공선성의 특성을 이해할 수 있다. 예를 들어, 식 (8.44)와 (8.45)에서 $\alpha_{2,i}$에 대한 가중치가 서로 같다면, $\beta_{im} = \gamma_{im}$이 된다. 그리고, $\alpha_{1,i}$ 또는 $\alpha_{2,i}$ 중 하나가 모든 i에 대해서 상수라면, β_{im}과 γ_{im}은 선형관계를 가진다.

• 3차식 시장모형과 4차 적률 CAPM

마지막으로, 데이터 생성 프로세스가 아래와 같은 3차식 모형이 되는 경우를 살펴보자.

$$r_{i,t} - r_f = \alpha_{0,i} + \alpha_{1,i}(r_{m,t} - r_f) + \alpha_{2,i}(r_{m,t} - E(r_m))^2 + \alpha_{3,i}(r_{m,t} - E(r_m))^3 + \varepsilon_{i,t} \quad (8.46)$$

이 경우 식 (8.37)과 비교하면 아래의 결과를 얻을 수 있다.

정리 Kraus-Litzenberger의 4차 적률 CAPM(식 (8.37))과 데이터 생성 프로세스(식 (8.46))가 성립한다고 가정하면, 체계적 위험 지표인 β_{im}, γ_{im}, θ_{im}은 아래와 같다.

$$\beta_{im} = \alpha_{1,i} + \frac{\alpha_{2,i}\gamma(r_m)^3 + \alpha_{3,i}\theta(r_m)^4}{\sigma(r_m)^2}$$

$$\gamma_{im} = \alpha_{1,i} + \frac{\alpha_{2,i}\{\theta(r_m)^4 - \sigma(r_m)^4\} + \alpha_{3,i}\{\phi(r_m)^5 - \gamma(r_m)^3\sigma(r_m)^2\}}{\gamma(r_m)^3}$$

$$\theta_{im} = \alpha_{1,i} + \frac{\alpha_{2,i}\{\phi(r_m)^5 - \sigma(r_m)^2\gamma(r_m)^3\} + \alpha_{3,i}\{\varphi(r_m)^6 - \gamma(r_m)^6\}}{\theta(r_m)^4}$$

단, $\phi(r_m) = E[\{r_m - E(r_m)\}^5]^{1/5}$, $\varphi(r_m) = E[\{r_m - E(r_m)\}^6]^{1/6}$이고, 다른 파라미터들은 위에서 정의한 바와 같다.

고차적률 CAPM은 데이터 생성 프로세스의 최고차 적률에 의해 결정된다. 만약, 데이터 생성 프로세스가 2차식이라면, 4차 적률 CAPM은 사용할 수 없고, 3차 적률 CAPM을 사용할 수 있다. 식 (8.46)과 같이 데이터 생성 프로세스가 3차식인 경우에만 4차 적률 CAPM을 사용할 수 있다. 따라서, 알 수 없는 어떤 데이터 생성 프로세스가 실제로는 2차식임에도 불구하고 우리가 4차 적률 CAPM으로 추정했다면, 4차 적률 CAPM을 식별해 낼 수 없을 뿐 아니라 체계적 위험 지표들 간의 다중공선성으로 인한 추정 문제가 발생하게 된다.

8.3 가격결정요인(한계대체율)을 활용한 고차적률 CAPM**

소비기반 CAPM모형에서는 확률할인요소(stochastic discount factor)의 선택에 따라서 다양한 가격결정모형을 도출할 수 있다. 예를 들면, 베타,[21] 고차적률,[22] 하방베타,[23] 그리고 조건

21 Rosenberg et al.(1985), Fama와 French(1992, 1993).

22 Hwang과 Satchell(1999), Harvey와 Siddique(2000).

23 Petkova와 Zhang(2005).

$$E(r_{i,t+1}) - r_f = [E(r_{m,t+1}) - r_f]\frac{Cov(r_{mt+1}, r_{i,t+1})}{Var(r_{mt+1})} = [E(r_{m,t+1}) - r_f]\beta_i$$

- 3차 및 4차 적률 CAPM

만약, 가격결정요인이 시장수익률에 대한 이차함수라고 가정하면, $k_{t+1} = \theta_0 + \theta_1 r_{mt+1} + \theta_2 r_{mt+1}^2$이므로, 동일한 과정으로 다음과 같은 가격결정모형을 얻을 수 있다.

$$E(r_{i,t+1}) - r_f = \lambda_1 Cov(r_{m,t+1}, r_{i,t+1}) + \lambda_2 Cov(r_{m,t+1}^2, r_{i,t+1})$$

그리고, 가격결정요인이 시장수익률에 대한 삼차함수, 즉, $d_t = \theta_0 + \theta_1 r_{mt+1} + \theta_2 r_{mt+1}^2 + \theta_3 r_{mt+1}^3$이라고 가정하면, 다음과 같은 가격결정모형을 얻을 수 있다.

$$E(r_{i,t+1}) - r_f = \lambda_1 Cov(r_{m,t+1}, r_{i,t+1}) + \lambda_2 Cov(r_{m,t+1}^2, r_{i,t+1}) + \lambda_3 Cov(r_{m,t+1}^3, r_{i,t+1})$$

위 식에서 $Cov(r_{m,t+1}^2, r_{i,t+1})$와 $Cov(r_{m,t+1}^3, r_{i,t+1})$는 공왜도(co-skewness)와 공첨도(co-kurtosis)이며, 앞에서 유도한 3차 및 4차 적률 CAPM과 같은 모형이 된다. 여기서 λ_k는 위험요인인 $Cov(r_{m,t+1}^k, r_{i,t+1})$에 대한 프리미엄이다.

- 하부편적률 CAPM

또한 손실회피나 하방위험의 경우에도 가격결정요인을 다음과 같이 가정함으로써 모형화할 수 있다.

$$d_t = \theta_0 + \theta_1^+ max(r_{mt+1}, r_{target}) + \theta_1^- min(r_{mt+1}, r_{target})$$

이 경우 우리는 하부편적률 CAPM(lower partial moment CAPM)을 얻을 수 있다.

고차적률모형이나 하부편적률모형이 자산수익률의 비대칭성을 모형에 반영할 수 있다는 공통점을 갖지만, 고차적률모형에서는 개별 자산수익률이 시장수익률의 비선형함수로 나타나는 반면, 하부편적률모형에서는 시장의 상승 혹은 하락시에 모두 선형함수로 나타나게 되므로, 두 모형의 결과가 일치하지는 않는다.[25]

8.4 결론

위험 지표가 분산이 아닌 하방위험 혹은 고차 적률로 나타날 때 균형하에서 자산가격

25 Ang et al.(2006).

모형을 살펴보았다. 전통적인 평균-분산분석처럼 최적 포트폴리오는 다음과 같이 구할 수 있다.

max 위험지표
s.t. 주어진 포트폴리오 기대수익률

여기서 위험지표는 분산, LPM, 혹은 왜도나 첨도 등이 사용될 수 있다.

한편 자산가격모형도 CAPM에서 사용한 제약조건하에서 기대효용을 극대화함으로써 구할 수 있다.

max $E[u(W)]$
s.t. 투자비중의 합은 100%

기대효용을 어떻게 가정하느냐에 따라 다양한 자산가격모형을 유도할 수 있다. 어떤 경우든 펀드-현금 분리의 관점에서 보면, 무위험자산이 존재하는 경우 무위험자산이 현금의 역할을 하게 되고, 펀드는 기대효용을 설명하는 설명변수에 따라 달라진다. 예를 들면 부의 분산을 사용하면 평균-분산분석에 의한 최적포트폴리오 M이 펀드가 된다. 반면 LPM를 사용하게 되면 LPM을 최소화시키는 최적포트폴리오가 펀드가 된다. 한편 고차적률 CAPM에서처럼 기대부의 분산, 왜도, 그리고 첨도를 사용하면, 이들 각각을 나타내는 세 개의 펀드가 필요하다. 즉 기대효용을 설명하는 변수에 따라서 다차원 펀드-현금분리(multi-dimensional fund-monetary separation)가 필요해진다.

연/습/문/제

1. 가격결정요인 d_t가 다음과 같은 경우 하부편적률 CAPM(lower partial moment CAPM)을 유도하시오.

$$d_t = \theta_0 + \theta_1^{+} max(r_{mt+1}, r_{target}) + \theta_1^{-} min(r_{mt+1}, r_{target})$$

2. 투자자들이 왜도가 높고 첨도가 낮은 수익률 분포를 더 선호하는 이유를 설명하시오.

3. 투자분석가 A는 하부편적률이 증권 수익률에 미치는 영향을 분석하고자 한다. 이를 위한 실증분석모형을 어떻게 설정하면 되는지 설명하시오.

Part 05

선형요인모형과 차익거래이론

Linear Factor Model and Arbitrage Pricing Theory

전통적인 재무경제학에서 제시된 가격결정이론은 실제 주식시장의 수익률을 잘 설명하지 못한다. 방대한 분량의 데이터와 연산 능력의 발전 덕분에 지난 수십 년간 실증분석을 진행한 바에 따르면, 시장이 효율적이라면 발견되어서는 안되는 수백 가지의 이상현상들(anomalies)이 있다고 한다. 물론 이들이 전부 이상현상인지에 관해서는 이견이 있지만 분명한 것은 투자실무에서는 CAPM과 같은 단일요인모형으로는 자산가격을 설명할 수 없다는 것이다.

여기서는 균형이론에 대응하는 자산가격 이론으로 차익거래이론(arbitrage pricing theory, APT)을 살펴본다. 이론적으로 차익거래(arbitrage pricing)가 어떻게 정의되는지, 그리고 이러한 차익거래의 기회가 존재하지 않는 시장에서 자산가격이 어떻게 결정되는지를 알아본다. 이 이론에 따르면 자산가격을 설명하는 요인은 하나가 아니라 여러 개일 수 있다. 여기서는 이러한 요인들을 실제로 어떻게 구할 수 있는지도 살펴본다.

Chapter 09

선형요인모형과 차익거래이론 (Linear Factor Model and Arbitrage Pricing Theory)

단일 요인 모형인 CAPM은 횡단면 기대수익률을 충분히 설명하지 못한다. 무엇보다도, 베타와 기대수익률 간의 선형관계는 약하거나 유의하지 않은 것으로 나타나고 있다. 더구나 Baker et al.(2011)과 Frazzini와 Pedersen(2014)은 베타가 낮은 주식들이 오히려 높은 수익률을 가져다주는 소위 'low-beta anomaly'를 보여주기도 하였다. 이렇게 현실에서는 증권시장선(security market line)에서 제시하는 것처럼 높은 베타가 높은 기대수익률을 가져다 주지 못하며, 실증분석에서는 베타 이외의 다양한 추가적인 요인들이 발견되어 왔다.

예를 들어, Fama와 French(1992, 1993)는 베타보다는 기업의 시가총액규모(size)나 장부가 대비 시가총액(book-to-market) 비율이 기업간 주식수익률의 차이를 더 잘 설명할 수 있다는 것을 보여주었는데, 이 모형을 소위 Fama-French의 세 요인(size, book-to-market, excess market return) 모형(three factor model)이라고 부른다. 또한 Carhart(1997)는 Fama-French의 세 요인에 Jegadeesh와 Titman(1993)이 제시한 모멘텀 요인(momentum factor)을 추가하기도 하였고, Pastor와 Stambaugh(2003)는 유동성요인(liquidity factor)을 추가하기도 하여 네 요인 모형(four factor model)을 제시하기도 하였다. 최근 들어, Fama와 French(2015)는 자신들의 세 요인에 수익성(profitability)과 투자(investment)요인을 추가하여 다섯 요인 모형(five factor model)을 제시하기도 하였다.

이러한 실증분석 연구들은 베타가 기대수익률을 제대로 설명하지 못하고, 자산의 수익률을 설명하는 다른 요인들이 존재한다는 것을 의미한다. 따라서 CAPM을 보다 일반화시킨 다요인 가격결정모형들을 살펴볼 필요가 있다. 다요인 가격결정모형에 대한 이론적 설명은 주로 1970년대 이후에 등장하였는데, 대표적으로는 Merton(1973)의 기간간 CAPM

(Intertemporal CAPM, ICAPM), Ross(1976)의 차익거래가격이론(arbitrage pricing theory, APT), Lettau와 Ludvigson(2001)의 조건부 CAPM(conditional CAPM), 또는 Harvey와 Siddique(2000)의 고차적률 CAPM(higher moment CAPM)이 여기에 속한다고 볼 수 있다. 이러한 모형들은 자산의 기대수익률이 CAPM의 베타뿐만 아니라 다른 추가적인 요인들에 의해서 결정된다는 의미에서 다요인모형(multi-factor model)이라 할 수 있다. 즉, 단일요인모형인 Sharpe의 시장모형(market model)보다는 더 일반화된 선형요인모형(linear factor model, LFM)인 것이다.

이 장에서는, 먼저 Ross(1976)가 제시한 APT(차익거래 가격결정이론)를 중심으로 선형요인모형을 살펴보고, 뒤이어 APT의 이론적 측면을 살펴볼 것이다. 선형요인모형은 자산의 수익률이 다양한 공통요인들에 의해 결정된다고 설명하는 모형으로 계량경제학에서 다중회귀(multiple regression)모형과 동일하다. 이 모형은 실무자들이 실제로 포트폴리오를 구축하기 위하여 사용하는 대부분의 자산가격결정모형들의 기초가 된다는 점에서 실무적으로 특히 중요하다.

선형요인모형에서 요인들의 개수, 역할 및 성격 등은 중요한 주제다. 이 모형을 이용하여 글로벌 투자모형을 만드는 데 사용할 수도 있고, 국가별 모형을 만드는 데 사용할 수도 있는데, 이 경우, 국가, 산업, 통화, 또는 거시경제변수 등이 가격결정요인이 될 수 있다. 또한, 가격에 영향을 미치는 선형요인들이 관측불가능한 경우에는 이러한 잠재요인들을 추출할 수 있는 방법이 필요하다. 요인추출 방법으로는 요인분석(factor analysis)과 주성분(principal components)분석 등의 통계적 기법이 있으며, 실무에서 많이 쓰는 방법으로는 기업의 특성을 이용한 요인모방 포트폴리오를 구성하여 그 수익률을 사용하는 방법도 있다.

이렇게 선형요인모형에 대해 살펴본 다음, 선형요인모형의 이론적 토대인 차익거래 가격결정이론(arbitrage pricing theory, APT)을 살펴본다. 먼저, 차익거래가 무엇인지, 또 차익거래를 위해서는 포트폴리오를 어떻게 구성해야 하는지를 설명한다. 그 다음, 시장에서 차익거래의 기회가 없다는 가정 하에, 이 포트폴리오에 속한 개별자산의 가격이 어떻게 결정되는지 보여주는 차익거래 가격결정모형(arbitrage pricing model, APM)을 설명한다.

차익거래 가격결정이론이 중요한 이유는 많은 자산가격결정모형들이 차익거래기회가 없다는 가정하에 산출되기 때문이다. 특히, 모든 파생상품의 가격은 이론적으로 차익거래기회가 없다는 가정하에 계산된다. 가장 잘 알려진 예로는 Black-Scholes의 옵션가격결정모형을 들 수 있다 이 모형에 의하면, 파생상품과 기초자산으로 위험이 없는 포트폴리오를 만들 수 있는데, 이 무위험 포트폴리오의 수익률은 무위험자산의 이자율(r_f)과 같아야 한다. 만약 그렇지 않을 경우 투자자는 이러한 차이를 이용해서 위험 없이 수익을 얻을 수 있기 때문이다. 파생상품 가격결정에 관한 설명은 이 책 제8편에서 다루기로 한다.

9.1 선형요인모형(linear factor model, LFM)

9.1.1 선형요인모형의 정의

자산 i의 수익률에 대한 선형요인모형은 다음과 같이 나타낼 수 있다.

$$r_{it} = a_i + \sum_{k=1}^{K} b_{ik} f'_{kt} + e_{it} \tag{9.1}$$

단, t 시점에서 자산 i의 수익률은 r_{it}이고, $E(e_{it}) = E(e_{it}e_{jt}) = E(e_{it}f'_{kt}) = E(f'_{kt}f'_{lt}) = 0$임을 가정하고, $E(e_{it}^2) = \sigma_i^2$, $E(f'^2_{kt}) = \sigma_{fk}^2$, 그리고 a_i는 상수이다.[1] 이 가정 중에서 $E(f'_{kt}f'_{lt}) = 0$은 서로 다른 요인 간에는 어떠한 상관관계도 없음을 의미하며, 이를 선형대수에서는 '직교(orthogonal)한다'고 말한다. 이 모형에서 f'_{kt}는 모든 자산에 적용되는 공통요인(common factor)이고, b_{ik}는 자산 i에만 적용되는 요인계수(factor loading)라고 부른다. 이 식은 개별자산의 수익률이 특정 요인에 대하여 어떻게 반응하는지를 보여주는 회귀식으로 볼 수 있으며, 그 민감도는 요인계수로 나타난다. 한편, 식 (9.1)에서 이 식의 기댓값을 뺀 선형요인모형은 다음과 같이 정의할 수 있다.

▶ 선형요인모형의 정의

t 시점에서 자산 i의 수익률을 r_{it}라고 하고, 요인 k의 값을 f_{kt}, 고유의 오차항을 ε_{it}라고 하면, 선형요인모형(linear factor models, LFM)은 아래와 같이 정의된다.

$$r_{it} - E(r_{it}) = \sum_{k=1}^{K} b_{ik} f_{kt} + \varepsilon_{it} \tag{9.2}$$

단, $f_{kt} = f'_{kt} - E(f'_{kt})$, $E(\varepsilon_{it}) = E(f_{kt}) = E(\varepsilon_{it}\varepsilon_{jt}) = E(\varepsilon_{it}f_{kt}) = E(f_{kt}f_{lt}) = 0$, $E(\varepsilon_{it}^2) = \sigma_i^2$, $E(f_{kt}^2) = 1$이다.

■ 선형요인모형의 가정

행렬대수를 이용하면, 식 (9.2)를 아래와 같이 단순화시켜서 표현할 수 있다.

$$\boldsymbol{r}_t = E(\boldsymbol{r}_t) + \boldsymbol{f}_t\boldsymbol{B} + \varepsilon_t \tag{9.3}$$

---

1 오차항에 대한 가정은 특정 자산 수익률의 오차항의 기댓값은 0이고, 다른 자산 수익률의 오차항과 무관하며, 요인과도 무관함을 의미한다. 즉, 오차항은 해당 자산 수익률의 고유한 확률변수다.

단, $\varepsilon_t \sim (\mathbf{0}, \mathbf{D})$, $\boldsymbol{f}_t \sim (\mathbf{0}, \boldsymbol{I}_K)$이고, $\mathbf{D}$는 $d_{ii} = \sigma_i^2$인 $(N \times N)$ 대각행렬(diagonal matrix)이다.[2] 한편 위 식에 대한 조건부 기대와 분산-공분산은 다음과 같다.

$$\begin{aligned} E(\boldsymbol{r}_t|\boldsymbol{f}_t) &= E(\boldsymbol{r}_t) + \boldsymbol{f}_t\boldsymbol{B} \\ Cov(\boldsymbol{r}_t) &= \boldsymbol{BB}' + \boldsymbol{D} \\ Cov(\boldsymbol{r}_t|\boldsymbol{f}_t) &= \boldsymbol{D} \end{aligned} \tag{9.4}$$

이 선형요인모형에서 모든 요인 f와 ε은 서로 상관관계가 없으며, 각 요인들은 평균이 0, 분산이 1이 되도록 표준화 되었다고 가정한다. 이렇게 되도록 요인들을 표준화시키는 가장 일반적인 방법은 f의 평균을 차감한 후 표준편차로 나누는 것이다. 이러한 표준화는 실질적으로는 특정한 계수 c_k를 f_{kt}에 곱해준 것과 거의 동일하다. 따라서, $b_{ik}f_{kt} = \frac{1}{c_k}b_{ik}(c_k f_{kt})$의 형태로 변형된 것에 불과하므로 전반적인 회귀식 추정에는 영향이 없는 반면, 자산 수익률의 분산-공분산 행렬이 간단해지기 때문에 요인분석이 쉬워진다는 장점이 있다.

■ 실무에서 사용하는 선형요인모형의 가정

실무에서 사용하는 모형은 학술적 모형과는 다소 차이가 있기 때문에, 이 차이를 좀 더 명확히 할 필요가 있다. 실제 투자회사에서 활용되는 모형은 아래와 같은 가정을 하기 때문에 위의 학술적 모형보다는 덜 제약적이라 할 수 있다.

$$Cov(f_{kt}, f_{st}) = w_{k,s} \neq 0, \quad Var(f_{kt}) = w_{k,k} \neq 1, \quad E(f_{kt}) = \mu_{f_k} \neq 0$$

위 가정은 요인들이 직교하지는 않고, μ_{f_k}는 대부분의 경우 0이 아니라는 것이다. 이러한 가정이 현실적으로는 좀 더 타당하다. 실무에서는 데이터로 관측가능한 요인을 주로 사용하기 때문에 그 요인이 무엇을 의미하는지를 사전에 알고 있는 경우가 대부분이다. 또한 통계적인 방법을 동원하여 요인들을 직교화(orthogonalization)시킬 경우 그 요인들의 의미가 불분명해지기 때문에, 요인들간 공분산이 0이라는 이론적 모형을 실무에서 사용하기는 어렵다. 금융계량분석 관점에서 보면, 모형 (9.3)은 관측가능한 $(T \times K)$행렬 $\boldsymbol{f}_t$가 외생적인 공통요인(common exogenous factor)으로서 설명변수가 되고, 잔차항의 공분산행렬은 대각행렬이

---

2 오차항의 확률분포에서 분산에 해당하는 $\mathbf{D}$는 대각행렬, 즉, 대각선의 원소를 제외한 모든 원소가 0인 행렬이다. 일반적으로 오차항의 분산을 나타내는 행렬은 행과 열이 모두 자산의 오차들로 구성되어 있으므로, 대각선은 오차의 분산, 대각선 이외에는 두 자산 오차의 공분산으로 구성되어 있다. 따라서, d_{ii}는 행과 열이 모두 자산 i의 오차에 해당하는 원소이므로, 대각선에 위치한 원소인 분산을 의미한다.

되는 SUR(seemingly unrelated regression) 모형이 된다.[3]

9.1.2 잠재요인 추출 방법과 선형요인모형 추정 방법

요인 f_{kt}는 관찰가능한 변수이거나 또는 직접적으로 관찰이 불가능한 잠재변수(latent variable) 중 하나이다. 먼저, **관찰가능한 요인**으로는 모든 자산에 공통적인 영향을 주는 거시경제변수들이 주로 해당된다. 예를 들면, 특정 국가의 시장을 분석하는 경우 그 해당 국가의 거시경제변수들을 요인으로 사용할 수 있고, 글로벌 모형에서는 글로벌 경제변수들을 요인으로 사용할 수 있다.

반면에, **요인들이 잠재적인(latent) 경우**라면 먼저 얼마나 많은 요인들이 존재하는지를 결정해야 하고, 또 이 요인들을 추출할 수 있는 방법을 개발하여야 한다. 이 경우 주성분분석 등의 통계적 기법을 이용하여 잠재요인을 추출하거나, 아니면 특정 요인을 내포한 자산을 사용하여 잠재요인이 반영된 요인 모방 포트폴리오를 만들게 된다.

만약, 요인이 거래가능하지 않은 자산이라면, 미묘한 문제가 생긴다. 그 이유는, f_{kt}는 일반적인 숫자일 수 있지만, r_{it}, $E(r_{it})$, ε_{it}는 모두 수익률이기 때문이다. 예컨대, 요인 f_k가 실업의 수준이라고 가정해 보자. r_{it}는 수익률이므로, b_{ik}는 실업 수준의 단위 변화에 대한 개별자산 수익률 변화를 측정하게 된다. 만약, 오일생산량처럼 단위가 톤이나 배럴과 같은 요인들을 사용하는 모델의 경우에는 측정의 단위 문제가 중요해진다.

9.1.3 거시경제변수를 이용한 요인

가장 이해하기 쉬운 요인은 거시경제변수일 것이다. Chen, Roll, Ross(1986)는 미국주식시장에서 어떤 거시경제변수들이 주가 수익률을 설명하는지 실증분석하였다. 이들은 앞서 살펴본 현금흐름할인모형을 주식시장에 적용하여, 미래의 현금흐름(배당금 등)과 할인율에 영향을 미치는 거시경제변수를 파악한 다음, 이들이 주가 수익률에 영향을 미치는지 살펴보았다. 다만 이들은 주식시장의 효율성을 감안하여 예상치 못한 거시변수의 변화를 사용하였다. 분석 결과, 산업생산(industrial production) 증가율, 예상하지 못한 물가상승률(즉, 소비자물가지수의 기댓값과 실젯값의 차이), 채권의 신용가산금리(credit spread)의 변동, 채권의 기간가산금리(term spread)의 예상하지 못한 변동이 유의하다고 한다.

---

3 SUR(seemingly unrelated regression)은 하나의 식으로 이루어진 회귀분석모형을 일반화시킨 것으로, 공통된 설명변수를 사용하면서 오차항들은 서로 상관관계가 있는 여러 개의 회귀식들을 동시에 추정하는 모형이다. 만약, 오차항들이 서로 독립적이라면, 각각의 설명변수에 대해 별도의 독립된 회귀분석을 하면 된다.

이후에도 이러한 거시경제변수에 관한 연구가 진행되었고, 지금은 단기국채수익률(한달 혹은 3개월 만기 정부채권), 기간 스프레드(term spread) (1년 만기 국채와 10년만기 국채 금리 차이), 신용 스프레드(credit spread) (AAA등급 회사채와 BBB등급 회사채 금리 차이), 그리고 배당수익률(주가 대비 주당배당금) 등을 주로 사용한다. 그러나 미국시장에서 주로 사용되는 이러한 거시경제요인들이 다른 국가에서도 그대로 사용할 수 있는지는 실증분석이 필요하다.[4]

9.1.4 통계적 방법을 이용한 잠재 요인의 추출

여기서는 잠재요인(latent factor)을 추출하는 대표적인 두 가지 통계적 방법을 설명하기로 한다. 이들은 요인분석(factor analysis)과 주성분(principal components)분석이다.

■ 요인분석(factor analysis)

요인분석은 공통요인을 찾아내는 통계적 기법 중 하나로서, 다음의 두 단계로 이루어진다. 먼저, 요인 민감도 행렬 $\boldsymbol{B}$와 오차항의 공분산 행렬 $\boldsymbol{D}$를 추정한 다음, 이들 추정치를 이용하여 요인을 구한다. 통상적으로, $\boldsymbol{B}$와 $\boldsymbol{D}$는 최대우도 요인분석(maximum likelihood factor analysis)을 이용하여 추정된다.

이 과정을 좀 더 구체적으로 살펴보자. 먼저 식 (9.3)은 아래와 같이 고쳐 쓸 수 있다.

$$\boldsymbol{r}_t - E(\boldsymbol{r}) = \boldsymbol{f}_t\boldsymbol{B} + \boldsymbol{\varepsilon}_t \tag{9.5}$$

여기서 $\boldsymbol{\varepsilon} \sim (\boldsymbol{0}, \boldsymbol{D})$, $E(\boldsymbol{\varepsilon}, \boldsymbol{f}) = \boldsymbol{0}$, $\boldsymbol{f} \sim (\boldsymbol{0}, \boldsymbol{I})$임을 가정하였다. 이 가정은 $Cov(\boldsymbol{r}) = \boldsymbol{\Sigma} = \boldsymbol{BB}' + \boldsymbol{D}$임을 의미하며, 따라서 수익률의 평균과 분산은 $\boldsymbol{r} \sim (E(\boldsymbol{r}), \boldsymbol{BB}' + \boldsymbol{D})$가 된다.

요인분석의 첫 번째 단계는 식 (9.5)를 추정하는 것이다. 오차항의 공분산 행렬 추정치는 $\widehat{\boldsymbol{D}}$이므로, 위 회귀식에 대한 횡단면 일반화 최소자승법(generalised least squares, GLS) 추정치는 $\widehat{\boldsymbol{B}} = (\boldsymbol{f_t}'\widehat{\boldsymbol{D}}^{-1}\boldsymbol{f}_t)^{-1}\boldsymbol{f_t}'\widehat{\boldsymbol{D}}^{-1}(\boldsymbol{r}_t - E(\boldsymbol{r}))$이 된다.

두 번째 단계로, 이렇게 추정된 $\widehat{\boldsymbol{B}}$을 식 (9.5)의 설명변수로 하여 $\boldsymbol{r}_t - E(\boldsymbol{r}) = \boldsymbol{f}_t\widehat{\boldsymbol{B}} + \boldsymbol{e}_t$를 회귀분석함으로써 $\boldsymbol{f_t}$의 추정치를 구한다. 이렇게 구한 $\boldsymbol{f_t}$의 GLS추정치는 아래와 같다.

$$\hat{\boldsymbol{f}}_t = (\widehat{\boldsymbol{B}}\widehat{\boldsymbol{D}}^{-1}\widehat{\boldsymbol{B}})^{-1}\widehat{\boldsymbol{B}}\widehat{\boldsymbol{D}}^{-1}(\boldsymbol{r_t} - E(\boldsymbol{r})) \tag{9.6}$$

즉, 이 식은 추정된 $\widehat{\boldsymbol{B}}$을 가지고 $\boldsymbol{f_t}$를 추정하는 것으로서, 식 (9.5)에 대한 최대우도추정치(maximum likelihood estimator)가 된다.

---

4 이러한 글로벌 시장에 대한 내용은 Ferson과 Harvey(1993)나 Cheung과 Ng(1998)을 참조하기 바란다.

■ 주성분분석(principal component analysis)

공통요인을 찾는 또 다른 방법은 주성분분석이다. 이것은 정보의 손실은 크지 않도록 하면서도 공분산행렬에서 변수의 수를 줄일 수 있는 방법으로서, 수익률의 공분산행렬 $Cov(\boldsymbol{r}) = \boldsymbol{\Sigma}$에서 K개의 가장 큰 고윳값(eigenvalue)들을 구한 후, 이들에 대한 K개의 고유벡터(eigenvector)들을 계산하는 과정으로 구성된다.

구체적으로 살펴보자. 먼저, 자산수익률 $\boldsymbol{r}_t$에 대한 $(N \times N)$ 공분산행렬 $\boldsymbol{\Sigma}$는 양정치(positive definite)행렬이므로, 고유분해(eigen-decomposition)를 적용하면 아래와 같이 고유벡터(eigne vector) $\boldsymbol{\Gamma}$와 고윳값(eigen value) 행렬 $\boldsymbol{\Lambda}$로 분해가능하다.[5]

$$\boldsymbol{\Sigma} = \boldsymbol{\Gamma}\boldsymbol{\Lambda}\boldsymbol{\Gamma}'$$

여기서, $\boldsymbol{\Gamma}$의 열은 고유벡터로 구성되어 있고, 대각행렬인 $\boldsymbol{\Lambda}$의 i번째 대각원소는 i번째 고유벡터에 대한 고윳값을 나타낸다. 따라서, $\boldsymbol{\Sigma}$의 i번째 고윳값을 λ_i라 한다면, 이에 연관된 $(N \times 1)$ 고유벡터 $\boldsymbol{\gamma}_i$를 얻을 수 있다. 고윳값과 고유벡터의 전체 개수는 N개이지만, 이 중 고윳값이 큰 순서대로 K개를 사용하게 된다. 참고로, 양정치행렬의 분해와 관련한 특성은 다음과 같다.

- 임의의 양정치대칭(positive definite symmetric)인 $(N \times N)$ 행렬은 0이 아닌 N개의 고윳값을 가진다.
- 고유벡터들은 서로 직교한다. 즉, 모든 $i \neq j$에 대하여, $\boldsymbol{\gamma}_i{}'\boldsymbol{\gamma}_j = \boldsymbol{0}$이다.

이렇게 자산수익률에 대한 공분산행렬 $\boldsymbol{\Sigma}$를 분해한 다음, N개의 고유벡터 $\boldsymbol{\gamma}_i$를 고윳값 λ_i의 크기가 큰 순서대로 나열한다. 그 다음, 모든 고윳값들을 합한 값으로 각 고윳값들을 나누어서 표준화시킨다. 즉, $\lambda_i^* = \frac{\lambda_i}{\sum_{i=1}^{N}\lambda_i}$로 계산하여 고윳값 λ_i^*의 합이 1이 되도록 만든다. 이 표준화된 고윳값 λ_i^*는 i번째 고유벡터가 자산수익률의 공분산행렬을 얼마나 많이 설명하는지를 나타낸다. 예컨대, $\lambda_i^* = 0.15$ 라면, i번째 요인은 전체 자산수익률 $\boldsymbol{r}_t$의 공분산의 15%를 설명한다는 의미이다. 따라서, λ_i^*를 기준으로 자산수익률에 대한 설명력이 큰 순서대로 K개의 고유벡터를 선택하게 된다.

마지막 단계인 요인추출과정에서는 고유벡터를 수익률에 대한 가중치로 사용하여 포트폴리오의 수익률을 계산한다. 우선, 이 i번째 요인에 해당하는 고유벡터들도 모든 고유벡터들을 합한 값인 $\boldsymbol{i}'\boldsymbol{\gamma}_i$로 나누어서 표준화시킨다. 단, $\boldsymbol{i}$ 는 1로 구성된 $(N \times 1)$ 벡터를 의미

5 모든 양정치대칭행렬은 고유분해를 이용하여 고윳값과 고유벡터로 분해될 수 있다. 일반적으로 모든 공분산행렬은 고윳값이 양인 **양정치행렬(또는 양의 정부호행렬)**이면서 대칭행렬이다.

한다. 예컨대, i번째 표준화된 고유벡터를 γ_i^*로 표시하면, $\boldsymbol{\gamma}_i^* = \frac{\boldsymbol{\gamma}_i}{\boldsymbol{i}'\boldsymbol{\gamma}_i}$가 된다. 그리고 최종적으로, i번째 요인(요인모방 포트폴리오 수익률) $\boldsymbol{f}_{it}$는 $\boldsymbol{\gamma}_i^{*\prime}\boldsymbol{r}_t$로 계산된다.[6]

이렇게 추출된 $\boldsymbol{f}_{it}$들 간에는 공분산이 0이 되어 식 (9.2)의 이론적인 모형에서 가정하는 $E(f_{jt}f_{kt}) = 0$를 충족하게 된다. 그런데, 실증분석에서는 고윳값을 가장 큰 순서로 나열할 때, 얼마나 많은 고유벡터들을 사용하여야 하는지에 대한 문제가 발생한다.[7] 이와 관련하여, 1980년대에 주성분 분석으로 주식시장에 존재하는 잠재적 요인의 숫자를 파악하려는 연구들을 참고할 수 있을 것이다. 예를 들면, Lehmann과 Modest(1988) 또는 Connor와 Korajczyk (1988)의 연구에 따르면 잠재요인이 5개 정도 있다고 한다.

9.1.5 요인모방 포트폴리오(factor mimicking portfolio)를 이용한 잠재요인 추출

잠재요인(f_{kt})을 추출하기 위해서 실무자들이 사용하는 방법은 앞서 설명한 통계이론적인 방법과 상당히 다르다. 실무자들은 요인에 대한 속성, 즉, 요인이 무엇인지를 알고 있다고 생각한다. 이러한 속성을 A_{ift}로 쓰기로 하자. 이 속성은 통상적으로 주식의 시가총액규모(size)나 장부가 대비 시가총액(book-to-market) 비율, 주당 순이익 등과 같은 회계정보이거나, 혹은 과거수익률이나 거래량과 같은 시장정보 또는 거시경제지표에 기반하고 있다.

잠재요인을 추출하는 실무적 방법의 핵심은 만약 어떤 요인이 자산가격에 영향을 준다면 해당 요인을 기준으로 포트폴리오를 구성하여 이 포트폴리오의 수익률로부터 요인을 추출해내는 것이다. 이런 관점에서 이 포트폴리오를 **요인모방 포트폴리오**(factor mimicking portfolio)라고 부른다. 즉, 요인모방 포트폴리오란 다요인모형에서 사용되는 여러가지 요인들을 대용하기 위해 고안된 포트폴리오이다. 예를 들면 기업특성, 회계정보, 인플레이션이나 GDP와 같은 거시경제지표는 거래불가능한(non-tradable) 요인들로서 이런 지표를 직접 사용하는 대신, 시장에서 이 지표를 잘 대변하는 포트폴리오를 이용하거나 요인모방 포트폴리오를 만들어서 대용할 수 있다.

■ 요인모방 포트폴리오 구성 방법

요인모방 포트폴리오가 되기 위해서는 다음과 같은 조건을 만족해야 한다.

- 모방하려는 요인과 연관성을 가져야 하고, 그 외 요인과는 무관해야 함.

---

6 표준화 절차 $\boldsymbol{\gamma}_i^* = \frac{\boldsymbol{\gamma}_i}{\boldsymbol{i}'\boldsymbol{\gamma}_i}$를 거치지 않는다면, $Var(\boldsymbol{\gamma}_i'\boldsymbol{r}_t) = \lambda_i$가 되고 $Cov(\boldsymbol{\gamma}_i'\boldsymbol{r}_t, \boldsymbol{\gamma}_j'\boldsymbol{r}_t) = 0$이 된다.

7 연구목적에 따라 달라지겠지만 전체 공분산의 고윳값의 95% 정도를 설명하는 수준이면 충분할 것으로 판단된다.

- 자산수익률의 체계적 위험과 연관성이 없어야 함.
- 자산의 횡단면 기대수익률을 설명할 수 있어야 함.

예를 들어, 시가총액을 속성으로 하는 요인모방 포트폴리오를 구성하는 경우를 살펴보자. t시점에서 전체 N개의 주식이 있다고 할 경우, 규모가 가장 큰 것부터 순서대로 나열한 후, 첫 x분위에 들어가는 주식들을 이용하여 포트폴리오 H를 구성하고, 마지막 x분위에 들어가는 주식들을 이용하여 포트폴리오 L을 구성한다. 그 다음 이 두 포트폴리오 H와 L의 차이로 헤지포트폴리오 p를 구성한다. 즉, 포트폴리오 H에 대해서는 이에 속하는 주식들을 빌려서 매도(공매도)하는 숏 포지션(short position)을 취하고, 포트폴리오 L에 대해서는 숏 포지션을 취한 매각대금으로 포트폴리오 L에 속한 주식들을 매수하는 롱 포지션(long position)을 취하여 순투자금액은 0으로 만든다. 이렇게 만들어진 헤지포트폴리오 p는 요인 f_{kt}(이 경우, 시가총액)로부터 발생하는 수익률을 반영하게 된다. 만약, 이 포트폴리오가 우리가 살펴보고자 하는 요인 f_{kt}를 제외한 다른 요인에 의해서는 영향받지 않는다면, 이 포트폴리오의 수익률은 해당 요인에 의해서만 영향을 받는다. 그래서 이 포트폴리오를 요인모방 포트폴리오라고 부른다.

■ 요인모방 포트폴리오의 원리

그런데 이러한 헤지포트폴리오 구성방법으로 구해낸 요인모방 포트폴리오 수익률은 과연 개별기업의 속성 A_{ift}를 대변하는 요인이 되는 걸까? 간단한 예를 들어 보자. 우선 자산가격이 시장요인과 시가총액에 기인한 요인에 의해 영향을 받는다고 하자. 즉, $r_{it} = a_i + b_{mi}r_{mt} + b_{si}f_{st} + \varepsilon_{it}$이고, r_{it}와 r_{mt}는 각각 자산 i와 시장 포트폴리오의 초과수익률이며, f_{st}는 시가총액(규모)에 의한 요인이라고 가정하자. 이 모형은 시장모형에 시가총액을 대변하는 요인 f_{st}를 추가한 모형이다. 여기서 a_i는 r_{mt}나 f_{st}에 의하여 설명되지 않으면서 다른 잠재적인 요인에 의해 설명되는 수익률이라고 볼 수 있다.

이 경우 시가총액을 작은 순서로 나열하여 첫 x분위에 들어가는 자산(r_{it}^S)들을 매수하고, 마지막 x분위에 들어가는 자산(r_{it}^L)들을 공매도하게 되면, 이 헤지포트폴리오의 수익률은 다음과 같다.

$$r_{pt} = \frac{1}{N^p}\sum_{i=1}^{N^p} r_{it}^S - \frac{1}{N^p}\sum_{i=1}^{N^p} r_{it}^L$$

$$= \frac{1}{N^p}\left(\sum_{i=1}^{N^p} a_i^S + r_{mt}\sum_{i=1}^{N^p} b_{\mathrm{mi}}^S + f_{st}\sum_{i=1}^{N^p} b_{\mathrm{si}}^S + \sum_{i=1}^{N^p} \varepsilon_{it}^S\right)$$

$$-\frac{1}{N^p}\left(\sum_{i=1}^{N^p} a_i^L + r_{mt}\sum_{i=1}^{N^p} b_{\mathrm{mi}}^L + f_{st}\sum_{i=1}^{N^p} b_{\mathrm{si}}^L + \sum_{i=1}^{N^p} \varepsilon_{it}^L\right)$$

여기서 $N^p = \frac{N}{x}$이며, 시장의 주식수(N)를 분위수(x)로 나눈 값이므로, 매수포트폴리오(S) 또는 공매도 포트폴리오(L)에 포함된 자산의 개수를 나타낸다. 개별자산의 시가총액이 그 자산의 a_i와 b_{mi}와 상관관계가 없다면, 이 포트폴리오의 수익률은 시가총액요인을 나타내는 요인모방 수익률이 된다. 왜냐하면 포트폴리오 S와 L을 구축할 때 a_i와 b_{mi}는 고려하지 않았고, 시가총액만을 사용했기 때문에, 두 포트폴리오에는 a_i와 b_{mi}가 무작위적으로 포함되어 있다. 따라서, 포트폴리오에 포함된 자산의 수가 많아지면 ($N^p \to \infty$), 포트폴리오 S와 L의 a_i나 b_{mi}의 차이는 0으로 수렴한다. 왜냐하면, 평균제곱수렴(convergence in mean square)에 의해, 다음과 같은 결과를 얻을 수 있기 때문이다.[8]

$$\lim_{N^p \to \infty} \frac{1}{N^p} \left(\sum_{i=1}^{N^p} a_i^S - \sum_{i=1}^{N^p} a_i^L \right) = 0$$
$$\lim_{N^p \to \infty} \frac{1}{N^p} \left(\sum_{i=1}^{N^p} b_{mi}^S - \sum_{i=1}^{N^p} b_{\mathrm{mi}}^L \right) = 0$$
$$\lim_{N^p \to \infty} \frac{1}{N^p} \left(\sum_{i=1}^{N^p} \varepsilon_{it}^S - \sum_{i=1}^{N^p} \varepsilon_{it}^L \right) = 0$$

이 식들을 직관적으로도 이해할 수 있다. 포트폴리오에 속하는 개별 자산의 수가 증가하면, 포트폴리오의 a_p와 b_{mp}는 시장 전체의 a와 b_m으로 수렴하게 되어 포트폴리오 S와 L간에는 차이가 없게 된다. 즉, $a_i^S \approx a_i^L$ 그리고 $b_{\mathrm{mp}}^S \approx b_{\mathrm{mp}}^L$가 된다. 또한 개별자산의 수익률 오차는 서로 상쇄되어, 무수히 많은 자산으로 구성된 포트폴리오에서는 수익률의 오차도 0으로 수렴한다. $\varepsilon_{pt}^S \approx 0$ 그리고 $\varepsilon_{pt}^L \approx 0$이 된다.

따라서, 포트폴리오를 구성하는 자산의 수가 무한히 많아지면, 이 헤지 포트폴리오의 수익률은 아래 식처럼 요인이 반영된 수익률인 $b_{sp}f_{st}$가 되므로, 이를 요인모방 포트폴리오의 수익률로 간주할 수 있다.

$$r_{pt} = \lim_{N^p \to \infty} \frac{1}{N^p} f_{st} \left(\sum_{i=1}^{N^p} b_{\mathrm{si}}^S - \sum_{i=1}^{N^p} b_{\mathrm{si}}^L \right) = b_{sp}f_{st}$$

단, $b_{sp} = \lim_{N^p \to \infty} \frac{1}{N^p} \left(\sum_{i=1}^{N^p} b_{si}^S - \sum_{i=1}^{N^p} b_{si}^L \right)$로 정의한다.

그러므로, 만약 이 포트폴리오의 수익률 r_{pt}가 통계적으로 0이 아니고 경제적으로도 유의미하다면(너무 작지 않다면), 시가총액이라는 속성으로부터 도출해 낸 요인 f_{st}는 주식수익률에 영향을 미친다고 판단할 수 있다. 그런데, 우리는 요인모방 포트폴리오의 수익률

8 $lim_{n \to \infty} E[(X_n - X)^2] = 0$이 성립하면, "확률변수의 시퀀스(sequence) $X_1, X_2, \cdots, X_n, \cdots$가 임의의 확률변수 X에 평균제곱수렴한다"고 말한다. 이를 이용하면 확률변수의 평균을 추정할 수 있다. 예를 들어, $X_1, X_2, \cdots, X_n, \cdots$가 평균이 $E(X)$인 *iid*분포를 따를 때, 평균제곱수렴이 성립한다면, $S_n \to E(X)$가 된다. 즉, $E(S_n) = E\left(\frac{1}{n}\sum_{i=1}^{n} E(X_i)\right) = E(X)$가 된다.

r_{pt}와 $b_{sp}f_{st}$가 동일하다는 것을 알아냈지만, 요인(f_{st}) 혹은 요인계수(b_{sp})의 값을 확정적으로 구해낸 것은 아니다. 왜냐하면, 영이 아닌 임의의 θ에 대하여, 요인과 ⊥ 요인계수의 곱은 $r_{pt} = (\theta b_{sp})(\frac{1}{\theta}f_{st})$로도 나타낼 수 있는데, 여기서 요인부분($\frac{1}{\theta}f_{st}$) 또는 요인계수부분($\theta b_{sp}$)의 값은 θ에 따라 다양한 값들이 될 수 있기 때문이다. 통상적으로는 $b_{sp} = 1$이라고 두게 되는데, 이 경우 $r_{pt} = f_{st}$가 되므로, 이 요인모방 포트폴리오의 수익률을 시가총액이라는 요인으로 간주할 수 있다.

앞에서는 간단하게 시장모형에 우리가 보고자 하는 기업의 특성을 추가하여 이 특성을 나타내는 요인을 추출하는 방법을 설명하였다. 물론 다음에 설명할 다양한 사례에서 보듯이, 시가총액뿐만 아니라 수많은 다양한 특성을 같은 방법으로 추출할 수 있다. 또한 시장모형 뿐만 아니라 Fama-French의 3요인 모형에 기업특성을 추가하여 요인을 추출할 수도 있겠다. 이렇게 추출된 기업특성요인은 이 세 요인을 고려한 상태에서도 주식들 간의 수익률 차이를 설명하는 요인이라는 점에서 강건성(robustness)이 뛰어난 요인으로 간주할 수 있다.

■ 요인모방 포트폴리오의 사례

이런 방법을 사용하여 요인을 추출한 대표적인 연구로는, Fama-French의 3요인들(시장위험, 기업규모, 시가대비장부가비율)을 들 수 있다. 이외에도 Jegadeesh와 Titman(1993)이 제시한 모멘텀요인(momentum factor), Pastor와 Stambaugh(2003)의 유동성요인(liquidity factor), 그리고 최근 Fama와 French(2015)가 제시한 수익성(profitability)과 투자(investment)요인도 이러한 방법으로 추출할 수 있다. 한편 이외에도 지난 수십 년간 연구의 결과로 수백개의 요인들이 보고된 바 있는데, 이들 대부분은 위에서 설명한 요인모방 포트폴리오의 수익률로 보면 된다. 예를 들면, Harvey et al.(2016)은 광범위한 문헌조사를 통해 300가지가 넘는 특성들이 발견되었음을 보고한 바 있으며, Green et al.(2016)은 90가지가 넘는 기업 특성들을 직접 사용하여 이들의 유의성을 비교하였다.

그러나 실무자들이 구체적으로 어떻게 요인모형을 만드는지를 정확하게 설명하는 것은 어렵다. 왜냐하면, 그들은 수많은 상이한 모형을 보유하고 있고, 그 모형들을 계속해서 발전시키면서 새롭게 개발하기 때문이다. 누군가가 새로운 기법을 전파하면 실무자들이 즉각 도입하기 때문에 모형은 계속 변화하게 된다.

9.1.6 요인의 프리미엄 추정

선형요인모형을 사용하는 방법은 식 (9.6)이나 요인모방 포트폴리오 등으로 요인 f_t들을 먼저 구한 후, 회귀식 (9.2)를 사용하여 요인계수(factor loading)를 추정하는 것이다. 이는 개별주식 수익률이 특정 요인에 얼마나 민감하게 반응하는지를 살펴보기 위하여 사용되는데, 주로 요인에 관한 시계열 자료를 사용하여 구한다. 요인계수는 고정된 단일 기간을 기준으로 추정하는데, 월별 시계열자료를 사용하는 경우 통상적으로 36개월에서 84개월의 관측치를 사용한다. 이에 대한 대안으로서, 요인계수가 시간의 경과에 따라 확률적으로 변화하는(time-varying) 모형을 사용할 수도 있다.[9]

한편 요인의 프리미엄을 추정하는 방법으로는 제5장에서 설명한 Fama와 MacBeth(1973)가 제시한 CAPM의 2단계 실증분석방법(Fama-MacBeth two step procedure)을 사용한다. 요인계수(또는 위험노출(risk exposure))인 b_{ik}를 먼저 시계열 데이터로 구한 후, 이를 설명변수로 이용하여 요인 f_t를 횡단면 회귀분석으로 추정해 내는 것이다. 그런데, 이와 같이 선형요인모형의 계수(b_{ik})의 추정값을 2단계 회귀분석에서 설명변수로 사용할 경우, 추정치인 설명변수에 내포된 추정오차(estimation error)로 인한 문제가 발생한다. 이 문제를 극복하는 방법은 요인추출단계에서 요인모방 포트폴리오를 사용함으로써 추정오차를 최소화시키는 것이다.

이 방법을 이해하기 위하여, 투자비중 벡터가 $\boldsymbol{w} = (w_1, \ldots, w_N)'$(단, $\sum_{i=1}^{N} w_i = 1$)인 임의의 포트폴리오 p의 수익률을 생각해보자.

$$\begin{aligned} r_p &= \textstyle\sum_{i=1}^{N} w_i r_i \\ &= \textstyle\sum_{i=1}^{N} w_i (a_i + \sum_{k=1}^{K} b_{ik} f_k + \varepsilon_i) \\ &= \textstyle\sum_{i=1}^{N} w_i a_i + \sum_{k=1}^{K} \sum_{i=1}^{N} w_i b_{ik} f_k + \sum_{i=1}^{N} w_i \varepsilon_i \\ &= a_p + \textstyle\sum_{k=1}^{K} b_{pk} f_k + \varepsilon_p \end{aligned} \tag{9.7}$$

단, $b_{pk} = \sum_{i=1}^{N} w_i b_{ik}$이다. 앞서 제5장의 Fama-MacBeth 모형에서 설명한 내용과 동일하게, 만약 b_{ik}의 추정치가 $\hat{b}_{ik}$라면 $\hat{b}_{ik} = b_{ik} + v_{ik}$로 표시할 수 있고, v_{ik}는 추정오차로서 $v_{ik} \sim iid(0, \sigma_i^2)$라고 나타낼 수 있다. 만약, w_i들이 잘 분산되어 있다면, 예를 들어 $w_i = \frac{1}{N}$인 동일가중 포트폴리오(equally weighted portfolio)라고 가정한다면, 약한 대수의 법칙(weak law of large numbers, WLLN)에 의하여 아래의 식이 성립하므로, 추정오차를 무시할 수 있다.

$$p\lim \hat{b}_{pk} = p\lim\left(\textstyle\sum_{i=1}^{N} w_i \hat{b}_{ik}\right) = p\lim\left(\sum_{i=1}^{N} w_i b_{ik} + \sum_{i=1}^{N} w_i v_{ik}\right) = b_{pk} \tag{9.8}$$

이 결과는 동일가중 포트폴리오뿐만 아니라 다른 시장가치가중 포트폴리오(value weighted portfolios)들에 대해서도 쉽게 적용될 수 있다. 예를 들면, Fama와 French(1993)는 전체 주식들을 요인(size, book-to-market)의 크기 순으로 10개의 시가총액비중 포트폴리오로 만들고, 각 포

9 이런 모형은 여러 가지가 있으며, Ferson과 Harvey(1993)나 Ang과 Chen(2007)을 참조하기 바란다.

트폴리오들별로 추정된 베타를 설명변수로 사용하여 f_t를 추정하였기 때문에, 추정오차 문제는 무시할 수 있었다.

9.2 차익거래 가격결정 이론(arbitrage pricing theory, APT)

이제 차익거래 가격결정이론(APT)을 살펴보자. APT를 이용하면 우리는 모든 자산에 대하여 위험프리미엄을 구할 수 있다. 우선, 차익거래를 정의해보자.

▶ **차익거래(arbitrage trading)**

차익거래 또는 재정거래란 동일한 자산이 서로 다른 가격을 보이는 경우 이러한 가격차이를 이용하여 수익을 내는 거래를 말한다.

차익거래 가격결정이론의 기본 아이디어는 위험도 없고 순투자도 없는 투자로부터 수익을 얻는 차익거래는 불가능하다는 것이다. 이렇게 차익거래기회가 존재하지 않는 상황에서 자산가격이 어떻게 결정되는지를 설명하는 것이 APT이다.

APT에서는 자산의 가격을 설명하는 공통요인(common factor)들이 존재한다고 가정하므로, 이 공통요인들에 대한 개별 자산의 기대수익률 차이를 이용해서 가격결정모형을 만들 수 있다. 보다 구체적으로, 자산의 기대수익률이 식 (9.2)의 선형요인모형에 의해서 설명된다고 가정하면, APT에서는 자산의 기대수익률이 이 요인들의 선형함수가 된다.

차익거래를 이용한 자산가격결정방법은 선물이나 옵션과 같은 파생상품의 가격결정에서 가장 많이 사용된다. 왜냐하면 파생상품은 기초자산에서 파생된 상품이므로, 기초자산과 무위험자산을 결합함으로써 파생상품의 손익(payoff)을 모방해낼 수 있고, 이러한 특징을 이용해서 차익거래를 할 수 있기 때문이다. 여기에 관해서는 나중에 파생상품에 관련된 장에서 자세히 살펴보기로 한다.

9.2.1 점근적 차익거래(asymptotic arbitrage)와 차익거래 포트폴리오

먼저, 점근적 차익거래의 개념을 알아보자. 여기서는 전체 자산의 개수 N 을 무한히 증가시킬 계획이므로, 이를 소문자 n으로 바꿔쓰기로 하자.[10] 포트폴리오 가중치를 $(n \times 1)$ 벡터 $\boldsymbol{w}_n$으로 나타낼 때, $\boldsymbol{w}_n$에는 n개의 요소가 있으며, $\boldsymbol{w}_n$의 i번째 요소는 w_n^i이다.

---

10 차익거래에서 자산의 개수를 무한히 증가시키는 경우를 고려한다는 측면에서 "점근적"이라는 용어를 사용한다.

APT의 가정은 아래의 세 가지이며, CAPM과 달리 많은 가정을 필요로 하지는 않는다.

▶ 차익거래 포트폴리오

완전자본시장하에서 다음 조건을 만족시키는 가중치 $\boldsymbol{w}_n$으로 만들어지는 포트폴리오를 **차익거래 포트폴리오**(arbitrag portfolio)라 한다.

$$(1)\ \sum_{i=1}^{n} w_n^i = 0\ (\boldsymbol{w}_n{}'\boldsymbol{e} = 0) \tag{9.9}$$

$$(2)\ \sum_{i=1}^{n} w_n^i b_{i1} = 0\ (\boldsymbol{w}_n{}'\boldsymbol{b}_1 = 0), \ldots, \sum_{i=1}^{n} w_n^i b_{ik} = 0\ (\boldsymbol{w}_n{}'\boldsymbol{b}_k = 0) \tag{9.10}$$

$$(3)\ \sum_{i=1}^{n} \sum_{j=1}^{n} w_n^i w_n^j \sigma_{ij} \to 0(\boldsymbol{w}_n{}'\boldsymbol{D}\boldsymbol{w}_n \to 0),\ \text{as}\ n \to \infty \tag{9.11}$$

차익거래 포트폴리오의 조건이 의미하는 바를 살펴보자.

(1)은 이 포트폴리오에 대한 **순투자금액이 0임**을 의미한다. 그런데, 순투자금액 0이라는 것이 투자가 없다는 것을 의미하지는 않는다. 여기서는 공매도(short sale)를 통해 확보한 현금을 매수(long posotion)에 사용하는 방식으로 헤지포트폴리오를 구성하는 것을 말한다.

(2)는 이 포트폴리오의 **체계적 위험은 없음**을 의미한다. 여기서는 여러 자산에 공통적으로 영향을 미치는 요인들이 k개 있고, b_{ik}는 요인 k에 대한 개별 자산 i의 체계적 위험을 나타낸다. 조건 (2)는 차익거래 포트폴리오를 구성할 때, 요인 k에 대한 체계적 위험인 b_{ik}를 각 자산별 투자비중으로 가중평균한 값(즉, $\sum_{i=1}^{n} w_n^i b_{ik}$)이 0이 되도록 차익거래 포트폴리오를 구성함으로써, 체계적 위험을 부담하지 않도록 한다는 것을 의미한다.

(3)은 n이 커짐에 따라 차익거래 포트폴리오의 **고유위험은 없어진다**는 의미이다. 엄밀하게 얘기하면, 이를 위해서는 추가적으로 요구되는 사항이 있다. 즉, 투자자는 고유위험(idiosyncratic risk)이 0이 되도록 잘 분산된 포트폴리오(well-diversified portfolio)를 구성한다는 가정이 필요하다.

위 세가지 조건, (1), (2), (3)을 결합해 보면, $\boldsymbol{w}_n$은 '**순투자금액이 없고, 이에 따른 체계적 위험도 없으며, 고유위험은 무시할 만한 투자**'를 말한다. 이런 투자기회는 사실 투자자들에게 아무런 매력이 없다. 순투자와 위험이 없는 투자에서는 수익이 발생할 수 없기 때문이다. 만약 이러한 투자대안이 수익(즉, 차익거래이익)을 가져다 준다면, 모든 투자자가 이러한 투자(차익거래)를 할 것이고, 이 과정에서 이 차익거래 포트폴리오를 구성하는 개별자산의 가격이 영향을 받아서 결국 차익거래이익은 사라지게 된다.

9.2.2 차익거래 가격결정모형(arbitrage pricing model)의 유도

여기서는 앞서 설명한 가정들을 이용하여 APT를 유도해 본다. 시간 첨자인 t는 생략하기로 하자.

■ 차익거래 포트폴리오의 수익률 조건

첫 번째 단계는 차익거래 포트폴리오의 수익은 0이어야 한다는 APT의 기본 아이디어를 구현하는 것이다. 즉, 차익거래 포트폴리오 p의 위험은 0이고 순투자도 없으므로, 이 포트폴리오의 수익은 아래와 같이 0이 되어야 한다.

$$r_p = \sum_{i=1}^{n} w_n^i r_i = 0 \tag{9.12}$$

단, r_i는 자산 i의 수익률이다. 이 식이 성립하지 않으면, 순투자가 없고 어떠한 위험도 부담하지 않으면서 0보다 큰 수익을 가져다 주는 차익거래기회가 존재하게 된다.

이제, 자산의 기대수익률이 식 (9.2)의 선형요인모형에 의해서 설명된다고 가정하자. 그러면, 식 (9.2)를 (9.12)에 대입할 수 있으므로, 위 식을 아래와 같이 쓸 수 있다.

$$r_p = \sum_{i=1}^{n} w_n^i (E(r_i) + b_{i1} f_1 + b_{i2} f_2 + \ldots + b_{iK} f_K + \varepsilon_i) \tag{9.13}$$

$$= \sum_{i=1}^{n} w_n^i E(r_i) + \sum_{i=1}^{n} w_n^i b_{i1} f_1 + \ldots + \sum_{i=1}^{n} w_n^i b_{iK} f_K + \sum_{i=1}^{n} w_n^i \varepsilon_i$$

$$= \sum_{i=1}^{n} w_n^i E(r_i) + \sum_{i=1}^{n} w_n^i \varepsilon_i = 0$$

위 식에서는 체계적 위험이 없다는 (9.11)의 가정을 적용하였다. 즉 모든 요인에 대하여 $b_{pk} = \sum_{i=1}^{n} w_n^i b_{ik} = 0$이기 때문에 이 포트폴리오의 체계적 위험은 없다.

또한, 위 식에서 $E[\sum_{i=1}^{n} w_n^i \varepsilon_i] = 0$이고, $\sum_{i=1}^{n} w_n^i \varepsilon_i$의 분산은 주식의 수를 증가시킬수록 0으로 수렴하므로, 평균제곱수렴(mean square convergence)에 의해서 $\sum_{i=1}^{n} w_n^i \varepsilon_i = 0$이 된다.

증명 잘 분산된 포트폴리오의 예로서 투자비중이 거의 동일한 포트폴리오의 고유위험이 주식수가 많아짐에 따라 0이 됨을 증명해 보자. 즉, $w_n^i = \frac{1}{n}$ 이면, 포트폴리오의 고유위험은

$$Var(\sum_{i=1}^{n} w_n^i \varepsilon_i) = \sum_{i=1}^{n} \frac{1}{n^2} \sigma_i^2 = \frac{1}{n} \sum_{i=1}^{n} \frac{\sigma_i^2}{n} = \frac{1}{n} \overline{\sigma}^2$$

이 된다. 여기서, 주식의 수가 무한히 증가하게 되면

$$\lim_{n \to \infty} Var(\sum_{i=1}^{n} w_n^i \varepsilon_i) = \lim_{n \to \infty} \frac{1}{n} \overline{\sigma}^2 = 0$$

이 되어, 잘 분산된(well-diversified) 포트폴리오의 고유위험은 0이 된다. $QED.$

따라서 $\sum_{i=1}^{n} w_n^i \varepsilon_i = 0$이라는 결과를 이용하면, n이 충분히 큰 경우에는 차익거래 포트폴리오의 수익률은 $r_p = \sum_{i=1}^{n} w_n^i E(r_i)$이 된다. 이 차익거래 포트폴리오의 수익률을 아래와 같이 행렬로 나타낼 수 있다.

$$r_p = \boldsymbol{w}_n{}' E(\mathbf{r}) = 0 \tag{9.14}$$

■ 차익거래 포트폴리오의 구성 조건

두 번째 단계는 차익거래 포트폴리오를 구성하기 위한 모든 조건들을 반영한 식을 도출하는 것이다. 식 (9.9)와 (9.10)에 0이 아닌 임의의 숫자 λ_0, $\lambda_1, \cdots, \lambda_K$를 곱하여 다음과 같이 나타내 보자.[11]

$$\begin{aligned}
\boldsymbol{w}_n{}'\boldsymbol{e}\lambda_0 &= 0 \\
\boldsymbol{w}_n{}'\boldsymbol{b}_1\lambda_1 &= 0 \\
&\cdots \\
\boldsymbol{w}_n{}'\boldsymbol{b}_K\lambda_K &= 0
\end{aligned}$$

위 식들을 합하면,

$$\begin{aligned}
&\boldsymbol{w}_n{}'\boldsymbol{e}\lambda_0 + \boldsymbol{w}_n{}'\boldsymbol{b}_1\lambda_1 + \boldsymbol{w}_n{}'\boldsymbol{b}_2\lambda_2 +, \cdots, \boldsymbol{w}_n{}'\boldsymbol{b}_K\lambda_K \\
&= \boldsymbol{w}_n{}'(\boldsymbol{e}\lambda_0 + \boldsymbol{b}_1\lambda_1 + \boldsymbol{b}_2\lambda_2 +, \cdots, +\boldsymbol{b}_K\lambda_K) \\
&= \mathbf{w}_n{}'(\mathbf{e}\lambda_0 + \mathbf{B}\boldsymbol{\lambda}) = 0
\end{aligned} \tag{9.15}$$

여기서, $\boldsymbol{\lambda} = (\lambda_1, \lambda_2, \cdots, \lambda_K)'$이고, $\mathbf{B}$는 식 (9.3)의 요인계수 행렬이다.

■ 차익거래 가격결정모형의 유도

마지막 단계로, 포트폴리오의 수익률 조건과 구성 조건을 결합해 보자. 식 (9.14)와 (9.15)를 결합하면, 순투자와 위험이 없는 투자로부터는 수익이 발생할 수 없다는 조건하에서의 기대수익률을 구할 수 있다. 즉, 두 식을 결합하면, $\mathbf{w}_n' E(\mathbf{r}) = \mathbf{w}_n'(\mathbf{e}\lambda_0 + \mathbf{B}\boldsymbol{\lambda})$가 되며 $\boldsymbol{w}_n{}' \neq \mathbf{0}$이므로 아래의 식을 얻을 수 있다.

$$E(\boldsymbol{r}) = \boldsymbol{e}\lambda_0 + \mathbf{B}\lambda \tag{9.16}$$

---

11 여기서는 λ_k를 임의의 상수로 가정하지만, 최종적인 APT 식에서는 위험프리미엄의 의미가 된다.

이를 개별 자산 i에 적용하면, 개별자산의 기대수익률은 아래와 같다.

▶ 차익거래 가격결정모형(arbitrage pricing model, APM)

차익거래기회가 존재하지 않는다면, 자산 i의 기대수익률은 요인 k에 관한 체계적 위험인 b_{ik}와 이에 대한 위험프리미엄인 λ_k의 선형결합으로 나타난다.

$$E(r_i) = \lambda_0 + \sum_{k=1}^{K} b_{ik}\lambda_k \tag{9.17}$$

9.2.3 차익거래 가격결정모형(APM)의 위험프리미엄

이제, 위험프리미엄 λ_k를 좀 더 살펴보자. 우선, 무위험자산의 체계적 위험은 없다. 따라서 모든 요인 k에 관해서 $b_{ik} = 0$이 된다. 이 경우, 위 식 (9.17)은 $E(r_f) = r_f = \lambda_0$가 되므로, λ_0는 위험이 없을 때 투자자가 요구하는 무위험 수익률을 의미한다.

반면, λ_k는 투자자가 요인 k에 대하여 리스크 한 단위당 얼마나 많은 기대수익률을 요구하는지를 보여주는 요인 k의 **위험프리미엄**이 된다. 이를 보기 위해 위 식 (9.17)을 개별자산이 아닌 요인 k만을 모방하는 요인모방 포트폴리오(r_{pk})에 적용한다고 해보자. 이 경우 해당 요인에 대해서는 민감도, 즉, 베타가 1이고, 그 외의 다른 요인들에 의해서는 전혀 영향을 받지 않으므로 그 외의 베타는 0이 된다. 따라서, 이 포트폴리오의 수익률에 관한 아래의 식을 얻을 수 있다.

$$E(r_{pk}) = r_f + \lambda_k$$

이 식은 요인 k에 대한 위험프리미엄(λ_k)은 $\lambda_k = E(r_{pk}) - r_f$, 즉, 요인의 기댓값에서 무위험 수익률을 차감한 값으로 측정됨을 의미한다.

따라서 식 (9.17)의 차익거래 가격결정모형은 다음과 같이 나타낼 수 있다.

$$E(r_i) = r_f + \sum_{k=1}^{K} b_{ik}(E(r_{pk}) - r_f)$$

이 차익거래 가격결정모형(APT)을 CAPM과 비교해보면 위험프리미엄의 의미를 이해하는데 도움이 될 것이다. CAPM은 APT에서 $K = 1$인 특수한 경우에 해당하는 단일요인모형이며, 이 경우 시장위험요인인 베타에 대한 위험프리미엄은 기대초과시장수익률인 $E(r_m) - r_f$가 된다. 반면 APT에서는 다수의 요인이 있으며, 개별 요인 k에 대한 위험프리미엄 λ_k가 이에 상응하게 된다.

9.2.4 APT의 장단점 및 CAPM과의 비교

APT는 다수의 다양한 위험요인들을 자산가격결정에 반영할 수 있는 반면, CAPM에서는 시장위험(체계적위험)만으로 자산가격을 설명하고 다른 위험요인들을 무시한다. 또한 APT는 투자자들이 적정가격에서 벗어난(mispriced) 자산을 찾아서 수익을 얻을 수 있는 차익거래 방법을 제시한다. 한편 APT가 요구하는 가정은 CAPM보다 훨씬 적고, 따라서 실무에서도 응용가능한 거래방법을 제시한다. 반면 CAPM은 시장균형하의 모형으로서 까다로운 가정들이 필요하다.

그러나 APT에서는 공통요인이 구체적으로 무엇인지 또 몇 개가 필요한지에 대한 설명이 없다. 따라서, 투자자들은 요인분석, 주성분 분석 등의 통계적 기법 또는 요인모방 포트폴리오 구성 등의 방법을 사용하여 요인들을 추출해야 한다. 더구나 이러한 요인은 분석기간이나 경제상황에 따라 다르게 나타날 수 있기 때문에, 이들을 파악하는 것은 쉽지 않다.

한편 이론적으로 APT는 요인들 간에는 관련성이 없는 것으로 가정하지만 이 가정은 그리 중요하지 않다. 대부분의 요인모방 포트폴리오들은 상관관계가 높으며, 또 많이 사용하는 거시변수들도 서로 높은 상관관계를 보인다.

마지막으로 APT가 차익거래 이익을 얻을 수 있음을 보장해 주지는 못한다. 현재 시점에서 APT 관점으로 고평가 또는 저평가된 자산의 가격은 미래 시점에서 APT에 고려되지 못한 위험요인에 의해서 변동될 수도 있다. 왜냐하면, APT의 공통요인들이 진정한 위험요인들을 모두 반영하지 못할 수 있기 때문이다. 이와 같이, 차익거래의 기회가 존재하더라도 차익거래의 이익이 불확실하다면, 투자자들이 실제로는 차익거래에 참여하지 않을 가능성이 높다.

〈표 9-1〉 APT와 CAPM의 가정에 대한 비교

APT	CAPM
• 완전자본시장 • 공통요인들 간에 관련성이 없어야 함 (즉, 공분산=0 또는 직교(orthogonal)함) • 시장에 차익거래의 기회가 없음 • 단일기간 투자를 가정함	• 완전자본시장 • 투자자의 효용함수가 2차효용함수 혹은 자산의 수익률이 정규분포를 따름. 따라서, 평균-분산 분석이 적용가능함 • 시장포트폴리오가 존재함 • 시장위험(체계적위험)이라는 단일위험요인에 의해서 자산의 기대수익률이 결정됨 • 단일기간 투자를 가정함

9.3 유한경제에서의 다요인가격결정모형의 문제점**

여기서는 투자자의 효용함수를 이용하여 다요인가격결정모형이 자산의 기대수익률을 제대로 예측할 수 있는지 여부를 살펴보도록 하자. 결론을 간단히 요약하면, 투자자산의 수가 유한한 경제에서는 APT가 자산의 기대수익률을 과소평가할 가능성이 있다는 것이다.

앞서 APT에 대한 가정(즉, 식 (9.9), (9.10), (9.11))에 덧붙여, 자산의 수는 N개로 고정되어 있음을 가정해 보자. 따라서 N은 더 이상 증가하지 않으며, 결과적으로 이 모형은 유한경제에서의 APT가 된다. 이제, 순투자가 없고 위험이 없는 K개의 투자안(헤지포트폴리오)들을 만들고, 이러한 투자안 k의 다음 기의 가치를 λ_k(위험프리미엄)라 하자.

이제, N개의 자산과 이러한 자산으로 구성된 K개의 투자안을 만들었으므로, $N+K$개의 거래가능한 자산들이 있다고 하자. 이 경우 투자자가 기대효용을 극대화하기 위해 포트폴리오를 구성한다고 가정해 보자. 즉,

$$Max\ \ E(u_j(W_j)) \tag{9.18}$$

단, $W_j = W_{0j}\left(\sum_{i=1}^{N} w_{ji}(1+r_i)\right) + W_{jk}$이고, w_{ji}는 투자자 j가 자산 i에 투자한 투자금액의 비율을 의미하고, r_i는 자산 i의 투자수익률로 식 (9.2)의 선형요인모형을 따르며, W_{jk}는 투자자 j가 순투자 없이 구성한 k번째 투자안(순투자도 없고 체계적 위험도 없는 헤지포트폴리오)의 최종 가치를 의미하는 것으로, 이 투자안의 시작 시점에서의 가치는 0이다. 또한, 이 투자자의 효용함수는 불포화만족과 위험회피성향을 가지고 있다고 가정한다. 즉, $u_j'(.) > 0$와 $u_j''(.) < 0$임을 가정한다.

이제, 무위험 수익률 r_f로 현금을 빌려서 자산 i를 한 단위 매수하고, K개의 모든 헤지포트폴리오들을 각각 b_{ik} 단위만큼 공매도하는 투자전략을 생각해보자. 이 투자전략으로 인해 현재의 소비나 순투자금액에는 변화가 없도록 한다. 여기서 A_i를 이 투자전략에 대한 수익률이라 하면, 이 투자로부터 발생하는 기대수익률은

$$E(A_i) = E(r_i) - r_f - \sum_{k=1}^{K} b_{ik}\lambda_k \tag{9.19}$$

가 된다. 따라서, 이 투자전략으로 인한 투자의 결과는

$$A_i = r_i - r_f - \sum_{k=1}^{K} b_{ik}\lambda_k + \varepsilon_i \tag{9.20}$$

로 나타낼 수 있다. 이 경우에서 차익거래의 기회가 존재하지 않는다고 하면, 순투자가

없고 위험도 없는 이러한 투자의 기대수익률은 0이 되어야 한다. 즉, $E(A_i) = 0$ 또는 $E(r_i) - r_f = \sum_{k=1}^{K} b_{ik}\lambda_k$가 되어야 한다.

만약, 투자자 j가 이러한 투자전략을 기존 포트폴리오에 추가하여 γ단위만큼 수행한다면, 기말 시점에서 투자자의 부는 $W_j + \gamma A_i$가 된다. 그렇다면, 투자자가 그의 기대효용을 극대화시키기 위해 투자전략 A_i에 투자해야 할 금액인 γ를 구해보자. 즉,

$$\underset{\gamma}{Max}\ E(u_j(W_j + \gamma A_i))$$

이에 대한 최적화 1계조건은 아래와 같다.

$$E\left[u_j'\left(W_j + \gamma A_i\right)A_i\right] = 0, \forall j \tag{9.21}$$

그런데, 이 투자자가 이미 효용극대화를 위한 최적 포트폴리오를 보유하고 있는 경우(예를 들면, 시장균형상태)를 가정하면, 이 경우에는 더 이상 투자를 늘릴 이유가 없으므로 γ의 최적값이 0이 되어야 한다. 이 경우, 위 식은 아래처럼 된다.

$$E\left[u_j'\left(W_j\right)A_i\right] = 0, \forall j \tag{9.22}$$

확률변수 X와 Y에 대해, $E(XY) = E(X)E(Y) + Cov(X, Y)$가 성립함을 이용하면, 위 식은 아래와 같이 나타낼 수 있다.

$$E\left[u_j'\left(W_j\right)A_i\right] = E\left[u_j'\left(W_j\right)\right]E(A_i) + Cov\left(u_j'\left(W_j\right), A_i\right) = 0 \tag{9.23}$$

$$\Leftrightarrow \quad E(A_i) = -\frac{Cov\left(u_j'\left(W_j\right), E(A_i) + \varepsilon_i\right)}{E\left[u_j'\left(W_j\right)\right]} = -\frac{Cov\left(u_j'\left(W_j\right), \varepsilon_i\right)}{E\left[u_j'\left(W_j\right)\right]}$$

그런데, 유한한 경제에서는 $E(A_i) = -\frac{Cov\left(u_j'(W_j), \varepsilon_i\right)}{E\left(u_j'(W_j)\right)} > 0$이 되는데, 그 이유를 살펴보자. 만약, 자산 i가 총공급에 포함되어 있다면, 시장균형상태에서는 투자자 j도 반드시 이 자산을 보유하여야 한다. 그런데, 식 (9.23)에서 분모인 $E(u_j'(W_j))$는 한계효용의 기댓값이므로 양수인 반면, ε_i가 증가할 때 W_j도 증가함에 따라 한계효용인 $u_j'(W_j)$는 감소하므로 분자인 $Cov(u_j'(W_j), \varepsilon_i)$는 음수가 된다.[12] 따라서, $E(A_i)$는 0이 아닌 양수이다.

---

12 $Cov\left(u_j'(W_j), \varepsilon_i\right) < 0$은 다음과 같이 설명할 수 있다. 자산 i가 총공급에 포함되어 있다면, 균형상태에서는 투자자 j도 반드시 이 자산을 보유하여야 한다. 따라서, ε_i가 증가하면 자산 i를 포함하고 있는 투자자 j의 자산 W_j도 증가한다. 한편 W_j가 증가하면 $u_j'(W_j)$는 감소하게 되는데, 그 이유는 $u_j''(W_j)$가 음수이기 때문이다(효용함수의 2차미분값이 음수인 것은 한계효용체감을 의미함).

결국, 식 (9.19)에서 가정한 $E(A_i)=0$은 성립하지 않고, $E(r_i) > r_f + \sum_{k=1}^{K} b_{ik}\lambda_k$가 된다. 이 부등식의 우변은 투자수익률에 영향을 미치는 요인들의 선형결합이므로 APT를 의미하기 때문에, 유한한 경제에서는 APT가 자산 i의 기대수익률보다 작다는 것이므로, 기대수익률을 과소평가할 가능성이 있다는 결론을 얻을 수 있다. 한편, Black(1972)의 제로베타 CAPM처럼 무위험자산이 없는 경우에도 유한경제에서의 자산가격이 과소평가된다.[13]

9.4 요인모방 포트폴리오와 차익거래 가격결정(arbitrage pricing)**

요인모방 포트폴리오(factor mimicking portfolio, FMP)란 다요인모형에서 사용되는 여러 가지 요인들을 대용하기 위해 고안된 포트폴리오를 말한다. 그런데, 인플레이션이나 GDP와 같은 거래불가능한(non-tradable) 공통요인에 대한 가치 변화를 관측할 수 없다면 차익거래 가격결정이론을 적용하기 어렵다. 따라서, 이러한 변수를 직접 사용하는 대신, 증권시장에서 이러한 거시경제변수를 잘 대변하는 포트폴리오를 사용하거나 요인모방 포트폴리오를 구성하여 이용하게 된다.

9.4.1 요인모방 포트폴리오의 의미와 조건

요인모방 포트폴리오가 되기 위해서는 어떤 조건들을 만족하여야 하는지를 정확하게 이해하기 위해서, 차익거래 가격결정이론(arbitrage pricing theory, APT)을 보다 자세히 살펴볼 필요가 있다. 식 (9.16)의 APT에 따르면 자산의 기대수익률은 아래와 같이 나타낼 수 있다.

$$\boldsymbol{\mu} = r_f\boldsymbol{e} + \boldsymbol{B}\boldsymbol{\lambda} \tag{9.24}$$

이 식은 N개의 자산의 기대초과수익률($\boldsymbol{\mu} - r_f\boldsymbol{e}$)이 K개의 요인계수(factor loading)(또는 요인노출(factor exposure))($\boldsymbol{B}$)와 $\boldsymbol{\lambda}$의 선형결합에 의해 결정됨을 의미하는 것이다. 여기서 $\boldsymbol{\lambda}$는 $\boldsymbol{\lambda} = (\lambda_1, \lambda_2, \cdots, \lambda_K)'$인 벡터로서, 요인계수 $\boldsymbol{B}$에 대한 위험프리미엄을 의미한다.

■ 요인계수 $\boldsymbol{B}$와 위험프리미엄 $\boldsymbol{\lambda}$의 의미

요인계수 $\boldsymbol{B}$는 자산수익률과 공통요인 간의 **공분산**으로 가정해도 무방하다. 예를 들면, $r = a + bf + \varepsilon$로 자산수익률에 영향을 미치는 공통요인이 f 하나이고 그 분산이 1로 표준화된 경우(즉, $Var(f)=1$), 자산수익률과 요인 간의 공분산인 $Cov(r,f) = Cov(a + bf +$

13 보다 상세한 설명은 Grinblatt와 Titman(1983)을 참조하기 바란다.

$\varepsilon, f) = b$가 요인계수가 된다.

그리고, 요인 f에 대한 위험프리미엄은 $\lambda = E(f) - r_f$가 된다는 것을 앞서 APM의 유도과정에서 살펴보았다. 이는 CAPM을 생각하면 쉽게 이해된다. CAPM에서는 시장위험요인인 베타에 대한 위험프리미엄은 기대초과시장수익률(expected excess market return)인데, APT에서는 특정한 요인 k에 대한 위험프리미엄 λ_k가 이에 상응하게 된다. 이와 같이, λ_k에 대한 가장 단순한 의미는 특정한 요인에 대한 위험프리미엄이라는 것이다.

결론적으로, 식 (9.24)가 의미하는 바는 자산의 기대수익률이 요인계수, 즉, 공분산 b의 선형함수라는 점이다.

■ APT에 부합하는 요인모방 포트폴리오의 조건

여기서 우리가 다루고자 하는 주제는 이 APT와 일관성을 가지는 요인모방 포트폴리오를 만들어낼 수 있느냐 하는 것이다. 이 질문에 답하기 위해서, 투자비중벡터가 $\boldsymbol{w}_p$ $(N \times 1)$인 포트폴리오 p가 요인을 모방하는 경우를 고려해 보자. 공통요인이 K개 존재한다고 가정하므로, 이들을 모방하는 K개의 포트폴리오들의 투자비중을 나타내는 $(N \times K)$행렬을 $\boldsymbol{W} = [\boldsymbol{w}_1, \cdots, \boldsymbol{w}_K]$라 두고, 이 포트폴리오들은 선형 독립적임을 가정하며, 순투자가 없는 헤지펀드일 수도 있으므로 $\boldsymbol{e}'\boldsymbol{w}_p = 1$은 성립하지 않을 수도 있다.

그 다음으로 개별 자산들의 수익률 벡터를 $\boldsymbol{r}$이라 하고, 요인모방 포트폴리오의 수익률 벡터를 $\boldsymbol{R} = \boldsymbol{W}'\boldsymbol{r}$ $(K \times 1)$로 두자.[14] 그러면, 자산의 수익률 벡터 $\boldsymbol{r}$과 요인모방 포트폴리오 수익률 $\boldsymbol{R}$의 공분산행렬은 다음과 같다.

$$Cov(\boldsymbol{r}, \boldsymbol{R}) = \boldsymbol{C} = \boldsymbol{\Sigma W} \tag{9.25}$$

단, $\boldsymbol{\Sigma}$는 $\boldsymbol{r}$의 공분산행렬이다. 그런데, 앞서 설명했듯이 우리가 어떤 포트폴리오(또는 투자비중)를 요인모방 포트폴리오라고 부를 수 있다면, 개별자산의 기대초과수익률은 그 자산의 수익률과 요인모방 포트폴리오 수익률 간의 공분산의 선형함수가 되어야 한다. 따라서, 무위험자산이 존재함을 가정할 때, 아래 식을 만족하는 투자비중의 $(N \times K)$ 행렬 $\boldsymbol{W}$는 K개의 요인을 모방한 요인모방 포트폴리오들이 된다. 이 식은 (9.24)와 일치한다.

$$\boldsymbol{\mu} = r_f\boldsymbol{e} + Cov(\boldsymbol{r}, \boldsymbol{R})\boldsymbol{\lambda}^* = r_f\boldsymbol{e} + \boldsymbol{C\lambda}^* \tag{9.26}$$

---

14 예를 들면, 9.1.5절에서처럼 요인모방 포트폴리오는 특정 기업속성의 상위와 하위 일정분위에 들어가는 자산들을 매수와 공매도를 취하여 얻을 수 있으므로, 이 경우 $\boldsymbol{W}$는 이러한 매수와 공매도 비중을 나타내는 투자비중 벡터이다.

9.4.2 요인모방 포트폴리오의 투자비중에 관한 조건

먼저, 요인모방 포트폴리오의 투자비중에 관한 정리를 살펴보자.[15]

▶ 요인모방 포트폴리오의 투자비중

투자비중벡터 $\boldsymbol{W}$가 요인모방 포트폴리오의 투자비중이 되기 위한 필요충분조건은 $\boldsymbol{W} = \boldsymbol{\Sigma}^{-1}\boldsymbol{BL}$이다. 단, $\boldsymbol{L}$은 $K \times K$인 비특이(non-singular)행렬이다.

증명 식 (9.25)에서 $\boldsymbol{W} = \boldsymbol{\Sigma}^{-1}\boldsymbol{C}$ 이므로 투자비중벡터 $\boldsymbol{W}$가 요인모방 포트폴리오가 되기 위한 필요충분조건은 $\boldsymbol{B}$와 $\boldsymbol{C}$가 동일한 열공간(column space)을 갖고, $\boldsymbol{C} = \boldsymbol{BL}$ 또는 $\boldsymbol{\Sigma W} = \boldsymbol{BL}$ 또는 $\boldsymbol{W} = \boldsymbol{\Sigma}^{-1}\boldsymbol{BL}$ 이 성립하는 비특이행렬 $\boldsymbol{L}$이 존재한다는 것이다. $QED.$

그런데, 투자비중행렬 $\boldsymbol{W}$가 요인모방 포트폴리오의 투자비중이 되기 위해서는 추가적인 조건이 필요하다. 이 조건은 $\boldsymbol{W}$가 일반적인 포트폴리오의 투자비중행렬이라면 $\boldsymbol{e}'\boldsymbol{W} = \boldsymbol{e}_k$는 1로 이루어진 $(K \times 1)$ 벡터가 되어야 하고, 헤지펀드의 투자비중행렬이라면 $\boldsymbol{e}'\boldsymbol{W} = \boldsymbol{0}$이 되어야 한다는 것이다. 이에 관한 정리를 살펴보자.

▶ 요인모방 포트폴리오 또는 요인모방 헤지 포트폴리오의 존재 여부

전역 최소분산 포트폴리오(global minimum variance portfolio, GMV)의 체계적 위험이 0이 아닌 경우, 요인모방 포트폴리오가 존재한다. 만약, 전역 최소분산 포트폴리오의 체계적 위험이 0이면, 요인모방 헤지 포트폴리오가 존재한다.

증명 GMV 포트폴리오의 투자비중벡터를 $\boldsymbol{w}_{gmv}$로 두면, 4장의 결과에 의해 아래와 같다.

$$\boldsymbol{w}_{gmv} = \frac{\boldsymbol{\Sigma}^{-1}\boldsymbol{e}}{\boldsymbol{e}'\boldsymbol{\Sigma}^{-1}\boldsymbol{e}}$$

체계적 위험 β_{gmv}를 아래와 같이 계산할 수 있다.

$$\beta_{gmv} = \frac{cov(r_{gmv}, r_m)}{var(r_m)} = \frac{\boldsymbol{w}_{gmv}'\boldsymbol{\Sigma}\boldsymbol{w}_M}{\boldsymbol{w}_M'\boldsymbol{\Sigma}\boldsymbol{w}_M} = \frac{(\boldsymbol{e}'\boldsymbol{\Sigma}^{-1}\boldsymbol{e})^{-1}\boldsymbol{e}'\boldsymbol{w}_M}{\boldsymbol{w}_M'\boldsymbol{\Sigma}\boldsymbol{w}_M}$$

여기서, $\boldsymbol{e}'\boldsymbol{\Sigma}^{-1}\boldsymbol{e} > 0$이므로, $\boldsymbol{e}'\boldsymbol{w}_M = 0$이 되면 GMV 포트폴리오의 체계적 위험은 0이 된다. 그리고, 위의 정리에 의해 $\boldsymbol{W} = \boldsymbol{\Sigma}^{-1}\boldsymbol{BL}$이므로 $\boldsymbol{e}'\boldsymbol{W} = \boldsymbol{e}'\boldsymbol{\Sigma}^{-1}\boldsymbol{BL}$이 성립하고, $\boldsymbol{L}$이 비특이행렬이기 때문에

15 Huberman(1982).

$\beta_{gmv} = 0$인 경우에는, $\boldsymbol{e}'\boldsymbol{W} = \boldsymbol{0}$이 되어야 한다. 따라서 이 포트폴리오는 헤지 포트폴리오가 된다. 그런데, 헤지 포트폴리오가 아닌 요인모방포트폴리오의 경우에는 $\boldsymbol{e}'\boldsymbol{W} = \boldsymbol{e}'\boldsymbol{\Sigma}^{-1}\boldsymbol{BL} \neq \boldsymbol{0}$이 될 것이므로, 이 경우, 간단히 $\boldsymbol{e}'\boldsymbol{\Sigma}^{-1}\boldsymbol{BL} = \boldsymbol{e}_k$로 두면 이 조건이 헤지 포트폴리오가 아닌 일반적인 요인모방 포트폴리오의 필요충분조건이다. $QED.$

이제, 위 정리에 따라 최소분산 포트폴리오($\boldsymbol{w}_{gmv}$)의 체계적 위험의 값으로 요인모방(헤지) 포트폴리오의 존재 여부를 판단해 보자. 먼저, $\boldsymbol{w}_{gmv}$의 체계적 위험을 결정하는 공분산행렬에 관한 조건을 유도해 보자. 포트폴리오들의 수익률 벡터 $\boldsymbol{r}$의 공분산행렬 $\boldsymbol{\Sigma}$는 식 (9.4)에 의해서 $\boldsymbol{\Sigma} = \boldsymbol{D} + \boldsymbol{BB}'$이므로, 아래 식이 성립한다.

$$\begin{aligned}\boldsymbol{\Sigma}^{-1} &= (\boldsymbol{D} + \boldsymbol{BB}')^{-1} \\ &= \boldsymbol{D}^{-1} - \frac{\boldsymbol{D}^{-1}\boldsymbol{BB}'\boldsymbol{D}^{-1}}{1 + \boldsymbol{B}'\boldsymbol{D}^{-1}\boldsymbol{B}}\end{aligned} \tag{9.27}$$

양 변에 $\boldsymbol{B}$를 곱한 후, 우변을 $\boldsymbol{D}^{-1}\boldsymbol{B}$ 로 묶으면,

$$\begin{aligned}\boldsymbol{\Sigma}^{-1}\boldsymbol{B} &= \boldsymbol{D}^{-1}\boldsymbol{B}(1 - \frac{c}{1+c}) \\ \Leftrightarrow \boldsymbol{e}'\boldsymbol{\Sigma}^{-1}\boldsymbol{B} &= \boldsymbol{e}'\boldsymbol{D}^{-1}\boldsymbol{B}(1 - \frac{c}{1+c})\end{aligned}$$

단, $c = \boldsymbol{B}'\boldsymbol{D}^{-1}\boldsymbol{B}$이다.[16] 따라서, $\boldsymbol{e}'\boldsymbol{\Sigma}^{-1}\boldsymbol{B} = 0$와 $\boldsymbol{e}'\boldsymbol{D}^{-1}\boldsymbol{B} = 0$는 서로 필요충분조건이 된다.그리고, 만약 $\boldsymbol{e}'\boldsymbol{D}^{-1}\boldsymbol{B} = 0$이면, 식 (9.27)을 활용하여 아래의 식이 성립한다.

$$\begin{aligned}\boldsymbol{e}'\boldsymbol{\Sigma}^{-1}\boldsymbol{e} &= \boldsymbol{e}'\boldsymbol{D}^{-1}\boldsymbol{e} - \frac{\boldsymbol{e}'\boldsymbol{D}^{-1}\boldsymbol{BB}'\boldsymbol{D}^{-1}\boldsymbol{e}}{1 + \boldsymbol{B}'\boldsymbol{D}^{-1}\boldsymbol{B}} \\ &= \boldsymbol{e}'\boldsymbol{D}^{-1}\boldsymbol{e}\end{aligned}$$

$\boldsymbol{w}_{gmv}$의 경우에는 $Var(\boldsymbol{w}_{gmv}'\boldsymbol{r}) = \frac{1}{\boldsymbol{e}'\boldsymbol{\Sigma}^{-1}\boldsymbol{e}}$가 된다. 그런데, 위 식으로부터, 만약 $\boldsymbol{e}'\boldsymbol{D}^{-1}\boldsymbol{B} = 0$ 되면, GMV 포트폴리오의 분산은 $Var(\boldsymbol{w}_{gmv}'\boldsymbol{r}) = \frac{1}{\boldsymbol{e}'\boldsymbol{D}^{-1}\boldsymbol{e}}$가 되어 오직 고유위험($\boldsymbol{D}$)에 의해서 결정된다. 이것은 고유의 분산으로 가중된 요인계수(위험에 대한 노출)($\boldsymbol{B}$)의 합이 0(즉, $\boldsymbol{e}'\boldsymbol{D}^{-1}\boldsymbol{B} = 0$)이 된다는 것이므로, GMV 포트폴리오의 체계적 위험은 0이 되고, 따라서 우리는 요인모방 헤지 포트폴리오를 구성할 수 있다는 것을 의미한다. 실무자들은 모형구축 시 헤지 포트폴리오에 기반한 FMP들을 자주 사용하지만, 그들의 요인모방 포트폴리오가 이러한 조건들을 만족하는지는 확실하지 않다.

---

16 임의의 행렬 $\boldsymbol{A}$와 $\boldsymbol{B}$가 비특이행렬이면, $(\boldsymbol{A}+\boldsymbol{B})^{-1} = \boldsymbol{A}^{-1} - \boldsymbol{A}^{-1}\boldsymbol{B}(\boldsymbol{I} + \boldsymbol{A}^{-1}\boldsymbol{B})^{-1}\boldsymbol{A}^{-1}$이 성립한다(Henderson과 Searle, 1981).

9.5 결론

실무에서 자산가격결정과 관련하여 가장 유용하게 사용되는 다요인 모형과 이를 이론적으로 뒷받침하는 차익거래 가격결정이론을 살펴보았다. 차익거래 가격결정 모형의 가장 큰 문제점은 공통요인을 파악하는 것이다. 공통요인의 개수에 대하여도 일치된 의견이 없으나 많은 연구들이 10개 미만으로 보고 있다. Fama와 French는 1993년에 세 개의 공통요인을 제시하였고, 2015년에는 이를 다섯 개로 늘린 바 있다. 실무적으로는 이보다 훨씬 많은 요인들을 사용한다. 시간의 흐름에 따라 경제상황이 바뀌는 점을 감안하면, 이론적으로 제시되는 것 보다 더 많은 요인이 필요할 것이다.

한편 지금까지 최소한 300개 이상의 기업특성 요인들이 자산가격을 설명할 수 있는 것으로 보고되어 왔고, 이 중 일부는 제10장에서 소개하고 있다. 이러한 기업특성은 9.1.5절에서 설명한 개별기업의 속성 A_{ift}를 말하는데, 개별기업의 속성 A_{ift}가 자산의 수익률을 설명할 수 있다고 하면, 이 속성은 공통요인이 될 가능성이 있다고 할 수 있다. 그러나 공통요인으로 인정받는 것은 이 기업특성이 중요한 이유를 이론적으로 설명할 수 있는지, 또 얼마나 자산가격을 잘 설명하는지에 달려있다고 하겠다. 이러한 측면에서, 비록 300개 이상의 기업특성이 자산가격을 설명한다고 보고되었지만, 공통요인이 되기 위해서는 아주 장기간에 걸쳐 자산가격을 설명할 수 있어야 하고, 왜 이러한 기업특성이 자산가격을 설명하는지에 대한 합리적 설명이 뒷받침되어야 할 것이다.

한편 차익거래 가격결정이론은 파생상품 가격을 모형화하는데 없어서는 안되는 결정적인 역할을 한다. 제8편에 있는 내용은 기본적으로는 전부 무차익거래에 기반한 자산가격 모형들이다.

연/습/문/제

1. 차익거래 가격결정이론(APT)이 성립한다고 가정하자. 자산의 기대수익률에 영향을 미치는 공통요인은 경제성장률과 인플레이션으로 밝혀졌고, 경제성장률은 5%, 시장포트폴리오의 수익률은 8%로 예상된다. 시장에 존재하는 포트폴리오 A, B의 경우, 공통요인들에 대한 민감도가 아래 표와 같고, 포트폴리오 A의 기대수익률이 10%이다.

	경제성장률에 대한 민감도	시장포트폴리오에 대한 민감도
포트폴리오 A	0.5	1.5
포트폴리오 B	1.2	0.8

(1) 포트폴리오 B의 기대수익률을 구하시오.

(2) 공통요인 중 하나인 시장포트폴리오 요인에 대한 체계적 위험 노출이 0인 포트폴리오를 구성하고자 한다. 공매도에 대한 제약이 없을 때, 이를 위한 A, B의 투자비율을 구하시오.

2. 50개의 주식으로 구성된 동일가중 포트폴리오 X의 평균 표준편차 $\sigma(\varepsilon_i)$가 25%인 경우, X의 비체계적 위험(표준편차)은 얼마인가?

Part 06

시장의 효율성과 행동재무경제학

Market Efficiency and Behavioral Financial Economics

1970년대 초에 Fama가 주장한 효율적 시장의 개념은 재무경제학에서 정보를 기반으로 자산 가격이 형성되는 과정을 이해하고 이를 모형화하는 데 큰 도움을 주었다. 여기서는 Fama의 효율적 시장가설에 대한 설명을 먼저 하기로 한다.

지난 50년간 금융시장 데이터와 이를 분석할 수 있는 컴퓨터 하드웨어 및 소프트웨어의 비약적인 발전 덕분에 시장의 효율성에 대한 수많은 실증분석이 이루어졌다. 그 결과 많은 연구에서 시장의 효율성에 의문을 제기하는 결과가 나타났고, 특히 투자자들이 합리적이라면 나타날 수 없는 이상현상들이 많이 발견되었다.

물론 이러한 이상현상이 지금까지 알려지지 않은 다른 '합리적' 요인에 의해 설명될 수도 있지만, 여기서는 의사결정자의 '심리'에 초점을 맞추어 다양한 행동재무학적 설명을 소개하고자 한다.

Chapter 10

시장의 효율성 (Market Efficiency)

효율적 시장은 재무경제학에서 매우 중요한 개념이다. 효율적 시장에서는 정보가 효율적이고 합리적인 방법으로 처리되며, 모든 시장 참여자들은 현재의 자산 가격이 공정하다고 기대한다. 그 결과, 자산의 효율적인 배분이 가능하다.

시장이 효율적이라는 것은 모든 시장 참여자들이 가용한 모든 정보를 이용해도 수익률을 예측할 수 없다는 것을 의미한다. 그러나, 실제로는 많은 실증연구에서 1월 효과(January effects) 등과 같은 수익률의 체계적인 패턴들이 발견되었다. 이러한 패턴들을 이용하면 수익률을 예측할 수 있지 않을까? 만약 수익률에 대한 체계적인 패턴이 수익률에 상응하는 위험과 관련이 있다면, 그 패턴은 위험에 대한 보상을 의미하므로 수익률을 합리적으로 설명할 수 있고, 따라서 시장은 효율적이라는 결론을 내릴 수 있다. 그러나, 실제로는 이러한 체계적인 패턴들이 위험-수익 간의 관계로 설명되는지 여부가 불명확한 것으로 나타나고 있고, 합리성을 가정한 이론(CAPM, 소비기반 CAPM 등)으로는 이러한 현상들을 설명하기 어렵다는 점에서 이상현상(anomalies)이라고 부르고 있으며, 현재까지도 이에 관한 연구가 지속되고 있다.

시장의 효율성에 관한 논의는 오래전 Bachelier(1900)의 연구에서 시작되었으며, 현대 재무경제학에서의 시장의 효율성은 Samuelson(1965)이나 Fama(1970)에 의해서 본격적으로 논의되기 시작했다. 이 장에서는 시장 효율성의 개념과 기대형성모형(정보에 의한 가격형성을 설명하는 모형)을 소개하고, 시장 효율성을 검증하는 연구방법론인 수익률의 예측가능성 연구와 사건 연구(event study)를 설명한다. 그리고, 실증연구에서 발견된 이상현상들을 살펴보고자 한다.

10.1 효율적 시장가설

여기서는 Fama(1970)의 효율적 시장가설(efficient market hypothesis, EMH)을 중심으로 시장의 효율성을 살펴보기로 한다.

▶ 효율적 시장(efficient market)
효율적 시장은 가격이 항상 모든 가용한 정보를 **완전히 반영**(fully reflect)하고 있는 시장이다.

그렇다면, '완전히 반영'이란 어떤 의미일까? 그 의미는 세상의 모든 가용한 정보가 시장에서 다루어지고, 자산 가격에 즉각적으로 정확하게 반영된다는 것이다.

이를 설명하기 위해서는 다음과 같은 정의가 필요하다. 먼저, Ψ_t를 t시점에서 가용한 정보의 총집합이라 하고, Ψ_t^m를 자산가격을 결정하기 위해 시장에서 활용되는 정보의 집합이라고 하자. 그러면, 시장에서 사용되는 정보 Ψ_t^m는 전체 정보 Ψ_t의 부분집합이므로, $\Psi_t^m \subseteq \Psi_t$가 된다. 그리고, t시점에서 자산 i의 가격을 $p_{i,t}$라 하고, 시장에는 N개의 자산이 존재하므로, $i = 1,2,\ldots N$이라고 하자. 또한, $f_m(p_{1,t+\tau},\ldots,p_{N,t+\tau}|\Psi_t^m)$는 t 시점에서의 정보 Ψ_t^m에 근거한 $t+\tau$ $(\tau \geq 1)$시점의 자산 가격들의 결합확률밀도함수이고, $f(p_{1,t+\tau},\ldots,p_{N,t+\tau}|\Psi_t)$는 Ψ_t에 근거한 $t+\tau$ $(\tau \geq 1)$ 시점에서의 자산 가격들의 결합확률밀도함수이다. 정보의 집합 Ψ_t는 t 시점에서의 상태뿐만 아니라 시간 경과에 따라 이 상태가 변해가는 프로세스에 대해 알려진 모든 것을 포함하고 있다. 여기서, '프로세스에 대해 알려진 모든 것(knowable about the process)'의 의미는 미래의 자산가격에 대한 결합확률분포를 가늠할 수 있는 현재의 상태를 뜻한다.

결국, Fama(1970)의 '완전히 반영'이란 의미는 시장에서 활용되는 정보 Ψ_t^m가 정보 전체의 집합 Ψ_t와 동등하다는 것이다. 즉, 정보 전체가 시장 가격에 반영된다는 뜻이다.

$$\Psi_t^m = \Psi_t$$

이는 아래처럼 두 결합확률밀도함수가 같다는 것을 말한다.

$$f_m(p_{1,t+\tau},\ldots,p_{N,t+\tau}|\Psi_t^m) = f(p_{1,t+\tau},\ldots,p_{N,t+\tau}|\Psi_t) \tag{10.1}$$

따라서, 시장의 효율성이란 '시장이 모든 가용한 정보를 인지하고 있고, 그 정보를 즉시 정확히 사용하는 것'임을 의미한다. 이것은 시장 효율성이 전체 정보인 Ψ_t를 고려하는 것뿐만 아니라 그 정보가 자산 가격에 반영되는 속도도 고려하는 개념임을 뜻한다.

■ 시장 효율성의 유형

효율적 시장이 성립하려면, 시장이 정보를 효율적으로 나두어야 하고, 그 정보의 모든 내용이 신속하고(즉시) 정확하게 자산 가격에 반영돼야 한다.

Fama(1970)는 가격에 반영된 정보의 유형에 따라서 시장의 효율성을 아래와 같이 세 가지 유형으로 나누었다.

- 약형 효율성(weak-form efficiency): 과거의 이용가능한 모든 정보는 현재 가격에 충분히 반영되어 있다. 즉, Ψ_t^m는 과거의 모든 정보를 포함한다.
- 준강형 효율성(semistrong-form efficiency): 공개적으로 가용한 모든 정보는 현재의 자산가격에 충분히 반영되어 있다. 즉, Ψ_t^m는 공개적으로 접근가능한 모든 정보를 포함한다.
- 강형 효율성(strong-form efficiency): 공개된 정보뿐만 아니라 비공개된 모든 정보까지도 자산가격에 충분히 반영되어 있다. 따라서, 어떤 유형의 투자자도 초과 이익을 얻을 수 없다. 즉, Ψ_t^m는, 위에서 언급한 과거 자산가격에 관한 정보와 공개적으로 접근가능한 모든 정보뿐만 아니라, 공개적으로는 접근할 수 없는 내부자(insider) 정보를 비롯한 모든 가용한 정보를 포함한다.

[그림 10-1]에서는 정보의 유형에 따른 시장의 효율성을 보여준 것으로, 자산의 가격이 시장의 모든 정보를 이미 반영하고 있다는 강형 효율성이 가장 효율적인 시장이고, 반대로 약형 효율성은 가장 효율성이 낮은 시장이다.

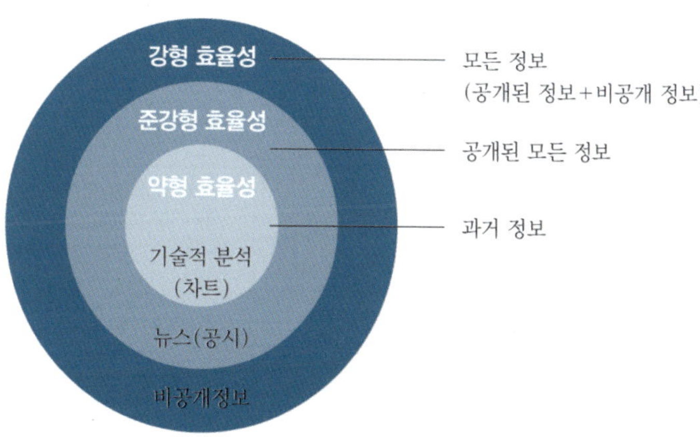

[그림 10-1] 시장 효율성의 유형에 따른 가격에 반영된 정보의 범위

■ 시장 효율성에 관한 연구

<표 10-1>은 효율성의 유형에 따른 초과이익 획득 여부와 실증분석방법을 요약하고 있다. 시장이 약형 효율적이라면, 과거 수익률이나 회계정보 등 과거의 모든 정보를 활용해도 초과수익률을 얻을 수 없다. 현실에서는 이동평균선처럼 과거 가격으로 산출한 기술적 지표로 자산가격의 추세를 분석하고 예측하는 것을 많이 볼 수 있는데, 시장이 약형 효율적이면 이러한 예측은 무의미하다. 반면 준강형 효율적이면 공개적으로 구할 수 있는 모든 정보는 이미 현재의 자산 가격에 반영되어 있으므로, 이를 검증하기 위해서는 신기술개발이나 인수합병 등과 같은 새롭게 공개되는 정보를 활용하면 초과수익률을 얻을 수 있는지 살펴보아야 한다. 시장이 준강형 효율적이라면 이러한 새로운 정보로도 초과이득을 얻을 수 없다. 왜냐하면 발표 즉시 이 정보는 공개정보가 되어 가격에 즉각 반영될 것이므로 이러한 정보를 이용한 초과이득이 불가능하기 때문이다. 마지막으로 강형 효율성은 분석하기가 쉽지 않다. 왜냐하면 이 분석을 위해서는 현재의 시장가격과 내부정보(비공개정보)를 사용하여 예측한 가격을 비교해야 하는데, 비공개 정보를 구할 수 없기 때문이다. 다만 비공개 정보를 활용한 내부자 거래가 비정상적인 초과수익을 얻을 수 있는지 분석함으로써 강형 효율성을 간접적으로 검증할 수 있다.

그런데, 지금까지 시장효율성에 관한 연구와 자산가격 예측에 관한 연구들을 보면, 시장 효율성에 관한 결과가 서로 다르게 나타난다. 먼저, 시장 효율성에 관한 여러 가지 실증분석의 결과를 요약하면, 금융시장은 준강형 효율성을 보여주고 있다. 즉, 중요한 사건(event)의 공시 내용은 신속하게 그리고 충분히 자산 가격에 반영된다. 반면, 1980년대부터 시작된

〈표 10-1〉 시장 효율성의 유형별 초과이익 획득방법 및 실증분석방법

	가격 반영 정보	초과이익 획득방법	실증분석방법
약형 효율성	과거 정보	과거정보로는 불가능 (기술적 분석은 효과 없음)	수익률 예측가능성 연구 (예: 이동평균선, 회계정보를 이용한 주가예측)
준강형 효율성	공개적으로 이용가능한 모든 정보	공개된 정보로는 불가능 (기본적 분석은 효과 없음)	사건 연구 (예: 인수합병 공시)
강형 효율성	비공개된 정보를 포함한 모든 정보	어떤 누구도 초과이익 불가능	기업 내부자의 투자성과 분석 또는 애널리스트/펀드매니저의 미공개 정보 보유 여부 분석

자산가격 예측 가능성에 관한 다양한 실증분석의 결과를 보면, 과거의 정보가 미래의 가격을 예측하는 데 사용될 수 있는 것으로 나타났다. 이는 약형 효율성도 성립하지 않음을 의미하므로, 시장이 효율적이지 않다는 것을 암시한다. 이 부분에 대해서는 이 장의 후반부에 자세하게 설명할 것이다.

■ 시장 효율성에 관한 새로운 유형

한편, Fama(1991)는 그동안의 이론적 발전과 실증분석의 결과를 바탕으로, 시장의 효율성에 관한 연구를 앞서 설명한 약형, 준강형, 강형 효율성이라는 세 가지 개념을 이용하여 **수익률 예측가능성**(return predictability) 연구와 **공시 연구**(announcement studies)라는 두 가지 유형으로 구분하였다. **수익률 예측가능성**은 **약형 효율성**을 검증하기 위한 개념으로, 우리는 이 새로운 유형을 이용하여 1월 효과와 같은 자산 수익률의 패턴들을 살펴볼 것이다. 또한 그는 **준강형 효율성 검증**을 **공시 연구**로 변경하였다. 이 책에서는 이러한 새로운 정의들을 이용하여 시장 효율성에 대해 논의하고자 한다.

한 가지 명심하여야 할 것은 효율적 시장 가설이 정보의 유용성을 부정하는 것도 아니고, 또한 가격이 새로운 정보에 반응하지 않는다는 것도 아니라는 점이다. 이 가설의 초점은 투자자가 정보를 사용하여 초과수익을 얻을 수 있느냐 하는 것이다.

10.2 정보의 가치와 시장의 효율성

이 절에서는 정보의 가치를 시장 효율성의 측면에서 살펴보고자 한다. 정보는 발생가능한 다양한 사건들에 대한 신호(signal)로 정의될 수 있다. 그리고, 시장 효율성의 개념은 정보의 정의와 정보의 가치에 따라 정해진다.

10.2.1 정보의 가치

정보의 가치는 그 정보를 활용할 때의 기대효용과 그 정보가 없을 때의 기대효용의 차이로 평가할 수 있다. 만약, 어떤 정보가 기대효용을 증가시키지 않는다면, 시장은 그 정보를 이미 반영하고 있다는 의미이므로, 그 정보에 대해서는 시장이 효율적임을 의미한다.

■ 정보의 내용을 알고 있을 때의 정보의 가치

이에 관해 좀 더 구체적으로 살펴보자. 의사결정자가 어떤 정보를 얻게 되면, 기대효용

극대화 측면에서 그 정보의 가치를 평가할 것이다. 정보 ψ가 주어졌을 때, 투자자가 직면하는 의사결정문제를 수학적으로 표현하면 아래와 같다.

$$U(a|\psi) = \underset{a}{Max} \sum_{e} p(e|\psi)u(a,e)$$

여기서, $p(e|\psi)$는 정보 ψ가 주어졌을 때 임의의 사건 e가 발생할 조건부 확률이고, $u(a,e)$는 사건 e가 발생할 경우 a라는 행동을 함으로써 얻게 되는 효용을 의미한다. 이 식이 의미하는 바는, 투자자에게 어떤 정보 ψ가 주어질 경우 그 투자자는 그 정보로부터 (자산가격에 영향을 미치는) 관련 사건들이 일어날 확률인 $p(e|\psi)$를 계산하고, 이 사건이 발생하는 경우에 얻게 되는 효용을 고려하여 기대효용을 계산한다는 것이다. 그런데 투자자가 취할 수 있는 투자의사결정(행동(a))은 여러 가지가 있으므로, 각각의 투자의사결정에 대한 기대효용을 계산한 다음 이 기대효용이 가장 큰 투자의사결정을 선택하게 된다. 그리고, 이 극대화된 기대효용과 정보가 없었던 원래 상태의 기대효용과의 차이가 정보의 가치가 된다.

■ 정보의 내용을 모를 때의 정보의 가치

이제 한걸음 더 나아가, 투자자가 전체 정보집합을 활용하여 기대효용을 극대화하는 경우를 생각해보자. 위에서는 정보 ψ가 주어진(확정된) 경우에 기대효용을 극대화하는 경우였다면, 이번에는 보다 일반화된 경우로 정보 ψ가 (확정된 것이 아니라) 발생할 확률을 $p(\psi)$로 보고 이를 가중치로 활용하여 전체 정보집합에 대한 기대효용을 계산하는 것이다. 즉, 정보의 내용을 알 수 없는 상황에서 이 정보를 활용할지 여부를 결정하는 경우라면, 이 정보로부터 얻을 수 있는 기대효용을 계산하여 이 정보의 가치를 평가해야 한다. 이 경우의 기대효용을 수학적으로 표현하면, ψ라는 정보가 주어졌을 때의 기대효용($U(a|\psi)$)을 이 정보가 주어질 확률 $p(\psi)$로 가중평균하는 것으로 아래와 같다.

$$V(\psi) = \sum_{\psi} p(\psi)U(a|\psi) = \sum_{\psi} p(\psi)\underset{a}{Max}\sum_{e} p(e|\psi)u(a,e)$$

만약, 정보가 어떤 가치를 가진다면, 정보를 활용할 때의 기대효용 $V(\psi)$는 정보가 없을 때의 기대효용 $V(\psi_0)$보다 커야 된다. 이렇게 되기 위해서는, 그 정보가 우리가 모르는 내용을 포함하고 있어야 한다. 반면, 정보가 아무런 가치도 없다면, 이는 정보 이론의 관점에서 시장이 효율적임을 뜻한다. 즉, 시장의 효율성이란 정보집합으로 인한 추가적인 기대효용이 0이 되어야 한다는 것을 의미한다. 즉, $V(\psi) = V(\psi_0)$일 경우, 시장은 효율적이라고 할 수 있다.

10.2.2 취득비용을 고려한 정보의 가치 평가

정보의 취득비용이 수반될 경우, 이를 기대효용함수에 반영함으로써 정보의 가치를 계산하는 방법을 살펴보자. 먼저, N개의 위험자산이 있고, 그 수익률은 r_i이며, $i = 1, \ldots, N$이라고 가정하면, 수익률 벡터는 $\boldsymbol{r} = (r_1, r_2, \ldots, r_N)'$이 된다. 그리고, 초기의 부는 W_0, 무위험자산의 수익률은 r_f라고 하자. 그러면, 1기간 후의 부 W_1은 아래와 같다.

$$W_1 = W_0(1 + \boldsymbol{w}'\boldsymbol{r}) = W_0((1 + r_f) + \boldsymbol{w}'(\boldsymbol{r} - r_f\boldsymbol{e})) \tag{10.2}$$

단, $\boldsymbol{w}$는 포트폴리오를 구성하는 투자비중의 벡터이고, $\boldsymbol{e}$는 1로 이루어진 $(N \times 1)$ 벡터를 의미한다.[1] 위험회피적인 투자자는 오목한 베르누이 효용함수 $u(W)$를 가지며, $E(u(W_1))$을 극대화시키기 위한 $\boldsymbol{w}$를 선택한다. 이 극대화문제를 아래와 같이 두자.

$$h = \max_{\boldsymbol{w}} E(u(W_1)) \tag{10.3}$$

이 극대화 문제를 정보 ψ에 대한 조건부로 정의한다면, 식 (10.3)을 아래처럼 바꿀 수 있다.

$$h(\psi) = \max_{\boldsymbol{w}} E(u(W_1)|\psi) \tag{10.4}$$

그리고, 이 정보의 취득비용들(p_0', p_1', λ)은 다음과 같이 기대효용함수에 반영할 수 있다.

$$h(\psi, p_0', p_1', \lambda) = \max_{\boldsymbol{w}} E(u[(W_0 - p_0')\{(1 + r_f) + \boldsymbol{w}'(\boldsymbol{r} - r_f\boldsymbol{e})\lambda\} - p_1']|\psi) \tag{10.5}$$

여기서, p_0'는 투자자가 정보를 취득하기 위해 지불해야 할 비용으로서 투자 초기에 지급하는 금액, p_1'은 정보 취득을 위해 기말에 지급해야 할 금액이다. 그리고, λ는 전체 초과수익 중 비용 등을 차감한 후 유보된 수익에 대한 비율로서, 정보를 이용한 투자수익률 중 무위험수익률을 초과한 초과수익률에 대한 자산운용 성과급 지급을 고려하기 위해 필요하다. 따라서, $(1 - \lambda)$는 투자자가 포기할 수익의 최대 비율이다.[2] 물론 여기서 이 세 가지 정보 관련 비용 중 전부 또는 일부를 지불하지 않을 수도 있으며, 지급 시점 또한 경우에 따라서는 투자 초기 혹은 투자기간이 종료된 후에 지불할 수도 있다.

이제, 전체 정보집합을 생각해 보자. 정보를 취득할 가치가 있다는 말은, 정보취득비용

1 여기서, 투자수익률을 무위험수익률과 초과수익률로 분해한 이유는 우리가 취득하는 정보가 무위험수익률보다는 초과수익률에 연관되어 있기 때문이다. 무위험수익률은 불확실성이 없으므로 확률분포와 관련된 정보가 불필요하다.

2 예를 들면, 헤지펀드의 경우 고정적인 수수료 p_0' 이외에 성과에 따른 수수료를 계약기간 말에 별도로 지급하게 된다.

을 지불하면서 입수한 정보를 바탕으로(조건부 확률로) 의사결정하는 경우의 기대효용(식 (10.5))이 아무런 정보 없이 최적의사결정을 했을 때의 기대효용(식 (10.3))보다 크다는 것을 의미한다. 따라서, 두 식이 일치하도록 만드는 정보취득비용을 구하면, 그 값이 지불가능한 (willingness to pay) 정보 취득 비용의 최댓값이 되고, 이는 **정보의 가치**를 의미한다. 이를 구하기 위해, 투자자가 취득한 정보 ψ에 대해서 식 (10.3)과 (10.5)가 같다고 두면,

$$h = E_{\psi}(h(\psi, p_0', p_1', \lambda)) \tag{10.6}$$

이 식이 성립하도록 만드는 정보취득비용이 바로 정보의 가치가 된다. 그런데, 식 (10.5)에서 p_0', p_1' 및 λ는 정보취득과 관련된 조건으로서 결합되어 정의되었기 때문에, 정보의 취득비용은 이 세 요인 $(p_0', p_1', 1-\lambda)$에 의해서 정해진다.[3]

10.3 기대 형성 모형(expectation formation models)

효율적 시장 가설에서 중요한 핵심은 정보를 이용한 자산 수익률(가격)의 예측가능성이다. 이 절에서는 불확실성 하에서 가용한 정보들이 어떻게 이용되어 미래의 자산 가격에 반영되는지를 설명하는 기대형성모형들을 살펴볼 것이다. 구체적으로, 공정게임(fair game) 모형, 마팅게일(martingale) 모형 그리고 확률보행(random walk) 모형을 살펴본다.[4] 이 모형들을 간략히 비교하면 아래 표와 같다.

〈표 10-2〉 기대 형성 모형의 비교

	모형의 정의	모형의 의미
공정게임 모형	$E(p_{j,t+1}) = E(p_{j,t+1} \mid \Psi_t)$ $E(r_{j,t+1}) = E(r_{j,t+1} \mid \Psi_t)$	• 현재 가용한 정보(Ψ_t)가 다음기의 가격의 결정에 충분히 반영되었으므로, 초과수익을 얻을 수 없음 • 효율적 시장가설과 일치 • 기대초과수익률이 0임

3 테일러 전개를 사용하여 식 (10.5)의 양변을 2차항까지 확장한 다음, 자산수익률과 정보가 다변량정규분포를 따른다는 가정 하에서, 특정 효용함수에 대한 '정보의 가치'를 구할 수 있다. 자세한 내용은 Nadiminti et al. (1996)과 Hwang과 Satchell (2004)를 참고하기 바란다.

4 자산수익률을 예측하는 이런 모형들에 대한 자세한 설명은 Campbell et al.(1997)을 참조하기 바란다.

마팅게일 모형	$E(p_{j,t+1}\|\Psi_t) = p_{j,t}$ $E(r_{j,t+1}\|\Psi_t) = 0$	• 현재 가용한 정보로 예측된 미래의 자산 가격은 현재의 가격과 동일한 • 기대수익률이 0임
확률보행 모형	$(p_{t+1} - p_t) \sim iid(\mu, \sigma^2)$ $E[r_{j,t+1}\|\Psi_t] = \mu$	• 가격의 변화(수익률)가 독립적이고 동일한 분포(iid)를 따름

10.3.1 공정게임(fair game) 모형

효율적 시장 가설이 성립한다면, t시점에서 가용한 정보는 이미 현재 가격에 충분히 반영됐을 것이다. 따라서, t시점의 정보를 이용하여 초과수익을 얻을 수 있는 방법은 없다. 이러한 시장의 효율성과 일치하는 개념 중 한 가지가 공정게임이다. 공정게임은 현재 가용한 정보가 가격(기대수익률)에 이미 반영된 것을 의미하며, 그 결과 초과수익을 얻을 수 없음을 의미한다. 이를 모형화하기 위해, 초과수익률을 $\varepsilon_{j,t+1}$로 두고, 이를 아래와 같이 정의할 수 있다.

$$\begin{aligned}\varepsilon_{j,t+1} &= \frac{p_{j,t+1} - p_{j,t}}{p_{j,t}} - \frac{E(p_{j,t+1}|\Psi_t) - p_{j,t}}{p_{j,t}} \\ &= \frac{p_{j,t+1} - E(p_{j,t+1}|\Psi_t)}{p_{j,t}} \\ &= r_{j,t+1} - E(r_{j,t+1}|\Psi_t)\end{aligned}$$

이 식은 실현된 수익률($r_{j,t+1}$)과 정보 Ψ_t를 이용하여 예상한 수익률($E(r_{j,t+1}|\Psi_t)$) 간의 차이를 나타낸다. 이 식의 양변에 기대연산자를 취하면, 아래와 같다.

$$E(\varepsilon_{j,t+1}) = E[r_{j,t+1} - E(r_{j,t+1}|\Psi_t)]$$

만약, 기대초과수익률이 $E(\varepsilon_{j,t+1}) = 0$이 되면, 이 경우를 **공정게임**이라고 부른다. 즉, 공정게임모형에서는 아래의 식이 성립한다.

$$E\left(r_{j,t+1}\right) - E\left(r_{j,t+1}|\Psi_t\right) = 0 \tag{10.7}$$

이 식은 현재 가용한 정보가 가격에 이미 반영되었기 때문에 다음기의 가격을 예측하는데 사용될 수 없다는 것을 의미한다. 이 경우, 실현된 수익률과 기대수익률 간의 차이는 0으로 예상되므로, 초과수익을 얻는 것은 불가능하다. 즉, 어떠한 정보도 초과수익을 가져다 주지 못한다.

여기서의 정보는 효율적 시장 가설의 유형에 따라 다르게 정의된다. 약형 효율성의 경우, 과거의 자산가격, 수익률, 혹은 거래량과 같은 시장거래정보나 기업의 특성 등 과거 회계 정보로 정의된다. 사건연구(준강형 효율성)의 경우에는 새로 공시되는 정보까지 포함하고, 강형 효율성의 경우에는 내부정보를 포함한 모든 정보를 뜻한다. 참고로, 공정게임 모형은 현재 가용한 정보로는 초과수익률을 얻을 수 없음을 의미하는 것일 뿐이고, 기대수익률이 0(즉, $E[r_{j,t+1}] = 0$, 마팅게일)임을 의미하는 것은 아니며, 또한 미래 수익률에 대한 최선의 예측치는 현재의 수익률(즉, $E[r_{j,t+1}] = r_{j,t}$, 확률보행)임을 의미하는 것도 아니다.

10.3.2 마팅게일(martingale) 모형

마팅게일 모형에 따르면, 정보 Ψ를 이용하여 형성된 **기대수익률은 0**이 된다. 즉, 정보 Ψ를 이용하여 **예측된 미래의 자산 가격은 현재의 가격과 같다**. 마팅게일을 수학적으로 정의해 보자.

$$E(p_{j,t+1}|\Psi_t) = p_{j,t}$$

이를 수익률로 나타내면,

$$\frac{E(p_{j,t+1}|\Psi_t) - p_{j,t}}{p_{j,t}} = 0$$

$$\Leftrightarrow \quad E(r_{j,t+1}|\Psi_t) = 0$$

만약, t와 $t+1$ 사이의 기간이 매우 짧다면, 이 기간 동안 기대수익률을 0으로 두어도 무방할 것이므로, 마팅게일은 파생상품과 같이 매우 짧은 시간 내에 연속적으로 차익거래를 필요로 하는 가격결정모형에서 많이 사용된다.

한편, 정보 Ψ_t를 이용한 기대수익률이 0 이상인 경우, 즉, 자산 가격이 이전 시점의 가격보다 높아질 것으로 기대되는 경우를 **서브마팅게일**(sub-martingale)이라고 부른다. 이 경우, 정보 Ψ_t를 이용한 기대가격은 자산의 현재가격보다 크거나 같다. 수학적으로 표현하면 아래와 같다.

$$E(p_{j,t+1}|\Psi_t) \geq p_{j,t}$$

수익률로 나타내면,

$$\frac{E(p_{j,t+1}|\Psi_t) - p_{j,t}}{p_{j,t}} \geq 0$$

$$\Leftrightarrow \quad E(r_{j,t+1}|\Psi_t) \geq 0$$

일반적으로, 경제가 성장함에 따라 자산 가격도 상승할 것이므로, 서브마팅게일 모형이 마팅게일 모형보다 더 적절할 수 있다. 반대로, 정보 Ψ_t를 이용한 기대수익률이 0 이하인 경우, 즉, 자산 가격이 이전 시점의 가격보다 낮아질 것으로 기대되는 경우를 **슈퍼마팅게일**(super-martingale)이라고 부른다.

■ 마팅게일과 초과수익률

위에서 정의한 마팅게일과 서브마팅게일에 대한 설명은 정보를 이용한 기대수익률에 관한 것으로, 초과수익률과는 무관하다. 초과수익률에 관련해서, 서브마팅게일 모형과 마팅게일 모형에 대해서는 각각 아래의 관계가 성립한다.

$$E(p_{j,t+1}) = E(p_{j,t+1}|\Psi_t) \geq p_{j,t}$$
$$E(p_{j,t+1}) = E(p_{j,t+1}|\Psi_t) = p_{j,t}$$

즉, 마팅게일 혹은 서브마팅게일 모형에서는 정보를 이용한 조건부 기대 가격이 정보를 이용하지 않은 무조건부 기대 가격과 일치하므로, 어떠한 정보를 이용하더라도 당초에 예측된 수익을 넘어서는 초과수익을 얻을 수 없다.

■ 마팅게일과 공정게임 모형의 비교

공정게임모형이 성립하면 $E(r_{j,t+1}) - E(r_{j,t+1}|\Psi_t) = 0$이 되므로, 이 식의 양변에 $p_{j,t}$를 곱한 후 정리하면 $E(p_{j,t+1}) = E(p_{j,t+1}|\Psi_t)$이 된다. 즉, 공정게임모형에서는 두 기대가격이 같다. 반면, 앞에서 본 것처럼, 마팅게일(서브마팅게일) 모형에서는 두 기대가격이 같을 뿐만 아니라 $E(p_{j,t+1}|\Psi_t) = p_{j,t}$ $(E(p_{j,t+1}|\Psi_t) \geq p_{j,t})$가 되어야 한다는 조건이 추가됐기 때문에, 마팅게일(서브마팅게일) 모형은 공정게임 모형의 특수한 경우라 할 수 있다. 이는 마팅게일 모형이 공정게임 모형에 포함됨을 의미한다.

■ 마팅게일과 시장의 효율성

마팅게일은 시장 효율성을 위한 필요조건이라고 할 수 있다. 왜냐하면, 시장이 효율적이면, 어떠한 정보를 이용하더라도 초과수익을 얻을 수 없는데, 이는 마팅게일 모형이 의미하는 바와 같기 때문이다. 그러나, 마팅게일은 위험과 기대수익률 간의 관계를 설명하지는 못한다. 예를 들면, 모든 위험회피형 투자자들은 위험자산에 대하여 위험에 상응하는 프리미엄을 요구하지만, 마팅게일에 의한 기대수익률은 0이기 때문이다. 또한, 마팅게일은 합리적인 자산 가격을 위한 필요조건과 충분조건이 모두 아니다.[5] 이러한 한계에도 불구하고, 마팅게일은 여전히 금융분야(특히, 파생상품 가격결정)에서 중요한데, 그 이유는 차익거래를 통하여 위험을 없애면 마팅게일 특성을 갖는 무위험자산이 되기 때문이다.[6] 이를 위험중립 가격결정이라고 하는데, 이에 관한 자세한 내용은 제15장 옵션가격결정모형에서 설명할 것이다.

10.3.3 확률보행(random walk)

확률보행이란 무작위적인 방향으로 이동하는 연속적인 움직임을 의미하는 용어로서, **무작위보행**이라고도 부른다.[7] **확률보행모형**은 연속된 수익률들이 **독립적이고 동일한 분포**(indenpendently and identically distributed, **iid**)를 따른다고 가정한다. 따라서, 가격의 변화가 과거의 모든 가격변화와는 무관하게 독립적으로 이루어진다.

이제 확률보행모형을 구체적으로 살펴보자. p_t를 로그 가격($p_t \equiv \ln(P_t)$)이라 하고 f를 가격 변화에 대한 확률밀도함수라고 할 때, 확률보행모형은 다음과 같다.[8]

$$f(\Delta p_{t+1}|\Psi_t) = f(\Delta p_{t+1}) = f(\Delta p_t)$$

$$\Leftrightarrow \quad f(r_{t+1}|\Psi_t) = f(r_{t+1}) = f(r_t)$$

단, $r_{t+1} = \ln(p_{t+1}/p_t)$인 로그수익률이다. 여기서 보듯이 확률보행모형에서 정보 Ψ_t를 이용하여 예측한 미래가격(수익률)은 현재가격(수익률)과 동일하다. 즉, 자산가격(수익률)이 확률보행을 따른다면, 현재의 정보를 이용하여 예측한 미래가격(수익률)은 현재의 가격(수익률)이라는 것이다. 이것이 확률보행의 가장 중요한 특징이다.

그리고, 위 식에서 $f(r_{t+1}|\Psi_t)$가 $f(r_{t+1})$과 같기 때문에, 어떠한 정보를 이용하더라도 초과수익을 얻을 수 없는 마팅게일을 의미한다. 따라서, 확률보행모형은 마팅게일이고, 동

---

5 LeRoy (1973), Lucas (1978) 참조.

6 Lucas (1978) 참조.

7 확률보행은 매 기간 무작위적으로 움직이므로, 움직이는 모양은 매끄럽지(smooth) 않고 뾰족뾰족하다. 시간을 짧게 나누어 연속시간(continuous time)에서 보더라도 매 짧은 기간 동안 뾰족한 움직에는 변함이 없다.

8 일반적으로는 확률보행모형을 만들 때 로그가격(가격에 자연로그를 취한 값)을 사용한다. 이를 기하확률보행모형(geometric random walk model)이라고 한다. 로그가격으로 변환하면, 기준시점과 그 다음 시점의 로그가격의 차이가 근사적으로는(approximately) 비율로 측정한 변화와 같다는 장점이 있다. 왜냐하면, $\ln(p_{t+1}) - \ln(p_t) = \ln(p_{t+1}/p_t)$이기 때문이다. 자산의 가격은 일반적으로 시간의 경과에 따라 그 스케일이 점차 커지므로, 가격의 변화를 단순한 차이가 아닌 비율로 측정하는 것이 스케일에 따른 편의를 줄일 수 있어서 바람직하다. 상세한 설명은 제1장 [그림 1-1]을 참고하기 바란다.

시에 공정게임 모형의 특수한 경우이다.[9] 마팅게일이나 공정게임모형과 비교해서, 확률보행모형은 $f(r_{t+1}) = f(r_t)$, 즉, 모든 시점의 수익률 분포가 동일하다는 조건을 더 필요로 하므로 마팅게일이나 공정게임 모형의 조건보다 더 엄격하다.

■ 확률보행모형

추세(drift)가 없는 경우의 확률보행모형과 추세가 있는 경우의 확률보행모형을 아래 <표 10-3>과 같이 나타낼 수 있다.

〈표 10-3〉 확률보행모형

	추세가 없는 확률보행모형	추세(μ)가 있는 확률보행모형
가격	$p_{t+1} = p_t + \varepsilon_t$	$p_{t+1} = \mu + p_t + \varepsilon_t$
수익률	$r_{t+1} = \varepsilon_t$	$r_{t+1} = \mu + \varepsilon_t$

단, $\varepsilon_t \sim iid(0, \sigma^2)$이고, iid는 ε_t가 독립적이고 동일하게 분포되어 있음을 뜻한다.

하지만, 확률보행모형은 기대수익률이 0 또는 μ로 일정하므로 실무에서 사용하기 어렵다. 왜냐하면, 주식의 경우 (기대수익률에 대응되는) 요구수익률이나 배당성장률이 정해져 있지 않고, 배당에 관한 충격(shock)도 영구적인 것은 아니기 때문이다.

10.4 시장 효율성과 이상현상에 대한 실증분석

10.4.1 수익률의 예측가능성(return predictability)

시장 효율성을 테스트하는 첫 번째 단계는 과거의 알려진 정보들을 이용하여 미래의 수익률을 예측할 수 있는지를 검증하는 것이다. 즉, 약형 효율성의 성립 여부를 검증하는 것이다. 사실 주가가 어느 정도 예측가능하다는 실증분석들이 존재한다. 그러나, 이러한 실증분석결과가 꼭 시장이 비효율적이라는 것을 의미하지는 않는다. 즉, 수익률의 예측가능성이 위험에 대한 보상으로 인한 것인지, 아니면 비합리적인 가격결정으로 인한 것인지에 대하여는 계속 논쟁이 되고 있다. 먼저, 효율적 시장 가설의 지지자들은 수익률의 예측가능성을 효율적인 시장에서 투자자가 감수하는 위험에 대한 보상이라고 보는 반면, 효율적 시

9 세 모형 간에는 다음과 같은 포함관계가 있다.
공정게임모형 ⊃ 마팅게일모형 ⊃ 확률보행모형

장 가설에 대한 비판론자들(주로 행동재무학(behavioral finance)의 지지자들)은 수익률의 예측가능성이 비이성적 투자자들의 노이즈(noise)거래 또는 투자자들의 낙관적/비관적인 믿음이 유행(fads)처럼 확산되는 현상으로 인한 것이라고 주장한다. 이에 관한 많은 실증연구가 있으며, 행동재무경제학에 관해서는 다음 장에서 보다 자세히 설명할 것이다.

■ 수익률의 계절적 패턴

주식 수익률에는 다양한 계절적 패턴이 존재한다는 것이 많은 실증연구에서 발견되었다. 즉, 하루 중 특정 시간, 일주일 중 특정한 날, 한 달 중 초반 또는 후반, 그리고 일년 중 특정한 달의 수익률이 체계적으로 높거나 낮은 것으로 나타났다. 그러나, 이러한 패턴이 반드시 초과수익을 가져다 주는 것은 아니다. 왜냐하면, 수익률 차이가 통계적으로는 유의하지만 경제적으로는 크지 않거나, 투자자들이 차익거래를 할 경우 패턴이 사라지거나, 또는 거래비용이 수반되기 때문이다.

- 일주일 중 특정 요일 패턴: 월요일의 수익률은 다른 요일의 수익률보다 훨씬 낮고, 금요일의 수익률은 다른 요일보다 높다.[10] 이 패턴의 발생원인 중 하나는 기업들이 토요일과 일요일의 완충효과를 염두에 두고 나쁜 뉴스를 금요일 오후 증권시장이 폐장한 이후에 공시하는 경향이 있기 때문이라고 한다. 이 경우, 이 정보가 금요일 주가에는 반영되지 못하고 월요일 아침 주가에 반영되게 된다. 실증분석 결과, 9개 국가에서 월요일의 수익률이 저조하고 8개 국가에서 화요일 수익률이 저조한 것으로 나타났다. 반면, 연구에 포함된 18개국 중 17개 국가에서는 금요일의 수익률이 상대적으로 높은 것으로 나타났다.[11]
- 하루 중 특정한 시간: 월요일의 저조한 수익률 중 절반은 월요일 오전 시장이 열릴 때 발생하고, 특히 월요일 거래의 초반 45분 동안 발생한다.[12]
- 한달 중 초반 또는 후반: 한달 중 앞선 절반의 수익률이 후반의 수익률보다 높다.[13] 이것은 주식 시장에 유입되는 자금의 변동으로 설명될 수 있다. 일반 회사에서 주로 매월 말일 경에 직원 급여를 지급할 때 연기금 납부가 이루어지면, 펀드매니저는 월초에 투자를 하게 된다. 즉, 월초에는 주식 수요가 상대적으로 증가하기 때문에 가격이 상승한다.

10 French(1980), Gibbons와 Hess(1981), Keim와 Stambaugh(1984), Harris(1986).

11 Agrawal와 Tandon(1994).

12 Harris(1986).

13 Ariel(1987).

- 1월 효과(January effect): 1월의 수익률이 다른 월의 수익률보다 높은 현상을 말한다.[14] 1월의 수익률이 높은 현상은 특히 규모가 작고 유동성이 낮은 주식에서 많이 발생한다. 이 수익률 패턴에 대해서는 많은 연구가 이루어졌다. 예를 들면, 투자자의 세금 절감을 위한 **절세목적의 매도 가설**(tax-selling hypothesis)이 있다. 즉, 투자자는 한해가 지나기 전에 심각한 손실이 발생한 증권들을 매도하여 그 양도차손만큼 다른 증권의 양도차익과 상계함으로써 세금을 절감한 후, 다음 해 1월에 재매입하고자 하는 유인이 있다는 것이다.[15] 그리고, **시장미시구조**(market microstructure)를 이용한 설명도 있다. 즉, 12월의 마지막 거래가 주로 매도 주문이어서 종가가 매도 호가로 결정되기 때문에 12월 수익률이 낮은 반면, 1월의 주문은 그 반대로 나타나서 매수 호가에 의해 1월 수익률이 높게 나타난다는 것이다.[16] 한편, **규모효과**(size effect), **주말효과**(weekend effect) 및 **1월 효과**가 모두 존재하는지를 실증분석한 결과에 의하면, 소규모 기업의 경우 1월 효과가 존재하는 것으로 나타났으며, 다른 효과들은 유의하지 않은 것으로 나타났다.[17] 1월 효과는 미국뿐만 아니라 다른 국가들에서도 나타났으며,[18] 채권시장에서도 발견되었다.[19] 또한, 채권시장에서의 1월 효과는 투자등급보다 투기등급 채권에서 더 강하게 나타났다.[20]

■ 과거 수익률을 이용한 미래 수익률 예측

미래 수익률을 예측하기 위한 간단한 방법 중 하나는 과거의 수익률을 이용하는 것이다. 예를 들면, 자기상관관계 테스트(serial correlation test), 런(run)테스트, 필터룰(filter rule), 상대강도지수(relative strength) 등을 사용할 수 있다.[21] 이러한 테스트들은 과거의 수익률을 이용하여 미래의 수익률을 예측할 수 있다는 것을 보여주었다. 예를 들면, 경기 순환으로 인해 기대수익률이 시간 경과에 따라 변동한다면, 수익률이 예측가능하다는 결과가 나오게 된다. 그러나, 이러한 결과는 통계적으로는 유의한 것으로 나타났지만, 그 설명력은 대체로 낮았으며, 특히 거래비용을 고려한다면 초과수익을 얻기는 힘들다.

또 다른 연구들에 의하면, 투자자들이 정보에 대하여 과도하게 또는 과소하게 반응하

---

14 Rozeff와 Kinney(1976).
15 Brown et al. (1983).
16 Keim(1989).
17 Chatterjee와 Maniam(1997).
18 Gultekin과 Gultekin(1983).
19 Chang과 Pinegar(1986).
20 Maxwell(1998).
21 이에 관한 계량경제학적 이슈와 실증분석 결과는 Campbell et al.(1997)의 2장을 참조하기 바란다.

기 때문에 수익률은 예측가능하다고 한다. 초기의 연구들에 따르면, 수익률은 장기에서는 음의 자기상관을 보이고, 단기에서는 양의 자기상관을 보인다고 한다.[22] 그리고, 과거 수익률이 높았던 **승자들(winners)**이 과거 수익률이 낮았던 **패자들(losers)**보다 향후 3개월에서 12개월의 보유기간 동안 우월한 성과를 보였으며, 이러한 현상을 **모멘텀**(momentum)이라고 부른다.[23]

- 장기 수익률 반전(long-run return reversal): 과거 3년에서 5년 동안 낮은 수익률을 보였던 주식들을 패자(losers)로 분류하고, 같은 기간 동안 높은 수익률을 보였던 주식들을 승자(winners)로 분류하였을 때, 그 이후 3년에서 5년에 걸친 장기간 동안에는 패자들이 승자들보다 더 높은 평균수익률을 보였고,[24] 실증분석에서 높은 음의 상관관계가 확인되었다.[25] 장기간에 걸쳐서 수익률이 반전되는 경향, 즉, 패자가 승자로 바뀌는 현상은 CAPM에 대한 또 하나의 반증이다. 왜냐하면, 이러한 수익률의 차이를 정당화하기 위해서는 패자들이 승자들보다 훨씬 높은 베타를 가져야 하지만, 실제로는 베타가 이러한 평균수익률의 차이를 설명하지는 못하는 것으로 나타났기 때문이다.[26]
- 단기 수익률 반전(short-run return reversal): 개별 주식들의 월간 수익률은 음의 계열 상관을 보인다. 이것은 단기 수익률 반전을 의미한다. 일간 수익률을 이용하면, 수익률 반전은 더 명확해진다. 즉, 최근에 있었던 큰 폭의 양의 수익률은 조만간 음의 미래 수익률로 귀결될 가능성이 높다는 것이다.[27]
- 모멘텀(momentum): 앞선 수개월(6개월에서 1년) 동안 성과가 좋았던 주식들이 이후 수개월(6개월 정도) 동안에도 계속 높은 수익률을 보인다. 반대로, 최근에 낮은 수익률을 보인 주식들은 이후 수개월 동안 계속해서 저조한 성과를 보이는 경향이 있다.[28] 또한, 최근의 성과가 안좋은 주식들의 모멘텀이 최근의 성과가 양호한 주식들보다 더 강한 것으로 나타났다. 따라서, 과거 수익률이 상대적으로 높았던 승자들(winners)을 사고 과거에 하락하였던 패자들(losers)을 공매도하는 헤지포트폴리오(요인모방 포트폴리오)를 구성하여 **모멘텀 요인**(momentum factor)을 만들 수 있다.[29] Carhart(1997)는

---

22 De Bondt와 Thaler(1985), Fama와 French(1988), Poterba와 Summers(1988).

23 Jegadeesh와 Titman(1993).

24 DeBondt와 Thaler(1985).

25 Fama와 French(1988)에 따르면, 주식을 패자와 승자로 구분한 이후 3년에서 5년간 상관계수가 각각 -0.25와 -0.4로 나타났다. 그리고, Poterba와 Summers(1988)도 유사한 결과를 얻었다. 하지만, 통계적 유의성은 낮았으며, 1940년 이후에는 음의 상관관계가 사라진 것으로 나타났다.

26 Chopra et al. (1992).

27 Jegadeesh(1990), Lehmann(1990).

28 Jegadeesh(1990).

29 Jegadeesh와 Titman(1993).

Fama-French의 세 요인 모형에 이 보멘텀 요인을 추가힌 **네 요인 모형**(four factor model)을 제시하였다. 모멘텀은 주식시장뿐만 아니라, 뮤추얼펀드, 헤지펀드, 채권시장, 외환시장, 상품시장에서도 확인되었다.

한편, 모멘텀이 발생하는 원인을 설명하는 다양한 이론들이 존재한다. 첫째, 정보에 대한 과소반응과 과대반응이다. 투자자들은 뉴스를 접했을 때 주로 초기에 과소반응을 하고, 이후 가격 움직임을 보면서 뒤늦게 과대반응을 한다는 것이다. 둘째, 공포와 탐욕(fear and greed)의 심리로 인해 성과가 좋은 주식에 계속 투자를 하고, 성과가 나쁜 주식을 계속 매도하게 된다.[30] 셋째, 위험자산가격과 경제성장 간의 선순환 구조에 의해서, 경제 성장이 주식시장을 상승시키고, 이로 인한 부의 효과(wealth effect)는 소비지출 증대를 통해 경제성장을 촉진시키는 과정이 반복되면서 모멘텀이 형성된다. 넷째, 거래전략으로 인한 영향도 있다. 예를 들어, 손절매전략, 포트폴리오 보험 전략 등은 성과가 낮은 자산을 매도하는 전략이므로 모멘텀을 강화시킨다.

10.4.2 횡단면 수익률 차이

여기서는 주가수익률의 횡단면적인(상대적인) 차이(cross-sectional return difference)를 위험에 관련된 요인과 기업특성에 관련된 요인으로 나누어 살펴보고자 한다.

10.4.2.1 위험과 관련된 요인

가장 많이 사용되는 가격결정요인은 아마도 시장포트폴리오(시장수익률)일 것이다. 비록, 실증연구에서는 CAPM이 자산의 수익률을 잘 설명하지 못하고,[31] 특히 기업 규모를 설명변수로 포함시키면 베타가 횡단면 자산가격결정에서 설명력을 갖지 못하지만,[32] 그럼에도 불구하고, 시장포트폴리오는 여전히 가격결정이론을 검증할 때 가장 중요한 요소 중 하나로 고려된다. 그 이유는 비록 베타가 횡단면적인 수익률을 설명하지는 못하더라도, 주식 프리미엄이 0보다 큰 이유는 설명해 주기 때문이다.[33] 이러한 시장위험 이외에도, 유동성이나 수익률의 비정규성이 위험과 관련되어 있다고 볼 수 있다. 이에 대해 살펴보자.

---

30 Jegadeesh와 Titman (2011).

31 Black et al.(1972), Blume과 Friend(1973), Fama와 MacBeth(1973).

32 Fama와 French(1992).

33 Fama와 French(1996).

■ 유동성(liquidity)과 비유동성 위험(illiquidity risk)

유동성은 자산가격결정에 영향을 미친다.[34] 모든 조건이 동일하다면, 현재 가격으로 얼마든지 거래를 할 수 있는 자산, 즉, 유동성이 높은 자산일수록 기대수익률이 낮아야 하고, 비유동적인 자산, 즉, 매매주문이 가격에 영향을 주거나 혹은 아예 거래 자체를 할 수 없는 자산일수록 기대수익률이 높아야 한다. 왜냐하면, 비유동적인 자산의 경우 매매가격이 불확실하고 단기간에 자산을 현금화할 수 없는 위험이 있기 때문이다. 비유동적인 자산과 유동적인 자산 간의 수익률 차이를 **유동성 프리미엄**(liquidity premium)이라고 부른다.

주식의 기대수익률과 **비유동성**(illiquidity) 간의 관계를 실증분석한 결과, Fama-French의 세 가지 리스크 요인들을 통제변수로 추가했음에도 불구하고, 통계적으로 유의한 양의 관계가 존재하는 것으로 나타났다. 즉 **비유동성 위험**(illiquidity risk)이 클수록, 주식의 기대수익률이 더 높다는 것이다.[35] 그리고, 통제변수로서 규모, 장부가/시장가 비율 및 모멘텀을 고려한 경우에도, 비유동성은 기대수익률에 유의한 영향을 미치는 것으로 나타났다.[36] 한편, 모멘텀 전략에 의한 이익의 절반은 비유동성 위험에 의한 것으로 밝혀졌다.[37]

■ 비유동성 위험 지표(illiquidity risk measures)

유동성은 변동성과 마찬가지로 직접적으로 관측할 수는 없다. 따라서, 연구 목적에 따라 다양한 유동성 측정 수단들이 제시되었다. 먼저, 비유동성 측정의 수단으로서 **매수매도의 호가 차이**(bid-ask spread)를 들 수 있다.[38] 비유동적인 자산일수록 매수매도의 호가 차이가 크다. 그러나, 시간외 대량매매(block deal)처럼 많은 거액 주문들이 이 호가의 범위에서 벗어나서 당사자간에 직접 매매되고, 호가 범위 내에서는 대부분 소액 주문들이 거래되기 때문에, 매수매도 호가차이는 비유동성을 정확히 측정하지는 못한다.[39]

또 다른 비유동성 지표로, 체결된 주문량(크기)에 대한 가격의 움직임을 제시한 연구도 있다.[40] 이를 발전시킨 **Amihud(2002)의 비유동성 지표(Amihud's illiquidity measure)**는 주식 수익률의 절댓값(가격변화)을 거래금액으로 나눈 비율로서 개별 주식의 비유동성을 측정한다. 이 지표는 거래규모가 작고 가격이 크게 변할수록 비유동성이 높은 것으로 간주한다. 이와

---

34 Amihud와 Mendelson(1986).
35 Brennan과 Subrahmanyam(1996).
36 Chordia et al.(2001).
37 Pastor와 Stambaugh(2003).
38 Amihud와 Mendelson(1986), Chordia et al.(2000), Hasbrouck과 Sepppi(2001).
39 Brennan과 Subrahmanyam(1996).
40 Brennan과 Subrahmanyam(1996).

유사한 개념으로, Pastor와 Stambaugh(2003)는 시장 전반적인 유동성이 낮은 경우, 거래규모가 커질수록 거래로 인한 가격변화가 커지게 된다는 아이디어에 기반을 둔 **시장 전반적인 비유동성 위험**(market-wide illiquidity risk) 측정 방법을 제시한 바 있다. 개별 주식 수익률이 '시장 전반적인 비유동성 위험'에 대해 더 민감할수록, 투자자들은 그 주식에 대해서 더 큰 위험프리미엄을 요구한다.[41]

이러한 유동성 측정 방법들 중에서 실증분석에서 가장 널리 사용되는 것은 Amihud(2002)의 비유동성 지표이다. 이 지표는 위에서 설명한 바와 같이 수익률의 절댓값을 거래금액으로 나눈 비율로, 수익률과 거래량 자료만으로 간단하게 계산할 수 있다는 장점이 있다. Amihud의 지표는 매매주문흐름에 대한 가격의 반응을 의미하는 비유동성의 개념과 일치하고,[42] 가격 변화의 절댓값을 거래에 대한 초과수요의 절댓값으로 나눈 비율로 정의되는 깊이 지표(measure of thinness)와도 일치한다.[43] 개별 자산에 대해, 시점 t에서 특정기간(과거 T일) 동안의 Amihud 비유동성 지표는 다음과 같이 계산된다.

$$\text{illiqidity}(t) = \frac{1}{T}\sum_{\tau=1}^{T}\frac{|r_{t+1-\tau}|}{P_{t+1-\tau}V_{t+1-\tau}}$$

여기서, r_t, P_t, V_t는 t일자의 수익률, 종가, 거래량을 의미한다. 이 지표는 월간단위, 연간단위, 혹은 전체 샘플기간에 대하여 계산될 수 있다.

■ 비정규성(non-normality) (고차적률과 하방위험(higher moments and downside risk))

자산 수익률이 정규분포를 따르지 않고 투자자의 효용함수가 2차식이 아닌 경우에는, 수익률 분포의 비대칭성 또는 분산으로 설명되지 않는 두터운 꼬리분포가 가격결정에 영향을 미친다. 특히, 투자자가 위험회피적이면서 부의 증가에 따라 절대위험회피도가 감소한다면, 투자자들은 두터운 수익률 꼬리분포와 하방위험을 꺼려하고, 수익률 분포가 양의 왜도를 보이는 자산을 선호할 것이다. 실제로, 제8장에서 살펴본 '왜도와 첨도를 고려한 자산가격결정모형'에 대하여 실증분석한 결과, 공왜도 등의 고차적률이 수익률에 반영되는

---

41 '시장 전반적인 비유동성'은 개별 주식들의 비유동성을 단순평균하여 계산한다. 그리고, '시장 전반적인 비유동성 요인'은 관측할 수 없는 요인이므로, 이 요인에 대한 요인모방포트폴리오를 만든다. 즉, '시장 전반적인 비유동성'에 대한 개별 주식 수익률의 민감도를 계산한 후, 이를 기준으로 주식들을 순차적으로 정렬한 다음, 민감도가 높은 주식들을 사고 민감도가 낮은 주식들을 공매도하는 롱숏포트폴리오를 구성한다. 그리고, 이 요인을 Fama-French의 세 요인 모형에 추가하여 실증분석하였다.

42 Kyle(1985).

43 Silber(1975).

것으로 나타났다.[44] 특히, 회사규모 및 장부가 대비 시장가의 비율을 통제변수로서 추가적으로 고려했음에도 불구하고, 조건부 왜도는 자산별 기대수익률의 횡단면적인 변동을 설명하는 것으로 나타났으며, 모멘텀 효과는 체계적 왜도와 관련되어 있음이 확인되었다.[45] 한편, 시장의 하락에 민감한 주식들에 대하여 투자자들이 수익률 보상(프리미엄)을 요구하는지를 분석한 결과, 하방위험에 대한 프리미엄이 존재하는 것으로 나타났고, 이 프리미엄은 다양한 특성들, 예컨대, 규모, 장부가/시장가 비율, 모멘텀, 거래량, 공왜도 및 유동성 효과 등으로는 설명이 안되는 것으로 나타났다.[46]

10.4.2.2 기업 특성(firm characteristics)과 관련된 요인

기업의 특성과 주식 수익률의 관계에 대한 초기의 연구들은 크게 주목받지 못하였다. 그러나 1970년대 이후 CRSP와 COMPUSTAT 데이터 베이스가 활용가능해진 이후에는 이들을 이용하여 기업의 특성이 주식수익률과 관계가 있음을 보여주는 신뢰할 만한 실증연구결과가 나오기 시작하였다. 이러한 연구는 1990년대 이후 지금까지도 다양한 방법을 통해 제시되고 있는데, 여기서는 이 연구들을 간단히 살펴보고자 한다.[47]

비록, 기업 특성이나 시장 데이터에 기반을 둔 여러 가지 요인들이 횡단면적인 수익률 차이를 설명하는 것으로 나타나긴 했지만, 이런 요인들이 수익률을 설명하는 이유에 관해서는 여전히 논쟁이 계속되고 있다. 제6장에서 살펴본 생산기반 CAPM과 투자기반 CAPM은 기업의 생산수익률, 투자규모, 수익성 등의 기업특성이 주식의 기대수익률을 설명하는 현상에 대한 합리적 이유를 제시한다. 그러나, 그 이외의 다양한 기업특성요인들에 대해서는 이런 요인들이 수익률 프리미엄을 요구할 수 있는 위험 요인이라는 명확한 증거가 부족한 실정이다. 특히, 성장주/가치주 여부, 모멘텀, 고유의 변동성(idiosyncratic volatility)에 대해서는 최근까지도 논쟁이 계속되고 있다. 왜냐하면, 이런 요인들이 수익률에 영향을 미치는 현상은 실증분석으로 확인됐지만, 그 이유가 위험과 보상이라는 합리적인 관점으로 잘 설명되지 않기 때문이다. 이를 흔히 시장의 이상현상(anomaly)이라고 부르는데, 그 이유는 효율적 시장에서는 공개된 기업의 특성들을 이용해서는 초과수익을 얻을 수 없으므로, 이러한 특성들은 수익률을 설명할 수 없어야 하기 때문이다.

---

44 Kraus와 Litzenberger(1976), Hwang과 Satchell(1999).

45 Harvey와 Siddique(2000).

46 Ang et al. (2006), Bawa와 Lindenberg(1977), Harlow와 Rao(1989).

47 이에 관한 문헌조사로 Green et al. (2013, 2014), Harvey et al. (2016), McLean과 Pontiff(2016)를 참조하기 바란다.

■ 기업 규모(firm size)

소규모 기업 주식에 대한 기대수익률이 대형주식의 기대수익률보다 높다.[48] 이러한 결과는 베타만이 수익률을 결정한다는 CAPM이 실제 자산가격결정에서는 성립하지 않음을 보여주는 것이다. 특히, 이익/주가의 비율을 통제했음에도 불구하고, 소형주의 수익률이 더 높은 것으로 나타났으며, 이는 규모 효과가 이익/주가 비율의 효과와는 다르다는 것을 보여주는 결과다. 그러나, 대형주와 소형주 간의 베타의 차이는 수익률 차이를 설명할 만큼 크지는 않다.[49] Fama-French(1993)는 이러한 기업규모의 중요성을 감안해 **SMB**(small size portfolio returns minus big size portfolio returns), 즉, 소형주 포트폴리오 수익률에서 대형주 포트폴리오 수익률을 차감한 헤지포트폴리오 수익률을 기업규모에 대한 요인으로 자산가격을 설명하는데 사용하여야 한다고 주장하였다.

■ 가격/본질가치 비율(price to fundamental ratio)

초과수익률과 관련된 기업의 특성 중 가장 먼저 발견된 것이 **주가/이익 비율**(price-earning ratio, PER)이다. 1957년부터 1971년까지의 샘플기간에서는 주가/이익 비율이 낮을수록 기대수익률이 더 높다는 것(즉, 가치주들이 성장주보다 수익률이 더 높음)이 발견되었고, CAPM 베타로는 이러한 수익률 차이를 설명할 수 없었다.[50] 이러한 주가/이익 비율의 효과는 베타만으로 주식 수익률을 설명하는 CAPM을 직접적으로 반박하는 실증분석결과이다.

이와 유사한 기업 특성인 **장부가/시장가 비율**(book-to-market ratio)을 살펴보자. 장부가/시장가 비율이 높은 주식(가치주)들이 이 비율이 낮은 주식(성장주)보다 더 높은 수익률을 보이며,[51] 다른 나라에서도 유사한 결과가 확인되었다. Fama-French(1993)는 이와 관련한 요인으로서 널리 알려진 **HML**(high minus low), 즉, 장부가/시장가 비율이 높은 포트폴리오 수익률에서 이 비율이 낮은 포트폴리오 수익률을 차감한 헤지포트폴리오의 수익률을 다요인 자산가격 결정모형에서의 요인으로 제시하였다.[52]

▶ 가치주 프리미엄(value premium)

흔히, 본질가치 대비 시장가격이 더 높은 주식을 성장주라고 부르고, 본질가치 대비 시장가격이

---

48 Banz(1981).

49 Basu(1983).

50 Basu(1977), Basu(1983), Jaffe et al. (1989).

51 Rosenberg et al.(1985), Fama와 French(1992), Lakonishok et al.(1994).

52 Fama와 French(1992, 1993, 1996a, 1996b)의 일련의 연구들은 기업규모 및 장부가/시장가 비율이 주식 수익률 변동의 상당 부분을 설명할 수 있음을 보였다.

더 낮은 주식을 가치주라고 부른다. 그런데, 가격/본질가치 비율이 주식의 기대수익률에 영향을 미친다는 사실이 주가/이익 비율 또는 장부가/시장가 비율을 이용한 실증분석에서 확인되었고, 그 이유는 가치주의 기대수익률이 성장주의 기대수익률보다 더 높은 현상, 즉, **가치주 프리미엄**(value premium) 때문임을 확인하였다. **가치주 프리미엄**을 설명하기 위한 다양한 시도가 있었지만 합리적 모형으로는 설명하기 힘들기 때문에 이를 **가치주 이상현상**(value anomaly)이라고 부른다.

많은 연구들은 가격/본질가치 비율이 주가수익률에 미치는 효과를 합리적으로 설명하고자 하였다. 일부 연구들은 실물 성장 옵션과 가치주 기업들의 비유연성에서 답을 찾고자 하였고,[53] 또 다른 연구들은 가치주 기업과 성장주 기업 간의 현금 흐름의 듀레이션 차이에 초점을 맞추었다.[54] 그런데, 이러한 이론적 설명에 대한 실증분석의 결과는 다소 실망스러웠다. 불황기에는 가치주가 성장주보다 더 위험하다는 몇몇 실증분석 결과에도 불구하고, 가치주 포트폴리오 수익률에서 성장주 포트폴리오 수익률을 차감한 VMG(value minus growth) 포트폴리오의 수익률은 경기순환과는 반대로 나타났다. 즉, 불황기에 증가된 리스크는 VMG 포트폴리오 수익률을 충분히 설명하지 못한다.[55]

반면에, 기업 고유의 변동성(idiosyncratic volatility)은 VMG 포트폴리오의 수익률에 영향을 미치는 것으로 나타났다.[56] 이에 관한 연구에서는 기업 고유의 변동성을 Merton(1973)의 **기간간 CAPM**(Intertemporal CAPM, I-CAPM)에서의 투자 기회에 대한 일종의 대리변수라고 보았다.[57] 만약, 고유의 변동성이 투자기회를 나타낸다면, 가치주들이 더 큰 고유의 변동성을 가지므로 가치주들이 더 나은 투자기회를 가진다는 것을 의미하므로, 따라서, 미래의 수익률은 상대적으로 더 높게 된다.

마지막으로, 행동재무경제학적 편의(bias)에 기반한 설명도 제시되었다.[58] 첫 번째는 가치주 프리미엄이 투자자의 잘못된 가치평가로 인해 발생했다고 설명한다.[59] 즉, 투자자들은 성장주의 미래 이익을 과대평가하는 경향이 있는 반면, 가치주의 미래 이익을 과소평가하는 경향이 있다는 것이다. 이로 인해, 가치주의 현재 가격은 과소평가되는 경향이 있고, 그 결과 미래가격을 현재가격으로 나눈 기대수익률은 더 높아지게 된다는 것이다. 두 번째 설

---

53 Berk et al.(1999), Carlson et al.(2004), Zhang(2005).

54 Campbell과 Mei(1993), Cornell(1999), Dechow et al.(2004), Campbell과 Vuolteenaho(2004), Lettau와 Wachter(2007).

55 Petkova와 Zhang(2005), Lewellen과 Nagel(2006), Ang과 Chen(2007), Chen et al.(2008), Campello et al.(2008).

56 Guo et al.(2009).

57 Merton의 ICAPM에 대해서는 제12장 동태적 자산가격모형에서 자세히 설명할 예정이다.

58 Hwang과 Rubesam(2013).

59 Lakonishok et al.(1994).

명으로는, 가치주 이상현상(value anomaly)의 시계열상의 특성은 과잉반응(overreaction)에 뒤이은 수익률 반전(return reversals)의 속도가 가속화되어 발생한다는 것이다. 그리고, 수익률 반전을 가속화시키는 두 가지 경우로서, 투자자들이 신호에 대해 비대칭적으로 반응하는 경우와, 신호가 더 불분명해지는 경우를 꼽았다.

■ 자산(매출)의 증가(asset growth)

자산 증가율이 높을수록 미래 수익률이 낮다.[60] 즉 과거 자산성장률이 높은 기업은 자산성장률이 낮은 기업보다 미래의 주가수익률이 낮다는 것이다. 이 현상은 투자자들이 자산 증가로 인한 미래의 긍정적 사업 전망에 대해서 과민반응(over-reaction)하기 때문이라고 설명한다. 자산 증가율의 수익률 예측력은 위에서 본 장부가/시장가 비율이나 기업 규모 등과 같은 널리 알려진 특성들보다 더 높게 나타난다.

■ 발생주의 회계항목금액(accruals)

회계 분야의 연구들은 발생주의 회계항목금액이 클수록 미래 수익률이 낮다는 것을 보여주었다.[61] 즉, 발생주의 회계항목금액이 큰 기업들의 미래 수익률이 발생주의 항목이 작은 기업들보다 평균적으로 낮다.[62] 그 이유는 투자자들이 미래 이익의 기대감을 형성하는 발생주의 항목의 지속성을 과대평가(over-estimate)하므로, 현재 가격은 높아지고 미래 수익률은 낮아지기 때문이다. 또한, 발생주의 회계항목 금액들을 그룹화한 종합적인 재무상태표를 만들어서 분석해 보면, 신뢰성이 낮은 발생주의 회계항목들이 수익률을 낮추는 것으로 나타났다.[63]

■ 거래량(trading volume)

하루 또는 일주일 동안 비정상적으로 높은 거래량을 보이는 종목들의 주가가 다음 달에 상승하는 것으로 나타났다.[64] 이러한 결과는 **시인성**(visibility)에 관한 설명과 일치한다. 즉, 어떤 주식의 거래량의 증가는 그 주식이 더 주목받도록 만들기 때문에, 그 주식에 대한 수요

---

60 Cooper et al.(2006).

61 발생주의 회계에 따르면 수익과 비용은 발생한 시점에서 인식되어야 한다. 그런데 수익과 비용의 인식 시점은 실제 현금의 수령과 지급 시점과는 다를 수 있는데, 이러한 인식과 실제 현금 유출입 사이의 차이를 기록하기 위하여 필요한 계정들을 accruals라고 말한다. 예를 들면, 외상거래로 발생하는 외상매출금이나 미지급금이 이에 해당한다. 일반적으로 accruals가 양(음)이면 앞으로 받을 금액이 지급할 금액보다 많다(적다)는 것을 의미한다.

62 Sloan(1996).

63 Richardson et al.(2005).

64 Gervais et al.(2001).

와 가격에 긍정적인 영향을 미친다는 것이다. 그리고, 이러한 거래량 프리미엄은 수익률의 자기상관, 기업의 공시, 시장 위험 및 유동성에 의해서 설명되지 않는 것으로 나타났다.

■ 고유의 변동성(idiosyncratic volatility)

고유의 변동성이 가격에 영향을 미치는 것으로 나타났다.[65] Fama-French 세 요인 모형을 이용하여 분석한 결과, 고유의 변동성(잔차항의 변동성)이 높은 주식들은 그 다음달 평균수익률이 낮아졌으며, 이러한 현상은 규모, 장부가/시장가 비율, 모멘텀, 거래량 및 유동성 효과로 설명되지 않는 것으로 나타났다. 이와 같이, 변동성은 위험요인이므로 변동성이 낮을수록 기대수익률도 낮아야 하지만, 실증분석에서는 변동성이 낮을수록 오히려 기대수익률이 높은 것으로 나타났기 때문에, 이를 **저변동성 이상현상**(low volatility anomaly)이라고 부른다.

이에 대한 설명으로는 첫째, 사람들은 성공 확률이 매우 작더라도 성공하면 큰 이익을 얻을 수 있는 복권과 유사한 베팅을 하려는 경향인 **복권효과**(lottery effect)를 보인다는 것이다. 즉, 투자자들은 변동성이 높고 가격이 낮은 주식에 대해서 복권에 베팅하듯이 높은 가격을 지불하므로, 높은 현재 가격으로 인해 미래 수익률은 낮아진다는 것이다.

둘째, 시장의 호황기에는 저변동성 주식과 고변동성 주식의 성과 차이가 적은 반면, 불황기에는 저변동성 주식에 대한 선호가 커져서 저변동성 주식을 매수하고 고변동성 주식을 매도하려는 **우량자산 이동현상**(flight-to-quality)이 나타나게 된다. 따라서, 고변동성 주식의 가격은 더 크게 하락하고 변동성은 더 커진다. 그 결과, 장기적으로는 저변동성 자산이 더 좋은 성과를 보이게 된다.

셋째, 재무적으로 어려운 기업들의 변동성이 높은데, 기관투자자나 개인들은 이런 기업들의 위험을 과소평가하기 때문에 이 기업들의 주식과 채권이 고평가 된다.

■ 기타

연구문헌에서 소개된 기업특성들은 수백 가지가 넘는다. 보다 자세한 문헌 정리는 Green et al.(2013, 2014), Harvey et al.(2016), McLean과 Pontiff(2016), 그리고 Yan과 Zheng(2017)을 참고하기 바란다.

10.5 사건 연구(event studies)

공시(announcement)가 주가에 미치는 효과에 대한 분석은 재무경제학 분야의 오랜 연구

---

65 Ang et al.(2006).

주제다. 사건 연구(event studies)는 시장이 준강형 효율적인지 여부, 특히, 공개된 정보가 얼마나 빠르게 주가에 반영되는지를 검증하는 데 사용된다. 또한, 사건 연구는 어떤 정보들이 주가에 반영되는지를 확인하거나 특정한 공시가 긍정적인지 여부를 확인하는 목적으로도 사용된다.

10.5.1 사건 연구 분석

사건 연구는 매우 긴 역사를 가지고 있다.[66] 회계연도 말에 발표되는 이익에 내포된 정보가 주가에 미치는 영향을 분석한 Ball과 Brown(1968)의 연구는 오늘날 사용되는 사건 연구와 핵심적인 방법에서는 동일하지만, 그 이후 연구방법은 더욱 구체적인 가설과 통계적 근거들을 갖추는 방향으로 개선 및 보완되었다. 구체적으로, Brown과 Warner(1980, 1985)의 연구를 보면, 사건연구에서 사용되는 다양한 방법들을 살펴볼 수 있다.

공시와 같은 어떤 사건의 효과는 자산가격에 즉각적으로 반영될 것으로 예상되기 때문에, 사건연구는 특정 사건 이전과 이후의 상대적으로 짧은 기간 동안에 발생한 자산가격의 변화를 관찰하여 그 사건의 경제적 효과를 측정한다. 이 방법은 기업 고유의 사건이나 경제 전반적인 사건의 효과를 살펴보기 위한 방법으로서, 재무분야뿐만 아니라 회계분야에서도 널리 사용된다. 일반적으로는 어떤 사건이 특정 유형의 자산(대부분의 경우는 주식)의 가격에 미치는 영향에 초점을 맞춘다. 사건연구에서 가장 중요한 것은 비정상 수익(abnormal return)을 측정하는 것이다. 이에 관해서 보다 상세하게 살펴보도록 하자.

10.5.2 사건 연구의 진행 과정

사건 연구의 첫 번째 단계는 관심이 있는 사건과 이 사건에 관련된 기업의 주가를 관측할 기간을 정의하는 것이다. 예를 들면, 관심 사건으로는 주식 분할, 이익 또는 M&A 등에 대한 공시 등을 생각해 볼 수 있다. 그리고, 어떤 기간을 살펴볼 것인지도 중요하다. 많은 경우, 이는 샘플 기간에 의해서 결정된다.

사건 연구에서 가장 중요한 문제는 '사건 발생일의 비정상 수익률을 어떻게 측정하는지'에 관한 것이다. 일반적으로는 사건 발생 당일뿐만 아니라 사건 발생 전후의 비정상 수익률도 같이 살펴보게 된다. 예를 들어, [그림 10-2]에서 시점 0을 사건발생시점이라고 하면, 사건발생 전후의 기간을 이벤트 윈도우(event window)라고 부른다. **비정상 수익률**은 이벤트 윈도우 동안 발생한 주식의 사후(ex post) 실제 수익률에서 **정상수익률**을 차감한 것으로 정

66 상세한 내용은 Brown과 Warner(1980, 1985)와 Campbell et al.(1997)의 제4장을 참조하기 바란다.

의된다. 통상적으로 비정상 수익률은 나중에 살펴볼 정상성과모형(normal performance model)을 이용하여 추정한다. 이 때 정상성과(정상수익률)를 추정하기 위해 사용되는 기간을 추정 윈도우(estimation window)라고 부르는데, 이 추정 윈도우는 이벤트 윈도우와 겹치지는 않으면서 이보다 앞선 기간으로 설정한다.

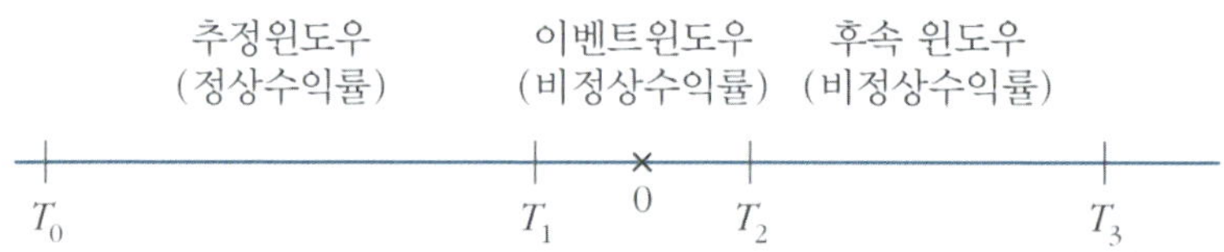

[그림 10-2] 사건 연구의 분석 구조

10.5.3 정상 성과 측정을 위한 모형

특정 주식의 정상 수익률을 계산하기 위해서 여러 가지 모형을 사용한다. 이 중 가장 빈번하게 사용되는 모형으로는 시장모형을 들 수 있고, 만약 기업의 크기나 가치/성장(즉, 장부가/시장가 비율)에 관한 수익률을 반영한 정상수익률을 구하는 경우, Fama-French의 세 요인 모형을 사용할 수 있다. 정상 성과 측정을 위한 모형을 선택하고 나면, 추정윈도우 기간 동안의 데이터를 사용하여 모형을 추정한다. 모형의 추정치는 이벤트윈도우 기간 동안의 비정상수익률을 계산하기 위해 사용된다.

■ 일정한 평균 수익률 모형(constant mean return model)

이 모형은 이벤트 윈도우 기간 동안에도 추정 윈도우와 같은 수익률이 나타날 것이라는 단순한 가정에서 출발한다. 일정한 평균 수익률 모형은 아래와 같다.

$$r_{it} = \mu_i + \varepsilon_{it}$$

단, r_{it}는 t 시점에서 자산 i의 수익률, μ_i는 자산 i의 평균수익률, ε_{it}는 오차항, $E(\varepsilon_{it}) = 0$, $Var(\varepsilon_{it}) = \sigma_\varepsilon^2$이다. 이 모형을 사용한다면, 정상수익률은 $\hat{\mu}_i$가 된다.

■ 시장 모형(market model)

시장 모형은 이벤트 윈도우 기간 동안에도 개별자산의 수익률은 아래와 같은 시장모형을 따른다고 가정한다.

$$r_{it} = \alpha_i + \beta_i r_{mt} + \varepsilon_{it} \tag{10.8}$$

단, r_{it}는 t 시점에서 자산 i의 수익률, r_{mt}는 시장수익률, α_i와 β_i는 시장모형의 파라미터, ε_{it}는 오차항, $E(\varepsilon_{it})=0$, $Var(\varepsilon_{it})=\sigma_\varepsilon^2$이다. 이 모형을 사용하는 경우의 정상수익률은 $\hat{\alpha}_i+\hat{\beta}_i r_{mt}$이 된다.

■ 다른 모형들

시장수익률 이외에 더 많은 제약조건을 부여하는 선형요인모형(linear factor model)을 사용할 수도 있다. 요인의 선택은 연구목적에 따라 달라지지만, 자주 사용되는 모형은 다음과 같은 Fama-French의 세 요인 모형이다. 여기서 $r_{SMB,t}$와 $r_{HML,t}$는 Fama-French의 기업크기와 가치/성장 요인이다.

$$r_{it}=\alpha_i+\beta_i r_{mt}+\beta_{SMB,i}r_{SMB,t}+\beta_{HML,i}r_{HML,t}+\varepsilon_{it}$$

이 모형을 사용하는 경우 정상수익률은 $\hat{\alpha}_i+\hat{\beta}_i r_{mt}+\hat{\beta}_{SMB,i}r_{SMB,t}+\hat{\beta}_{HML,i}r_{HML,t}$가 된다.

더 복잡한 모형을 사용할 수도 있다. 그러나 모형이 더 복잡할수록 과적합(over-specified) 또는 오적합(mis-specified)될 가능성이 많아지므로 이점은 그리 크지 않다. 이러한 이유로, 시장 모형에서 $\alpha_i=0$이고 $\beta_i=1$임을 가정한 시장조정수익률모형(market adjusted return model)을 사용하는 경우도 빈번하다. 이 방법은 모형 추정에 사용되는 사건 발생 이전 기간인 추정 윈도우(estimation window) 동안의 자료를 얻을 수 없거나, 고빈도 데이터가 사용되는 경우에도 많이 사용된다.

10.5.4 비정상수익률(abnormal returns)의 측정 및 통계적 분석

비정상수익률의 측정에 대한 10.5.4절의 설명에서는 정상수익률이 식 (10.8)에 있는 시장모형에 의하여 결정된다고 가정한다.

■ 정상수익률 추정

식 (10.8)의 시장 모형을 행렬로 표현하면 다음과 같다.

$$\boldsymbol{r}_i=\boldsymbol{X}_i\theta_i+\varepsilon_i$$

단, $\boldsymbol{r}_i$은 추정 윈도우 동안의 주식 i의 과거수익률들의 $(L_1\times 1)$ 벡터, $\boldsymbol{X}_i=(\boldsymbol{e}\quad \boldsymbol{r}_m)$, $\boldsymbol{e}=(1\quad 1\quad \ldots\quad 1)'$이고, $\theta_i=(\alpha_i\quad \beta_i)'$이다. 추정 윈도우에 해당하는 L_1개의 관측치들을 이용하여 위 시장 모형을 최소자승법(ordinary least squares, OLS)으로 추정한 추정치와 분산은 아래와 같다.

$$\hat{\theta}_i = (\boldsymbol{X}_i'\boldsymbol{X}_i)^{-1}\boldsymbol{X}_i'\boldsymbol{r}_i$$
$$Var(\theta_i) = (\boldsymbol{X}_i'\boldsymbol{X}_i)^{-1}\sigma_\varepsilon^2$$

■ 비정상수익률의 측정

위와 같이, 추정 윈도우에 속한 데이터를 이용하여 시장모형이 추정됐다면, 비정상수익률(abnormal return, AR)은 아래와 같이 계산된다.

$$\widehat{AR}_{is} = r_{is} - \hat{\alpha}_i - \hat{\beta}_i r_{ms}$$

여기서 s는 이벤트 윈도우에 속한 특정 시점을 나타낸다. 즉, 이벤트 윈도우 기간 중 s시점의 비정상수익률 추정치($\widehat{AR}_{is}$)는 해당 시점에서 관측된 실제 수익률(r_{is})에서 추정된 정상수익률($\hat{\alpha}_i + \hat{\beta}_i r_{ms}$)을 차감하여 구한다. 만약, 이벤트 윈도우의 기간에 S개의 샘플(관측치)들이 있다고 가정하면, 위의 식은 아래의 행렬 형태로 표현할 수 있다.

$$\begin{aligned}\widehat{\boldsymbol{AR}}_i &= \boldsymbol{r}_i - \hat{\alpha}_i - \hat{\beta}_i\boldsymbol{r}_m \\ &= \boldsymbol{r}_i - \boldsymbol{X}_i\hat{\theta}_i\end{aligned}$$

단, $\boldsymbol{AR}_i$, $\boldsymbol{r}_i$ 및 $\boldsymbol{r}_m$은 모두 $S \times 1$ 벡터이고, $\boldsymbol{X}_i = (\boldsymbol{e} \quad \boldsymbol{r}_m)$, $\boldsymbol{e} = (1 \quad 1 \quad \dots \quad 1)'$ 이고, $\hat{\theta}_i = (\hat{\alpha}_i \quad \hat{\beta}_i)'$이다.

■ 공시 효과 유무에 대한 통계적 검정

마지막 단계로, 위에서 측정된 비정상수익률이 통계적으로 0이 아니라면, 사건(공시)이 수익률에 영향을 미친다는 결론을 내릴 수 있다. 이러한 통계적 가설 검정을 하기 위해서는 먼저 통계량을 계산하기 위한 분포를 구해야 한다.

- 비정상 수익률의 분포

우선, 이 비정상수익률의 기댓값은 아래와 같이 0이 된다.

$$\begin{aligned}E(\widehat{\boldsymbol{AR}}_i) &= E(\boldsymbol{r}_i - \boldsymbol{X}_i\hat{\theta}_i) \\ &= E[\boldsymbol{r}_i - \boldsymbol{X}_i\theta_i + \boldsymbol{X}_i(\theta_i - \hat{\theta}_i)] \\ &= \boldsymbol{0}\end{aligned}$$

그리고, 비정상수익률의 분산은 다음과 같다.

$$Var(\widehat{\boldsymbol{AR}}_i) = Var[\boldsymbol{r}_i - \boldsymbol{X}_i\theta_i + \boldsymbol{X}_i(\theta_i - \hat{\theta}_i)] \tag{10.9}$$

$$= E[\boldsymbol{AR}_i\boldsymbol{AR}_i'] + 2E[\boldsymbol{AR}_i'\boldsymbol{X}_i(\theta_i - \hat{\theta}_i)] + E[\boldsymbol{X}_i(\theta_i - \hat{\theta}_i)(\theta_i - \hat{\theta}_i)'\boldsymbol{X}_i']$$
$$= \sigma_\varepsilon^2\boldsymbol{I}_S + \sigma_\varepsilon^2\boldsymbol{X}_i(\boldsymbol{X}_i'\boldsymbol{X}_i)^{-1}\boldsymbol{X}_i'$$

위 식을 유도할 때는 $Var(\varepsilon_{it}) = \sigma_\varepsilon^2$, $Var(\theta_i) = (\boldsymbol{X}_i'\boldsymbol{X}_i)^{-1}\sigma_\varepsilon^2$(식 (10.8) 참조)임을 활용하였다. 따라서, ε_{it}가 정규분포를 따른다고 가정하면, 아래의 분포를 얻을 수 있다.

$$\widehat{\boldsymbol{AR}}_i \sim N(\boldsymbol{0}, \boldsymbol{V}_i) \tag{10.10}$$

단, $\boldsymbol{V}_i = \sigma_\varepsilon^2\boldsymbol{I}_S + \sigma_\varepsilon^2\boldsymbol{X}_i(\boldsymbol{X}_i'\boldsymbol{X}_i)^{-1}\boldsymbol{X}_i'$이다. 결론적으로, "공시 효과가 없다(즉, 비정상수익률이 평균적으로 0이다)"라는 귀무가설을 검증하기 위해서는 식 (10.10)의 분포를 활용하면 된다.

- 누적 비정상 수익률의 분포

이제, 누적 비정상 수익률을 이용하여 '공시 효과가 없다'는 귀무가설을 통계적으로 검정하는 방법을 구체적으로 살펴보자. 특정 시점 τ_1부터 τ_2까지에 해당하는 이벤트 윈도우 동안에 자산 i의 **누적 비정상 수익률**(cumulative abnormal returns)을 $CAR_i(\tau_1, \tau_2)$로 정의해 보자. 그러면, 아래와 같이 $\widehat{\boldsymbol{AR}}_{\boldsymbol{i}}$들을 합산한 $\widehat{CAR}_i(\tau_1, \tau_2)$과 이에 대한 분산을 얻을 수 있다.

$$\widehat{CAR}_i(\tau_1, \tau_2) = \boldsymbol{e}'\widehat{\boldsymbol{AR}}_i$$
$$Var(\widehat{CAR}_i(\tau_1, \tau_2)) = \boldsymbol{e}'\boldsymbol{V}_i\boldsymbol{e}$$

그러므로, 귀무가설을 검증하기 위해 사용될 누적 비정상 수익률의 분포는 아래와 같다.

$$\widehat{CAR}_i(\tau_1, \tau_2) \sim N(0, \boldsymbol{e}'\boldsymbol{V}_i\boldsymbol{e})$$

만약, 귀무가설을 검증하기 위해 표준화된 누적 비정상 수익률($\widehat{SCAR}_i(\tau_1, \tau_2)$)을 사용한다면, 통계량과 분포는 아래와 같다.

$$\widehat{SCAR}_i(\tau_1, \tau_2) = \frac{\widehat{CAR}_i(\tau_1, \tau_2)}{Var(\widehat{CAR}_i(\tau_1, \tau_2))^{\frac{1}{2}}} \sim N(0,1)$$

귀무가설 하에서, $\widehat{SCAR}_i(\tau_1, \tau_2)$의 분포는 자유도가 $S - 2$($\because \hat{\alpha}_i$와 $\hat{\beta}_i$를 추정)인 t분포를 따른다.[67] 이를 이용하여, 귀무가설에 대한 기각역(유의수준)을 설정한 후 가설검정을 수행하면 된다.

---

67 사건 연구에 관한 보다 상세한 설명은 Brown과 Warner(1980, 1985) 그리고 Campbell et al. (1997)의 제4장을 참고하기 바란다.

10.5.5 사건 연구의 한계와 대응접근법

사건 연구는 횡단면 수익률에서의 이상현상들(예를 들면, CAPM(또는 시장 모형)이 소형주식에 대한 높은 기대수익률을 설명하지 못한다는 사실)로부터 발생하는 정상수익률을 잘 식별해 내지 못한다는 문제가 있다. 왜냐하면, 사건 연구에서는 정상수익률의 정확한 추정이 가장 중요하지만, 흔히 사용되는 시장 모형을 비롯한 정상수익률 추정 모형들의 설명력이 부족하기 때문이다.

한편, 사건들이 주식 수익률에 미치는 장기적인 영향을 발견한 사건연구들도 있다. 이러한 연구들은 투자자의 과민반응 또는 과소반응으로 인하여 사건으로 인한 주가의 변화가 사건 발생 이후에도 장기간에 걸쳐서 진행된다고 가정한다. 반면에, 주식분할 등의 경우에는 사건 이전임에도 불구하고 비정상수익률이 발생하기도 한다. 따라서, 사건 이전 시점인 추정 윈도우에도 비정상 수익률이 이미 반영되어 있을 수도 있다.

이러한 문제를 해결하기 위해 제시된 방법이 **대응접근법**(matching approach)이다. 이 방법은 사건이 발생한 기업의 수익률과 그 기업과 유사한 특성을 지니면서도 사건이 없는 기업으로 구성된 포트폴리오의 수익률의 차이를 계산하여 정상수익률을 구하는 것이다. 예를 들어, 사건발생주식과 규모 및 장부가/시장가 비율이 유사하면서 사건이 발생하지 않은 주식들로 구성된 포트폴리오를 사건발생주식에 대응시켜서 비정상수익률을 계산하는 것이다.[68] 그러나, 규모 및 장부가/시장가 비율이 평균수익률에 영향을 미치는 모든 횡단면적인 수익률 차이를 설명하는 요인이라고 볼 수는 없으므로, 이 방법으로 구한 비정상수익률은 사건으로 인한 효과를 왜곡시킬 수도 있다.

10.6 강형 효율성에 대한 실증분석(내부거래분석)

강형 효율성은 내부 거래(inside trading)가 초과수익을 낼 수 있는지, 또는 투자전문가나 증권 애널리스트 및 뮤추얼펀드 매니저가 초과이익을 발생시키는 정보를 보유하고 있는지를 분석함으로써 검증할 수 있다.

실증연구에서는 내부자들이 초과수익을 얻는 것으로 나타났다.[69] 만약, 내부자들이 월등한 분석능력을 보유한 게 아니라면, 그들이 얻은 초과수익은 내부정보를 불법적으로 이용했기 때문일 것이다. 한편, 증권 애널리스트의 전망에 내포된 정보에 관한 연구들은 **선**

68 Banz(1981), Fama와 French(1992).

69 Jaffe(1974).

별 편의(selection bias)와 **생존 편의**(survivorship bias)를 갖게 된다. 즉, 어떤 분석가가 선택되었는지가 연구에 영향을 미치게 되는데, 성공적인 애널리스트들이 살아남아 선택될 것이므로 연구에서 활용된 애널리스트들이 상대적으로 더 양질의 분석 정보를 제공한다고 볼 수 있기 때문이다. 그런데, 이러한 편의(bias)들을 통제한 후에도 증권 애널리스트들은 주가에 충분히 반영되지 않은 정보를 보유하고 있다는 것이 입증되었다.[70]

10.7 CAPM에 관한 논쟁

Fama-French는 그들의 유명한 1992년 논문에서 CAPM이 유효하지 않다고 주장하였다. 이 논문에서는 기업규모, 레버리지, 가격/이익 비율, BM(Book-to-Market:장부가/시장가 비율) 및 베타를 모두 함께 고려하여 횡단면 분석을 수행하였다. 분석 결과, 주식과 채권의 수익률에 영향을 미치는 다섯 가지 리스크 요인들을 발견하였다. 주식시장에서는 베타, 기업규모요인, 자본의 장부가/시장가 비율이라는 세 가지 요인을, 그리고 채권시장에서는 만기와 부도위험이라는 두 가지 요인을 발견하였다.[71] 이들은 이전에 선행연구들이 보고한 '베타와 평균수익률 간의 양의 관계'가 기업규모와 베타 사이의 음의 관계를 고려하지 않았기 때문에 관찰되었던 것이라는 결과를 보여주었다. 왜냐하면, 기업규모를 추가적으로 고려했을 때, 베타와 수익률 간의 유의한 관계는 사라졌으나, 기업규모와 수익률 간의 관계는 유의했기 때문이다. 이러한 결과는 베타만으로 기대수익률을 설명하는 CAPM이 현실에서는 성립하지 않는다는 것을 의미한다.

그러나, 한편으로는 실증분석에서 밝혀진 기업특성과 기대수익률 간의 관계는 CAPM을 실패라고 판단할 정도로 신뢰할 만한 결과는 아닐 수도 있다. 예를 들어, Black(1993a, 1993b)과 MacKinlay(1995)가 주장한 바와 같이 데이터 마이닝(data mining)의 결과물일 수도 있다. 즉, 실증분석에 사용된 기간에만 나타나는 현상으로, 다른 기간이나 다른 나라에서는 나타나지 않는 일반화할 수 없는 현상일 수도 있다. 또한, Kothari et al.(1995)는 생존자 편의(survivorship bias)와 베타의 측정 오류 문제가 있음을 지적하였다. 특히, 기업규모가 베타의 추정치와 매우 높은 상관관계를 보이기 때문에, 베타 자체를 추정한 것보다는 오히려 기업규모가 베타에 대한 더 좋은 대리변수일 가능성이 있다고 주장하였다.

이러한 관점에서 Fama-French의 'CAPM의 실패'라는 실증분석 결과를 다음과 같은 방

---

70 Dimson과 Marsh(1986), Elton et al.(1984).

71 최근 Fama와 French(2015)는 그동안의 실증분석결과를 바탕으로 투자와 이익을 추가적으로 고려한 5요인 모형을 제시하였다.

법으로 반박하기도 한다.

- 수익률과 새로 발견된 기업특성들 간의 관계가 실제로는 성립하지 않음.
- 거래비용 때문에 이런 관계를 완전히 수익화할 수 없어서 계속 존재하게 됨.
- 분석에 사용된 기업 특성들이 CAPM모형에 누락된 위험요인에 대한 대용변수임.
- CAPM을 잘못 추정해서 기대수익률의 추정치가 높거나 낮아지게 된 결과임.
- 시장이 비효율적이기 때문임.

CAPM의 성립여부에 관한 이러한 논쟁들은 여전히 많은 연구들의 주제가 되고 있다. 최근에는 차익거래를 수행하는 헤지펀드들의 활발한 매매로 인해, 위에서 언급된 요인들을 이용하는 매매전략들이 더 이상 유의한 투자수익률을 내지 못하고 있다.[72] 이는 이러한 투자전략으로부터 발생하는 수익이 진정한 위험프리미엄은 아닐 수도 있다는 것을 암시한다. 왜냐하면, 위험을 부담하는 매매전략에 대해서는 유의한 보상(위험프리미엄)이 주어져야 하기 때문이다.

10.8 결론

시장의 효율성에 대한 이론적 정의는 명확한 반면, 실제로 시장이 효율적인가에 대하여는 일치된 의견은 없다. 우선 과거 정보를 활용하여 미래의 수익률을 예측할 수 있다는 수많은 연구에도 불구하고, 시장의 효율성을 지지하는 사람들은 거래 가능한 자산만 고려하고 각종 수수료를 제외하면 초과수익을 얻을 수 없다고 주장한다. 이러한 주장은 차익거래를 통해 수익을 추구하는 헤지펀드에 투자한 투자자들이 수수료를 제외하면 실제로 초과수익을 얻을 수 없다는 연구결과와 일치한다.

각종 연구에서 제시된 초과수익률을 얻을 수 있는 수백 가지의 방법은 서로 중복되거나 특정시기에만 발생하는 것들이 많아, 실제로 주식수익률을 설명하는데는 10개 미만의 요인들만이 필요하다고도 한다. 그리고 이들이 아직 명확하게 밝혀지지 않은 위험과 관련되어 있을 수도 있다.

한편 초과수익률을 얻기 위한 수백 가지의 차익거래방법은 데이터마이닝(data-mining)의 결과일 수도 있다. 이는 동일한 샘플 데이터로 많은 수의 개별적인 검정을 수행할 때 발생

72 Chan et al.(2007), Lo(2008), Hendershott et al.(2011), Dichev et al.(2011), Hwang과 Rubesam(2014), McLean과 Pontiff(2016).

하는 **다중가설검증**(multiple hypothesis testing) 문제와 밀접한 관계가 있다. 예를 들어, '초과수익을 달성할 수 없다'라는 귀무가설을 5%의 유의수준으로 검증한다고 하자. 이 경우 수백 가지의 회계항목과 수익률, 거래량, 변동성 등과 같은 시장데이터, 그리고 각종 거시변수를 고려한다고 하면, 수백만 가지의 차익거래를 위한 방법들을 만들어 낼 수 있다.[73] 이러한 수백만 가지의 차익거래 방법을 유의수준 5%에서 검증할 경우, 설사 이 모든 방법이 초과수익률을 얻을 수 없다 하더라도, 검증에 사용한 차익거래방법 중 5%에 대해서는 귀무가설이 기각되어 통계적으로 차익거래가 초과수익을 가져다 준다는 결론을 내릴 수 있다. 이 문제는 통계학에서 말하는 1종오류(type I error)로 귀무가설이 실제로 참인데도 불구하고 이를 기각하는 오류에 해당한다. 이 문제를 해결하기 위해 Harvey et al.(2016)는 유의수준의 값을 1% 이하로 강화할 것을 권유하고 있다.

그러나 실제로 차익거래를 통해 초과수익을 얻는게 가능할 수도 있다. 우선 차익거래를 통해 초과수익을 얻는게 불가능하면, 차익거래를 주로 사용하는 헤지펀드들은 사라져야 한다. 헤지펀드들이 존재한다는 것은 초과수익이 가능하다는 것을 보여주는 사례라고 해석할 수 있다.

시장이 비효율적이라면, 그 원인으로는 투자자들, 특히 개인투자자들의 비합리적인 의사결정 때문일 수 있다. 과거의 역사를 보면, 주식 또는 부동산 시장에서 수많은 버블이 발생하였다. 그리고, 경기변동 또한 소비자와 생산자들의 비합리적인 기대가 원인일 수 있다. 다음 장에서는 의사결정자들의 비합리적인 의사결정에 대한 원인을 인지심리학적 측면에서 살펴보기로 한다.

73 예를 들면 시가총액, 장부가대비 시장가 비율, 모멘텀, 유동성 등 각종 문헌에서 초과수익이 가능하다고 알려진 차익거래방법은 이러한 데이터들을 활용한 것들이다.

연/습/문/제

1. 아래의 각 설명이 옳으면 T, 틀리면 F를 괄호 안에 표시하시오.

(1) 시장에 존재하는 주식을 가치주와 성장주로 구분하여 수익률을 분석한 결과, 통계적으로 유의한 차이가 존재하는 것으로 나타났다. 이는 초과수익을 얻을 수 있는 주식가격 이외의 요인을 발견한 것이므로, 시장이 준강형 효율적이지 않다는 것을 의미한다. (　)

(2) 주식시장에서 개인투자자의 수익률은 기관투자자나 외국인 투자자보다 낮다는 연구결과가 있다. 모든 투자자들이 공개된 정보만을 이용한다고 가정하면, 이러한 연구결과는 시장이 준강형 효율적이지 않음을 의미하는 것이다. (　)

(3) 공개정보를 이용하여 능동적(active)으로 운영하는 펀드의 샤프 비율이 종합주가지수를 추종하는 수동적(passive) 펀드의 샤프 비율보다 더 높을 것으로 예상된다고 하자. 이것은 시장에 공개된 정보를 이용하여 비정상적인 초과수익을 얻을 수 있다는 의미는 아니므로, 시장의 준강형 효율성을 부정하는 것은 아니다. (　)

2. Fama와 French의 1992년 연구에서 발견한 사항은 무엇인가?

1) 시가총액규모가 시장베타보다 포트폴리오 수익률을 더 잘 설명한다.
2) 베타가 시가총액규모요인보다 포트폴리오 수익률에 대한 설명력이 더 높다.
3) 베타가 장부가/시장가 비율보다 포트폴리오 수익률을 더 잘 설명한다.
4) 거시경제요인들이 베타보다 포트폴리오 수익률을 더 잘 설명한다.

3. 증권시장이 효율적이라면, 다음 중 옳은 설명은 무엇인가?

1) 증권가격은 오직 '예상치 못한'(unexpected) 정보에 대해서만 반응할 것이다.
2) 투자자들은 수동적(passive) 투자전략보다는 능동적(active) 투자전략을 선호할 것이다.
3) 가격이 조정되는 기간 동안 많은 투자자들이 적은 위험으로 이익을 얻을 수 있다.

4. 가격/이익 비율(P/E ratio)이 낮고, 장부가 대비 시가총액 비율이 낮은 주식들이 상대적으로 높은 성과를 보이는 현상을 무엇이라 하는가?

Chapter 11

행동재무경제학 (Behavioral Financial Economics)

소위 경제적 인간(Homo Economicus)은 감정을 배제한 채 오로지 자신의 기대효용을 극대화하기 위한 의사결정을 하는 사람들이다. 전통적인 경제학 접근방법에서는 이러한 인간의 합리성을 전제로 하기 때문에, 심리학자들이 밝혀낸 인간의 심리나 행동들은 무시된다. 그러나, 실제로는 기대효용이론이 투자자들의 행동을 설명하지 못하는 상황들이 다양하게 발견되고 있다.

앞서 제2장 기대효용이론에서 살펴본 바와 같이, 현대 재무경제학에서 발전된 여러 가지 균형이론은 금융시장에서 개인의 의사결정을 설명하기 위해 사용하는 기대효용이론으로부터 출발한다. 예를 들면, 사람들은 수익을 극대화하면서 동시에 위험을 회피하려는 성향을 가진다. 그런데, 현실에서는 이러한 가정들이 성립하지 않거나 재무경제학이론들의 설명력이 부족한 경우가 발견되었기 때문에, 의사결정자의 합리성을 가정한 접근방법은 종종 비판을 받아왔다. 이에 대한 대안으로서, 행동경제학자들과 심리학자들은 기대효용이론으로는 설명할 수 없는 여러 가지 다양한 의사결정행동을 제시한다. 그 결과, 행동재무경제학은 전통적인 재무경제학 이론에서 이상현상이라고 불리는 실증결과에 대해 새로운 접근방법을 제시하고 있다.

이 장에서는 행동재무경제학 분야의 최근 연구들을 살펴보고자 한다. 먼저, 합리성을 전제로 한 이론으로는 설명이 되지 않는 다양한 이상현상들을 살펴봄으로써, 의사결정의 심리(the psychology of decision-making)를 고려해야 하는 이유를 이해하고, 이에 관한 대표적인 이론인 전망이론(prospect theory)을 살펴본다. 그리고, 과신(overconfidence), 낙관(optimism), 고착화(anchoring), 군집화(herding) 등과 같은 비합리적인 심리요인을 설명하고, 이러한 개념들이 재무 분야의 중요한 연구 주제들과 어떻게 연결되는지도 알아본다.

11.1 합리적 기대와 인간의 행동

전통적인 경제학 모형은 합리성에 관한 가정들에 기반하고 있다. 예컨대, 차익거래 기회가 존재하지 않고, 경제주체들은 항상 최적의 선택을 하며, 최적의 선택을 하지 않은 투자자들은 시장에서 도태될 것이고, 과거의 경험을 통해서 배워나간다는 것을 가정한다. 그러나, 이러한 기본 가정들이 현실과 맞지 않는 경우가 많다. 예를 들면, 무한한 시간(infinite time horizon)이 주어진 상황에서도 투자자들은 완전한 학습을 할 수 없다고 한다.[1]

우리는 통상적인 경제학 모형들이 가정하고 있는 제한 없는 합리성(unbounded rationality), 무한한 의지력(unbounded willpower) 및 무한한 이기심(unbounded selfishness)이 실제 현실의 의사결정에서는 적용되지 않는다는 것을 쉽게 이해할 수 있다. 예를 들어, 제한 없는 합리성(unbounded rationality)에 대하여, '인간이 무한한 정보를 처리할 수 있는가?'라는 물음을 던져보자. 어느 누구도 우리가 엄청난 지적 능력을 갖고 있고 어려운 문제를 최적으로 풀어나갈 수 있는 충분한 시간을 갖고 있다고 장담할 수는 없다. 사실은, 제한된 합리성(limited rationality)이 인간의 역량을 설명하기 위해 더 적합한 개념이다.[2] 그러나, 통상적인 경제학 모형은 이러한 한계점을 무시한다. 두 번째로, 우리는 때때로 최적(optimum)을 따르지 않기도 한다. 우리의 선택 중 일부가 장기적 이익(long-run interest)에서 벗어나서 단기적 이익을 추구하는 것은 우리의 의지력이 제한적임을 의미하는 것으로 해석될 수도 있다. 마지막으로, 사람들이 기부를 하는 이유를 통상적인 경제 모형에서 찾기 어려우며, 이것은 무한한 이기심보다는 제한된 이기심이 더 적절한 가정임을 의미하는 것이다.

11.2 합리적 접근법과 행동적 접근법의 비교

자산(asset)이란 미래에 불확실성을 내포한 경제적 편익(risky future pay-offs)을 제공하는 것으로 정의한다. 그래서, **자산의 본질가치**(fundamental value)는 미래의 편익 또는 현금흐름을 시간가치와 위험이 반영된 할인율로 할인한 현재가치로 볼 수 있다. 그런데, 미래의 편익과 이에 영향을 미치는 위험 요인을 산정하는 것은 어려운 일이다. 자산의 가격은 시장에서

1 Mullainathan과 Thaler(2000).

2 Simon(1955).

관측할 수 있지만, 본질가치는 관측할 수 없다.

■ 합리적(rational) 접근 방법

합리성에 기초한 전통적인 접근방법에서는 경제 주체들이 합리적이고 시장에는 거래를 방해하는 어떠한 마찰(frictions)도 없다고 가정하므로, 자산의 가격이 본질가치와 동일하다고 본다. 또한, 모든 가용한 정보가 즉시 정확하게 시장가격에 반영되어 있다면, 가격은 미래의 기대현금흐름을 할인한 것과 같다. 이러한 내용이 곧 효율적 시장가설이다. 이 가설 하에서는 경제 주체가 베이즈(Bayes) 법칙을 이해하고 합리적인 선호체계를 갖고 있기 때문에, '가격은 정확하다(prices are right)'. 따라서, 효율적 시장에서는 '공짜 점심은 없다(no free lunch)'. 즉, 어떠한 투자전략을 사용하더라도 위험을 반영한 후 얻게 되는 수익률인 위험조정수익률(risk-adjusted return)을 초과하는 수익률을 얻을 수는 없다는 것이다. 이것은 투자 위험에 대한 보상보다 더 큰 수익률을 얻을 수 없다는 것을 의미한다.

효율적 시장 가설에 따르면, 정확하지 못한 가격은 차익거래자들에 의해서 바로잡히게 되므로, 가격은 항상 본질가치를 반영하게 된다. 이러한 가격의 교정과정에 대해서 통상적인 합리성에 기초한 이론은 두 가지 과정으로 설명한다. 첫째는 가격이 본질적 가치로부터 어긋나게 되면, 이것이 매력적인 투자기회가 된다는 것이다. 그 다음 과정은 합리적 투자자들은 그 기회를 즉각적으로 이용하여 초과수익을 얻으려고 한다는 것이다. 이러한 차익거래의 결과로 가격이 본질적인 가치와 일치하게 된다.

■ 행동적(behavioral) 접근 방법

그러나, 행동재무경제학은 자산가격이 본질가치를 제대로 반영하지 못한다고 주장한다. 그 이유는 현실적으로 차익거래를 제약하는 여러 요인들이 존재하기 때문이다. 차익거래를 제약하는 요인이 존재할 경우, 본질가치에서 벗어난 가격을 바로잡기 위해서는 거래비용이 수반되는 위험한 투자전략을 수행하여야 한다. 그러나 투자자는 이러한 거래비용과 위험을 무릅쓰고 차익거래를 하려고 하지 않을 것이며, 따라서 현실에서는 본질가치에서 벗어난 가격이 계속 유지될 수 있다. 차익거래를 제약하는 요인으로는 매매 수수료, 매수/매도 호가 차이(bid/ask spread), 거래 체결로 인한 가격 변동, 공매도 비용(즉, 수수료, 거래량 제약, 법적 규제) 등을 꼽을 수 있다.

■ 합리적 접근 방법과 행동적 접근 방법의 비교

재무경제학에서는 합리적(rational) 접근인지 아니면 행동적(behavioral) 접근인지에 따라 금융시장을 바라보는 관점이 상반된다. 왜냐하면, 접근방법의 차이는 우리가 정보를 추출하고 가공하여 의사결정에 이르는 모든 과정에 영향을 주기 때문이다. 이러한 관점의 차이를 <표 11-1>에 정리하였다.

합리적 관점에서는 투자자는 그들의 기대효용함수를 최대화하는 의사결정을 한다고 보고, 투자자는 취득한 정보를 이용하여 부의 사전 분포(pior distribution)를 사후 분포(posterior distribution)로 업데이트하는 **베이지안 최적화(Bayesian optimization)**를 활용해서 최적의사결정을 한다고 본다.

합리적 접근방법에 기반한 **자본시장균형모형**은 위험요인이 무엇인지에 따라 세분화된다. 예를 들어, 제5장에서 논의된 CAPM의 경우에는 시장위험 또는 체계적 위험에 의해서 자산의 기대수익률이 결정된다. 그리고, **Conditional CAPM**은 t시점의 베타가 t-1시점의 가용 정보를 이용한 조건부 기댓값이라고 가정한다. Jagannathan과 Wang(1996)은 기업의 현금흐름의 위험(불확실성)이 경기순환에 따라 변동된다는 가정을 바탕으로 Conditional CAPM을 도출하였다.[3] 한편, **차익거래가격모형**은 시장에 차익거래의 기회가 존재하지 않는다는 가정하에서 개발된 가격모형이다. 이 모형은 시장의 수요와 공급의 균형상태를 가정하지 않으므로, 필요한 가정들이 적다. 제9장에서 살펴본 차익거래가격이론(APT) 또는 차익거래가격모형(APM)이 대표적이다. 그리고, 제15장에서 살펴볼 블랙-숄즈의 옵션가격결정모형도 여기에 속한다.

반면, **행동적 관점**에서는 재무의사결정에 영향을 미치는 심리적 현상에 주목한다. 심리학자들은 실험을 통해서, 사람들의 행동이 기대효용함수를 극대화하기 위해 베이지안 최적화에 따라서 정보를 처리하지 않는다는 것을 알아냈다. 행동적 관점에서 베이지안 최적화에 대응되는 방법은 **직관과 편의**(heuristic and bias)이다. **직관**은 우리가 어떤 문제에 직면했을 때 순간적으로 문제를 전체적으로 파악하여 직감적으로 해답을 찾는 것으로, 복잡한 것을 단순화시켜서 빠르게 핵심적인 결론을 얻도록 해 준다. 그러나, 세밀한 분석과정이 없으므로 **편의**(bias)를 발생시키기도 한다.

이런 관점에서 사람들의 경제적인 의사결정을 설명하는 이론이 **전망이론**(prospect theory)이며, 사람들의 실제 행동을 설명하는 접근법을 제시하고 있다는 점에서 매우 중요하다. 또한 군집행동이나 과신 등의 심리학적 편의는 자산가격의 버블을 형성하는 원인 중 하나이고, 경제활동에 비해 과다한 외환거래나 주식거래 등을 설명할 수 있는 중요한 행동편의다. 이들 이외에도 사후과잉확신, 낙관주의, 후회, 인지부조화, 고착화, 보수주의, 정신 구획 등과 같은 심리학적 요인들도 의사결정에 편의를 야기할 수 있다.

---

3 이 외의 균형모형들은 제6장(소비/생산/투자기반 CAPM)과 제8장(하부편적률 CAPM, 3/4차적률 CAPM)에서 자세히 설명하였다. Intertemporal CAPM(다기간 CAPM)은 제12장 동태적 자산가격모형에서 자세히 설명할 예정이다.

〈표 11-1〉 합리적 접근 방법과 행동적 접근 방법의 비교

	합리적 관점			행동적 관점
효용이론	VNM 효용이론			전망이론 및 인지심리학 이론
정보처리방법	베이지안 최적화			직관과 편의
시장 효율성 관점	효율적 시장			주식 프리미엄 퍼즐 폐쇄형 펀드 퍼즐 과도한 변동성 수익률 예측가능성
자산가격 결정모형	자본시장균형모형		차익거래가격모형 (arbitrage pricing model, APM)	행동재무경제학 모형
	정태적(static) 모형	동태적(dynamic) 모형		
	CAPM Zero-beta CAPM International CAPM 하부편적률 CAPM 고차적률 CAPM	소비기반 CAPM 생산기반 CAPM 투자기반 CAPM Conditional CAPM Intertemporal CAPM	차익거래가격이론 (APT) 옵션가격결정모형	군집행동, 과신, 과민반응, 낙관주의, 사후과잉확신, 후회, 인지부조화, 고착화, 보수주의, 정신구획

11.3 주식시장의 이상현상(anomaly)

여기서는 합리성을 가정한 전통적인 재무경제학이론으로는 설명할 수 없어서 이상현상(anomalies)이라고 부르는 몇 가지 유명한 사례들을 소개해 보기로 한다. 이들 중 폐쇄형펀드 퍼즐이나 로열더치쉘(Royal Dutch Shell)의 사례 등에서 발견된 이상현상은 지금은 그리 심각한 수준이 아니며, 이러한 결과는 금융시장의 발전에 따라 시장이 효율적으로 변한 것으로 해석할 수 있다.

11.3.1 주식 프리미엄 퍼즐(equity premium puzzle)

주식 프리미엄 퍼즐에 관해서는 이미 '제6장 소비기반 CAPM'에서 자세히 살펴보았다. 주식 프리미엄(equity premium)이란 주식 수익률에서 무위험수익률을 차감한 주식의 초과수익률을 의미한다. 우리는 지난 50년간 미국과 영국 등 대부분의 선진국 주식시장에서 발견된 높은 Sharpe비율(수익률의 표준편차 대비 초과수익률의 비율)을 합리적인 접근방법으로는 설명할 수 없다는 것을 살펴보았다. 구체적으로, 1950년 이후 미국 주식시장은 연간 평균 초과수익률과 표준편차가 약 8%와 16%였고, 따라서 샤프비율은 약 0.5였다. 같은 기간 동안 영

국 주식시장의 샤프비율은 다소 낮은 0.3이었다. 이렇게 높은 주식프리미엄을 소비기반 CAPM모형으로 설명하기 위해서는 멱효용함수의 상대위험회피(relative risk averse, RRA) 계수 값이 100 이상이 되어야만 한다. 하지만, 대부분의 거시데이터를 이용한 실증분석에서는 상대위험회피 계수의 값이 10 이하로 추정되었다. 그러나, 10 이하의 낮은 위험회피성향으로는 지난 50년간의 높은 주식초과수익률을 설명할 수 없으므로, 이를 **주식 프리미엄 퍼즐**이라고 부르는 것이다. 주식프리미엄 퍼즐에 대한 수많은 설명들이 있었지만, 지난 50년간 주식 가격이 매년 8%씩 성장한 것을 이론적으로 정당화시키는 것은 매우 어렵다.

11.3.2 폐쇄형 펀드 퍼즐(closed-end-fund puzzle)

폐쇄형(뮤추얼) 펀드는 지분의 숫자가 고정되어 있고, 시장에서만 거래가 되는 펀드를 의미한다.[4] 따라서, 이 펀드의 소유자는 펀드를 환매할 수는 없고, 대신에 자신이 보유한 펀드의 지분을 시장가격에 매도함으로써 현금화시킬 수 있다. 만약, 시장이 효율적이면, 펀드의 시장가격은 펀드가 편입한 자산들의 순자산가치(net asset value, NAV)와 동일해야 한다. NAV와 뮤추얼펀드 지분의 시장가격을 비교하여, 다음과 같이 할인율을 정의해보자.

$$\text{할인율} = \frac{NAV - \text{시장가격}}{NAV} \times 100$$

펀드의 NAV가 시장가격보다 크면, 이 펀드는 시장에서 할인되어 거래되는 것이다. 반면, NAV가 시장가격보다 작으면, 이 펀드는 프리미엄에 거래된다. 만약, 시장이 효율적이면, 할인율(또는 프리미엄)은 0이 되어야 한다. 그러나, 실증연구에 의하면, [그림 11-1]에서 보듯이 미국과 영국시장에서 70~80년대에 상당한 할인이 발견되었다.

참고 NAV는 폐쇄형 펀드뿐만 아니라 특정 자산 그룹이나 지수를 모방하는 ETF(exchange traded fund) 등 모든 간접투자상품에 적용되는 중요한 개념이다. 시장에서는 실시간으로 제공되는 펀드의 iNAV(indicative net asset value)와 시장가격 간의 차이가 발생하면, 유동성 공급자(liquidity provider, LP) 역할을 하는 증권회사들이 iNAV 수준으로 호가 주문을 계속 냄으로써 그 차이가 해소된다.

4 폐쇄형 펀드에 대한 연구들을 광범위하게 정리한 Dimson과 Minio-Kozerski(1999)를 참조하기 바란다.

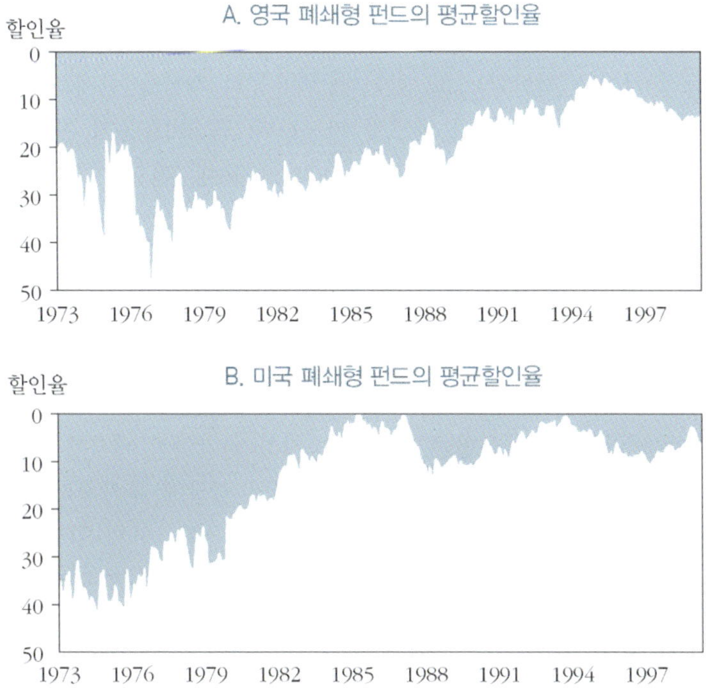

[그림 11-1] 영국과 미국의 폐쇄형 펀드의 할인율

폐쇄형 펀드의 할인과 관련된 퍼즐들을 더 구체적으로 살펴보자.

- 새로운 펀드의 가격은 프리미엄에서 출발하지만, 곧 빠르게 할인가격이 된다.
- 할인의 크기는 시간경과에 따라 크게 변한다. 예컨대, 영국의 경우, 1970년대 후반에는 할인율이 40% 정도로 커졌지만, 1990년대 중반에는 10% 미만으로 줄어들었다.[5] 일반적으로 폐쇄형 펀드는 할인가격으로 거래된다.
- 폐쇄형 펀드가 합병 또는 청산으로 종료될 때, 할인은 없어진다.

■ 폐쇄형 펀드 퍼즐에 대한 설명

폐쇄형 펀드 퍼즐에 대한 설명 중에서 합리적 관점에 기반한 몇 가지를 살펴보자.

- 대리인 비용: 높은 관리비용 또는 미흡한 펀드성과가 할인의 원인이 될 수 있다. 반면, 펀드성과가 대리인비용보다 크다면, 그 펀드는 프리미엄으로 거래될 수 있다.

5 Dimson과 Marsh(1999).

- 비유동적 자산: 펀드는 일반적으로 잘 분산된 포트폴리오를 보유하고 있고, 펀드의 NAV는 펀드가 보유한 개별 주식들의 시장가격을 이용하여 계산된다. 그런데, 펀드는 비유동적 자산을 포함할 수도 있는데, 비유동적 자산을 실제로 매도하려면 통상 시장가격보다 낮은 가격으로만 매도가 가능하다. 즉, 비유동적 자산들을 매각할 때 현금화할 수 있는 가치는 시장가격보다 낮기 때문에, 펀드의 가격은 시장가격으로 계산한 NAV보다 낮을 수 있다.
- 세금: NAV에는 펀드 청산 시 지불해야 할 자본이득에 대한 세금은 고려되지 않는다. 즉, NAV에는 미실현 이익에 대한 세금이 전혀 반영되지 않는 반면, 시장가격에는 많은 정보가 반영되므로 세금에 관한 정보도 반영될 수 있다. 따라서, 세후 기준으로는 NAV가 고평가될 가능성이 크다. 그러므로, 주식시장이 좋으면 폐쇄형 펀드의 미실현 자본이득도 커지므로, 그 만큼 NAV가 증가하여 할인이 커지게 된다.
- 시장의 분할: 투자자가 국내 시장을 넘어서 해외 시장에 투자하려면 비용이 수반되기 때문에, 선진국 시장에 유통되는 신흥국 펀드는 현저하게 할인된다. 또한, 국내 펀드시장의 경우에도 기관과 개인 투자자처럼 투자자 그룹을 구분할 수 있으며, 이렇게 분할된 시장 간에는 거래비용이 다를 수 있으므로, 개인들이 투자하는 펀드 시장에서는 할인이 발생할 수 있다.

그리고, 행동재무경제학에 바탕을 둔 새로운 설명도 있다.

- 투자자의 심리(investor sentiment): 투자자가 낙관적일 때 발행된 펀드의 경우에는 투자자의 심리가 비관적으로 변함에 따라서 펀드의 할인율도 커지게 된다. 이러한 행동재무경제학적인 설명을 바탕으로, Baker와 Wurgler(2006)는 폐쇄형(뮤추얼) 펀드의 할인율을 투자심리지수(sentiment index) 구성 요인으로 사용하였다.

11.3.3 과도한 변동성(excess volatility)

효율적 시장 모형에서는 시장의 주가가 일련의 현금흐름(즉, 배당)들의 현재가치에 대한 기댓값(즉, 본질가치)과 동일하다고 주장한다. 그러나, Shiller(1981)는 주가가 기대현금흐름할인모형에 의한 가치보다 훨씬 크게 변동한다는 것을 보였다. [그림 11-2]는 소비자물가지수를 이용하여 인플레이션을 조정한 S&P 지수의 실질가치와 이 지수에 편입된 500개 기업들의 1주당 영업이익의 추이를 보여준다. 기업의 이익은 1990년대에 증가했고, 2000년과 2008년 금융위기 때 하락하였다. 반면, S&P 지수는 전체 기간 동안 기업 이익의 변동에 비하여 더 크게 변동하였고, 특히 1995년에서 2000년 까지는 밀레니엄 호황이라고 불릴 만큼 극적인 상승을 보이기도 했다. 2000년 이후와 2008년 금융위기 때는 매우 큰 낙폭을 보이기도 했으며, 2010년 이후에는 빠른 속도의 회복을 보여주었다. 요약하면, 기업 이익의 변동은 주가의 변동에 비해 변동폭이 적으며, 오랜 기간 지속되고 있는 점진적인 기업 이익의 성장 추세를 중심으로 상대적으로 적은 진폭을 보인다는 것을 알 수 있다.

Shiller(1981)의 연구 이후 여러 가지 후속 연구들이 있었지만, 시장가격의 변동성을 미래현금할인모형으로 설명할 수는 없었다. 예를 들면, 일정한 할인율이 아닌 시간변동(time-varying) 할인율을 사용하거나, 변동 할인율 대신 소비의 기간간 한계대체율을 사용했지만, 시장 가격의 변동성이 현금흐름의 현재가치의 변동성보다 더 크다는 Shiller의 연구결과를 뒤집지는 못하였다.

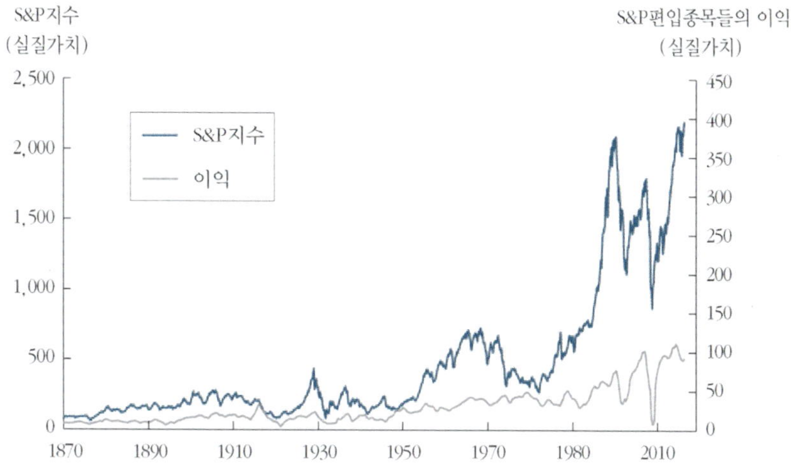

[그림 11-2] S&P지수와 편입종목들의 이익(earning) 변동성 비교

11.3.4 로열더치쉘(Royal Dutch Shell)의 사례

로열더치쉘(Royal Dutch Shell)은 1907년에 영국 Shell Transport and Trading과 네덜란드 Royal Dutch Petroleum의 합병으로 탄생하였다. 이 회사는 영국과 네덜란드에 각각 상장되어 있으며, 지분은 40대60 비율이다. 따라서, 이 두 시장이 합리적이라면 어떤 모형을 적용하더라도, 상장된 주식 시가총액의 비율은 40:60이 되어야 한다. 그러나, 실제로는 그렇지 않았고, 상이한 세금, 거래비용 등을 고려하더라도 주가의 차이를 설명할 수 없었다.[6]

---

6 Froot와 Dabora(1999).

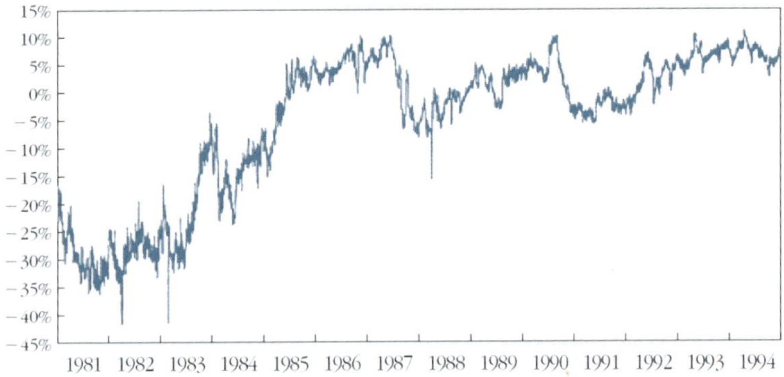

[그림 11-3] 영국 Shell Transport and Trading사와 네덜란드 Royal Dutch Petroleum사의 주식가격 차이(40대60을 고려한 후)[7]

11.3.5 횡단면 수익률의 예측가능성(cross-sectional return predictability)

많은 실증분석연구에서 사용한 여러 가지 요인들이 자산의 횡단면 수익률의 차이를 잘 설명하는 것으로 나타났음에도 불구하고, 그 이유에 대해서는 여전히 논쟁이 지속되고 있다. 대부분의 경우, 이런 요인들이 위험을 나타낸다는 증거는 거의 없다. 특히, 제10장에서 다루었던 가치/성장 비율(즉, 장부가/시장가 비율), 모멘텀 및 고유의 변동성(idiosyncratic volatility)에 대한 논쟁은 학계의 관심의 대상이기도 하다. 이러한 결과들은 종종 시장의 **이상현상**(anomaly)이라고 불린다. 이상현상이라고 부르는 이유는 효율적 시장에서는 기존에 알려져 있는 모든 기업 특성들이 현재 가격에 반영되어 있으므로 이를 이용하여 수익률을 예측하거나 초과수익을 얻는 것이 불가능해야 하는데, 실증분석에서는 이러한 특성들이 수익률을 예측할 수 있는 것으로 나타났기 때문이다.

횡단면 수익률에 영향을 미치는 기업 특성들은 지금까지 알려진 것만 해도 수백 가지가 존재한다. 예를 들면, Harvey et al.(2016)은 광범위한 문헌조사를 통해 300가지가 넘는 특성들이 발견되었음을 보고한 바 있으며, Green et al.(2016)은 90가지가 넘는 기업 특성들을 직접 사용하여 이들의 유의성을 비교하였다.[8]

11.3.6 과도한 거래(excess trading)

금융시장에서 자산의 거래는 지나치게 많이 일어난다. Collin-Dufresne와 Daniel(2014)에

7 Froot와 Dabora(1999).

8 McLean과 Pontiff(2016), Yan과 Zheng(2017).

따르면, 1980년에서 2014년 동안 미국 상위 500개 기업의 주식 매매는 223% 증가하여 2014년 기준으로 매일 1,000억 달러가 거래되고 있다. 또한 이들 기업이 1년 동안 거래하는 미국달러는 29.5조 달러로 미국 GDP의 두 배이다. 외환시장의 거래규모는 더 크다. Froot과 Thaler(1990)에 따르면, 1989년 기준으로 외환시장의 하루 거래금액은 4,300억 달러로 미국의 하루 GDP인 220억 달러, 그리고 무역규모인 110억 달러에 비해 지나치게 크다.

이러한 과다한 주식시장의 매매는 시간에 따라 큰 변동을 보이고 있다. [그림 11-4]에서는 1975년부터 2020년까지 연간기준 시가총액 대비 거래금액의 비율을 보여주고 있다. 미국주식시장의 경우 매매회전율이 1975년에는 20% 정도였으나, 그 이후 계속 상승하여 2008년에는 한때 시가총액의 4배가 거래되기도 하였다. 그 이후 금융위기를 겪으면서 급속히 떨어져서 2019년에는 70%정도로 감소하였다. 한국의 경우는 2020년 기준으로 238%이며, 전 세계적으로도 상당히 거래량이 많은 시장으로 꼽힌다. 이러한 거래량의 과다 혹은 변화를 균형모형으로는 설명할 수 없다.

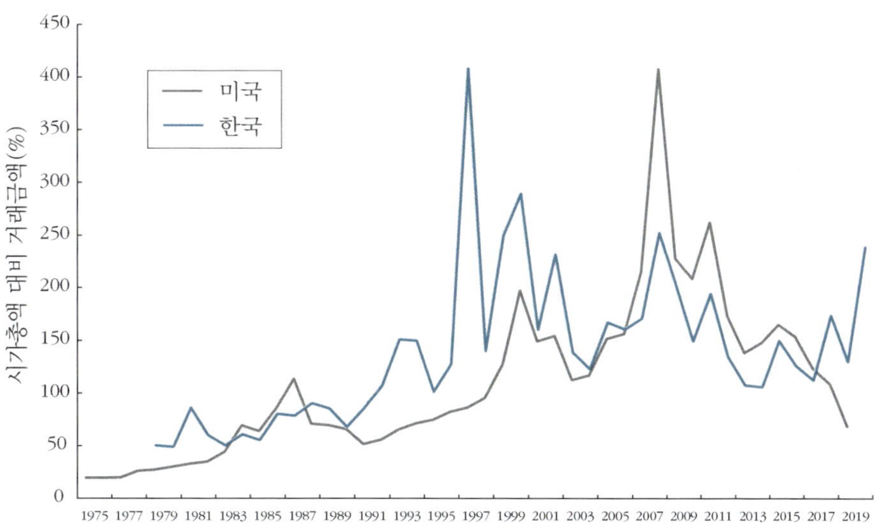

[그림 11-4] 한국과 미국 증권시장 시가총액대비 거래량(매매회전율) 추이(1975년~2020년)
(출처: World Bank)

11.4 전망이론(prospect theory)

우리는 앞 절에서 합리성을 전제로 한 이론으로 설명하기 어려운 다양한 이상현상들을 살펴보았다. 이 절에서는 전통적인 기대효용이론에 대한 대안으로 행동재무학에서 가장 중요한 연구 중 하나인 Daniel Kahneman과 Amos Tversky의 **전망이론**(Prospect Theory)을 살펴보고자 한다.

Kahneman과 Tversky(1979)(KT)는 Econometrica라는 저명한 학술지에 'Prospect Theory: An Analysis of Decision Under Risk'라는 연구논문을 발표하였다. 이 논문에서는 기대효용이론의 기본적인 원리들을 반박하는 일련의 연구결과들과 함께 전망이론을 제시하고 있다. 전망이론은 불확실성 하에서 사람들이 어떻게 의사결정하는지를 서술적으로 설명한다. 구체적으로, KT는 다음과 같은 프로스펙트들(prospects)을 피험자들에게 보여주고, 이들이 어떤 선택을 하는지를 분석하여 그들의 선택이 기존의 기대효용이론으로 설명될 수 없음을 보여주었고, 그 결과를 전망이론으로 제시하였다.

- [A1] 600만원을 받을 확률 0.45와 [A2] 300만원을 받을 확률 0.9
- [B1] 600만원을 잃을 확률 0.01과 [B2] 300만원을 잃을 확률 0.02
- [C1] 400만원을 받을 확률 0.8과 [C2] 300만원을 다 받기
- [D1] 400만원을 잃을 확률 0.2와 [D2] 300만원을 잃을 확률 0.25

전망이론에서는 사람들이 **가치함수**(value function)의 기대치를 극대화하고자 한다고 주장하는데, 이런 측면에서는 기대효용이론과 유사하다. 그러나, 전망이론에서의 가치함수와 이 가치함수에 대한 기대값을 계산하기 위해 사용되는 가중치(주관적 확률)는 VNM의 기대효용이론에서의 효용함수와 확률과는 다르다.

■ 전망이론의 특징

전망이론의 가장 큰 특징 세 가지는 아래와 같다.

- 가치함수 극대화: 기대효용이론에서는 기말의 부에 대한 기대효용을 극대화하기 위한 의사결정이 이루어지지만, 전망이론에서의 의사결정은 가치함수의 극대화를 추구하며, 가치함수는 이득 또는 손실로 이루어진다.
- 손실회피(loss aversion): 손실은 손실과 동일한 크기의 이득이 가져다 주는 만족도보다 두 배 이상 큰 불만족도를 가져다 준다. 이것은 의사결정자가 이득을 얻고자 하기보다는 **손실을 회피**(loss aversion)하려는 경향이 크다는 것을 의미한다. 이러한 손실회피의 경향은 전망이론(가치함수)의 가장 중요한 특징이다.

- 주관적 확률: 전망이론에 따르면, 사람은 의사결정을 할 때 객관적 확률이 아니라 주관적 확률(가중치)을 사용한다. 이 주관적 확률에 따르면 사람들은 객관적으로 발생할 가능성(확률)이 낮은 사건에 대하여는 발생확률이 더 높다고 생각하고, 반대로 객관적으로 발생가능성이 높은 사건은 오히려 발생가능성이 낮다고 믿는다.[9]

전망이론과 VNM의 기대효용을 비교하면 <표 11-2>와 같다.[10] 이 둘의 결정적 차이점은 VNM의 기대효용이 일련의 공리로부터 나온 것으로 경제학의 합리적 분석 틀 속에서 정의되는 반면, 전망이론은 심리학에서 주로 사용하는 실험실 실험을 근거로 도출된 결과라는 점이다.[11] 즉, 피험자들에게 여러 가지 다양한 의사결정을 수행하게 한 다음 그 결과로부터 전망이론을 도출해 내었다는 점에서 근본적으로 다르다.

〈표 11-2〉 전망이론과 기대효용이론의 비교

	전망이론	기대효용이론
목적함수	가치함수 = f(이득, 손실)	효용함수 = f(기말의 부)
목적함수의 특성	손실회피 이득의 만족 << 손실의 불만족 이득구간에서는 위험회피성향 손실구간에서는 위험선호성향	불포화만족 위험회피 감소하는 절대위험회피
목표	가치함수의 극대화	기대효용 극대화
확률가중치 (기댓값 산출을 위한)	주관적 확률 (발생가능성 낮은 사건에 높은 주관적 확률 부여)	객관적 확률
이론의 근거	실험실에서의 실험	일련의 공리들로부터 도출

9 그래서 예를 들면 복권을 구입할 때 객관적인 당첨확률보다 자신이 당첨될 주관적인 당첨확률이 더 높다고 생각한다.

10 전망이론과 밀접하게 관련된 연구 중 하나는 Gul(1991)의 실망회피(disappointment aversion)이다. 실망회피효용에서는 결과(outcome)가 확실성 등가(certainty equivalence)보다 더 좋은 것과 더 나쁜 것으로 구분되고, 더 좋은 결과보다는 더 나쁜 결과가 더 큰 가중치를 받게 된다. 이러한 가중치의 차이 때문에 실망회피는 종종 Kahneman과 Tversky(1979)의 전망이론에 기반을 둔 손실회피(loss aversion, LA)와 비교된다. 그러나 실망회피효용은 여전히 경제학의 합리적 분석 틀 속에서 정의된다는 점에서 다르다.

11 경제학에서 이 분야는 실험경제학(experimental economics)으로 분류할 수 있다.

11.4.1 가치함수(value function)

KT는 일련의 실험을 통해 의사결정자가 기말의 부가 아니라 이득과 손실에 의해 영향을 받는다는 것을 보여주었다. 이득과 손실을 계산하기 위해서는 **준거점**(reference point)이라고 부르는 기준점이 필요하다. 흔히 현재의 상황(status quo), 즉, 현재의 부가 준거점이 될 수도 있지만, 재무경제학에서는 무위험자산에 투자했을 때 얻을 수 있는 확정된 성과를 준거점으로 설정하는 경우가 더 일반적이다.[12] KT에 따르면 이득과 손실을 나타내는 가치함수는 다음의 두 가지 특성을 가진다.

- 손실 회피: 이득보다는 손실일 때 단위손실당 가치함수의 기울기가 더 가파르게 감소한다.
- 이득인 경우에는 투자자가 위험회피성향을 보이고, 손실의 경우에는 위험선호성향을 보임: 이득인 경우 가치함수는 오목하고, 손실인 경우는 볼록하다.[13]

이러한 특성으로 인해 가치함수의 모양은 [그림 11-5]의 1A의 모양이 된다. 즉, 이득을 얻는 구간에서는 오목한 모양으로, 이득이 커질수록 가치함수의 증가폭(기울기)은 작아지고, 손실 구간에서도 손실이 커질수록 가치함수의 감소폭은 점점 작아지게 된다.

■ 가치함수(손실회피 효용함수)의 정의

KT는 전망이론에 부합하는 함수로 **손실회피 가치함수**를 제시하였다. 이 함수는 멱효용함수를 사용하면서 전망이론의 특성을 만족시킨다. 매개변수가 하나인 멱효용함수와는 달리, 손실회피 가치함수는 3개의 매개변수를 가진다. 두 개의 곡률 매개변수인 v_1과 v_2는 이득 또는 손실의 영역에서 위험회피도나 위험선호도를 나타내고, **손실회피계수**인 λ는 이득에 대비하여 손실의 상대적인 불만족도를 측정한다.

구체적으로 살펴보기 위해, 기초의 부와 기말의 부를 각각 W_0와 W로 두고, 적절한 준거점을 B라고 하자. 그리고, 이득(또는 손실)을 $X = W - B$라고 정의하자. 이 경우, 손실회피 가치함수는 다음과 같이 정의할 수 있다.[14]

---

12 무위험 성과(수익률)을 준거점으로 사용한다는 것은 기회비용의 기준과 일치한다.

13 제2장에서 살펴본 위험에 대한 태도와 효용함수의 모양에 관한 내용에 의하면, 효용함수 상의 두 점을 연결한 값이 효용함수보다 위에 있으면, 불확실한 효용이 확실한 효용보다 더 높다는 것이므로 위험선호를 의미하고, 이 때 효용함수의 모양은 아래로 볼록하다.

14 이 책에서는 Kahneman과 Tversky(1992)가 제시한 손실회피 멱효용함수 대신 Hwang과 Satchell (2010)의 손실회피 멱효용함수를 사용한다. 왜냐하면, 후자의 경우, 더 간편하게 함수의 특성을 분석할 수 있기 때문이다.

$$u(X) = \begin{cases} \dfrac{X^{v_1}}{v_1}, & \text{단,} \quad X > 0 \text{ 인 경우} \\ -\lambda \dfrac{(-X)^{v_2}}{v_2}, & \text{단,} \quad X \leq 0 \text{ 인 경우} \end{cases}$$

단, 매개변수 v_1, v_2 및 λ는 양수로 가정한다. 이 매개변수들의 적절한 값은 이론적인 연구결과보다는 실험이나 설문조사를 사용하여 파악할 수 있다.

이 매개변수들의 값을 설정하는 것은 마치 기대효용이론에서 멱효용함수의 위험회피계수가 결정적인 역할을 했던 것처럼 매우 중요하다. 예를 들어, 멱효용함수의 위험회피계수(RRA)의 경우, 주식 프리미엄 퍼즐 등의 문제에서 계숫값의 적절한 범위에 대한 논쟁은 여전히 진행중이지만,[15] 수많은 이론 및 실증 연구에서 인정할 만한 범위로 제시된 숫자는 1과 2 사이의 값이다. 그런데, 손실회피 효용(가치함수)의 경우에는 매개변수가 세 개나 되므로, 어떤 값을 선택하느냐에 따라서 연구결과가 달라지게 된다.[16]

11.4.2 가치함수의 다양한 형태와 의미

손실회피 효용의 특성은 매개변수의 값에 따라 다음과 같이 달라진다. 먼저, $0 < v_1 < 1$, $0 < v_2 < 1$인 경우를 살펴보자. 이 경우에는 손실회피 효용함수 $u(\cdot)$가 이득에 대해 위험회피적이다. 왜냐하면, 이차미분한 $u''(X) = (v_1 - 1)X^{v_1 - 2}$가 음수이기 때문이다. 반면, 손실에 대해서는 $u''(X) = -\lambda(v_2 - 1)(-X)^{v_2 - 2}$가 양수이기 때문에, $u(\cdot)$는 손실에 대해서 위험선호적이다. [그림 11-5]의 1A는 $0 < v_1 < 1$이고 $0 < v_2 < 1$인 경우, 손실회피 효용함수의 모양을 보여준다.[17] 이 그림 1A는 KT가 일련의 실험을 통해서 발견한 것으로, 학술 연구에서 가장 흔히 가정하는 투자자의 행동이다. 더 구체적으로, KT는 $v_1 = v_2 = 0.88$과

---

15 몇 가지 예로서, Arrow(1971), Tobin과 Dolde(1971), Friend와 Blume(1975), Kydland와 Prescott (1982), Kehoe(1984)를 참조하기 바란다. 반면, Mehra와 Prescott(1985)은 이 계숫값이 30보다 큰 경우에만 주식 프리미엄 퍼즐이 설명된다고 주장하였다.

16 Kahneman과 Tversky(1992)는 실험을 통해서 매개변수값들을 제안하였고, Benartzi와 Thaler(1995), Berkelaar와 Kouwenberg(2009), Barberis et al.(2001), Ang et al.(2005)도 그와 유사한 값들을 사용하였다. 한편 Rieger et al.(2015)와 Wang et al.(2017)는 복권에 관한 설문조사를 통하여 국가 간의 손실회피효용함수나 주관적 확률을 연구하였다. 최근 Xie et al.(2017)는 금융시장 자료를 이용하여 이러한 매개변수를 한번에 구할 수 있는 방법을 제시하였다.

17 Fishburn와 Kochenberger(1979)는 통상적인 기대효용이론의 한 가지 사례로서 이분화된 효용함수를 제안하였고, $\lambda > 1$이고 $0 < v_1 < 1$, $0 < v_2 < 1$임을 의미하는 조사결과를 제시하였다. 또한, 그들은 투자자가 이득에 대해서는 위험회피적이고, 손실에 대해서는 위험선호적이라는 가정을 뒷받침하는 실험조사결과를 소개하였다.

$\lambda = 2.25$를 제시하였고, 많은 후속 연구들이 이 매개변수의 값을 사용하고 있다.[18]

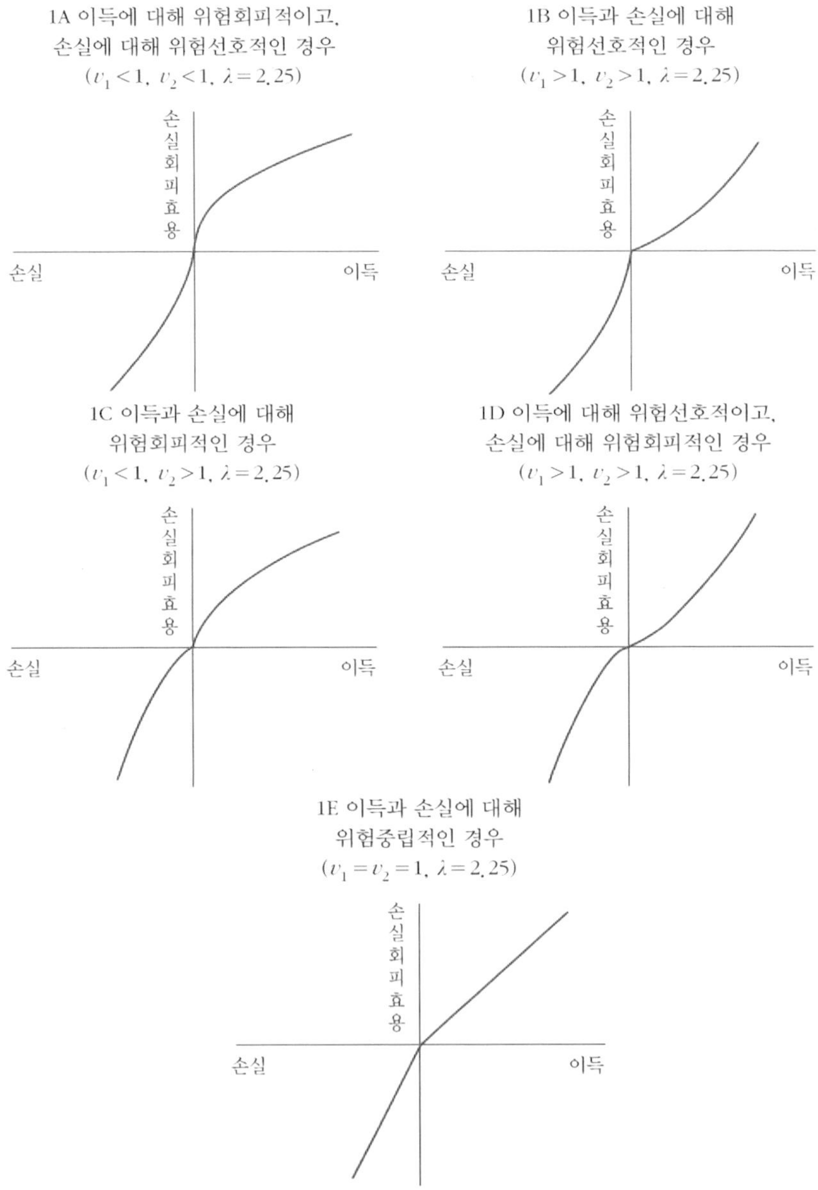

[그림 11-5] 이득과 손실 영역에서 다양한 가치함수의 형태

18 예를 들면, Benartzi와 Thaler(1995), Berkelaar와 Kouwenberg(2000), Burnes와 Neilson(2000), Barberis et al.(2001), Ang et al.(2002), Barberis et al.(2016) 등을 들 수 있다.

한편, $v_1 > 1$이고 $v_2 > 1$인 경우에는 투자자들이 이득에 대해서는 위험선호적인 반면, 손실에 대해서는 위험회피적이다. 이 경우는 그림 1D에 해당되며, 1A와는 상반된다. 그리고, 그림 1B는 이득과 손실에 대해서 모두 위험선호적인 경우이고, 1C는 이득과 손실에 대해서 모두 위험회피적인 경우를 보여준다. 예를 들어, Balzer(2001)는 함수의 형태가 두 영역에서 모두 오목하다고 가정하였고, 그 결과 이득과 손실에 대해서 모두 위험회피적이다.

이런 경우들 중 어떤 것이 더 설득력 있는지는 명확하지 않으므로, 매개변수 선택 문제가 생긴다. 매개변수 선택 문제를 피할 수 있는 간단한 방법 중 하나는 $v_1 = v_2 = 1$임을 가정하는 것이다. 이 경우, 효용함수 $u(\cdot)$는 이득과 손실영역에서 위험중립적이다(그림 1E). 이 방법은 Benartzi와 Thaler (1995)의 연구에서 사용되었다.

한편, 이런 특성들은 금융시장에서 널리 사용되고 있는 리스크관리 전략에 반영되어 있다. 예를 들어, 하방위험을 통제하기 위한 **손절매 전략**은 손실에 대한 위험회피를 의미하는 $v_2 > 1$로 설명할 수도 있다. 그리고, 이익이 일정수준을 넘어섰을 때 하방위험을 통제하기 위한 **이익확보전략**(take-profit trading)은 이익에 대한 위험회피를 의미하는 $v_1 < 1$에 해당될 것이다. 그러나, $0 < v_2 < 1$, $v_2 > 1$, 또는 $v_1 > 1$의 경우에 해당되는 투자전략은 명확하지 않다.

앞서 그림 1A~1E를 이용한 설명들로부터, 우리는 손실회피 효용함수(가치함수)를 이용한 이론 및 실증 연구에서 손실회피 매개변수값을 적절히 선택하는 것이 중요하다는 점을 이해할 수 있었다. 그런데, 현실에서 이들 매개변수값이 어떻게 되는가는 여전히 관심사가 되고 있다. 왜냐하면, 실험연구나 설문조사연구의 결과로부터 구한 매개변수값은 금융시장과 같은 실제 현실에서의 매개변수와 다를 수 있고, 실험연구가 경제 주체의 실제 투자의사결정을 반영하도록 디자인하는 것은 어려운 일이기 때문이다.

11.4.3 전망이론의 시사점

1979년에 전망이론이 소개된 이후에 발견된 두 가지 중요한 내용에 대해 살펴보자.

■ 공돈효과와 후회효과

먼저, 투자자들은 투자를 결정할 때의 가격을 인지하고 있고, 이 가격을 당분간 계속해서 준거점으로 사용하게 된다. 그런데, 이전에 이득을 얻었던 투자자들은 손실로 인한 고통을 덜 느끼는 경향이 있는데, 이를 **공돈(공짜)효과**(house money effect)라고 부른다. 이러한 공돈효과를 반영하기 위해서, 손실회피계수를 과거의 투자성과에 대해 역으로 반응하도록 설정할 수도 있다.[19] 반면, 이전에 큰 손실을 입은 투자자들은 보다 더 위험회피적인 성향을 보이는데, 이를 **후회효과**(regret effect)라고 부른다.[20] 이와 같은 내용은 가치함수가 이전의 투자성과에 의해서 영향을 받기 때문에 시간의 경과에 따라 변하게 된다는 것을 의미한다.

■ 손실과 위험선호의 관계는 불명확함

두 번째로, 손실에 대한 볼록성(위험선호)은 명확하지 않다는 점이다. 전망이론에서 얘기하는 손실에 대한 볼록성은 투자자가 손실만을 포함하는 투자안을 선택해야만 하는 경우에 나타난다. 이러한 손실에 대한 위험 선호는 의사결정자가 연속적으로 겜블을 선택하는 경우에 관측될 수 있다. 예를 들어, 의사결정자가 손실을 경험한 후에 공정한 겜블을 선택해야 하는 상황에 직면하게 되면 위험선호적으로 된다는 것이다. 그러나, 이전에 손실을 경험하지 않은 경우에도 의사결정자는 위험선호적이 될 수 있다는 점이 밝혀졌다.[21] 이것은 이전의 손실 경험이 위험에 대한 선호를 설명하는 절대적인 정답은 아니라는 것을 의미한다.[22]

11.4.4 확률의 주관적 가중(subjective weighting of probabilities)

KT에 의하면, 가치함수는 [그림 11-5] 1A에서 보는 것처럼 준거점을 기준으로 손실(이득)에 대한 위험 선호(회피)를 반영하는 S자 형태를 취한다. 그런데, 객관적 확률분포로는 실험실에서 관측된 피험자들의 복잡한 행동 패턴을 충분히 설명할 수 없다. 왜냐하면, 사람들은 발생 가능성이 높은 사건들에는 과소한 가중치를 부여하고, 발생가능성이 극히 낮은 사건에는 과도한 가중치를 부여하는 경향을 보이기 때문이다. [그림 11-6]에서 보듯이, 합리적인 행동을 하는 사람의 주관적 확률은 객관적 확률과 동일하겠지만, 일반적으로 사람들은 객관적으로 성공확률이 낮은 경우에 대해 주관적으로는 성공확률을 훨씬 더 높게 왜곡함으로써, 위험한 투자안을 실제보다 더 매력적으로 느끼게 된다.

---

19 Barberis et al.(2001).

20 이것은 Markowitz(1952)가 처음 언급하였고, 이후 Thaler와 Jonson(1990)이 언급한 바 있다.

21 Thaler와 Johnson (1990).

22 한편, 손실회피 효용(가치함수)의 두 곡률 파라미터들의 값을 추정한 Camerer와 Ho(1994), Wu와 Gonzalez(1996)의 연구에서는 두 파라미터의 값이 서로 다르고, Kahneman과 Tversky(1992)가 제시한 값보다 훨씬 작은 것으로 나타났다. 그런데, Burnes와 Neilson(2002)은 실험을 통해서 구한 곡률 매개변수의 값이 겜블과 Allais의 역설을 동시에 설명하지 못한다고 주장하였다. 그리고, Levy와 Levy(2002)는 확률지배이론과 실험의 결과를 이용하여 손실회피 효용함수를 기각하였다.

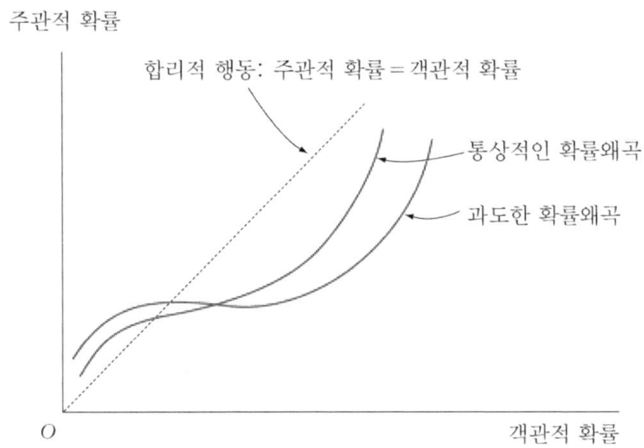

[그림 11-6] 객관적 확률(가로축)과 주관적 확률(세로축)

이제, 주관적 확률을 의사결정에 반영시키는 방법을 살펴보자. 먼저, 확률의 주관적 가중은 특정 사건에 대한 진정한 확률(객관적 확률)에 의해서도 영향을 받을 뿐만 아니라 다른 사건들과의 상대적인 서열에 의해서도 영향을 받는다. 이러한 주관적 확률을 효용함수에 반영한 모형을 **서열기반 효용모형**(rank-dependent utility model)이라고 한다.[23] 이와 같이 서열과 준거점(즉, 객관적 확률)의 조합에 기반한 서열기반 효용은 **누적전망이론**(cumulative prospect theory, CPT)의 출발점이 되었다.[24]

누적전망이론은 의사결정에 사용되는 가중치의 주관적인 변화를 고려할 수 있도록 변형된 **확률가중함수**를 사용한다. 이 함수는 객관적인 확률을 비선형으로 변형시켜서 주관적 확률로 바꾸게 되는데, 변형시키는 방법은 매우 다양하다.[25] 그중 가장 단순하면서도 많이 사용되는 Prelec(1998)의 비선형 함수는 다음과 같다.

$$w(pro) = exp\left[-(-ln(pro))^{\delta}\right]$$

여기서, pro는 어떤 결과가 발생할 누적확률이다. 곡률 파라미터 δ (0< δ <1)로 인해, 이 가중함수는 발생가능성이 낮은(높은) 사건에 더 많은(적은) 가중치를 할당한다. 즉, [그림

23 Quiggin (1982).

24 Kahneman과 Tversky(1992).

25 Prelec(1998), Gonzalez와 Wu(1999), Abdellaoui(2000), Luce(2000), 그리고 Bruhin et al.(2010) 등이 여러 가지 방법을 제시하였지만 이들은 서로 큰 차이를 보이지 않는다(Davies와 Satchell, 2004). Gonzalez와 Wu(1999)는 $\delta = 0.74$를 제시하였고, Xie et al.(2017)도 이러한 매개변수값을 다른 여러 국가에서도 발견하였으며, 국가간 차이가 크게 나지 않는다는 것을 보여주었다.

11-7]처럼 확률분포의 정점 부근의 사건들은 실제 발생할 가능성보다 적은 가중치를 받는 반면, 꼬리 부분은 과다한 가중치를 받게 된다.

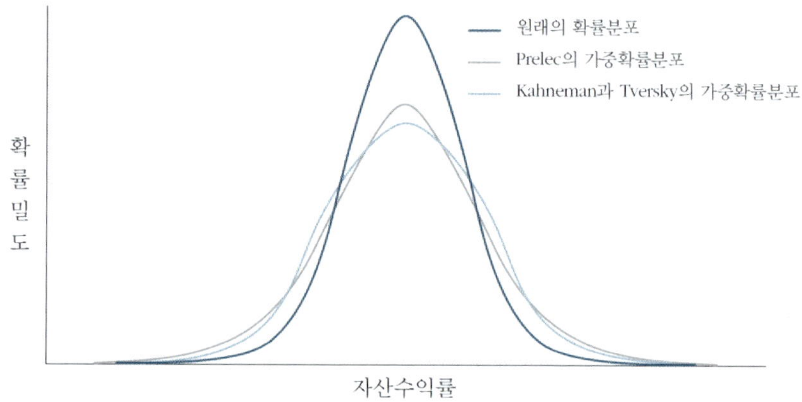

[그림 11-7] 자산수익률분포의 주관적 확률 왜곡

■ 주관적 확률 가중의 사례

금융분야에서 발생 가능성이 높은(낮은) 사건에 대해 과소한(과다한) 가중치를 부여함으로써 나타나는 사람들의 비정상적인 행동으로는 아래의 예를 들 수 있다.

- 발생 가능성이 낮은 사고에 대해서 발생확률을 지나치게 크다고 판단함으로써 각종 보험에 과다하게 가입하거나 보험료를 과다납부하려는 경향이 발생함.
- 옵션의 기초자산가격이 행사가격보다 상승할 확률이 작음에도 불구하고 그 확률을 과대평가하거나, 기초자산가격이 행사가격과 유사한 수준을 유지할 확률이 높음에도 불구하고 그 확률을 과소평가하기 때문에, 외가격(out-of-the-money) 옵션 가격과 내가격(in-the-money) 옵션의 가격이 과도하게 높음.
- 복권 구매자의 경우, 실제 당첨확률보다 자신의 당첨확률이 더 높다고 믿음.

11.4.5 금융분야에서 전망이론의 적용 사례

전망이론을 적용한 연구는 다양한 분야에 걸쳐서 매우 많기 때문에, 이들을 일일이 설명하는 것은 너무 방대하다.[26] 여기서는 간단하게 두 가지만 소개하기로 한다.

26 관심이 있는 독자는 1979년 이후 30년간 전망이론에 관한 여러 가지 연구를 평가한 Barberis(2013)의 논문을 참조하기 바란다.

• 주식프리미엄 퍼즐과 근시안적 손실회피

Benartzi와 Thaler(1995)는 주식수익률이 채권수익률보다 훨씬 높다는 주식프리미엄 퍼즐을 근시안적인 투자자들의 손실회피 성향으로 설명하였다. 만약 투자자들이 주식시장에서 투자안을 평가할 때 1년이라는 짧은 기간을 기준으로 한다면, 평가주기가 짧아질수록 투자자가 인지하는 손실의 크기와 빈도가 더 커진다. 이 경우 투자자들의 손실회피성향도 커지게 된다. 이를 **근시안적 손실회피**(myopic loss aversion)라고 하는데, 이로 인해 높은 주식프리미엄을 요구하게 된다.

• 가치함수를 이용한 횡단면 주식수익률 예측

투자자가 전망이론에 의한 가치함수를 가지고 개별주식을 평가한다면, 높은 가치함수값을 가지는 주식과 낮은 가치함수값을 가지는 주식간의 수익률 차이가 발생한다. 즉, 투자자가 높은 가치함수값을 가지는 주식을 더 선호한다면 이러한 주식은 현재 과대평가되어 있을 것이고, 따라서 미래의 수익률은 낮아질 것이다. Barberis et al.(2016)에 따르면, 과거 가치함수값이 높은(낮은) 주식은 미래 수익률이 더 낮아지는(높아지는) 경향이 있다.

11.5 군집행동(herd behaviour)

군집행동은 행동재무경제학에서 가장 유명하고 널리 연구된 주제 중 하나이다. 투자자들이 군집행동을 보일 경우, 시장에서 정보가 제대로 활용되지 못하기 때문에 자산의 위험과 수익간의 관계가 시장의 균형관계로부터 벗어나게 된다. 결국 자산의 배분이 왜곡되는 결과를 초래하기 때문에 금융시장에서 중요한 문제로 다루어진다. 여기서는 먼저 군집행동과 관련된 다양한 용어들을 정의한 후, 실증분석 결과들을 살펴보고자 한다.

군집행동이란 다른 투자자들의 매매행위를 모방하는 투자자의 행동을 말한다. 즉, 군집행동은 투자자가 자신의 믿음이나 정보를 따르기 보다는 다른 투자자나 시장이 보여준 의사결정을 모방할 때 발생한다. 그런데, 자산가치에 본질적인 변화가 발생할 경우에도 서로 독립적인 경제주체들이 유사한 의사결정을 하게 되는데, 이를 가성적(spurious) 또는 무의도적(unintentional) 모방행동이라고 부르며, 이것은 원칙적으로 군집행동과는 구분된다. 군집행동과 관련된 용어들은 난해하고 직관적이지 않은 경우가 있으며, 군집행동에 관한 연구들은 **전염효과**(contagion)에 대한 연구와 밀접하게 관련되어 있다.[27]

---

27 군집행동에 대한 초기의 문헌연구는 Bikhchandani와 Sharma(2001)를 참고하기 바란다. 전염효과에 대한 대표적인 연구로는 Eichengreen et al.(1998)과 Bae et al.(2003) 등이 있다.

11.5.1 군집행동의 원인

군집행동을 설명하기 위한 이론으로, 정보기반 군집, 평판기반 군집, 보상기반 군집, 탐색적 군집(investigative herding), 유행(fads) 및 특성기반 군집(chracteristic herding) 등이 소개되었다. 탐색적 군집행동은 기관투자자들이 모두 동일한 정보를 이용할 때 발생하는 것으로, 가성적 모방행동으로 볼 수도 있다. 유행에 의한 군집행동은 투자자들이 그 당시의 유행(예. 인터넷 관련주 투자)을 쫓을 때 발생할 수 있으며, 특성기반 군집행동은 기관투자자들이 특정한 스타일(예. 가치주/성장주)이나 특정한 성격의 주식들을 선호할 때 발생할 수 있다.

여기서는 정보기반, 평판기반 및 보상기반 군집행동이라는 세 가지 유형을 상세히 살펴보고자 한다. 이와 관련된 이론들의 공통적인 가정은 시장에는 다양한 신호가 있고 이 신호에 포함된 정보와 노이즈를 구분하는 것이 어렵다는 것이다.

■ 정보기반 군집행동(information-based herding)

사람들이 군집행동을 하는 이유에 관한 설명 중 하나인 정보기반 군집행동을 살펴보자. 시장이 불확실하고, 자신이 보유한 정보의 정확성이 의심되는 경우에는, 시장 참여자들은 다른 사람들이 더 정확한 정보를 갖고 있다는 믿음을 가질 수 있다. 그 결과, 본인이 보유한 정보를 활용하지 않게 되므로, 결국에는 시장가격이 지속적인 거래를 통해서 새로운 정보를 축적해가는 과정 자체가 멈추는 상황이 올 수도 있다. 즉, 사회적 학습과정이 붕괴된다는 것이다. 결과적으로, 다른 사람들의 행동에 의해 자신의 의사결정이 영향을 받게 되는 소위 **정보의 폭포**(information cascade)에 의해서 시장은 점차 비효율적으로 변하게 된다.

이와 같이, 군집행동으로 인해 시장 효율성이 더 이상 성립하지 않을 수 있지만, 개별 경제주체가 자신의 효용극대화를 위한 행동을 한다는 관점에서는 군집행동이 합리적인 행위가 될 수 있다. 예를 들면, 다른 시장 참여자가 더 좋은 정보를 보유하고 있다고 생각되는 경우 또는 자신이 보유한 정보의 평균적인 정확성에는 의문이 들지만 다른 사람들이 보유한 정보는 매우 정확하다는 합리적인 믿음을 갖고 있는 경우, 자신의 효용 극대화를 위해서는 군집행동이 바람직하다는 것이다.[28]

■ 정보기반 군집행동 모형

정보기반 군집행동이 어떻게 발생하게 되는지 이론적으로 살펴보자. 먼저, 몇 가지 가정을 하자. 시장에는 n명의 투자자가 존재하고, 이들은 정해진 순서로 투자의사결정을 한

---

28 Avery와 Zemsky(1998).

다. 투자로부터 얻게 되는 수익 R은 동일한 확률로 -1 또는 $+1$이 된다고 하자. 투자자는 개별적으로 투자 수익에 관한 신호(signal)를 얻게 되는데, 이 정보의 내용은 좋거나(G) 나쁜(B) 경우로 나뉜다. 투자 결과가 $R=+1$일 때 좋은 신호를 얻었을 확률은 p이고, 투자 결과가 $R=-1$일 때 좋은 신호를 얻었을 확률은 $1-p$라고 하자. 즉, $prob(G|R=+1)=p$이고, $prob(G|R=-1)=1-p$이다. 또한, $prob(B|R=-1)=p$이고, $\mathrm{prob(B|R=+1)}=1-p$ 라 하자. 이러한 가정 하에서 Bayes 프로세스를 통해 좋은 신호를 받은 이후에 $R=+1$이 될 사후 확률을 구하면 아래와 같다.

$$
\begin{aligned}
prob(R=+1|G) &= \frac{prob(G|R=+1)prob(R=+1)}{prob(G)} \\
&= \frac{prob(G|R=+1)prob(R=+1)}{prob(G|R=+1)prob(R=+1)+prob(G|R=-1)prob(R=-1)} \\
&= \frac{p\frac{1}{2}}{p\frac{1}{2}+(1-p)\frac{1}{2}} \\
&= p > 0.5
\end{aligned}
$$

동일한 방법으로 나쁜 신호를 받은 이후에 $R=-1$이 될 사후 확률은 아래와 같다.

$$
\begin{aligned}
prob(R=-1|B) &= \frac{prob(B|R=-1)prob(R=-1)}{prob(B)} \\
&= \frac{prob(B|R=-1)prob(R=-1)}{prob(B|R=-1)prob(R=-1)+prob(B|R=+1)prob(R=+1)} \\
&= \frac{p\frac{1}{2}}{p\frac{1}{2}+(1-p)\frac{1}{2}} \\
&= p > 0.5
\end{aligned}
$$

이러한 결과들은 어떤 신호가 주어졌을 때 그 신호와 일치하는 결과가 발생할 확률이 0.5보다 크다는 것이므로, 일단 투자자가 신호를 받게 되면 그 신호에 따라서 행동을 하게 된다는 것을 의미한다. 따라서, 첫 번째 투자자인 I_1은 받은 신호에 따라서 행동한다.

그런데, 두 번째 투자자인 I_2는 자신의 정보(즉, 자신이 받은 신호)를 보유하고 있고 앞 사람의 행동도 관찰하게 된다. 만약, I_1이 투자를 했고(이 경우, 우리는 I_1이 G를 받았다고 추론할 수 있다) I_2가 받은 신호가 G라면, I_2는 투자를 하게 된다. 반대로, I_1이 투자를 하지 않았고(이 경우, I_1이 B를 받았다고 추론할 수 있다) I_2의 신호가 B라면, I_2는 투자를 하지 않게 된다. 그런데, 만약, I_1의 투자의사결정에 대한 추론과 I_2가 받은 신호가 일치하지 않으면, I_2는 의사결정을 위해 아마도 동전을 던져서 선택을 해야 할 것이다.

만약, 세 번째 투자자 I_3이 앞선 두 투자자들이 모두 투자를 하는 것을(또는 투자를 하지 않는 것을) 봤다면, 그는 자신이 보유한 신호를 활용하지 않을 것이다. 왜냐하면, I_3은 I_1과 I_2가 모두 G(또는 B)를 받았다고 추론하는 것이 합리적이기 때문이다. 이와 같이 앞선 투자자들이 모두 동일한 행동을 한 경우에는, 투자자 $I_i(i > 2)$가 자신의 정보를 사용하지 않고, 앞선 투자자들의 의사결정을 모방하게 된다.

이와 같은 과정을 거쳐 투자자들은 앞선 투자자의 행동을 따라하는 의사결정을 하게 되어 **정보의 폭포**(information cascade) 현상이 발생하게 된다. 정보의 폭포는 일반적으로 앞선 투자자들 중 투자를 했던 투자자 숫자가 투자하지 않았던 투자자 숫자보다 더 클 때 발생한다. 일단 정보의 폭포가 발생하면, 의사결정행위에는 어떤 정보도 축적되지 않는다. 그러나, 다른 투자자의 행동 대신 자신의 신호만 관측가능한 상황이라면, 정보의 폭포와는 반대로 투자자들은 자신의 정보를 이용해서 의사결정을 함으로써 시장에는 정보가 축적될 것이므로, 궁극적으로 의사결정은 올바르게 이루어지게 될 것이다.

Avery와 Zemsky(1998)는 정보를 보유한 투자자들이 합리적으로 행동하고 가격은 모든 가용한 정보를 반영하는 상황 하에서 시장 가격이 내생적으로 결정되는 경우를 살펴보았다. 이러한 시장에서는 정보의 폭포가 발생하는 것은 불가능하고, 군집행동이 장기적으로는 자산의 가격을 왜곡시키지 않는다는 것을 보여주었다. 그러나, 시장이 불확실하여 자산의 가치가 예측된 값과는 달라질 수 있게 된다면, 군집행동이 다시 나타나게 되고, 시장이 효율적 가격을 학습하지 못하게 되어 정보의 폭포와 유사해진다. 다만, 이 경우 군집행동의 효과는 제한적이고, 가격에 미치는 영향도 적다. 마지막으로, 투자자가 보유한 정보의 평균적인 정확성에 대한 불확실성을 추가하면, 군집행동은 더 일어나기 쉽고, 이로 인해 시장은 더 비효율적이 된다.

■ 평판기반 군집행동(reputation-based herding)

평판기반 군집행동은 펀드매니저의 고용주(예컨대, 투자은행)가 자신이 채용하고 있는 펀드매니저의 능력을 모르는 경우에 발생한다. 예를 들어, 어떤 펀드매니저가 신호를 이용하여 투자의사결정을 한다고 가정해 보자. 두 번째 펀드매니저가 자신의 능력에 대한 확신이 없다면, 비록 그가 확보한 정보가 첫 번째 펀드매니저의 의사결정과는 다른 결과를 의미한다 해도, 그는 첫 번째 펀드매니저와 상반된 결정을 하지 못한다. 왜냐하면, 그의 의사결정이 그릇된 것으로 판명된다면 그의 능력이 의심받게 될 위험이 있기 때문이다. 그러나,

앞선 펀드매니저의 의사결정을 답습한다면, 설사 좋지 않는 성과를 내게 되더라도 다른 펀드매니저들과 비슷한 성과를 얻게 되어 더 안전하다고 볼 수 있다. 따라서, 펀드매니저가 정보를 내포한 신호를 얻고자 노력하는 대신에 평판을 추구한다면, 비효율적인 군집행동이 발생될 수 있다.

이러한 이유로 어떤 펀드매니저가 다른 펀드매니저들을 모방하는 행동을 하게 될 경우, 펀드매니저의 능력을 파악하는 것은 어려워지므로, 이런 모방행동이 펀드매니저들에게는 이점이 될 수 있다. 그러나 이러한 설명은 모든 펀드매니저들의 투자의사결정이 첫 번째 펀드매니저가 받는 신호를 따르고, 추가로 별다른 신호를 사용하지 않는다는 가정을 하는 것이기 때문에, 현실에서는 평판기반 군집행동이 지속되기는 어렵다.

■ 보상기반 군집행동(compensation-based herding)

마지막으로, 보상기반 군집행동이라는 또 다른 유형의 군집행동 원인을 살펴보자.[29] 만약, 펀드매니저에 대한 보상이 다른 펀드(예를 들면, 벤치마크 포트폴리오)와 비교하여 상대적 성과에 의해서 이루어진다면, 이러한 체계는 펀드매니저의 유인(incentive) 구조를 변화시킬 수 있다. 이 경우 위험회피적인 펀드매니저라면, 자신이 취득한 신호를 사용하지 않고, 벤치마크를 모방하고자 할 것이기 때문이며, 그 결과 군집행동이 나타날 수 있다. 결과적으로, 벤치마크 기반의 보상 계약은 도덕적 해이와 역선택 문제를 유발할 수 있으므로, 효율적이지 못하다.[30]

11.5.2 군집행동 지표들과 실증분석

금융시장에서 비합리적인 군집행동에 따른 거래를 자산의 본질적 가치변화에 따른 거래와 실증적으로 구분해 내는 것은 매우 중요하다. 왜냐하면, 군집행동과 같은 공통된 움직임은 시장의 비효율성을 야기하는 반면, 본질적 가치 변화에 따른 움직임은 자산을 효율적으로 배분하는 과정이기 때문이다. 그러나, 이 두 움직임을 구분하는 것은 쉽지 않은 일이다.

금융시장에서 군집행동을 포착하기 위한 몇 가지 지표들을 살펴보자. 첫째, Lakonishok et al.(1992) 지표는 일정 기간 동안 시장 참여자 중 매수 혹은 매도에 참가한 투자자의 거래를 기준으로 한다. 그러나, 이 방법은 주식 투자자들이 매수 또는 매도 하는 수량을 고려하지 못한다는 결정적인 문제를 갖고 있다. 둘째, Wermers(1995)는 투자자에 의한 거래의 방향

29 Brennan(1993), Roll(1992), Maug과 Naik(1996).

30 Admati와 Pfleiderer(1998).

과 강도를 모두 측정하도록 고안된 포트폴리오 변화 지표를 제안하였다. 셋째, Christie와 Huang(1995)이 제안한 방법은 가격이 크게 변할 경우 개별 주식 수익률의 횡단면 변동성의 정도를 측정하는 것이다. 만약, 가격이 크게 변할 동안 개별 주식 수익률들이 서로 같이 움직인다면, 그 이유를 군집행동이 발생했기 때문이라고 보는 것이다. 넷째, Hwang과 Salmon(2004)은 선형 요인 모형에서 요인 계수들의 횡단면 표준편차를 이용하는 지표를 제시하였다.

선진금융시장에서의 군집행동에 대한 수많은 실증연구들이 있었지만, 금융위기 동안에 군집행동이 발생했다는 확고한 증거는 발견되지 못하였다.[31] 그러나, 한국과 같은 신흥 시장의 경우, Kim과 Wei(1999)와 Choe et al.(1999) 등이 Lakonishok et al.(1992)의 지표를 이용하여 1997년 아시아 외환위기 동안 군집행동이 발생했다는 결론을 얻었다. Chang et al.(2000)은 Christie와 Huang(1995)이 제시한 방법을 이용하여 한국과 대만 등의 신흥시장에서 군집행동이 나타났다는 결론을 제시한 반면, 미국, 홍콩 및 일본 시장에서는 군집행동을 발견하지 못하였다고 한다. Sias(2004)는 기관의 수요를 예로 들면서 기관들의 군집행동이 존재함을 설명하였고, 이는 지연된 수익률보다는 지연된 수요와 강하게 연관되어 있다고 설명하였다. Hwang과 Salmon(2004)은 시장포트폴리오에 대한 군집행동이 미국, 영국 및 한국 주식시장에서 지속적으로 나타나고 유의하게 존재한다는 것을 발견하였다. 이러한 군집행동 유형은 거시경제적 요인들로는 거의 설명되지 않는 것으로 나타났으며, 아시아 외환위기와 특히 러시아 위기는 군집행동에 있어서 변곡점이라는 것을 확인하였다. 그들은 또한 규모 요인과 가치 요인에 의해 유발되는 군집행동을 살펴보았다. 그 결과, 미국 시장에서 가치요인에 대한 군집행동이 유의하게 나타난다고 한다.

11.6 과신(overconfidence), 과잉반응 및 과소반응(overreaction and underreaction)

사람들은 자신의 능력이나 의사결정을 과신하는 경향이 있다.[32] 과신은 다양하게 설명되는데, 세 가지 유형으로 정의하면, 과도한 위상(overplacement), 과도한 예측(overestimation) 및 과도한 정확성(overprecision)으로 구분할 수 있다.[33]

31 Bikhchandani와 Sharma(2000).

32 Yates(1990).

33 Moore와 Healy(2008).

■ 과도한 위상(overplacement)

다른 사람들의 평균적인 수준보다는 자신이 우월하다고 생각하는 것을 의미하는 과도한 위상은 쉬운 업무를 할 때 나타나는 경향이 있다.[34] 예를 들면 자동차 운전자들은 일반적으로 자신의 운전능력이 다른 사람의 운전능력보다 뛰어나다고 믿는다. 또한 쉬운 시험에서는 다른 학생보다 성적이 우수할 것이라고 생각한다. 이러한 과도한 위상은 과도한 예측(overestimation)과 일관성을 갖는 개념은 아니다. 왜냐하면, 어떤 (쉬운) 업무에 대해 자신이 다른 평균적인 사람들보다 더 우월하다고 생각하면서, 동시에 그 업무에 대한 자신의 능력은 오히려 과소평가하기 때문이다.[35]

■ 과도한 예측(overestimation)

과도한 예측은 포트폴리오의 향후 수익률을 편향되게 평가하는 것과 직접적으로 연결되는 개념이다. 과신하는 투자자들은 자기 자신들의 포트폴리오의 수익률이 실제보다도 더 높았다고 과대평가하는 경향이 있다.[36]

■ 과도한 정확성(overprecision)

금융, 경제 분야의 연구에서는 정보의 정확성을 과대평가하는 것을 과신으로 정의하여 모형에 반영한다. 예를 들어, 과신이 자산가격결정에 미치는 영향을 분석한다면, 베이지안 프레임워크(Bayesian framework)에서 신호(signal)의 정확성이 과대평가되는 형태로 분석된다.[37]

이런 연구들의 대부분은 투자자가 어떤 신호를 이용하여 조건부로 예측(conditional expectation)한 포트폴리오의 미래 수익률에 대한 신뢰구간을 실제보다 좁게 생각함으로써, 신호에 대해 과민반응하게 된다는 것을 가정한다. 왜냐하면, 실제로 의사결정자들에게 자신의 결정 또는 예측에 대한 신뢰구간을 설정해 보라고 요청을 하면, 대부분 상당히 좁게 설정하기 때문이다. 이는 자신의 의사결정이 실제보다 훨씬 더 정확하다고 생각한다는 것이다. Merkle(2012)의 연구에 따르면, 투자자들은 미래의 수익률을 예측함에 있어서 95% 신뢰구간을 생각할 때는 실제 95% 신뢰구간의 절반보다 더 좁게 생각하는 경향이 있다고 한다. 일반적으로, 어떤 의사결정자들이 '99% 확실하다.'라고 말하는 것의 실제 확률은 85%에 불과하다고 한다. 이 과도한 정확성에 대해서는 아래에서 보다 더 상세하게 설명한다.

---

34 Svenson(1981).

35 Moore와 Small(2007), Moore와 Healy(2008).

36 Moore와 Healy(2008), Merkle(2012).

37 Odean(1998), Daniel et al. (1998, 2001), Gervais와 Odean(2001).

11.6.1 과신이 자산가격에 미치는 영향

과신이 자산가격에 미치는 영향은 투자자가 정보(signal)를 획득한 이후 이 정보를 처리하는 과정에서의 오류로 인해 발생한다. 이 오류는 주로 투자자가 베이지안 최적화(Bayesian optimization)를 추구할 때 사용하는 정보(signal)가 실제보다 과도하게 정확하다고 생각하는 것(overprecision)으로 모형화된다.

먼저 베이즈정리(Bayes' theorem) 혹은 베이즈법칙(Bayes rule)에 따라 정보를 업데이트하는 과정인 베이지안 최적화(Bayesian optimization)를 살펴보고, 이 과정에서 정보의 정확성에 대한 과대평가가 의사결정에 어떤 영향을 미치는지 살펴보자.

■ 베이지안 최적화(Bayesian optimization, Bayesian updating)

먼저 베이즈정리를 간단하게 설명해보자.

▶ 베이즈정리(Bayes' theorem)

수익률 A와 정보 B가 발생할 확률을 사전확률(prior probability)이라 하고 이를 $P(A)$와 $P(B)$로 나타내자. 또한 정보 B가 주어졌을 때 수익률 A가 발생할 조건부확률을 사후확률(posterior probability)이라 하고 $P(A|B)$로 나타낸다. 한편 $P(B|A)$는 수익률 A가 발생했을 때 그것이 정보 B로 인한 것임을 나타내는 조건부확률로 우도(likelihood)라고 한다. 베이즈정리에 의하면 이들간의 관계가 다음과 같다.

$$P(A|B) = \frac{P(B|A)P(A)}{P(B)}$$

즉, 베이즈정리는 정보가 주어졌을 때 수익률을 예측할 수 있게 해준다.

이제 베이즈정리를 사용하여 투자자가 어떻게 정보를 이용해서 자산의 기대수익률을 예측하는지 살펴보자. 자산 i의 수익률을 간단히 $r_{it+1} = \varepsilon_{it+1}$이라고 하자. 여기서 ε_{it+1}는 $t+1$시점에서 이 자산의 수익률이고, 정규분포를 따른다고 가정한다. 즉, $\varepsilon_{it+1} \sim N(0, \sigma^2_{i\varepsilon t+1})$. t시점에서 자산의 수익률을 예측하려는 투자자는 다음 기의 수익률인 ε_{it+1}을 직접 관측할 수는 없으므로, 이 ε_{it+1}을 예측하기 위하여 신호(signal)를 사용하게 된다. 여기서는 신호와 정보의 의미가 다름에 유의하자. 이 신호는 정확한 값(true value)인 ε_{it+1}에 대한 정보를 포함하고 있지만, 완벽하지 않아서 잡음(noise)이 섞여 있다. 즉, t시점에서 투자자가 받는 신호(s_{it})는 다음과 같이 정확한 값인 정보와 오차를 의미하는 잡음으로 구성되어 있다.

$$s_{it} = \varepsilon_{it+1} + \epsilon_{it}$$

여기서 ϵ_{it}는 잡음으로, $\epsilon_{it} \sim N(0, \sigma_{i\epsilon t}^2)$임을 가정하고, ε_{it+1}와 ϵ_{it}는 상관관계가 없다고 가정한다. 이 투자자에게는 t시점에서 관측가능한 r_{it}(수익률)와 s_{it}(신호)만 알려져 있고, 이들 둘은 서로 독립적이라고 가정한다. 이러한 환경에서 합리적인 투자자(Bayesian optimizer)라면 이 자산에 대한 사후 기대수익률(posterior expectation)과 분산은 다음과 같다.

$$E(r_{it+1}|s_{it}) = w_t s_{it}$$
$$var_t(r_{it+1}|s_{it}) = var_t(w_t s_{it})$$

여기서 $w_t = \frac{cov(r_{it+1}, s_{it})}{var(s_{it})} = \frac{\sigma_{i\varepsilon t+1}^2}{\sigma_{i\varepsilon t+1}^2 + \sigma_{i\epsilon t}^2}$이다.[38]

■ 과신이 투자자의 기대수익률 예측에 미치는 영향

이제 과신(과도한 정확성(overprecision))이 투자자의 기대수익률에 미치는 영향을 살펴보자. 투자자가 이 신호(s_{it})를 실제보다 훨씬 더 정확하다고 믿는다는 것은 노이즈 ϵ_{it}의 분산 $\sigma_{i\epsilon t}^2$를 실제보다 훨씬 작다고 생각하는 것을 의미한다. 이러한 믿음에 대한 강도를 γ_t로 나타내고, 투자자가 주관적으로 믿는 신호의 노이즈를 $\frac{\sigma_{i\epsilon t}^2}{\gamma_t}$로 나타내 보자. 따라서, $\gamma_t > 1$이면 신호의 노이즈를 실제보다 작게 평가하는(즉, 신호가 더 정확하다고 평가하는) 과신이 발생하고, $\gamma_t < 1$이면 신호의 노이즈를 실제보다 크게 평가하므로 신호에 대한 불신이 발생한다. 그리고, γ_t가 증가할수록 $\frac{\sigma_{i\epsilon t}^2}{\gamma_t} \to 0$되고, 따라서 $w_t = \frac{\sigma_{i\varepsilon t+1}^2}{\sigma_{i\varepsilon t+1}^2 + \sigma_{i\epsilon t}^2/\gamma_t} \to 1$이 되어 투자자는 신호 s_{it}가 노이즈가 없는 순수한 미래수익률 ε_{it+1}을 의미한다고 믿게 된다. 반대로 γ_t가 작아지면 투자자는 이 신호를 믿지 않게 된다. 만약, γ_t가 0에 가까워지면, w_t는 0에 가까워지므로, 결국 신호는 수익률을 예측하는 데 전혀 사용되지 않는다.

이를 신호의 정확성을 과신하는 투자자의 주가예측에 적용해 보자. 신호를 과신하거나 불신하는 비합리적인 의사결정을 하는 투자자는 (신호를 받은 후) 다음과 같은 사후 기대수익률과 분산을 가지게 된다.

$$E^b(r_{it+1}|s_{it}) = w_t^b s_{it}$$
$$var_t^b(r_{it+1}|s_{it}) = var_t(w_t^b s_{it})$$

---

38 확률변수 X와 Y가 결합정규분포를 따르고, 각각의 표준편차가 σ_X, σ_Y라고 하면, 주어진 Y를 조건부로 하는 X의 기댓값은 아래와 같다.

$$E(X|Y) = E(X) + \frac{cov(X,Y)}{\sigma_Y^2}\{Y - E(Y)\}$$

여기서 $w_t^b = \frac{\sigma_{i\varepsilon t+1}^2}{\sigma_{i\varepsilon t+1}^2 + \sigma_{i\epsilon t}^2/\gamma_t}$가 된다. 따라서 과신이 발생하여 $\gamma_t > 1$이 될 경우, 투자자는 신호에 더 민감하게 과잉반응(overreaction)하고, 결과적으로 이 자산의 변동성도 증가할 것이다. 한편, 정보가 없는(즉, 이 신호를 받지 못한) 투자자도 시장에 함께 존재할 수 있는데, 이러한 투자자가 위험 중립적이지 않는 한(예를 들면, 위험회피적이라면) 이들의 역할은 정보가 없기 때문에 수동적일 수밖에 없고, 결국 가격은 신호를 과신하는 투자자들에 의하여 결정된다. 이러한 과신으로 인한 영향(편의)은 새로운 정보가 시장에 유입됨에 따라 장기적으로는 사라지게 된다.

■ 과신이 주가에 미치는 영향

정보에 대한 투자자의 심리에 관한 연구 주제는 수익률의 예측가능성과 밀접한 관련이 있다. 왜냐하면, 투자자들이 정보 또는 사건에 대하여 어떻게 반응하는지가 수익률 예측가능성 연구의 주된 질문이기 때문이다.

Daniel et al.(2001)은 이러한 모형을 사용하여 횡단면 자산가격에서 발생하는 여러 가지 이상현상들(모멘텀, 가치주 프리미엄, 기업크기에 따른 자산가격의 차이 등)에 대한 설명을 제시하였다. 한편 Hwang et al.(2021)은 투자자들이 전반적인 시장전망에 대한 정보를 과신할 때 군집현상이 발생함을 보여주었다. 그들은 이러한 과신으로 발생한 군집현상으로 인해, 낮은(높은) 베타의 자산이 높은(낮은) 수익률을 가져다 주는 소위 low-beta 이상현상이 발생할 수 있음을 보여주었다.

과신이 주가에 미치는 영향은 결국 시장 효율성과 관련된 것이다. 예를 들면, Lakonishok et al.(1994)은 이익/주가 비율, 현금흐름/주가 비율 및 장부가/시장가 비율 등 주가가 분모인 여러 가지 비율들이 높다는 것은 과거의 성과가 좋지 않았던 것과 연관되어 있음을 보였다. 그 이유는 투자가들이 나쁜 성과에 대해 **과잉반응**(과신)하게 되면 주가가 과도하게 하락하게 되어서 주가 관련 비율들이 높아지고, 그 결과 미래의 수익률은 평균 회귀(mean reverting)에 의해서 높아지기 때문이다. 반면, **과소반응**의 사례는 기업 매각,[39] 주식분할,[40] 공개시장매수[41] 및 배당 누락에 관한 부정적 정보와 배당개시에 관한 긍정적 정보 등에 관한 연구에서 찾아볼 수 있다.[42]

39 Cusatis et al.(1993).

40 Desai와 Jain(1997).

41 Ikenberry et al.(1995).

42 Michaely et al.(1995).

11.6.2 과신이 투자성과에 미치는 영향

자신들의 능력을 과신하는 투자자일수록 거래를 빈번하게 하기 때문에, Barber와 Odean (2000)은 과신이 투자성과에 미치는 영향을 보기 위해서 투자자들의 거래량과 그들의 수익률 간의 관계를 분석하였다. 그 결과 전체 수익률은 거래를 빈번하게 하는 투자자와 그렇지 않은 투자자들간에 차이가 없었지만, 거래비용을 감안할 때 거래를 빈번하게 하는 투자자의 수익률이 낮게 나타났다. 또한 Barber와 Odean(2001)은 남성이 여성보다 자신의 능력을 더 과신하는 경향이 있다는 심리학적인 증거를 바탕으로 남성투자자와 여성투자자 간의 거래패턴과 성과를 분석하였다. 그 결과 남성투자자는 여성투자자보다 거래량이 1.5배 더 많았지만, 수익률은 더 낮았다. 수수료를 감안했을 때 남성 투자자의 수익률은 훨씬 더 낮은 것으로 나타났다.

이러한 경향은 우리나라에서도 관찰된다고 한다. 남성은 여성투자자들보다 거래량은 두배 이상이지만 수익률은 훨씬 낮은 것으로 나타났다.[43]

11.6.3 과신에 관련된 여러 가지 쟁점

과신에 대한 연구가 어려운 이유는 과신에 대한 정의가 여러 가지로 다양할 뿐 아니라, 이를 측정하는 것은 더욱 어렵기 때문이다. 과신을 어떻게 측정할 수 있을까? 심리학이나 경제학 이론에 따르면, 의사결정자들의 과신의 정도는 그들의 행동 및 행동에 따른 결과에 의하여 영향을 받는다고 한다. 예를 들면, 과거에 예측을 성공적으로 했었던 확률[44] 혹은 과거 투자수익의 크기[45] 등이 과신에 영향을 미친다.

한편, 증권시장에서의 과신은 **거래량**이나 **수익률의 변동성**으로 측정하기도 한다.[46] 왜냐하면, 자신의 정보를 과신하는 투자자들은 증권거래에 더 적극적으로 임할 것이므로, 거래량의 증가나 수익률 변동성의 증가를 유발할 수 있기 때문이다.

과신은 초보자보다는 전문가에게서 더 강하게 나타난다.[47] 이는 증권시장의 경우 애널리스트나 펀드매니저와 같은 전문가들이 정보를 더 과신한다는 것인데, 이에 대한 실증분석은 과신 측정의 어려움으로 인해 쉽지 않다.

또한 과신이 존재하는 경우, 이러한 비합리적 행동을 보이는 투자자는 합리적 판단을

43 한국경제신문, "나만 잃은 게 아니네"…개미, 1년간 14%↓, 2022년 5월 6일.

44 Odean(1998), Gervais와 Odean(2001).

45 Kyle과 Wang(1997), Gervais와 Odean(2001), Statman et al.(2006), Chuang과 Lee(2006).

46 Daniel et al.(1998, 2001), Chuang과 Lee(2006), Barone-Adesi et al. (2013).

47 De Long et al.(1991), Griffin과 Tversky(1992), Odean(1998).

하는 투자자에 비하여 수익률이 더 낮다는 주장도 있지만,[48] 반면, 과신을 보이는 투자자가 높은 수익률을 가져다 주는 기회를 선점하기 때문에 더 높은 수익률을 얻는다는 주장도 있다.[49]

과신에 대한 금융분야의 사례들을 추가적으로 더 살펴보자.

- 투자자들은 주가와 같은 시계열 데이터가 무작위적(random)임에도 불구하고, 패턴을 찾으려 하거나 확률보행이 아니라고 확신하는 경향이 있다.
- De Bondt와 Thaler(1985)는 미국 주식들을 직전 3년 동안의 성과에 따라서 승자(winner)와 패자(loser)로 양분하여 주가에 대한 광범위한 연구를 수행하였다. 이후 3년 동안의 성과를 분석한 결과, 패자가 승자보다 유의하게 더 좋은 성과를 보였다. 이는 투자자가 정보를 과신함으로써 발생하는 과잉반응으로 인해서 주가가 단기간에 과다하게 상승 또는 하락하게 되며, 이러한 과도한 반응은 시간의 흐름에 따라 정상적으로 되돌아오는 수익률 반전(retern-reversal) 현상으로 이어진다는 것을 의미한다.[50]
- 1년 미만의 단기간 동안 발생한 양(positive)의 계열상관은 어떤 뉴스에 대하여 초기에는 과소반응을 하고 이후 점진적으로 정보가 가격에 반영된다는 의미로 해석할 수 있다.[51]
- 금융시장에서 시간 경과에 따라 거래량이 변동하는 것은 과신에 의한 것으로 설명할 수 있다. 왜냐하면, 과신은 거래량의 증가를 수반한다고 해석할 수 있기 때문이다.

11.7 행동재무경제학의 다양한 이슈들

11.7.1 사후과잉확신 편향(hindsight bias)

사람들은 어떤 사건이 발생하고 난 후 그 결과를 알게 되면, 마치 사전에 그 사건이 그렇게 될 것을 예측할 수 있었던 것으로 여긴다고 한다. 예를 들어, 금융위기가 발생하여 자산의 가격이 급락과 급등을 하게 되면, 투자자들은 마치 그걸 미리 알고 있었던 것처럼 자신의 예측능력을 과대평가하는 경향을 말한다. 이를 사후확증 편향이라고도 부른다.

사후과잉확신 편향을 가진 투자자는 주식투자에서 이익을 얻게 되면, 설사 주가가 독립보행을 따르므로 예측할 수 없었음에도 불구하고, 이는 자신의 예측능력이 탁월하기 때문이라고 생각한다. 즉 자신의 예측능력을 과대포장하고, 이는 과신을 유발할 수 있다.

---

48 Daniel at el.(1998, 2001), Gervais와 Odean(2001).

49 Kyle과 Wang(1997).

50 Fama와 French(1988), Poterba와 Summers(1988).

51 Cutler et al.(1989, 1991), Jegadeesh와 Titman(1993).

11.7.2 낙관주의(optimism)

의사결정에 있어서 또 다른 중요한 편의는 대부분 사람들의 생각이 낙관적인 방향으로 편향되었다는 것이다. 낙관주의는 사람들이 통제할 수 없는 나쁜 결과에 대한 확률을 과소평가하도록 만든다. 과신과 결합하게 되면, 낙관주의는 사람들로 하여금 그들의 지식은 과대평가하고 리스크는 과소평가하도록 만들고, 사건들을 통제하는 능력은 과대평가하도록 만든다.

11.7.3 후회와 인지부조화(regret and cognitive dissonance)

사람들은 비록 사소한 것이더라도 실수를 저지르게 되면 후회하고 고통을 느낀다. 그리고, 자신의 신념이나 가정이 틀렸다는 사실에 직면했을 때 사람들은 심리적 갈등을 느끼게 되는데, 이를 **인지부조화(cognitive dissonance)**라고 부른다. 인지부조화는 사람들로 하여금 새로운 정보를 회피하도록 만들거나 신념 혹은 가정을 유지하기 위해 왜곡된 주장을 하도록 만든다.

이러한 경향들로 인해 투자자들이 주가가 하락한 주식을 매도하는 것을 미루고 주가가 상승한 주식을 매도하는 것을 서두르게 된다.[52] 이것을 **처분효과**(disposition effect)라고 부른다. 또한 사람들은 성과가 나쁜 뮤추얼펀드로부터 성과가 좋은 뮤추얼펀드로 자금을 이동시키게 된다.[53]

11.7.4 고착화(anchoring)

사람들이 정량적 가치평가를 할 때, 그 이전에 제안받았던 내용에 의해 영향을 받는다. 이러한 경향을 심리학자들은 **고착화(anchoring)**라고 부른다. 금융시장에서 자산의 가치가 애매모호한 상황에서는 과거의 가격들이 현재의 가격에 대한 가장 중요한 결정요인 중 하나가 된다. 예를 들어, 주식 가격이 계속 상승하는 경우, 과거의 가격에 고착화되면 현재의 가격이 지나치게 높다고 느낄 수 있다. 이러한 고착화를 이용하여 1980년대 후반 미국과 일본 주식의 주가/이익비율의 차이가 컸던 현상을 설명할 수 있다.

11.7.5 보수주의(conservatism)

심리학에서 보수주의란 사람들이 새로운 정보에 직면했을 때 그들의 신념을 빠르게

---

52 Shefrin와 Statman(1985).

53 Goetmann과 Peles(1993).

바꾸지 않는 현상을 의미한다. Edwards(1968)는 사람들이 합리적인 베이지안 최적화에 비해 훨씬 더 느린 속도로 사후확률을 업데이트한다는 것을 실험을 통하여 증명하였다. 예를 들어, 사람들이 자신의 견해를 바꾸는 데에는 여러 번의 반복되는 정보가 필요하다고 한다.

이러한 심리적인 보수주의는 금융시장에서 투자자들이 정보에 대하여 과소반응을 하도록 만든다. 예를 들면, 보수주의적 심리를 가진 투자자들은 어떤 사건에 대한 전체적인 정보의 내용을 묵살할 수도 있다. 왜냐하면, 이런 투자자들은 새로운 정보가 매우 큰 노이즈를 내포하고 있다고 믿으며, 따라서 애초의 사전확률분포를 고수하고자 하기 때문이다. 결과적으로, 그들은 뉴스에 대응하여 그들의 가치평가를 부분적으로만 조정하게 된다.

11.7.6 정신 구획(mental accounting)

사람들은 동일한 경제적 결과에 대하여 다르게 해석을 한다는 것이다. 이러한 경향은 투자자가 주식과 같은 위험이 높은 자산에 투자하면서, 동시에 정기예금과 같은 위험이 없는 자산에 투자하는 이중적인 태도를 설명할 수 있다. 또 다른 예로는 현금으로 결제할 때보다 신용카드를 사용할 때 더 많이 소비하는 경향이 있다는 것이다.

11.7.7 그 외의 행동적 원리들

분리효과(disjunction effect)는 사람들이 정보가 공개될 때까지(심지어 그 정보가 불필요하거나 고려하지 않을 것임에도 불구하고) 어떤 결정을 내리는 것을 기다리는 경향을 의미한다. 또한 사람들은 불필요한 리스크를 초래하는 게임을 하려는 경향이 있다. 이는 사람들이 복권을 사거나 카지노에 가는 이유를 설명해 준다. 이를 복권효과(lottery effect)라고 부른다.

이외에도 마술적 사고(magical thinking), 준-마술적 사고(quasi-magical thinking), 주의 이상현상과 가용성 발견법(attention anomalies and the availability heuristic), 문화와 사회적 전염(culture and social contagion), 글로벌 문화(global culture) 등 의사결정자들에게 영향을 줄 수 있는 여러 가지 심리학적인 요인들이 있다.[54]

11.8 요약 및 논의

Fama(1998)는 효율적 시장 이론의 관점에서 과민반응과 과소반응으로 나타나는 이상현상들이 바로잡혀나갈 것으로 보기 때문에, 효율적 시장이론은 다양한 비판에도 불구하고

---

54 자세한 내용은 Shiller(1998)를 참조하기 바란다.

유효하다고 보았다. Fama는 이상현상들이 단지 CAPM의 약점을 의미하는 것일 뿐, CAPM이 잘못된 것이 아니기 때문에 적절한 위험 기반 모형으로 모든 이상현상들을 포착할 수 있다고 주장한다. 그리고, 시장은 전반적으로 효율적이고, 위험-수익 간의 상충관계가 적용되며, 시장가격은 거래비용까지 감안하여 올바르게 형성된다고 주장한다. 실제로, 금융시장의 발전과 여러 가지 새로운 연구방법론들이 등장함에 따라, 이상현상들도 사라지는 경향을 보이고 있다.

그러나, 합리성에 기반한 Fama의 주장에 대하여, Shiller(2003)는 두 가지 비판을 제기하였다. 첫 번째는 투자자들이 항상 과민반응 또는 과소반응하지는 않는다는 것이고, 두 번째는 주가지수의 과도한 변동성을 포함한 많은 이상현상들이 합리적 기대의 프레임워크(예컨대, 본질가치(fundamental value)의 변화)로는 여전히 설명하기 어려워 보인다는 것이다. Shiller는 자산가격이 다양한 행동 편의(behavioral bias)의 영향을 받는다고 주장한다. 그리고, 위험이 높다는 것이 반드시 높은 기대수익률을 의미하는 것은 아니라고 말한다.[55]

■ 행동재무경제학의 한계

Campbell과 Viceira(2002)에 따르면 행동재무경제학은 자산배분에 대한 규범적인 이론을 수립할 만한 확고한 근거를 제공하지는 못한다고 한다. 사실, 금융시장에서 행동재무경제학의 다양한 주제들을 검증하는 많은 연구들이 있었음에도 불구하고, 우리는 행동재무경제학에서 시장균형가격결정모형이 나올 것으로 기대하지는 않는다. 왜냐하면, 행동재무경제학은 규범적이기보다는 서술적이며, 우리에게 투자자가 반드시 해야 하는 행동(예컨대, 기대효용극대화)을 명확하게 제시하지는 않기 때문이다.

행동재무경제학의 또 다른 문제점은 Kahneman과 Tversky(1979)의 연구처럼 연구실에서의 실험에 기반한다는 점이다. 비록 의사결정에 영향을 미칠 수 있는 흥미로운 행동들이 실험에서 발견되었다고 할지라도, 금융시장에서 동일한 패턴이 나타날 것임을 확신할 수는 없다. 왜냐하면, 심리학에서의 연구실 실험은 엄격한 통제 하에서 수행되기 때문이다. 예컨대, 실험실에서는 현실과는 동떨어진 복수의 대안들 중에서 하나를 선택할 것을 요구하기도 한다.

심리학적 이론들을 이용한 다양한 설명에도 불구하고, 우리는 기대효용이론이 여전히 현대 재무 이론에서 가장 중요한 위치를 차지하고 있다는 점을 인정해야 한다. 기대효용이론은 불확실성하에서 진정으로 합리적인 행동이 무엇인지를 간단하게 표현할 수 있도록 만들어주기 때문이다.

---

55 Fama와 Shiller는 자산가격결정에 관한 양 극단의 시각인 합리적(rational) 관점과 행동적(behavioral) 관점을 대표한다. 이들은 2013년에 노벨 경제학상을 공동 수상했다.

연/습/문/제

1. "만약 우리가 초과 수익을 낼 수 없다면 시장은 효율적이다."라는 주장은 "시장이 효율적이면 우리는 초과 수익을 낼 수 없다"와 같은 의미인가?

2. 시장이 비효율적이라면 균형하의 모형은 더 이상 자산가격 설명에 유용하지 않다. 이 경우 행동재무경제학이 어떻게 자산가격을 설명하는 데 도움이 될 수 있는지 설명하라.

3. 전망 이론이 기존의 합리성에 기초한 이론과 어떻게 다른지 설명하라.

4. 당신은 제주도로 가는 주말 여행 티켓을 20만원에 구입했다. 그리고 며칠 후 당신은 설악산으로 가는 주말 여행 티켓을 10만원에 구입했다. 당신은 제주도 여행보다는 설악산 여행이 더 재미있을 거라 생각한다. 그러나 제주도 여행 티켓을 사고 난 후 한참이 지나서야 당신은 설악산여행과 제주도여행 날짜가 겹친다는 것을 알게 되었다. 티켓을 팔거나 환불 받기에는 너무 늦어서 둘 중에 하나를 선택해야만 한다.
당신이 합리적이라면 어떤 선택을 해야 하는가? 합리적인 의사결정을 방해하는 고려사항은 무엇인가?

5. 당신이 투자한 주식 중 10%가 오른 주식과 10%가 내린 주식이 있다. 만약 지금 자금이 필요해서 둘 중 하나를 팔아야 한다면 어느 것을 팔아야 하는가? 단, 두 주식의 향후 수익률에 대한 전망에는 차이가 없다고 가정한다.

6. 유명한 애널리스트 A는 자신의 분석능력과 최신정보를 활용해서 주식 X에 투자하기로 결정하였다. A의 친구 B는 특별한 분석능력이나 정보가 없기 때문에, A의 투자결정을

따라 주식 X에 투자하였다.

1) B는 어떤 유형의 행동 편향(behavioral bias)을 보이는 것인가?

2) B의 행동이 B의 입장에서는 합리적인 이유를 설명하시오.

7. 다음 설명이 옳으면 T, 틀리면 F로 표기하시오.

1) 전망이론에 의하면, 사람들은 이득과 손실보다는 수익률이나 부(wealth)를 고려하여 의사결정을 한다.

2) 전망이론에 따르면, 사람들이 도박을 하거나 보험에 가입하는 이유는 사람들의 가치함수가 도박과 관련된 이득 구간에는 오목하고, 보험과 관련된 손실 구간에는 볼록하기 때문이다.

3) 사람들은 객관적으로 발생가능성이 낮은 사건들에 대해서 발생가능성이 높다고 생각하는 경향이 있다.

Part 07

동태적 자산가격모형

Dynamic Asset Pricing Models

동태적 자산가격모형 Chapter 12

일반적으로 투자자들이 정기적으로 혹은 비정기적으로 여러 기간에 걸친 투자의사결정을 하고 포트폴리오를 재구성하는 현실에 비추어 본다면, 전통적인 CAPM과 같은 단일기간 모형들(single period models)은 적합한 모형이라 할 수 없다. 미래의 의사결정은 현재의 의사결정으로 인한 결과에 의해 영향을 받고, 경제상황 또한 시간에 따라 변하기 때문에, 다기간 투자의사결정 모형은 훨씬 복잡할 수밖에 없다. 제17장에서 다기간 분석과 단일기간 분석의 결과가 동일한 몇 가지 특수한 경우를 설명하겠지만, 일반적으로 단일기간 분석의 틀을 다기간 의사결정에 적용할 수 없다.

앞서 살펴본 소비기반 CAPM(Consumption Based CAPM)은 순환효용함수(recursive utility function)를 사용한다는 점에서 동태적 자산가격모형이다. 그러나 투자기회가 변하는 경우를 고려하지 않고 있다. 여기서는 다기간 포트폴리오 선택 문제를 상세하게 살펴보고, 투자기회집합이 시간에 따라 변하는 경우에 시장균형하에서의 동태적(기간간) CAPM (Intertemporal CAPM)을 다룰 것이다.

이 장에 있는 동태적 자산가격모형(dynamic asset pricing models)과 다음 장에서 소개할 파생상품에 관한 내용들을 이해하기 위해서는 기하 브라운 운동(geometric Brownian motion)이나 이토의 보조정리(Ito's lemma) 같은 연속시간 재무이론(continuous time finance)에서 사용하는 분석방법을 숙지하여야 한다. 이를 위해서 이 책의 마지막에 관련 내용을 보충하였으니, 이를 먼저 학습하기 바란다.

Chapter 12

동태적 자산가격모형**
(Dynamic Asset Pricing Models)

제6장에서 소개한 소비기반 CAPM(Consumption Based CAPM)은 순환효용함수(recursive utility function)를 사용함으로써 미래의 효용까지 고려하는 일종의 동태적 자산가격모형이다. 하지만 이 모형을 포함해서 현재까지 논의했던 대부분의 자산가격모형들은 단일기간모형(single period models)이었다. 단일기간모형은 현실 경제를 잘 반영한다고 보기는 어렵다. 왜냐하면, 미래의 의사결정은 현재의 의사결정으로 인한 결과에 의해 영향을 받게 되고, 계획이란 본질적으로 다기간에 걸쳐서 수립되고 실행되기 때문에, 단일기간 분석만으로는 충분치 않다. 비록, Fama가 정태적 단일기간 모형에 대해 일정부분 정당화시키기도 했지만, Merton(1971, 1973)과 Fama와 Miller(1972) 등 많은 연구에서 단일기간모형의 한계점이 지적되었다.

만약, 투자자의 선호와 투자기회가 상황에 따라 변하는 것이 아니라면, 투자자가 단일기간 효용함수를 가진 것으로 보고 포트폴리오 최적화를 수행해도 무방하다. 예를 들면, 자산수익률의 분포가 매 기간 동일한 경우(independently and identically distributed, *iid*), 단일기간 모형과 다기간 모형의 결과는 동일하다.[1] 그러나, 일반적으로 투자기회는 시간 경과에 따라 변하기 때문에(state-dependent) 투자자는 매기마다 최적의 의사결정을 해야 한다. 따라서, 시장균형모형에서는 미래 가격에 대한 투자자들의 예측이 필수적으로 고려되어야 한다.

이 장에서는 연속시간 재무이론(continuous time finance)이라는 분석의 틀 속에서, 투자기회가 변하지 않는 경우와 투자기회가 변하는 경우를 구분하여 최적 포트폴리오 선택을 살펴보고자 한다. 그리고, 동태적 가격결정모형인 Merton(1973)의 기간간 CAPM(Intertemporal

1 보다 자세한 논의는 제17장 '최적자산배분과 펀드'에서 다룬다.

CAPM, I-CAPM)을 다룰 것이다. 먼저 연속시간모형에 대한 이해를 돕기 위하여 이산시간 모형을 살펴보기로 한다.

12.1 동태적(기간간) CAPM(Intertemporal CAPM)의 개념

전통적인 CAPM은 단일기간 투자를 가정한 정태적 모형이다. 그런데 제6장 소비기반 CAPM에서 보았듯이, 합리적인 투자자는 일생 동안의 소비로 인한 전체 기대효용을 극대화하고자 하기 때문에, 다기간의 포트폴리오 선택을 최적화 해야 한다. 만약 투자기회의 집합이 고정되어 있어서 미래의 불확실성이 없다면, 장기투자자의 의사결정은 단일기간을 고려하는 단기투자 의사결정과 동일하다. 이런 경우가 아니라면, 합리적인 투자자는 다기간 기대효용에 영향을 미치는 다양한 경제상황의 변화를 위험요인으로 인식하여 이에 대한 위험프리미엄을 요구하게 되므로, 이 위험프리미엄은 자산의 기대수익률에 반영되어야 한다.

이러한 아이디어를 바탕으로, Merton(1973)은 전통적인 CAPM을 연속시간하에서 다기간으로 확장하면서 투자기회집합의 확률적 변동을 고려하여 아래와 같은 형태의 **동태적 가격결정모형**(I-CAPM)을 유도하였다.

$$E(r_i) = r_f + \beta_i^M(E(r_M) - r_f) + \sum_{j=1}^{l} \beta_i^j(\mu_j - r_f)$$

이 식은 자산 i의 기대수익률이 시장위험요인(β_i^M)과 경제상황의 변동을 나타내는 l개의 상태변수에 의한 위험요인(β_i^j)에 의해 결정된다는 것을 의미한다.[2] 시장 수요 측면에서 설명하면, I-CAPM에서 위험자산에 대한 수요는 전통적인 CAPM에서 다루는 평균-분산 분석에 의한 위험요인(즉, 시장위험)뿐만 아니라 투자기회집합의 불리한 변동에 대응하기 위한 **헤징 수요**에 의해 결정된다. 즉, I-CAPM은 전통적인 CAPM에 **동태적 헤징 수요**가 추가된 모형이다. 여기서, 투자기회집합의 불리한 변동이란 미래 소비가 감소되는 것을 의미하며, 이를 유발하는 경제상황의 변화 요인들이 상태변수로서 모형에 반영된다. I-CAPM의 가장 중요한 특징은 확률적으로 변동하는 **경제상황의 다양한 변화 요인들**을 자산가격에 영향을 주는 위험요인으로 고려한다는 점이다.

I-CAPM에서 헤징 수요를 유발하는 자산의 위험은 자산 수익률과 투자자의 한계효용 간의 공분산으로 측정되며, 이는 시장수익률과의 공분산(즉, 시장위험)과는 다른 것이다. 그리고, 이러한 위험요인들은 자산의 기대수익률과 선형관계를 가지므로, I-CAPM은 **선형다요인모형**(linear multi-factor model)이라 할 수 있다.

---

2 이 식은 식 (12.50)과 동일하며, 12.5절에서 자세히 다룰 예정이다.

그러나, I-CAPM은 헤징 수요와 관련된 위험이 경제상태에 관한 변동 요인이라는 것만을 얘기할 뿐이고, 구체적으로 어떤 요인인지를 설명하지는 못한다. 그럼에도 이 모형은 거시경제상황을 나타내는 요인들이 자산의 가격(기대수익률)에 반영될 수 있다는 이론적 근거를 제공한다는 시사점을 갖는다.

12.2 이산시간(discrete time)에서의 동태적 포트폴리오 선택**

I-CAPM은 다기간 포트폴리오 최적화 문제로부터 유도된다. 이를 보기 위해 여기서는 제4장에서 논의했던 투자자의 단일기간 최적포트폴리오 선택 문제를 일반화시켜서, 다기간 소비-투자 선택 문제를 해결하는 최적포트폴리오를 유도한다. 이는 다음 절에서 설명하는 연속시간에서의 가격결정모형(I-CAPM)을 이해하는데 도움이 될 것이다.

12.2.1 다기간 기대효용 극대화를 위한 최적 소비-투자 선택 문제

투자자는 일생 동안 소비를 통해서 얻는 효용을 극대화하고자 한다. 현재 소비를 줄이고 그만큼 투자를 늘린다면, 현재의 효용은 감소하지만 미래의 투자수익으로 인해 미래 소비는 증가하고 이로 인한 효용도 증가한다. 반면, 현재 소비를 늘리면 현재의 효용은 증가하지만, 미래의 소비감소로 미래의 효용은 감소한다.

그렇다면, 일생에 걸친 소비-투자의 최적화는 어떻게 해야 할까? 그 답은 소비로 인한 한계효용과 부로 인한 한계효용이 같아지도록 현재의 소비와 투자를 결정하는 것이다. 이를 이해하기 위해, 여기서는 투자자의 효용 극대화를 위한 다기간의 소비-투자 선택 문제를 살펴보도록 하자.

■ 다기간 기대효용 극대화 문제 설정

먼저, 투자자의 다기간 기대효용 극대화 문제를 설정해 보자. 투자자는 자신의 기대효용함수를 극대화하기 위해 생존기간 T기에 걸친 소비의 흐름과 최적포트폴리오를 선택한다고 가정하자. 이 투자자의 효용함수는 위험회피적이므로 소비에 대해 오목한 형태이며, 다음과 같이 나타낼 수 있다.

$$u(C_0, C_1, \dots, C_{T-1}, W_T)$$

여기서 C_t는 t시점의 소비, W_T는 사망시점에서의 유산(부)을 의미한다. 만약, 효용함수를 합산하는 방식으로 분리가능한(additively separable) 경우를 가정하면, 아래와 같이 나타낼 수 있다.

$$u(C_0, C_1, \ldots, C_{T-1}, W_T) = \sum_{t=0}^{T-1} u_t(C_t) + u_T(W_T) \tag{12.1}$$

또한, 시장에 N개의 위험자산이 있고, t시점에서 자산 i의 수익률은 $r_{i,t}(i = 1,2, \ldots N)$, t시점에서 투자자의 부를 W_t라고 두자. 투자자는 t시점에서의 소비 C_t를 결정한 후, W_t에서 C_t만큼 소비하고 남은 나머지를 포트폴리오 p에 투자한다. 그러면, $t+1$시점에서 투자자의 부는 아래와 같다.

$$W_{t+1} = (W_t - C_t)(1 + r_{p,t+1})$$

위 식에서 $r_{p,t+1}$은 포트폴리오 수익률로서, 아래와 같다.

$$1 + r_{p,t+1} = \sum_{i=1}^{N} w_{i,t}(1 + r_{i,t+1}) + w_{0,t}(1 + r_f) \tag{12.2}$$

단, $w_{i,t}$와 $w_{0,t}$는 각각 t 시점에서 위험자산 i와 무위험자산에 대한 투자비율을 의미한다. 따라서, 아래 식이 성립한다.

$$\sum_{i=1}^{N} w_{i,t} + w_{0,t} = 1$$

위 식을 (12.2)에 대입하면, 아래와 같다.

$$1 + r_{p,t+1} = \sum_{i=1}^{N} w_{i,t}(r_{i,t+1} - r_f) + 1 + r_f$$

투자자는 각각의 t시점에서의 효용함수인 식 (12.1)에 기댓값을 취한 일생 동안의 기대효용을 극대화하고자 한다. 이 다기간 기대효용함수를 편의상 아래와 같이 부에 관한 함수 $J(W_t)$라고 두자.

$$J(W_t) \equiv \underset{C,\mathbf{w}}{Max}\, E_t\left[\sum_{s=t}^{T-1} u_s(C_s) + u_T(W_T)\right] \tag{12.3}$$

단, 마지막 T 시점에서는 $J(W_T) = u_T(W_T)$가 된다. 한편, 소비와 투자의 수준을 결정해야 하는 마지막 시점인 $T-1$ 시점에서의 효용함수는 아래와 같다.[3]

3 T 시점은 일생의 마지막 시점이므로 더 이상 소비와 투자를 선택할 이유가 없다. 소비와 투자를 결정해야 하는 마지막 시점은 $T-1$ 시점이다. 이렇게 마지막 투자시점을 기준으로 최적포트폴리오 선택을 분석하는 이유는 별도의 다기간 순환효용함수를 사용하지 않아도 분석이 가능하기 때문이다. 즉, 함수 $J(W_t)$를 사용할 필요 없이 두 시점의 효용함수만 사용하기 때문에 분석 및 결과 해석이 모두 편리하다.

$$J(W_{T-1}) = \underset{C,\mathbf{w}}{Max} E_{T-1}[u_{T-1}(C_{T-1}) + u_T(W_T)]$$
$$= \underset{C,\mathbf{w}}{Max}[u_{T-1}(C_{T-1}) + E_{T-1}(u_T(W_T))] \tag{12.4}$$

그리고, 제약조건으로서의 W_T는 아래와 같이 나타낼 수 있다.

$$W_T = (W_{T-1} - C_{T-1})(1 + r_{p,T}) \tag{12.5}$$
$$= (W_{T-1} - C_{T-1})\left[\textstyle\sum_{i=1}^{N} w_{i,T-1}(r_{i,T} - r_f) + 1 + r_f\right]$$

따라서, 식 (12.4)는 $T-1$ 시점에서 소비 C_{T-1}과 투자비율 $w_{i,T-1}$에 대한 선택을 최적화하는 문제이다.

12.2.2 (T − 1시점에서) 다기간 최적 소비-투자의 선택 기준 유도

이 문제를 풀기 위해, 식 (12.5)를 (12.4)에 대입한 후, C_{T-1}과 $w_{i,T-1}$에 대해서 각각 미분해서 0으로 두어서 최적화 1계 조건을 구하자.[4]

$$\frac{\partial J(W_{T-1})}{\partial C_{T-1}} = \frac{\partial u_{T-1}(C_{T-1})}{\partial C_{T-1}} + E_{T-1}\left[\frac{\partial u_T(W_T)}{\partial W_T}\frac{\partial W_T}{\partial C_{T-1}}\right] \tag{12.6}$$
$$= \frac{\partial u_{T-1}(C_{T-1})}{\partial C_{T-1}} - E_{T-1}\left[\frac{\partial u_T(W_T)}{\partial W_T}(1 + r_{p,T})\right] = 0$$

$$\frac{\partial J(W_{T-1})}{\partial w_{i,T-1}} = E_{T-1}\left[\frac{\partial u_T(W_T)}{\partial W_T}\frac{\partial W_T}{\partial w_{i,T-1}}\right] \tag{12.7}$$
$$= E_{T-1}\left[\frac{\partial u_T(W_T)}{\partial W_T}(W_{T-1} - C_{T-1})(r_{i,T} - r_f)\right] = 0$$

앞서 효용함수가 오목하다고 가정했기 때문에, 위의 1계 조건들이 최적화를 위한 필요충분조건이다. 식 (12.6)과 (12.7)의 마지막 식을 각각 정리하면 아래와 같다.[5]

$$\frac{\partial u_{T-1}(C_{T-1})}{\partial C_{T-1}} = E_{T-1}\left[\frac{\partial u_T(W_T)}{\partial W_T}(1 + r_{p,T})\right] \tag{12.8}$$

---

4 식 (12.5)를 C_{T-1}와 $\partial w_{i,T-1}$에 대해 미분한 값, 즉, $\frac{\partial W_T}{\partial C_{T-1}} = 1 + r_{p,T}$와 $\frac{\partial W_T}{\partial w_{i,T-1}} = (W_{T-1} - C_{T-1})(r_{i,T} - r_f)$를 각각 식 (12.6)과 (12.7)에 대입하였다.

5 식 (12.7)을 (12.9)로 변환할 때는 먼저 식 (12.7)의 마지막 식의 양변에 $\frac{\sum_{i=1}^{N} w_{i,T-1}}{W_{T-1} - C_{T-1}}$를 곱한다. 그리고, 식 (12.2)로부터 얻은 관계식 $\sum_{i=1}^{N} w_{i,t}(r_{i,t+1} - r_f) = r_{p,t+1} - r_f$을 적용하였다.

$$E_{T-1}\left[\frac{\partial u_T(W_T)}{\partial W_T}(W_{T-1}-C_{T-1})(r_{i,T}-r_f)\right]=0 \tag{12.9}$$

$$\Leftrightarrow E_{T-1}\left[\frac{\partial u_T(W_T)}{\partial W_T}\sum_{i=1}^{N} w_{i,T-1}(r_{i,T}-r_f)\right]=E_{T-1}\left[\frac{\partial u_T(W_T)}{\partial W_T}(r_{p,T}-r_f)\right]=0$$

$$\Leftrightarrow E_{T-1}\left[\frac{\partial u_T(W_T)}{\partial W_T}(1+r_{p,T})\right]-E_{T-1}\left[\frac{\partial u_T(W_T)}{\partial W_T}(1+r_f)\right]=0$$

위 식 (12.8)과 (12.9)를 결합하면, 아래의 식을 얻을 수 있다.

$$\frac{\partial u_{T-1}(C_{T-1})}{\partial C_{T-1}}=E_{T-1}\left[\frac{\partial u_T(W_T)}{\partial W_T}(1+r_{p,T})\right]=(1+r_f)E_{T-1}\left[\frac{\partial u_T(W_T)}{\partial W_T}\right] \tag{12.10}$$

식 (12.10)은 현재 시점의 소비의 한계효용($\frac{\partial u_{T-1}(C_{T-1})}{\partial C_{T-1}}$)이 다음 시점의 부에 대한 예상 한계효용($E_{T-1}\left[\frac{\partial u_T(W_T)}{\partial W_T}(1+r_{p,T})\right]$)과 동일하다는 것이고, 이 둘은 무위험 수익률로 (할인이 아니라) 누적된 다음 시점의 부에 대한 예상 한계효용($(1+r_f)E_{T-1}\left[\frac{\partial u_T(W_T)}{\partial W_T}\right]$)과 같다는 의미이다. 이 식 (12.10)이 투자자가 **다기간에 걸쳐서 포트폴리오를 최적화하기 위한 선택 기준**이다. 참고로, 여기서의 효용함수는 암묵적으로 할인요소를 포함하고 있는데, 이는 식 (12.1)을 보면 미래의 소비로 인한 효용에 적용되어야 할 주관적 할인요소가 없다는 데서 추측할 수 있다.

■ 최적 소비의 조건

이어서, 포락선 조건(envelope condition)을 유도하여 극대화된 효용 수준에서의 소비와 투자의 관계를 알아보자. 먼저, 부의 변화에 따라 효용이 어떻게 변하는지를 살펴보자. 먼저, 식 (12.4)를 W_{T-1}에 대해 편미분하면, 아래와 같이 부의 변화로 인한 기대효용의 변화를 구할 수 있다.

$$\frac{\partial J(W_{T-1})}{\partial W_{T-1}}=\frac{\partial u_{T-1}(C_{T-1})}{\partial C_{T-1}}\frac{\partial C_{T-1}}{\partial W_{T-1}}+E_{T-1}\left[\frac{\partial u_T(W_T)}{\partial W_T}\frac{\partial W_T}{\partial W_{T-1}}\right] \tag{12.11}$$

위 식을 풀기 위해, 제약조건식 (12.5)를 W_{T-1}에 대해 편미분한 $\frac{\partial W_T}{\partial W_{T-1}}=\left(1-\frac{\partial C_{T-1}}{\partial W_{T-1}}\right)(1+r_{p,T})$와 앞서 구한 최적화 조건식 (12.8)을 위 식 (12.11)에 대입하여, 아래의 식 (12.12)를 유도한다. 그리고, 식 (12.10)을 대입하여 아래의 마지막 관계식을 얻을 수 있다.

$$\begin{aligned}\frac{\partial J(W_{T-1})}{\partial W_{T-1}} &= \frac{\partial u_{T-1}(C_{T-1})}{\partial C_{T-1}}\frac{\partial C_{T-1}}{\partial W_{T-1}} + E_{T-1}\left[\frac{\partial u_T(W_T)}{\partial W_T}\frac{\partial W_T}{\partial W_{T-1}}\right] \\ &= E_{T-1}\left[\frac{\partial u_T(W_T)}{\partial W_T}(1+r_{p,T})\right]\frac{\partial C_{T-1}}{\partial W_{T-1}} + E_{T-1}\left[\frac{\partial u_T(W_T)}{\partial W_T}\left(1-\frac{\partial C_{T-1}}{\partial W_{T-1}}\right)(1+r_{p,T})\right] \quad (12.12) \\ &= E_{T-1}\left[\frac{\partial u_T(W_T)}{\partial W_T}(1+r_{p,T})\right] \\ &= \frac{\partial u_{T-1}(C_{T-1})}{\partial C_{T-1}}\end{aligned}$$

그 다음으로, 식 (12.4)의 최적화문제에 대한 해로서, 최적화 1계 조건인 식 (12.6)과 (12.7)을 만족하는 값들을 C^*_{T-1}, $w^*_{i,T-1}$ 및 $r^*_{p,T}$라고 두자. 이들을 위 식에 대입하면, 아래의 관계식을 얻을 수 있다.

▶ 포락선 조건(envelope condition)[6]

효용이 최대화된 수준에서의 투자자는 소비의 한계효용과 부의 한계효용이 일치할 때까지 소비를 지속한다.

$$\left.\frac{\partial J(W_{T-1})}{\partial W_{T-1}}\right|_{C_{T-1}=C^*_{T-1}} = \left.\frac{\partial u_{T-1}(C_{T-1})}{\partial C_{T-1}}\right|_{C_{T-1}=C^*_{T-1}} \quad (12.13)$$

12.2.3 (임의의 t 시점에서) 다기간 최적 소비-투자의 선택 기준 유도

앞에서는 마지막 투자의사결정 시점인 $T-1$시점에서의 최적포트폴리오 선택 기준을 살펴보았다. 그런데, 마지막 투자시점이 아닌 임의의 시점에서도 최적포트폴리오 선택 기준을 구하는 방법은 동일하다. 여기서는 이를 유도하는 과정을 간략히 소개하고자 한다.

우리는 식 (12.3)을 아래와 같이 임의의 시점 t에서의 효용($u_t(C_t)$)과 그 이후의 미래 효용에 대한 식으로 나타낼 수 있다.

$$\begin{aligned}J(W_t) &= \underset{C,\mathbf{w}}{Max}\ u_t(C_t) + E_t\left[\textstyle\sum_{s=t+1}^{T-1} u_s(C_s) + u_T(W_T)\right] \\ &= \underset{C,\mathbf{w}}{Max}\ u_t(C_t) + E_t[J(W_{t+1})]\end{aligned}$$

6 재무경제학에서 포락선 정리(envelope theorem) 또는 포락선 조건은 목적함수의 파라미터의 변화가 목적함수의 최적해(optimum)에 미치는 영향을 보기 위해 사용된다. 즉, 목적함수의 최적해에서, 목적함수의 특정 파라미터가 미세하게 변할 때 목적함수가 어떻게 변하는지를 관찰하고자 하는 경우, 그 파라미터 이외의 변수들은 고정되어 있다고 보고 분석하는 방법이다.

앞서의 내용과 동일한 과정을 적용하면,

$$\frac{\partial J(W_t)}{\partial C_t} = \frac{\partial u_t(C_t)}{\partial C_t} + E_t\left[\frac{\partial J(W_{t+1})}{\partial W_{t+1}}\frac{\partial W_{t+1}}{\partial C_t}\right] \tag{12.14}$$

$$= \frac{\partial u_t(C_t)}{\partial C_t} - E_t\left[\frac{\partial J(W_{t+1})}{\partial W_{t+1}}\left(\sum_{i=1}^{N} w_{i,t}(r_{i,t+1} - r_f) + 1 + r_f\right)\right] = 0$$

$$\frac{\partial J(W_t)}{\partial w_{i,t}} = E_t\left[\frac{\partial J(W_{t+1})}{\partial W_{t+1}}\frac{\partial W_{t+1}}{\partial w_{i,t}}\right] \tag{12.15}$$

$$= E_t\left[\frac{\partial J(W_{t+1})}{\partial W_{t+1}}(W_t - C_t)(r_{i,t+1} - r_f)\right] = 0$$

이제, 위 식들을 정리하여 아래의 관계식을 얻을 수 있다.

$$\frac{\partial u_t(C_t)}{\partial C_t} = E_t\left[\frac{\partial J(W_{t+1})}{\partial W_{t+1}}(1 + r_{p,T})\right] \tag{12.16}$$

$$= (1 + r_f)E_t\left[\frac{\partial J(W_{t+1})}{\partial W_{t+1}}\right]$$

$$= \frac{\partial J(W_t)}{\partial W_t}$$

포락선 조건에 관한 마지막 식은 식 (12.11)~(12.13)과 동일한 방법으로 구할 수 있다.[7]

12.3 연속시간에서의 포트폴리오 선택**

이 절에서는 투자기회가 변하지 않는다는 단순한 가정하에서 연속시간에서의 최적포트폴리오 선택 문제를 살펴본다. 이 내용은 사실 앞서 살펴본 이산시간에서의 최적선택문제와 다르지 않다. 그 다음으로, 투자기회가 변하는 경우의 최적포트폴리오 선택 문제를 소개한 후, 동태적 CAPM(Intertemporal CAPM)을 살펴본다.

12.3.1 연속시간에서 투자기회집합이 변하지 않을 때의 포트폴리오 선택

이 절에서는 임의의 자산 i의 **순간 수익률**(instantaneous rate of return) r_i가 아래와 같은 **기**

7 로그효용함수, 멱효용함수, HARA효용함수를 적용한 다기간 포트폴리오 선택 문제에 대해서는 Ingersoll(1987)의 제11장을 참조하기 바란다.

하 브라운 운동인 **이토(Ito) 프로세스**를 따르는 경우, 최적포트폴리오의 선택과 자산가격의 결정이 어떻게 이루어지는지 살펴보고자 한다.[8]

$$r_i(t) = \frac{\Delta P_i(t)}{P_i(t)} = \mu_i \Delta t + \sigma_i \Delta B(t) \tag{12.17}$$

단, P_i는 자산 i의 가격이고, $B(t)$는 표준 브라운 운동(standard Brownian motion) 또는 표준 위너프로세스(standard Wiener process)를 의미하는 것으로, 표준정규분포를 따르는 확률변수라고 이해해도 무방하다.[9] 여기서 Δ는 작은 변화를 나타내고, 무한히 작은 변화는 d로 표기한다.

■ 연속시간에서 다기간 기대효용 극대화 문제 설정

앞서 살펴본 이산시간에서의 경우와 마찬가지로, 시간에 대해 가산가능하고 상황에 독립적인(time additive and state-independent) 효용함수를 가정하자. 연속시간에서의 포트폴리오 선택 문제는 현재시점인 t부터 일생의 마지막 시점인 T까지의 소비로 인한 효용을 적분한 일생동안의 효용을 극대화하는 문제로서, 아래와 같이 정의할 수 있다.

$$\begin{aligned} J(W(t),t) &= \underset{C,\mathbf{w}}{Max}\, E_t\left[\int_t^T u(C(s),s)ds + u(W(T),T)\right] \\ &= \underset{C,\mathbf{w}}{Max}\, E_t\left[\int_t^{t+\Delta t} u(C(s),s)ds + J(W(t+\Delta t),t+\Delta t)\right] \end{aligned} \tag{12.18}$$

단, $u(.)$는 소비에 대해 오목한 효용함수이고, $C(t)$는 t시점에서의 소비, $W(T)$는 마지막 시점(사망시점)의 부, $J(W(t),t)$와 $J(W(t+\Delta t),t+\Delta t)$는 각각 t와 $t+\Delta t$ 시점에서의 효용함수이다. 한편, $t+\Delta t$ 시점에서 투자자의 부는 t 시점의 부 $W(t)$에서 Δt 기간 동안의 소비인 $C(t)\Delta t$를 제외한 나머지를 투자하여 얻은 투자원리금으로서, 아래와 같다.

$$W(t+\Delta t) = (W(t) - C(t)\Delta t)(1 + r_p(t+\Delta t))$$

여기서, $r_p(t+\Delta t)$는 $t+\Delta t$ 시점의 포트폴리오 수익률로서, 아래와 같다.

$$1 + r_p(t+\Delta t) = \sum_{i=0}^{N} w_i(t)\{1 + r_i(t+\Delta t)\}$$

또한, $w_i(t)$는 t 시점에서 자산 i에 대한 투자비율, $w_0(t)$는 무위험자산에 대한 투자비율을

8 이토 프로세스에 관한 자세한 설명은 마지막장 '보충설명-연속시간 재무이론의 기초'에 있는 'C5. 이토 프로세스와 이토의 보조정리'를 참조하기 바란다.

9 표준브라운운동의 움직임(path)의 분포는 $B(t_i) - B(t_j) \sim N(0, t_i - t_j)$, 즉, $dB(t) \sim N(0, dt)$가 된다. 만약, 시작 시점이 $0(t_j = 0)$이라면, $B(t_i) \sim N(0, t_i)$가 된다.

의미하고, 무위험자산의 수익률은 $r_0(t) = r_f$ 이며, $\sum_{i=0}^{N} w_i(t) = 1$ 이다. 따라서, 위 두 식을 결합하면 투자자의 부는 다음과 같다.

$$\begin{aligned} W(t+\Delta t) &= [W(t) - C(t)\Delta t][1 + r_p(t+\Delta t)] \\ &= [W(t) - C(t)\Delta t][\textstyle\sum_{i=0}^{N} w_i(t)\{1 + r_i(t+\Delta t)\}] \\ &= [W(t) - C(t)\Delta t]\left[1 + w_0(t) r_f + \textstyle\sum_{i=1}^{N} w_i(t) r_i(t+\Delta t)\right] \end{aligned} \tag{12.19}$$

■ 다기간 기대효용 함수의 구체화

기대효용 극대화 조건을 구하기 위해서, 식 (12.18)의 다기간 기대효용 함수를 좀 더 구체적인 형태로 만들어 보자. 일반 함수를 구체화하기 위해 흔히 사용되는 방법은 테일러 전개를 적용하는 것이다. 먼저, 식 (12.18)의 두 번째 항인 $E_t[J(W(t+\Delta t), t+\Delta t)]$를 구체화하기 위해 테일러 전개를 적용하면 다음과 같다.[10]

$$\begin{aligned} &E_t[J(W(t+\Delta t), t+\Delta t)] \\ &\quad = E_t\begin{bmatrix} J(W(t),t) + \dfrac{\partial J}{\partial t}\Delta t + \dfrac{\partial J}{\partial W}\Delta W \\ + \dfrac{1}{2}\dfrac{\partial^2 J}{\partial t^2}(\Delta t)^2 + \dfrac{1}{2}\dfrac{\partial^2 J}{\partial W^2}(\Delta W)^2 + \dfrac{\partial^2 J}{\partial t\,\partial W}\Delta t\Delta W + o(\Delta t) \end{bmatrix} \\ &\quad = J(W(t),t) + \frac{\partial J}{\partial t}\Delta t + \frac{\partial J}{\partial W}E_t[\Delta W] \\ &\qquad + \frac{1}{2}\frac{\partial^2 J}{\partial t^2}(\Delta t)^2 + \frac{1}{2}\frac{\partial^2 J}{\partial W^2}E_t[(\Delta W)^2] + \frac{\partial^2 J}{\partial t\,\partial W}\Delta t E_t[\Delta W] \end{aligned} \tag{12.20}$$

위 식은 테일러 전개에서 2차 편미분(2차 근사)까지만 나타내고, 3차 이상의 편미분 항들은 $o(\Delta t)$로 묶어서 나타내었다.[11] $o(\Delta t)$는 $\lim \Delta t \to 0$일 때 Δt보다 더 빠른 속도로 0에 수렴하는 다항식들을 의미하며, 따라서 $o(\Delta t)$는 무한히 작은 시간간격인 Δt보다 더 작은

---

10 마지막장 '보충설명-연속시간 재무이론의 기초' 중 'C5.2 이토의 보조정리'의 테일러 전개에 대한 설명을 참조하기 바란다.

11 여기서 소문자 o('Small o'라고 읽음)를 사용한 $o(\Delta t)$는 Δt가 0으로 수렴할 때 Δt보다 더 빠른 속도로 0으로 수렴하는 항을 의미한다. 즉, $\lim_{\Delta t \to 0} \frac{o(\Delta t)}{\Delta t} = 0$을 만족시키는 항을 $o(\Delta t)$로 표기한다. 이 식에서 $o(\Delta t)$로 묶인 항들은 테일러 전개에서 3차 이상 편미분된 항으로서, $(\Delta W)^a(\Delta t)^b$ (단, $a + b \geq 3$)를 포함하는 항인데, 이 항들은 Δt가 0에 수렴하는 속도보다 더 빠른 속도로 0에 수렴한다. 그 이유는 보충설명식 (C.16) $(\Delta W)^2 = \Delta t$를 적용하면, Δt에 관한 이 항들의 차수는 $(\Delta t)^2$, 즉, 2차 이상으로서 Δt의 차수(즉, 1차)보다 더 높기 때문이다. 자세한 설명은 보충설명의 식 (C.16)~(C.18)을 참조하기 바란다. 참고로, small o와 더불어 order of magnitude를 나타내는 기호로 대문자 O(big O)도 있으며, 이는 괄호 안에 다항식의 '최대 차수'를 표시하고 bounded를 뜻한다.

값이므로 0으로 두어도 무방하다.

▶ 브라운 운동의 특징을 이용한 $(\Delta t)^2$, $E_t[\Delta W]$, $\Delta t E_t[\Delta W]$, $E_t[(\Delta W)^2]$의 유도

이 부분은 연속시간하에서 식 (12.20)으로부터 최적해를 구하기 위해 필요한 유도식들로, 이해를 돕기 위해 설명하기로 한다. 식 (12.20)을 구체화하기 위해 필요한 식들을 구해보자. 우선, 자산 i에 대한 순간수익률이 식 (12.17)의 이토 프로세스를 따른다고 가정했기 때문에, '보충설명-연속시간 재무이론의 기초'에서 살펴본 브라운 운동의 정의를 이용하면, 아래의 식 (12.21) ~ (12.27)을 구할 수 있다.

$$E_t[r_i(t)] = E_t[\mu_i \Delta t + \sigma_i \Delta B(t)] = \mu_i \Delta t \tag{12.21}$$

$$E_t[(\Delta t)^2] \approx 0 \tag{12.22}$$

$$E_t[o(\Delta t)] \approx 0 \tag{12.23}$$

$$\begin{aligned} E_t[\Delta W] &= E_t\left[W(t)\left(\sum_{i=0}^{N} w_i(t) r_i(t+\Delta t)\right) - C(t)\Delta t\left(\sum_{i=0}^{N} w_i(t) r_i(t+\Delta t) + 1\right)\right] \\ &= W(t)\left(\sum_{i=0}^{N} w_i(t)\mu_i \Delta t\right) - C(t)\Delta t\left(\sum_{i=0}^{N} w_i(t)\mu_i \Delta t + 1\right) \\ &= (W(t) - C(t)\Delta t)\left(\sum_{i=0}^{N} w_i(t)\mu_i \Delta t\right) - C(t)\Delta t \\ &\approx W(t)\sum_{i=0}^{N} w_i(t)\mu_i \Delta t - C(t)\Delta t \end{aligned} \tag{12.24}$$

$$\begin{aligned} \Delta t E_t[\Delta W] &= \Delta t E_t\left[W(t)\left(\sum_{i=0}^{N} w_i(t) r_i(t+\Delta t)\right) - C(t)\Delta t\left(\sum_{i=0}^{N} w_i(t) r_i(t+\Delta t) + 1\right)\right] \\ &= \Delta t\left[W(t)\left(\sum_{i=0}^{N} w_i(t) E_t[r_i(t+\Delta t)]\right)\right. \\ &\qquad \left. - C(t)\Delta t\left(\sum_{i=0}^{N} w_i(t) E_t[r_i(t+\Delta t)] + 1\right)\right] \\ &= \Delta t\left[W(t)\left(\sum_{i=0}^{N} w_i(t)\mu_i \Delta t\right) - C(t)\Delta t\left(\sum_{i=0}^{N} w_i(t)\mu_i \Delta t + 1\right)\right] \\ &= W(t)\left(\sum_{i=0}^{N} w_i(t)\mu_i (\Delta t)^2\right) - C(t)(\Delta t)^2\left(\sum_{i=0}^{N} w_i(t)\mu_i \Delta t + 1\right) \approx 0 \end{aligned} \tag{12.25}$$

$$E_t[\Delta W]^2 = \left[W(t)\left(\sum_{i=0}^{N} w_i(t)\mu_i \Delta t\right) - C(t)\Delta t\right]^2 \approx 0 \tag{12.26}$$

$$\begin{aligned} E_t[(\Delta W)^2] &= Var(\Delta W) + E_t[\Delta W]^2 \\ &= E_t[(\Delta W - E_t[\Delta W])^2] \\ &= E_t\left[\left(\begin{matrix} W(t)\left(\sum_{i=0}^{N} w_i(t)(r_i(t+\Delta t) - \mu_i \Delta t)\right) \\ -C(t)\Delta t\left(\sum_{i=0}^{N} w_i(t) r_i(t+\Delta t)\right) \end{matrix}\right)^2\right] \\ &\approx W(t)^2 \sum_{i=0}^{N}\sum_{j=0}^{N} w_i(t) w_j(t) \sigma_{ij} \Delta t \end{aligned} \tag{12.27}$$

■ 구체화된 목적함수

이제, 식 (12.18)의 두 번째 항인 $E_t[J(W(t+\Delta t), t+\Delta t)]$에 대해 테일러 전개를 적용한 식 (12.20)에 식 (12.21)~(12.27)을 대입하면, 아래의 식을 얻을 수 있다.

$$E_t[J(W(t+\Delta t), t+\Delta t)] = J(W_t) + \frac{\partial J}{\partial t}\Delta t + \frac{\partial J}{\partial W} E_t[\Delta W] + \frac{1}{2}\frac{\partial^2 J}{\partial W^2} Var_t[\Delta W]$$

이 식을 (12.18)의 두 번째 항에 대입하면, 식 (12.18)을 아래와 같이 바꿀 수 있다.

$$\begin{aligned} J(W(t), t) = \underset{C,\mathbf{w}}{Max}\, E_t\left[\int_t^{t+\Delta t} u(C(s), s)ds\right] + J(W(t), t) \\ + \frac{\partial J}{\partial t}\Delta t + \frac{\partial J}{\partial W} E_t[\Delta W] + \frac{1}{2}\frac{\partial^2 J}{\partial W^2} Var_t[\Delta W] \end{aligned}$$

위 식에서 적분에서의 평균값 정리, 즉, $E_t\left[\int_t^{t+\Delta t} u(C(s), s)ds\right] = u(C(t), t)\Delta t$를 적용하고, 양 변에서 $J(W(t), t)$를 차감한 후 정리하면, 아래와 같다.

$$\begin{aligned} 0 = \underset{C,\mathbf{w}}{Max}\, u(C(t), t) + \frac{\partial J}{\partial t} + \frac{\partial J}{\partial W}\left[W(t)\left(\sum_{i=0}^{N} w_i(t)\mu_i\right) - C(t)\right] \\ + \frac{1}{2}\frac{\partial^2 J}{\partial W^2}\left[W(t)^2 \sum_{i=0}^{N}\sum_{j=0}^{N} w_i(t) w_j(t) \sigma_{ij}\right] \end{aligned} \tag{12.28}$$

■ 다기간 기대효용 극대화 조건(1계 조건) 유도

마지막으로, 위 식을 $C(t)$와 $w_i(t)$에 대해 각각 미분하면, 효용극대화를 위한 최적 소비수준과 최적 투자비율을 얻을 수 있다. 참고로, 효용함수가 오목하다고 가정했으므로,

1계 조건이 극대화 필요충분조건이 된다.

우선, 효용 극대화를 위한 최적 투자비율의 조건을 구해 보자. 먼저 $W(t)$로 미분하여 최적 부에 관한 조건식을 아래와 같이 구한다.

$$\frac{\partial J(W(t),t)}{\partial W(t)}\sum_{i=0}^{N} w_i(t)\mu_i+\frac{\partial^2 J(W(t),t)}{\partial W(t)^2}W(t)\sum_{i=0}^{N}\sum_{j=0}^{N} w_i(t)w_j(t)\sigma_{ij}=0$$

그런데, 포트폴리오의 기대수익률 그리고 자산 i와의 공분산은 각각 다음과 같다.[12]

$$\sum_{i=0}^{N} w_i(t)\mu_i=\sum_{i=1}^{N} w_i(t)\left(\mu_i-r_f\right)+r_f=\sum_{i=1}^{N} w_i(t)\mu_i+w_0(t)r_f$$

$$\sum_{j=0}^{N} w_j(t)\sigma_{ij}=\sum_{j=1}^{N} w_j(t)\sigma_{ij}+w_0(t)\sigma_{i0}=\sum_{j=1}^{N} w_j(t)\sigma_{ij}$$

이 식들을 위 최적화 조건식에 대입한 후, 위험자산 i에 대한 투자비중인 $w_i(t)$로 미분하여 최적 투자비율 1계 조건을 구하면, 아래와 같다.

$$\frac{\partial J(W(t),t)}{\partial W(t)}(\mu_i-r_f)+\frac{\partial^2 J(W(t),t)}{\partial W(t)^2}W(t)\sum_{j=1}^{N} w_j(t)^*\sigma_{ij}=0 \qquad (12.29)$$

이 식 (12.29)가 다기간 기대효용 극대화를 위한 위험자산 i에 대한 **최적 투자비율** 조건이다. 동일한 방법으로, 무위험자산에 대한 투자비중 $w_0(t)$로 미분하면, 아래와 같이 무위험자산에 대한 최적 투자비율의 조건을 얻을 수 있다.

$$\frac{\partial J(W(t),t)}{\partial W(t)}r_f=0 \qquad (12.30)$$

한편, 식 (12.28)을 $C(t)$로 미분하면, 아래와 같이 다기간 기대효용 극대화를 위한 **최적 소비**의 조건을 구할 수 있다.

$$\frac{\partial u(C(t),t)}{\partial C(t)}-\frac{\partial J(W(t),t)}{\partial W(t)}=0 \qquad (12.31)$$

■ 다기간 기대효용 극대화 조건의 의미

식 (12.31)은 연속시간에서의 **포락선 조건**(envelope condition)이며, 이는 식 (12.13)의 이산

---

12 아래의 두 번째 식은 위험자산 수익률과 무위험자산의 수익률 간의 공분산이 0이므로 $\sigma_{i0}=0$임을 반영하였다.

시간에서의 최적 선택에서와 동일한 의미로, 투자자가 소비의 순간한계효용이 부의 순간한계효용과 같아질 때까지 소비를 증가시키는 것이 최적이라는 것을 의미한다.

이제, 식 (12.29)를 자세히 살펴보자. 이 식은 평균-분산 분석에서 등장하는 전형적인 선형 방정식이다. 그 이유를 확인하기 위해, 먼저 이 식을 아래와 같이 변형해 보자.

$$(\mu_i - r_f)A = \textstyle\sum_{j=1}^{N} w_j(t)^* \sigma_{ij} \tag{12.32}$$

단, $A = -\dfrac{\partial J(W(t),t)/\,\partial W(t)}{W(t)\,\partial^2 J(W(t),t)/\,\partial W(t)^2}$

이 식을 N개의 위험자산에 대해 적용하여 행렬로 표현하면 아래와 같다.

$$\begin{bmatrix} \mu_1 - r_f \\ \mu_2 - r_f \\ . \\ \mu_N - r_f \end{bmatrix} A = \begin{bmatrix} \sigma_1^2 & \sigma_{12} & . & \sigma_{1N} \\ \sigma_{21} & \sigma_2^2 & . & \sigma_{2N} \\ . & . & . & . \\ \sigma_{N1} & \sigma_{N2} & . & \sigma_N^2 \end{bmatrix} \begin{bmatrix} w_1(t)^* \\ w_2(t)^* \\ . \\ w_N(t)^* \end{bmatrix} = \begin{bmatrix} cov(r_1, r_p^*) \\ cov(r_2, r_p^*) \\ . \\ cov(r_N, r_p^*) \end{bmatrix}$$

여기서 $cov(r_i, r_p^*) = \sum_{j=1}^{N} w_j(t)^* \sigma_{ij}$로 자신 i와 최적포트폴리오 p^* 간의 공분산이다. 이 식을 행렬로 간단히 표현하면 다음과 같다.

$$(\boldsymbol{\mu} - r_f \boldsymbol{e})A = \boldsymbol{V}\boldsymbol{w}^* = \boldsymbol{cov}^* \tag{12.33}$$

단, $\boldsymbol{\mu} = (\mu_1, \mu_2, \ldots, \mu_N)'$

$\boldsymbol{e} = (1, 1, \ldots, 1)'$

$$\boldsymbol{V} = \begin{bmatrix} \sigma_1^2 & \sigma_{12} & . & \sigma_{1N} \\ \sigma_{21} & \sigma_2^2 & . & \sigma_{2N} \\ . & . & . & . \\ \sigma_{N1} & \sigma_{N2} & . & \sigma_N^2 \end{bmatrix}$$

$\boldsymbol{w}^* = (w_1(t)^*, w_2(t)^*, \ldots, w_N(t)^*)'$

$\boldsymbol{cov}^* = (cov(r_1, r_p^*), cov(r_2, r_p^*), \ldots, cov(r_N, r_p^*))'$

식 (12.33)은 기대수익률($\boldsymbol{\mu}$)이 공분산($\boldsymbol{cov}^*$)에 대한 선형함수임을 의미하는 것으로, CAPM, 소비기반 CAPM 및 APT와 동일하다.[13] 식 (12.33)을 $\boldsymbol{w}^*$에 대해 풀면, 아래와 같이 최적포트폴리오의 가중치 벡터를 구할 수 있다.

---

13 이 식은 평균(기대수익률)과 공분산(위험)으로 이루어진 선형관계식으로, 전통적인 CAPM과 동일하다. 자세한 설명은 후술한다. 또한 이 선형관계식은 6.2절의 소비기반 CAPM과 8.4절의 APT 모형과 다르지 않다.

$$\boldsymbol{w}^* = A\boldsymbol{V}^{-1}(\boldsymbol{\mu} - r_f\boldsymbol{e}) \tag{12.34}$$

따라서, i번째 자산에 대한 가중치는 아래와 같다.

$$w_i^* = A\sum_{j=1}^{N} v_{ij}\left(\mu_j - r_f\right) \tag{12.35}$$

여기서, v_{ij}는 $\boldsymbol{V}$의 역행렬에서 i번째 행, j번째 열에 해당하는 요소이다. 참고로, 투자기회 집합은 변하지 않는다고(고정되어 있다고) 가정했으므로, $\boldsymbol{V}$, $\boldsymbol{\mu}$, r_f는 일정하고, 따라서 가중치(w_i^*)도 시간이 경과하더라도 변하지 않는다. 따라서 식 (12.34)와 (12.35)에서는 시점을 나타내는 기호인 (t)를 삭제해도 무방하다. 이 최적포트폴리오의 투자비중은 앞서 제4장에서 살펴본 무위험자산이 있는 경우 최적 포트폴리오의 투자비중과 일치한다(식 (4.29) 참조).

한편, 식 (12.31)을 이용하여 아래와 같이 A를 효용 및 소비 함수에 대해서 나타내 보면, 위험회피도와 관련하여 w_i^*에 내포된 의미를 파악할 수 있다.[14]

$$\begin{aligned} A &= -\frac{\partial J(W(t),t)/\,\partial W(t)}{W(t)\,\partial^2 J(W(t),t)/\,\partial W(t)^2} \\ &= -\frac{\partial u(C(t),t)/\,\partial C(t)}{\partial u^2(C(t),t)/\,\partial C(t)^2}\frac{1}{W(t)}\frac{\partial C(t)}{\partial W(t)} \\ &= \frac{1}{ARA(C(t))}\frac{1}{W(t)}\frac{\partial C(t)}{\partial W(t)} > 0 \end{aligned} \tag{12.36}$$

위 식을 보면, A는 투자자의 절대위험회피도(ARA)와 반비례한다. 따라서, 식 (12.34)의 위험자산에 대한 최적투자비율은 위험회피도의 함수가 되며, 위험회피도가 증가할수록 위험자산에 대한 투자비율은 감소한다.

이제, **연속시간에서의 분리정리**를 살펴보자. 이 연속시간에서의 분리정리에 대한 증명은 Merton(1971)의 정리 II를 참고하기 바란다.[15]

▶ 연속시간에서의 분리정리(separation theorem)

수익률이 로그정규분포를 따르는 N개의 위험자산과 1개의 무위험자산이 있을 때,

---

14 식 (12.31)에 의해서 $\frac{\partial J(W(t),t)}{\partial W(t)} = \frac{\partial u(C(t),t)}{\partial C(t)}$을 A의 분자에 대입하고, 이 식의 양변을 $W(t)$로 미분한 $\frac{\partial^2 J(W(t),t)}{\partial W(t)^2} = \frac{\partial^2 u(C(t),t)}{\partial C(t)\,\partial W(t)} = \frac{\partial^2 u(C(t),t)}{\partial C(t)\,\partial C(t)}\frac{\partial C(t)}{\partial W(t)}$를 A의 분모에 대입한다.

15 효용함수를 HARA 효용함수처럼 특정한 형태로 가정했을 때의 결과에 대해서도 Merton(1971)을 참조하기 바란다.

- 한 쌍의 효율적 포트폴리오가 유일하게 존재한다. 즉, 하나는 위험자산만으로 구성된 포트폴리오이고, 다른 하나는 무위험자산이다.
- 투자자들이 그들의 선호, 부 및 시간과는 독립적으로, 이 $N+1$개의 자산들을 이용하여 포트폴리오를 구성하는 경우와 두 효율적 포트폴리오만을 이용하여 포트폴리오를 구성하는 경우는 무차별하다.
- 위험 포트폴리오의 수익률 분포는 로그정규분포이다.
- 위험 포트폴리오 내의 자산 i에 대한 투자비율은 $\frac{\sum_{j=1}^{N} v_{ij}(\mu_j - r_f)}{\sum_{j=1}^{N}\sum_{k=1}^{N} v_{jk}(\mu_k - r_f)}$이다.

이러한 결과는 본질적으로 전통적인 이산시간의 CAPM의 결과(펀드-현금 분리 정리)와 동일하다. 이를 확인해보자. 임의의 포트폴리오 p의 수익률과 투자비율 벡터를 각각 r_p와 $\boldsymbol{w}_p$라고 할 때, 이 포트폴리오와 위험자산들 간의 분산-공분산 행렬은 아래와 같다.

$$\begin{aligned} Cov(\boldsymbol{r}, r_p) &= E[(\boldsymbol{r} - \mu)(r_p - \mu_p)] \\ &= E[(\boldsymbol{r} - \mu)(\boldsymbol{r}'\boldsymbol{w_p} - \boldsymbol{\mu}'\ \boldsymbol{w}_p)] \\ &= \boldsymbol{V}\boldsymbol{w}_p \end{aligned}$$

이 식은 식 (12.33)의 우변과 동일하다. 연속시간에서의 분리정리가 성립한다면, 시장균형에서는 포트폴리오 p가 시장포트폴리오이므로, 최적 투자비율 벡터 $\boldsymbol{w}_p$는 시장포트폴리오의 투자비율 벡터와 동일하다. 따라서, 식 (12.33)을 개별 자산 i에 대해 적용하면, 아래 식을 얻을 수 있다.

$$(\mu_i - r_f)A = \sigma_{iM}$$

이 식을 시장포트폴리오에 대해서도 적용하면, 아래와 같다.

$$(\mu_m - r_f)A = \sigma_{MM}$$

위 두 식을 결합하면, 우리에게 익숙한 **전통적인 CAPM**을 얻을 수 있다.

$$\mu_i - r_f = \frac{\sigma_{iM}}{\sigma_{MM}}(\mu_M - r_f)$$

여기까지의 분석 결과를 정리해 보자. 투자기회집합이 변하지 않는다고 가정하는 것은 $\boldsymbol{V}$, $\boldsymbol{\mu}$, r_f가 시간 경과에도 불구하고 일정하다는 것(고정되어 있음)을 의미한다. 이 경우에는 다기간 기대효용 극대화를 위한 최적두사비율도 시간의 경과에 불구하고 고정되어 있다. 따라서, 다기간에 걸쳐 효용을 극대화하는 경우와 단일 기간에 효용을 극대화하는 경우가 동일하게 되고, 시장 균형 기대수익률에 대한 관계식은 전통적인 CAPM과 동일하다.

12.3.2 연속시간에서 투자기회집합이 확률적으로 변할 때의 포트폴리오 선택

투자기회가 변하지 않는다는 가정은 실제 경제변수들이 시간 경과에 따라 변하는 현실과는 부합하지 않는다. 따라서, 앞 절의 내용에 대해서 '만약 μ_i, σ_i, σ_{ij} 및 r_f가 고정되어 있지 않고 시간에 따라 변동한다면, 최적 포트폴리오는 어떻게 될 것인가?'라는 의문을 제기할 수 있다. 이 절에서는 연속시간에서 상태변수들이 시간의 경과에 따라 변동하는 경우, 즉, 투자기회가 변하는 경우의 최적 포트폴리오를 살펴보고자 한다.

앞 절에서는 순간수익률만 확률프로세스를 따른다고 가정하였다. 즉, 임의의 자산 i에 대해, 순간수익률 r_i의 프로세스는 $r_i(t) = \mu_i dt + \sigma_i dB(t)$라는 **이토 프로세스**를 따른다고 가정하였다. 이제, **상태변수**(state variable)를 도입해보자. 변화하는 경제상황을 나타내는 변수 x가 l개 존재하며, 이 변수들은 다음과 같은 이토 프로세스 x_l을 따른다고 가정하자.

$$\begin{aligned} dx_1 &= f_1(x_1, x_2, \ldots, x_l, t)dt + g_1(x_1, x_2, \ldots, x_l, t)dB_1(t) \\ dx_2 &= f_2(x_1, x_2, \ldots, x_l, t)dt + g_2(x_1, x_2, \ldots, x_l, t)dB_2(t) \\ &\vdots \\ dx_l &= f_l(x_1, x_2, \ldots, x_l, t)dt + g_l(x_1, x_2, \ldots, x_l, t)dB_l(t) \end{aligned} \tag{12.37}$$

여기서는 이 상태변수들을 간략히 표현하기 위해서, $f_m(x_1, x_2, \ldots, x_l, t)$와 $g_m(x_1, x_2, \ldots, x_l, t)$를 각각 f_m과 g_m으로 표시하기로 하자.

■ 연속시간에서 상태변수를 고려한 다기간 기대효용함수의 구체화

이산시간의 경우와 마찬가지로, 시간에 대해 가산가능하고 상황에 독립적인(time additive and state-independent) 효용함수를 가정하고, 위의 l개의 상태 변수들을 행렬 $\boldsymbol{x}$로 나타내자. 이 상태변수 행렬을 고려한 연속시간에서의 포트폴리오 선택문제는 아래와 같다.

$$\begin{aligned} J(W(t), \boldsymbol{x}, t) &= \underset{C,\mathbf{w}}{Max} E_t \left[\int_t^T u(C(s), s)ds + u(W(T), T) \right] \\ &= \underset{C,\mathbf{w}}{Max} E_t \left[\int_t^{t+\Delta t} u(C(s), s)ds + J(W(t+\Delta t), \boldsymbol{x} + \Delta \boldsymbol{x}, t + \Delta t) \right] \end{aligned} \tag{12.38}$$

▶ 브라운 운동의 특징을 이용한 $E_t[\Delta x_m]$, $E_t[\Delta t\Delta x_m]$, $E_t[\Delta W\Delta x_m]$, $E_t[\Delta x_m\Delta x_m]$ 의 유도

식 (12.38)을 풀기 위해서 필요한 식들을 먼저 정리하면 아래와 같다.[16]

$$
\begin{aligned}
E_t[\Delta x_m] &= f_m\Delta t \\
E_t[\Delta t\Delta x_m] &= E_t[\Delta t(f_m\Delta t + g_m\Delta B_m(t))] \approx 0 \\
E_t[\Delta W\Delta x_m] &= E_t\left[\begin{bmatrix} W(t)(\sum_{i=0}^N w_i(t)r_i(t+\Delta t)) \\ -C_t\Delta t(\sum_{i=0}^N w_i(t)r_i(t+\Delta t)+1)\end{bmatrix}(f_m\Delta t + g_m\Delta B_m(t))\right] \\
&= W(t)E_t[(\textstyle\sum_{i=0}^N w_i(t)r_i(t+\Delta t))g_m\Delta B_m(t)] \\
&= W(t)\textstyle\sum_{i=0}^N g_m w_i(t)E_t[\Delta B_i(t)\Delta B_m(t)] \\
&\equiv W(t)\Delta(t)\textstyle\sum_{i=0}^N w_i(t)g_m\sigma_i\eta_{i,m} \\
E_t[\Delta x_m\Delta x_m] &= E_t[(f_m\Delta t + g_m\Delta B_m(t))(f_n\Delta t + g_n\Delta B_n(t))] \\
&= E_t[g_m g_n\Delta B_m(t)\Delta B_n(t)] \\
&= g_m g_n\delta_{mn}\Delta(t)
\end{aligned}
$$

여기서 $\eta_{i,m}\Delta(t) = cov(\Delta B_i(t), \Delta B_m(t))$와 $\delta_{mn}\Delta(t) = cov(\Delta B_m(t), \Delta B_n(t))$는 $\Delta(t)$ 기간 동안의 공분산으로 서로 독립이 아니다.

■ 구체화된 목적함수

위 식 (12.38)의 두 번째 항인 $E_t[J(W(t+\Delta t), \boldsymbol{x}+\Delta\boldsymbol{x}, t+\Delta t)]$를 $E_t[J_{t+\Delta t}]$로 표시하기로 하고, 이에 대해 테일러 전개를 적용한 후 $E_t[\Delta x_m]$, $E_t[\Delta t\Delta x_m]$, $E_t[\Delta W\Delta x_m]$, 그리고 $E_t[\Delta x_m\Delta x_m]$을 대입한 결과는 아래와 같다.

$$
\begin{aligned}
E_t[J_{t+\Delta t}] = E_t\{ & J(W(t), \boldsymbol{x}, t) + \frac{\partial J}{\partial t}\Delta t + \frac{\partial J}{\partial W}\Delta W + \sum_{m=1}^{l}\frac{\partial J}{\partial x_m}\Delta x_m \\
& + \frac{1}{2}\frac{\partial^2 J}{\partial t^2}(\Delta t)^2 + \frac{1}{2}\frac{\partial^2 J}{\partial W^2}(\Delta W)^2 + \frac{1}{2}\sum_{m=1}^{l}\sum_{n=1}^{l}\frac{\partial^2 J}{\partial x_m\partial x_n}\Delta x_m\Delta x_n \\
& + \frac{\partial^2 J}{\partial t\,\partial W}\Delta t\Delta W + \sum_{m=1}^{l}\frac{\partial^2 J}{\partial t\,\partial x_m}\Delta t\Delta x_m + \sum_{m=1}^{l}\frac{\partial^2 J}{\partial W\,\partial x_m}\Delta W\Delta x_m + o(\Delta t)\}
\end{aligned} \tag{12.39}
$$

16 아래의 식들을 구할 때에는 '보충-연속시간 재무이론의 기초'에서 살펴본 브라운 운동의 정의를 이용하였다.

$$= J(W(t), \boldsymbol{x}, t) + \frac{\partial J}{\partial t}\Delta t + \frac{\partial J}{\partial W}E_t[\Delta W] + \sum_{m=1}^{l}\frac{\partial J}{\partial x_m}f_m\Delta t$$
$$+\frac{1}{2}\frac{\partial^2 J}{\partial W^2}W(t)^2\sum_{i=0}^{N}\sum_{j=0}^{N}w_i(t)w_j(t)\sigma_{ij}\Delta t + \frac{1}{2}\sum_{m=1}^{l}\sum_{n=1}^{l}\frac{\partial^2 J}{\partial x_m\,\partial x_n}g_m g_n\delta_{mn}\Delta(t)$$
$$+\sum_{i=0}^{N}\sum_{m=1}^{l}\frac{\partial^2 J}{\partial W\,\partial x_m}W(t)w_i(t)g_m\sigma_i\eta_{i,m}\Delta(t)$$

이제, 식 (12.39)를 (12.38)에 대입한 후, 앞의 절과 동일하게 적분에서의 평균값 정리 $E_t\left[\int_t^{t+\Delta t} u(C(s),s)ds\right] = u(C(t),t)\Delta t$를 적용하고, 양 변에서 $J(W(t),\boldsymbol{x},t)$를 차감한 후 정리하면, 아래의 식을 얻을 수 있다.

$$0 = \underset{C,\mathbf{w}}{Max}\left[\begin{array}{l} u(C(t),t) + \frac{\partial J}{\partial t} + \frac{\partial J}{\partial W}\left[W(t)\sum_{i=0}^{N}w_i(t)\mu_i - C(t)\right] + \sum_{m=1}^{l}\frac{\partial J}{\partial x_m}f_m \\ +\frac{1}{2}\frac{\partial^2 J}{\partial W^2}W(t)^2\sum_{i=0}^{N}\sum_{j=0}^{N}w_i(t)w_j(t)\sigma_{ij} \\ +\frac{1}{2}\sum_{m=1}^{l}\sum_{n=1}^{l}\frac{\partial^2 J}{\partial x_m\,\partial x_n}g_m g_n\delta_{mn} \\ +\sum_{i=0}^{N}\sum_{m=1}^{l}\frac{\partial^2 J}{\partial W\,\partial x_m}W(t)w_i(t)g_m\sigma_i\eta_{i,m} \end{array}\right] \tag{12.40}$$

■ 다기간 기대효용 극대화 조건(1계 조건) 유도

위 식을 $C(t)$와 $w_i(t)$에 대해 각각 미분하면, 아래와 같이 효용극대화 조건을 얻을 수 있다.

$$0 = \frac{\partial u(C(t),t)}{\partial C(t)} - \frac{\partial J(W(t),\boldsymbol{x},t)}{\partial W(t)} \tag{12.41}$$

$$0 = \frac{\partial J(W(t),\boldsymbol{x},t)}{\partial W(t)}\left(\mu_i - r_f\right) \tag{12.42}$$
$$+\frac{\partial J^2(W(t),\boldsymbol{x},t)}{\partial W(t)^2}W(t)\sum_{j=1}^{N}w_j(t)^*\sigma_{ij} + \sum_{m=1}^{l}\frac{\partial^2 J}{\partial W\,\partial x_m}g_m\sigma_i\eta_{i,m}$$

단, 위 식 (12.42)를 구할 때에는 식 (12.31)과 $w_0(t)^*\sigma_{i0} = 0$(즉, 무위험자산의 수익률과 위험자

산의 수익률 간의 공분산이 0)임을 이용하였다.

■ 상태변수를 고려한 다기간 기대효용 극대화 조건의 의미

식 (12.41)은 이산시간 또는 연속시간에서 투자기회집합이 고정된 경우와 동일한 포락선 조건이다(식 (12.16), (12.31) 참조). 식 (12.42)의 첫 번째 항과 두 번째 항은 식 (12.29)와 동일하다. 그러나, 세 번째 항은 투자기회집합이 확률적으로 변한다는 가정 때문에 도입된 상태 변수 $\boldsymbol{x}$로 인하여 추가된 것이다. 이 추가된 항을 더 분석해 보자. 식 (12.42)를 $\frac{\partial^2 J(W(t),\mathbf{x},t)}{\partial W(t)^2}W(t)$으로 나누면 아래의 식을 얻을 수 있다.

$$(\mu_i - r_f)A = \sum_{j=1}^{N} w_j(t)^* \sigma_{ij} - \sum_{m=1}^{l} H_m g_m \sigma_i \eta_{i,m} \tag{12.43}$$

단, $A = -\dfrac{(\partial J(W(t),\mathbf{x},t))/(\partial W(t))}{W(t)(\partial J^2(W(t),\mathbf{x},t))/(\partial W(t)^2)}$, $H_m = -\dfrac{(\partial^2 J(W(t),\mathbf{x},t))/(\partial W(t)\,\partial x_m)}{W(t)(\partial J^2(W(t),\mathbf{x},t))/(\partial W(t)^2)}$

앞 절과 동일하게, 시장에 N개의 위험자산이 존재한다면, 아래와 같이 나타낼 수 있다.

$$\begin{bmatrix} \mu_1 - r_f \\ \mu_2 - r_f \\ . \\ \mu_N - r_f \end{bmatrix} A = \begin{bmatrix} \sigma_1^2 & \sigma_{12} & . & \sigma_{1N} \\ \sigma_{21} & \sigma_2^2 & . & \sigma_{2N} \\ . & . & . & . \\ \sigma_{N1} & \sigma_{N2} & . & \sigma_N^2 \end{bmatrix} \begin{bmatrix} w_1(t) \\ w_2(t) \\ . \\ w_N(t) \end{bmatrix} - \begin{bmatrix} g_1\sigma_1\eta_{1,1} & g_2\sigma_1\eta_{1,2} & . & g_l\sigma_1\eta_{1,l} \\ g_1\sigma_2\eta_{2,1} & g_2\sigma_2\eta_{2,2} & . & g_l\sigma_2\eta_{2,l} \\ . & . & . & . \\ g_1\sigma_N\eta_{N,1} & g_2\sigma_N\eta_{N,2} & . & g_l\sigma_N\eta_{N,l} \end{bmatrix} \begin{bmatrix} H_1 \\ H_2 \\ . \\ H_l \end{bmatrix} \tag{12.44}$$

이를 행렬로 나타내면,

$$(\boldsymbol{\mu} - r_f \boldsymbol{e})A = \boldsymbol{V}\boldsymbol{w}(t)^* - \boldsymbol{\Omega}\boldsymbol{H}$$

단, $\boldsymbol{\mu} = (\mu_1, \mu_2, \ldots, \mu_N)'$

$\boldsymbol{e} = (1,1,\ldots,1)'$

$\boldsymbol{H} = (H_1, H_2, \ldots, H_l)'$

$$\boldsymbol{V} = \begin{bmatrix} \sigma_1^2 & \sigma_{12} & . & \sigma_{1N} \\ \sigma_{21} & \sigma_2^2 & . & \sigma_{2N} \\ . & . & . & . \\ \sigma_{N1} & \sigma_{N2} & . & \sigma_N^2 \end{bmatrix}$$

$$\boldsymbol{\Omega} = \begin{bmatrix} g_1\sigma_1\eta_{1,1} & g_2\sigma_1\eta_{1,2} & . & g_l\sigma_1\eta_{1,l} \\ g_1\sigma_2\eta_{2,1} & g_2\sigma_2\eta_{2,2} & . & g_l\sigma_2\eta_{2,l} \\ . & . & . & . \\ g_1\sigma_N\eta_{N,1} & g_2\sigma_N\eta_{N,2} & . & g_l\sigma_N\eta_{N,l} \end{bmatrix}$$

$\boldsymbol{w}(t)^* = (w_1(t)^*, w_2(t)^*, \ldots, w_N(t)^*)'$

위 식으로부터, 최적포트폴리오의 투자비율 벡터를 아래와 같이 구할 수 있다.

$$\boldsymbol{w}(t)^* = \boldsymbol{V}^{-1}(\boldsymbol{\mu} - r_f\boldsymbol{e})A + \boldsymbol{V}^{-1}\boldsymbol{\Omega H} \tag{12.45}$$

이 식을 앞서 '12.3.1 투자기회집합이 고정된 경우'의 최적투자비율인 식 (12.34)와 비교해 보면, $\boldsymbol{V}^{-1}\boldsymbol{\Omega H}$가 추가되었음을 알 수 있다. 즉, 투자기회집합의 변동을 상태변수로 고려한다면, 그 영향으로 인해 최적투자비율은 $\boldsymbol{V}^{-1}\boldsymbol{\Omega H}$ 만큼 달라지게 되는 것이다. 위 결과를 개별 자산에 대한 최적투자비율로 나타내면 아래와 같다.

$$w_i^* = A\sum_{j=1}^{N} v_{ij}(\mu_j - r_f) + \sum_{j=1}^{N}\sum_{m=1}^{l} v_{ij}H_m g_m \sigma_j \eta_{j,m} \tag{12.46}$$

단, v_{ij}는 행렬 $\boldsymbol{V}^{-1}$의 i번째 행, j번째 열에 해당되는 요소이다.

■ 최적투자비율과 헤징 수요(hedging demand)

식 (12.46)의 의미를 생각해보자. 만약 상태 변수들이 확률적이지 않고 추세적이라면, 확정적인 상태변수들과 확률적인 자산 수익률들 간에는 어떠한 상관관계도 없어서 모든 j와 m에 대해 $\eta_{j,m} = 0$이 되므로, 바로 앞 절에서 살펴본 투자기회집합이 변하지 않는 경우와 정확히 일치하게 된다는 것을 알 수 있다.

그렇다면, 투자자의 다기간 기대효용 극대화 문제에서 상태변수들의 확률적인 변동을 고려한 경우에는 어떤 점이 달라지는 것일까? 그 해답을 찾기 위해, 식 (12.43)에서 경제상황을 나타내는 상태변수 x로 인하여 추가된 H_m을 아래와 같이 변형해 보자.

$$\begin{aligned} H_m &= -\frac{\dfrac{\partial^2 J(W(t),\mathbf{x},t)}{\partial W(t)\,\partial x_m}}{W(t)\dfrac{\partial J^2(W(t),\mathbf{x},t)}{\partial W(t)^2}} \\ &= -\frac{\partial W(t)}{\partial x_m}\frac{1}{W(t)} \\ &= -\frac{\partial W(t)}{\partial C(t)}\frac{\partial C(t)}{\partial x_m}\frac{1}{W(t)} \end{aligned}$$

이 식의 부호는 $\frac{\partial C(t)}{\partial x_m}$의 부호에 의해 결정된다. 왜냐하면 소비와 부의 변화 사이에는 양의 관계가 있을 것이고($\frac{\partial W(t)}{\partial C(t)} > 0$), 부 자체도 양수이기 때문이다($W(t) > 0$). 여기서, $\frac{\partial C(t)}{\partial x_m}$은 상태변수의 변화 대비 소비변화의 비율로서, 투자기회집합의 확률적 변동으로 인한 소비 변동의 비율을 나타낸다. 따라서, H_m은 투자기회집합이 불리하게 변동하는 경우를 헤지(hedge)

하기 위한 자산의 수요, 즉, **헤징 수요(hedging demand)**를 나타낸다고 볼 수 있다. 여기서, **투자기회집합의 불리한 변동**이란, 투자기회집합에 속한 상태변수 x_m의 변동으로 인해 소비가 감소하는 것을 의미한다. 예를 들어, 경제상황을 나타내는 상태변수 x_m이 국제유가라고 해보자. 이 경우 국제유가가 오르면 소비는 감소하게 되므로 $\frac{\partial C(t)}{\partial x_m}$은 음수가 되고, H_m은 양수가 되어서 식 (12.46)를 통해 최적포트폴리오의 투자비중에 영향을 미친다.

12.4 동태적(기간간) CAPM(intertemporal CAPM)과 그 의미**

이제, 마지막으로 연속시간에서 동태적 균형가격모형을 유도해 보자. 시장에 Q명의 투자자가 존재하고, 개별 투자자 q의 효용함수는 다른 투자자들과는 다를 수 있다고 가정하자. 식 (12.44)에서 투자자 q에 대한 효용극대화 조건이라는 의미로, A와 $\boldsymbol{H}$에 대해 윗첨자 q를 덧붙이면, 아래의 식을 얻을 수 있다.

$$(\mu - r_f \mathbf{e})A^q = \mathbf{V}\mathbf{w}(t)^* - \mathbf{\Omega}\mathbf{H}^q \tag{12.47}$$

이 식을 모든 투자자들에 대해서 적용한 후 누적하면, 아래와 같다.

$$(\mu - r_f \mathbf{e})\sum_{q=1}^{Q} A^q = \sum_{q=1}^{Q} \mathbf{V}\mathbf{w}(t)^* - \mathbf{\Omega}\sum_{q=1}^{Q} \boldsymbol{H}^q$$

$$\Leftrightarrow \quad (\mu - r_f \mathbf{e}) = \frac{\sum_{q=1}^{Q}}{\sum_{q=1}^{Q} A^q}\mathbf{V}\mathbf{w}(t)^* - \mathbf{\Omega}\frac{\sum_{q=1}^{Q} \boldsymbol{H}^q}{\sum_{q=1}^{Q} A^q}$$

시장균형모형을 유도하기로 했으므로, 시장균형에서는 모든 투자자들이 시장포트폴리오만을 보유하기 때문에, $\mathbf{w}(t)^*$는 시장포트폴리오의 투자비율이 된다. 따라서, 아래와 같이 쓸 수 있다.

$$(\mu - r_f \mathbf{e}) = A_M \mathbf{V}\mathbf{w}_M(t)^* - \mathbf{\Omega}\mathbf{H}_M$$

단, $A_M = \frac{\sum_{q=1}^{Q}}{\sum_{q=1}^{Q} A^q}$이고, $\mathbf{H}_M = \frac{\sum_{\mathbf{q=1}}^{\mathbf{Q}} \mathbf{H}^q}{\sum_{q=1}^{Q} A^q}$이다.

■ 동태적 CAPM(Intertemporal CAPM)

위 행렬식을 개별 자산에 대해 나타내면, 자산 i의 **기대초과수익률**은 아래와 같다.[17]

$$\mu_i - r_f = A_M \sigma_{iM} - \sum_{m=1}^{l} H_{M,m} g_m \sigma_i \eta_{i,m} \tag{12.48}$$

단, $H_{M,m}$은 벡터 $\mathbf{H}_M$의 m번째 요소이다. 이 식은 시장포트폴리오에 대해서도 성립해야 하므로, 아래 식을 얻을 수 있다.

$$\mu_M - r_f = A_M \sigma_{MM} - \sum_{m=1}^{l} H_{M,m} g_m \sigma_M \eta_{M,m} \tag{12.49}$$

식 (12.48)과 (12.49)를 연립방정식으로 풀면, 아래의 동태적 CAPM을 얻을 수 있다.

▶ Merton의 동태적(기간간) CAPM(Merton's intertemporal CAPM)은 다음과 같다.[18]

$$\mu_i - r_f = \beta_i^M(\mu_M - r_f) + \sum_{j=1}^{l} \beta_i^{h_j}(\mu_{h_j} - r_f) \tag{12.50}$$

여기서 β_i^M와 $\beta_i^{h_j}$는 각각 자산 i의 시장포트폴리오에 대한 베타와 경제상황을 나타내는 상태변수(state variable)에 대한 베타이다. 그리고 $\mu_M - r_f$는 기대초과시장수익률이고, $\mu_{h_j} - r_f$는 상태변수 j의 위험초과 변화율의 예상치로 해석할 수 있다.

위 식을 푸는 과정은 상태변수의 개수인 l만큼 연립방정식을 풀어야 하므로 다소 복잡하다. 그래서 간단한 예로, 상태변수가 하나($l = 1$)인 경우에 β_i^M과 β_i^h를 구하는 과정을 살펴보도록 하자. 먼저, 식 (12.49)에 의해, 상태변수의 불리한 변동을 헤지하기 위한 임의의 헤지 포트폴리오 h와 시장포트폴리오 M에 대해서 아래의 식을 얻을 수 있다.

$$\mu_h - r_f = A_M \sigma_{hM} - H_{M,m} \xi_{h,m} \tag{12.51}$$

$$\mu_M - r_f = A_M \sigma_{MM} - H_{M,m} \xi_{M,m} \tag{12.52}$$

단, $\xi_{M,m} = g_m \sigma_M \eta_{M,m}$이고, $\xi_{h,m} = g_m \sigma_h \eta_{h,m}$이다. 위 식을 A_M과 $H_{M,m}$에 대해서 풀면,

$$A_M = \frac{\xi_{M,m}(\mu_h - r_f) - \xi_{h,m}(\mu_M - r_f)}{\xi_{M,m}\sigma_{hM} - \xi_{h,m}\sigma_{MM}} \tag{12.53}$$

---

17 식 (12.45)의 행렬 $\boldsymbol{\Omega H}$를 개별자산에 대해 나타내면 식 (12.46)의 $H_m g_m \sigma_j \eta_{j,m}$가 된다는 것을 참고하기 바란다.

18 참고로, 이 식을 풀기 위해서는 $N > l$, 즉, 위험자산의 개수가 상태변수의 개수보다 많다는 조건이 필요하다.

$$H_{M,m} = \frac{\sigma_{MM}(\mu_h - r_f) - \sigma_{hM}(\mu_M - r_f)}{\xi_{M,m}\sigma_{hM} - \xi_{h,m}\sigma_{MM}} \tag{12.54}$$

위 식들을 (12.51)에 대입하면, 자산 i의 기대초과수익률에 대한 아래의 식을 얻을 수 있다.

$$\begin{aligned}\mu_i - r_f &= A_M\sigma_{iM} - H_{M,m}\xi_{h,m} \\ &= \frac{\xi_{M,m}(\mu_h - r_f) - \xi_{h,m}(\mu_M - r_f)}{\xi_{M,m}\sigma_{hM} - \xi_{h,m}\sigma_{MM}}\sigma_{iM} - \frac{\sigma_{MM}(\mu_h - r_f) - \sigma_{hM}(\mu_M - r_f)}{\xi_{M,m}\sigma_{hM} - \xi_{h,m}\sigma_{MM}}\xi_{h,m} \\ &= \frac{\xi_{h,m}\sigma_{hM} - \xi_{h,m}\sigma_{iM}}{\xi_{M,m}\sigma_{hM} - \xi_{h,m}\sigma_{MM}}(\mu_M - r_f) + \frac{\xi_{M,m}\sigma_{iM} - \xi_{h,m}\sigma_{MM}}{\xi_{M,m}\sigma_{hM} - \xi_{h,m}\sigma_{MM}}(\mu_h - r_f) \\ &\equiv \beta_i^M(\mu_M - r_f) + \beta_i^h(\mu_h - r_f)\end{aligned} \tag{12.55}$$

식 (12.50) 또는 위 식을 보면, (12.45)에서 추가된 항들은 시장균형에서 시장위험 이외의 추가적인 위험요인들이 된다는 것을 알 수 있다. 이 식은 시장균형에서의 기대초과수익률이 (1) 시장위험(CAPM의 체계적 위험)과 (2) 투자기회집합의 변동으로 인해 발생하는 추가적인 위험들에 의해서 설명된다는 것을 의미한다. 즉, I-CAPM은 상태변수들이 위험요인이 되는 일종의 **선형다요인모형**(linear multi-factor model이다. 따라서, I-CAPM은 전통적인 CAPM을 일반화시킨 형태로 볼 수 있다.

■ 다중펀드분리정리와 다중베타모형

투자기회집합이 시간경과에 따라 변한다면, 이와 관련된 위험을 줄이기 위한 헤지 포트폴리오가 필요하다. 이로 인해, 다기간 자산가격모형에서는 정태적 자산가격모형에서의 **두 펀드 분리정리**(two fund separation theorem) 대신에, 무위험자산, 시장포트폴리오 및 다수의 헤지포트폴리오로 투자가 분리되는 **다중펀드 분리정리**(multi-fund separation theorem)가 성립하게 된다.

Merton의 I-CAPM은 수많은 상태변수들이 위험요인으로 존재함을 가정하기 때문에, **다중 베타 모형**(multi-beta model)이라고 부른다. 그러나, 구체적으로 어떤 상태 변수들이 얼마나 많은 위험요인으로 포함되어 있는지를 모형에서 설명하고 있지는 않다. 상태변수의 선택은 연구목적에 따라 달라지게 된다. Merton(1973)은 주식 수익률을 설명하기 위해서 이자율을 상태 변수로 사용하였다. 만약 I-CAPM을 국제재무분야에 적용한다면, 각국의 통화들을 상태변수로 사용할 수 있을 것이다.[19]

---

19 Solnik(1974).

한편, Breeden(1979)은 자산의 기대수익률이 진세 소비와의 공분산에 비례하는 경우에는 I-CAPM이 단일 베타 CAPM이 된다는 것을 증명하였다. 이 모형에서는 결국 자산의 수익률이 전체 소비의 기대 변화에 의해서 설명되기 때문에, 이 모형은 아래와 같이 결국 **소비기반 CAPM**과 동일하다.

$$\mu_i - r_f = \beta_{ic}(\mu_c - r_f)$$

단, μ_c는 전체 소비의 기대 순간 변화를 의미하고, $\beta_{ic} = \frac{Cov(r_i, \mathrm{dlnc})}{Var(\mathrm{dlnc})}$는 **소비 베타**(consumption beta)이다.

12.5 요약 및 CAPM, APT, 그리고 I-CAPM의 비교

이 장에서는 매 기간마다 현재 그리고 미래의 소비로부터 발생하는 기대효용을 극대화하려는 투자자가 선택해야 하는 최적 소비와 최적 포트폴리오에 관하여 살펴보았다. CAPM이나 APT는 단일 기간모형으로 시간의 흐름에 따라 변하는 경제상황을 고려하지 못한다는 점에서 현실적인 한계가 있다. 또한 소비기반 CAPM도 순환효용함수를 사용하기는 하였지만 이러한 한계에서 벗어날 수 없다.

매기간 경제상황을 고려하여 최적 소비와 포트폴리오를 재구성하는 경우, 투자자는 소비의 한계효용과 부의 한계효용이 일치할 때까지 소비를 증가시키는 것이 최적의사결정이다. 한편 투자자가 선택하여야 할 최적 포트폴리오는 (1) 경제상황에 변화가 없는 경우라면 전통적인 CAPM에서와 같이 포트폴리오 M과 무위험자산에 투자를 하게 되고(펀드-현금분리), 개별자산의 기대수익률은 베타와 선형관계를 가지게 되며, (2) 경제상황에 따라 시장환경이 변하게 되는 경우라면 이러한 시장상황을 나타내는 상태변수에 대응하는 펀드가 추가되어 무위험자산, 포트폴리오 M, 그리고 상태변수에 대응하는 펀드로 구성된 포트폴리오에 투자하여야 함(다중펀드분리)을 보여주었다. 또한 이 경우 개별자산의 기대수익률은 CAPM 베타뿐만 아니라 상태변수의 베타와도 선형관계로 나타난다. 이런 측면에서 I-CAPM은 전통적인 CAPM을 일반화한 모형이라 하겠다.

CAPM, APT, 그리고 I-CAPM 간의 관계를 간단하게 살펴보자. CAPM은 자산의 기대수익률이 체계적 위험(베타)에 의해서 결정된다고 설명한다. 그러나, 실증분석 결과에 의하면, 체계적 위험은 기대수익률을 충분히 설명하지 못하는 반면, 다요인 모형이 기대수익률을 보다 잘 설명하는 것으로 나타났다.[20] 이러한 관점에서, Ross(1976)의 APT(arbitrage pricing

---

20 Chen et al.(1986)와 Fama와 French(1992).

theory)가 해답이 될 수 있다. 하지만, APM(arbitrage pricing model)은 자산 수익률이 공통의 위험 요인들에 의해 완전히 설명가능하다는 강한 가정을 하고 있다. 이러한 APM의 문제를 해결하기 위해, Connor(1984)는 시장포트폴리오가 잘 분산되어 있고, 공통 요인들이 광범위하게 영향을 미치고 있다는 두 가지 가정을 도입하였다. 즉, 경제 내의 단일 자산들이 전체 부 중에서 차지하는 비중은 크지 않으며, 투자자는 분산투자를 함으로써 고유의 위험을 제거할 수 있다고 가정한다. 이러한 Connor(1984)의 자산가격모형을 근사된 차익가격모형(approximate arbitrage pricing model)이라고 부른다.

또 다른 중요한 질문은 'APM과 I-CAPM은 어떤 관계인가?'라는 것이다. 이 질문에 대해 연구한 Fama(1996)는 APM이 동태적 자산가격모형(I-CAPM)의 틀 속에서 유도될 수 있다는 것을 증명하였다. 또한, I-CAPM의 투자자들은 CAPM에서의 효율적 포트폴리오의 개념을 일반화시킨 다요인 효율적 포트폴리오를 보유한다는 의미임을 입증하였다.

그러나, I-CAPM과 APM 사이에는 한 가지 큰 차이점이 있다. I-CAPM에서는 요인들이 투자기회집합의 변동을 설명하는 상태변수들이다. 따라서, 요인들이 직교한다거나 *iid*라는 가정을 할 필요가 없다. 반면, APM에서는 요인들이 자산 수익률의 공분산 행렬에서 추출된 공통된 움직임들의 집합이기 때문에, 이 공통된 움직임들은 직교해야 한다는 가정을 하고 있다. 그러나, 이론적 측면에서 이러한 I-CAPM과 APM 간의 차이가 실무적으로는 중요하지 않을 수 있다.

연/습/문/제

1. 순간수익률은 이토 프로세스를 따르고, 경제상황을 나타내는 상태변수(state variable)도 이토 프로세스를 따른다고 가정하자.

   A. 시점 t에서 최적 소비는 어떻게 결정되는가? 이 최적소비는 상태변수에 따라 변하는가?

   B. 상태 변수가 확률적이지 않고 고정된 경우, 위험 선호도가 위험 자산에 대한 투자 비율에 영향을 주는가? 상태 변수가 확률적이면 어떻게 달라지는가?

   C. 상태 변수가 확률적일 때 투자자가 투자 기회의 불리한 변화에 대응하여 미래 소비를 어떻게 변경하는가?

2. Merton의 I-CAPM에서 요인은 무엇을 나타내는가? Arbitrage Pricing Theory와 비교하여 질문에 답하라.

3. 아래 내용이 옳으면 T, 틀리면 F를 괄호 안에 기입하시오.

   1) I-CAPM이 전통적인 CAPM과 다른 가장 큰 차이점은 기대수익률에 영향을 미치는 요인들이 매우 다양한 경제상태를 나타내는 변수라는 것이다. ( )

   2) I-CAPM에 의하면 투자자는 미래의 소비 감소나 투자기회집합의 변화를 헤지하기 위해 투자를 한다. ( )

   3) I-CAPM에서는 투자기회집합의 변동에 관련된 위험에 의해서 기대수익률이 결정된다. ( )

Part 08

파생상품과 응용 문제들

Derivatives and Their Applications

Black과 Scholes(1973), 그리고 Merton(1973)이 파생상품에 관한 가격결정모형을 소개한 이후, 파생상품 거래는 증권 시장에서 전례가 없는 성장을 보였다. 파생상품가격결정이론은 비단 금융시장에서뿐만 아니라, 미래의 불확실한 결과에 의해 성과가 결정되는 계약에 대한 가치평가를 비롯한 일반적인 경제 문제에도 널리 적용된다.

그런데, Black-Scholes-Merton 모형에 사용된 수학적 방법론은 난이도가 높아, 경제적인 의미가 잘 드러나지 않는 경향이 있다. 이것이 Cox et al.(1979)이 이산시간에서의 옵션가격결정공식을 제시한 이유이다. 이 공식은 간단하고 이해하기 쉬워서 다방면에 적용되고 있으며, 옵션가격을 더 효율적으로 계산할 수 있는 수치해석적 프로세스로 이어져 왔다.

이 책에서는 다양한 방법으로 연속시간에서의 옵션가격결정식을 유도해 볼 것이다. 지금까지 제기된 수많은 옵션가격결정 방법들 중, 여기서는 다음과 같은 세 가지 방법으로 옵션가격을 유도해 보기로 한다.

1) 무차익거래조건으로부터 유도한 이산시간 옵션가격모형으로부터 시간간격을 무한히 작게 함으로써 Black-Scholes모형을 유도하는 방법(14.1~14.2절)
2) Black-Scholes-Merton이 무차익거래조건으로부터 유도한 편미분방정식에 파인먼-카츠(Feynmen-Kac) 공식과 옵션가격에 관한 경계값 조건을 적용하여 해를 구하는 방법(15.1~15.5절)
3) 걸사노프 정리(Girsanov's Theorem)를 이용하여 확률 측도(probability measure)를 위험중립으로 변환시켜서 자산가격을 마팅게일로 만든 후 Black-Scholes모형을 유도하는 방법(15.7절)

우선 제13장에서는 파생상품에 대한 간단한 소개를 하기로 한다. 여기서는 파생품 중 가장 기본이 되는 선물(선도)과 옵션에 초점을 맞춘다. 그리고 제14장과 제15장에서는 이산시간과 연속시간에서의 옵션가격모형을 살펴본다. 연속시간에서의 옵션가격모형을 이해하기 위해서는 이 책 마지막에 있는 '보충설명-연속시간 재무이론의 기초'를 먼저 학습하기 바란다.

Chapter 13

파생상품의 기초 (Fundamentals of Derivatives)

금융파생상품이란 증권, 이자율, 지수 또는 실물상품과 같은 기초자산의 가치에 의해 지급액(payoff)이 결정되는 금융상품을 말한다. 즉, 파생상품은 어떤 벤치마크(기초자산)의 가격에 의해 지급액이 결정되도록 두 당사자 간에 체결한 계약이다. 따라서, 투자자는 계약을 통해서 어떠한 유형의 파생상품도 만들 수 있으므로, 파생상품의 유형은 무한하다고 볼 수 있다. 또한 새로운 파생상품을 만들기 위해서 여러 가지 금융파생상품들을 결합하는 것도 일반적이다. 가장 널리 알려진 금융파생상품들은 옵션(options), 선물(futures), 선도(forwards), 스왑(swaps) 등이며, 이 장에서는 이들에 대해서 간략히 설명한다.

금융시장의 자산가격은 불확실하므로, 이로 인해 금융시장은 변동성이 크고 위험하다. 파생상품은 이러한 위험을 전가시킬 수 있는 유용한 도구이다. 즉, 파생상품은 환율, 이자율 또는 주가지수들의 변화에 대한 위험노출정도(exposure)를 줄이기 위해 사용될 수 있다. 한편, 뮤추얼펀드 매니저 또는 기업재무담당자 등의 투자 담당자들은 자신들이 필요로 하는 위험을 만들어내기 위해 파생상품을 사용하기도 한다.

일부 파생상품들은 규제기관의 감독을 받는 거래소에서 거래된다. 이러한 장내파생상품들은 파생상품의 계약 이행을 보장하기 위한 독립된 청산소(clearing house)가 거래 상대방이 되는 표준화된 상품이다. 이 외의 다른 파생상품들은 장외시장(over-the-counter, OTC)에서 거래되고, 두 거래 당사자들 간에 체결된 계약에 따르게 된다.

대표적인 파생상품 거래소로는 시카고상품거래소(Chicago Board of Trade, CBOT)와 시카고상업거래소(Chicago Mercantile Exchange, CME)를 들 수 있다. 시카고상품거래소는 1948년에 설립되어 곡물 선물과 옵션 등이 거래되고 있다. 이후 금융시장의 불확실성이 증가함에 따라 금융위험을 헤지하기 위한 수단으로 다양한 파생상품의 거래가 필요하게 되었고, 이에 따라 1973년 CBOT는 시카고옵션거래소(CBOE)를 설립하였다. 구체적으로는 1973년에 콜옵션이 거래되기 시작했고, 1977년에는 풋옵션 거래가 시작되었다. 우리나라의 경우 장내파생상품은 한국거래소에서 거래가 이루어지며, 선물, 선물스프레드, 그리고 옵션이 거래된다. 대표적인 기초자산으로는 주가지수(코스피200), 금리, 주요국 통화(미국달러, 유로 등), 상품(금, 돈육 등)이 있다.

13.1 파생상품의 종류

여기서는 몇 가지 중요한 금융파생상품을 간략히 살펴볼 것이다. 금융파생상품에 대한 더 구체적이고 상세한 설명은 다른 파생상품 관련 교과서를 참조하기 바란다.[1]

13.1.1 옵션(options)

옵션은 옵션의 소유자가 특정시점(만기시점) 또는 특정시점까지의 기간 내에 특정 기초자산을 정해진 고정가격(행사가격)으로 매매할 수 있는 권리이다. 살 수 있는 권리를 **콜옵션(call option)**이라고 부르고, 팔 수 있는 권리를 **풋옵션(put option)**이라고 부른다. 예를 들어, 풋옵션을 매도한 사람은 풋옵션을 매수한 사람의 요구가 있을 경우 기초자산을 미리 계약된 가격으로 매수해야 할 의무를 지게 되는 반면, 콜옵션을 매도한 사람은 콜옵션을 매수한 사람의 요구가 있을 경우 기초자산을 미리 정해진 가격에 매도해야 할 의무를 지게 된다. 옵션을 매수한 사람은 자신이 가지고 있는 옵션을 반드시 행사할 필요는 없다. 옵션은 권리이기 때문에 자신이 유리할 때만 권리를 행사하면 된다.

한편, **커버드 옵션**(covered option)은 옵션을 매도한 사람이 기초자산을 보유한 상태를 말하는데, 이는 옵션계약의 이행이 보장된 상태임을 의미한다. 예를 들어, 기초자산을 보유한 상태로 콜옵션을 매도했다면, 콜옵션이 행사됐을 때 자신이 보유한 기초자산을 인도하면 되기 때문에 콜옵션 매도 포지션(short position)이 보장된 상태이다. 이와는 반대로, **네이키드 옵션**(naked option)은 기초자산을 보유하지 않은 상태를 의미한다.

---

1 여기서 설명하는 파생상품 이외에도 수많은 파생상품이 있다. 그중 스왑(swap)이나 이자율 캡(cap), 플로어(floor), 그리고 칼라(collar)는 다른 교과서에서도 많이 설명되고 있다. 예를 들면 이자율 스왑(swap)은 특정 기간마다 두 당사자 간에 고정금리를 변동금리로 교환하거나, 변동금리를 고정금리로 교환하거나, 변동금리를 변동금리로 교환하는 계약을 말한다. 한편 이자율 캡(플로어)은 변동금리부 대출의 최고(최저)금리를 지정하는 파생상품이다. 칼라는 이자율 캡과 이자율 플로어를 합성한 것으로 캡 레이트와 플로어 레이트가 함께 적용된다.

13.1.2 선도(forwards)

선도계약은 두 계약 당사자 간에 미래의 특정한 날(**만기일** 또는 **인도일**)에 특정 가격(**선도가격**)으로 기초자산을 매매할 것을 약속한 것이다. 자산의 매매가격에 대한 합의는 선도계약을 체결할 때 이루어지거나, 인도시점에서 결정될 수도 있다. 선도계약은 거래상대방 간의 사적 계약으로서 공식적인 거래소에서 거래되지 않고, 보통 장외시장에서 거래된다.

13.1.3 선물(futures)

선물 계약은 본질적으로는 선도계약으로서, 지정된 날짜와 가격으로 자산이나 증권의 표준 수량을 매수하거나 매도하는 계약을 의미한다. 선물은 표준화되어 있고, 거래소에서 거래되며, 매일매일 시장가격으로 평가(marked to market)가 된다는 점에서 선도와 다르다. 매일 시가평가가 이루어짐으로써 계약 당사자들이 선물계약조건에 따라 부담하게 되는 금전적 의무는 청산소(clearing house)에서 일일정산된다. 따라서, 선도계약과는 달리, 선물계약의 거래상대방은 청산소가 된다. 지수선물을 포함한 금융선물계약에서는 지급액(payoff)이 현금 또는 현금등가물로 정산되고, 기초자산의 인도가 실제로 이루어지는 것은 아니다.

13.2 거래 참여자의 유형

파생상품시장에 참여하는 투자자는 크게 세 가지 유형으로 분류한다. 먼저, **헤지거래자**(hedger)는 현재 직면해 있거나 미래에 직면할 것으로 예상되는 위험을 감소 또는 제거하는 것을 원하는 투자자들이다. 예를 들면, 해외무역으로 미래에 외환을 보유하거나 혹은 지불해야 하는 회사의 경우, 환율 변동에 따른 위험을 줄이거나 없애기 위한 목적으로 파생상품을 거래한다면 이 회사를 헤지거래자로 볼 수 있다.

한편 **투기거래자**(speculator)는 시장의 움직임을 관찰하여 매매차익을 얻고자 한다. 이들은 시장의 움직임을 예측하기 위해 여러 가지 정보를 이용하여 분석하며, 자신의 판단을 활용한다. 이들은 시장의 미래 움직임을 예측하고 매매하므로 투기꾼(gambler)으로 간주되기도 한다. 이들의 투자기간은 대부분 단기이다.

마지막으로, **차익거래자**(arbitrageur)는 증권의 가격이 공정한 가치 또는 본질적 가치로부터 벗어났을 때, 이 가격 차이를 이용하여 수익을 얻고자 한다. 이들은 기초자산가격 대비 파생상품 가격의 적정성에 초점을 두고, 앞서 제9장 차익거래이론에서 살펴본 차익거래(순투자와 위험이 없는 거래)를 통해 이익을 추구하는 전략을 구사한다.

13.3 선도와 선물

13.3.1 선도(forwards)

선도계약이란 두 기관이 어떤 자산을 미래의 특정 시점에 특정 가격으로 사거나 팔기로 한 계약이다. 두 기관 간의 거래이므로, 거래되는 기초자산에 대해서는 어떠한 규제도 없다. 따라서, 외환, 이자율, 주가지수 등 모든 게 가능하다. 또한, 계약 크기(얼마나 많이 거래하는지), 잔여만기(인도시점), 인도방법 등에 대한 특별한 제약도 없다.

인도가격(delivery price)은 선도계약에 명시된 가격으로서 미래의 특정 인도시점에 거래될 기초자산의 가격을 의미한다. 인도가격은 선도계약 체결 시점에서 거래 당사자 모두에게 선도계약의 가치가 0이 되도록 정한다. 따라서, 선도계약 체결 시점에서는 거래 당사자 간에 지급되는 비용은 없다. 한편, **선도가격**(forward price)은 선도계약을 지금 체결한다고 했을 때 정해질 인도가격, 즉, 지금 선도계약의 가치를 0으로 만드는 인도가격이다. 따라서, 최초 계약체결시점에서는 선도가격이 인도가격과 동일하고, 그 이후에는 인도가격은 고정되어 있으나 선도가격은 계속 변한다.

선도계약의 예를 들어보자. 현재 미국 달러대비 원화의 환율이 ₩1,250/$1이라고 하자. 국내 한 금융기관이 6개월 후에 $10,000,000를 지불해야 하는데, 이 금융기관은 환율 변동에 따른 위험을 회피하고자 한다. 만약 6개월 후에 환율이 변동되어 ₩1,300/$1 혹은 ₩1,200/$1이 된다면, 금융기관은 130억원 혹은 120억원으로 1천만 달러를 사야 하는 불확실성에 직면하게 된다. 이 경우, 이 금융기관이 6개월 후의 인도가격이 현재의 환율(₩1,250/$1)인 선도계약을 매수한다면, 6개월 후에는 환율과 관계없이 이 선도계약에 의해 125억원으로 1천만 달러를 사게 되므로 환율변동에 따른 위험을 회피할 수 있다.

■ 선도가격의 결정

그럼 선도가격(forward price)은 어떻게 결정될까? 우선 보관비용이나 배당 등과 같은 기초자산가격에 영향을 주는 비용이 없고, 시장이 완전하고, 차익거래의 기회는 없다고 가정하자. 그러면, t 시점에서의 선도가격 F_t는 아래와 같다.[2]

$$F_t = S_t e^{r_f(T-t)} \tag{13.1}$$

2 파생상품 가격결정이론에서는 연속복리(continuous compounding) 기준의 이자율 또는 수익률을 사용한다. 이는 차익거래 기회가 발생하기만 하면 아주 짧은 순간에도 이 기회를 이용하는 투자자(arbitrageur)가 있다고 가정하기 때문이다.

단, S_t는 t 시점에서의 기초자산가격, r_f는 무위험이자율, $T-t$는 잔여만기(time to maturity)이다. 선도가격이 위 식과 같이 결정되는 이유는 다음과 같은 차익거래로 설명할 수 있다.

■ 선도가격과 현물가격의 차이를 이용한 차익거래전략

만약, 위 식이 성립하지 않고 $F_t > S_t e^{r_f(T-t)}$가 된다면, 우리는 상대적으로 과대평가된 선도계약을 매도(short position)하고 기초자산을 매수(long position)함으로써 차익을 얻을 수 있다. 반대로, $F_t < S_t e^{r_f(T-t)}$가 되면, 상대적으로 과대평가된 기초자산을 매도하고 선도계약을 매수하여 차익을 얻을 수 있다.

좀 더 구체적으로 $F_t > S_t e^{r_f(T-t)}$인 경우를 살펴보자. 이 경우, t 시점에서 아래 <표 13-1>과 같은 차익거래전략을 취함으로써 위험이 없는 이익을 얻을 수 있다. 즉, 상대적으로 고평가된 F_t를 매도하고, 반대로 저평가된 S_t는 매수하는 차익거래를 하면 된다. 다만 차익거래의 정의에서 보듯이, 순투자금액이 없어야 하기 때문에 매수에 필요한 금액을 무위험이자율로 차입하여 매수하므로 t시점의 순현금흐름은 없다. 또한 F_t를 매도하고 S_t를 매수하였기 때문에 기초자산의 가격이 어떻게 변하더라도 서로의 가격 움직임이 상쇄되므로 위험도 없다. 한편, 만기에는 t시점에서 차입하여 매수한 기초자산 S_t를 선도계약 매수자에게 인도하면서 인도가격 F_t만큼 현금을 받고, t 시점 차입금에 대한 원리금인 $S_t e^{r_f(T-t)}$를 상환하게 된다. 따라서 만기시점에서 현금흐름은 $F_t - S_t e^{r_f(T-t)}$가 되어 이만큼의 이익이 발생한다. 이와 같이, 투자자들은 위험이 없고 순투자금액이 없는 차익거래로 이익을 만들어 낼 수 있다. 따라서, 투자자들은 F_t의 가격은 떨어지고 반대로 S_t의 가격은 상승하여 결국 $F_t = S_t e^{r_f(T-t)}$가 될 때까지 이러한 차익거래를 지속한다. 또한 그 반대의 경우 ($F_t < S_t e^{r_f(T-t)}$)에도 고평가된 S_t를 매도하고 저평가된 F_t를 매수하는 차익거래를 하여 $S_t e^{r_f(T-t)} - F_t$만큼 이익을 얻을 수 있고, 이러한 차익거래는 $F_t = S_t e^{r_f(T-t)}$인 시점에서 멈추게 된다.

그러나 현실에서는 거래비용이 발생하고 무위험이자율로 대출할 수 없는 점 등으로 인해 차익거래가 완벽하게 이루어지기 어렵기 때문에, 식 (13.1)이 정확하게 성립하지는 않는다. F_t와 $S_t e^{r_f(T-t)}$ 간의 차이가 충분히 크다면 차익거래가 발생할 수 있지만, 실제로는 그 차이가 거래비용 등을 제외하고도 수익이 될 만큼 그리 크지는 않기 때문이다.

〈표 13-1〉 $F_t > S_t e^{r_f(T-t)}$ 일 때 만기시점의 현금흐름(payoff)

t시점 매매	t시점 현금흐름	만기(T)시점 현금흐름
S_t 매수	$-S_t$	-
차입	S_t	$-S_t e^{r_f(T-t)}$
F_t 매도	-	F_t
합계	0	$F_t - S_t e^{r_f(T-t)} > 0$
비고	• S_t만큼 차입해서 기초자산 S_t를 매수함 • F_t의 매도는 향후 매도할 것을 약속한 것이므로, 현재 지급액은 없음 • S_t가 어떻게 변하더라도, S_t 보유와 F_t 매도 포지션이 서로의 가격 변화를 상쇄시키므로 위험이 없음	• 선도매도계약시 약속한 인도가격 F_t를 받고 보유하고 있는 S_t를 인도하여 F_t 매도 포지션을 마감함 • 차입한 원금액 S_t는 이자와 함께 $S_t e^{r_f(T-t)}$를 상환함 • $F_t - S_t e^{r_f(T-t)} > 0$의 차익이 발생

■ 선도가격과 현물가격의 수렴(convergence)

인도일(만기시점)에 가까워질수록(즉, 잔여만기가 0에 가까워질수록) 선도가격과 현물가격은 수렴한다. 이는 선도가격에 관한 식 (13.1)에서 만기시점의 할인률이 1(즉, $e^0 = 1$)이 되는 것을 보면 쉽게 이해할 수 있다. 만약 인도일에 선도가격과 현물가격 간의 차이가 발생하면, 이 가격 차이는 차익거래의 기회가 된다.

■ 배당이 지급되는 기초자산의 선도가격

이제, 기초자산에 배당이 지급되는 경우의 선도가격을 살펴보자. 배당이 지급되면 기초자산의 가치가 그만큼 감소하므로 선도가격은 하락해야 한다. 배당금 또는 배당수익률의 형태로 배당이 지급될 때, 선도가격은 다음과 같이 계산된다.

• t시점부터 만기인 T시점 사이의 임의의 t_1시점에서 기초자산의 배당금(D)이 지급되는 경우, t시점의 선도가격은 아래와 같다.

$$F_t = (S_t - I_t) e^{r_f(T-t)} \tag{13.2}$$

단, I_t는 할인된 배당금액으로서 $I_t = De^{-r_f(t_1-t)}$이다.

• 만약, 배당이 매순간 계속 연속수익률 q로 지급된다면 선도가격은 다음과 같다.

$$F_t = S_t e^{(r_f-q)(T-t)} \tag{13.3}$$

■ 선도계약의 가치

선도계약의 가치는 선도가격(F_t)과 인도가격(K)의 차이를 할인한 금액을 말한다. 즉, **선도계약의 가치** f는 아래와 같다.

$$f_t = (F_t - K)e^{-r_f(T-t)} \quad (13.4)$$

그런데, 앞서 설명했듯이, 인도가격(K)은 계약 체결 시점에서 선도계약의 가치가 0이 되도록 정해지고, 그 이후 인도일까지 고정되어 있다. 반면, 선도가격(F_t)은 임의의 시점 t에서 선도계약의 가치를 0으로 만드는 가격으로, 시간 경과에 따라 변한다. 따라서, 계약시점($t = \tau$)에서는 인도가격과 선도가격이 서로 같으므로 $K = F_\tau = S_\tau e^{r_f(T-\tau)}$가 되고, 따라서 계약시점의 선도계약의 가치는 0이다. 한편, 식 (13.1)을 (13.4)에 대입하면, 계약 이후의 시점 t ($\tau < t < T$)에서의 선도계약의 가치를 아래와 같이 구할 수도 있다.

$$f_t = S_t - Ke^{-r_f(T-t)}$$

같은 방식으로, 식 (13.2)와 (13.3)을 식 (13.4)에 대입하면, 배당이 지급되는 기초자산에 대한 선도계약의 가치를 아래와 같이 구할 수 있다.

$$f_t = S_t - I_t - Ke^{-r_f(T-t)}$$
$$f_t = S_t e^{-q(T-t)} - Ke^{-r_f(T-t)}$$

[예제 1] 현재가격이 100원인 주식을 기초자산으로 하는 만기가 10개월인 선도계약의 가격은? 단, 연속복리 무위험이자율이 연 4%이고, 향후 3개월, 6개월, 9개월 시점에 주당 5원의 배당금을 지급한다.

- 총배당금의 현재가치는? 14.41 ($I = 5e^{-4\%\times(3/12)} + 5e^{-4\%\times(6/12)} + 5e^{-4\%\times(9/12)}$)
- 인도가격 또는 계약시점의 선도가격은? 88.49 ($F_t = (100 - 14.41)e^{4\%\times(10/12)}$)

[예제 2] 현재가격이 100원인 주식을 기초자산으로 하는 만기가 10개월인 선도계약의 가격은? 단, 무위험이자율이 연 4%이고, 연속복리 배당수익률은 3%이다. 인도가격 또는 계약시점의 선도가격은?

- 100.84 ($F_t = 100e^{(4\%-3\%)\times(10/12)}$)

[예제 3] 현재가격이 100원인 무배당주식을 기초자산으로 하는 잔여만기 8개월의 선도계약의 가치는? 단, 무위험이자율은 8%, 인도가격은 96원이다.

- 현재시점의 선도가격은? 105.48 ($F_t = 100e^{8\%\times(8/12)}$)
- 현재시점의 선도계약 가치는? 8.99 ($f_t = (105.48 - 96)e^{-8\%\times(8/12)}$ 또는 $100 - 96e^{-8\%\times(8/12)}$)

13.3.2 선물(futures)

선물은 거래소에서 거래된다는 점을 제외하면 선도와 동일하다. '거래소에서 거래된다'는 의미는 표준화된 특정 계약조건들이 있다는 것이다. 다음은 거래소에서 정해지는 사항들이다.

- 기초자산: 선물시장에서 거래되는 자산, 특히 상품(commodity)선물은 상세하게 규정되어 있다.
- 계약의 크기: 거래가 원활히 이루어지도록 너무 크지도 않고 너무 작지도 않게, 기초자산별로 정해져 있다.
- 인도방법: 기초자산의 인도에 관한 규정은 많지는 않다. 예를 들어 주가지수선물의 경우에는 만기일에 계약이 종료되고 차액만 현금으로 지급된다. 그러나, 상품선물을 포함한 실물의 인도방법이 중요한 경우에 대해서는 거래소가 상세한 규정을 두고 있다. 예를 들어, 운송비용이 소요되는 상품선물의 경우 자산의 인도장소에 대한 요건을 명시하고 있다.
- 일일 가격변동 제한: 전일 종가 기준으로 선물가격의 변동이 거래소가 정한 제한선에 도달한 경우, 그 선물계약에 대한 거래는 정해진 시간 동안 중지된다. 예를 들면, 서킷브레이커(circuit breakers)는 현물시장의 급등락이 선물시장에 미치는 영향을 완화시키기 위한 제도로, 1단계(8%범위, 20분간 거래중단), 2단계(15%범위, 20분간 거래중단), 3단계(20%범위, 당일거래종료)로 구분된다.
- 포지션 제한: 계약 수량에 대해서 어느 정도의 제한이 존재한다. 다만, 금융기관 등과 같은 기관투자자들은 제외된다.

13.3.2.1 일일정산(marking to market)과 증거금(margins)

선물이 선도와 다른 점으로는 일일정산(marking to market)과 증거금(margins)제도를 들 수 있다. 이 제도는 거래상대방이 만기에 거래를 이행하지 못하는 지급불능의 가능성을 낮추기 위해 거래소가 도입한 제도이다.

개시증거금(initial margin)은 계약 체결 시점에서 예치해야 하는 금액을 의미한다. 개시증거금이 클수록 거래상대방의 지급불능위험이 줄어든다. 일단 선물계약이 매수 또는 매도되면, 기초자산가격이 거래된 가격에서 벗어날수록 거래상대방의 손익차이는 커지게 되고, 손실이 큰 거래상대방이 만기에 거래를 불이행할 위험도 증가한다. 이를 방지하기 위해 거래소는 매일 시장가격 변동에 따라 새로운 선물가격으로 거래당사자들의 손익을 계산하는

데, 이를 **일일정산(marking to market)**이라고 부른다. 재계산된 증거금 계좌의 잔액은 **유지증거금(maintenance margin)**과 비교하게 되는데, 만약 증거금 계좌의 잔액이 유지증거금 미만으로 떨어지면 추가로 증거금을 납입하도록 요청하게 되며, 이를 **증거금납입요청(margin call)**이라고 한다. 증거금 계좌의 잔액은 개시증거금보다는 다소 낮은 수준으로 운영된다.

선도계약과 선물계약의 주요한 차이를 아래와 같이 정리할 수 있다.

	선도계약	선물계약
증거금(margin)	없음	있음
위험(계약불이행 등)	상대적으로 높음	상대적으로 낮음
계약 후 매매	제한적으로 가능함	활성화되어 있음
계약 조건	당사자 간 자유롭게 정함	표준화되어 있음
인도 방법	실물인도가 이루어짐	흔히 차익만 정산함
시장규모와 거래방법	작음. 사적거래로 이루어짐	큼. 공개적으로 이루어짐
거래장소	장외시장(OTC)	공식적인 거래소(Exchange)

13.3.2.2 선물의 가치평가

선물가격은 선도와 같은 방법으로 결정된다. 무위험 수익률이 일정하면, 선도와 선물의 가격은 같다.[3] 선물가격은 다음과 같다.

- 주가지수선물의 가격

$$F_t = S_t e^{(r_f - q)(T-t)} \tag{13.5}$$

  단, 배당이 연속적으로 q의 비율만큼 지급됨을 가정한다.

- 외환선물의 가격

$$F_t = S_t e^{(r_f - r_f^e)(T-t)} \tag{13.6}$$

  단, r_f^e는 외환의 무위험이자율, r_f는 국내의 무위험이자율이다.

- 저장비용이 수반되는 상품에 대한 선물가격

$$F_t = (S_t + C) e^{r_f (T-t)} \tag{13.7}$$

3 Hull(2000)의 Appendix 3B를 참조하기 바란다.

단, C는 저장비용의 현재가치이다.[4] 만약, 저장비용이 연속적으로 c의 비율만큼 발생한다면, 선물가격은 아래와 같다.

$$F_t = S_t e^{(r_f+c)(T-t)} \tag{13.8}$$

13.3.3 선도와 선물을 이용한 헤징

앞서 선도계약의 사례처럼, 어떤 회사가 미래의 특정시점에서 특정 자산을 매도(또는 매수)해야 하는데 가격변동으로 인한 불확실성을 회피하고자 한다면, 이 회사는 선물매매를 통해 이를 해결할 수 있다. 예를 들어 보자. 보유중인 자산의 가격이 하락하게 되면 그 자산을 낮은 가격으로 매도하게 됨에 따라 손해를 보게 된다. 하지만, 만약 선물매도계약을 통해 미래에 특정가격으로 자산을 매도할 수 있도록 계약을 해 둔다면, 자산가격 하락 시 이 매도포지션으로부터 발생하는 이익이 보유중인 자산의 손해를 상쇄시키게 된다.

그런데, 만약 자산가격이 상승 또는 하락할 확률이 50 대 50이라면, 선물을 이용하여 헤지를 함으로써 가격이 하락하는 50%의 경우는 위와 같이 대비할 수는 있으나, 상승하는 50%의 경우에는 선물로 인한 손실을 입게 된다. 이와 같이, 선물을 이용한 헤지의 역할은 미래의 결과를 확실한 상황으로 만들어서 위험을 줄이는 것이지, 어떠한 상황에서도 이익을 얻고자 하는 것은 아니다.

13.3.3.1 베이시스 리스크(basis risk)

베이시스(basis)는 헤지 대상인 기초자산의 가격과 헤지에 사용된 선물가격 간의 차이로서, 아래와 같이 정의된다.

$$\text{Basis}_t = S_t - F_t$$

단, S_t는 헤지 대상 자산의 현물가격, F_t는 헤지에 사용된 선물가격이다. 따라서 베이시스는 앞서 13.3.2.2 선물의 가치평가에서 보았듯이 이자율이나 보관비용 등에 따라 달라지게 된다.

한편 **베이시스 리스크**(basis risk)는 베이시스의 불확실성(변동가능성)을 의미한다. 예를 들어, 헤지 대상 자산이 선물계약의 기초자산과 정확히 일치하지 않는 경우에는 베이시스 리

---

4 저장비용이 발생하는 경우는 식 (13.3)의 배당금을 지급받는 경우와 정반대라고 생각하면 이해하기 쉬울 것이다.

스크가 발생한다. 또한, 만기시점에서의 베이시스가 계약체결시점에서의 베이시스와 다르게 된다면, 헤지가 불완전하게 되는 위험(즉, 베이시스 리스크)이 존재한다. 만기시점(T)에서의 베이시스(즉, $S_T - F_T$)는 현물과 선물의 가격수렴(convergence)으로 인해서 0이 되어야 하는데, 예상과 달리 0이 아니라면 베이시스 리스크가 존재하는 것이다.

13.3.3.2 최적헤지비율

위험을 회피하려는 헤지거래자(hedger)는 먼저 자신이 보유한 자산(기초자산)이나 미래 특정시점의 거래에 수반되는 위험이 얼마나 되는지를 파악해야 한다. 자산 규모가 크거나 위험이 크다면 이를 회피하기 위한 수단도 이에 비례하여 커져야 하기 때문이다. 이렇게 헤지거래자의 위험을 상쇄시켜서 위험을 없앨 수 있는 파생상품의 비율을 **헤지비율**(hedge ratio)이라 한다. 즉, 헤지비율은 선물계약에서 취해진 포지션의 크기를 기초자산의 크기로 나눈 비율을 의미한다.

헤지비율은 위험헤지를 위해 사용된 파생상품의 가격변화가 기초자산의 가격변화에 대해 얼마나 민감하게 반응하는지에 의하여 결정된다. 예를 들면, 기초자산 S를 보유하고 있는 투자자의 경우, 선물을 통하여 가격하락위험을 헤지하려 한다면, 기초자산에 대한 선물 F를 매도하여야 한다. 이렇게 구성한 포트폴리오를 p라 하면, p의 가치는 $p = S - hF$가 되며, 여기서 h는 헤지비율로서 이 투자자가 취해야 할 선물 포지션의 크기가 된다. 이 헤지 포트폴리오 p의 가치 변화와 변동성(위험)은 각각 아래와 같다.

$$\Delta p = \Delta S - h\Delta F$$
$$\mathrm{Var}(\Delta p) = \mathrm{Var}(\Delta S - h\Delta F) = \sigma_S^2 + h^2\sigma_F^2 - 2h\rho\sigma_F\sigma_S$$

단, σ_S^2은 ΔS의 분산, σ_F^2은 ΔF의 분산, ρ는 ΔS와 ΔF의 상관계수를 의미한다.

만약 위험이 헤지된 포트폴리오라면, 기초자산의 가격변동에도 불구하고 이 포트폴리오의 가치는 변화 없이 일정해야 한다. 즉, 이 포트폴리오 가치의 변동성을 최소화하는 h를 찾으면 된다. 이를 위해 헤지 포트폴리오의 변동성(위험)인 $\mathrm{Var}(\Delta p)$를 h에 대하여 1차 미분해서 0으로 두면, 아래와 같은 **최적헤지비율**(optimal hedge ratio)을 구할 수 있다.

$$h^* = \rho\frac{\sigma_S}{\sigma_F}$$

만약 $\sigma_S = \sigma_F$인 경우라면, 최적헤지비율은 상관계수 ρ의 값에 따라 아래와 같은 영향을 받게 된다.

- $\rho = 1$이면, $h = 1$이 되고, 헤지를 위해서는 기초자산만큼 선물을 매도해야 함
- $\rho = 0$이면, 기초자산을 헤지하는 것은 불가능함
- $\rho = -1$이면, $h = -1$이 되어, 헤지를 위해서는 기초자산과 같은 금액의 선물을 매수해야 함

■ 주가지수선물의 최적헤지비율

예를 들어, 주가지수선물을 이용한 헤징을 생각해 보자. 우리는 주식 포트폴리오의 베타가 시장 변동에 관련된 위험을 설명한다는 것을 살펴본 바 있다. 이것은 주가지수 선물을 이용하여 헤지할 경우 주식 포트폴리오의 베타를 고려해야 한다는 것을 의미한다. 그래서 이를 **베타 헤지**(beta hedge)라고 부른다.

만약, 어떤 포트폴리오의 베타가 1이라면, 그 포트폴리오는 시장의 움직임과 완전히 동일하게 변동한다. 이 경우, 우리는 이 포트폴리오의 가치만 고려하면 된다. 즉, 주식 포트폴리오의 가치와 동일한 규모의 주가지수선물계약을 체결하면 된다. 그런데, 베타가 1이 아닌 경우에는 우리에게 필요한 선물계약의 수량을 계산하기 위헤 최적헤지비율과 동일한 의미를 갖는 β를 이용해야 한다. 헤지를 위한 **최적 선물 계약 수**(optimal number of future contracts)는 아래와 같다.[5]

$$N^* = \beta \frac{p}{F}$$

단, p는 포트폴리오의 가치를 의미하고, F는 선물 1계약의 가격을 의미한다. 예컨대 포트폴리오의 베타가 2라면 포트폴리오의 가치 보다 2배 더 많은 선물계약이 헤징을 위해 필요하다는 의미이다.

이 식은 만약 베타가 시간의 경과에 따라 변한다면 필요한 선물의 수량 또한 계속 달라지게 됨을 의미한다. 그리고, 실제로 시장에서 거래되는 선물계약의 수는 정수이므로, 최적헤지비율을 완벽하게 구현하는 것은 불가능하다.

13.3.4 금리선물과 헤징

금리선물계약(interest-rate futures contract)은 기초자산의 가격이 오직 금리에 의해서 결정되

---

5 주식 포트폴리오의 베타는 아래와 같다. 이는 앞서 설명한 최적헤지비율과 동일하므로, 베타를 사용해도 같은 결과를 얻을 수 있다.

$$\beta_p = \frac{Cov(r_p, r_m)}{Var(r_m)} = \frac{\rho\sigma_p\sigma_m}{\sigma_m^2} = \rho\frac{\sigma_p}{\sigma_m}$$

는 선물계약을 의미한다. 예를 들어, 기업이 채권을 발행하거나 또는 매수했다면, 이로 인해 발생한 부채 또는 자산의 가치는 시장금리의 움직임에 따라 변동되므로, 결국 금리 변동에 의해서 기업가치가 변동되는 이자율 위험에 노출된다. 이러한 금리 변동 위험을 헤지할 수 있는 수단이 바로 금리선물이다.

금리선물(interest-rate futures)을 이용한 헤징을 설명하기 위해, 먼저 채권의 가격을 살펴보자. 제1장에서 설명한 바와 같이 채권의 가격은 미래의 현금흐름을 그 현금흐름에 내포된 위험이 반영된 할인율로 할인한 것이다.

$$P = \sum_{i=1}^{n} c_i e^{-\tau_i r_i} \tag{13.9}$$

단, c_i는 i번째 현금지급액이고, τ_i는 현재부터 i번째 지급까지의 기간, r_i는 할인율이다.

13.3.4.1 듀레이션(duration)을 이용한 헤징전략

듀레이션은 채권의 위험을 헤징할 때 중요한 역할을 한다. 왜냐하면, 듀레이션은 이자율 변화에 대한 채권가격의 변화를 의미하므로, 앞서 보았던 최적헤지비율과 동일한 역할을 하기 때문이다. 예를 들어, 어떤 기업이나 금융기관이 이자율의 변동에도 불구하고 기업가치를 일정하게 유지시키고자 할 때 듀레이션을 사용하여 헤지를 할 수 있다.

듀레이션 헤지(duration-based hedge)를 이해하기 위해, 제1장의 식 (1.13)에 있는 채권가격 변화율과 듀레이션 간의 관계를 살펴보자.

$$\frac{\Delta P}{P} = -D\Delta y \tag{13.10}$$

이 식은 채권가격의 변화율이 채권의 듀레이션(D)과 수익률의 변화(Δy)를 곱한 값과 같다는 것을 의미한다.

이제 금리선물계약을 이용하여 이자율의 영향을 받는 자산의 위험을 헤지시키는 경우를 생각해 보자. 먼저, 투자자가 보유하고 있는 자산의 가격은 P이고, 이 자산의 듀레이션은 D_P라고 하자. 그리고 F는 선물계약의 가격, D_F는 이 선물의 듀레이션이라 하자. 이 경우, 아래의 식이 성립한다.

$$\frac{\Delta P}{P} = -D_P\Delta y$$

$$\frac{\Delta F}{F} = -D_F\Delta y$$

따라서, 다음과 같은 듀레이션 헤지 비율(h^D)을 얻을 수 있다.

$$h^D = \frac{\Delta F}{\Delta P} = \frac{PD_F}{FD_P}$$

이 식은 기초자산가격 변화에 대한 선물가격 변화의 비율로, 채권수익률의 변화(Δy)로 인한 불확실성을 헤지하기 위해 필요한 선물계약의 수를 나타내고 있다. 즉, P를 보유하고 있는 투자자는 보유자산의 금리 변동 위험을 헤지하기 위해서 PD_F/FD_P 만큼의 금리선물계약을 매도해야 한다. 이를 **듀레이션 헤지 비율**(duration-based hedge ratio)이라 한다. 이렇게 헤지함으로써, 전체 포지션의 듀레이션은 0이 된다. 듀레이션 헤징을 수익률 변화로부터 자산의 가치를 보호한다는 의미로 **채권 면역(immunization)**이라고 부르기도 한다.

13.3.4.2 듀레이션 헤지의 한계

듀레이션은 금리 변동 위험을 관리할 수 있는 편리한 도구이다. 그러나, 듀레이션을 이용한 헤지는 두 가지 이유로 인해서 완벽하지 않다.

■ 채권가격의 볼록성

첫 번째 이유는 [그림 13-1]에서 볼 수 있듯이 채권가격은 채권수익률에 대하여 볼록한(convex) 곡선 형태임에도 불구하고, 듀레이션은 단지 직선 상의 가격 변화만을 고려하기 때문이다. 만약, 듀레이션뿐만 아니라 볼록성까지 고려하면, 수익률 변화에 따른 채권가격의 변화율을 좀 더 정확하게 구할 수 있다. 제1장에서 살펴본 바와 같이, 채권수익률이 y에서 $y+\Delta y$로 변할 때의 채권가격을 테일러 전개의 2차항까지 구한 후, 수정 듀레이션($D = -\frac{\partial P}{\partial y}\cdot\frac{1}{P}$)과 볼록성($C = \frac{\partial^2 P}{\partial y^2}\cdot\frac{1}{P}$)을 대입하면, 채권가격의 변화율은 아래와 같이 듀레이션에 의한 변화와 볼록성에 의한 변화를 합산한 형태가 된다.

$$\frac{\Delta P}{P} = -D\Delta y + \frac{1}{2}C(\Delta y)^2$$

[그림 13-1]의 (A)에서는 수익률이 변할 때 듀레이션과 볼록성이 포착하는 채권가격의 변화를 보여준다. 채권수익률이 y_0에서 y_1로 하락하는 경우, 채권가격은 P_0에서 P_1로 상승한다. 이 때, 듀레이션으로 구한 채권가격(P^D)과 볼록성까지 고려한 채권가격(P^C)은 아래와 같다.

$$P^D = P_0 + A = P_0 - D\Delta y P_0$$

$$P^C = P_0 + A + B = P_0 - D\Delta y P_0 + \frac{1}{2}C(\Delta y)^2 P_0$$

듀레이션으로 구한 채권가격 P^D는 실제 채권가격인 P_1과 차이(오차)가 있으며, 볼록성까지 고려한 채권가격 P^C는 이러한 오차를 줄일 수 있다. 그림 (A)는 채권가격의 곡도(휘어짐)가 테일러 전개로 볼록성까지 근사한 것보다 더 큰 경우를 보여준다. 이 그림으로부터, 채권수익률이 작게 변하면 듀레이션만으로도 채권가격의 변화를 큰 오차없이 구할 수 있음을 알 수 있다. 반면, 채권수익률이 크게 변한다면, 볼록성까지 고려해서 채권가격을 추정해야 실제 가격과의 오차를 더 줄일 수 있다.

■ 볼록성의 특징과 장점

채권의 볼록성은 채권의 지급액이 장기간에 걸쳐 균등하게 분포될수록 더 커지는 경향이 있다. 반면, 채권의 지급액이 특정한 하나의 시점을 중심으로 집중되어 있을 때(예를 들면, 할인채권) 볼록성은 최소가 된다.

채권 포트폴리오에 대해 매수 포지션(long position)을 취한 경우라면, 듀레이션이 같으면서 볼록성이 높은 포트폴리오가 볼록성이 낮은 포트폴리오보다 항상 더 매력적이다. 왜냐하면, 채권수익률이 하락할 때는 볼록성이 높은 채권포트폴리오의 가치가 더 크게 증가하고, 채권수익률이 상승할 때는 볼록성이 높은 채권포트폴리오의 가치가 더 적게 감소하기 때문이다. 이러한 점은 [그림 13-1]의 (B)에서 명확히 나타난다. 두 채권 A와 B의 접점에서는 접선의 기울기가 동일하므로 듀레이션은 같지만, 볼록성은 채권 B가 더 크다. 만약, 접점을 기준으로 채권수익률이 상승하면, 채권 B의 가격은 더 적게 하락하고, 채권수익률이 하락하면 채권 B의 가격은 더 크게 상승한다.

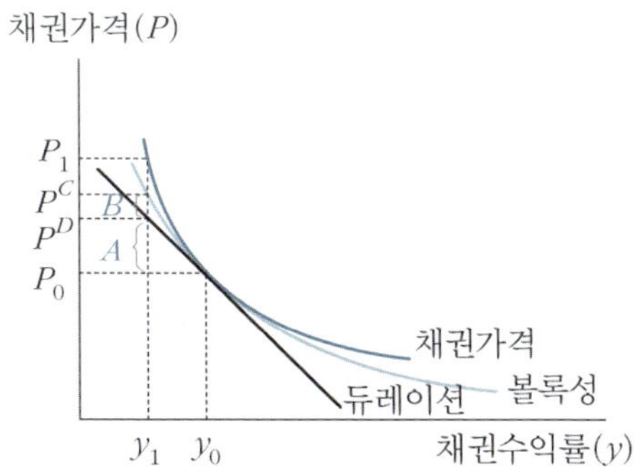

(A) 채권가격변화

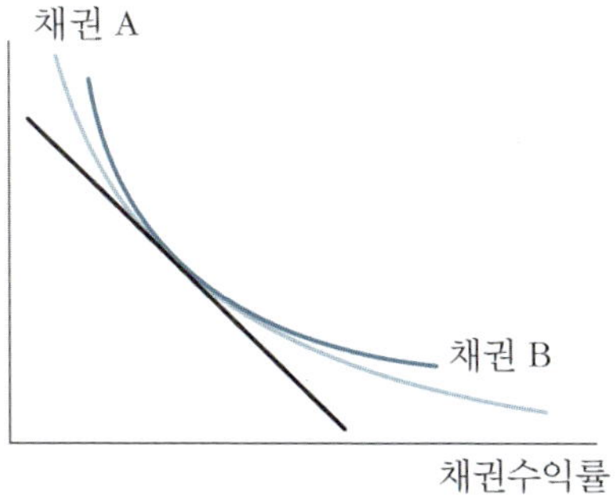

(B) 볼록성의 장점

[그림 13-1] 듀레이션과 볼록성

■ 수익률 곡선의 평행이동에 관한 가정

듀레이션 헤지의 또 다른 문제는 수익률 곡선(yield curve)의 평행이동을 가정한다는 것이다. 듀레이션 헤징 전략은 수익률의 변화(Δy)가 모든 수익률 수준에서 동일한 크기로 발생한다고 가정한다. 그런데, 실제로는 일반적으로 단기 금리가 장기 금리보다 변동성이 더 크며, 둘 사이의 상관 관계가 높지는 않다. 이러한 이유로 금융기관은 금리위험 노출(exposure)을 헤지하기 위해서, 종종 무이표채 수익률 곡선을 만기에 따라 여러 부분으로 나눈 후, 나누어진 기간에 따라 금리위험을 듀레이션으로 헤지한다.

13.4 옵션가격의 기초

옵션은 특정한 기간(행사기간)에 특정한 금액(행사가격)으로 특정한 자산(기초자산)을 사거나 팔 수 있는 권리가 부여된 증권(계약)으로 행사기간 내에 행사되지 않은 옵션은 자동으로 소멸된다. 옵션은 행사 가능 시점에 따라 **유러피언 옵션(European option)**과 **아메리칸 옵션(American option)**으로 구분된다. 유러피언 옵션은 만기일(expiration date)에만 권리행사가 가능한 반면, 아메리칸 옵션은 만기일뿐만 아니라 만기일 이전에도 자유롭게 권리행사가 가능하다. 따라서, 아메리칸 옵션의 가치는 유러피언 옵션의 가치에 조기행사권리에 대한 프리미엄을 더한 것이므로, 아메리칸 옵션의 가치가 더 크다.

아메리칸 옵션의 가치 = 유러피언 옵션 가치 + 조기행사 프리미엄

한편, 유러피언 옵션은 아메리칸 옵션에 비해 분석하기에 상대적으로 용이하다. 우리나라 거래소에서 거래되는 옵션은 전부 유러피언 옵션이다.

13.4.1 옵션 행사시점에서의 옵션 가치

옵션 보유자는 행사시점에서 옵션을 행사함으로써 지급액(payoff)을 받을 수도 있고, 행사시점 이전에 거래소에서 옵션을 매도함으로써 옵션의 시장가격을 받을 수도 있다. 따라서, 옵션의 가치는 행사시점의 지급액과 행사시점 이전의 시장가격으로 구분하여 생각할 필요가 있다. 여기서는 행사시점의 지급액을 간략히 살펴보자.

옵션의 행사 여부는 행사가능시점에서 기초자산의 가격에 의해 결정된다.[6] 먼저, 콜옵

6 기초자산의 가격이 옵션의 행사 여부와 지급액을 결정하기 때문에, 옵션을 조건부 상환 청구권(contingent claims)이라고 부른다.

션은 행사 시점에서 행사가격을 지불하고 기초자산을 살 수 있는 권리이므로, 콜옵션 보유자는 행사가능시점(T)에서의 기초자산가격(S_T)이 행사가격(K)보다 클 때에만 옵션을 행사하고, 지급액 $(S_T - K)$만큼 이익을 얻는다. 따라서, 행사시점에서의 콜옵션 가치(C_T)는 아래와 같다.

$$C_T = Max(S_T - K, 0)$$

행사시점에서 $S_T > K$인 경우, 즉, 콜옵션의 가치가 0보다 큰 경우를 **내가격**(in-the-money)이라 하고, $S_T < K$인 경우, 즉, 콜옵션 가치가 0인 경우를 **외가격**(out-of-the-money)라 하고, $S_T = K$인 경우를 **등가격**(at-the-money)이라고 부른다.

다음으로, 풋옵션은 행사 시점에서 기초자산을 행사가격으로 팔 수 있는 권리이므로, 풋옵션 보유자는 행사가능시점(T)에서의 기초자산가격(S_T)이 행사가격(K)보다 낮을 때에만 옵션을 행사하고, 지급액 $(K - S_T)$만큼 이익을 얻는다. 따라서, 행사시점에서의 풋옵션 가치(P_T)는 아래와 같다.

$$P_T = Max(K - S_T, 0)$$

풋옵션의 경우, 행사시점에서 $S_T < K$인 경우, 즉, 풋옵션의 가치가 0보다 큰 경우를 **내가격**(in-the-money), $S_T > K$ 인 경우, 즉, 풋옵션 가치가 0인 경우를 **외가격**(out-of-the-money), $S_T = K$인 경우를 **등가격**(at-the-money)이라고 한다.

한편, 옵션의 발행자(매도자)는 상대방의 옵션 행사에 반드시 응해야 할 의무가 있으므로, 콜옵션의 경우에는 행사가격인 K를 받고 기초자산 S_T를 매도해야 하고, 풋옵션의 발행자(매도자)는 행사가격인 K를 지급하고 기초자산 S_T를 매수해야 한다.

행사시점에서 콜옵션과 풋옵션의 가치를 그림으로 나타내면, [그림 13-2]와 같다.

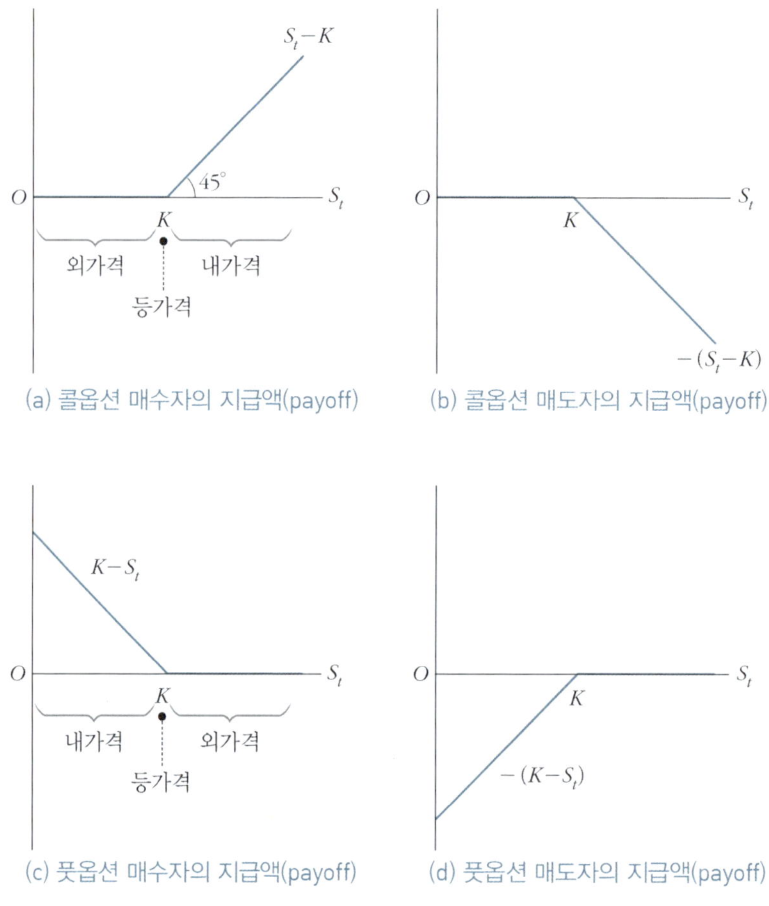

(a) 콜옵션 매수자의 지급액(payoff) (b) 콜옵션 매도자의 지급액(payoff)

(c) 풋옵션 매수자의 지급액(payoff) (d) 풋옵션 매도자의 지급액(payoff)

[그림 13-2] 행사시점에서 콜옵션과 풋옵션의 가치

13.4.2 경계값(boundaries)

기초자산의 가격이나 변동성에 관한 어떠한 가정도 하지 않더라도, 옵션가격과 기초자산가격 간에는 옵션가격의 상한선과 하한선을 설정하는 몇 가지 중요한 관계가 성립하는데, 이를 **경계값 조건**이라고 부른다. 이 경계값 조건들은 옵션가격결정이론의 중요한 토대가 되기 때문에, 여기서는 유러피언 콜옵션을 대상으로 이를 살펴보기로 한다. 이러한 조건들은 차익거래의 기회가 없다는 가정을 기초로 한다. 또한, 거래비용이 없고, 차입이나 공매도에 대한 제약이 없는 완전시장(perfect market)을 가정한다.

차익거래의 기회가 존재하지 않는 완전시장이라는 가정을 이용하면, 콜옵션의 경우에는 행사시점 이전의 콜옵션 가치에 대하여 다음과 같은 차익거래 제약조건들이 성립하게 된다.

- (상한선) 콜옵션의 가치(C)는 기초자산의 가격(S)보다 클 수는 없다.
- (하한선) 콜옵션은 의무가 아니라 권리이므로, 만기일 또는 배당락일의 직전일을 제외한 시점에서, 콜옵션의 가치는 0보다 커야 한다.
- (하한선) 콜옵션의 가치는 기초자산가격이 행사가격(K)보다 클 때 옵션을 행사함으로써 발생하는 이익인 $(S-K)$보다 커야 한다.
- (하한선) 차익거래가 발생하지 않기 위해서는 콜옵션 가치가 기초자산가격에서 행사가격의 현재가치 $(Ke^{-r\tau})$와 옵션의 잔여만기(τ) 동안 지급될 배당금의 현재가치(D)를 차감한 값보다 커야 한다.

▶ 콜옵션 가치의 경계값

이러한 조건으로부터 **콜옵션 가치의 상한선과 하한선**을 아래와 같이 나타낼 수 있다.

$$S \geq C \geq Max[0,\ S-K,\ S-Ke^{-r\tau}-D]$$

단, r은 무위험 수익률(할인율)을 의미한다.

■ 콜옵션 가치의 하한선

차익거래를 이용하여, **콜옵션 가치의 하한선**이 $C \geq S-Ke^{-r\tau}-D$ 임을 좀 더 구체적으로 설명해보자. 콜옵션의 만기 이전 시점에서 다음과 같은 두 포트폴리오를 고려해 보자.

- A 포트폴리오: 콜옵션(C) 1개와 $Ke^{-r\tau}+D$만큼의 현금(즉, $C+Ke^{-r\tau}+D$)
- B 포트폴리오: 기초자산인 주식(S) 1주

만기시점에서 두 포트폴리오의 가치를 생각해 보자. $S>K$이면 콜옵션을 행사하므로 A 포트폴리오의 가치는 $(S-K)+K+De^{r\tau}=S+De^{r\tau}$이 되고, $S \leq K$이면 콜옵션을 행사하지 않으므로 $K+De^{r\tau}$가 된다. 따라서, 만기시점에서 A 포트폴리오의 가치는 $Max[S,K]+De^{r\tau}$이다. 한편, 만기시점에서 B 포트폴리오의 가치는 $S+De^{r\tau}$이고, 여기서 D는 배당금의 현재가치를 나타낸다. 따라서, 만기시점에서는 A 포트폴리오의 가치가 더 크거나 같으므로, 차익거래의 기회를 배제하기 위해서는 현재 시점에서도 A 포트폴리오의 가치가 B 포트폴리오보다 더 크거나 같아야 한다. 즉, $C+Ke^{-r\tau}+D \geq S$가 되어야 하므로, 이를 정리하여 **콜옵션 가치의 하한선** $C \geq S-Ke^{-r\tau}-D$를 구할 수 있다.

13.4.3 행사가격(exercise price)

행사가격에 관련된 차익거래 제약조건 세 가지를 살펴보자.

■ 다른 조건들이 동일하다면 행사가격이 클수록 콜옵션의 가치는 작아진다.

$$C(K_1) > C(K_2), \qquad \text{단 } K_2 > K_1$$

행사가격만 더 크고 나머지는 동일한 콜옵션의 가치는 다른 콜옵션의 가치보다 작거나 같다. 행사가격은 옵션을 행사하기 위해 지불해야 할 금액이므로, 행사가격이 클수록 옵션의 가치는 낮아진다. 이를 증명하기 위해, 현재시점에서는 반대로 $C(K_1) \le C(K_2)$인 경우를 생각해 보자. 이 경우 우리는 차익거래를 통하여 위험이 없는 수익(free lunch)을 얻을 수 있다. 즉, 더 저렴한 $C(K_1)$을 매수하고 더 비싼 $C(K_2)$를 매도함으로써 현재 시점에서 $C(K_2) - C(K_1) > 0$만큼의 현금 유입을 얻고, 만기 시점에서는 아래 표와 같이 상황에 따른 추가적인 순현금 유입 가능성이 생긴다. 따라서 투자자들은 $C(K_1) > C(K_2)$가 될 때까지 이러한 차익거래를 지속할 것이다. 이 경우를 차익거래로부터 발생하는 현금흐름(차익거래 테이블)으로 나타내 보면 아래와 같다.

전략	현재 현금흐름	만기시점의 상황별 현금흐름		
		$S \le K_1$	$K_1 < S \le K_2$	$S > K_2$
$C(K_1)$매수	$-C(K_1)$	0	$S - K_1$	$S - K_1$
$C(K_2)$매도	$C(K_2)$	0	0	$-(S - K_2)$
현금흐름	$C(K_2) - C(K_1) \ge 0$	0	$S - K_1 > 0$	$K_2 - K_1 > 0$

■ 행사가격 외의 다른 조건들이 동일한 콜옵션들의 가치의 차이는 행사가격의 차이보다 클 수 없다.

$$K_2 - K_1 \ge C(K_1) - C(K_2), \qquad \text{단 } K_2 > K_1$$

이 조건이 성립하는 이유는 행사가격이 잔여만기까지의 기간으로 할인된 금액 만큼 옵션가격에 영향을 미치기 때문이다. 이를 증명하기 위해, 현재는 반대로 $K_2 - K_1 < C(K_1) - C(K_2)$ 인 경우를 생각해 보자. 우리가 $C(K_1)$을 매수하고 $C(K_2)$를 매도하면서 $K_2 - K_1$만큼 대여하는 차익거래 투자전략을 구사한다면, 현재 시점에서 $C(K_2) - C(K_1) - (K_2 - K_1) > 0$의 현금유입을 얻고, 만기 시점에서 아래와 같은 추가적인 순현금유입의 가능성이 생긴다. 따라서 투자자들은 이러한 무위험 차익거래를 $K_2 - K_1 \geq C(K_2) - C(K_1)$가 될 때까지 지속할 것이다.

전략	현재 현금흐름	만기시점의 상황별 현금흐름		
		$S \leq K_1$	$K_1 < S \leq K_2$	$S > K_2$
매수 매도 대여	$-C(K_1)$ $C(K_2)$ $-(K_2 - K_1)$	0 0 $(K_2 - K_1)e^{rt}$	$S - K_1$ 0 $(K_2 - K_1)e^{rt}$	$S - K_1$ $-(S - K_2)$ $(K_2 - K_1)e^{rt}$
현금흐름	$C(K_2) - C(K_1)$ $-K_2 + K_1 > 0$	$(K_2 - K_1)e^{rt} > 0$	$S - K_1 + (K_2 - K_1)e^{rt} > 0$	$K_2 - K_1$ $+(K_2 - K_1)e^{rt} > 0$

단, t는 잔여만기를 의미한다.

■ 행사가격이 $K_3 > K_2 > K_1$이고 다른 조건은 동일한 콜옵션들에 대해서, 행사가격이 K_2인 콜옵션의 가치는 다른 콜옵션들의 가치를 행사가격의 차이로 가중평균한 값보다 클 수 없다. 단, 행사가격이 가장 큰 옵션과 가장 작은 옵션에 대한 가중치는 $(K_3 - K_2)/(K_3 - K_1)$과 $(K_2 - K_1)/(K_3 - K_1)$이다.

$$C(K_2) \leq \frac{(K_3 - K_2)}{(K_3 - K_1)} C(K_1) + \frac{(K_2 - K_1)}{(K_3 - K_1)} C(K_3)$$

위의 차익거래조건은 콜옵션 가격이 행사가격에 대해 볼록함수임을 의미한다.[7] 이를 증명하기 위해, $(K_3 - K_1)C(K_2) > (K_3 - K_2)C(K_1) + (K_2 - K_1)C(K_3)$인 경우를 생각해 보자. 우리는 $(K_3 - K_2)C(K_1) + (K_2 - K_1)C(K_3)$을 매수하고 $(K_3 - K_1)C(K_2)$를 매도하는 차익거래 투자전략을 구사함으로써, 현재 시점에서 $(K_3 - K_1)C(K_2) - (K_3 - K_2)C(K_1) - (K_2 - K_1)C(K_3) > 0$의 현금유입과 만기 시점에서 아래와 같은 추가적인 현금유입의 가능성을 얻게 된다.

7 함수가 볼록한 형태이면, 두 개의 함수값을 가중평균한 값이 그 사이에 위치한 함수값보다 더 크다. 오목한 형태이면, 그 반대가 된다.

전략	현재 현금흐름	만기시점의 상황별 현금흐름			
		$S \le K_1$	$K_1 < S \le K_2$	$K_2 < S \le K_3$	$S > K_3$
$(K_3 - K_2)C(K_1)$ 매수	$-(K_3 - K_2)C(K_1)$	0	$(S - K_1)(K_3 - K_2)$	$(S - K_1)(K_3 - K_2)$	$(S - K_1)(K_3 - K_2)$
$(K_2 - K_1)C(K_3)$ 매수	$-(K_2 - K_1)C(K_3)$	0	0	0	$(S - K_3)(K_2 - K_1)$
$(K_3 - K_1)C(K_2)$ 매도	$(K_3 - K_1)C(K_2)$	0	0	$-(S - K_2)(K_3 - K_1)$	$-(S - K_2)(K_3 - K_1)$
현금흐름	> 0	0	$(S - K_1)(K_3 - K_2) > 0$	$(K_3 - S)(K_2 - K_1) > 0$	0

13.4.4 잔여만기(time-to-maturity)

■ 모든 조건이 동일한 경우, 콜옵션의 가치는 잔여만기가 길수록 증가한다. 여기서, t_2와 t_1은 옵션 2와 1의 잔여만기를 의미한다.

$$C(t_2) \ge C(t_1),\ \text{단}\ t_2 > t_1$$

이 조건이 성립하는 이유는 옵션의 행사까지 남은 기간 동안 옵션의 행사가격 지불을 미루고 이를 화폐로 보유함으로써 이에 대한 이자수익을 얻을 수 있기 때문이다. 즉, 콜옵션의 잔여만기가 길수록 화폐의 시간가치로 인한 이익이 더 커진다.

이를 증명하기 위해, $C(t_2) < C(t_1)$인 경우를 생각해 보자. 이 경우 $C(t_2)$를 매수하고 $C(t_1)$을 매도하는 차익거래전략을 구사해 보자. 현재 시점에서 $C(t_2) - C(t_1)$ >0의 현금이 유입되고, 만기인 t_1 시점에서 아래와 같은 추가적인 현금유입 가능성을 얻게 된다. 따라서 투자자는 위험이 없지만 수익이 보장된 이러한 투자전략을 $C(t_2) \ge C(t_1)$가 될 때까지 지속할 것이다.

전략	현재 현금흐름	t_1 시점의 상황별 현금흐름	
		$S \le K$	$K < S$
$C(t_2)$ 매수 $C(t_1)$ 매도	$-C(t_2)$ $C(t_1)$	≥ 0 0	$\ge (S - K)$ $-(S - K)$
현금흐름	$C(t_1) - C(t_2) > 0$	≥ 0	≥ 0

13.4.5 아메리칸 콜옵션의 최적 행사

아메리칸 옵션은 만기 이전에 언제든 행사할 수 있기 때문에, 옵션을 지금 행사할 지, 아니면 좀 더 보유할지에 대한 고민을 계속 할 수밖에 없다. 옵션의 행사에 따른 지급액(payoff)이 충분히 크다면, 옵션을 조기행사(early exercise)하는 것이 더 바람직할 수 있다. 여기서는 아메리칸 옵션을 조기행사하는 것이 최적이 되기 위한 조건을 살펴본다. 조기행사 조건을 간단하게 요약하면 다음과 같다.

<table>
<tr><th></th><th>기초자산의 배당이 없는 경우</th><th>기초자산의 배당 지급이 있는 경우</th></tr>
<tr><td>아메리칸 콜옵션</td><td>조기행사가 불리함</td><td rowspan="2">조기행사의 지급액(payoff)이 충분히 크다면, 조기행사가 유리할 수 있음</td></tr>
<tr><td>아메리칸 풋옵션</td><td>조기행사의 지급액(payoff)이 충분히 크다면, 조기행사가 유리할 수 있음</td></tr>
</table>

■ 무배당 주식에 대한 아메리칸 콜옵션의 조기행사 여부

먼저, 무배당 주식을 기초자산으로 하는 아메리칸 콜옵션의 경우에는, 옵션 행사의 지급액이 충분히 큰 상태라고 하더라도 조기행사는 바람직하지 않고, 만기까지 보유하는 것이 유리하다.

아메리칸 옵션은 만기 이전에 자유롭게 행사할 수 있는 권리가 있으므로, 동일한 조건의 유러피언 옵션보다 가격이 더 크거나 같다. 이를 보기 위해, 옵션의 만기이전 시점인 t시점에서, 아메리칸 옵션을 행사할 경우의 수익과 유러피언 옵션의 가치를 비교해보자.

- 아메리칸 콜옵션의 조기행사 시 지급액(payoff) : $\max(S_t - K, 0)$
- 유러피언 콜옵션 가치(시장가격) : $C_t = S_t - Ke^{-r\tau}$

위 식에서 $Ke^{-r\tau}$는 행사가격(K)을 잔여만기(τ) 동안 무위험 수익률(r)로 할인한 값이므로, K보다 작다. 따라서, 조기행사의 지급액이 유러피언 콜옵션의 시장가격보다 작으므로, 조기행사를 하는 것이 더 불리하다. 즉, 아메리칸 콜옵션을 조기행사하기보다는 보유 또는 시장가격으로 매도하는 것이 더 유리하다.

■ 유러피언 콜옵션의 시간가치와 내재가치

조기행사시 지급액과 유러피언 콜옵션의 가격 간의 관계를 **시간가치**의 관점으로 설명해 보자. 옵션의 시간가치는 옵션가격에서 내재가치(행사시의 지급액)를 제외한 나머지의 가치를 의미한다.

[그림 13-2]는 콜옵션 가격과 옵션의 내재가치 그리고 시간가치의 관계를 나타낸다. 가로축은 기초자산의 가격을 나타내며, 세로축은 콜옵션의 가치 또는 콜옵션을 행사했을 때의 지급액을 나타낸다. 아메리칸 콜옵션을 조기행사했을 때의 지급액은 $\max(S_t - K, 0)$가 되며 이 지급액이 옵션의 내재가치(intrinsic value)가 된다. 그리고, 조기행사가 불가능한 유러피언 콜옵션의 경우 옵션가격의 상한선은 S_t이고, 시장가격(가치)은 $C_t = S_t - Ke^{-r\tau}$가 된다. 그런데, 유러피언 콜옵션의 시장가격은 아메리칸 옵션의 조기행사 시 지급액(내재가치)보다 항상 높은데, 이 둘의 차이는 할인율($e^{-r\tau}$)뿐만 아니라 옵션을 만기까지 보유할 경우 기초자산의 가격이 상승하여 옵션의 가치가 상승할 가능성을 포함한 옵션의 시간가치 때문에 발생한다. 따라서, 옵션가치는 아래와 같이 나타낼 수 있다.

옵션가치 = 내재가치 + 시간가치

이상의 내용을 요약하면, 옵션의 시간가치로 인해서 아메리칸 콜옵션의 시장가격(가치)은 콜옵션 행사시의 지급액(내재가치)보다 항상 더 크기 때문에, 콜옵션의 조기 행사는 바람직하지 않다는 것이다. 이와 같이 콜옵션의 조기행사가 유리하지 않다는 결론은 무배당 주식을 기초자산으로 하는 아메리칸 콜옵션과 유러피언 콜옵션의 가치는 동일하다는 것을 의미한다.

무위험 수익률이나 기초자산의 가격 변동성 등은 옵션의 시간가치에 영향을 미친다. 예를 들어, 무위험 수익률(할인율)이 상승하거나 잔여만기가 길어지면 시간가치가 더 커지게 되므로 [그림 13-3]에서 콜옵션 가격 곡선이 위로 이동한다. 또한, 기초자산의 가격 변동성이 확대되는 경우에도 콜옵션의 가치가 더 커지므로 콜옵션 가격 곡선은 위로 이동한다. 그 결과 콜옵션 가격과 내재가치의 차이(즉, 시간가치)는 더 커진다. 이러한 경우에는 조기행사를 하지 않는 것이 더욱 유리해진다.

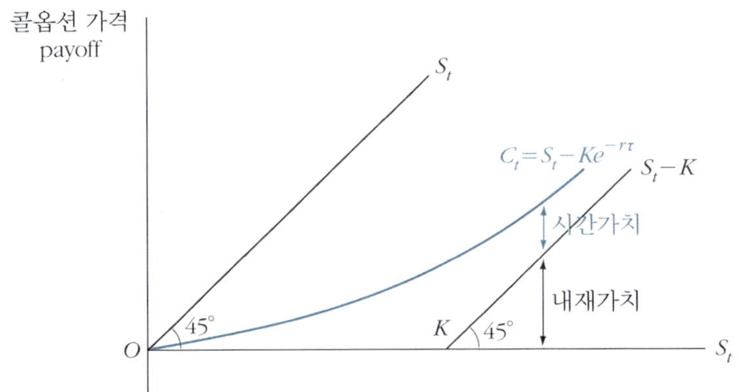

[그림 13-3] 콜옵션의 시간가치와 내재가치

■ 배당이 지급되는 주식에 대한 아메리칸 콜옵션의 조기행사

만기일 이전에 기초자산의 배당금 지급이 기대되는 경우에는 배당락일 직전에 콜옵션을 조기행사하는 것이 유리할 수 있다. 왜냐하면, 배당금을 지급하면 주가의 하락(배당락)이 발생하므로 콜옵션 가치가 감소하기 때문이다. 조기행사가 유리할 수 있다는 것은 조기행사가 가능한 아메리칸 콜옵션이 유러피언 콜옵션보다 가치가 더 크다는 것을 의미한다.

■ 아메리칸 콜옵션의 조기행사 가이드라인

앞서 살펴본 기초자산가격, 잔여만기, 행사가격이 옵션가격에 미치는 영향들을 고려하면, 다음과 같은 아메리칸 콜옵션의 조기행사에 대한 가이드라인을 얻을 수 있다.

- 콜옵션은 만기시점 또는 배당락일 직전 시점이 아니라면 행사해서는 안된다.
- 만약, 특정 시점에서 특정 콜옵션을 조기행사하는 게 최적이라면, 이보다 가치가 더 높은 콜옵션(예를 들어, 행사가격이 더 낮거나 잔여만기가 더 짧은 (다른 조건은 동일한) 콜옵션)도 조기행사하는 것이 최적이다.

13.4.6 아메리칸 풋옵션의 최적 행사

아메리칸 풋옵션의 경우에는 주가가 충분히 하락하여 조기행사로 인한 지급액이 충분히 크다면 조기행사를 하는 것이 유리하다. 조기행사가 유리한 경우가 있으므로, 아메리칸 풋옵션이 유러피언 풋옵션보다 가치가 더 크다.

여기서도 유러피언 풋옵션을 이용해서 아메리칸 풋옵션의 조기행사가 유리한지 여부를 살펴보고자 한다.

- 아메리칸 풋옵션의 조기행사 시 지급액(payoff) : $\max(K - S_t, 0)$
- 유러피언 풋옵션의 가치(시장가격): $P_t = Ke^{-r\tau} - S_t$

주가가 극단적으로 하락하여 $S_t = 0$이 되어서 풋옵션 가치가 가장 높아진 경우를 생각해 보자. 이 경우 유러피언 풋옵션의 가치는 위 식에 의해 $P_t = Ke^{-r\tau}$가 되고, 이것이 유러피언 풋옵션 가치의 상한선이다. 그리고, 이 경우 아메리칸 풋옵션을 조기행사한다면 그 상한선은 K가 된다.

이를 이용하여 풋옵션 가격과 주가의 관계를 그림으로 나타낸 것이 [그림 13-4]이다. 풋옵션을 조기행사 했을 때의 지급액은 $\max(K - S_t, 0)$이므로, 주가가 K보다 낮을 때는 $K - S_t$가 지급액이 되고, 주가가 K보다 높을 때는 지급액이 0이다. 유러피언 풋옵션의 시

장가격은 주가가 0일 때 $Ke^{-r\tau}$가 되고, 주가가 높아질수록 옵션가격은 낮아지지만, 옵션은 권리로서의 가치가 있으므로 0보다는 크다.

■ 아메리칸 풋옵션의 조기행사

이제 조기행사 여부를 살펴보자. 아메리칸 풋옵션은 기본적으로 유러피언 풋옵션과 동일하면서 조기행사가 가능하므로, 아메리칸 풋옵션의 가치(시장가격)는 유러피언 풋옵션의 가격과 조기행사의 지급액(내재가치) 중 큰 것이 된다. 따라서, 주가가 S^* 이하로 하락하여, 조기행사의 지급액(내재가치)이 옵션 가치보다 크면, 아메리칸 풋옵션은 조기행사된다. 반면, 주가가 S^* 이상이면, 아메리칸 풋옵션은 조기행사가 더 불리하므로, 조기행사가 불가능한 유러피언 풋옵션의 가치와 동일해진다. 결론을 요약하면, 주가가 충분히 하락한 경우에만 아메리칸 풋옵션을 조기행사하는 것이 유리하다는 것이다.

풋옵션의 경우, 기초자산의 변동성이 커지거나, 무위험 수익률(할인율)이 하락하거나, 잔여만기가 길어짐에 따라 풋옵션의 가치는 높아진다. 따라서, 이러한 경우에는 [그림 13-4]에서 유러피언 풋옵션 가격 곡선이 위쪽으로 움직인다. 그 결과, 아메리칸 풋옵션의 조기행사가 일어나는 주가의 수준 S^*는 왼쪽으로 이동하여 더 낮아지게 된다. 즉, 이러한 경우에는 주가가 더 많이 하락해야 조기행사가 일어날 수 있다.

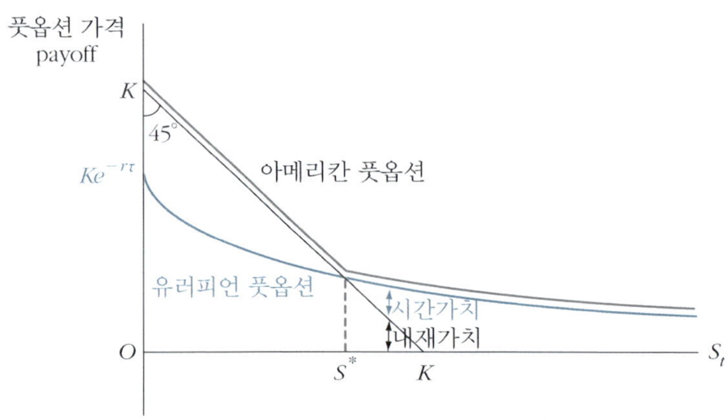

[그림 13-4] 풋옵션의 시간가치와 내재가치

13.4.7 풋-콜 등가식(Put-Call Parity)

풋-콜 등가식은 차익거래의 기회가 존재하지 않을 때, 기초자산, 만기, 행사가격이 동일한 풋옵션과 콜옵션의 가치에 관해 성립하는 중요한 관계식이다. 콜옵션과 풋옵션 그리고 이 옵션들의 기초자산을 이용하여 만들어진 포트폴리오가 어떤 상황에서도 만기시점에서의 수익이 0이 된다면, 이 포트폴리오의 현재가치도 당연히 0이 되어야 한다. 그렇지 않으면 차익거래가 발생하기 때문이다. 이와 같이, 차익거래의 기회가 존재하지 않기 위한 조건을 이용하면, 우리는 풋옵션과 콜옵션 사이의 관계식을 유도할 수 있다.

■ 유러피언 옵션들의 풋-콜 등가식

기초자산의 현재 시장가격을 S라고 두고, 만기시점의 가격을 S_T라고 두자. 그리고, C와 P를 각각 유러피언 콜옵션과 풋옵션의 현재가치, K를 행사가격, T를 옵션의 만기, τ를 잔여만기, r을 무위험 이자율이라고 하자. 이제, 기초자산, 행사가격 및 잔여만기가 모두 동일한 유러피언 풋옵션과 유러피언 콜옵션에 대해서 다음과 같은 포지션을 동시에 취하는 경우를 생각해 보자. 콜옵션 하나를 매도하고, 풋옵션 하나와 주식 1주를 매수하고, 잔여만기가 τ인 무이표채를 매도하여 $Ke^{-r\tau}$만큼 차입한다. 이 경우를 차익거래 테이블에 나타내 보자.

전략	현재 현금흐름	만기시점의 상황별 현금흐름	
		$S_T \leq K$	$K < S_T$
콜옵션 매도	C	0	$K - S_T$
풋옵션 매수	$-P$	$K - S_T$	0
기초자산 매수	$-S$	S_T	S_T
차입	$Ke^{-r\tau}$	$-K$	$-K$
현금흐름	$C - P - S + Ke^{-r\tau}$	0	0

이 차익거래 테이블에서는 만기시점에서 발생가능한 모든 상황에 대한 현금흐름이 0이 된다. 따라서, 차익거래의 기회가 존재하지 않으려면, 이 포트폴리오의 현재가치도 0이 되어야만 한다. 즉, 아래의 식이 성립해야 한다.

$$C - P - S + Ke^{-r\tau} = 0$$

이 식을 C에 대해 정리하면 아래와 같다.

▶ 풋-콜 등가식(Put-Call Parity)

배당 지급이 없는 기초자산에 대해 만기와 행사가격이 동일한 풋옵션과 콜옵션의 관계는 다음과 같은 **풋-콜 등가식**(Put-Call Parity)으로 나타낼 수 있다.

$$C = P + S - Ke^{-r\tau}$$

■ 아메리칸 옵션들의 풋-콜 관계식

이제, 아메리칸 옵션들 간의 관계를 살펴보자. 풋-콜 등가식은 유러피언 옵션에 대해서만 성립한다. 그러나, 배당 지급이 없는 주식에 대한 아메리칸 옵션 가격들 간에도 성립하는 관계식을 유도할 수 있다. 이를 위해서, 앞서 살펴본 아메리칸 옵션과 유러피언 옵션 간의 관계를 다시 정리해 보자.

첫째, 무배당주식에 대한 아메리칸 콜옵션과 유러피언 콜옵션의 가치는 동일하다. 왜냐하면, 배당이 없는 주식에 대한 아메리칸 콜옵션의 최적행사시점은 옵션의 만기시점이기 때문이다. 두 번째로, 콜옵션의 경우와는 달리, 무배당주식에 대한 아메리칸 풋옵션의 경우에는 만기일 이전에 옵션을 행사하는 것이 더 유리할 수 있기 때문에, 아메리칸 풋옵션의 가치가 유러피언 풋옵션의 가치보다 더 크다.

이와 같이, 아메리칸 콜옵션의 가치는 대응되는 유러피언 콜옵션의 가치와 같고, 아메리칸 풋옵션의 가치는 대응되는 유러피언 풋옵션의 가치보다 항상 더 크기 때문에, 이를 풋-콜 등가식에 반영하면 아래의 관계식을 얻을 수 있다.

$$C_A - P_A < S - Ke^{-r\tau}$$

단, C_A와 P_A는 각각 아메리칸 콜옵션과 풋옵션 가격이다.

또한, 아래의 관계식도 항상 성립한다.

$$C_A + K > S + P_A$$

이 식을 이해하기 위해, 유러피언 콜옵션(C_E) 1개와 K만큼의 현금으로 구성된 포트폴리오 A(즉, $C_E + K$)를 만들고, 주식 1주와 아메리칸 풋옵션 1개로 구성된 포트폴리오 B(즉, $S + P_A$)를 만든다고 해 보자. 아래 표는 이 포트폴리오들의 조기행사시점과 만기시점에서의 가치를 비교하고 있다. 만기시점에서 A의 가치는 $Max[S_T, K] - K + Ke^{rT}$가 되고, B의 가치는 $Max[S_T, K]$가 되므로, A의 가치가 더 크다. 한편, 만기 이전 시점인 t시점에서 포트폴리오 B에 포함된 아메리칸 풋옵션을 조기행사한다면, B의 가치는 K가 되고, A의 가치는 Ke^{rt}와 콜옵션의 가치(C_{Et})를 합한 것이 되므로, A의 가치가 더 크다. 따라서, 모든 경우에서 포트폴리오 A의 가치가 더 크므로, 현재시점에서도 $C_E + K > S + P_A$가 성립해야 한다. 그리고,

무배당주식에 대한 유러피언 콜옵션과 아메리칸 콜옵션의 가치는 동일하기 때문에(즉, $C_E = C_A$), 결국 $C_A + K > S + P_A$가 성립하게 된다.

현재시점의 포트폴리오	t시점에서 P_A 조기행사	T(만기)시점
(A) $C_E + K$ (B) $S + P_A$	$C_{Et} + Ke^{rt}$ K	$(Max[S_T, K] - K) + Ke^{rT}$ $Max[S_T, K]$
	(A) > (B)	(A) > (B)

앞서 구한 두 관계식을 결합하면, 아래와 같이 **아메리칸 콜옵션과 풋옵션 간의 관계식**을 얻을 수 있다.

$$S - K < C_A - P_A < S - Ke^{-r\tau}$$

13.5 요약

이 장에서는 옵션이나 선물과 같은 파생상품을 소개하였다. 여러 가지 다른 파생상품들도 많지만, 모든 파생상품들을 나열하고 설명하는 것보다는 파생상품의 기초가 되는 이들 두 상품에 초점을 두었다. 또한 옵션이나 선물을 결합하면 기초자산의 가격에 따라 다양한 손익의 형태를 만들어낼 수 있는데, 이러한 파생상품 투자전략은 이 책에서는 다루지 않았다.

앞서 살펴본 바와 같이, 순투자가 없고 위험도 없으면서 수익을 얻을 수 있는 차익거래의 기회가 시장에 존재하지 않는다면, 선물가격은 기초자산의 가격에 대해 만기시까지 무위험 수익률로 연속복리계산된 것이다. 반면, 옵션은 권리에 대한 가격이기 때문에 이러한 방법으로 구할 수 없다. 대신 이 장에서는 옵션가격과 기초자산의 가격, 만기, 그리고 행사가격 간의 관계를 보여주었고, 풋옵션과 콜옵션 가격의 관계를 풋-콜 등가식으로 보여주었다. 그러나 이러한 관계들은 특정 옵션의 가격이 얼마인지를 직접 제시할 수는 없다. 옵션의 가격결정에 관해서는 다음 장에서 보다 상세하게 다룰 예정이다.

연/습/문/제

1. KOPSI 200 지수가 380이고, 현재 보유중인 주식 포트폴리오의 가치는 500,000,000원, 무위험이자율은 연 4%, 종합주가지수의 배당수익률은 3%, 포트폴리오의 β는 0.8이라고 하자. 향후 6개월 간 보유 포트폴리오를 헤지하기 위해서, 8개월 후에 만기가 도래하는 KOPSI 200 선물을 이용하기로 하자. 이 선물의 거래승수는 250,000원이다.

   A. 이론적으로 최적헤지를 위한 최적선물계약수와 선물계약 약정금액은 얼마인가?

   B. 6개월 후 KOPSI 200 지수가 350으로 하락 시, 최적헤지를 위한 선물 포지션의 손익은 얼마인가?

2. 보관비용이나 배당 등과 같은 기초자산가격에 영향을 주는 비용이 없고, 시장이 완전하고, 차익거래의 기회는 없다고 가정하자. 이 경우 S_t를 t 시점에서의 기초자산가격, r_f는 무위험이자율, $T-t$는 잔여만기(time to maturity)라 할 때, 이 기초자산에 대한 선도가격 F_t는 다음과 같다.

$$F_t = S_t e^{r_f(T-t)}$$

   어떤 경우에 기초자산과 선도가격 간의 관계가 위 식에서 벗어나는지 설명하라.

3. 네이키드 콜옵션 발행자의 잠재손실에 대한 설명 중 옳은 것은?

   1) 최대 손실은 옵션가격이다.

   2) 최대 손실은 행사가격이다.

   3) 최대 손실은 무한히 클 수도 있다

   4) 주가가 낮아질수록 잠재손실은 커진다.

4. 투자자들이 상품선물을 포트폴리오에 편입시키는 이유는 무엇인가?

1) 상품관련 주식들이 전체적인 주식 시장과 높은 상관관계를 보이기 때문이다.
2) 상품선물은 실물인도가 일어나지 않으므로, 상품의 수요-공급이나 물리적 공급사슬 등에 대한 이해가 필요하지 않기 때문이다.
3) 상품가격은 물가상승률과 음의 상관관계를 가지는 경향이 있기 때문이다.

5. 아메리칸 옵션의 조기행사에 관한 아래의 설명이 옳으면 T, 틀리면 F를 괄호 안에 기입하시오.

1) 기초자산의 배당이 매우 크면, 아메리칸 콜옵션을 조기행사하는 것이 최적일 수 있다. ( )
2) 아메리칸 풋옵션이 deep-in-the-money이면, 조기행사가 최적일 수 있다. ( )

6. A는 B에게 103,000원의 가격으로 무배당 주식 X를 매도하는 선도 계약을 체결하기로 하였다. 선도 계약의 인도일(만기)에 주식 X는 105,000원에 거래된다. 인도일에 주식의 인도 없이 현금 정산을 한다면, 누가 누구에게 얼마를 지급해야 하는가?

7. 행사가격이 25,000원, 만기가 3개월인 무배당 주식에 대한 유러피언 콜옵션이 있다고 가정하자. 기초자산의 현재 가격은 29,000원이고, 무위험 수익률은 5%이다. 이 옵션 가격의 하한선을 구하시오.

Chapter

14 이항분포를 따르는 기초자산의 옵션가격모형 (Binomial Option Pricing Model)

이항옵션가격모형의 기본적인 아이디어는 기초자산과 무위험자산으로 포트폴리오를 만들면 옵션을 보유하고 있을 때 지급받게 될 금액을 모방할 수 있다는 것이다. 즉, 자금을 차입하여 적절한 비율로 주식을 매수함으로써, 사실상 콜옵션을 보유하고 있는 것과 같은 결과를 얻을 수 있다. 일반적으로 기초자산, 무위험자산, 그리고 옵션 중 어느 하나는 다른 둘을 적절히 조합하여 만들어 낼 수 있다. 이런 이유로 옵션(더 일반적으로는 파생상품)은 투자자가 택할 수 있는 효율적 투자선에는 영향을 미치지 못한다. 따라서 셋 중 제일 나중에 도입된 파생상품을 redundant assets(복제가능 자산 혹은 이론적으로는 불필요한 자산)이라고 부르기도 한다.

이 장에서는 우선 기초자산, 무위험자산, 그리고 옵션 중 둘을 이용하여 포트폴리오를 만든다면 나머지 자산의 현금흐름을 만들어낼 수 있다는 것을 보여준다. 이러한 아이디어에 기반하여 기초자산가격이 이항분포를 따르는 경우의 이항옵션가격공식(binomial option pricing formula)을 유도해본다. 또한 시간을 무한히 작게 나눌 때 이 모형이 Black-Scholes의 옵션가격결정모형이 된다는 것도 살펴볼 예정이다.

이를 통해 옵션의 가치를 결정하기 위해 우리에게 필요한 사항은 행사가격, 기초자산의 가격, 옵션의 만기까지 남은 기간, 기초자산가격 변화의 범위(변동성) 그리고 무위험 수익률, 이렇게 다섯 가지라는 것을 알 수 있다. 여기서 흥미로운 점은 기초자산가격이 상승하거나 하락할 확률을 알 필요는 없다는 것이다. 본 장에서 논의하고 있는 이산시간에서의 옵션가격모형에 대한 보다 자세한 설명은 Cox와 Rubinstein(1985)을 참조하기 바란다.

14.1 이항옵션가격모형의 배경과 이해

우선 Cox et al.(1979)이 이항분포를 따르는 기초자산에 대한 옵션가격을 유도하게 된 배경을 살펴보자. Black과 Scholes(1973)는 배당지급이 없는 기초자산에 대한 파생상품의 가격이 만족해야 하는 미분방정식을 유도해 냄으로써, 옵션가격결정에 중요한 돌파구를 마련하였다. 그러나 이들의 모형은 연속시간(continuous time) 모형으로 확률미적분(stochastic calculus)에 대한 이해가 필요하고, 특히 본 저서의 마지막 부록에 상세하게 설명되어 있는 Ito의 보조정리(Ito's Lemma)를 활용하여야 하는 등 이해하기에 쉽지 않다. 이에 따라 이론적으로는 Black-Scholes의 모형에 기반하면서도 보다 이해하기 쉽고 응용이 편리한 옵션가격결정모형이 실무적으로 필요하게 되었다. 이러한 요구에 부응하여 1979년에 Cox, Ross 그리고 Rubinstein(1979)은 기초자산의 가격이 올라가거나 떨어지는 두 가지 경우만 발생할 때, 이산시간(discrete time)에서의 옵션가격모형을 제시하였다. 이 모형은 기초자산에 배당이 지급되는 경우 등과 같은 다양한 경우에도 활용하기에 용이하다.

14.1.1 기초자산과 파생상품으로 무위험 포트폴리오를 구성하는 방법

이항분포를 따르는 기초자산에 대한 옵션가격공식을 유도하기 전에, 이항옵션가격모형에서 암묵적으로 사용되고 있는 중요한 가정에 대한 직관적인 이해가 필요하다. 즉, 기초자산과 이 기초자산의 가격에 연동된 파생상품을 적절히 조합하여 포트폴리오를 구성하면, 이 포트폴리오의 위험(불확실성과 관련된 부분)을 제거할 수 있다는 것이다. 이 경우 위험을 고려할 필요가 없는 상황하에서 파생상품의 가치를 평가하게 되는데 이를 **위험중립 가치평가(risk neutral valuation)**라고 한다. 연속시간에서 기초자산과 이 기초자산의 가격에 연동된 파생상품을 적절히 조합하면 포트폴리오의 위험을 없애는 것이 가능하다는 것을 보여주는 공식이 유명한 Black-Scholes-Merton의 2차 확률편미분방정식(Black-Sholes-Merton's second order partial differential equation)이다. 그러나 앞서 말한 것처럼 이 미분방정식을 유도하기 위해서는 확률미적분 등에 대한 이해가 필요하며 이에 관한 자세한 내용은 다음 장과 마지막 장(보충설명)의 내용을 참조하기 바란다. 여기서는 좀 더 이해하기 쉽도록 아래와 같이 이산시간하에서 두 가지 예를 들어보고자 한다.

■ 기초자산과 무위험자산으로 옵션의 미래 현금흐름을 모방하는 포트폴리오 구성

현재 주가(S_t)가 90인 주식을 생각해보자. 이 주식은 1년 후에 주가(S_T)가 120이 되거나 혹은 70이 될 가능성이 있다. 이 주식에 대한 콜옵션이 있는데 이 콜옵션의 행사가격(X)은 100이라 하자. 그리고 무위험 채권(B)의 수익률은 10%로 가정하자. 만기시 옵션의 가치는 $C_T = Max(0, S_T - X)$이므로, 1년 후의 주가가 120인 경우 옵션의 지급액(payoff)은 20이고, 반대로 70인 경우 옵션을 행사하지 않으므로 현금흐름은 없다.

이제 주식과 채권에 Δ와 B만큼 투자하는 포트폴리오를 구성하자. 이 포트폴리오의 목적은 1년 후의 옵션의 현금흐름을 그대로 모방하는 것이다. 이 포트폴리오의 1년 후의 현금흐름은 다음과 같다.

- $120\Delta + 1.1B = 20$ (주가가 120인 경우 옵션 행사함)
- $70\Delta + 1.1B = 0$ (주가가 70인 경우 옵션 행사하지 않음)

이 두 식을 풀면,

$$\Delta = 0.4, \quad B = -(28/1.1) = -25.45$$

따라서, t시점에서 이 콜옵션의 가격은 10.55가 된다.

$$C_t = S_t\Delta + B = 90 \times 0.4 - 25.45 = 10.55$$

■ 기초자산과 옵션으로 무위험자산의 현금흐름을 모방하는 포트폴리오 구성

위의 예에서, 이번에는 주식과 옵션으로 구성된 포트폴리오를 만들어 보자. 이 포트폴리오의 목적은 1년 후 주식의 가격변동과 무관하게 일정한 수익률을 주는 무위험채권의 현금흐름을 복제하는 것이다. 주식과 콜옵션에 각각 s, o만큼 투자한 포트폴리오의 1년 후의 현금흐름은 다음과 같이 무위험채권에 100을 투자했을 때의 원리금과 같다고 두자.

- $120s + oC_T = 120s + o20 = 110$ (주가가 120인 경우 옵션 행사함)
- $70s + oC_T = 70s + o0 = 110$ (주가가 70인 경우 옵션 행사하지 않음)

이 두 식을 풀면, 콜옵션과 주식에는 각각 -3.93과 1.57을 투자해야 함을 알 수 있다. 따라서, t시점에서 이 포트폴리오의 구성은 다음과 같고, 이 포트폴리오의 현재가치는 100이 된다.

- 1.57주식 매수($90 \times 1.57 = 141.4$)
- 3.93계약 콜옵션 매도($-3.93 \times 10.55 = -41.4$)

그리고, 1년 후에는 주가(기초자산)가 어떻게 되든 관계없이 이 포트폴리오의 가치는 110이 되는 무위험자산이 된다.

14.1.2 위험중립 가치평가(risk neutral valuation)의 개념

이 두 가지 예에서 보듯이, 기초자산, 무위험자산, 그리고 이 기초자산에 대한 파생상품 간에는 어느 두 가지 자산을 가지고 다른 하나를 만들어 낼 수 있는 관계가 있다. [그림 14-1]은 세 자산들의 이러한 관계를 나타낸 것이다.

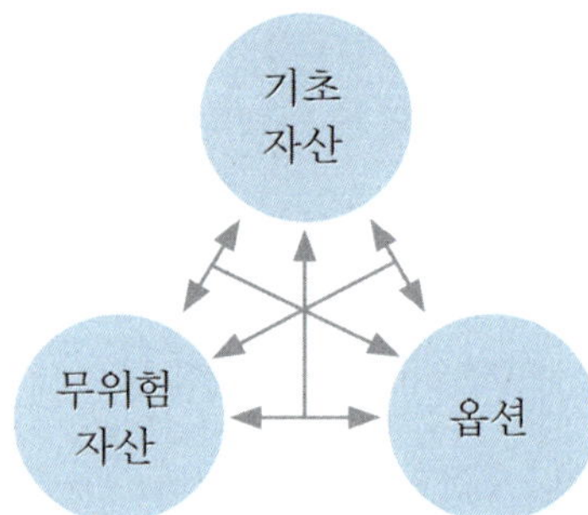

[그림 14-1] 기초자산, 무위험자산, 그리고 이 기초자산에 대한 파생상품 간의 관계

여기서 특히 우리가 주목하여야 하는 포트폴리오는 두 번째 사례이다. 즉, 기초자산과 파생상품으로 무위험자산과 동일한 포트폴리오를 만드는 것이다. 이 포트폴리오가 무위험자산과 동일한 현금흐름을 가져다 준다면, 제2장에서 정의한 위험회피형 투자자라 하더라도 위험을 고려할 필요가 없다. 왜냐하면 위험이 없기 때문이다. 따라서 파생상품의 가격도 위험이 없다고 간주하고 계산해 낼 수 있다. 이것이 위험중립(risk neutrality)의 기본 개념이고, Black과 Scholes(1973)가 이러한 새로운 가치평가방법을 열어주었다는 점에서 이들의 모형이 재무경제학에서 아주 중요한 모형으로 꼽히고 있다.

Black과 Scholes(1973) 그리고 Merton(1973)은 이러한 개념을 수학적으로 보여주었다. 이들은 기초자산의 가격이 기하 브라운 운동(geometric Brownian motion)을 따를 때, 기초자산과 이 기초자산에 대한 파생상품을 적절한 비율로 섞는다면 위험이 없는 포트폴리오를 만들 수 있음을 보여주었다. 상세한 내용은 다음 장에서 다루겠지만, 여기서는 위험중립의 이론적인 개념을 간단하게 설명하고자 한다.

우선 연속시간에서 '기초자산의 가격(S_t)이 추세가 μ이고 변동성이 σ인 기하 브라운 운동을 따른다'는 가정은 이산시간에서 '기초자산의 수익률의 분포가 기대수익률이 μ이고 분산이 σ^2인 정규분포'라는 것과 같다. 따라서, 이산시간에서의 수익률은 $r_t = \frac{S_t - S_{t-1}}{S_{t-1}} = \mu + \sigma\varepsilon_t$가 되고, 가격에 관해서는 $\Delta S_t (= S_t - S_{t-1}) = \mu^s + \sigma^s \varepsilon_t$로 나타낼 수 있다. 여기서 $\mu^s = \mu S_{t-1}$, $\sigma^s = \sigma S_{t-1}$이고, S_{t-1}은 t시점에서는 이미 알려진 과거의 기초자산가격이므로 고정된 상수이고 확률적이지 않다. 이 경우 이 자산을 기초로 하는 파생상품(C_t)의 가격변화는 다음과 같은 확률과정으로 둘 수 있다. 여기서 μ^c와 σ^c는 기초자산에 대한 μ^s와 σ^s와는 다른 상수이다.[1]

$$\Delta C_t = \mu^c + \sigma^c \varepsilon_t$$

여기서 중요한 사실은 기초자산의 ε_t와 이 기초자산에 대한 파생상품에 포함된 ε_t는 동일하다는 것이다. 따라서, S_t와 C_t를 적절히 조합한다면 불확실성을 유발하는 ε_t를 없애는 것이 가능하다. 즉, 위 예에서 기초자산과 파생상품에 각각 σ^c와 $-\sigma^s$를 투자하는 포트폴리오를 만든다면, 이 포트폴리오는 $H = \sigma^c S_t - \sigma^s C_t$가 되고, 포트폴리오의 가치 변화는 $\Delta H = \sigma^c \Delta S_t - \sigma^s \Delta C_t = \sigma^c(\mu^s + \sigma^s \varepsilon_t) - \sigma^s(\mu^c + \sigma^c \varepsilon_t) = \sigma^c \mu^s - \sigma^s \mu^c$ 가 되므로 확률적인 요인(ε_t)에 의한 영향을 받지 않게 된다. 따라서, 이 헤지 포트폴리오는 더 이상 위험한 자산이 아니므로, 이 포트폴리오의 수익률은 무위험 자산의 수익률과 같아야 한다. 그렇지 않으면 차익거래가 발생하게 된다.

이상의 설명은 헤지 포트폴리오에 관한 가정에 대한 이해를 돕기 위해, 기초자산과 그 파생상품의 가격이 현실에서는 지속적으로 변화하는 상황을 단순화하여 설명한 것이다. 실제로는 헤지 포트폴리오에 확률적인 요인을 없애기 위해서는 매 순간 순간마다 투자비중을 연속적으로 조정해 주어야 한다.

결론적으로, 파생상품의 가격 변동은 기초자산으로부터 비롯되므로, 기초자산의 가격이 변동함에 따라서 파생상품의 수량을 계속해서 조정할 수 있다면 이 헤지 포트폴리오를 계속 무위험으로 만들 수 있으며, 따라서 그 수익률은 무위험 수익률과 같게 된다. 이러한 방법을 위험중립 가치평가라고 부른다. 이 장에서 살펴볼 옵션가격결정모형도 이항분포를 따르는 기초자산에 대한 옵션을 위험중립하에서 평가하는 방법이다.

14.2 이항분포를 따르는 기초자산에 대한 옵션가격공식의 유도

14.2.1 이항옵션가격공식의 가정

먼저, 이항옵션가격공식을 유도하기 위한 가정들을 살펴보자.

---

1 이 이산시간의 예에서 $t-1$과 t 사이의 간격은 개념적으로 연속시간에 대응될 수 있는 비교적 짧은 기간을 의미한다. 예를 들면, 1초 정도로 생각하자. 기초자산가격식 $\Delta S_t = \mu^s + \sigma^s \varepsilon_t$와 파생상품가격식 $\Delta C_t = \mu^c + \sigma^c \varepsilon_t$의 관계에 대한 증명을 하기 위해서는 연속시간에서 Ito의 보조정리를 사용해야 한다. 상세한 내용은 마지막 장의 보충설명을 참조하기 바란다.

- 주가는 이산기간에 걸쳐서 매기간 상승 혹은 하락하는 이항 프로세스를 따른다.
- 각 기간의 주식 수익률은 두 가지의 값을 가질 수 있다. 즉, 주가 상승 시 수익률은 $(u-1)$, 하락 시 수익률은 $(d-1)$이 된다. 여기서 주의할 점은 u, d, r은 모두 '1+수익률' 형태로 정의되었다는 것이며, 수익률과 구분하기 위해 각각 상승률, 하락률, 무위험 이자율이라고 부르기로 한다
- 무위험 이자율 r은 일정하다.
- 투자자들은 원하는 만큼 무위험 이자율로 차입 또는 대여할 수 있다.
- 세금, 거래비용, 마진에 대한 요구사항은 없고, 모든 자산은 무한히 분할하여 투자할 수 있다.
- 옵션 만기시점에서만 행사가능한 유러피언 옵션을 가정한다.
- 차익거래기회가 존재하지 않으려면, $u > r > d$가 성립해야 한다. 만약, 이 부등식이 성립하지 않으면, 주식의 매매와 차입 및 대여를 조합하여 무위험 차익거래를 함으로써 수익을 얻는 게 가능해진다. 예를 들면, $u > d > r$인 경우에는 주가가 하락하더라도 주식투자로부터 발생하는 수익률이 무위험자산의 수익률보다 높으므로, 투자자는 r로 차입하여 주식에 투자를 하는 차익거래가 가능하다. 반대로 $r > u > d$인 경우에도 무위험 수익률이 주식수익률보다 높기 때문에, 주식을 공매도한 후 그 자금을 r로 대여하는 차익거래가 가능하다.

14.2.2 1기간 이항프로세스에서의 옵션가격모형

[그림 14-2]는 이항프로세스를 따르는 기초자산가격과 이에 대한 옵션가격을 격자(lattice) 모양으로 나타낸 이항 트리(tree)이다. 이 그림에서 보는 바와 같이, 현재의 주식가격 S는 상승 또는 하락의 두 가지 방향으로 움직일 수 있으며, 상승 시 주식 수익률은 $u-1$, 하락 시 수익률은 $d-1$이 된다.[2] 현재의 콜옵션 가치는 C라고 하자. 기말에 주가가 상승하여 uS가 된 경우의 콜옵션의 가치는 C_u라고 표시하고, 주가가 하락하여 dS가 된 경우의 콜옵션 가치는 C_d라고 표시하자.

이제, 콜옵션을 모방하기 위한 목적으로, 주식을 Δ_s만큼 매수하고 액면가가 1인 무위험채권(B)에 Δ_B만큼 투자한 포트폴리오($\Delta_s S + \Delta_B$)를 구성한다고 가정하자. 이는 앞 절에서 살펴본 첫 번째 예에 해당한다. 그러면, 초기의 콜옵션의 가치 C는 이 콜옵션을 모방한 헤지 포트폴리오의 가치와 같아야 한다.

---

2 이항모형처럼 자산의 가격 변동을 트리(tree) 구조로 나타내는 모형들을 격자모형(lattice model)이라고 부르기도 한다.

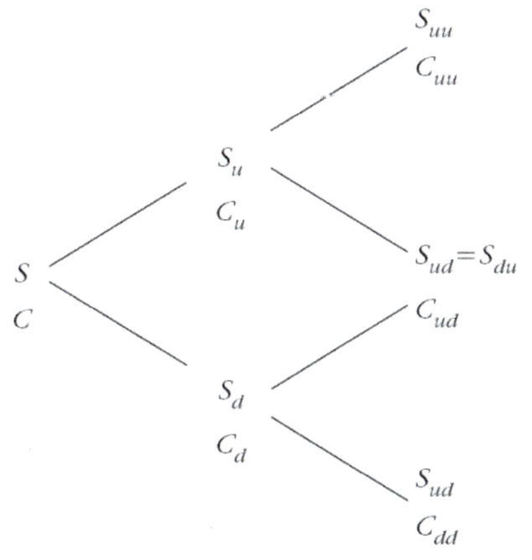

[그림 14-2] 이항프로세스를 따르는 기초자산가격의 변화와 옵션가격의 변화

$$C = \Delta_s S + \Delta_B$$

그리고, 기말시점에서의 콜옵션 가치는 기초자산가격의 상승 또는 하락에 따라 아래와 같이 두 가지 경우가 가능하다.

$$C_u = u\Delta_s S + r\Delta_B$$
$$C_d = d\Delta_s S + r\Delta_B$$

위 식을 풀기 위해 두 식을 차감하면, 아래의 식을 얻을 수 있다.

$$C_u - C_d = u\Delta_s S - d\Delta_s S$$

이 식을 정리하여 Δ_s를 구하고, 이것을 다시 위 C_u 또는 C_d의 식 중 하나에 대입하여 Δ_B를 구한다. 이렇게 구한 주식과 채권에 대한 투자비중은 아래와 같다.

$$\Delta_S^* = \frac{C_u - C_d}{(u-d)S}\ , \qquad \Delta_B^* = \frac{uC_d - dC_u}{(u-d)r}$$

따라서, 무위험 차익거래의 기회가 존재하지 않으려면, 기초시점의 콜옵션의 가치는 아래와 같아야 한다.

$$\begin{aligned} C &= \Delta_S^* S + \Delta_B^* \\ &= \frac{rC_u - dC_u + uC_d - rC_d}{(u-d)r} \end{aligned}$$

$$= \frac{pC_u + (1-p)C_d}{r}$$

단, $p = (r-d)/(u-d)$ 이다. 그리고, 기말시점의 콜옵션 가치인 $C_u = Max(0, uS - K)$ 와 $C_d = Max(0, dS - K)$를 위 식에 대입하면, 아래의 **1기간 이항옵션가격모형**을 구할 수 있다.

$$C = \frac{pMax(0, uS - K) + (1-p)Max(0, dS - K)}{r} \tag{14.1}$$

이와 같이, 이항옵션가격모형은 기초자산가격의 움직임에 따른 옵션 행사 시점의 지급액(payoff)들을 구한 후, 이 지급액들의 현재가치를 가중치 p와 $1-p$로 평균하는 모형이다. 여기서 p는 위험중립하에서 주가의 상승확률로 해석할 수 있다. 이 내용은 바로 다음에서 설명한다.

■ 이항옵션가격모형의 특징

위 식은 다음과 같은 중요한 특징을 갖고 있다.

- 첫째, 콜옵션의 가치는 주가가 상승하거나 하락할 확률과 무관하다. **(주가변동의 무관련성)** 위 식에서 주가가 상승하거나 하락할 확률은 없다. 따라서, 서로 다른 투자자들이 주식의 상승 또는 하락에 대한 자신만의 주관적인 확률을 갖고 있다 하더라도, S, u, d 및 r로 이루어진 C의 관계식에 대해서는 (차익거래기회가 존재하지 않는 한) 모두가 동의할 수밖에 없다. 왜냐하면, 옵션의 가치는 주식의 가치를 기준으로 하여 상대적으로 평가하는 것이고, 주가의 상승 또는 하락 확률은 기초자산인 주가에 이미 반영되어 있기 때문이다.
- 둘째, 콜옵션의 가치는 위험에 대한 투자자의 태도와는 무관하다. **(위험중립 가치평가)** 그 이유는, 기초자산과 옵션으로 위험을 제거한 헤지 포트폴리오를 만들 수 있고, 이 헤지 포트폴리오의 수익률은 무위험자산의 수익률과 같기 때문이다. 위험이 제거된 상황이라면, 투자자의 행동에 관해 필요한 유일한 가정은 투자자가 적은 부 보다는 많은 부를 선호한다(불포화만족)는 것으로서, 이 경우를 위험중립이라고 부른다. 이러한 **위험중립 가치평가**에서는 투자자의 위험성향이 자산가격에 영향을 미치지 않기 때문에, 투자자의 위험성향을 고려할 필요가 없다. 즉, 위험중립적인 투자자는 자산의 위험요인에 대한 위험 프리미엄을 요구하지 않는다. 따라서, **위험중립인 세상**(risk-neutral world)에서는 모든 자산의 기대수익률이 무위험 수익률과 동일하다. 이런 이유로, 식 (14.1)에서 현재 시점의 콜옵션 가격을 구할 때 무위험 이자율로 할인하게 된다.
- 셋째, 콜옵션의 가치에 영향을 주는 유일한 변수는 기초자산가격이다. 특히, 전통적

인 CAPM의 시장포트폴리오를 비롯한 다른 자산이나 다른 포트폴리오의 가치와는 무관하다. 옵션가격은 기초자산가격에만 의존한다.

- 넷째, 투자자들이 위험중립적인 경우에는 $p = (r - d)/(u - d)$를 주가가 상승할 확률로 해석할 수 있으며, p를 **위험중립확률**이라고 부른다. 이를 이해하기 위해, 주식의 기대수익률이 무위험 수익률과 같다고 해 보자.[3] 이는 위험중립적인 세상임을 의미한다. 그러면, 주가 상승 확률을 q라고 할 때, 주식의 기대가격은 아래와 같이 나타낼 수 있다.

$$S = \frac{1}{r}\{quS + (1 - q)dS\} \tag{14.2}$$

위 식을 q에 대해 정리하면, 아래와 같이 p가 곧 주가의 상승확률이 된다.

$$q = (r - d)/(u - d) \equiv p$$

따라서, 식 (14.1)에서 구한 콜옵션의 현재가치는 '위험중립적인 세상에서 위험중립확률 p에 의한 콜옵션의 미래 가치를 무위험이자율 r로 할인한 것'으로 해석할 수 있다. 그런데, 이것이 콜옵션의 기대수익률이 무위험수익률과 반드시 같아야 함을 의미하는 것은 아니다. 무위험 헤지포트폴리오를 구성한 덕분에 **옵션가치평가에 적용되는 위험중립적인 세상(risk-neutral world)**에서는 차익거래과정을 통해서 콜옵션의 가격과 콜옵션을 모방한 헤지 포트폴리오(주식과 채권으로 구성된)의 가치가 일치해야 하므로, 콜옵션의 위험과 기대수익률은 이를 모방한 헤지 포트폴리오의 위험 및 기대수익률과 반드시 같아야 한다. 반면, 실제(real world)로는 콜옵션이 무위험은 아니기 때문에, 콜옵션의 기대수익률이 무위험수익률과 같아야 할 이유는 없다.

14.2.3 이항옵션가격공식의 유도

■ 2기간 이항프로세스에서의 옵션가격모형

앞서 우리는 식 (14.1)에서 콜옵션의 현재가치인 $C = \frac{pC_u+(1-p)C_d}{r}$ 를 구해보았다. 이제, 1기간 후의 콜옵션 가치인 C_u와 C_d를 구해서 2기간 이항프로세스에서의 옵션가격모형을 구해보자.

앞서 설명한 대로 Δ_S와 Δ_B는 시간 경과에 따라 변하지 않고 매 기간마다 동일한 함수 형태를 가지므로, 1기간 후의 콜옵션 가치인 C_u와 C_d는 식 (14.1)을 이용하여 아래와 같이

3 투자자들이 위험중립적인 세상에서는 자산의 위험(위험프리미엄)을 고려하지 않으므로 위험자산인 주식의 기대수익률은 무위험자산의 수익률과 같아야 한다. 15장에서 보다 자세히 설명한다.

나타낼 수 있다.

$$C_u = \frac{1}{r}[pC_{uu} + (1-p)C_{ud}] \qquad (14.3)$$

$$C_d = \frac{1}{r}[pC_{du} + (1-p)C_{dd}]$$

식 (14.3)을 (14.1)에 대입하면, 두 번째 기간 말의 콜옵션의 지급액(payoff)을 이용한 콜옵션의 현재가치를 아래와 같이 얻을 수 있다. 이 식이 **2기간 이항옵션가격공식**이다.

$$C = \frac{p^2 C_{uu} + 2p(1-p)C_{ud} + (1-p)^2 C_{dd}}{r^2}$$

$$= \frac{p^2 Max(0, u^2 S - K) + 2p(1-p)Max(0, udS - K) + (1-p)^2 Max(0, d^2 S - K)}{r^2}$$

■ n기간으로 확장된 일반화된 이항옵션가격공식의 유도

이와 같은 방식으로 n기간까지 확장하면, 아래와 같은 콜옵션 가치평가 공식을 만들어 낼 수 있다. 단, j는 주가가 상승한 기간의 횟수를 나타낸다.[4]

$$C = \frac{1}{r^n}\left[\sum_{j=0}^{n} \binom{n}{j} p^j (1-p)^{n-j} Max(0, u^j d^{n-j} S - K)\right] \qquad (14.4)$$

$$= \frac{1}{r^n} E[Max(0, u^j d^{n-j} S - K)]$$

유러피언 풋옵션의 경우도 비슷한 방법을 사용하여 아래와 같은 식을 구할 수 있다.

$$P = \frac{1}{r^n}\left[\sum_{j=0}^{n} \binom{n}{j} p^j (1-p)^{n-j} Max(0, K - u^j d^{n-j} S)\right] \qquad (14.5)$$

그런데, 위 식에서 Max 함수는 비선형 함수이므로, 이 공식의 분석이나 활용을 용이하게 하기 위하여 Max 함수를 제거할 필요가 있다. 식 (14.4)에서 $u^j d^{n-j} S$는 j가 커질수록 증가

4 확률변수 X가 이항분포(binomial distribution)를 따르고, 한번의 시도에서 사건이 일어날 확률이 p이고, 총 시도횟수는 n번이라고 하자. 이를 $X \sim B(n,p)$로 표기한다. 이 때, n번의 시도 횟수 중 사건이 k번 발생할 확률은 다음과 같다.

$$f(k,n,p) = \Pr(X = k) = \binom{n}{k} p^k (1-p)^{n-k}$$

여기서, $\binom{n}{k} = \frac{n!}{k!(n-k)!}$이고, 이는 n개 중 순서없이 k개를 선택하는 경우의 수인 조합(combination)의 수 ${}_nC_k$와 동일하다.

하게 되므로, 만기시점에서 $u^j d^{n-j} S - K$를 양수로 만드는 가장 작은 j만 찾아내면 Max 함수를 제거할 수 있다. 따라서, $u^j d^{n-j} S - K$를 양수로 만드는 주가 상승횟수의 최솟값을 j^*라고 두고, 아래의 부등식을 사용해서 j^*를 구해보자.

$$u^{j^*} d^{n-j^*} S \geq K$$

양 변에 자연로그를 취하면,

$$j^* \ln u + (n - j^*) \ln d + \ln S \geq \ln K$$

이를 정리하면 아래와 같이 j^*를 구할 수 있으며, j^*의 의미는 $\frac{\ln(K/(Sd^n))}{\ln(u/d)}$ 보다 크면서 음수가 아닌 가장 작은 정수이다.

$$j^* = \frac{\ln(K/(Sd^n))}{\ln(u/d)} \tag{14.6}$$

이제, 이 식을 식 (14.4)에 대입하면, 아래와 같이 Max 함수가 없는 콜옵션 가격 공식을 얻을 수 있다.

$$\begin{aligned} C &= \frac{1}{r^n}\left[\sum_{j=j^*}^{n} \binom{n}{j} p^j (1-p)^{n-j} (u^j d^{n-j} S - K)\right] \qquad (14.7) \\ &= S\left[\sum_{j=j^*}^{n} \binom{n}{j} p^j (1-p)^{n-j} \frac{u^j d^{n-j}}{r^n}\right] - Kr^{-n}\left[\sum_{j=j^*}^{n} \binom{n}{j} p^j (1-p)^{n-j}\right] \end{aligned}$$

이 식을 좀 더 간단히 표현하기 위해, $p^* \equiv (u/r)p,\ 1 - p^* \equiv (d/r)(1-p)$라고 두면, 아래의 관계식을 얻을 수 있다.

$$p^j (1-p)^{n-j} \frac{u^j d^{n-j}}{r^n} = (p^*)^j (1-p^*)^{n-j}$$

이를 식 (14.7)에 대입하면,

$$C = S\left[\sum_{j=j^*}^{n} \binom{n}{j} (p^*)^j (1-p^*)^{n-j}\right] - Kr^{-n}\left[\sum_{j=j^*}^{n} \binom{n}{j} p^j (1-p)^{n-j}\right] \tag{14.8}$$

위 식에서 대괄호 부분은 각각 여사건의 누적이항분포함수(complementary cumulative binomial distribution function)인 $\Phi^c[j^*; n, p^*]$와 $\Phi^c[j^*; n, p]$이다. 따라서, 아래와 같이 나타낼 수 있다.

▶ 이항옵션가격공식(binomial option pricing formula)

기초자산의 가격이 이산시간에 걸쳐서 매기간 상승 혹은 하락하는 이항분포를 따를 때 n기 후 만기가 되는 옵션의 가격은 다음과 같다.

$$C = S\Phi^c[j^*; n, p^*] - Kr^{-n}\Phi^c[j^*; n, p] \tag{14.9}$$

$$= S(1 - \Phi[j^*; n, p^*]) - Kr^{-n}(1 - \Phi[j^*; n, p])$$

단, $p = (r-d)/(u-d)$, $p^* = (u/r)p$이고, $j^* = \frac{\ln(K/(Sd^n))}{\ln(u/d)}$는 $\ln(K/Sd^n)/\ln(u/d)$보다 크면서 음수가 아닌 가장 작은 정수이다.

기초자산의 가격이 이산기간에 걸쳐 매기 상승 혹은 하락하는 이항분포를 따를 경우 n기 후 확률분포를 그림으로 나타내면 [그림 14-3]과 같다. 이 그림은 전체 기간이 $n = 6$인 경우를 가정하고, 앞서의 [그림 14-2] 이항프로세스를 따르는 가격 변화의 세로축을 가로로 눕힌 다음, 가장 왼쪽은 주가 상승 횟수 $j = 0$(주가가 한번도 상승하지 않은 경우)이고, 가장 오른쪽은 주가 상승 횟수 $j = 6$인 경우(모든 기간마다 주가가 상승한 경우)를 예시한 것이다.

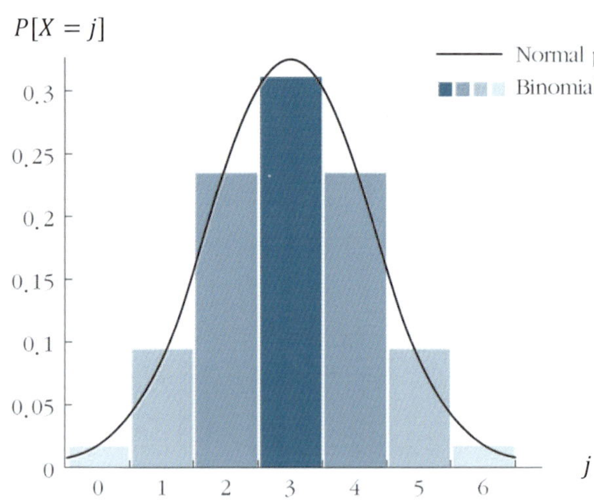

[그림 14-3] $n = 6$일 경우 j에 따른 확률 $\binom{n}{j}(p^*)^j(1-p^*)^{n-j}$의 분포[5]

5 이 그림에서 p.d.f.(probability density function)는 확률밀도함수이고, p.m.f.(probability mass function)는 이산확률변수에서 특정값에 대한 확률을 나타내는 확률질량함수이다.

[그림 14-4]는 기초자산가격이 이항분포를 따르는 경우 콜옵션에 대한 지급금액(payoff)을 이항트리로 나타내고 있다. 콜옵션에 대한 지급액은 n기간 후 만기시에 기초자산의 가격 $u^j d^{n-j} S$가 행사가격(K)보다 큰 경우에만 지급되며, 지급금액은 기초자산가격과 행사가격의 차이 $u^j d^{n-j} S - K$가 된다. 이 그림에서 기간 n이 늘어날수록, 이항분포는 정규분포를 닮아가는 것을 볼 수 있으며, 따라서 이항프로세스를 이용한 옵션가격은 결국 연속시간하에서 Black-Scholes의 옵션가격결정모형과 일치하게 됨을 암시한다.

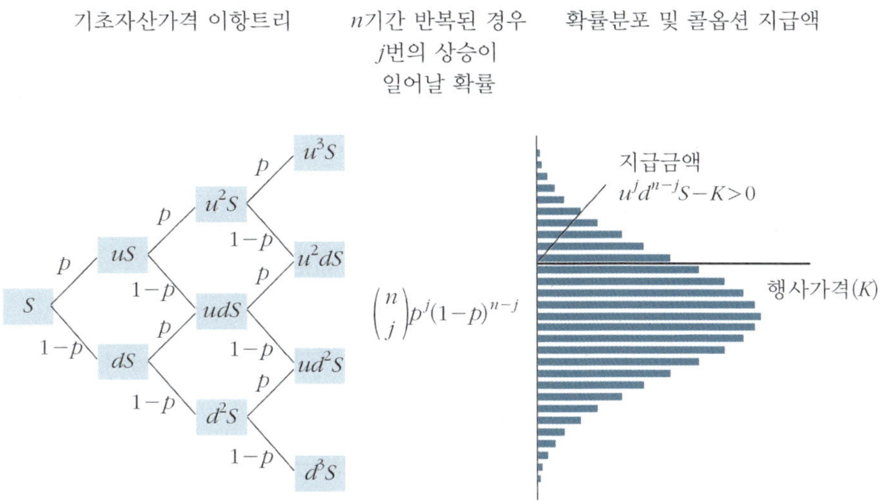

[그림 14-4] 기초자산가격이 이항분포를 따르는 경우 콜옵션의 지급금액

14.3 이항분포의 극한을 이용한 블랙-숄즈 옵션가격모형 유도*

이제, 이산시간에서의 단위시간을 무한히 분할시키면 연속시간이 된다는 점을 이용해서, 앞 절에서 구한 식 (14.9)의 이산시간 이항옵션가격공식으로부터 블랙-숄즈 옵션가격모형을 유도해 보자.

앞서 살펴본 이산시간 이항옵션가격모형에서는 단위시간(예를 들면 1년)이 n개의 구간으로 구분되고, 단위시간당 무위험 수익률은 $r-1$임을 가정하였다. 이제 연속시간에서의 이항옵션가격모형을 살펴보자. 먼저 연속시간 모형에서는 단위시간이 1년이므로, 일년을 n개의 구간으로 구분한다고 가정하자. 연간 무위험 수익률을 r_f라고 하고, 잔여만기가 τ(옵션의 만기까지 기간)이면, 자연상수 e의 정의를 이용하여 아래의 식을 얻을 수 있다.[6]

6 자연상수 e의 정의: $e^x = \lim_{n\to\infty}(1+\frac{x}{n})^n$

$$\lim_{n\to\infty}\left\{\left(1+\frac{\tau r_f}{n}\right)^{-n}\right\} = e^{-\tau r_f}$$

14.3.1 이항분포의 정규근사

먼저, 이항분포에서 사건 발생 확률인 p 또는 p^*가 0 또는 1에 가까운 값이 아닐 경우, 시행횟수 $n \to \infty$가 되면 이항분포의 확률밀도함수는 아래와 같이 정규분포로 근사된다.[7]

$$\binom{n}{j}(p^*)^j(1-p^*)^{n-j} \simeq \frac{1}{\sqrt{2\pi np^*(1-p^*)}}\exp\left(-\frac{1}{2}\left(\frac{j-np^*}{\sqrt{np^*(1-p^*)}}\right)^2\right)$$

$$= \frac{1}{\sqrt{2\pi}\sigma^*}\exp\left(-\frac{1}{2\sigma^{*2}}(j-\mu^*)^2\right)$$

이 정규분포에서 평균은 $\mu^* = np^*$, 분산은 $\sigma^{*2} = np^*(1-p^*)$이다. 같은 방법으로, p에 관해서도 아래의 근사식을 구할 수 있다. 아래 식에서, $\mu = np$, $\sigma^2 = np(1-p)$이다.

$$\binom{n}{j}p^j(1-p)^{n-j} \simeq \frac{1}{\sqrt{2\pi np(1-p)}}\exp\left(-\frac{1}{2}\left(\frac{j-np}{\sqrt{np(1-p)}}\right)^2\right)$$

$$= \frac{1}{\sqrt{2\pi}\sigma}\exp\left(-\frac{1}{2\sigma^2}(j-\mu)^2\right)$$

이제, 이항분포의 정규근사를 식 (14.8)에 적용해서, $n \to \infty$인 연속시간에서의 이항옵션 가격공식을 유도해 보자.

$$C = S\int_{j_1}^{\infty}\frac{1}{\sqrt{2\pi}\sigma^*}\exp\left(-\frac{1}{2\sigma^{*2}}(j-\mu^*)^2\right)dj - Ke^{-\tau r_f}\int_{j_2}^{\infty}\frac{1}{\sqrt{2\pi}\sigma}\exp\left(-\frac{1}{2\sigma^2}(j-\mu)^2\right)dj$$

$$= S\left(\int_{-\infty}^{j_1^*}\frac{1}{\sqrt{2\pi}}\exp\left(-\frac{x^2}{2}\right)dx\right) - Ke^{-\tau r_f}\left(\int_{-\infty}^{j_2^*}\frac{1}{\sqrt{2\pi}}\exp\left(-\frac{x^2}{2}\right)dx\right)$$

$$= SN(j_1^*) - Ke^{-\tau r_f}N(j_2^*) \tag{14.10}$$

---

7 이항분포를 따르는 임의의 확률변수 X에 대해 $X{\sim}B(n,p)$일 때, 시행횟수 n이 충분히 커질수록 $X{\sim}N(np, np(1-p))$인 정규분포로 근사된다. 이를 이항분포의 정규근사라고 한다. 이 근사를 이용하기 위해서는 만기까지의 이항과정의 횟수인 n이 최소한 20보다는 커야 하고, 확률 p는 0 또는 1과 유사한 값이 아니어야 한다(Box et al., 1978). 실무에서 이항과정을 이용하는 경우에는 대체로 n을 30개 이상으로 한다(Hull, 2000). 30개인 경우 2^{30}개의 가격변화과정을 고려하게 된다.

위 식의 첫 번째 항에서는 $\frac{j-\mu^*}{\sigma^*} \equiv -x$라고 두었을 때 $\frac{dj}{\sigma^*} = -dx$와 $j_1^* = -\frac{j_1 - \mu^*}{\sigma^*}$가 됨을 이용하였고, 두 번째 항에서는 $\frac{j-\mu}{\sigma} \equiv -x$라고 두었을 때 $\frac{dj}{\sigma} = -dx$와 $j_2^* = -\frac{j_2 - \mu}{\sigma}$가 됨을 이용하였다. 또한 위 식에서 $N(\cdot)$은 정규분포의 누적분포함수를 의미한다.

14.3.2 j_2^*의 유도

위 식에 의하면, 콜옵션의 가치는 S, K, τ, r_f 이외에도 누적정규확률분포의 구간에 해당하는 j_1^*과 j_2^*에 의해 영향을 받는다. 따라서, 콜옵션의 가치를 계산하기 위해서는 j_1^*과 j_2^*의 값을 구해야 한다. 우리는 앞서 $j_2^* \equiv -\frac{j^*-\mu}{\sigma}$로 두었고, 식 (14.6)에서 $j^* = \frac{\ln(K/(Sd^n))}{\ln(u/d)}$로 정의하였으므로, 이 식들을 이용하여 j_2^*를 구해보도록 하자. 단, j_1^*도 같은 방법으로 구할 수 있으므로 이는 생략하기로 한다.

■ 이항분포를 따르는 기초자산의 로그 수익률에 대한 기댓값과 분산

그런데, j_2^*를 구하기 위해서는 기초자산가격의 로그 수익률에 대한 기댓값과 분산을 먼저 구한 후 이들을 이용해야 한다. 이 과정에서 우리는 연속시간에서 기초자산의 가격이 기하 브라운 운동을 따른다는 것을 확인하게 될 것이다.

우선, n기간 후의 기초자산가격을 S_n이라고 하면, n기간 동안의 로그수익률은 아래와 같다.

$$\begin{aligned}\ln(S_n/S) &= \ln(u^j d^{n-j} S/S) \\ &= \ln(u^j d^{n-j}) \\ &= j\ln u + (n-j)\ln d \\ &= j\ln(u/d) + n\ln d\end{aligned} \tag{14.11}$$

위 식을 이용하여 n기간 동안의 로그수익률에 대한 기댓값과 분산을 구하면 아래와 같다.

$$\begin{aligned}E[\ln(S_n/S)] &= E(j)\ln(u/d) + n\ln d \\ &= np\ln(u/d) + n\ln d \\ &= n[p\ln(u/d) + \ln d]\end{aligned} \tag{14.12}$$

$$\begin{aligned}Var[\ln(S_n/S)] &= Var(j)[\ln(u/d)]^2 \\ &= np(1-p)[\ln(u/d)]^2\end{aligned} \tag{14.13}$$

따라서, 잔여만기 τ를 무한히 나누면, 즉 $n \to \infty$이면, 이항분포를 따르는 j(주가상승횟수)는 평균이 np이고 분산이 $np(1-p)$인 정규분포를 따르게 되므로, 식 (14.11)의 $\ln(S_n/S)$는 정

규분포를 따르게 된다.

■ 로그수익률의 기댓값/분산을 이산시간 수익률의 기댓값/분산과 일치시키는 조건

한편, 잔여만기 τ는 옵션계약에 의해 고정되어 있으므로, 그 이외의 u, d 및 p를 적절히 조정한다면, $n \rightarrow \infty$(연속시간)에서 자산가격에 대한 로그수익률(연속복리수익률) $\ln(S_n/S)$의 평균과 분산을 이산시간에서 이항분포를 따르는 실제 기초자산 수익률의 기댓값($\mu\tau$) 및 분산($\sigma^2\tau$)과 일치하도록 만들 수 있다. 그러한 조건을 찾기 위해, 아래와 같이 기댓값과 분산을 서로 동일하다고 두자.

$$\lim_{n\rightarrow\infty} E[\ln(S_n/S)] = \lim_{n\rightarrow\infty} n[p\ln(u/d) + \ln d] = \mu\tau \quad (14.14)$$
$$\lim_{n\rightarrow\infty} Var[\ln(S_n/S)] = \lim_{n\rightarrow\infty} np(1-p)[\ln(u/d)]^2 = \sigma^2\tau$$

위 식 (14.14)는 기댓값과 분산을 세 개의 매개변수 u, d 그리고 p로 나타낼 수 있음을 의미한다. 그러나 식 (14.14)의 두 개의 식으로는 세 개의 매개변수 값을 구할 수 없다. 따라서 여기서는 위 두 식을 만족시키는 해 중 대표적인 사례로 아래와 같이 u, d, p를 두도록 하자.

$$u = e^{\sigma\sqrt{\tau/n}} \quad (14.15)$$
$$d = e^{-\sigma\sqrt{\tau/n}}$$
$$p = \frac{1}{2} + \frac{1}{2}(\mu/\sigma)\sqrt{\tau/n}$$

위 식들은 기초자산가격의 상승과 하락이 어떻게 결정되는지를 가정하고 있다. 특히, 주가의 상승률(u)과 하락률(d)은 기초자산 수익률의 표준편차와 잔여만기에 의해서 결정된다고 가정한 것이다. 그리고, 연속시간인 $n \rightarrow \infty$에서는(즉, 시간간격이 무한히 짧으면) u와 d는 1로 수렴(즉, 주가가 상승 또는 하락할 때의 수익률은 0으로 수렴)하고, 위험중립에서의 주가의 상승확률(p)은 1/2이 된다.

■ 위험중립 가치평가에 의한 기초자산 수익률의 분포

한편, 로그수익률 $\ln(S_n/S)$이 정규분포를 따르므로, 수익률 S_n/S은 로그정규분포를 따른다. 따라서, 식 (14.14)의 기댓값과 분산 및 로그정규분포에 대한 적률생성함수를 이용하면, S_n/S에 대한 기댓값은 아래와 같이 구할 수 있다.[8]

---

8 마지막 장 '연속시간 재무이론의 기초'의 식 (C.8)을 참조하기 바란다. 이 식은 순간수익률의 기댓값이 아니라 τ기간 동안의 수익률에 대한 기댓값이다.

$$E[S_n/S] = \exp\left(\mu\tau + \frac{1}{2}\sigma^2\tau\right) \tag{14.16}$$

그런데, 위험중립인 경우에는 위험에 대한 프리미엄이 없으므로 기초자산의 수익률은 무위험 수익률(r_f)과 같아야 한다. 따라서 식 (14.9)에서 설명한 바와 같이 $n \to \infty$가 됨에 따라 아래의 연속복리 수익률에 관한 식이 성립한다.

$$E[S_n/S] = \exp(r_f\tau) \tag{14.17}$$

식 (14.16)과 (14.17)로부터, 위험중립하에서 자산의 순간수익률의 기댓값은 아래와 같다.

$$\mu = r_f - \frac{1}{2}\sigma^2$$

■ j_2^*의 계산

이제, (14.6)의 $j^* = \frac{\ln(K/(Sd^n))}{\ln(u/d)}$과 식 (14.14)를 이용해서, j_2^*를 구해 보자.

$$j_2^* \equiv -\frac{j^* - \mu}{\sigma} = -\frac{\dfrac{\ln\left(\frac{K}{Sd^n}\right)}{\ln\left(\frac{u}{d}\right)} - np}{\sqrt{np(1-p)}} = -\frac{\ln\left(\frac{K}{S}\right) - n\ln d - np\ln\left(\frac{u}{d}\right)}{\sqrt{np(1-p)}\,\ln\left(\frac{u}{d}\right)} = -\frac{\ln(K/S) - \mu\tau}{\sigma\sqrt{\tau}}$$

연속시간에서는 식 (14.14)가 성립하므로 이를 위 식에 대입하고, $\mu = r_f - \frac{1}{2}\sigma^2$를 대입하면,

$$j_2^* = \frac{\ln(S/K) + \left(r_f - \frac{1}{2}\sigma^2\right)\tau}{\sigma\sqrt{\tau}}$$

14.3.3 블랙-숄즈 옵션가격모형과의 비교

앞에서 구한 j_1^*과 j_2^*를 식 (14.10)에 대입하면, (14.10)은 아래와 같이 연속시간에서의 Black-Scholes 옵션가격공식과 동일한 형태가 된다.

$$C = SN(j_1^*) - Ke^{-\tau r_f}N(j_2^*) \tag{14.18}$$

$$= S\int_{-\infty}^{j_1^*} \frac{1}{\sqrt{2\pi}}\exp\left(-\frac{x^2}{2}\right)dx - Ke^{-\tau r_f}\int_{-\infty}^{j_2^*} \frac{1}{\sqrt{2\pi}}\exp\left(-\frac{x^2}{2}\right)dx$$

단, $j_1^* = \dfrac{\ln(S/K) + (r + \frac{1}{2}\sigma^2)\tau}{\sigma\sqrt{\tau}}$, $j_2^* = \dfrac{\ln(S/K) + (r - \frac{1}{2}\sigma^2)\tau}{\sigma\sqrt{\tau}}$

요약하면, 식 (14.9)의 이항옵션가격공식에 대해 단위시간을 무한히 분할시키는 극한을 적용함으로써 식 (14.18)의 Black-Scholes 옵션가격모형을 유도할 수 있다. 연속시간하에서 Black-Scholes 옵션가격모형은 제15장에서 자세히 살펴볼 예정이다.

14.4 이항옵션가격결정모형의 일반화**

이항옵션가격모형에서는 여러 가정들을 사용하였다. 그중에서 현실과 부합하지 않는 다음 두 가지 가정에 대하여 살펴보기로 한다.

- 매 기간 동안 기초자산의 가격변화가 일정비율로 상승 또는 하락하는 경우
- 짧은 시간 동안 기초자산의 가격의 급등락이 없는 경우

여기서는 이 두 가정이 성립하지 않을 때, 즉, 주가가 상승과 하락 이외에 다른 움직임도 보이거나, 주가가 급등락을 할 때, 이항옵션가격모형이 어떤 영향을 받는지를 살펴본다.

14.4.1 다항옵션가격결정모형

이항옵션가격결정모형에 대한 첫 번째 질문은 '주가가 상승 또는 하락만 하는가?'일 것이다. 예를 들어 주가가 변하지 않는 경우 등을 포함하여 주가의 움직임은 다양하게 나타날 수 있다. 만약, 주가의 움직임이 여러 가지라면, 이항옵션가격모형은 어떻게 변할까?

이 문제에 대한 답은 간단하게 설명할 수 있다. 앞 절에서의 기본적인 가정을 생각해 보자. 주가 S는 짧은 시간간격 이후에 uS 또는 dS가 된다. 시간간격이 두 번 지나면, uuS, udS, 또는 ddS가 될 것이다. 만약, 우리가 두 번의 시간간격을 하나의 시간간격으로 묶어서 본다면, 기초자산가격은 상승-상승, 상승-하락(또는 하락-상승), 하락-하락의 세 갈래로 나뉘는 단일기간의 삼항모형(trinomial model)이라고 볼 수 있다. 즉, 단일기간 삼항모형은 두 기간에 걸친 이항모형으로 나눌 수 있다. 결국, 어떠한 다중의 트리도 이항 트리로 만들어낼 수 있다.[9]

14.4.2 확산-점프 프로세스에 의한 옵션가격결정

기초자산가격에 큰 규모의 충격이 발생하는 일이 없다면, 기초자산가격은 작은 크기로

9 보다 복잡한 경우는 Cox와 Rubinstein(1985)을 참조하기 바란다. Kamrad와 Ritchken(1991)과 Hull과 White(1994)는 삼항옵션가격모형(trinomial option pricing model)을 제시하였다. 이에 대해 Rubinstein(2000)이 정리한 바에 의하면, 이항옵션가격모형에서 매개변수를 적절히 정하면, 삼항모형의 특수한 경우가 된다.

계속 등락하는 움직임을 보이게 되므로, 굳이 **점프 프로세스**(jump process)를 고려할 필요는 없다. 그러나 현실에서는 주가와 같은 기초자산가격이 매우 짧은 시간 동안 크게 변하는 경우가 사수 발생한다. 이렇게 주가가 단기간에 급등락 하는 점프를 보이는 경우 이항옵션 가격모형을 사용할 수 있는지를 살펴보자.

점프 프로세스는 예상치 못한 정보의 갑작스런 유입으로 인한 주가의 불연속적인 점프를 포착한다. 만약, 주가 프로세스에 점프를 반영시킬 수 없다면, 나쁜 뉴스가 시장에 유입될 경우에도 주가는 $d-1$의 비율로 점진적으로 하락하는 과정으로 모델링하는 수밖에 없으므로 이 모형은 현실을 제대로 반영할 수 없게 된다.

■ 이항분포의 포아송 근사

앞 장에서 살펴보았듯이, 잔여만기를 무한히 나누는 극한을 적용하는 경우에는 구분된 시간간격이 무한히 짧아짐에 따라 주가의 상승률 및 하락률인 u와 d는 1로 수렴(즉, 수익률은 0으로 수렴)하고, p는 1/2이 되었다. 그리고, 시간간격의 개수인 n이 무한히 많아지기 때문에, 이항분포가 정규분포로 근사되면서 블랙-숄즈의 옵션가격모형을 구할 수 있었다.

그러나, $n \to \infty$가 되면서 p는 0으로 수렴하고 np는 고정되어 있는 경우에는, 이항분포는 정규분포가 아닌 포아송분포(Poission distribution)로 근사되므로, 블랙-숄즈 옵션가격결정모형을 유도해 낼 수는 없다.[10]

■ 점프 프로세스에 의한 옵션가격결정공식

만약 $n \to \infty$가 되더라도 np가 고정되어 있으려면 p가 0으로 수렴해야 하는데, 이는 단위 구간 내에서 발생확률(p)이 희박하다는 것을 의미하는 것으로서, 이 경우 식 (14.9)의 첫 번째 항의 이항분포함수는 아래와 같이 포아송분포의 확률밀도함수로 근사된다.

$$\binom{n}{j}(p^*)^j(1-p^*)^{n-j} \simeq \frac{e^{-\mu^*}(\mu^*)^j}{j!}$$

따라서, 이 식은 n개의 기간 중 사건발생(여기서는 점프 발생) 횟수인 j가 평균 $\mu^*(=np^*)$, 분산 μ^*인 포아송분포를 따를 때, 사건이 j번 발생할 확률을 의미한다. 같은 방법으로 식 (14.9)의 두 번째 항도 다음과 같이 근사된다.

---

10 포아송 분포는 특정 사건이 발생할 가능성이 매우 적은 확률변수가 따르는 분포이다. 예를 들면, 특정 지역에서 일정 기간 동안 교통사고가 발생하는 빈도는 포아송분포를 따르는 확률변수이다.

$$\binom{n}{j} p^j (1-p)^{n-j} \simeq \frac{e^{-\mu}(\mu)^j}{j!}$$

따라서, $n \to \infty$가 되면, 식 (14.9)의 옵션가격은 아래와 같다.

$$C = S\int_{j^*}^{\infty} \frac{e^{-\mu^*}(\mu^*)^j}{j!} dj - Ke^{-\tau r_f}\int_{j^*}^{\infty} \frac{e^{-\mu}(\mu)^j}{j!} dj$$

$$= S\Psi(j^*;\mu^*) - Ke^{-\tau r_f}\Psi(j^*;\mu)$$

여기서, $\Psi(j^*;\mu^*) \equiv \int_{j^*}^{\infty} \frac{e^{-\mu^*}(\mu^*)^j}{j!} dj$와 $\Psi(j^*;\mu) \equiv \int_{j^*}^{\infty} \frac{e^{-\mu}(\mu)^j}{j!} dj$는 여사건의 누적포아송분포 함수(complementary Poisson distribution function)이다. 위 식은 **주가가 포아송분포에 의한 점프 프로세스를 따르는 경우의 콜옵션가격결정공식**이다.

위의 내용을 정리해 보면, n이 증가하더라도 np가 고정된 경우라면 p가 매우 작아져야(즉, 0으로 수렴해야) 하는데, 이는 사건의 발생확률(발생빈도)이 매우 낮은(희박한) 경우를 의미하는 것으로서, 이러한 경우 이항옵션가격결정모형은 주가가 점프하는 경우를 반영한 연속시간 옵션가격모형이 된다는 것이다.

■ 주가의 점프 프로세스에 대한 이해

점프 프로세스를 따르는 주가 변동의 형태를 좀 더 살펴보기 위해서, 다음 [그림 14-5]에서는 주가의 상승(하락)확률이 높고(낮고) 주가변동의 크기가 작은(큰) 경우와, 주가의 상승(하락)확률이 낮고(높고) 주가변동의 크기가 큰(작은) 경우를 예시해 보았다. 실제 금융시장에서는, 예컨대 금융위기처럼 발생확률이 낮지만 주가의 낙폭이 매우 큰 경우가 발생하므로, 위의 그림이 더 현실적이라 하겠다.

그렇다면, 점프 프로세스는 기하 브라운 운동과 어떤 차이가 있을까? 앞 절에서는 이항분포의 정규 근사에 의해 주가는 기하 브라운 운동을 따르게 되고, 그 결과 이항옵션가격모형은 블랙-숄즈 옵션가격모형과 동일하게 된다고 설명하였다. 기하 브라운 운동을 따르는 자산가격은 확정적으로 변동되는 부분과 정규분포에 따라 확률적으로 변동되는 부분으로 구성된다. 반면, 점프 프로세스에서는 점프 이외에는 다른 변동성 유발요인은 없으므로, 점프가 발생하지 않을 경우에는 자산가격이 확정적으로 변동하고, 여기에 포아송 분포에 의해 가끔씩 발생하는 가격 점프가 추가되는 것이다. 사실, 점프 프로세스와 브라운 운동을 결합하면 보다 현실성이 높기 때문에, 이러한 경우가 자산가격분석에 많이 사용된다.

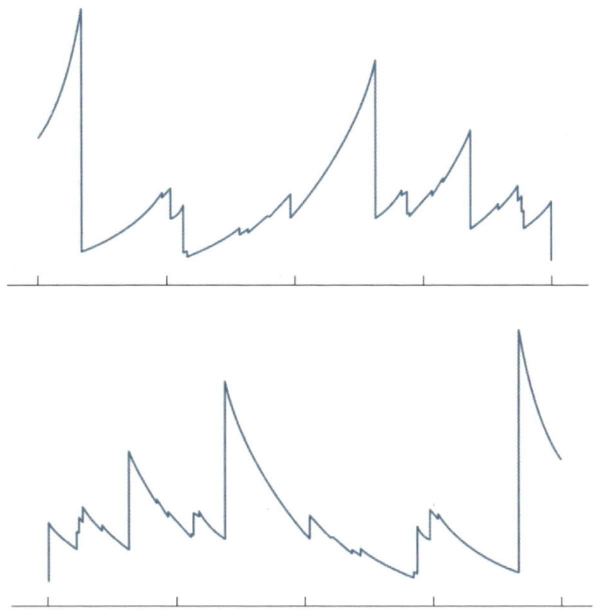

[그림 14-5] 점프 프로세스

(위 - 상승(하락)확률이 높고(낮고) 상승률(하락률)이 작은(큰) 경우)
(아래 - 상승(하락)확률이 낮고(높고) 상승률(하락률)이 큰(작은) 경우)

■ 점프 프로세스에 의한 옵션가격결정모형

주가의 점프 프로세스를 옵션가격모형에 반영하는 방법 중 하나는 u, d 및 p를 아래와 같이 정하는 것이다.

$$u = u$$
$$d = e^{\xi(\tau/n)}$$
$$p = \lambda(\tau/n)$$

단, τ와 n은 앞 절에서 설명하였고, ξ와 λ는 임의의 매개변수이다. 이 경우, $n \to \infty$가 되더라도 $np = n[\lambda(\tau/n)] = \lambda\tau$로 고정되어 있으므로, p가 0으로 수렴한다고 가정하면 주가는 포아송분포에 의한 점프 프로세스를 따르게 된다. 이 경우의 옵션가격결정모형은 앞서 설명한 대로 아래와 같다.

$$C = S\Psi(j^*;\mu^*) - Ke^{-\tau r_f}\Psi(j^*;\mu)$$

여기서, 식 (14.6)의 j^*는 극한에서 아래와 같다.

$$\begin{aligned}\lim_{n\to\infty} j^* &= \lim_{n\to\infty} \frac{\ln(K/(Sd^n))}{\ln(u/d)} \\ &= \lim_{n\to\infty} \frac{\ln(K/S) - n\ln d}{\ln(u) - \xi(\tau/n)} \\ &= \lim_{n\to\infty} \frac{\ln(K/S) - n\xi(\tau/n)}{\ln(u)} \\ &= \frac{\ln(K/S) - \xi\tau}{\ln u}\end{aligned}$$

위 식은 점프 프로세스가 반영된 옵션가격공식으로서, 식 (14.9)의 이항옵션가격공식에서 이항분포가 포아송분포로 근사되기 위한 가정(즉, $n \to \infty$이면 $p \to 0$임을 가정)을 추가하여 구한 것이다.

또 다른 방법으로, 옵션가격과 포아송분포의 확률밀도함수를 이용하여, 아래와 같이 기댓값 형태로 점프 프로세스가 반영된 옵션가격모형을 구할 수도 있다.

$$C = \sum_{i=0}^{\infty} \frac{e^{-\lambda\tau}(\lambda\tau)^i}{i!} C_i$$

단, λ는 점프의 발생 빈도, 즉, 1년 동안 점프의 발생 횟수를 의미하고, C_i는 식 (14.18)의 블랙-숄즈 옵션가격으로서, 변동성인 σ_i^2 대신 점프 요소를 포함하고 있다.

14.5 Black-Derman-Toy 모형★★

여기서는 이자율을 기초자산으로 하는 파생상품의 가격결정을 위해 실무에서 중요하게 사용되는 이항모형인 Black-Derman-Toy(BDT) 모형을 설명하고자 한다. 이 모형은 Black, Derman과 Toy(1990)가 제시한 이항모형으로, 단기이자율의 기간구조를 생성하기 위해 로그 단기이자율을 이항트리로 나타내고, 이를 기반으로 제16장에서 설명할 이자율 파생상품의 가치를 구하는 모형이다. 이항트리를 사용하기 때문에 비교적 간단하고 이해하기 쉬워서 실무에서 많이 사용된다. 여기서는 BDT모형으로 이자율 기간구조를 만든 후 이자율 파생상품인 상환청구권을 평가하는 방법을 살펴본다.

먼저, BDT모형의 주요 가정은 아래와 같다.

- 시장에 차익거래의 기회는 없다. 따라서, 모형에서 사용하는 단기이자율의 기간구조 및 변동성은 현재 관측된 시장 이자율의 기간구조 및 변동성 곡선과 일관되어야 한다.
- 단기이자율(r_t)은 로그정규분포를 따른다고 가정한다. 따라서, 로그 단기이자율($\ln(r_t)$)

은 $N(\mu, \sigma^2)$인 정규분포를 따르고, 단위기간에는 $\Delta\ln(r_t) \sim N(\mu\Delta t, \sigma^2\Delta t)$를 따른다.[11]

- 단기이자율은 50%의 확률로 상승하거나 하락한다.
- 단기이자율의 변동성(σ)은 시간에 따라 변하고, 단기 이자율의 수준과는 무관하다.

BDT모형에서 단기이자율 변화를 나타내는 이항트리의 구조는 [그림 14-6]과 같다. 각 시점을 나타내는 노드(node)에는 그 시점의 기초자산가격이나 파생상품 가격을 표시하고, 각 노드를 연결한 엣지(edge)는 기간을 의미하므로 해당 기간의 단기 이자율을 표시한다.

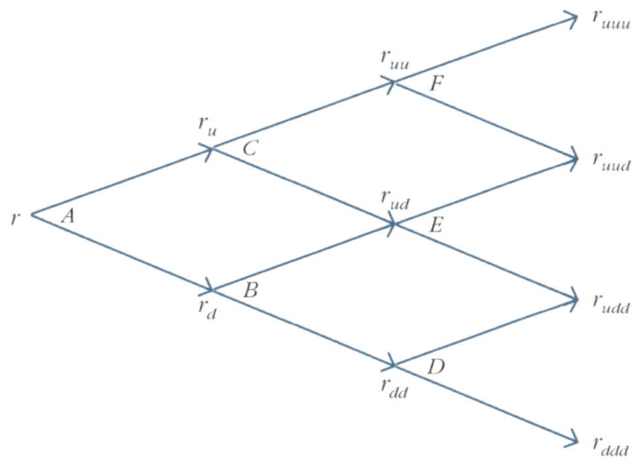

[그림 14-6] 단기이자율의 이항트리

■ 단기이자율의 무차익 거래 조건

현재시점에서는 모든 만기에 대한 현물이자율들을 직접 관측할 수 있다. 간혹 직접 관측이 안되는 일부 만기의 경우에는 내삽법(interpolation) 등으로 추론한다. BDT모형에서는 단기이자율의 수익률 곡선과 변동성 곡선을 현재 관측된 현물이자율의 수익률 곡선 및 변동성 곡선과 일치되도록 설정함으로써, 차익거래 기회가 존재하지 않는 기간구조를 만든다.[12]

예를 들어, 단위기간(Δt)이 n번 경과한 기간인 $n\Delta t$를 만기로 하는 무이표채(zero-coupon bond)(순수할인채)의 만기수익률(yield to maturity)인 **현물이자율**을 R_n이라 하고, $(n-1)\Delta t$부터 $n\Delta t$까지의 기간 동안 무이표채의 변동성을 σ_n이라 하자. 무차익 거래 조건을 충족하기 위

---

11 이자율을 정규분포로 가정하면 음수가 될 수 있다는 치명적인 문제가 생기는데, BDT모형처럼 로그정규분포로 가정하면 이런 문제는 해결된다. 반면, 로그정규분포의 가정으로 인해, 단기 이자율을 시장의 이자율 기간구조와 일치시키기 위해서는 Newton-Raphson 방법 같은 수치해석적 방법을 적용해야 하는 어려움이 발생한다.

12 이처럼 모형을 실제 관측된 데이터와 일치하도록 만드는 것을 calibration이라 한다.

해서는 각 단위기간에서 상승 및 하락한 단기이자율인 r_u와 r_d는 아래와 같이 수익률 곡선과 변동성에 관한 두 관계식을 동시에 만족하도록 정해야 한다.

$$\frac{0.5\frac{1}{(1+r_d)^{\Delta t}}+0.5\frac{1}{(1+r_u)^{\Delta t}}}{(1+r_1)^{\Delta t}}=\frac{1}{(1+R_2)^{2\Delta t}} \tag{14.19}$$

$$0.5\ln\left(\frac{r_u}{r_d}\right)=\sigma_1\sqrt{\Delta t} \tag{14.20}$$

위 식에서, 단위기간인 Δt는 1년을 기준으로 한다. 따라서, 1개월 단위로 이항트리를 만든다면, $\Delta t = 1/12$이 된다. 그리고, r_1은 최초(현재) 시점의 단기이자율로서, 최초 시점에서는 현물이자율과 동일하다.

- 수익률에 관한 무차익 거래조건

위 두 조건을 살펴보자. 먼저, 식 (14.19)는 이항트리의 각 단위기간별 단기이자율을 시장의 현물이자율과 일관되도록 만드는 조건이다.[13] 만기가 2기간 후인 무이표채를 생각해보자. 식 (14.19)의 우변은 만기 $2\Delta t$에서 액면가 1을 지급하는 무이표채의 현재가치(노드 A)인 $1/(1+R_2)^{2\Delta t}$이다.[14] 이 식은 현재 관측되는 시장이자율의 기간구조 하에서 이 무이표채의 현재가치를 나타낸다. 다음으로, 1기간 후인 노드 B와 C에서 이 무이표채의 가치는 1기에서 2기까지의 단기이자율(즉, 선도이자율)로 할인하여 구할 수 있으므로, $1/(1+r_d)^{\Delta t}$, $1/(1+r_u)^{\Delta t}$가 된다. 이를 다시 첫 번째 기간의 단기이자율(r_1)로 할인하면, 현재시점인 노드 A에서의 무이표채의 현재가치를 식 (14.19)의 좌변과 같이 구할 수 있다. 단, 가정에 따라 단기이자율의 상승 및 하락 확률을 각각 50%로 한다. 따라서, 차익거래의 기회가 없으려면, 식 (14.19)의 관계식이 성립해야 한다. 참고로, 최초의 Δt 동안의 단기이자율은 만기가 Δt인 무이표채의 만기수익률인 현물이자율과 동일하므로, 별도의 계산은 불필요하다.

- 변동성에 관한 무차익 거래조건

그 다음, 식 (14.20)은 단기이자율의 변동성을 시장의 변동성 곡선과 일치하도록 만드는 조건이다. 가정에 의하면, 로그 단기이자율의 분산은 $\sigma^2\Delta t$이므로, $\sigma_1\sqrt{\Delta t}$는 첫번째 단위기간 동안 $\Delta\ln(r_t)$의 표준편차를 의미한다. 한편, 단기이자율의 변동에 대한 표준편차를 계산하면 아래 식의 우변과 같다.[15]

---

13 이 식은 현물이자율로부터 선도이자율을 추출하는 방식과 동일하다. 즉, r_1, r_u, r_d 대신 해당 기간의 선도이자율 $f_{0,1}$, $f_{1,2}^u$, $f_{1,2}^d$로 바꾸면, 단기선도이자율(short-term forward rate)들을 구해낼 수 있다.

14 만기에서는 모든 채권의 가치가 액면가와 동일하다(즉, 액면가의 100%가 된다).

15 이 식은 분산의 정의에 의해 로그 이자율의 분산을 계산한 결과로부터 얻을 수 있다. 즉, $0.5(\ln r_u)^2+0.5(\ln r_d)^2-[0.5(\ln r_u+\ln r_d)]^2=[0.5(\ln r_u-\ln r_d)]^2$

$$\sigma_1\sqrt{\Delta t} = 0.5\ln\left(\frac{r_u}{r_d}\right) \tag{14.21}$$

따라서, 변동성에 관한 무차익거래 조건을 만족하기 위해서는 위 식이 성립하도록 r_u와 r_d를 정해야 한다. 즉, $r_u = r_d e^{2\sigma_2\sqrt{\Delta t}}$의 관계가 성립되어야 한다. 그러므로, $r_u = r_d e^{2\sigma_2\sqrt{\Delta t}}$를 (14.19)에 대입하여, 무차익 거래 조건인 (14.19)와 (14.20)을 동시에 만족하는 r_u, r_d의 값을 얻을 수 있다. 이러한 과정을 통해서 BDT 모형에서는 역사적 변동성과 내재 변동성을 모두 고려할 수 있으므로, 다른 평가모형보다 더 유연하고 정확하다는 장점이 있다.

■ 전체 기간의 이항트리 생성

그 다음 순서로는 앞서 설명한 방법으로 아래와 같은 무차익 거래 조건을 이용하여 이항트리의 두 번째 기간의 단기 이자율인 r_{uu}, r_{ud}, r_{dd}를 구하는 것이다.[16]

$$\frac{\left[0.5\frac{1}{(1+r_d)^{\Delta t}}\left(0.5\frac{1}{(1+r_{dd})^{\Delta t}}+0.5\frac{1}{(1+r_{ud})^{\Delta t}}\right)\right]+\left[0.5\frac{1}{(1+r_u)^{\Delta t}}\left(0.5\frac{1}{(1+r_{ud})^{\Delta t}}+0.5\frac{1}{(1+r_{uu})^{\Delta t}}\right)\right]}{(1+r_1)^{\Delta t}}$$

$$=\frac{1}{(1+R_3)^{3\Delta t}}$$

$$0.5\ln\left(\frac{r_{uu}}{r_{ud}}\right) = \sigma_2\sqrt{\Delta t},\quad 0.5\ln\left(\frac{r_{ud}}{r_{dd}}\right) = \sigma_2\sqrt{\Delta t}$$

위의 세 식 중 r_1, r_u, r_d는 이미 앞에서 구한 값이므로, 이 세 개의 식을 동시에 만족하는 r_{uu}, r_{ud}, r_{dd}를 구하면 된다.[17] 이런 과정을 순차적으로 진행하여 전체 기간에 대한 단기이자율 트리를 완성할 수 있다.

그리고, 완성된 단기 이자율 트리를 이용하면, 단위기간별 단기이자율의 변동성도 아래의 관계식에 의해 구할 수 있다. 단, 최초시점의 단기 이자율의 변동성 (σ_0^*)은 현물 이자율의 변동성인 σ_0과 동일하다.

$$\sigma_n^* = \frac{1}{2\sqrt{\Delta t}}\ln\left(\frac{r_u}{r_d}\right)$$

---

16 두 번째 이후의 과정은 3개 이상의 단기 이자율을 구하는 연립방정식을 풀기 위해 Newton-Raphson 방법을 사용해야 하므로 다소 복잡하여 본 책에서는 생략한다.

17 다만, 데이터 부족 등의 이유로 변동성(σ_2)을 구하기 어려운 경우에는 세 개의 식으로 4개의 미지수($\sigma_2, r_{uu}, r_{ud}, r_{dd}$)를 구해야 한다. 이를 위해서는 흔히 반복적 탐색(iterative search) 방법이나 Newton-Raphson 방법을 사용한다. 이에 대한 상세한 설명은 Jamshidian(1991) 또는 Bjerksund와 Stensland (1996)를 참조하기 바란다.

■ 채권가격 계산과 파생상품의 가치평가

이렇게 구한 단기이자율의 트리를 이용하면, 전체 기간의 이자율 및 채권가격 트리를 만들 수 있다. 참고로, 채권의 만기시점에서는 채권가격이 채권의 액면가격과 동일해야 하므로, 이항 트리의 제일 마지막 노드에서의 채권가격은 채권의 액면가격이다.

전체기간의 채권가격 이항트리를 생성하면, 채권가격을 기초자산으로 하는 파생상품의 가치를 구할 수 있다. 예를 들어, 상환청구권부 사채에 부여된 행사가격 K인 상환청구권의 가치평가를 생각해 보자. 상환청구권은 콜옵션이므로, 그 가치 평가는 앞서 설명한 Cox et al.(1979)의 이항옵션가격모형을 이용하여 이항트리 마지막 노드로부터 역순으로(backward induction) 구해나가면서, 최종적으로 현재 시점의 가치를 구하는 것으로 종료된다.

$$C_{j,i} = Max\left[B_{j,i} - K\ , \frac{(0.5C_{j+1,i} + 0.5C_{j+1,i+1})}{1 + r_{j,i}}\right]$$

위 식에서 j는 이항트리에서 j번째 단위기간을 의미하고, i는 노드의 위치를 의미한다. 예를 들어, (j,i)가 (2,1)이면 uu에 해당하는 노드가 되고, (2,2)이면 ud 노드, (2,3)이면 dd 노드가 된다. 따라서, $C_{j,i}$와 $B_{j,i}$는 (j,i) 노드에서의 콜옵션 가격과 일반채권 가격을 의미하고, $r_{j,i}$는 j번째 (j,i)기간의 단기이자율을 나타낸다. 위 식은 각 노드에서 콜옵션을 행사했을 때의 이득인 $(B_{j,i} - K)$와 콜옵션을 행사하지 않고 보유할 때의 가치인 $\left(0.5C_{j+1,i} + 0.5C_{j+1,i+1}\right)/(1 + r_{j,i})$ 중에서 큰 값이 해당 노드에서의 콜옵션 가치가 됨을 의미한다. 즉, $(B_{j,i} - K)$가 더 크다면, 채권 보유자는 콜옵션을 행사하고, 이 옵션 행사로 얻는 이득이 콜옵션 가치인 $C_{j,i}$가 된다.

14.6 요약 및 논의

옵션과 같은 파생상품에 대한 가격 모형은 그 유도과정을 완전히 이해하기는 힘들지만, 5개의 변수로 구성된 Black-Scholes 모형을 통해서 옵션의 가격을 계산하는 것은 비교적 간단하다. 그러나 옵션이 다른 옵션 또는 자산과 복합된 형태라면, 옵션가격결정원리를 이해하지 않고는 복잡한 형태의 파생상품 가치를 제대로 평가하기 힘들다.

옵션가격결정모형으로 가장 많이 사용되고 있는 Black-Scholes모형에 대한 구조나 유도과정을 이해하기 어렵기 때문에, 이에 대한 대안으로 Cox et al.(1979)이 제시한 '기초자산 가격이 이항분포를 따르는 경우의 옵션가격모형'을 살펴보았다. 얼핏 생각하면 이 모형은 기초자산의 가격이 상승 또는 하락한다는 두 가지 경우만 고려하여 옵션의 가격을 계산하므로, Black-Scholes모형으로 구한 옵션가격과 큰 괴리를 보일 것이라고 생각할 수 있다. 왜냐하면 실제로 기초자산의 가격 변화는 상승 혹은 하락으로 단순하지 않고, 따라서 이항분포를 따른다고 보기 힘들기 때문이다.

이러한 이항모형의 단순한 가정에도 불구하고 이항분포를 따르는 기초자산의 옵션가격모형은 현실적으로 Black-Scholes모형과 다르지 않다. 이는 이론적으로 시행횟수가 많을 경우 이항분포는 정규분포로 수렴하기 때문이며, 현실적으로는 만기까지의 기간을 30개 구간 이상으로 나눌 경우 이항옵션가격공식에 의한 옵션가격은 Black-Scholes모형의 가격과 다르지 않기 때문이다. 또한 이항분포모형이 Black-Scholes모형보다 유리한 점은 옵션 만기까지의 기간 중 배당 등이 있을 경우 이를 가격결정에 쉽게 반영할 수 있다는 것이다. 이러한 장점 때문에 이항모형은 실무에서 많이 사용되고 있다.

연/습/문/제

1. 무배당 주식 A의 현재 가격은 100이고, 1년 후에는 80%의 확률로 130이 되거나 20%의 확률로 90이 될 것으로 예상된다. 무위험 수익률이 5%일 때, 이항모형을 이용하여 이 주식 A를 기초자산으로 하는 만기 1년, 행사가격 100인 유러피언 콜옵션 가격과 풋옵션 가격을 구하시오.

2. 무배당 주식 B의 현재 가격은 300원이고, 1년 후 60%의 확률로 400원 또는 40%의 확률로 200원이 된다. 이 주식을 기초자산으로 하는 행사가격 250원인 유러피언 풋옵션의 현재 가격은 12원이다. 차익거래가 존재하지 않는 완전자본시장을 가정할 때, 무위험 수익률은 얼마인가?

3. 유러피언 콜옵션에 대한 이항옵션가격결정모형을 도출하고 다음을 설명하시오.
   A. 이항옵션가격모형의 유도에 필요한 가정을 설명하시오.
   B. 주가가 오르거나 내릴 확률은 모형에 나타나지 않는다는 것을 보이시오.
   C. 콜옵션의 가치는 위험에 대한 투자자의 태도에 의존하지 않는다는 것을 보이시오.
   D. 풋-콜 등가식을 사용하여 풋옵션의 가격을 도출하시오.

4. 무배당 주식 C의 현재가격은 8,000원이고, 이를 기초자산으로 하는 만기 1년, 행사가격 10,000원인 유러피언 콜옵션 및 풋옵션의 가격은 500원, 1,500원이다. 연속 복리 무위험 수익률은 연 10%이다.
   A. 콜옵션 가격의 하한에 관한 조건식이 성립하는가?
   B. 풋-콜 등가식이 성립하는가?
   C. 차익거래 포지션과 현재 시점의 차익거래 이익을 계산하시오. 단, 옵션 1계약당 거래단위(승수)는 1주이다.

5. 주식가격이 상승하거나 하락하는 두 가지 상황만 발생하는 시장을 가정하자. 현재의 주가는 S이고, 1기간 후 상승하면 uS, 하락하면 dS가 된다. 현재 채권의 가격은 B이고, 1기간 후의 채권 가격은 어떤 상황이 되더라도 $(1+r)B$ 가 된다. 단, r은 액면이자율이다. 1기간 후 상승 또는 하락하는 상황에서 콜옵션 가치가 C_u 또는 C_d가 되는 콜옵션의 가격 공식을 구하시오.

Chapter 15

블랙-숄즈 옵션가격모형*
(Black-Scholes Option Pricing Model)

1973년에 Black과 Scholes(1973)는 배당지급이 없는 기초자산에 대한 파생상품의 가격이 만족해야 하는 미분방정식을 유도해 냄으로써, 옵션가격결정에 관한 결정적인 돌파구를 마련하였다. 이 장의 15.1~15.5절에서는 Black-Scholes-Merton이 무차익거래조건(시장에 차익거래의 기회가 없어야 한다는 조건)으로부터 유도해 낸 2차 편미분방정식을 살펴보고, 옵션가격에 관한 제약조건식인 경계값 조건과 파인먼-카츠(Feynman-Kac) 공식을 이용하여 이 편미분방정식을 푸는 방법을 설명한다. 이렇게 구한 옵션가격모형을 Black-Scholes 모형이라고 부른다.

Black-Scholes 모형의 가장 큰 특징은 Black-Scholes-Merton의 무차익거래조건에서 보듯이 위험이 없는 상황하에서 파생상품의 가격 계산이 가능해진다는 점이다. 즉, 파생상품 가격계산시 기초자산의 가격을 예측할 필요 없이 기초자산의 기대수익률을 단순히 무위험자산의 수익률과 동일하게 두면 된다. 이러한 방법을 위험중립하의 가치평가(risk neutral valuation)라 한다. 15.7절에서는 이러한 개념을 이용하여 확률측도(probability measure)를 위험중립으로 변환시켜서 자산가격을 마팅게일(martingale)로 만든 후 Black-Scholes 모형을 유도하는 방법을 살펴볼 것이다.

Black과 Scholes가 만든 옵션가격결정이론은 옵션가격결정문제에 대한 일반 균형 모형으로 볼 수 있고, 최종 형태가 관측가능한 변수들의 함수라서 곧바로 실무에 사용될 수 있다는 점 때문에 매우 매력적이다. 참고로, Black-Scholes 모형에서는 옵션가격이 투자자의 선호(preferences)에 의해서 결정되는 게 아니라, 차익거래기회가 없다는 가정에 기반하고 있다는 점에서 균형모형으로 볼 수는 있지만, 옵션에 대한 시장의 수요와 공급을 분석하지는 않으므로 시장균형모형과는 차이가 있다.

15.1 Black-Scholes 모형의 가정*

Black-Scholes 옵션가격공식을 유도하기 위해서는 아래와 같이 기초자산과 옵션에 대한 몇 가지 가정이 필요하다.

15.1.1 Black-Scholes 모형의 가정

- 무위험 이자율은 알려져 있으며, 시간이 경과하더라도 일정하다.
- 기초자산가격은 기하 브라운 운동(geometric Brownian motion)을 따른다.

$$dS = \mu_S S dt + \sigma_S S dB \tag{15.1}$$

여기서, S는 기초자산가격, $\mu_S S$와 $\sigma_S S$는 기초자산가격 변화(dS)의 단위 시간당 추세(drift rate)와 변동성(volatility)을 나타내고, dB는 표준 브라운 운동의 미분(즉, 순간변화)을 의미한다.[1]

- 기초자산은 배당금 등을 지급하지 않는다.
- 옵션은 만기에만 행사할 수 있다.
- 거래비용은 없다.
- 공매도에 대한 제약이 없다.

15.1.2 브라운 운동에 대한 이해

Black-Scholes 모형에서 기초자산가격의 움직임으로 가정한 기하 브라운 운동을 좀 더 이해하기 위해, '보충설명 - 연속시간 재무이론의 기초'에서 설명하는 브라운 운동에 관한 내용을 간략히 정리하자.

먼저, 확률 프로세스(stochastic process) $dS = adt + bdB$를 살펴보자. 여기서 a는 단위시간(통상 1년)당 S의 평균변화율인 추세(drift rate), b는 단위시간당 변동성(volatility)을 의미한다. 예를 들어, 표준 브라운 운동(standard Brownian motion)인 B의 경우에는 추세와 변동성이 각각 0과 1이다. 따라서, B에 대한 기댓값은 0이고, B의 분산은 경과된 시간과 동일하다. 표준 브라운 운동을 표준 위너 프로세스(Wiener Process)라고도 부른다.

위 확률과정에서 a, b가 모두 상수인 경우를 산술 브라운 운동(arithmetic Brownian motion)

---

1 S와 B는 시간의 변화에 따라 값이 변하므로 시간에 대한 함수이다. 따라서, S_t, B_t 또는 $S(t), B(t)$ 등으로 쓰기도 하는데, 여기서는 편의상 t를 생략하였다.

또는 일반 위너 프로세스(generalized Wiener Process)라고 부른다.[2] 반면, a, b가 상수가 아니라 S와 t에 대한 함수인 경우, 즉, $dS = a(S,t)dt + b(S,t)dB$의 형태를 기하 브라운 운동이라고 한다. 예를 들어, 식 (15.1)에서 설명한 것처럼, Black-Scholes 모형에서는 $a(S,t)$와 $b(S,t)$를 $\mu_s S_t$, $\sigma_s S_t$로 하는 기하 브라운 운동인 $dS_t = \mu_s S_t dt + \sigma_s S_t dB_t$를 가정한 것이다.

덧붙여, 기하 브라운 운동은 마코브 프로세스(Markov process)이다. 왜냐하면, t시점의 S의 변화(dS)는 오직 t시점의 S의 값(S)에 의해서만 영향을 받으므로, 이 기하 브라운 운동은 마코브 프로세스가 된다.[3] 그리고, 기하 브라운 운동은 '보충설명'에서 설명한 이토 프로세스(Itô Process)에 속한다. 또한, 기하 브라운 운동은 확률보행(random walk)이다. 왜냐하면, 제10장 10.3절 기대형성모형에서 설명하였듯이 확률보행의 정의는 '가격 변화의 분포가 *iid*'라고 하였는데, 이것은 브라운 운동의 조건 중 하나이기 때문이다.

15.1.3 기초자산가격 분포: 로그정규분포

Black-Scholes 모형에서는 '기초자산가격이 기하 브라운 운동을 따른다'고 가정하였다. 이것은 '기초자산가격이 로그정규분포를 따른다' 또는 '기초자산의 로그 가격이 정규분포를 따른다'는 말과 동일한 의미이다. 여기서는 보충설명에 있는 **이토의 보조정리**(Itô's lemma)를 이용하여 로그 가격이 따르는 정규분포의 평균과 분산을 구해보자.

기초자산가격에 대한 기하 브라운 운동인 $dS = \mu_s S dt + \sigma_s S dB$는 추세(drift)와 변동성(volatility)이 각각 $\mu(\cdot)$와 $\sigma(\cdot)$형태인 **이토 프로세스**(Itô Process)이다. 따라서, S, t에 관한 임의의 함수 $F(S,t)$에 대해, 이토의 보조정리에 의해 아래의 식이 성립한다.[4]

$$dF(S,t) = \left(\frac{\partial F}{\partial S}\mu_s S + \frac{\partial F}{\partial t} + \frac{1}{2}\frac{\partial^2 F}{\partial S^2}(\sigma_s S)^2\right)dt + \frac{\partial F}{\partial S}\sigma_s S dB$$

우리는 기초자산의 로그가격에 대한 프로세스를 구하고자 하므로, 로그가격($\ln S$)을 $F(S,t)$라고 두자. 그리고, 위 식의 편미분들을 계산하면 $\frac{\partial F}{\partial S} = \frac{1}{S}$, $\frac{\partial F}{\partial t} = 0$, $\frac{\partial^2 F}{\partial S^2} = \frac{1}{S^2}$이므로, 이들을 위 식에 대입하면 아래와 같은 로그가격의 순간 변화(움직임(path))가 따르게 되는 확률과정을 구할 수 있다.

---

2 추세가 없는 위너프로세스에 추세 a가 더해진 경우를 일반화된 위너 프로세스라고 부른다.

3 만약, t시점 이전 과거의 S 값에 의한 영향을 받는다면, 마코브 프로세스가 아니다.

4 확률변수 S가 $dS = \mu(S,t)dt + \sigma(S,t)dB$인 이토 프로세스를 따를 때, 아래의 이토의 보조정리가 성립한다(보충설명 (C.21) 참조).

$$dF(S,t) = \left(\frac{\partial F}{\partial x}\mu(S,t) + \frac{\partial F}{\partial t} + \frac{1}{2}\frac{\partial^2 F}{\partial x^2}\sigma(S,t)^2\right)dt + \frac{\partial F}{\partial x}\sigma(S,t)dB(t)$$

$$d\ln S = \left(\mu_s - \frac{1}{2}\sigma_s^2\right)dt + \sigma_s dB$$

이 식의 양변을 적분하면, τ기간 후의 기초자산의 가격 또는 로그가격을 아래와 같이 구할 수 있다.

$$\int_0^\tau d\ln S = \int_0^\tau \left(\left(\mu_s - \tfrac{1}{2}\sigma_s^2\right)dt + \sigma_s dB\right)$$
$$\Leftrightarrow \ln S_\tau - \ln S_0 \left(= \ln\frac{S_\tau}{S_0}\right) = \left(\mu_s - \tfrac{1}{2}\sigma_s^2\right)\tau + \sigma_s B(\tau)$$
$$\Leftrightarrow S_\tau = S_0 \exp\left(\left(\mu_s - \tfrac{1}{2}\sigma_s^2\right)\tau + \sigma_s B(\tau)\right)$$

그리고, 로그가격은 정규분포를 따르므로, 위 식의 기댓값과 분산을 구하면 로그가격의 분포를 구할 수 있다.

$$\ln S_\tau - \ln S_0 \sim N\left[\left(\mu_s - \tfrac{1}{2}\sigma_s^2\right)\tau,\ \sigma_S^2\tau\right]$$
$$\Leftrightarrow \ln\frac{S_\tau}{S_0} \sim N\left[\left(\mu_s - \tfrac{1}{2}\sigma_s^2\right)\tau,\ \sigma_S^2\tau\right]$$
$$\Leftrightarrow \ln S_\tau \sim N\left[\ln S_0 + \left(\mu_s - \tfrac{1}{2}\sigma_s^2\right)\tau,\ \sigma_S^2\tau\right]$$

이상의 내용을 요약해 보자. 기초자산가격이 기하 브라운 운동을 따를 때, 기초자산 수익률과 로그가격의 확률과정 및 이들의 분포에 관해서는 <표 15-1>에 정리하였다.

〈표 15-1〉 브라운 운동의 분포와 로그정규분포

	정의	기댓값, 분산, 분포
표준 브라운 운동	아래의 두 가지 조건을 만족하는 확률과정 B를 표준 브라운 운동이라고 함. ① $dB = \varepsilon\sqrt{dt},\ \varepsilon \sim N(0,1)$ ② dB_i, dB_j는 독립적임[5]	$E(dB) = E(\varepsilon\sqrt{dt}) = \sqrt{dt}E(\varepsilon) = 0$ $Var(dB) = Var(\varepsilon\sqrt{dt}) = dtVar(\varepsilon) = dt$ $dB \sim N(0, dt)$

5 이 조건은 표준 브라운 운동의 움직임(path)이 제각각 독립적(independent increment)임을 뜻하므로, 확률보행(random walk)임을 의미한다. 그리고, 과거의 움직임에 영향을 받지 않음(즉, 무기억 특성(memoryless property))을 뜻하므로 마코브 프로세스이다.

순간 수익률	기초자산가격이 기하 브라운 운동을 따르면, 순간수익률의 확률과정은 아래와 같음 $$\frac{dS}{S}=\mu_s dt+\sigma_s dB$$	$E\left(\frac{dS}{S}\right)=E(\mu_s dt+\sigma_s dB)=\mu_s dt$ $Var\left(\frac{dS}{S}\right)=Var(\mu_s dt+\sigma_s dB)=\sigma_s^2 dt$ $\frac{dS}{S}\sim N(\mu_s dt,\ \sigma_s^2 dt)$
로그 가격의 순간 변화	기초자산가격이 기하 브라운 운동을 따르면, 로그가격변화의 확률과정은 아래와 같음 $$d\ln S=\left(\mu_s-\frac{1}{2}\sigma_s^2\right)dt+\sigma_s dB$$	$\ln S_\tau\ \sim N\left[\ln S_0+\left(\mu_s-\frac{1}{2}\sigma_s^2\right)\tau,\sigma_S^2\tau\right]$

15.2 Black-Scholes-Merton 편미분방정식의 유도*

우리는 기초자산과 이에 대한 파생상품을 이용하여 헤지 포트폴리오를 만들어낼 수 있다. 그런데, 파생상품의 가격 변동은 기초자산으로부터 비롯되므로, 기초자산의 가격이 변동함에 따라서 기초자산 또는 파생상품의 투자 비중을 연속적으로 적절히 조정할 수 있다면, 이 헤지 포트폴리오를 무위험자산으로 만들 수 있으며, 따라서 그 수익률은 확정적인 무위험 수익률과 같게 된다. 이를 구체적으로 살펴보자.

15.2.1 헤지 포트폴리오의 가치 변화

기초자산 1개와 그 자산의 가격 변동을 상쇄하기 위한 N_c개의 파생상품으로 구성된 헤지 포트폴리오의 가치를 H로 표시하면, 아래와 같이 나타낼 수 있다.

$$H=S+N_c C \tag{15.2}$$

여기서, S는 기초자산의 가격이고, C는 기초자산에 대한 파생상품의 가격으로서 기초자산이 S인 어떤 파생상품을 사용하든 상관없다. 그리고, N_c는 기초자산 1개를 헤지하기 위해 필요한 파생상품의 수량을 의미한다. 이제, 이 헤지 포트폴리오에서 발생한 작은 변동(즉, 순간변화(전미분))을 아래와 같이 나타내 보자.

$$\begin{aligned} dH &= dS+N_c dC+dN_c C \\ &= dS+N_c dC \end{aligned} \tag{15.3}$$

단, 차익거래의 기회가 없도록 만들기 위해서, 아주 짧은 시간 동안 파생상품의 보유수량은 변동이 없다고 가정하여, $dN_c C=0$(즉, 파생상품 수량의 변동으로 인한 H의 변동은 없음)임을 가정한다.

한편, 기초자산의 가격이 기하 브라운 운동을 따른다고 가정하면(즉, $dS = \mu_s Sdt + \sigma_s SdB$ 임을 가정하면), 이토의 보조정리를 적용함으로써 아래와 같이 파생상품 가격의 변화(전미분)를 구할 수 있다.

$$dC = \frac{\partial C}{\partial t}dt + \frac{\partial C}{\partial S}dS + \frac{1}{2}\frac{\partial^2 C}{\partial S^2}(dS)^2 \tag{15.4}$$
$$= \frac{\partial C}{\partial t}dt + \frac{\partial C}{\partial S}(\mu_s Sdt + \sigma_s SdB) + \frac{1}{2}\frac{\partial^2 C}{\partial S^2}(\mu_s Sdt + \sigma_s SdB)^2$$

위 식 (15.4)를 (15.3)에 대입하면, 헤지 포트폴리오 가치 변화에 관한 아래의 식을 얻을 수 있다.

$$dH = \mu_s Sdt + \sigma_s SdB + N_c\left(\frac{\partial C}{\partial t}dt + \frac{\partial C}{\partial S}(\mu_s Sdt + \sigma_s SdB) + \frac{1}{2}\frac{\partial^2 C}{\partial S^2}(\mu_s Sdt + \sigma_s SdB)^2\right)$$
$$= \left(\mu_s S + N_c\frac{\partial C}{\partial t} + N_c\frac{\partial C}{\partial S}\mu_s S\right)dt + \left(\sigma_s S + N_c\frac{\partial C}{\partial S}\sigma_s S\right)dB$$
$$+N_c\frac{1}{2}\frac{\partial^2 C}{\partial S^2}[(\mu_s S)^2(dt)^2 + 2\mu_s\sigma_s S^2 dtdB + (\sigma_s S)^2(dB)^2]$$
$$= \left(\mu_s S + N_c\left(\frac{\partial C}{\partial t} + \frac{\partial C}{\partial S}\mu_s S + \frac{1}{2}\frac{\partial^2 C}{\partial S^2}(\sigma_s S)^2\right)\right)dt + \left(\sigma_s S + N_c\frac{\partial C}{\partial S}\sigma_s S\right)dB \tag{15.5}$$

단, 위 식을 유도할 때 $(dt)^2 = 0$, $dtdB = 0$, $(dB)^2 = dt$ 임을 이용하였다.[6]

15.2.2 헤지 포트폴리오의 무위험조건과 Black-Scholes-Merton 편미분방정식

식 (15.5)에서 이 헤지 포트폴리오 H의 확률적 변동부분(dB)이 0이 되도록 파생상품 수량 N_c를 결정하면 이 포트폴리오는 무위험 포트폴리오가 된다. 즉,

$$\sigma_s S + N_c\frac{\partial C}{\partial S}\sigma_s S = 0 \tag{15.6}$$

위 식에서 무위험 포트폴리오를 만들기 위해 필요한 파생상품의 수량(N_c)은 다음과 같다.

$$N_c = -\frac{\partial S}{\partial C}$$

---

6 '보충설명-연속시간 재무이론의 기초'의 내용 중 이토의 보조정리 부분을 참조하기 바란다.

여기서, $\frac{\partial S}{\partial C}$를 **헤지비율**이라고 하며, 이 헤지비율만큼 파생상품을 매도한 경우 헤지 포트폴리오의 가치는 아래와 같다.

$$H = S - \frac{\partial S}{\partial C} C \tag{15.7}$$

이 경우, 짧은 시간 변화(dt) 동안 이 헤지 포트폴리오의 가치변동은 아래처럼 확정적이다.

$$dH = \left(\mu_s S - \frac{1}{\frac{\partial C}{\partial S}} \left(\frac{\partial C}{\partial t} + \frac{\partial C}{\partial S} \mu_s S + \frac{1}{2} \frac{\partial^2 C}{\partial S^2} (\sigma_s S)^2 \right) \right) dt \tag{15.8}$$

만약 어떤 자산의 수익률이 확정적이라면 이 자산은 무위험자산이 된다. 위의 과정에 의해서 이 헤지 포트폴리오는 무위험자산이 되었으므로, 차익거래기회가 없는 상태에서는 이 헤지 포트폴리오의 수익률이 무위험 수익률인 r_f와 같아야 한다. 따라서, 아래 식이 성립해야 한다.

$$\frac{dH}{H} = r_f dt \tag{15.9}$$

이제, 식 (15.7)과 (15.8)을 (15.9)에 대입하면, 아래의 편미분방정식을 얻을 수 있다.

▶ Black-Scholes-Merton의 2차 확률편미분방정식
(Black-Sholes-Merton's second order partial differential equation)

기초자산가격 S가 식 (15.1)의 기하 브라운 운동(geometric Brownian motion)을 따라 움직일 때, 파생상품가격 C는 기초자산가격과 다음과 같은 관계를 가진다.[7]

$$\frac{\partial C}{\partial t} = C r_f - \frac{\partial C}{\partial S} S r_f - \frac{1}{2} \frac{\partial^2 C}{\partial S^2} (\sigma_s S)^2 \tag{15.10}$$

이 Black-Scholes-Merton의 2차 확률편미분방정식이 중요한 이유는 이 식이 옵션을 포함한 어떠한 파생상품에도 적용될 수 있기 때문이다. 즉, 15.1절에서 설명한 가정들만 만족된다면, 기초자산 S에 대한 어떠한 파생상품의 가격에도 이 방정식을 적용할 수 있다.

---

7 미분방정식은 미지의 함수와 그 함수의 도함수들로 이루어져 있는 방정식을 의미한다 이 때, 미지의 함수가 하나의 변수를 가지면 상미분방정식(ordinary differential equation), 두 개 이상의 변수를 가지면 편미분방정식(partial differential equation)이라고 부른다.

15.2.3 콜옵션 가격의 경계값 조건

Black과 Scholes가 옵션가격결정모형을 유도하기 위해 사용한 방법은 (1) 무위험 헤지 포트폴리오 H를 구성하고, (2) 식 (15.10)의 2차 확률편미분방정식을 유도한 후, (3) 이 방정식을 푸는 과정으로 구성된다. 그런데 식 (15.10)은 모든 파생상품에 적용되기 때문에, 특정한 파생상품의 가격(여기서는 유러피언 콜옵션의 가격)을 구하기 위해서는 보다 더 구체적인 조건이 있어야 한다.

콜옵션의 경우에는 앞서 제13장에서 살펴본 것과 같이, 두 개의 경계값 조건을 이용한다. 첫째는 행사 시 지급액(payoff)에 관한 조건으로, 기초자산에서 행사가격을 차감한 값과 0 중에서 큰 값이 콜옵션의 최종 가격과 동일해야 한다는 것이다. 둘째는 콜옵션 가격의 하한선에 관한 조건으로, 주가가 0이면 콜옵션의 가격도 0이 되어야 한다는 조건이다.[8]

$$C = Max(0, S_{t+\tau} - K) \tag{15.11}$$
$$C(S_t = 0, t) = 0$$

단, $S_{t+\tau}$는 만기일의 주가를 의미한다.

15.3 편미분 방정식에 대한 이해*

Black-Scholes-Merton의 2차 확률편미분방정식을 풀기 위해서는 옵션 가격에 관한 경계값 조건이 필요하다고 설명했는데, 그 이유를 이해하기 위해 이 편미분방정식을 좀 더 살펴보도록 하자.

우선 식 (15.10)의 중요한 특징은 이 방정식이 미지수를 포함한 함수라는 것이다. 이 식은 C를 편미분한 후 적절한 계수(미지수)들과 결합함으로써 얻을 수 있다. 이를 보기 위해 아래와 같은 일반적인 편미분방정식을 고려해보자.

$$a_1 + a_2 F + a_3 \frac{\partial F}{\partial t} + a_4 \frac{\partial F}{\partial S} + a_5 \frac{\partial^2 F}{\partial S^2} + a_6 \frac{\partial^2 F}{\partial t^2} + a_7 \frac{\partial^2 F}{\partial S\, \partial t} = 0 \tag{15.12}$$

단, F는 S와 t의 함수이고, a_i (i=1, ⋯, 7)는 매개변수이다. 식 (15.12)의 편미분방정식은 선형 편미분방정식 또는 타원, 포물선, 쌍곡선 등의 비선형 편미분방정식 등과 같은 몇 가지 유형으로 구분될 수 있다. 그리고, 이런 편미분방정식들은 매개변수의 값에 몇 가지 제약조건

---

8 Merton(1973).

을 부여할 수도 있다.[9] Black-Scholes-Merton의 편미분방정식은 $F = C$, $a_1 = 0$, $a_2 = r_f$, $a_3 = -1$, $a_4 = -Sr_f$, $a_5 = -\frac{1}{2}(\sigma_s S)^2$, $a_6 = a_7 = 0$인 경우에 해당된다.

아주 간단하지만 유용한 편미분방정식은 아래와 같은 2차 포물선 방정식이다.

$$\frac{\partial F}{\partial t} = \frac{\partial^2 F}{\partial S^2}$$

이 식은 물리학에서 가장 일반적인 확산 방정식(diffusion process) 중 하나로서, 연속 매체의 열교환에 관한 모형이다. Wilmott et al.(1995)의 제4장과 제5장에서는 이 2차 포물선 방정식을 사용하여 Black-Scholes-Merton의 편미분방정식을 풀고 있다.

이제 Black-Scholes-Merton의 편미분방정식에는 가능한 해들이 수없이 많아서 추가적인 조건이 없으면 이를 풀 수 없다는 것을 간단한 예로써 설명해보자. 다음과 같은 선형 편미분방정식을 가정해 보자.

$$\frac{\partial F}{\partial t} + \frac{\partial F}{\partial S} = 0$$

이 식은 (15.12)에서 $a_1 = a_2 = a_5 = a_6 = a_7 = 0$이고 $a_3 = a_4 = 1$인 특수한 경우에 해당된다. 이 편미분방정식의 해 중 하나는 다음과 같다. 왜냐하면, 아래 식을 t와 S에 대해 편미분하면 $\frac{\partial F}{\partial t} = -a$, $\frac{\partial F}{\partial S} = a$이므로, $\frac{\partial F}{\partial t} + \frac{\partial F}{\partial S} = 0$이 성립하기 때문이다.

$$F(S,t) = aS - at + b$$

한편, 아래의 식도 위 편미분방정식($\frac{\partial F}{\partial t} + \frac{\partial F}{\partial S} = 0$)에 대한 또 다른 가능한 해가 될 수 있다. 이 식도 t, S에 대해 편미분하면 $\frac{\partial F}{\partial t} = -aF$, $\frac{\partial F}{\partial S} = aF$가 되므로, $\frac{\partial F}{\partial t} + \frac{\partial F}{\partial S} = 0$이 성립한다.

$$F(S,t) = e^{aS-at+b}$$

이와 같이, 편미분방정식에 대해서 다양한 해들이 존재할 수 있다. 그래서, 물리학에서 편미분방정식을 푸는 것처럼, 기초자산가격이 0일 때의 파생상품 가치와 최종 시점에서의 파생상품의 가치(식 (15.11))를 경계값 조건으로 추가로 사용할 경우 Black-Scholes-Merton의 편미분방정식으로 특정 파생상품(콜옵션)의 가격을 구할 수 있다.

9 Neftci(2000), 제12장.

15.4 위험중립 가치평가(risk neutral valuation)*

식 (15.6)에서처럼, 무위험 헤지 포트폴리오를 구성하여 확률적 요소인 dB를 제거하면, 이로부터 유도한 방정식은 배당이 없는 기초자산에 대한 파생상품의 가격 결정에 사용될 수 있다. 예를 들면, Black-Scholes-Merton의 편미분방정식인 식 (15.10)에는 기초자산의 기대수익률(μ_s)이 포함되어 있지 않고, 기초자산의 현재 가격, 시간, 자산가격의 변동성 및 무위험수익률만을 포함하고 있는데, 이러한 요인들은 투자자의 위험에 대한 성향과는 관련이 없기 때문이다. 즉, 식 (15.7)의 투자비율로 구성된 헤지 포트폴리오는 위험 자체가 없기 때문에 위험프리미엄이 존재할 수 없다. 또한, 이 식의 해는 투자자의 위험성향과는 무관하기 때문에, 제약식 (15.11)을 사용하여 방정식 (15.10)을 풀 때 위험성향을 고려할 필요가 없고, 따라서 효용함수도 굳이 고려할 이유가 없다.

▶ 위험중립 가치평가(risk neutral valuation)

가치평가 과정에서 위험을 고려할 필요가 없고 무위험 수익률만 사용하면 되는 가격결정원리를 **위험중립 가치평가**(risk neutral valuation)라고 부른다.

위험중립 가치평가를 파생상품의 가격 결정에 적용할 수 있는 이유를 직관적으로 설명하면, 위험은 이미 기초자산의 가격에 반영되어 있기 때문이다. 따라서, 파생상품의 가격을 구할 때 파생상품에 대한 위험을 따로 고려할 필요 없이 기초자산과의 무차익 거래 조건을 이용하면 된다. 파생상품을 단독으로 보면 위험이 있어 보인다. 그러나 이러한 파생상품의 위험은 기초자산의 위험으로부터 발생한 것이므로, 기초자산과 연결시켜 보면 파생상품의 위험을 별도로 고려할 필요가 없다.

15.4.1 위험중립 가치평가의 특징

만약, **위험중립적인 상황**(risk neutral world)에서 자산의 가치를 평가한다면, 다음과 같은 두 가지 특징을 고려해야 한다.

- Arrow의 효용함수의 조건 중 단 한 가지, 즉 불포화만족 조건만 사용하면 된다.
- 차익거래기회가 없다는 조건 하에서는 기초자산의 기대수익률이 무위험 수익률과 같아야 한다. 즉, $\mu_s = r_f$가 되어야 한다. 왜냐하면, 위험중립적이라면 설사 위험이 있더라도 이에 대한 프리미엄(보상)을 요구하지 않기 때문이다.

그런데, 위험중립성을 가정하더라도 우리는 위험중립성을 가정하지 않은 경우와 완전히 동일한 해를 얻을 수 있다. 왜냐하면, 위험중립성 가정이 없는 경우에는 위험프리미엄이 반영된 자산의 기대수익률의 변화가 위험이 반영된 할인율의 변화에 의해서 상쇄되기 때문이다. 따라서, 어떤 방법을 사용하더라도 가치평가의 결과는 동일하다. 이것은 앞서 살펴본 이항옵션가격공식에서 사용된 위험중립 가치평가와 동일한 내용이다. 또 다른 방법으로, 걸사노프 정리(Girsanov's theorem)를 사용하여 기초자산가격의 프로세스를 위험중립으로 만들 수도 있다. 걸사노프 정리에 대해서는 다음 절에서 살펴볼 예정이다.[10]

〈표 15-2〉 위험회피적인 상황과 위험중립적인 상황의 비교

	실제 상황 (risk averse world)	위험중립적인 상황 (risk neutral world)
주가의 확률과정 (기하 브라운 운동)	$dS = \mu_s Sdt + \sigma_s SdB$	$dS = r_f Sdt + \sigma_s SdB$
로그가격변화 ($d\ln S$의 분포)	$\ln S_\tau \sim N\left[\ln S_0 + \left(\mu_s - \frac{1}{2}\sigma_S^2\right)\tau, \sigma_S^2\tau\right]$	$\ln S_\tau \sim N\left[\ln S_0 + \left(r_f - \frac{1}{2}\sigma_S^2\right)\tau, \sigma_S^2\tau\right]$

15.4.2 Feynman-Kac공식에 의한 Black-Scholes-Merton 편미분 방정식 풀이

이제, 위험중립하에서 콜옵션의 가격을 구해보자. 식 (15.10)과 (15.11)을 풀기 위해서, Duffie(1988a, 1988b)가 제안한 대로 파인먼-카츠(Feynman-Kac) 공식을 사용할 것이다. 그리고, 위험중립 가치평가를 적용하여, 기초자산가격 프로세스인 $\frac{dS}{S}$에 포함된 μ_s를 r_f로 대체시켜서 해를 구할 것이다.

먼저, 우리가 풀어야 할 방정식은 아래와 같은 Black-Scholes-Merton 편미분 방정식 (15.10)이다.

$$\frac{\partial C}{\partial t} = Cr_f - \frac{\partial C}{\partial S}Sr_f - \frac{1}{2}\frac{\partial^2 C}{\partial S^2}(\sigma_s S)^2$$

그리고, 이 식에 대한 제약조건인 콜옵션의 경계값 조건(식 (15.11))은 다음과 같다.

10 상세한 내용은 Duffie(1996) 또는 Øksendal(1992)을 참조하기 바란다.

$$C_t = Max(0, S_{t+\tau} - K)$$

Feynman-Kac 공식에 의하면, 파생상품 지급액(pay-off)을 할인한 값에 대한 기댓값이 편미분방정식의 해가 된다. 따라서, 차익거래의 기회가 없다면, Feynman-Kac 공식을 이용함으로써 아래와 같이 편미분 방정식의 해를 구할 수 있다.

$$C_t = \exp\left(-\int_t^{t+\tau} r_f dt\right) E^Q[Max(0, S_{t+\tau} - K)] \tag{15.13}$$

여기서 $E^Q[\cdot]$는 위험중립확률척도(risk-neutral probability measrue) Q하에서의 기대연산자이다. 결론적으로, 경계값 조건 식 (15.11)을 제약조건으로 하여 편미분방정식 (15.10)을 풀어서 구한 콜옵션의 가치는 아래와 같다.

$$C_t = e^{-r_f \tau} E^Q[Max(0, S_{t+\tau} - K)] \tag{15.14}$$

15.5 위험중립 가치평가를 이용한 Black-Scholes-Merton 옵션가격모형 유도*

이제, 기초자산가격 S가 기하 브라운 운동을 따른다는 가정하에서 위 식 (15.14)로부터 Black-Scholes 옵션가격모형을 유도해 보자.

먼저, 변수 z를 S의 로그수익률이라고 정의하자. 즉, $z \equiv \ln(S_{t+\tau}/S_t)$. 그러면, S가 로그정규분포를 따르므로, S에 로그를 취한 z는 정규분포를 따른다. 그리고, S의 로그수익률의 분포는 <표 14-2>에서 정리하였다. 따라서, 위험중립하에서 z의 분포는 아래와 같다.

$$z \sim N(\mu_z, \sigma_z^2) \equiv \ln\left(\frac{S_{t+\tau}}{S_t}\right) \sim N\left(\left(r_f - \frac{1}{2}\sigma_S^2\right)\tau, \sigma_S^2 \tau\right) \tag{15.15}$$

한편, $z \equiv \ln(S_{t+\tau}/S_t)$를 $S_{t+\tau}$에 대해 정리하면, 아래와 같다.

$$S_{t+\tau} = S_t e^z \tag{15.16}$$

이 식을 식 (15.14)에 대입하고, 기초자산가격의 범위를 $S_{t+\tau} > K$로 바꾸어서 Max함수를 제거하면, 다음과 같이 나타낼 수 있다.[11]

---

11 식 (15.14)의 $E^Q[\cdot]$는 식 (15.17)에서 μ_S를 r_f로 바꿈으로써 $E[\cdot]$로 대체된다. 참고로, 확률변수 x가 x_1, x_2 사이에 분포할 때, x의 기댓값은 $E(x) = \int_{x_1}^{x_2} xp(x)dx$이다. 단, $p(\cdot)$는 확률밀도함수이다.

$$C_t = e^{-r_f\tau}E[S_{t+\tau} - K | S_{t+\tau} > K] \tag{15.17}$$
$$= e^{-r_f\tau}E[S_t e^z - K | S_t e^z > K]$$
$$= e^{-r_f\tau}\left[\int_{\ln(K/S)}^{\infty} S_t e^z p(z)dz - K\int_{\ln(K/S)}^{\infty} p(z)dz\right]$$

단, 위 식에서 $p(z)$는 z에 대한 확률밀도함수이다. 그리고, 적분구간의 시작점은 $S_t e^z > K$를 만족하는 z의 최솟값이므로, $S_t e^z = K$를 z에 대해서 정리하여 구한 $z = \ln(K/S_t)$가 된다.

15.5.1 첫 번째 항(기초자산가격에 관한 식) 계산

위 식의 첫 번째 항은 정규분포를 따르는 z의 확률밀도함수를 대입하여 아래와 같이 정리할 수 있다.

$$S_t\int_{\ln(K/S)}^{\infty} e^z p(z)dz = S_t\int_{\ln(K/S)}^{\infty}\frac{1}{\sqrt{2\pi}\sigma_z}e^z\exp\left(-\frac{1}{2\sigma_z^2}(z-\mu_z)^2\right)dz \tag{15.18}$$
$$= S_t\int_{\ln(K/S)}^{\infty}\frac{1}{\sqrt{2\pi}\sigma_z}\exp\left(-\frac{1}{2\sigma_z^2}((z-\mu_z)^2 - 2z\sigma_z^2)\right)dz$$
$$= S_t\int_{\ln(K/S)}^{\infty}\frac{1}{\sqrt{2\pi}\sigma_z}\exp\left(-\frac{1}{2\sigma_z^2}(\{z-(\mu_z+\sigma_z^2)\}^2 - 2\mu_z\sigma_z^2 - \sigma_z^4)\right)dz$$
$$= S_t\exp(\mu_z + \frac{1}{2}\sigma_z^2)\int_{\ln(K/S)}^{\infty}\frac{1}{\sqrt{2\pi}\sigma_z}\exp\left(-\frac{(z-(\mu_z+\sigma_z^2))^2}{2\sigma_z^2}\right)dz$$
$$= S_t\exp(\mu_z + \frac{1}{2}\sigma_z^2)\int_{w_1^*}^{\infty}\frac{1}{\sqrt{2\pi}}\exp\left(-\frac{w_1^2}{2}\right)dw_1$$
$$= S_t\exp(\mu_z + \frac{1}{2}\sigma_z^2)\int_{-\infty}^{-w_1^*}\frac{1}{\sqrt{2\pi}}\exp\left(-\frac{w_1^2}{2}\right)dw_1$$
$$= S_t\exp(\mu_z + \frac{1}{2}\sigma_z^2)N(-w_1^*)$$

단, 위 식의 w_1, dw_1 및 w_1^*는 아래와 같으며, $N(\cdot)$은 표준정규분포를 따르는 변수에 대한 누적분포함수를 의미한다.[12]

---

12 위 식의 5번째 줄에서 사용한 w_1, dw_1 및 w_1^*를 구하는 과정은 다음과 같다. 먼저, 식을 간단하게 만들기 위해 w_1을 정의한다. 그 다음으로 양변을 전미분하면, 변수(w_1, z)가 아닌 상수들은 0이 된다. 마지막으로, 적분 대상 변수를 dz에서 dw_1으로 바꾸면 적분 구간도 z에 대한 구간에서 w_1에 대한 구간으로 변경해야 하므로, 적분구간의 시작점은 $z = \ln(K/S)$에서 $w_1^* = \frac{z-(\mu_z+\sigma_z^2)}{\sigma_z} = \frac{\ln(K/S)-(\mu_z+\sigma_z^2)}{\sigma_z}$로 변경된다.

$$w_1 = \frac{z - (\mu_z + \sigma_z^2)}{\sigma_z}, \qquad dw_1 = \frac{1}{\sigma_z}dz, \quad w_1^* = \frac{\ln(K/S) - (\mu_z + \sigma_z^2)}{\sigma_z}$$

15.5.2 두 번째 항(행사가격에 관한 식) 계산

한편, 식 (15.17)의 두 번째 항은 아래와 같이 정리할 수 있다.

$$\begin{aligned} \int_{\ln(K/S)}^{\infty} p(z)dz &= \int_{\ln(K/S)}^{\infty} \frac{1}{\sqrt{2\pi}\sigma_z} \exp\left(-\frac{1}{2\sigma_z^2}(z-\mu_z)^2\right)dz \\ &= \int_{w_2^*}^{\infty} \frac{1}{\sqrt{2\pi}} \exp\left(-\frac{w_2^2}{2}\right)dw_2 \\ &= \int_{-\infty}^{-w_2^*} \frac{1}{\sqrt{2\pi}} \exp\left(-\frac{w_2^2}{2}\right)dw_2 \\ &= N(-w_2^*) \end{aligned} \tag{15.19}$$

위 식의 w_2, dw_2 및 w_2^*는 아래와 같다.

$$w_2 = \frac{z - \mu_z}{\sigma_z}, \qquad dw_2 = \frac{1}{\sigma_z}dz, \qquad w_2^* = \frac{\ln(K/S) - \mu_z}{\sigma_z}$$

15.5.3 Black-Scholes 콜옵션 가격 공식

마지막으로, 식 (15.18), (15.19)의 결과를 (15.17)에 대입한다. 이 때, 식 (15.16)에 의해 $\mu_z = (r_f - \frac{1}{2}\sigma_S^2)\tau$, $\sigma_z^2 = \sigma_S^2\tau$ 이므로, $\exp\left(\mu_z + \frac{1}{2}\sigma_z^2\right) = \exp(r_f\tau)$ 가 된다. 또한 $d_1 \equiv -w_1^*$ 그리고 $d_2 \equiv -w_2^*$로 정의하면, 아래와 같은 콜옵션 가격 공식을 얻을 수 있다.

▶ Black-Scholes 콜옵션 가격 공식

기초자산가격이 기하 브라운 운동을 따를 때 Black-Scholes의 유러피언 콜옵션 가격은 다음과 같다.

$$\begin{aligned} C_t &= e^{-r_f\tau}\left[S_t\exp(\mu_z + \frac{1}{2}\sigma_z^2)N(d_1) - KN(d_2)\right] \\ &= S_tN(d_1) - e^{-r_f\tau}KN(d_2) \end{aligned} \tag{15.20}$$

단, d_1, d_2는 아래와 같다.

$$d_1 = \frac{\ln(S/K) + (r_f + \frac{1}{2}\sigma_S^2)\tau}{\sigma_S\sqrt{\tau}}, \qquad d_2 = d_1 - \sigma_S\sqrt{\tau}$$

15.5.4 Black-Scholes 풋옵션 가격 공식

유러피언 풋옵션 가격 공식은 앞서 유러피언 콜옵션 가격을 구했던 방식으로 직접 유도할 수 있다. 또 다른 방법으로는, 아래와 같이 풋옵션과 콜옵션 간의 등가식을 의미하는 풋-콜 등가식(put-call parity)을 사용할 수도 있다.

$$P = C - S + Ke^{-r\tau}$$

식 (15.20)을 위 식에 대입하면, 아래와 같이 풋옵션 가격 공식을 쉽게 얻을 수 있다.[13]

$$\begin{aligned} P &= SN(d_1) - Ke^{-r\tau}N(d_2) - S + Ke^{-r\tau} \quad (15.21) \\ &= S(N(d_1) - 1) - Ke^{-r\tau}(N(d_2) - 1) \\ &= e^{-r\tau}KN(-d_2) - SN(-d_1) \end{aligned}$$

15.6 Black-Scholes 모형의 특징*

식 (15.20)에서 볼 수 있듯이, Black-Scholes 모형에는 다섯 개의 변수, 즉, S, K, r, τ, σ가 사용된다. 이 중, σ를 제외한 다른 변수들은 데이터를 이용하여 쉽게 구할 수 있다. 이러한 점 때문에 Black-Scholes 옵션가격모형이 실무에서도 광범위하게 이용된다. 다만, 주가의 변동성(σ)은 직접 관측할 수 없으므로, 과거 가격들을 이용해서 역사적 변동성(historical volatility)을 구하거나, 나머지 4개의 변수와 옵션 시장가격을 모형에 대입한 후 역산하여 구한 옵션내재변동성(option implied volatility)를 사용해야 한다. 내재변동성에 관해서는 제16장에서 자세히 설명할 것이다.

이 모형으로부터 옵션가격에 관한 중요한 점들을 파악할 수 있다. 예를 들어, 주식가격 S가 매우 높아지면, 콜옵션은 만기시점에서 행사될 것이고, 그 때 콜옵션의 가치는 $S - Ke^{-r\tau}$가 될 것이 거의 확실시된다. 왜냐하면, S가 매우 높아지면, d_1과 d_2 모두 매우 커지므로 $N(d_1)$과 $N(d_2)$는 모두 1에 근접하기 때문이다. 한편, 변동성(σ)이 0에 가까운 경우를 생각해 보자. 기초자산가격의 변동성이 매우 낮다면, 주가는 시간 경과에 따라 무위험

---

13 식 (15.21)을 유도할 때는 $N(d_1) = 1 - N(-d_1)$임을 이용한다. $N(d_1)$은 표준정규분포의 확률밀도함수에 대해서 $-\infty$부터 d_1까지 면적을 구한 것이므로, 그 나머지 구간인 d_1부터 ∞까지 구간에 대한 면적은 $1 - N(d_1)$이 된다. 표준정규분포는 평균인 0을 기준으로 대칭이므로, $1 - N(d_1)$은 $N(-d_1)$과 같다.

수익률 정도로 상승할 것이다.[14] 만약, 변동성이 매우 낮고 현재 주가가 $S > Ke^{-r\tau}$이면, 만기시점에서 콜옵션이 행사될 가능성이 매우 크므로, $N(d_1)$과 $N(d_2)$는 1에 가까워진다. 따라서, 콜옵션의 가치는 $S - Ke^{-r\tau}$가 된다. 반면, $S < Ke^{-r\tau}$이면, $N(d_1)$과 $N(d_2)$는 0에 가까워지므로, 콜옵션의 가치는 0이 된다. 이 두 경우를 함께 고려하면, 결국 변동성(σ)이 0에 가까워지면 콜옵션 가격은 $Max(S - Ke^{-r\tau}, 0)$가 된다.

15.7 마팅게일 접근법**

마팅게일 방법에서는 일종의 합성확률 $\tilde{P}$를 사용하여 기초자산가격의 확률과정(S_t)을 마팅게일(matringale)로 변환시킴으로써 보다 쉽게 옵션가격을 구한다. 이 장에서는 유러피언 콜옵션 가격을 구하는 방법으로, **걸사노프 정리**(Girsanov theorem)를 이용하여 기초자산의 확률분포를 변환시킴으로써 자산의 가격을 마팅게일로 바꾸는 방법을 살펴볼 것이다. 여기서는 먼저 걸사노프 정리가 무엇인지 살펴보고, 자산가격을 마팅게일로 변환시켜서 Black-Scholes 옵션가격을 구하는 방법을 설명한다.

15.7.1 위험중립 가치평가와 마팅게일 프로세스

앞 절에서 설명한 바와 같이 위험중립 가치평가를 이용하면, 옵션가격은 기초자산의 기대수익률인 μ_s와는 무관하게 된다. 그 이유는 기초자산의 위험프리미엄은 무위험 헤지 포트폴리오를 구성함으로써 제거될 수 있기 때문이다. 따라서, 차익거래의 기회가 존재하지 않는 세상에서는 기초자산의 기대수익률이 무위험 수익률과 동일해야 한다. 하지만, 이 경우에도 기초자산의 변동성이 없어지거나 바뀌는 것은 아니다. 즉, 기초자산가격의 변동성은 그대로 존재하되, 무위험 헤지 포트폴리오를 구성할 수 있기 때문에 파생상품의 가치평가를 할 때는 기초자산의 기대수익률만 무위험 수익률로 전환시킬 수 있다는 것이다. 이러한 가상적인 환경을 위험중립 세상(risk-neutral world)이라고 부르고, 이러한 위험중립 가치평가 방법을 사용한다면 파생상품의 가격을 비교적 쉽게 구할 수 있다.

이제, 마팅게일과 위험중립 가치평가를 이해하기 위한 한 가지 사례로서, 기하 브라운 운동은 몇 가지 조건이 적용될 경우 마팅게일이 된다는 것을 살펴보도록 하자. 먼저, 기초자산가격은 식 (15.1)과 같은 기하 브라운 운동 $dS(t) = \mu S(t)dt + \sigma S(t)dB(t)$를 따른다고

---

14 변동성이 0인 경우라면, 옵션 만기시점(T)의 주가는 $S_T = S_t e^{r\tau}$가 될 것이다. 따라서, 콜옵션 만기시점에서 옵션이 행사될 조건은 $S_T = S_t e^{r\tau} > K$이고, 이를 t시점으로 할인하면 $S_t > Ke^{-r\tau}$가 된다.

가정하자. 그러면, 이 확률과정을 구체적으로 정의하기 위해 필요한 매개변수는 기대수익률(μ)과 변동성(σ^2), 두 개뿐이다. 이렇게 기초자산의 가격이 기하 브라운 운동을 따른다고 가정하면, t_i시점의 기초자산의 가격 $S(t_i)$는 기하 브라운 운동의 양변을 적분하여 아래와 같이 구할 수 있다. 단, $t_i > t_j$.[15]

$$S(t_i) = S(t_j)e^{\mu(t_i - t_j) + \sigma(B(t_i) - B(t_j))}$$

그런데, $S(t)$가 마팅게일이라면, 현재 시점의 가용 정보를 이용하여 예측한 미래의 가격은 결국 현재 가격과 동일하므로, 아래 식이 성립해야 한다.

$$\begin{aligned} E(S(t_i)|\Psi_{t_j}) &= S(t_j)E(e^{\mu(t_i - t_j) + \sigma(B(t_i) - B(t_j))}|\Psi_{t_j}) \\ &= S(t_j) \end{aligned}$$

단, Ψ_{t_j}는 t_j시점에서 가용한 정보를 의미한다. 위 식이 성립하기 위한 조건은 아래와 같다.

$$E(e^{\mu(t_i - t_j) + \sigma(B(t_i) - B(t_j))}|\Psi_{t_j}) = 1$$

그런데, 위 식의 좌변은 $E(e^{\mu(t_i - t_j) + \sigma(B(t_i) - B(t_j))}|\Psi_{t_j}) = e^{\mu(t_i - t_j) + \sigma^2(t_i - t_j)/2}$이 된다.[16] 따라서, 기하 브라운 운동이 마팅게일 프로세스가 되기 위한 필요충분조건은 이 식이 1이 되는 조건인 $\mu = -\frac{\sigma^2}{2}$이다.[17] 이와 같이, 기하 브라운 운동을 따르는 자산가격이 마팅게일이라면, 자산의 기대수익률은 $-\frac{\sigma^2}{2}$으로 대체할 수 있게 된다. 만약, 우리가 $\lambda \equiv \sigma$라고 정의하면, $\mu = -\frac{\lambda^2}{2}$인 확률 프로세스 $p(t) = -\frac{\lambda^2}{2}t + \lambda B(t)$는 마팅게일 프로세스이다.

자산가격이 마팅게일임을 가정하는 위의 접근법에서의 핵심은 'μ를 알 수 있는가'로 귀결된다. 그런데, 이 기대수익률을 찾아내는 것은 불가능하기 때문에, μ를 모르는 상황에서 μ를 변환시키기 위해서는 다른 방법이 필요하다. 즉, μ의 분포함수를 변환시킬 수 있는 방법이 필요하다.

---

15 기하 브라운 운동의 양변을 적분하면, $\int_{t_j}^{t_i} \frac{dS(t)}{S(t)} \left(= \int_{t_j}^{t_i} dlnS(t)\right) = \int_{t_j}^{t_i}(\mu dt + \sigma dB(t))$

$$\Leftrightarrow \quad lnS(t_i) - lnS(t_j) = \mu(t_i - t_j) + \sigma(B(t_i) - B(t_j))$$

16 이 식의 유도는 마지막장 보충설명 'C 4.1 브라운 운동'에서 설명된다. 표준 브라운 운동의 차이에 대한 분포는 $B(t_i) - B(t_j) \sim N(0, t_i - t_j)$이므로, 임의의 상수 σ를 곱한 경우에는 $\sigma(B(t_i) - B(t_j)) \sim N(0, \sigma^2(t_i - t_j))$이다. 그리고, 식 (C.8)에 의하면, $y \sim N(\mu, \sigma^2)$일 때, $E(e^y) = e^{\mu + \sigma^2/2}$이 된다. 따라서, 이 두 식을 이용하면, $E(e^{\sigma(B(t_i) - B(t_j))}) = e^{\sigma^2(t_i - t_j)/2}$가 된다.

17 로그정규변수의 기댓값에 대한 풀이를 설명한 앞 장의 내용을 참조하기 바란다.

15.7.2 확률측도(probability measure)

우선 확률측도에 대하여 살펴보자.[18] 확률측도(probability measure) 또는 확률함수(probability function)를 직관적으로 설명하면, 사건공간(event space)에 속한 사건들을 확률값으로 대응시키는 함수를 의미한다.

기하 브라운 운동을 예로 들어서 확률측도의 변환을 설명해 보자. 식 (15.1)에서 설명한 바와 같이, 자산가격이 기하 브라운 운동을 따른다고 할 경우, 자산 수익률의 확률과정은 아래와 같다.

$$\frac{dS}{S} = \mu dt + \sigma dB(t)$$

이 경우, <표 15-1>에서 설명한 바와 같이, $t-1$에서 t시점 사이의 기하수익률(로그수익률)인 $r(t) = \ln(\frac{S(t)}{S(t-1)})$은 그 분포가 아래와 같다.

$$r(t) \sim N\left((\mu - \frac{1}{2}\sigma^2), \sigma^2\right)$$

여기서, 기대수익률은 다음과 같이 수익률의 확률분포에 대한 적분으로 나타낼 수 있다.

$$\mu - \frac{1}{2}\sigma^2 = \int_{-\infty}^{\infty} r(t)\, pdf(r) dr$$

단, $pdf(r)$은 r의 확률밀도함수로서, r이 실제로 발생할 확률을 나타낸다.

■ 등가확률측도를 이용한 위험중립 가치평가

그런데, 만약 투자자들이 위험을 더 이상 고려하지 않는다면 어떻게 될까? 앞서 위험중립 가치평가에서 살펴본 바와 같이, 이 경우 투자자들은 투자의사결정을 할 때 오직 기대수익률만 고려하고 위험에 대한 보상은 고려하지 않으므로, 자산의 기대수익률은 무위험자산의 수익률과 동일하게 된다. 만약 자산의 기대수익률이 무위험수익률과 같지 않다면 차익거래기회가 발생한다. 예를 들어, $\mu - \frac{1}{2}\sigma^2 > r_f$인 경우, 무위험수익률 r_f로 대출을 받아 이 자산에 투자하면 그 수익률은 $\mu - \frac{1}{2}\sigma^2 - r_f > 0$이므로, 이러한 차익거래가 일어난다.

이와 같이, 자산의 기대수익률이 r_f와 동일해질 수 있는 상황(위험중립 세상)이 가능하다면, 우리는 확률분포를 $pdf(r)$ 대신 $pdf^Q(r)$로 바꾸어줌으로써 $r(t)$에 대한 기댓값을

18 어떤 함수 $\Pr(\cdot): \mathcal{F} \mapsto \mathbb{R}$이 3가지 조건(① 확률값은 양수, ② 대응되는 모든 확률의 합은 1, ③ σ-additivity)을 만족할 때, 이 함수를 확률측도 또는 확률함수라고 부른다.

기대수익률이 아니라 무위험 수익률로 만들 수 있다.

$$r_f = \int_{-\infty}^{\infty} r(t)\, pdf^Q(r) dr$$

이 때 $pdf^Q(r)$을 $pdf(r)$의 **등가확률**(equivalent probability)이라 한다. 앞의 식과 비교하면, 우변의 확률밀도함수를 $pdf(r)$에서 $pdf^Q(r)$로 변경함으로써, 좌변은 자산의 기대수익률에서 r_f로 변경된 것이다.

여기서 한 가지 유의하여야 할 점이 있다. 실제(real world)로는 기초자산의 기대수익률은 여전히 $\mu - \frac{1}{2}\sigma^2$으로 변함이 없다는 것이다. 다만 우리가 지금 가치평가를 진행하고 있는 위험중립의 세상(risk neutral world)에서는 파생상품의 가격을 구하기 위해서 $\mu - \frac{1}{2}\sigma^2$ 대신 r_f를 사용한다는 것일 뿐이다. 왜냐하면 Black-Scholes-Merton의 2차 편미분방정식에서 보듯이, 기초자산과 이 기초자산에 대한 파생상품을 적당한 비율로 섞어 포트폴리오를 구성한다면, 불확실한 요인들을 제거시킬 수 있으므로(즉, 위험중립의 세상이 성립하므로), 파생상품가격결정에서는 위험을 더 이상 고려할 필요가 없게 되기 때문이다. 따라서 등가확률 $pdf^Q(r)$은 위험중립적인 가상세계에서의 확률로서 모든 투자자에게 동등하다.

이를 간단한 수식으로 설명해 보자. 사건 ω가 발생할 확률이 $p(\omega)$이고, 사건 ω가 발생할 경우 자산 i의 수익률이 $r_i(\omega)$라고 하면, 자산 i의 수익률(r_i)의 기댓값은 아래와 같다.

$$E^P(r_i) = \sum_{\omega} p(\omega) r_i(\omega) = \sum_{\omega} q(\omega) \left[\frac{p(\omega)}{q(\omega)} r_i(\omega) \right] = E^Q(r_i^Q)$$

여기서 P는 자산의 실제 확률측도를 의미하고, Q는 P에 상응하는 확률측도(등가확률측도)를 의미한다. 여기서 중요한 점은 사건 ω가 발생할 확률 $p(\omega)$를 $q(\omega)$로 변환시킬 경우, r_i도 r_i^Q로 바뀌게 된다. 즉, 확률측도를 바꾸면 주가 수익률도 이에 상응하여 변환된다는 뜻이다. 우리는 이런 방법으로 r_i^Q가 무위험 수익률이 되도록 설정할 수 있다.

이렇게 만들어 낸 등가확률측도 Q를 이용함으로써, 위험중립인 가상세계에서는 금융상품의 시간가치가 무위험 수익률과 같도록 만들 수 있게 되고, 결과적으로 무위험 수익률을 할인율로 사용할 수 있으므로 자산의 현재가치를 계산하는 것이 매우 쉬워진다. 다음에서는 이러한 등가확률측도(equivalent probability measure)를 구하는 방법을 살펴보고, 이를 활용하여 유러피안 옵션의 가격을 구해보도록 하자.

15.7.3 라돈-니코딤 도함수(Radon-Nikodym derivative)

이 방법은 확률변수를 이에 대응되는 확률측도(probability measure)로 변환시키는 방법이다. 확률은 확률변수의 집합을 음수가 아닌 실수에 대응시킨다는 점에서 일종의 측도이므로, 확률측도라고 부르기도 한다.

■ 확률측도의 변환에 의한 확률분포의 기댓값 변환

확률측도의 변환을 통해서 분포의 평균(기댓값)을 변환시키는 방법을 알아보자. 예를 들어, 표준정규분포를 따르는 확률변수 $z_t \sim N(0,1)$을 생각해 보자. 이 경우, 표준정규분포의 확률밀도함수 $f(z_t)$는 아래와 같다.[19]

$$f(z_t) = \frac{1}{\sqrt{2\pi}} e^{-\frac{1}{2}z_t^2}$$

위의 확률밀도함수만으로는 z_t가 어떤 특정한 구간에 속할 확률을 직접 계산해 내지 못한다. 확률을 계산하기 위해서는 확률밀도함수를 해당 구간에 대해 적분하여야 한다.[20] 어떤 무한히 작은 구간 dz_t에 대한 확률 $dP(z_t)$는 다음과 같다.

$$dP(z_t) = f(z_t)dz_t = \frac{1}{\sqrt{2\pi}} e^{-\frac{1}{2}z_t^2} dz_t$$

이제 아래의 함수를 생각해 보자.

$$\xi(z_t) = e^{z_t\mu - \frac{1}{2}\mu^2}$$

그러면, $dP(z_t)$와 $\xi(z_t)$를 곱한 값은 아래와 같으며, 이를 $d\tilde{P}(z_t)$라고 정의해 보자.

$$\begin{aligned} dP(z_t)\xi(z_t) &= \frac{1}{\sqrt{2\pi}} e^{-\frac{1}{2}z_t^2 + z_t\mu - \frac{1}{2}\mu^2} dz_t \qquad (15.22) \\ &= \frac{1}{\sqrt{2\pi}} e^{-\frac{1}{2}(z_t-\mu)^2} dz_t \\ &\equiv d\tilde{P}(z_t) \end{aligned}$$

---

19 정규분포를 따르는 임의의 확률변수 $x \sim N(\mu, \sigma^2)$의 확률밀도함수는 $f(x) = \frac{1}{\sqrt{2\pi\sigma^2}} e^{-\frac{(x-\mu)^2}{2\sigma^2}}$이다.

20 확률변수 z_t의 확률밀도함수에 대한 적분은 어떤 무한히 작은 구간 dz_t에 대한 것으로 리만 적분(Riemann integral)이다.

위 두 번째 식의 확률밀도함수의 형태로부터, 확률변수 z_t의 평균이 μ가 되었음을 알 수 있다. 즉, 위의 과정을 통해서, 확률측도가 $P(\sim N(0,1))$인 확률변수 z_t는 이제 확률측도가 $\tilde{P}(\sim N(\mu,1))$인 어떤 새로운 변수로 변환된 것이다. 이 때, z_t의 분산은 변하지 않고, 그 평균만 0에서 μ로 변환되었다. 따라서, 이 과정은 '분포의 평균을 변환시키는 방법'으로 사용할 수 있다.

그런데, 우리는 앞에서 기하 브라운 운동을 따르는 자산의 기대수익률을 특정한 값 $(-\frac{\sigma^2}{2})$으로 변환시키면, 자산의 가격은 마팅게일이 된다는 것을 보았다. 따라서, 이러한 분포의 평균을 변환시키는 방법을 이용하면, 어떤 확률변수를 마팅게일로 변환시킬 수 있다.

■ 라돈-니코딤 도함수(Radon-Nikodym derivative)

식 (15.22)를 아래와 같이 쓸 수 있다.

$$\frac{d\tilde{P}(z_t)}{dP(z_t)} = \xi(z_t) \tag{15.23}$$

이 식의 의미를 생각해 보면, $\tilde{P}(z_t)$를 $P(z_t)$에 대해서 미분한 도함수가 $\xi(z_t)$라는 것을 의미하며, 이 도함수를 **라돈-니코딤 도함수**(Radon-Nikodym derivative)라고 부른다. 그리고, 라돈-니코딤 도함수 $\xi(z_t)$는 $P(z_t)$에 대한 $\tilde{P}(z_t)$의 확률밀도로 해석할 수 있다.

라돈-니코딤 도함수의 기본적인 역할은 다음 그림으로 간단하게 설명될 수 있다. [그림 15-1]에서 왼쪽의 그림은 평균이 같고 분산이 다른 분포이며, 이는 여기서 설명하고자 하는 확률측도의 변환이 아니다. 반면, 라돈-니코딤 도함수를 이용한 확률측도의 변환은 오른쪽 그림처럼 한 분포를 다른 분포로 변환시켜주되, 분산은 동일하고 평균만 다른 분포로 변환시키는 경우를 말한다.

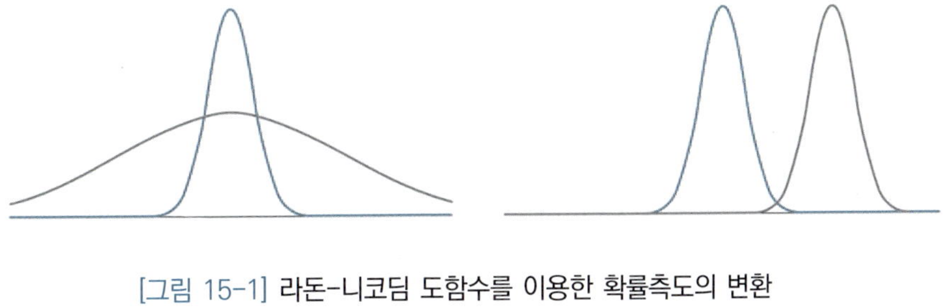

[그림 15-1] 라돈-니코딤 도함수를 이용한 확률측도의 변환

그 다음 질문은 '라돈-니코딤 도함수가 존재하는가?'이다. 식 (15.23)을 보면, $d\tilde{P}(z_t)$와

$dP(z_t)$가 0이 아니라면 라돈-니코딤 도함수가 존재한다는 것을 알 수 있다. 참고로, $d\tilde{P}(z_t)$와 $dP(z_t)$는 z_t를 내포하고 있고, 식 (15.23)에 의해 아래와 같은 관계를 갖기 때문에, 이 두 확률측도들을 **등가확률측도**(equivalent probability measure)라고 부른다.

$$\frac{dP(z_t)}{d\tilde{P}(z_t)} = \xi(z_t)^{-1} \tag{15.24}$$

라돈-니코딤 도함수를 사용하면 변동성을 변화시키지 않으면서 자산 수익률에서 위험 프리미엄을 제거시킬 수 있기 때문에, 차익거래 기회가 존재하지 않는 세상에서 위험중립 가치평가를 가능하도록 만드는 중요하고 유용한 수단이 될 수 있다. 예를 들어, 차익거래 기회가 존재하지 않을 경우, 옵션가격은 기초자산의 기대수익률과는 무관하고, 무위험수익률에만 영향을 받게 되므로, 라돈-니코딤 도함수를 사용하여 기초자산의 기대수익률을 무위험수익률로 바꾸어서 옵션가격을 구할 수 있다. 그러나, 우리가 확률 프로세스(브라운 운동)를 다루고 있기 때문에, 확률미적분이 아닌 리만 적분(Riemann integral)을 이용하는 라돈-니코딤 도함수 $\xi(z_t)$가 우리에게는 적합하지 않다는 문제가 있다.

15.7.4 걸사노프 정리(Girsanov theorem)

걸사노프 정리는 하나의 확률측도를 또 다른 등가확률측도(equivalent probability measure)로 변환시키는 일반화된 프레임워크로서, 보다 복잡한 경우에도 적용할 수 있다. 즉, 걸사노프 정리를 이용하면 기대수익률이 μ인 브라운 운동을 $\mu = 0$인 경우로 단순화시킬 수 있다. 이 절에서는 먼저 표준 브라운 운동에 관한 간단한 경우를 설명한 후, 걸사노프 정리를 소개할 것이다.

여기서는 앞의 섹션에서와 동일한 방법을 사용하되, z_t 대신 표준 브라운 운동인 $B(t) \sim N(0,t)$를 사용한다. 앞 절과 동일하게 $dP(B(t))$와 ξ_t를 정의하자.

$$dP\big(B(t)\big) = f\big(B(t)\big)dB(t) = \frac{1}{\sqrt{2\pi t}}\exp\left(-\frac{B(t)^2}{2t}\right)dB(t)$$

$$\xi_t = \exp\left(B(t)\mu - \frac{1}{2}\mu^2 t\right)$$

그리고, $dP(B(t))$와 ξ_t를 곱한 값은 아래와 같다.

$$dP\big(B(t)\big)\xi_t = \frac{1}{\sqrt{2\pi t}}\exp\left(-\frac{B(t)^2}{2t}\right)dB(t)\exp\left(B(t)\mu - \frac{1}{2}\mu^2 t\right)$$

$$= \frac{1}{\sqrt{2\pi t}} \exp\left(-\frac{B(t)^2 - 2B(t)\mu t + (\mu t)^2}{2t}\right) dB(t)$$
$$= \frac{1}{\sqrt{2\pi t}} \exp\left(-\frac{(B(t) - \mu t)^2}{2t}\right) dB(t)$$
$$= d\tilde{P}\big(B(t)\big)$$

따라서,

$$\frac{d\tilde{P}(B(t))}{dP(B(t))} = \xi_t \tag{15.25}$$

이 식은 확률측도 $\tilde{P}$ 하에서 기대수익률이 μ인 브라운 운동을 확률측도 P 하에서 기대수익률이 0인 브라운 운동으로 변환시킬 수 있다는 것을 보여준다. 이 예를 일반화한 것이 걸사노프 정리로서, 기대수익률이 μ인 임의의 브라운 운동을 기대수익률이 ν인 또 다른 브라운 운동으로 변환시키는 것을 말한다. 걸사노프 정리는 아래와 같다.

▶ 걸사노프 정리(Girsanov theorem)

기대수익률이 μ이고 분산이 σ^2인 브라운 운동을 $\{W(t), 0 < t < T\}$라고 하자. 그리고, ξ_t를 아래와 같이 두고, $d\tilde{P}\big(W(t)\big) = dP\big(W(t)\big)\xi_t$ 라고 정의하자.

$$\xi_t = \exp\left(\frac{v - \mu}{\sigma^2} W(t) - \frac{(v^2 - \mu^2)t}{2\sigma^2}\right)$$

그러면, 확률측도 $\tilde{P}$ 하에서 $W(t)$는 기대수익률이 v이고 분산이 σ^2인 브라운 운동이 된다.

15.7.5 걸사노프 정리를 이용한 자산가격의 마팅게일 변환

자산가격이 아래의 기하 브라운 운동을 따른다고 가정해 보자.

$$\frac{dS}{S} = \mu dt + \sigma dB(t) \tag{15.26}$$

앞서 '15.1.3 기초자산가격의 분포'에서 설명한 바와 같이, 위의 기하 브라운 운동에 이토의 보조정리를 적용하면 아래 식을 얻을 수 있다.

$$S(t) = S(0)\exp\left(\left(\mu - \frac{1}{2}\sigma^2\right)t + \sigma B(t)\right)$$

이 브라운 운동의 분포(확률측도)를 P라고 두자. 이 분포는 자산가격 $S(t)$에 영향을 미칠 수 있는 무한히 작은 변화에 대한 확률측도다. 여기서 우리의 목적은 자산가격결정을 보다 쉽게 만들어 주는 새로운 분포인 등가확률측도 $\tilde{P}$를 구하는 것이다.

■ 마팅게일 변환을 위한 등가확률측도($\tilde{P}$) 산출

등가확률측도를 이용해서 자산가격이 마팅게일 프로세스를 따르도록 만드는 방법을 구체적으로 살펴보자. 현실(real world)에서는 위험자산에 대해서는 위험프리미엄이 존재하기 때문에, 미래의 위험자산가격을 그 자산의 위험이 반영된 할인율로 할인하면 현재 가격이 된다. 그런데, 위험조정할인율이 아닌 무위험자산의 수익률(r_f)로 할인할 경우, 이에 대한 조건부 기댓값은 아래와 같이 현재 가격보다 커야 한다.

$$E^P[e^{-r_f(T-t)}S_T|S_t, t < T] > S_t$$

따라서, 원래의 확률측도 P 하에서 무위험수익률로 할인된 위험자산의 가격은 마팅게일이 될 수 없다. 그러나, 아래와 같이, 무위험수익률로 $(T-t)$ 기간에 대해 할인된 자산가격 프로세스를 현재 가격(current price)과 일치시켜주는 (즉, 자산가격을 마팅게일로 만들어 주는) 등가확률측도 $\tilde{P}$가 있다면 다음과 같이 무위험수익률로 할인하여도 마팅게일이 될 수 있다.

$$E^{\tilde{P}}[e^{-r_f(T-t)}S_T|S_t, t < T] = S_t \tag{15.27}$$

그렇다면, 로그수익률의 분포는 마팅게일 변환에 의해 어떻게 변할까? 자산가격이 식 (15.26)의 기하 브라운 운동을 따른다면, 원래의 확률 P 하에서는 로그수익률인 $ln(S(T-t)/S(t))$가 아래의 정규분포를 따른다.[21]

$$\ln\left(\frac{S(T-t)}{S(t)}\right) \sim N\left((\mu - \frac{1}{2}\sigma^2)(T-t), \sigma^2(T-t)\right) \tag{15.28}$$

이제 새로운 등가확률측도 $\tilde{P}$를 생각해보자. 이 $\tilde{P}$는 자산의 로그수익률이 식 (15.28)의 분포를 따르는 자산가격 프로세스를 아래의 분포를 따르는 마팅게일로 만들어 준다고 가정하자.

$$\ln\left(\frac{S(T-t)}{S(t)}\right) \sim N(\nu(T-t), \sigma^2(T-t))$$

여기서, ν는 임의의 숫자이며, 우리는 이 프로세스를 마팅게일 프로세스로 만들어 주는 ν

21 로그수익률의 분포는 앞서 <표 15-1> 또는 '15.1.3 주식가격의 분포'를 참고하기 바란다.

를 구해야 한다. 마팅게일의 정의를 적용하기 위해, 확률 $\tilde{P}$에 대해 기댓값을 취하면, 아래 식을 얻을 수 있다.[22]

$$E^{\tilde{P}}[e^{-r_f(T-t)}S_T|S_t, t < T] = S_t e^{-r_f(T-t)} e^{v(T-t)+\frac{1}{2}\sigma^2(T-t)} \tag{15.29}$$

여기서, 등가확률측도 $\tilde{P}$는 자산가격을 마팅게일로 만들어 준다고 가정했으므로, 식 (15.29)는 S_t가 되어야 한다. 이를 위해서는 $e^{-r_f(T-t)}e^{v(T-t)+\frac{1}{2}\sigma^2(T-t)} = 1$이 되어야 하므로, 이 자산가격 프로세스를 마팅게일로 만들어주는 v는 $v = r_f - \frac{1}{2}\sigma^2$이다. 따라서, 새로운 등가확률측도 $\tilde{P}$ 하에서는 $\ln[S(T-t)/S(t)]$가 아래의 분포를 따르게 된다.

$$\ln\left[\frac{S(T-t)}{S(t)}\right] \sim N\left(\left(r_f - \frac{1}{2}\sigma^2\right)(T-t),\ \sigma^2(T-t)\right)$$

위의 결과를 식 (15.28)과 비교해 보면, μ가 등가확률측도 $\tilde{P}$ 하에서 r_f로 변환되었음을 알 수 있다. 이 경우, 무위험 수익률로 할인된 위험자산가격 프로세스는 마팅게일이 된다. 이러한 결과는 위험중립하에서는 식 (15.26)의 기하 브라운 운동을 따르는 위험자산가격을 아래와 같은 확률 프로세스로 둘 수 있음을 의미한다.

$$\frac{dS}{S} = r_f dt + \sigma d\tilde{B}(t) \tag{15.30}$$

■ 걸사노프 정리의 의미

위 식은 자산가격 프로세스를 마팅게일로 전환시켜주는 새로운 확률측도 $\tilde{P}$가 원래의 자산가격 프로세스의 기대수익률 μ를 무위험수익률 r_f로 바꾸어 준다는 것을 의미한다. 이런 측면에서 확률측도 $\tilde{P}$를 **등가 마팅게일 측도**(equivalent martingale measure) 또는 **위험중립 측도**(risk-neutral measure)라고 부르기도 한다, 따라서, 우리는 자산가격 프로세스를 알아내기 위해 미지의 μ를 구해내는 작업을 할 필요 없이, 이미 알려진 무위험 수익률을 사용할 수 있게 된다. 즉, 걸사노프 정리를 이용하면, 확률 프로세스의 추세(drift)를 자유자재로 바꿀 수 있으므로, 무위험 수익률로도 변환할 수 있는 것이다. 그 결과, 자산의 기대수익률 또는 현재가치 계산시 할인율을 무위험 수익률로 변환하여 사용할 수 있기 때문에, 파생상품을 비롯한 자산의 가격결정을 쉽게 할 수 있으며, 이것이 우리에게 등가 마팅게일 측도가 필요한 이유이다.

---

22 앞서 15.7.1 섹션에서, 자산가격이 기하 브라운 운동인 $dS(t) = \mu S(t)dt + \sigma S(t)dB(t)$를 따를 때, 로그수익률이 따르는 확률과정을 적분하면 $E(S(t_i)|\Psi_{t_j}) = S(t_j)e^{\mu(t_i-t_j)+\frac{1}{2}\sigma^2(t_i-t_j)}$가 성립한다.

참고로, 식 (15.30)의 새로운 자산가격 프로세스(확률 편미분 방정식)는 분포가 $\tilde{P}$인 새로운 브라운 운동 $\tilde{B}(t)$에 의해서 생성된다. 이 새로운 확률측도는 원래의 확률측도 P에 의해서 발생하는 상태들과는 무관하다.

15.7.6 마팅게일을 이용한 Black-Scholes 옵션공식

이제, 임의의 기초자산에 대한 유러피언 콜옵션의 가격을 유도해 보자. Black-Scholes 옵션가격공식을 유도할 때처럼, 배당이 없고, 무위험 수익률은 일정하고, 거래비용이 없음을 가정한다.

등가 마팅게일 확률측도 $\tilde{P}$ 하에서 기초자산의 가격은 마팅게일이 된다고 가정하자. 그리고, 만기시점에서 유러피언 콜옵션의 지급액(payoff)은 기초자산과 무위험채권으로 구성된 일종의 합성 옵션으로 복제할 수 있다. 그러면, 등가 마팅게일 확률측도 $\tilde{P}$ 하에서는 기초자산의 가격이 마팅게일이므로, 유러피언 콜옵션 가격도 마팅게일이 된다. 이것은 t 시점에서 유러피언 콜옵션의 가격 C_t는 아래와 같이 확률측도 $\tilde{P}$ 하에서 T 시점의 콜옵션 가격을 무위험 수익률로 할인한 현재가치라는 것을 의미한다.

$$C_t = E^{\tilde{P}}[e^{-r_f(T-t)}C_T]$$

단, r_f는 무위험수익률, $T-t$는 잔여만기, C_T는 만기시점의 유러피언 콜옵션의 가치이다. 그리고, 콜옵션의 경계값 조건, 즉, 만기시점에서 유러피언 콜옵션의 가치는 다음과 같다.

$$C_T = \max[S_T - K, 0]$$

따라서, 위 두 식을 이용하면, 아래의 식을 얻을 수 있다.

$$C_t = E^{\tilde{P}}[e^{-r_f(T-t)}\max\{S_T - K, 0\}]$$

■ 걸사노프 정리를 이용한 등가 마팅게일 확률측도 $\tilde{P}$의 유도

위 식의 해를 구하기 위해서는 기대연산자 $E^{\tilde{P}}$와 비선형함수인 Max를 없애야 한다. 이를 위해 필요한 식들을 정리해 보자.

먼저, $\tilde{P}$ 하에서 $(T-t)$ 동안의 로그수익률을 $B^d(T-t)$로 두자. 즉, $B^d(T-t) \equiv \ln\frac{S_T}{S_t}$로 두자. 그러면, $S_T = S_t e^{B^d(T-t)}$가 된다. 그리고, $B^d(T-t)$의 분포는 아래와 같다.

$$B^d(T-t) \sim N\left((r_f - \frac{1}{2}\sigma^2)(T-t), \sigma^2(T-t)\right)$$

그리고, 걸사노프 정리를 활용하여 아래의 식을 얻을 수 있다.

$$d\tilde{P}\big(B^d(T-t)\big) = f\big(B^d(T-t)\big)dB(t)$$
$$= \frac{1}{\sqrt{2\pi\sigma^2(T-t)}}\exp\left(-\frac{(B^d(T-t)-(r_f-\frac{1}{2}\sigma^2)(T-t))^2}{2\sigma^2(T-t)}\right)dB(t)$$

이제, 위 두 식을 이용하면 등가확률측도 $\tilde{P}$ 하에서는 아래의 식을 얻을 수 있다.

$$C_t = E^{\tilde{P}}[e^{-r_f(T-t)}\max\{S_T-K,0\}] \tag{15.31}$$
$$= \int_{-\infty}^{\infty} e^{-r_f(T-t)}\max[S_T-K,0]d\tilde{P}$$
$$= \int_{-\infty}^{\infty} e^{-r_f(T-t)}\max[S_t e^{B^d(T-t)}-K,0]\frac{1}{\sqrt{2\pi\sigma^2(T-t)}}\exp\left(-\frac{(B^d(T-t)-(r_f-\frac{1}{2}\sigma^2)(T-t))^2}{2\sigma^2(T-t)}\right)dB(t)$$

■ Black-Scholes 콜옵션 가격 공식의 유도

식 (15.31)은 아래와 같이 두 부분으로 구분할 수 있다. 이 식은 앞서 보았던 식 (15.17)과 사실상 동일하다. 따라서, 이후의 유도과정에 대한 자세한 해설은 15.5.1과 15.5.2의 내용을 참고하면 된다.

$$C_t = S_t\int_{\ln\frac{K}{S_t}}^{\infty} e^{-r_f(T-t)}e^{B^d(T-t)}\frac{1}{\sqrt{2\pi\sigma^2(T-t)}}\exp\left(-\frac{(B^d(T-t)-(r_f-\frac{1}{2}\sigma^2)(T-t))^2}{2\sigma^2(T-t)}\right)dB$$
$$-e^{-r_f(T-t)}K\int_{\ln\frac{K}{S_t}}^{\infty}\frac{1}{\sqrt{2\pi\sigma^2(T-t)}}\exp\left(-\frac{(B^d(T-t)-(r_f-\frac{1}{2}\sigma^2)(T-t))^2}{2\sigma^2(T-t)}\right)dB$$

이제, 아래와 같이 새로운 변수 z를 도입해 보자.

$$z = \frac{B^d(T-t)-(r_f-\frac{1}{2}\sigma^2)(T-t)}{\sqrt{\sigma^2(T-t)}}$$
$$dz = \frac{1}{\sqrt{\sigma^2(T-t)}}dB$$

이 식들을 대입하면, 아래의 식을 얻을 수 있다.

$$C_t = S_t e^{-r_f(T-t)} \int_{\frac{\ln\frac{K}{S_t}-(r_f-\frac{1}{2}\sigma^2)(T-t)}{\sqrt{\sigma^2(T-t)}}}^{\infty} e^{z\sqrt{\sigma^2(T-t)}+(r_f-\frac{1}{2}\sigma^2)(T-t)} \frac{1}{\sqrt{2\pi}} e^{-\frac{z^2}{2}} dz$$

$$-e^{-r_f(T-t)} K \int_{\frac{\ln\frac{K}{S_t}-(r_f-\frac{1}{2}\sigma^2)(T-t)}{\sqrt{\sigma^2(T-t)}}}^{\infty} \frac{1}{\sqrt{2\pi}} e^{-\frac{z^2}{2}} dz$$

위 식의 첫 번째 항은 아래와 같이 계산된다.

$$S_t e^{-\frac{1}{2}\sigma^2(T-t)} \int_{\frac{\ln\frac{K}{S_t}-(r_f-\frac{1}{2}\sigma^2)(T-t)}{\sqrt{\sigma^2(T-t)}}}^{\infty} \frac{1}{\sqrt{2\pi}} e^{-\frac{z^2}{2}+z\sqrt{\sigma^2(T-t)}} dz$$

$$= S_t e^{-\frac{1}{2}\sigma^2(T-t)} \int_{\frac{\ln\frac{K}{S_t}-(r_f-\frac{1}{2}\sigma^2)(T-t)}{\sqrt{\sigma^2(T-t)}}}^{\infty} \frac{1}{\sqrt{2\pi}} e^{-\frac{z^2-2z\sqrt{\sigma^2(T-t)}}{2}} dz$$

$$= S_t e^{-\frac{1}{2}\sigma^2(T-t)} \int_{\frac{\ln\frac{K}{S_t}-(r_f-\frac{1}{2}\sigma^2)(T-t)}{\sqrt{\sigma^2(T-t)}}}^{\infty} \frac{1}{\sqrt{2\pi}} e^{-\frac{\left\{z-\sqrt{\sigma^2(T-t)}\right\}^2}{2}+\frac{1}{2}\sigma^2(T-t)} dz$$

$$= S_t \int_{\frac{\ln\frac{K}{S_t}-(r_f-\frac{1}{2}\sigma^2)(T-t)}{\sqrt{\sigma^2(T-t)}}}^{\infty} \frac{1}{\sqrt{2\pi}} e^{-\frac{\left\{z-\sqrt{\sigma^2(T-t)}\right\}^2}{2}} dz$$

$$= S_t \int_{\frac{\ln\frac{K}{S_t}-(r_f-\frac{1}{2}\sigma^2)(T-t)}{\sqrt{\sigma^2(T-t)}}-\sqrt{\sigma^2(T-t)}}^{\infty} \frac{1}{\sqrt{2\pi}} e^{-\frac{(z^*)^2}{2}} dz^*$$

$$= S_t \int_{-\infty}^{\frac{\ln\frac{S_t}{K}+(r_f+\frac{1}{2}\sigma^2)(T-t)}{\sqrt{\sigma^2(T-t)}}} \frac{1}{\sqrt{2\pi}} e^{-\frac{(z^*)^2}{2}} dz^*$$

단, $z^* = z - \sqrt{\sigma^2(T-t)}$, $dz^* = dz$이다.

따라서 이 식을 정리하면, 아래의 콜옵션 가격공식을 얻을 수 있다.

$$C_t = S_t N(d_1) - e^{-r(T-t)} K N(d_2) \tag{15.32}$$

여기서, $d_1 = \dfrac{\ln\dfrac{S_t}{K} + (r_f + \dfrac{1}{2}\sigma^2)(T-t)}{\sqrt{\sigma^2(T-t)}}$, $d_2 = d_1 - \sqrt{\sigma^2(T-t)}$.

위의 결과는 식 (15.20)에서 얻었던 결과와 정확히 일치한다.

15.8 요약 및 논의

Black-Scholes 모형의 가장 큰 특징은, Black-Scholes-Merton의 무차익거래조건에서 보듯이, 위험이 없는 상황하에서 파생상품의 가격을 계산한다는 점이다. 즉, 위험중립적인 환경에서는 모든 기초자산의 기대수익률은 무위험자산의 수익률과 동일하다고 두고 파생상품의 가격을 계산한다. 만약 위험중립하에서 파생상품의 가격을 계산하는 방법이 알려지지 않았다면, 아마도 우리는 여전히 기초자산의 가격을 예측한 다음 이 예측 가격을 기반으로 파생상품의 가격을 계산하고 있을지도 모른다.

파생상품, 특히 옵션의 가격이 중요한 이유는 다음 제16장에서 살펴볼 복합상품, 예컨대, 전환사채처럼 파생상품을 포함하고 있는 금융상품의 가치를 평가하는데도 사용되기 때문이다. 더구나 옵션가격모형의 활용은 비단 금융상품에 국한된 것이 아니다. 우리 생활에서도 옵션으로 설명할 수 있는 것들이 상당히 많다. 예를 들면, 보너스를 받을 수 있는 직장의 가치도 콜옵션으로 설명할 수 있다.

연/습/문/제

1. 무배당 주식 A의 현재가격은 5,000원이고, 수익률의 연간 변동성은 10%이다. 이 주식을 기초자산으로 하는 유러피언 콜옵션의 잔여 만기는 90일이고, 행사가격은 4,900원이다. 연간 연속 복리 무위험 수익률은 3%이고, 1년은 360일로 가정한다.
   (1) Black-Scholes 옵션가격공식을 이용하여 이 콜옵션의 가격을 구하시오(단, $N(1.1581) \approx 0.8766$, $N(1.1331) \approx 0.8725$이다).
   (2) 콜옵션 1계약 매수 포지션의 지급액(payoff)과 동일한 포트폴리오를 구성하기 위한 포지션은 무엇인가?

2. Black-Scholes-Merton 2차 확률미분방정식을 유도하시오. 필요한 경우 이 방정식을 유도하는데 사용되는 가정을 설명하고 가정이 현실과 부합하는지 설명하시오. 이 방정식을 사용하여 유러피언 풋옵션 가격을 어떻게 구할 수 있는지 설명하시오.

3. 유러피언 콜옵션 가격에 대한 마팅게일 접근 방법은 기초자산의 확률분포를 변환하여 구하게 된다. 이 변환이 타당한 이유를 설명하시오. 또한 변환에 필요한 수학적 방법이 무엇인지 설명하시오.

4. 자산의 가격이 다음과 같은 기하 브라운 운동을 따를 경우 $ln(S(t)/S(0))$의 확률분포를 구하시오.

$$dS = \mu S(t)dt + \sigma S(t)dB(t)$$

5. 향후 2개월 후와 5개월 후에 각각 500원씩 배당금을 지급할 예정인 주식 X에 대한 유러피언 콜옵션이 있다고 하자. 현재 주가와 행사가격은 모두 50,000원이다. 연속시간하에서의 주가변동성은 연 20%이고, 무위험자산의 단순수익률은 연 8.329%이고, 잔여만기는 6개월이다. 블랙-숄즈 모형을 사용하여 콜옵션가격을 구하시오.

Chapter

16 옵션의 활용 (Applications of Options)

파생상품시장은 다음과 같은 목적으로 도입되었다.

(1) 기초자산을 거래하지 않고도 기초자산의 위험을 전가할 수 있음. 이를 통해 기업 내부적으로 또는 거시경제 전체적으로 보다 효과적인 위험관리를 할 수 있음.

(2) 기초자산의 예상 미래 가격과 변동성에 관해 더 많은 정보를 얻을 수 있음(price discovery).

(3) 기초자산의 미래 가격 변동에 대한 예측을 이용하면 이익을 얻을 수 있음.

(4) 직접 거래하기 어렵거나 비용이 많이 드는 자산 또는 시장에 접근할 수 있게 해줌.

위 첫 번째 목적은 보유 자산의 가치 하락에 대한 위험을 감소시키는 헤지기능을 말한다. 이 기능은 파생상품이 위험을 거래(전가)하는 수단으로 활용되고 있음을 의미한다. 두 번째는 옵션가격에 내포된 기초자산 수익률의 기대 변동성을 그 예로 들 수 있다. 이는 세 번째 목적과 연계되어 있는데, 그 이유는 이익을 추구하는 투기거래자들의 거래를 통해 결정된 파생상품가격은 기초자산가격에 대한 정보를 제공하기 때문이다. 다시 말하면, 옵션 가격에는 기초자산의 기대 수익률이나 변동성에 대한 시장의 예측이 포함되어 있다. 마지막으로, 제도화된 시장은 파생상품거래를 통해 이러한 다양한 목적이 손쉽게 실현되도록 해준다.

이 장에서는 옵션을 활용한 위험 헤지 방법을 살펴본다. 또한 Black-Scholes 옵션가격 모형에서 사용되는 5개의 변수(S, K, T, r_f, σ) 중 데이터로 직접 구할 수 없는 유일한 변수인 기초자산 수익률의 변동성(σ)에 대해서도 설명한다. 그리고, 실물옵션(real option)을 살펴볼 것이다. 행사가격, 만기 등이 불확실한 여러 가지 다양한 프로젝트들의 가격을 옵션가격으로 설명할 수 있기 때문에, 이러한 프로젝트들을 실물옵션이라고 부른다. 마지막으로, 전환사채, 신주인수권부사채 등 일반 채권에 여러 가지 옵션이 부여된 복합상품에 대해서 살펴보고자 한다.

16.1 헤징 전략

위험을 헤지하기를 원하는 고객들에게 옵션 또는 다른 파생증권을 제공하는 금융기관들은 자신들도 고객들로부터 전가된 위험을 헤지할 필요가 생긴다. 또한, 기초자산을 보유하고 있는 펀드매니저들도 혹시 일어날지 모르는 미래의 위험으로부터 자신들의 펀드가치 하락을 방어해야 할 필요가 있다. 그런데, 고객에게 판매하는 파생상품으로부터 발생하는 위험이나 이미 보유중인 기초자산에서 발생하는 위험을 헤지하는 것은 거래소에서 제공되는 표준화된 파생상품만으로는 불가능한 경우가 많다. 이러한 경우에는 위험을 헤지하는 것은 어려운 일이 될 것이다.

먼저, 기초자산을 이용하여 콜옵션 매도 포지션(숏 포지션)을 헤지하는 경우를 생각해 보자. 예를 들어, 어떤 금융기관이 콜옵션을 매도했다면, 이 금융기관이 취할 수 있는 전략 중 한 가지는 아무것도 하지 않는 것이다. 이를 **네이키드 포지션**(naked position)이라고 부른다. 이 경우, 매도한 콜옵션이 행사된다면, 금융기관은 콜을 커버하기 위해서 현재의 시장가격으로 기초자산을 매수해야 한다. 또 다른 전략은 **커버드 포지션**(covered position)이다. 이것은 향후의 콜옵션 행사를 대비하기 위해, 콜옵션을 매도하자마자 기초자산을 매수하는 전략이다. 하지만, 이 두 방법 모두 헤지가 만족스럽게 되는 것은 아니다.

16.1.1 손절매 전략

콜옵션을 매도한 금융기관이 사용할 수 있는 좀 더 발전된 전략 중 한 가지는 **손절매 전략**(stop-loss strategy)이다. 이 전략은 콜옵션을 매도한 상태에서, 콜옵션이 내가격(in-the-money)일 때는 옵션 행사에 대비하기 위해 기초자산을 매수하여 커버드 포지션을 취하고, 외가격(out-of-the-money)이 될 때는 곧바로 네이키드 포지션을 취하는 것이다. 따라서, 이 전략에서는 옵션이 내가격으로 종료되면 옵션 행사 시점에서 기초자산을 보유한 상태가 되고, 옵션이 외가격으로 종료되면 기초자산을 보유하지 않은 상태가 되도록 설계되어 있다.

이 헤징 전략의 비용을 계산해 보자. 최초 콜옵션 매도 시점의 헤징 비용은 $S_0 > K$인 경우에는 S_0가 되고, $S_0 \leq K$인 경우에는 0이 된다. 그리고, 최초시점 이후부터 행사시점 직전 까지는 콜옵션이 내가격 또는 외가격으로 전환되는 시점에서 K만큼 기초자산을 매수 또는 매도하여 커버드 포지션 또는 네이키드 포지션을 취한다. 따라서, 최초시점과 최종 행사시점의 상황별로 헤지 비용은 <표 16-1>과 같이 결정된다. 예를 들어, 최종 행사시점에서 $S_T > K$이면, 헤지거래자(금융기관)는 커버드 포지션을 취하고 있을 것이고, 상대방은 콜옵션을 행사함으로써 K를 지불하고 기초자산을 매수하게 된다. 따라서, (1)의 경우에는 최초에 S_0 가격으로 기초자산을 매수하고, 행사시점에서 K를 받고 기초자산을 매도해야 하므로, 총 헤지 비용은 $S_0 - K$이다. (3)의 경우에는 옵션이 내가격으로 전환되는 시점에서 K 가격으로 기초자산을 매수한 후, 행사시점에서 상대방의 콜옵션 행사로 K를 받게 된다. 반면, 행사시점에서 $S_T < K$이면, 헤지거래자는 네이키드 포지션을 취하고 있을 것이고, 상대방은 콜옵션을 행사하지 않을 것이다. 따라서, (2)의 경우는 최초에 S_0 가격으로 기초자산을 매수하고, 행사시점 이전에 외가격으로 전환되는 시점에서 기초자산을 K가격으로 매도하여 네이키드 포지션으로 전환한 상태로 종료된다. (4)의 경우는 최초의 네이키드 포지션을 행사시점까지 유지하므로, 헤징 비용은 없다.

설명한 내용을 종합하면, 손절매 전략으로 옵션을 헤징하는 총비용은 다음과 같다.

$$Q = Max(S_0 - K, 0)$$

〈표 16-1〉 최초시점과 행사시점의 주가 수준에 따른 헤지비용

최초시점	행사시점	
	$S_T > K$ (콜옵션행사)	$S_T < K$
$S_0 \geq K$	(1) $S_0 - K$	(2) $S_0 - K$
$S_0 < K$	(3) $K - K = 0$	(4) 0

■ 손절매 전략의 한계

만약, 옵션의 행사시점까지 기초자산가격이 행사가격에서 크게 벗어나 거래된다면, 이 전략은 저렴한 비용으로 효과적인 헤징을 할 수 있다. 따라서, 이 경우에는 콜옵션 발행 후 숏 포지션을 헤지함으로써 무위험 수익을 얻을 수 있을 것이다.

그러나, 기초자산가격이 행사가격 근처에서 등락을 거듭한다면, 이 전략은 빈번한 거래로 인한 거래비용을 반영하지 않은 지나치게 단순한 모형이 된다. 더욱이, 거래수수료를 생각하지 않더라도, 흔히 매수는 K보다 약간 더 높은 가격으로 이루어지고, 매도는 K보다 약간 더 낮은 가격으로 이루어질 것이므로, 실제로는 기초자산의 매수 및 매도 가격이 정확하게 K가 될 수 없다. 또한, 만기 이전에 헤지를 위해 옵션을 매수하게 되는 경우, 매수자금 차입에 소요되는 이자비용도 고려하여야 한다.

16.1.2 옵션 가격의 민감도를 이용하는 보다 정교한 헤징 전략

파생상품 거래자들이 실제로 사용하는 헤징 전략은 손절매 전략보다는 더 정교하다. 옵션이 포함된 포트폴리오에 대한 헤징 전략의 기본 목표는 옵션 가격에 영향을 주는 요인들이 변하더라도 포트폴리오의 가치가 변하지 않도록 만드는 것이다. 그런데, 보유중인 기초자산으로부터 발생하는 위험을 옵션으로 헤지하기가 어려운 이유 중 하나는 기초자산 가격변화에 대한 옵션가격의 민감도가 시간의 경과나 시장상황의 변화에 따라 바뀌기 때문이다. 이것은 기초자산의 위험을 헤지하기 위해 필요한 옵션의 수량(또는 최적헤지비율)이 시간의 경과나 시장상황에 따라 바뀐다는 것을 의미한다. 또한 옵션 가격은 기초자산의 가격변동성의 변화에 대해서도 민감하게 반응한다. 따라서, 정교한 헤징을 하기 위해서는, 옵션 가격에 영향을 미치는 요인들에 대한 옵션 가격의 민감도를 구한 후, 이들 요인의 변화에 대해 포트폴리오의 민감도가 0이 되도록 포트폴리오 재조정을 해야 한다.

가장 기본적인 헤징 전략은 기초자산 가격에 대한 옵션 가격의 민감도인 델타(Delta)를 이용해서, 포트폴리오를 델타 중립(delta neutral)으로 만드는 것이다. 이 헤징 전략을 델타 헤징(delta hedging)이라고 부른다. 기초자산 가격 이외에도 잔여만기, 기초자산가격의 변동성, 무위험 수익률도 파생상품의 가격에 영향을 미치므로, 이들에 대한 민감도인 쎄타(Theta), 람다(Lamda), 로(Rho)를 이용한 헤징도 고려해야 한다. 또한, 델타의 경우에는 기초자산 가격의 함수이므로, 기초자산 가격에 대한 델타의 민감도인 감마(Gamma)를 구한 후, 기초자산 가격이 변하더라도 델타가 과도하게 변하지 않도록 만드는 추가적인 조치를 해야 한다. 즉, 델타 중립을 유지하기 위해서, 포트폴리오를 델타 중립뿐만 아니라 감마 중립으로도 만들어야 한다.

■ 파생상품 가격에 영향을 미치는 여러 가지 민감도

옵션을 포함한 파생상품 가격에 영향을 미치는 민감도들을 파악하기 위해, 우선 Black-Scholes-Merton의 2차편미분방정식을 살펴보자. 앞 장에서 설명한 바와 같이, 만기시까지 배당 등의 현금흐름이나 비용이 발행하지 않는 기초자산에 대한 임의의 파생상품의 가격(C)이 만족시켜야 하는 Black-Scholes-Merton의 2차편미분방정식은 아래와 같다.

$$\frac{\partial C}{\partial t} = Cr - \frac{\partial C}{\partial S}Sr - \frac{1}{2}\frac{\partial^2 C}{\partial S^2}(\sigma S)^2$$

이 식으로부터, 파생상품의 가격(C)에 영향을 미치는 민감도는 만기까지의 시간의 경과에 대한 민감도($\partial C/\partial t$), 기초자산 가격변화에 대한 민감도($\partial C/\partial S$), 그리고 기초자산 가격변화에 대한 파생상품가격의 변화율에 대한 민감도($\partial^2 C/\partial S^2$)라는 것을 알 수 있다. 이러한 민감도들을 다음과 같이 그리스어(Greeks)인 쎄타(Θ), 델타(Δ), 감마(Γ)로 정의해 보자.

$$\Theta = \frac{\partial C}{\partial t}$$

$$\Delta = \frac{\partial C}{\partial S}$$

$$\Gamma = \frac{\partial^2 C}{\partial S^2}$$

이들을 위의 Black-Scholes-Merton의 2차편미분방정식에 대입하면, 아래와 같다.

$$\Theta = Cr - \Delta Sr - \frac{1}{2}(\sigma S)^2 \Gamma \tag{16.1}$$

또한, 위 편미분방정식을 보면, 기초자산 수익률의 변동성(σ)과 무위험 수익률(r)도 파생상품 가격(C)에 영향을 준다. 이들의 변화로 인한 파생상품 가격의 변화를 람다($\boldsymbol{\Lambda}$)와 로($\boldsymbol{\rho}$)라고 부른다.

한편, 동일한 기초자산에 대해 발행된 여러 가지 파생상품들로 포트폴리오를 구성하는 경우, 파생상품 i의 가격 및 민감도는 C_i, Θ_i, Δ_i, Γ_i이고, 투자비중은 w_i로 이루어진 포트폴리오($\Pi = \sum w_i C_i$)에 대한 Black-Scholes-Merton의 2차편미분방정식은 아래와 같다.[1]

$$\sum w_i \Theta_i = \sum w_i C_i r - \sum w_i \Delta_i S r - \frac{1}{2}(\sigma S)^2 \sum w_i \Gamma_i$$

이제 옵션의 경우를 중심으로 Θ, Δ, 그리고 Γ의 특성을 좀 더 구체적으로 살펴보기로 하자.

■ 델타(Delta, Δ)

파생상품의 델타(Δ)는 기초자산 가격에 대한 파생상품 가격의 변화율을 의미한다. 예를 들어, $\Delta = 0.5$라면, 기초자산 가격이 1단위 변할 때 옵션 가격은 0.5만큼 변함을 뜻한다. 그리고, 델타는 기초자산가격에 대응되는 파생상품가격 함수(곡선)의 기울기를 의미한다.

콜옵션의 경우, 델타는 아래와 같다.

$$\Delta_C = \frac{\partial C}{\partial S} \tag{16.2}$$

---

1 이 포트폴리오 $\Pi = \sum w_i C_i$에 대한 Θ, Δ, 그리고 Γ를 구하여 블랙-숄즈-머튼의 2차편미분방정식에 대입하면 구할 수 있다.

$$
\begin{aligned}
&= \frac{\partial[SN(d_1) - Ke^{-r\tau}N(d_2)]}{\partial S} \\
&= N(d_1) + S\frac{\partial N(d_1)}{\partial d_1}\frac{\partial d_1}{\partial S} - Ke^{-r\tau}\frac{\partial N(d_2)}{\partial d_2}\frac{\partial d_2}{\partial d_1}\frac{\partial d_1}{\partial S} \\
&= N(d_1)
\end{aligned}
$$

위 식을 유도할 때는 아래의 식들을 이용하였다.

$$
\frac{\partial d_2}{\partial d_1} = \frac{\partial\left(d_1 - \sigma_S\sqrt{\tau}\right)}{\partial d_1} = 1 \tag{16.3}
$$

$$
\begin{aligned}
S\frac{\partial N(d_1)}{\partial d_1} - Ke^{-r\tau}\frac{\partial N(d_2)}{\partial d_2} &= S\frac{1}{\sqrt{2\pi}}e^{-\frac{d_1^2}{2}} - Ke^{-r\tau}\frac{1}{\sqrt{2\pi}}e^{-\frac{d_2^2}{2}} \qquad (16.4) \\
&= \frac{1}{\sqrt{2\pi}}\left(Se^{-d_1^2/2} - Ke^{-r\tau}e^{-(d_1-\sigma\sqrt{\tau})^2/2}\right) \\
&= \frac{e^{-d_1^2/2}}{\sqrt{2\pi}}\left(S - Ke^{-r\tau}e^{(-\tau\sigma^2+2d_1\sigma\sqrt{\tau})/2}\right) \\
&= \frac{e^{-d_1^2/2}}{\sqrt{2\pi}}\left(S - Ke^{\ln(S/K)}\right) = 0
\end{aligned}
$$

식 (16.2)에서 $0 \le N(d_1) \le 1$이므로, 콜옵션의 델타는 $0 \le \Delta_C \le 1$이다.

풋옵션의 델타는 풋-콜 등가식을 이용해서 아래와 같이 구할 수 있다.

$$
\begin{aligned}
\Delta_P\left(= \frac{\partial P}{\partial S}\right) &= \frac{\partial C}{\partial S} - 1 \\
&= N(d_1) - 1 \\
&= -[1 - N(d_1)] \\
&= -N(-d_1) < 0
\end{aligned}
$$

따라서 풋옵션의 델타는 $-1 \le \Delta_P \le 0$이 된다.

- 델타 중립 또는 델타 헤징

기초자산의 델타는 델타의 정의에 의해서 $\left(\frac{\partial S}{\partial S} =\right)1$이다. 따라서, 예를 들어 기초자산을 매수하면서 기초자산의 델타만큼 콜옵션을 매도했다면, 기초자산 롱포지션의 델타는 콜옵션 숏포지션의 델타와 정확히 상쇄된다. 이처럼 최종 포지션의 델타가 0일 때, 이를 **델타 중립**(delta neutral) 또는 **델타 헤징**(delta hedging)이라고 부른다. 그런데, 중요한 점은 기초자산 가격이 변하거나 시간이 경과하면 델타값이 변하기 때문에, 델타 중립은 기초자산의 가격 변동이 작거나 또는 짧은 기간 동안만 유지된다는 것이다. 그러므로, 델타 헤징을 유지하기 위해서는 지속적으로 헤지포지션을 **재조정**(rebalancing)해주어야 한다.

실제로는 기초자산 포지션에 대한 델타 헤징을 할 때 주로 선물을 이용한다. 기초자산 가격이 ΔS만큼 변화하면, 선물가격도 $\Delta S e^{r\tau}$만큼 변하게 된다. 이것은 선물계약의 델타가 $e^{r\tau}$라는 것을 의미한다. 즉, $e^{-r\tau}$만큼의 선물계약은 기초자산 1단위에 해당하는 포지션의 민감도와 동일하다. 그 결과, 선물 포지션과 기초자산 포지션에 대한 아래의 식이 성립한다.

$$P_F = e^{-r\tau} P_A$$

여기서, P_A는 t시점에서 기초자산 A에 대한 포지션이고, P_F는 t시점에서 델타 헤징을 위해 필요한 선물계약 포지션이다.

한편, 동일한 기초자산에 대한 옵션을 포함한 다양한 파생상품으로 구성된 포트폴리오를 보유하고 있을 때, 이 파생상품 포트폴리오의 델타는 포트폴리오 내의 개별 파생상품들의 델타를 단순히 가중평균한 것이다. 왜냐하면, 어떤 파생상품 포트폴리오 $\Pi(=\sum_{i=1}^{n} w_i C_i)$가 각 파생상품 C_i $(1 \le i \le n)$에 대해 w_i만큼의 비중으로 구성된 경우, 기초자산 S에 대한 포트폴리오 델타는 아래와 같이 계산되기 때문이다.

$$\Delta = \frac{\partial \Pi}{\partial S} = \sum_{i=1}^{n} w_i \frac{\partial C_i}{\partial S} = \sum_{i=1}^{n} w_i \Delta_i$$

단, $\Delta_i = \frac{\partial C_i}{\partial S}$ 는 i 번째 파생상품의 델타이다.

■ 쎄타(Theta, Θ)

파생상품의 쎄타(Θ)는 시간의 변화(즉 잔여만기의 감소)에 대한 파생상품의 가치의 변화를 의미하므로, 쎄타를 **시간가치감소율**(time decay rate)이라고 부르기도 한다.

배당지급이 없는 기초자산에 대한 유러피언 콜옵션의 쎄타는 아래와 같이 구한다.

$$\begin{aligned}
\Theta &= \frac{\partial C}{\partial t} \qquad (16.5)\\
&= SN'(d_1)\frac{\partial d_1}{\partial t} - Ke^{-r(T-t)}\left(rN(d_2) + N'(d_2)\frac{\partial d_2}{\partial t}\right)\\
&= SN'(d_1)\left(\frac{\partial d_2}{\partial t} - \frac{\sigma}{2\sqrt{T-t}}\right) - Ke^{-r(T-t)}\left(rN(d_2) + N'(d_2)\frac{\partial d_2}{\partial t}\right)\\
&= -\frac{SN'(d_1)\sigma}{2\sqrt{T-t}} + \frac{\partial d_2}{\partial t}\left(SN'(d_1) - Ke^{-r(T-t)}N'(d_2)\right) - Ke^{-r(T-t)}rN(d_2)\\
&= -\frac{SN'(d_1)\sigma}{2\sqrt{T-t}} - rKe^{-r(T-t)}N(d_2)
\end{aligned}$$

위 식을 구할 때에는 식 (16.4)의 결과인 $SN'(d_1) - Ke^{-r(T-t)}N'(d_2) = 0$과 아래의 식을 이용하였다.

$$\frac{\partial d_1}{\partial t} = \frac{\partial\left(d_2 + \sigma\sqrt{T-t}\right)}{\partial t} = \frac{\partial d_2}{\partial t} + \frac{1}{2}\sigma(T-t)^{-\frac{1}{2}}(-1)$$

한편, 배당지급이 없는 기초자산에 대한 유러피언 풋옵션의 쎄타는 아래와 같다.

$$\Theta = \frac{\partial P}{\partial t} \tag{16.6}$$
$$= -\frac{SN'(-d_1)\sigma}{2\sqrt{T-t}} + rKe^{-r(T-t)}N(-d_2)$$

옵션의 쎄타는 항상 음수이다. 왜냐하면, 시간이 경과할수록 옵션의 행사 가능 기간인 잔여만기가 감소함에 따라 옵션의 시간 가치는 점점 감소하기 때문이다. 한편, 기초자산 가격이 매우 낮은 경우에는 콜옵션의 행사가능성이 거의 없으므로 잔여만기가 변하더라도 콜옵션 가격이 거의 변하지 않기 때문에 쎄타가 0에 가깝다. 즉, 외가격(out-of-the-money) 콜옵션의 경우에는 잔여만기가 감소함에 따라 쎄타도 0으로 수렴하지만, 그 속도는 매우 완만하다. 외가격인 경우에는 풋옵션도 마찬가지로 쎄타가 0에 가깝다. 반면, 등가격 옵션(at-the-money option)의 경우, 쎄타의 절댓값은 상대적으로 크다.

내가격(in-the-money) 옵션의 쎄타는 기초자산 가격이 높아질수록 $-rKe^{-r(T-t)}$에 가까워진다. 왜냐하면, 제15장 15.6절에서 설명했듯이, 기초자산 가격이 매우 커지면, 콜옵션이 행사될 가능성이 매우 높으므로 $N(d_1)$과 $N(d_2)$는 모두 1에 근접하고 이 둘의 변동은 크지 않을 것이므로 $N'(d_1)$과 $N'(d_2)$는 0에 가까워지기 때문이다. 따라서, 이 경우 식 (16.5)와 (16.6)의 쎄타는 $-rKe^{-r(T-t)}$로 수렴하게 된다.

쎄타가 델타와 다른 점은 쎄타에는 불확실성이 없다는 점이다. 즉 시간의 경과에는 불확실성이 없기 때문에 쎄타는 확정적인 반면, 델타는 기초자산의 가격이 확률적으로 변하기 때문에 불확실성이 존재한다.

■ 감마(Gamma, Γ)

파생상품의 감마(Γ)는 기초자산 가격 변화에 대한 파생상품 델타의 변화율을 의미한다. 배당이 없는 기초자산에 대한 유러피언 콜옵션의 감마는 아래와 같다.[2]

---

2 $\frac{\partial d_1}{\partial S}$를 구할 때는 d_1에 내포된 $\ln(S/K)$의 미분을 위해서 자연로그의 미분, 즉, $\frac{\partial \ln(f(x))}{\partial x} = \frac{f'(x)}{f(x)}$를 이용해야 한다.

$$\begin{aligned}\Gamma &= \frac{\partial^2 C}{\partial S^2} \\ &= \frac{\partial N(d_1)}{\partial S} \\ &= \frac{\partial N(d_1)}{\partial d_1}\frac{\partial d_1}{\partial S} \\ &= \frac{N'(d_1)}{S\sigma\sqrt{\tau}} > 0\end{aligned}$$

그리고, 무배당 기초자산에 대한 유러피언 풋옵션의 감마도 계산 결과는 위 식과 동일하다.

$$\Gamma = \frac{\partial^2 P}{\partial S^2} = \frac{\partial N(d_1)}{\partial S} = \frac{N'(d_1)}{S\sigma\sqrt{\tau}}$$

감마가 중요한 이유는 델타 중립의 유효성과 관련되어 있기 때문이다. 즉, 델타 헤징을 하더라도 감마로 인해서 헤징이 제대로 실행되지 않을 수 있다. 만약, 감마의 절댓값이 작으면, 기초자산의 가격이 변해도 델타는 거의 변하지 않게 되므로, 델타 중립을 위해 요구되는 포트폴리오 재조정(rebalancing)의 필요성은 상대적으로 적어진다. 그러나, 감마의 절대값이 크면, 델타는 기초자산의 가격 변화에 대해서 매우 민감하게 움직이므로, 델타 중립 포트폴리오를 오랜 시간 동안 조정하지 않고 내버려두는 것은 상당히 위험하다.

• 감마 중립(gamma neutral)

이와 같이, 포트폴리오의 델타 중립을 유지하기 위해서는 해당 포트폴리오를 감마 중립으로 만들어야 한다. 그렇다면, 포트폴리오를 어떻게 감마 중립으로 만들 수 있을까? 현재 포트폴리오의 감마를 Γ_0이라 하고, 감마 중립을 위해 사용할 파생상품 x의 감마를 Γ_x라 하자. 그러면, 감마 중립을 위해 필요한 파생상품에 대한 포지션(w_x)은 아래와 같다.

$$w_x = \frac{\Gamma_0}{\Gamma_x}$$

그런데, 감마 중립을 위해 사용할 수 있는 자산은 예를 들면 옵션처럼 그 가격이 기초자산의 가격과 비선형 관계를 갖는 자산으로 국한된다. 왜냐하면, 기초자산과 그 기초자산의 선물처럼 가격들이 선형관계를 가지는 경우 선물의 델타값은 상수가 되므로, 이 델타를 다시 미분한 감마는 0이 되기 때문이다. 즉, 선물이나 기초자산에 대한 포지션으로는 감마를 조정할 수가 없다.

그런데, 감마 중립을 만들기 위해서 시장에서 거래되는 옵션을 포트폴리오에 포함시키게 되면, 이로 인해 포트폴리오의 델타가 변하게 된다. 따라서, 델타 중립을 계속 유지하기 위해서는 감마가 0인 선형 파생상품(linear derivative)에 대한 포지션을 추가적으로 고려하여 델타를 계속 0으로 만들어 주어야 한다. 왜냐하면, 선물과 같이 그 가격이 기초자산 가격과 선형관계를 갖는 선형 파생상품의 감마는 0이므로, 기초자산이나 선물에 대한 포지션을 변경하더라도 포트폴리오의 감마에는 영향을 미치지 않기 때문이다. 이와 같이, 델타 헤징을 하기 위해서는 델타 중립과 감마 중립을 함께 구현해야 한다.

한편, 쎄타와는 반대로, 감마는 항상 양수이다. 그 이유는 콜옵션과 풋옵션의 가격은 모두 아래로(기초자산 방향으로) 볼록한 곡선이므로, 기울기의 변화를 의미하는 2차 미분값은 0보다 크기 때문이다. 그런데, 쎄타와 마찬가지로, 내가격 또는 외가격 옵션의 감마는 시간이 경과할수록(잔여만기가 감소할수록) 0으로 수렴한다. 반면, 등가격 옵션의 경우에는 잔여만기가 감소할수록 감마는 커지기 때문에, 만기가 짧은 등가격 옵션의 가치는 기초자산가격의 변화에 매우 민감하게 반응한다.

■ 람다(Lamda, Λ) 또는 베가

파생상품의 람다(Λ)는 기초자산 수익률의 변동성의 변화에 대한 옵션가격의 변화를 의미하며, 흔히 베가(Vega)라고 부르기도 한다. 배당이 없는 기초자산에 대한 유러피언 콜옵션의 람다는 아래와 같이 계산한다(풋옵션도 결과는 동일하다).

$$
\begin{aligned}
\Lambda &= \frac{\partial C}{\partial \sigma} \\
&= SN'(d_1)\frac{\partial d_1}{\partial \sigma} - Ke^{-r\tau}N'(d_2)\frac{\partial d_2}{\partial \sigma} \\
&= SN'(d_1)\left(\frac{\partial d_2}{\partial \sigma} + \sqrt{\tau}\right) - Ke^{-r\tau}N'(d_2)\frac{\partial d_2}{\partial \sigma} \\
&= SN'(d_1)\sqrt{\tau} + (SN'(d_1) - Ke^{-r\tau}N'(d_2))\frac{\partial d_2}{\partial \sigma} \\
&= SN'(d_1)\sqrt{\tau}
\end{aligned}
$$

위 식을 계산할 때, 식 (16.4)의 $SN'(d_1) - Ke^{-r(T-t)}N'(d_2) = 0$과 아래의 식을 이용하였다.

$$\frac{\partial d_1}{\partial \sigma} = \frac{\partial d_2}{\partial \sigma} + \sqrt{\tau}$$

변동성은 Black-Scholes 모형에서 옵션가격에 영향을 미치는 요인 중의 하나이다. 그리고, 변동성은 시간에 따라 변한다. 람다는 이러한 변동성의 변화로 인한 파생상품의 가격 변화를 포착한다. 람다의 절댓값이 크면, 파생상품의 가치는 기초자산 수익률의 변동성 변화에 대해 매우 민감하게 반응한다. 반면, 람다의 절댓값이 작으면, 변동성은 파생상품 가격에 거의 영향을 주지 않는다.

포트폴리오의 람다를 변화시키기 위해서는 기초사산 변동성의 영향을 받는 옵션에 대한 포지션을 추가시켜야 한다. 예를 들어, 현재 포트폴리오의 람다가 Λ_0이고, 시장에서 거래되는 옵션의 람다가 Λ_{TP}라면, 이 거래되는 옵션에 대해 $-\Lambda_0/\Lambda_{TP}$ 만큼의 포지션을 취함으로써 그 포트폴리오를 람다 중립으로 만들 수 있다.

• 람다와 감마의 선형관계로 인한 문제

그런데, 아래와 같이 람다는 감마와 선형관계를 가지므로, 람다 중립을 만들면 감마 중립이 어긋날 수 있다.

$$\begin{aligned}\Gamma &= \frac{\partial^2 C}{\partial S^2} \\ &= \frac{N'(d_1)}{S\sigma\sqrt{\tau}} \\ &= \frac{\Lambda}{S^2\sigma\tau}\end{aligned}$$

즉, 감마를 중립으로 만들 경우, 통상적으로 람다는 중립이 되지는 않으며, 반대의 경우도 마찬가지이다. 따라서, 만약 감마와 람다를 모두 중립으로 만들고자 하면, 최소한 두 개의 옵션을 사용해야만 한다. 다음의 예제를 통해 알아보자.

[예제] 현재 포트폴리오의 델타는 중립이고, 감마는 500, 람다는 -200이라고 하자. 옵션 A의 델타, 감마, 람다는 0.2, 0.1, 0.6 이고, 옵션 B의 델타, 감마, 람다는 0.1, 0.2, 0.7이라고 하자. 이 포트폴리오의 델타, 감마, 람다를 모두 중립으로 만들기 위한 방법은 무엇인가?

[해설] 감마 중립과 람다 중립으로 만들기 위해 필요한 옵션 A, B의 포지션을 w_a, w_b라고 두면, 아래의 연립방정식이 성립해야 한다.

(감마에 관한 식) $500 + 0.1w_a + 0.2w_b = 0$
(람다에 관한 식) $-200 + 0.6w_a + 0.7w_b = 0$

이 연립방정식의 해는 $w_a = -7000$, $w_b = -1000$이므로, 옵션 A를 7,000개 매도하고 옵션 B를 1,000개 매도하면 이 포트폴리오를 감마 중립과 람다 중립으로 만들 수 있다. 그런데, 두 옵션의 매도 포지션으로 인해 이 포트폴리오의 델타는 중립에서 $-240(= -7000 \times 0.2 - 1000 \times 0.1)$으로 변한다. 따라서, 기초자산을 240개 매수하면 델타 중립도 유지할 수 있다.

• 람다와 다른 민감도들 간의 관계

람다가 감마를 포함한 다른 민감도들과 어떤 관계를 가지는지 알아보자. 람다-감마 비율($\frac{\Lambda}{\Gamma} = S^2\sigma\tau$)은 잔여만기 τ가 길수록 크다. 한편, 델타 중립 포트폴리오의 경우, $\Delta = 0$이므로, 이를 식 (16.1)에 대입하면 아래의 식이 성립한다.

$$\Theta + \frac{\sigma}{2}\frac{\Lambda}{\tau} = \Theta + \frac{1}{2}\Gamma(\sigma S)^2 = Cr$$

따라서, 임의의 파생상품의 가격인 C와 무위험 수익률인 r이 주어진 경우, Θ가 큰 음수라면, 감마 또는 람다는 큰 양수가 된다.

■ 로(Rho, ρ)

파생상품의 로(ρ)는 무위험 수익률의 변화에 대한 파생상품 가격의 변화를 의미한다. 즉, 무위험 수익률에 대한 파생상품 가격의 민감도를 측정하는 것이다.

배당이 없는 기초자산에 대한 유러피언 콜옵션의 로는 아래와 같다.

$$\begin{aligned}\rho &= \frac{\partial C}{\partial r} \\ &= SN(d_1)'\frac{\partial d_1}{\partial r} + \tau K e^{-r\tau}N(d_2) - Ke^{-r\tau}N(d_2)'\frac{\partial d_2}{\partial r} \\ &= \tau K e^{-r\tau}N(d_2) > 0\end{aligned}$$

위 식을 구할 때는 식 (16.4)를 이용하였다. 무배당 유러피언 풋옵션의 경우는 아래와 같다.

$$\begin{aligned}\rho &= \frac{\partial P}{\partial r} \\ &= -\tau K e^{-r\tau}N(-d_2) < 0\end{aligned}$$

16.1.3 포트폴리오 보험(portfolio insurance)

포트폴리오 보험은 포트폴리오의 가치 하락에 대비하는 전략을 말한다. 예를 들어, 잘 분산된 주식 포트폴리오를 보유하고 있다면, 주가지수에 대한 풋옵션을 매수하는 것은 포트폴리오 보험으로 볼 수 있다. 또 다른 예로, 펀드매니저가 보유 펀드의 가치하락에 대비하여 자신의 포트폴리오를 계속 재조정(rebalancing)하는 것도 이러한 전략으로 볼 수 있다. 그런데, 이 작업을 연속적으로 수행하면 거래비용이 증가하여 재조정으로부터 발생하는 잇점이 상쇄될 수 있다. 따라서, 일반적으로는 모든 리스크를 제거하기 위해 노력하는 대신에, 리스크들을 평가하고 이들의 수용 여부를 결정하는 데 초점을 맞추는 게 바람직하다.

■ 합성 풋옵션을 이용한 포트폴리오 보험

풋옵션 매수 대신 사용가능한 또 다른 방법은 풋옵션을 합성하여 만드는 것이다. 예를 들면, 기초자산에 연동된 선물을 매도하고 동시에 이 선물에 대한 콜옵션을 매수하면, 그 지급액(payoff)은 풋옵션 매수 포지션과 동일하다. 이 경우, 기초자산의 가격이 하락하면 선물의 매도포지션이 그에 상응하는 만큼의 이익을 가져다 주므로, 보유자산 가격하락으로부터 발생하는 위험을 막을 수 있다. 반대로, 기초자산의 가격이 상승하면 콜옵션으로부터 발생하는 이익과 선물의 매도포지션으로부터 발생하는 손실이 서로 상쇄되어 아무런 영향이 없다. 이와 같이, 기초자산 가격이 어떻게 변하든지 간에 지급액의 변화는 없으므로, 합성 풋옵션 전략은 포트폴리오를 델타 중립으로 만드는 것으로 보면 된다. 따라서, 이 방법에서는 추가되는 포지션의 델타값을 포트폴리오의 델타 중립을 위해 필요한 델타값과 일치하도록 만들어야 한다.

포트폴리오 매니저에게는 풋옵션을 합성하여 만드는 것이 거래되는 풋옵션을 매수하는 것보다 더 매력적인 두 가지 이유가 있다. 첫째는 규모가 큰 펀드의 경우, 펀드 매니저가 매매하고자 하는 거래를 수용할 만큼 옵션시장의 유동성이 항상 충분하지는 않기 때문이다. 둘째는 펀드매니저에게 필요한 옵션의 행사가격과 만기일이 시장에서 거래되는 옵션들의 행사가격과 만기일과는 일치하지 않는 경우가 많기 때문이다.

■ 동적 자산배분을 이용한 포트폴리오 보험

시장이 하락할 경우 포트폴리오 가치가 일정 수준 아래로 하락하는 것을 방지하고, 시장이 상승할 때는 포트폴리오 가치도 동반해 상승하도록 하는 전략으로서, 동적 자산배분(dynamic asset allocation)을 사용하기도 한다. 일반적으로 포트폴리오에는 보험을 필요로 하는 주식 포트폴리오와 보험을 필요로 하지 않는 무위험 자산이 함께 포함되어 있다. 이 중 주식 포트폴리오에 대한 동적 자산배분이란, 위험자산 가격이 상승하여 포트폴리오 가치가 늘어날 때는 위험자산의 보유를 늘리고, 반대로 위험자산 가격이 하락하여 포트폴리오 가치가 줄어들 때는 위험자산의 보유를 줄이는 전략이다.

그런데, 실무에서는 펀드 매니저는 시장이 하락한 후에 주식을 매도하고 시장이 상승한 후에 주식을 매수하게 되는 일이 흔하게 발생하므로, 이런 측면에서 포트폴리오 보험 전략의 비용(비효율성)이 발생하게 된다. 이 문제점의 대안으로, 기초자산의 비중을 조정하는 대신 지수 선물을 사용한다. 일반적으로, 지수선물을 매매할 때 발생하는 거래비용이 기초자산(주식)을 매매할 때의 비용보다는 더 적기 때문에, 주식보다는 지수 선물을 이용하는 것이 더 선호되는 방법이다.

16.2 옵션의 내재변동성(옵션의 내재확률밀도함수)*

Black-Scholes 모형은 아주 세련된 모형이기는 하지만 현실에서 옵션 가격을 완벽히 설명하기에는 다소 부족하다. 그 이유 중 하나로 Black-Scholes 모형에서는 변동성이 시간의 변화에도 불구하고 일정함을 가정하고 있는데, 실제로는 변동성이 시간 경과에 따라 변할 뿐 아니라 때때로 매우 크게 변동한다. 이 절에서는 변동성에 대해서 자세히 살펴보도록 하자.

자산의 변동성(volatility)은 자산 수익률의 변화, 즉 위험을 측정하는 지표이다. 변동성을 구하는 가장 간편한 방법은 과거의 가격 데이터들을 이용해서 수익률의 표준편차를 계산하는 것으로서, 이를 역사적 변동성(historical volatility)이라고 부른다. 또 다른 방법으로는 금융계량(financial econometrics) 분야의 여러 가지 시계열 모형들을 사용할 수 있다. 예를 들면, GARCH (generalized autoregressive conditional heteroskedasticity) 모형이나 SV(stochastic volatility) 모형이 대표적이다. 이런 방법들은 모두 과거 데이터를 이용해서 변동성을 구한다는 공통점이 있다.

이와는 달리, Black-Scholes 옵션가격결정모형을 이용하여 옵션의 시장가격에 내재된 변동성을 계산할 수 있는데, 이를 **옵션가격 내재변동성**(option implied volatility)이라고 한다. 내재변동성을 구하는 방법과 의미를 알아보자. Black-Scholes 모형에서 다른 모든 옵션의 매개변수(만기, 행사가격, 기초자산 가격, 무위험이자율)는 직접 관찰가능한 반면, 유일하게 기초자산의 변동성만 직접 관찰할 수 없다. 게다가, 옵션의 가격도 시장에서 관찰가능하므로, 차익거래의 기회가 없다면 (Black-Scholes 모형에 의해 계산된) 옵션의 이론가격을 실제 거래가격과 같도록 만들어주는 변동성을 역으로 구할 수 있는데, 이를 내재변동성이라고 부른다.

이렇게 구한 내재변동성은 어떤 의미를 가질까? 차익거래의 기회가 없는 세상에서는 옵션의 시장 가격을 시장균형하의 가격이라고 간주할 수 있으므로, 옵션가격에는 만기에 도달할 때까지 기초자산의 변동성이 어떤 값이 되어야 하는지에 대한 투자자들의 기대가 반영된(즉, 기대 변동성이 내재된) 것으로 볼 수 있다. 이런 관점에서, 내재변동성은 **투자자들이 예측한 기초자산의 미래 수익률 변동성**에 대한 최적 추정치이므로, 역사적 변동성보다 더 바람직한 미래의 변동성에 대한 예측치로 볼 수 있다.[3]

16.2.1 내재변동성의 추정

Black-Scholes 모형에서 사용되는 C_t(t시점의 콜옵션 가격), S_t(t시점의 기초자산 가격), $T-t$(잔여만기), r_f(무위험수익률), K(행사가격)는 알려져 있기 때문에, 시장 가격을 Black-Scholes모형의 이론가격과 일치시켜주는 변동성의 값을 구할 수 있다. 그러나, 옵션 가격에 대한

3 Jorion(2001).

Black-Scholes 공식을 변동성에 대한 닫힌 형태의 해(closed-form solution)로 만들 수는 없기 때문에, 반복탐색법(iterative search method)이나 시행착오법(trial and error method) 등의 수치해석적 방법을 이용해야 한다. 예를 들어, 옵션의 시장가격(C_t)과 Black-Scholes 모형의 결과값 간의 차이를 제곱한 값을 최소화시키는 내재변동성(σ_{IV})을 수치해석적으로 구할 수 있다.[4]

$$\min_{\sigma_{IV}} \ [C_t - (S_t N(d_1) - e^{-r(T-t)} K N(d_2))]^2 \tag{16.7}$$

위 식을 이용해서 내재변동성을 계산하기 위해서는 뉴튼-랩슨(Newton-Raphson) 알고리즘 같은 수치해석적 최적화가 사용될 수 있다.[5]

참고로, Black-Scholes 모형에서는 기초자산의 변동성이 옵션의 종류(콜옵션인지 풋옵션인지), 잔여만기나 행사가격의 차이에도 불구하고 모두 동일하다. 그러나, 실제 현실에서는 동일하지 않으며 이에 관해서는 다음 절에서 더 논의할 것이다.

16.2.2 내재확률밀도함수의 추정

내재변동성의 값을 구하는 것보다 더 일반화된 방법으로, 옵션가격에 내재된 기초자산 가격에 대한 확률밀도함수인 내재확률밀도함수(implied probability density function)를 구할 수도 있다.[6] 내재확률밀도함수는 기초자산 가격의 움직임에 대한 시장 참여자들의 견해가 반영된 유용한 정보이다. 주의할 점은 Black-Scholes 모형이 위험중립상황 하에서 유도된 것이므로, 내재확률밀도함수도 위험중립 확률밀도함수라는 것이다. 따라서, 내재확률밀도함수가 의미하는 것은 기초자산의 실제 가격에 대한 확률밀도함수가 아니라, 시장 참여자들이 위험중립임을 가정한 상태에서 옵션의 거래 가격으로부터 추출한 위험중립 확률밀도함수인 것이다.

내재확률밀도함수를 이론적으로 이해하기 위해, 아래와 같은 Black-Scholes 모형에 의한 유러피언 콜옵션 가격을 행사가격에 대해서 2차 미분해보자.[7]

$$C_t = e^{-r(T-t)} \int_{S_T=K}^{\infty} (S_T - K) pdf(S_T) dS_T$$

---

4 절댓값과 같은 손실함수(loss function)을 사용할 수도 있다.

5 Hwang과 Satchell(2000)을 참조하기 바란다. 더 구체적으로 수치적 최적해(numerical optimization)를 구하는 방법은 Hamilton(1994)를 참조하기 바란다.

6 Black-Scholes 모형에서는 기초자산 가격이 기하 브라운 운동을 따른다고 가정했으므로, 기초자산 가격에 대한 내재확률밀도함수를 구하면 기하 브라운 운동의 모수인 추세와 변동성도 바로 구할 수 있다. 이렇게 구한 변동성은 옵션가격들의 분포가 반영된 것이므로 내재변동성이다.

7 이 식은 제15장의 식 (15.17)의 블랙-숄즈 모형을 S_T에 관한 적분으로 나타낸 식이다.

행사가격 K에 대해 2차미분하면, 아래와 같다.

$$\frac{\partial^2 C_t}{\partial K^2} = e^{-r(T-t)} pdf(S_T)$$

이 식으로부터 다음과 같은 내재확률밀도함수를 구할 수 있다.

$$pdf(S_T) = e^{r(T-t)} \frac{\partial^2 C_t}{\partial K^2} \tag{16.8}$$

즉, 위험중립일 경우, 기초자산의 내재확률밀도함수는 콜옵션을 행사가격에 대해 두번 편미분하여 구할 수 있다.

■ 내재확률밀도함수의 추정 방법

실제 거래되는 옵션 가격으로부터 내재확률밀도함수를 추정한다는 것은 옵션 가격을 이용해서 만기시점의 주식가격(S_T)별 발생확률을 구해낸다는 것이다. 이를 위한 방법 중 하나는 나비 스프레드(butterfly spread)를 이용하는 것이다. 예를 들어, 무위험 수익률이 r_f이고, 잔여만기가 τ로 동일한 콜옵션 중에서 행사가격이 K_1과 K_3인 콜옵션을 하나씩 매수하고, 행사가격이 K_2인 콜옵션 두 개를 매도해서 [그림 16-1]과 같은 나비 스프레드를 하나 만든다고 해 보자. 단, $K_1 < K_2 < K_3$이다. 이 스프레드의 최대 지급액은 주가가 K_2일 때 $K_2 - K_1$이 된다. 이렇게 콜옵션을 매매할 때 소요된 총 비용은 c라고 하자. 이 스프레드를 구성한 투자자는 콜옵션 만기시점의 주가가 K_1과 K_3 사이에 위치할 경우 지급액(payoff)을 받고, 이 구간을 벗어나면 지급액을 받지 못한다. 이러한 경우, 만기시점의 주가가 K_1~K_3 구간에 속할 확률(p)은 어떻게 계산할 수 있을까? 위험중립 하에서 시장이 균형이라면, 아래 식처럼 이 나비 스프레드의 비용(c)과 기대 지급액(나비 스프레드의 지급액에 발생확률(p)를 곱한 값)의 현재가치는 같아야 한다.[8]

$$c = e^{-r_f \times (\tau/252)} \left(\frac{1}{2} \times (K_3 - K_1) \times (K_2 - K_1) \right) p$$

이러한 방식으로 다양한 주가 범위에 대한 나비 스프레드들을 촘촘하게 만들어내면, 주가에 대한 매끄러운 확률분포를 구할 수 있다. 이 분포를 내재확률밀도함수로 사용한다.

8 1년간의 일수는 거래일수를 기준으로 252일 또는 260일을 주로 사용한다.

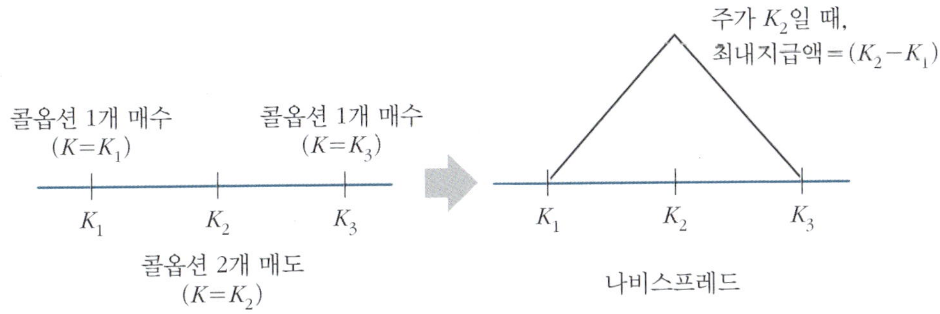

[그림 16-1] 나비 스프레드의 구성

16.2.3 내재변동성의 특징

Black-Scholes 모형을 이용하여 계산한 내재변동성은 몇 가지 중요한 특징을 가진다.

■ 변동성 스마일

행사가격이 상이한 옵션들에 대해서 Black-Scholes 모형을 적용하여 구한 내재변동성들은 스마일(smile) 현상을 보인다. 즉, 등가격 옵션에서 계산된 Black-Scholes 내재변동성은 상대적으로 작은 반면, 내가격(in-the-money) 또는 외가격(out-of-the-money) 옵션의 내재변동성은 상대적으로 크다.[9] 스마일 현상은 통화 옵션에서 더 두드러지게 나타난다. 이러한 스마일 현상을 설명하기 위한 여러 가지 연구가 있었다. 그중 하나는 Black-Scholes 모형에서 주가의 분포로 가정한 로그-정규성이 극단적인 수익률들을 포착하지 못하기 때문에 발생하는 현상이라고 설명한다. 즉, 실제 주가의 수익률 분포는 정규분포에 비하여 좌우측의 꼬리분포가 더 두꺼운(fat-tail) 현상을 보이기 때문이라는 것이다. 또 다른 연구는 투자자들의 위험회피도가 반영된 결과라고도 한다.

■ 변동성 왜도

기초자산이 주식일 경우, 스마일 현상뿐만 아니라 변동성의 왜도 현상, 즉 행사가격이 높아질수록 내재변동성이 감소하는(smirk) 현상도 나타날 수 있다. 이것은 레버리지로 설명될 수 있다. 예를 들면, 기업이 레버리지를 사용할수록(즉, 자본 가치를 콜옵션으로 볼 때, 행사가격이 높아질수록), 자본의 가치가 하락할 때 자본 가격의 변동성이 더욱 커지게 된다. 왜냐하면, 16.3절에서 살펴볼 Merton의 기업가치 평가모형에 의하면 자본의 가치(주가)는 부채의

9 이러한 결과를 행사가격(가로축)과 내재변동성(세로축)의 평면에 나타내면, 마치 미소를 짓는 모양처럼 보인다고 하여 스마일 현상이라고 부른다.

가치를 행사가격으로 하는 콜옵션이므로, 레버리지가 높아질수록 자본의 가치라는 콜옵션에 대한 행사가격이 높아진다고 볼 수 있다.

■ 내재변동성의 기간구조

내재변동성의 시계열에서 발견되는 또 다른 중요한 패턴은 잔여만기에 따른 내재변동성의 기간구조이다.[10] 현재의 변동성이 장기 평균 수준보다 더 높으면, 잔여만기가 증가할수록 내재변동성은 감소하는 경향이 있다. 반면, 현재의 변동성이 장기평균보다 훨씬 낮다면, 잔여만기가 증가할수록 내재변동성은 증가하는 경향을 보인다. 따라서 내재변동성 시계열을 실증분석해야 할 경우, 만기가 얼마남지 않은 옵션(예를 들면, 일주일)일수록 내재변동성이 지나치게 커지는 경향이 있어서 잘 사용하지 않는다.

16.2.4 내재변동성 지수

그런데, 내재변동성의 기간구조는 행사가격별로 다르게 나타난다.[11] 따라서, 변동성 지수와 같은 내재변동성의 시계열을 만들기 위해서는 행사가격별로 상이한 내재변동성 기간구조들을 합쳐서 하나의 내재변동성 시계열로 만들 필요가 있는데, 이를 위해 내재변동성들을 가중평균하는 방법이 주로 사용된다. 이 때 다양한 가중치를 사용할 수 있다. 먼저, 옵션의 람다(또는 베가)(옵션가격을 변동성에 대해 미분한 값)를 가중치로 사용할 수 있다.[12] 그러나, 이 가중치들의 합은 1이 아니므로, 편의(bias)가 발생한다. 또한, 내재변동성에 대한 옵션가격의 탄력성을 가중치로 사용할 수도 있고,[13] 등가격 옵션이 변동성에 가장 민감하게 반응하므로 등가격에 가까운 옵션일수록 더 많은 가중치를 부여할 수도 있다.[14] 그리고, 행사가격들에 대한 내재변동성을 합산하기 위해서 산술평균을 사용할 수도 있다.[15]

Bates(1995)는 분산 프로세스가 확률적일 때, 분산의 평균에 대한 기댓값(expected average variance)에 대한 강건한(robust) 추정치로서 등가격 옵션의 내재변동성을 제시하였다. 그러나, 만기가 다르면서 활용 가능한 등가격 옵션들이 많지 않다면, 등가격 내재변동성을 사용하더라도 내재변동성의 기간구조를 제거하는 것은 어렵다. 특히, 만기가 긴 옵션의 경우에는 대부분 거래량이 매우 적기 때문에 거래가격을 신뢰하기 어렵다. 이러한 내재변동성의 기간구조 효과를 최소화하기 위해서, 만기까지의 잔여 영업일수가 5~15일인 옵션들을 제외한

---

10 Hull and White(1987)를 참조하기 바란다.

11 Canina and Figlewski(1993), Resnick, Sheikh, and Song(1993), Xu and Taylor(1994)를 참조하기 바란다.

12 Latane and Rendleman(1976).

13 Chiras and Manaster(1978).

14 Beckers(1981), Whaley(1982).

15 Schmalensee와 Trippi(1978).

후, 만기가 가장 짧은 옵션들을 사용할 수 있다.[16]

그러나, 이러한 방법들의 문제는 측정 오류(measurement errors)가 발생할 수 있다는 점이다. 즉, 부적절한 무위험 수익률의 사용, 배당의 지급, 아메리칸 옵션의 조기행사, 옵션과 기초자산의 비동시성(non-simultaneous), 매수/매도(bid/ask) 가격 효과, 비유동성 등이 내재변동성의 측정 오류를 유발할 수 있다.

▶ 내재변동성 지수의 실제 사례

금융시장에서 투자자의 심리를 파악하는 지표로 자주 사용되는 변동성 지수(volatility index)는 옵션의 내재변동성으로 만들어진 지수이다. 미국의 CBOE는 1993년부터 변동성 지수인 VIX를 산출하고 있으며, 이는 S&P500 주가지수에 대한 잔여만기 30일인 등가격(at-the-money) 옵션들로부터 계산한 내재변동성들을 가중평균한 것이다. 따라서, 이 지수는 향후 30일간의 주식 변동성에 대한 시장의 기대를 나타낸다. 한국의 경우, VKOSPI(volatility index of KOSPI200)는 2009년부터 산출되고 있다.

16.3 옵션가격결정의 응용

옵션가격이론은 실무에서 광범위하게 사용되고 있기 때문에, 모든 경우를 설명하기보다는 여기서는 재무경제분야에서 많이 활용되는 몇 가지만 설명하고자 한다.

16.3.1 기업의 주식 또는 채권의 가격 결정

여기서는 기업의 가치가 기업이 보유한 자산들의 가치를 합한 것과 동일하고, 자본구조(capital structure)와는 무관하다고 본다.[17] 이것은 자본구조가 변하더라도 기업가치는 변하지 않는다는 모딜리아니-밀러의 정리(Modigliani-Miller theorem)와 일치한다. 이 정리는 완전시장(세금이나 거래비용이 없고, 무위험 이자률로 차입이나 대출이 제한없이 가능하고, 파산에 따른 비용이 없는 시장)에서 기업과 투자자 사이에 정보의 불균형이 없고, 기업의 성장이나 투자, 그리고 배당이 없는 경우, 차익거래로 인하여 자본구조가 기업의 가치에 영향을 미치지 않는다는 것이다.[18]

Merton(1974)은 주식과 채권의 가치를 구하기 위해 옵션의 개념을 이용하여 기업의 자본과 부채를 평가하는 머튼 모형(Merton's model)을 개발하였다. 먼저, 기업 자산의 가치 V_t가

---

16 Harvey와 Whaley(1991, 1992).

17 자본구조란 기업을 영위하기 위하여 조달하는 자금의 원천을 부채(debt)와 자기자본(equity)으로 나눌 때, 부채와 자본 간의 비율(debt-equity ratio)을 말한다.

18 Modigliani와 Miller(1958, 1956).

아래와 같이 기하 브라운 운동을 따른다고 가정하자.

$$\frac{dV_t}{V_t} = \mu_v dt + \sigma_v dZ_t \tag{16.9}$$

단, μ_v는 기업 자산의 기대수익률(expected rate of return), σ_v는 기업 자산 수익률의 표준편차, Z_t는 표준 브라운 운동(표준위너프로세스)을 의미한다. 그리고, 기업의 자산은 아래 식과 같이 자본 E와 부채 B의 합으로 구성되어 있다.

$$V_t = B_t + E_t$$

여기서의 부채 B는 하나로 대표되는 무이표 임의상환금지(noncallable) 채권계약으로 나타낼 수 있다고 가정하고, 이 채권계약의 액면금액은 F이고 만기는 T라고 하자.

■ 부채의 가치 : 풋옵션 매도 포지션

만약 B_t와 E_t의 비율이 기업가치 V_t에 영향을 주지 않는다면, 부도(default)는 단순히 $V_t < F$가 되는 경우, 즉 기업의 자산가치가 미래에 지급되어야 할 부채의 액면금액보다 작아지는 경우에 발생한다. 이 경우, 자산 중 주주의 몫은 없어지므로 $E_T = 0$이 되고, 기업의 모든 자산을 채권 보유자에게 지급해야 하므로 $B_T = V_T$가 된다. 따라서, 만기시점에서 부채의 가치 B는 아래와 같이 나타낼 수 있다.

$$\begin{aligned} B_T(V,T) &= \min(V_T, F) \\ &= F + \min(V_T - F, 0) \\ &= F - \max(F - V_T, 0) \end{aligned}$$

이 식에 의하면, 채권 보유자의 포지션은 액면금액 F를 기업에 대여해 주면서, 동시에 행사가격이 F인 기업가치에 대한 풋옵션 하나를 매도한 것으로 볼 수 있다.

■ Black-Scholes 콜옵션 모형을 이용한 자본과 부채의 가치 평가

한편, 만기 시점에서 부채의 가치를 구하는 또 다른 방법을 알아보자. 이 방법에 의하면, 회사의 부채에 대한 최종시점의 지급액은 기업가치 V를 소유하면서 행사가격이 F인 기업가치 V에 대한 콜옵션을 매도한 것과 동일하다. 이를 증명하기 위해서는 자본 E가 기업가치에 대한 콜옵션임을 이용하면 된다.

• 자본의 가치 : 콜옵션 매수 포지션

자본을 콜옵션으로 볼 수 있는 이유는 자본의 소유자인 주주가 잔여재산분배청구권(기

업가치에서 부채를 먼저 정신하고 난 나머지에 대한 청구권)을 갖기 때문이다. 따라서, 자본을 기업의 자산가치가 기초자산이고 기업의 부채가 행사가격인 콜옵션으로 볼 수 있다. 그러면, 자본의 가치 E는 부채의 만기시점에서 아래와 같다.

$$E_T = \max(V_T - F, 0)$$

이 식은 자본의 현재가치가 아래와 같은 함수관계의 콜옵션임을 시사한다.

$$E_t = C(V_t) \equiv C(V_t, F, \sigma_v, \tau, r)$$

여기서, $C(\cdot)$는 콜옵션(의 가치평가모형)을 의미하고, $\tau = T - t$이다. 따라서, 기업 자본의 소유주인 주주는 회사에 대한 콜옵션을 매수한 것과 다름없다.

- 부채의 가치 : 기초자산의 매수 포지션 + 콜옵션 매도 포지션

이제, 부채의 가치를 콜옵션 가격 모형으로 구하기 위해, $V_t = B_t + E_t$ 임을 이용하여 만기시점에서 부채의 가치를 아래와 같이 나타내 보자.

$$\begin{aligned} B_T &= V_T - E_T \\ &= V_T - \max(V_T - F, 0) \\ &= V_t - C(V_t, F, \sigma_v, \tau, r) \end{aligned}$$

앞서 우리는 식 (16.9)에서 V_t가 로그정규분포(혹은 기하 브라운 운동)를 따른다고 가정했기 때문에, Black-Scholes 옵션가격공식을 사용하여 아래와 같이 $C(\cdot)$의 함수형태를 구체화할 수 있다.

$$\begin{aligned} B_t &= V_t - C^{BS}(V_t, F, \sigma_v, \tau, r) \\ &= V_t - \{V_t N(d_1) - Fe^{-r\tau} N(d_2)\} \\ &= V_t N(-d_1) + Fe^{-r\tau} N(d_2) \end{aligned} \tag{16.10}$$

단, $C^{BS}(\cdot)$는 Black-Scholes 콜옵션가격을 의미하고, $N(\cdot)$은 누적표준정규분포, r은 무위험수익률, d_1은 아래와 같다.

$$\begin{aligned} d_1 &= \frac{\ln(V_t/F) + (r + \frac{1}{2}\sigma_v^2)\tau}{\sigma_v\sqrt{\tau}} \\ &= d_2 + \sigma_v\sqrt{\tau} \end{aligned}$$

그리고, V_t는 기하 브라운 운동을 따른다고 가정했으므로, V_t는 로그정규분포(즉, $\ln V_t \sim N[lnV_0 + (\mu_v - \frac{\sigma_v^2}{2})t,\ \sigma_v^2 t]$)를 따르고, 확률밀도함수는 아래와 같다.

$$pdf(V_t) = \frac{1}{V_t\sqrt{2\pi t}\sigma_v}\exp\left(-\frac{\left\{\ln(V_t/V_0) - (\mu_v - \frac{\sigma_v^2}{2})t\right\}^2}{2\sigma_v^2 t}\right)$$

참고로, 부도위험을 고려한 모형은 부도 발생을 어떻게 가정하느냐에 따라 구조모형(structural model)과 축약모형(reduced-form model)으로 구분된다.[19] 여기서 살펴본 Merton(1974)모형은 기업의 재무구조에서 기업가치가 부채가치에 미달하는 경우에 부도가 발생한다고 가정함으로써 채권의 부도위험(default risk)을 채권가격결정모형에 반영하는 대표적인 구조모형이다. 즉, 구조모형에서는 자본을 기업의 자산에 대한 청구권으로 보고, 만기에 자산가치가 부채가치에 미달할 때 지급불능이 되는 것으로 인식하여 지급불능위험을 분석한다. 이에 관한 자세한 설명은 제19장에서 다룰 예정이다.

16.3.2 실물 옵션(Real Options)*

기초자산이 시장에서 거래되는 자산이 아니라 인프라(도로, 항만 등)나 건축물 같은 실물자산인 옵션을 **실물 옵션**(real options)이라고 부른다. 예를 들어, 기업이 어떤 프로젝트에 대한 투자 여부를 결정하기 위해서 이 프로젝트의 가치를 평가하는 경우를 생각해 보자. 순현재가치법과 같은 전통적인 평가방법들은 프로젝트에 내재된 유연성(flexibility)을 고려할 수 없다. 예를 들면, 프로젝트를 지연시키거나 연속적으로 확장하거나 포기하는 등의 옵션들이 무시된다. 그리고, 프로젝트를 함으로써 경쟁사보다 투자기회를 선점할 수 있는 기회의 가치도 무시된다.

실물 옵션은 순현재가치법 등의 전통적인 방법에 옵션가격이론을 결합함으로써 실물옵션에 내재된 기회와 유연성을 고려할 수 있는 수단이 된다. 비록, 실물옵션은 금융옵션과는 달리 거래소에서 거래되거나 성과(payoff)를 모방하는 것은 불가능하지만, 금융옵션가격모형을 적용함으로써 프로젝트의 가치를 이해하고 평가하는 것은 가능하다.

■ 실물옵션과 금융옵션의 비교

실물옵션이 무엇인지 이해하기 위해서, 우리가 이미 친숙한 금융옵션과 실물옵션을 비교해 보자. <표 16-2>는 두 옵션 간의 핵심적인 차이점을 보여준다.

---

19 축약모형은 부도의 발생이 특정한 확률과정에 의해 외생적으로 결정된다고 가정한다.

〈표 16-2〉 금융옵션과 실물옵션의 비교

금융 옵션	실물옵션	실물옵션의 특징
변동성	미래현금흐름의 현재가치의 변동성	미지수
잔여만기	투자기간(investment horizon)	장기간, 무작위(random)
행사가격	투자금액	무작위(random)
기초자산 가격	현금흐름의 현재가치	무작위(random)
무위험 수익률	이자율	기간 구조

두 가지 중요한 차이를 살펴보자. 첫 번째는 실물옵션이 금융옵션과 유사함에도 불구하고 금융옵션의 가격결정공식을 그대로 적용할 수는 없다는 점이다. 금융옵션의 가격결정 요인들은 변동성을 제외하고는 직접 관측 가능하므로 명확한 반면, 실물옵션의 요인들은 무작위(random)로 정해지기 때문이다. 사실, 실물옵션은 최악의 경우에도 실물이 존재하므로 하방위험이 0으로 제한되지만 상승하는 방향으로는 제한이 없기 때문에 옵션이라고 부르는 것일 뿐이다. 이러한 실물옵션은 만기의 지연이 가능하거나 투자기회가 매우 큰 거의 모든 투자의사결정에 내재되어 있다. 두 번째는 실물옵션이 표준화되거나 거래가 가능한 파생상품이 아니라는 점이다. 이는 금융옵션의 가치평가와는 달리 실물옵션의 가치를 평가하기 위해 닫힌 형태의 해(closed-form solution)를 만드는 것이 불가능함을 의미한다.

■ 위험중립 가치평가를 이용한 실물옵션의 가치평가

금융옵션의 가치평가모형인 Black-Scholes 모형을 실물옵션(프로젝트)의 가치 평가에 적용해 보면, (1) 현금흐름의 변동성, (2) 프로젝트 기간, (3) 현금흐름의 현재가치, 이 세 가지가 증가할수록 실물옵션의 가치는 커지고, (4) (행사가격에 대응되는) 투자금액은 작아질수록 실물옵션의 가치가 커진다고 추론할 수 있다. 따라서, 경영자(프로젝트 관리자)의 시각에서 보면, 기업의 실물옵션의 가치를 높이기 위해서는 현금흐름의 변동성을 증가시킬 필요가 있다. 이러한 변동성은 프로젝트 관리의 유연성 또는 투자 프로젝트에 의해서 생성되는 현금흐름(수익)의 불확실성에 의해 만들어진다.

위험중립의 세계에서는 미래의 현금흐름을 무위험 수익률로 할인할 수 있기 때문에 실물옵션의 가치평가가 훨씬 쉬워진다. 금융옵션의 경우, 기초자산과 이에 대한 옵션으로 구성된 무위험 헤지 포트폴리오를 만들 수 있기 때문에, 이러한 위험중립의 세상을 가정하고 무위험 수익률을 이용하여 옵션을 평가할 수 있음을 살펴보았다. 실물옵션의 경우에도 유사한 방법을 사용할 수 있다. 즉, 기초자산(현금흐름)과 실물옵션으로 가상의 무위험 헤지

포트폴리오를 구성하여 이에 대한 Black-Scholes-Merton 편미분방정식을 유도한다고 가정하면, 위험중립 가치평가를 실물옵션에 적용할 수 있다. 이를 구체적으로 알아보자.

먼저, CAPM이 성립한다고 가정하면, 임의의 자산(프로젝트) i에 대한 자본시장선은 아래와 같이 나타낼 수 있다.

$$\frac{\mu_i - r_f}{\sigma_i} = \frac{\mu_m - r_f}{\sigma_m} \equiv \lambda$$

단, r_f는 무위험 수익률, μ_i와 μ_m은 개별 자산과 시장포트폴리오의 기대수익률이고, σ_i와 σ_m은 개별 자산과 시장포트폴리오의 변동성이다. 위 식은 시장에 존재하는 모든 자산(프로젝트)들의 단위 위험당 기대수익률 또는 샤프비율이 λ로 동일하다는 것을 의미한다. 위 식은 아래와 같이 무위험 수익률에 대한 식으로 쓸 수 있다.

$$r_f = \mu_i - \sigma_i \lambda \tag{16.11}$$

한편, CAPM이 성립한다고 가정하였으므로, 아래의 증권시장선이 성립한다.

$$\mu_i - r_f = \beta_i(\mu_m - r_f) = \frac{\rho\sigma_i}{\sigma_m}(\mu_m - r_f) \tag{16.12}$$

단, ρ는 자산수익률과 시장수익률 간의 상관계수이고, $\beta_i\left(\equiv \frac{\sigma_{im}}{\sigma_m^2} = \frac{\rho\sigma_i}{\sigma_m}\right)$는 개별 자산의 시장위험을 의미하는 CAPM 베타이다. 식 (16.11)과 (16.12)를 연립하면 아래 식을 얻을 수 있다.

$$\lambda = \frac{\rho}{\sigma_m}(\mu_m - r_f)$$

이를 위험의 시장가격이라고 부른다. 여기까지는 제5장에서 학습했던 내용이다.

이제, 어떤 프로젝트 i의 가치(S)가 기하 브라운 운동을 따른다고 가정하면, 프로젝트의 수익률(가치변화율)은 아래와 같이 나타낼 수 있다.

$$\frac{dS}{S} = \mu_i dt + \sigma_i dB(t) \tag{16.13}$$

그리고, 위험중립 가치평가(risk-neutral valuation)가 성립한다고 가정하면, 모든 자산의 기대수익률은 무위험자산의 수익률과 같으므로, 위 식의 기대수익률(μ_i)도 무위험 수익률과 같아야 한다. 식 (16.11)의 $r_f = \mu_i - \sigma_i\lambda$를 위 식 (16.13)의 기대수익률에 대입하면 아래의 식을 얻을 수 있다.

$$\frac{dS}{S} = (\mu_i - \sigma_i\lambda)dt + \sigma_i dB(t)$$

위 식은 위험중립 세상(risk-neutral world)에서 프로젝트 가치 변화율에 대한 확률과정으로서,

기대수익률이 무위험 수익률과 동일한 기하 브라운 운동이다. 우리는 이 식을 실물옵션의 가치평가에 적용할 수 있다.

■ 실물옵션 가치 평가의 어려운 점들

그런데, 실물옵션을 평가할 때, 실무적으로는 과거의 역사적 데이터가 없는 경우가 많기 때문에, 우리는 다른 유사한 변수들을 대리변수로 사용하거나 몇 가지 가정 하에서 Black-Scholes 모형의 변수들을 생성해야 한다. 추가적으로, 시간의 경과에 따라 변하는 변동성(time-varying volatility) 또는 기대수익률(time-varying expected return) 등과 같은 복잡한 상황들을 고려할 수도 있다. 이를 위한 방법으로, 몬테-카를로(Monte-Carlo) 시뮬레이션 또는 이항트리와 같은 수치해석적 접근법들이 흔히 사용된다.

몬테-카를로 시뮬레이션은 옵션 만기까지의 주가의 움직임에 관한 이항 트리를 먼저 만든 후, 주가가 어떻게 트리를 타고 이동하는지를 시뮬레이션으로 구하여 옵션가치를 평가한다. 예를 들어, 0과 1 사이의 난수를 추출한 후, 이 난수가 이항모형에서 주가의 위험중립 상승확률인 p보다 크면 주가가 상승하는 트리로 이동하고, 반대의 경우에는 주가가 하락하는 트리로 이동한다. 이런 시뮬레이션을 트리의 처음부터 시작하여 주가가 움직인 트리마다 수행함으로써 만기시점의 주가를 구하고, 이에 따른 옵션의 지급액을 계산한다. 이것이 시뮬레이션을 1회 수행한 결과이다. 이런 시뮬레이션을 여러 번 반복하여 옵션 지급액들을 구한 후, 이들을 단순평균한 값을 무위험 수익률로 할인한 현재가치를 옵션의 가치로 결정한다.

16.3.3 복합상품의 가치 평가*

실무(K-IFRS(회계기준))에서는 일반채권에 전환권, 조기상환권, 신주인수권 등의 옵션이 내재되어 있는 상품을 복합상품이라고 부른다. 예를 들면, 신주인수권부 사채, 전환사채, 수의상환사채, 상환청구권부 사채 등이다. 이 중에서 신주인수권은 약정 가격으로 신주를 인수할 수 있는 권리이므로, 아메리칸 콜옵션과 완전히 동일하다. 반면, 전환권이나 조기상환권의 경우에는 채권가격(또는 채권가격을 결정하는 이자율)에 의해서 그 가치가 결정되는데, 이러한 권리들을 재무경제학에서는 이자율 파생상품(interest rate derivatives)이라고 부른다.

■ 이자율 파생상품

이자율 파생상품은 권리 행사 시점의 지급액(payoff)이 이자율의 수준에 의해 결정되는 파생상품이다. 예를 들어, 거래소에서 거래되는 대표적인 이자율 파생상품은 국채선물이다.

그런데, 복합상품들은 거래소에서 거래되지는 않으며, 당사자들 간의 계약에 의해서 매매된다. 복합상품을 비롯한 파생상품의 가치는 기초자산의 가격에 의해서 상대적으로 결정되므로, 파생상품 평가방법은 기초자산이 무엇인지에 따라 달라진다. 따라서, 파생상품 가치평가는 기초자산이 주식인지 또는 채권(금리)인지를 파악하고 기초자산의 가격 변화를 모델링하는 것으로 시작된다. 사실 이 과정이 가치평가에서 가장 중요하다.

이 절에서는 신주인수권, 전환권, 상환청구권이 부여된 채권의 평가를 설명한다. 신주인수권은 기초자산이 주식이므로 비교적 간단하지만, 전환권과 조기상환권은 시장 이자율에 의해서 가치가 결정되는 이자율 파생상품으로서 상대적으로 복잡하다.[20]

16.3.3.1 신주인수권부 사채(bond with warrants, BW)의 평가

신주인수권부 사채는 채권보유자에게 약정된 기간 내에 약정된 가격(인수가격)으로 약정된 수의 신주를 인수할 수 있는 권리인 신주인수권(warrants)이 부여된 채권이다. 따라서, 신주인수권은 아메리칸 콜옵션과 동일하다. 그리고, 신주인수권부 사채의 가치는 일반사채와 신주인수권의 가치가 합산된 것이다.

■ 행사시점에서의 신주인수권의 가치(희석효과 미반영)

약정기간 내의 특정 시점에서 주식가격(S)이 인수가격(K)보다 높으면, 신주인수권을 행사하여 $(S-K)$만큼의 이득을 얻을 수 있다. 반대의 경우에는 신주인수권을 행사하지 않을 것이다. 따라서, 행사시점에서 신주인수권의 가치(W)는 아래와 같다.

$$W = \max(S-K, 0)$$

■ 희석효과(dilution effect)를 고려한 신주인수권의 가치

신주인수권이 행사되면, 사채발행회사는 사채보유자로부터 현재 주가(S)보다 낮은 인수가격(K)을 받고 신주를 발행해 주므로, 주가와 인수가격 간의 차이와 발행주식수 증가로 인하여 주식의 가치가 하락한다. 이러한 현상을 저렴하게 발행된 신주로 인해 평균주가가 하락한다는 의미에서 희석효과라고 부른다.

예를 들어, 현재 주식수는 N, 행사되는 신주인수권 수는 M, 신주인수권 행사 시 x개만큼의 신주를 인수할 수 있다고 하자. M개의 신주인수권 행사시, 주가(S^d)는 아래와 같다.

20 실무에서는 채권 발행 시 이러한 옵션들을 두 개 이상 중복 부여하는 경우가 많다.

$$S^d\left(=\frac{\text{자본의 가치}}{\text{주식수}}\right)=\frac{NS+MxK}{N+Mx}$$

그리고, 희석효과를 고려했을 때의 신주인수권의 가치(W^d)는 아래와 같다.

$$\begin{aligned}W^d &= \max(S^d-K,0)\\ &=\max\left(\frac{NS+MxK}{N+Mx}-K,0\right)=\max\left(\frac{NS+MxK-NK-MxK}{N+Mx},0\right)\\ &=\frac{N}{N+Mx}\max(S-K,0)\end{aligned}$$

따라서, 희석효과를 고려하면 신주인수권의 가치는 $N/(N+Mx)$만큼 감소한다. 그리고, 신주인수권의 가치는 결국 $\max(S-K,0)$에 의해 결정되는 아메리칸 콜옵션으로 볼 수 있다.

16.3.3.2 전환사채(convertible bond, CB)의 평가

앞서 제13장~제15장에서 살펴본 CRR(Cox-Ross-Rubinstein)의 이항모형이나 Black-Scholes 모형은 유러피언 옵션에 대한 가격모형이다. 그런데 전환사채, 교환사채 등과 같은 전환옵션부 채권이나 신주인수권부 사채는 만기 이전에 언제든지 권리행사가 가능하므로, 이들의 가치평가를 위해서 유러피언 옵션 평가 모형인 CRR 이항모형 또는 Black-Scholes 모형을 바로 적용할 수는 없고, 이들 채권의 특성을 반영한 수정이 필요하다. 또한, 전환권(전환옵션)의 행사가격은 채권가격이므로 전환권을 평가할 때는 주계약인 일반채권으로부터 분리해서 평가할 수는 없기 때문에, 이런 전환권의 특성을 고려해서 가치평가를 해야 한다. 따라서, 전환옵션부 채권의 평가는 주식옵션 평가에 비하여 상당히 복잡하다. 여기서는 전환사채에 초점을 맞추어서 설명하고자 한다.

■ 전환사채의 특징

전환사채는 채권보유자에게 약정된 기간 내에 전환사채 발행기업의 주식으로 전환할 수 있는 권리인 전환권이 부여된 채권이다. 따라서, 전환사채의 가치는 일반채권과 전환권의 가치가 결합된 것이다.

전환사채의 가치 = 일반채권의 가치(B) + 전환권의 가치(C)

먼저, 전환사채의 전환과 관련된 개념들을 알아보자.

- 전환비율(conversion ratio): 전환 시, 전환사채 1계약 당 받게 되는 주식 수의 비율
- 전환가격(conversion price): 전환 시, 주식 1주를 얻기 위해 포기해야 하는 전환사채의

액면가액. (전환가격=액면가액÷전환비율). 전환옵션의 행사가격을 의미함.

- 전환가치(conversion value, CV): 전환 시, 전환사채가 주식으로 전환됐을 때의 가치. (전환가치=전환비율×주가).

■ 행사시점에서의 전환권의 가치

전환사채 보유자는 사채발행회사의 주식 가치가 일반사채의 가치보다 크면, 즉, 전환가치(CV)가 일반채권의 가치(B)보다 크면, 전환권을 행사하여 $(CV-B)$만큼의 이득을 얻는다. 반대의 경우에는, 전환권을 행사하지 않을 것이다. 따라서, 전환권 행사시점에서의 전환권의 가치(C)는 아래와 같다.

$$C=\max(CV-B,0)$$

주가를 S, 전환비율을 r이라 두면, $CV=rS$이므로, 위 식은 아래와 같이 나타낼 수 있다.

$$C=\max(CV-B,0)=r\max\left(S-\frac{B}{r},0\right)$$

위 식에 의하면, 전환옵션의 가치는 주가(S)와 채권의 가격(B)에 의해 결정되므로, 전환옵션의 기초자산은 주식과 채권임을 알 수 있다.

따라서, 전환옵션부 채권을 평가하기 위해서는 주식과 채권의 가격 변동을 모형화해야 한다. 그러나, 이 두 가격을 모두 확률적(확률과정)으로 모형화하면 가치평가가 복잡해지므로, 일반적으로는 주가만 확률과정을 따른다고 하고 채권가격(이자율)은 평가시점의 가격(이자율)으로 고정하는 경우가 많다. 예를 들면, 주가의 이항트리를 이용하는 전환사채 평가방법으로서 실무에서 주로 사용하는 Goldman-Sachs모형(1994)이나 Tsiveriotis와 Fernandes(1998) 모형도 전환권의 기초자산 중 주가에 대해서만 확률적 변동을 고려한다.

■ 희석효과(dilution effect)를 고려한 전환권의 가치

전환권의 행사로 인해 신주 발행에 의한 주가의 희석효과가 발생한다면, 이를 전환권 평가에 고려해야 한다. 예를 들어, 전환되는 전환사채 계약 건수를 M이라 하면, 전환권의 행사로 인하여 주식수는 최초 N에서 $N+Mr$이 되므로, 희석효과가 반영된 전환권의 가치는 희석효과 반영 전의 전환권 가치(C)에 $\frac{N}{N+Mr}$ 을 곱한 값이 된다.

16.3.3.3 수의상환사채(callable bond)와 상환청구권부 사채(puttable bond)

수의상환사채(callable bond)는 사채발행회사가 채권 만기 이전에 약정된 가격으로 채권을

상환시킬 수 있는 권리인 수의상환권이 부여된 채권이다. 따라서, 수의상환사채의 가치는 일반채권과 수의상환권의 가치가 결합된 것이다. 참고로, 수의상환(callable)은 사채발행회사의 뜻에 따라서 상환을 한다는 의미이며, 수의상환권은 회사가 약정가격으로 사채를 되사는 것이므로 사채에 대한 콜옵션으로 볼 수 있다.

반면, 상환청구권부 사채(puttable bond, bond with put option)는 채권보유자가 채권 만기 이전에 약정된 가격을 받고 채권을 상환받을 수 있는 권리인 상환청구권이 부여된 채권이다. 즉, 상환청구권은 채권보유자가 발행회사로 하여금 수의상환권을 행사하도록 요구할 수 있는 권리인 셈이다. 따라서, 상환청구권은 채권보유자의 입장에서 채권에 대한 풋옵션으로 볼 수 있다.

■ 행사시점에서의 수의상환권의 가치

수의상환사채의 가격(CB)이 상환약정가격(call price) K보다 상승하면, 사채 발행회사는 수의상환권을 행사하여 $(CB-K)$만큼의 이득을 얻는다. 반대의 경우에는, 수의상환권을 행사하지 않을 것이다. 따라서, 수의상환권 행사시점에서의 수의상환권 가치(C)는 아래와 같다.

$$C = \max(CB - K, 0)$$

위 식으로부터, 수의상환권은 기초자산이 수의상환사채이고 행사가격이 상환약정가격인 아메리칸 콜옵션임을 알 수 있다.

■ 행사시점에서의 상환청구권의 가치

상환청구권부 사채의 가격(PB)이 상환청구가격(K)보다 하락하면, 채권 보유자는 상환청구권을 행사하여 $(K-PB)$만큼의 이득을 얻는다. 반대의 경우에는, 상환청구권을 행하사지 않을 것이다. 따라서, 상환청구권 행사시점에서의 상환청구권 가치(P)는 아래와 같다.

$$P = \max(K - PB, 0)$$

위 식으로부터, 상환청구권은 기초자산이 상환청구권부 사채이고 행사가격이 상환청구가격인 아메리칸 풋옵션임을 알 수 있다.

16.3.3.4 이자율 기간구조를 이용한 이자율 파생상품의 가치 평가

기초자산이 주식이 아닌 채권(또는 채권가격을 결정하는 시장이자율)인 이자율 파생상품의 가치를 평가하기 위해서는 주가에 대한 확률프로세스를 가정하는 것보다는 훨씬 복잡한 이자율 모델이 필요하다. 예컨대, 채권보유자가 채권 만기 이전에 정해진 가격으로 조기상환을 청구할 수 있는 상환청구권부 채권을 생각해 보자. 시장 이자율이 상승할 경우, 이 채권의 가격은 하락하므로 채권 보유자는 상환청구권을 행사하여 채권 가격과 약정 가격의 차이 만큼 이득을 얻게 된다. 이 상환청구권은 일종의 풋옵션이며, 기초자산은 채권가격(또는 시장이자율)이다.

채권가격 또는 이자율을 기초자산으로 하는 이자율 파생상품을 평가하는 것은 어려운 일이다. 가장 큰 이유는 이자율 파생상품들은 옵션의 행사가 언제든지 가능한 아메리칸 옵션의 성격을 가지기 때문이다. 그 결과, 유러피언 옵션 평가 모형인 Black-Scholes 모형을 가치평가에 바로 적용할 수는 없고, 아메리칸 옵션의 특성을 반영하기 위해서는 잔여만기까지의 기간 동안 옵션의 행사 여부를 가늠하기 위한 채권가격(또는 이자율)의 확률분포를 알아내야 한다. 사실, 채권의 가격은 만기에 가까워질수록 액면가격에 수렴하는 특성이 있으므로, 주식 가격의 추세(drift)와는 상당히 다르다. 또한, 채권 수익률의 변동성도 만기에 가까워질수록 감소하므로, Black-Scholes 모형 처럼 변동성이 일정하다고 가정하기는 어렵다.

따라서, 이자율 파생상품의 가치를 보다 정교하게 평가하기 위해서는 이자율 기간구조모형(term structure model), 즉, 수익률곡선모형(yield curve model)을 이용해야 한다. 이자율 기간구조모형에 관한 상세한 내용은 제19장에서 다룰 예정이고, 이자율 파생상품의 가치평가모형으로는 제14장에서 Black-Derman-Toy모형으로 상환청구권부 사채를 평가하는 과정을 설명한 바 있다.

16.4 요약 및 논의

이 장에서는 옵션을 활용한 위험 헤지 방법, 옵션가격으로부터 계산된 내재 변동성, 실물옵션(real option)을 살펴보았다. 그리고 옵션의 응용분야로 전환사채, 신주인수권부사채 등 일반 채권에 여러 가지 옵션이 부여된 복합상품에 대한 평가방법을 살펴보았다.

복합상품의 가치평가에 대하여는 기본적인 설명만 하였다. 실제로는 이들 복합상품이 계약당사자들 간에 사적으로 이루어지는 계약이기 때문에, 그 다양성을 고려하면 복합상품의 가치평가는 훨씬 복잡해질 수 있다. 특히 이자율과 관련한 복합상품들에 대한 가치평가모형은 상당히 복잡한데, 그 이유는 이자율의 확률적 변화과정, 지급부도발생확률, 지급불능시 잔존가치 등을 고려해야 하기 때문이다. 이들에 대한 상세한 설명은 제19장에서 계속하기로 한다.

연/습/문/제

1. 주식 S를 기초자산으로 하는 콜옵션의 델타는 0.2이고, 풋옵션의 델타는 -0.5이다. 콜옵션 10계약을 매도하고 풋옵션 20계약을 매수하였다면, 델타중립을 위해 필요한 주식 S의 포지션은 무엇인가? 단, 옵션 1계약당 거래단위(승수)는 100주이다.

2. 무위험 수익률은 5%이다. 15일 후에 만기가 도래하는 콜옵션 중에서 행사가격이 30과 40인 콜옵션을 하나씩 매수하고, 행사가격이 35인 콜옵션 두 개를 매도해서 나비 스프레드를 하나 만든다고 가정하자. 이를 위한 콜옵션 매매에 소요된 총 비용은 5이다. 위험중립 하에서 시장이 균형임을 가정할 때, 만기시점의 주가가 30~40 구간에 속할 확률은 얼마인가? 단, 1년은 252일로 계산한다.

3. 수의상환사채(callable bond)에 대한 아래의 질문에 답하시오.
   1) 실무에서 많은 채권들에 수의상환권이 부여되는 이유가 무엇이라고 생각하는가?
   2) 수의상환사채는 어떤점에서 투자자에게 불리한가?
   3) 만약 채권에 대한 상환요구를 받으면 그 대가로 투자자가 받는 것은 무엇인가?
   4) 수의상환권이 채권 평가에 미치는 영향은 무엇인가?

4. 무위험 단기이자율은 30%에서 시작하여 각 기간마다 10%씩 상승 또는 하락하는 2기간 이항모형을 가정하자. 임의의 노드에서 상승 또는 하락할 확률은 각각 1/2이다.
   1) 만기가 2기간이고 액면가는 100인 순수할인채의 현재가격은 얼마인가?
   2) 이 순수할인채에 대한 아메리칸 콜옵션의 현재가격은 얼마인가? 단, 콜옵션의 행사가격은 75이고 잔여만기는 1년이다.

5. 금리가 하락하면, 옵션이 없는 일반채권의 가격에 비해서 수의상환사채의 가격은 어떻게 변하는가?

Part 09

최적자산배분과 성과측정

Optimal Asset Allocation and Performance Measures

포트폴리오를 구성하는 방법은 여러 가지가 있지만, 그중 가장 많이 언급되는 방법은 Top down방식과 Bottom up방식이다. Bottom up방식은 펀드매니저가 가격이 상승(하락)할 것으로 기대되는 개별 자산을 선택(회피)하는 투자전략이라고 한다면, Top down방식은 전반적인 경제상황을 고려하여, 국가별, 자산유형별(예를 들어, 주식, 채권, 부동산 등), 산업별, 그리고 개별자산의 순서로 투자를 결정하는 방식이다. 실무에서는 이들 둘을 별개로 간주하기보다는 서로 보완적으로 사용하여 투자의사결정을 하게 된다.

Top down방식을 사용할 경우, 먼저 자산유형별 투자비중을 결정해야 한다. 가장 많이 사용되는 자산유형은 주식과 채권이고, 대부분의 펀드들은 주식, 채권과 함께 약간의 현금을 보유한다. 펀드의 목적에 따라 달라지기는 하지만, 때로는 부동산, infrastructure(도로, 공항, 철도 등 공공자산에 대한 투자), 사모펀드, 헤지펀드, 상장지수펀드, 원자재 등이 자산유형으로 포함되는 경우도 있다. 예를 들어, 부동산투자를 목적으로 하는 REIT(Real Estate Investment Trusts)의 경우에는 거의 전액이 부동산에 투자된다. 이러한 특수한 경우를 제외하고는 자산유형별 투자(자산배분)는 투자성과에 직접적으로 상당한 영향을 주게 된다.

연구에 따르면, 자산유형별 투자의사결정과 자산유형내 개별자산에 대한 투자의사결정을 나눈 후, 이들이 전체 포트폴리오의 성과에 미치는 영향을 분석했을 때, 전자가 포트폴리오 성과의 약 80% 정도를 결정한다고 한다. 이러한 결과는 자산유형별 최적자산배분이 개별자산을 선택하는 것보다 훨씬 중요하다는 것을 의미한다.

여기서는 이러한 최적자산배분 문제를 심도있게 다룬다. 기본적인 결과는 제4장에서 살펴본 최적포트폴리오 구성과는 크게 다르지 않지만, 여기서는 단일기간 및 다기간 최적자산배분의 차이에 대하여 집중적으로 살펴본다. 마지막으로 이러한 투자의사결정의 결과로 선택된 펀드들의 성과를 어떻게 평가해야 하는지에 대해 논의한다.

Chapter 17

최적자산배분과 펀드*
(Optimal Asset Allocation and Funds)

자산배분(asset allocation)이란 투자자의 투자기간과 위험성향을 고려하여 주요한 자산 유형(asset class)(예컨대, 주식, 채권, 현금, 부동산, 외환, 펀드, 원자재(commodity) 등)들에 대한 포트폴리오의 배분을 최적화시키는 프로세스를 말한다.

자산유형별로 살펴보자. 부동산의 경우에는 실물에 직접 투자하면 큰 거래비용과 낮은 유동성의 문제가 있으므로, 주로 리츠(REITs)나 부동산 상장지수펀드(real estate ETF)에 자산을 배분한다. 주식의 경우에는 개별 종목으로 직접 포트폴리오를 구성할 수도 있고, 펀드(헤지펀드, 뮤추얼 펀드, 상장지수펀드(ETF) 등)에 자산배분을 하는 경우도 많다. 채권의 경우에는 국가별(국내, 해외), 발행자별(국채, 지방정부채, 회사채 등), 만기별(단기채, 장기채), 물가연동여부 등으로 자산배분대상이 다양하게 구분된다. 최근에 등장한 암호화폐도 거래 규모가 비약적으로 커지면서 자산배분대상으로 고려되기도 한다.

투자성과 측면에서, 자산배분은 포트폴리오 수익률의 절반 이상(약 80%)을 결정짓고, 수익률 변동의 상당한 부분을 설명하기 때문에, 가장 중요한 투자의사결정 중 하나로 볼 수 있다. 또한, 자산 배분은 초과수익을 만드는 중요한 원천으로서, 통상적으로 '자산배분'이 '주식종목의 선정'보다는 초과수익에 대한 기여도가 더 크다.

이 장에서는 자산배분에 대한 접근법들을 살펴본다. 자산배분방법은 기본적으로 우리가 현재까지 이 책에서 논의했던 내용과 다르진 않다. 예컨대, 시장에 N개의 개별적인 위험자산들이 존재한다고 가정하는 대신에, 여기서는 N개의 자산 유형들(asset classes)이 존재한다고 가정하고, 제4장에서 설명한 최적포트폴리오를 구하는 방법과 동일한 방법으로 자산유형별 최적투자비중을 구하게 된다. 이 장에서는 이러한 자산배분과 관련된 문제를 상세히 다루게 될 것이다.

17.1 자산배분의 이슈*

투자수익률을 만들어내는 원천은 흔히 (1) 자산배분, (2) 종목선택(security selection), (3) 투자시점선택(market timing)의 세 가지로 나뉜다. 이 중 자산배분은 장기투자의 수익률의 80% 이상을 결정짓는 가장 중요한 투자의사결정과정이라고 알려져 있다.

그런데, 특정 시점을 기준으로 비교적 짧은 기간의 투자성과를 규명하는 횡단면 분석에서는 자산배분보다 종목선택이나 투자시점선택이 투자수익률에 더 크게 기여하는 것으로 나타났다. 예를 들면, 횡단면 분석에서는 자산배분의 수익률 기여도가 10%~40% 정도에 불과하고, 그 외에 60%~90%의 수익률은 투자시점선택, 자산유형 내의 투자스타일, 종목선택, 수수료 등의 요인에 의해 결정되는 것으로 나타났다.

그러나, 자산배분은 장기적인 투자기간을 목표로 하기 때문에, 횡단면 분석 결과보다는 시계열 분석에서 높은 수익률 기여도를 보인다는 결과에 주목하는 것이 바람직하다. 참고로, 종목선택과 투자시점선택의 수익률 기여도에 관해서는 제18장에서 자세히 설명한다.

17.1.1 자산배분의 유형

■ 전략적 자산배분과 전술적 자산배분

자산배분은 전략적 자산배분과 전술적 자산배분으로 구분할 수 있다. 전략적 자산배분(strategic asset allocation, SAA)이란 연기금이나 재단 등의 신탁 이사회(board of trustees)가 수행하는 것으로, 시장 성과의 장기 추세를 고려하여 포트폴리오를 조정하는 것이다. 통상적으로 허용위험한도를 먼저 설정한 후, 위험한도 내에서 특정한 장기목표수익률 또는 수익률의 목표범위를 사용하여 여러 자산 유형별로 투자자본을 할당하고 허용 변동폭을 설정한다. 반면에, 전술적 자산배분(tactical asset allocation, TAA)은 더 단기적인 조정을 의미하는 것으로, 자산 유형별 투자자본의 허용 변동폭 내에서 경제환경의 단기적 변화에 대응하여 자본배분을 조정한다. 그러나, SAA와 TAA를 획일적으로 구분짓는 뚜렷한 차이점은 없으며, 많은 경우 이 둘을 구분하기란 쉽지 않다.

〈표 17-1〉 전략적 자산배분과 전술적 자산배분의 비교

	전략적 자산배분	전술적 자산배분
전반적인 운용원칙	투자 규정 (펀드의 신탁이사회의 위험회피성향)	시장 상황에 대한 투자담당직원의 지식
의사결정자	신탁이사회	투자담당직원
재조정 주기	시장의 전체 주기, 2년~10년 (통상 3년에서 5년)	월별, 분기별, 연도별로 수행됨
목표	시장에 대한 초과성과를 목표로 하지는 않음	특정 금융시장이 적정선에서 벗어난 것으로 나타났을 때, 그 기회를 살려서 시장에 대한 초과성과를 얻고자 함

■ 능동적 자산배분과 수동적 자산배분

한편, 자산배분전략을 능동적 자산배분(active asset allocation)과 수동적 자산배분(passive asset allocation)으로 구분하여 펀드의 유형을 구분하기도 한다. 먼저, 수동적 자산배분은 재량권이 제한된 상황에서 일정한 원칙에 따라 자산을 배분하는 것으로, 보유 자산을 빈번히 매매하여 차익을 얻으려 하지는 않는다. 따라서, 이 전략은 펀드를 지수화시키는 것으로도 볼 수 있으며, 단순히 "시장을 보유"함으로써 이익을 극대화시키고자 한다. 따라서 이 전략은 효율적 시장에 부합한다고 볼 수 있다. 수동적 자산배분에서는 빈번한 매매가 수반되는 능동적 자산배분전략의 수익이 (특히 수수료를 공제할 경우) 크지 않다고 가정한다.

반면, 능동적 자산배분 전략은 시장에 대한 압력이나 경제환경의 변화에 대해 즉각적으로 반응하는 전략이다. 예를 들어, 글로벌 전술적 자산배분(global tactical asset allocation, GTAA)은 수익을 얻기 위해 전 세계 시장에 더욱 적극적으로 자산을 배분하는 전략으로서, 저평가된 나라의 주식이나 채권을 매수하고, 동시에 고평가된 나라의 자산을 매도한다.

17.2 단일기간 자산배분 분석

여기서는 단일기간 동안 투자를 하는 투자자가 취할 수 있는 최적자산배분을 살펴보기로 한다. 이 방법들은 앞서 제4장에서 살펴본 최적포트폴리오를 구하는 것과 크게 다르지 않다.

17.2.1 평균-분산 분석(Mean-Variance Analysis)에 의한 최적자산배분

여기서는 먼저, 자산 배분에 대한 간단한 예로서, 다수의 위험자산과 무위험(또는 현금)

자산 간의 최적투자비율(자산배분비율)을 결정하는 문제를 생각해 보자. 통상적으로 무위험자산으로는 단기국채 또는 단기재무성증권(T-bills)을 사용하고, 위험자산으로는 앞서 설명한 주식, 채권, 부동산, 원자재 등(또는 이들에 대한 지수를 추종하는 ETF)을 사용한다.

우선 N개의 위험자산 유형이 존재하고, t시점에서의 수익률이 $r_{it},\ i = 1, \ldots, N$이라고 가정하자. 위험자산 유형별 수익률 벡터와 분산-공분산행렬은 각각 $\mathbf{r}_t = (r_{1t}, r_{2t}, \ldots, r_{Nt})'$와 $\mathbf{\Sigma}_t$로 표시하고, 무위험자산의 수익률은 r_f로 나타내기로 하자. 그러면, $t+1$ 시점의 포트폴리오 수익률은 아래와 같이 표현할 수 있다.

$$\begin{aligned} r_{pt+1} &= w_{0t} r_f + \mathbf{w}_t' \mathbf{r}_{t+1} \\ &= r_f + \mathbf{w}_t'(\mathbf{r}_{t+1} - \mathbf{e} r_f) \end{aligned} \tag{17.1}$$

여기서, $\mathbf{w}_t$는 위험자산 유형별 투자비율의 벡터이고, $\mathbf{e}$는 1로 이루어진 $(N \times 1)$ 벡터이고, 투자비중의 합은 1이므로 $\mathbf{w}_t'\mathbf{e} + w_{0t} = 1$이다. 이 포트폴리오의 기대수익률과 분산은 아래와 같다.

$$\begin{aligned} E_t(r_{pt+1}) &= r_f + \mathbf{w}_t'(E_t(\mathbf{r}_{t+1}) - \mathbf{e} r_f) \\ Var(r_{pt+1}) &= \mathbf{w}_t' \mathbf{\Sigma}_t \mathbf{w}_t \end{aligned} \tag{17.2}$$

이제 평균-분산 분석을 적용해 보자. 평균-분산 분석이라는 것은 결국 평균과 분산으로 이루어진 2차 효용함수를 극대화시키는 것이다.[1]

$$\max_{\mathbf{w}}\ E_t(r_{pt+1}) - \frac{\lambda}{2} Var(r_{pt+1})$$

단, λ는 위험회피도를 의미하며, $\lambda > 0$이다.[2] 위 식에 (17.2)를 대입하면,

$$\max_{\mathbf{w}}\ r_f + \mathbf{w}_t'(E_t(\mathbf{r}_{t+1}) - \mathbf{e} r_f) - \frac{\lambda}{2} \mathbf{w}_t' \mathbf{\Sigma}_t \mathbf{w}_t$$

위의 극대화 문제를 풀기 위해서는 1차 미분한 값이 0이 되는 투자비율 $\mathbf{w}_t$를 구하면 된다. 그 결과인 최적자산배분비율은 아래와 같다.

$$\mathbf{w}_t = \frac{1}{\lambda} \mathbf{\Sigma}_t^{-1} \left(E_t(\mathbf{r}_{t+1}) - \mathbf{e} r_f \right) \tag{17.3}$$

---

1 2차효용함수의 유도는 제4장 식 (4.2)를 참조하기 바란다.

2 참고로, Grinold(1996)는 월별수익률을 사용할 경우 미국의 대표투자자(representative investor)에 대한 λ값은 $2.4 < \lambda < 4.4$임을 주장하였다.

위 식의 의미를 쉽게 이해하기 위해, 위험자산유형이 하나인 경우를 생각해 보자. 이 경우에는 앞서 여러 개의 위험자산유형을 표현하기 위해 사용했던 벡터들이 스칼라가 된다. 즉, $\mathbf{w}_t = w_t$, $\boldsymbol{\Sigma}_t = \sigma_t^2$가 된다. 따라서, 식 (17.3)을 단일한 위험자산유형에 대한 식으로 나타내면, 위험자산에 대한 자산배분비율은 아래와 같다.

$$w_t = \frac{E_t(r_{t+1}) - r_f}{\lambda\sigma_t^2} = \frac{1}{\lambda\sigma_t}SR_t$$

여기서, $SR_t = \frac{E_t(r_{t+1}) - r_f}{\sigma_t}$는 샤프비율(Sharpe ratio)이다. 이 식으로부터, 특정 위험자산유형에 대한 투자비율은 그 자산의 기대초과수익률이 높을수록 커지는 반면, 자산 수익률의 변동성이 커지면 투자비율은 낮아지게 된다. 또한 위험회피도를 의미하는 λ가 커질수록 우리는 위험자산유형에 대한 자산배분비율을 낮추고, 무위험자산에 대한 자산배분비율을 높인다. 그러나, 위험자산유형에 포함된 개별 위험자산들에 대한 투자의 구성은 변하지 않는다.

17.2.2 로그수익률과 멱효용함수 하에서의 최적자산배분비율

사실, 정규분포인 수익률과 지수효용함수를 함께 사용하는 경우와 로그정규분포 수익률과 멱효용함수를 함께 사용하는 경우의 결과는 유사하다.[3] 그러나, 정규분포 수익률과 지수효용함수를 함께 사용하는 경우에는 두 가지 문제점이 있다. 첫째, 효용함수의 경우에는 이미 제2장에서 살펴본 바와 같이 절대위험회피도가 부의 증가에 따라 감소하는 효용함수가 바람직하지만, 지수효용함수는 절대위험회피도가 상수로 일정하다.[4] 둘째, 수익률의 경우, 단일기간 수익률이 정규분포라면 단일기간 수익률들이 곱해진 다기간 수익률은 정규분포가 되지 않기 때문에, 수익률의 정규성은 다기간 자산배분분석에는 적절하지 않다. 반면, 단일기간 로그수익률이 정규분포라면, 다기간 로그수익률은 단일기간 로그수익률을 더한 형태가 되므로 정규분포를 따르게 된다.[5] 이런 이유로 다기간 분석을 하기 위해서는 로그수익률을 사용한다. 따라서, 여기서는 로그수익률과 멱효용함수를 사용하여 최적자산배분을 살펴본 후, 다기간 자산배분 문제를 살펴볼 것이다.

---

3 이 두 가지 경우는 제4장 '4.4 평균-분산 분석과 효용함수'에서 설명하였다.

4 지수효용함수의 대표적인 형태는 $u(c) = 1 - e^{-ac}$이다. 단, a는 위험에 대한 태도를 나타내며, $a > 0$은 위험회피, $a = 0$은 위험중립, $a < 0$은 위험선호를 의미한다. 지수함수의 미분 $(e^{f(x)})' = f'(x)e^{f(x)}$를 이용하면, 절대위험회피도는 $-\frac{u''(c)}{u'(c)} = a$로 일정하다.

5 정규분포를 따르는 확률변수들을 더한 것은 정규분포를 따르지만, 이들을 곱한 것은 정규분포를 따르지 않는다.

■ 기대효용 극대화 문제

투자자의 효용함수가 멱효용함수 $u(W_{t+1}) = \frac{W_{t+1}^{1-\gamma}}{1-\gamma}$인 경우, 최적자산배분은 아래의 기대효용 극대화 문제를 풀어서 구하게 된다. 단, W는 부(wealth), γ는 위험회피도를 의미한다.

$$\max_{\mathbf{w}} E_t\left(\frac{W_{t+1}^{1-\gamma}}{1-\gamma}\right) \text{ 또는 } \max_{\mathbf{w}} E_t\left(W_{t+1}^{1-\gamma}\right) \tag{17.4}$$

우리는 최적투자비율을 구해야 하므로, 이 목적함수를 포트폴리오 수익률에 대한 함수로 바꾼 후 투자비율에 관한 함수로 다시 바꾸어야 한다. 우선, 로그함수가 부에 대한 단조증가함수(monotone increasing function)이므로, 식 (17.4)에 로그를 취해도 무방하다. 그리고, $W_{t+1} = W_t(1 + r_{pt+1})$이므로, $R_{pt+1} = \ln(1 + r_{pt+1})$로 두면 $\ln W_{t+1} = \ln W_t + R_{pt+1}$이 된다.[6] 또한, r_{pt+1}이 로그정규확률분포를 따른다고 가정하면, 로그수익률은 정규분포를 따르게 된다. 즉, $R_{pt+1} \sim N(\mu, \sigma^2)$. 따라서, W_{t+1}은 로그정규분포를 따르고, $\ln W_{t+1}$은 정규분포를 따르며, 그 평균과 분산은 아래와 같다.

$$E(\ln W_{t+1}) = \ln W_t + E\left(R_{pt+1}\right)$$
$$Var(\ln W_{t+1}) = Var\left(R_{pt+1}\right) = \sigma^2$$

한편, 임의의 로그정규확률변수 $x \sim LN(\mu, \sigma^2)$에 대하여, $\ln(E(x^n)) = n\ln(E(x)) = n\mu + n^2\sigma^2/2$가 성립하므로, 식 (17.4)는 아래와 같이 변환할 수 있다.

$$\begin{aligned}\max_{\mathbf{w}} \ \ln E_t\left(W_{t+1}^{1-\gamma}\right) &= \max_{\mathbf{w}} \ (1-\gamma)E_t(\ln W_{t+1}) + \frac{1}{2}(1-\gamma)^2\sigma_{pt}^2 \\ &= \max_{\mathbf{w}} \ (1-\gamma)E_t\left(\ln W_t + R_{pt+1}\right) + \frac{1}{2}(1-\gamma)^2\sigma_{pt}^2 \\ &= \max_{\mathbf{w}} \ (1-\gamma)\left(\ln W_t + E_t(R_{pt+1}) + \frac{1}{2}(1-\gamma)\sigma_{pt}^2\right)\end{aligned} \tag{17.5}$$

여기서, σ_{pt}^2는 포트폴리오의 로그수익률의 조건부 분산이다. 현재의 부 W_t는 주어져 있기 때문에, 이 목적함수 식 (17.5)는 아래 식과 동등하다.

$$\max_{\mathbf{w}} \ E_t\left(R_{pt+1}\right) + \frac{1}{2}(1-\gamma)\sigma_{pt}^2 \tag{17.6}$$

---

6 로그수익률임을 구분하기 위해 로그수익률은 대문자로 표기하였고, 일반적인 산술수익률은 소문자로 표기하였다.

식 (17.6)으로부터, $\gamma > 1$인 위험회피적인 투자자의 경우, 이 극대화 문제가 식 (17.2)에서 보았던 평균-분산 분석과 유사하다는 것을 알 수 있다. 반면, $\gamma < 1$인 위험선호형 투자자는 위험이 더 큰 포트폴리오를 추구하게 된다.[7]

■ 최적자산배분비율의 유도

최적자산배분비율을 구하기 위해서는 포트폴리오의 수익률을 개별자산유형별 투자비율과 투자수익률에 대한 식으로 변환시켜야 한다. 그런데, 로그수익률을 사용할 때의 문제점 중 하나는 개별 자산들의 수익률이 로그정규성을 따를 때, 이들로 구성된 포트폴리오의 수익률은 개별 로그수익률들을 가중하여 합산한 형태이므로 로그정규분포를 따르지 않는다는 것이다.[8] 따라서, 우리는 개별 로그수익률을 합산한 형태로 포트폴리오의 수익률을 설정하는 대신, 식 (17.1)의 포트폴리오 수익률의 양변에 로그를 취한 후, 포트폴리오의 로그수익률에 대하여 테일러 전개를 적용한다.[9]

$$R_{pt+1} = R_f + \mathbf{w}_t'\left(\mathbf{R}_{t+1} - \mathbf{e}R_f\right) + \frac{1}{2}\mathbf{w}_t'\boldsymbol{\sigma}_t^2 - \frac{1}{2}\mathbf{w}_t'\boldsymbol{\Sigma}_t\mathbf{w}_t \tag{17.7}$$

단, $\boldsymbol{\Sigma}_t$는 포트폴리오에 포함된 자산들의 로그수익률에 대한 조건부 분산-공분산행렬이고, $\boldsymbol{\sigma}_t^2$는 $\boldsymbol{\Sigma}_t$의 대각 원소들로 구성된 분산벡터이다. 이제 위 식을 식 (17.6)에 대입하면, 아래의 식을 얻을 수 있다.

$$\max_{\mathbf{w}} \ \mathbf{w}_t'\left(E_t(\mathbf{R}_{t+1}) - \mathbf{e}R_f\right) + \frac{1}{2}\mathbf{w}_t'\boldsymbol{\sigma}_t^2 - \frac{1}{2}\gamma\mathbf{w}_t'\boldsymbol{\Sigma}_t\mathbf{w}_t \tag{17.8}$$

단, $\mathbf{w}_t'\boldsymbol{\Sigma}_t\mathbf{w}_t$는 포트폴리오의 분산을 의미하므로, $\sigma_{pt}^2 = \mathbf{w}_t'\boldsymbol{\Sigma}_t\mathbf{w}_t$임을 이용하였다. 위의 극대화 문제를 풀면, 아래와 같이 위험자산에 대한 최적투자비율을 얻을 수 있다.[10]

$$\mathbf{w}_t = \frac{1}{\gamma}\boldsymbol{\Sigma}_t^{-1}\left(E_t(\mathbf{R}_{t+1}) - \mathbf{e}R_f + \frac{1}{2}\boldsymbol{\sigma}_t^2\right) \tag{17.9}$$

---

7 $\gamma = 1$이면 투자자의 효용함수는 로그효용함수가 되며(제2장 참고), 투자자는 단순히 기대수익률 $E_t(r_{pt+1})$를 극대화시키는 포트폴리오를 선택한다.

8 제1장에 있는 단순수익률과 로그수익률간의 차이를 참고하기 바란다.

9 이 식의 유도과정은 여기서는 생략하였다. 자세한 내용은 Campbell과 Viceira(2001)의 제2장 'Approximation of the portfolio return'부분을 참조하기 바란다.

10 만약 위험자산이 하나밖에 없다면 이 위험자산에 대한 최적투자비율은 아래와 같다.

$$w_t = \frac{1}{\gamma\sigma_t^2}\left(E_t(\mathrm{r}_{t+1}) - r_f + \frac{1}{2}\sigma_t^2\right)$$

이 최적투자비율은 식 (17.3)과 같은 결과를 보여주는데, γ의 값이 클수록 위험자산 전체에 대한 자산배분의 비중이 적어지게 된다.

17.2.3 손실 회피 상황(loss aversion world) 하에서의 자산 배분*

제11장에서 살펴본 행동재무경제학에서는 투자자들이 '위험 회피'가 아니라 '손실 회피'를 한다고 설명한다. 여기서는 손실회피효용(loss aversion utility)을 가진 투자자들의 자산배분 의사결정문제를 분석하여, 손실회피 효용함수와 최적자산배분에 관한 몇 가지 이론적 결과들을 살펴보도록 하자.

■ 손실회피효용(가치함수) 극대화 문제

먼저 단일기간에서 Kahneman과 Tversky(1979, 1992)가 제시한 손실회피효용을 가진 투자자들이 직면한 자산배분문제를 살펴보자. 기초의 부와 기말의 부를 각각 W_0와 W로 두고, 적절한 벤치마크를 B라 하자. 이득 혹은 손실(gains or losses)을 $X = W - B$로 정의하면, 손실회피효용은 다음과 같이 정의된다.[11]

$$u(X) = \begin{cases} \dfrac{X^{v_1}}{v_1}, & \text{만약 } X > 0 \\ -\lambda \dfrac{(-X)^{v_2}}{v_2}, & \text{만약 } X \le 0 \end{cases} \tag{17.10}$$

단, v_1, v_2, λ는 각각 위험회피도, 위험선호도, 손실회피계수를 의미하고, 모두 양수임을 가정한다. 여기서는 간단하게 두 개의 자산유형이 존재한다고 가정하자. 즉, 한 개의 무위험자산과 한 개의 위험자산유형이 존재하며, 그 수익률은 각각 r_f와 r이라고 하자. 그리고, 위험자산유형에 대한 자산배분비율을 θ로 두면, 기말의 부는 아래와 같다.

$$\begin{aligned} W &= W_0(1-\theta)(1+r_f) + W_0\theta(1+r) \\ &= B + W_0\theta y \end{aligned} \tag{17.11}$$

단, 이득 또는 손실의 기준이 되는 벤치마크는 무위험수익, 즉, $B = W_0(1+r_f)$로 가정하고, 위험자산의 초과수익률(y)은 $y = r - r_f$라고 두자. 따라서, 앞서 $X = W - B$라고 정의했으므로, $X = W_0\theta y$로 표시할 수 있다.

11 계산상 편의를 위해서 Kahneman과 Tversky(1992)의 가치함수를 약간 수정하여 사용한다. 자세한 내용은 11장의 '11.4.1 가치함수'를 참조하기 바란다.

■ 손실회피 기대효용함수의 설정

이제 손실회피 기대효용함수를 설정해 보자. Kahneman and Tversky(1979)에 따르면 기댓값은 주관적 확률(즉, 주관적 확률밀도함수)로 계산되어야 하므로, 이를 반영하기 위해, 위험자산에 투자하여 초과수익을 얻을 가능성에 대한 주관적 확률을 $p = prob(y > 0)$로 두자. 그리고, 식을 간단히 만들기 위해 $u^+ = E(y^{v_1}|y > 0)$와 $u^- = E((-y)^{v_2}|y < 0)$로 두자. $X = \theta W_0 y$를 식 (17.10)에 대입하여 구한 손실회피 기대효용 U_{LA}는 아래와 같다. 단, 아래첨자 LA는 손실회피(loss aversion)를 의미한다.

$$\begin{aligned} U_{LA} &= \frac{1}{v_1}(\theta W_0 y)^{v_1} p - \frac{\lambda}{v_2}(-\theta W_0 y)^{v_2}(1-p) \\ &= \frac{1}{v_1}(\theta W_0)^{v_1} u^+ p - \frac{\lambda}{v_2}(\theta W_0)^{v_2} u^-(1-p) \end{aligned} \tag{17.12}$$

우리는 위험자산에 대한 자산배분비율 θ를 적절히 선택하여 최적 포트폴리오를 만들 수 있기 때문에, 위 식을 θ로 편미분하여 U_{LA}의 극대화 1계 조건을 구하면 아래와 같다.

$$U'_{LA} = W_0^{v_1} u^+ p \theta^{v_1 - 1} - \lambda W_0^{v_2} u^-(1-p)\theta^{v_2 - 1} = 0 \tag{17.13}$$

먼저, $v_1 = v_2 = v$인 경우를 생각해 보기로 하자. 이 경우, 식 (17.13)은 아래와 같다.

$$U'_{LA} = W_0^{v}\theta^{v-1}(u^+ p - \lambda u^-(1-p)) = 0 \tag{17.14}$$

많은 선행 연구들에서는 $v = 0.88$ 이라고 언급되었는데, 이처럼 $v < 1$인 경우에는 위 식을 0으로 만들어주는 θ의 최적해가 $\theta = \infty$가 된다. 반면, $v > 1$인 경우, θ의 최적해는 $\theta = 0$이 된다.[12] 또한, $v = 1$이거나 $u^+ p = \lambda u^-(1-p)$인 경우에는 θ를 구할 수도 없다. 따라서, 이러한 경우들을 모두 제외하면, 과거의 경험치에 부합할 수 있는 최적투자비율을 구하기 위한 조건은 $v_1 \neq v_2$이다.

그렇다면, 이제 $v_1 \neq v_2$인 경우의 최적해를 구해보도록 하자. 식 (17.13)을 θ에 대해 정리하면 아래 식과 같다.

$$\theta = \frac{1}{W_0}\left(\frac{u^+ p}{\lambda u^-(1-p)}\right)^{\frac{1}{v_2 - v_1}} \tag{17.15}$$

양변에 로그를 취하고, $W_0 = 1$이라고 두면,

---

12 Ang, Bekaert and Lui(2002)도 $v_1 = v_2$일 때 이와 비슷한 극단적인 자산배분결과가 나온다는 것을 보여주고 있다.

$$\ln\theta = \frac{1}{v_2 - v_1}\ln(u^+ p) - \frac{1}{v_2 - v_1}\ln(\lambda u^-(1-p)) \tag{17.16}$$

그리고, 최적화 2계조건은 아래식과 같다.

$$U''_{LA} = (v_1 - 1)W_0^{v_1}u^+ p\theta^{v_1 - 2} - \lambda(v_2 - 1)W_0^{v_2}u^-(1-p)\theta^{v_2-2} < 0 \tag{17.17}$$

이 2계조건 식을 정리하면,

$$\theta > \frac{1}{W_0}\left(\frac{u^+ p}{\lambda u^-(1-p)}\right)^{\frac{1}{v_2 - v_1}}\left(\frac{v_1 - 1}{v_2 - 1}\right)^{\frac{1}{v_2 - v_1}}$$

그리고, 위 식을 1계조건인 식 (17.15)과 비교하면, 아래의 식을 얻을 수 있다.

$$\left(\frac{v_1 - 1}{v_2 - 1}\right)^{\frac{1}{v_2 - v_1}} < 1 \quad \text{혹은} \quad v_2 > v_1 \tag{17.18}$$

결과적으로, 식 (17.15)와 (17.18)은 θ가 손실회피 기대효용의 극대화를 위한 최적해가 되기 위한 필요충분조건이다.

■ 손실회피성향이 자산배분비율에 미치는 영향

식 (17.18)의 결과로부터, 위험자산유형에 대한 자산배분비율과 손실회피 파라미터들 간에는 다음의 관계가 성립함을 알 수 있다. 먼저, 식 (17.10)의 손실회피효용에 대해, $W_0 = 1,\ 1 \geq \theta \geq 0,\ v_2 - v_1 > 0$인 경우, 위험자산유형에 대한 투자비율($\theta$)은 $v_2 - v_1$이 커질수록 증가하고, 손실회피계수인 λ가 커질수록 감소한다. 이러한 결과는 두 곡률(curvature) 간의 차이인 $v_2 - v_1$이 증가하면 위험자산에 대한 투자비율이 증가한다는 것을 보여준다. 예컨대, v_1이 특정한 값으로 주어진 경우, v_2가 커지면 투자자들은 위험자산에 대한 투자비율을 높이게 된다. 그러나, 투자자가 손실로 인해 느끼는 고통이 더 커진다면(즉, λ가 더 커지면), 위험자산에 대한 투자비율을 줄이게 된다.

■ 손실회피 하의 자산배분의 특징

덧붙여, 손실회피 하의 자산배분에 관한 선행 연구의 결과를 정리해 보자.[13]

- 투자자들은 생각보다 더 손실회피적인 경향을 보인다. 재무분야에서 많이 사용되는 Kahneman과 Tversky(1992)의 손실회피계수는 2.25이지만, 시장 상황에 따라 손실회피계

---

13 Hwang과 Satchell(2010).

수는 2.75 또는 3.25 수준으로 높게 나타났다. 이것은 투자자들이 큰 금액을 포함한 위험한 투자를 선택할 때, 투자자들이 보다 더 손실회피적으로 된다는 것을 의미한다.

- 손실회피는 시장상황에 따라 변한다. 특히, 손실회피계수는 불황기보다는 호황기에서 더 높아진다. 이것은 다른 투자자들이 수익을 얻을 때, 손실을 입은 투자자들은 더 큰 고통을 느낀다는 것을 의미한다.[14]
- 전망이론에 의하면, 투자자들은 이득보다는 손실에 더 민감하므로, 손실에 대한 가치함수의 곡률은 이득에 대한 곡률보다 더 크다. 그런데, 실증분석 결과, 현실에서는 반대 현상이 많이 발견되었다.[15]
- 영국과 미국의 투자자들을 비교하면, 전형적인 미국 연기금 펀드들의 주식투자비율이 영국 펀드들보다 더 낮았다. 만약, 손실회피계수가 연기금 펀드의 주식투자비율의 차이를 설명하는 유일한 이유라면, 미국 연기금 펀드의 더 낮은 주식투자비율은 미국 투자자들의 손실회피계수가 영국 투자자들보다 더 크기 때문이라고 해석할 수 있다. 그러나, 손실회피계수는 손실회피의 성향 외에도 자산분포, 사회적/경제적 복지 또는 연기금의 특성 등의 영향을 받을 수 있다.

17.3 다기간 자산배분과 근시안적 포트폴리오 선택*

단일기간 분석은 장기투자자를 위한 최적포트폴리오를 제시하지 못한다. 예컨대, 경제상황이 변한다는 것을 감안하면, 특정한 단일기간의 최적포트폴리오는 다른 기간에서는 최적이 되지 못할 수 있다. 또한, 비록 CAPM이나 LPM-CAPM과 같은 단일기간 모형들이 실제 투자자들의 근시안적(myopic) 투자 행위나 현실의 가치평가과정에 부합하기는 하지만, 장기투자자가 고려하는 위험은 단기투자자가 고려하는 위험과는 다르다. 예를 들면, 투자기간이 짧은 경우에는 주식과 같은 위험자산이 투자자들에게 덜 매력적일 수 있지만, 장기투자자들에게는 선호될 수 있다.

17.3.1 단일기간 포트폴리오 분석이 다기간 분석에서도 유효한 경우

여기서는 단일기간 자산배분이 다기간 투자 문제에서도 여전히 최적이 되는 예외적인

---

14 이러한 시간에 따라 변동하는 손실회피는 손실회피에 대한 연구분야의 새로운 영역으로, 이미 손실회피의 다양한 버전으로 많이 연구되고 있다 예를 들면, Abdellaoui et al.(2007)의 연구가 있다.

15 Wakker et al.(2007).

세 가지 경우를 소개하고자 한다. 투자기간의 길고 짧음에 따라서 목적함수에서 고려되는 위험성향이나 자산유형별 기대수익률 및 위험이 달라진다면, 단기적인 자산배분과 장기적인 자산배분은 당연히 달라진다. 그럼에도 불구하고, 1기간 후의 부의 분포만을 고려하는 근시안적 단기투자가 장기적으로도 최적이 되는 경우는 다음과 같다.[16]

- 포트폴리오의 재조정(rebalancing)이 없으며 자산 수익률이 iid 정규분포를 따를 때
- 멱효용이면서 자산 수익률은 iid 정규분포를 따를 때
- 로그효용일 때(멱효용함수의 계수가 1일 때)

이제, 이 경우들을 자세히 살펴보도록 하자.

첫 번째 경우는 수익률이 iid 정규분포를 따르면서 포트폴리오의 재조정(rebalancing)이 허용되지 않는 경우이다. 이 경우, 기대수익률과 분산은 투자기간이 길어질수록 기간에 비례하여 증가하게 된다. 따라서, 다기간 전체는 하나의 긴 단일기간으로 볼 수 있기 때문에, 최적자산배분비율은 식 (17.9)와 동일하다. 그러므로, 최적자산배분비율을 구하기 위해 단일기간 포트폴리오 분석방법을 적용할 수 있는 것이다.

두 번째 경우는 매 기간마다 재조정이 허용된다고 하더라도 투자자의 효용함수가 멱효용함수이고 수익률이 iid 정규분포라면, 단일기간 분석과 동일한 분석방법을 다기간 분석에도 사용할 수 있다. 그 이유를 살펴보자. 먼저, 멱효용은 CRRA효용이므로 직전 기간의 성공적인 혹은 실망스러운 투자로 인해 부의 증가 혹은 감소가 크게 발생하더라도 다음 기간의 투자의사결정에 영향을 주지 않는다. 왜냐하면, 부의 증감에 관계없이 항상 일정수준의 위험회피도를 가지고 있기 때문에 투자자가 매 기간 요구하는 위험프리미엄 또한 부의 수준과는 관계없이 항상 일정하기 때문이다. 또한, 수익률이 iid로서 매 기간마다 독립적이며 동일한 분포를 따른다면, 이는 자산수익률에 변화를 가져올 만한 새로운 정보의 유입은 없다는 것을 의미하므로, 우리는 포트폴리오를 재조정할 필요가 없다. 즉, 앞의 식 (17.9)에서 모든 t에 대해서 $\boldsymbol{\Sigma}_t = \boldsymbol{\Sigma}$이고 $E_t(\boldsymbol{r}_{t+1}) = \boldsymbol{\mu}$라면, 투자비중 $\boldsymbol{w}_t$는 모든 t에 대하여 동일하게 된다.

마지막으로, 투자자가 로그효용을 가진다면, 재조정이 허용된다고 해도 우리는 단일기간 최적자산배분을 다기간 문제에 적용할 수 있다. 그 이유는 로그효용에서는 전체 기간에 대한 최적포트폴리오가 각각의 단일기간 최적포트폴리오를 단순히 합한 것과 동일하기 때문이다.[17] 따라서, 단일기간 동안의 최적포트폴리오가 전체 기간에 대해서도 최적이 된다.

---

16 두 번째와 세 번째 경우는 Samuelson(1969)과 Merton(1969, 1971)의 결과로부터 유도된 것이다. 자세한 내용은 Campbell과 Viceira(2002)의 Chapter 2를 참조하기 바란다.

17 전체기간의 로그수익률은 단일기간의 로그수익률들을 단순히 합한 것과 같기 때문이다. 예를 들어, $\ln[(1+r_1)(1+r_1)\cdots(1+r_n)] = \ln(1+r_1) + \ln(1+r_2) + \cdots + \ln(1+r_2)$.

17.3.2 투자의 기간이 자산배분 성과에 미치는 영향

다기간 투자와 관련하여 한 가지 짚고 넘어가야 할 점이 있다. 첫째는 투자기간이 길어질수록 샤프비율(Sharpe ratio)은 증가한다는 것이고, 둘째는 위험자산(주식)에 대한 투자수익률이 채권이나 현금에 대한 투자 수익률보다 낮아질 확률은 점차 줄어든다는 것이다.[18]

예를 들어, 주식수익률이 iid 정규분포를 따르고, 이 분포의 연평균 기대수익률은 μ, 표준편차는 σ라고 하자. 이 경우, k 기간 동안 투자를 하게 되면, 이 k 기간 동안의 기대수익률은 μk가 되고, 이 기간 동안의 수익률의 표준편차는 $\sigma\sqrt{k}$가 되어, 샤프비율은 $\sqrt{k}\frac{\mu}{\sigma}$가 된다.[19] 따라서 투자기간이 k만큼 길어지면, 기대수익률은 k만큼 증가하는 반면 표준편차는 $\sqrt{k}$의 비율로 증가하여, 샤프비율이 $\sqrt{k}$만큼 증가하게 된다. 따라서, 샤프비율처럼 수익률과의 비교대상을 표준편차로 하게 되면 장기투자를 옹호하는 결과가 나올 수밖에 없다.

이러한 결과는 주식과 같은 위험자산유형에 대해서는 장기적인 자산배분이 단기적인 자산배분보다 유리하다는 것을 의미한다. 예컨대, 2차 세계대전 이전에 코카콜라 주식에 약간의 투자를 했다면 지금은 백만장자가 됐을 것이다.

그러나 이런 주장에는 한 가지 중요한 한계점이 있다. 위와 같은 주장을 위해 사용된 표준편차는 단기투자와 장기투자로부터 오는 위험을 측정하는 수단으로 적절하지가 않다는 것이다. 투자기간이 길어질수록 주식에 대한 투자수익률이 채권이나 현금의 수익률보다 낮을 확률은 줄어들지만, 투자기간이 길수록 투자자의 위험회피성향은 증가하게 된다는 점을 고려해야 한다. 즉, 20년간 투자를 하는 경우 투자들은 1년 동안 투자를 하는 경우와 비교해서 훨씬 큰 위험회피성향을 보인다는 점이다. 따라서, 투자기간이 길수록 위험자산을 더 선호한다고 단정할 수는 없다. 예컨대, 우리는 짧은 기간 동안의 일시적인 나쁜 성과는 용인할 수 있지만, 20년 후에 같은 수준의 나쁜 성과를 감내하기는 어렵다.

17.3.3 다기간 자산배분 분석★★

이 절에서는 다기간 최적자산배분비율에 영향을 미치는 여러 가지 요인들을 살펴본다. 예를 들어, 시간의 변동에 따라 투자의 기회 또는 위험프리미엄이 변하는 상황에서 어떻게 다기간에 걸친 포트폴리오를 선택하는지를 살펴본다. 그리고, 투자자의 이질성 또는 근로소득의 수준이 최적자산배분비율에 미치는 영향도 알아본다.

---

18 샤프비율(Sharpe ratio)은 가장 널리 사용되는 펀드성과측정방법이다. 자세한 설명은 제18장을 참고하기 바란다.

19 기하 브라운 운동은 움직임(increment)들이 서로 독립적인 iid이다. 기하 브라운 운동의 평균과 분산을 생각하면 본문의 설명을 이해하기 쉬울 것이다.

■ 시간에 따라 기대수익률과 분산이 변하는 경우의 최적자산배분비율

실제 현실에서는 위험자산에 대한 기대초과수익률은 시간의 경과에 따라 변한다. 이를 이론적으로 살펴보자. 제6장의 Epstein-Zin 효용함수를 이용한 소비기반 CAPM에서, 우리는 소비의 기대변화율이 아래와 같이 소비의 기간간 대체탄력성(ψ), 포트폴리오의 기대수익률 ($E_t(r_{pt+1})$) 및 소비변화와 포트폴리오 수익률에 대한 불확실성($Var_t(\Delta\ln C_{t+1} - \psi r_{pt+1})$)에 의해 결정된다는 것을 살펴보았다.[20] 여기서 소비변화와 포트폴리오 수익률이 로그정규분포를 따르면서 동분산(homoskedasticity)을 가진다고 가정하면, 이 식은 아래와 같이 쓸 수 있다.

$$E_t(\Delta\ln c_{t+1}) = \mu + \psi E_t r_{pt+1} \tag{17.19}$$

여기서, $\mu = \psi\ln\beta + \frac{\theta}{2\psi}Var_t(\Delta\ln C_{t+1} - \psi r_{pt+1})$이다. 자산의 수익률과 소비가 이변량 로그정규분포를 따른다고 가정하면, 아래 식을 얻을 수 있다.[21]

$$\begin{aligned} E_t r_{it+1} - r_{ft+1} + \frac{\sigma_{it}^2}{2} &= \gamma Cov_t\left(r_{it+1}, r_{pt+1}\right) \\ &+ (\gamma - 1)Cov_t\left(r_{it+1}, (E_{t+1} - E_t)\textstyle\sum_{j=0}^{\infty} \rho^j r_{pt+j+1}\right) \end{aligned} \tag{17.20}$$

위험자산이 i 하나이고, 포트폴리오에서 i의 구성비율이 w_{it}라고 하면, $Cov_t\left(r_{it+1}, r_{pt+1}\right) = Cov_t(r_{it+1}, w_{it}r_{it+1}) = w_{it}\sigma_{it}^2$이므로, 위 식은 아래와 같이 나타낼 수 있다.

$$w_{it} = \frac{E_t r_{it+1} - r_{ft+1} + \frac{\sigma_{it}^2}{2}}{\gamma\sigma_{it}^2} + \left(1 - \frac{1}{\gamma}\right)\frac{Cov_t\left(r_{it+1},\ -(E_{t+1} - E_t)\sum_{j=0}^{\infty} \rho^j r_{pt+j+1}\right)}{\sigma_{it}^2} \tag{17.21}$$

위 식의 첫 번째 항은 식 (17.9)에 있는 단일기간(근시안적) 투자자의 최적투자비율과 동일하다. 그리고, 두 번째 항은 자산의 수익률과 미래 이자율의 기댓값의 감소분 간의 공분산을 자산의 분산으로 나눈 것으로서, 기간간 헤징에 대한 수요를 나타낸다. 만약 $\gamma = 1$이면, 최적투자비율은 근시안적 투자자의 선택과 동일하다. 반면, $\frac{1}{\gamma} \approx 0$인 매우 위험회피적인 투자자의 경우, 위험자산에 대한 투자비중은 $w_{it} \approx \frac{Cov_t\left(r_{it+1},\ -(E_{t+1}-E_t)\sum_{j=0}^{\infty}\rho^j r_{pt+j+1}\right)}{\sigma_{it}^2}$이 되므로, 매우 위험회피적인 투자자는 위험프리미엄($E_t r_{it+1} - r_{ft+1} + \frac{\sigma_{it}^2}{2}$)을 추구하기 위해 위험자산을 보유하는 것이 아니라, 향후 자신의 포트폴리오의 수익의 감소를 대비하기 위해 위

---

20 제6장의 식 (6.20) $E_t(\Delta\ln C_{t+1}) = \psi\ln\beta + \psi E_t r_{pt+1} + \frac{\theta}{2\psi}Var_t(\Delta\ln C_{t+1} - \psi r_{pt+1})$

21 자세한 내용은 Campbell과 Viceira(2002)를 참조하기 바란다.

험자산을 보유하게 된다. 이것이 투자자에게 장기간에 걸친 자산배분이 필요한 이론적 근거이다.

■ 투자자의 이질성이 최적자산배분비율에 미치는 영향

포트폴리오 이론에서 살펴본 '펀드-현금 분리 정리'에 의하면, 시장포트폴리오와 현금(무위험자산 또는 제로베타 포트폴리오)만 있으면 우리가 원하는 기대수익률과 위험을 고려한 포트폴리오를 구성할 수 있다. 보수적인 투자자는 시장포트폴리오에 적은 돈을 투자하겠지만, 공격적인 투자자라면 차입을 해서라도 시장포트폴리오에 더 많은 돈을 투자할 것이다. 이렇게 최적포트폴리오 구성을 위해서 투자자에게 필요한 것은 시장포트폴리오와 현금, 두 가지뿐이며, 시장포트폴리오를 구성하는 개별위험자산들의 구성비율은 투자자의 위험회피도와는 무관하므로 모든 투자자들에게 동일하다는 것이 '펀드-현금 분리 정리'의 내용이다.

그런데, 현실적으로는 모든 투자자들의 포트폴리오가 동일하지는 않다. 투자자문 전문가들은 개인의 상황을 반영한 포트폴리오가 필요하므로 한 사람의 포트폴리오가 다른 사람들의 포트폴리오와 같을 수 없다고 주장한다. 예를 들어, 세율, 투자기간, 근로소득, 주택과 같은 비유동적 자산 등이 사람마다 다르다는 것이다.

또한, 위험성향에 따라서도 투자자문의 내용은 달라진다. 투자자문 전문가들은 보수적인 투자자들에게 그들의 포트폴리오에서 주식 대비 장기채권의 비중을 높여야 한다고 조언하고, 공격적인 투자자들에게는 주식 비중을 높이라고 조언한다.[22] 그런데, 이러한 투자자문 전문가들의 조언은 '펀드-현금 분리 정리'라는 이론과는 일치하지 않기 때문에 **자산배분퍼즐**(asset allocation puzzle)이라고 부른다. 왜냐하면, '펀드-현금 분리 정리'에 따르면, 시장포트폴리오는 채권과 주식을 모두 포함하고 있고, 시장포트폴리오 내에서 각 자산에 대한 구성비율은 모든 투자자들에게 동일하기 때문이다. 즉, 투자자들의 다양성이 반영되는 유일한 변수는 시장포트폴리오와 현금 간의 투자비율(자산배분비율)이므로, '펀드-현금 분리 정리'가 현실에서 성립한다면 투자자문 전문가들은 현금(무위험자산)에 대한 자산배분비율에 관하여 조언을 해야 한다.

이러한 위험성향 차이에 따른 최적자산배분의 차이는 이론적 측면에서도 확인할 수 있다. 식 (17.21)의 분석 결과는 각 투자자들의 상이한 특성에 따라 위험자산에 대한 최적자산배분비율이 달라질 수 있음을 시사한다. 즉, 투자기회가 시간 경과에 따라 변하고 투자기간이 길 때, 위험회피적인 투자자들은 미래의 투자수익이 감소하는 경우를 대비하기 위해 위험자산의 보유비중을 확대하고자 한다는 것이다. 따라서, 투자기회가 변하지 않거나

22 Canner et al.(1997).

투자기간이 1기간인 단순한 평균-분산 분석은 자산배분 문제를 해결해주지 못한다는 점을 설명하였다. 그리고, 국채나 재무성채권과 같이 단기적으로 무위험 자산이라 하더라도 장기투자자에게 있어서는 이 자산들을 미래에 새롭게 정해진 이자율로 연장하면서 보유해야 하므로 더 이상 무위험자산이라고 볼 수 없다. 즉, 장기투자자에게 있어서 무위험자산은 물가상승률에 연동된 장기채권, 즉, 물가연동채권이라고 보아야 한다.

이러한 사례들은 단순한 '펀드-현금 분리 정리'로는 투자자의 투자행태를 충분히 설명하지는 못한다는 것을 의미한다. 장기투자자가 고려하는 위험은 단기투자자들이 고려하는 위험과는 다르다. 예를 들어, 장기투자자들은 재무성 단기채권(T-bills)을 오히려 더 위험하다고 생각할 것이고, 주식 같은 위험이 큰 자산을 더 선호할 것이다.[23] 이러한 결과는 실제 현실에서 투자의사결정을 할 때 투자자의 개인적 상황들이 고려된다는 것을 의미하며, 결론적으로 자산배분이 간단한 일이 아니라는 것을 말해준다.

■ 시간에 따라 투자 기회가 변하는 경우의 최적자산배분비율

실제 현실에서는 경제환경이 변함에 따라 자산의 기대수익률과 분산 모두 변하게 된다. 이 경우 제12장 동태적(기간간) CAPM(Intertemporal CAPM)에서 살펴본 투자기회집합이 확률적으로 변할 때의 포트폴리오 구성을 자산배분에 적용할 수 있다. 위험자산의 수익률이 이토프로세스를 따르고, 경제상황을 나타내는 상태변수(state variable)가 l개 존재하는 경우 자산군별 투자비중은 식 (12.46)으로부터 다음과 같다.

$$w_i^* = A\sum_{j=1}^{N} v_{ij}\left(\mu_j - r_f\right) + \sum_{j=1}^{N}\sum_{m=1}^{l} v_{ij}H_m g_m \sigma_j \eta_{j,m}$$

즉, 최적 투자비중은 경제환경이 변하지 않는 경우의 투자비중인 $A\sum_{j=1}^{N} v_{ij}\left(\mu_j - r_f\right)$에 경제환경의 변화로 인해 소비가 감소하는 위험을 헤지하기 위한 투자비중($\sum_{j=1}^{N}\sum_{m=1}^{l} v_{ij}H_m g_m \sigma_j \eta_{j,m}$)이 더해진 형태로 나타난다.

현실적으로는 이러한 이론을 바탕으로 경제상황 변화를 최적포트폴리오 투자비중의 계산에 반영하는지는 의문이다. 다만 Black-Littreman모형에서 priors를 적절히 조정한다면 평균분산분석의 틀에서 경제상황을 반영한 투자비중을 구할 수도 있을 것이다. 한편 Greenberg et al.(2016)은 자산군별로 거시경제요인들의 영향을 분석하고 이를 이용하여 포트폴리오의 위험을 분석하는 방법을 제시하고 있다. 이 방법은 기존의 기대수익률-위험의 관계를 거시경제변수들의 시각에서 분석한 것으로, 경제상황 변화에 대응하는 적절한 투자비

---

23 이런 사례들에 관해서는 Stiglitz(1970), Rubinstein(1976a, 1976b), Merton(1973)을 참조하기 바란다.

중을 제시할 수 있다는 점에 의미가 있다.

■ 시간변동 위험 프리미엄(time-varying risk premium)이 자산배분에 미치는 영향

주식과 채권에 대한 기대초과수익률이 시간에 따라 변동한다는 것을 고려하면, 1) 투자자들은 시간의 경과에 따라 위험자산에 대한 투자비율을 조정해야 하고, 2) 상대위험회피계수가 1보다 큰 장기투자자들은 미래의 포트폴리오 수익이 감소할 위험을 헤지하기 위해 위험자산의 보유비중을 높이게 된다.

■ 근로 소득(labor income)이 자산배분에 미치는 영향

인적 자본(human capital)을 많이 보유한 투자자들은 투자에 관한 선호가 다를 수 있다.[24] 예를 들면, 근로소득이 높을수록 위험회피성향은 감소한다. 생애주기모형을 보면, 기대근로소득이 높은 시기에 해당하는 사회초년생 때에는 위험자산에 많은 투자를 하고, 기대근로소득이 낮아지는 시기인 중년기의 후반으로 갈수록 위험자산에 대한 투자를 줄이게 된다.

17.3.4 포트폴리오 재조정

만약, 주식과 채권에 대한 투자비중을 70%와 30%로 계속 유지하고자 한다면, 시간이 지남에 따라 수익률이 높았던 자산을 매도하고 수익률이 낮았던 자산을 추가로 매수해야 한다. 이것을 포트폴리오 재조정(portfolio rebalancing)이라고 부른다.

포트폴리오 재조정 문제에 관한 구체적인 예를 살펴보자. 1926년에서 1994년 사이에 미국 주식시장에서 보통주의 연평균 수익률은 10.19%였고, 장기회사채의 수익률은 5.51%였다. 두 자산의 비중을 동일하게 구성한 포트폴리오의 "마코위츠 수익률"은 투자비중을 가중치로 한 평균인 7.85%이다. 만약, 50:50의 비율이 유지되도록 이 포트폴리오를 1년 주기로 재조정한다면, 이 경우의 연평균 수익률은 8.34%이다. 그렇다면, "재조정으로 인한 추가수익"은 마코위츠 수익률을 초과한 0.49%가 된다. 그런데, 사실 1926년 1월 1일에 주식과 채권에 동일한 금액을 투자한 후 재조정이나 세금납부 없이 1994년까지 유지했다면, 수익률이 9.17%가 되었을 것이다.

이 예에서는 재조정 없는 포트폴리오가 재조정되는 포트폴리오보다 수익률이 더 높게 나타났다. 그 이유는 지난 69년간은 주식 수익률이 채권보다 높았기 때문이다. 즉 초반의 높은 주식수익률로 인해 후반 40년 동안 이 포트폴리오의 주식 비중은 90% 이상이 되었고,

---

24 이에 관한 사례는 Fama와 Schwert(1977)을 참조하기 바란다.

채권의 비중은 10% 이하로 낮아지게 된다. 이러한 재조정 없는 포트폴리오의 높은 수익률은 재조정된 포트폴리오보다 위험이 더 높아진 것에 따른 보상으로 이해하면 된다.[25]

■ 포트폴리오 재조정의 고려사항

포트폴리오 재조정으로 인한 편익을 예측하고자 할 때, 개별 자산유형들의 단순수익률을 재조정된 비율로 가중평균하여 수익률만을 계산하는 것은 부적절하다. 특히 표준편차가 크고 상관관계가 낮은 자산들로 이루어진 포트폴리오 일수록 문제는 더 심각하다. 왜냐하면, 단순수익률에 대한 가중평균은 포트폴리오의 위험분산효과를 전혀 보여주지 못하기 때문이다. 재조정으로 인한 편익을 예측하기 위해서는 포트폴리오의 구성과 자산 수익률들의 분산-공분산 행렬을 고려해서 위험분산효과도 함께 측정해야 한다.

재조정에 관련된 중요한 질문은 다음과 같다.

- 재조정을 정해진 기간마다 수행할 것인지? 또는 특정 투자비중 기준으로부터 정해진 만큼 벗어날 때마다 수행할 것인지?
- 포트폴리오를 정기적으로 재조정한다면, 최적의 주기는 무엇인지?
- 재조정을 함으로써 추가적으로 얻을 수 있는 수익이 얼마인지를 예측할 수 있는 방법이 있는지?
- 그리고, 재조정으로 인한 이익을 더 크게 만들어줄 수 있는 종목을 알아낼 수 있는지?

17.4 투자 펀드

투자 펀드(investment funds)는 투자자가 지분을 소유하고 있는 자산으로서, 유가증권에 투자하여 수익을 창출하는 것을 목적으로 한다. 개인투자자들은 그룹의 일원으로 투자에 참가하게 되며, 다음과 같은 장점이 있다.

- 투자전문가를 고용하여 높은 수익을 추구하는 동시에 위험을 관리할 수 있다.
- 대규모 투자를 통해 거래비용을 감소시킬 수 있다.
- 분산투자를 통해 비체계적 위험을 낮출 수 있다.

그러나 이러한 장점에도 불구하고 투자펀드의 수익률이 시장 수익률보다 더 높은지에 대해서는 명확히 밝혀진 바가 없다. 왜냐하면, 투자자의 입장에서 본다면, 투자전문가들에게 지불하는 수수료와 거래비용 등을 부담해야 하고, 또 펀드의 위험을 고려하여 투자펀드

25 Bernstein, W. J.(1996)을 참조하기 바란다.

의 성과를 평가하게 되는데, 이러한 점들로 인해 펀드투자가 명확하게 더 유리하다고 볼 수는 없다는 것이다.

투자 펀드는 뮤추얼 펀드(mutual fund), 헤지펀드(hedge fund), 그리고 사모펀드(private equity fund) 등으로 나눌 수 있다. 여기서는 이러한 펀드에 대하여 간단하게 살펴보기로 한다.

17.4.1 뮤추얼 펀드

뮤추얼 펀드(mutual fund)는 위에서 설명한 투자펀드의 가장 일반적인 형태로서, 장점으로는 대규모 투자로부터 발생하는 분산투자효과를 들 수 있다. 뮤추얼 펀드는 여러 가지 형태로 발전되어 왔는데, 여기서는 그 구조에 따라 대표적인 세 가지 펀드의 종류(개방형 펀드, 폐쇄형 펀드, 상장지수펀드)를 소개하고자 한다.

먼저, 개방형 펀드(open-end fund)는 투자자의 요청이 있을 경우 펀드에 포함된 유가증권의 가격에 따라 계산된 순자산가치(net asset value, NAV)로 상환해주는 펀드를 말한다. 우리가 흔히 접하는 대부분의 뮤추얼 펀드는 이 개방형 펀드이며, 미국의 경우 2020년 말 현재 그 순자산가치는 23.9조 달러에 달하며, 미국 펀드의 80% 이상을 차지하고 있다. 개방형 펀드의 운용스타일에는 제한이 없지만, 능동적으로 운용되는 펀드가 많다.

한편, 폐쇄형 펀드(closed-end fund)는 일반적으로 상장(IPO)을 통해 주식시장에 공개되고, 투자자는 이 펀드의 주식(지분)을 거래소에서 매매함으로써 신규투자를 하거나 투자자금을 회수하게 된다. 따라서, 투자자는 펀드운용회사에 자신의 지분을 환매해 달라고 요구할 수 없으며, 이런 점에서 개방형 펀드나 상장지수펀드(exchange traded fund, ETF)와 다르다. 폐쇄형 펀드는 상장 이후에는 발행자가 신규 투자자를 모집하지 않는다는 점에서 개방형 펀드와 차이가 있으며, 펀드 운용이나 자본조달에 제한없이 능동적으로(actively) 운용한다는 점에서 지수의 성과를 추종하는 수동적(passive) 펀드인 ETF와 다르다. 주식시장에서 폐쇄형 펀드의 주가는 이 펀드가 보유하고 있는 유가증권들의 가치로 계산된 NAV와 크게 다를 수 있는데, 이를 **폐쇄형 펀드 퍼즐**(closed-end fund puzzle)라고 부른다. 현재 폐쇄형 펀드의 규모는 미미한 편이다. 폐쇄형 펀드 중에서 투자금액 단위별로 투자되고 특정기간 동안만 운영되는 것을 단위투자신탁(unit investment trust)이라 한다.

마지막으로, 상장지수펀드(ETF)는 특정 지수의 성과를 추종하는 인덱스펀드와 폐쇄형 펀드를 결합한 것으로서, 거래소에서 거래된다.[26] ETF는 주식, 상품 또는 채권과 같은 자산에 투자하며, 펀드의 순자산가치에 근접한 가격이 유지되도록 만드는 차익 거래 메커니즘이 설계되어 있다. 이 차익 거래는 유동성 공급자(liquidity provider)라고 부르는 기관투자자들

26 기관투자자들은 유동성을 공급하는 증권사를 통해서 대량매매주문을 할 수 있다.

에 의해서 이루어진다. 대부분의 ETF는 KOSPI 200과 같은 특정한 주가지수 또는 채권지수 등의 지수를 모방하는 것을 목적으로 하는 수동적(passive) 펀드이며, 이 경우 ETF의 성과는 목표로 하는 지수와의 차이(tracking error)를 최소화하는 것이 된다. 특정 지수를 모방하고자 할 때 지수를 구성하는 개별 종목을 직접 매매하는 것보다는 해당 지수를 모방하는 ETF에 투자하는 것이 비용측면에서 더 유리하고, 투자한 ETF를 마치 주식처럼 매매할 수 있기 때문에, 최근 들어 ETF는 매력적인 투자수단으로 각광받고 있다. ETF는 개방형 또는 폐쇄형 펀드 대비 아래와 같은 다양한 장점을 가지고 있다.

〈표 17-2〉 상장지수펀드의 장점

ETF의 특징	설명
매매의 편리함	마치 주식처럼 증권사 거래시스템(HTS)를 통해서 매매할 수 있음. 개방형 펀드에 투자 또는 환매 시, 하루 이상의 시차가 발생하지만, ETF는 주식과 마찬가지로 시차가 없고, 거래일 후 2영업일 후에 자금 결제가 일어남.
분산투자의 이점	ETF는 특정 지수를 추종하므로, 그 지수가 포함하는 다양한 종목들에 분산투자하는 효과가 있음.
저렴한 거래비용	ETF는 주식처럼 매매할 수 있지만, 매도금액의 0.3%에 해당하는 거래세는 부담하지 않음(주식 매매는 매매수수료와 거래세를 부담해야 함).
저렴한 펀드수수료	주식형 뮤추얼 펀드의 평균 수수료는 약 1%~2.5% 수준인데, ETF의 평균 수수료는 약 0.4%임.
투명성	뮤추얼 펀드는 주로 분기별로 보유자산내역을 공시하지만, ETF의 경우에는 보유자산내역을 매일 공시하고 있음.
투자전략의 유연성 (레버리지 포지션)	'레버리지 ETF'의 경우, KOSPI200지수 변동의 2배만큼 움직이므로, 이를 매수함으로써 편리하게 레버리지 포지션을 취할 수 있음.
투자전략의 유연성 (공매도 포지션)	'인버스 ETF'의 경우, KOSPI200지수의 변동과 반대로 움직임.

17.4.2 헤지펀드

지난 40여 년 동안 헤지펀드(hedge funds)를 매우 성공적으로 운영했던 소수의 헤지펀드 매니저들로 인해서, 기관투자자와 개인투자자 모두 헤지펀드에 큰 관심을 가지게 되었다. 헤지펀드는 시장에서 공개적으로 매매가 가능한 증권들을 보유하고 이들을 적극적으로 운영한다는 점에서 뮤추얼 펀드와 유사한 반면, 보유하는 증권의 유형과 취하는 포지션의 형태에 대해서는 매우 유연하다는 차이가 있다. 예를 들면, 헤지펀드는 국내와 해외의 주식, 채권, 파생증권에 투자할 수 있고, 분산되지 않은 포지션을 취할 수도 있으며, 공매도를 통해서 레버리지를 높인 포트폴리오를 구성할 수도 있다. 헤지펀드의 가장 흥미로운 부분은 헤지펀드 매니저의 능력에 투자하는 것처럼 보인다는 점에서 상당히 위험이 높은 펀드로 보는 것이 타당함에도 불구하고, "헤지펀드"라고 부른다는 점이다. 헤지펀드라는 용어는 원래 무위험 차익거래에 기반을 둔 투자전략을 추구하는 시장중립적 투자수단을 의미하는 말이다.[27]

- 헤지펀드는 이를 제약하는 규제나 법률이 없기 때문에, 가용한 투자전략에는 제약이 없다. 헤지펀드의 투자활동은 해당 펀드를 통제하는 펀드 계약 내용에 의해서만 제한받는다. 통상적으로 헤지펀드는 공매도나 선물, 스왑 및 기타 파생상품계약 또는 레버리지 같은 복잡한 투자전략을 사용한다.
- 매매전략에서의 유연성을 확보하기 위해서는 직접적인 규제로부터 벗어나야 하는데, 이를 위해서 헤지펀드는 소수의 투자자들에게만 투자가 열려 있다. 따라서 많은 경우, 유한파트너십, 유한책임회사 또는 이와 유사한 형태로 운영되며, 이를 통해 뮤추얼 펀드나 증권회사 또는 투자자문사 등에 적용되는 규제들을 회피함으로써, 공개된 펀드에 비해 더 복잡하고 위험이 큰 투자를 할 수 있다.
- 헤지펀드는 규제가 적용되지 않기 때문에 그들만의 투자기법을 공개하지 않는다. 일반적으로 헤지펀드는 그들의 투자정보를 노출하기를 꺼린다. 반면에, 헤지펀드들이 사업적 관심을 끌기 위한 목적으로 매매기법과 포지션을 발설하는 경우도 있다.
- 헤지펀드가 운영하는 자산들은 흔히 레버리지로 증폭되어 그 규모가 투자관리자산(asset under management, AUM)의 수십 배에 달하기도 한다.[28] 이 경우 시장의 움직임에 따라 헤지펀드 성과의 변동성은 상당히 커질 수 있으므로, 헤지펀드가 좀 더 철저한 규제를 받아야 할지 여부에 대한 논쟁이 지속되고 있다.

효율적 시장의 관점에서 본다면, 헤지펀드가 존재한다는 것은 시장이 효율적이지 않다

---

27 이름이 의미하는 것처럼, 헤지펀드는 공매도를 비롯한 다양한 방법으로 투자를 헤징함으로써 투자한 시장에서의 잠재적 손실을 상쇄시키고자 한다. 그러나, 최근에는 '헤지펀드'라는 용어가 실제로는 투자위험을 헤지하지 않는 많은 펀드들에게도 적용되고 있다. 특히, 위험을 감소시키기보다는 수익을 얻기 위해 위험을 증가시키는 투자기법(예컨대, 공매도를 비롯한 여타의 헤징 관련 기법들)을 사용하는 펀드들에 적용되고 있다.

28 예를 들면, 헤지펀드 LTCM(Long Term Capital Management)은 1998년 8월말 재무상태표를 기준으로 자본금 48억 달러에 자산규모 1,250억 달러로 레버리지가 26배에 달했으며, 그 밖에 파생상품 부외거래 규모가 1조 달러(선물 5,000억 달러, 스왑 7,500억 달러, 옵션 및 장외파생금융상품 1,500억 달러 등)였던 것으로 알려지고 있다.

는 것을 의미한다. 효율적 시장에서는 높은 수익률은 높은 리스크를 수반해야만 가능하므로, 리스크의 증가 없이 기대수익률을 높일 수 있는 방법은 없다. 따라서, 헤지 펀드는 시장의 비효율성으로부터 수익을 얻어내고자 노력하는 것이다.

■ 헤지펀드의 투자전략

시장이 효율적이지 않다면, 헤지펀드는 위험을 헤지하면서도 초과수익을 얻을 수 있다. 그러나, 현실적으로 완벽한 헤지는 불가능하기 때문에, 헤지펀드의 투자는 고유한 위험을 수반할 수밖에 없으며, 그 위험은 상당히 클 수도 있다. 대표적인 사례가 1998년에 러시아의 모라토리움 선언으로 헤지펀드 LTCM이 파산했던 사건이다.[29] 일반적으로, 헤지펀드는 매수와 매도 포지션을 동시에 취하거나, 레버리지와 파생상품을 사용하거나, 집중된 포트폴리오에 투자하거나, 다른 시장으로 재빨리 움직이기도 한다. 또한, 헤지펀드는 종종 프로그램 매매, 공매도, 스왑, 차익거래 등과 같이 투기적인 전략을 취하면서 큰 위험을 부담하기도 한다.

헤지펀드들은 단순히 주식을 매수/매도하는 것이라고 설명하기도 하지만, 실제로는 다양한 익스포저들을 취하거나 다양한 시장의 기회들을 포착하기 위해 아래와 같이 다양한 기법이나 투자수단을 사용한다.

- 국제 거시경제(global macro): 거시경제 움직임을 활용하여 예측 가능한 관계들로부터 벗어난 관련 자산을 찾는 것
- 차익거래(arbitrage): 연관된 자산에 대비하여 가격이 잘못 형성된 자산들을 찾는 것. 예를 들면, 동일한 기업이 발행한 전환사채와 주식의 가격 차이, 연관이 있는 채권들의 가격 차이, 특정한 이벤트의 발생확률에 따라 가격이 정해지는 증권들의 가격 차이, 통계적으로 추정된 관계(통계적 차익거래)로부터 벗어난 증권들의 가격 차이, 파생상품과 기초자산의 가격 차이
- 주식에 대한 롱-숏 전략(long/short equity): 주식에 대해서 헤지된 모든 투자들을 지칭하는 투자전략

---

29 헤지펀드 회사 LTCM(Long Term Capital Management)은 1993년에 Myron Scholes와 Robert Merton을 비롯한 당대 최고의 금융경제학자들이 설립하였다. 설립 후 연평균 30% 정도의 수익률을 올렸고, 1996년에 LTCM의 자산은 1,400억 달러로 미국 펀드 중 규모가 가장 커졌다. 이들은 Black-Scholes공식에 의한 평가결과에 따라, 저평가된 러시아의 장기국채를 매수하고 고평가된 미국 재무성 장기채권을 매도하는 차익거래에 높은 레버리지로 투자하였다. 그런데, 1998년 8월 17일에 러시아가 루블화에 대한 평가절하와 대외채무에 대한 모라토리움을 선언하면서, 러시아 국채의 급락과 미국 국채의 급등으로 인해 1,200억 달러 규모의 LTCM 투자 펀드는 약 80%의 손실을 입게 되었고, 결국 파산하였다.

- 주식시장 중립(equity market neutral): 매수포지션과 매도포지션을 매우 유사하게 유지하여 체계적 위험이 0이 되도록 하는 전략
- 이벤트 중심(event driven): 특별한 유형의 이벤트를 분석하는 데 전문화되어 있음. 예를 들면, 재무적으로 곤경에 처한 주식들(도산했거나 도산가능성이 높은 기업들), 합병 차익거래(인수기업과 피인수기업 간의 차익거래)
- 신흥 시장(emerging market): 흔히 규모가 작은 해외시장에 대하여 헤지되지 않은 매수 포지션을 취하는 것
- 헤지펀드의 펀드(fund of hedge funds): 헤지펀드들을 대상으로 헤지되지 않는 매수포지션을 취하는 것(단, 기초헤지펀드들은 헤지되어 있는 경우가 일반적임)
- 130-30 펀드: 레버리지를 이용함으로써, 펀드에 모집된 자금의 130%를 주식 매수에 사용함. 그리고, 펀드자금의 30%를 주식에 대한 공매도 포지션에 사용함

계량적 방법론을 사용하는 주식시장 중립 전략은 크게 두 가지 유형으로 구분할 수 있는데, 흔히 **통계적 차익 거래**(statistical arbitrage strategies, Stats)와 **계량적 주식매매전략**(quantitative equity strategies, Quants)이라고 부른다. Stats은 주식들의 짝(pair) 또는 그룹의 가격과 거래량 사이의 통계적 관계를 활용하며, 투자기간은 상대적으로 짧다. 반면, Quants는 경제 또는 금융 이론을 활용하며, 투자기간이 상대적으로 길다.

■ 헤지펀드의 수수료 체계

헤지펀드는 매니저가 동기부여되도록 만들어진 수수료 체계를 갖고 있다.

- 운용수수료(management fee)는 헤지펀드 매니저에게 적정한 임금을 지급하기 위한 것이다. 이것은 헤지펀드 매니저를 부자로 만들 만큼의 큰 금액은 아니다. 운용수수료는 펀드의 순자산가치의 일정비율로 책정된다. 그 비율은 통상적으로 연간 1%~4% 범위 내에서 정해지며, 2%가 표준이지만 점차 낮아지는 경향이 있다.
- 성과수수료(performance fee)는 헤지펀드 매니저가 펀드의 성과에 더 초점을 두도록 설정된다.
  - 헤지펀드의 성과수수료는 펀드의 이익에 일정비율을 곱하여 계산하며, 미실현이익과 실현된 거래이익을 모두 고려한다.
  - 통상적으로 헤지펀드는 총이익의 20%를 성과수수료로 지급하지만, 매니저가 더 많은 수수료를 요구하기도 하므로, 이 비율은 펀드에 따라 상당히 다르다.
  - 성공보수(incentive fee)는 흔히 목표수익률(hurdle rate)을 달성했을 때 지급된다.
  - 대다수의 헤지펀드는 과거 누적수익률의 최댓값과 현재 시점의 누적수익률 간의 차

이를 의미하는 high-water mark를 두고 있다. 이 high-water mark는 현재의 누적수익률이 과거 누적수익률의 최댓값을 초과해야만 펀드매니저가 성공보수를 지급받도록 하는 역할을 한다.[30]

위와 같은 특징들과 더불어, 헤지펀드 매니저는 자신이 운용하고 있는 펀드의 투자자이기 때문에 그의 개인적인 재산(수입)이 펀드 성과에 밀접하게 연관되어 있다는 측면에서, 헤지펀드는 뮤추얼 펀드나 다른 전통적인 투자수단에 비하여 매니저에게 보다 매력적인 성과보상체계를 제공한다고 볼 수 있다.

그러나, 성과수수료는 매니저로 하여금 목표 장기 수익률에 비하여 더 과도한 위험을 부담하도록 만든다는 점 때문에, 많은 사람들로부터 비판을 받기도 한다. 이 문제점을 극복하기 위한 시도로서, 흔히 목표 수익률 등으로 수수료를 제한하기도 한다. 또한, 펀드의 가치가 하락한 경우, 이미 지급한 보너스를 도로 환수하는 조건(claw-back)을 달기도 한다.

■ 헤지펀드와 뮤추얼 펀드의 차이

헤지펀드는 일반적으로 소수의 제한된 파트너십으로 구성되거나 또는 외국법인이기 때문에 헤지펀드에 대한 정부의 감독 수준이 제한적이므로, 헤지펀드 매니저들은 투자의사결정에 대하여 상당한 유연성을 가지고 있다. 사모형 파트너십의 특성 때문에, 대중을 대상으로 하는 광고는 헤지펀드에게 허용되지 않는다. 그러나, 뮤추얼 펀드는 아래와 같은 규제를 적용받는다는 측면에서 헤지펀드와 다르다.

- 증권감독당국의 규제를 받음.
- 가격이 매일 결정되고, 매매가 가능함.
- 보유한 자산(종목)내역을 공시함.

17.4.3 사모펀드

헤지펀드는 여러 측면에서 사모펀드(private equity funds)와 유사하다. 두 펀드 모두 규제를 거의 받지 않고, 소수의 투자자들에 의해 자본이 구성되고, 펀드 매니저들에게 펀드 이익의 일정 비율을 보상으로 제공한다는 공통점을 갖고 있다. 반면, 대부분의 헤지펀드는 상대적

30 예를 들어, 2년 전에 누적수익률 50%를 달성하여 성공보수를 지급했는데, 1년 전 시점에서는 손실로 인해 누적수익률이 30%로 감소했다면, 이 때 high-water mark은 20%가 된다. 만약, 올해 30%의 수익률을 달성했다면, high-water mark 20%를 차감한 10%의 수익률에 대해서만 성과보수를 지급하게 된다. 즉, 현재의 누적수익률 60% 중에서 과거 누적수익률의 최댓값인 50%를 초과하는 10%의 수익률에 대해서만 성과보수를 지급하는 것이다.

으로 유동성이 높은 자산에 투자하고, 수개월의 통지 기간(redemption period)을 거치면 투자자금의 회수가 가능하다. 그러나, 사모펀드는 신생기업, 부실기업, 부동산, 개발 프로젝드 등과 같이 유동성이 낮은 자산에 투자하므로, 투자자들은 펀드의 전체 투자기간 동안 자금을 회수할 수 없다. 또한 투자대상기업의 구조조정이나 경영권 참여 등을 통해 기업가치를 높여 수익을 투자자에 나눠준다는 측면에서 헤지펀드와 차이가 있다.

17.5 요약 및 논의

이 장에서 우리는 단기간 그리고 장기간 자산배분의사결정에 관하여 살펴보았다. 단기간 자산배분의사결정은 우리가 제4장에서 학습한 개별자산에 대한 최적 포트폴리오 구성과 다르지 않다. 장기간 투자의사결정시 최적 포트폴리오는 앞서 제6장의 Epstein-Zin 효용함수를 이용한 소비기반 CAPM이나 제12장에서 살펴본 기간간 CAPM(Intertemporal-CAPM)을 활용할 수 있다. 다만 현실적으로 이러한 이론적인 모형을 적용하는 것 보다는 평균분산분석에 기반한 Black-Litterman 모형이나 자산군별 수익률과 분산을 거시변수로 분석한다면 보다 직관적인 다기간 자산배분이 가능할 것으로 보인다.

이러한 자산배분이나 투자를 전문적으로 대신해 주는 뮤추얼 펀드(mutual fund), 헤지펀드(hedge fund), 그리고 사모펀드(private equity fund) 등도 간단하게 살펴보았다. 다만 컴퓨터 산업의 발전과 활용 가능한 데이터의 증가로 인해, 미래의 투자는 지금까지 보아온 이론적인 모형에 기반한 투자에서 점차 인공지능을 활용하는 투자로 바뀌게 될 것으로 보인다.

연/습/문/제

1. 일반 개방형 뮤추얼 펀드와 비교했을 때 상장지수펀드(ETF)의 장점과 단점이 무엇인지 설명하시오.

2. 개방형 뮤추얼 펀드 A가 보유한 작년말 자산 총액은 364억6천만원이고, 부채는 88억8천만원이다. 이 펀드의 NAV가 35,000원이었다면, 이 펀드가 작년말에 보유한 주식수는 얼마인가?

3. PEF의 운용전략과 가장 잘 부합하는 것은 무엇인가?
   1) 인수합병 차익거래 전략
   2) 벤처 캐피탈
   3) 정량적 포트폴리오 분석
   4) 머신러닝을 이용한 시스템 트레이딩 전략

4. 개인투자자 A는 최근 수익률이 높았던 헤지펀드들에 투자하면서 '잘 분산된 포트폴리오'를 만들고자 한다. 그런데, 현실적으로 헤지펀드를 이용해서 잘 분산된 포트폴리오를 구현하기가 어렵다. 그 이유는 무엇인가?

5. 글로벌 주식 투자회사 A는 오직 Price-Earning 비율만 고려해서 투자의사결정을 한다. 모든 글로벌 주식들의 평균 P/E는 10이다. P/E 값을 기준으로 모든 글로벌 주식들을 정렬한 후 P/E가 가장 낮은 10%에 속하는 주식들만을 포트폴리오에 편입시켰다. 이 회사는 다음 중 어떤 유형에 해당되는가?
   1) 성장주 투자자(growth investor)
   2) 가치주 투자자(value investor)

6. 투자자 A는 주식 위주의 자산배분을 고려하고 있다. 만약, 원자재를 포함하는 상품(commodities)과 채권을 자산배분 대상으로 추가한다면, 어떤 긍정적인 효과가 있는지 설명하시오.

7. 헤지펀드 Z에 대한 정보는 아래와 같다.

기초 자산 가치	100억원
기말 자산 가치(수수료 지급 전)	110억원
운용자산규모 기반 운용수수료(management fee)	2%
수익률 기반 성공보수(incentive fee)	20%
목표수익률 (hurdle rate)	8%

운용수수료는 기말 가치 기준으로 계산하고, 운용수수료와 성공보수는 독립적으로 계산한다. 이 외의 수수료 지급에 대한 조건은 없다. 수수료 지급 후 투자자 입장에서의 펀드투자수익률은 얼마인가?

Chapter

18 포트폴리오 성과측정 (Performance Measurement)

포트폴리오 성과측정(performance measurement)은 수익과 위험을 함께 고려해야 하므로, 이에 관한 연구는 투자 수익과 위험이 체계적으로 정립된 현대적 자산가격이론이 시작된 1960년대부터 시작된다. 초기의 연구들은 주로 CAPM에 기반한 포트폴리오 성과 지표들을 제시하였고,[1] 그 이후 재무 이론이 발전하는 과정에서 APT 기반의 지표들이 제시되었다.[2]

그러나, 이러한 전통적인 자산가격결정이론에 기반한 지표들이 실증적으로는 적절하지 않은 것으로 나타났다. 이에 대한 대안으로서, 수익률이 0보다 큰 기간으로 가중한 지표, 기간간 한계대체율 기반의 지표, 일물일가의 법칙에 근거한 지표 등 다양한 방법이 소개되었다.[3] 여기서는 포트폴리오의 성과 측정과 관련된 문제들을 살펴보고, 몇 가지 중요한 성과측정방법을 구체적으로 알아보기로 한다.

18.1 투자시점 결정능력과 개별자산 선별능력

포트폴리오 성과에 관한 연구들은 시장의 움직임에 대한 투자시점(timing)을 결정하는 능력과 개별 자산들을 선택(stock selection)하는 능력을 구분해 내기 위해 노력해 왔다. 왜냐하면, 우리는 펀드매니저의 능력 중 어떤 부분이 펀드의 성과에 영향을 미치는지를 알고자

1 Treynor(1965), Sharpe(1966), Treynor와 Mazuy(1966), Jensen(1968, 1969).

2 Connor와 Korajczyk(1986), Lehmann과 Modest(1987).

3 Grinblatt와 Titman(1989), Glosten과 Jagannathan(1994), Chen과 Knez(1995).

하기 때문이다. 즉, 펀드매니저가 우월한 능력을 발휘하는 부분이 투자시점을 결정하는 능력인지, 개별자산을 선별하는 능력인지, 아니면 둘 다 인지를 알고자 하기 때문이다.

투자시점 결정능력은 펀드매니저가 자산가격에 아직 반영되지 않았다고 판단되는 사적인 정보(private information)를 입수한 후 어떻게 대응하는지에 따라 결정된다. 따라서, 투자시점 결정능력을 가진 펀드매니저는 시장의 움직임을 먼저 예측한 후 펀드를 구성한다. 반면, 개별자산 선별능력은 수익률이 높은 개별 자산을 골라내는 펀드매니저의 능력을 의미한다. 따라서, 이 두 능력의 차이는 펀드매니저가 확보한 사적인 정보가 시장 전반적인 움직임에 관한 것인지 또는 개별 기업에 관한 것인지 여부로 결정된다.

이 두 능력은 상당히 다르다. 개별자산 선별에 관련된 정보는 가격에 반영되지 않은 비체계적 위험과 관련이 있는 반면, 투자시점 결정에 관한 정보는 시장과 관련된 정보로서 가격에 반영되는 체계적 위험과 관련되어 있다. 예를 들어, 어떤 펀드매니저가 Google에 관한 우호적인(비우호적인) 정보를 확보했을 때, 그는 Google의 보유 비중을 증가(감소)시킬 것이다. 이 펀드매니저의 이러한 행위는 다른 주식과 비교한 상대적인 가격의 평가로서, 시장 전반에 대한 전망과는 무관할 수 있다.

18.2 성과측정지표

여기서는 몇 가지 중요한 성과측정지표(performance measures)를 소개하고자 한다. 일반적으로는 시장 포트폴리오의 수익률을 성과측정의 기준으로 사용하므로, 이 절에서는 시장 포트폴리오를 벤치마크 포트폴리오(benchmark portfolio)로 간주한다. 참고로, 벤치마크 포트폴리오의 문제점에 대해서는 다음 절에서 살펴볼 것이다.

18.2.1 트레이너 지표(Treynor Measure)

통상적으로 뮤추얼 펀드의 수익률은 매년 큰 변동을 보이기 때문에, 성과를 측정하기 위해서는 위험과 관련된 안정적인 지표가 필요하다. Treynor(1965)는 위험에 관련된 요소를 투자성과에 최초로 반영하였다. 트레이너는 시장수익률(설명변수)과 포트폴리오 수익률(종속변수) 간의 관계를 다음과 같은 회귀식으로 표현하였다.

$$r_{pt} - r_{ft} = \alpha_p + \beta_p(r_{mt} - r_{ft}) + \varepsilon_{pt} \tag{18.1}$$

여기서, β_p는 시장수익률에 대한 포트폴리오 수익률의 민감도를 의미하며, (체계적)위험을 의미한다. 따라서, $\beta_p r_{mt}$는 포트폴리오의 위험을 고려하였을 때의 수익률을 나타내는 것이고, α_p는 위험을 고려한 수익률을 초과하는 포트폴리오 성과를 나타낸다. 예를 들어, 두 포트폴리오 A와 B가 있을 때, 포트폴리오 A의 β_p는 포트폴리오 B와 같으면서 A의 α_p는 B보다 크다면, 포트폴리오 A의 성과가 B보다 우월하다.

식 (18.1)의 양변을 위험 β_p로 나누면, 다음과 같은 식을 구할 수 있다.

$$\frac{E(r_{pt} - r_{ft})}{\beta_p} = \frac{\alpha_p}{\beta_p} + E(r_{mt} - r_{ft})$$

이 식으로부터 트레이너 성과측정지표 TM은 다음과 같이 정의된다.

$$\mathrm{TM} = \frac{E(r_{pt} - r_{ft})}{\beta_p} \quad \text{또는} \quad \mathrm{TM} = \frac{\alpha_p}{\beta_p} \tag{18.2}$$

18.2.2 샤프비율(Sharpe Ratio)

Sharpe(1966)는 수익률의 변동성을 위험으로 보았을 때, 아래와 같이 위험 한 단위당 보상을 성과측정지표로 제시하였는데, 이를 샤프비율(Sharpe ratio)이라고 부른다.

$$SR = \frac{E(r_p - r_f)}{\sigma_p} \tag{18.3}$$

단, σ_p는 포트폴리오 수익률의 표준편차이다. 이 지표는 간단하고 이해하기 쉬워서 널리 사용되고 있다. 또한 이 지표는 특정한 벤치마크가 필요없어서 헤지펀드의 성과측정에도 흔히 사용된다. 샤프비율은 무위험수익률에 대비한 상대적인 포트폴리오의 수익률($r_p - r_f$)을 사용하는 것이 일반적이나, 경우에 따라서는 무위험수익률 이외의 다른 벤치마크 수익률이 사용되기도 한다.

18.2.3 젠센의 알파(Jensen's alpha)

젠센의 알파(Jensen, 1966)는 포트폴리오의 수익률이 증권시장선(security market line)으로부터 벗어난 정도를 측정하는 것으로서, 실증분석에서 가장 널리 사용되는 지표이며, 아래의 식에 의해서 정의된다.

$$r_{pt} - r_{ft} = \alpha_p^J + \beta_p(r_{mt} - r_{ft}) + \varepsilon_{pt} \tag{18.4}$$

단, r_{pt}, r_{ft}, r_{mt}는 각각 t 시점에서의 포트폴리오 수익률, 무위험 수익률, 시장수익률을 의미하고, β_p는 포트폴리오의 체계적 위험을 나타내며, 절편인 α_p^J가 바로 젠센의 알파이다.

젠센의 알파는 아래 식과 같이 포트폴리오의 기대초과수익률에서 시장포트폴리오의 기대초과수익률과 포트폴리오의 베타를 곱한 값을 차감한 것이다.

$$\alpha_p^J = E(r_p) - r_{ft} - \beta_p(E(r_{mt}) - r_{ft}) \tag{18.5}$$

한편, 실무자들이 빈번하게 사용하는 젠센의 알파는 아래와 같다.

$$\alpha_p^{J*} = E(r_p) - r_{ft} - (E(r_{mt}) - r_{ft})$$

왜냐하면, 투자펀드의 베타가 시장베타와 유사하다면, $\beta_p \approx 1$이기 때문이다.

젠센의 알파의 중요한 문제점 중 하나는 이 지표가 투자시점 선택능력을 가진 투자자(즉, 시장수익률을 예측하는 능력을 가진 투자자)에 대해서 부정적으로 평가할 수 있다는 것이다. 왜냐하면, 투자시점 선택능력이 우수할수록 투자펀드의 움직임이 시장과 유사해져서 그 베타는 높아지기 때문이다.[4] 결과적으로 이 지표는 시장 타이밍(market timing) 투자전략의 체계적 위험을 과대하게 측정한다.

18.2.4 트레이너-마주이 지표(Treynor-Mazuy Measure)

Treynor와 Mazuy(1966)는 예측능력(타이밍능력)이 뛰어난 펀드매니저의 성과를 측정하기 위하여, 펀드매니저가 관리하는 펀드의 수익률과 시장수익률의 관계를 비선형으로 가정하였다. 즉, 시장수익률이 상승할 것으로 예상될 때는 펀드매니저가 관리하는 펀드가 시장보다 더 많은 수익을 얻을 것이지만, 시장수익률 하락이 예상될 때에는 이 펀드가 시장보다 더 적은 손실을 입는다는 것이다. 따라서, 펀드 수익률과 시장수익률 간의 관계는 오목하게 상승하는 모양이 된다. 이러한 Treynor와 Mazuy(1966)의 모델은 아래 식과 같다.

$$r_{pt} - r_{ft} = \alpha_p + \beta_{1p}(r_{mt} - r_{ft}) + \beta_{2p}(r_{mt} - r_{ft})^2 + \varepsilon_{pt} \tag{18.6}$$

그러나, Treynor와 Mazuy(1966)는 1953년부터 1962년까지 미국의 개방형 뮤추얼펀드 57개의 연간데이터를 분석한 결과, 위의 관계식의 곡선형태를 뒷받침하는 근거는 찾지 못하였다. 한편, 위 식에서 α_p가 선별(즉, 개별 자산의 수익률을 예측하는 능력)에 의한 펀드 성과를 나타내고, $E[\beta_{2p}(r_{mt} - r_{ft})^2]$가 타이밍(즉, 시장수익률을 예측하는 능력)에 의한 성과를 나타낸다.[5] 따라서, 트레이너-마주이 지표는 아래와 같이 나타낼 수 있다.

---

4 Jensen(1972).

5 Admati et al.(1986).

$$TM = \alpha_p + \beta_{2p} E\left[(r_{mt} - r_{ft})^2\right] \tag{18.7}$$

18.2.5 소르티노 비율(Sortino Ratio)

앞서 제7장에서 투자자산에 대한 다양한 위험측정지표를 논의하면서, 표준편차보다는 하방위험이 투자의사결정에 더 적합할 수 있음을 설명하였다. 사실, 자산의 수익률이 대칭적이지 않을 경우에는 분산이나 표준편차가 적절한 위험측정지표가 되지 못한다. 이러한 이유로, Sortino와 Price(1994)는 표준편차를 좋은 변동성과 나쁜 변동성으로 구분하였다. 그 이유는, 어떤 펀드의 가치가 상승 방향으로 변동성이 높다면, 이는 좋은 것임에도 불구하고 샤프비율은 낮아지게 되는데, 이는 우리의 직관과는 상충되기 때문이다. 그래서 이들은 하방위험에 기반한 성과지표를 도입하였다.

이들은 샤프비율에서 펀드 수익률의 표준편차를 하부편적률(lower partial moment, LPM)로 대체하였다. 소르티노 비율(SPR)은 아래와 같이 정의된다.

$$SPR = \frac{E(r_p - MAR)}{\sqrt{LPM_2(MAR)}} \tag{18.8}$$

단, MAR (the minimum acceptable return, MAR)은 허용할 수 있는 최저수익률을 의미하고, $LPM_2(MAR) = \int_{-\infty}^{MAR} (MAR - r_p)^2 f(r_p) dr_p$은 MAR에 대한 하부편적률이다.

18.2.6 요인 모형을 이용한 성과 측정

이 방법은 시장수익률을 사용하여 측정한 젠센의 알파를 일반화시킨 방법으로서, 알파를 좀 더 세부적으로 정확하게 측정할 수 있는 방법이다. 예를 들면 멀티 인덱스 모형(multi-index models)을 이용한 성과 측정을 들 수 있다. 멀티 인덱스 모형은 시장에서 관측가능한 다양한 지수들을 요인으로 사용하는 성과평가모형이다. 이 성과평가 모형은 시장수익률을 요인으로 사용한 Sharpe(1992)의 단일 지수 모형(single index model)을 일반화시킨 것으로서, 시장에서 관측가능한 다양한 지수들을 요인으로 사용하므로 분석하기에 편리하다. 제8장에서 살펴본 시장 요인, 거시경제요인, 잠재요인 등과 같은 다양한 요인들을 펀드 성과 측정에 이용할 수 있다.

성과측정에서 사용되는 요인들은 매우 다양하고, 측정 목적에 따라 달라질 수 있다. 예를 들면, 투자 스타일에 따른 성과 측정을 하고자 한다면, 가치주 지수나 성장주 지수 등과 같은 투자 스타일에 관한 지수를 요인으로 사용함으로써, 펀드매니저의 투자 스타일에 의한 성과도 간편하게 측정할 수도 있다. 구체적으로는 Fama-French(1993)의 세 요인 모형에서 사용한 시장초과수익률, 기업시가총액, 장부가 대비 시가총액 비율을 사용하거나, 여기에 모멘텀 요인을 추가하거나,[6] 또는 수익성(profitability), 투자(investment) 요인들을 추가할 수도 있다.[7]

18.2.7 양의 기간 가중 지표(PPWM: Positive Period Weighting Measure)*

앞서 언급한 것처럼, 젠센의 알파는 타이밍 능력이 뛰어난 매니저의 성과를 과소평가하거나 음수로 평가할 수 있다. 이렇게 타이밍에 관련된 왜곡을 해결하기 위해 Grinblatt와 Titman(1989)은 특정한 조건으로 0보다 큰 기간별 가중치를 구하여 펀드의 초과수익률을 가중한 지표인 PPWM(positive period weighting measure)을 소개하였다.

이 지표는 타이밍 능력을 갖춘 매니저라면 그의 우수한 성과는 여러 기간 동안에 반복적으로 나타날 것이라는 가정을 하고 있다. 따라서, 여러 기간 동안의 펀드의 초과수익률에 대해서 0보다 큰 가중치를 적용한 가중평균 초과수익률을 성과지표로 본다. 타이밍 능력이 없는 매니저라면 이 가중평균 초과수익률은 0이 될 것이다.

양의 기간 가중치의 집합을 $\{w_t\}$라 두면, PPWM은 기간별 펀드의 초과수익률들의 가중합으로서 아래와 같이 나타낼 수 있다.

$$\alpha_p^p = \sum_{t=1}^{T} w_t(r_{pt} - r_{ft}) \tag{18.9}$$

단, 양의 기간 가중치의 조건은 $\sum_{t=1}^{T} w_t(r_{mt} - r_{ft}) = 0$, $\sum_{t=1}^{T} w_t = 1$이고, 모든 t에 대하여 $w_t > 0$이다. 이 조건은 시장수익률을 벤치마크로 보고, 시장의 초과수익률을 0으로 만드는 기간별 가중치들을 정한다는 것을 의미한다. 이렇게 설정한 가중치들을 측정하고자 하는 펀드의 초과수익률에 적용하였을 때, α_p^p가 양의 숫자가 나오면 벤치마크보다 뛰어난 성과가 있는 것으로 본다.

만약, 선별과 타이밍에 관한 정보들이 독립적이고, 펀드매니저가 타이밍 능력이 뛰어난 경우라면, PPWM은 선별 능력과 타이밍 능력으로 인한 펀드 성과를 양수로 평가하게 된다. 타이밍 능력이 없는 경우에는 젠센의 알파, 트레이너-마주이 지표, PPWM이 모두 동일해질 것이다. 참고로, 실증분석 결과, 이 세 가지 지표들은 매우 높은 상관관계를 보였다.[8]

이 지표의 단점은 직관적으로 이해하기 어렵다는 것이다. 그리고, 가중치들을 각 기간별 펀드 수익률에 어떻게 적용할지도 결정해야 한다.

---

6 Carhart(1997).

7 Fama와 French(2015).

8 Grinblatt와 Titman(1994), Cumby와 Glen(1990).

18.2.8 고차적률 성과 지표*

제8장에서 살펴본 바와 같이, 시장의 수익률 분포가 왜도와 첨도 같은 고차적률을 이용하여 설명될 경우, 전통적인 CAPM보다는 고차적률 CAPM이 보다 적합한 가격결정모형이 될 것이다. 예를 들어, 다음과 같은 3차 적률 CAPM(three-moment CAPM)을 생각해 보자.

$$E(r_p) - r_{ft} = \alpha_1 \beta_{pm} + \alpha_2 \gamma_{pm} \tag{18.10}$$

단, $\beta_{pm} = \dfrac{E[\{r_p - E(r_p)\}\{r_m - E(r_m)\}]}{E[\{r_m - E(r_m)\}^2]}, \gamma_{pm} = \dfrac{E[\{r_p - E(r_p)\}\{r_m - E(r_m)\}^2]}{E[\{r_m - E(r_m)\}^3]}.$

여기서, γ_{pm}는 공왜도(co-skewness)라고 부른다. 이 3차 적률 CAPM은 다음과 같은 시장 모형과 일치한다.[9]

$$r_{pt} - r_{ft} = a_{0p} + a_{1p}(r_{mt} - r_{ft}) + a_{2p}\{r_{mt} - E(r_m)\}^2 + \varepsilon_{pt} \tag{18.11}$$

이 경우, 체계적 위험인 β_{pm}과 γ_{pm}은 아래와 같다.

$$\begin{aligned} \beta_{pm} &= a_{1p} + a_{2p}\frac{\gamma(r_m)^3}{\sigma(r_m)^2} \\ \gamma_{pm} &= a_{1p} + a_{2p}\frac{\theta(r_m)^4 - \sigma(r_m)^4}{\gamma(r_m)^3} \end{aligned} \tag{18.12}$$

단, $\sigma(r_m) = E[\{r_m - E(r_m)\}^2]^{1/2}$, $\gamma(r_m) = E[\{r_m - E(r_m)\}^3]^{1/3}$, $\theta(r_m) = E[\{r_m - E(r_m)\}^4]^{1/4}$이다. 이를 활용하여, 아래의 3차 적률 CAPM 성과지표를 도출할 수 있다.[10]

$$a_{0p} = E\left[\begin{aligned} & r_{pt} - r_{ft} - \frac{\gamma(r_m)^6\gamma_{pm} - \{\theta(r_m)^4 - \sigma(r_m)^4\}\sigma(r_m)^2\beta_{pm}}{\gamma(r_m)^6 - \{\theta(r_m)^4 - \sigma(r_m)^4\}\sigma(r_m)^2}(r_{mt} - r_{ft}) \\ & - \frac{\sigma(r_m)^2\gamma(r_m)^3}{\gamma(r_m)^6 - \{\theta(r_m)^4 - \sigma(r_m)^4\}\sigma(r_m)^2}(\beta_{pm} - \gamma_{pm})(r_{mt} - E(r_m))^2 \end{aligned}\right] \tag{18.13}$$

시장포트폴리오의 경우에는 $\beta_{mm} = \gamma_{mm} = 1$, $a_{0p} = 0$, $a_{1p} = 1$, $a_{2p} = 0$이 된다. 만약, 어떤 투자펀드가 이러한 파라미터값들을 가질 경우 이를 펀드 성과평가의 관점에서 해석해 보면, $\beta_{mm} = \gamma_{mm} = 1$이므로 펀드매니저가 보유하고 있는 펀드가 시장포트폴리오라는 의미이고, $a_{0p} = 0$이므로 보유하고 있는 펀드가 시장포트폴리오보다 더 뛰어난 성과를 보

9 Kraus와 Litzenberger(1976).

10 Hwang과 Satchell(1998).

이지 못하고 있다는 것을 의미한다. 한편 펀드매니저가 자신이 관리하는 펀드의 가치를 증가시킬 수 있다면, a_{0p}는 양수가 될 것이다. 반면, 성과가 부진한 펀드의 경우에는 a_{0p}는 음수가 된다.

고차적률 CAPM 성과지표와 트레이너-마주이 지표는 둘 다 2차식 시장 모형을 사용한다는 공통점이 있는 반면, 차이점도 있다. 트레이너-마주이 지표는 전통적인 CAPM에 근거하고 있기 때문에 유일한 위험지표는 베타가 되고, 2차식 시장모형에 대한 별다른 제약조건은 없다. 그러나, 3차 적률 CAPM 성과지표는 위험지표로서 베타와 공왜도(co-skewness)를 사용하기 때문에, 식 (18.11)에서처럼 a_{1p}와 a_{2p}에 대한 엄격한 제약조건이 필요하다. 같은 맥락으로, 비록 3차 적률 CAPM 지표와 트레이너-마주이 지표는 2차식 시장모형을 사용하고 있지만, 3차 적률 CAPM 지표인 a_{0p}는 식 (18.5)의 절편인 α_p와 다르며, 트레이너-마주이 지표의 $\alpha_p + \beta_{2p}E[(\tilde{r}_{mt} - r_{ft})^2]$과도 다르다.

3차 적률 CAPM 지표에서는 타이밍 요인과 선별 요인이 구분되지 않는다. 이런 관점에서, 3차 적률 CAPM 지표는 젠센의 알파와 유사하게 타이밍 능력이 뛰어난 매니저의 성과를 부정적으로 평가할 수 있다.

3차 적률 CAPM 지표의 원리가 4차 적률 CAPM 지표에도 적용될 수 있다. 만약, 4차 적률 CAPM이 성립하고 수익률 생성 프로세스가 3차 함수라고 가정하면, 절편을 제외한 3차식 시장모형의 계수들은 4차 적률 CAPM의 체계적 위험들을 의미하게 된다. 따라서, 3차식 시장모형의 계수들에 대한 몇 가지 제약조건을 부여함으로써 4차 적률 CAPM 지표를 도출할 수 있다.[11]

18.2.9 최대 낙폭(maximum drawdown)*

샤프비율과 VaR(Value-at-Risk)는 헤지펀드들이 광범위하게 사용하는 위험지표이다. 이 지표들은 벤치마크가 필요치 않고, 단순히 수익률의 확률밀도함수만을 사용하여 계산할 수 있다. 즉, 샤프비율은 펀드 수익률의 1차 및 2차 적률로 계산하고, VaR는 펀드수익률의 확률밀도함수의 왼쪽 꼬리로 계산한다.

한편, 낙폭(drawdown)은 펀드매니저들이 주목하는 위험측정지표이고, 다른 펀드들과의 성과 비교에도 중요한 요소로 사용된다. 낙폭은 어떤 지표(통상적으로 매매전략의 누적 손익)의 역사적 고점으로부터 하락한 폭으로 측정된다. 낙폭은 헤지펀드의 성과 수수료와 밀접하게 관련되어 있다. 헤지펀드의 경우, 과거에 발생했던 모든 손실이 회복된 이후에 헤지펀

11 4차 적률 CAPM을 추정하기가 어렵고, 이로부터 도출한 성과지표는 매우 복잡하기 때문에, 이 책에서는 다루지 않는다. 자세한 내용은 Hwang과 Satchell (1998)의 정리 3을 참조하기 바란다.

드매니저에게 지급할 수 있는 성과수수료를 계산하기 때문에, 헤지펀드매니저는 주어진 투자기간 동안 펀드가 입을 수 있는 낙폭의 크기를 최소화시키고자 한다.[12]

낙폭을 정의해 보자. t 시점에서 펀드의 수익률을 r_{pt}라 두고, 누적수익률을 $X(t)$라 두자. 시점 T에서의 낙폭을 $D(T)$라고 하면, $D(T)$는 아래와 같이 정의된다.

$$D(T) = Max[0, Max_{t\in(0,T)}(X(t) - X(T))]$$

그리고, T시점까지의 최대 낙폭(maximum drawdown, MDD)은 과거의 낙폭들 중 최댓값으로 아래와 같이 정의된다.

$$MDD(T) = Max_{\tau\in(0,T)}[Max_{t\in(0,\tau)}(X(t) - X(\tau))]$$

만약, $X(T)$가 산술 브라운 운동(arithmetic Brownian motion)을 따른다고 가정하면, MDD는 시간의 함수로 나타낼 수 있다. 예를 들어, $X(t) = \mu t + \sigma B(t)$라고 하자. 단, $B(t)$는 표준 위너 프로세스(standard Wiener process)이다. 그럼, $\mu > 0$이면 MDD는 시간 경과에 따라 로그 함수의 모양으로 증가하고, $\mu = 0$ 이면 MDD는 시간에 대한 제곱근의 관계로 증가하며, $\mu < 0$이면 MDD는 시간에 대해 선형으로 증가하게 된다.[13]

18.3 벤치마크(benchmarks)

펀드 성과평가에 있어서 가장 논쟁이 많은 주제 중 하나는 벤치마크 펀드의 선택에 관한 것이다. 이 장을 시작할 때, 우리는 시장포트폴리오가 벤치마크 펀드라고 전제한 바 있다. 사실 실증연구에서 가장 널리 사용되는 벤치마크는 가치가중 시장포트폴리오(value weighted market portfolio)이다. 왜냐하면, 정보가 없는 매니저(uninformed managers)가 운용하는 펀드에 대한 벤치마크 포트폴리오는 기본적으로 평균-분산 기준에서 효율적이어야 하기 때문이다. 반면, 초과수익을 얻을 수 있는 예측 능력을 보유한 매니저의 펀드에 대한 벤치마크는 평균-분산 기준에서 비효율적이어야 하므로,[14] 이 경우에는 가치가중 시장포트폴리오는 적절한 벤치마크 포트폴리오가 될 수 없다.

벤치마크 포트폴리오의 선택에 있어서 또 다른 문제는 기업규모나 배당수익률 효과와 같은 CAPM의 이상현상들(anomalies)이 존재한다는 것이다. 따라서, CAPM 또는 이와 유사한

12 이 내용은 앞 장에서 살펴본 high-water mark과 관련된 내용이다.

13 Magdon-Ismail et al.(2004).

14 Roll(1978).

다요인 접근방법들(multi-factor approaches)에 의한 성과평가는 벤치마크의 선택에 의해 민감하게 영향을 받는다.[15]

신흥시장(emerging market), 파생상품, 헤지펀드 등의 성과평가를 위한 벤치마크 포트폴리오 선택은 또 다른 문제를 유발한다. 선진시장에 대한 이론 및 실증연구들은 신흥시장에 적용되지 않을 수 있기 때문이다. 실제로, 대부분의 선진금융시장에서 발견된 이상현상들(anomalies)은 신흥시장에서 발견되지 않았고, 신흥시장의 이상현상들은 선진 시장과는 다르게 나타났다. 이런 현상들 때문에, 신흥시장에서의 적절한 벤치마크 포트폴리오를 선택하는 것은 쉽지 않은 일이다. 사실 선진시장에서 나타나는 많은 이상현상들은 기업 고유의 데이터, 특히, 회계 정보가 충분하기 때문에 발견될 수 있었다. 그런데, 신흥시장에서는 데이터들을 활용할 수 없거나 신뢰하기 어려운 경우가 많다. 또한 파생상품처럼 위험중립적 상황하에서 성과를 평가하는 경우 또는 헤지펀드와 같이 성과를 비교할 만한 적절한 대상이 없을 경우, 벤치마크는 더 불분명해진다.

18.4 성과의 지속성(performance persistence)

투자자들은 펀드의 과거 성과를 보고 투자할 펀드를 선택하는 경우가 많다. 그렇다면 과거의 펀드 운용 성과는 미래에도 지속되는 것일까? 성과의 지속성에 관한 질문에 대해서는 두 가지 관점으로 정리할 수 있다.

첫째는 시장의 효율성 측면으로, 만약 시장이 효율적이라면 어떠한 정보를 이용하더라도 초과수익을 얻을 수 없으므로 펀드 성과가 지속된다고 볼 수 없다. 그러나, 제10장 시장의 효율성에서 살펴보았듯이, 주식의 수익률에는 어느 정도는 예측가능한 패턴이나 요인들이 존재한다.[16]

둘째는 이론적이기보다는 현실적인 관점으로서, 소위 한번 승리자(winner)는 영원한 승리자인가? 혹은, 일부 펀드매니저들이 다른 펀드매니저들보다 능력이 더 뛰어난가? 라는 가설에 대한 검증이다. 이 질문의 핵심은 펀드매니저의 성과가 단순히 운이 좋았던 것인지, 실제로 펀드 운용 능력이 우수한 것인지를 확인하는 것이다. 이에 관한 연구결과를 정리해 보자.

- 지속적으로 시장수익률을 능가하는 펀드매니저들이 존재한다. 이러한 성과의 지속성

---

15 Grinblatt와 Titman(1995).

16 무작위 시장 이론(random market theory)이 성립한다고 보기는 어렵다(MacKinlay와 Lo, 1998).

은 주식형 펀드보다는 채권형 펀드에서 주로 나타난다.[17]

- 뮤추얼 펀드에서 발견되는 성과의 지속성은 매니저의 종목 선별 능력에 의한 것이 라기 보다는, 자산 수익률을 설명하는 공통 요인, 운용수수료, 거래비용의 차이에서 비롯된 것이다. 그리고, 뮤추얼 펀드 성과의 랭킹(순위)은 무작위적으로 변한다.[18]
- 모든 연구들은 종목선택이나 투자시점선택보다는 자산배분이 펀드 성과에 중요한 역할을 한다고 설명하며, 성과의 지속성은 자산배분을 어떻게 하느냐와 밀접한 관련이 있다고 설명한다.
- 주식시장에는 경기순환과정이 존재한다. 특정 투자 스타일은 특정 경기국면에서 더 나은 성과를 내지만, 다른 경기국면에서는 더 나쁜 성과를 낸다. 이러한 경기순환과정으로 인해서 특정 스타일에 전문성을 가진 펀드매니저들이 특정 기간 동안에 지속적인 성과를 낼 수 있다.

18.5 요약 및 논의

이 장에서는 펀드의 성과측정과 관련된 문제점 그리고 측정방법을 살펴보았다. 실무적으로 가장 많이 사용되는 방법은 젠센의 알파나 샤프비율이다. 이러한 잘 알려진 방법으로 펀드의 성과를 측정하는 것은 일견 쉬워보인다. 대부분의 성과측정 방법은 직관적이고 이해하기 쉬울 뿐만 아니라 평가 관련 데이터도 구하기 쉽기 때문이다.

그러나 많은 경우, 어느 한 가지 성과측정 방법으로 평가한 성과가 다른 방법으로 측정한 성과와 다르게 나온다. 이 경우 어떤 방법을 선택하여야 할까? 사실 여기에는 명확한 해답이 없다. 아마도 펀드매니저 입장에서는 자신에게 가장 유리한 성과측정방법을 사용하고자 할 것이다. 이 문제는 성과에 기반한 보너스를 지급하여야 하는 경우 첨예한 의견의 대립을 불러올 수 있다.

'펀드매니저의 성과가 지속적인가?'라는 질문은 투자자의 입장에서는 중요하다. 투자자들은 지속적으로 좋은 성과를 보여주는 매니저를 알고 싶어 한다. 그러나 대부분의 경우 과거에 좋은 성과를 보여준 펀드매니저가 미래에도 좋은 성과를 보여주지 않는다. 특히 자산수익률이 무작위적인 행보(random walk)를 보인다면 예측이 가능하지 않다. 그럼에도 전 세계의 수많은 펀드매니저들 중 과거 10년 동안 벤치마크를 계속 상회하는 펀드매니저가 상당수 존재한다. 이들이 미래에도 벤치마크를 상회할지에 대해서 한번 생각해보기 바란다.

---

17 Kahn과 Rudd(1995).

18 Carhart(1997).

연/습/문/제

1. 펀드 A의 작년 성과를 평가하고자 한다. A의 수익률은 10%, 표준편차는 20%, 베타는 1.2였고, 시장포트폴리오의 수익률은 5%, 무위험수익률은 2%였다. 펀드 A의 성과에 대한 젠센 지수, 샤프 지수, 트레이너 지수를 각각 구하시오.

2. 아래 표는 지난 5년간 주식 A의 월별 초과수익률을 시장 초과수익률에 대하여 회귀분석한 결과와 기초통계량을 보여준다.

기초통계량			회귀분석결과			
	평균	표준편차		추정계수	표준오차	t-통계량
주식A 월별수익률	1.9%	2.5%	절편 (constant)	0.0075	0.002	2.657
월별 시장수익률	1.5%	1.8%	시장초과 수익률	0.8	0.173	5.312

무위험자산의 월 평균수익률은 0.1%이다. 이 경우, 샤프지수, 트레이너 지수, 젠슨의 알파를 계산하시오.

3. 평균-분산 분석이 타이밍(투자시점선택) 능력을 평가하는데 적절하지 않은 이유를 설명하시오.

4. 매니저 A가 운용하는 포트폴리오 X의 작년 수익률은 12%였고, 이 포트폴리오의 베타는 1.5였다. 같은 기간, 시장 수익률은 7.5%였고, 무위험수익률은 2.7%였다. 이 포트폴리오에 대한 젠센의 알파를 구하시오.

Part 10

채권가격과 신용위험

Fixed Income and Credit Risk

제1장에서 우리는 미래의 현금흐름이 확실한 채권의 가격은 이자율 기간구조에 의해 결정됨을 보여주었다. 이러한 채권으로는 정부가 발행하거나 지급을 보증하는 채권이 있다. 반면, 이 외의 채권 특히 회사채와 같이 미래의 현금흐름이 불확실한 경우에는 이자율 기간구조만으로는 채권가격을 결정할 수 없다.

본 장에서는 미래의 현금흐름이 불확실한 경우 채권가격이 어떻게 결정되는지에 대하여 살펴보기로 한다. 우선 현금흐름이 확실한 경우 이자율 기간구조를 어떻게 모형화할 수 있는지에 대해 살펴본다. 그 다음, 미래의 현금 지급이 불확실한 경우 채권 발행 주체에 대한 신용위험(채무불이행위험)을 모형화하는 방법을 설명한다. 신용위험은 채권 발행자가 원금과 이자를 적시에 상환하지 못함으로써 발생하는 채무불이행 가능성을 의미하며, 기업이 발행한 거의 모든 채권에는 채무불이행 가능성이 존재한다. 한편 신용위험은 기업재무(corporate finance)에서 다양한 주제와 관련이 있기 때문에 그 자체로 중요한 주제라 하겠다.

Chapter 19

채권가격과 신용위험**
(Fixed Income and Credit Risk)

미래의 이자와 원금의 지급이 확실한 경우, 채권의 가격은 미래의 현금흐름을 현재가치로 환산하여 계산할 수 있음을 제1장에서 살펴본 바 있다. 그러나 채권의 발행주체가 미래에 이자나 원금을 지급하지 못할 가능성이 있는 경우에는 이러한 불확실성을 고려하여 채권의 가격을 계산해야 한다. 채무불이행이 발생할 수 있는 채권의 가격은 1) 무위험 채권의 이자율 기간구조에 2) 채무불이행 위험(신용위험)을 고려한 다음 3) 채무불이행시 회수율을 고려하여 계산할 수 있다. 본 장에서는 이러한 세 가지 주제를 차례로 살펴보기로 한다.

이를 위해 우선 소비기반 자산가격결정모형을 사용하여 회사채의 경우처럼 미래의 현금흐름이 불확실한 경우 채권의 가격이 어떻게 결정되는지 살펴보고자 한다. 이 분석에서는 소비기반 자산가격모형을 통해 확률할인요소(stochastic discount factor)와 채권가격 간의 관계를 살펴본다.

이 장에서 가장 핵심적인 내용은 이자율 기간구조와 신용위험에 대한 분석이다. 국채와 같이 지급불능이 발생하지 않는 채권이라 해도 장기국채를 단기간 동안 보유할 경우 투자자는 위험에 노출되어 있으므로,[1] 위험회피적인 투자자라면 이에 대한 위험프리미엄을 기대할 것이다. 이러한 이유로 만기가 다른 채권의 이자율은 서로 밀접하게 묶여 있고, 따라서 이자율 기간구조 모형들은 차익거래기회가 없다는 조건 하에서 이해되어야 한다. 이러한 모형 중 하나인 **affine기간구조모형(affine term structure model)**은 차익거래기회가 없다는

1 예를 들어, 미국 장기 국채를 많이 보유했던 실리콘밸리은행(SVB)이 미국 연준의 지속적인 금리인상으로 인해 막대한 국채 처분 손실을 입게 되면서 결국 2023년 3월 10일에 파산한 사례가 있다.

조건 하에서 채권의 수익률을 상태변수들에 대한 선형관계로 나타낸 모형이다.

먼저, 이자율 기간구조는 **균형접근법(equilibrium approach)**과 **무차익거래접근법(no-arbitrage approach)**으로 나누어서 살펴본다. 균형접근법은 이자율이 시간에 따라 변화하는 과정인 이자율 프로세스(interest rate process)를 가정한 후, 이자율 기간구조와 무위험 채권가격이 어떻게 결정되는지를 분석하는 방법이다. 한편, 무차익거래접근법은 만기가 서로 다른 채권들을 이용하여 무위험 포트폴리오를 구성한 후, 차익거래 기회가 존재하지 않으려면 이 무위험 포트폴리오의 수익률이 무위험 이자율과 같아야 한다는 조건을 이용하여 채권가격을 도출하는 방법이다.

그리고, 신용위험에 대한 분석은 **구조모형(structural model)**과 **축약모형(reduced form model)**으로 나누어 살펴본다. 구조모형에서는 채권발행자가 보유한 자산의 시장가치가 지급불능 여부를 결정하는 궁극적인 요인이라는 관점에서 출발한다. 반면, 축약모형에서는 지급불능을 채권발행자의 자산가치와 연관시키지 않고, 채무불이행 발생이 특정한 확률과정에 의해 외생적으로 결정된다고 본다.

이 장에서 서술하는 채권가격과 신용위험 분석은 수학적으로 난해하다. 본 내용을 제대로 이해하기 위해서는 부록에 있는 연속시간 재무이론의 기초뿐만 아니라, 파생상품과 위험중립에 대한 사전 지식이 요구된다. 참고로, 본 장에서는 채권가격과 신용위험 분석에 필요한 기본적인 방법과 모형을 다루고 있으며, 높은 수준의 고급모형이나 복잡한 모형을 다루지는 않는다.

19.1 확률할인요소와 이자율 기간구조**

제6장에서 설명한 소비기반 자산가격결정모형을 생각해 보자. 현재(t)와 미래($t+1$) 기간 동안 소비를 해야 하는 투자자는 소비로부터 발생하는 효용을 극대화하기 위해, 소비수준 c_t와 c_{t+1}을 결정하여야 한다. 이 투자자의 효용함수는 다음과 같다.

$$V(c_t, c_{t+1}) = u(c_t) + \beta E_t[u(c_{t+1})]$$

여기서 $V(.)$는 폰노이만-몰겐슈타인(von Neumann-Morgenstern, VNM)의 기대효용함수, $u(.)$는 Bernoulli 효용함수이며, $E_t[\cdot]$는 t 시점에서 가용한 모든 정보를 활용한 조건부 기대를 나타낸다.[2] 이 투자자는 각 기간별로 소득 m_t와 m_{t+1}을 얻고, t 시점에서는 소비를 하고 남은

2 조건부라는 용어의 의미는 매 시점마다 새로운 정보를 바탕(조건부)으로 기대치를 갱신한다는 의미로, 일반적으로 시간의 흐름에 따라 달라진다는 의미로 해석할 수 있다.

소득을 가격이 P_t인 자산에 w만큼 투자한다. 이 경우, t와 $t+1$ 시점의 소비는 $c_t = m_t - wP_t$와 $c_{t+1} = m_{t+1} + wP_{t+1}$로 나타낼 수 있다. t 시점에 투자한 wP_t는 $t+1$시점에서 wP_{t+1}만큼 소비로 이어지므로, $t+1$시점에서의 소비는 m_{t+1}뿐만 아니라 이 자산의 $t+1$에서의 가격 P_{t+1}에 따라 변하게 된다.

이렇게 주어진 제약조건 하에서 이 투자자가 소비로부터 발생하는 기대효용을 극대화하는 조건을 구하면, 다음과 같은 오일러방정식을 얻을 수 있다.

$$P_t = E_t[D_t P_{t+1}] \tag{19.1}$$

여기서 $D_t = \beta \frac{u'(c_{t+1})}{u'(c_t)}$를 **확률할인요소(stochastic discount factor)**라고 부른다. 확률할인요소 D_t는 투자자가 다음 기의 소비를 현재 소비로 교환할 의향이 있는 비율을 나타내기 때문에, 한계대체율이라고도 한다. 한편, 위 식은 현재의 자산 가격이 미래 가격을 할인하여 결정된다는 것을 의미한다.

■ 무위험 채권의 확률할인요소와 기간구조

미래의 현금지급이 확실한 경우를 생각해 보자. 위 식을 활용하여 미래에 $P_{t+1} = 1$을 지급하는 순수할인채(무이표채)의 가격을 계산하면 $P_t = E_t[D_t]$가 된다. 그리고, 불확실성이 없으므로 이 채권의 현재가치는 미래의 현금흐름을 무위험 수익률로 할인한 $P_t = \frac{1}{1+r_f}$와 같다. 이 두 식을 결합하면, $E_t[D_t] = \frac{1}{1+r_f}$가 된다. 즉, 지급불능위험이 없는 경우에는 확률할인요소가 무위험이자율의 역수로 나타난다. 한편 같은 방법을 사용하여, 미래 $t+T$시점에 1을 지급하는 할인채권의 가격은 다음과 같이 나타낼 수 있다.

$$P(t, t+T) = E_t\left[D_{t,t+T}\right] = \frac{1}{\left(1 + y(t, t+T)\right)^T} \tag{19.2}$$

여기서 $y(t, t+T)$는 만기까지의 기간이 T인 무위험 할인채권의 만기수익률이다.

이 결과는 확률할인요소만 알 수 있다면, 미래의 이자와 원금 지급이 확실한 무위험채권의 이자율 기간구조를 파악할 수 있고, 이를 통해 이 채권의 가격을 결정할 수 있음을 의미한다. 예를 들면, 액면가가 M이고, 액면이자율이 c, 그리고 만기를 T라 할 때, 이 채권 i의 가격은 다음과 같이 나타낼 수 있다.

$$P_i(t, t+T) = E_t\left[D_{t,t+1}cM + D_{t,t+2}cM + \cdots + D_{t,t+\mathrm{T}-1}cM + D_{t,t+T}(1+c)M\right] \tag{19.3}$$

$$= M\left[c\sum_{j=1}^{T}E_t[D_{t,t+j}] + E_t[D_{t,t+T}]\right]$$

$$= M\left[\left\{c\sum_{j=1}^{T}\frac{1}{(1+y(t,t+j))^j}\right\} + \frac{1}{(1+y(t,t+T))^T}\right]$$

즉, 쿠폰(이자)을 지급하는 채권의 가격은 이 식을 만족시키는 확률할인요소의 함수이다. 이렇게 보면, 채권 가격의 변동은 확률할인요소($D_{t,t+j}$)의 시계열 변동에 의해 결정되며, 이자율 기간구조 모형도 결국 확률할인요소에 대한 시계열 모형과 동일하다.

■ 일반 채권의 확률할인요소와 기간구조

한편 소비기반 자산가격결정모형은 미래의 현금흐름이 불확실한 자산에도 적용할 수 있기 때문에, 회사채에도 적용할 수 있다. 이 경우 확률할인요소는 이자율 기간구조뿐만 아니라 **신용위험의 기간구조(term structure of credit risk)**도 포함하게 된다. 신용위험의 기간구조는 특정 시점에서 만기 변화에 따른 채무불이행확률의 변화를 말한다.

■ 이자율 기간구조 모형에서 단기이자율의 중요성

이자율 기간구조를 확률할인요소의 함수로 본다면, 이자율 기간구조는 **단기이자율(short rate)**과 **상태변수(state variables)**로 설명할 수 있다. 따라서 만기가 다른 채권 가격도 단기이자율과 상태변수의 함수로 나타낼 수 있다. 이를 보기 위해, 미래 $t+T$에 원금 1을 지급하는 할인채권의 t시점 가격을 연속시간에서 다음과 같이 나타내 보자.

$$P(t,t+T) = e^{-y(t,t+T)T}, \qquad 단,\ t \le T,\ P(T,T) = 1.$$

여기서, $y(t,t+T)$는 t시점에서 만기가 T인 할인채권의 만기수익률이다. 위 식을 $y(t,t+T)$에 대해 정리하면 아래와 같다.

$$y(t,t+T) = -\frac{1}{T}\ln P(t,t+T) \tag{19.4}$$

한편, 단기이자율 $r(t)$는 특정한 짧은 기간 동안의 연환산(annualized) 복리수익률로서 순간이자율(instantaneous interest rate)이라고 부르기도 한다. 즉, 단기이자율은 위 식에서 만기까지의 기간인 T가 짧아질 때 얻어지는 수익률로서, 다음과 같이 로그가격을 T로 미분하여 구할 수 있다.

$$r(t) \equiv \lim_{T\to 0} y(t, t+T) = -\lim_{T\to 0} \frac{1}{T} \ln P\,(t, t+T) = -\frac{\partial \ln P(t, t+T)}{\partial T} \tag{19.5}$$

따라서 이자율 기간구조 혹은 확률할인요소의 구성 요소 중에는 순간이자율(혹은 단기이자율)이 포함되어 있다. 따라서, 단기이자율의 움직임을 모형화할 수 있다면, 이자율 기간구조뿐만 아니라 시간 경과에 따른 기간구조의 변화에 대한 확률모형을 파악할 수 있다. 또한, 이자율 기간구조 모형에서는 만기 변화에 따른 이자율(만기수익률)의 움직임에 영향을 주는 다양한 상태변수들을 고려해야 하는데, 대표적인 상태변수 중 하나는 단기이자율의 변동성이고, 이 외에도 장-단기 이자율의 차이(spread), 예상인플레이션 등이 있다. 이와 같이, 단기이자율은 이자율 기간구조모형에서 다양한 형태로 중요한 역할을 한다.

■ 채권가격, 단기이자율, 그리고 확률할인요소

식 (19.4)에서 설명한 바와 같이, 할인채권의 가격을 다음과 같이 나타낼 수 있다.

$$P(t, t+T) = e^{-y(t,t+T)T} \tag{19.6}$$

여기서 $y(t, t+T)$는 t시점에서 T기간 동안의 연속복리이자율(만기수익률)로서 식 (19.4)와 같이 나타낼 수 있으며, 식 (19.4)로부터 만기까지의 수익률($y(t, t+T)$)과 로그 채권가격 ($\ln P(t, t+T)$)은 동일한 정보를 가지고 있음을 알 수 있다. 만약 단기이자율이 r로 일정하다고 가정하면, 즉, $r = y(t, t+T)$이면 채권가격은 다음과 같다.

$$P(t, t+T) = E_t\left[D_{t,t+\mathrm{T}}\right] = e^{-rT} \tag{19.7}$$

일반적으로 단기이자율 r_t는 t시점에서는 알려져 있지만, 미래의 단기이자율은 시간 흐름에 따라 변한다. 한편 t시점부터 $t+T$까지의 확률할인요소는 그 기간 동안의 누적 할인율(단기이자율)로 볼 수 있으며, $D_{t,t+\mathrm{T}} = e^{-\int_t^T r_s ds}$로 나타낼 수 있다. 즉, t시점부터 $t+T$까지 매순간 단기이자율로 재투자를 한다면, 동 기간 동안의 누적 이자율은 $\int_t^T r_s ds$가 된다. 따라서 단기이자율이 시간에 따라 변한다면, 식 (19.7)은 다음과 같다.

$$P(t, t+T) = E_t\left[D_{t,t+\mathrm{T}}\right] = E\left[e^{-\int_t^T r_s ds}\right] \tag{19.8}$$

이렇게 본다면, 채권 가격은 미래의 단기이자율(r_s)의 전체 스펙트럼에 의해 결정된다고 할 수 있다. 이 결과는 채무불이행 위험이 없는 국채의 가격을 구하는 경우에도 위험중립측도(equivalent martingale measure)를 사용해야 함을 의미한다. 왜냐하면, 국채의 경우 지급불능위험이나 이에 대한 프리미엄은 없지만, 단기이자율이 확률적으로 움직임으로 인해 발생하는 시장 위험(market risk)이 존재하므로 이를 중립화시켜야 하기 때문이다.

또한 식 (19.6)과 식 (19.8)을 사용하면 연속복리이자율 $y(t,t+T)$과 단기이자율(r_s)의 관계를 아래와 같이 나타낼 수 있다.

$$y(t,t+T) = -\frac{1}{T}\ln E\left[e^{-\int_t^T r_s ds}\right]$$

이 식은 채권의 만기수익률이 만기까지의 단기이자율의 평균으로도 해석될 수 있음을 보여주고 있다.

19.2 이자율 기간구조 분석**

이자율 기간구조는 다양한 만기별 이자율들의 전체 곡선에 관한 것이기에 분석이 쉽지 않다. 여기서는 이자율 기간구조와 관련하여 몇 가지 중요한 점을 살펴보기로 한다.

첫째, 이자율 기간구조는 만기별 이자율들을 나타낸 것이므로, 미래 이자율 움직임에 대한 정보를 가지고 있다. 예를 들면, 만기가 4년인 이자율과 5년인 이자율을 이용해서 미래 4년과 5년 사이의 이자율에 관한 정보를 얻을 수 있다.

둘째, 이자율 기간구조의 모양은 정부가 채권을 매매하거나 새롭게 발행하는 채권의 만기를 결정함으로써 바꿀 수 있다. 예를 들어, 글로벌 금융위기시 미국 정부가 금융시장에서 장기채권을 매수함으로써 기업의 장기자금 조달금리를 낮춘 사례가 있다. 정부가 단기채권을 발행하고 장기채권을 매수하면, 채권의 수요와 공급에 의해 단기채권의 가격은 하락하고 만기수익률은 높아지는 반면, 장기채권의 가격은 상승하여 만기수익률이 낮아지게 되므로, 우상향한 이자율 기간구조를 평평하게 만들 수 있다.

셋째, 이자율 기간구조를 활용하여 채권과 함께 옵션, 스왑 등과 같은 이자율 파생상품을 거래하면, 이자율과 관련된 위험을 관리하고 헤지할 수 있다.

이제 이자율 기간구조를 분석하는 방법을 알아보자. 기간구조 분석방법은 크게 두 가지로 구분할 수 있다. 먼저, **균형접근법(equilibrium approach)**은 단기이자율이 시간에 따라 변화하는 확률과정을 나타내는 **이자율 프로세스(interest rate process)**를 가정하고, 단기이자율이 이 확률프로세스를 따라서 변한다면 이자율 기간구조와 채권가격이 어떻게 결정되는지를 분석하는 방법이다. 이 때의 이자율 프로세스는 현재의 이자율 기간구조를 도출하기 위해 가정한 것으로, 위험중립 프로세스(risk neutral process)이다. 균형접근법은 이자율 기간구조의 동태적 변화에 대한 정보를 제공한다는 장점이 있지만, 실제 관찰이 불가능한 모수들이 모형 내에 포함되어 있거나, 추정한 이자율 기간구조가 실제와 일치하지 않을 수 있다는 단점이 있다. 대표적인 모형으로는 Vasicek(1977) 모형과 Cox, Ingersoll과 Ross(1985)(CIR) 모형을 들 수 있다. 이 모형들은 이자율 평균회귀현상을 반영하고 있으며,[3] 평균회귀의 정도와 평균수준, 변동성 등의 모수를 포함하고 있다.

또 다른 분석방법인 **무차익거래접근법(no-arbitrage approach)**은 만기가 서로 다른 채권들을 이용하여 무위험 포트폴리오를 만든 후, 차익거래의 기회가 존재하지 않으려면 이 무위험 포트폴리오의 수익률이 무위험 이자율과 같아야 한다는 조건을 이용하여 채권가격을 도출하는 모형이다. 이 접근법은 현재 관측된 이자율 기간구조와 단기이자율 프로세스를 동시에 활용하여 위험 중립적인 프로세스를 도출하므로, 균형모형에 비해서 현실을 더 잘 반영한다는 장점이 있다. 왜냐하면, 차익거래의 기회가 없도록 하기 위해, 단기이자율의 기간구조를 현재 관측되는 시장이자율의 기간구조와 일치하도록 만들기 때문이다. 반면 특정 시점에서 이자율 기간구조를 추정하기 때문에, 기간구조의 동태적 변화를 반영하기 어렵다는 단점도 있다. 대표적인 모형으로는 Ho와 Lee(1986) 모형, Hull과 White(1990) 모형, 그리고 Heath, Jarrow와 Morton(1992) 모형을 들 수 있다.

아래에서는 affine 기간구조모형(affine term structure model)을 먼저 설명하고, 균형접근법(equilibrium approach)과 무차익거래접근법(no-arbitrage approach)을 차례로 살펴보기로 한다.

19.2.1 어파인(affine) 기간구조모형(term structure model)

affine 기간구조모형(affine term structure model)은 로그 채권가격 또는 채권수익률을 단기이자율을 포함한 상태변수의 선형함수로 가정하는 모형으로, 간단하면서도 유용한 모형이다.[4] affine모형에서는 만기가 T인 채권의 가격 $P(t,t+T)$는 다음과 같은 형식으로 표현된다.

$$P(t,t+T)=e^{-A(t,t+T)-B(t,t+T)r(t)}$$

여기서 $A(t,t+T)$와 $B(t,t+T)$는 t와 만기 T의 함수이다.

이 모형은 현재 관찰 가능한 채권시장 데이터로부터 단기이자율 프로세스를 모형화하

3 단기이자율의 평균회귀(mean reversion)현상은 장기평균수준을 중심으로 두고 변동성에 의해 등락하는 것을 말한다. 만약, 현재 단기이자율이 매우 높으면(낮으면), 향후에는 하락하는(상승하는) 경향이 있다.

4 여기서 affine은 선형을 의미한다고 생각해도 무방하다. 제4장에서 affine combination(선형결합)을 설명한 바 있다.

고, 이를 사용하여 수익률 곡선(yield curve)을 유도할 수 있다는 점에서 쉽고 유용하다.[5] 다만 affine 모형에서는 채권수익률이 상태변수의 선형함수로 나타난다는 가정(제약조건)이 필요하다. 만약, affine 모형과는 달리 채권의 수익률을 Monte Carlo 시뮬레이션이나 편미분방정식(partial differential equation)을 풀어야 얻을 수 있다면, 계산상으로 복잡하고 이해하기도 어려울 것이다.

앞서 우리는 채권의 가격이 확률할인요소의 함수임을 보았다. 즉, 채권의 가격을 D_t의 결합확률로 나타낼 수 있다. 따라서, 확률할인요소로 affine 기간구조모형을 살펴보도록 하자. 먼저 D_t는 조건부로 로그정규분포를 따르고, 채권의 가격은 D_t의 결합확률로 나타난다고 가정한다.[6] 즉, $P_t = E_t[D_t]$이고, D_t가 로그정규분포를 따르므로,

$$E_t[D_t] = \exp\left(E(\ln D_t) + \frac{1}{2}Var(\ln D_t)\right) \tag{19.9}$$

따라서, 로그채권가격 p_t는

$$p_t \equiv \ln P_t = \ln E_t[D_t] = E(d_t) + \frac{1}{2}Var(d_t) \tag{19.10}$$

여기서 $d_t \equiv \ln D_t$이다. 다기간인 경우

$$P(t, t+T) = E_t\left[D_{t,t+1}D_{t+1,t+2}\dots D_{t+T-1,t+T}\right]$$

혹은

$$p_{t,t+T} = \Sigma_{j=0}^{T-1}E(d_{t+j,t+j+1}) + \frac{1}{2}Var(\Sigma_{j=0}^{T-1}d_{t+j,t+j+1}) \tag{19.11}$$

affine모형이 실제 이자율 기간구조를 설명하기 위해서는 이자율 기간구조의 우상향 혹은 우하향 패턴이나 상승후 하락하는 혹 모양(hump)의 형태를 설명할 수 있어야 한다. 또한, 이자율이 장기평균으로 회귀하는 경향, 이자율은 음(negative)이 될 수 없다는 제한, 그리고 금리가 높을 때 금리의 변동성이 확대되는 경향 등과 같은 실무에서 발생하는 현상을 설명할 수 있어야 한다.

---

5 본 저서에서는 여러 가지 모형에 대한 간단한 소개와 특성을 위주로 설명하고자 하며, 각 모형별로 채권가격 또는 $A(t, t+T)$와 $B(t, t+T)$에 대한 구체적인 수식은 가급적 생략하기로 한다.

6 D_t가 조건부로 로그정규분포를 따른다는 가정은 앞서 살펴본 제6장 소비기반 자산가격모형에서 소비의 증가율이 로그정규분포를 따른다고 한 가정과 동일하다.

19.2.1.1 단기이자율을 사용한 affine 이자율 기간구조 모형

우선 단기이자율만이 이자율기간구조를 설명하는 경우를 생각해보자. 간단한 예로 단기이자율이 다음과 같은 자기회귀(autoregressive)과정을 따른다고 해보자.

$$y_{t+1,t+2} - \mu_y = \phi(y_{t,t+1} - \mu_y) + \eta_{t+1} \tag{19.12}$$

여기서 $y_{t,t+1}$과 $y_{t+1,t+2}$는 각각 t시점과 $t+1$시점에서 1기간 동안의 단기이자율이고, μ_y는 장기평균 이자율, ϕ는 특정 기간의 이자율과 그 다음 기간의 이자율 간의 상관관계를 나타내는 자기회귀계수, 그리고 η_{t+1}는 오차항이다. 이 경우 T기간 동안의 이자율은 다음과 같이 나타난다.[7]

$$\begin{aligned} y_{t,t+T} - \mu_y &= \frac{1}{T}E[y_{t,t+1} + y_{t+1,t+2}+,\dots+y_{t+T-1,t+T}] - \mu_y \\ &= \frac{1}{T}E\left[\left(y_{t,t+1} - \mu_y\right) + \phi\left(y_{t,t+1} - \mu_y\right)+,\dots,+\phi^{T-1}\left(y_{t,t+1} - \mu_y\right)\right] \\ &= \frac{1}{T}\frac{1-\phi^T}{1-\phi}(y_{t,t+1} - \mu_y) \end{aligned} \tag{19.13}$$

이 모형의 시사점을 알아보자.

- 만약 채권이자율이 자기회귀과정을 따른다면, 자기회귀계수인 ϕ의 값에 따라 $y_{t,t+T}$가 상승하기도 하고 하락하기도 한다.
- 장기 및 단기이자율의 기댓값은 동일하다. 즉, $E\left(y_{t,t+T}\right) = E\left(y_{t,t+1}\right) = \mu_y$이다.
- 장기채권에 대한 위험프리미엄, 즉, $E(y_{t,t+T}) > E(y_{t,t+1})$임을 설명할 수 있다.
- 다만, 음의 이자율이 발생할 가능성이 있고, 이자율의 변동성이 변하지 않는다는 문제가 있다.

19.2.1.2 확률할인요소를 사용한 affine 이자율 기간구조 모형

이제 확률할인요소를 사용하여 이자율 기간구조를 살펴보자. 우선 만기가 1년인 할인채권을 고려해 보자. 그럼 식 (19.6)과 (19.11)로부터, 채권수익률을 구할 수 있다.

---

7 회귀식 (19.12)를 이용하면, $y_{t+2,t+3} = \phi\left(y_{t+1,t+2} - \mu_y\right) + \eta_{t+2} + \mu_y = \phi\left(\left[\phi\left(y_{t,t+1} - \mu_y\right) + \eta_{t+1} + \mu_y\right] - \mu_y\right) + \eta_{t+2} + \mu_y = \phi^2\left(y_{t,t+1} - \mu_y\right) + \phi\eta_{t+1} + \eta_{t+2} + \mu_y$가 되고, 이 식의 양변에 기대연산자를 취한 $E\left(y_{t+2,t+3}\right) = E\left[\phi^2\left(y_{t,t+1} - \mu_y\right)\right] + \mu_y$를 (19.13)에 대입한다. 이 과정을 반복하여 $E\left(y_{t+T-1,t+T}\right) = E\left[\phi^{T-1}\left(y_{t,t+1} - \mu_y\right)\right] + \mu_y$까지 구한 후 (19.13)에 대입한다. 회귀식에 있는 오차항 η_{t+1}, η_{t+2}, …, η_{t+T}에 대한 기댓값은 0이다.

$$y_{t,t+1} = -E_t\left[d_{t,t+1}\right] - \frac{1}{2}Var(d_{t,t+1})$$

만기가 T인 경우, 위 식을 식(19.13)에 대입하여 아래와 같이 채권수익률을 구할 수 있다.

$$y_{t,t+T} = -\frac{1}{T}\left(\Sigma_{j=0}^{T-1}E(d_{t+j,t+j+1}) + \frac{1}{2}Var(\Sigma_{j=0}^{T-1}d_{t+j,t+j+1})\right) \quad (19.14)$$

여기서 확률할인요소 $d_{t,t+1}$이 다음과 같은 자기회귀과정을 따른다고 가정해 보자.

$$d_{t,t+1} = \phi d_{t-1,t} + \varepsilon_{t,t+1}$$

그러면, 식 (19.13)을 참고해서 아래 식을 얻을 수 있다.

$$\Sigma_{j=0}^{T-1}E(d_{t+j,t+j+1}) = \frac{1}{T}\frac{1-\phi^T}{1-\phi}d_{t,t+1}$$

$$Var(\Sigma_{j=0}^{T-1}d_{t+j,t+j+1}) = \sigma_\varepsilon^2\sum_{i=1}^{T}\frac{(\Sigma_{j=1}^{i}\phi^{j-1})^2}{i}$$

위 두 식을 (19.14)에 대입하면, 우리는 다음과 같은 식을 얻을 수 있다.

$$y_{t,t+T} = -\frac{1}{T}p_{t,t+T} = -\frac{1}{T}\left[\frac{1-\phi^T}{1-\phi}d_{t,t+1} + \frac{\sigma_\varepsilon^2}{2}\sum_{i=1}^{T}\frac{(\Sigma_{j=1}^{i}\phi^{j-1})^2}{i}\right] \quad (19.15)$$

이 간단한 모형이 확률할인요소로 표현한 이자율 기간구조모형의 형태이다. 이 기간구조모형은 σ_ε^2을 포함하기 때문에 장기채권에 대한 위험 프리미엄을 설명할 수 있다는 장점이 있으나, 기간구조의 우상향 또는 우하향을 잘 설명하지 못한다는 점 등으로 인해 실무에서 사용하기에는 한계가 있다.

그런데, 위의 이자율 기간구조모형에 포함된 확률할인요소 $d_{t,t+1}$을 직접 관찰할 수는 없다. 왜냐하면, $d_{t,t+1} = lnD_t = \ln\left[\beta\frac{u'(c_{t+1})}{u'(c_t)}\right]$이므로 효용함수와 $t+1$시점에서의 소비에 대한 정보를 알아야 하는데, 시점 t에서는 확률적(무작위적)이며 알려져 있지는 않다. 물론 불확실성이 없다면 $D_t = \frac{1}{1+r_f}$가 되므로, 시점 t에서 확정적으로 알 수 있음을 앞서 설명한 바 있다.

따라서, 일반적으로는 d_t를 대리하는 변수(proxy variable)를 사용해야 한다. d_t의 대리 변수로 가장 흔히 사용하는 상태변수(x_t)로는 이미 설명한 바와 같이 단기이자율을 들 수 있다. 이자율 기간구조 모형은 이러한 상태변수(단기이자율)를 어떻게 모형화하는지에 따라 달라진다. 이에 관한 전형적인 단일 요인(one factor) 모형에서는 아래와 같이 D_t가 브라운 운동을 따르고, 추세(drift)는 단기이자율에 의하여 결정된다.

$$\frac{dD}{D} = -rdt - \sigma_D dz \tag{19.16}$$

$$dr = \mu(.)dt + \sigma(.)dz$$

여기서, z는 표준 브라운 운동을 의미한다.[8] 이해를 돕기 위해, 상태변수 x_t(단기이자율)를 d_t의 대리변수로 사용하는 경우를 이산시간(discrete time)에서는 다음과 같이 표현할 수 있다.

$$d_t = x_t + \sigma\varepsilon_t$$
$$x_t = \mu + \varepsilon_t$$

이렇게 d_t의 확률과정에 대한 간단한 예를 들어 affine 이자율 기간구조모형을 살펴보았다. 이제 만기가 T인 채권의 가격($P_{t,t+T}$)과 단기이자율(r_t) 간의 관계를 살펴보자. 두 가지 방법을 제시하고자 한다.

■ 확률할인요소: 균형접근법

첫 번째 방법은 확률할인요소가 따르는 확률과정을 가정하여 채권가격을 구하는 방법이다. 위 식 (19.16)에서 확률할인요소의 변화율은 $\frac{dD}{D} = -rdt - \sigma_D dz$를 따른다고 했기 때문에, 이토의 보조정리(Ito's Lemma)에 의해 $d\ln D = -(r + \frac{1}{2}\sigma_D^2)dt - \sigma_D dz$가 되므로, 우리는 다음과 같은 식을 얻을 수 있다.

$$\ln P_{t,t+T} - \ln P_{t,t} = -\int_{s=t}^{t+T}\left(r + \frac{1}{2}\sigma_D^2\right)ds - \int_{s=t}^{t+T}\sigma_D dz \tag{19.17}$$

이 식을 푸는 것은 쉽지 않지만 수치해석적으로는 쉽게 추정할 수 있다.[9] 한편, 위험이 없는 경우, 즉, $\sigma_D = 0$인 경우에는, 위 식에 의해서 채권가격은 $P_{t,t+T} = E\left(e^{-\int_{s=t}^{t+T} rds}\right)$가 됨을 쉽게 알 수 있다.

---

8 참고로, 이 책에서는 표준 브라운 운동을 $B(t)$로 일관되게 표기하고 있으나, 제19장의 일부 모형들이 다른 의미로 $B(t, t+T)$라는 표기를 사용하기 때문에, 여기서는 표준 브라운 운동을 z로 표기하였다.

9 $P_{t,t}$는 만기가 t인 채권의 t 시점에서의 가격이므로 여기서는 1이다. 그리고 $\ln P_{t,t} = 0$이므로 무시할 수 있다.

■ 확률할인요소: 위험중립접근법

두 번째 방법은 채권가격이 따르는 확률과정에 포함된 불확실요인을 제거시키는 방법으로 채권가격을 구하는 위험중립적 접근법(risk neutral approach)이다. 우선 오일러 방정식에서 D_tP_t를 전미분한 다음, 식의 양변을 D_tP_t로 나누고 기댓값을 취하면 다음과 같다.

$$E\left[\frac{dD_t}{D_t}+\frac{dP_t}{P_t}+\frac{dD_t}{D_t}\frac{dP_t}{P_t}\right]=0$$

또한, 식 $\frac{dD}{D}=-rdt-\sigma_D dz$로부터 $E\left[\frac{dD_t}{D_t}\right]=-rdt$이므로, 이를 위 식에 대입하면 다음 식을 얻을 수 있다.

$$E\left(\frac{dP}{P}\right)=rdt-E\left(\frac{dP}{P}\frac{dD}{D}\right) \tag{19.18}$$

한편, 위 식의 좌변에 해당하는 가격변동은 두 가지 요인으로 구분될 수 있다. 즉, 채권의 만기일은 고정되어 있기 때문에, t 시점부터 $t+\Delta t$ 시점까지 채권을 보유한 경우의 수익률($R_{t,t+\Delta t}=\frac{P_{t+\Delta t,t+T-\Delta t}-P_{t,t+T}}{P_{t,t+T}}$)은 이자율 변동에 따른 수익률 변동과 만기의 단축(즉, 보유기간의 경과)으로 발생하는 수익률 변동으로 분해할 수 있다. 따라서, $t+\Delta t$시점에서는 채권의 만기가 $t+T$에서 $t+T-\Delta t$로 줄어든다. 그리고, 채권 보유 수익률은 다음과 같이 두 요인으로 구분된다.

$$\begin{aligned}R_{t,t+\Delta t}&=\frac{P_{t+\Delta t,t+T-\Delta t}-P_{t+\Delta t,t+T}+P_{t+\Delta t,t+T}-P_{t,t+T}}{P_{t,t+T}}\\&=\frac{P_{t+\Delta t,t+T-\Delta t}-P_{t+\Delta t,t+T}}{P_{t,t+T}}+\frac{P_{t+\Delta t,t+T}-P_{t,t+T}}{P_{t,t+T}}\end{aligned}$$

여기서, 단기이자율에 부합하도록 보유기간을 매우 짧게 하면, 위 두 요인은 다음과 같다.

$$\lim_{\Delta t\to 0}\frac{P_{t+\Delta t,t+T-\Delta t}-P_{t+\Delta t,t+T}}{P_{t,t+T}}=-\frac{1}{P}\frac{\partial P}{\partial T}dt\quad \text{(만기 단축에 따른 가격변동)}$$

$$\lim_{\Delta t\to 0}\frac{P_{t+\Delta t,t+T}-P_{t,t+T}}{P_{t,t+T}}=\frac{dP}{P}\quad \text{(이자율 변동에 따른 가격변동)}$$

채권 수익률을 구성하는 위의 두 요인에 의하면, 식 (19.18)의 좌변은 이자율 변동에 따른 가격변동만을 반영한 것이므로, 만기가 줄어드는 점을 감안하면 만기 단축에 따른 가격변동을 추가적으로 고려해야 한다. 따라서, 식 (19.18)의 좌변의 채권 수익률은 $\frac{dP}{P}$가 아니라 $\frac{dP}{P}-\frac{1}{P}\frac{\partial P}{\partial T}dt$가 되어야 하므로, 식 (19.18)의 좌변을 $E\left[\frac{dP}{P}-\frac{1}{P}\frac{\partial P}{\partial T}dt\right]$로 수정한 후 식을 정리하면 다음을 얻을 수 있다.

$$E\left(\frac{dP}{P}\right) = \left(\frac{1}{P}\frac{\partial P}{\partial T} + r\right)dt - E\left(\frac{dP}{P}\frac{dD}{D}\right) \tag{19.19}$$

이제 여기서 채권 가격 P가 상태변수인 단기이자율 r의 함수이고, 이자율은 $dr = \mu_r dt + \sigma_r dz$를 따른다고 가정하자. 그러면, 이토의 레마를 사용하여 다음을 얻을 수 있다.

$$dP = \left(\frac{\partial P}{\partial r}\mu_r + \frac{1}{2}\frac{\partial^2 P}{\partial r^2}\sigma_r^2\right)dt + \frac{\partial P}{\partial r}\sigma_r dz \tag{19.20}$$

이 식에 기대연산자를 취하면,

$$E(dP) = \left(\frac{\partial P}{\partial r}\mu_r + \frac{1}{2}\frac{\partial^2 P}{\partial r^2}\sigma_r^2\right)dt$$

한편, 식 (19.16)에서 $\frac{dD}{D} = -rdt - \sigma_D dz$라고 했으므로, 이 식과 (19.20)을 곱하고 기댓값을 취하면, 아래 식을 얻을 수 있다.[10]

$$E\left(dP\frac{dD}{D}\right) = -\frac{\partial P}{\partial r}\sigma_r\sigma_D dt$$

그리고, 식 (19.19)의 양변에 P를 곱한 후 식 (19.20)에서 나온 $E(dP)$를 이용하여 정리하면 다음과 같다.

$$\begin{aligned} E\left(dP\frac{dD}{D}\right) &= -E(dP) + \left(\frac{\partial P}{\partial T} + rP\right)dt \\ &= -\left(\frac{\partial P}{\partial r}\mu_r + \frac{1}{2}\frac{\partial^2 P}{\partial r^2}\sigma_r^2\right)dt + \left(\frac{\partial P}{\partial T} + rP\right)dt \end{aligned}$$

$E\left(dP\frac{dD}{D}\right)$에 관한 위 두 식을 같다고 두면, dt는 0이 아니므로 다음식을 얻을 수 있다.

$$\frac{\partial P}{\partial r}(\mu_r - \sigma_r\sigma_D) + \frac{1}{2}\frac{\partial^2 P}{\partial r^2}\sigma_r^2 - \frac{\partial P}{\partial T} - rP = 0 \tag{19.21}$$

이 2차 편미분방정식(second order partial differential equation)에는 불확실한(확률적인) 요인(dz)이 없다. 따라서 위험중립 가치평가를 적용할 수 있다. 그러나 Black-Scholes-Merton의 2차 확률편미분방정식과 마찬가지로 이 방정식으로부터 채권가격 P를 바로 구할 수는 없고, 추가적인 조건이 필요하다. 이 편미분방정식의 해를 구하기 위해, (19.21)에서 위험이 없는 경

---

10 $(dt)^2 = 0,\ dtdz = 0,\ \ (dz)^2 = dt$임을 적용하였다.

우, 즉, $\sigma_D = 0$을 가정해보자. 그럼 $\mu_r - \sigma_r \sigma_D = r_t$가 된다. 그리고 위의 편미분 방정식을 블랙숄즈의 옵션모형을 구하는 방법으로 풀면, 앞에서 보았던 균형접근법에서 처럼 채권가격은 아래와 같게 된다.

$$P(t, t+T) = E^*\left(\exp\left(-\int_{s=t}^{t+T} r_s ds\right)\right)$$

여기서 E^*는 식(19.21)에 불확실요인(dz, 위험)이 없으므로 위험중립 프로세스(risk-neutral process)에 대한 기대를 나타낸다.

일반적으로 단일 할인요인 모형($\frac{dD}{D} = -rdt - \sigma_D dz$ 그리고 $dr = \mu_r dt + \sigma_r dz$)은 식 (19.21)의 편미분방정식을 통해서 단기이자율 추세에 대한 정보(μ_r), 그리고 할인 요인과 이자율 충격(위험의 시장가격) 간의 공분산($Cov(\sigma_r z, \sigma_D z) = \sigma_r \sigma_D Var(z) = \sigma_r \sigma_D$)에 대한 정보를 제공한다.

19.2.2 균형모형(equilibrium models)

19.2.2.1 단일요인 균형모형

여기서 다루는 모형들을 단일요인 균형모형이라고 부르는 이유는 이자율 기간구조가 오직 단기이자율에 의해서 전적으로 결정되는 단일모형에 의해 경제주체들이 투자와 소비를 하기 때문이다.

여기서는 affine 기간구조모형에서 상태변수로 사용되고 있는 이자율 프로세스를 어떤 형태로 설정하느냐에 따라 채권가격이 어떻게 결정되는지 살펴보고자 한다. 우선, 단일요인 모형에서는 다음과 같이 하나의 불확실성요인(dz)만을 포함하는 이자율 프로세스(이토 프로세스)를 가정한다.

$$dr = \mu(.)dt + \sigma(.)dz$$

이 모형에서는 모든 이자율이 짧은 기간 동안 같은 방향으로 움직이기는 하나, 기간구조가 항상 같은 모양을 갖는 것은 아니다. $\mu(.)$를 적절한 방법으로 모형화한다면 이자율의 평균회귀를 설명할 수 있고, $\sigma(.)$를 통하여 이자율 변동성의 변화를 설명할 수 있다.

가장 단순한 이자율 프로세스는 다음과 같이 이자율 변동에 추세가 없고(zero drift) 이자율 변동성이 일정한 경우이다: $\mu(.) = 0$ 그리고 $\sigma(.) = \sigma$.

$$dr = \sigma dz$$

Rendleman과 Bartter(1979) 모형에서는 주식가격에 관한 모형에서와 같이 기하 브라운 운동을 가정한다. 즉, $\mu(.) = \mu r$ 그리고 $\sigma(.) = \sigma r$을 가정하여 $dr = \mu r dt + \sigma r dz$가 된다. 그러나 이 모형은 이자율이 평균으로 회귀하는 현상을 설명하지 못한다는 한계가 있다.

■ Vasicek(1977) 모형

Vasicek(1977) 모형은 이자율의 평균회귀현상을 설명하기 위해 $\mu(.) = a(b - r)$을 가정하여 다음과 같은 이자율프로세스를 제시하고 있다.

$$dr = a(b - r)dt + \sigma dz$$

여기서 a는 이자율이 평균으로 회귀하는 속도, 그리고 b는 평균이자율 수준을 나타내는 상수로, 이 모형은 평균으로 회귀하는 확률과정인 **Ornstein-Uhlenbeck 프로세스**를 이자율에 적용한 것이다. 이 프로세스를 사용하는 경우 채권의 가격은 다음과 같이 계산된다.

$$P(t, t + T) = A(t, t + T)e^{-B(t,t+T)r(t)}$$

여기서

$$A(t, t + T) = \exp\left[\frac{(B(t,T) - T)(a^2 b - \sigma^2/2)}{a^2} - \frac{\sigma^2 B(t,T)^2}{4a}\right]$$

$$B(t, t + T) = \frac{1 - e^{-aT}}{a}$$

만약 $a = 0$이라면, 이 모형은 위에서 설명한 $dr = \sigma dz$가 되고, 이 경우 $B(t, t + T) = T$ 그리고 $A(t, t + T) = \exp[\sigma^2 T^3/6]$가 된다.

이 모형에서는 r이 변할 경우 $B(t, t + T)$를 통해 채권가격의 변화를 계산할 수 있다. 즉, $B(t, t + T)$는 만기가 T인 채권 가격의 단기이자율에 대한 민감도를 나타낸다. T가 증가할 경우 $B(t, t + T) \rightarrow \frac{1}{a}$ 로 증가한다. 이 모형은 이자율 기간구조의 우상향, 우하향, 그리고 상승 후 하락하는 혹 모양을 모두 설명할 수 있다. 그러나, 만기에는 채권가격이 액면금액과 같아져야 하므로 만기에 가까워질수록 변동성은 감소한다는 특징이 있지만, 이 모형에서는 이자율의 변동성이 일정하다고 가정하므로 잔여만기의 감소 또는 경제상황의 변동에 따른 변동성 변화를 반영하지 못한다. 또한, 이자율이 음이 될 수도 있다.

■ Cox, Ingersoll과 Ross(1985)(CIR) 모형

Cox, Ingersoll과 Ross(1985)(CIR) 모형은 이자율의 변동성이 이자율 수준에 따라 변한다고 가정한다.

$$dr = a(b - r)dt + \sigma\sqrt{r}dz$$

이 모형은 기본적으로 Vasicek 모형과 동일하지만, 이자율의 변동성을 $\sigma\sqrt{r}$로 설정하였으므로 낮은 이자율 구간에서는 변동성이 작아서 음의 이자율이 발생할 가능성이 적다. 이자율이 CIR 프로세스를 따르는 경우를 그린 아래의 이자율 분포는 이러한 특성을 잘 보여주고 있다.

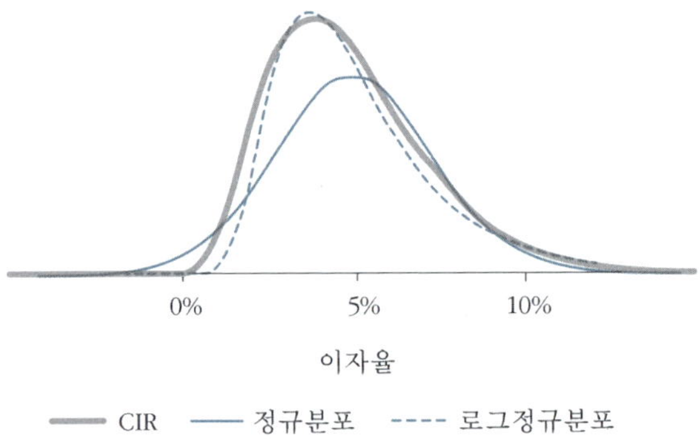

[그림 19-1] 단기이자율이 CIR 프로세스를 따르는 경우 10년 후의 이자율분포

CIR 모형은 이 이자율 프로세스를 사용하여 채권가격이 다음과 같이 결정됨을 보여준다.

$$P(t, t+T) = A(t, t+T)e^{-B(t,t+T)r(t)}$$

여기서

$$A(t, t+T) = \left[\frac{2\gamma e^{(a+\gamma)T/2}}{(a+\gamma)(e^{\gamma T} - 1) + 2\gamma}\right]^{2ab/\sigma^2}$$

$$B(t, t+T) = \frac{2(e^{\gamma T} - 1)}{(a+\gamma)(e^{\gamma T} - 1) + 2\gamma}$$

$$\gamma = \sqrt{a^2 + 2\sigma^2}$$

이 모형은 이자율 기간구조의 우상향, 우하향, 그리고 혹 모양을 모두 설명할 수 있다.

19.2.2.2 다중요인 균형모형

지금까지는 이자율 기간구조의 전체 변화를 단일 이자율의 변화로만 설명하였기 때문에, 모든 기간의 이자율은 완벽한 상관관계를 가지는 것으로 가정하였다. 그러나 만기에 따라 다양한 이자율이 있으며, 이들이 반드시 동일하게 움직이는 것은 아니다. 여기서는 식 (19.16)에서 상태변수로 장기이자율과 단기이자율이 있는 경우를 살펴보자.

예를 들면, Longstaff와 Schwartz(1992) 모형에서는 $\frac{dD}{D}$를 두 개의 이자율 프로세스의 합으로 가정한다.

$$\frac{dD}{D} = r_1 dt + r_2 dt + \sigma_D dz$$

여기서

$$dr_1 = \mu_1(.)dt + \sigma_1(.)dz_1$$
$$dr_2 = \mu_2(.)dt + \sigma_2(.)dz_2$$

이 모형은 이자율 기간구조의 우상향, 우하향, 그리고 혹 모양을 설명할 수 있으므로, 상당히 다양한 경우에도 사용가능하며 중장기 이자율을 설명할 수 있다는 장점이 있다. 하지만 단기이자율 기간구조를 설명하기에는 다소 제한적이다.

이 모형에 대한 이해를 돕기 위해, 이산시간(descrete time)에서 이 모형을 나타내면 다음과 같다.

$$-d_t = x_{1t} + x_{2t} + \sqrt{x_{1t}}\rho\varepsilon_t$$

단,

$$x_{1t} - \mu_1 = \phi_1(x_{1t-1} - \mu_1) + \sqrt{x_{1t}}\varepsilon_{1t}$$

$$x_{2t} - \mu_2 = \phi_2(x_{2t-1} - \mu_2) + \sqrt{x_{2t}}\varepsilon_{2t}$$

따라서 x_{1t}와 x_{2t}가 $-d_t$를 설명하고, 변동성 또한 $\sqrt{x_{1t}}$와 $\sqrt{x_{2t}}$에 따라 변한다. 이 경우 채권의 가격은 다음과 같다.

$$P(t, t+T) = \exp\left(-A_{t,t+T} + B_{1t,t+T}x_{1t} + B_{2t,t+T}x_{2t}\right)$$

여기서

$$A_{t,t+T} = A_{t,t+T-1} + (1-\phi_1)\mu_1 B_{1t,t+T-1} + (1-\phi_2)\mu_2 B_{2t,t+T-1}$$

$$B_{1t,t+T} = 1 + \phi_1 B_{1t,t+T-1} - \frac{(\rho + B_{1t,t+T-1})^2\sigma_1^2}{2}$$

$$B_{2t,t+T} = 1 + \phi_2 B_{2t,t+T-1} - \frac{B_{2t,t+T-1}^2 \sigma_2^2}{2}$$

19.2.3 무차익거래 모형(no-arbitrage models)

앞서 설명한 균형모형들은 탄탄한 이론적 근거를 갖추었음에도 불구하고 실무에서 관찰되는 이자율 기간구조를 잘 설명하지 못한다는 문제가 있다. 왜냐하면 균형모형에서는 현재의 이자율 기간구조는 특정한 이자율 프로세스를 사용하여 산출된 결과인데, 이 단기이자율 프로세스는 시간의 경과에도 변하지 않는 것으로 가정하기 때문에, 실제 이자율 기간구조를 설명하기에는 무리가 있기 때문이다.[11]

한편, 여기서 살펴볼 무차익거래(no-arbitrage) 모형은 현재 우리가 관찰하는 시장 이자율이 차익거래기회가 존재하지 않은 상황에서 결정된 이자율이라고 간주하고, 이러한 관측된 이자율을 활용하여 이자율 기간구조를 산출해 내는 방법이다. 그 결과, 이 모형의 단기이자율 기간구조는 현재 시장에서 관측되는 이자율 기간구조와 일치하게 된다. 따라서 무차익거래 모형에서는 현재 이자율 기간구조는 입력변수이며, 단기이자율의 변화는 시간에 따라 달라진다. 무차익거래 모형에서는 시장이 효율적이고, 따라서 모든 증권의 가격이 서로에 대해 공정(fair)하다고 가정한다.

10.2.3.1 선도이자율, 순간이자율과 채권가격

앞서 우리는 채권의 가격을 $P(t, t+T) = e^{-y(t,t+T)T}$로 표시한다면, $y(t, t+T)$는 만기가 T인 채권의 만기수익률 혹은 만기까지의 평균이자율임을 보았다. 그런데, 이자율은 시간의 흐름에 따라 변화하며, 만약 $dr = \mu(.)dt + \sigma(.)dz$와 같은 확률프로세스를 따른다면, 채권의 가격은 미래의 현금을 매 순간의 이자율로 할인한 $P(t, t+T) = E\left[e^{-\int_t^{t+T} r_s ds}\right]$임을 보였다.

여기서는 이러한 설명에 대한 대안으로 t시점에서 알려진 선도이자율을 사용한다. 이를 보기 위해, 만기까지의 기간을 n개의 단위기간 Δ로 나누어보자: $T = n\Delta$. 그리고 현재 t 시점에서 관찰된 미래의 각 Δ 기간별 이자율을 $f(t, t+(i-1)\Delta, t+i\Delta)$로 표시하자. 그럼 채권의 가격은 다음과 같다.

$$\begin{aligned} P(t, t+T) &= e^{-f(t,t,t+\Delta)\Delta}\, e^{-f(t,t+\Delta,t+2\Delta)\Delta} \cdots e^{-f(t,t+(n-1)\Delta,t+n\Delta)\Delta} \\ &= e^{-\sum_{i=0}^{n-1} f(t,t+i\Delta,t+(i+1)\Delta)\Delta} \end{aligned} \tag{19.22}$$

---

11 단기이자율 값이 변하지 않는다는 것은 아니다. 19.2.2.1절에서 설정한 단기이자율 프로세스가 변하지 않는다는 것이다.

이 단위기간을 더욱 짧게 나누면, 즉, $\Delta \to 0$이면, 다음과 같은 식을 얻을 수 있다.

$$P(t, t+T) = e^{-\int_t^{t+T} f(t,s)ds} \tag{19.23}$$

여기서 $f(t,s)$는 t시점에서 관찰된 미래 s시점부터 아주 짧은 ds 동안의 **순간선도이자율 (instantaneous forward rate)**이다. 예를 들면, $F(t,s,s+\Delta)$를 t시점에서 s부터 $s+\Delta$까지의 (즉, Δ 동안 지속되는) 선도이자율이라 정의하자. 그럼 순간선도이자율은 다음과 같이 정의된다.

$$f(t,s) = \lim_{\Delta \to 0} F(t,s,s+\Delta) = \frac{\ln[P(t,s)] - \ln[P(t,s+\Delta)]}{\Delta}$$

따라서, 채권의 가격은 다음과 같이 만기까지의 평균이자율($y_t(T)$), 단기이자율 프로세스(r_s), 혹은 순간선도이자율($f(t,s)$)을 사용하여 구할 수 있다.

$$P(t, t+T) = e^{-y(t,t+T)T} = E\left[e^{-\int_t^{t+T} r_s ds}\right] = e^{-\int_t^{t+T} f(t,s)ds} \tag{19.24}$$

균형모형에서는 단기이자율 r_s의 확률 프로세스에 대한 적절한 가정을 설정한 후, 이 자율의 수준(drift)과 변동성을 모형화한다. 반면, 무차익거래모형에서는 시장데이터를 이용하여 현재 시점에서 관찰 가능한 순간선도이자율($f(t,s)$)을 사용하기 때문에 이자율 프로세스를 가정할 필요는 없지만, 이자율 변동성은 여전히 모형화할 필요가 있다. 여기서는 선도이자율을 사용하는 무차익거래모형에 대하여 살펴보기로 한다.

19.2.3.2 단일요인 모형

■ Ho와 Lee(1986) 모형

이 모형은 단기이자율의 표준편차와 단기이자율 위험의 시장가격이라는 두 개의 변수를 가지고 채권가격을 이항모형(binomial tree)으로 제시하였다. 이 모형에서는 무차익거래조건 등을 이용하여 단기이자율의 기간구조가 시장에서 관측된 이자율 기간구조와 일관성을 갖도록 만들어, 균형모형들에 비하여 좀 더 현실적인 이자율 기간구조를 제시할 수 있었다.

Ho-Lee 모형은 원래 이산시간 하에서의 이항모형이지만, 여기서는 단기이자율의 확률과정을 설정하여 연속시간에서 살펴보고자 한다. 구체적으로 이자율은 다음과 같은 추세함수 $\theta(t)$와 변동성 σ를 따른다고 가정한다.

$$dr = \theta(t)dt + \sigma dz$$

여기서 σ는 단기이자율의 표준편차이며, 단기이자율의 추세함수인 $\theta(t)$는 이 모형이 초기의 실제 이자율 기간구조에 적합하도록 선택된 시간의 함수이다. 이 모형에서는 이자율은 정규분포(브라운 운동)를 따르며, 변동성 변수는 σ로 모든 선도이자율의 변동성은 같다. 그리고 추세함수(drift)는 다음과 같다.

$$\theta(t) = \frac{\partial f(0,t)}{\partial t} + \sigma^2 t$$

여기서 $f(0,t)$는 미래 t시점의 순간선도이자율이고, $\frac{\partial f(0,t)}{\partial t}$는 순간선도이자율 곡선의 기울기이다. 따라서, 단기이자율의 평균적인 움직임은 선도이자율 기간구조의 기울기(변화)에 의해서 결정된다. 추세함수 $\theta(t)$는 초기 이자율 기간구조와 모형을 일치시키는 시간함수(function of time)로, [그림 19-2]에서 보는 것과 같이 시간에 따른 이자율의 평균적인 움직을 보여준다. 다만 추세함수 $\theta(t)$는 이자율 수준과는 무관하게 움직이고, 이자율 평균회귀현상(mean reversion)을 반영할 수 없으며, 이자율이 정규분포를 따름을 가정했기 때문에 음이 될 수도 있다는 문제점이 있다.

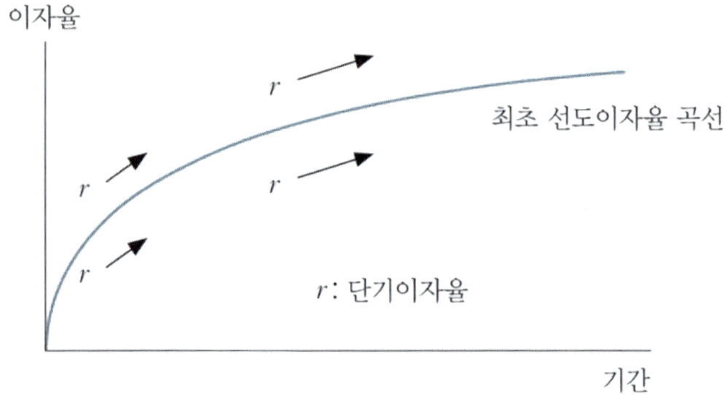

[그림 19-2] Ho와 Lee(1986) 모형의 이자율 기간구조

■ Hull과 White(1990) 모형

Hull과 White(1990)는 Ho-Lee 모형에 이자율 평균회귀를 더하여 초기 이자율 기간구조와 정확하게 일치하는 모형을 제시하였다. Hull-White 모형의 확률미분방정식은 다음과 같다

$$dr = (\theta(t) - ar)dt + \sigma dz$$

여기서 a는 추세함수 $\theta(t)$로 회귀하려는 속도를 나타내며, 추세함수는 다음과 같다.

$$\theta(t) = \frac{\partial f(0,t)}{\partial t} + af(0,t) + \frac{\sigma^2}{2a}(1 - e^{-2at})$$

추세함수의 마지막 부분인 $\frac{\sigma^2}{2a}(1-e^{-2at})$는 일반적으로 매우 작으므로, 이를 무시할 경우 추세함수는 $\theta(t) \approx \frac{\partial f(0,t)}{\partial t} + af(0,t)$로 추정할 수 있다. 따라서, Hull-White 모형에서는 추세함수는 순간선도이자율 곡선의 기울기와 순간선도이자율에 의해 결정된다.

이 모형에서 이자율 r은 초기 선도이자율 곡선을 따르는 움직임을 보여주는 경향이 있으며, 이 곡선에서 벗어나면 a의 속도로 추세함수 $\theta(t)$로 회귀하게 된다.

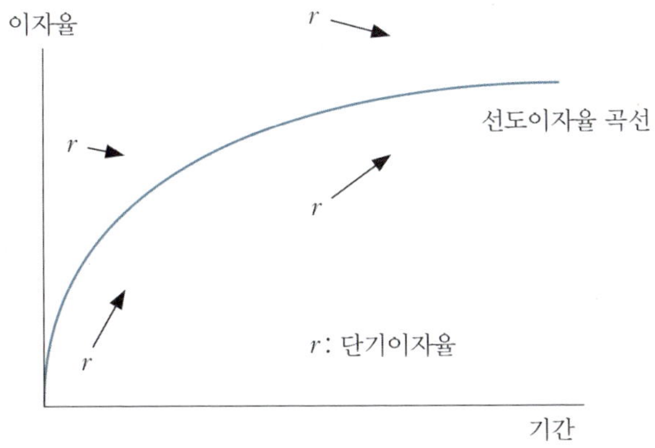

[그림 19-3] Hull과 White(1990) 모형의 이자율 기간구조

19.2.3.3 고급 모형

지금까지 살펴본 채권가격 모형은 단기이자율을 상태변수로 사용하는 단일요인 모형으로, 이자율 기간구조를 설명하기에는 한계가 있다. 또한 이러한 단일모형들은 변동성의 다양한 구조를 고려하지 못한다. 여기서는 이러한 문제를 해결하기 위해 제시된 몇 가지 모형을 살펴보기로 한다.

■ Hull과 White(1996) 2요인 모형

이 모형에서는 단기이자율 r에 대한 위험 중립적인 프로세스를 다음과 같이 정의한다.

$$df(r) = [\theta(t) + u - af(r)]dt + \sigma_1 dz_1$$
$$du = -budt + \sigma_2 dz_2$$

여기서 u의 초기 값은 0이고, dz_1와 dz_2는 상관계수가 ρ인 관계를 가진 브라운 운동이다. 확률변수 u는 이자율이 회귀하는 수준을 구성하는 요소이며, 0으로 회귀하려는 속도는 b가 된다. 만약 $f(r) = r$이라면, 모형이 분석적으로 다루기 쉬우며, 채권 가격이나 할인채권에 대한 유러피언 옵션가격을 유도할 수 있다.

앞서 살펴본 단일 요인 Ho-Lee 모형이나 Hull-White 모형에서는 선도이자율의 변동성이 일정하거나 또는 기하급수적으로 감소하고, 모든 선도이자율은 상관계수 1로 완벽하게 상호 연관되어 있다. 그러나 이 2요인 모형에서는 선도이자율들의 변동성이 달라질 수 있고, 이들 간의 상관계수 또한 다르게 설정될 수 있다.

따라서, Hull과 White(1996) 2요인 모형에서는 다양한 형태의 이자율 기간구조가 가능하다. 예를 들면, a=1, b=0.1, σ_1=0.01, σ_2=0.0165, 그리고 r=0.6일 경우 [그림 19-4]에서 보는 것처럼 혹모양(hump shape)의 이자율 기간구조가 된다.

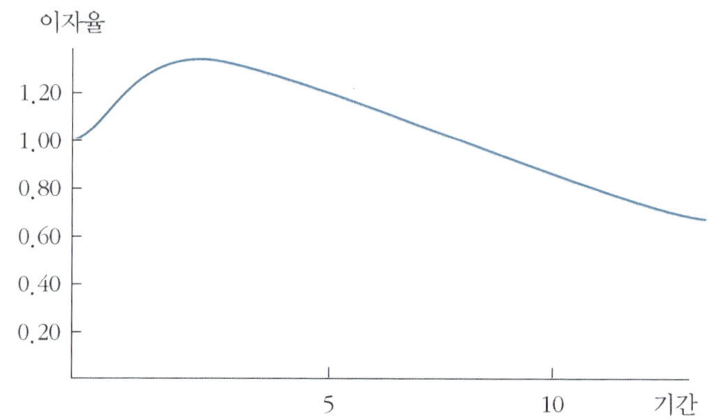

[그림 19-4] Hull과 White(1996) 2요인 모형의 이자율 기간구조 예시

■ Heath, Jarrow와 Morton(1992) 모형

또 다른 다요인 모형으로는 Heath, Jarrow와 Morton(1992)(HJM) 모형이 있다. 이 모형은 Ho-Lee모형을 일반화한 것으로, 모든 만기의 선도이자율을 활용하는 다요인 무차익거래모형이다. 이 모형을 설명하기 위해 우선 모형에 사용되는 변수들을 정의해보자.

- $P(t,T)$: 만기가 T인 할인채권의 t 시점에서의 가격
- $\sigma(t,T)$: $P(t,T)$의 변동성
- $F(t,T_1,T_2)$: t시점에서 관찰된 T_1시점부터 T_2까지의 선도이자율
- $f(t,T)$: 만기가 T인 채권에 대해 t시점에서 관찰된 순간선도이자율
- $r(t)$: t시점의 단기 무위험 이자율
- $dz(t)$: 이자율 기간구조의 변동을 유발하는 표준 브라운 운동(위너 프로세스)의 움직임

이해를 돕기 위해, 만약 요인이 하나밖에 없다면, 단일요인 HJM 모형은 순간선도이자

율에 대해 다음과 같은 확률 미분 방정식을 가정한다.[12]

$$df(t,T) = \mu(t,T)dt + \sigma(t,T)dz(t) \tag{19.25}$$

$t=0$인 시점에서는 시장데이터를 활용하여 선도이자율 곡선을 구할 수 있는데, 이를 초기 조건으로 활용하여 식 (19.25)의 양변을 0에서 t시점까지 적분하면 다음과 같은 식을 구할 수 있다.

$$f(t,T) = f(0,T) + \int_0^t \mu(s,T)ds + \int_0^t \sigma(s,T)dz(s) \tag{19.26}$$

식 (19.26)을 활용하면, t시점에서 만기 T까지의 만기수익률 $r_t(T)$와 채권가격 $P(t,T)$은 다음과 같다.

$$r_t(T) = \frac{1}{T-t}\int_t^T f(t,s)ds$$

$$P(t,T) = e^{-\int_t^T f(t,s)ds}$$

한편, 현재시점인 t시점에서는 단기이자율과 선도이자율이 동일하므로, t시점에서의 단기이자율의 확률미분방정식 $r(t)$는 t시점에서의 순간선도이자율 $f(t,t)$와 같아야 한다. 이를 식 (19.26)을 사용하여 아래와 같이 나타낼 수 있다.

$$r(t) = f(t,t) = f(0,t) + \int_0^t \mu(s,t)ds + \int_0^t \sigma(s,t)dz(s) \tag{19.27}$$

▶ 순간선도이자율의 추세와 변동성 간의 관계

HJM모형에서는 순간선도이자율의 추세(drift)와 변동성(volatility) 사이에 일정한 관계가 존재한다. 이를 보기 위해, $T_1 = T$, $T_2 = T + \Delta T$인 경우를 생각해 보자. 그럼 우리는 다음과 같은 관계를 얻을 수 있다.

$$\begin{aligned} f(t,T) &= \lim_{T_2 \to T_1} F(t,T_1,T_2) \\ &= \sigma(t,T)\frac{\partial\sigma(t,T)}{\partial T}dt + \frac{\partial\sigma(t,T)}{\partial T}dz(t) \end{aligned} \tag{19.28}$$

증명 위 식에서 $\sigma(t,T)$를 알 수 있다면, $f(t,T)$에 대한 위험중립 프로세스를 구할 수 있다. 이를 보기 위해, $P(t,t+T) = e^{-\int_t^{t+T} f(t,s)ds}$를 이용하고 이토의 레마를 사용하면, 순간선도이자율이 식 (19.25)를 따

12 다요인 모형에서는 여러 만기의 선도이자율들을 사용하여 하나 이상의 $\sigma(t,T)dz(t)$를 사용한다.

라가는 경우, 다음을 얻을 수 있다.

$$d\ln[P(t,T_1)] = \left[r(t) - \frac{\sigma(t,T_1)^2}{2}\right]dt + \sigma(t,T_1)dz(t)$$
$$d\ln[P(t,T_2)] = \left[r(t) - \frac{\sigma(t,T_2)^2}{2}\right]dt + \sigma(t,T_2)dz(t)$$

그리고, 선도이자율은 미래 두 시점간의 수익률이므로, 이를 할인채권의 가격으로 나타내보자.

$$F(t,T,T+\Delta T) = \frac{\ln[P(t,T)] - \ln[P(t,T+\Delta T)]}{\Delta T} \quad (19.29)$$

따라서 위의 식들을 식 (19.29)에 대입하면 선도이자율은 다음과 같은 확률프로세스를 따르게 된다.

$$F(t,T,T+\Delta T) = \left[\frac{\sigma(t,T_1)^2 - \sigma(t,T_2)^2}{2(T_2 - T_1)}\right]dt + \frac{\sigma(t,T_1) - \sigma(t,T_2)}{(T_2 - T_1)}dz(t)$$

이제 $\Delta T \to 0$ (혹은 $T_2 \to T_1$)인 경우 아래 결과들을 이용해서 식 (19.28)을 유도할 수 있다.

$$\lim_{\Delta T \to 0} F(t,T,T+\Delta T) = f(t,T)$$
$$\lim_{\Delta T \to 0} \frac{\sigma(t,T+\Delta T)^2 - \sigma(t,T)^2}{2\Delta T} = \frac{\partial\sigma(t,T)^2}{2\,\partial T} = \sigma(t,T)\frac{\partial\sigma(t,T)}{\partial T}$$
$$\lim_{\Delta T \to 0} \frac{\sigma(t,T) - \sigma(t,T+\Delta T)}{\Delta T} = \frac{\partial\sigma(t,T)}{\partial T}$$

이 결과는 순간선도이자율의 위험조정 추세(drift)는 변동성에 의존한다는 것을 보여준다. 이를 구체적으로 나타내면, 순간선도이자율의 추세 $m(t,T) = \sigma(t,T)\frac{\partial\sigma(t,T)}{\partial T}$ 는 표준편차 $s(t,T) = \frac{\partial\sigma(t,T)}{\partial T}$ 와 다음과 같은 관계를 가진다.

$$m(t,T) = s(t,T)\int_t^T s(t,\tau)d\tau \quad (19.30)$$ *QED.*

따라서 순간선도이자율이 식 (19.26)을 따라가는 경우, 현재시점의 순간이자율(단기이자율)은 다음과 같은 확률미분방정식을 따르게 된다.[13]

$$r(t) = f(0,t) + \int_0^t \sigma(\tau,t)\frac{\partial\sigma(\tau,t)}{\partial t}d\tau + \int_0^t \frac{\partial\sigma(\tau,t)}{\partial t}dz(\tau) \quad (19.31)$$

이 식에서 두 번째 항이 0이 아니기 때문에, 선도이자율은 위험중립적 관점에서 미래 현물

13 식 (19.27)을 구한 방법과 동일하게, 식 (19.28)의 양변을 0에서 t 시점까지 적분하여 구한다.

이자율(또는 단기이자율)의 편향된 추정치이다. 또한 두 번째 항이 과거로부터 현재까지의 이자율 및 채권가격에 달려 있기 때문에, $r(t)$는 마코브 프로세스(Markov process)가 아니다.

19.3 신용위험(Credit Risk)**

신용위험은 채무증권 발행자(또는 차용인, 채무자)가 변제의무를 이행할 수 없거나 협상 가능한 수단으로 변제하지 못하는 위험을 말한다. 즉, 신용위험은 채무자의 경영 상태 악화, 신용도 하락 또는 채무불이행 등으로 인해 대출 자산이나 유가증권 등으로부터 예상되는 현금 흐름이 계약대로 회수되지 않을 가능성을 의미한다. 신용위험은 시장위험(market risk), 유동성 위험(liquidity risk), 운영위험(operational risk), 법률위험(legal risk), 평판위험(reputational risk) 등과 더불어 회사가 관리해야 할 중요한 금융위험(financial risk) 중 하나이다. 신용위험이 광범위하게 사용되는 영역은 채권등급이다. 채권 거래자와 평가기관은 채권가격 결정시 신용위험을 고려하는 다양한 방법을 개발하고 있다.

신용위험에 대하여는 제1장에서 미래의 현금흐름이 불확실한 경우의 채권가격을 설명하면서 신용등급, 신용등급별 지급불능 확률, 신용등급별 지급불능 확률의 전이, 그리고 지급불능(부도)시 채권의 잔존가치 등에 대하여 설명한 바 있다. 여기서는 신용위험 모형들을 살펴보고, 신용위험이 있는 경우 채권가격이 어떻게 결정되는지를 설명하기로 한다.

19.3.1 신용위험 평가의 두 가지 구성 요소

신용위험을 평가하려면 채무불이행확률(부도확률) (probability of default: PD)과 채무불이행시의 손실률(부도시 손실률)(loss given default: LGD)이라는 두 가지 요인을 알아야 한다.[14] 그런데, 이들을 구하기 위해서는 먼저 채무불이행을 정의해야 한다.[15] 채무불이행은 통상적으로 부도와 같은 의미로 사용되며, 적절한 상환청구 조치를 취하지 않으면 채무를 일부라도 상환받지 못할 것으로 판단되는 경우 혹은 금융기관 대출의 경우에는 채무가 90일 이상 연체된

---

14 채무불이행(default)은 파산(bankruptcy)과는 다르다. 파산은 지급불능에 빠진 상황에서 법적으로 파산신청을 할 경우에 채권자들의 강제집행을 금지되고 법원에 의한 파산선고와 함께 진행되는 청산절차를 의미한다.

15 실무에서는 부도(채무불이행)를 먼저 정의하고, 부도와 부도시 회수율에 관한 과거 데이터를 이용하여 부도 확률(PD)과 부도시 손실률(LGD)을 추정한다. 그리고, 이 두 요인을 곱한 예상손실률(Expected Loss: EL) (EL = PD × LGD)을 목표수준으로 유지하기 위한 신용위험 관리활동을 수행한다.

경우를 채무불이행이 발생한 것으로 간주한다.

채무불이행시의 손실률(LGD)은 채무불이행으로 회수하지 못하는 손실을 채무원금(채무불이행이 발생하지 않았을 경우 회수할 수 있는 금액)으로 나눈 값으로, 1에서 회수율(recovery ratio)을 차감하여 구한다. 즉, 'LGD = 1 − 회수율'이다. 회수율은 제1장에 설명된 바와 같이 채무 변제순위에 따라 크게 달라지며, 평균적으로 30∼40% 정도로 알려져 있다.

부도(채무불이행) 확률(PD)을 예측하는 방법 중 하나는 신용평가기관이 제공하는 양적, 질적 및 법적 분석이 포함된 보고서를 활용하는 것이다. 양적 분석은 주로 회사의 재무보고서를 기반으로 하며, 질적 분석은 경영 능력, 회사가 처한 경쟁 상황, 산업내 예상 성장, 기술 변화, 규제상황, 노사관계 등에 대한 분석을 들 수 있다. 가장 기본적인 부도확률(PD)은 신용등급에 따른 부도확률이며, 신용등급이 낮을수록 부도확률이 높아진다. 또한, 채무의 만기가 길수록 부도확률이 높아지며, 경기상황에 따라 부도확률이 변한다는 점은 제1장에서 설명한 바 있다. 또 다른 부도확률(PD) 추정 방법으로는 구조모형(structural model)와 축약모형(reduced form model)을 활용할 수 있는데 이에 대하여 상세히 알아보도록 하자.

19.3.1.1 선도부도확률(forward default probability)

분석에 앞서 선도부도확률을 살펴보자. 선도부도확률은 이자율 분석에서 선도이자율과 같은 개념으로, 현재 시점에서 미래 특정 기간 동안 발생할 것으로 예상되는 부도확률을 말한다.

우선 $pro(t)$를 t기간동안 부도가 발생하지 않을 확률, 즉, **생존확률**이라고 정의해 보자. 기간이 길어질수록 생존확률이 낮아지게 되므로, $s \geq t$ 인 경우, 두 기간 동안 발생하는 부도확률의 차이는 $pro(t) - pro(s)$로 나타난다. 이를 조건부 확률로 바꾸어 보면, t시점까지 생존해 있던 기업이 s시점까지 생존할 조건부 확률은 $pro(s|t) = pro(s)/pro(t)$로 표현할 수 있다. 예를 들면, 제1장에 있는 <표 1-3> 신용등급별 누적부도율표를 보면, B등급 기업의 3년과 4년의 누적생존확률은 각각 0.8771(=1-0.1229)과 0.8454(=1-0.1546)이다. 이 경우 3년과 4년 사이에 부도가 발생할 확률은 현재 시점에서는 3.17%(=0.8771-0.8454)이지만 3년이 지난 후에 향후 1년간 조건부 생존확률은 $pro(4\text{년}|3\text{년}) = \frac{pro(4\text{년})}{pro(3\text{년})} = \frac{0.8454}{0.8771} = 0.9639$, 즉, 96.39%가 되고, 조건부 부도확률은 3.61%가 된다.

이 **조건부 생존확률**($pro(s|t)$)을 사용하여 $1 - pro(s|t)$를 계산할 수 있는데, 이를 **선도부도확률**(선도지급불이행확률)이라 한다. 만약 s를 t에 근접시킨다면 **순간선도부도확률 (instantaneous default probability)**을 구할 수 있다.

$$f(t) = \lim_{s \to t}(1 - pro(s|t)) \tag{19.32}$$
$$= \lim_{s \to t} - \frac{pro(s) - pro(t)}{pro(t)} = -\frac{pro(t)'}{pro(t)}$$

순간선도부도확률 $f(t)$는 **위험률(hazard rate)** 혹은 **부도강도(default intensity)**라고도 불리우며, 시점 t까지 부도 없이 생존한 기업이 시점 t에 부도가 발생할 확률을 말한다. 또한, 로그함수의 미분을 이용하면 식 (19.32) 에서 $\frac{pro(t)'}{pro(t)} = (\ln pro(t))'$이므로, 생존확률과 순간선도부도확률 간에 다음과 관계를 구할 수 있다.

$$pro(t) = \exp\left(-\int_0^t f(u)du\right) \tag{19.33A}$$

$$pro(s|t) = \exp\left(-\int_t^s f(u)du\right) \tag{19.33B}$$

이 선도부도확률은 앞으로 다루게 될 부도위험의 기간구조(term structure of default risk)를 모형화하는데 유용하게 사용된다.

19.3.1.2 부도확률 모형

채무불이행(혹은 부도) 확률을 모형화하는 방법은 크게 두 가지로 나눌 수 있다. 첫째, 구조모형(structural model)에서는 채무자의 자산의 시장가치 하락이 지급불능을 결정하는 궁극적인 요인이라는 관점에서 출발한다. 즉, 자산의 가치가 부채의 가치보다 작다면, 해당 채무자는 부채를 상환할 수 없다는 것이다. 물론 자산의 가치가 부채보다 적은 경우라도 반드시 지급불능이 발생하는 것은 아니며, 반대로 자산이 부채보다 많다고 해서 지급불능이 절대로 발생하지 않는다는 것은 아니다. 그러나 자산의 가치가 부채보다 적다면 지급불능의 위험이 높아진다는 사실은 변함이 없다. 이 모형에서는 자산의 가치가 확률프로세스(기하 브라운 운동(geometric Brownian motion))를 따른다는 가정하에 자산의 가치가 부채의 가치보다 적어지는 확률을 옵션가격모형으로 분석한다(Merton, 1974).

둘째, 축약모형(reduced form model)에서는 채무자의 자산가치와 연관시키는 대신 부도 발생확률이 특정한 확률과정에 따라 외생적으로 결정된다고 본다. 즉 부도는 드물게 발생하는 사건이므로, 이러한 사건이 발생하는 확률은 포아송(Poisson)분포를 따른다고 보고 순간선도부도확률을 모형화 한다(Duffie와 Singleton, 1998).

아래 표는 앞으로 여기서 설명할 모형들에 대한 간단한 설명이다.

〈표 19-1〉 부도확률 모형 요약

모형	구조모형(structural model)		축약모형(reduced form model)
	Merton(1974)	Black과 Cox(1976)	Duffie 와 Singleton(1999)
부도의 정의	자본구조와 같은 구조적 요인에 의해 부도발생		포아송분포를 따르는 외생적인 사건
장점	• 모형의 단순함 • 실행의 편리함	• 만기이전 부도발생 가능	• 모형의 유연성 • 무위험금리모형의 적용 가능 • 회수율 내생성 고려
단점	• 관찰되지 않는 기업 가치가 투입변수 • 부도는 만기시에만 발생	• 관찰되지 않는 기업 가치가 투입변수임	• 신용등급변화를 고려하지 않음

19.3.2 구조모형(structural model)

구조모형에서는 부도가 발생하는 경우들을 명확하게 설정한다. 예를 들어, 채무불이행은 회사의 자산 가치가 특정 경계 아래로 떨어지면 발생하는 것으로 가정한다. 이런 모형 중에서 가장 기본이 되는 모형은 Merton(1974) 모형이며, 여기서는 이외에도 Black과 Cox(1976)의 최초통과 모형(first passage model)도 설명하고자 한다.

19.3.2.1 Merton 모형[16]

기업의 가치 V가 주주지분(주식) E와 부채(채권)(콜(수의상환) 조항이 없고 만기가 T 그리고 액면가는 F인 할인채권) B로 나누어진다고 가정하자. Merton 모형에서는 채권의 만기 T시점에서 자산의 가치 V_T가 채권의 액면가 F보다 작은 경우, 즉 $V_T < F$라면, 부도가 발생한다고 본다. 이 경우 $E_T = 0$ 그리고 $B_T = V_T$가 되어, 주주들은 몫은 없어지고, 채권자들은 액면가 이하로 남아있는 자산가치를 지급받게 된다. 반대로, 채권 만기에 $V_T \geq F$라면, 회사는 채권자들에게 F를 지급하고, 주주들 몫은 $E_T = V_T - F$가 되므로, 지급불능이 발생하지 않는다. 따라서 이를 정리하면 만기시 채권의 가치 B_T는 다음과 같다.

$$B_T(V,T) = F - \max(F - V_T, 0) \tag{19.34}$$

회사 자산의 가치 V_t가 다음과 같은 기하 브라운 운동을 따른다고 가정하자.

---

16 상세한 설명은 제16장에서 콜옵션모형을 이용한 기업가치평가를 참조하기 바란다.

$$\frac{dV_t}{V_t} = \mu_v dt + \sigma_v dz(t) \tag{19.35}$$

제16장에서 살펴본 Black-Scholes 옵션식을 사용하여, 채권의 가치를 다음과 같이 계산해낼 수 있다.

$$\begin{aligned} B_t &= V_t - C^{BS}(V_t, F, \sigma_v, \tau, r) \\ &= V_t \Phi(-d_1) + Fe^{-r\tau}\Phi(d_2) \end{aligned} \tag{19.36}$$

여기서 $C^{BS}(.)$는 Black-Scholes의 옵션가격을 나타내며 $\Phi(.)$ 누적표준정규분포 함수를 나타낸다. 또한 d_1과 d_2는 다음과 같이 정의된다.

$$\begin{aligned} d_1 &= \frac{ln(V_t/F) + (\mu_v + \frac{1}{2}\sigma_v^2)\tau}{\sigma_v\sqrt{\tau}} \\ &= d_2 + \sigma_v\sqrt{\tau} \end{aligned}$$

한편 기하 브라운 운동을 따르는 기업가치 V_t 는 로그정규분포인 $lnV_t \sim N\left(lnV_0 + \left(\mu_v - \frac{\sigma_v^2}{2}\right)t,\ \sigma_v^2 t\right)$를 따르게 되며, 확률밀도함수는 다음과 같다.

$$pdf(\cdot) = \frac{1}{V_t\sqrt{2\pi t}\sigma_v}\exp\left(-\frac{\left\{\ln\left(\frac{V_t}{V_0}\right) - \left(\mu_v - \frac{\sigma_v^2}{2}\right)t\right\}^2}{2\sigma_v^2 t}\right) \tag{19.37}$$

이 확률밀도함수로부터 만기시 지급불능확률을 구할 수 있다. 아래 그림은 Merton모형에 따른 지급불능확률과 지급불능의 발생을 예시화한 것으로, 지급불능은 만기시점의 기업가치의 확률분포에 의해 결정된다는 점을 보여주고 있다.

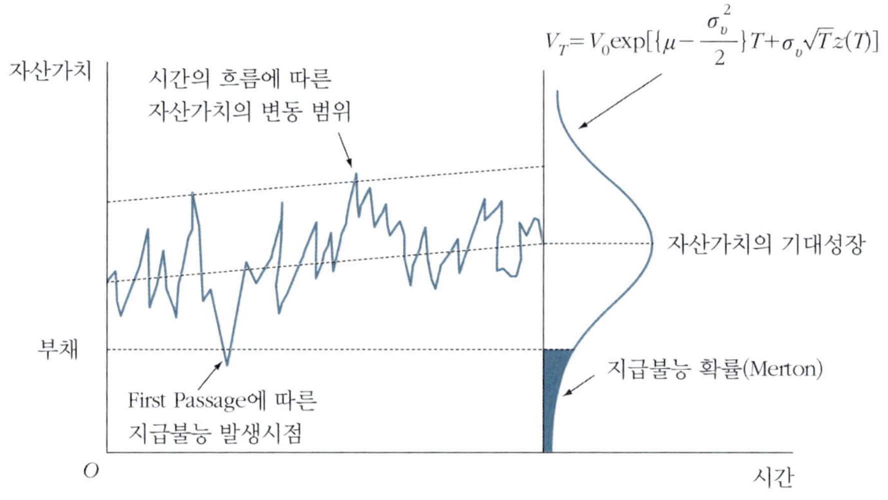

[그림 19-5] 지급불능의 발생과 지급불능 확률(Merton 모형과 First Passage 모형)

19.3.2.2 최초통과 모형(first passage model)

앞서 살펴본 Merton 모형에서는 유러피언 옵션과 유사하게 채권 만기일에 회사의 자산의 가치와 채무(부채)금액을 비교하여 지급불능 여부를 판단한다. 그러나 현실에서는 만기일 전이라도 회사의 자산가치가 채무보다 적은 경우가 발생하여 지급불능위험에 처할 수 있다. 즉, [그림 19-5]에서 채권 만기가 T라 하더라도 그 이전에 자산의 가치가 채무금액보다 낮아진다면 부도로 이어질 수 있다.

Black과 Cox(1976)가 제시한 **최초통과 모형(first passage model)**에서는 만기일 전이라도 기업가치가 채무금액보다 낮아지는 최초의 시점에서 지급불능이 발생한다고 가정한다. 위에서 본 것처럼 자산의 가치가 로그정규분포를 따를 때, 지급불능은 자산가치 V_t가 지급불능 임계수준 B_t(예를 들면 채무금액)에 최초로 도달할 때 발생한다고 가정한다. Black과 Cox (1976)는 B_t를 시간에 따라 변하는 임계수준(time-dependent barrier)으로 설정하였다.

이를 좀 더 살펴보자. 자산의 가치가 로그정규분포를 따라간다고 가정하므로, 로그자산가치는 정규분포를 따르게 된다. 로그자산가치를 로그 지급불능임계수준과 비교한 다음, 이를 로그자산가치의 표준편차(σ_v)로 나눈 값을 $X_t = (\ln V_t - \ln B_t)/\sigma_v$라 두면, 이는 정규분포를 따르게 된다. 이 X_t를 사용하여, t와 T시점 간의 생존 확률 $pro(t,T)$를 구하면 다음과 같다.

$$pro(t,T) = pro(X_s \geq 0, t \leq s \leq T | X_t) \quad (19.38)$$
$$= H(X_t, T-t)$$

여기서, 생존확률 $H(X_t, T-t)$는 아래와 같이 구할 수 있다.

$$H(x,s) = N\left(\frac{x+ms}{\sqrt{s}}\right) - e^{-2mx}N\left(\frac{-x+ms}{\sqrt{s}}\right)$$

단,

$$x = \frac{\ln V_s - \ln B_s}{\sigma_v}$$

$$m = \frac{\mu_v - \sigma_v^2/2}{\sigma_v}$$

이토의 레마를 활용하면, X_s는 표준편차가 1이고 추세(drift)가 m인 브라운운동이 된다. 즉, m은 V_t가 로그정규분포를 따를 때, 시간 s가 경과함에 따라 기대되는 기업가치의 증가를 말한다. 따라서 이 방법은 회사의 자산가치와 지급불능 임계수준을 알고 있는 경우에 유용하다.

19.3.3 축약모형(reduced form model)

축약모형에서는 지급불능 확률과 시점이 **부도발생강도(arrival intensity of default)**에 기반하고 있다. 이 방법은 지급불능을 채무자의 자본구조(Merton 모형에서 사용한 자산과 부채의 규모)에 연동시키는 것이 아니고, 대신 지급불능 시기를 외생적인 부도의 발생 강도에 대한 확률과정(intensity process)으로 모형화한다. 이 방법은 드물게 발생하는 사건(예컨대 지급불능)이 **포아송분포(Poisson distribution)**를 따른다는 가정에 기반하고 있다.

포아송분포에 따르면, 단위 시간당 발생하는 사건의 기대 횟수가 λ라면, t시간 동안 사건이 k번 발생할 확률은 다음과 같다.

$$pro(k; t\lambda) = \frac{(t\lambda)^k e^{-t\lambda}}{k!}$$

따라서 t시간 동안 사건이 한번도 발생하지 않을 확률(생존확률)은 $k=0$인 경우이므로 다음과 같다.

$$pro(0; \lambda) = e^{-t\lambda}$$

지급불능이 포아송분포를 따른다면, t 기간 동안 생존확률이 $pro(t) = e^{-\lambda t}$이기 때문에, 생존확률은 기간이 증가할수록 감소한다. 또한 단위 시간당 발생하는 사건의 기대 횟수인 λ가 증가하면 생존확률 $pro(t)$는 줄어들게 되므로, t 시점까지 지급불능에 빠질 확률이 증가하게 된다. 따라서 λ를 **부도강도(default intensity)**라 한다.

이제 부도강도가 시간에 따라 변하는 경우를 생각해보자. t시점에서 부도강도를 $\lambda(t)$라 하면, 아직 채무불이행이 일어나지 않은 상태에서 향후 단위 기간 동안 생존할 확률은 $e^{-\lambda(t)}$가 된다. 따라서 이를 최초 시점부터 t시점까지 반복할 경우 생존할 확률은 다음과 같다.

$$\begin{aligned} pro(t) &= pro(1)pro(2|1)pro(3|2)\cdots pro(t|t-1) \\ &= e^{-\lambda(1)}e^{-\lambda(2)}e^{-\lambda(3)}\cdots e^{-\lambda(t)} \\ &= e^{-\int_0^t \lambda(t)dt} \end{aligned} \tag{19.39}$$

따라서, 부도강도 $\lambda(t)$는 앞서 식 (19.32)에서 살펴본 순간선도부도확률(instantaneous default probability) $f(t)$와 동일하다. 또한 생존확률 $pro(t)$가 순간선도부도확률의 지수함수인 점은, 앞서 살펴본 할인채권의 가격이 순간선도이자율 $f(t,T)$의 지수함수인 점과 동일하다.

한편 부도강도는 새로운 정보를 반영하면서 변화하며, 연속시간 하에서는 확률프로세스를 따르게 된다. 따라서, 이 확률프로세스는 신용등급, 주식가격, 경기 등과 같은 부도강도와 관련된 상태변수의 함수로 모형화될 수 있다.

19.3.3.1 중첩 확률 부도(doubly stochastic default)

생존확률은 다음과 같은 두 가지 불확실성으로 인해 중첩 확률(doubly stochastic) 프로세스가 된다. 첫째는 부도강도 프로세스 $\lambda(t)$의 무작위성 때문이고, 둘째는 t시점까지 부도강도 프로세스 $\lambda(t)$의 경로가 주어진 상황에서, t시점에서의 부도는 $\lambda(t)$를 모수로 하는 포아송 분포에 의해 발생하기 때문이다.

부도강도가 확률 프로세스 $\lambda(t)$를 따른다면, 생존확률은 다음과 같이 표현된다.

$$\begin{aligned} pro(t) &= E\left[e^{-\int_0^t \lambda(t)dt}\right] \\ pro(t,s) &= E\left[e^{-\int_t^s \lambda(t)dt}\right] \end{aligned} \tag{19.40}$$

이 식들은 각각 과거 0시점에서 t시점까지, 그리고 t시점에서 미래의 s시점까지 생존할 조건부 확률이다. 부도강도 $\lambda(t)$는 t시점에서 사용 가능한 모든 정보를 활용하였을 때 t시점에서 부도가 일어날 확률이다.

수학적으로, 생존확률과 부도강도 사이의 관계는, 할인채권가격과 위험중립 하에서 단기이자율 프로세스와의 관계, 그리고 할인채권가격과 순간선도이자율과의 관계와 동일하다(식 (19.24) 참조). 따라서 선도부도확률은 선도이자율과 유사하다.

19.3.3.2 부도강도 모형의 예

부도강도 $\lambda(t)$는 다양한 방법으로 모형화할 수 있는데, 기본적으로 이러한 모형은 앞서 살펴본 이자율 기간구조에 사용된 단기이자율 모형과 동일한 형태이다. 한편 이러한 마코브 프로세스(Markov process) 이외에도, 개별 기업이나 거시경제 변수를 사용하여 부도강도를 모형화할 수도 있다.

■ CIR 부도강도 모형

이 모형은 Cox, Ingersoll과 Ross(1985)(CIR)의 단기이자율 모형의 형태를 부도강도 모형에 사용한 것이다. 이자율 대신 부도강도 λ를 사용하면, 다음과 같은 부도강도 프로세스를 얻을 수 있다.

$$d\lambda_t = \kappa(\gamma - \lambda_t)dt + \sigma\sqrt{\lambda_t}dB_t$$

이 경우 t시점에서 미래 s시점까지 생존할 확률은 다음과 같다.[17]

$$pro(t,s) = e^{\alpha(s-t)+\beta(s-t)\lambda(t)}$$

이 모형은 이자율 기간구조에서와 동일한 특성을 보여준다. 우선 부도강도의 변동성이 증가하면 부도확률이 낮아지는 경향이 있다. 또한 $\kappa \to 0$일 경우 λ_t의 분산은 감소하고, 따라서 κ가 낮아질수록 선도부도확률곡선도 더 낮아지게 된다. 마지막으로 초기 λ값이 높다는 것은 해당 회사가 장기 평균 수준에 비해 현재 신용이 좋지 않음을 의미하고, 이 기업이 생존한다면 부도위험이 점차 낮아지게 된다.

■ affine 부도강도 모형

많은 부도강도 모형에서는 다차원의 마코브 프로세스(X)를 기반으로 하여 부도확률을 구체화하고 있다. 예를 들어, 앞서 살펴본 CIR모형은 부도강도 프로세스 λ자체가 유일한 요인으로 상태 프로세스 X가 되는 특별한 경우라고 볼 수 있다.

K개의 독립적인 CIR 프로세스(X_i)를 사용한다면 λ는 다음과 같다.

$$\lambda_t = a + \sum_{i=1}^{K} b_i X_i$$

이러한 다변량 모형의 경우, 생존확률은 다음과 같은 형태로 나타나며, 이자율 모형에서처

17 여기서 α와 β는 Duffie와 Singleton(2003)의 부록에서 찾을 수 있다.

럼 이렇게 생존확률이 선형함수인 경우를 affine 모형이라 한다.

$$pro(t,s) = e^{\alpha(t,s)+\boldsymbol{\beta}(t,s)\boldsymbol{X}(t)}$$

여기서 $\alpha(t,s)$와 행렬 $\boldsymbol{\beta}(t,s)$는 t와 s에 따라 달라진다.

■ HJM 선도부도확률 모형

이 모형의 기본적인 아이디어는 Heath, Jarrow와 Morton(HJM)(1992)과 동일하다. 즉, 부도강도는 선도부도확률 모형에 의하여 결정된다.

시간 t에서 s까지 생존확률은 t시점에서 활용가능한 모든 정보를 바탕으로 얻어진 선도부도확률 $f(t,u)$를 사용하여 계산한다.

$$pro(t,s) = \exp\left(-\int_t^s f(t,u)du\right)$$

또한, HJM에서처럼 $f(t,s)$의 확률과정을 다음과 같이 가정한다.

$$df(t,s) = \mu(t,s)ds + \sigma(t,s)dB_t$$

동일한 방법을 사용하여 다음과 같은 추세와 변동성 간의 관계를 구할 수 있다.

$$\mu(t,s) = \sigma(t,s)\int_t^s \sigma(t,u)du$$

19.3.4 신용등급 전이(credit rating migration)

19.3.4.1 신용등급 전이행렬(transition matrix)

회사의 신용은 고정되어 있지 않고 시간의 흐름에 따라 변한다. 거시적 경제환경의 변화와 개별기업이 속한 산업의 전망 그리고 개별기업이 처한 상황에 따라 기업의 신용도는 바뀐다. 그러나 이러한 신용 변화는 급속하게 또는 큰 변동폭으로 상승 혹은 하락하지는 않고, 시간이 흐르면서 점진적으로 발생한다.

여기서는 신용등급 전이행렬을 이용하여 미래의 신용등급을 예측하는 방법을 살펴본다. 우선 신용위험의 유일한 결정요인은 현재의 신용등급이고, 신용등급이 다른 등급으로 바뀌는 확률, 즉 신용등급 전이확률은 시간이 경과하더라도 일정하다고 가정해보자. 이 경우 신용등급의 변화는 마코브 체인(Markov chain)을 따르므로, 이를 이용하면 다년간의 신용등급 전환이나 부도확률 계산을 쉽게 할 수 있다.

신용등급 전이행렬은 미래의 등급을 예측하려고 할 때 유용하다. 우선 신용등급 전이

행렬 $\boldsymbol{\Pi}$를 다음과 같이 나타내보자.

$$\boldsymbol{\Pi} = \begin{pmatrix} & A_{t+1} & B_{t+1} & C_{t+1} & 부도_{t+1} \\ A_t & \pi_{11} & \pi_{12} & \pi_{13} & \pi_{14} \\ B_t & \pi_{21} & \pi_{22} & \pi_{23} & \pi_{24} \\ C_t & \pi_{31} & \pi_{32} & \pi_{33} & \pi_{34} \\ 부도_t & \pi_{41} & \pi_{42} & \pi_{43} & \pi_{44} \end{pmatrix}$$

이 신용등급 전이행렬 $\boldsymbol{\Pi}$에서 i행과 j열의 원소 π_{ij}는 t 시점의 등급 i가 $t+1$ 시점에서 j 등급으로 전이되는 확률을 나타내고, 각 행의 모든 원소의 합은 $\pi_{i1}+\pi_{i2}+\pi_{i3}+\pi_{i4}=1$이며, 최초 t 시점에서 한 등급에 속한 기업은 1년 후에 다른 등급으로 바뀌거나 아니면 같은 신용등급에 머물게 된다. 신용등급 전이행렬은 신용평가기관이 과거 신용등급의 변화 데이터를 사용하여 계산한다. 예를 들어 <표 19-2>의 신용등급 전이행렬을 살펴보자. AA등급에 속한 기업이 1년 후에 AAA로 등급상승이 일어날 확률은 0.7%, 반면 A등급으로 하락할 확률은 7.79%로 나타나고 있다. 그러나 대부분의 경우 신용등급은 변경되지 않는다. 또한 B 또는 CCC와 같은 낮은 신용 등급은 상위 또는 하위 등급으로 더 자주 이동함을 볼 수 있다.

〈표 19-2〉 Standard & Poor 신용등급 전이확률(1996년 4월)

최초 등급	1년 후 등급							
	AAA	AA	A	BBB	BB	B	CCC	부도
AAA	90.81	8.33	0.68	0.06	0.12	0	0	0
AA	0.70	90.65	7.79	0.64	0.06	0.14	0.02	0
A	0.09	2.27	91.05	5.52	0.74	0.26	0.01	0.06
BBB	0.02	0.33	5.95	86.93	5.30	1.17	0.12	0.18
BB	0.03	0.14	0.67	7.73	80.53	8.84	1.00	1.06
B	0	0.11	0.24	0.43	6.48	83.46	4.07	5.20
CCC	0.22	0	0.22	1.30	2.38	11.24	64.86	19.79

1년을 초과하는 미래의 신용등급 전이확률도 신용등급 전이행렬 $\boldsymbol{\Pi}$를 사용하여 손쉽게 구할 수 있다. 즉, 2년, 3년, …, k년 이후의 신용등급 전이확률은 $\boldsymbol{\Pi}^2$, $\boldsymbol{\Pi}^3$, …, $\boldsymbol{\Pi}^k$으로 계산하면 된다. 이는 신용위험의 유일한 결정요인이 현재의 신용등급이므로, 마코브 체인을 사

용할 수 있기 때문이다.

한편 신용등급 전이행렬 $\boldsymbol{\Pi}$를 추정할 수 있는 방법은 각 신용등급별로 누적부도확률을 사용하는 것이다. t시점에서 이 부도확률 벡터를 $\boldsymbol{d}_t$라 하고, 1년 후, 2년 후, …의 누적부도확률을 $\boldsymbol{d}_{t+1}, \boldsymbol{d}_{t+2}, \ldots$라 한다면, 1년 후의 누적부도확률은 $\boldsymbol{d}_{t+1} = \boldsymbol{\Pi}\boldsymbol{d}_t$, 2년 후의 누적부도확률은 $\boldsymbol{d}_{t+2} = \boldsymbol{\Pi}^2\boldsymbol{d}_t$ 등으로 표시할 수 있다. 이 식을 사용하여 $\boldsymbol{\Pi}$를 역산해낼 수 있다. 이런 계산방법도 신용등급이 마코브 체인을 따른다는 것을 가정하고 있다.

19.3.4.2 중첩 확률 전이 모형(Doubly Stochastic Transition Model)

신용등급 전이확률이 시간의 경과에도 일정하다고 가정하고, 신용등급을 연간 기준으로 계산하거나 예측한다고 생각해 보자. 이 신용등급은 1년간 평균 등급을 의미하므로 경제상황변화에 따른 신용등급의 변화 또는 기간의 경과에 따른 효과(aging effect, 신용등급전이확률이 등급에 속한 기간에 따라 달라지는 효과)를 반영하지 못한다. 또한 투기등급의 경우에는 등급하향 대비 등급상향의 비율이 GDP 성장과 상관관계가 높지만, 이러한 등급 전이의 특성도 제대로 반영하지 못한다.

이와 같은 등급 전이의 특성을 모형화하기 위해, 전이확률을 상태변수들의 함수로 설정할 수 있다. 즉 앞서 살펴본 신용등급 전이행렬 $\boldsymbol{\Pi}$에서 i행과 j열의 원소 π_{ij}(i등급이 j등급으로 전이하는 확률)를 경기변동 등의 다양한 상태변수들을 사용하여 모형화하는 방법이다.

이 경우, 상태변수벡터의 영향으로 인해 신용등급 전이모형은 중첩 확률적이 된다. 그리고, 전이확률은 앞서 설명한 방법대로 쉽게 구할 수 있다. 우선 상태변수 벡터 $\boldsymbol{X}_t$가 Markov 프로세스를 따른다고 가정하자. 그럼 주어진 $\boldsymbol{X}_t$에 따라 t시점에서 i등급이 $s > t$ 시점에서 j 등급으로 전환할 확률은 전이행렬의 곱 행렬인 $\boldsymbol{\Pi}(\boldsymbol{X}_t)\boldsymbol{\Pi}(\boldsymbol{X}_{t+1})\ldots\boldsymbol{\Pi}(\boldsymbol{X}_{s-1})$의 i, j번째 원소가 된다.

19.3.4.3 시간에 따라 변화하는 전이 강도(time-varying transition intensity)

앞서 전이행렬에서 본 바와 같이, K개의 비부도 등급과 하나의 부도 등급이 있고, 전체 등급은 $K+1$개라고 가정하자. 그리고 $\Lambda_{ij}(t)$는 t기간 동안 등급 i에서 j로 옮겨가는 비율을 의미하는 **전이강도**라 하자.[18] 부도등급에서는 다른 등급으로의 전환이 없으므로, 모든

18 전이강도는 일정기간 동안 신용등급이 변할 것으로 예상되는 비율을 의미한다. 신용등급이 아직 변경되지 않은 경우, 향후 특정 기간 동안 신용등급이 변경될 조건부 확률인 위험률(hazard rate)로 표현된다. 반면, 전이확률은 특정시점에서의 신용등급이 일정 기간 후에 다른 등급으로 변할 무조건부 확률(unconditional probability)이다. 일반적으로 전이강도는 시간 경과에 따른 신용등급의 동적 변동을 모델링하는 데 사용된다.

j에 대해 $\Lambda_{K+1j}(t) = 0$가 된다. 이러한 전이강도로 이루어진 행렬 $\boldsymbol{\Lambda}(t)$를 **전이강도행렬(transition intensity matrix)**이라 한다. 또한 $\Pi_{ij}(t,s)$는 t시점에 등급 i로부터 $s(>t)$시점에 j등급으로 전이될 확률로 정의하자. 행렬 $\boldsymbol{\Lambda}(t)$와 $\boldsymbol{\Pi}(t)$는 행과 열이 각각 $K+1$인 행렬로, $\boldsymbol{\Lambda}(t)$가 t와 s시점 사이에서 불변한다면 등급 전이행렬은 다음과 같이 표시된다.

$$\boldsymbol{\Pi}(t,s) = e^{\boldsymbol{\Lambda}(s-t)} \tag{19.41}$$

만약, $\boldsymbol{\Lambda}(t)$가 시간에 따라 변하지만 특정 시점 s에서는 조건부로 이미 결정되어 있다고 하면, $\boldsymbol{\Pi}(t,s)$는 위 식을 미분하여 구한 아래의 일반 선형 미분방정식의 해가 된다.

$$\frac{\partial}{\partial s}\boldsymbol{\Pi}(t,s) = \boldsymbol{\Lambda}(s)\boldsymbol{\Pi}(t,s)$$

여기서 $\boldsymbol{\Lambda}(s)$의 ij번째 항목은 $\Lambda_{ij}(s) = \exp\left[\alpha_{ij} + \boldsymbol{\beta}'_{ij}\boldsymbol{X}(t)\right]$이다. 한편 $\boldsymbol{\Lambda}(s)$의 매개변수는 과거의 신용등급 전이 데이터와 $\boldsymbol{X}(t)$에 사용되는 채권, 주식 및 신용변수를 포함한 다양한 변수들을 사용하여 추정한다.

t시점에는 $\boldsymbol{X}(t)$만 알려져 있기 때문에, $s(>t)$시점의 등급을 예측하는 방법을 살펴볼 필요가 있다. 우선 전이강도행렬 $\boldsymbol{\Lambda}(t)$는 다음과 같이 고유벡터 $\boldsymbol{V}(t)$와 고유값행렬 $\boldsymbol{D}(t)$로 나누어질 수 있다고 가정하자.

$$\boldsymbol{\Lambda}(t) = \boldsymbol{V}(t)\boldsymbol{D}(t)\boldsymbol{V}(t)^{-1}$$

계산 부담을 줄이기 위해, $\boldsymbol{V}(t)$를 일정하게 $\boldsymbol{V}$로 고정하고 고유값행렬 $\boldsymbol{D}(t)$만 시간의 흐름에 따라 변동하는 모형으로 아래와 같이 설정할 수 있다. 결과적으로, 이 방법에 의하면 $\boldsymbol{D}(t)$는 대각행렬로서 대각선에 있는 요소만 모형화하면 되기 때문에 추정을 간편하게 할 수 있다는 장점이 있다.

$$\boldsymbol{\Lambda}(t) = \boldsymbol{V}\boldsymbol{D}(t)\boldsymbol{V}^{-1}$$

이 경우 t시점에서 예측된 s시점의 신용등급전이 행렬 $\boldsymbol{\Pi}$는 다음과 같다.

$$\boldsymbol{\Pi}(t,s) = \boldsymbol{V}\left[e^{\int_t^s \boldsymbol{D}(u)du}\right]\boldsymbol{V}^{-1}$$

최종적으로, t시점에서 i등급인 기업이 s시점에서 j등급에 있을 확률은 다음과 같다.

$$\begin{aligned}\Pi_{ij}(t,s) &= \textstyle\sum_{k=1}^{K+1} \boldsymbol{V}_{ik}\left[e^{\int_t^s \boldsymbol{D}_j(u)du}\right]\boldsymbol{V}_{kj}^{-1} \\ &= \textstyle\sum_{k=1}^{K+1} \boldsymbol{v}_{ikj}\left[e^{\int_t^s \boldsymbol{D}_j(u)du}\right]\end{aligned}$$

여기서 $\boldsymbol{v}_{ikj} = \boldsymbol{V}_{ik}\boldsymbol{V}_{kj}^{-1}$이다.

19.4 채무불이행이 발생할 수 있는 채권의 가격**

만기시점 T에 1을 지불하기로 한 부도가능성이 없는 할인채권의 가격은 식 (19.8)과 같다.

$$P(t,T) = E\left[e^{-\int_t^T r_s ds}\right] \tag{19.42}$$

여기서는 불확실성이 없으므로, E는 위험 중립적인 기대로 t시점에 사용 가능한 모든 정보를 이용한 기대를 의미한다. 그런데, 관찰된 채권 가격은 '현실 세계(real world)'의 실제 가격을 말하며, 위험중립 하에서 산출된 가격과 동일하지는 않다.[19] 그리고 위험중립 부도강도 또한 실제 현실의 부도강도 프로세스와 다르다. 과거 데이터에서 계산된 부도확률을 실제(또는 물리적) 부도확률이라고 한다. 반면 채권 가격으로부터 어떤 모형을 통해 추출된 부도확률은 위험중립 부도확률이다. 이들 둘은 그 수준, 지속성, 변동성 그리고 점프에서도 다르게 나타난다.

채권 가격으로부터 추정된 부도확률(위험중립 부도확률)은 과거 데이터로 계산된 것(실제 부도확률)보다 평균적으로 더 높다. 왜냐하면, 채권 거래자는 단순히 과거 데이터로부터 계산된 부도확률만을 사용해서 가격을 결정하지 않고, 자신이 부담하고 있는 여러가지 위험에 대한 보상인 위험 프리미엄도 고려하므로, 이런 다양한 위험들이 가격에 반영되기 때문이다.

19.4.1 채무불이행이 발생할 수 있는 채권의 평가 – 100% 손실률인 경우

지급불능이 발생가능한 채권의 가격은 국채와는 다른 방식으로 결정된다. 구체적으로, 만기에 1을 지급하는 지급불능이 발생할 수 있는 할인채권의 가격은 다음과 같다.

$$P^d(t,T) = E\left[e^{-\int_t^T r_s ds} I_{\{\tau>T\}}\right] + E\left[e^{-\int_t^\tau r_s ds} R I_{\{\tau\le T\}}\right] \tag{19.43}$$

여기서 τ는 부도가 발생하는 시점이고, R은 회수율(recovery ratio)이며, I는 { }안의 조건 충족

19 위험중립하의 가격과 현실에서의 가격이 다르다는 점은 제15장에서 설명한 바와 같이 자산 수익률의 추세(drift)를 무위험수익률(위험중립)으로 하는지 혹은 해당자산의 기대수익률(현실)로 하는지에 관한 문제와 같다.

시 1이 되고 그 외에는 0이 되는 지시함수(indicator function)이다. 위 식에 의하면, 부도가 채권 만기 이후인 $\tau > T$ 시점에서 발생하는 경우 액면가 전액을 회수하지만, 그렇지 않으면 부도 발생 시점까지의 이자에 회수율을 감안한 금액만 회수 가능하다.

19.4.1.1 구조모형(structural form pricing models)

우선 Merton의 부채가격 결정 모형을 다시 정리해 보자. 먼저 회사 자산의 가치 V_t가 위험중립 하에서 다음의 기하 브라운 운동을 따른다고 가정하자.

$$\frac{dV_t}{V_t} = rdt + \sigma_v dZ_t^* \tag{19.44}$$

여기서 r은 지급불능이 없는 경우의 단기이자율, σ_v는 자산가치의 변동성 그리고 Z_t^*는 위험중립 하에서의 표준 브라운 운동이다. 따라서, V_t가 로그정규분포를 따르므로, Black-Scholes의 옵션공식을 사용하여 다음과 같은 채권(부채)의 가격을 얻을 수 있음을 제16장 식 (6.10)에서 설명하였다.

$$B_t = V_t N(-d_1) + Fe^{-r\tau} N(d_2)$$

여기서 $C^{BS}(\cdot)$는 Black-Scholes 콜옵션 가격이고, $N(\cdot)$는 누적정규분포함수이고, d_1, d_2는 아래와 같다.

$$\begin{aligned} d_1 &= \frac{\ln(V_t/F) + (r + \frac{1}{2}\sigma_v^2)\tau}{\sigma_v\sqrt{\tau}} \\ &= d_2 + \sigma_v\sqrt{\tau} \end{aligned}$$

한편, 부도는 채무 만기일 여부에 관계없이, 자산의 가치가 임계치 수준(B_t) 이하로 최초로 떨어질 때 발생한다는 최초통과 모형(first passage model)을 사용하여, 부도가능한 채권의 가격을 구해보자. 자산이 식 (19.49)와 같은 기하 브라운 운동을 따를 경우, 앞서 구한 식 (19.38)과 같은 방법으로 구한 위험중립 생존 확률은 다음과 같다.

$$H^*(x,s) = N\left(\frac{x + m^* s}{\sqrt{s}}\right) - e^{-2m^* x} N\left(\frac{-x + m^* s}{\sqrt{s}}\right)$$

단,

$$x = \frac{\ln V_s - \ln B_s}{\sigma_v}$$

$$m^* = \frac{r - \sigma_v^2/2}{\sigma_v}$$

여기서 m^*은 위험중립 추세로 채무불이행 프로세스 X_t까지의 거리를 말한다. 회수율이 0인 경우, r은 일정하기 때문에, 부도발생이 가능한 할인채권의 가격은 다음과 같다.

$$P_0^d(t,T) = P(t,T)pro^*(t,T)$$
$$= e^{-r(T-t)}pro^*(t,T)$$

19.4.1.2 축약모형(reduced form pricing models)

Lando(1998)는 지급불능이 발생할 수 있는 채권에 대해 다음과 같은 채권가격모형을 제시하였다.

$$P_0^d(t,T) = E\left[e^{-\int_t^T (r(u)+\lambda^*(u))du}\right] \tag{19.45}$$

여기서 $\lambda^*(u)$는 위험 중립 부도강도 프로세스이다. 따라서, $e^{-\int_t^T \lambda^*(u)du}$는 위험 중립적 생존확률이고, $e^{-\int_t^T r(u)du}$는 이자율 할인 요인이다. 따라서 이들을 감안하여 할인된 예상 현금흐름은 $e^{-\int_t^T (r(u)+\lambda^*(u))du}$ 이다.

한편, 채권가격은 위험 중립적 확률로 계산되며, 중첩 확률 부도 모형에 근거하여 계산된다. 참고로 이자율 프로세스와 부도강도 프로세스가 다음과 같을 때,

$$r(t) = a_r(t) + b_r(t)X(t)$$
$$\lambda^*(t) = a_{\lambda^*}(t) + b_{\lambda^*}(t)X(t)$$

부도발생이 가능한 채권의 가격(P_0^d)과 그렇지 않은 채권의 가격(P)은 각각 다음과 같다.

$$P_0^d(t,T) = e^{\alpha_d(t,T)+\beta_d(t,T)X(t)} \tag{19.46}$$
$$P(t,T) = e^{\alpha_f(t,T)+\beta_f(t,T)X(t)}$$

여기서 부도 시점 τ와 부도가 발생하지 않는 단기채권 이자율 $r(t)$가 위험중립적으로 독립적이라면, 부도발생이 가능한 채권 가격은 다음과 같다.

$$P_0^d(t,T) = E\left[e^{-\int_t^T (r(u)+\lambda^*(u))du}\right]$$
$$= E\left[e^{-\int_t^T r_s ds}\right]E\left[e^{-\int_t^T \lambda^*(u)du}\right]$$
$$= P(t,T)pro^*(t,T)$$

이 식은 또한 다음과 같이 쓸 수도 있다.

$$P_0^d(t,T) = e^{-\int_t^T (F(t,u)+f^*(t,u))du}$$

여기서 $F(t,u)$는 t시점에서 만기가 u이고 부도가 발생하지 않는 채권에 대한 선도이자율이고, $f^*(t,u)$는 위험중립 하에서의 선도부도확률이다.

19.4.2 채무불이행이 발생할 수 있는 채권의 평가 – 손실률이 100%가 아닌 경우

보유하고 있던 채권이 부도 등의 이유로 전액 회수하기 힘들어지면, 채권자는 청산절차를 거쳐 채무자의 자산 중 남아있는 부분에 대하여 변제우선순위 등에 따라 채권의 일부분을 회수하게 된다. 이때 채권자의 회수율(recovery rate)은 다음과 같은 기준들을 고려하여 계산할 수 있다.

- 부도 가능성이 없는 동일한 채권의 가치
- 부도가 발생하기 직전의 해당 채권의 시장가치
- 액면가의 일정 부분(법률적 해석)

Moody's는 회수율을 부도 발생 이후 약 1개월 후에 측정된 채권(채무)의 매매 가격을 액면가로 나눈 백분율로 표시하고 있다. 회수율에 영향을 미치는 가장 중요한 요인으로는 부채 유형(담보여부 등)과 변제우선순위를 들 수 있고, 그 다음으로 거시 경제 환경, 산업, 그리고 상대적인 변제우선순위 등이 중요한 요인이다. 동일한 변제우선순위에 있다 해도, 회수에는 상당히 중요한 다른 요인들이 있을 수 있다.

19.4.2.1 축약모형(reduced form pricing models)

부도가 발생한 후 일부 회수가 가능한 경우, 부도 채권의 가치는 회수가 불가능한 부도 채권의 가치와 회수금액의 시장 가치를 합한 것이다. 우선 $R(t,i)$를 $t+(i-1)\Delta$와 $t+i\Delta$ 사이에 회수하게 될 금액의 t시점에서의 시장가치라 하자. 그러면, t시점에서 채무불이행 가능성이 있는 만기가 T인 할인채권의 가격은 다음과 같다.

$$P^d(t,T) = P_0^d(t,T) + \sum_{i=1}^{N} R(t,i) \qquad (19.47)$$

여기서 $N = \frac{T-t}{\Delta}$이고, $P_0^d(t,T)$는 회수가 불가능한 채권 가격을 나타내며, $\sum_{i=1}^{N} R(t,i)$는 만기전에 수령된 현금 흐름의 시점 t에서의 시장가치를 의미한다.

첫 번째로, 이자율과 부도위험 간에 관련성이 없다고 해 보자. 이 경우 회수율이 ω로 일정하다면 회수금액은 다음과 같다.

$$R(t,i) = P(t,t+i\Delta)\omega\Delta pro^*(t,t+i\Delta)$$

여기서, $\Delta pro^*(t,t+i\Delta) = pro^*(t,t+i\Delta) - pro^*(t,t+(i-1)\Delta)$이고, $P(t,t+i\Delta)$는 t시점에서 만기가 $t+i\Delta$인 채무불이행 위험이 없는 할인채권의 가격이다. 여기서 $\Delta \to 0$인 경우, 식 (19.47)의 t시점에서 채무불이행가능성이 있는 만기가 T인 할인채권의 가격은 다음과 같다.

$$P^d(t,T) = P_0^d(t,T) + \omega \int_t^T P(t,u)\kappa^*(t,u)du \tag{19.48}$$

여기서 $\kappa^*(t,u) = -\frac{d}{du}pro^*(t,u)$이다. 부도발생가능한 채권에 대해 전형적인 축약모형을 적용하면, $pro^*(t,T) = E\left[e^{-\int_t^T \lambda^*(u)du}\right]$가 되므로, 우리는 다음 식을 얻을 수 있다.

$$\kappa^*(t,u) = E\left[e^{-\int_t^u \lambda^*(s)ds}\lambda^*(u)\right]$$

affine 부도강도 모형에서 사용한 $\lambda^*(t) = a_{\lambda^*} + b_{\lambda^*}X(t)$를 활용하면, 우리는 $pro^*(t,u) = e^{\alpha(t,u)+\beta(t,u)X(t)}$와 $\kappa^*(t,u) = -e^{\alpha(t,u)+\beta(t,u)X(t)}[\alpha(t,u)+\beta(t,u)X(t)]$를 얻게 된다.

두 번째로, 이자율과 채무불이행 위험이 서로 연관되어 있다면, 식 (19.48)은 다음과 같다.

$$P^d(t,T) = P_0^d(t,T) + \omega \int_t^T \kappa(t,u)du \tag{19.49}$$

여기서 $\kappa(t,u) = E\left[e^{-\int_t^u (r(s)+\lambda^*(s))ds}\lambda^*(u)\right]$가 된다. 한편 이자율 r과 부도강도 λ^*가 상태변수 벡터 **X**의 affine 함수인 특별한 경우에는, $\kappa(t,u)$는 다음과 같은 수식이 된다.

$$\kappa(t,u) = -e^{\alpha_d(t,u)+\beta_d(t,u)X(t)}[\alpha_\delta(t,u)+\beta_\delta(t,u)X(t)]$$

여기서 $\alpha_d(t,u)$와 $\beta_d(t,u)$는 식 (19.46)과 동일하고, $\alpha_\delta(t,u)$와 $\beta_\delta(t,u)$는 별개의 공식으로 주어진다.

쿠폰을 지급하는 채권의 경우라 하더라도, 파산 청구는 일반적으로 쿠폰과 관계없이 보유 채권의 액면가에 비례하여 이루어진다. 따라서, 액면가의 일부분이 회수되는 모형을 사용할 때는 쿠폰의 회수가 없다고 간주하는게 일반적이다.

마지막으로 회수율(ω)이 일정하지 않을 때는, 부도 가능성이 있는 만기가 T인 할인채권의 t시점에서의 가격은 다음과 같다.

$$P^d(t,T) = P_0^d(t,T) + \int_t^T \kappa(t,u)du \tag{19.50}$$

여기서 $\kappa(t,u) = E\left[e^{-\int_t^u (r(s)+\lambda^*(s))ds}\lambda^*(u)\omega(u)\right]$이다.

19.4.2.2 등급기반모형(rating based models)

등급기반모형에서는 위험 중립성을 제외하고는 앞서 살펴본 축약모형과 동일한 방법을 사용한다. t시점의 등급 i에서 현재 등급 j로 이동하는 위험중립 전이 강도를 $\Lambda_{ij}^*(t)$라 하고, t시점에서 채무자의 위험 중립적인 부도강도를 $\lambda_t^* = \Lambda_{C(t)K+1}^*(t)$라 하자. 여기서 $C(t)$는 채무자의 신용등급이다. 시점 t에서 만기 T까지 위험 중립 조건부 생존확률은 다음과 같다.

$$pro^*(t,T) = E\left[e^{-\int_t^T \lambda^*(u)du}\right]$$

현재 i 등급이 매겨진 채권의 경우, 부도가 발생하여 $L_i(t)$만큼의 위험 중립적인 예상 시장가치의 손실이 발생한다고 가정해 보자. 이 경우 채무불이행이 발생한 채권 가격은 다음과 같다.

$$P^d(t,T) = E\left[e^{-\int_t^T r^*(u)du}\right]$$

여기서 $r^*(u) = r(t) + L_{C(t)}(t)\Lambda_{C(t)K+1}^*(t)$이고, 이는 채무불이행이 조정된 단기이자율이다.

19.4.2.3 국채(sovereign bonds) 가격

국채에 대한 채무불이행의 결정 요인은 일반적으로 회사채의 채무불이행과는 상당히 다르다. 우선, 국채에서는 채무불이행이 거의 일어나지 않는다. 그 대신 국가 부채의 구조조정 또는 재협상이 강요될 수 있다. 국채의 채무불이행 확률은 대외부채의 지속가능성, GDP, 무역 조건, 수입 준비금 등이 높을수록 하락하고, 반대로 대외부채, 소득 변동성, 수출 변동성 및 인플레이션이 높으면 상승하는 경향이 있다.

한편 국채라 해도 자국통화로 발행된 경우에는 지급불능이 발생하지 않는다. 국채가 지급불능에 빠지는 경우는 외화로 표시된 국채인 경우를 말한다. 외화표시 국채의 종류로는 발행국가의 국내법에 따르는 채무, 유로본드, 은행 대출 또는 채권의 구조 조정으로 인해 발생하는 Brady 채권과 같은 부채 등을 들 수 있다.[20]

---

20 유로본드는 표시 외채의 통화발행국 이외의 장소에서 발행된 국제채권으로, 국제인수단에 의해 인수, 대출되는 채권을 뜻한다. 즉, 표시통화국 이외의 지역에서 발행 및 판매되고 세계적 규모로 자금이 유통된다. 대부분 유럽지역에서 발행되므로 이런 이름이 붙었다. 한편 Brady 채권은 1989년 멕시코 등 남미국가들에서 지급불능 사태가 발생하자 당시 미국의 재무장관이었던 Nicholas F. Brady가 제안한 것으로, 외채지급불능에 빠진 중남미 채무국들이 외채를 상환하지 않고, 대신 이들을 25년~30년 만기의 장기채권으로 전환하게 하고 미국정부가 지급을 보증하는 방식으로 채권을 발행했다. 즉, 미국 재무부 채권을 담보로 해서 상환만기가 임박한 채무국들의 기존 외채를 최장 30년 만기의 장기채로 전환시켜 줌으로써 80년대 중남미 외채 위기를 해소하였다.

국채에서 신용과 관련된 이벤트는 채무불이행 또는 지급거부(지급중단 발표), 구조 조정 또는 재협상(지급축소)(채권의 액면가, 쿠폰 또는 만기뿐만 아니라 법적 구조의 변화도 포함), 그리고 정권 전환(정부 변경) 등이 있다.

국채의 지급불능과 관련된 법적인 문제를 간단히 살펴보면, 국채의 지급불능이 발생한 경우 중 약 25%는 영국법률에 의하여 처리된다. 이 경우 채권자 정족수의 75%의 동의 하에 구조 조정이 시작된다. 채권자들 간의 이견이 문제가 될 가능성이 많으나, 구조 조정에 소요되는 시간은 길지 않다. 한편 미국 법률에 따르는 경우는 약 75%로, 채권자 정족수의 100% 동의 하에 채권 구조 조정을 시작한다. 채권자들은 600개 이상의 대출 기관(금융기관)을 대표하는 런던 클럽, 개발 도상국에 돈을 빌려준 세계 각국 정부를 대표하는 파리 클럽, 그리고 개인 대출 기관으로 구성되어 있다.

19.5 요약 및 논의

이 장에서는 미래의 현금흐름이 불확실한 채권의 가격이 어떻게 결정되는지 살펴보았다. 이자율 기간구조 모형은 연속시간하에서 다루어지므로 이해하기 쉽지 않고, 더구나 부도발생확률을 모형화하는 축약모형은 상당히 난해하다. 이 장에서는 채권가격을 결정하는 이론적인 모형들을 가능하면 쉽게 설명하려고 노력하였다. 그럼에도 내용이 난해한 점은 피할 수 없고, 여기서는 다루지 않았지만 금리파생상품의 경우는 더욱 복잡하다. 보다 더 상세한 내용은 관련 문헌들을 직접 보기를 권한다.

연/습/문/제

1. 이자율 기간구조모형에서 균형접근법(equilibrium approach)과 무차익거래접근법(no-arbitrage approach)의 차이를 비교 설명하시오.

2. 다음 이자율프로세스를 정의하고, 이들을 서로 비교해서 설명하시오.
   A. Vasicek 모형
   B. Cox-Ingersoll-Ross 모형
   C. Longstaff-Schwartz 두 요인 모형

3. 균형 상태에서 T시점에 1을 지불하는 무위험 할인 채권의 가격은 다음과 같다.

$$P(t,T) = E_t[exp(-\int_t^T r_s ds)]$$

여기서 r_s는 무위험 단기이자율이고 $E_t[\,]$는 위험중립측도(equivalent martingale measure)를 사용한 기댓값이다. X가 정규분포를 따르면 $E[e^X] = exp(E[X] + ½var[X])$임을 이용하여, 이자율이 Vasicek모형을 따를 경우 채권의 가격을 유도해보시오.

4. Duffie-Singleton의 축약모형에 따르면, 부도가능한 채권의 가격 $P^d(t,T)$는 다음과 같다.

$$P^d(t,T) = E_t[\exp(-\int_t^T (r_s + \lambda_s L_s)ds)]$$

   A. 이 모형을 설명하고 모형에 사용된 가정을 설명해보시오.
   B. 잔존가치가 없는 경우 이 채권의 가격은 어떻게 나타나는가? 부도가능성이 없는 채권의 가격은 어떻게 나타나는가?
   C. 이자율과 부도위험이 서로 독립적일 때 또는 독립적이지 않을 때 부도가능 채권의 가격은 어떻게 영향을 받는가?

5. 다음 주장이 올바른지 설명하시오.

"생존확률과 부도강도 사이의 관계는, 할인채권가격과 위험중립 하에서 단기이자율 프로세스와의 관계, 그리고 할인채권가격과 순간선도이자율과의 관계와 동일하다."

보/충/설/명

연속시간 재무이론의 기초 (Fundamentals of Continuous Time Finance)

우리가 논의하고 있는 가격결정모형들은 불확실성하에서 가용한 정보를 바탕으로 자산가격이 어떻게 형성되는지를 설명하는 모형이다. 이러한 모형은 시간의 불연속성, 즉, **이산시간**(discrete time)을 전제로 한다. 우리는 매일, 혹은 매월과 같은 특정 시간 간격마다, 혹은 매 거래가 발생할 때마다 가격을 관찰할 수 있기 때문에, 불연속성을 가정한 자산가격 결정모형이 우리에게는 더 친숙하다고 볼 수 있다.

그러나 실제로는 수많은 투자자들이 매 순간 접하게 되는 정보를 반영하여 투자를 하기 때문에, 자산의 가격이 연속적으로 변한다고 보는게 이론적으로는 더 타당할 수 있다. 연속적으로 변화하는 가격을 불연속적인 모형으로 설명할 때 설명력에 한계가 있는 것 또한 사실이다. 이러한 문제를 극복하기 위해, Merton과 같은 연구자들은 **연속시간 재무이론**(continuous time finance)을 발전시켜 왔다. **연속시간**(continuous time)은 시간의 변화 간격이 무한히 짧은 것을 의미한다.

여기서는 연속시간 재무이론의 기초가 되는 기본적인 확률프로세스를 설명한다. 자산가격의 변화가 연속적으로 발생할 경우, 자산가격의 **연속시간 확률프로세스**(continuous time stochastic process)가 어떻게 정의되고, 또 시간의 흐름에 따라 자산가격이 어떻게 변화해 가는지 살펴보기로 한다. 더 나아가서 이러한 자산가격을 기초로 한 파생상품의 가격은 어떤 특성을 가지는지도 살펴본다. 특히, 자산가격에 대한 연속시간 확률프로세스 중 가장 대표적인 이토 프로세스(Itô Process)를 소개하고, 이토 프로세스를 미분한 결과인 이토의 보조정리(Itô's Lemma)를 유도해 볼 것이다. 이토의 보조정리는 파생상품 가격결정이론에서 매우 중요하게 이용된다.

C1. 자산가격에 대한 연속시간 확률프로세스(continuous time stochastic process)

확률프로세스(stochastic process)란 시간이 경과함에 따라 불확실한 방법으로 값이 변화하는 시계열을 의미한다. 이를 **확산 프로세스**(difussion process)라고 부르기도 한다. 확률프로세스는 이산시간과 연속시간에서 모두 정의될 수 있다. 이산시간 확률프로세스의 값은 특정하게 고정된 시점에서만 변하는 반면, 연속시간 확률프로세스는 연속된 시간 상에서 언제든지 변할 수 있다.

재무경제학에서 가장 많이 사용되는 확률프로세스 중 하나는 오직 현재시점의 값만이 미래를 예측하는 데 연관성을 갖는다는 **마코브 프로세스**(Markov process)이다.[1] 따라서 자산가격이 마코브 프로세스를 따른다면, 이는 재무이론에서 가장 중요한 가설 중 하나인 효율적 시장 가설과 일치하게 된다. 왜냐하면, 미래의 자산가격은 현재 자산가격에 새로운 정보가 반영되어 결정되기 때문에, 효율적 시장 가설에서 주장하는 바와 같이 과거의 자산가격이나 기업특성 등을 이용해서는 수익률을 예측할 수 없다.

C1.1 확정프로세스(deterministic process)

■ 이산시간에서의 확정프로세스

우선, 시간 경과에 비례하여 확정적으로 변하는 확정프로세스부터 살펴보자. 먼저, 추세적으로 성장하는 어떤 자산의 가격을 P라 두고, 그 자산의 단위시간당 평균성장률(추세, drift)을 μ라고 두자. 그러면, Δt 기간 동안 이 자산의 수익률은 아래와 같이 나타낼 수 있다.

$$\frac{\Delta P}{P} = \mu \Delta t \tag{C.1}$$

왼편의 $\frac{\Delta P}{P} = \frac{P_{t+\Delta t} - P_t}{P_t}$ 는 산술수익률(arithmetic return)(r)이므로, 만약, $\Delta t = 1$이라면 이 식은 결국 단위시간당 수익률이 $r = \mu$라는 것을 의미한다.

■ 연속시간에서의 확정프로세스

이제, 연속시간에서 살펴보기로 하자. **연속시간**(continuous time)은 시간의 변화 간격이 무

1 마코브 프로세스는 무기억(no memory) 확률프로세스를 의미하는 것으로, 프로세스의 미래 상태에 대한 확률분포가 현재 상태를 제외한 과거의 상태와는 독립적인 프로세스이다. 참고로, 이와 유사한 마팅게일(martingale)은 이전의 모든 정보를 이용하여 예측한 프로세스의 미래 기댓값이 현잿값과 동일한 것을 의미한다.

한히 짧은 것을 의미하므로, 시간에 따른 가격의 움직임이 비확률적인(non-stochastic), 즉, 확정적인 경우를 연속시간에서 나타내 보면, 식 (C.1)에서 $\Delta t \rightarrow 0$인 경우로서 아래와 같이 나타낼 수 있다.[2]

$$\frac{dP}{P} = \mu dt \tag{C.2}$$

여기서, d는 무한히 작은(infinitesimal) 시간의 변화를 의미한다. 따라서, dP와 $\frac{dP}{P}$는 매우 짧은 시간 간격 동안의 가격변화와 수익률을 의미한다. 여기서 μ는 단위시간당 순간적인 평균수익률이므로, dt라는 짧은 시간 동안의 **순간 수익률**(instantaneous rate of return)은 μdt가 된다. 예를 들어, 재무이론 분야에서 무위험자산으로 널리 사용되는 만기가 단기인 정부채권(Treasury Bill)을 생각해 보자. 이 국채를 만기까지 보유한다면, 이 재무성 증권은 식 (C.2)와 같이 매 순간마다 확정된 추세적(즉, 비확률적) 비율만큼 증가하게 된다.

식 (C.2)는 로그의 미분을 이용하면 다음과 같이 나타낼 수 있다.[3]

$$\begin{aligned}\frac{dP}{P} &= d\ln P \\ &= \ln P_{t+dt} - \ln P_t = \mu dt\end{aligned}$$

즉, 연속시간에서 정의한 수익률은 로그가격이 매 dt마다 μdt씩 증가하게 된다는 것을 의미한다. 그런데, $\ln P_{t+dt} - \ln P_t = \ln\left(\frac{P_{t+dt}}{P_t}\right)$가 되므로, 결국 **기하수익률**(geometric return) 혹은 **로그수익률**(log return)이 μdt라는 것과 같은 의미가 된다.

한편 연속시간에서의 확정프로세스를 가격의 관점에서 본다면, t_0 시점에서의 자산의 가격을 P_0라고 할 때, t시점에서 이 자산의 가격은 연속복리 수익률에 의해서 아래와 같다.

$$P_t = P_0 e^{\mu(t-t_0)}$$

위 식에 로그를 취하면, 아래와 같은 로그수익률을 얻을 수 있다.

$$\ln(P_t) - \ln(P_0) = \mu(t - t_0) \tag{C.3}$$

즉, 식 (C.2)의 확정프로세스를 따르는 수익률은 식 (C.3)처럼 로그수익률로 나타낼 수 있다.

---

2 엄밀하게 말한다면, 연속시간에서 단위시간당 수익률이 μ^*인 경우 $lim_{n\rightarrow\infty}\left(1+\frac{\mu^*}{n}\right)^n = e^{\mu^*}$가 되어 dt라는 짧은 시간 동안 순간적인 수익률은 $\mu dt = e^{\mu^*}dt$가 된다. 식 (C.2)는 이해를 돕기 위해 단순화하였다.

3 (로그함수의 미분) $\ln f(x)$를 x에 대해 미분하면, $\frac{d}{dx}\ln f(x) = \frac{df(x)}{f(x)} = \frac{f'(x)}{f(x)}$

따라서 이산시간에서의 수익률은 산술수익률이고, 연속시간에서의 수익률은 기하수익률 또는 로그수익률임을 알 수 있었다.

C1.2 확률프로세스(stochastic process)

미래의 자산가격이 확정되지 않은 경우에는, 현재의 자산가격은 미래의 자산가격에 관한 정보에 따라 변하게 된다. 효율적 시장 가설이 제시한 바와 같이, 매 순간 미래 자산가격에 대한 새로운 정보가 시장에 유입되고 이러한 정보가 즉각 가격에 반영된다면, 자산가격의 움직임은 확률적이고 예측이 불가능하다.

■ 이산시간에서의 확률프로세스

식 (C.1)에 이러한 예측불가능한 확률적 요소(ε_t)를 더하면, 아래와 같이 확정적 추세와 불확실한 요인이 결합된 **확률프로세스**를 나타낼 수 있다.

$$\frac{\Delta P}{P} = \mu\Delta t + \sigma\varepsilon_t\sqrt{\Delta t} \tag{C.4}$$

여기서, Δ는 작은 변화를 의미하고, Δt시간 동안 불확실한 자산가격변화는 $\sigma\varepsilon_t\sqrt{\Delta t}$에 의하여 결정된다. 그리고, ε_t는 단순하게 표준정규분포를 따른다고 가정한다. 즉, $\varepsilon_t \sim N(0,1)$이다. 불확실한 자산가격의 변화를 단순히 ε_t로 적지 않고 $\sigma\varepsilon_t\sqrt{\Delta t}$로 표현함으로써, 이 불확실한 자산가격의 변화는 $\sigma\varepsilon_t\sqrt{\Delta t} \sim N(0, \Delta t\,\sigma^2)$라는 분포를 따르게 된다. 그 결과, 수익률의 분산은 시간의 변화 Δt에 비례하게 되는데, 이는 기간이 길어질수록 불확실성도 증가함을 의미한다. 한편 σ^2은 해당 자산의 고유한 불확실성의 정도로서 고정값(상수)이다. 예를 들면 주가의 변동성은 부동산 가격의 변동성보다 크기 때문에, 주가의 σ^2이 부동산보다 크다.

만약, Δt가 단위시간간격, 즉, $\Delta t = 1$이라고 하면, 위 식은 아래와 같이 나타낼 수 있다.

$$\frac{P_t - P_{t-1}}{P_{t-1}} = \mu + \sigma\varepsilon_t \tag{C.5}$$

여기서, $\frac{P_t - P_{t-1}}{P_{t-1}}$은 t시점에서의 산술수익률(arithmetic return)인 r_t를 의미한다. 따라서 식 (C.5)는 결국 산술수익률의 분포가 $r_t \sim N(\mu, \sigma^2)$임을 의미하는 것이다. [그림 C.1]은 수익률의 분포에 따른 자산가격의 변화를 예시하고 있는데, 수익률의 평균(μ)이 0보다 크면 우상향하는 추세를 보이고, 수익률의 표준편차가 클수록 가격의 변동이 크게 나타난다는 것을 볼 수 있다.

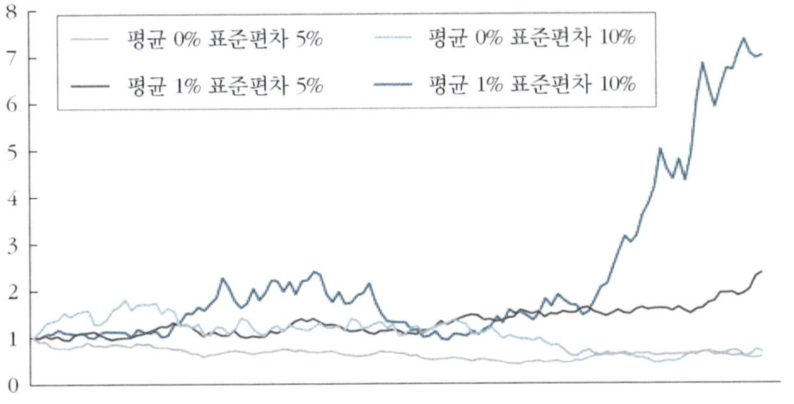

[그림 C.1] 표준브라운 운동에 의한 가격 변화의 예

■ 연속시간에서의 확률프로세스

한편, 연속시간에서의 확률프로세스는 식 (C.4)에서 $\Delta t \to 0$을 가정하여 아래와 같이 나타낼 수 있다.

$$\frac{dP}{P} = \mu dt + \sigma dB(t) \tag{C.6}$$

여기서, σ는 단위시간당 순간적인 표준편차로 변동성을 나타낸다. $\boldsymbol{B(t)}$는 **표준 브라운 운동**(standard Brownian motion) 또는 **표준 위너 프로세스**(standard Wiener process)로 불리는데, $B(t)$는 표준정규분포를 따르는 확률변수로 이해할 수 있다. 그리고 표준 브라운 운동의 순간변화인 $dB(t)$에 관해서는 나중에 자세히 다룰 것이지만, 그 의미는 식 (C.4)의 $\varepsilon_t\sqrt{\Delta t}$처럼 시간의 변화에 비례하는 자산가격의 불확실성을 나타낸다. 따라서, 식 (C.6)은 시간간격이 무한히 작은(즉, $\Delta t \to 0$) 연속시간에서, 가격이 불확실하게 변화하는 자산의 수익률 프로세스를 표현한 것이다.

그런데, 연속시간에서의 가격모형들은 μ와 σ 같은 매개변수값을 연환산한 값으로 사용한다는 것에 수의할 필요가 있다. 즉, 매개변수값에 적용되는 단위기간 $\Delta t = 1$은 1년을 의미한다. 예를 들면, FTSE100 지수의 연간수익률의 평균과 표준편차가 각각 8%와 16%라면, $\mu = 0.08$과 $\sigma = 0.16$이 된다. 만약, 1년 중 시장 거래일만 고려한다면, 1일은 $\Delta t = \frac{1}{260}$이 된다.[4] 더 나아가, 우리가 초 단위의 프로세스를 표현한다고 하면, Δt는 무한히 작아지므로 이를 dt로 볼 수 있을 것이다. 즉, 식 (C.5)의 이산시간 프로세스가 매 초마다 관찰된다면,

4 1년 동안의 시장 거래일수를 252일로 사용하는 경우도 많다. 그리고, 1년 동안의 달력일수(calendar day)로 360일이나 365일을 사용하기도 한다. 분석 목적에 따라 적절하게 선택해야 한다.

예를 들어, 고빈도(high frequency) 데이터를 분석하는 것이라면, 연간 기준으로 보면 식 (C.6)과 같은 연속시간 프로세스로 간주할 수 있다.

■ 연속시간 확률프로세스의 특징

앞에서 설명한 바와 같이 식 (C.6)의 확률프로세스가 개념적으로는 이해하기 쉽지만, 이를 가격결정모형에 사용하는 것은 $dB(t)$의 특성 때문에 쉽지 않다. 이 내용에 관해서는 다음 절에서 자세히 살펴볼 것이다.

한편, 식 (C.6)은 시장에 유입된 새로운 정보가 연속적으로 가격에 반영되는 프로세스이므로 **효율적 시장 가설**을 만족하고, 따라서 현재 가격만이 미래 가격과 연관성을 가지는 **마코브(Markov) 프로세스**이다. 이를 이해하기 위해, 식 (C.6)을 다음과 같이 나타내 보자.[5]

$$\ln P_{t+dt} - \ln P_t = (\mu - \frac{1}{2}\sigma^2)dt + \sigma dB(t)$$

여기서 $\ln P_{t+dt}$는 과거의 값인 $\ln P_t$와 새로운 정보를 의미하는 $dB(t)$에 의해서 결정된다. 식 (C.6)은 $B(t)$의 미분값인 $dB(t)$를 포함하고 있으므로 일종의 확률미분방정식인데, 그 해를 구하는 것은 $\sigma dB(t)$ 때문에 쉽지 않다. 그런데, 우리는 확정프로세스에서 설명한 (C.2)와 (C.3)의 관계로부터, 식 (C.6) 확률미분방정식의 해가 (C.3)과 비슷하면서 추가적으로 확률적 요소를 가질 것이라고 추측할 수 있다. 그러면, 자산의 로그수익률이 식 (C.6)과 같은 확률프로세스일 때, 자산가격 P의 프로세스는 무엇일까? 이 문제의 답은 이후의 내용에서 자세히 설명할 것이다.

참고로, 앞서 연속시간에서의 확정프로세스에서 정의한 수익률은 기하수익률 또는 로그수익률임을 보았듯이, 연속시간 프로세스는 확률적 요소(stochastic component)의 존재와는 상관없이 산술수익률보다는 로그수익률과 일관성을 가진다는 것을 알아둘 필요가 있다. 즉, 연속시간에서는 확정적이거나 확률적이거나 관계없이 모두 로그수익률(기하수익률)을 사용한다는 것이다.

C2. 로그정규분포와 로그수익률

여기서는 연속시간 재무이론을 이해하기 위한 기본적이고 필수적인 내용 중 하나로서,

5 보다 자세한 설명은 이토의 보조정리를 사용한 예를 참조하기 바란다.

재무이론에서 널리 사용되는 로그정규분포의 특성을 살펴본다. 로그정규분포는 연속시간 프로세스인 브라운 운동과 동일하다.

C2.1 로그정규분포(log-normal distribution)를 가정하는 이유

현재까지 논의됐던 대부분의 자산가격모형들은 자산수익률이 정규분포를 따른다고 가정하였다. 그러나, 이 가정은 다음과 같은 이론적 및 실증적 문제가 있다. 먼저, 정규성을 가정하면 자산수익률이 -100% 이하로 하락할 수도 있다는 문제가 생긴다. 일반적으로 자산 보유자는 보유 자산에 대해 유한책임을 지기 때문에, 자산의 시장가격이 음수가 된다는 것은 비현실적이다. 또 다른 문제로는, 비록 자산 수익률이 정규분포를 따른다고 해도, 법인세 등을 공제한 세후수익률은 누진적 세율 때문에 일정 수준 이상으로 높아지기가 어려우므로, 오른쪽 꼬리가 더 두꺼운 분포를 가질 수 있다.

이러한 수익률의 특성을 설명하기 위하여 로그정규분포가 대안으로 제시되었는데, 로그정규확률변수는 오른쪽으로 꼬리가 길게 치우쳐진 특성을 보여주기 때문이다. 실증분석에서도 포트폴리오의 수익률 분포가 대칭적이지 않고 오른쪽으로 치우쳐진 분포임을 확인하였는데,[6] 이는 수익률이 정규분포보다는 로그정규분포에 가까움을 의미하는 것이다.

C2.2 로그정규 수익률(log-normal returns)의 정의와 특성

■ 로그정규분포의 평균과 분산

수익률의 정규성이 기각되었다면, 다른 분포를 대안으로 생각해야 한다. 여러가지 대안들 중 하나가 바로 **로그정규분포**이다. 로그정규분포는 재무이론분야에서 가장 중요한 분포이며, 브라운 운동과 열전도를 연구했던 Bachelier(1900)의 연구에서 비롯되었다.

▶ 로그정규분포의 정의

변수 x에 로그를 취한 $\ln x$가 정규분포를 따르면, 변수 x는 로그정규분포를 따른다. 즉, 로그정규분포의 정의에 의해서 $y \equiv \ln x$가 정규분포를 따르면, $x = \exp(y)$는 로그정규분포를 따르게 된다.

이제, y의 분포와 모수를 가정한 후, x의 분포와 모수를 구해보자. $y \sim N(\mu, \sigma^2)$이라고 가정하면, y의 확률밀도함수는 아래와 같이 정규분포의 확률밀도함수이다.

6 Osborne(1959)과 Lintner(1972)를 참조하기 바란다.

$$f(y)=\frac{1}{\sqrt{2\pi}\sigma}\exp\left[-\frac{(y-\mu)^2}{2\sigma^2}\right]$$

한편, $y=\ln x$이면 $dy\equiv\frac{1}{x}dx$가 되므로, 누적분포함수는 아래와 같다.

$$\begin{aligned}F(b)&\equiv\int_{-\infty}^{b}\frac{1}{\sqrt{2\pi}\sigma}\exp\left[-\frac{(y-\mu)^2}{2\sigma^2}\right]dy\\&=\int_{-\infty}^{e^b}\frac{1}{\sqrt{2\pi}\sigma x}\exp\left[-\frac{(\ln x-\mu)^2}{2\sigma^2}\right]dx\end{aligned}$$

따라서, 위 식은 x에 대한 누적분포함수로 변경되었으므로, 이 누적분포함수를 x에 대해 미분하면 아래와 같이 로그정규분포의 확률밀도함수를 얻을 수 있다.

$$f(x)=\frac{1}{\sqrt{2\pi}\sigma x}\exp\left[-\frac{(\ln x-\mu)^2}{2\sigma^2}\right]$$

단, μ와 σ^2은 $\ln(x)$의 평균과 분산이다.

더 나아가서, 로그정규분포를 따르는 x의 평균과 분산을 구해보자. 이를 쉽게 구하는 방법은 적률생성함수(moment generating function)를 이용하는 것이다. 먼저, $\ln(x)$는 정규분포를 따르므로, $\ln(x)$의 적률생성함수를 임의의 실수 θ에 대하여 아래와 같이 유도할 수 있다.[7]

$$\begin{aligned}M_{\ln(x)}(\theta)&=E(\exp(\theta\ln(x)))\\&=\int\exp(\theta\ln(x))\frac{1}{\sqrt{2\pi}\sigma x}\exp\left[-\frac{(\ln(x)-\mu)^2}{2\sigma^2}\right]dx\\&=\int\frac{1}{\sqrt{2\pi}\sigma x}\exp\left[-\frac{(\ln(x))^2-2\sigma^2\theta\ln(x)-2\ln(x)\mu+\mu^2}{2\sigma^2}\right]dx\\&=\exp\left[\frac{(\sigma^2\theta+\mu)^2-\mu^2}{2\sigma^2}\right]\int\frac{1}{\sqrt{2\pi}\sigma x}\exp\left[-\frac{(\ln(x)-(\sigma^2\theta+\mu))^2}{2\sigma^2}\right]dx\\&=\exp\left(\mu\theta+\frac{1}{2}\sigma^2\theta^2\right)\end{aligned}\tag{C.7}$$

따라서, $M_{\ln(x)}(\theta)$함수로부터 다음을 유도할 수 있다.

$$\begin{aligned}E(x)&=M_{\ln(x)}(\theta)|_{\theta=1}\\&=e^{\mu+\frac{1}{2}\sigma^2}\end{aligned}$$

---

7 마지막 식의 적분은 평균이 $\sigma^2\theta+\mu$이고 표준편차가 σ인 정규분포를 전체 확률변수 구간에 대해 적분한 값이므로 1이 된다.

$$E(x^2) = M_{\ln(x)}(\theta)|_{\theta=2}$$
$$= e^{2\mu+2\sigma^2}$$

위 식을 이용하면, x의 평균과 분산을 다음과 같이 얻을 수 있다.

$$E(x) = E(\exp(\ln(x))) = e^{\mu+\sigma^2/2} \quad \text{(C.8)}$$

$$Var(x) = E(x^2) - E(x)^2 = e^{2\mu+\sigma^2}(e^{\sigma^2} - 1) \quad \text{(C.9)}$$

■ 로그정규분포의 특징

한편, 로그정규분포는 아래와 같은 성질들을 가진다.

- 만약, $x \sim LN(\mu, \sigma^2)$이면, $x^\alpha \sim LN(\alpha\mu, \alpha^2\sigma^2)$.
- 만약, $x_1 \sim LN(\mu_1, \sigma_1^2)$, $x_2 \sim LN(\mu_2, \sigma_2^2)$이고, x_1과 x_2는 독립이라면, $x_1 + x_2 \sim LN(\mu_1 + \mu_2, \sigma_1^2 + \sigma_2^2)$.
- 만약, x가 평균이 θ이고 분산이 λ^2인 로그정규분포를 따르고 $\ln x \sim N(\mu, \sigma^2)$이라면, $\mu = \ln\theta^2 - \frac{1}{2}\ln(\theta^2 + \lambda^2)$이고 $\sigma^2 = \ln(1 + \lambda^2/\theta^2)$이다.
- 로그정규분포는 무한히 분할가능한 분포다. 무한히 분할가능하다는 것은 다음 절에서 살펴볼 브라운 운동처럼 연속시간에서의 프로세스라는 것을 의미한다.

■ 로그정규 수익률(log-normal returns)

이제 로그정규수익률을 설명해보자. 자산 수익률($1 + r_t = P_t/P_{t-1}$)에 자연로그를 취한 값이 정규분포를 따를 때, 그 수익률은 로그정규분포를 따른다. 그리고, 로그정규분포를 따르는 수익률은 로그수익률(연속복리수익률, 기하수익률)과 동등하다.

이를 이해하기 위해, 로그수익률 $r(t)$는 평균과 표준편차가 μ와 σ인 정규분포를 따른다고 가정하면, 이를 아래와 같이 표현할 수 있다.

$$r(t) = \mu + \sigma z(t)$$

여기서 $z(t) \sim N(0,1)$로 정의한다. 이 로그수익률과 동등한 산술 수익률은 (기하수익률에 지수를 취하면 구할 수 있으므로) 아래와 같다.

$$r_t = \exp(r(t)) - 1 \quad \text{(C.10)}$$

식 (C.10)에서 로그수익률 $r(t)$가 정규분포를 따른다고 하면, $r(t) = \ln(1 + r_t)$가 정규분포를 따르므로, r_t는 로그정규분포임을 이해할 수 있다.

C3. 확률 미적분(stochastic calculus)의 개념

C3.1 왜 확률 미적분이 필요한가?

효율적 시장 가설은 자산 가격이 시장에서 활용가능한 모든 정보의 함수라고 설명한다. 즉, 시장가격은 항상 모든 가용한 정보를 "충분히 반영(fully reflect)"하고 있다는 것이다. 만약, 우리가 효율성의 수준(즉, 약형, 준강형, 강형)을 인정하고 받아들인다면, 자산가격 결정을 위해서는 정보의 유입에 관한 가정이 필요해진다. 즉, 새로운 정보는 연속적으로 유입되는가? 아니면 이산적으로 유입되는가? 세상에는 수많은 정보의 원천들이 존재하므로, 정보는 연속적으로 유입된다고 보는 것이 더 타당할 것이다. 이것이 우리가 연속시간모형들을 사용하는 이유이다.

무한히 작은 시간 간격을 기준으로 확률변수에 대한 미적분 계산을 하는 것을 확률 미적분(stochastic calculus)이라고 부른다. 이것은 우리가 익히 알고 있는 표준 미적분(standard calculus)과는 다르다. 정보가 금융시장에 연속적으로 유입되어 자산의 가격이 무작위적으로 움직이는 점을 고려한다면, 연속적이고 매끄러운 움직임(함수)을 가정하는 표준 미적분보다는 확률 미적분으로 자산가격을 설명하는 것이 타당하다. 즉, 각종 금융자산의 가격을 설명하기 위해서는 확률 미적분의 핵심 수단인 이토 적분(Itô integral)이 표준 미적분인 리만 적분(Riemann integral)보다는 더 적합하다.

C3.2 리만 적분(표준 미적분, Riemann integral, standard calculus)

먼저, $t \in [0,T]$인 시간 t에 대한 확정적 함수 $f(t)$가 있다고 하자. 예를 들면 $f(t) = \mu t$와 같은 단순한 함수를 생각해 보자. 이 함수 $f(t)$가 확정적이라는 것은 시간 t에 의해서 함수값이 확정된다는 것으로, ε_t나 $dB(t)$와 같은 확률(불확실)변수를 포함하고 있지 않다는 의미이다. 시간간격 $[0,T]$는 아래와 같이 n개의 분리된 부분구간으로 분할된다고 하자.

$$0 = t_0 < t_1 < t_2 <\ldots< t_{n-1} < t_n = T$$

이 경우, **리만 적분**은 아래와 같이 정의된다.

$$\int_0^T f(s)ds = \lim_{n\to\infty} \sum_{i=1}^{n} f\left(\frac{t_i + t_{i-1}}{2}\right)(t_i - t_{i-1})$$

위의 정의는 함수 $f(t)$가 확률변수를 포함하지 않는 매끄러운(smooth) 형태인 경우에만 성립한다. 그러나, 금융자산의 가격은 시간 경과에 따라 매끄러운 형태로만 움직이는 것은 아니고, 새로운 정보의 유입에 의해 급격한 상승과 하락이 반복되면서 불연속적인 형태로 나타난다. 이런 경우에는 리만 적분을 할 수 없다.

C3.3 리만-스틸체스 적분(Riemann-Stieltjes integral)

재무경제학에서는 새로운 정보가 시장에 유입됨에 따라 자산의 가격이 확률적으로 변하게 되고, 이에 따라 식 (C.6)과 같은 확률프로세스를 따른다고 가정한다. 이 경우에는 자산 가격이 시간에 대한 확정적 요인만 포함하고 있는 것이 아니라 확률적 요인도 포함하고 있으므로, 시간 뿐만 아니라 확률적 요인에 대한 함수가 된다. 이 확률적 요인에 의해 자산 가격이 변하는 모양은 매끄러운 선으로 나타나는 게 아니라, 톱니바퀴처럼 등락을 거듭하는 모양으로 나타난다. 또한, 확률적 요인은 일반적으로 정규분포를 따른다고 가정한다. 정규분포의 범위가 $-\infty$에서 $+\infty$까지이므로 이론적으로는 매 순간 가격의 움직임에는 상한선과 하한선이 없다. 이러한 이유들로 인해, 식 (C.6)의 확률적 프로세스에 의한 가격의 움직임은 매끄러운 곡선이 될 수 없으므로 리만 적분을 적용할 수는 없다.

이제, 확률미적분의 기초가 되는 리만-스틸체스 적분을 살펴보자. 임의의 함수 $f(x)$에 대하여, x의 무한히 작은 변동인 dx로 인해 $f(x)$가 미세하게 변동한 것을 $df(x)$라고 정의하자. 그러면, 아래와 같이 나타낼 수 있다.

$$\begin{aligned} df(x) &= f(x+dx) - f(x) \\ &\simeq f_x(x)dx \end{aligned}$$

여기서, $f_x(x)$는 $f(x)$를 x에 대해 미분해서 얻은 도함수를 의미한다. 이제, 함수 $h(x) \equiv g(x)f_x(x)$를 x에 대해 적분해 보자.

$$\begin{aligned} \int_0^T h(x)dx &= \int_0^T g(x)f_x(x)dx \\ &= \int_0^T g(x)df(x) \end{aligned}$$

위의 적분은 아래와 같이 할 수 있다.

$$\int_0^T g(x)df(x) = \lim_{n\to\infty} \sum_{i=1}^n g\left(\frac{t_i+t_{i-1}}{2}\right)[f(t_i) - f(t_{i-1})] \tag{C.11}$$

이것을 **스틸체스 적분**(Stieltjes integral) 또는 **리만-스틸체스 적분**(Riemann-Stieltjes integral)이라고 부른다. 리만-스틸체스 적분의 핵심은 식 (C.11)에서 보는 바와 같이 x가 아니라 함수 $f(x)$에 대해서 적분을 한다는 것이다. 즉, 리만 적분에서의 적분구간은 $(t_i - t_{i-1})$였지만, 리만-

스틸체스 적분의 구간은 $[f(t_i) - f(t_{i-1})]$가 된다.

이러한 리만-스틸체스 적분은 재무이론, 특히, 파생상품 분야에서 유용하다. 왜냐하면, 파생상품의 가격은 시간 경과에 따라 변하는 기초자산의 가격에 의해서 결정되므로, 기초자산 가격의 함수로 적분하는 것이 필요하기 때문이다.

이제, 리만-스틸체스 적분을 이용하는 **확률미적분에서의 부분적분을** 살펴보자. 먼저, 미분가능한 두 함수 $g(x)$와 $f(x)$에 대해, 아래와 같이 부분적분을 할 수 있다.[8]

$$\int_0^T g_x(x)f(x)dx = [g(T)f(T) - g(0)f(0)] - \int_0^T f_x(x)g(x)dx \qquad \text{(C.12)}$$

단, $g_x(x)$와 $f_x(x)$는 원래의 함수를 x에 대해서 미분한 것이다. 이러한 부분적분을 이용하면, 원래의 적분인 $\int_0^T g_x(x)f(x)dx$를 $\int_0^T f_x(x)g(x)dx$로 변환할 수 있다. 이것은 다음에 나오는 이토 적분(Itô integral)을 할 때 매우 유용하다. 예를 들면, 식 (C.12)에서 $f(x)$는 시간에 대한 확률함수이고 $g(x)$는 시간에 대한 추세함수라고 가정해 보자. 그러면, 식 (C.12)의 부분적분을 이용하여 당초의 확률적분을 추세적 변수에 대한 적분으로 변환시킬 수 있다.

C4. 브라운 운동과 확률프로세스

C4.1 브라운 운동(Brownian Motion)

자산 가격이 시간의 경과에 따라 이산적이 아닌 연속적으로 변하는 것을 가정하는 가격결정모형들이 있다. 대표적인 예가 블랙-숄즈 옵션가격모형(Black-Scholes option pricing model)이다. 이 모형에서는 헤지 포트폴리오의 포지션이 연속적으로 조정된다고 가정하므로, 이산 시간 모형은 적절치 않다. 여기서는 가장 기본적인 연속시간 확률프로세스인 **브라운 운동**을 설명한 후, 이토의 보조정리(Itô's lemma)를 이용하여 보다 일반적인 확률프로세스(또는 확산프로세스(diffusion process))를 설명하고자 한다.

이제, 브라운 운동을 정의해보자. 무한히 분할가능한 연속시간 프로세스 $p(t)$, $t \in [0, T]$에 대해서, 아래 식이 성립한다고 하자.[9]

---

8 부분적분(integration by parts)은 곱의 미분 공식 $\{f(x)g(x)\}' = f'(x)g(x) + f(x)g'(x)$을 적용한 것으로, 이 식의 양변을 적분하면 식 (C.12)의 부분적분 공식을 구할 수 있다.

9 이 식은 산술 브라운 운동으로, 이산시간모형(계량경제학)에서는 추세안정적 프로세스(trend-stationary process)와 일치한다. 이 운동에 관해서는 'C4.3 여러 가지 확률프로세스'에서 설명한다.

$$p(t) = \mu t + \sigma B(t)$$

확률프로세스 $p(t)$가 아래의 조건을 모두 만족할 때, 이를 브라운 운동 또는 위너 프로세스라고 부른다.

▶ 확률프로세스 $p(t)$가 **브라운 운동**(Brownian Motion) 혹은 **위너 프로세스**(Wiener Process)가 되기 위한 조건

임의의 t_i, $i = 1,\ldots,n$ 에 대해서 $0 = t_0 \le t_1 \le t_2,\ldots,t_n \le T$ 일 때,

(1) $t_i > t_j$일 때, 확률변수 $p(t_i) - p(t_j)$는 평균이 $\mu(t_i - t_j)$이고 분산이 $\sigma^2(t_i - t_j)$인 정규분포를 따른다.

(2) $1 \le i \le n$인 i에 대해서, 확률변수 $p(t_i) - p(t_{i-1})$ 는 독립적이다.

(3) $p(t)$는 t에 대해 연속적이다.

(4) $p(0) \equiv 0$[10]

이제, 위 조건들의 의미를 살펴보자.

■ 두 시점간 브라운 운동의 움직임은 정규분포를 따르고, 그 평균과 분산은 시간경과에 따라 커짐

첫 번째 조건은 **두 시점 사이에서 브라운 운동의 움직임(path)**이 평균 $\mu(t_i - t_j)$, 분산 $\sigma^2(t_i - t_j)$ 인 **정규분포**를 따른다는 것을 의미한다. 즉, $p(t_i) - p(t_j) \sim N\left(\mu(t_i - t_j), \sigma^2(t_i - t_j)\right) = N(\mu\Delta t, \sigma^2\Delta t)$이다 (단, $\Delta t = t_i - t_j$). 만약, 시작 시점을 0(즉, $t_j = 0$, $p(t_j) = 0$)으로 두면, 네 번째 조건에 의해서 $p(t_i) \sim N(\mu t_i, \sigma^2 t_i)$가 성립한다.

특별히, 브라운 운동 중에서 $\mu = 0$, $\sigma^2 = 1$인 것을 **표준 브라운 운동** 또는 **표준 위너 프로세스**라고 부르고, $\boldsymbol{B(t_i)}$로 표기한다. 첫 번째 조건을 표준 브라운 운동에 대해 적용하면, $B(t_i) - B(t_j) \sim N\left(0, t_i - t_j\right) = N(0, \Delta t)$가 되고, t시점에서 순간변화는 $dB(t) \equiv B(t + dt) - B(t) \sim N(0, dt)$가 된다. 그리고, 시작 시점이 0($t_j = 0$)이라면, $B(t_i) \sim N(0, t_i)$가 된다.

■ 브라운 운동의 움직임은 독립적임(즉, 브라운 운동은 마코브 프로세스임)

두 번째 조건은 **브라운 운동의 움직임이 독립적**(independent increments)으로 이루어진다는 의미이다. 즉, $p(t_i)$의 값은 변화의 출발선인 바로 직전의 $p(t_{i-1})$의 값에 의해서만 영향을 받을 뿐이고, t_i와 t_{i-1} 사이에서 브라운 운동의 변화는 시간에 대해(즉, 그 이전의 움직임과

10 $p(0) \equiv 0$은 일반적인 것으로서, 0이 아닌 다른 고정된 실수값을 사용해도 무방하다.

는) 독립적으로 이루어진다는 의미이다. 이는 브라운 운동이 **마코브 성질**을 가진다는 것을 뜻한다. 사실, 독립적인 정규확률변수들을 합하면 이 또한 정규분포를 따르므로, 첫 번째와 두 번째 성질은 서로 일관성을 갖는다.

■ 두 시점 s, t에서의 브라운 운동 간의 공분산은 $\min(s, t)\sigma^2$

한편, 두 번째 성질로 인하여, 임의의 브라운 운동 $p(s)$와 $p(t)$ $(s, t > 0)$에 대한 **공분산**은 아래와 같이 s와 t 중 작은 값(시점)과 σ^2을 곱한 것이 된다.

$$Cov\big(p(s), p(t)\big) = \min(s, t)\sigma^2$$

증명 위 식이 성립하는지 증명해 보자. 만약, $s < t$라면, 아래의 식이 성립한다.

$$\begin{aligned} Cov\big(p(s), p(t)\big) &= Cov\big(\mu s + \sigma B(s), \mu t + \sigma B(t)\big) \\ &= Cov\big(\sigma B(s), \sigma B(t)\big) \\ &= \sigma^2\big[E[B(s)B(t)] - E[B(s)]E[B(t)]\big] \\ &= \sigma^2 E\big[B(s)\{B(s) + \big(B(t) - B(s)\big)\}\big] \\ &= \sigma^2 s \end{aligned}$$

위 증명의 첫 번째 줄에서는 불확실성이 없는 μs, μt와의 공분산은 0임을 이용하였다. 두 번째 줄에서는 파라미터인 σ가 상수이므로 공분산 연산자 밖으로 나오도록 하였고, 임의의 확률변수 X, Y에 대해 $E[XY] = E[X]E[Y] + Cov[X, Y]$가 성립함을 이용했다. 세 번째 줄에서는 $E[B(s)] = 0$, $E[B(t)] = 0$임을 이용하였다. 마지막 단계에서는 $B(s)$의 분산이 $E[B(s)B(s)] = s$임을 이용하였고, 두 번째 조건으로 인해 $E\big[B(s)\big(B(t) - B(s)\big)\big] = 0$임을 이용하였다. $QED.$

■ 브라운 운동의 움직임은 불안정한 모양으로서, 미분 불가능함

두 번째와 세 번째 성질은 브라운 운동의 경로(path)가 매우 불안정하고 톱니바퀴처럼 들쭉날쭉한 모양이라는 것을 말해준다. 앞서 보았던 [그림 C.1]도 이런 브라운 운동의 움직임을 보여준다. 이 점은 브라운 운동의 경로가 모든 점에서 연속적이더라도, 두 번째 성질 때문에 브라운 운동에 대한 미분값은 일반적인 의미에서는 존재하지 않는다. 이를 이해하기 위해, 아래와 같이 브라운 운동의 분산에 대한 극한값을 계산해보자.

$$\lim_{\Delta t \to 0} Var\left(\frac{B(t_i + \Delta t) - B(t_i)}{\Delta t}\right) = \lim_{h \to 0} \frac{\Delta t}{(\Delta t)^2}$$

여기서, $\Delta t \to 0$일 경우, 분산은 수렴하지 않고 무한대로 발산하므로, 미분값이 존재하지 않는다. 따라서, 브라운 운동은 모든 시간간격에 대해서 미분불가능하고 무한히 변할 수 있다는(unbouned variation) 두 가지 중요한 특징을 가진다. 이 특성은 자산 수익률이 정규분포를 따르다면 수익률의 최댓값과 최솟값이 무한이라는 것과 일치한다.

C4.2 표준 브라운 운동의 움직임($dB(t)$)과 그 특성

그런데, 브라운 운동의 미분이 존재하지 않음에도 불구하고, 우리는 아래와 같이 정의된 $dB(t)$라는 표기를 사용한다.

$$dB(t_i) \equiv \lim_{\Delta t \to dt} \left(B(t_i + \Delta t) - B(t_i) \right)$$

$dB(t_i)$는 dt 라는 무한히 짧은 시간 동안 **표준 브라운 운동의 움직임**을 의미하므로, 시간적 의미에서의 미분(time derivative)이라고 해석할 수 있다. $dB(t_i)$가 필요한 이유는 이 표기가 다른 연속시간 프로세스를 만들기 위한 기초가 되기 때문이다. 예를 들어, $B(t_i)$를 연속시간에서 **확률보행(random walk)**을 따르는 자산의 가격이라 하면, $dB(t_i)$는 짧은 시간 동안 가격의 변화, 즉 **백색잡음(white noise)**으로 볼 수 있다. 또한, $dB(t)$를 사용하여, 연속시간 확률프로세스인 브라운 운동 $p(t)$를 아래와 같이 브라운 운동의 움직임을 의미하는 $dp(t)$에 대해서 나타낼 수 있다. 이에 관해서는 바로 이어지는 C4.3에서 자세히 설명한다.

$$dp(t) = \mu dt + \sigma dB(t) \tag{C.13}$$

■ 표준 브라운 운동에 관한 특성

앞서 설명한 브라운 운동의 조건과 성질을 이용하면, 표준 브라운 운동의 특성에 관한 아래의 식들을 얻을 수 있다.

$$E[dB] = 0 \tag{C.14-1}$$

$$E[(dB)(dt)] = E[dB]dt = 0 \tag{C.14-2}$$

$$E[(dB)^2] = E[(dB)^2] - (E[dB])^2 = Var[dB] = dt \tag{C.14-3}$$

위 식들을 구할 때 적용한 브라운 운동의 특징들을 정리해 보자. 식 (C.14-1)은 임의의 시간간격에서 표준 브라운 운동의 움직임(dB)의 분포가 $dB \sim N(0, dt)$임을 생각하면 쉽게 이해될 수 있다. 그리고, (C.14-2)에서는 dt가 상수이고, 첫 번째 식에 의해서 dB의 기댓값이 0임을 이용하면 된다. (C.14-3)에서는 $(E[dB])^2 = 0$이므로 이를 차감하여 dB의 분산에 관한 식으로 바꿀 수 있으며, $dB \sim N(0, dt)$이므로 dB의 분산은 dt가 된다.

다음은 위 식으로부터 파생된 특성들을 살펴보도록 하자. 참고로 dt가 이미 충분히 작은 숫자이므로 $(dt)^2 = 0$으로 보아도 무방하다.

$$\begin{aligned} Var[(dB)^2] &= \lim_{\Delta t \to dt} E[((B(t+\Delta t) - B(t))^2 - dt)^2] \quad (C.15\text{-}1) \\ &= \lim_{\Delta t \to dt} E[(B(t+\Delta t) - B(t))^4 - 2(B(t+\Delta t) - B(t))^2 dt + (dt)^2] \\ &= \lim_{\Delta t \to dt} E[B(t+\Delta t) - B(t)]^4 - (dt)^2 \\ &= o(dt) \simeq 0 \end{aligned}$$

$$E[((dB)(dt))^2] = E[(dB)^2](dt)^2 = 0 \quad (C.15\text{-}2)$$

$$Var[(dB)(dt)] = \lim_{\Delta t \to dt} E[(B(t+\Delta t) - B(t))dt] = o(dt) \simeq 0 \quad (C.15\text{-}3)$$

위 식들로부터 아래와 같이 표준 브라운 운동에 관한 세 가지 결과를 얻을 수 있는데, 그 이유는 $(dB)(dt)$와 $(dB)^2$의 분산이 모두 0이므로, 이들의 값은 기댓값과 동일하기 때문이다. 아래의 식들은 이토의 정리를 포함한 확률 미적분의 여러 내용에서 중요하게 이용되므로 숙지할 필요가 있다.

$$(dB)^2 = dt \quad (C.16)$$

$$(dB)(dt) = 0 \quad (C.17)$$

$$(dt)^2 = 0 \quad (C.18)$$

C4.3 여러 가지 확률프로세스

블랙-숄즈의 옵션가격모형을 포함한 대부분의 재무경제학 모형들은 자산가격이 기하 브라운 운동을 따른다고 가정한다. 그에 따라 수익률은 산술 브라운 운동을 따르게 된다. 이 경우, 수익률은 로그가격의 변화와 동일하므로, 로그가격의 변화도 산술 브라운 운동(정규분포)을 따르게 된다. 그런데, 확률변수에 로그를 취한 값이 정규분포를 따르면 그 확률변수는 로그정규분포를 따르는 것처럼, 로그가격 변화(즉, 수익률)가 브라운 운동을 따른다면 원래의 가격은 로그정규 프로세스(기하 브라운 운동)를 따르게 된다.

앞에서 우리는 자산가격이 시간에 따라 변화하는 것을 모형화하기 위해, 경우에 따라서 자산의 가격을 $P(t)$ 혹은 $p(t)$로 정의하였다. 이제 그 의미를 보다 정확히 하기 위해서 t시점에서의 자산의 가격을 $P(t)$라 표기하고, 이에 자연로그를 취한 값, 즉 로그가격을 $p(t)$로 나타내기로 하자. 즉, $p(t) = lnP(t)$로 정의한다.

먼저, 자산 가격인 $P(t)$의 관점에서 살펴보자. 다음과 같이 $P(t)$의 변화율이 산술 브

라운 운동을 따르면, 로그가격의 변화도 마찬가지로 정규분포를 따르게 된다.[11]

$$\frac{dP}{P} = dB(t)$$

이와 같이, 가격의 변화율(즉, 수익률 또는 로그가격의 변화)이 산술 브라운 운동을 따를 때, 가격 프로세스 $P(t)$는 **기하 브라운 운동**(geometric Brownian motion) 또는 **로그정규확산 프로세스**(log-normal diffusion process)를 따른다.

일반적으로 블랙-숄즈의 옵션이론 등과 같은 재무경제학에서 많이 사용되는 기하 브라운 운동은 확정적 추세(μdt)와 확산과정($\sigma dB(t)$)을 결합하여 다음과 같이 정의된다.

$$\frac{dP}{P} = \mu dt + \sigma dB(t)$$

여기서, μ는 단위시간(보통 1년)당 $\frac{dP}{P}$의 평균변화율인 **추세**(drift), σ는 단위시간당 $\frac{dP}{P}$의 **변동성**(volatility)이라고 부른다.

한편, 로그가격 $p(t)$의 관점에서 보면 위의 두 가지 브라운 운동은 각각 다음과 같이 나타나는데 이를 산술 브라운 운동(arithmetic Brownian motion)이라고 한다.[12]

$$dp(t) = -\frac{1}{2}\sigma^2 dt + dB(t)$$

$$dp(t) = \left(\mu - \frac{1}{2}\sigma^2\right) dt + dB(t)$$

아래의 표는 일반적인 확률프로세스 $X(t)$에 대한 몇 가지 예들을 정리한 것이다. 여기서, $\varepsilon_t \sim N(0,1)$이고, $\mu(\cdot)$와 $\sigma(\cdot)$는 시간을 포함한 여러 변수들에 대한 함수로 이해하면 된다.

〈표 C2〉 여러 가지 확률프로세스

	연속시간 프로세스	이산시간 프로세스
표준 브라운 운동 (Standard Brownian Motion)	$dX(t) = dB(t) = \varepsilon_t\sqrt{\Delta t}$	$X_t - X_{t-1} = \sigma\varepsilon_t$
산술 브라운 운동 (Arithmetic Brownian Motion)	$dX(t) = \mu dt + \sigma dB(t)$	$X_t - X_{t-1} = \mu + \sigma\varepsilon_t$

11 앞서 C1 섹션에서 본 바와 같이, $\frac{dP}{P} = dlnP$ 이므로, 가격의 변화율과 로그가격의 변화(차이)는 동일하다.

12 이에 대한 설명은 아래에서 이토의 보조정리를 소개한 후에 자세히 설명된다.

기하 브라운 운동 (Geometric Brownian Motion)	$dX(t) = \mu X(t)dt + \sigma X(t)dB(t)$ 또는 $\frac{dX(t)}{X(t)} = \mu dt + \sigma dB(t)$	$\frac{X_t - X_{t-1}}{X_{t-1}} = \mu + \sigma\varepsilon_t$
올슈테인-울렌벡 프로세스 (Ornstein-Uhlenbeck Process)	$dX(t) = -\phi(X(t) - \mu)dt$ $+ \sigma dB(t)$	$X_t - \mu = \phi(X_{t-1} - \mu) + \sigma\varepsilon_t$ 또는 $X_t - X_{t-1} = -(1-\phi)(X_{t-1} - \mu) + \sigma\varepsilon_t$
이토 프로세스 (Itô Process)	$dX(t) = \mu(\cdot)dt + \sigma(\cdot)dB(t)$	$X_t - X_{t-1} = \mu(\cdot) + \sigma(\cdot)\varepsilon_t$

C5. 이토 프로세스와 이토의 보조정리

C5.1 이토 프로세스(Itô Process)

이토(1951)는 브라운 운동에 기반한 연속시간 확률 프로세스 중 하나인 이토 프로세스를 제시하였다. 이토 프로세스는 일반적인 비선형변환에 대해서 닫혀 있다. 즉, 어떤 비선형함수가 이토 프로세스와 시간에 대한 함수라면, 그 자체가 또 다른 하나의 이토 프로세스가 된다. 이는 재무경제학에서 매우 중요한 특성으로, 기초자산 가격이 이토 프로세스를 따를 때 이를 기초로 한 파생상품가격 또한 이토 프로세스를 따르게 되기 때문이다. 이 특징 때문에 이토 프로세스는 파생상품의 가격결정에 널리 사용된다.

자산가격 P에 대하여 아래와 같은 **이토 프로세스**를 생각해 보자.

$$dP = \mu(P,t)dt + \sigma(P,t)dB(t) \tag{C.19}$$

여기서, 추세적 변동인 $\mu(P,t)$와 불확실성에 관한 요소인 $\sigma(P,t)$는 모두 P와 t의 함수이다. 즉, 이토 프로세스에서는 가격 P의 작은 변화인 dP가 가격 P와 t의 함수이다. 따라서, 이토 프로세스가 앞의 절에서 살펴본 식 (C.13)의 위너 프로세스(브라운 운동)보다 더 일반화된 형태라고 할 수 있다. 예를 들면, 앞에서 살펴본 기본적인 자산가격모형(기하 브라운 운동)인 식 (C.6)을 살펴보자.

$$\frac{dP}{P} = \mu dt + \sigma dB(t)$$

이 식은 아래의 식과 같다.

$$dP = \mu P(t)dt + \sigma P(t)dB(t) \tag{C.20}$$

위 식을 식 (C.19)의 이토 프로세스로 나타내면 아래와 같다.

$$\mu(P,t) \equiv \mu P(t)$$
$$\sigma(P,t) \equiv \sigma P(t)$$

따라서, 앞서 소개한 확률보행모형(기하 브라운 운동)은 식 (C.19)의 이토 프로세스를 따른다.

지금까지 살펴본 내용을 토대로 하면, 아래의 프로세스들은 서로 같은 성질을 가진다.

- 기하 수익률 $r(t)$; $r(t) = ln(P_t/P_{t-1})$
- 로그정규분포를 따르는 산술 수익률 r_t
- 브라운 운동을 따르는 산술 수익률 r_t
- 기하 브라운 운동을 따르는 자산 가격 $P(t)$
- 산술 브라운 운동을 따르는 로그자산가격 $p(t)$
- $\mu(\cdot) = \mu P(t)$와 $\sigma(\cdot) = \sigma P(t)$인 이토 프로세스를 따르는 자산 가격의 변화 dP

C5.2 이토의 보조정리(Itô's Lemma)

브라운 운동은 연속적이고 무한히 분할가능함에도 불구하고, 매끄러운 형태가 아니므로 미분가능하지는 않다. 하지만, 이토의 보조정리(Itô's lemma)는 브라운 운동을 포함한 확산 프로세스(diffusion process)에 대한 함수를 미분할 수 있는 방법을 제시한다.

1951년에 수학자 이토는 연속시간 옵션가격결정에서 가장 중요한 내용 중 하나인 이토의 보조정리(Itô's Lemma)를 만들었다. 이토의 보조정리는 확률변수의 작은 변화와 이 확률변수에 대한 함수의 작은 변화 사이의 관계를 보여준다. 여기서의 함수는 임의의 함수로서, 비선형함수를 포함한 어떠한 함수형태도 가능하다. 예를 들면, 파생상품의 가격은 기초자산 가격에 대한 비선형함수인데, 이토의 보조정리를 활용하면 확률적으로 움직이는 기초자산가격의 변화와 파생상품 가격의 변화를 분석할 수 있다.

■ 테일러 전개(Taylor series expansion)

수학적으로 보면, 이토의 보조정리는 테일러 전개(Taylor series expansion)를 확률프로세스에 적용한 것이다. 먼저 간단하게 테일러 전개를 살펴보자. 테일러 전개는 변수의 특정 값 근처에서 변수의 변화에 따른 함수의 변화를 1차편미분(기울기), 2차편미분(기울기의 변화), 그리고 고차편미분으로 근사하는 방법이다. 형태가 알려지지 않은 x의 함수 $f(x)$가 있을 경우, 임의의 x_0 근처에서 이 함수에 대한 테일러 전개는 다음과 같다.

$$f(x)=f(x_0)+\frac{\partial f}{\partial x}(x-x_0)+\frac{1}{2!}\frac{\partial^2 f}{\partial x^2}(x-x_0)^2+\frac{1}{3!}\frac{\partial^3 f}{\partial x^3}(x-x_0)^3+\cdots$$

만약 이 함수가 x와 y의 함수인 경우, 임의의 x_0와 y_0근처에서 $f(x,y)$의 테일러 전개는 다음과 같다.

$$\begin{aligned}f(x,y)&=f(x_0,y_0)+\frac{\partial f}{\partial x}(x-x_0)+\frac{\partial f}{\partial y}(y-y_0)\\&+\frac{1}{2!}\frac{\partial^2 f}{\partial x^2}(x-x_0)^2+\frac{1}{2!}\frac{\partial^2 f}{\partial y^2}(y-y_0)^2+\frac{\partial^2 f}{\partial x\,\partial y}(x-x_0)(y-y_0)+\cdots\end{aligned}$$

마찬가지로 함수 $f(x,y,z)$는 임의의 x_0, y_0, 그리고 z_0근처에서 다음과 같이 표시할 수 있다.

$$\begin{aligned}f(x,y,z)&=f(x_0,y_0,z_0)+\frac{\partial f}{\partial x}(x-x_0)+\frac{\partial f}{\partial y}(y-y_0)+\frac{\partial f}{\partial z}(z-z_0)\\&+\frac{1}{2!}\frac{\partial^2 f}{\partial x^2}(x-x_0)^2+\frac{1}{2!}\frac{\partial^2 f}{\partial y^2}(y-y_0)^2+\frac{1}{2!}\frac{\partial^2 f}{\partial z^2}(z-z_0)^2\\&+\frac{\partial^2 f}{\partial x\,\partial y}(x-x_0)(y-y_0)+\frac{\partial^2 f}{\partial x\,\partial z}(x-x_0)(z-z_0)+\frac{\partial^2 f}{\partial y\,\partial z}(y-y_0)(z-z_0)\ldots\end{aligned}$$

재무경제학에서는 3차 이상의 함수를 잘 사용하지 않는데, 그 이유는 수익률이 정규분포를 따를 경우 3차항 이상은 의미가 없고, 고차항을 사용할 경우 직관적인 해석이 어렵기 때문이다.

■ 이토의 보조정리(Itô's Lemma) 유도

테일러 전개에 대한 이해를 바탕으로 이제 이토의 보조정리를 살펴보자. 확률변수 x가 아래와 같이 식 (C.19)의 이토 프로세스를 따른다고 가정해 보자.

$$dx=\mu(x,t)dt+\sigma(x,t)dB(t)$$

그리고, 함수 $F(x,t)$는 이토 프로세스 x와 시간 t에 대한 임의의 비선형함수이고, x에 대해 두 번 미분가능하다고 가정하자. 예를 들어, x는 기초자산(주식)의 가격이고, F는 옵션의 가격으로 기초자산과 시간의 함수로 정의할 수 있을 것이다.

▶ 이토의 보조정리

확률변수 x가 다음의 이토 프로세스를 따를 때,

$$dx = \mu(x,t)dt + \sigma(x,t)dB(t)$$

두 번 미분가능한 함수 $F(x,t)$가 x와 시간 t에 대한 임의의 비선형함수라면, $F(x,t)$ 또한 다음과 같은 이토 프로세스를 따른다.

$$dF(x,t) = \left(\frac{\partial F}{\partial x}\mu(x,t) + \frac{\partial F}{\partial t} + \frac{1}{2}\frac{\partial^2 F}{\partial x^2}\sigma(x,t)^2\right)dt + \frac{\partial F}{\partial x}\sigma(x,t)dB(t) \qquad (C.21)$$

증명 먼저, 함수 F에 테일러 전개를 적용하면, 아래와 같다.

$$\begin{aligned} dF &= \frac{\partial F}{\partial x}dx + \frac{\partial F}{\partial t}dt + \frac{1}{2}\left(\frac{\partial^2 F}{\partial x^2}(dx)^2 + 2\frac{\partial F}{\partial x}\frac{\partial F}{\partial t}dxdt + \frac{\partial^2 F}{\partial t^2}(dt)^2\right) \qquad (C.22) \\ &= \frac{\partial F}{\partial x}dx + \frac{\partial F}{\partial t}dt + \frac{1}{2}\frac{\partial^2 F}{\partial x^2}\sigma(x,t)^2 dt \end{aligned}$$

위의 식을 얻기 위해서, 식 (C.16)~(C.18), 즉, $(dB)^2 = dt$, $(dB)(dt) = 0$, $(dt)^2 = 0$을 이용하여 아래의 식들을 먼저 구한 후, $F(x,t)$에 대한 테일러 전개(식 (C.22))에 대입하였다.

$$\begin{aligned} &(dt)^2 = 0 \\ &dxdt = [\mu(x,t)dt + \sigma(x,t)dB(t)]dt \\ &\qquad = \mu(x,t)(dt)^2 + \sigma(x,t)dB(t)dt = 0 \\ &(dx)^2 = (\mu(x,t)dt + \sigma(x,t)dB(t))^2 \\ &\qquad = \mu(x,t)^2(dt)^2 + 2\mu(x,t)\sigma(x,t)dtdB(t) + \sigma(x,t)^2(dB(t))^2 \\ &\qquad = \sigma(x,t)^2 dt \end{aligned}$$

다음으로, 식 (C.19)의 이토 프로세스를 (C.22)에 대입하면 이토의 보조정리를 얻을 수 있다.

$$\begin{aligned} dF &= \frac{\partial F}{\partial x}(\mu(x,t)dt + \sigma(x,t)dB(t)) + \frac{\partial F}{\partial t}dt + \frac{1}{2}\frac{\partial^2 F}{\partial x^2}\sigma(x,t)^2 dt \\ &= \left(\frac{\partial F}{\partial x}\mu(x,t) + \frac{\partial F}{\partial t} + \frac{1}{2}\frac{\partial^2 F}{\partial x^2}\sigma(x,t)^2\right)dt + \frac{\partial F}{\partial x}\sigma(x,t)dB(t) \qquad QED. \end{aligned}$$

위의 결과로부터, x가 이토 프로세스를 따르면, 이토의 보조정리에 의해서 x에 관한 임의의 함수 $F(x,t)$ 또한 이토 프로세스를 따르며, 이 $F(x,t)$의 단위시간당 순간적인 평균 수익률과 순간적인 분산은 각각 $\left(\frac{\partial F}{\partial x}\mu(x,t) + \frac{\partial F}{\partial t} + \frac{1}{2}\frac{\partial^2 F}{\partial x^2}\sigma(x,t)^2\right)$과 $\left(\frac{\partial F}{\partial x}\right)^2\sigma(x,t)^2$이 된다. 따라서 위에서 설명한 것처럼, 어떤 임의의 함수가 이토 프로세스와 시간에 대한 함수라면,

그 자체가 또 다른 하나의 이토 프로세스가 되므로, 이토 프로세스는 일반적인 비선형변환에 대해서 닫혀 있게 된다.

한 가지 중요한 점은 x의 변동도 $dB(t)$를 포함하고 있고, x와 시간 t의 함수인 $F(x,t)$의 변동도 동일한 $dB(t)$를 포함하고 있다는 점이다. 다시 말하면, 파생상품가격($F(x,t)$)의 변동은 전부 기초자산가격(x)의 변화로 설명된다. 이러한 특성으로 인해, $F(x,t)$와 x를 이용하여 이들 둘의 가격변화를 서로 상쇄시키는 무위험 포트폴리오를 구성하는 것이 가능하며, 이것이 위험중립하의 가격결정의 출발점이 된다.

■ 이토의 보조정리(Itô's Lemma)의 일반화

이제, 일반화된 경우를 생각해 보기 위해, 아래와 같이 n개의 이토 프로세스 x_i, $i = 1,2,\ldots,n$이 있다고 가정하자.

$$\begin{aligned} dx_1 &= \mu_1(x_1,x_2,\ldots,x_n,t)dt + \sigma_1(x_1,x_2,\ldots,x_n,t)dB_1(t) \\ dx_2 &= \mu_2(x_1,x_2,\ldots,x_n,t)dt + \sigma_2(x_1,x_2,\ldots,x_n,t)dB_2(t) \\ &\vdots \\ dx_n &= \mu_n(x_1,x_2,\ldots,x_n,t)dt + \sigma_n(x_1,x_2,\ldots,x_n,t)dB_n(t) \end{aligned} \tag{C.23}$$

여기서, μ_i와 σ_i는 모두 t와 $x_1,x_2,\ldots,x_n$의 함수이다. 이 경우, 함수 $F(x_1,x_2,\ldots,x_n,t)$에 대한 다차원 이토 정리는 아래와 같다.

$$dF(x_1,x_2,\ldots,x_n,t) = \sum_{i=1}^{n}\frac{\partial F}{\partial x_i}dx_i + \frac{\partial F}{\partial t}dt + \frac{1}{2}\sum_{i=1}^{n}\sum_{i=j}^{n}\frac{\partial^2 F}{\partial x_i\,\partial x_j}dx_i dx_j \tag{C.24}$$

이 식을 활용한 예는 12장 동태적(기간간)(intertemporal) CAPM에서 다루고 있다.

■ 이토의 보조정리의 적용 사례

마지막으로, 두 가지 예를 들어 이토의 보조정리가 어떻게 활용될 수 있는지 살펴보고, 동시에 기하 브라운 운동과 산술 브라운 운동의 차이를 살펴보자.

▶ 사례 1

우선 식 (C.6)과 같이 자산의 가격 P는 기하 브라운 운동을 따른다고 가정해 보자.

$$\frac{dP}{P} = \mu dt + \sigma dB(t) \tag{C.25}$$

이제, $p(t) \equiv \ln P(t)$라고 두자. 그러면, $p(t) = F(B(t), t) = \ln P(t)$로 간주할 수 있고, $F(B(t), t)$는 가격 $P(t)$의 비선형 함수가 된다. 즉, $p(t)$는 $P(t)$와 시간의 함수이다. 그리고, 이들에 대한 미분값은 아래와 같다.

$$\frac{\partial p(t)}{\partial P(t)} = \frac{1}{P(t)}\left(= \frac{\partial F}{\partial x}\right) \tag{C.26}$$

$$\frac{\partial^2 p(t)}{\partial P(t)^2} = -\frac{1}{P(t)^2}\left(= \frac{\partial^2 F}{\partial x^2}\right) \tag{C.27}$$

$$\frac{\partial p(t)}{\partial t} = 0\left(= \frac{\partial F}{\partial t}\right) \tag{C.28}$$

위의 식들을 식 (C.21)에 대입하면, 아래와 같다.

$$dp(t) = \left(\frac{1}{P(t)}\mu P(t) + 0 + \frac{1}{2}\left(-\frac{1}{P(t)^2}\right)(\sigma P(t))^2\right)dt + \frac{1}{P(t)}(\sigma P(t))dB(t)$$

$$\Leftrightarrow \quad d\ln P(t) = \left(\mu - \frac{1}{2}\sigma^2\right)dt + \sigma dB(t)$$

따라서, 아래의 식을 얻을 수 있다.

$$\ln\left(\frac{P(t)}{P(0)}\right) = \left(\mu - \frac{1}{2}\sigma^2\right)t + \sigma B(t) \tag{C.29}$$

$$\Leftrightarrow \quad P(t) = P(0)\exp\left(\left(\mu - \frac{1}{2}\sigma^2\right)t + \sigma B(t)\right)$$

그런데, $B(t)$는 정규분포를 따르므로, $\ln(P(t)/P(0))$도 정규분포를 따른다. 즉, $\ln(P(t)/P(0)) \sim N\left(\left(\mu - \frac{1}{2}\sigma^2\right)t, \sigma^2 t\right)$. 따라서, 자산의 가격 변화가 기하 브라운 운동을 따르면, 자산 수익률은 로그정규분포를 따르게 된다. 또한 위 결과를 로그가격 $p(t)$의 관점에서 로그가격 프로세스로 나타낸다면, 로그가격은 다음과 같은 산술 브라운 운동이 된다.

$$dp(t) = \left(\mu - \frac{1}{2}\sigma^2\right)dt + \sigma dB(t)$$

▶ 사례 2

앞의 사례 1을 다시 살펴보자. 이번에는 역으로 자산가격 $P(t)$가 $B(t)$와 t의 함수라고 하면, $P(t) = F(B(t), t)$가 된다. 즉, $P(t) = F(B(t), t) = e^{p(t)}$가 된다. 이토의 보조정리를 적용하면, 아래의 식을 얻을 수 있다.

$$dP = dF(B(t), t) = \frac{\partial F}{\partial B(t)}dB(t) + \frac{\partial F}{\partial t}dt + \frac{1}{2}\frac{\partial^2 F}{\partial B(t)^2}(dB(t))^2 \tag{C.30}$$

그리고, 식 (C.29)를 $B(t)$와 t에 대해서 미분하면, 아래의 식들을 얻을 수 있다.

$$\frac{\partial F}{\partial B(t)} = \sigma P(t)$$

$$\frac{\partial^2 F}{\partial B(t)^2} = \sigma^2 P(t)$$

$$\frac{\partial F}{\partial t} = \left(\mu - \frac{1}{2}\sigma^2\right) P(t)$$

이제, 위 식들을 (C.30)에 대입해 보자.

$$\begin{aligned} dP &= \sigma P(t)dB(t) + (\mu - \frac{1}{2}\sigma^2)P(t)dt + \frac{1}{2}\sigma^2 P(t)dt \\ &= \sigma P(t)dB(t) + \mu P(t)dt \end{aligned}$$

결과적으로, 이 식은 가격 P에 대한 기하 브라운 운동이며, 식 (C.25)와 같다.

참/고/문/헌

Abdellaoui, M., 2000, Parameter-Free Elicitation of Utility and Probability WeightingFunctions, Management Science 46, 1497-1512.

Admati, A., S. Bhattacharya, P. Pfleiderer, and S. Ross, 1986, On timing and selectivity, Journal of Finance 41, 715-730.

Admati, A.R. and P. Pfleiderer, 1997, Does it all add up? Benchmarks and the compensation of active portfolio managers, The Journal of Business 70(3), 323-350.

Agrawal, A. and K. Tandon, 1994, Anomalies or illusions? Evidence from stock markets in eighteen countries, Journal of International Money and Finance 13(1), 83-106.

Allias, 1953, Le Comportement de lhomme Rational Devant le Risque, Econometrica 21, 503-546.

Amihud, Y. and M. Mendelson, 1986, Asset pricing and the bid-ask spread, Journal of Financial Economics 17(2), 223-249.

Amihud, Y., 2002, Illiquidity and stock returns: cross-section and time-series effects, Journal of Financial Markets 5(1), 31-56.

Ang, A. and J. Chen, 2007, CAPM over the long run: 1926-2001, Journal of Empirical Finance 14(1), 1-40.

Ang, A., G. Bekaert, and J. Liu, 2005, Why stocks may disappoint, Journal of Financial Economics 76, 471-508.

Ang, A., J. Chen and Y. Xing, 2006, Downside Risk, Review of Financial Studies 19(4), 1191-1239.

Ang, A., R.J. Hodrick, Y. Xing and X. Zhang, 2006, The Cross-Section Of Volatility and Expected Returns, Journal of Finance 61(1), 259-299.

Arditti, F. D., 1967, Risk and the Required Return on Equity, Journal of Finance 22, 19-36.

Ariel, R. A., 1987, A Monthly Effect in Stock Returns, Journal of Financial Economics 18, 161-174.

Arrow, K., 1971, Essays in the Theory of Risk-Bearing, Amsterdam: North Holland.

Artzner, P., 1999, Coherent Measures of Risk, Mathematical Finance 9(3), 203-228.

Avery, C. and P. Zemsky, 1998, Multidimensional Uncertainty and Herd Behavior in Financial Markets, American Economic Review 88, 724-748.

Bachelier, L., 1990, Theory of Speculation, Ph D Thesis, University of Paris.

Bae, K.H., G.A. Karolyi and R.M. Stultz, 2003, A New Approach to Measuring Financial Contagion , The Review of

Financial Studies 16(3), 717–763.

Baierl, G.T. and P. Chen, 2000, Choosing Managers and Funds, The Journal of Portfolio Management 26(2), 47-53.

Baker, M. and J. Wurgler, 2006, Investor Sentiment and the Cross-Section of Stock Returns, Journal of Finance 61(4), 1645-1680.

Ball, R. and P. Brown, 1968, An Empirical Evaluation of Accounting Income Numbers, Journal of Accounting Research, 159-178.

Balzer L., 2001, Investment risk: a unified approach to upside and downside returns, in Managing downside risk in financial markets: Theory, practice and implementation, ed. Sortino F. and Satchell S., 103-105. Oxford: Butterworth-Heinemann.

Bansal, R., D. Kiku, I. Shaliastovich, and A. Yaron, 2014, Volatility, the Macroeconomy and Asset Prices, The Journal of Finance 69(6), 2471–2511.

Banz, R.W., 1981, The relationship between return and market value of common stocks, Journal of Financial Economics 9, 3–18.

Barberis, N., 2013, Thirty Years of Prospect Theory in Economics: A Review and Assessment, Journal of Economic Perspectives 27(1), 173-196.

Barberis, N., A. Mukherjee, and B. Wang, 2016, Prospect Theory and Stock Returns: An Empirical Test, Working paper.

Barberis, N., M. Huang and T. Santos, 2001, Prospect Theory And Asset Prices, Quarterly Journal of Economics v116, 1-53.

Barone-Adesi, G., 1985, Arbitrage Equilibrium with Skewed Asset Returns, Journal of Financial and Quantitative Analysis 20, 299-313.

Barone-Adesi, G., L. Mancini, and H. Shefrin, 2013, A Tale of Two Investors: Estimating Optimism and Overconfidence, 26th Australasian Finance and Banking Conference 2013.

Barro, R.J., 2006, Rare Disasters and Asset Markets in the Twentieth Century, Quarterly Journal of Economics 121(3), 823–66.

Barro, R.J., 2009, Rare Disasters, Asset Prices, and Welfare Costs, American Economic Review 99(1), 243–264.

Basel Committee on Banking Supervision, April 1993 , Measurement of Banks Exposure to Interest Rate Risk.

Basu, S., 1977, Investment Performance of Common Stocks in Relation to Their Price-Earnings Ratios: A Test of the Efficient Market Hypothesis, Journal of Finance 32, 663-682.

Basu, S., 1983, The Relationship between Earnings Yield, Market Value and Return for NYSE Common Stocks Further Evidence, Journal of Financial Economics 12, 129-156.

Bates, D., 1995, Jumps and Stochastic Volatility: Exchange Rate Processes Implicit in Deutschemark Options. Review of Financial Studies 9, 69-107.

Bawa, V. and E. Lindenberg, 1977, Capital market equilibrium in a mean-lower partial moment framework, Journal of Financial Economics 5,189–200.

Bawa, V., 1975, Optimal rules for ordering uncertain prospects, Journal of Financial Economics 2, 205-229.

Bawa, V., 1976, Admissible portfolio for all individuals, Journal of Finance 31, 1169-1183.

Bawa, V., 1978, Safety first, stochastic dominance and optimal portfolio choice, Journal of Financial and Quantitative Analysis 13(2), 255–271.

Bawa, V., 1981, Stochastic dominance: A research bibliography, Bell Laboratories Economics Discussion Paper #196.

Bawa, V., S. Brown, and R. Klein, 1981, Asymmetric response asset pricing models:Testable alternatives to mean-variance, Mimeo.

Becker, G.S., 1981, A Treatise on the Family. ENLARGED EDITION. Harvard University Press.

Bekaert, G. and C. R. Harvey, 1995, Time-Varying World Market Integration, Journal of Finance 50, 403-444.

Bekaert, G. and C. R. Harvey, 1997, Emerging Equity Market Volatility, Journal of Financial Economics 43, 29-77.

Bekaert, G., 1994, Exchange Rate Volatility and Deviations from Unbiasedness in a Cash-in-advance Model, Journal of International Economics 36, 29-52.

Bekaert, G., C. B. Erb, C. R. Harvey, and T. E. Viskanta, 1997, What Matters for Emerging Equity Market Investments, Emerging Markets Quarterly, 17-46.

Bekaert, G., C. B. Erb, C. R. Harvey, and T. E. Viskanta, 1998, Distributional Characteristics of Emerging Market Returns and Asset Allocation, Journal of Portfolio Management, 102-116.

Bell, D., 1988, One-switch utility functions and a measure of risk, Management Science 34, 1416-1424.

Benartzi, S. and R.H. Thaler, 1995, Myopic Loss Aversion and the Equity Premium Puzzle, The Quarterly Journal of Economics 110(1), 73-92.

Berk, J.B, R.C. Green, and V. Naik, 1999, Optimal Investment, Growth Options, and Security Returns, Journal of Finance 54(5), 1553-1607.

Berkelaar, A.B. and R. Kouwenberg, 2009, From Boom til Bust: How Loss Aversion Affects Asset Prices, Journal of Banking and Finance 33, 1005-1013.

Berkelaar, A.B., R. Kouwenberg and T. Post, 2000, Optimal Portfolio Choice Under Loss Aversion, Review of Economics and Statistics 86(4), 973-987.

Bernstein, W.J., 1996, The rebalancing bonus: Theory and practice. http://www.efficientfrontier.com/ef/996/rebal.htm

Bessembinder, H., 2018, Do stocks outperform Treasury bills?, Journal of Financial Economics 129(3), 440-457.

Bevan, A. and K. Winkelmann, 1998, Using the Black–Litterman global asset allocation model: Three years of practical experience, Fixed income research June.

Bikhchandani, S., and S. Sharma, 2000, Herd Behavior in Financial Markets: A Review, IMF Working Paper WP/00/48 (Washington: International Monetary Fund).

Bikhchandani, S., and S. Sharma, 2001, Herd behaviour in financial markets, IMF Staff Papers 47, 279-310.

Biswas, T., 1997, Decision-making under Uncertainty, Macmillan Press Ltd.

Black, F., 1972, Capital market equilibrium with restricted borrowing, The Journal of Business 45(3), 444-455.

Black, F., 1993a, Beta..and Return, Journal of Portfolio Management 20, 8-18.

Black, F., 1993b, Choosing Accounting Rules, Accounting Horizons 7, 1-17.

Black, F. and R. Litterman, 1992, Global Portfolio Optimization, Financial Analysts Journal 48, 28-43.

Black, F. and J. Cox, 1976, Valuing Corporate Securities: Some Effects of Bond Indenture Provisions, Journal of Finance 31, 351-367.

Black, F., and M. Scholes, 1973, The Pricing of Options and Corpo-rate Liabilities, Journal of Political Economy 81, 637-654.

Black, F., E. Derman, and W. Toy, 1990, A One-Factor Model Of Interest Rates And Its Application To Treasury Bond Options, Financial Analysts Journal 46, 1.

Black, F., M. Jensen. and M. Scholes, 1972, The Capital Asset Pricing Model: Some Empirical Tests, In: Jensen M. C. (ed.), Studies in the Theory of Capital Markets, Praeger, New York.

Blume, M.E. and I.M. Friend, 1973, A new Look at the Capital Asset Pricing Model, Journal of Finance 1, 19 - 34.

Breeden D.T., and Litzenberger R.H., 1978, Prices of state-contingent claims implicit in option prices, Journal of Business 51(4), 621-651.

Breeden D.T., Gibbons MR, Litzenberger R.H., 1989, Empirical tests of the consumption-oriented CAPM, Journal of Finance 44, 231-262.

Breeden, D., 1979, An Intertemporal Asset Pricing Model with Stochastic Consumption and Investment Opportunities, Journal of Financial Economics 7, 265–296.

Brennan, M. and A. Subrahmanyam, 1996, Market microstructure and asset pricing: On the compensation for illiquidity in stock returns, Journal of Financial Economics 41(3), 441-464.

Brennan, M., 1993, Agency and Asset Prices, Finance Working Paper No. 6-93, UCLA.

Brown, P., D. Keim, A.W. Kleidon, and T.A. Marsh, 1983, Stock return seasonalities and the tax-loss selling hypothesis: Analysis of the arguments and Australian evidence, Journal of Financial Economics 12(1), 105-127.

Brown, S. and J.B. Warner, 1980, Measuring security price performance, Journal of Financial Economics 8(3), 205-258.

Brown, S.J. and J.B. Warner, 1985, Using Daily Stock Returns: The Case of Event Studies, Journal of Financial Economics 14, 3-31.

Brown, S.J., and J.B. Warner, 1980, Measuring Security Price Performance, Journal of Financial Economics 8, 205-258.

Brown, S.J., W.N. Goetzman, and S.A. Ross, 1995, Survival, The Journal of Finance 50(3), 853-873.

Browne, S., 1999, The Risk and Rewards of Minimizing Shortfall Probability, Journal of Portfolio Management

25(4), 76-85.

Bruhin A., H. Fehr-Duda, and T. Epper, 2010, Risk and rationality: uncovering heterogeneity in probability distortion, Econometrica 78,1375–412.

Burnes, J., and W. Neilson, 2002, A Further Examination of Cumulative Prospect Theory Parameterizations, Journal of Risk and Uncertainty 24, 31-46.

Byun, J. and M.S. Rozeff, 2003, Long-run Performance after Stock Splits: 1927 to 1996, Journal of Finance 58(3), 1063-1085.

Camerer, C.F. and T. Ho, 1994, Violations of the Betweenness Axiom and Nonlinearity in Probability, Journal of Risk and Uncertainty 8(2), 167-96.

Campbell, J.Y. and J.H. Cochrane, 1999, By force of habit: a consumption-based explanation of aggregate stock market behavior, Journal of Political Economy 107(2), 205-251.

Campbell, J.Y. and L.M. Viceira, 2002, Strategic Asset Allocation: Portfolio Choice for Long-Term Investors, Oxford University Press.

Campbell, J.Y. and T. Vuolteenaho, 2004, Bad Beta, Good Beta, American Economic Review 94(5), 1249-1275.

Campbell, J.Y., 1993, Intertemporal asset pricing without consumption data, American Economic Review 83(3), 487-512.

Campbell, J.Y., A.W. Lo, and A.C. MacKinlay, 1997, The econometrics of financial markets, Princeton: Princeton University Press.

Campbell, J.Y., and J.H. Cochrane, 1999, By Force of Habit: A Consumption-Based Explanation of Aggregate Stock Market Behavior, Journal of Political Economy 107(2), 205-251.

Campbell, J.Y., and J. Mei, 1993, Where do betas come from? Asset price dynamics and the sources of systematic risk, Review of Financial Studies 6(3): 567-592.

Campbell, J.Y., and L.M. Viceira, 2002, Strategic Asset Allocation: Portfolio Choice for Long-Term Investors, Oxford University Press.

Campbell, J.Y., J. Hilscher, and J. Szilagyi, 2008, In Search of Distress Risk, Journal of Finance 63(6), 2899-2939.

Campello, M., L. Chen, and L. Zhang, 2008, Expected returns, yield spreads, and asset pricing tests, Review of Financial Studies 21(3), 1297-1338.

Canina, L. and S. Figlewski, 1993, The Informational Content of Implied Volatility, Review of Financial Studies 6(3), 659-81.

Canner, N., N.G. Mankiw, and D.N. Weil, 1997, An asset allocation puzzle, American Economic Review 87, 181-191.

Carhart, M.M., 1997, On Persistence in Mutual Fund Performance, Journal of Finance 52(1), 57–82.

Carlson, M., A. Fisher, and R. Giammarino, 2004, Corporate Investment and Asset Price Dynamics: Implications for the Cross-section of Returns, Journal of Finance 59(6), 2577-2603.

Cass, D., and J. Stiglitz., 1970, The Structure of Investor Preferences and Asset Returns, and Separability in Portfolio Allocation: A Contribution to the Pure Theory of Mutual Funds, Journal of Economic Theory 2(2), 122-60.

Chan, L.K.C, Y. Hamao and J. Lakonishok, 1991, Fundamentals and Stock Returns in. Japan, Journal of Finance 46(5), 1739-1764.

Chan, L.K.C., N. Jegadeesh, and J. Lakonishok, 1996, Momentum Strategies, Journal of Finance 51, 1681–1713.

Chan, N., M. Getmansky, S. Haas, and A. Lo, 2007, Systemic Risk and Hedge Funds, in M. Carey and R. Stulz, eds., The Risks of Financial Institutions and the Financial Sector. University of Chicago Press.

Chang, E.C. and J.M. Pinegar, 1986, Return seasonality and tax-loss selling in the market for long-term government and corporate bonds, Journal of Financial Economics 17(2), 391-415.

Chang, E.C., J.W. Cheng and A. Khorana, 2000, An examination of herd behavior in equity markets: An international perspective, Journal of Banking & Finance 24(10), 1651-1679.

Chatterjee, A. and B. Maniam, 1997, Market Anomalies Revisited, Journal of Applied Business Research 13, 47-56.

Chen, L. and L. Zhang, 2010, A better three-factor model that explains more anomalies, Journal of Finance 65, 563–595.

Chen, L., R. Petkova, and L. Zhang, 2008, The expected value premium, Journal of Financial Economics 87(2), 269-280.

Chen, N.F., R. Roll, and S. Ross, 1986, Economic Forces and the Stock Market, The Journal of Business 59(3), 383-403.

Chen, S., 1982, An examination of risk-return relationship in bull and bear markets using time-varying betas, Journal of Financial and Quantitative Analysis 17, 265-286.

Chen, Z., and P.J. Knez, 1996, Portfolio performance measurement: Theory and applications, Review of Financial Studies 9(2), 511-555.

Cheung, Y.W. and L.K. Ng, 1998, International evidence on the stock market and aggregate economic activity, Journal of Empirical Finance 5(3), 281-296.

Chew, S.H., 1983, A generalization of the quasi-linea mean with applications to the measurement of inequality and decision theory resolving the Allais paradox, Econometrica 51, 1065-1092.

Chew, S.H., 1989, Axiomatic utility theories with the betweenness property, Annals of Operations Research 19, 273-298.

Chiras, D.P. and S. Manaster, 1978, The information content of option prices and a test of market efficiency, Journal of Financial Economics 6, 213-234.

Choe, H., B. Kho, and R. Stulz, 1999, Do foreign investors destabilize stock markets? The Korean experience in 1997, Journal of Financial Economics 54(2), 227-264 .

Chopra N., J. Lakonishok and J. Ritter, Measuring abnormal performance: Do stocks overreact?, Journal of Financial Economics 31(2), 235-268.

Chordia, T., A. Subrahmanyam and V.R. Anshuman, Trading activity and expected stock returns, Journal of Financial Economics 59(1), 3-32.

Chordia, T., R. Roll and A. Subrahmanyam, Commonality in liquidity, Journal of Financial Economics 56(1), 3-28.

Christie, W., and R. Huang, 1995, Following the pied piper: do individual returns herd around the market, Financial Analysts Journal 51(4), 31–37.

Chuang, W. and B. Lee, 2006, An empirical evaluation of the overconfidence hypothesis, Journal of Banking & Finance 30(9), 2489-515.

Clarke, R.G., S. Krase, and M. Statman, 1994, Tracking Errors, Regret, and Tactical Asset Allocation, The Journal of Portfolio Management 20(3), 16-24.

Cochrane, J.H., 1991, Production-Based Asset Pricing and the Link Between Stock Returns and Economic Fluctuations, The Journal of Finance 46(1), 209-237.

Cochrane, J.H., 2001, Asset Pricing, Princeton University Press, NJ.

Cochrane, J.H., 2005, Asset Pricing, Princeton University Press.

Connor, G., 1984, A unified beta pricing theory, Journal of Economic Theory 34, 13–31.

Connor, G., and R. Korajczyk, 1986, Performance measurement with the arbitrage pricing theory: A new framework for analysis, Journal of Financial Economics 15, 374-394.

Constantinides, G., 1990, Habit Formation: A Resolution of the Equity Premium Puzzle, The Journal of Political Economy 98(3), 519-543.

Constantinides, G., J.B. Donaldson and R. Mehra, 2002, Junior Cant Borrow: A New Perspective on the Equity Premium Puzzle, The Quarterly Journal of Economics 117(1), 269-296.

Cooper, M.J., H. Gulen, and M.J. Schill, 2008, Asset Growth and the Cross-Section, Journal of Finance 63(4), 1609-1651.

Cornell, B., 1999, Risk, Duration, and Capital Budgeting: New Evidence on Some Old Questions, Journal of Business 72(2), 183-200.

Cox, J.C., J.E. Ingersoll, and S.A. Ross, 1985, A Theory of the Term Structure of Interest Rates, Econometrica 53(2), 385-408.

Cox, J. and M. Rubinstein, 1985, Options Markets, Prentice Hall.

Cox, J., S. Ross, and M. Rubinstein. 1979. Option Pricing: A Sim-plified Approach. Journal of Financial Economics 7, 229-263.

Cumby, R., and J. Glen, 1990, Evaluating the performance of international mutual funds, Journal of Finance 45, 497-521.

Cusatis, P., J. Miles, J. Woolridge, 1993, Restructuring through spinoffs, Journal of Financial Economics 33, 293-311.

Cutler, D.M., J.M. Poterba, L.H. Summers, 1989, What moves stock prices?. Journal of Portfolio Management 15(3), 4-12.

Cutler, D.M., J.M. Poterba, L.H. Summers, 1991, Speculative Dynamics. Review of Economic Studies 58, 529-546.

Dalton, H., 1920, The measurement of the inequality of income. Economic Journal 30, 348–361.

Daniel, K., D. Hirshleifer and A. Subrahmanyam, 1998, Investor Psychology and Security Market Under- and Overreactions, Journalof Finance 53(6), 1839–1886.

Daniel, K., D. Hirshleifer and A. Subrahmanyam, 2001, Overconfidence, Arbitrage, and Equilibrium Asset Pricing, Journal of Finance 56(3), 921–65.

Davies, G.B., and S.E. Satchell, 2004, Continuous Cumulative Prospect Theory and Individual Asset Allocation, Working Paper, University of Cambridge.

De Bondt, W. and R. Thaler, 1995, Financial Decision-Making in Markets and Firms: A Behavioral Perspective, published in R. Jarrow et al. (eds.), Handbook of Finance, Elsevier.

De Bondt, W.F.M. and R. Thaler, 1985, Does the Stock Market Overreact?, The Journal of Finance 40(3), 793-805.

Dechow, P.M., R.G. Sloan, M.T. Soliman, 2004, Implied Equity Duration: A New Measure of Equity Risk, Review of Accounting Studies 9 (2-3): 197-228.

Dekel, E., 1986, An axiomatic characterization of preferences under uncertainty: Weakening the independence axiom, Journal of Economic Theory 40, 304-318.

DeLong, J. Bradford, A. Shleifer, L.H. Summers, and R. Waldmann, 1991, The Survival of Noise Traders in Financial Markets, Journal of Business 64 (1), 1-19.

Desai, H. and C.J. Prem, 1997, Long-Run Common Stock Returns following Stock Splits and Reverse Splits, Journal of Business 70(3), 409-433.

Dichev, I.D, K. Huang, and D. Zhou, 2014, The Dark Side of Trading, Journal of Accounting, Auditing & Finance 29(4), 492-518.

Dimson, E. and C. Minio-Kozerski, 1999, Closed-End Funds: A Survey, Financial Markets, Institutions and Instruments 8(2), 1-41.

Dimson, E. and P. Marsh, 1986, Event study methodologies and the size effect: The case of UK press recommendations, Journal of Financial Economics 17(1), 113-142.

Dimson, E. and P. Marsh, 1999, Murphy's Law and Market Anomalies, Journal of Portfolio Management 25(2), 53–69.

Dimson, E. and P.R. Marsh, 1984, An Analysis of Brokers and Analysts Unpublished Forecasts of UK Stock Returns, Journal of Finance 39, 1257-1292.

Dissecting Anomalies. Eugene F. Fama and Kenneth French (kfrench@dartmouth.edu). Journal of Finance, 2008, vol. 63, issue 4, 1653-1678.

Dowd, K., 1999, A Value at Risk Approach to Risk-Return Analysis, Journal of Portfolio Management 25(4), 60-67.

Duffie, D., 1988a, An Extension of Black Scholes Model of Security Valuation, Journal of Economic Theory 46, 194-204.

Duffie, D., 1988b, Security Markets: Stochastic Models, Academic Press, Boston, Mass.

Duffie, D., 1996, Dynamic Asset Pricing Theory, Second Edtion, Princeton Unversity Press.

Duffie, D. and K. J. Singleton, 1998, Modelling term structures of defaultable bonds, Review of Financial Studies, 12,.

Duffie, D. and K.J. Singleton, 2003, Credit Risk: Pricing, Measurement, and Management, Princeton University Press, 350.

Eatwell, J., M. Milgate, and P. Newman, 1990, Utility and Probability, Macmillan Press Ltd.

Edwards, W., 1968, Conservatism in Human Information Processing, In B. Kleinmuntz (Ed.), Formal Representation of Human Judgment (pp. 17-52). New York: Wiley.

Eftekhari, B. and S. Satchell, 1996, Non-normality of returns in emerging markets. Research in International Business and Finance, Supplement 1, 267-277.

Eichengreen, B., D.J. Mathieson, B. Chadha, A.C. Jansen, L.E. Kodres and S. Sharma, 1998, Hedge Funds and Financial Market Dynamics, IMF Occasional Papers No 166, International Monetary Fund.

Elton, E.J. and M.J. Gruber, 1995, Morden Portfolio Theory and Investment Analysis, Fifth Edtion, John Woley & Sons.

Elton, E.J., M.J. Gruber and S. Grossman, 1986, Discrete Expectational Data and Portfolio Performance, Journal of Finance 41(3), 699-713.

Embrechts, P., C. Klüppelberg, and T. Mikosch, 1997, Modelling Extremal Events for Insurance and Finance, Springer, Berlin.

Epstein, L.G. and S.E. Zin, 1989, Substitution, Risk Aversion, and the Temporal Behavior of Consumption and Asset Returns: A Theoretical Framework , Econometrica 57(4), 937-969.

Epstein, L.G. and S.E. Zin, 1991, Substitution, Risk Aversion, and the Temporal Behavior of Consumption and Asset Returns: An Empirical Analysis, Journal of Political Economy 99(2), 263-286.

Fabozzi, F.J. and J.C. Francis, 1977, Stability Tests for Alphas and Betas Over Bull and Bear Market Conditions, The Journal of Finance 32(4), 1093-1099.

Fabozzi, F.J. and J.C. Francis, 1979, Mutual Fund Systematic Risk for Bull and Bear Markets: An Empirical Investigation, The Journal of Finance 34(5), 1243-1250.

Fama, E. and G.W. Schwert, 1977, Asset Returns and Inflation, Journal of Financial Economics 5, 115-146.

Fama, E. and J.D. MacBeth, 1973, Risk, Return, and Equilibrium: Empirical Tests, The Journal of Political Economy 81(3), 607-636.

Fama, E. and K.R. French, 1988, Permanent and Temporary Components of Stock Prices, Journal of Political Economy 96, 246-273.

Fama, E. and K.R. French, 1992, The Cross-Section of Expected Stock Returns, Journal of Finance 47, 4274-65.

Fama, E. and K.R. French, 1993, Common Risk Factors in the Returns on Stocks and Bonds, Journal of Financial

Economics 33, 3-56.

Fama, E. and K.R. French, 1996, Multifactor Explanations of Asset Pricing Anomalies, Journal of Finance 51, 55-84.

Fama, E. and K.R. French, 2015, A five-factor asset pricing model, Journal of Financial Economics 116(1), 1-22.

Fama, E. and M.H. Miller, 1972, The Theory of Finance, New York: Holt Rinehart and Winston.

Fama, E., 1970, Efficient Capital Markets: A Review of Theory and Empirical Work, The Journal of Finance 25, 383-417.

Fama, E., 1970, Multiperiod Consumption-Investment Decisions, American Economic Review 60, 163-174.

Fama, E., 1991, Efficient Capital Markets: II, The Journal of Finance 46, 1575-1617.

Fama, E., 1996, Multifactor Portfolio Efficiency and Multifactor Asset Pricing, Journal of Financial and Quantitative Analysis 31(4), 441-465.

Fama, E., 1998, Market efficiency, long-term returns, and behavioral finance, Journal of Financial Economics 49(3), 283-306.

Fama, E., and K.R. French, 1995, Size and book-to-market factors in earnings and returns, Journal of Finance 50, 131–155.

Ferson, W. and C. Harvey, 1993, An Exploratory Investigation of the Fundamental Determinants of National Equity Market Returns, National Bureau of Economic Research Working Paper: 4595.

Fishburn, P., 1977, Mean-Risk Analysis with Risk Associated with Below-Target Returns, American Economic Review 67(2), 116-126.

Fishburn, P., 1980, Foundations of risk measurement : 1. risk as a probability of loss. Management Science 30, 396–406.

Fishburn, P., 1981, Foundations of risk measurement : 2. effects of gains on risk. Journal of Mathematical Psychology 25, 226–242.

Fishburn, P.C. and G.A. Kochenberger, 1979, Two-Piece Von Neumann-Morgenstern Utility Functions, Decision Sciences 10, 503-518.

French, K., 1980, Stock returns and the weekend effect, Journal of Financial Economics 8(1), 55-69.

Friend, I. and M.E. Blume, 1975, The demand for risky assets, American Economic Review 65, 900-922.

Friend, I. and R. Westfield, 1980, Co-Skewness and Capital Asset Pricing, Journal of Finance 35, 897-919.

Froot, K. and E.M. Dabora, 1999, How are stock prices affected by the location of trade?, Journal of Financial Economics 53(2), 189-216.

Gabaix, X., 2012. Variable Rare Disasters: An Exactly Solved Framework for Ten Puzzles in Macro-Finance, Quarterly Journal of Economics 127(2), 645-700.

Gardner, D., D. Bowie, M Brooks and M. Cumberworth, 2000, Predicted Tracking Errors Fact or Fantasy?, Faculty and Institute of Actuaries, Investment Conference paper, 25-27 June, 2000.

Gervais, S. and T. Odean, 2001, Learning to Be Overconfident, Review of Financial Studies 14(1), 1–27.

Gervais, S., R. Kaniel, and D.H. Mingelgrin, 2001, The High-Volume Return Premium, Journal of Finance 56(3), 877-919.

Gibbons, M. and P. Hess, 1981, Day of the Week Effects and Asset Returns, Journal of Business, 579-596.

Glosten, L.R. and R. Jagannathan, 1994, A contingent claim approach to performance evaluation, Journal of Empirical Finance 1(2), 133-160.

Goetzmann, W. and N. Peles, 1997, Cognitive Dissonance and Mutual Fund Investors, The Journal of Financial Research 20(2), 145–158

Goldman Sachs & Co., 1994, Valuing convertible bonds as derivatives, Quantitative Strategies Research Notes, Nov.

Gonzalez, R., and G. Wu, 1999, On the Shape of the Probability Weighting Function,Cognitive Psychology 38, 129-166.

Green, J., J.R.M. Hand, and X.F. Zhang, 2013, The supraview of return predictive signals, Review of Accounting Studies 18,692–730.

Green, J., J.R.M. Hand, and X.F. Zhang, 2014, The remarkable multidimensionality in the cross section of expected US stock returns, Working paper.

Green, J., J.R.M. Hand, and X.F. Zhang, 2017, The Characteristics that Provide Independent Information about Average U.S. Monthly Stock Returns, The Review of Financial Studies 30(12), 4389–4436.

Griffin, D. and A. Tversky, 1992, The Weighing of Evidence and the Determinants of Confidence, Cognitive Psychology 24, 411-435.

Grinblatt, M and S. Titman, 1983, Factor Pricing in a Finite economy, Journal of Financial Economics 12, 497-507.

Grinblatt, M., and S. Titman, 1989, Portfolio performance evaluation: Old issues and new insights, Review of Financial Studies 2(3), 393-421.

Grinblatt, M., and S. Titman, 1994, A study of monthly mutual fund returns and performance evaluation techniques, Journal of financial and Quantitative Analysis 29(3), 419-444.

Grinblatt, M., and S. Titman, 1995, Performance evaluation, In Handbooks in Operational Research and Management Science, Vol.9, R. Jarrow et al. ed. Elsevier Science B. V.

Grinblatt, M., S. Titman and R. Wermers, 1995, Momentum Investment Strategies, Portfolio Performance, and Herding: A Study of Mutual Fund Behavior, American Economic Review 85(5), 1088-1105.

Grinold, R. and R. Kahn, 1995, Active Portfolio Management, Irwin.

Grinold, R.C., 1996, Domestic Grapes from Imported Wine, Journal of Portfolio Management December 1996, 29-40.

Gul, F., 1991, A Theory of Disappointment Aversion, Econometrica 59(3), 667-686.

Gultekin, M.N. and N.B. Gultekin, 1983, Stock market seasonality: International Evidence, Journal of Financial Economics 12(4), 469-481.

Guo, H., R. Savickas, Z. Wang, and J. Yang, 2009, Is the value premium a proxy for time-varying investment opportunities? Some time-series evidence, Journal of Financial and Quantitative Analysis 44(1), 133-154.

Hadar, J., and W. Russell, 1969, Rules for ordering uncertain prospects, American Economic Review 59, 25-34.

Hamilton, J.D., 1994, Time series analysis, Princeton University Press.

Hansen, L. and K. Singleton, 1983, Stochastic Consumption, Risk Aversion, and the Temporal Behavior of Asset Returns, Journal of Political Economy 91(2), 249-265.

Hansen, L. and R. Jagannathan, 1991, Implications of Security Market Data for Models of Dynamic Economies, Journal of Political Economy 99(2), 225-262.

Hanssmann, F., 1968, Probability of survival as an investment criterion. Management Science 15, 33–48.

Harlow, W. and R. Rao, 1989, Asset pricing in a generalised mean-lower partial moment framework : Theory and evidence. Journal of Financial and Quantitative Analysis, 24(3), 285–311.

Harris, L., 1986, A Transaction Data Study of Weekly and Intradaily Patterns in Stock Returns, Journal of Financial EEconomics 14, 99-117.

Harrison, J.M. and D.M Kreps, 1979, Martingales and arbitrage in multiperiod securities markets,Journal of Economic Theory 20(3), 381-408.

Harvey, C. and R. Whaley, 1991, S&P100 Index Option Volatility, Journal of Finance 46(4), 1551–1561.

Harvey, C. and R. Whaley, 1992, Dividends and S&P 100 index option valuation, Journal of Futures Markets 12, 123-137.

Harvey, C.R. and A. Siddique, 2000, Conditional Skewness in Asset Pricing Tests, The Journal of Finance 55(3), 1263-1295.

Harvey, C.R., Y. Liu, and H. Zhu, 2016, … and the Cross-Section of Expected Returns, The Review of Financial Studies 29(1), 5–68.

Hasbrouck, J. and D.J. Seppi, Common factors in prices, order flows, and liquidity, Journal of Financial Economics 59(3), 383-411.

He, G. and R. Litterman, 1999, The Intuition Behind Black-Litterman Model Portfolios, Goldman Sachs Investment Management Research, working paper.

Heaton, J.,1995, An Empirical Investigation of Asset Pricing with Temporally Dependent Preference Specifications, Econometrica 63, 681-717.

Heath, D., R. Jarrow and A. Morton, 1992, Bond Pricing and the Term Structure of Interest Rates: A New Methodology for Contingent Claims Valuation, Econometrica 60(1), 77-105.

Hendershott, T., C.M. Jones, and A. Menkveld, 2011, Does Algorithmic Trading Improve Liquidity?, Journal of Finance 66(1), 1-33.

Henderson, H.V. and S.R. Searle, 1981, On Deriving the Inverse of a Sum of Matrices, Society for Industrial and Applied Mathematics Review 23(1), 53-60.

Henriksson, R. and R. Merton, 1981, On market timing and investment performance. II statistical procedures for evaluating forecasting skills. Journal of Business 54, 513-533.

Henriksson, R., 1984, Market timing and mutual fund performance: An empirical investigation. Journal of Business 57, 73-96.

Hirshleifer, D., K.H.S.H. Teoh and Y. Zhang, 2004, Do investors overvalue firms with bloated balance sheets? Journal of Accounting and Economics 38(1), 297-331.

Ho, T.S.Y. and S.B. Lee, 1986, Term Structure Movements and Pricing Interest Rate Contingent Claims, Journal of Finance 41, 1011-1029.

Holthausen, D.M., 1981, A Risk-Return Model with Risk and Return Measured as Deviations from a Target Return. The American Economic Review 71, 182-188.

Homaifar, G. and D.B. Graddy, 1988, Equity Yields in Models Considering Higher Moments of the Return Distribution, Applied Economics 20, 325-334.

Huang, C., and R. Litzenberger, 1988, Foundations for financial economics. Elsevier Science Publishing Co., Inc..

Huberman, G., 1982. A simple approach to arbitrage pricing. Journal of Economic Theory 28, 183–91.

Huberman, G., S. Kandel, and R. Stambaugh, 1987, Mimicking Portfolios and Exact Arbitrage Pricing, Journal of Finance 42(1), 1-9.

Hull, J.C., 2000, Options, Futures, and Other Derivatives, Prentice Hall International.

Hull, J. and A. White, 1987, The Pricing of Options on Assets with Stochastic Volatilities, The Journal of Finance 42(2), 281-300.

Hull, J. and A. White, 1990, Pricing Interest Rate Derivative Securities, The Review of Financial Studies 3, 573-592.

Hull, J. and A. White, 1994, Numerical Procedure for Implementing Term Structure Models II: Two-Factor Models, Journal of Derivatives 2(2), 37-48.

Hull, J. and A. White, 1990, Using Hull-White Interest Rate Trees, Journal of Derivatives 3(3), 26-36.

Hwang, S, 2000, Properties of Cross-sectional Volatility, Financial Econometrics Research Centre Working paper, City University Business School.

Hwang, S. and A. Rubesam, 2015, The Disappearance of Momentum, European Journal of Finance 21(7), 584-607.

Hwang, S. and M. Salmon, 2004, Market stress and herding, Journal of Empirical Finance 11(4), 585-616

Hwang, S. and S. E. Satchell, 1998, Empirical Identification of Common Factors in Emerging Markets Returns, Unpublished manuscript, Department of Applied Economics, Cambridge University.

Hwang, S. and S. E. Satchell, 1998, Evaluation of Mutual Fund Performance in Emerging Markets, Emerging Markets Quarterly 2, 39-50.

Hwang, S. and S.E. Satchell, 1999, Modelling emerging market risk premia using higher moments, International Journal of Finance and Economics 4(4), 271-296.

Hwang, S. and S.E. Satchell, 2000, Market risk and the concept of fundamental volatility: Measuring volatility across asset and derivative markets and testing for the impact of derivatives markets on financial markets, Journal of Banking & Finance 24(5), 759-785.

Hwang, S. and S.E. Satchell, 2001, Tracking error: Ex ante versus ex post measures, Journal of Asset Management 2(3), 241-246.

Hwang, S. and S.E. Satchell, 2005, Valuing Information Using Utility Functions, European Journal of Finance 11(1), 1-16.

Hwang, S. and S.E. Satchell, 2010, How Loss Averse are Investors in Financial Markets?, Working Paper.

Hwang, S., and S. E. Satchell, 1998, Modelling emerging market risk premia using higher moments, Department of Applied Economics Amalgamated Discussion Paper, University of Cambridge.

Ikenberry, D., J. Lakonishok, T. Vermaelen, 1995, Market underreaction to open market share repurchases, Journal of Financial Economics 39, 181-208.

Ingersoll, J., 1975, Multidimensional Security Pricing, Journal of Financial and Quantitative Analysis 10, 785-798.

Ingersoll, J., 1987, Theory of Financial Decision Making, Rowman & Littlefield, Totowa, NJ.

Ito, K., 1951, On Stochastic Differential Equations, Memoirs of the American Mathematical Socieety 4, 1-51.

Jaffe, J., D.B. Keim, and R. Westerfield, 1989, Earnings Yields, Market Values, and Stock Returns, Journal of Finance 44, 135-148.

Jagannathan, R., and E. R. McGrattan, 1995, The CAPM Debate, Quarterly Review 19, 2-17.

Jean, W.H., 1971, The Extension of Portfolio Analysis to Three or More Parameters, Journal of Financial and Quantitative Analysis 6, 505-515.

Jean, W.H., 1973, More on Multidimensional Portfolio Analysis, Journal of Financial and Quantitative Analysis 8, 475-490.

Jegadeesh, N. and S. Titman, 1993, Returns to Buying Winners and Selling Losers: Implications for Stock Market Efficiency, Journal of Finance 48(1), 65-91.

Jegadeesh, N. and S. Titman, 2001, Profitability of Momentum Strategies: An Evaluation of Alternative Explanations, The Journal of Finance 56(2), 699-720.

Jegadeesh, N., 1990, Evidence of Predictable Behavior of Security Returns, The Journal of Finance 45(3), 881-898.

Jensen, M., 1968, The performance of mutual funds in the period 1945-1964, Journal of Finance 23, 389-416.

Jensen, M., 1969, Risk, the pricing of capital assets, and the evaluation of Investment Portfolios, Journal of Business 42, 167-247.

Jensen, M., 1972, Optimal utilization of market forecasts and the evaluation of investment portfolio performance, In G. Szego and K. Shell (eds), Mathematical Methods in Investment and Finance, North Holland, Amsterdam.

Jia, J., and J. Dyer, 1996, A standard measure of risk and risk-value models, Management Science 42(12),1691–1705.

Jia, J., and J. Dyer, 1997, Relative risk-value models. European Journal of Operational Research I03, 170-185.

Johansson, F., M. J. Seiler, and M. Tjarnberg, 1999, Measuring Downside Portfolio Risk, Journal of Portfolio

Management, 96-107.

Jorion, P., 1996, Value at Risk, McGraw Hill.

Jorion, P., 2001, Value at Risk: The New Benchmark for Managing Financial Risk, 2nd edn, McGraw-Hill, New York.

Kahneman, D. and A. Tversky, 1979, Prospect Theory: An Analysis of Decision under Risk, Econometrica 47(2), 263-291.

Kamrad, B. and P. Ritchken, 1991, Multinomial Approximating Models for Options with k-State Variables, Management Science 37(12), 1640-1652.

Kehoe, P.J., 1984, Dynamics of the current account: Theoretical and empirical analysis, Working Paper (Harvard University, Cambridge, MA).

Keim, D.B. and R. Stambaugh, 1984, A Further Investigation of the Weekend Effect in Stock Returns, Journal of Finance 39, 819-835.

Keim, D.B., 1989, Trading Patterns, Bid-Ask Spreads, and Estimated Securities Returns: The Case of Common Stocks at Calendar Turning Points, Journal of Financial Economics 25, 75-97.

Kijima, M., and M. Ohnishi, 1993, Mean-risk analysis of risk aversion and wealth effects on optimal portfolios with multiple investment opportunities, Annals of Operations Research 45,147–163.

Kim, M. and J. Zumwalt, 1979, An analysis of risk in Bull and Bear markets, Journal of Financial and Quantitative Analysis 14, 1015-1025.

Kim,W. and S.Wei, 1999 , Offshore investment funds: Monsters in emerging markets?, NBER Working Paper w7133, NBER.

Knight, F.H., 1921, Risk, Uncertainty, and Profit, Houghton Mifflin Co, Boston.

Knight, J., S. Satchell, and K. Tran, 1995, Statistical modelling of assymetric risk in asset returns, Applied Mathematical Finance 2,155–172.

Kothari, S.P., J. Shanken, and R.G. Sloan, 1995, Another Look at the Cross-Section of Expected Stock Returns, Journal of Finance 50(1), 185-224.

Kraus, A. and R.H. Litzenberger, 1975, Market Equilibrium in a Multiperiod State Preference Model with Logarithmic Utility, Journal of Finance 30, 1213-1227.

Kraus, A. and R.H. Litzenberger, 1976, Skewness Preference and the Valuation of Risk Assets, Journal of Finance 31, 1085-1100.

Kraus, A. and R.H. Litzenberger, 1983, On the Distributional Conditions for a Consumption-oriented Three Moment CAPM, Journal of Finance 38, 1381-1391.

Kreps, D.M., and E.L. Porteus, 1978, Temporal resolution of uncertainty and dynamic choice theory, Econometrica 46, 185-200.

Kupiec, P.H., 1995, Techniques for Verifying the Accuracy of Risk Measurement Models, The Journal of Derivatives

3(2), 73-84.

Kydland, F.E. and E.C. Prescott, 1982, Time to build and aggregate fluctuations, Econometrica 50, 1345-1370.

Kyle, A., 1985, Continuous auctions and insider trading, Econometrica 53, 1315–1335.

Kyle, A.S., and F.A. Wang, 1997, Speculation duopoly with agreement to disagree: Can overconfidence survive the market test? Journal of Finance 52, 2073–2090.

Lakonishok, J., A. Shleifer, and R. Vishny, 1994, Contrarian investment, extrapolation, and risk, Journal of Finance 49, 1541–1578.

Lakonishok, J., A. Shleifer, and R.W. Vishny, 1992, The Impact of Institutional Trading on Stock Prices, Journal of Financial Economics 32(1), 23–43.

Larsen, G.A. and B.G. Resnick, 1998, Empirical Insights on Indexing: How Capitalization, Stratification and Weighting Can Affect Tracking Error, Journalof Portfolio Management 25(1), 51~61.

Latane, H.A. and R.J. Rendleman, 1976, Standard Deviations of Stock Price Ratios Implied in Option Prices, Journal of Finance 31(2), 369-81.

Ledoit, O. and M. Wolf, 2003, Improved estimation of the covariance matrix of stock returns with an application to portfolio selection, Journal of Empirical Finance 10, 603 – 621.

Ledoit, O. and M. Wolf, 2004, A well-conditioned estimator for large-dimensional covariance matrices, Journal of Multivariate Analysis 88(2), 365-411.

Lee, W., 1998, Return and Risk Characteristics of Tactical Asset Allocation Under Imperfect Information, The Journal of Portfolio Management 25(1), 61-70.

Lehmann, B.N. and D.M. Modest, 1988, The empirical foundations of the arbitrage pricing theory, Journal of Financial Economics 21(2), 213-254.

Lehmann, B.N., 1990, Fads, Martingales, and Market Efficiency, The Quarterly Journal of Economics 105(1), 1-28.

Lehmann, B.N., and D.M. Modest, 1987, Mutual fund performance evaluation: A comparison of benchmarks and benchmark comparisons, Journal of Finance 42, 233-265.

LeRoy, S.F., 1973, Risk Aversion and the Martingale Property of Stock Prices, International Economic Review 14(2), 436-446.

Lettau, M and J. Wachter, 2007, Why Is Long-Horizon Equity Less Risky? A Duration-Based Explanation of the Value Premium, Journal of Finance 62(1), 55-92.

Lettau, M. and S. Ludvigson, 2001, Ressurrecting the (C)CAPM: A cross-sectional test when risk premia are time-varying, Journal of Political Economy 109, 1238-1287.

Levy, H., 1992, Stochastic Dominance and Expected Utility: Survey and Analysis, Management Science 38(4), 555-593.

Levy, M., and H. Levy, 2002, Prospect theory: Much ado about nothing, Management Science 48, 1334–1349.

Lewellen, J. and S. Nagel, 2006, The conditional CAPM does not explain asset-pricing anomalies, Journal of

Financial Economics 82, 289-314.

Lim, K., 1989, A New Test of the Three-Moment Capital Asset Pricing Model, Journal of Financial and Quantitative Analysis 24, 205-216.

Lin, X.J. and L. Zhang, 2013, The Investment Manifesto, Journal of Monetary Economics 60, 351-366.

Linsmeier, T.J. and N.D. Pearson, 2000, Value at Risk, Financial Analysts Journal March/April, 47-67.

Lintner, J., 1972, Equilibrium in a Random Walk and Lognormal Securities Market, Harvard Institute of Economic Research, Discussion Paper No., 235, Harvard University, Cambridge Massachusetts.

Lo, A., 2008, Finance Theory, MIT Sloan MBA Program.

Longin, F.M., 2000, From Value at Risk to Stress Testing: the Extreme Value Approach, Journal of Banking and Finance 24, 1097-1130.

Longstaff, F. and E. S. Schwartz, 1992, Interest Rate Volatility and the Term Structure: A Two-Factor General Equilibrium Model, Journal of Finance 47(4), 1259-82.

Lucas, R.E. and N.L. Stokey, 1984, Money and Interest in Cash-In-Advance Economy, Discussion Papers 628, Northwestern University, Center for Mathematical Studies in Economics and Management Science.

Lucas, R.E., 1978, Asset Prices in an Exchange Economy, Econometrica 46(6), 1429-1445.

Luce, R.D., 2000, Utility of gains and losses: measurement-theoretical and experimental approaches, Mahwah, New Jersey:.Lawrence Erlbaum Associates.

Lustig, H. and S.V. Nieuwerburgh, 2008, The Wealth-Consumption Ratio, NBER Working Paper No. 13896.

Machina, M., 1982, Expected Utility Analysis Without the Independence Axiom, Econometrica 50, 277-324.

MacKinlay, A.C., 1995, Multifactor models do not explain deviations from the CAPM, Journal of Financial Economics 38(1), 3-28.

Magill, M., and M. Quinzii, 1996, Theory of incomplete markets, Volume 1, MIT Press.

Markowitz, H., 1952, Portfolio Selection, Journal of Finance 7,77-91.

Markowitz, H., 1959, Portfolio Selection: Efficient Diversification of Investment. John Wiley & Sons, New York.

Maug, E.G. and N.Y. Naik, 1996, Herding and Delegated Portfolio Management: The Impact of Relative Performance Evaluation on Asset Allocation. IFA Working Paper 223

Maxwell, W.F., 1998, The January Effect in the Corporate Bond Market: A Systematic Examination, Financial Management 27(2), 18-30.

McLean, R.D., and J. Pontiff, 2015, Does academic research destroy stock return predictability? Journal of Finance 71(1), 5-32.

Mehra, R. and E. Prescott, 1985, The equity premium: A puzzle, Journal of Monetary Economics 15(2), 145-161.

Mehran, F., 1976, Linear measures of income inequality. Econometrica 44(4), 805–809.

Merkle, C., 2012, Financial Overconfidence Over Time - Foresight, Hindsight, and Insight of Investors, Working paper.

Merton, R., 1969, Lifetime Portfolio Selection under Uncertainty: The Continuous-Time Case, Review of Economics and Statistics 51, 247-257.

Merton, R., 1971, Optimum Consumption and Portfolio Rules in a Continuous-Time Model, Journal of Economic Theory 3, 373-413.

Merton, R., 1972, An analytical derivation of the efficient portfolio frontier, Journal of Financial and Quantitative Analysis 7, 1851-1872.

Merton, R., 1973, An Intertemporal Capital Asset Pricing Model, Econometrica 41, 867-887.

Merton, R., 1973, Theory of Rational Option Pricing, Bell Journal of Economics and Management Science 4, 141-183.

Merton, R., 1974, On the Pricing of Corporate Debt: The Risk Structure of Interest Rates, Journal of Finance 29(2), 449-470.

Michaely, R., R.H. Thaler, and K.L. Womack, 1995, Price reactions to dividend initiations and omissions: Overreaction or drift? Journal of Finance 50, 573-608.

Modigliani, F. and H.M. Merton, 1958, The Cost of Capital, Corporation Finance and the Theory of Investment, The American Economic Review 48(3), 261-297.

Moore, D.A. and P.J. Healy, 2008, The trouble with overconfidence, Psychological Review 115(2), 502-517.

Moore, D.A., & D.A. Small, 2007, Error and bias in comparative social judgment: On being both better and worse than we think we are, Journal of Personality and Social Psychology 92(6), 972-989.

Mullainathan, S. and R.H. Thaler, 2000, Behavioral Economics, NBER Working Paper No. w7948.

Nadiminti, R., T. Mukhopadhyay, and C.H. Kriebel, 1996, Risk aversion and the value of information, Decision Support Systems 16(3), 241 - 254.

Neftci, S.N., 2000, An Introduction to the Mathematics of Financial Derivatives, Academic Press.

Nelson, C. and A.F. Siegel, 1987, Parsimonious Modeling of Yield Curves, Journal of Business 60, 473-489.

Newbury, D., 1970, A theorem on the measurement of inequality. Journal of Economic Theory 2, 264–266.

Novy-Marx, R., 2013, The other side of value: The gross profitability premium, Journal of Financial Economics 108(1), 1-28.

Ø ksendal, B., 1992, Stochastic Differential Equations; An introduction with Applications, Third Edtion, Springer-Verlag.

Odean, T., 1998, Volume, volatility, price, and profit when all traders are above average, Journal of Finance 53(6), 1887-1934.

Ohlson, J.A., 1980, Financial Ratios and the Probabilistic Prediction of Bankruptcy, Journal of Accounting Research 18(1), 109-131.

Osborne, H., 1959, Brownian Motion in the Stock Market, Operations Research.

Pastor, L. and R.F. Stambaugh, 2003, Liquidity Risk and Expected Stock Returns, Journal of Political Economy

111(3), 642-685.

Pedersen, C. and S. Satchell, 1997, Risk, utility and switching between gambles. DAE Working Paper, Amalgamated Series No. 9735, University of Cambridge, England.

Pedersen, C. and S. Satchell, 1998, An extended family of financial risk measures. Forthcoming in Geneva Papers on Risk and Insurance : Theory.

Pedersen, C.S. and S. Hwang, 2003, Does downside beta matter in asset pricing? Working Paper, Cass Business School, London, UK.

Peterson, D.E. and D.J. Laughhunn, 1971, Capital Expenditure Programming and Some Alternative Approaches to Risk, Management Science 17(5), 320-336.

Petkova, R. and L. Zhang, 2005, Is value riskier than growth?, Journal of Financial Economics 78, 187-202.

Pettengill, G.N., S. Sundaram, and I. Mathur, 1995, The Conditional Relation between Beta and Returns, The Journal of Financial and Quantitative Analysis 30(1), 101-116.

Phoa, W., 1999, Estimating Credit Spread Risk Using Extreme Value Theory, Journal of Portfolio Management Spring/1999, 69–73.

Poon, S. and S.J. Taylor, 1991, Macroeconomic factors and the UK stock market, Journal of Business Finance and Accounting 18(5), 619-636.

Pope, P. and P. K. Yadav, 1994, Discovering Error in Tracking Error, Journal of Portfolio Management Winter/1994, 27-32.

Poterba, J and L. Summers, 1988, Mean Reversion in Stock Prices: Evidence and Implications, Journal of Financial Economics 22, 27-59.

Pratt, J., 1964, Risk aversion in the small and in the large, Econometrica 32, 122-136.

Prelec, D., 1998, The probability weighting function, Econometrica 66(3), 497-528.

Pyle, D. H., and S. J. Turnovsky, 1970, Safety-first and expected utility maximisation in mean-standard deviation portfolio analysis, Review of Economics and Statistics 52(1), 75–81.

Quiggin, J., 1982, A theory of anticipated utility, Journal of Economic Behavior & Organization 3(4), 323-343.

Rendleman, R.J. and B.J. Bartter, 1979, Two-State Option Pricing, Journal of Finance 34, 1093-1110.

Resnick, B., A. Sheikh and Y. Song, 1993, Time-Varying Volatilities and Calculation of the Weighted Implied Standard-Deviation, Journal of Financial and Quantitative Analysis 28, 417-430

Richardson, S.A., R.G. Sloan, M.T. Soliman, and A.I Tuna, 2005, Accrual Reliability, Earnings Persistence and Stock Prices, Journal of Accounting & Economics 39(3), 437–485.

Rieger, M.O., M. Wang, and T. Hens, 2015, Risk Preferences around the World, Management Science 61(3), 637-648.

Rietz, T.A., 1988, THE EQUITY RISK PREMIUM. A Solution, Journal of Monetary Economics 22, 117—131.

Roll, R., 1977, A Critique of the Asset Pricing Theorys Tests, Journal of Financial Economics 4, 129-176.

Roll, R., 1978, Ambiguity when performance is measured by the securities market line, Journal of Finance 33, 1051-1069.

Roll, R., 1992, A Mean/Variance Analysis of Tracking Error, Journal of Portfolio Management 18(4), 13-22.

Rosenberg, B., K. Reid, and R. Lanstein, 1985, Persuasive evidence of market inefficiency, The Journal of Portfolio Management 11(3), 9-16.

Ross. S., 1976, The arbitrage pricing theory of capital asset pricing. Journal of Economic Theory 13, 341–360.

Rothschild, M. and J. Stiglitz, 1970, Increasing risk : I. a definition, Journal of Economic Theory 2(3), 225–243.

Roy, A., 1952, Safety first and the holding of risky assets, Econometrica 20(3), 431–449.

Rozeff, M.S. and W. Kinney, 1976, Capital market seasonality: The case of stock returns, Journal of Financial Economics 3(4), 379-402.

Rubinstein, M., 1976a., The Valuation of Uncertain Income Streams and the Pricing of Options, The Bell Journal of Economics 7(2), 407-425.

Rubinstein, M., 1976b., The strong case for the generalized logarithmic utility model as the premier model of financial markets, Journal of Finance 31, 551-571.

Rubinstein, M., 2000, On the relationship between Bionomial and Trinomial Option Pricing Models, Research Program in Finance Working Papers RPF-292, University of California, Berkeley.

Rudolf, M., H. Wolter, and H. Zimmermann, 1999, A Linear Model for Tracking Error Minimization, Journal of Banking and Finance 23, 85-103.

Samuelson, P., 1965, Proof that Properly Anticipated Prices Fluctuate Randomly, Industrial Management Review 6, 41-49.

Samuelson, P.A., 1969, Lifetime Portfolio Selection By Dynamic Stochastic Programming, The Review of Economics and Statistics 51(3), 239-246.

Sarin, R., 1987, Some extensions of luces measure of risk, Theory and Decision 22, 125–141.

Sarin, R.K., and M. Weber, 1993, Risk-value models. European Journal of Operational Research 70, 135–149.

Schmalensee, R. and R.R Trippi, Common Stock Volatility Expectations Implied by Option Premia, Journal of Finance 33(1), 129-147.

Scott, R.C. and P. A. Horvath, 1980, On the Direction of Preference for Moments of Higher Order Than the Variance, Journal of Finance 35, 915-919.

Sears, R.S. and K.C.J. Wei, 1985, Asset Pricing, Higher Moments, and the Market Risk Premium: A Note, Journal of Finance 40, 1251-1253.

Sears, R.S. and K.C.J. Wei, 1988, The Structure of Skewness Preferences in Asset Pricing Models with Higher Moments: An Empirical Test, Financial Review 23, 25-38.

Sharpe, W., 1963, A Simplified Model for Portfolio Analysis, Management Science 9, 277-293.

Sharpe, W., 1964, Capital Asset Prices: A Theory of Market Equilibrium under Conditions of Risk, The Journal of

Finance 19(3), 425-442.

Sharpe, W., 1966, Mutual fund performance, Journal of Business 39, 119-138.

Shefrin, H. and M. Statman, 1985, The Disposition to Sell Winners Too Early and Ride Losers Too Long: Theory and Evidence, Journal of Finance 40(3), 777-790.

Shi, S., 1994, Weakly nonseparable preferences and distortionary taxes in a small open economy, International Economic Review 35, 411-428.

Shiller, R., 1981, Do Stock Prices Move Too Much to be Justified by Subsequent Changes in Dividends?, American Economic Review 71(3), 421-436.

Shiller, R.J., 1998, Human Behavior and the Efficiency of the Financial System, NBER Working Paper No. 6375.

Shiller, R.J., 2003, From Efficient Markets Theory to Behavioral Finance, Journal of Economic Perspectives 17(1), 83-104.

Sias, R.W., 2004, Institutional Herding, Review of Financial Studies 17(1), 165-206.

Silber, W.L., 1975, Thinness in capital markets: the case of the Tel Aviv Stock Exchange, Journal of Financial and Quantitative Analysis 10, 129–142.

Simon, H.A., 1955, A Behavioral Model of Rational Choice, The Quarterly Journal of Economics 69(1), 99-118.

Sinclair, C., D. Power, and A. Lonie, 1995, Risk triangles and other novel measures of risk and return for stocks or portfolios, Working paper.

Sloan, R.G., 1996, Do Stock Prices Fully Reflect. Information in Accruals and Cash. Flows About Future Earnings?, The Accounting Review 71(3), 289-315.

Solnik, B.H., 1974, An equilibrium model of the international capital market, Journal of Economic Theory 8(4), 500-524.

Statman, M., S. Thorley and K. Vorkink, 2006, Investor Overconfidence and Trading Volume, Review of Financial Studies 19(4), 1531-1565.

Stiglitz, J., 1970, Increasing risk: I. A definition, Journal of Economic Theory 2(3), 225-243

Stone, B.A, 1973, A general class of 3-parameter risk measures, The Journal of Finance 28(3) 675–685.

Svenson, O., 1981, Are we all less risky and more skillful than our fellow drivers?, Acta Psychologica 94,143-148.

Thaler, R.H. and E.J. Johnson, 1990, Gambling with the House Money and Trying to Break Even: The Effects of. Prior Outcomes on Risky Choice, Management Science 36(6), 643-660.

Theil, H., 1967, Economics and Information Theory, North-Holland.

Tobin, J., and W. Dolde, 1971, Wealth, liquidity and consumption, in: Consumer spending and monetary policy: The linkage (Federal Reserve Bank of Boston) 99-146.

Treynor, J., 1965, How to rate management of investment funds, Harvard Business Review 43, 63-75.

Treynor, J., and K. Mazuy, 1966, Can mutual funds outguess the market? Harvard Business Review 44, 131-136.

Tsiveriotis, K. and C. Fernandes, 1998, Valuing Convertible Bonds with Credit Risk, Journal of Fixed Income 8,

95-102.

Tversky, A. and D. Kahneman, 1992, Advances in Prospect Theory: Cumulative Representation of Uncertainty, Journal of Risk and Uncertainty 5(4), 297-323.

Vasicek, O., 1977, An Equilibrium Characterization of the Term Structure, Journal of Financial Economics 5, 177-188.

Van Den Goorberg, R. and P. Vlaar, 1999, Value-at-Risk Analysis of Stock Market Returns Historical Simulation, Variance Techniques or Tail Index Estimation?, Mimeo, Department of Economics, Tilburg University.

Von Neumann, J., and 0. Morgenstern, 1953, Theory of Games and Economic Behavior, Princeton University Press. Princeton, New Jersey.

Wachter, J.A., 2011, Can Time-Varying Risk of Rare Disasters Explain Aggregate Stock Market Volatility?, Journal of Finance 68(3), 987-1035.

Walters, J., 2014, The Black-Litterman Model in Detail, working paper.

Wang, M., M.O. Rieger, and T. Hens, 2017, The Impact of Culture on Loss Aversion, Journal of Behavioral Decision Making 30(2), 270-281.

Wermers, R., 1995, Herding, Trade Reversals, and Cascading by Institutional Investors, University of Colorado, Boulder.

Whaley, R.E., 1982, Valuation of American call options on dividend-paying stocks: Empirical tests, Journal of Financial Economics 10(1), 29-58.

Whitmore, G. A., 1970, Third-degree stochastic dominance, American Economic Review 50, 457-459.

Wilmott, P., S. Howison, and J. Dewynne, 1995, The Mathematics of Financial Derivatives: A Student Introduction, Cambridge University Press.

Wu, G., and R. Gonzalez, 1996, Curvature of the probability weighting function, Management Science 42, 1676–1690.

Xie, Y., S. Hwang, and A.A. Pantelous, 2017, Loss Aversion around the World: Empirical Evidence from Pension Funds, Journal of Banking and Finance 88, 52-62.

Xu, X. and S.J. Taylor, 1994, The Term Structure of Volatility Implied by Foreign Exchange Options, Journal of Financial and Quantitative Analysis 29(1), 57-74.

Yaari, M., 1987, The dual theory of choice under risk. Econometrica 55(1), 95–115.

Yan,X. and L. Zheng, 2017, Fundamental Analysis and the Cross-Section of Stock Returns: A Data-Mining Approach, The Review of Financial Studies 30(4), 1382–1423.

Yates, J.F., 1990, Judgment and decision making, Englewood Cliffs, NJ: Prentice Hall

Yitzhaki, S., 1983, On an extension of the gini inequality index, International Economic Review 24(3), 617–628.

Zhang, L., 2005, The Value Premium, Journal of Finance 60(1), 67-103.

찾/아/보/기

ㅂ

ㅅ

ㅈ

ㅊ

기타

[저자 약력]

황 수 성

University of Cambridge 경제학 박사(1997)
London School of Economics 석사(1994)
연세대학교 대학원 경영학과 석사(1986)
연세대학교 경영학과 학사(1984)
현) 성균관대학교 경제학과 교수
전) Bayes Business School, City University of London
캠브리지 대학 경제학과
GSA Capital(해지펀드), 런던
자본시장연구원
동서증권
공인회계사

신 진 호

성균관대학교 경제학 박사(2015)
카이스트 경영공학 석사(2003)
연세대학교 경제학과 학사(2001)
현) 카카오뱅크 금융기술연구소
전) SC제일은행
코리아크레딧뷰로
MG손해보험
FRM(GARP)

제2판
재무경제학

초판발행 2018년 3월 2일
제2판발행 2023년 7월 20일

지은이 황수성 · 신진호
펴낸이 김중용

편 집 심성보 · 김인숙

펴낸곳 도서출판 정독
경기도 고양시 일산서구 하이파크로 113, 102-204
등록 제406-2014-000093호
전 화 031)924-7203 팩 스 02)718-8554
홈페이지 www.jeongdok.co.kr 이메일 admin@jeongdok.co.kr
ISBN 979-11-6858-135-7 93320

정 가 32,000원